歴史人物肖像索引

日外アソシエーツ

Index To Portraits of Japanese Historical Figures Before 1868

Compiled by
Nichigai Associates, Inc.

©2010 by Nichigai Associates, Inc.
Printed in Japan

本書はディジタルデータでご利用いただくことができます。詳細はお問い合わせください。

●制作担当● 城谷 浩／堀江 咲耶
装 丁：赤田 麻衣子

刊行にあたって

　歴史上の人物について調べようとした時、まず人名事典で生没年・職業・事績などのプロフィールを調べることが多い。一方、文字による知識・情報とは別に、絵画・彫刻・写真に残された肖像が人物の個性を表し、強い印象を与えていることも多い。唐招提寺の鑑真和上坐像、織田信長・豊臣秀吉・徳川家康の三人三様の肖像画、坂本竜馬の写真、二宮尊徳像などの肖像は、文字資料と同等あるいはそれ以上に、私たちが思い描く人物像に大きな影響を与えている。

　しかし、肖像を調べようとした時、プロフィールを調べる時のように簡単には見つからない。人名事典には肖像を掲載していないものが多い。大和絵や浮世絵に描かれた肖像は事典よりも美術全集に掲載されていることが多い。また都道府県ごとの歴史事典や県史誌にだけ掲載されている肖像もある。

　本書は、こうした資料に掲載された肖像の所在を人名から検索できる索引である。写真やメディアが発達する以前の、古代から幕末までの日本の人物5,000人の肖像20,000点を調べることができる。天皇・将軍・大名・高僧などの著名な人物から、文人・商人、庶民の人気を集めた役者・力士、幕末の写真に記録された志士・藩士など、収録人物は様々な分野・階層に及んでいる。

　編集に際しては正確を期すよう努めたが、不十分な点もあるかと思われる。お気づきの点はご教示いただければ幸いである。なお、人物のプロフィールを調べる時には、人名事典の総索引にあたる弊社「人物レファレンス事典」シリーズが便利である。併せてご利用いただきたい。

　本書が人物調査の手がかりを得るためのツールとして、広く活用されることを願っている。

　　2009年12月

　　　　　　　　　　　　　　　　　　　　日外アソシエーツ

凡　例

1．本書の内容

　　本書は、人名事典・歴史事典・百科事典・地方史資料・美術全集・写真集に掲載された、日本の歴史上の人物の肖像を人名から検索できる索引である。

2．収録対象

　(1) 第二次大戦後に国内で図書として刊行された、人名事典、歴史事典、百科事典、都道府県史誌、美術全集、写真集に掲載されている、古代から幕末までの日本史上の人物の肖像(絵画・彫刻・写真)を索引の対象とした。

　(2) 仏画・仏像・神像、昔話・物語・歌舞伎など創作中の登場人物、浮世絵の美人画などに描かれたいわゆる市井の人物は収録対象外とした。

　(3) 収録点数は、肖像掲載資料967冊、見出し人名5,048人、肖像図版20,102点である。収録資料の詳細は、巻頭の「収録資料一覧」に示した。

3．見出し・排列

　(1) 人名見出し

　　1) 本名・別名・旧名等のうち、一般に最も知られている名前を採用した。

　　2) 人名には、生没年、時代、職業・肩書きを簡潔に示した。

　　3) 見出しは人名の読みの五十音順に排列した。濁音・半濁音は清音扱い、促音・拗音は直音扱いとし、長音符は無視した。

　(2) 肖像が掲載された事典・美術全集等の資料は、刊行年の新しい順に排列した。

　(3) 各資料における肖像の所在は、以下のように示した。

　　1) 人名事典・歴史事典・百科事典では、各事典における人名見出し形が本書の人名見出しと同じ場合は所在指示を省略し、異なる場合のみ事典の人名見出し形を示した。

2)地方史資料・美術全集・写真集では、図版番号または掲載ページで示した。

4．記載事項

記載事項とその順序は以下の通りである。

人名見出し／生没年／時代／身分・職業／肩書き
肖像掲載資料の書名／巻次・各巻書名／出版者／出版年
肖像の所在／絵画・写真のタイトル／作者・撮影者／制作年代／彫刻の所蔵者

収録資料一覧

【あ】

会津大事典（国書刊行会 1985）
愛蔵版原色版国宝 12 桃山・江戸・明治（毎日新聞社 1976）
愛知県史 第2巻（愛知県 1938）
愛知県史 資料編34 近代11 教育（愛知県 2004）
愛知百科事典（中日新聞本社 1977）
青森県人名事典（東奥日報社 2002）
青森県百科事典（東奥日報社 1981）
秋田大百科事典（秋田魁新報社 1981）
朝日美術館 日本編 3 伊東深水（朝日新聞社 1995）
朝日美術館 日本編 4 小倉遊亀（朝日新聞社 1996）
朝日美術館 日本編 8 片岡球子（朝日新聞社 1997）
アート・ギャラリー・ジャパン 3（集英社 1987）
アート・ギャラリー・ジャパン 4（集英社 1987）
アート・ギャラリー・ジャパン 5（集英社 1986）
アート・ギャラリー・ジャパン 7（集英社 1987）
アート・ギャラリー・ジャパン 11（集英社 1987）
アート・ギャラリー・ジャパン 12（集英社 1986）
五十嵐与七遺作集 五十嵐与七撮影（五十嵐写真店 1974）
茨城県史 近世編（茨城県 1985）
茨城県大百科事典（茨城新聞社 1981）
入江泰吉写真集 法隆寺（小学館 1989）
入江泰吉写真集 東大寺（小学館 1992）
岩手百科事典 新版（岩手放送 1988）
上野彦馬と幕末の写真家たち（日本の写真家）（岩波書店 1997）
浮世絵ギャラリー 4 写楽の意気（小学館 2006）
浮世絵聚花 1（小学館 1983）
浮世絵聚花 2（小学館 1985）
浮世絵聚花 3（小学館 1978）
浮世絵聚花 4（小学館 1979）
浮世絵聚花 5（小学館 1980）
浮世絵聚花 6（小学館 1978）
浮世絵聚花 7（小学館 1979）
浮世絵聚花 8（小学館 1980）
浮世絵聚花 9（小学館 1981）
浮世絵聚花 10（小学館 1979）
浮世絵聚花 11（小学館 1979）
浮世絵聚花 12（小学館 1980）
浮世絵聚花 13（小学館 1981）
浮世絵聚花 14（小学館 1981）
浮世絵聚花 15（小学館 1980）
浮世絵聚花 16（小学館 1981）
浮世絵聚花 補巻1（小学館 1982）
浮世絵聚花 補巻2（小学館 1982）
浮世絵聚花名品選 写楽（小学館 1993）
浮世絵全集 1（河出書房新社 1957）
浮世絵全集 2（河出書房新社 1958）
浮世絵全集 3（河出書房新社 1956）
浮世絵全集 5（河出書房新社 1957）
浮世絵全集 6（河出書房新社 1956）
浮世絵大系 1（集英社 1974）
浮世絵大系 2（集英社 1973）
浮世絵大系 3（集英社 1974）
浮世絵大系 4（集英社 1975）
浮世絵大系 6（集英社 1973）
浮世絵大系 7（集英社 1973）
浮世絵大系 8（集英社 1974）
浮世絵大系 9（集英社 1975）
浮世絵大系 10（集英社 1974）
浮世絵大系 12（集英社 1974）
浮世絵の美百選（日本経済新聞社 1981）
浮世絵八華 1（平凡社 1985）
浮世絵八華 2（平凡社 1985）
浮世絵八華 3（平凡社 1984）
浮世絵八華 4（平凡社 1985）
浮世絵八華 5（平凡社 1984）
浮世絵八華 6（平凡社 1985）
浮世絵八華 7（平凡社 1985）
浮世絵八華 8（平凡社 1984）
浮世絵版画 2（集英社 1963）
浮世絵版画 3（集英社 1963）
浮世絵版画 5（集英社 1964）
浮世絵版画 6（集英社 1964）
浮世絵版画 7（集英社 1964）
浮世絵名作選集 1（山田書院 1968）
浮世絵名作選集 2（山田書院 1968）
浮世絵名作選集 4（山田書院 1968）
浮世絵名作選集 6（山田書院 1968）
浮世絵名作選集 10（山田書院 1968）
美しい日本 1（ぎょうせい 1988）
写された幕末―石黒敬七コレクション（明石書店 1990）
写された明治の静岡―徳川慶喜と明治の静岡写真

展（静岡市教育委員会 1998）
愛媛県百科大事典（愛媛新聞社 1985）
大分県歴史人物事典（大分合同新聞社 1996）
大分百科事典（大分放送 1980）
大阪府史 第5巻 近世編1（大阪府 1985）
大阪府史 第6巻 近世編2（大阪府 1987）
大阪府史 第7巻 近世編3（大阪府 1989）
岡山県大百科事典（山陽新聞社 1980）
岡山県歴史人物事典（山陽新聞社 1994）
岡山人名事典（日本文教出版 1978）
沖縄大百科事典（沖縄タイムス社 1983）

【か】

開化写真鏡 写真にみる幕末から明治へ（大和書房 1975）
香川県人物・人名事典（四国新聞社 1985）
香川県大百科事典（四国新聞社 1984）
鹿児島大百科事典（南日本新聞社 1981）
花鳥画の世界 1 やまと絵の四季─平安・鎌倉の花鳥（学習研究社 1982）
勝海舟─写真秘録（講談社 1974）
角川日本姓氏歴史人物大辞典 3 岩手県姓氏歴史人物大辞典（角川書店 1998）
角川日本姓氏歴史人物大辞典 4 宮城県姓氏家系大辞典（角川書店 1994）
角川日本姓氏歴史人物大辞典 10 群馬県姓氏家系大辞典（角川書店 1994）
角川日本姓氏歴史人物大辞典 14 神奈川県姓氏家系大辞典（角川書店 1993）
角川日本姓氏歴史人物大辞典 16 富山県姓氏家系大辞典（角川書店 1992）
角川日本姓氏歴史人物大辞典 17 石川県姓氏歴史人物大辞典（角川書店 1998）
角川日本姓氏歴史人物大辞典 20 長野県姓氏歴史人物大辞典（角川書店 1996）
角川日本姓氏歴史人物大辞典 22 静岡県姓氏家系大辞典（角川書店 1995）
角川日本姓氏歴史人物大辞典 23 愛知県（角川書店 1991）
角川日本姓氏歴史人物大辞典 26 京都市姓氏歴史人物大辞典（角川書店 1997）
角川日本姓氏歴史人物大辞典 35 山口県（角川書店 1991）
角川日本姓氏歴史人物大辞典 46 鹿児島県姓氏家系大辞典（角川書店 1994）
角川日本姓氏歴史人物大辞典 47 沖縄県姓氏家系大辞典（角川書店 1992）
神奈川県史 通史編2 近世（1）（神奈川県 1981）
神奈川県史 通史編3 近世（2）（神奈川県 1983）
神奈川県史 通史編4 近代・現代（1）政治・行政1（財団法人神奈川県弘済会 1980）
神奈川県史 各論編1 政治・行政（神奈川県 1983）
神奈川県史 各論編3 文化（神奈川県 1980）
神奈川県史 各論編3 文化（神奈川県 1980）
神奈川県史 資料編7 近世（4）（神奈川県 1975）
神奈川県百科事典（大和書房 1983）
鎌倉事典（東京堂出版 1992）
河井継之助写真集 横村克宏写真（新人物往来社 1986）
岐阜県史 通史編 近世上（岐阜県 1968）
岐阜県史 通史編 近世下（岐阜県 1972）
岐阜県史 史料編 近代1（岐阜県 1998）
岐阜県史 通史編 近代中（岐阜県 1970）
岐阜県百科事典（岐阜日日新聞社 1968）
京都大事典（淡交社 1984）
京都大事典 府域編（淡交社 1994）
京都府百年の資料 8 美術工芸編（京都府 1972）
郷土歴史人物事典 茨城（第一法規出版 1978）
郷土歴史人物事典 愛媛（第一法規出版 1978）
郷土歴史人物事典 香川（第一法規出版 1978）
郷土歴史人物事典 神奈川（第一法規出版 1980）
郷土歴史人物事典 岐阜（第一法規出版 1980）
郷土歴史人物事典 群馬（第一法規出版 1978）
郷土歴史人物事典 滋賀（第一法規出版 1979）
郷土歴史人物事典 千葉（第一法規出版 1980）
郷土歴史人物事典 栃木（第一法規出版 1977）
郷土歴史人物事典 長崎（第一法規出版 1979）
郷土歴史人物事典 長野（第一法規出版 1978）
郷土歴史人物事典 奈良（第一法規出版 1981）
郷土歴史人物事典 福井（第一法規出版 1985）
郷土歴史人物事典 和歌山（第一法規出版 1979）
巨匠の日本画 6 鏑木清方（学習研究社 1994）
巨匠の日本画 7 安田靫彦（学習研究社 1994）
巨匠の日本画 8 前田青邨（学習研究社 1994）
巨匠の日本画 9 村上華岳（学習研究社 1994）
御物聚成 絵画1（朝日新聞社 1977）
近代日本版画大系 1（毎日新聞社 1975）
近代日本版画大系 3（毎日新聞社 1976）
近代日本洋画素描大系 1（講談社 1985）
熊本県大百科事典（熊本日日新聞社 1982）
群馬県史 通史編4 近世1 政治（群馬県 1990）
群馬県史 通史編6 近世3 生活・文化（群馬県 1992）
群馬県史 通史編7 近現代1 政治・社会（群馬県 1991）
群馬県史 通史編9 近現代3 教育・文化（群馬県 1990）
群馬県史 資料編14 近世6（群馬県 1986）
群馬県史 資料編16 近世8（群馬県 1988）
群馬県人名大事典（上毛新聞社 1982）
群馬県百科事典（上毛新聞社 1979）
原色現代日本の美術 1（小学館 1980）
原色現代日本の美術 2（小学館 1979）

収録資料一覧

原色現代日本の美術 3（小学館 1978）
原色現代日本の美術 4（小学館 1978）
原色現代日本の美術 5（小学館 1977）
原色現代日本の美術 9（小学館 1980）
原色現代日本の美術 12（小学館 1979）
原色現代日本の美術 13 彫刻（小学館 1979）
原色日本の美術 2 法隆寺（小学館 1966）
原色日本の美術 3 奈良の寺院と天平彫刻（小学館 1966）
原色日本の美術 5 密教寺院と貞観彫刻（小学館 1978）
原色日本の美術 6 阿弥陀堂と藤原彫刻（小学館 1969）
原色日本の美術 8 絵巻物（小学館 1968）
原色日本の美術 9 中世寺院と鎌倉彫刻（小学館 1968）
原色日本の美術 11 水墨画（小学館 1970）
原色日本の美術 13 障屏画（小学館 1967）
原色日本の美術 14 宗達と光琳（小学館 1969）
原色日本の美術 17（小学館 1968）
原色日本の美術 18 南画と写生画（小学館 1969）
原色日本の美術 23 面と肖像（小学館 1971）
原色日本の美術 24（小学館 1971）
原色日本の美術 25 南蛮美術と洋風画（小学館 1970）
原色日本の美術 26（小学館 1972）
原色日本の美術 27（小学館 1971）
原色日本の美術 28 近代の建築・彫刻・工芸（小学館 1972）
原色日本の美術(改訂版) 2 法隆寺（小学館 1994）
原色日本の美術(改訂版) 3 奈良の寺院と天平彫刻（小学館 1994）
原色日本の美術(改訂版) 5 密教寺院と貞観彫刻（小学館 1994）
原色日本の美術(改訂版) 6 阿弥陀堂と藤原彫刻（小学館 1994）
原色日本の美術(改訂版) 改訂第三版 8 絵巻物（小学館 1994）
原色日本の美術(改訂版) 改訂第三版 9 中世寺院と鎌倉彫刻（小学館 1994）
原色日本の美術(改訂版) 改訂第三版 10 禅寺と石庭（小学館 1968）
原色日本の美術(改訂版) 改訂第三版 11 水墨画（小学館 1994）
原色日本の美術(改訂版) 改訂第三版 13 障屏画（小学館 1994）
原色日本の美術(改訂版) 改訂第三版 14 宗達と光琳（小学館 1994）
原色日本の美術(改訂版) 改訂第三版 19 南画と写生画（小学館 1994）
原色日本の美術(改訂版) 改訂第三版 20 南蛮美術と洋風画（小学館 1994）

原色日本の美術(改訂版) 改訂第三版 21 面と肖像（小学館 1994）
原色日本の美術(改訂版) 改訂第二版 27 在外美術（小学館 1994）
原色日本の美術(改訂版) 改訂第三版 32 近代の建築・彫刻・工芸（小学館 1994）
原色版国宝 1 上古 飛鳥 奈良1（毎日新聞社 1976）
原色版国宝 3 平安1（毎日新聞社 1976）
原色版国宝 4 平安2（毎日新聞社 1976）
原色版国宝 5 平安3（毎日新聞社 1976）
原色版国宝 6 平安4（毎日新聞社 1976）
原色版国宝 7 鎌倉1（毎日新聞社 1976）
原色版国宝 8 鎌倉2（毎日新聞社 1976）
原色版国宝 10 鎌倉4（毎日新聞社 1976）
現代日本絵巻全集 10（小学館 1984）
現代日本画全集 9（集英社 1982）
現代日本画全集 16（集英社 1983）
現代日本画全集 18（集英社 1980）
現代日本の美術 1（集英社 1976）
現代日本の美術 2（集英社 1975）
現代日本の美術 3（集英社 1976）
現代日本の美術 10（集英社 1975）
現代日本の美術 12（集英社 1975）
現代日本の美術 13（集英社 1976）
現代日本美術全集 1（角川書店 1955）
現代日本美術全集 3（角川書店 1955）
現代日本美術全集 5（角川書店 1955）
現代日本美術全集 1（集英社 1973）
現代日本美術全集 2（集英社 1971）
現代日本美術全集 3（集英社 1972）
現代日本美術全集 4（集英社 1972）
現代日本美術全集 5（集英社 1971）
現代日本美術全集 7（集英社 1972）
現代日本美術全集 13（集英社 1973）
現代日本美術全集 14（集英社 1974）
現代日本美術全集 15（集英社 1973）
現代日本美人画全集 3（集英社 1979）
現代日本美人画全集 5（集英社 1979）
現代日本美人画全集 6（集英社 1979）
現代日本美人画全集 7（集英社 1978）
現代日本美人画全集 9（集英社 1979）
現代の水彩画 5（第一法規出版 1984）
現代の水墨画 3（講談社 1984）
現代の水墨画 5（講談社 1984）
現代の水墨画 9（講談社 1984）
現代の日本画 2（三彩社 1968）
現代の日本画 3（三彩社 1968）
現代の日本画 4（学習研究社 1991）
現代の日本画 6（学習研究社 1991）
皇室の至宝 御物 9 障屏・調度4（毎日新聞社

(8) 歴史人物肖像索引

収録資料一覧

1992）
皇室の至宝第1期 御物 1 絵画1（毎日新聞社 1991）
皇室の至宝第1期 御物 2 絵画2（毎日新聞社 1991）
皇室の至宝第1期 御物 3（毎日新聞社 1991）
皇族・華族古写真帖 愛蔵版（新人物往来社 2003）
講談社日本人名大辞典（講談社 2001）
高知県人名事典 新版（高知新聞社 1999）
高知県百科事典（高知新聞社 1976）
国史大辞典（吉川弘文館 1979～1993）
国宝 1（毎日新聞社 1963）
国宝 2（毎日新聞社 1964）
国宝 3（毎日新聞社 1965）
国宝 4（毎日新聞社 1966）
国宝 5（毎日新聞社 1966）
国宝 1 南北朝・室町・桃山・江戸時代（毎日新聞社 1967）
国宝 2 絵画2（毎日新聞社 増補改訂版 1984）
国宝 3 絵画3（毎日新聞社 1984）
国宝・重要文化財大全 1 絵画（上巻）（毎日新聞社 1997）
国宝・重要文化財大全 2 絵画（下巻）（毎日新聞社 1999）
国宝・重要文化財大全 4 彫刻（下巻）（毎日新聞社 1999）
国宝・重要文化財 仏教美術 中国1（岡山・鳥取）（小学館 1979）
国宝・重要文化財 仏教美術 中国2（広島）（奈良国立博物館 1980）
国宝・重要文化財 仏教美術 中国3（島根・山口）（奈良国立博物館 1977）
国宝・重要文化財 仏教美術 四国1（徳島・香川）（奈良国立博物館 1973）
国宝・重要文化財 仏教美術 四国2（小学館 1974）
国宝・重要文化財 仏教美術 九州1（福岡）（小学館 1976）
国宝・重要文化財 仏教美術 九州2（小学館 1975）
国宝図録 再版 1（文化財協会 1952）
国宝図録 2（文化財協会 1953）
国宝図録 3（文化財協会 1955）
国宝図録 4（文化財協会 1953）
国宝図録 7（便利堂（印刷）1961）
国宝 増補改訂版 1 絵画1（毎日新聞社 1984）
国宝 増補改訂版 4 彫刻1（毎日新聞社 1984）
国宝 増補改訂版 5 彫刻2（毎日新聞社 1984）
国宝大事典 1 絵画（講談社 1985）
国宝大事典 2 彫刻（講談社 1985）
国宝百撰 平山郁夫（毎日新聞社 1992）
古今東西落語家事典（平凡社 1989）

【さ】

在外日本の至宝 1 仏教絵画（毎日新聞社 1980）
在外日本の至宝 2 絵巻物（毎日新聞社 1980）
在外日本の至宝 4 障屏画（毎日新聞社 1980）
在外日本の至宝 5 琳派（毎日新聞社 1979）
在外日本の至宝 6 文人画・諸派（毎日新聞社 1980）
在外日本の至宝 7（毎日新聞社 1980）
在外日本の至宝 8 彫刻（毎日新聞社 1980）
在外秘宝 1 障屏画・琳派・文人画（学習研究社 1969）
在外秘宝 2 仏教絵画・大和絵・水墨画（学習研究社 1969）
在外秘宝―欧米収蔵浮世絵集成 鈴木春信（学習研究社 1972）
在外秘宝―欧米収蔵浮世絵集成 東洲斎写楽（学習研究社 1972）
在外秘宝―欧米収蔵浮世絵集成 鳥居清長（学習研究社 1972）
在外秘宝―欧米収蔵浮世絵集成 葛飾北斎（学習研究社 1972）
在外秘宝―欧米収蔵浮世絵集成 歌川広重（学習研究社 1973）
在外秘宝―欧米収蔵浮世絵集成 喜多川歌麿（学習研究社 1973）
在外秘宝―欧米収蔵日本絵画集成 肉筆浮世絵（学習研究社 1969）
埼玉人物事典（埼玉県 1998）
埼玉大百科事典 1～5（埼玉新聞社 1974～1975）
佐賀県大百科事典（佐賀新聞社 1983）
坂本竜馬写真集（新人物往来社 1982）
士―日本のダンディズム（二玄社 2003）
サムライ古写真帖（新人物往来社 2004）
滋賀県史 昭和編 第6巻 教育文化編（滋賀県 1985）
滋賀県百科事典（大和書房 1984）
静岡県史 通史編3 近世1（静岡県 1997）
静岡県史 通史編4 近世2（静岡県 1997）
静岡県史 資料編9 近世1（静岡県 1992）
静岡県史 資料編14 近世6（静岡県 1989）
静岡県史 資料編15 近世7（静岡県 1991）
静岡県歴史人物事典（静岡新聞社 1991）
静岡大百科事典（静岡新聞社 1978）
島根県大百科事典 上（あ～そ）、下（た～ん）（山陰中央新報社 1982）
島根県歴史人物事典（山陰中央新報社 1997）
下岡蓮杖写真集 限定版 下岡蓮杖撮影（新潮社 1999）
写真集 坂本竜馬の生涯（新人物往来社 1989）
写真集 高杉晋作の生涯（新人物往来社 1989）
写真集 甦る幕末（朝日新聞社 1987）

収録資料一覧

写真図説 明治天皇（講談社 1968）
写真の開祖上野彦馬 上野彦馬撮影（産業能率短期大学出版部 1975）
重要文化財 5 彫刻5（毎日新聞社 1974）
重要文化財 6 彫刻6（毎日新聞社 1975）
重要文化財 8 絵画2（毎日新聞社 1973）
重要文化財 9 絵画3（毎日新聞社 1974）
重要文化財 10 絵画4（毎日新聞社 1974）
重要文化財 11 絵画5（毎日新聞社 1975）
重要文化財 30 補遺（毎日新聞社 1977）
重要文化財 31 補遺2（毎日新聞社 1982）
将軍のフォトグラフィー──写真にみる徳川慶喜・昭武兄弟（松戸市戸定歴史館 1992）
昭和の日本画100選（朝日新聞社 1991）
昭和の美術 1 元年～10年（毎日新聞社 1990）
昭和の美術 2（毎日新聞社 1990）
昭和の美術 4（毎日新聞社 1990）
昭和の美術 5（毎日新聞社 1990）
昭和の美術 6（毎日新聞社 1991）
昭和の文化遺産 1（ぎょうせい 1990）
昭和の文化遺産 2（ぎょうせい 1991）
昭和の文化遺産 5 彫刻（ぎょうせい 1990）
昭和の文化遺産 9（ぎょうせい 1991）
書府太郎──石川県大百科事典 改訂版 上 人物/歴史/文化財/宗教/民俗・生活/医療・福祉（北国新聞社 2004）
新修日本絵巻物全集 6 粉河寺縁起絵・吉備大臣入唐絵（角川書店 1977）
新修日本絵巻物全集 11 一遍聖絵（角川書店 1975）
新修日本絵巻物全集 12 西行物語絵巻・当麻曼荼羅縁起（角川書店 1977）
新修日本絵巻物全集 14 法然上人絵伝（角川書店 1977）
新修日本絵巻物全集 16 春日権現験記絵（角川書店 1978）
新修日本絵巻物全集 20 善信聖人絵・慕帰絵（角川書店 1978）
新修日本絵巻物全集 26 天子摂関御影・公家列影図・中殿御会図・随身庭騎絵巻（角川書店 1978）
新修日本絵巻物全集 30 直幹申文絵詞・能恵法師絵詞・因幡堂縁起・頬焼阿弥陀縁起・不動利益縁起・誉田宗廟縁起（角川書店 1980）
新修日本絵巻物全集 別巻1 弘法大師伝絵巻・融通念仏縁起絵・槙峯寺建立修行縁起（角川書店 1980）
新編埼玉県史 通史編3（埼玉県 1988）
新編埼玉県史 通史編4（埼玉県 1989）
新編埼玉県史 通史編5 近代1（埼玉県 1988）
新編埼玉県史 通史編6 近代2（埼玉県 1989）
新編埼玉県史 資料編26 近代・現代8 教育・文化2（埼玉県 1990）

新篇初期版画 枕絵（学習研究社 1995）
新編 名宝日本の美術 1 法隆寺（小学館 1990）
新編 名宝日本の美術 2 薬師寺（小学館 1990）
新編 名宝日本の美術 4 東大寺（小学館 1990）
新編 名宝日本の美術 6 唐招提寺（小学館 1990）
新編 名宝日本の美術 7 東寺と高野山（小学館 1992）
新編 名宝日本の美術 8 神護寺と室生寺（小学館 1992）
新編 名宝日本の美術 10 源氏物語絵巻（小学館 1991）
新編 名宝日本の美術 14 雪舟（小学館 1991）
新編 名宝日本の美術 15 五山と禅院（小学館 1991）
新編 名宝日本の美術 20 永徳・等伯（小学館 1991）
新編 名宝日本の美術 21 友松・山楽（小学館 1991）
新編 名宝日本の美術 23 光悦・宗達（小学館 1990）
新編 名宝日本の美術 24 光琳・乾山（小学館 1990）
新編 名宝日本の美術 27 若冲・蕭白（小学館 1991）
新編 名宝日本の美術 29（小学館 1991）
新編 名宝日本の美術 30（小学館 1991）
水墨画 1（毎日新聞社 1971）
水墨画の巨匠 1 雪舟（講談社 1993）
水墨画の巨匠 2 雪村（講談社 1995）
水墨画の巨匠 7 白隠・仙厓（講談社 1995）
水墨画の巨匠 8 蕭白（講談社 1995）
水墨画の巨匠 11 大雅（講談社 1994）
水墨画の巨匠 12 蕪村（講談社 1994）
水墨美術大系 1 白描画から水墨画への展開（講談社 1975）
水墨美術大系 5 可翁・黙庵・明兆（講談社 1974）
水墨美術大系 6 如拙・周文・三阿弥（講談社 1974）
水墨美術大系 7 雪舟・雪村（講談社 1973）
水墨美術大系 10 光悦・宗達・光琳（講談社 1975）
水墨美術大系 13 玉堂・木米（講談社 1975）
水墨美術大系 15（講談社 1974）
水墨美術大系 別巻1 日本の南画（講談社 1976）
世界大百科事典（平凡社 1964～1967）
世界伝記大事典（ほるぷ出版 1978）
セピア色の肖像（朝日ソノラマ 2000）
戦国合戦絵屏風集成 別巻 戦国武家風俗図（中央公論社 1981）
全集浮世絵版画 1（集英社 1972）
全集浮世絵版画 2（集英社 1972）
全集浮世絵版画 4（集英社 1972）

(10)　歴史人物肖像索引

全集浮世絵版画 5（集英社 1971）
全集日本の古寺 2 鎌倉と東国の古寺（集英社 1984）
全集日本の古寺 4 甲斐・東海の古寺（集英社 1985）
全集日本の古寺 5 石山寺と近江の古寺（集英社 1985）
全集日本の古寺 8 京の浄土教寺院（集英社 1984）
全集日本の古寺 9 京の禅寺（集英社 1984）
全集日本の古寺 10 法隆寺と斑鳩・生駒の古寺（集英社 1984）
全集日本の古寺 11 東大寺・新薬師寺（集英社 1984）
全集日本の古寺 12 興福寺と奈良の古寺（集英社 1984）
全集日本の古寺 13 薬師寺・唐招提寺（集英社 1984）
全集日本の古寺 14 飛鳥・南大和の古寺（集英社 1984）
全集日本の古寺 17 山陰・山陽の古寺（集英社 1985）
続々日本絵巻大成 伝記・縁起篇 1 善信聖人親鸞伝絵（中央公論社 1994）
続々日本絵巻大成 伝記・縁起篇 2 日蓮聖人註画讃（中央公論社 1993）
続々日本絵巻大成 伝記・縁起篇 3 西行法師行状絵巻（中央公論社 1995）
続日本絵巻大成 1 法然上人絵伝 上（中央公論社 1981）
続日本絵巻大成 2 法然上人絵伝 中（中央公論社 1981）
続日本絵巻大成 3 法然上人絵伝 下（中央公論社 1981）
続日本絵巻大成 5 弘法大師行状絵詞 上（中央公論社 1982）
続日本絵巻大成 6 弘法大師行状絵詞 下（中央公論社 1983）
続日本絵巻大成 14 春日権現験記絵 上（中央公論社 1982）
続日本絵巻大成 15 春日権現験記絵 下（中央公論社 1982）
続日本絵巻大成 18 随身庭騎絵巻・中殿御会図・公家列影図・天子摂関御影（中央公論社 1983）
続日本の絵巻 1 法然上人絵伝 上（中央公論社 1990）
続日本の絵巻 2 法然上人絵伝 中（中央公論社 1990）
続日本の絵巻 3 法然上人絵伝 下（中央公論社 1990）
続日本の絵巻 10 弘法大師行状絵詞 上（中央公論社 1990）
続日本の絵巻 11 弘法大師行状絵詞 下（中央公論社 1990）

続日本の絵巻 12 随身庭騎絵巻・中殿御会図・公家列影図・天子摂関御影（中央公論社 1991）
続日本の絵巻 13 春日権現験記絵 上（中央公論社 1991）
続日本の絵巻 14 春日権現験記絵 下（中央公論社 1991）
続 日本の彫刻 関東（美術出版社 1965）

【た】

大日本百科事典（小学館 1967～1971）
高杉晋作写真集（新人物往来社 1984）
千葉県の歴史 通史編 近現代1（千葉県 2002）
千葉県の歴史 資料編 近現代7（社会・教育・文化1）（発行 千葉県 1998）
千葉大百科事典（千葉日報社 1982）
東京百年史 第一巻（ぎょうせい 1979）
東京百年史 第二巻 首都東京の成立(明治前期)（ぎょうせい 1979）
東京百年史 第三巻 「東京人」の形成(明治後期)（ぎょうせい 1979）
東京百年史 第四巻 大都市への成長(大正期)（ぎょうせい 1979）
徳島県百科事典（徳島新聞社 1981）
徳島県歴史人物鑑—徳島県人名事典 別冊（徳島新聞社 1994）
読者所蔵「古い写真」館（朝日新聞社 1986）
栃木県史 通史編4 近世一（栃木県 1981）
栃木県史 通史編5 近世二（栃木県 1984）
栃木県史 通史編6・近現代一（栃木県 1982）
栃木県史 史料編・近世八（栃木県 1977）
栃木県大百科事典（栃木県大百科事典刊行会 1980）
栃木県歴史人物事典（下野新聞社 1995）
鳥取県大百科事典（新日本海新聞社 1984）
土門拳 日本の彫刻 1 飛鳥・奈良（美術出版社 1979）
土門拳 日本の彫刻 2 平安前期（美術出版社 1980）
土門拳 日本の彫刻 3 平安後期・鎌倉（美術出版社 1980）
富山県文学事典（桂書房 1992）
富山大百科事典（北日本新聞社 1994）

【な】

長崎県大百科事典（長崎新聞社 1984）
長崎事典 第2巻 歴史編1988年版（長崎文献社 1988）
長野県百科事典 補訂版（信濃毎日新聞社 1981）
長野県歴史人物大事典（郷土出版社 1989）
奈良県史 第6巻 寺院（名著出版 1991）

収録資料一覧

奈良県史 第9巻 文学―風土と文学―（名著出版 1984）
奈良の寺 5 法隆寺 夢殿観音と百済観音（岩波書店 1973）
奈良の寺 14 東大寺 大仏と大仏殿（岩波書店 1974）
奈良の寺 17 東大寺 南大門と二王（岩波書店 1975）
奈良の寺 20 唐招提寺 鑑真像と木彫群（岩波書店 1975）
奈良の寺 21 西大寺 舎利塔 十二天（岩波書店 1974）
奈良六大寺大観 2 法隆寺 2（岩波書店 1968）
奈良六大寺大観 3 法隆寺 3（岩波書店 1969）
奈良六大寺大観 4 法隆寺 4（岩波書店 1971）
奈良六大寺大観 5 法隆寺5（岩波書店 1971）
奈良六大寺大観 6 薬師寺 全（岩波書店 1970）
奈良六大寺大観 10 東大寺 2（岩波書店 1968）
奈良六大寺大観 11 東大寺 3（岩波書店 1972）
奈良六大寺大観 12 唐招提寺（岩波書店 1969）
奈良六大寺大観 13 唐招提寺 2（岩波書店 1972）
奈良六大寺大観 14 西大寺 全（岩波書店 1973）
新潟県大百科事典 上, 下（新潟日報事業社 1977）
新潟県大百科事典 別巻（新潟日報事業社 1977）
肉筆浮世絵 1（集英社 1982）
肉筆浮世絵 2（集英社 1982）
肉筆浮世絵 3（集英社 1982）
肉筆浮世絵 4（集英社 1982）
肉筆浮世絵 5（集英社 1983）
肉筆浮世絵 6（集英社 1981）
肉筆浮世絵 7（集英社 1982）
肉筆浮世絵 8（集英社 1981）
肉筆浮世絵 9（集英社 1982）
肉筆浮世絵 10（集英社 1983）
肉筆浮世絵集成 1（毎日新聞社 1977）
肉筆浮世絵集成 2（毎日新聞社 1977）
肉筆浮世絵大観 1 東京国立博物館I（講談社 1994）
肉筆浮世絵大観 2 東京国立博物館II（講談社 1995）
肉筆浮世絵大観 3 出光美術館（講談社 1996）
肉筆浮世絵大観 5 太田記念美術館/北斎館/板橋区立美術館（講談社 1996）
肉筆浮世絵大観 6 麻布美術工芸館（講談社 1995）
肉筆浮世絵大観 7 万野美術館（講談社 1996）
肉筆浮世絵大観 8 ニューオータニ美術館（講談社 1995）
肉筆浮世絵大観 9 奈良県立美術館/京都府立総合資料館（講談社 1996）
肉筆浮世絵大観 10 千葉市美術館（講談社 1995）
20世紀の美 日本の絵画100選（日本経済新聞社 2000）
日本絵画館 2 奈良・平安1（講談社 1971）
日本絵画館 3 平安2（講談社 1970）
日本絵画館 4 鎌倉（講談社 1970）
日本絵画館 5 室町（講談社 1971）
日本絵画館 6 桃山（講談社 1969）
日本絵画館 7 江戸1（講談社 1970）
日本絵画館 8 江戸2（講談社 1970）
日本絵画館 9（講談社 1970）
日本絵画館 10（講談社 1971）
日本絵画百選（日本経済新聞社 1979）
日本絵画名作101選（小学館 2005）
日本画素描大観 2（講談社 1983）
日本画素描大観 3（講談社 1983）
日本画素描大観 4（講談社 1984）
日本画素描大観 5（講談社 1984）
日本画素描大観 7（講談社 1983）
日本近代絵画全集 4（講談社 1962）
日本近代絵画全集 14（講談社 1963）
日本近代絵画全集 18（講談社 1963）
日本近代絵画全集 20（講談社 1964）
日本近代絵画全集 21（講談社 1962）
日本近代絵画全集 23（講談社 1963）
日本近代絵画全集 24（講談社 1964）
日本近代文学大事典 1～3（講談社 1977）
日本芸術の創跡 1996年度版（世界文芸社 1996）
日本芸術の創跡 1998年度版（世界文芸社 1998）
日本芸術の創跡 2000年度版 世紀末の夢、新世紀への波濤（世界文芸社 2000）
日本芸術の創跡 2001年度版 100年のかたち（世界文芸社 2001）
日本芸術の創跡 2002年度版 真実の美術（世界文芸社 2002）
日本芸術の創跡 2003年度版 近・現代アジア美術の風（世界文芸社 2003）
日本芸術の創跡 2004年度版 永劫の美～国宝・重要文化財で繙く日本美術～（世界文芸社 2004）
日本芸術の創跡 2005年度版 美の栄華～プラトン・アカデメイアの系譜、サロン・アカデミーへ～（世界文芸社 2005）
日本現代美術 絵画1（形象社 1986）
日本古寺美術全集 1 法隆寺と飛鳥の古寺（集英社 1979）
日本古寺美術全集 2 法隆寺と斑鳩の古寺（集英社 1979）
日本古寺美術全集 3 薬師寺と唐招提寺（集英社 1979）
日本古寺美術全集 4 東大寺と新薬師寺・法華寺（集英社 1980）
日本古寺美術全集 5 興福寺と元興寺（集英社 1980）
日本古寺美術全集 6 西大寺と奈良の古寺（集英社

(12) 歴史人物肖像索引

1983）
日本古寺美術全集 7 四天王寺と河内の古寺（集英社 1981）
日本古寺美術全集 8 室生寺と南大和の古寺（集英社 1982）
日本古寺美術全集 9 神護寺と洛西・洛北の古寺（集英社 1981）
日本古寺美術全集 10 延暦寺・園城寺と西教寺（集英社 1980）
日本古寺美術全集 11 石山寺と近江の古寺（集英社 1981）
日本古寺美術全集 12 教王護国寺と広隆寺（集英社 1980）
日本古寺美術全集 13 金剛峯寺と吉野・熊野の古寺（集英社 1983）
日本古寺美術全集 14 醍醐寺と仁和寺・大覚寺（集英社 1982）
日本古寺美術全集 15 平等院と南山城の古寺（集英社 1980）
日本古寺美術全集 17 鎌倉と東国の古寺（集英社 1981）
日本古寺美術全集 18 北陸・信濃・東海の古寺（集英社 1983）
日本古寺美術全集 19 山陰・山陽の古寺（集英社 1982）
日本古寺美術全集 21 本願寺と知恩院（集英社 1982）
日本古寺美術全集 22 京の五山（集英社 1983）
日本古寺美術全集 23 大徳寺（集英社 1979）
日本古寺美術全集 24 妙心寺（集英社 1982）
日本古寺美術全集 25 三十三間堂と洛中・東山の古寺（集英社 1981）
日本史大事典（平凡社 1992～1994）
日本写真史 1840-1945（平凡社 1971）
日本写真全集 1 写真の幕あけ（小学館 1985）
日本写真全集 5 人物と肖像（小学館 1986）
日本人名大事典 1～6（平凡社 1979（覆刻））
日本水墨名品図譜 1 水墨画の成立（毎日新聞社 1993）
日本水墨名品図譜 2 雪舟と友松（毎日新聞社 1992）
日本大百科全書（小学館 1984～1988）
日本の浮世絵美術館 1 北海道・東北・関東I（角川書店 1996）
日本の浮世絵美術館 2 関東II・東京I（角川書店 1996）
日本の浮世絵美術館 3 東京II（角川書店 1996）
日本の浮世絵美術館 4 東京III・中部I（角川書店 1996）
日本の浮世絵美術館 5 中部II・近畿I（角川書店 1996）
日本の浮世絵美術館 6 近畿II・中国・四国・九州・沖縄（角川書店 1996）

日本の絵巻 3 吉備大臣入唐絵巻（中央公論社 1987）
日本の絵巻 10 葉月物語絵巻・枕草子絵詞・隆房卿艶詞絵巻（中央公論社 1988）
日本の絵巻 19 西行物語絵巻（中央公論社 1988）
日本の絵巻 20 一遍上人絵伝（中央公論社 1988）
日本の絵画 国宝50選（毎日新聞社 1970）
日本の写真家 1（岩波書店 1997）
日本の障壁画 飛鳥―室町編（毎日新聞社 1979）
日本の障壁画 室町―桃山編（毎日新聞社 1979）
日本の石仏 2 四国篇（国書刊行会 1983）
日本の石仏 3 山陰・山陽篇（国書刊行会 1984）
日本の石仏 4 近畿篇（国書刊行会 1983）
日本の石仏 5 北陸篇（国書刊行会 1983）
日本の石仏 6 甲信・東海篇（国書刊行会 1983）
日本の石仏 7 南関東篇（国書刊行会 1983）
日本の石仏 8 北関東篇（国書刊行会 1983）
日本の石仏 10 離島篇（国書刊行会 1983）
日本の彫刻 4 天平時代（美術出版社 1951）
日本の彫刻 5 平安時代（美術出版社 1952）
日本の彫刻 6 鎌倉時代（美術出版社 1952）
日本の美 富士（美術年鑑 2000）
日本の美術 1 日本美術入門（平凡社 1966）
日本の美術 4 法隆寺（平凡社 1965）
日本の美術 7 奈良の寺（平凡社 1965）
日本の美術 10 やまと絵（平凡社 1964）
日本の美術 11 運慶と鎌倉彫刻（平凡社 1964）
日本の美術 12 周文から雪舟へ（平凡社 1969）
日本の美術 17 桃山の風俗画（平凡社 1967）
日本の美術 18 宗達と光琳（平凡社 1965）
日本の美術 22（平凡社 1964）
日本の美術 1（旺文社 1976）
日本の美術 2（旺文社 1976）
日本の美術 水墨画（美術年鑑社 2002）
日本の美術 女性画家の全貌。―疾走する美のアスリートたち（美術年鑑社 2003）
日本の美術百選（朝日新聞社 1999）
日本の仏像大百科 再版 5 習合神・高僧（ぎょうせい 1991）
日本の名画 歌麿（平凡社 1956）
日本の名画 北斎（平凡社 1956）
日本の名画 3 長谷川等伯（講談社 1974）
日本の名画 4 俵屋宗達（講談社 1973）
日本の名画 5 尾形光琳（講談社 1973）
日本の名画 7 池大雅（講談社 1973）
日本の名画 8 与謝蕪村（講談社 1974）
日本の名画 13（講談社 1972）
日本の名画 14（講談社 1974）
日本の名画 19（講談社 1973）
日本の名画 23（講談社 1974）
日本の名画 25（講談社 1974）

収録資料一覧

日本の名画 26（講談社 1973）
日本の名画 32（講談社 1973）
日本の名画 1（中央公論社 1976）
日本の名画 2（中央公論社 1976）
日本の名画 3（中央公論社 1975）
日本の名画 5（中央公論社 1975）
日本の名画 10（中央公論社 1975）
日本の名画 12（中央公論社 1975）
日本の名画 13（中央公論社 1976）
日本の名画 14（中央公論社 1976）
日本の名画 15（中央公論社 1977）
日本の名画 16（中央公論社 1976）
日本の名画 19（中央公論社 1975）
日本の幽霊名画集（人類文化社 2000）
日本版画美術全集 2（講談社 1961）
日本版画美術全集 3（講談社 1961）
日本版画美術全集 4（講談社 1960）
日本版画美術全集 5（講談社 1960）
日本版画美術全集 6（講談社 1961）
日本版画美術全集 7（講談社 1962）
日本美術絵画全集 1 可翁/明兆（集英社 1977）
日本美術絵画全集 3 曾我蛇足（集英社 1980）
日本美術絵画全集 4 雪舟（集英社 1976）
日本美術絵画全集 5 土佐光信（集英社 1979）
日本美術絵画全集 6 相阿弥/祥啓（集英社 1979）
日本美術絵画全集 7 狩野正信/元信（集英社 1978）
日本美術絵画全集 8 雪村（集英社 1980）
日本美術絵画全集 9 狩野永徳/光信（集英社 1978）
日本美術絵画全集 10 長谷川等伯（集英社 1979）
日本美術絵画全集 12 狩野山楽/山雪（集英社 1976）
日本美術絵画全集 13 岩佐又兵衛（集英社 1980）
日本美術絵画全集 14 俵屋宗達（集英社 1976）
日本美術絵画全集 15 狩野探幽（集英社 1978）
日本美術絵画全集 16 守景/一蝶（集英社 1978）
日本美術絵画全集 17 尾形光琳（集英社 1976）
日本美術絵画全集 18 池大雅（集英社 1979）
日本美術絵画全集 20 浦上玉堂（集英社 1978）
日本美術絵画全集 21 木米/竹田（集英社 1977）
日本美術絵画全集 22 応挙/呉春（集英社 1977）
日本美術絵画全集 24 渡辺崋山（集英社 1977）
日本美術館 1 原始・飛鳥時代（筑摩書房 1971）
日本美術館 2 奈良時代（筑摩書房 1971）
日本美術館 5 鎌倉時代（筑摩書房 1972）
日本美術館 6 室町時代（筑摩書房 1972）
日本美術館 9（筑摩書房 1972）
日本美術館 10 江戸時代 下（筑摩書房 1972）
日本美術全集 2 飛鳥・白鳳の美術1 法隆寺と斑鳩の寺（学習研究社 1978）
日本美術全集 4 天平の美術1 南都七大寺（学習研究社 1977）
日本美術全集 6 密教の美術—東寺/神護寺/室生寺（学習研究社 1980）
日本美術全集 7 浄土教の美術—平等院鳳凰堂（学習研究社 1978）
日本美術全集 10 鎌倉の絵画 絵画と肖像画（学習研究社 1979）
日本美術全集 11 神道の美術—春日/日吉/熊野（学習研究社 1979）
日本美術全集 12 鎌倉の彫刻・建築 運慶と快慶（学習研究社 1978）
日本美術全集 13 禅宗の美術1 禅院と庭園（学習研究社 1979）
日本美術全集 14 禅宗の美術 墨跡と禅宗絵画（学習研究社 1979）
日本美術全集 16 室町の水墨画 雪舟/雪村/元信（学習研究社 1980）
日本美術全集 18 近世武将の美術 姫路城と二条城（学習研究社 1979）
日本美術全集 21 琳派 光悦/宗達/光琳（学習研究社 1979）
日本美術全集 22（学習研究社 1979）
日本美術全集 23 江戸の宗教美術 円空・木喰/白隠・仙厓/良寛（学習研究社 1979）
日本美術全集 25 近代絵画の黎明—文晁/崋山と洋風画（学習研究社 1979）
日本美術全集 3 正倉院と上代絵画（講談社 1992）
日本美術全集 4 東大寺と平城京（講談社 1990）
日本美術全集 5 密教寺院と仏像（講談社 1992）
日本美術全集 6 平等院と定朝（講談社 1994）
日本美術全集 7 曼荼羅と来迎図—平安の絵画・工芸1（講談社 1991）
日本美術全集 8 王朝絵巻と装飾経 平安の絵画・工芸2（講談社 1991）
日本美術全集 9 縁起絵と似絵 鎌倉の絵画・工芸（講談社 1993）
日本美術全集 10 運慶と快慶（講談社 1991）
日本美術全集 11 禅宗寺院と庭園（講談社 1993）
日本美術全集 12 水墨画と中世絵巻（講談社 1992）
日本美術全集 13 雪舟とやまと絵屏風（講談社 1993）
日本美術全集 15 永徳と障屏画 桃山の絵画・工芸2（講談社 1991）
日本美術全集 17 狩野派と風俗画（講談社 1992）
日本美術全集 18 宗達と光琳 江戸の絵画2・工芸1（講談社 1990）
日本美術全集 21 江戸から明治へ—近代の美術1（講談社 1991）
日本美術全集 3 彫刻篇（東都文化交易 1953）
日本美術全集 20 浮世絵 江戸の絵画IV・工芸II

(14)　歴史人物肖像索引

（講談社 1991）
日本美術全集 22 洋画と日本画 近代の美術II（講談社 1992）
日本美術大系 2 彫刻（講談社 1959）
日本美術大系 5 近世絵画（講談社 1959）
日本美術大系 10（講談社 1960）
日本屏風絵集成 5 人物画 大和絵系人物（講談社 1979）
日本屏風絵集成 12 風俗画 公武風俗（講談社 1980）
日本屏風絵集成 13 風俗画 祭礼・歌舞伎（講談社 1978）
日本屏風絵集成 14 風俗画 遊楽・誰ヵ袖（講談社 1977）
日本屏風絵集成 17（講談社 1979）
人間の美術 4 平城の爛熟（学習研究社 1990）
人間の美術 5 浄土の彼方へ（学習研究社 1990）
人間の美術 6 末世の絵模様（学習研究社 1990）
人間の美術 7 バサラと幽玄（学習研究社 1991）
人間の美術 8 黄金とクルス（学習研究社 1990）
人間の美術 9 伝統と再生（学習研究社 1990）
人間の美術 10 浮世と情念（学習研究社 1990）

【は】

俳諧人名辞典（巌南堂書店 1970）
俳人の書画美術 1 貞徳・西鶴（集英社 1979）
俳人の書画美術 2 芭蕉（集英社 1979）
俳人の書画美術 3 芭門諸家（集英社 1980）
俳人の書画美術 4 中興諸家（集英社 1980）
俳人の書画美術 5 蕪村（集英社 1978）
俳人の書画美術 6 一茶（集英社 1978）
俳人の書画美術 11（別巻1）江戸の画人（集英社 1980）
幕末維新・明治・大正美人帖（新人物往来社 2003）
幕末—写真の時代（筑摩書房 1994）
幕末・明治美人帖（新人物往来社 2001）
華—浮世絵名品集 役者絵（平木浮世絵財団 2004）
華—浮世絵名品集 風景・花鳥図（平木浮世絵財団 2004）
土方歳三写真集（新人物往来社 1995）
土方歳三の生涯—写真集（新人物往来社 2001）
美術春秋 平成18年度版—記録から記憶へ（芸術書院 2006）
美術撰集 6（フジアート出版 1970）
美人画・役者絵 1（講談社 1965）
美人画・役者絵 2（講談社 1965）
美人画・役者絵 3（講談社 1965）
美人画・役者絵 4（講談社 1965）
美人画・役者絵 5（講談社 1965）
美人画・役者絵 6（講談社 1966）
美人画・役者絵 7（講談社 1965）
秘蔵浮世絵大観 1（講談社 1987）
秘蔵浮世絵大観 2（講談社 1987）
秘蔵浮世絵大観 3（講談社 1988）
秘蔵浮世絵大観 4（講談社 1988）
秘蔵浮世絵大観 5（講談社 1989）
秘蔵浮世絵大観 6（講談社 1989）
秘蔵浮世絵大観 7（講談社 1990）
秘蔵浮世絵大観 8（講談社 1989）
秘蔵浮世絵大観 9（講談社 1989）
秘蔵浮世絵大観 10（講談社 1987）
秘蔵浮世絵大観 11（講談社 1988）
秘蔵浮世絵大観 12（講談社 1988）
秘蔵浮世絵大観 別巻（講談社 1990）
秘蔵浮世絵大観 プルヴェラー・コレクション（講談社 1990）
秘蔵浮世絵大観 ムラー・コレクション（講談社 1990）
秘蔵浮世絵大観 ベレス・コレクション（講談社 1991）
秘蔵日本美術大観 1 大英博物館1（講談社 1992）
秘蔵日本美術大観 2 大英博物館2（講談社 1992）
秘蔵日本美術大観 3 大英博物館3（講談社 1993）
秘蔵日本美術大観 5 チェスター・ビーティ・ライブラリー（講談社 1993）
秘蔵日本美術大観 6 ギメ美術館（講談社 1994）
秘蔵日本美術大観 7 ベルリン東洋美術館（講談社 1992）
秘蔵日本美術大観 10 クラクフ国立美術館（講談社 1993）
秘蔵日本美術大観 11 ウィーン国立工芸美術館・プラハ国立美術館・ブダペスト工芸美術館（講談社 1994）
秘蔵日本美術大観 12 ヨーロッパ蒐蔵日本美術選（講談社 1994）
秘蔵日本美術大観 3 大英博物館III（講談社 1993）
秘蔵日本美術大観 10 クラクフ国立美術館（講談社 1993）
秘蔵日本美術大観 11 ウィーン国立工芸美術館/プラハ国立美術館/ブダペスト工芸美術館（講談社 1994）
秘蔵日本美術大観 12 ヨーロッパ蒐蔵日本美術選（講談社 1994）
美の美百選（日本経済新聞社 1977）
美の美百選 2（日本経済新聞社 1977）
秘宝 1 法隆寺 上（講談社 1970）
秘宝 2 法隆寺 下（講談社 1970）
秘宝 3 四天王寺（講談社 1968）
秘宝 4 東大寺 上（講談社 1969）
秘宝 5 東大寺 下（講談社 1969）
秘宝 6 東寺（講談社 1969）

収録資料一覧

秘宝 7 高野山（講談社 1968）
秘宝 9 熊野（講談社 1968）
秘宝 10 厳島（講談社 1967）
秘宝 11 大徳寺（講談社 1968）
兵庫県史 第3巻 中世編2・近世編1（兵庫県 1978）
兵庫県史 第4巻 近世編2（兵庫県 1980）
兵庫県史 第5巻 近世編3・幕末維新（兵庫県 1981）
兵庫県大百科事典 上, 下（神戸新聞出版センター 1983）
兵庫県百年史（兵庫県 1967）
広島県大百科事典（中国新聞社 1982）
福井県大百科事典（福井新聞社 1991）
福岡県百科事典 上, 下（西日本新聞社 1982）
復元浮世絵大観 1（集英社 1980）
復元浮世絵大観 3（集英社 1978）
復元浮世絵大観 4（集英社 1980）
復元浮世絵大観 5（集英社 1979）
復元浮世絵大観 7（集英社 1979）
復元浮世絵大観 8（集英社 1978）
復元浮世絵大観 9（集英社 1978）
復元浮世絵大観 10（集英社 1979）
福島大百科事典（福島民報社 1980）
仏像集成 1 日本の仏像〈関東・東北・北海道〉（学生社 1989）
仏像集成 2 日本の仏像〈中部〉（学生社 1992）
仏像集成 3 日本の仏像〈京都〉（学生社 1986）
仏像集成 4 日本の仏像〈滋賀〉（学生社 1987）
仏像集成 5 日本の仏像〈奈良1〉（学生社 1994）
仏像集成 6 日本の仏像〈奈良2〉（学生社 1995）
仏像集成 7 日本の仏像〈近畿〉（学生社 1997）
仏像集成 8 日本の仏像〈中国・四国・九州〉（学生社 1997）
文人画粋編 11 祇園南海・柳沢淇園（中央公論社 1975）
文人画粋編 12 池大雅（中央公論社 1974）
文人画粋編 14 浦上玉堂（中央公論社 1974）
文人画粋編 15 岡田米山人（中央公論社 1978）
文人画粋編 17 田能村竹田（中央公論社 1975）
文人画粋編 18 頼山陽（中央公論社 1976）
文人画粋編 19 渡辺崋山（中央公論社 1975）
平凡社ギャラリー 6（平凡社 1973）
平凡社ギャラリー 28（平凡社 1974）
抱一派花鳥画譜 5（紫紅社 1979）
法隆寺の至宝 3（小学館 1996）
法隆寺の至宝 4（小学館 1985）
ボストン美術館 肉筆浮世絵 1（講談社 2000）
ボストン美術館 肉筆浮世絵 2（講談社 2000）
ボストン美術館 肉筆浮世絵 3（講談社 2000）
ボストン美術館 日本美術調査図録 第1次調査（講談社 1997）

ボストン美術館 日本美術調査図録 第2次調査（講談社 2003）
北海道大百科事典（北海道新聞社 1981）
北海道歴史人物事典（北海道新聞社 1993）
ほとけの顔 1 祈り（毎日新聞社 1989）
ほとけの顔 3 寛容（毎日新聞社 1989）

【ま】

三重県史 資料編 近世1（三重県 1993）
三重県史 資料編 近世2 領主権（三重県 2003）
三重県史 資料編 近世4（下）幕末維新（三重県 1999）
三重県史 資料編 近世5 文芸（三重県 1994）
密教美術大観 4 天・法具・祖師（朝日新聞社 1984）
宮城県百科事典（河北新報社 1982）
宮崎県大百科事典（宮崎日日新聞社 1983）
名作絵画にみる日本の四季 1（読売新聞社 1979）
名作絵画にみる日本の四季 2（読売新聞社 1979）
名作絵画にみる日本の四季 4（読売新聞社 1979）
明治絵画名作大観 上（同盟通信社 1969）
明治絵画名作大観 下（同盟通信社 1969）
明治・大正・昭和天皇の生涯 愛蔵版（新人物往来社 2005）
明治・大正・昭和の仏画仏像 2（小学館 1987）
名品揃物浮世絵 1（ぎょうせい 1991）
名品揃物浮世絵 2（ぎょうせい 1991）
名品揃物浮世絵 4（ぎょうせい 1992）
名品揃物浮世絵 5（ぎょうせい 1991）
名品揃物浮世絵 6（ぎょうせい 1992）
名品揃物浮世絵 8（ぎょうせい 1991）
名品揃物浮世絵 9（ぎょうせい 1992）
名宝日本の美術 2 法隆寺（小学館 1982）
名宝日本の美術 3 東大寺（小学館 1980）
名宝日本の美術 6 薬師寺（小学館 1983）
名宝日本の美術 7 唐招提寺（小学館 1980）
名宝日本の美術 8 東寺と高野山（小学館 1981）
名宝日本の美術 10 源氏物語絵巻（小学館 1981）
名宝日本の美術 13 五山と禅院（小学館 1983）
名宝日本の美術 14 雪舟（小学館 1981）
名宝日本の美術 17 永徳・等伯（小学館 1983）
名宝日本の美術 19 光悦・宗達（小学館 1983）
名宝日本の美術 20 光琳・乾山（小学館 1981）
名宝日本の美術 23（小学館 1983）

【や】

山形県大百科事典（山形放送 1983）
山形県大百科事典 新版（山形放送 1993）
山口県百科事典（大和書房 1982）

大和古寺大観 2 当麻寺 (岩波書店 1978)
大和古寺大観 3 元興寺極楽坊 元興寺 大安寺 般若寺 十輪院 (岩波書店 1977)
大和古寺大観 4 新薬師寺 白毫寺 円成寺 (岩波書店 1977)
山梨百科事典 増補改訂版 (山梨日日新聞社 1992)

【ら】

琳派 4 人物 (紫紅社 1991)
琳派絵画全集 宗達派1 (日本経済新聞社 1977)
琳派絵画全集 光琳派1 (日本経済新聞社 1979)
琳派絵画全集 光琳派2 (日本経済新聞社 1980)
琳派美術館 1 宗達と琳派の源流 (集英社 1993)
琳派美術館 2 光琳と上方琳派 (集英社 1993)
琳派美術館 3 抱一と江戸琳派 (集英社 1993)
琳派名品百選 (日本経済新聞社 1996)

【わ】

和歌山県史 近世 (和歌山県 1990)
和漢詩歌作家辞典 (みづほ出版 1972)
私の選んだ国宝絵画 1 仏教絵画 (毎日新聞社 1996)
私の選んだ国宝絵画 2 大和絵・絵巻物・水墨画他 (毎日新聞社 1997)

【あ】

会沢正志斎　あいざわせいしさい　1782〜1863
江戸時代後期の儒学者,水戸藩士。
◇茨城県史 近世編（茨城県 1985）
　▷図9-6（写真）「会沢正志斎肖像」
◇日本大百科全書（小学館 1984）
◇茨城県大百科事典（茨城新聞社 1981）
◇国史大辞典（吉川弘文館 1979）
◇郷土歴史人物事典 茨城（第一法規出版 1978）
　▷会沢安

あいぞめ　あいぞめ
江戸時代末期の女性。1867年のパリ万国博覧会で手踊りを披露した姿が写真に残る。
◇写された幕末―石黒敬七コレクション（明石書店 1990）
　▷p61 No.2「パリで撮影 三人のラシャメン」
　▷p61 No.3「二人のラシャメン」

会田七左衛門　あいだしちざえもん
江戸時代前期の武士。会田資久の養子。
◇新編埼玉県史 通史編3（埼玉県 1988）
　▷〈口絵〉6「会田七左衛門夫妻坐像」

会田安明　あいだやすあき　1747〜1817
江戸時代中期の和算家。
◇日本大百科全書（小学館 1984）
◇山形県大百科事典（山形放送 1983）　▷会田算左衛門安明
◇国史大辞典（吉川弘文館 1979）
◇大日本百科事典（小学館 1967）

亜欧堂田善　あおうどうでんぜん　1748〜1822
江戸時代中期,後期の銅版画家,陸奥白河藩士。
◇福島大百科事典（福島民報社 1980）

青蔭雪鴻　あおかげせっこう　1832〜1885
江戸時代末期,明治時代の禅僧。
◇福井県大百科事典（福井新聞社 1991）

青木梅蔵　あおきうめぞう
江戸時代末期の幕臣。1864年遣仏使節に随行しフランスに渡る。
◇読者所蔵「古い写真」館（朝日新聞社 1986）
　▷p38「第2回遣欧使節」

青木研蔵　あおきけんぞう　1815〜1870
江戸時代末期,明治時代の蘭方医,長州（萩）藩医。
◇山口県百科事典（大和書房 1982）

青木昆陽　あおきこんよう　1698〜1769
江戸時代中期の儒学者,書誌学者,蘭学者。
◇日本大事典（平凡社 1992）
◇長崎県大百科事典（長崎新聞社 1984）
◇日本大百科全書（小学館 1984）
◇神奈川県史 通史編3近世(2)（神奈川県 1983）
　▷p237（写真）「青木昆陽像」
◇郷土歴史人物事典 千葉（第一法規出版 1980）
◇国史大辞典（吉川弘文館 1979）
◇日本人名大事典 1〜6（平凡社 1979（覆刻））
◇世界伝記大事典（ほるぷ出版 1978）
◇大日本百科事典（小学館 1967）

青木てる　あおきてる　1814〜1877
江戸時代後期,末期,明治時代の女性。製糸業者。
◇新編埼玉県史 通史編5 近代1（埼玉県 1988）
　▷〈口絵〉9「青木てる肖像画（明治6年）」

青木木米　あおきもくべい　1767〜1833
江戸時代中期,後期の陶工,南画家。
◇日本美術絵画全集 21（集英社 1977）
　▷図17「青木木米像」（田能村竹田　文化6（1823））

青葉士弘　あおばしこう　1693〜1772
江戸時代中期の讃岐高松藩士。
◇香川県人物・人名事典（四国新聞社 1985）
◇香川県大百科事典（四国新聞社 1984）

青柳種信　あおやぎたねのぶ　1766〜1835
江戸時代中期,後期の国学者,筑前福岡藩士。
◇福岡県百科事典 上,下（西日本新聞社 1982）

青柳文蔵　あおやぎぶんぞう　1761〜1839
江戸時代中期,後期の陸奥仙台藩医。
◇岩手百科事典（岩手放送 1988）

青山小三郎　あおやまこさぶろう　1826〜1898
江戸時代末期,明治時代の越前福井藩士。
◇福井県大百科事典（福井新聞社 1991）
◇群馬県史 通史編4 近世1 政治（群馬県 1990）
　▷〈写真〉236「青山貞像」
◇群馬県人名大事典（上毛新聞社 1982）　▷青山貞

青山忠俊　あおやまただとし　1578〜1643
安土桃山時代,江戸時代前期の大名。
◇日本人名大事典 1〜6（平凡社 1979（覆刻））

青山宙平　あおやまちゅうへい　1818〜1910
江戸時代末期, 明治期の地方官。
◇静岡県歴史人物事典（静岡新聞社 1991）

青山延于　あおやまのぶゆき　1776〜1843
江戸時代後期の儒学者, 水戸藩士。
◇茨城県大百科事典（茨城新聞社 1981）
◇国史大辞典（吉川弘文館 1979）

青山宗俊　あおやまむねとし　1604〜1679
江戸時代前期の大名。
◇静岡県史 通史編3 近世1（静岡県 1997）
　▷〈口絵〉5「青山宗俊画像」
　▷〈写真〉写2-7「青山宗俊画像」

赤木忠春　あかぎただはる　1816〜1865
江戸時代末期の黒住教の高弟, 布教者。
◇岡山県歴史人物事典（山陽新聞社 1994）
◇岡山人名事典（日本文教出版 1978）

赤柴誠斎　あかしばせいさい　1828〜1879
江戸時代後期〜明治期の医師・洋方医。
◇新潟県大百科事典 上, 下（新潟日報事業社 1977）

明石博高　あかしひろあきら　1839〜1910
江戸時代末期, 明治時代の医学者。
◇京都大事典 府域編（淡交社 1994）
◇大日本百科事典（小学館 1967）

赤染衛門　あかぞめえもん　生没年不詳
平安時代中期の女性。歌人。
◇角川日本姓氏歴史人物大辞典 26（角川書店 1997）
◇浮世絵聚花 補巻2（小学館 1982）
　▷図452「赤染衛門」（伝 小松軒　明和2(1765)）

県次任　あがたつぎとう
平安時代後期の武士。
◇講談社日本人名大辞典（講談社 2001）

我妻源三郎　あがつまげんざぶろう
江戸時代中期の商人。
◇角川日本姓氏歴史人物大辞典 4（角川書店 1994）

赤根屋半七　あかねやはんしち
江戸時代の歌舞伎役者。
◇日本の浮世絵美術館 2（角川書店 1996）
　▷図137「当世道行ふり 三かつ半七」（歌川国貞　文化・文政頃）

◇秘蔵浮世絵大観 別巻（講談社 1990）
　▷〔ア〕028「みの屋三勝・あかねや半七」（礫川亭永理　寛政後期頃）
◇浮世絵聚花 7（小学館 1979）
　▷図171「逢身八契 三勝 半七の母節」（喜多川歌麿（初代））
◇浮世絵聚花 6（小学館 1978）
　▷図111「流行模様哥麿形 三勝半七」（喜多川歌麿（初代））

赤堀峯吉　あかほりみねきち　1816〜1904
江戸時代末期, 明治時代の料理学校創設者。
◇講談社日本人名大辞典（講談社 2001）▷赤堀峯吉〔初代〕

赤松小三郎　あかまつこさぶろう　1831〜1867
江戸時代末期の洋学者, 兵法家, 信濃上田藩士。
◇サムライ古写真帖（新人物往来社 2004）
　▷p150「赤松小三郎像」
◇長野県百科事典（信濃毎日新聞社 1981）

赤松秋錦　あかまつしゅうきん　1816〜1892
江戸時代後期〜明治期の医師。
◇岡山県歴史人物事典（山陽新聞社 1994）

赤松則祐　あかまつのりすけ　1311〜1371
南北朝時代の武将, 播磨・摂津・備前守護。
◇仏像集成 7（学生社 1997）
　▷図421「赤松則祐坐像」（作者不詳　宝林寺（兵庫県赤穂郡）蔵）
◇岡山県歴史人物事典（山陽新聞社 1994）
◇兵庫県大百科事典 上, 下（神戸新聞出版センター 1983）
◇国史大辞典（吉川弘文館 1979）
◇岡山人名事典（日本文教出版 1978）

赤松範資　あかまつのりすけ　？〜1351
鎌倉時代後期, 南北朝時代の武将。
◇兵庫県大百科事典 上, 下（神戸新聞出版センター 1983）

赤松則村　あかまつのりむら　1277〜1350
鎌倉時代後期, 南北朝時代の武将, 法名円心, 播磨守護。
◇仏像集成 7（学生社 1997）
　▷図420「赤松則村付坐像」（作者不詳　宝林寺（兵庫県赤穂郡）蔵）
◇京都大事典（淡交社 1984）
◇国史大辞典（吉川弘文館 1979）
◇世界伝記大事典（ほるぷ出版 1978）
◇秘宝 11（講談社 1968）
　▷図77「赤松円心像」（作者不詳）

赤松則良　あかまつのりよし　1841～1920
　江戸時代末期, 明治時代の幕臣, 海軍中将。
◇角川日本姓氏歴史人物大辞典 22（角川書店 1995）
◇幕末―写真の時代（筑摩書房 1994）
　▷p73 No.83「（無題）」「撮影者不詳」

赤松光信　あかまつみつのぶ
　江戸時代中期, 後期の陶工。
◇浮世絵聚花 15（小学館 1980）
　▷図023「すがた八景 椀久松山 居続の晩鋳」（一筆斎文調）

赤松椋園　あかまつりょうえん　1840～1915
　江戸時代末期, 明治期の漢詩人。高松市初代市長。
◇香川県人物・人名事典（四国新聞社 1985）▷赤松渡
◇香川県大百科事典（四国新聞社 1984）▷赤松渡

秋沢丁士　あきざわちょうし　1848～1908
　江戸時代後期～明治期の蚕糸業の草分け。
◇高知県人名事典（高知新聞社 1999）

秋月種樹　あきづきたねたつ　1833～1904
　江戸時代末期, 明治時代の日向高鍋藩士, 若年寄。
◇サムライ古写真帖（新人物往来社 2004）
　▷p105「（無題）」
◇宮崎県大百科事典（宮崎日日新聞社 1983）

秋月胤永　あきづきたねなが　1824～1900
　江戸時代後期～明治期の会津藩士。
◇会津大事典（国書刊行会 1985）

秋月悌次郎　あきづきていじろう　1824～1900
　江戸時代末期, 明治時代の陸奥会津藩士, 漢学者。
◇講談社日本人名大辞典（講談社 2001）▷秋月韋軒

秋野庸彦　あきのつねひこ　1841～1920
　江戸時代末期, 明治期の国学者。
◇山形県大百科事典（山形放送 1983）

秋元くに　あきもとくに　1835～1908
　江戸時代後期～明治期の社会事業家, 那須野育児暁星園園母。
◇栃木県歴史人物事典（下野新聞社 1995）

秋元正一郎　あきもとしょういちろう
　1823～1862
　江戸時代末期の国学者, 洋学家。
◇兵庫県史 第5巻 近世編3・幕末維新（兵庫県 1981）
　▷〈写真〉写真41「秋元安民像」

秋元礼朝　あきもとひろとも　1848～1883
　江戸時代末期, 明治時代の大名。
◇皇族・華族古写真帖 愛蔵版（新人物往来社 2003）
　▷p8「（無題）」（内田九一）
◇群馬県史 通史編4 近世1 政治（群馬 1990）
　▷〈写真〉215「秋元礼朝画像」

秋元志朝　あきもとゆきとも　1820～1876
　江戸時代末期, 明治時代の大名。
◇群馬県史 通史編4 近世1 政治（群馬 1990）
　▷〈写真〉182「秋元志朝肖像」

安芸守定　あきもりさだ
　室町時代の医師。
◇京都大事典（淡交社 1984）

秋山儀四郎　あきやまぎしろう　1845～1915
　江戸時代末期～大正期の実業家。
◇岡山県歴史人物事典（山陽新聞社 1994）

秋山峻　あきやまたかし　1838～1917
　江戸時代末期～大正期の登米伊達氏の家老, のち政治家。
◇宮城県百科事典（河北新報社 1982）

秋山林策　あきやまりんさく　1831～1907
　江戸時代後期～明治期の旗本佐野家用人。
◇栃木県歴史人物事典（下野新聞社 1995）

秋良貞臣　あきらさだおみ　1841～1905
　江戸時代末期, 明治時代の長州（萩）藩士, 実業家。
◇角川日本姓氏歴史人物大辞典 35（角川書店 1991）

晃親王　あきらしんのう　1816～1898
　江戸時代末期, 明治時代の宮廷政治家。
◇日本人名大事典 1～6（平凡社 1979（覆刻））

芥川義天　あくたがわぎてん　1847～1915
　江戸時代末期, 明治期の住職。
◇角川日本姓氏歴史人物大辞典 35（角川書店 1991）

明智光秀　あけちみつひで　1528～1582
　戦国時代, 安土桃山時代の武将。
◇講談社日本人名大辞典（講談社 2001）
◇京都大事典 府域編（淡交社 1994）
◇日本史大事典（平凡社 1992）

あけら

◇京都大事典（淡交社 1984）
◇日本大百科全書（小学館 1984）
◇国史大辞典（吉川弘文館 1979）
◇日本人名大事典 1～6（平凡社 1979（覆刻））
◇世界伝記大事典（ほるぷ出版 1978）
◇兵庫県史 第3巻 中世編2・近世編1（兵庫県 1978）
　▷〈写真〉写真223「伝明智光秀像」
◇大日本百科事典（小学館 1967）
◇世界大百科事典（平凡社 1964）

朱楽菅江　あけらかんこう　1740～1800
江戸時代中期、後期の狂歌師。
◇日本の浮世絵美術館 1（角川書店 1996）
　▷図33,34「鹿都部真顔・朱楽菅江像」（窪俊満 寛政10頃）

安居院庄七　あごいんしょうしち　1789～1863
江戸時代後期の報徳運動家、農事指導者。
◇静岡県史 通史編4 近世2（静岡県 1997）
　▷〈写真〉写2-144「安居院庄七画像」
◇神奈川県史 通史編3近世（2）（神奈川県 1983）
　▷p794（写真）「安居院庄七」

浅井一毫　あさいいちもう　1836～1916
江戸時代末期、明治時代の九谷焼の陶工。
◇角川日本姓氏歴史人物大辞典 17（角川書店 1998）

浅井藤右衛門　あざいとうえもん
1824～1879　江戸時代末期、明治期の商人。
◇高知県百科事典（高知新聞社 1976）

浅井図南　あさいとなん　1706～1782
江戸時代中期の医師、本草家。
◇日本人名大事典 1～6（平凡社 1979（覆刻））

浅井長政　あさいながまさ　1545～1573
戦国時代の北近江の大名。
◇講談社日本人名大辞典（講談社 2001）
◇国宝・重要文化財大全 1（毎日新聞社 1997）
　▷図196「浅井久政像・浅井長政像・浅井長政夫人像」（作者不詳）
◇日本史大事典（平凡社 1992）
◇日本大百科全書（小学館 1984）
◇日本古寺美術全集 13（集英社 1983）
　▷図40「浅井長政像」（作者不詳　天正17(1589)）
◇国史大辞典（吉川弘文館 1979）
◇世界伝記大事典（ほるぷ出版 1978）
◇兵庫県史 第3巻 中世編2・近世編1（兵庫県 1978）
　▷〈写真〉写真186「浅井長政像」

◇重要文化財 10（毎日新聞社 1974）
　▷図394「浅井久政像（玄中性洞賛）・浅井長政像（錬甫宗純賛）・浅井長政夫人像」（作者不詳　室町－桃山時代）
◇秘宝 7（講談社 1968）
　▷図150「浅井長政像」（作者不詳）
◇世界大百科事典（平凡社 1964）

浅井久政　あさいひさまさ　？～1573
戦国時代の北近江の大名。
◇国宝・重要文化財大全 1（毎日新聞社 1997）
　▷図196「浅井久政像・浅井長政像・浅井長政夫人像」（作者不詳）
◇国史大辞典（吉川弘文館 1979）
◇重要文化財 10（毎日新聞社 1974）
　▷図394「浅井久政像（玄中性洞賛）・浅井長政像（錬甫宗純賛）・浅井長政夫人像」（作者不詳　室町－桃山時代）
◇秘宝 7（講談社 1968）
　▷図151「浅井久政像」（作者不詳）

浅岡一　あさおかはじめ　1851～1926
江戸時代末期、明治時代の教育者。
◇長野県歴史人物大事典（郷土出版社 1989）

浅尾工左衛門〔初代〕　あさおくざえもん
1758～1824　江戸時代中期、後期の歌舞伎役者。
◇秘蔵浮世絵大観 3（講談社 1988）
　▷図093「初代浅尾工左衛門の岩城忠太夫と四代目嵐小六の娘おくめ」（寿好堂よし国　文政4）
◇日本版画美術全集 3（講談社 1961）
　▷図361「浅尾工左衛門の志賀大七」（露好）

浅尾工左衛門〔2代〕　あさおくざえもん
1786～1845　江戸時代後期の歌舞伎役者。
◇日本の浮世絵美術館 4（角川書店 1996）
　▷図184「創作版画春仙似顔集 五世市川鬼丸（三世多賀之丞）お富」（名取春仙　大正14－昭和4）
◇秘蔵浮世絵大観 ムラー・コレクション（講談社 1990）
　▷図162「春仙似顔集 五代目市川鬼丸のお富」（名取春仙　昭和2(1927)）
◇近代日本版画大系 3（毎日新聞社 1976）
　▷図149「春仙似顔集 五代目市川鬼丸のお富」（名取春仙　昭和2(1927)）

浅尾為十郎〔代数不詳〕　あさおためじゅうろう
江戸時代の歌舞伎役者。
◇肉筆浮世絵 9（集英社 1982）
　▷図61「浅尾為十郎と叶雛助図」（流光斎如圭）
◇浮世絵聚花 9（小学館 1981）

4　歴史人物肖像索引

▷図182「浅尾為十郎と五世市川団十郎」（葛飾北斎）
◇浮世絵聚花 5（小学館 1980）
　▷図127「浅尾為十郎の五斗兵衛」（勝川春英）
◇日本版画美術全集 3（講談社 1961）
　▷図353「浅尾為十郎の石堂かげゆ」（流光斎如圭）

浅尾為十郎〔初代〕　あさおためじゅうろう
　1735〜1804　江戸時代中期，後期の歌舞伎役者。
◇秘蔵浮世絵大観 6（講談社 1989）
　▷図0125「初代浅尾為十郎」（勝川春英　天明8－寛政2）
　▷図0126「初代浅尾為十郎」（勝川春英　天明8－寛政2）
◇秘蔵浮世絵大観 11（講談社 1988）
　▷図08「初代浅尾為十郎の矢間喜内・三代目沢村宗十郎の矢間重太郎・四代目岩井半四郎の重太郎女房おりゑ」（勝川春好（初代）寛政元.6）
◇浮世絵聚花 8（小学館 1980）
　▷図167-168「初世浅尾為十郎と五世市川団十郎」（勝川春英）

浅尾為十郎〔3代〕　あさおためじゅうろう
　1780〜1836　江戸時代後期の歌舞伎役者。
◇秘蔵浮世絵大観 5（講談社 1989）
　▷図143「中村吉太郎のおすはの方・初代浅尾友蔵の稲田東蔵・二代目尾上新七の万野兵庫」（清谷　文化3(1806)）
◇秘蔵浮世絵大観 3（講談社 1988）
　▷図123「五大力恋の緘 三代目中村歌右衛門の勝間伝五兵衛と二代目浅尾奥山の廻し弥介」（寿好堂よし国　文政9(1826)）

浅尾与六　あさおよろく
　江戸時代の歌舞伎役者。
◇秘蔵浮世絵大観 5（講談社 1989）
　▷図0105「豊ねん風りう伊勢おんど 浅尾与六・三代目中村芝翫・四代目中村歌右衛門・中村芝蔵」（春婦斎北妙　天保8）

安積澹泊　あさかたんぱく　1656〜1737
　江戸時代前期，中期の儒学者。
◇国史大辞典（吉川弘文館 1979）

浅草市人　あさくさのいちひと　1755〜1820
　江戸時代後期の狂歌師。
◇肉筆浮世絵大観 9（講談社 1996）
　▷図単色36（奈良県立美術館）「桑楊庵・浅草庵像」（蹄斎北馬　文化(1804-18)後期－文政(1818-30)年間初期）
◇日本の浮世絵美術館 5（角川書店 1996）
　▷図100「桑楊庵・浅草庵像」（蹄斎北馬）

朝倉孝景　あさくらたかかげ　1428〜1481
　室町時代，戦国時代の越前の大名，家景の子。
◇国宝・重要文化財大全 1（毎日新聞社 1997）
　▷図188「朝倉敏景像」（作者不詳　室町時代）
◇日本史大事典（平凡社 1992）
◇福井県大百科事典（福井新聞社 1991）　▷朝倉孝景（英林）
◇国史大辞典（吉川弘文館 1979）
◇重要文化財 10（毎日新聞社 1974）
　▷図387「朝倉敏景像」（作者不詳　室町時代）
◇日本絵画館 5（講談社 1971）
　▷図110「朝倉敏景像」（作者不詳）

朝倉義景　あさくらよしかげ　1533〜1573
　戦国時代の越前の大名。
◇日本史大事典（平凡社 1992）
◇福井県大百科事典（福井新聞社 1991）
◇郷土歴史人物事典 福井（第一法規出版 1985）
◇国史大辞典（吉川弘文館 1979）

浅田宗伯　あさだそうはく　1815〜1894
　江戸時代末期，明治時代の漢方医。
◇講談社日本人名大辞典（講談社 2001）
◇長野県歴史人物大事典（郷土出版社 1989）
◇日本大百科全書（小学館 1984）
◇国史大辞典（吉川弘文館 1979）
◇日本人名大事典 1～6（平凡社 1979（覆刻））
◇大日本百科事典（小学館 1967）

浅野重晟　あさのしげあきら　1743〜1813
　江戸時代中期，後期の大名。
◇広島県大百科事典（中国新聞社 1982）

浅野長勲　あさのながこと　1842〜1937
　江戸時代末期，明治時代の大名，侯爵。
◇日本人名大事典 1～6（平凡社 1979（覆刻））

浅野長直　あさのながなお　1610〜1672
　江戸時代前期の大名。
◇兵庫県史 第4巻 近世編2（兵庫県 1980）
　▷〈写真〉写真25「浅野長直像」

浅野長矩　あさのながのり　1667〜1701
　江戸時代前期，中期の大名。
◇日本史大事典（平凡社 1992）
◇兵庫県大百科事典 上,下（神戸新聞出版センター 1983）
◇兵庫県史 第4巻 近世編2（兵庫県 1980）
　▷〈写真〉写真50「浅野長矩像」
◇国史大辞典（吉川弘文館 1979）

浅野長政　あさのながまさ　1547～1611
　安土桃山時代,江戸時代前期の武将,大名。
◇国史大辞典（吉川弘文館 1979）
◇日本人名大事典 1～6（平凡社 1979（覆刻））

浅野幸長　あさのよしなが　1576～1613
　安土桃山時代,江戸時代前期の大名。
◇和歌山県史 近世（和歌山県 1990）
　▷〈写真〉写真1「浅野幸長画像」
◇国史大辞典（吉川弘文館 1979）

浅羽要衛武　あさばようえむ　1832～1913
　江戸時代末期,明治期の農民。
◇静岡県歴史人物事典（静岡新聞社 1991）

朝比奈茂吉　あさひなもきち　1851～不明
　江戸時代末期の郡上藩士,凌霜隊隊長。
◇岐阜県史 通史編 近世上（岐阜県 1968）
　▷p561（写真）「朝比奈茂吉像」

朝比奈義秀　あさひなよしひで
　鎌倉時代前期の武士。
◇秘蔵日本美術大観 10（講談社 1993）
　▷図146「源頼家公鎌倉小壺の海遊覧 朝夷義秀雌雄の鰐を捕ふ図」（歌川国芳　弘化年間（1844-48））
◇秘蔵浮世絵大観 4（講談社 1988）
　▷図133「曽我五郎時宗と朝比奈三郎義秀の草摺曳」（勝川春亭　文化-文政3(1804-20)）
◇肉筆浮世絵 5（集英社 1983）
　▷図18「五郎と朝比奈図」（鳥居清長）
◇浮世絵聚花 9（小学館 1981）
　▷図120「曽我五郎時政 朝比奈三郎義秀」（鈴木春信）

朝日方　あさひのかた　1543～1590
　安土桃山時代の女性。徳川家康の継室。
◇大阪府史 第5巻 近世1（大阪府 1985）
　▷〈写真〉写真30「旭姫像 京都市南明院」

浅見絅斎　あさみけいさい　1652～1711
　江戸時代中期の儒学者。
◇滋賀県百科事典（大和書房 1984）
◇日本大百科全書（小学館 1984）
◇国史大辞典（吉川弘文館 1979）

足利喜三郎　あしかがきさぶろう　1842～1930
　江戸時代後期,末期,明治時代の農民。
◇鳥取県大百科事典（新日本海新聞社 1984）

足利尊氏　あしかがたかうじ　1305～1358
　鎌倉時代後期,南北朝時代の室町幕府初代将軍。在職1338～1358。
◇講談社日本人名大辞典（講談社 2001）
◇朝日美術館 日本編 8（朝日新聞社 1997）
　▷図12「面構 足利尊氏」（片岡球子 1966）
　▷図22「面構 等持院殿」（片岡球子 1967）
◇栃木県歴史人物事典（下野新聞社 1995）
◇原色日本の美術（改訂版）21（小学館 1994）
　▷図60「足利尊氏像」（作者不詳　14世紀中頃）
◇日本史大事典（平凡社 1992）
◇現代の日本画 6（学習研究社 1991）
　▷図41「面構 足利尊氏」（片岡球子　昭和41(1966)）
　▷図44「面構 等持院殿」（片岡球子　昭和42(1967)）
◇京都大事典（淡交社 1984）
◇日本大百科全書（小学館 1984）
◇福岡県百科事典 上,下（西日本新聞社 1982）
◇国史大辞典（吉川弘文館 1979）
◇日本人名大事典 1～6（平凡社 1979（覆刻））
▷足利高氏
◇日本美術全集 10（学習研究社 1979）
　▷図83「足利尊氏像」（作者不詳　南北朝時代）
◇世界伝記大事典（ほるぷ出版 1978）
◇郷土歴史人物事典 栃木（第一法規出版 1977）
◇原色日本の美術 23（小学館 1971）
　▷図60「足利尊氏像」（作者不詳）
◇大日本百科事典（小学館 1967）
◇世界大百科事典（平凡社 1964）

足利政氏　あしかがまさうじ　1466～1531
　戦国時代の第2代古河公方。
◇国史大辞典（吉川弘文館 1979）

足利満詮　あしかがみつあき　1364～1418
　南北朝時代,室町時代の武将。
◇国宝・重要文化財大全 1（毎日新聞社 1997）
　▷図175「足利満詮像」（作者不詳　室町時代）
◇重要文化財 9（毎日新聞社 1974）
　▷図277「足利満詮像（足利義持賛）」（作者不詳　室町時代）
◇秘宝 11（講談社 1968）
　▷図20「足利満詮像」（作者不詳）

足利義昭　あしかがよしあき　1537～1597
　安土桃山時代の室町幕府第15代将軍。在職1568～1573。
◇日本史大事典（平凡社 1992）
◇大阪府史 第5巻 近世1（大阪府 1985）
　▷〈写真〉写真53「足利義昭像」
◇京都大事典（淡交社 1984）

◇日本大百科全書（小学館 1984）
◇国史大辞典（吉川弘文館 1979）
◇世界伝記大事典（ほるぷ出版 1978）
◇兵庫県史 第3巻 中世編2・近世編1（兵庫県 1978）
　▷〈写真〉写真185「足利義昭像」
◇世界大百科事典（平凡社 1964）

足利義明　あしかがよしあき　？〜1538
　戦国時代の武将。
◇日本大百科全書（小学館 1984）

足利義詮　あしかがよしあきら　1330〜1367
　南北朝時代の室町幕府第2代将軍。在職1358〜1367。
◇国宝・重要文化財大全 1（毎日新聞社 1997）
　▷図173「足利義詮像」（作者不詳　南北朝時代）
◇日本大百科全書（小学館 1984）
◇国史大辞典（吉川弘文館 1979）

足利義氏　あしかがよしうじ　1189〜1254
　鎌倉時代前期の武士。
◇栃木県歴史人物事典（下野新聞社 1995）

足利義勝　あしかがよしかつ　1434〜1443
　室町時代の室町幕府第7代将軍。在職1442〜1443。
◇国史大辞典（吉川弘文館 1979）

足利義兼　あしかがよしかね　？〜1199
　平安時代後期、鎌倉時代前期の武将。
◇栃木県歴史人物事典（下野新聞社 1995）

足利義澄　あしかがよしずみ　1480〜1511
　戦国時代の室町幕府第11代将軍。在職1494〜1508。
◇国史大辞典（吉川弘文館 1979）

足利義稙　あしかがよしたね　1466〜1523
　戦国時代の室町幕府第10代将軍。在職1490〜1493および1508〜1521。
◇国史大辞典（吉川弘文館 1979）

足利義輝　あしかがよしてる　1536〜1565
　戦国時代の室町幕府第13代将軍。在職1546〜1565。
◇国宝・重要文化財大全 1（毎日新聞社 1997）
　▷図201「足利義輝像」（作者不詳　桃山時代　天正5(1577)）
◇国史大辞典（吉川弘文館 1979）
◇日本美術絵画全集 5（集英社 1979）
　▷図58「足利義輝像画稿」（土佐光吉）

◇重要文化財 30（毎日新聞社 1977）
　▷図51「足利義輝像(策彦周良賛)」（作者不詳　天正5(1577)）

足利義教　あしかがよしのり　1394〜1441
　室町時代の室町幕府第6代将軍。在職1429〜1441。
◇国宝・重要文化財大全 1（毎日新聞社 1997）
　▷図178「足利義教像」（作者不詳　室町時代）
◇日本史大事典（平凡社 1992）
◇京都大事典（淡交社 1984）
◇日本大百科全書（小学館 1984）
◇沖縄大百科事典（沖縄タイムス社 1983）
◇国史大辞典（吉川弘文館 1979）
◇日本人名大事典 1〜6（平凡社 1979（覆刻））
◇世界伝記大事典（ほるぷ出版 1978）
◇重要文化財 9（毎日新聞社 1974）
　▷図280「足利義教像(周鳳賛)」（作者不詳　室町時代）

足利義晴　あしかがよしはる　1511〜1550
　戦国時代の室町幕府第12代将軍。在職1521〜1546。
◇沖縄大百科事典（沖縄タイムス社 1983）
◇国史大辞典（吉川弘文館 1979）
◇日本美術絵画全集 5（集英社 1979）
　▷図57「足利義晴像紙形」（土佐光茂　天文19(1550)）

足利義尚　あしかがよしひさ　1465〜1489
　室町時代, 戦国時代の室町幕府第9代将軍。在職1473〜1489。
◇日本史大事典（平凡社 1992）
◇京都大事典（淡交社 1984）
◇国史大辞典（吉川弘文館 1979）
◇日本美術絵画全集 7（集英社 1978）
　▷図10「足利義尚像」（狩野正信　長享3(1489)）
　▷図17「足利義尚像」（狩野正信　長享3(1489)）

足利義政　あしかがよしまさ　1436〜1490
　室町時代, 戦国時代の室町幕府第8代将軍。在職1449〜1473。
◇講談社日本人名大辞典（講談社 2001）
◇国宝・重要文化財大全 1（毎日新聞社 1997）
　▷図179「伝足利義政像」（作者不詳　室町時代）
◇朝日美術館 日本編 8（朝日新聞社 1997）
　▷図14「面構 足利義政」（片岡球子　1966）
◇原色日本の美術(改訂版) 21（小学館 1994）
　▷図61「足利義政像」（作者不詳　15世紀後半）
◇日本史大事典（平凡社 1992）
◇京都大事典（淡交社 1984）

あしか

◇日本大百科全書（小学館 1984）
◇沖縄大百科事典（沖縄タイムス社 1983）
◇国史大辞典（吉川弘文館 1979）
◇世界伝記大事典（ほるぷ出版 1978）
◇原色日本の美術 23（小学館 1971）
　▷図61「足利義政像」（作者不詳）
◇大日本百科事典（小学館 1967）
◇世界大百科事典（平凡社 1964）

足利義満　あしかがよしみつ　1358～1408
　南北朝時代、室町時代の室町幕府第3代将軍。在職1368～1394。
◇講談社日本人名大辞典（講談社 2001）
◇国宝・重要文化財大全 1（毎日新聞社 1997）
　▷図174「足利義満像」（作者不詳　室町時代　応永15（1408））
◇朝日美術館 日本編 8（朝日新聞社 1997）
　▷図13「面構 足利義満」（片岡球子　1966）
◇日本史大事典（平凡社 1992）
◇現代の日本画 6（学習研究社 1991）
　▷図42「面構 足利義満」（片岡球子　昭和41（1966））
◇京都大事典（淡交社 1984）
◇日本大百科全書（小学館 1984）
◇国史大辞典（吉川弘文館 1979）
◇日本美術絵画全集 5（集英社 1979）
　▷図56「足利義満像（足利義持賛）」（土佐行広　応永15（1408））
◇世界伝記大事典（ほるぷ出版 1978）
◇重要文化財 6（毎日新聞社 1975）
　▷〔焼失〕16「足利義満像」（作者不詳　室町時代　鹿苑寺（京都府京都市北区）蔵）
◇重要文化財 9（毎日新聞社 1974）
　▷図276「足利義満像」（作者不詳　室町時代）
◇大日本百科事典（小学館 1967）
◇世界大百科事典（平凡社 1964）

足利義持　あしかがよしもち　1386～1428
　室町時代の室町幕府第4代将軍。在職1394～1423。
◇国宝・重要文化財大全 1（毎日新聞社 1997）
　▷図176「足利義持像」（作者不詳　室町時代　応永19（1412）履仲元礼賛）
　▷図177「足利義持像」（作者不詳　室町時代　応永21（1414）怡雲和尚賛）
◇新編 名宝日本の美術 8（小学館 1992）
　▷図26「足利義持像」（作者不詳　応永21（1414））
◇日本大百科全書（小学館 1984）
◇日本古寺美術全集 22（集英社 1983）
　▷図73「足利義持像」（作者不詳　応永19（1412））
◇国史大辞典（吉川弘文館 1979）
◇日本人名大事典 1～6（平凡社 1979（覆刻））
◇世界伝記大事典（ほるぷ出版 1978）

◇日本の美術 1（旺文社 1976）
　▷図202「足利義持像」（作者不詳　応永21（1414））
◇重要文化財 9（毎日新聞社 1974）
　▷図279「足利義持像（怡雲和尚賛）」（作者不詳　応永21（1414））
　▷図278「足利義持像（履仲元礼賛）」（作者不詳　応永19（1412））
◇日本絵画館 5（講談社 1971）
　▷図107「足利義持像」（作者不詳　応永21（1414））

芦東山　あしとうざん　1697～1776
　江戸時代中期の仙台藩儒者。
◇岩手百科事典（岩手放送 1988）
◇宮城県百科事典（河北新報社 1982）　▷蘆東山

蘆名盛氏　あしなもりうじ　1521～1580
　戦国時代、安土桃山時代の武将。
◇国宝・重要文化財大全 4（毎日新聞社 1999）
　▷図756「蘆名盛氏（坐）像」（作者不詳　天正8（1580）　宗英寺（福島県会津若松市）蔵）
◇仏像集成 1（学生社 1989）
　▷図499「蘆名盛氏（坐）像」（作者不詳　天正8（1580）　宗英寺（福島県会津若松市）蔵）
◇福島大百科事典（福島民報社 1980）　▷芦名盛氏
◇国史大辞典（吉川弘文館 1979）
◇重要文化財 5（毎日新聞社 1974）
　▷図231「蘆名盛氏（坐）像」（作者不詳　天正8（1580）　宗英寺（福島県会津若松市）蔵）

安島帯刀　あじまたてわき　1812～1859
　江戸時代末期の水戸藩家老。
◇茨城県大百科事典（茨城新聞社 1981）

足代弘訓　あじろひろのり　1784～1856
　江戸時代後期の国学者。
◇国史大辞典（吉川弘文館 1979）

東東洋　あずまとうよう　1755～1839
　江戸時代中期、後期の陸奥仙台藩画家。
◇宮城県百科事典（河北新報社 1982）

畔上楳仙　あぜがみばいせん　1825～1901
　江戸時代末期、明治時代の曹洞宗の僧。
◇長野県歴史人物大事典（郷土出版社 1989）

阿曽沼次郎　あそぬまじろう　1850～1916
　江戸時代末期～大正期の北海道庁の測量技師。
◇北海道歴史人物事典（北海道新聞社 1993）
◇北海道大百科事典（北海道新聞社 1981）

安達幸之助　あだちこうのすけ　1824～1869
　江戸時代末期, 明治時代の蘭学者。
◇書府太郎―石川県大百科事典 改訂版 上（北国新聞社 2004）

安達繁七　あだちしげしち　1841～1900
　江戸時代末期の野州緑香業創業者。
◇栃木県歴史人物事典（下野新聞社 1995）

安達清風　あだちせいふう　1835～1884
　江戸時代末期, 明治時代の因幡鳥取藩士。
◇岡山県歴史人物事典（山陽新聞社 1994）
◇岡山人名事典（日本文教出版 1978）

足立長郷　あだちちょうごう　1844～1920
　江戸時代末期～大正期の人。
◇鳥取県大百科事典（新日本海新聞社 1984）

足立仁十郎　あだちにじゅうろう　1801～1881
　江戸時代後期～明治期の会津藩和人蔘御用達長崎貿易商。
◇会津大事典（国書刊行会 1985）

安達盛長　あだちもりなが　1135～1200
　平安時代後期, 鎌倉時代前期の武将。
◇仏像集成 1（学生社 1989）
　▷図248「安達九郎盛長像」（作者不詳　放光寺（埼玉県鴻巣市）蔵）

安達泰盛　あだちやすもり　1231～1285
　鎌倉時代後期の武将。
◇講談社日本人名大辞典（講談社 2001）
◇日本史大事典（平凡社 1992）
◇国史大辞典（吉川弘文館 1979）

安達喜幸　あだちよしゆき　1827～1884
　江戸時代末期, 明治時代の建築家。
◇北海道歴史人物事典（北海道新聞社 1993）
◇北海道大百科事典（北海道新聞社 1981）

吾妻藤蔵〔代数不詳〕　あづまとうぞう
　江戸時代中期の歌舞伎役者。
◇秘蔵浮世絵大観 12（講談社 1988）
　▷図87「五百崎大黒屋 吾妻藤蔵と中村仲蔵」（鳥居清長　天明3頃(1783頃)）
◇浮世絵聚花 5（小学館 1980）
　▷図44「三沢村宗十郎の曽我十郎,小佐川常世の大磯虎, 吾妻藤蔵の三浦片貝, 大谷徳次の団三郎」（鳥居清長）
◇浮世絵聚花 4（小学館 1979）
　▷図146「哥川四郎五郎事沢村宗十郎の松王と吾妻藤蔵の桜丸」（石川豊信）
◇原色日本の美術 17（小学館 1968）
　▷図22「大谷広治 吾妻藤蔵」（一筆斎文調）
◇日本版画美術全集 3（講談社 1961）
　▷図66「吾妻藤蔵の三国女郎と三世大谷広治の放駒四郎兵衛」（一筆斎文調）

吾妻藤蔵〔2代〕　あづまとうぞう
　1724～1776　江戸時代中期の歌舞伎役者, 舞踊家。
◇華―浮世絵名品集（平木浮世絵財団 2004）
　▷図22「三代目大谷広治 二代目吾妻藤蔵」（一筆斎文調　明和7(1770)）
◇秘蔵浮世絵大観 9（講談社 1989）
　▷図03「初代佐野川市松と二代目吾妻藤蔵」（鳥居清信(2代)　延享）
◇浮世絵聚花 14（小学館 1981）
　▷図131「二世吾妻藤蔵の小まんと初世嵐音八の片桐弥七」（鳥居清満(初代)）
◇浮世絵聚花 5（小学館 1980）
　▷図16「二世沢村宗十郎の俊寛と二世吾妻藤蔵のお安」（勝川春章）
◇浮世絵聚花 7（小学館 1979）
　▷図70「二世吾妻藤蔵の楊貴妃と市川升蔵の玄宗皇帝」（鳥居清広）

あづま与五郎　あづまよごろう
　江戸時代の歌舞伎役者。
◇名品揃浮世絵 9（ぎょうせい 1992）
　▷図184「あづま与五郎の残雪」（葛飾北斎　享和－文化初(1801-18)）
◇人間の美術 10（学習研究社 1990）
　▷図174「あづま与五郎の残雪」（葛飾北斎　享和－文化初(1801-18)）
◇浮世絵聚花 14（小学館 1981）
　▷図69「あづま与五郎の残雪」（葛飾北斎　享和－文化初(1801-18)）
◇浮世絵大系 8（集英社 1974）
　▷図8「あづま与五郎の残雪」（葛飾北斎　享和－文化初(1801-18)）
◇全集浮世絵版画 5（集英社 1971）
　▷図29「あづま与五郎の残雪」（葛飾北斎　享和－文化初(1801-18)）
◇日本版画美術全集 5（講談社 1960）
　▷序「あづま与五郎の残雪」（葛飾北斎　享和－文化初(1801-18)）

跡見玄山　あとみげんざん　1834～1890
　江戸時代末期, 明治期の医師。
◇静岡県歴史人物事典（静岡新聞社 1991）

穴山信君　あなやまのぶきみ　？～1582
　安土桃山時代の武将。
◇静岡県歴史人物事典（静岡新聞社 1991）　▷穴山梅雪
◇国史大辞典（吉川弘文館 1979）　▷穴山梅雪
◇世界大百科事典（平凡社 1964）　▷穴山梅雪

穴山信友 あなやまのぶとも ？〜1560
戦国時代の武士。
◇山梨百科事典（山梨日日新聞社 1992）

姉小路公知 あねがこうじきんとも 1839〜1863
江戸時代末期の公家、宮廷政治家。
◇講談社日本人名大辞典（講談社 2001）
◇日本人名大事典 1〜6（平凡社 1979（覆刻））

姉小路基綱 あねがこうじもとつな 1441〜1504
室町時代、戦国時代の歌人、公卿。権中納言。
◇岐阜県百科事典（岐阜日日新聞社 1968）

姉小路頼綱 あねがこうじよりつな 1540〜1587
安土桃山時代の飛騨国の大名。
◇国史大辞典（吉川弘文館 1979）　▷姉小路自綱
◇岐阜県史 通史編 近世上（岐阜県 1968）
　　▷p65（写真）「三木自綱像」

姉川喜代三郎 あねがわきよさぶろう
江戸時代中期の歌舞伎役者。
◇秘蔵日本美術大観 11（講談社 1994）
　　▷図七「四代目市村竹之丞と姉川千代三郎」
　　（鳥居清倍（2代）　元文2(1737)頃）

姉川大吉 あねがわだいきち ？〜1787
江戸時代中期の歌舞伎役者、歌舞伎座本。
◇浮世絵聚花 1（小学館 1983）
　　▷図49-181「中村松江、二世瀬川菊之丞、姉川大吉」（鳥居清満（初代））
◇浮世絵聚花 10（小学館 1979）
　　▷図190「姉川大吉のさんかつと坂東彦三郎の半七」（鳥居清満（初代））

姉歯武之進 あねはたけのしん 1843〜1868
江戸時代末期の五番大隊瀬上主膳の小隊長兼軍監。
◇角川日本姓氏歴史人物大辞典 4（角川書店 1994）

阿仏尼 あぶつに ？〜1283
鎌倉時代後期の女性。歌人。
◇講談社日本人名大辞典（講談社 2001）
◇日本大百科全書（小学館 1984）
◇国史大辞典（吉川弘文館 1979）
◇日本人名大事典 1〜6（平凡社 1979（覆刻））
◇日本美術全集 10（学習研究社 1979）
　　▷図182「阿仏尼像」（作者不詳　鎌倉時代）

安部井磐根 あべいいわね 1832〜1916
江戸時代末期、明治時代の陸奥二本松藩士、政治家。
◇福島百科事典（福島民報社 1980）

阿部一行 あべいっこう 1840〜1904
江戸時代末期、明治時代の私塾経営者。
◇大分百科事典（大分放送 1980）

阿部右源次 あべうげんじ 1819〜1897
江戸時代後期、末期、明治時代の直心影流の剣術家。
◇岡山人名事典（日本文教出版 1978）

安陪恭庵 あべきょうあん 1734〜1808
江戸時代中期、後期の因幡鳥取藩医。
◇鳥取県大百科事典（新日本海新聞社 1984）

阿部三圭 あべさんけい ？〜1867
江戸時代末期の医師、歌人。
◇静岡県歴史人物事典（静岡新聞社 1991）

阿部淡斎 あべたんさい 1813〜1883
江戸時代末期、明治期の儒学者。
◇大分百科事典（大分放送 1980）

安倍親任 あべちかとう 1812〜1878
江戸時代末期、明治時代の庄内藩士。
◇山形県大百科事典（山形放送 1983）

阿部竹翁 あべちくおう 1839〜1912
江戸時代後期〜明治期の庄内竹塗創製者。
◇山形県大百科事典（山形放送 1983）

安倍貞任 あべのさだとう 1029？〜1062
平安時代中期の東北地方の豪族。
◇講談社日本人名大辞典（講談社 2001）
◇日本史大事典（平凡社 1992）
◇岩手百科事典（岩手放送 1988）
◇秘蔵浮世絵大観 11（講談社 1988）
　　▷図021「八幡太郎義家公と安倍貞任」（勝川春亭　文化年間）
◇世界伝記大事典（ほるぷ出版 1978）

安倍晴明 あべのせいめい 921〜1005
平安時代中期の陰陽家。
◇講談社日本人名大辞典（講談社 2001）
◇日本人名大事典 1〜6（平凡社 1979（覆刻））

阿倍仲麻呂 あべのなかまろ 698〜770
奈良時代の遣唐留学生。
◇20世紀の美 日本の絵画100選（日本経済新聞社 2000）
　　▷図4「阿部仲麻呂明州望月図・円通大師呉門隠棲図」（富岡鉄斎　大正3(1914)）
◇国宝・重要文化財大全 2（毎日新聞社 1999）
　　▷図17「仲麻呂望月・円通大師隠棲図」（富岡

鉄斎　大正3（1914）」
◇名品揃物浮世絵 9（ぎょうせい 1992）
　▷図7「百人一首字波かゑと起 安倍仲麿」（葛飾北斎　天保年間中‐後期（1830-1844））
◇名品揃物浮世絵 8（ぎょうせい 1991）
　▷図84「詩哥写真鏡 安倍の仲麿」（葛飾北斎　天保初頃（1830頃））
◇秘蔵浮世絵大観 3（講談社 1988）
　▷図59「詩哥写真鏡 安倍の仲麿」（葛飾北斎　天保初頃（1830頃））
◇浮世絵八華 1（平凡社 1985）
　▷図44「百人一首 安倍仲麿」（鈴木春信　明和4-5（1767-68））
◇浮世絵聚花 補巻1（小学館 1982）
　▷図44「百人一首 安倍仲麿」（鈴木春信　明和4-5（1767-68））
◇浮世絵聚花 10（小学館 1979）
　▷図137「詩哥写真鏡 安倍の仲麿」（葛飾北斎　天保初頃（1830頃））
◇世界伝記大事典（ほるぷ出版 1978）　▷安倍仲麻呂
◇日本の美術 2（旺文社 1976）
　▷図158「阿部仲麻呂明州望月, 円通大師呉門隠栖図」（富岡鉄斎　大正3（1914））
　▷図159「阿部仲麻呂明州望月, 円通大師呉門隠栖図」（富岡鉄斎　大正3（1914））
◇重要文化財 11（毎日新聞社 1975）
　▷図235「阿部仲麻呂明州望月, 円通大師呉門隠栖図」（富岡鉄斎　大正3（1914））
◇日本の名画 3（中央公論社 1975）
　▷図41,44「阿部仲麻呂明州望月, 円通大師呉門隠栖図」（富岡鉄斎　大正3（1914））
　▷図42-43「阿部仲麻呂明州望月, 円通大師呉門隠栖図」（富岡鉄斎　大正3（1914））
◇現代日本美術全集 1（集英社 1973）
　▷図17「阿部仲麻呂明州望月, 円通大師呉門隠栖図」（富岡鉄斎　大正3（1914））
　▷図18「阿部仲麻呂明州望月, 円通大師呉門隠栖図」（富岡鉄斎　大正3（1914））
◇原色日本の美術 26（小学館 1972）
　▷図16「阿部仲麻呂明州望月, 円通大師呉門隠栖図」（富岡鉄斎　大正3（1914））
◇在外秘宝―欧米収蔵浮世絵集成 葛飾北斎（学習研究社 1972）
　▷図51「詩哥写真鏡 安倍の仲麿」（葛飾北斎　天保初頃（1830頃））
　▷図210「詩哥写真鏡 安倍の仲麿」（葛飾北斎　天保初頃（1830頃））
　▷図193「百人一首字波かゑと起 安倍仲麿」（葛飾北斎　天保年間中‐後期（1830-1844））
◇日本絵画館 9（講談社 1970）
　▷図16「阿部仲麻呂明州望月, 円通大師呉門隠栖図」（富岡鉄斎　大正3（1914））
◇日本近代絵画全集 14（講談社 1963）
　▷図8「阿部仲麻呂明州望月, 円通大師呉門隠栖図」（富岡鉄斎　大正3（1914））
◇現代日本美術全集 1（角川書店 1955）
　▷グラビア1「阿部仲麻呂明州望月, 円通大師呉門隠栖図」（富岡鉄斎　大正3（1914））

安倍宗任　　あべのむねとう
平安時代中期, 後期の陸奥国の武将。
◇岩手百科事典（岩手放送 1988）
◇浮世絵八華 5（平凡社 1984）
　▷図46「鎌倉の権五郎景政と鳥の海弥三郎保則」（葛飾北斎）

阿部正弘　　あべまさひろ　　1819〜1857
江戸時代末期の大名。
◇茨城県史 近世編（茨城県 1985）
　▷図10-5（写真）「阿部正弘肖像」
◇日本大百科全書（小学館 1984）
◇神奈川県史 通史編3近世（2）（神奈川県 1983）
　▷p1069（写真）「阿部正弘像」
◇広島県大百科事典（中国新聞社 1982）
◇国史大辞典（吉川弘文館 1979）
◇日本人名大事典 1〜6（平凡社 1979（覆刻））
◇世界伝記大事典（ほるぷ出版 1978）

阿部守衛　　あべもりえ　　1845〜1907
江戸時代末期の剣客。
◇岡山県歴史人物事典（山陽新聞社 1994）

阿保親王　　あぼしんのう　　792〜842
平安時代前期の平城天皇の第1子。
◇日本人名大事典 1〜6（平凡社 1979（覆刻））

甘糟継成　　あまかすつぐしげ　　1832〜1869
江戸時代末期の出羽米沢藩士。
◇山形県大百科事典（山形放送 1993）

甘粕長重　　あまかすながしげ
安土桃山時代の武将。
◇日本の浮世絵美術館 4（角川書店 1996）
　▷図189「信州川中島大合戦武田勢甘粕近江守と戦ふ図」（歌川国芳）

尼子経久　　あまこつねひさ　　1458〜1541
戦国時代の出雲の武将。
◇島根県歴史人物事典（山陰中央新報社 1997）
◇国史大辞典（吉川弘文館 1979）

尼子晴久　　あまこはるひさ　　1514〜1560
戦国時代の武将。
◇島根県歴史人物事典（山陰中央新報社 1997）
◇岡山県歴史人物事典（山陽新聞社 1994）
◇国史大辞典（吉川弘文館 1979）

天野八郎　あまのはちろう　1831～1868
　　江戸時代末期の佐幕派志士, 彰義隊士。
◇日本人名大事典 1～6（平凡社 1979（覆刻））

天野祐治　あまのゆうじ　1843～1908
　　江戸時代末期, 明治期の因幡鳥取藩士。
◇鳥取県大百科事典（新日本海新聞社 1984）

網屋吉兵衛　あみやきちべえ　1785～1869
　　江戸時代後期の呉服雑貨商。
◇兵庫県史 第5巻 近世編3・幕末維新（兵庫県 1981）
　　▷〈写真〉写真83「網屋吉兵衛像」

雨森精翁　あめのもりせいおう　1822～1882
　　江戸時代末期, 明治時代の出雲松江藩士。
◇島根県歴史人物事典（山陰中央新報社 1997）
◇島根県大百科事典（山陰中央新報社 1982）

雨森芳洲　あめのもりほうしゅう　1668～1755
　　江戸時代中期の儒学者。
◇長崎県大百科事典（長崎新聞社 1984）

阿由葉吟次郎　あゆはぎんじろう
　　1845～1907　江戸時代後期～明治期の実業家, 政治家。貴族院議員。
◇栃木県歴史人物事典（下野新聞社 1995）

荒井郁之助　あらいいくのすけ　1835～1909
　　江戸時代末期, 明治時代の幕臣, 海軍奉行。
◇サムライ古写真帖（新人物往来社 2004）
　　▷p122「洋装軍服姿の蝦夷共和国幹部」（田本研造）
◇士―日本のダンディズム（二玄社 2003）
　　▷p111 No.81「明治英雄一覧」（明治時代初期）
◇幕末―写真の時代（筑摩書房 1994）
　　▷p281 No.298「箱館戦争の旧幕府軍幹部」（田本研造）
◇北海道歴史人物事典（北海道新聞社 1993）
◇北海道大百科事典（北海道新聞社 1981）

荒井一掌　あらいいっしょう　1727～1804
　　江戸時代中期, 後期の茶人, 味噌商。
◇島根県歴史人物事典（山陰中央新報社 1997）

新井愧三郎　あらいきさぶろう　1849～1895
　　江戸時代後期～明治期の民権運動家。
◇群馬県人名大事典（上毛新聞社 1982）
◇群馬県百科事典（上毛新聞社 1979）

新井斎輔　あらいさいすけ　1833～1889
　　江戸時代後期～明治期の土地改良事業家。
◇埼玉大百科事典 1～5（埼玉新聞社 1974）

荒井信敬　あらいしんけい　1825～1911
　　江戸時代後期～明治期の掛塚灯台生みの親, 木造高灯ろう式の灯台建設者。
◇静岡県歴史人物事典（静岡新聞社 1991）

荒井静野　あらいせいや
　　江戸時代末期の国学者。
◇群馬県史 通史編6 近世3 生活・文化（群馬県 1992）
　　▷〈写真〉68「荒井静野肖像画」

新井白蛾　あらいはくが　1715～1792
　　江戸時代中期の儒学者, 易家。
◇国史大辞典（吉川弘文館 1979）

新井白石　あらいはくせき　1657～1725
　　江戸時代前期, 中期の学者, 政治家。
◇講談社日本人名大辞典（講談社 2001）
◇北海道歴史人物事典（北海道新聞社 1993）
◇日本史大事典（平凡社 1992）
◇日本百科全書（小学館 1984）
◇沖縄大百科事典（沖縄タイムス社 1983）
◇神奈川県史 通史編3近世(2)（神奈川県 1983）
　　▷p43〈写真〉「新井白石像」
◇北海道大百科事典（北海道新聞社 1981）
◇国史大辞典（吉川弘文館 1979）
◇日本人名大事典 1～6（平凡社 1979（覆刻））
◇世界伝記大事典（ほるぷ出版 1978）
◇和漢詩歌作家辞典（みづほ出版 1972）
◇大日本百科事典（小学館 1967）
◇世界大百科事典（平凡社 1964）

新居守村　あらいもりむら　1808～1893
　　江戸時代末期, 明治時代の国学者。
◇群馬県史 通史編6 近世3 生活・文化（群馬県 1992）
　　▷〈写真〉72「新居守村肖像画」

荒馬吉五郎　あらうまきちごろう
　　江戸時代末期の力士。
◇日本の浮世絵美術館 2（角川書店 1996）
　　▷図112「秀の山雷五郎, 荒馬吉五郎, 小柳常吉」（歌川国貞（初代）　天保14－弘化4）
◇日本の浮世絵美術館 4（角川書店 1996）
　　▷図37「小柳・荒馬取組の図」（歌川国貞（初代）　嘉永元頃）
◇秘蔵浮世絵大観 5（講談社 1989）
　　▷図29「小柳常吉・秀の山雷五郎・荒馬吉五郎」（歌川国貞（初代）　弘化2(1845)）

◇千葉大百科事典（千葉日報社 1982）

荒馬紋蔵　あらうまもんぞう　1793～1849
　江戸時代後期の大相撲関脇。
◇千葉大百科事典（千葉日報社 1982）

荒海八郎治　あらうみはちろうじ
　江戸時代の力士。
◇秘蔵浮世絵大観 11（講談社 1988）
　▷図05「東方 久留米 渦ケ淵勘太夫・西方 江戸 荒海八郎治・行司 木村槌之助」（作者不詳 天明1-2）

荒尾石見守成允　あらおいわみのかみしげみつ
　1801～1861　江戸時代後期、末期の108代長崎奉行。
◇長崎事典 歴史編 1988年版（長崎文献社 1988）

荒金呉石　あらかねごせき　1785～1869
　江戸時代後期～明治期の文人、富豪。
◇大分県歴史人物事典（大分合同新聞社 1996）

荒木数右衛門　あらきかずえもん
　江戸時代末期の熊本藩士。1860年遣米使節に随行しアメリカに渡る。
◇サムライ古写真帖（新人物往来社 2004）
　▷p68「（無題）」

荒木寛畝　あらきかんぽ　1831～1915
　江戸時代末期、明治時代の画家。
◇講談社日本人名大辞典（講談社 2001）

荒木古童〔2代〕　あらきこどう
　1823～1908　江戸時代末期、明治時代の尺八演奏者。
◇世界大百科事典（平凡社 1964）　▷古童〔2世〕

荒木田守武　あらきだもりたけ　1473～1549
　戦国時代の連歌・俳諧作者, 伊勢内宮神官。
◇講談社日本人名大辞典（講談社 2001）
◇日本大百科全書（小学館 1984）　▷守武
◇国史大辞典（吉川弘文館 1979）
◇日本人名大事典 1～6（平凡社 1979（覆刻））
◇俳人の書画美術 5（集英社 1978）
　▷図6「守武像」（与謝蕪村）
◇俳諧人名辞典（巖南堂書店 1970）　▷守武

荒木万籟　あらきばんらい　？～1842
　江戸時代後期の俳人。
◇京都大事典 府域編（淡交社 1994）

荒木屋兵助　あらきやへいすけ　生没年不詳
　江戸時代の呉服商。
◇岐阜県史 通史編 近世下（岐阜県 1972）
　▷p383（写真）「荒木屋兵助像」

嵐音八〔代数不詳〕　あらしおとはち
　江戸時代の歌舞伎役者。
◇浮世絵聚花 13（小学館 1981）
　▷図54「嵐音八の番人弥作」（勝川春章）
◇浮世絵聚花 12（小学館 1980）
　▷図122「二世市川高麗蔵の雁金文七と嵐音八の布袋市右衛門」（一筆斎文調）
◇浮世絵聚花 7（小学館 1979）
　▷図96「嵐音八和光の片桐弥七宗清」（北尾重政）
◇日本の美術 22（平凡社 1964）
　▷図21「嵐音八の法界坊」（勝川春好（初代）天明頃）
◇日本版画美術全集 3（講談社 1961）
　▷図51「二世市川高麗蔵の雁金文七と嵐音八の布袋市右衛門」（一筆斎文調）
　▷図247「嵐音八の法界坊」（勝川春好（初代）天明頃）

嵐音八〔初代〕　あらしおとはち
　1698～1769　江戸時代中期の歌舞伎役者。
◇秘蔵浮世絵大観 6（講談社 1989）
　▷図119「初代嵐音八の盗賊一本左衛門」（勝川春章　明和5(1768)）
◇浮世絵聚花 14（小学館 1981）
　▷図131「二世吾妻藤蔵の小まんと初世嵐音八の片桐弥七」（鳥居清満（初代））

嵐音八〔2代〕　あらしおとはち
　江戸時代中期の歌舞伎役者。
◇秘蔵浮世絵大観 別巻（講談社 1990）
　▷〔ケ〕43「初代市川男女蔵の早の勘平と二代目嵐音八の鷺坂伴内」（歌川豊国（初代）享和元(1801)）
◇日本版画美術全集 3（講談社 1961）
　▷図58「二世嵐音八の沼太郎」（一筆斎文調）

嵐吉三郎〔代数不詳〕　あらしきちさぶろう
　江戸時代の歌舞伎役者。
◇日本版画美術全集 3（講談社 1961）
　▷図358「嵐吉三郎の人形屋幸右衛門」（浅山芦国）

嵐吉三郎〔2代〕　あらしきちさぶろう
　1769～1821　江戸時代中期, 後期の歌舞伎役者。
◇肉筆浮世絵大観 10（講談社 1995）
　▷図単色16「二代目嵐吉三郎の忠兵衛」（春好斎北洲　文化年間(1804-18)末）
　▷図単色17「二代目嵐吉三郎の鳥居又助」（春好斎北洲　文化年間(1804-18)末）

あらし

◇日本美術全集 20（講談社 1991）
　▷図92「二代目嵐吉三郎の筑紫権六」（松好斎半兵衛　文化元(1804)）
◇秘蔵浮世絵大観 9（講談社 1989）
　▷図0132「二代目嵐吉三郎の惟喬親王と三代目中村歌右衛門の加藤正清」（春好斎北洲　文政4）
◇秘蔵浮世絵大観 3（講談社 1988）
　▷図0126「二代目嵐吉三郎」（丸丈斎国広　文政4頃）
　▷図122「初代嵐璃寛の死絵 木曽義仲」（寿好堂よし国　文政4(1821)）

嵐吉三郎〔3代〕　あらしきちさぶろう
1810～1864　江戸時代末期の歌舞伎役者。
◇秘蔵浮世絵大観 3（講談社 1988）
　▷図0113「三代目中村歌右衛門の石川五右衛門と三代目嵐吉三郎の悴五郎市」（寿好堂よし国　文政5）

嵐橘三郎　あらしきつさぶろう
江戸時代の歌舞伎役者。
◇日本版画美術全集 3（講談社 1961）
　▷図46「嵐橘三郎の佐々木盛綱」（春好斎北洲）

嵐橘蔵　あらしきつぞう
江戸時代の歌舞伎役者。
◇秘蔵浮世絵大観 3（講談社 1988）
　▷図120「けいせい桟物語 初代市川鰕十郎のうきすの岩松・二代目嵐橘三郎の百姓重作・二代目沢村国太郎の女房おきぬ・嵐橘蔵の十吉」（戯画堂芦ゆき　文政10(1827)）

嵐喜代三郎　あらしきよさぶろう
江戸時代の歌舞伎役者。
◇浮世絵聚花 14（小学館 1981）
　▷図09「嵐喜代三郎のお七と吉三郎に扮する役者」（羽川珍重）
◇浮世絵聚花 4（小学館 1979）
　▷図131「嵐喜代三郎の八百屋お七」（奥村政信）
◇日本版画美術全集 2（講談社 1961）
　▷図139「嵐喜代三郎・中村伝九郎・勝山又五郎」（鳥居清信（初代））

嵐喜世三郎〔初代〕　あらしきよさぶろう
？～1713　江戸時代中期の歌舞伎役者。
◇浮世絵聚花 9（小学館 1981）
　▷図13「初世嵐喜世三郎」（鳥居清忠（初代））

嵐小六〔4代〕　あらしころく
1783～1826　江戸時代後期の歌舞伎役者。
◇秘蔵浮世絵大観 3（講談社 1988）
　▷図093「初代浅尾工左衛門の岩城忠太夫と四代目嵐小六の娘おくめ」（寿好堂よし国　文政4）
◇浮世絵八華 7（平凡社 1985）
　▷図79「仮名手本忠臣蔵〔六段目〕（二世）叶民(珉)子のかる母 沢村訥升の勘平（三世）市川寿美蔵の数右衛門 市川清十郎の弥五郎」（歌川国芳　天保頃）

嵐三右衛門〔3代〕　あらしさんえもん
1697～1754　江戸時代中期の歌舞伎役者、歌舞伎座本。
◇浮世絵聚花 1（小学館 1983）
　▷図100「三世嵐三右衛門の畳屋(実は曽我十郎)」（鳥居清倍（2代））

嵐三五郎〔代数不詳〕　あらしさんごろう
江戸時代の歌舞伎役者。
◇肉筆浮世絵 5（集英社 1983）
　▷図78「嵐三五郎の狐舞図」（鳥居清信（初代））
◇浮世絵聚花 9（小学館 1981）
　▷図82「嵐三五郎の狐舞図」（鳥居清信（初代））
　▷図43「嵐三五郎の〈雛鶴常磐源氏〉の宗清と津川かもんの女房白妙」（鳥居清倍（2代））
◇浮世絵聚花 11（小学館 1979）
　▷図242「嵐三五郎の名護屋山三と大谷広次の土佐又平」（勝川春章）
◇浮世絵大系 1（集英社 1974）
　▷図10「嵐三五郎の狐舞図」（鳥居清信（初代））
◇在外秘宝―欧米収蔵日本絵画集成 肉筆浮世絵（学習研究社 1969）
　▷図26「嵐三五郎の狐舞図」（鳥居清信（初代））

嵐三五郎〔2代〕　あらしさんごろう
1732～1803　江戸時代中期、後期の歌舞伎役者、歌舞伎座本。
◇秘蔵浮世絵大観 別巻（講談社 1990）
　▷〔チ〕35「二代目嵐三五郎の烏帽子折大太郎実は源頼朝と二代目瀬川菊之丞の雪女実は竜姫」（一筆斎文調　明和7(1770)）
　▷〔チ〕035「二代目嵐三五郎の工藤祐経」（勝川春好（初代）　安永6）
　▷〔チ〕05「二代目嵐三五郎の巴之丞」（鳥居清経　安永2）
◇秘蔵浮世絵大観 6（講談社 1989）
　▷図095「二代目嵐三五郎の河津三郎と初代中村仲蔵の俣野五郎と三代目瀬川菊之丞の鴛鴦の精」（勝川春章　安永4）
　▷図097「二代目嵐三五郎の十郎と初代尾上菊五郎の工藤」（勝川春章　明和8）
◇秘蔵浮世絵大観 8（講談社 1989）
　▷図104「二代目嵐三五郎の十郎・初代瀬川富三郎の少将・二代目中島三甫右衛門の梶原」（勝川春章　安永3.正(1774.正)）

◇秘蔵浮世絵大観 9（講談社 1989）
　▷図95「二代目嵐三五郎の尾花才三郎」（勝川春章　安永5(1776)）
◇秘蔵浮世絵大観 4（講談社 1988）
　▷図76「初代中村富十郎の横笛・二代目嵐三五郎の西行法師・三代目大谷広治の文覚上人」（勝川春章　安永6(1777)）
◇秘蔵浮世絵大観 11（講談社 1988）
　▷図4「初代尾上菊五郎の工藤・九代目市村羽左衛門の五郎・二代目嵐三五郎の十郎」（勝川春章　明和8(1771)）
◇秘蔵浮世絵大観 12（講談社 1988）
　▷図044「二代目嵐三五郎の河津三郎と三代目瀬川菊之丞の鴛鴦の精」（勝川春章　安永4）
◇秘蔵浮世絵大観 2（講談社 1987）
　▷図0114「二代目嵐三五郎の尾花才三郎」（鳥居清長　安永5.3）
◇秘蔵浮世絵大観 10（講談社 1987）
　▷図016「二代嵐三五郎のものぐさ太郎と二代山下金作の女房しがらみ」（鳥居清経　安永2.5）
◇浮世絵聚花 5（小学館 1980）
　▷図1「二代嵐三五郎の烏帽子折大太郎実ハ源頼朝と二世瀬川菊之丞の雪女」（一筆斎文調）
◇浮世絵聚花 8（小学館 1980）
　▷図021「二世嵐三五郎の烏帽子折大太郎実ハ源頼朝と二世瀬川菊之丞の雪女」（一筆斎文調）
◇浮世絵聚花 12（小学館 1980）
　▷図19-21「二代目嵐三五郎の河津三郎と初代中村仲蔵の俣野五郎と三代目瀬川菊之丞の鴛鴦の精」（勝川春章　安永4）
　▷図028-030「二代目嵐三五郎の十郎・初代瀬川富三郎の少将・二代目中島三甫右衛門の梶原」（勝川春章　安永3.正(1774.正)）
◇浮世絵聚花 10（小学館 1979）
　▷図85「二代嵐三五郎」（一筆斎文調）
　▷図203-204「二代嵐三五郎と二世瀬川菊之丞」（勝川春章）
　▷図91「二代市川高麗蔵と二世嵐三五郎」（勝川春章）
◇日本版画美術全集 3（講談社 1961）
　▷図79「二代嵐三五郎の武部源蔵」（一筆斎文調）
　▷図250「二世嵐三五郎の曽我十郎」（勝川春好（初代））

嵐三勝　あらしさんしょう
江戸時代中期の歌舞伎役者。
◇在外日本の至宝 7（毎日新聞社 1980）
　▷図28「嵐三勝の紀伊国屋小春」（鳥居清満（初代）　宝暦12-3頃(1762-3頃)）

嵐三八〔初代〕　あらしさんぱち
1750～1812　江戸時代中期, 後期の歌舞伎役者。
◇浮世絵八華 6（平凡社 1985）
　▷図44「二世坂東三津五郎の浜屋次良三と嵐三八の小笹助の進」（歌川豊国（初代））
◇浮世絵大系 9（集英社 1975）
　▷図41「嵐三八の伊豆の治良祐兼と市川男女蔵の鬼王新左衛門」（歌川国政）

嵐七五郎〔2代〕　あらししちごろう
1733～1788　江戸時代中期の歌舞伎役者。
◇秘蔵日本美術大観 10（講談社 1993）
　▷図75「二代目市川門之助と初代嵐竜蔵」（叢豊丸　寛政年間(1789-1801)中期）
◇秘蔵浮世絵大観 2（講談社 1987）
　▷図0106「三代目沢村宗十郎の平清盛と初代嵐竜蔵の清盛乳母八条」（勝川春英　寛政7.11）

嵐七五郎〔3代〕　あらししちごろう
1761～1798　江戸時代中期の歌舞伎役者。
◇浮世絵ギャラリー 4（小学館 2006）
　▷図9「二代目嵐竜蔵の金かし石部の金吉」（東洲斎写楽　寛政6(1794)）
　▷図51「二代目嵐竜蔵の不破が下部浮世又平」（東洲斎写楽　寛政6(1794)）
◇日本の浮世絵美術館 3（角川書店 1996）
　▷図155「二代嵐竜蔵の金貸石部金吉」（東洲斎写楽　寛政6）
◇秘蔵浮世絵大観 別巻（講談社 1990）
　▷〔ケ〕44「三代目沢村宗十郎と二代目嵐竜蔵」（歌川豊国（初代）　寛政8-9(1796-97)）
　▷〔ケ〕31「二代目嵐竜蔵の寺岡平右衛門」（勝川春英　寛政7(1795)）
◇浮世絵聚花 9（小学館 1981）
　▷図20「二代目嵐竜蔵の寺岡平右衛門」（勝川春英　寛政7(1795)）
◇浮世絵聚花 8（小学館 1980）
　▷図209「三代目沢村宗十郎と二代目嵐竜蔵」（歌川豊国（初代）　寛政8-9(1796-97)）
◇浮世絵大系 9（集英社 1975）
　▷図21「三代目沢村宗十郎と二代目嵐竜蔵」（歌川豊国（初代）　寛政8-9(1796-97)）

嵐富三郎〔2代〕　あらしとみさぶろう
1791～1830　江戸時代後期の歌舞伎役者。
◇秘蔵浮世絵大観 3（講談社 1988）
　▷図111「和訓水滸伝 初代市川鰕十郎の毛剃九右衛門と嵐富三郎のけいせい小女郎」（丸丈斎国広　文政5(1822)）
　▷図068「二代目嵐橘三郎の月始之助とあらし富三郎の娘かつら」（戯画堂芦ゆき　文政10）
　▷図069「嵐富三郎のたるやおせんと二代目あらし橘三郎の里見伊助」（戯画堂芦ゆき　文政8）
　▷図115「けいせい遊山桜 二代目藤川友吉の娘お梶・嵐富三郎の娘小さよ・初代中村歌六の行長女房大淀」（戯画堂芦ゆき　文政10(1827)）

あらし

嵐冨之助〔代数不詳〕 あらしとみのすけ
江戸時代の歌舞伎役者。
◇秘蔵浮世絵大観 6（講談社 1989）
　▷図23「嵐冨之助のくもいのまへと初代市村亀蔵のらいごうあじやり」（鳥居清信（2代）延享3（1746））
◇秘蔵浮世絵大観 12（講談社 1988）
　▷図010「嵐富之介のくも井のまへと市村亀蔵のらいごうあじやり」（鳥居清信（2代）　延享3）
◇浮世絵聚花 12（小学館 1980）
　▷図05「沢村宗十良と嵐富之助」（鳥居清信（初代））
◇日本版画美術全集 2（講談社 1961）
　▷図182「嵐富之助と尾上菊五郎」（鳥居清倍（2代））

嵐冨之助〔初代〕 あらしとみのすけ
江戸時代の歌舞伎役者。
◇秘蔵浮世絵大観 8（講談社 1989）
　▷図69「二代目沢村宗十郎の木曽義仲と初代嵐冨之助の実盛娘篠原」（鳥居清信（2代）寛延2.11（1749.11））

嵐雛次 あらしひなじ
江戸時代の歌舞伎役者。
◇秘蔵浮世絵大観 2（講談社 1987）
　▷図9「嵐雛次と二代目坂東彦三郎」（鳥居清満（初代）　明和1-2頃（1764-65頃））

嵐雛治 あらしひなじ
江戸時代の歌舞伎役者。
◇秘蔵浮世絵大観 別巻（講談社 1990）
　▷〔チ〕01「二代目坂東彦三郎の真田与市と嵐ひな治の舞子うりう野」（鳥居清満（初代）宝暦13）
◇浮世絵聚花 9（小学館 1981）
　▷図55「嵐雛治」（一筆斎文調）
◇浮世絵聚花 13（小学館 1981）
　▷図125「中村歌右衛門の清玄と嵐雛治の桜姫」（一筆斎文調）

嵐雛助〔代数不詳〕 あらしひなすけ
江戸時代の歌舞伎役者。
◇原色日本の美術 17（小学館 1968）
　▷図27-29「小佐川常世の厳島の天女・市川団蔵の崇徳院・嵐雛助の渡辺丁七」（勝川春章）
◇日本版画美術全集 3（講談社 1961）
　▷図217「嵐雛助の渡辺丁七」（勝川春章）
　▷図226「小佐川常世の厳島の天女・市川団蔵の崇徳院・嵐雛助の渡辺丁七」（勝川春章）
　▷図355「嵐雛助の左衛門祐経」（松好斎）

嵐雛助〔初代〕 あらしひなすけ
1741～1796　江戸時代中期の歌舞伎役者。
◇秘蔵浮世絵大観　ベレス・コレクション（講談社 1991）
　▷図104「初代叶雛助のひがきのお大」（流光斎如圭　寛政5（1793））
◇秘蔵浮世絵大観　ブルヴェラー・コレクション（講談社 1990）
　▷図37「大坂下り嵐雛助改メ叶雛助（眠獅）御目見得」（勝川春好（初代）　天明8（1788））
◇肉筆浮世絵 9（集英社 1982）
　▷図61「浅尾為十郎と叶雛助図」（流光斎如圭）

嵐雛助〔2代〕 あらしひなすけ
1774～1801　江戸時代中期, 後期の歌舞伎役者。
◇秘蔵浮世絵大観 11（講談社 1988）
　▷図59「三代目瀬川菊之丞のお国御前と二代目嵐雛助の不破の伴左衛門」（歌川豊国（初代）　寛政12（1800））

嵐村次郎 あらしむらじろう
江戸時代の歌舞伎役者。
◇秘蔵浮世絵大観　別巻（講談社 1990）
　▷〔チ〕60「三代目市川八百蔵の朝比奈と嵐村次郎の化粧坂少将」（勝川春潮　天明7（1787））
◇秘蔵浮世絵大観 9（講談社 1989）
　▷図147「三世沢村宗十郎の楠正行と嵐村次郎の弁の内侍」（鳥居清長　天明6頃（1786頃））
◇秘蔵浮世絵大観 2（講談社 1987）
　▷図92「三代目市川八百蔵の楠の恨之助と嵐村次郎の千枝の小女郎」（勝川春章　天明6.11（1786.11））
◇浮世絵聚花 2（小学館 1985）
　▷図181「三世沢村宗十郎の楠正行と嵐村次郎の弁の内侍」（鳥居清長　天明6頃（1786頃））
◇在外秘宝―欧米収蔵浮世絵集成　鳥居清長（学習研究社 1972）
　▷図67「三世沢村宗十郎の楠正行と嵐村次郎の弁の内侍」（鳥居清長　天明6頃（1786頃））
◇日本版画美術全集 3（講談社 1961）
　▷図159「三世沢村宗十郎の楠正行と嵐村次郎の弁の内侍」（鳥居清長　天明6頃（1786頃））

嵐山甫安 あらしやまほあん　1633～1693
江戸時代前期の紅毛流の外科医, 肥前平戸藩医。
◇国史大辞典（吉川弘文館 1979）
◇日本人名大事典 1～6（平凡社 1979（覆刻））
◇大日本百科事典（小学館 1967）

嵐来芝〔2代〕 あらしらいし
江戸時代後期の歌舞伎役者。
◇日本版画美術全集 3（講談社 1961）
　▷図74「二世瀬川菊之丞のお国と三世嵐三五郎の曽我十郎」（一筆斎文調）

嵐璃寛〔代数不詳〕 あらしりかん
江戸時代の歌舞伎役者。
◇秘蔵浮世絵大観 3（講談社 1988）
　▷図121「見立 市川新升の十郎祐成・嵐璃寛の工藤祐つね・中村芝翫の五郎時宗」（寿好堂よし国 文政4(1821)）
◇日本版画美術全集 3（講談社 1961）
　▷図362「嵐璃寛の佐々木盛綱」（春梅斎北英）

嵐璃寛〔2代〕 あらしりかん
1788～1837 江戸時代後期の歌舞伎役者。
◇肉筆浮世絵大観 10（講談社 1995）
　▷図単色15「二代目嵐璃寛」（柳斎重春 文政5(1822)頃）
◇秘蔵日本美術大観 10（講談社 1993）
　▷図193「二代目嵐橘三郎の女房かさね」（柳斎重春 文政11(1828)）
◇日本美術全集 20（講談社 1991）
　▷図94「二代目嵐璃寛の団七九郎兵衛」（春江斎北英 天保3(1832)）
◇秘蔵浮世絵大観 5（講談社 1989）
　▷図096「二代目嵐橘三郎の月本始之助」（豊川英지 文政10）
　▷図144「初代岩井紫若のみの屋三かつと二代目嵐璃寛の赤根屋半七」（丸丈斎国広 天保5(1834)）
　▷図147「二代目嵐璃寛の団七九郎兵衛」（春始斎北海 天保3(1832)）
　▷図148「二代目嵐璃寛の早瀬伊織」（春始斎北海 天保3(1832)）
　▷図099「二代目嵐璃寛の加藤政清」（春梅斎北英 天保7）
　▷図161「二代目嵐璃寛の源為朝と初代岩井紫若の寧王女」（春梅斎北英 天保4(1833)）
　▷図098「里見八犬子内一個 坂東寿太郎の犬飼見八信道・二代目嵐璃寛の犬塚信乃戊孝」（春梅斎北英 天保5頃）
　▷図153「戯場水滸伝百八人之内 二代目中村芝翫の史進・三代目中村歌右衛門の公孫勝・二代目中村富十郎の一丈青・二代目嵐璃寛の張順」（春梅斎北英 天保5頃(1834頃)）
　▷図164「二代目中村富十郎の蘭の方・二代目関三十郎の植木屋杢衛門・二代目嵐璃寛の小間物屋弥七」（春梅斎北英 天保6(1835)）
　▷図160「三代目中村松江のおかる・二代目嵐璃寛の寺岡平右衛門」（春梅斎北英 天保2(1831)）
　▷図158「流行かがみの覆 二代目嵐璃寛の小萩実は無官太夫敦盛」（春梅斎北英 天保6(1835)）
　▷図156「流行鏡の覆 二代目嵐璃寛の鷲ノ尾三郎」（春梅斎北英 天保6(1835)）
　▷図0112「俳優擬鶏合 四代目中村歌右衛門・二代目中村富十郎・二代目嵐璃寛」（長谷川貞信 天保8）
◇秘蔵浮世絵大観 9（講談社 1989）
　▷図0126「二代目嵐橘三郎の女房かさねと二代目沢村国太郎のお竹」（戯画堂芦ゆき 文政11.8）
　▷図245「二代目嵐璃寛の宮本武蔵」（戯画堂芦ゆき 天保3.正(1832.正)）
◇秘蔵浮世絵大観 3（講談社 1988）
　▷図073「浅尾額十郎の濡髪長五郎と二代目嵐橘三郎の放駒長吉」（戯画堂芦ゆき 文政6）
　▷図072「浅尾額十郎の山田幸十郎・二代目沢村国太郎の女房おこう・二代目嵐橘三郎の今木伝七」（戯画堂芦ゆき 文政10）
　▷図080「二代目嵐橘三郎と初代市川鰕十郎の角芝居同座出勤口上」（戯画堂芦ゆき 文政8）
　▷図086「二代目嵐橘三郎の呉ふくや十兵衛」（戯画堂芦ゆき 文政9）
　▷図087「二代目あらし橘三郎の佐々木蔵人」（戯画堂芦ゆき 文政6）
　▷図084「二代目嵐橘三郎の月本始メ之助」（戯画堂芦ゆき 文政10）
　▷図068「二代目嵐橘三郎の月本始之助とあらし富三郎の娘かつら」（戯画堂芦ゆき 文政10）
　▷図085「二代目嵐橘三郎の布袋市右衛門」（戯画堂芦ゆき 文政8）
　▷図071「二代目あらし橘三郎の真柴久吉と初代中村歌六の阿野ノ局」（戯画堂芦ゆき 文政8）
　▷図089「二代目嵐橘三郎の三うら又蔵と尾上梅蔵の虎之助」（戯画堂芦ゆき 文政10）
　▷図069「嵐富三郎のたるやおせんと二代目あらし橘三郎の里見伊助」（戯画堂芦ゆき 文政8）
　▷図119「絵合太功記 二代目嵐橘三郎の鈴木孫市」（戯画堂芦ゆき 文政8(1825)）
　▷図088「二代目大谷友右衛門の玄達と二代目あらし橘三郎の石どう縫之助」（戯画堂芦ゆき 文政6）
　▷図113「けいせい遊山桜 初代市川鰕十郎の二ぞろの八八と二代目嵐橘三郎のふか草の茂助」（戯画堂芦ゆき 文政10(1827)）
　▷図120「けいせい桟物語 初代市川鰕十郎のうきすの岩松・二代目嵐橘三郎の百姓重作・二代目沢村国太郎の女房おきぬ・嵐橘蔵の十吉」（戯画堂芦ゆき 文政10(1827)）
　▷図117「菅原伝授手習鑑 二代目嵐橘三郎のさくら丸」（戯画堂芦ゆき 文政5(1822)）
　▷図116「名作切篭曙 二代目嵐橘三郎の里見伊助と二代目藤川友吉のたるやおせん」（戯画堂芦ゆき 文政9(1826)）
　▷図090「二代目嵐橘三郎のあは丿十郎兵衛と二代目沢村国太郎の女房お弓」（戯画堂芦ゆき、寿好堂よし国 文政10）
　▷図127「二代目嵐橘三郎」（寿好堂よし国

あらし

文政5(1822))
▷図0107「二代目嵐橘三郎の今木伝七」(寿好堂よし国　文政10)
▷図0105「二代目嵐橘三郎のかみゆひ太助」(寿好堂よし国　文政7)
▷図0103「二代目嵐橘三郎の佐々木丹右衛門」(寿好堂よし国　文政9)
▷図0104「二代目嵐橘三郎の布袋市右衛門」(寿好堂よし国　文政8)
▷図125「菅原伝授手習鑑 二代目嵐三郎の宿祢太郎」(寿好堂よし国　文政5(1822))
▷図0102「徳三郎改二代目嵐三郎の源三位頼政」(寿好堂よし国　文政5)
◇日本版画美術全集 6 (講談社 1961)
▷図25「里見八犬子内一個 坂東寿太郎の犬飼見八信道・二代目嵐璃寛の犬塚信乃戊孝」(春梅斎北英　天保5頃)

嵐璃寛〔3代〕　あらしりかん

1812～1863　江戸時代末期の歌舞伎役者。
◇秘蔵浮世絵大観 5 (講談社 1989)
▷図010「初代坂東しうかの象頭山ノ化現と三代目嵐璃寛の乳母お辻」(歌川国貞(初代)　安政2)
◇秘蔵浮世絵大観 9 (講談社 1989)
▷図0136「三代目嵐徳三郎の女伊達お橋」(五蝶亭貞升　天保10.正)

嵐璃光〔初代〕　あらしりこう

1784～1839　江戸時代後期の歌舞伎役者。
◇秘蔵浮世絵大観 6 (講談社 1989)
▷図07「初代瀧中歌川」(鳥居清倍(2代)　元文2－寛保2)
◇浮世絵聚花 1 (小学館 1983)
▷図78「市村宇左衛門の清玄と滝中歌川の桜姫」(鳥居清信(2代))
◇浮世絵聚花 4 (小学館 1979)
▷図101「瀧中哥川」(鳥居清倍)

嵐竜蔵　あらしりゅうぞう

江戸時代の歌舞伎役者。
◇日本の浮世絵美術館 1 (角川書店 1996)
▷図139「嵐竜蔵の金貸し石部金吉」(東洲斎写楽　寛政)
▷図144「嵐竜蔵の奴浮世又平」(東洲斎写楽　寛政6)
◇名品揃物浮世絵 6 (ぎょうせい 1992)
▷図19「役者舞台之姿絵 とらや(嵐竜蔵の浮世又平)」(歌川豊国(初代)　寛政6-7(1794-95))
▷図8「役者舞台之姿絵 とらや(嵐竜蔵の閉坊)」(歌川豊国(初代)　寛政6-7(1794-95))
◇新編 名宝日本の美術 29 (小学館 1991)
▷図10「嵐竜蔵の金貸石部金吉」(東洲斎写楽　寛政6.5(1794))
▷図30「嵐竜蔵の奴浮世又平と三世大谷広次

の奴土佐の又平」(東洲斎写楽)
◇名品揃物浮世絵 5 (ぎょうせい 1991)
▷図10「嵐竜蔵の金貸石部金吉」(東洲斎写楽　寛政6.5(1794))
▷図69「嵐竜蔵の奴浮世又平と三世大谷広次の奴土佐の又平」(東洲斎写楽)
▷図86「嵐竜蔵の奴なみ平(とら屋虎丸)」(東洲斎写楽　寛政6.11(1794))
◇秘蔵浮世絵大観 6 (講談社 1989)
▷図0183「嵐竜蔵の大伴山主」(東洲斎写楽　寛政6)
▷図177「嵐竜蔵の金貸石部金吉」(東洲斎写楽　寛政6.5(1794))
◇秘蔵浮世絵大観 9 (講談社 1989)
▷図194「嵐竜蔵の奴なみ平(とら屋虎丸)」(東洲斎写楽　寛政6.11(1794))
◇秘蔵浮世絵大観 2 (講談社 1987)
▷図0156「嵐竜蔵の金貸石部金吉」(東洲斎写楽　寛政6.5(1794))
◇浮世絵八華 4 (平凡社 1985)
▷図094「嵐竜蔵の大伴山主」(東洲斎写楽　寛政6)
▷図7「嵐竜蔵の金貸石部金吉」(東洲斎写楽　寛政6.5(1794))
▷図09「嵐竜蔵の金貸石部金吉」(東洲斎写楽　寛政6.5(1794))
▷図044「嵐竜蔵の奴浮世又平」(東洲斎写楽)
▷図30「嵐竜蔵の奴浮世又平と三世大谷広次の奴土佐の又平」(東洲斎写楽)
▷図032「嵐竜蔵の奴浮世又平と三世大谷広次の奴土佐の又平」(東洲斎写楽)
▷図74「嵐竜蔵の奴なみ平(とら屋虎丸)」(東洲斎写楽　寛政6.11(1794))
▷図0123「嵐竜蔵の奴なみ平(とら屋虎丸)」(東洲斎写楽　寛政6.11(1794))
◇浮世絵聚花 13 (小学館 1981)
▷図26「嵐竜蔵の奴なみ平(とら屋虎丸)」(東洲斎写楽　寛政6.11(1794))
◇在外日本の至宝 7 (毎日新聞社 1980)
▷図108「嵐竜蔵の奴なみ平(とら屋虎丸)」(東洲斎写楽　寛政6.11(1794))
◇浮世絵聚花 12 (小学館 1980)
▷図144「嵐竜蔵の奴浮世又平と三世大谷広次の奴土佐の又平」(東洲斎写楽)
◇浮世絵聚花 7 (小学館 1979)
▷図127「役者舞台之姿絵 とらや(嵐竜蔵の閉坊)」(歌川豊国(初代)　寛政6-7(1794-))
◇浮世絵聚花 10 (小学館 1979)
▷図034「嵐竜蔵」(歌川国政)
▷図039「市川門之助と嵐竜蔵」(葛飾北斎)
▷図055「嵐竜蔵の大伴山主」(東洲斎写楽　寛政6)
◇浮世絵聚花 11 (小学館 1979)
▷図3「嵐竜蔵の金貸石部金吉」(東洲斎写楽　寛政6.5(1794))
◇復元浮世絵大観 8 (集英社 1978)
▷図5「嵐竜蔵の金貸石部金吉」(東洲斎写楽

寛政6.5(1794))
▷図21「嵐竜蔵の奴浮世又平と三世大谷広次の奴土佐の又平」(東洲斎写楽)
◇浮世絵大系 7 (集英社 1973)
▷図6「嵐竜蔵の金貸石部金吉」(東洲斎写楽 寛政6.5(1794))
▷図32「嵐竜蔵の奴浮世又平と三世大谷広次の奴土佐の又平」(東洲斎写楽)
▷図47「嵐竜蔵の奴なみ平(とら屋虎丸)」(東洲斎写楽 寛政6.11(1794))
◇平凡社ギャラリー 6 (平凡社 1973)
▷表紙「嵐竜蔵の金貸石部金吉」(東洲斎写楽 寛政6.5(1794))
◇在外秘宝―欧米収蔵浮世絵集成 東洲斎写楽 (学習研究社 1972)
▷図50「嵐竜蔵の大伴山主」(東洲斎写楽 寛政6)
▷図082「嵐竜蔵の大伴山主」(東洲斎写楽 寛政6)
▷図7「嵐竜蔵の金貸石部金吉」(東洲斎写楽 寛政6.5(1794))
▷図06「嵐竜蔵の金貸石部金吉」(東洲斎写楽 寛政6.5(1794))
▷図86「嵐竜蔵の金貸石部金吉」(東洲斎写楽 寛政6.5(1794))
▷図36「嵐竜蔵の奴浮世又平」(東洲斎写楽)
▷図041「嵐竜蔵の奴浮世又平」(東洲斎写楽)
▷図038「嵐竜蔵の奴浮世又平と三世大谷広次の奴土佐の又平」(東洲斎写楽)
▷図52「嵐竜蔵の奴なみ平(とら屋虎丸)」(東洲斎写楽 寛政6.11(1794))
▷図087「嵐竜蔵の奴なみ平(とら屋虎丸)」(東洲斎写楽 寛政6.11(1794))
▷図Ⅳ-Ⅷ「八世森田勘弥と嵐竜蔵」(東洲斎写楽)
◇全集浮世絵版画 4 (集英社 1972)
▷図1「嵐竜蔵の金貸石部金吉」(東洲斎写楽 寛政6.5(1794))
▷図34「嵐竜蔵の奴浮世又平と三世大谷広次の奴土佐の又平」(東洲斎写楽)
▷図47「嵐竜蔵の奴なみ平(とら屋虎丸)」(東洲斎写楽 寛政6.11(1794))
◇日本の名画 13 (講談社 1972)
▷図10「嵐竜蔵の奴浮世又平と三世大谷広次の奴土佐の又平」(東洲斎写楽)
◇原色日本の美術 24 (小学館 1971)
▷図68「嵐竜蔵の金貸石部金吉」(東洲斎写楽 寛政6.5(1794))
▷図75「嵐竜蔵の奴浮世又平と三世大谷広次の奴土佐の又平」(東洲斎写楽)
◇浮世絵名作選集 4 (山田書院 1968)
▷図〔3〕「嵐竜蔵の金貸石部金吉」(東洲斎写楽 寛政6.5(1794))
◇美人画・役者絵 6 (集英社 1966)
▷図73「嵐竜蔵の大伴山主」(東洲斎写楽 寛政6)
▷図11「嵐竜蔵の金貸石部金吉」(東洲斎写楽 寛政6.5(1794))
▷図30「嵐竜蔵の奴浮世又平と三世大谷広次の奴土佐の又平」(東洲斎写楽)

▷図34「嵐竜蔵の奴浮世又平と三世大谷広次の奴土佐の又平」(東洲斎写楽)
◇浮世絵版画 6 (集英社 1964)
▷図1「嵐竜蔵の金貸石部金吉」(東洲斎写楽 寛政6.5(1794))
◇日本版画美術全集 4 (講談社 1960)
▷図213「嵐竜蔵の金貸石部金吉」(東洲斎写楽 寛政6.5(1794))
▷図41「嵐竜蔵の金貸石部金吉」(東洲斎写楽 寛政6.5(1794))
▷図40「嵐竜蔵の奴浮世又平と三世大谷広次の奴土佐の又平」(東洲斎写楽)
▷図97「八世森田勘弥と嵐竜蔵」(東洲斎写楽)
◇浮世絵全集 5 (河出書房新社 1957)
▷図47「嵐竜蔵の金貸石部金吉」(東洲斎写楽 寛政6.5(1794))
▷図12「嵐竜蔵の奴浮世又平と三世大谷広次の奴土佐の又平」(東洲斎写楽)

嵐和歌野〔代数不詳〕　あらしわかの
江戸時代中期の歌舞伎役者。
◇秘蔵浮世絵大観 12 (講談社 1988)
▷図30「嵐和歌野」(鳥居清忠(初代) 享保7-13(1722-28))
◇浮世絵聚花 14 (小学館 1981)
▷図13「二世三条勘太郎のみやこのおくにと嵐和哥野」(奥村利信)
▷図08「嵐和哥野」(鳥居清忠(初代) 享保7-13(1722-28))
◇浮世絵聚花 8 (小学館 1980)
▷図09「市村亀蔵と嵐和哥野」(鳥居清倍)
◇浮世絵聚花 12 (小学館 1980)
▷図03「市川門之助と嵐わかの」(鳥居清信(初代))
◇浮世絵聚花 4 (小学館 1979)
▷図140「市川門之助の若衆と嵐和歌野の傘をさしかける女」(奥村利信)
◇浮世絵全集 1 (河出書房新社 1957)
▷図11「嵐和可野と荻野伊三郎」(鳥居清信(初代))

嵐和歌野〔初代〕　あらしわかの
1692～1728 江戸時代中期の歌舞伎役者。
◇秘蔵日本美術大観 11 (講談社 1994)
▷図11「初代嵐和歌野の四季の花売り」(奥村利信 享保7-13(1722-28))
◇秘蔵浮世絵大観 別巻 (講談社 1990)
▷図〔チ〕14「初代市川門之助の深くさ少将と初代嵐和歌野の小野小町」(奥村利信 享保8-10か(1723-25か))
◇秘蔵浮世絵大観 プルヴェラー・コレクション (講談社 1990)
▷図4「初代嵐和歌野の化粧坂の少将」(鳥居清重 享保8(1723))
◇秘蔵浮世絵大観 8 (講談社 1989)
▷図04「初代嵐わかのと初代市川門之助」(鳥居清信(初代) 享保)

◇浮世絵聚花 15（小学館 1980）
　▷図16「初世嵐和歌野」（鳥居清信（初代））
◇浮世絵聚花 7（小学館 1979）
　▷図68「初世嵐和歌野」（西村重長）

荒飛甚太夫　あらとびじんだゆう
江戸時代後期の力士。
◇秘蔵浮世絵大観 6（講談社 1989）
　▷図139「荒飛甚太夫」（勝川春英　寛政後期（1789-1801））

有馬豊氏　ありまとようじ　1569〜1642
安土桃山時代, 江戸時代前期の大名。
◇静岡県史 通史編3 近世1（静岡県 1997）
　▷〈写真〉写1-4「有馬豊氏画像」
◇静岡県史 資料編9 近世1（静岡県 1992）
　▷〈口絵〉7「横須賀藩主 有馬豊氏画像」
◇福岡県百科事典 上, 下（西日本新聞社 1982）
◇兵庫県史 第4巻 近世編2（兵庫県 1980）
　▷〈写真〉写真4「有馬豊氏像」

有馬則維　ありまのりふさ　1674〜1738
江戸時代中期の大名。
◇福岡県百科事典 上, 下（西日本新聞社 1982）

有馬頼永　ありまよりとお　1822〜1846
江戸時代後期の大名。
◇福岡県百科事典 上, 下（西日本新聞社 1982）

有馬頼僮　ありまよりゆき　1712〜1783
江戸時代中期の和算家, 大名。
◇福岡県百科事典 上, 下（西日本新聞社 1982）

在原業平　ありわらのなりひら　825〜880
平安時代前期の歌人。
◇ボストン美術館 日本美術調査図録（講談社 2003）
　▷図III-287「見立業平東下り」（芳香　文化年間（1804-44）頃）
　▷図III-91「業平・小町・伊勢図」（宮川長春　享保年間（1716-36））
◇講談社日本人名大辞典（講談社 2001）
◇ボストン美術館 肉筆浮世絵 2（講談社 2000）
　▷図5-7「業平・小町・伊勢図」（宮川長春　享保年間（1716-36））
◇日本の美（美術年鑑社 2000）
　▷図21「業平東下り」（尾形光琳　江戸時代中期）
　▷図20「業平東下り図」（伝 俵屋宗達　江戸時代中期）
◇国宝・重要文化財大全 1（毎日新聞社 1997）
　▷図163「在原業平像」（作者不詳　南北朝時代）
◇日本の浮世絵美術館 1（角川書店 1996）
　▷図129「見立業平東下り図」（宮川長春　享保頃）
◇日本の浮世絵美術館 5（角川書店 1996）
　▷図168,169「小野小町、在原業平」（葛飾北斎　文化頃）
◇肉筆浮世絵大観 1（講談社 1994）
　▷図5「業平舞図」（作者不詳　寛文年間（1661-73））
　▷図単色6「業平舞図」（作者不詳　寛文年間（1661-73）頃）
◇秘蔵日本美術大観 6（講談社 1994）
　▷図65「業平舞図」（作者不詳　寛文年間（1661-73））
◇秘蔵日本美術大観 12（講談社 1994）
　▷図5「業平踊図」（宮川長亀　享保年間（1716-36））
◇琳派美術館 3（集英社 1993）
　▷図67「業平東下り図」（鈴木其一）
◇日本史大事典（平凡社 1992）
◇名品揃物浮世絵 4（ぎょうせい 1992）
　▷図52「六歌仙 業平」（鳥文斎栄之　天明年間末頃(1781-89頃)）
◇名品揃物浮世絵 9（ぎょうせい 1992）
　▷図11「百人一首乳母か絵説 在原業平」（葛飾北斎　天保年間中－後期(1830-1844)）
　▷図210「六歌仙 在原業平」（葛飾北斎　文化年間中期頃(1804-1818頃)）
◇秘蔵浮世絵大観 ベレス・コレクション（講談社 1991）
　▷図066「百人一首乳母か絵説 在原業平」（葛飾北斎　天保年間中－後期(1830-1844)）
◇名品揃物浮世絵 8（ぎょうせい 1991）
　▷図85「詩哥写真鏡 在原業平」（葛飾北斎　天保初頃(1830頃)）
◇人間の美術 9（学習研究社 1990）
　▷図56「業平舞図」（作者不詳　17世紀中期）
◇秘蔵浮世絵大観 別巻（講談社 1990）
　▷〔チ〕80「業平朝臣初冠略」（鳥高斎栄昌　寛政前期(1789-1801)）
◇秘蔵浮世絵大観 3（講談社 1988）
　▷図50「百人一首之内 在原業平朝臣」（歌川国芳　天保(1830-44)）
　▷図066「業平東下り」（歌川広重（初代）　天保末－弘化）
　▷図050「見立業平東下り」（葛飾北斎　文化）
◇秘蔵浮世絵大観 12（講談社 1988）
　▷図0109「詩哥写真鏡 在原業平」（葛飾北斎　天保初頃(1830頃)）
◇秘蔵浮世絵大観 10（講談社 1987）
　▷図068「見立業平東下り」（礒田湖竜斎　安永中期）
◇浮世絵八華 1（平凡社 1985）
　▷図68「見立業平東下り」（鈴木春信　明和5-6(1768-69)）
◇京都大事典（淡交社 1984）
◇日本大百科全書（小学館 1984）
◇浮世絵八華 5（平凡社 1984）

▷図19「詩哥写真鏡 在原業平」(葛飾北斎 天保初頃(1830頃))
◇肉筆浮世絵 2 (集英社 1982)
　▷図26「業平涅槃図」(山崎女竜)
◇浮世絵聚花 補巻1 (小学館 1982)
　▷図257「三十六歌仙 在原業平朝臣」(鈴木春信 明和4-5(1767-68))
　▷図157「むかし男 隅田川を渡る在原業平」(鈴木春信 宝暦12－明和元(1762-4))
◇浮世絵聚花 補巻2 (小学館 1982)
　▷図491「見立業平東下り」(鈴木春信 明和5-6(1768-69))
　▷図492「見立業平東下り」(鈴木春信 明和5-6(1768-69))
　▷図350「見立業平東下り」(鈴木春信 明和5-6(1768-69))
◇郷土歴史人物事典 奈良 (第一法規出版 1981)
◇浮世絵聚花 13 (小学館 1981)
　▷〔版〕13「在原業平と小野小町」(鈴木春信)
　▷図121「三十六歌仙 在原業平朝臣」(鈴木春信 明和4-5(1767-68))
◇日本美術絵画全集 13 (集英社 1980)
　▷図28「三十六歌仙図扁額 在原業平」(岩佐又兵衛 江戸時代)
◇日本人名大事典 1～6 (平凡社 1979(覆刻))
◇浮世絵聚花 10 (小学館 1979)
　▷図52「詩哥写真鏡 在原業平」(葛飾北斎 天保初頃(1830頃))
　▷図194「風流六哥仙 在原業平」(鈴木春信)
　▷図39-41「業平朝臣初冠figure略」(鳥高斎栄昌 寛政後期(1789-1801))
◇抱一派花鳥画譜 5 (紫紅社 1979)
　▷図117「業平東下り図」(鈴木守一)
◇世界伝記大事典 (ほるぷ出版 1978)
◇浮世絵聚花 3 (小学館 1978)
　▷図201「五色染六歌仙 在原業平」(喜多川歌麿(初代))
◇浮世絵聚花 6 (小学館 1978)
　▷図09「六歌仙 業平」(鳥文斎栄之 天明年間末頃(1781-89頃))
◇肉筆浮世絵集成 1 (毎日新聞社 1977)
　▷図139「業平東下り図」(奥村政信 享保期)
　▷図273「六歌仙小町と業平の色ごと図」(正芳 慶応期)
　▷図111「見立業平東下り図」(宮川長春 宝永期)
◇重要文化財 11 (毎日新聞社 1975)
　▷図206「三十六歌仙図扁額 在原業平」(岩佐又兵衛 江戸時代)
◇重要文化財 9 (毎日新聞社 1974)
　▷図270「在原業平像」(作者不詳 南北朝時代)
◇現代日本美術全集 3 (集英社 1972)
　▷図32「業平東下り」(今村紫紅 明治44頃(1911頃))
◇在外秘宝―欧米収蔵浮世絵集成 鈴木春信 (学習研究社 1972)
　▷図138「在原業平と小野小町」(鈴木春信)
　▷図161「三十六歌仙 在原業平朝臣」(鈴木春信 明和4-5(1767-68))
　▷図37「風流六哥仙 在原業平」(鈴木春信)
◇在外秘宝―欧米収蔵浮世絵集成 葛飾北斎 (学習研究社 1972)
　▷図50「詩哥写真鏡 在原業平」(葛飾北斎 天保初頃(1830頃))
◇在外秘宝 1 (学習研究社 1969)
　▷図60「業平東下り図」(尾形光琳)
◇世界大百科事典 (平凡社 1964)
◇日本版画美術全集 2 (講談社 1961)
　▷図131「なりひら」(杉村治兵衛)

在原行平 ありわらのゆきひら 818～893
平安時代前期の歌人, 公卿。中納言。
◇日本人名大事典 1～6 (平凡社 1979(覆刻))

阿波加脩造 あわかしゅうぞう 1835～1916
江戸時代末期, 明治時代の医師。
◇富山大百科事典 (北日本新聞社 1994)
◇角川日本姓氏歴史人物大辞典 16 (角川書店 1992) ▷阿波加修造

粟屋貞一 あわやさだいち 1844～1914
江戸時代末期～大正期の開拓指導者。
◇北海道歴史人物事典 (北海道新聞社 1993)
◇北海道大百科事典 (北海道新聞社 1981)

安東九華 あんどうきゅうか 1825～1904
江戸時代後期, 末期, 明治時代の儒者, 政治家。
◇大分県歴史人物事典 (大分合同新聞社 1996)
◇大分百科事典 (大分放送 1980)

安藤昌益 あんどうしょうえき 1703～1762
江戸時代中期の農本思想家, 漢方医。
◇講談社日本人名大辞典 (講談社 2001)
◇国史大辞典 (吉川弘文館 1979)

安藤東野 あんどうとうや 1683～1719
江戸時代中期の儒者。
◇講談社日本人名大辞典 (講談社 2001)
◇国史大辞典 (吉川弘文館 1979)
◇日本人名大事典 1～6 (平凡社 1979(覆刻))

安藤直次 あんどうなおつぐ 1554～1635
安土桃山時代, 江戸時代前期の紀伊和歌山藩付家老。
◇静岡県史 通史編3 近世1 (静岡県 1997)
　▷〈写真〉写1-39「安藤直次画像」
◇和歌山県史 近世 (和歌山県 1990)
　▷〈写真〉写真11「安藤直次画像」

安藤就高　あんどうなりたか　1830〜1886
　　江戸時代末期, 明治時代の美濃大垣藩士。
◇士―日本のダンディズム（二玄社 2003）
　　▷p111 No.81「明治英雄一覧」（明治時代初期）

安藤信成　あんどうのぶなり　1743〜1810
　　江戸時代中期, 後期の大名。
◇福島大百科事典（福島民報社 1980）

安藤信正　あんどうのぶまさ　1819〜1871
　　江戸時代末期, 明治時代の大名。
◇講談社日本人名大辞典（講談社 2001）
◇茨城県史　近世編（茨城県 1985）
　　▷図11-4（写真）「安藤信正肖像」
◇国史大辞典（吉川弘文館 1979）
◇日本人名大事典 1〜6（平凡社 1979（覆刻））
◇世界伝記大事典（ほるぷ出版 1978）

安藤通故　あんどうみちふる　1833〜1898
　　江戸時代末期, 明治時代の日向延岡藩士, 国学者。
◇宮崎県大百科事典（宮崎日日新聞社 1983）

安東蓮聖　あんどうれんしょう　1239〜1329
　　鎌倉時代後期の武士, 得宗被官, 摂津守護代。
◇国宝・重要文化財大全 1（毎日新聞社 1997）
　　▷図171「安東蓮聖像」（作者不詳　鎌倉時代　元徳2（1330）明極楚俊賛）
◇重要文化財 9（毎日新聞社 1974）
　　▷図273「安東蓮聖像（明極楚俊賛）」（作者不詳　元徳2（1330））

安徳天皇　あんとくてんのう　1178〜1185
　　平安時代後期の第81代天皇。在位1180〜1185。
◇講談社日本人名大辞典（講談社 2001）
◇日本美術全集 13（講談社 1993）
　　▷図24-27「安徳天皇縁起絵」（作者不詳　16世紀後期）
◇香川県人物・人名事典（四国新聞社 1985）
◇香川県大百科事典（四国新聞社 1984）

安楽庵策伝　あんらくあんさくでん　1554〜1642
　　安土桃山時代, 江戸時代前期の浄土宗の僧。
◇国史大辞典（吉川弘文館 1979）　▷策伝

【い】

飯篠長威斎　いいざさちょういさい
　　1421？〜1488
　　室町時代の剣術家。
◇日本大百科全書（小学館 1984）

飯田軍蔵　いいだぐんぞう　1834〜1864
　　江戸時代末期の志士。
◇茨城県大百科事典（茨城新聞社 1981）

飯田武郷　いいだたけさと　1827〜1900
　　江戸時代末期, 明治時代の国学者, 志士。
◇長野県歴史人物大事典（郷土出版社 1989）
◇国史大辞典（吉川弘文館 1979）
◇日本人名大事典 1〜6（平凡社 1979（覆刻））

飯田巽　いいだたつみ　1842〜1924
　　江戸時代末期〜大正期の官吏。日本銀行理事。
◇青森県人名事典（東奥日報社 2002）

飯塚伊賀七　いいづかいがしち　1762〜1836
　　江戸時代中期, 後期の常陸谷田部藩士。
◇茨城県大百科事典（茨城新聞社 1981）

井伊直弼　いいなおすけ　1815〜1860
　　江戸時代末期の大名, 大老。
◇講談社日本人名大辞典（講談社 2001）
◇日本の浮世絵美術館 5（小学館 1996）
　　▷図171「桜田門外における井伊大老襲撃之図」（月岡芳年　明治8）
◇日本史大事典（平凡社 1992）
◇茨城県史　近世編（茨城県 1985）
　　▷図10-11（写真）「井伊直弼肖像」
◇滋賀県百科事典（大和書房 1984）
◇日本大百科全書（小学館 1984）
◇神奈川県史　通史編3近世（2）（神奈川県 1983）
　　▷p1153（写真）「井伊直弼像」
◇郷土史人物事典 滋賀（第一法規出版 1979）
◇国史大辞典（吉川弘文館 1979）
◇日本人名大事典 1〜6（平凡社 1979（覆刻））
◇世界伝記大事典（ほるぷ出版 1978）
◇大日本百科事典（小学館 1967）

井伊直政　いいなおまさ　1561〜1602
　　安土桃山時代の大名。
◇角川日本姓氏歴史人物大辞典 10（角川書店 1994）
◇群馬県史　通史編4 近世1 政治（群馬県 1990）

▷〈写真〉15「伊井直政画像」
◇静岡大百科事典（静岡新聞社 1978）

飯沼貞吉 いいぬまさだきち　1854～1931
　江戸時代末期の白虎士中二番隊士。
◇会津大事典（国書刊行会 1985）

飯沼慾斎 いいぬまよくさい　1782～1865
　江戸時代後期の蘭方医，植物学者。
◇講談社日本人名大辞典（講談社 2001）
◇幕末―写真の時代（筑摩書房 1994）
　　▷p174 No.184「〔無題〕」（文久3年（1863）？）
◇写された幕末―石黒敬七コレクション（明石書店 1990）
　　▷p220「〔無題〕」
◇日本大百科全書（小学館 1984）
◇国史大辞典（吉川弘文館 1979）
◇日本人名大事典 1～6（平凡社 1979（覆刻））
◇岐阜県史 通史編 近世下（岐阜県 1972）
　　▷p1059（写真）「飯沼慾斎画像」
◇日本写真史 1840-1945（平凡社 1971）
　　▷p465「〔無題〕」
◇岐阜県百科事典（岐阜日日新聞社 1968）

飯淵七三郎 いいぶちしちさぶろう　1846～1926
　江戸時代末期～大正期の資産家。
◇宮城県百科事典（河北新報社 1982）　▷飯淵七三郎

伊江朝直 いえちょうちょく　1818～1896
　江戸時代末期，明治時代の摂政。
◇角川日本姓氏歴史人物大辞典 47（角川書店 1992）
◇沖縄大百科事典（沖縄タイムス社 1983）

伊王野坦 いおうのひろし　1814～1883
　江戸時代末期，明治時代の因幡鳥取藩士，蘭学者。
◇鳥取県大百科事典（新日本海新聞社 1984）

伊賀陽太郎 いがようたろう　1851～1897
　江戸時代末期，明治期の留学生。男爵。
◇高知県人名事典（高知新聞社 1999）

五十嵐篤好 いがらしあつよし　1793～1861
　江戸時代末期の国学者，歌人。
◇富山大百科事典（北日本新聞社 1994）

五十嵐敬之 いがらしたかゆき　1837～1917
　江戸時代末期～大正期の藩士。
◇高知県人名事典（高知新聞社 1999）

壱岐宗淳 いきそうじゅん　1844～1892
　江戸時代後期，末期，明治時代の医師。
◇宮崎県大百科事典（宮崎日日新聞社 1983）

伊木忠澄 いぎただずみ　1818～1886
　江戸時代末期，明治時代の武士。
◇岡山県歴史人物事典（山陽新聞社 1994）
◇岡山人名事典（日本文教出版 1978）　▷伊木長門

生島新五郎 いくしましんごろう　1671～1743
　江戸時代中期の歌舞伎役者。
◇浮世絵聚花 1（小学館 1983）
　　▷図12「山中平九郎と生島新五郎および中村源太郎（か）の舞台姿」（伝 鳥居清信）
◇在外日本の至宝 7（毎日新聞社 1980）
　　▷図16「生島新五郎と中村源太郎の濡事」（鳥居清倍　宝永4頃（1707頃））
◇浮世絵聚花 10（小学館 1979）
　　▷図15「いくしま新五郎 二世市川だん十郎 きり浪滝江」（鳥居清倍）
◇日本版画美術全集 2（講談社 1961）
　　▷図14「生嶋新五郎と中村竹三郎」（鳥居清倍）
◇浮世絵全集 1（河出書房新社 1957）
　　▷図29「生嶋新五郎と中村竹三郎」（鳥居清倍）

生島孫太郎 いくしままごたろう
　江戸時代末期の幕臣・外国奉行支配並出役。1867年遣仏使節に随行しフランスに渡る。
◇サムライ古写真帖（新人物往来社 2004）
　　▷p18「マルセイユでの徳川昭武一行」（Walery 1867.4.5）
◇写された幕末―石黒敬七コレクション（明石書店 1990）
　　▷p56 No.1「マルセイユで撮った徳川昭武一行」

生田安宅 いくたあたか　1840～1902
　江戸時代末期，明治期の医師。岡山医学館二等教授。
◇岡山県歴史人物事典（山陽新聞社 1994）
◇岡山人名事典（日本文教出版 1978）

生田精 いくたくわし　1830～1881
　江戸時代末期，明治時代の浜田藩士。
◇島根県歴史人物事典（山陰中央新報社 1997）

生田万 いくたよろず　1801～1837
　江戸時代後期の石見浜田藩士，上野館林藩士，国学者。
◇国史大辞典（吉川弘文館 1979）

生原護助　いくはらもりすけ　1838～1911
　　江戸時代後期～明治期の土佐勤王党の協力者。
◇高知県人名事典（高知新聞社 1999）

井汲唯一　いくみただいち　1829～1866
　　江戸時代末期の美作津山藩士、勤王家、剣術家。
◇岡山県歴史人物事典（山陽新聞社 1994）
◇岡山人名事典（日本文教出版 1978）

池上四郎　いけがみしろう　1842～1877
　　江戸時代末期，明治時代の薩摩藩士。
◇会津大事典（国書刊行会 1985）

池上秦川　いけがみしんせん　1833～1911
　　江戸時代末期，明治時代の官吏、漢学者。
◇岡山県歴史人物事典（山陽新聞社 1994）

池城安規　いけぐすくあんき　？～1877
　　江戸時代末期，明治時代の三司官。
◇角川日本姓氏歴史人物大辞典 47（角川書店 1992）
◇沖縄大百科事典（沖縄タイムス社 1983）

池内蔵太　いけくらた　1841～1866
　　江戸時代末期の志士、土佐藩士。
◇高知県人名事典（高知新聞社 1999）
◇高知県百科事典（高知新聞社 1976）

池田章政　いけだあきまさ　1836～1903
　　江戸時代末期，明治時代の大名。
◇皇族・華族古写真帖 愛蔵版（新人物往来社 2003）
　　▷p134「（無題）」
◇岡山県歴史人物事典（山陽新聞社 1994）
◇岡山人名事典（日本文教出版 1978）

池田緯太郎　いけだいたろう　1841～1913
　　江戸時代末期，明治期の名主。県議会議員。
◇静岡県歴史人物事典（静岡新聞社 1991）

池大六　いけだいろく　未詳～1879～1879
　　江戸時代末期，明治期の足軽下横目。
◇高知県人名事典（高知新聞社 1999）

池田鑑子　いけだかんこ　1838～1906
　　江戸時代末期，明治期の女性。岡山藩主池田章政の妻。
◇岡山県歴史人物事典（山陽新聞社 1994）

池田謙斎　いけだけんさい　1841～1918
　　江戸時代末期，明治時代の幕医、のち軍医。
◇新潟県大百科事典 別巻（新潟日報事業社 1977）

池田重利　いけだしげとし　1586～1631
　　江戸時代前期の大名。
◇兵庫県史 第4巻 近世編2（兵庫県 1980）
　　▷〈写真〉写真12「池田重利像」

池田瑞仙〔初代〕　いけだずいせん
　　1734～1816　江戸時代中期，後期の痘科医、幕府医師。
◇国史大辞典（吉川弘文館 1979）　▷池田錦橋
◇日本人名大事典 1～6（平凡社 1979（覆刻））
　　▷池田瑞仙〔代数なし〕

池田草庵　いけだそうあん　1813～1878
　　江戸時代末期，明治時代の漢学者。
◇兵庫県大百科事典 上,下（神戸新聞出版センター 1983）

池田忠雄　いけだただかつ　1602～1632
　　江戸時代前期の大名。
◇岡山県歴史人物事典（山陽新聞社 1994）
◇岡山人名事典（日本文教出版 1978）

池田継政　いけだつぐまさ　1702～1776
　　江戸時代中期の大名。
◇岡山県歴史人物事典（山陽新聞社 1994）
◇岡山人名事典（日本文教出版 1978）

池田綱政　いけだつなまさ　1638～1714
　　江戸時代前期，中期の大名。
◇岡山県歴史人物事典（山陽新聞社 1994）
◇岡山人名事典（日本文教出版 1978）

池田恒興　いけだつねおき　1536～1584
　　安土桃山時代の武将。
◇岡山県歴史人物事典（山陽新聞社 1994）　▷池田信輝
◇鳥取県大百科事典（新日本海新聞社 1984）　▷池田信輝
◇兵庫県史 第3巻 中世編2・近世編1（兵庫県 1978）
　　▷〈写真〉写真204「池田信輝像」

池田輝政　いけだてるまさ　1564～1613
　　安土桃山時代，江戸時代前期の大名。
◇岡山県歴史人物事典（山陽新聞社 1994）
◇岡山人名事典（日本文教出版 1978）
◇兵庫県史 第3巻 中世編2・近世編1（兵庫県 1978）
　　▷〈写真〉写真266「池田輝政像」

池田利隆　いけだとしたか　1584〜1616
　安土桃山時代, 江戸時代前期の武将, 大名。
◇岡山県歴史人物事典（山陽新聞社 1994）
◇兵庫県史 第4巻 近世編2（兵庫県 1980）
　▷〈写真〉写真8「池田利隆像」

池田長発　いけだながおき　1837〜1879
　江戸時代末期, 明治時代の幕臣。
◇十一日本のダンディズム（二玄社 2003）
　▷p148 No.111「池田筑後守長発像」（ダグロン）
　▷p132 No.110「池田筑後守長発像」（ナダール）
　▷p131 No.108「スフィンクスの前の遣欧使節一行（第二回遣欧使節団）」（アントン・ベアト）
　▷p132 No.109「池田筑後守長発像」（フィリップ・ポトー）
◇岡山県歴史人物事典（山陽新聞社 1994）
◇幕末―写真の時代（筑摩書房 1994）
　▷p86 No.98「池田筑後守とその随員」（ナダール）
　▷p100 No.116「（無題）」（ナダール）
◇写された幕末―石黒敬七コレクション（明石書店 1990）
　▷p36 No.3「（無題）」
◇読者所蔵「古い写真」館（朝日新聞社 1986）
　▷p38「第2回遣欧使節」
◇日本人名大事典 1〜6（平凡社 1979（覆刻））
◇岡山人名事典（日本文教出版 1978）

池田成章　いけだなりあき　1840〜1912
　江戸時代末期, 明治時代の実業家。
◇山形県大百科事典（山形放送 1983）

池田斉敏　いけだなりとし　1811〜1842
　江戸時代後期の大名。
◇岡山県歴史人物事典（山陽新聞社 1994）
◇岡山人名事典（日本文教出版 1978）

池田斉政　いけだなりまさ　1773〜1833
　江戸時代後期の大名。
◇岡山県歴史人物事典（山陽新聞社 1994）
◇岡山人名事典（日本文教出版 1978）

池田治政　いけだはるまさ　1750〜1818
　江戸時代中期, 後期の大名。
◇岡山県歴史人物事典（山陽新聞社 1994）
◇岡山人名事典（日本文教出版 1978）

池田政保　いけだまさやす　1865〜1939
　江戸時代末期, 明治時代の大名, 華族。
◇岡山県歴史人物事典（山陽新聞社 1994）

池田光仲　いけだみつなか　1630〜1693
　江戸時代前期の大名。
◇鳥取県大百科事典（新日本海新聞社 1984）

池田光政　いけだみつまさ　1609〜1682
　江戸時代前期の大名。
◇岡山県歴史人物事典（山陽新聞社 1994）
◇日本史大事典（平凡社 1992）
◇日本大百科全書（小学館 1984）
◇国史大辞典（吉川弘文館 1979）
◇日本人名大事典 1〜6（平凡社 1979（覆刻））
◇世界伝記大事典（ほるぷ出版 1978）
◇大日本百科事典（小学館 1967）
◇世界大百科事典（平凡社 1964）

池田宗政　いけだむねまさ　1727〜1764
　江戸時代中期の大名。
◇岡山県歴史人物事典（山陽新聞社 1994）
◇岡山人名事典（日本文教出版 1978）

池田茂政　いけだもちまさ　1839〜1899
　江戸時代末期, 明治時代の大名。
◇岡山県歴史人物事典（山陽新聞社 1994）
◇岡山人名事典（日本文教出版 1978）

池田慶徳　いけだよしのり　1837〜1877
　江戸時代末期, 明治時代の大名。
◇鳥取県大百科事典（新日本海新聞社 1984）

池田慶政　いけだよしまさ　1823〜1893
　江戸時代末期, 明治時代の大名。
◇岡山県歴史人物事典（山陽新聞社 1994）
◇岡山人名事典（日本文教出版 1978）

池西言水　いけにしごんすい　1650〜1722
　江戸時代前期, 中期の俳人。
◇俳諧人名辞典（巖南堂書店 1970）　▷言水

池大雅　いけのたいが　1723〜1776
　江戸時代中期の文人画家, 書家。
◇講談社日本人名大辞典（講談社 2001）
◇水墨画の巨匠 11（講談社 1994）
　▷図66「三上孝軒・池大雅対話図」（池大雅 宝暦11(1761)頃）
◇人間の美術 10（学習研究社 1990）
　▷図27「三上孝軒・池大雅対話図」（池大雅 18世紀中期）
　▷図30「池大雅像」（月峯辰夜　18世紀後期）
◇国史大辞典（吉川弘文館 1979）
◇日本美術絵画全集 18（集英社 1979）
　▷図68「三上孝軒・池大雅対話図」（池大雅）
◇世界伝記大事典（ほるぷ出版 1978）

いけへ

◇日本の名画 7（講談社 1973）
　▷扉「三上孝軒・池大雅対話図」（池大雅）

池辺吉十郎　いけべきちじゅうろう　1838〜1877
　江戸時代末期,明治時代の志士,肥後熊本藩士。
◇熊本県大百科事典（熊本日日新聞社 1982）

池辺竜右衛門　いけべりゅうえもん
　1819〜1867　江戸時代末期の造船技師。
◇幕末―写真の時代（筑摩書房 1994）
　▷p245 No.263「（無題）」（上野彦馬）
◇写真の開祖上野彦馬（上野彦馬撮影 産業能率短期大学出版部 1975）
　▷p51 No.66「（無題）」

池道之助　いけみちのすけ　1821〜1872
　江戸時代末期,明治期の土佐藩士。
◇高知県人名事典（高知新聞社 1999）

生駒一正　いこまかずまさ　1555〜1610
　安土桃山時代,江戸時代前期の大名。
◇香川県人物・人名事典（四国新聞社 1985）
◇香川県大百科事典（四国新聞社 1984）

生駒高俊　いこまたかとし　1611〜1659
　江戸時代前期の大名。
◇香川県人物・人名事典（四国新聞社 1985）
◇香川県大百科事典（四国新聞社 1984）
◇秋田大百科事典（秋田魁新報社 1981）

生駒親正　いこまちかまさ　1526〜1603
　戦国時代,安土桃山時代の武将。
◇香川県人物・人名事典（四国新聞社 1985）
◇香川県大百科事典（四国新聞社 1984）

生駒親敬　いこまちかゆき　1849〜1880
　江戸時代末期,明治時代の大名。
◇秋田大百科事典（秋田魁新報社 1981）

生駒正俊　いこままさとし　1586〜1621
　江戸時代前期の大名。
◇香川県人物・人名事典（四国新聞社 1985）
◇香川県大百科事典（四国新聞社 1984）

井坂泉太郎　いさかせんたろう　1835〜1897
　江戸時代末期の水戸藩士。
◇サムライ古写真帖（新人物往来社 2004）
　▷p18「マルセイユでの徳川昭武一行」
　　（Walery　1867.4.5）
◇士―日本のダンディズム（二玄社 2003）
　▷p152 No.131「パリ万博写真帖」
◇写された幕末―石黒敬七コレクション（明石書店 1990）
　▷p56 No.1「マルセイユで撮った徳川昭武一行」

伊佐幸琢〔初代〕　いさこうたく
　1684〜1745　江戸時代中期の茶匠。
◇国史大辞典（吉川弘文館 1979）

伊佐治八郎　いさじはちろう
　江戸時代後期〜明治期の稲作改良実業教師。
◇山形県大百科事典（山形放送 1983）

伊佐庭如矢　いさにわゆきや　1828〜1907
　江戸時代末期,明治時代の漢学者,官僚。
◇愛媛県百科大事典（愛媛新聞社 1985）

諫山菽村　いさやましゅくそん　1825〜1893
　江戸時代末期,明治期の儒学者,医師。
◇大分県歴史人物事典（大分合同新聞社 1996）
◇大分百科事典（大分放送 1980）　▷諫山淑村（東作）

伊沢平蔵　いさわへいぞう　1838〜1911
　江戸時代後期〜明治期の酒造業。
◇宮城県百科事典（河北新報社 1982）

伊沢蘭軒　いざわらんけん　1777〜1829
　江戸時代後期の医師,考証家。
◇国史大辞典（吉川弘文館 1979）

石井磯岳　いしいきがく　1784〜1846
　江戸時代中期,後期の商人,社会事業家。
◇栃木県歴史人物事典（下野新聞社 1995）　▷石井吉兵衛

石井金陵　いしいきんりょう　1842〜1928
　江戸時代末期〜大正期の日本画家。
◇岡山県歴史人物事典（山陽新聞社 1994）

石井信義　いしいのぶよし　1840〜1882
　江戸時代末期,明治期の蘭方医。
◇岡山県歴史人物事典（山陽新聞社 1994）

石井勇助　いしいゆうすけ　1810〜1886
　江戸時代後期,末期,明治時代の漆芸家。
◇富山大百科事典（北日本新聞社 1994）

石井隆菴　いしいりゅうあん
　1811〜1884　江戸時代後期〜明治期の医家。
◇愛知百科事典（中日新聞本社 1977）

石谷貞清　いしがやさだきよ　1594～1672
　江戸時代前期の旗本,江戸の町奉行。
◇国史大辞典（吉川弘文館 1979）

石川昭光　いしかわあきみつ　1548～1622
　安土桃山時代,江戸時代前期の武将。
◇宮城県百科事典（河北新報社 1982）

石川桜所　いしかわおうしょ　1824～1882
　江戸時代末期,明治時代の医師。
◇宮城県百科事典（河北新報社 1982）

石川五右衛門　いしかわごえもん
　安土桃山時代の盗賊。
◇日本大百科全書（小学館 1984）
◇世界大百科事典（平凡社 1964）

石川重敬　いしかわしげたか
　江戸時代末期の外国奉行。
◇写された幕末—石黒敬七コレクション（明石書店 1990）
　▷p30 No.3「米公使と幕府役人」（慶応年間（1865～68））

石川七財　いしかわしちざい　1828～1882
　江戸時代末期,明治時代の土佐藩士,実業家。
◇高知県人名事典（高知新聞社 1999）

石川舜台　いしかわしゅんたい　1842～1931
　江戸時代末期,明治時代の浄土真宗大谷派の僧。
◇書府太郎—石川県大百科事典 改訂版 上（北国新聞社 2004）
◇富山大百科事典（北日本新聞社 1994）

石川丈山　いしかわじょうざん　1583～1672
　江戸時代前期の漢詩人,蘭学者,書家。
◇講談社日本人名大辞典（講談社 2001）
◇日本史大事典（平凡社 1992）
◇日本大百科全書（小学館 1984）
◇広島県大百科事典（中国新聞社 1982）
◇国史大辞典（吉川弘文館 1979）
◇日本人名大事典 1～6（平凡社 1979（覆刻））
◇日本美術絵画全集 15（集英社 1978）
　▷図78「石川丈山像」（狩野探幽）
◇和漢詩歌作家辞典（みづほ出版 1972）
◇大日本百科事典（小学館 1967）

石川正蔵　いしかわしょうぞう　1826～1888
　江戸時代後期～明治期の事業家。
◇北海道大百科事典（北海道新聞社 1981）

石川駿河守　いしかわするがのかみ
　江戸時代末期の遣露使節団副使。
◇幕末—写真の時代（筑摩書房 1994）
　▷p139 No.147「（無題）」（撮影者不詳）
◇読者所蔵「古い写真」館（朝日新聞社 1986）
　▷p42「遣露使節と留学生」

石川直中　いしかわただなか　1836～1890
　江戸時代後期～明治期の教育者。
◇埼玉大百科事典 1～5（埼玉新聞社 1974）

石川忠房　いしかわただふさ　1754～1836
　江戸時代後期の幕臣。
◇群馬県大百科事典（上毛新聞社 1979）

石川朝陽　いしかわちょうよう　1762～1835
　江戸時代中期,後期の出羽庄内藩士,儒学者。
◇山形県大百科事典（山形放送 1993）

石川強　いしかわつとむ　1843～1889
　江戸時代末期,明治時代の水戸藩士,酪農家。
◇茨城県大百科事典（茨城新聞社 1981）

石川徳右衛門　いしかわとくえもん
　1805～1889　江戸時代末期,明治期の名主。
◇角川日本姓氏歴史人物大辞典 14（角川書店 1993）

石川雅望　いしかわまさもち　1753～1830
　江戸時代中期,後期の国学者,狂歌師,読本作者。
◇日本大百科全書（小学館 1984）
◇国史大辞典（吉川弘文館 1979）

石川依平　いしかわよりひら　1791～1859
　江戸時代末期の歌人。
◇静岡県史 通史編4 近世2（静岡県 1997）
　▷〈写真〉写2-74「石川依平像」
◇静岡県歴史人物事典（静岡新聞社 1991）
◇静岡県史 資料編14 近世6（静岡県 1989）
　▷〈口絵〉6「石川依平画像」
◇静岡大百科事典（静岡新聞社 1978）

石黒寛次　いしぐろかんじ　生没年不詳
　江戸時代末期の技術者,肥前佐賀藩精錬方。
◇幕末—写真の時代（筑摩書房 1994）
　▷p66 No.75「（無題）」（ナダール）
◇写真集 甦る幕末（朝日新聞社 1987）
　▷p236 No.341「（無題）」
◇佐賀県大百科事典（佐賀新聞社 1983）

いしく

石黒貞度　いしぐろさだのり　1790～1857
　江戸時代末期の漢学者、備前岡山藩士。
◇岡山県歴史人物事典（山陽新聞社 1994）　▷石黒南門

石黒務　いしぐろつとむ　1840～1906
　江戸時代末期、明治時代の近江彦根藩士。
◇福井県大百科事典（福井新聞社 1991）

石黒信由　いしぐろのぶよし　1760～1836
　江戸時代中期、後期の算学者。
◇富山大百科事典（北日本新聞社 1994）

石坂篤保　いしざかあつやす　1848～1922
　江戸時代末期～大正期の陸軍軍医、洋方医。
◇新潟県大百科事典 別巻（新潟日報事業社 1977）

石坂惟寛　いしざかいかん　1840～1923
　江戸時代末期、明治期の陸軍軍医。軍医総監。
◇岡山県歴史人物事典（山陽新聞社 1994）

石坂堅壮　いしざかけんそう　1814～1899
　江戸時代末期、明治時代の医学者。
◇岡山県歴史人物事典（山陽新聞社 1994）
◇岡山人名事典（日本文教出版 1978）

石坂周造　いしざかしゅうぞう　1832～1903
　江戸時代末期、明治時代の志士、実業家。
◇静岡県歴史人物事典（静岡新聞社 1991）

石坂桑亀　いしざかそうき　1788～1851
　江戸時代後期の医師。足守藩。
◇岡山県歴史人物事典（山陽新聞社 1994）
◇日本人名大事典 1～6（平凡社 1979（覆刻））
◇岡山人名事典（日本文教出版 1978）

石埼謙　いしざきけん　1842～1903
　江戸時代後期～明治期の漢学者。
◇富山大百科事典（北日本新聞社 1994）

石田英吉　いしだえいきち　1839～1901
　江戸時代末期、明治時代の志士。
◇高知県人名事典（高知新聞社 1999）
◇秋田大百科事典（秋田魁新報社 1981）

石田小右衛門　いしだこえもん
　生没年未詳　江戸時代後期の町人、天保改革の立役者。
◇富山大百科事典（北日本新聞社 1994）

石田梅岩　いしだばいがん　1685～1744
　江戸時代中期の石門心学の始祖。
◇講談社日本人名大辞典（講談社 2001）
◇京都大事典 府域編（淡交社 1994）
◇大阪府史 第6巻 近世編2（大阪府 1987）
　　▷〈写真〉写真202「石田梅岩像 旺文社提供」
◇京都大事典（淡交社 1984）
◇日本大百科全書（小学館 1984）
◇国史大辞典（吉川弘文館 1979）
◇世界伝記大事典（ほるぷ出版 1978）　▷石田梅巌
◇大日本百科事典（小学館 1967）　▷石田梅巌

石田初右衛門　いしだはつえもん
　1757～1826　江戸時代中期、後期の農学者、庄屋。
◇島根県歴史人物事典（山陰中央新報社 1997）

石田三成　いしだみつなり　1560～1600
　安土桃山時代の武将。
◇講談社日本人名大辞典（講談社 2001）
◇日本史大事典（平凡社 1992）
◇大阪府史 第5巻 近世編1（大阪府 1985）
　　▷〈写真〉写真64「石田三成像」
◇滋賀県百科事典（大和書房 1984）
◇日本大百科全書（小学館 1984）
◇茨城県大百科事典（茨城新聞社 1981）
◇郷土歴史人物事典 滋賀（第一法規出版 1979）
◇国史大辞典（吉川弘文館 1979）
◇世界伝記大事典（ほるぷ出版 1978）
◇現代日本の美術 10（集英社 1976）
　　▷図ⅩⅨ－ⅩⅩ「石田三成（挿絵）」（中川一政 昭和13（1938））
◇大日本百科事典（小学館 1967）
◇世界大百科事典（平凡社 1964）

石田安左衛門　いしだやすざえもん
　1629～1693　江戸時代前期の肥前佐賀藩士。
◇佐賀県大百科事典（佐賀新聞社 1983）　▷石田一鼎

石塚官蔵　いしづかかんぞう
　江戸時代末期の松前藩奉行。
◇幕末―写真の時代（筑摩書房 1994）
　　▷p15 No.4「松前藩奉行石塚官蔵と従者たち」（E・ブラウン・ジュニア）
◇写された幕末―石黒敬七コレクション（明石書店 1990）
　　▷p13 No.1「松前藩家老と中間達〈銀板〉」（ペリー艦隊）

石津大嶼　いしづたいしょ
　江戸時代末期、明治期の書家。
◇岡山県歴史人物事典（山陽新聞社 1994）

石丸定次　いしまるさだつぐ　1603～1679
江戸時代前期の幕臣, 大坂東町奉行。
◇大阪府史　第5巻　近世編1（大阪府　1985）
　　▷〈口絵〉「石丸定次肖像画」

石本仲　いしもとなか　1840～1922
江戸時代末期～大正期の教育家。
◇岡山県歴史人物事典（山陽新聞社　1994）

伊舎堂盛英　いしゃどうせいえい　1842～1906
江戸時代末期, 明治期の首里士族。
◇角川日本姓氏歴史人物大辞典　47（角川書店 1992）
◇沖縄大百科事典（沖縄タイムス社　1983）

石山孫六　いしやままごろく　1828～1904
江戸時代末期, 明治時代の武術家。
◇高知県人名事典（高知新聞社　1999）
◇高知県百科事典（高知新聞社　1976）

伊集院兼善　いじゅういんかねよし　1817～1883
江戸時代末期, 明治期の鹿児島県士族。
◇高知県人名事典（高知新聞社　1999）

伊集院吉左衛門　いじゅういんきちざえもん
江戸時代末期の薩摩藩士。
◇下岡蓮杖写真集 限定版（下岡蓮杖撮影 新潮社 1999）
　　▷No.093「（無題）」

石渡秀雄　いしわたひでお　1843～1916
江戸時代末期～大正期の伊豆のシイタケ栽培先覚者。
◇静岡県歴史人物事典（静岡新聞社　1991）

以心崇伝　いしんすうでん　1569～1633
安土桃山時代, 江戸時代前期の臨済宗の僧。
◇国史大辞典（吉川弘文館　1979）
◇世界伝記大事典（ほるぷ出版　1978）
◇大日本百科事典（小学館　1967）　▷崇伝

伊豆長八　いずのちょうはち　1815～1889
江戸時代末期, 明治時代の左官。
◇静岡県歴史人物事典（静岡新聞社　1991）　▷入江長八

出水川林右衛門　いずみがわりんえもん
江戸時代後期の力士。
◇秘蔵浮世絵大観　6（講談社　1989）
　　▷図126「鷲ケ浜音右衛門・加治ケ浜力右衛門・出水川林右衛門」（勝川春好（初代）寛政初期（1789-1801））

和泉式部　いずみしきぶ
平安時代中期の女性。歌人。
◇日本大百科全書（小学館　1984）
◇浮世絵聚花　補巻2（小学館　1982）
　　▷図454「和泉式部」（伝 小松軒　明和2 (1765)）

泉智等　いずみちとう　1849～1928
江戸時代末期, 明治時代の僧。
◇徳島県歴史人物鑑（徳島新聞社　1994）
◇徳島県百科事典（徳島新聞社　1981）

泉麟太郎　いずみりんたろう　1842～1929
江戸時代末期, 明治期の開拓者。
◇北海道歴史人物事典（北海道新聞社　1993）
◇北海道大百科事典（北海道新聞社　1981）

出雲阿国　いずものおくに
安土桃山時代, 江戸時代前期の女歌舞伎役者。
◇講談社日本人名大辞典（講談社　2001）
◇肉筆浮世絵大観　3（講談社　1996）
　　▷図3,4「阿国歌舞伎図屏風」（作者不詳　慶長年間(1596-1615)後半）
◇日本の浮世絵美術館　3（角川書店　1996）
　　▷図114「阿国歌舞伎図屏風」（作者不詳）
◇昭和の日本画100選（朝日新聞社　1991）
　　▷図91「出雲阿国」（森田曠平　昭和49 (1974)）
◇昭和の文化遺産　2（ぎょうせい　1991）
　　▷図77-78「出雲阿国」（森田曠平　昭和49 (1974)）
◇日本美術全集　15（講談社　1991）
　　▷図71「阿国歌舞伎図屏風」（作者不詳　17世紀前半(桃山時代)）
◇人間の美術　9（学習研究社　1990）
　　▷図48「阿国歌舞伎図屏風」（作者不詳　17世紀前半(桃山時代)）
◇日本大百科全書（小学館　1984）　▷出雲の阿国
◇現代日本画全集　16（集英社　1983）
　　▷図26「出雲阿国」（森田曠平　昭和49 (1974)）
◇肉筆浮世絵　1（集英社　1982）
　　▷図10「阿国歌舞伎図屏風」（作者不詳）
　　▷図62「阿国歌舞伎図屏風」（作者不詳）
◇現代日本美人画全集　9（集英社　1979）
　　▷図56「出雲阿国」（森田曠平　昭和49 (1974)）
◇国史大辞典（吉川弘文館　1979）
◇世界伝記大事典（ほるぷ出版　1978）
◇日本屏風絵集成　13（講談社　1978）
　　▷図77「阿国歌舞伎図屏風」（作者不詳）
　　▷図59「阿国歌舞伎図屏風」（作者不詳）
　　▷図63「阿国歌舞伎図屏風」（作者不詳）
　　▷図76,78「阿国歌舞伎図屏風」（作者不詳）
　　▷図58「阿国歌舞伎図屏風」（作者不詳　17世

紀前半（桃山時代））
◇重要文化財 11（毎日新聞社 1975）
　▷図21「阿国歌舞伎図屏風」（作者不詳　17世紀前半（桃山時代））
◇日本絵画館 7（講談社 1970）
　▷図17「阿国歌舞伎図屏風」（作者不詳　17世紀前半（桃山時代））
◇日本の美術 17（平凡社 1967）
　▷図34「阿国歌舞伎図屏風」（作者不詳　17世紀前半（桃山時代））
◇美人画・役者絵 1（講談社 1965）
　▷図15-16「阿国歌舞伎図屏風」（作者不詳　17世紀前半（桃山時代））
◇世界大百科事典（平凡社 1964）

井関盛艮　いせきもりとめ　1833〜1890
江戸時代末期,明治時代の官僚。
◇島根県歴史人物事典（山陰中央新報社 1997）
◇愛媛県百科大事典（愛媛新聞社 1985）

伊勢貞丈　いせさだたけ　1717〜1784
江戸時代中期の和学者。
◇日本大百科全書（小学館 1984）
◇国史大辞典（吉川弘文館 1979）
◇日本人名大事典 1〜6（平凡社 1979（覆刻））

伊勢ノ海五太夫　いせのうみごだゆう
？〜1774　江戸時代中期の力士。
◇写された幕末―石黒敬七コレクション（明石書店 1990）
　▷p192 No.1「明治2年の横綱」

伊勢大輔　いせのたいふ
平安時代中期の女性。歌人。
◇ボストン美術館 日本美術調査図録（講談社 2003）
　▷図III-91「業平・小町・伊勢図」（宮川長春　享保年間（1716-36））
◇ボストン美術館 肉筆浮世絵 2（講談社 2000）
　▷図5-7「業平・小町・伊勢図」（宮川長春　享保年間（1716-36））
◇国宝・重要文化財大全 1（毎日新聞社 1997）
　▷図202「佐竹本三十六歌仙切 伊勢像」（作者不詳　鎌倉時代）
◇肉筆浮世絵大観 1（講談社 1994）
　▷図49「伊勢図」（宮川長春　宝永（1704-11）-正徳（1711-16）年間）
◇名品揃物浮世絵 9（ぎょうせい 1992）
　▷図13「百人一首うばがゑと起 伊勢」（葛飾北斎　天保年間中−後期（1830-1844））
◇秘蔵浮世絵大観 7（講談社 1990）
　▷図068「見立三十六歌撰之内 伊勢 熊谷女房相模」（歌川国貞（初代）　嘉永5.10）
◇浮世絵聚花 2（小学館 1985）
　▷図40「伊勢」（鳥居清長）

◇浮世絵八華 5（平凡社 1984）
　▷図49「百人一首うばがゑと起 伊勢」（葛飾北斎　天保年間中−後期（1830-1844））
◇浮世絵聚花 補巻1（小学館 1982）
　▷図114「三十六歌仙 伊勢」（鈴木春信　明和4-5（1767-68））
◇浮世絵聚花 補巻2（小学館 1982）
　▷図455「伊勢大輔」（伝 小松軒　明和2（1765））
◇日本美術絵画全集 13（集英社 1980）
　▷図30「三十六歌仙図扁額 伊勢」（岩佐又兵衛）
◇日本版画美術全集 3（講談社 1961）
　▷図146「官女伊勢」（鳥居清長）

惟然　いぜん　？〜1711
江戸時代中期の俳人。
◇俳人の書画美術 6（集英社 1978）
　▷図95「惟然坊風狂の図（画賛）」（卓池）
◇俳諧人名辞典（巌南堂書店 1970）

磯崎眠亀　いそざきみんき　1834〜1908
江戸時代後期,末期,明治時代の実業家。
◇岡山県歴史人物事典（山陽新聞社 1994）
◇岡山人名事典（日本文教出版 1978）

磯島敬音　いそじまけいおん　1839〜1911
江戸時代後期〜明治期の僧・茶人。
◇徳島県百科事典（徳島新聞社 1981）

磯長得三　いそながとくぞう　1849〜1923
江戸時代末期〜大正期の人。
◇角川日本姓氏歴史人物大辞典 46（角川書店 1994）

磯永彦助　いそながひこすけ　1852〜1934
江戸時代末期,明治時代の薩摩藩士。
◇角川日本姓氏歴史人物大辞典 46（角川書店 1994）
◇鹿児島大百科事典（南日本新聞社 1981）　▷長沢鼎

板垣退助　いたがきたいすけ　1837〜1919
江戸時代末期,明治時代の政治家,もと土佐藩士。
◇サムライ古写真帖（新人物往来社 2004）
　▷p115「倒幕運動に活躍していた頃と思われる板垣退助」（幕末期）
　▷p115「（無題）」
◇皇族・華族古写真帖 愛蔵版（新人物往来社 2003）
　▷p188「（無題）」
◇士―日本のダンディズム（二玄社 2003）
　▷p111 No.81「明治英雄一覧」（明治時代初期）

◇幕末維新・明治・大正美人帖（新人物往来社 2003）
　▷p44「板垣家の記念写真」
◇講談社日本人名大辞典（講談社 2001）
◇高知県人名事典（高知新聞社 1999）
◇日本史大事典（平凡社 1992）
◇写された幕末―石黒敬七コレクション（明石書店 1990）
　▷p90「若き日の板垣退助」
◇日本大百科全書（小学館 1984）
◇国史大辞典（吉川弘文館 1979）
◇日本人名大事典 1～6（平凡社 1979（覆刻））
◇世界伝記大事典（ほるぷ出版 1978）
◇郷土歴史人物事典 栃木（第一法規出版 1977）
◇高知県百科事典（高知新聞社 1976）
◇大日本百科事典（小学館 1967）
◇世界大百科事典（平凡社 1964）

板垣董五郎　いたがきとうごろう　1839～1883
江戸時代末期,明治時代の名主。
◇山形県大百科事典（山形放送 1983）

板倉勝清　いたくらかつきよ　1706～1780
江戸時代中期の大名,老中。
◇講談社日本人名大辞典（講談社 2001）

板倉勝静　いたくらかつきよ　1823～1889
江戸時代末期,明治時代の大名,老中。
◇サムライ古写真帖（新人物往来社 2004）
　▷p47「（無題）」
◇岡山県歴史人物事典（山陽新聞社 1994）
◇岡山人名事典（日本文教出版 1978）

板倉勝重　いたくらかつしげ　1545～1624
安土桃山時代,江戸時代前期の初代京都所司代。
◇仏像集成 2（学生社 1992）
　▷図550「板倉勝重坐像」（伝 重宗　寛永7（1630）　長円寺（愛知県西尾市）蔵）
◇世界伝記大事典（ほるぷ出版 1978）

板倉重宗　いたくらしげむね　1586～1656
江戸時代前期の大名,京都所司代。
◇京都大事典（淡交社 1984）

井田侾吉　いだこうきち
1845～1911　江戸時代後期～明治期の写真師。
◇北海道歴史人物事典（北海道新聞社 1993）
◇北海道大百科事典（北海道新聞社 1981）

板橋政右衛門　いたばしまさうえもん
1831～1918　江戸時代後期,末期の烏山藩領農民一揆の指導者。
◇栃木県歴史人物事典（下野新聞社 1995）

伊丹屋勝蔵　いたみやかつぞう　1776～1859
江戸時代中期～末期の藍商。
◇徳島県歴史人物鑑（徳島新聞社 1994）

一翁院豪　いちおういんごう　1210～1281
鎌倉時代後期の臨済宗仏光派の僧。
◇国宝・重要文化財大全 1（毎日新聞社 1997）
　▷図92「一翁院豪像」（作者不詳　鎌倉時代　弘安4（1281）自賛）
◇国史大辞典（吉川弘文館 1979）
◇重要文化財 10（毎日新聞社 1974）
　▷図328「一翁院豪像（自賛）」（作者不詳　鎌倉時代）

市川荒五郎〔初代〕　いちかわあらごろう
1759～1813　江戸時代中期,後期の歌舞伎役者。
◇浮世絵ギャラリー 4（小学館 2006）
　▷図18「三代目佐野川市松の祇園町の白人おなよ」（東洲斎写楽　寛政6（1794））
　▷図39「三代目佐野川市松の祇園町の白人おなよと市川富右衛門の蟹坂藤馬」（東洲斎写楽　寛政6（1794））
　▷図26「三代目佐野川市松の秦の大膳武虎女房いほはた」（東洲斎写楽　寛政6（1794））
◇新編 名宝日本の美術 29（小学館 1991）
　▷図3「三世佐野川市松の祇園町の白人おなよ」（東洲斎写楽　寛政6.5（1794））
　▷図8「三世佐野川市松の祇園町の白人おなよと市川富右衛門の蟹坂藤馬」（東洲斎写楽　寛政6（1794））
◇名品揃物浮世絵 5（ぎょうせい 1991）
　▷図5「三世佐野川市松の祇園町の白人おなよ」（東洲斎写楽　寛政6.5（1794））
　▷図11「三世佐野川市松の祇園町の白人おなよと市川富右衛門の蟹坂藤馬」（東洲斎写楽　寛政6（1794））
◇秘蔵浮世絵大観 9（講談社 1989）
　▷図187「三世佐野川市松の祇園町の白人おなよ」（東洲斎写楽　寛政6.5（1794））
◇秘蔵浮世絵大観 12（講談社 1988）
　▷図111「三世佐野川市松の祇園町の白人おなよと市川富右衛門の蟹坂藤馬」（東洲斎写楽　寛政6（1794））
◇秘蔵浮世絵大観 2（講談社 1987）
　▷図0155「三世佐野川市松の祇園町の白人おなよ」（東洲斎写楽　寛政6.5（1794））
　▷図082「初代中村粂次郎と四代目岩井半四郎」（勝川春章　安永7-9）
◇浮世絵八華 4（平凡社 1985）
　▷図6「三世佐野川市松の祇園町の白人おなよ」（東洲斎写楽　寛政6.5（1794））

いちか

▷図07「三世佐野川市松の祇園町の白人おなよ」(東洲斎写楽　寛政6.5(1794))
▷図8「三世佐野川市松の祇園町の白人おなよと市川富右衛門の蟹坂藤馬」(東洲斎写楽　寛政6(1794))
▷図011「三世佐野川市松の祇園町の白人おなよと市川富右衛門の蟹坂藤馬」(東洲斎写楽　寛政6(1794))
▷図095「三世佐野川市松の奏の大膳妹いほはた」(東洲斎写楽)
▷図042「三世佐野川市松の不破伴左衛門妻関の戸」(東洲斎写楽)

◇浮世絵八華 6　(平凡社 1985)
▷図45「四世市川団蔵の聖天町之法界坊と三世佐野川市松の永楽屋のでっち幸吉実ハ吉田の松若丸」(歌川豊国(初代))

◇浮世絵聚花 12　(小学館 1980)
▷図125「三世佐野川市松の祇園町の白人おなよ」(勝川春英)

◇浮世絵聚花 15　(小学館 1980)
▷図54「三世佐野川市松の祇園町の白人おなよと市川富右衛門の蟹坂藤馬」(東洲斎写楽　寛政6(1794))

◇浮世絵聚花 11　(小学館 1979)
▷図1「三世佐野川市松の祇園町の白人おなよ」(東洲斎写楽　寛政6.5(1794))

◇日本の美術 2　(旺文社 1976)
▷図74「三世佐野川市松の祇園町の白人おなよ」(東洲斎写楽　寛政6.5(1794))

◇浮世絵大系 7　(集英社 1973)
▷図2「三世佐野川市松の祇園町の白人おなよ」(東洲斎写楽　寛政6.5(1794))
▷図11「三世佐野川市松の祇園町の白人おなよと市川富右衛門の蟹坂藤馬」(東洲斎写楽　寛政6(1794))

◇平凡社ギャラリー 6　(平凡社 1973)
▷裏表紙「三世佐野川市松の祇園町の白人おなよ」(東洲斎写楽　寛政6.5(1794))
▷図11「三世佐野川市松の祇園町の白人おなよと市川富右衛門の蟹坂藤馬」(東洲斎写楽　寛政6(1794))

◇在外秘宝—欧米収蔵浮世絵集成 東洲斎写楽　(学習研究社 1972)
▷図VII「市川富右衛門と三世坂田半五郎と三世佐野川市松」(東洲斎写楽)
▷図4「三世佐野川市松の祇園町の白人おなよ」(東洲斎写楽　寛政6.5(1794))
▷図03「三世佐野川市松の祇園町の白人おなよ」(東洲斎写楽　寛政6.5(1794))
▷図12「三世佐野川市松の祇園町の白人おなよと市川富右衛門の蟹坂藤馬」(東洲斎写楽　寛政6(1794))
▷図011「三世佐野川市松の祇園町の白人おなよと市川富右衛門の蟹坂藤馬」(東洲斎写楽　寛政6(1794))
▷図51「三世佐野川市松の奏の大膳妹いほはた」(東洲斎写楽)
▷図083「三世佐野川市松の奏の大膳妹いほはた」(東洲斎写楽)
▷図034「三世佐野川市松の不破伴左衛門妻関の戸」(東洲斎写楽)

◇全集浮世絵版画 4　(集英社 1972)
▷図26「三世佐野川市松の祇園町の白人おなよ」(東洲斎写楽　寛政6.5(1794))
▷図27「三世佐野川市松の祇園町の白人おなよと市川富右衛門の蟹坂藤馬」(東洲斎写楽　寛政6(1794))

◇原色日本の美術 24　(小学館 1971)
▷図67「三世佐野川市松の祇園町の白人おなよ」(東洲斎写楽　寛政6.5(1794))

◇浮世絵名作選集 4　(山田書院 1968)
▷図〔4〕「三世佐野川市松の祇園町の白人おなよ」(東洲斎写楽　寛政6.5(1794))

◇美人画・役者絵 6　(講談社 1966)
▷図10「三世佐野川市松の祇園町の白人おなよ」(東洲斎写楽　寛政6.5(1794))
▷図6「三世佐野川市松の祇園町の白人おなよと市川富右衛門の蟹坂藤馬」(東洲斎写楽　寛政6(1794))

◇日本版画美術全集 4　(講談社 1960)
▷図88「市川富右衛門と三世坂田半五郎と三世佐野川市松」(東洲斎写楽)
▷図35「三世佐野川市松の祇園町の白人おなよ」(東洲斎写楽　寛政6.5(1794))
▷図236「三世佐野川市松の奏の大膳妹いほはた」(東洲斎写楽)

市川幾蔵〔初代〕　いちかわいくぞう
江戸時代中期の歌舞伎役者。
◇浮世絵聚花 8　(小学館 1980)
▷図161「市川染五郎」(勝川春章)

市川一学　いちかわいちがく　1778〜1858
江戸時代後期の上野高崎藩士、兵学者。
◇北海道歴史人物事典 (北海道新聞社 1993)
◇北海道大百科事典 (北海道新聞社 1981)

市川市蔵〔3代〕　いちかわいちぞう
1833〜1865　江戸時代末期の歌舞伎役者。
◇秘蔵浮世絵大観 5　(講談社 1989)
▷図012「今様押絵鏡 三代目市川市蔵の出来ぼしの三吉」(歌川国貞(初代)　安政6)
▷図013「今様押絵鏡 三代目市川市蔵の淀屋辰五郎」(歌川国貞(初代)　安政6)

市川鰕三郎　いちかわえびさぶろう
江戸時代の歌舞伎役者。
◇秘蔵浮世絵大観 5　(講談社 1989)
▷図097「三代目中村歌右衛門の南草切三吉実は由留木玉次郎と市川鰕三郎の斎藤蔵之介」(あし川彦国　文政5)

市川鰕十郎〔代数不詳〕　いちかわえびじゅうろう
江戸時代の歌舞伎役者。
◇日本版画美術全集 3（講談社 1961）
　▷図366「市川鰕十郎の梅の由兵衛」（芦幸）
　▷図364「市川鰕十郎の鳴川太兵衛」（光橋亭春蝶）
　▷図365「市川鰕十郎の毛谷村六助」（春曙斎北頂）

市川鰕十郎〔初代〕　いちかわえびじゅうろう
1777～1827　江戸時代後期の歌舞伎役者。
◇肉筆浮世絵大観 10（講談社 1995）
　▷図単色18「初代市川鰕十郎の鹿間宅兵衛」（作者不詳　文化年間(1804-18)末）
◇秘蔵日本美術大観 12（講談社 1994）
　▷図31「初代市川鰕十郎の唐犬重兵衛」（春好斎北洲　文政年間(1818-30)）
◇秘蔵浮世絵大観 プルヴェラー・コレクション（講談社 1990）
　▷図78「七代目市川団十郎の武智左馬之助と初代市川鰕十郎の虎之助政清」（歌川国貞（初代）　文政4.正(1821.正)）
◇秘蔵浮世絵大観 9（講談社 1989）
　▷図0128「初代市川鰕十郎のうかい九十郎」（寿好堂よし国　文政5.9）
　▷図0133「初代市川鰕十郎の和田雷八」（春好斎北洲　文政7.正）
◇秘蔵浮世絵大観 3（講談社 1988）
　▷図111「和訓水滸伝 初代市川鰕十郎の毛剃九右衛門と嵐富三郎のけいせい小女郎」（丸丈斎国広　文政5(1822)）
　▷図080「二代目嵐橘三郎と初代市川鰕十郎の角芝居同座出勤口上」（戯画堂芦ゆき　文政8）
　▷図076「一世一代 三代目中村歌右衛門のおそのと初代市川鰕十郎の毛谷村六助」（戯画堂芦ゆき　文政8）
　▷図074「一世一代 三代目中村歌右衛門の五斗兵衛と初代市川鰕十郎の和泉ノ三郎」（戯画堂芦ゆき　文政8）
　▷図112「敵討崇禅寺馬場 初代市川鰕十郎の福まると三代目中村歌右衛門の富丸」（戯画堂芦ゆき　文政6(1823)）
　▷図113「けいせい遊山桜 初代市川鰕十郎の二ぞろの八八と二代目嵐橘三郎のふか草の茂助」（戯画堂芦ゆき　文政10(1827)）
　▷図120「けいせい桟物語 初代市川鰕十郎のうきすの岩松・二代目嵐橘三郎の百姓重作・二代目沢村国太郎の女房おきぬ・嵐橘蔵の十吉」（戯画堂芦ゆき　文政10(1827)）
　▷図110「けいせい染分総 三代目中村歌右衛門のたばこ切三吉と初代市川鰕十郎の斎藤内蔵之助」（春好斎北洲　文政5(1822)）
◇秘蔵浮世絵大観 12（講談社 1994）
　▷図091「曽我狂言 五代目瀬川菊之丞の大磯の虎・初代市川鰕十郎の工藤祐経・七代目市川団十郎の五郎時宗」（歌川豊国(初代)　文政4)

市川鰕十郎〔2代〕　いちかわえびじゅうろう
1806～1829　江戸時代後期の歌舞伎役者。
◇秘蔵浮世絵大観 3（講談社 1988）
　▷図0120「市蔵改二代目市川鰕十郎の紀長谷雄」（寿好堂よし国　文政11）

市川男女蔵〔代数不詳〕　いちかわおめぞう
江戸時代の歌舞伎役者。
◇華一浮世絵名品集（平木浮世絵財団 2004）
　▷図28「市川男女蔵」（歌舞妓堂艶鏡　寛政8(1796)頃）
◇日本の浮世絵美術館 5（角川書店 1996）
　▷図68「市川男女蔵の奴一平」（東洲斎写楽　寛政6）
◇浮世絵聚花名品選（小学館 1993）
　▷図9「市川男女蔵の奴一平」（東洲斎写楽）
◇名品揃物浮世絵 6（ぎょうせい 1992）
　▷図48「役者舞台之姿絵 滝のや（市川男女蔵）」（歌川豊国（初代）　寛政6-7(1794-95)）
◇新編 名宝日本の美術 29（小学館 1991）
　▷図22「市川男女蔵の奴一平」（東洲斎写楽　寛政6.5(1794)）
◇名品揃物浮世絵 5（ぎょうせい 1991）
　▷図71「市川男女蔵の関取雷鶴之助と三世大谷鬼次の浮世土平」（東洲斎写楽　寛政6.7(1794)）
　▷図19「市川男女蔵の奴一平」（東洲斎写楽　寛政6.5(1794)）
◇秘蔵浮世絵大観 6（講談社 1989）
　▷図185「市川男女蔵の関取雷鶴之助と三世大谷鬼次の浮世土平」（東洲斎写楽　寛政6.7(1794)）
　▷図180「市川男女蔵の奴一平」（東洲斎写楽　寛政6.5(1794)）
◇秘蔵浮世絵大観 2（講談社 1987）
　▷図0168「市川男女蔵の関取雷鶴之助と三世大谷鬼次の浮世土平」（東洲斎写楽　寛政6.7(1794)）
　▷図0163「市川男女蔵の奴一平」（東洲斎写楽　寛政6.5(1794)）
◇浮世絵八華 4（平凡社 1985）
　▷図38「市川男女蔵の関取雷鶴之助と三世大谷鬼次の浮世土平」（東洲斎写楽　寛政6.7(1794)）
　▷図046「市川男女蔵の関取雷鶴之助と三世大谷鬼次の浮世土平」（東洲斎写楽　寛政6.7(1794)）
　▷図42「市川男女蔵の富田兵太郎」（東洲斎写楽）
　▷図048「市川男女蔵の富田兵太郎」（東洲斎写楽）
　▷図20「市川男女蔵の奴一平」（東洲斎写楽　寛政6.5(1794)）
　▷図024「市川男女蔵の奴一平」（東洲斎写楽

いちか

寛政6.5(1794))
◇浮世絵八華 6（平凡社 1985）
　▷図51「岩井粂三郎の芸者湯島おかんと市川男女蔵のもくづの三平」（歌川豊国（初代））
　▷図30「尾上松助の足利尊氏と市川男女蔵の村上彦四郎」（歌川豊国（初代））
◇肉筆浮世絵 6（集英社 1981）
　▷図32「中山富三郎と市川男女蔵と三世市川高麗蔵」（東洲斎写楽）
◇浮世絵聚花 13（小学館 1981）
　▷図74「市川男女蔵の桃井若狭介」（勝川春英）
◇浮世絵聚花 5（小学館 1980）
　▷図025「市川男女蔵」（葛飾北斎）
◇浮世絵聚花 7（小学館 1979）
　▷図237「市川男女蔵」（勝川春英）
◇浮世絵聚花 10（小学館 1979）
　▷図11「市川男女蔵の工藤祐経」（歌川国政）
◇浮世絵聚花 11（小学館 1979）
　▷図15「市川男女蔵の奴一平」（東洲斎写楽 寛政6.5(1794)）
◇浮世絵聚花 6（小学館 1978）
　▷図202「市川男女蔵」（歌川国政）
　▷図159「市川男女蔵の関取雷鶴之助と三世大谷鬼次の浮世土平」（東洲斎写楽 寛政6.7(1794)）
　▷図61「市川男女蔵の富田兵太郎」（東洲斎写楽）
◇復元浮世絵大観 8（集英社 1978）
　▷図17「市川男女蔵の奴一平」（東洲斎写楽 寛政6.5(1794)）
◇浮世絵大系 9（集英社 1975）
　▷図41「嵐三八の伊豆の治良祐兼と市川男女蔵の鬼王新左衛門」（歌川国政）
　▷図42「市川男女蔵の長尾三郎かけかつと市川八百蔵の横蔵」（歌川国政）
◇浮世絵大系 7（集英社 1973）
　▷図56「市川男女蔵の金谷金五郎」（歌舞妓堂艶鏡）
　▷図36「市川男女蔵の関取雷鶴之助と三世大谷鬼次の浮世土平」（東洲斎写楽 寛政6.7(1794)）
　▷図35「市川男女蔵の富田兵太郎」（東洲斎写楽）
　▷図20「市川男女蔵の奴一平」（東洲斎写楽 寛政6.5(1794)）
◇平凡社ギャラリー 6（平凡社 1973）
　▷図8「市川男女蔵の奴一平」（東洲斎写楽 寛政6.5(1794)）
◇在外秘宝―欧米収蔵浮世絵集成 東洲斎写楽（学習研究社 1972）
　▷図39「市川男女蔵の関取雷鶴之助と三世大谷鬼次の浮世土平」（東洲斎写楽 寛政6.7(1794)）
　▷図048「市川男女蔵の関取雷鶴之助と三世大谷鬼次の浮世土平」（東洲斎写楽 寛政6.7(1794)）
　▷図047「市川男女蔵の富田兵太郎」（東洲斎

写楽）
　▷図21「市川男女蔵の奴一平」（東洲斎写楽 寛政6.5(1794)）
　▷図020「市川男女蔵の奴一平」（東洲斎写楽 寛政6.5(1794)）
　▷図Ⅳ「中山富三郎と市川男女蔵と三世市川高麗蔵」（東洲斎写楽）
◇全集浮世絵版画 4（集英社 1972）
　▷図35「市川男女蔵の関取雷鶴之助と三世大谷鬼次の浮世土平」（東洲斎写楽 寛政6.7(1794)）
　▷図30「市川男女蔵の奴一平」（東洲斎写楽 寛政6.5(1794)）
◇原色日本の美術 24（小学館 1971）
　▷図73「市川男女蔵の奴一平」（東洲斎写楽 寛政6.5(1794)）
◇日本絵画館 8（講談社 1970）
　▷序図「市川男女蔵の奴一平」（東洲斎写楽 寛政6.5(1794)）
◇浮世絵名作選集 4（山田書院 1968）
　▷図〔10〕「市川男女蔵の奴一平」（東洲斎写楽 寛政6.5(1794)）
◇美人画・役者絵 6（講談社 1966）
　▷図52「市川男女蔵の関取雷鶴之助と三世大谷鬼次の浮世土平」（東洲斎写楽 寛政6.7(1794)）
　▷図24「市川男女蔵の奴一平」（東洲斎写楽 寛政6.5(1794)）
◇日本版画美術全集 3（講談社 1961）
　▷図266「四世岩井半四郎・市川男女蔵・大谷鬼次」（勝川春英）
　▷図269「四世岩井半四郎・市川男女蔵・大谷鬼次」（勝川春英）
◇日本版画美術全集 4（講談社 1960）
　▷図39「市川男女蔵の関取雷鶴之助と三世大谷鬼次の浮世土平」（東洲斎写楽 寛政6.7(1794)）
　▷図221「市川男女蔵の奴一平」（東洲斎写楽 寛政6.5(1794)）
◇浮世絵全集 5（河出書房新社 1957）
　▷図60「市川男女蔵の金谷金五郎」（歌舞妓堂艶鏡）

市川男女蔵〔初代〕　いちかわおめぞう
1781～1833　江戸時代後期の歌舞伎役者。
◇浮世絵ギャラリー 4（小学館 2006）
　▷図43「初代市川男女蔵の富田兵太郎」（東洲斎写楽 寛政6(1794)）
　▷図5「初代市川男女蔵の奴一平」（東洲斎写楽 寛政6(1794)）
◇秘蔵日本美術大観 3（講談社 1993）
　▷図101-(2)「役者大首絵 初代市川男女蔵と二代目沢村宗十郎」（勝川派　寛政年間(1789-1801)初）
◇秘蔵浮世絵大観 ベレス・コレクション（講談社 1991）
　▷図97「初代市川男女蔵の団七九郎兵衛」（歌川豊国（初代）　享和2(1802)）

◇秘蔵浮世絵大観 別巻（講談社 1990）
　▷〔ケ〕43「初代市川男女蔵の早の勘平と二代目嵐音八の鷲坂伴内」（歌川豊国（初代））享和元(1801)」
◇秘蔵浮世絵大観 プルヴェラー・コレクション（講談社 1990）
　▷図58「初代市川男女蔵の朝比奈と初代松本米三郎の少将」（歌川豊国（初代）　寛政10(1898)）
　▷図55「初代市川男女蔵の岩ふじと瀬川路考のおのへ」（歌川豊国（初代）　文化3(1806)）
◇秘蔵浮世絵大観 9（講談社 1989）
　▷図099「初代市川男女蔵」（歌川国政　寛政後期）
　▷図087「初代市川男女蔵の助六」（歌川豊国（初代）　文化2.3）
◇秘蔵浮世絵大観 4（講談社 1988）
　▷図115「初代市川男女蔵の「暫」」（歌川豊国（初代）　文化7(1810)）
　▷図053「五代目市川団十郎のすけつねと初代市川男女蔵の時致」（作者不詳　寛政期）
◇秘蔵浮世絵大観 2（講談社 1987）
　▷図0176「三代目沢村宗十郎の松王丸と初代市川男女蔵の桜丸」（歌川国政　寛政9.9）
　▷図0178「三代目坂東三津五郎のわたなべの綱・初代市川男女蔵の相馬良門・五代目岩井半四郎の小ゆき」（勝川春好(2代)　文化2.11）
◇浮世絵聚花 14（小学館 1981）
　▷図89「初世市川男女蔵の関兵衛」（歌川豊国（初代））
◇浮世絵聚花 8（小学館 1980）
　▷図5-6「三世大谷広次と初世市川男女蔵」（勝川春英）

市川兼恭　いちかわかねのり　1818～1899
　江戸時代末期、明治時代の洋学者、砲術家。
◇福井県大百科事典（福井新聞社 1991）　▷市川斎宮

市川亀蔵　いちかわかめぞう
　江戸時代の歌舞伎役者。
◇浮世絵聚花 12（小学館 1980）
　▷図04「中村介五良の松王丸,さの川市松の桜まる,市川亀蔵の梅おう丸」（鳥居清信(初代)）
◇日本版画美術全集 2（講談社 1961）
　▷図239「市川亀蔵の曽我十郎,大谷広次の足軽八幡之助」（石川豊信）

市河寛斎　いちかわかんさい　1749～1820
　江戸時代中期,後期の漢詩人,儒者,越中富山藩士。
◇富山大百科事典（北日本新聞社 1994）　▷市川寛斎
◇富山県文学事典（桂書房 1992）

◇国史大辞典（吉川弘文館 1979）

市川喜左衛門　いちかわきざえもん
　1533～1597　安土桃山時代の切支丹殉難者。
◇岡山県歴史人物事典（山陽新聞社 1994）

市川九蔵〔代数不詳〕　いちかわくぞう
　江戸時代の歌舞伎役者。
◇日本版画美術全集 2（講談社 1961）
　▷図12「初代市川団十郎の曽我五郎と市川九蔵の不動明王」（鳥居清信（初代））

市川九蔵〔2代〕　いちかわくぞう
　?～1720　江戸時代中期の歌舞伎役者。
◇浮世絵聚花 1（小学館 1983）
　▷図20「袖岡庄太郎の曽我五郎と二世市川団十郎の曽我十郎」（鳥居清倍）

市川栗蔵　いちかわくりぞう
　江戸時代後期の歌舞伎役者。
◇浮世絵ギャラリー 4（小学館 2006）
　▷図24「二世瀬川富三郎のけいせい遠山と市川栗蔵の義若丸」（東洲斎写楽　寛政6(1794)）
◇秘蔵日本美術大観 11（講談社 1994）
　▷図54「二代目瀬川富三郎の傾城遠山と市川栗蔵の東山義若丸」（東洲斎写楽　寛政6(1794)）
◇浮世絵八華 4（平凡社 1985）
　▷図037「二世瀬川富三郎の傾城遠山と市川栗蔵の東山義若丸」（東洲斎写楽）
◇浮世絵聚花 7（小学館 1979）
　▷図116「二世瀬川富三郎の傾城遠山と市川栗蔵の東山義若丸」（東洲斎写楽）
◇在外秘宝―欧米収蔵浮世絵集成 東洲斎写楽（学習研究社 1972）
　▷図84「二世瀬川富三郎の傾城遠山と市川栗蔵の東山義若丸」（東洲斎写楽）
　▷図040「二世瀬川富三郎の傾城遠山と市川栗蔵の東山義若丸」（東洲斎写楽）
◇美人画・役者絵 6（講談社 1966）
　▷図40「二世瀬川富三郎の傾城遠山と市川栗蔵の東山義若丸」（東洲斎写楽）

市川源之助　いちかわげんのすけ
　江戸時代中期の歌舞伎役者。
◇日本の浮世絵美術館 3（角川書店 1996）
　▷図163「市川源之助」（鳥居清信(2代)）
◇浮世絵聚花 9（小学館 1981）
　▷図07「江戸風俗の若松 中 市川源之助」（鳥居清倍）

市川小団次〔4代〕　いちかわこだんじ
　1812～1866　江戸時代末期の歌舞伎役者。
◇秘蔵浮世絵大観 5（講談社 1989）

いちか

▷図03「四代目市川小団次の意休・八代目市川団十郎の助六・初代坂東しうかの揚巻」（歌川国貞（初代）　嘉永3）
▷図25「四代目市川小団次の源九郎狐と坂東亀蔵の横川覚範」（歌川国貞（初代）　安政3（1856））
▷図04「四代目市川小団次の与次郎・初代坂東しうかのお俊・八代目市川団十郎の伝兵衛」（歌川国貞（初代）　嘉永3）
◇日本大百科全書（小学館 1984）　▷市川小団次〔4世〕

市川高麗蔵〔代数不詳〕　いちかわこまぞう
江戸時代の歌舞伎役者。
◇国宝・重要文化財大全 2（毎日新聞社 1999）
▷図259「江戸三座役者似顔絵」（東洲斎写楽　江戸時代）
◇日本の浮世絵美術館 2（角川書店 1996）
▷図165「大日ほう市川こま蔵 あこや小佐川つね世」（葛飾北斎　寛政3）
◇浮世絵聚花 2（小学館 1985）
▷図159「市川高麗蔵の工藤左衛門祐経」（鳥居清長）
◇浮世絵聚花 13（小学館 1981）
▷図61「四世市川団十郎の三庄太夫, じつは佐野の源藤太, 市川高麗蔵の佐野源左衛門と中村仲蔵の宗尊親王」（勝川春章）
◇浮世絵聚花 8（小学館 1980）
▷図24-29「松本幸四郎・中山富三郎・市川高麗蔵・市川門之助・坂田半五郎・瀬川菊之丞の助六」（勝川春英）
◇浮世絵聚花 15（小学館 1980）
▷図113「市川高麗蔵の定九郎」（勝川春英）
◇浮世絵聚花 7（小学館 1979）
▷図153「市川高麗蔵の行平と岩井半四郎の村雨」（一筆斎文調）
▷図103「市川高麗蔵 岩井半四郎 瀬川菊之丞」（勝川春潮）
▷図160「市川高麗蔵と遊女」（勝川春潮）
◇浮世絵聚花 10（小学館 1979）
▷図82「市川高麗蔵」（一筆斎文調）
◇浮世絵聚花 11（小学館 1979）
▷図183「市川高麗蔵の中納言行平」（一筆斎文調）
▷図239-241「市川門之助の曽我五郎・市川高麗蔵の工藤左衛門・市川八百蔵の曽我十郎」（一筆斎文調）
▷図244「市川高麗蔵の工藤左衛門」（勝川春章）
◇浮世絵大系 9（集英社 1975）
▷図24「高麗蔵と湯上り美人」（歌川豊国（初代））
◇在外秘宝―欧米収蔵浮世絵集成　鳥居清長（学習研究社 1972）
▷図121「市川高麗蔵のさつまぐしの源五兵衛」（鳥居清長）
◇在外秘宝―欧米収蔵浮世絵集成　葛飾北斎（学習研究社 1972）
▷図166「市川高麗蔵の左門之助」（葛飾北斎）
◇原色日本の美術 17（小学館 1968）
▷図31「市川高麗蔵の定九郎」（勝川春英）
◇日本の美術 22（平凡社 1964）
▷図19「市川高麗蔵」（一筆斎文調　安永期）
◇日本版画美術全集 3（講談社 1961）
▷図80「市川高麗蔵の放駒長吉」（一筆斎文調）
▷図260「市川高麗蔵の定九郎」（勝川春英）
▷図227「市川高麗蔵の下部駒平・松本幸四郎の菊池兵庫・市川雷蔵の信田五郎・中村仲蔵の菊池下部八右衛門」（勝川春章）
◇日本版画美術全集 4（講談社 1960）
▷図257「市川高麗蔵の志賀大七」（歌川豊国（初代））
◇浮世絵全集 5（河出書房新社 1957）
▷図21「市川高麗蔵の物草太郎」（一筆斎文調）

市川高麗蔵〔初代〕　いちかわこまぞう
江戸時代中期の歌舞伎役者。
◇浮世絵聚花 9（小学館 1981）
▷図129「初世市川高麗蔵」（一筆斎文調）
◇浮世絵聚花 7（小学館 1979）
▷図85「初世市川高麗蔵の源三位頼政」（一筆斎文調）

市川左団次〔代数不詳〕　いちかわさだんじ
江戸時代の歌舞伎役者。
◇日本の浮世絵美術館 5（角川書店 1996）
▷図107「左団次の仁木弾正図」（橋本周延）

市川左団次〔初代〕　いちかわさだんじ
1842～1904　江戸時代末期, 明治時代の歌舞伎役者。
◇士―日本のダンディズム（二玄社 2003）
▷p099 No.63「俳優写真競 音響千成瓢箪」
◇講談社日本人名大辞典（講談社 2001）
◇日本史大事典（平凡社 1992）　▷市川左団次〔1
◇秘蔵浮世絵大観 7（講談社 1990）
▷図0145「初代市川左団次の地廻り仁三・二代目岩井紫若の額の小さん・七代目河原崎三升の鳶金五郎」（豊原国周　明治4.8）
▷図0144「明治二巳年 箱館場 五代目尾上菊五郎の轟坂五郎・初代市川左団次の狼ノ九蔵・坂東喜知六の連花ノ六助・二代目大谷門蔵の欅ノ門太」（豊原国周　明治8）
◇秘蔵浮世絵大観　ムラー・コレクション（講談社 1990）
▷図154「伊賀越道中双六 初代市川左団次の和田下部武助」（豊原国周　明治6（1873））
▷図150「明治座新狂言 焼討之場 初代市川左団次の秋山紀伊守」（豊原国周　明治27.5（1894.5））

◇秘蔵浮世絵大観 5（講談社 1989）
　▷図0114「忠臣蔵十二段続 三段目門外 五代目尾上菊五郎の勘平・初代市川左団治の伴内・四代目助高屋高助のおかる」（礼山　明治12頃）
◇日本大百科全書（小学館 1984）　▷市川左団次〔1世〕
◇大日本百科事典（小学館 1967）

市川三左衛門　いちかわさんざえもん
1816〜1869　江戸時代末期の水戸藩士，諸生党の指導者。
◇茨城県史 近世編（茨城県 1985）
　▷図11-17（写真）「市川三左衛門肖像」

市川市紅　いちかわしこう
江戸時代の歌舞伎役者。
◇秘蔵浮世絵大観 5（講談社 1989）
　▷図0107「八景ノ内 三井 市川市紅の清水義高」（五蝶亭貞升　嘉永元）

市川新車〔3代〕　いちかわしんしゃ
江戸時代の歌舞伎役者。
◇秘蔵浮世絵大観 5（講談社 1989）
　▷図018「今様押絵鏡 四代目市川新車の三浦屋九重」（歌川国貞（初代）　万延元）

市川清十郎　いちかわせいじゅうろう
江戸時代の歌舞伎役者。
◇浮世絵八華 7（平凡社 1985）
　▷図80「仮(名)手本忠臣蔵〔七段目〕沢村訥升の寺岡平右衛門 市川当十郎の竹森喜八 市川清十郎の千崎弥五郎（三世）市川団三郎の矢間重太郎 坂東玉三郎のおかる（五世）市川寿美蔵の由良之助」（歌川国芳）
　▷図79「仮名手本忠臣蔵〔六段目〕（二世）叶（眠）子のかる母 沢村訥升の勘平（三世）市川寿美蔵の数右衛門 市川清十郎の弥五郎」（歌川国芳　天保頃）

市川滝十郎　いちかわたきじゅうろう
江戸時代の歌舞伎役者。
◇秘蔵浮世絵大観 5（講談社 1989）
　▷図176「三代目中村松江の娘あやおり・三代目中村歌右衛門の石田のつぼね・市川瀧十郎の斉藤之助」（柳斎重春　天保元（1830））

市川団十郎〔代数不詳〕　いちかわだんじゅうろう
江戸時代の歌舞伎役者。
◇国宝・重要文化財大全 2（毎日新聞社 1999）
　▷図256「市川団十郎の暫図」（鳥居清倍　江戸時代）
◇日本の浮世絵美術館 2（角川書店 1996）
　▷図3「市川団十郎のかまだ又八」（鳥居清倍（2代）　享保頃）
◇日本の浮世絵美術館 3（角川書店 1996）
　▷図96「市川団十郎の矢の根五郎」（鳥居清信（2代））
　▷図14「市川団十郎の竹抜き五郎」（鳥居清倍　元禄10）
◇日本の浮世絵美術館 5（角川書店 1996）
　▷図121「団十郎と菊之丞」（葛飾北斎）
◇日本の浮世絵美術館 6（角川書店 1996）
　▷図136「市川団十郎の時次郎、瀬川菊之丞の浦里」（歌川広重（初代）　文化初年頃）
　▷図183「隅田川団十郎船遊びの図」（長谷川雪旦）
◇秘蔵浮世絵大観 ムラー・コレクション（講談社 1990）
　▷図0136「市川団十郎演芸百番 樋口治郎兼光」（豊原国周　明治31.3(1898.3)）
◇浮世絵聚花 9（小学館 1981）
　▷図030「市川団十郎」（一筆斎文調）
　▷図038「市川団十郎」（勝川春章）
　▷図114「市川今団十郎」（鳥居清信（初代））
　▷図010「市川団十郎のわとうない」（鳥居清広）
◇浮世絵聚花 13（小学館 1981）
　▷図138「市川団十郎」（歌川国政）
◇浮世絵聚花 14（小学館 1981）
　▷図03「市川団十郎の徳兵衛と佐野川万菊のおはつ」（鳥居清信（初代））
　▷図04「市川団十郎」（鳥居清倍）
　▷図02「市川団十郎と市川門之助ほか」（鳥居清倍）
　▷図05「市川団十郎と大谷広次」（鳥居清倍）
　▷図01「市川団十郎と佐野川万菊」（作者不詳）
◇浮世絵聚花 15（小学館 1980）
　▷図105「市川団十郎 中村松江」（一筆斎文調）
　▷図111「江戸三幅対 力士谷風 市川団十郎 扇屋花扇」（勝川春好（初代））
　▷図026「市川団十郎 伊賀の水月」（勝川春章）
　▷図032「市川団十郎の暫」（勝川春章）
　▷図066「市川団十郎」（葛飾北斎）
　▷図1「市川団十郎の竹抜き五郎」（鳥居清倍　元禄10(1697)）
◇復元浮世絵大観 1（集英社 1980）
　▷図5「市川団十郎の竹抜き五郎」（鳥居清倍　元禄10(1697)）
◇復元浮世絵大観 4（集英社 1980）
　▷図19「江戸三幅対 力士谷風 市川団十郎 扇屋花扇」（勝川春好（初代））
◇日本美術全集 22（学習研究社 1979）
　▷図41「市川団十郎の竹抜き五郎」（鳥居清倍　元禄10(1697)）
◇浮世絵聚花 4（小学館 1979）
　▷図126「市川団十郎の池野庄司」（奥村政信）
　▷図127「市川団十郎の曽我五郎」（奥村政信）
　▷図21「市川団十郎と藤田花之丞」（伝 鳥居清信）
　▷図85「市川団十郎の鬼王と市川舛五郎の箱

いちか

　　王丸」（鳥居清信（初代））
◇浮世絵聚花 10（小学館 1979）
　▷図205「市川団十郎の矢の根」（勝川春英）
　▷図159「市川団十郎の暫」（勝川春章）
　▷図016「中村仲蔵と市川団十郎」（勝川春章）
◇浮世絵聚花 11（小学館 1979）
　▷図169「市川団十郎の暫」（歌川国政）
◇日本の美術 2（旺文社 1976）
　▷図66「市川団十郎の竹抜き五郎」（鳥居清倍　元禄10（1697））
◇重要文化財 11（毎日新聞社 1975）
　▷図186「市川団十郎の竹抜き五郎」（鳥居清倍　元禄10（1697））
◇浮世絵大系 1（集英社 1974）
　▷図28「市川団十郎の竹抜き五郎」（鳥居清倍　元禄10（1697））
◇浮世絵大系 12（集英社 1974）
　▷図46「市川団十郎演芸百番・加藤清正」（豊原国周　明治27（1894））
◇在外秘宝―欧米収蔵浮世絵集成　葛飾北斎（学習研究社 1972）
　▷図165「市川団十郎の鳴神上人」（葛飾北斎）
◇日本の美術 22（平凡社 1964）
　▷図20「市川団十郎と岩井半四郎」（勝川春章　安永期）
◇浮世絵版画 7（集英社 1964）
　▷図10「市川団十郎の竹抜き五郎」（鳥居清倍　元禄10（1697））
◇日本版画美術全集 2（講談社 1961）
　▷図222「市川団十郎の楪矢の根五郎」（奥村利信）
　▷図183「市川団十郎」（鳥居清重）
　▷図184「市川団十郎五役」（鳥居清経）
　▷図148「市川団十郎と佐野川万菊」（鳥居清倍）
◇日本版画美術全集 3（講談社 1961）
　▷図245「江戸三幅対 力士谷風 市川団十郎 扇屋花扇」（勝川春好（初代））
◇浮世絵全集 1（河出書房新社 1957）
　▷図2「市川団十郎の竹抜き五郎」（鳥居清倍　元禄10（1697））

市川団十郎〔初代〕　いちかわだんじゅうろう
　1660～1704　江戸時代前期、中期の歌舞伎役者、歌舞伎作者。
◇講談社日本人名大辞典（講談社 2001）
◇秘蔵浮世絵大観 2（講談社 1987）
　▷図229「初代市川団十郎と初代山中平九郎の象引」（鳥居清峰　文化9（1812））
◇日本大百科全書（小学館 1984）　▷市川団十郎〔1世〕
◇浮世絵の美百選（日本経済新聞社 1981）
　▷図6「初代市川団十郎と山中平九郎の象引」（鳥居清倍　元禄14（1701））
◇在外日本の至宝 7（毎日新聞社 1980）
　▷図15「初代市川団十郎と山中平九郎の象引」（鳥居清倍　元禄14（1701））

◇浮世絵聚花 8（小学館 1980）
　▷図108「初世市川団十郎と山中平九郎の象引」（鳥居清倍　元禄14（1701））
◇復元浮世絵聚花 1（集英社 1980）
　▷図6「初世市川団十郎と山中平九郎の象引」（鳥居清倍　元禄14（1701））
◇日本人名大事典 1～6（平凡社 1979（覆刻））
◇肉筆浮世絵集成 2（毎日新聞社 1977）
　▷図168「初世市川団十郎の暫図」（歌川豊国（初代）　文化期）
◇浮世絵大系 1（集英社 1974）
　▷図30「初世市川団十郎と山中平九郎の象引」（鳥居清倍　元禄14（1701））
◇日本版画美術全集 2（講談社 1961）
　▷図12「初代市川団十郎の曽我五郎と市川九蔵の不動明王」（鳥居清信（初代））

市川団十郎〔2代〕　いちかわだんじゅうろう
　1688～1758　江戸時代中期の歌舞伎役者。
◇朝日美術館 日本編 8（朝日新聞社 1997）
　▷図48「面構　烏亭焉馬と二代目十郎」（片岡球子）
◇日本の浮世絵美術館 1（角川書店 1996）
　▷図130「二代目市川団十郎の不破伴左衛門と大谷広次の山名入道」（鳥居清重　享保16）
◇日本史大事典（平凡社 1992）　▷市川団十郎〔2世〕
◇秘蔵浮世絵大観　ベレス・コレクション（講談社 1991）
　▷図3「二代目市川団十郎の名古屋山三郎と初代袖崎伊勢野の傾城葛城」（作者不詳　享保14（1729））
◇秘蔵浮世絵大観　別巻（講談社 1990）
　▷〔ケ〕012「二代目市川団十郎・初代大谷広次・二代目三条かん太郎」（鳥居清倍（2代）享保後期）
　▷〔チ〕4「二代目市川団十郎の真田与市」（鳥居清倍（2代）　享保10（1725））
◇秘蔵浮世絵大観 6（講談社 1989）
　▷図19「二代目市川団十郎の井筒屋徳兵衛と二代目三条勘太郎の井筒屋おふさ」（鳥居清信（2代）　享保5頃（1720頃））
　▷図06「二代目市川団十郎の暫」（鳥居清信（2代）享保後期）
　▷図011「二代目市川団十郎の扇売り」（鳥居清信　正徳5頃）
　▷図20「二代目市川団十郎の井筒屋徳兵衛と二代目三条勘太郎の井筒屋おふさ」（作者不詳　享保5頃（1720頃））
◇秘蔵浮世絵大観 12（講談社 1988）
　▷図19「二代目藤ц村半太夫・佐野川万菊・二代目市川団十郎」（作者不詳　享保3.11-4.10（1718.11-1719.10））
◇秘蔵浮世絵大観 2（講談社 1987）
　▷図037「二代目市川団十郎の鬼王と初代佐渡島長五郎の曽我十郎」（西村重信　享保17.正）

いちか

- ▷図012「二代目市川団十郎の与二郎兵衛実は曽我五郎」(作者不詳 享保6.正)
◇秘蔵浮世絵大観 10 (講談社 1987)
- ▷図53「二代市川団十郎と初代佐野川万菊」(鳥居清信(初代) 享保4(1719))
◇肉筆浮世絵 5 (集英社 1983)
- ▷図7「二代目市川団十郎の矢の根五郎」(鳥居清信(2代) 宝暦4(1754))
◇浮世絵聚花 1 (小学館 1983)
- ▷図38「二世市川団十郎の舞台姿」(勝川輝重)
- ▷図30「二世市川団十郎と小川善五郎の舞台姿」(鳥居清朝)
- ▷図68「二世市川団十郎の曽我五郎と藤村半太夫の小静」(鳥居清信(初代))
- ▷図20「袖岡庄太郎の曽我五郎と二世市川団十郎の曽我十郎」(鳥居清倍)
- ▷図92「二世市川団十郎, 沢村亀三郎, 市川升五郎の舞台姿」(鳥居清倍(2代))
- ▷図96「二世市川団十郎の曽我五郎と市村竹之丞の朝比奈」(鳥居清倍(2代))
- ▷図87「中村座前に立つ袖崎いせの, 二世市川団十郎, および沢村亀三郎」(鳥居清倍(2代))
◇浮世絵聚花 14 (小学館 1981)
- ▷図133「清水の舞台から跳ぶ二世市川団十郎」(作者不詳)
◇在外日本の至宝 7 (毎日新聞社 1980)
- ▷図19「二代目市川団十郎の暫」(鳥居清忠(初代) 享保年間初(1716-36))
- ▷図20「二代目市川団十郎と下り山村市太郎」(鳥居清朝 享保6(1721))
◇浮世絵聚花 8 (小学館 1980)
- ▷図15「初世市川門之助のよしながと二世市川団十郎のにらみの助」(奥村利信)
- ▷図132「二世市川団十郎の不破伴左衛門と初世瀬川菊次郎のぶれいの一角」(鳥居清信(初代))
◇浮世絵聚花 12 (小学館 1980)
- ▷図46「二代目市川団十郎の井筒屋徳兵衛と二代目三条勘太郎の井筒屋おふさ」(鳥居清信(初代) 享保5頃(1720頃))
- ▷図48「二世市川団十郎と二世三条勘太郎」(作者不詳)
◇日本人名大事典 1~6 (平凡社 1979(覆刻))
◇日本美術全集 22 (学習研究社 1979)
- ▷図91「二代目市川団十郎の矢の根五郎」(鳥居清信(2代) 宝暦4(1754))
◇浮世絵聚花 4 (小学館 1979)
- ▷図119「二世市川団十郎のすくねかねみち」(常川重信)
- ▷図84「二世市川団十郎」(鳥居清信(初代))
- ▷図78「二世市川団十郎の呉服売りと市川門之助の久松」(鳥居清信(初代))
- ▷図016「二世市川団十郎」(鳥居清倍)
- ▷図79「二世市川団十郎と初世市川門之助」(鳥居清倍)
- ▷図90「二世市川団十郎と神崎伊勢野」(鳥居清倍)
- ▷図017「二世市川団十郎と瀬川菊之丞」(鳥居清倍)
- ▷図89「二世市川団十郎のこも僧と中村竹三郎の少将」(作者不詳)
◇浮世絵聚花 7 (小学館 1979)
- ▷図16「二世市川団十郎の暫」(鳥居清忠(初代) 享保年間初(1716-36))
◇浮世絵聚花 10 (小学館 1979)
- ▷図15「いくしま新五郎 二世市川だん十郎 きり浪滝江」(鳥居清倍)
◇浮世絵聚花 11 (小学館 1979)
- ▷図79「二世市川団十郎の鬼王と佐渡島長五郎の曽我十郎」(石川豊信)
◇重要文化財 11 (毎日新聞社 1975)
- ▷図187「二代市川団十郎の暫」(鳥居清倍 江戸時代)
◇浮世絵大系 1 (集英社 1974)
- ▷図31「二代目市川団十郎の暫」(鳥居清倍 江戸時代)
◇日本版画美術全集 2 (講談社 1961)
- ▷図19「二代目市川団十郎の青物売り」(奥村政信)
◇浮世絵全集 1 (河出書房新社 1957)
- ▷図3「二代市川団十郎の暫」(鳥居清倍 江戸時代)

市川団十郎〔3代〕 いちかわだんじゅうろう
1721~1742 江戸時代中期の歌舞伎役者。
◇秘蔵浮世絵大観 6 (講談社 1989)
- ▷図028「市川升五郎の曽我五郎」(作者不詳 享保14頃)
◇秘蔵浮世絵大観 12 (講談社 1988)
- ▷図18「市川升五郎の曽我五郎」(鳥居清倍(2代) 享保20.正(1735.正))
◇浮世絵聚花 1 (小学館 1983)
- ▷図92「二世市川団十郎, 沢村亀三郎, 市川升五郎の舞台姿」(鳥居清倍(2代))
- ▷図98「三世市川団十郎と大谷広次の舞台姿」(鳥居清倍(2代))
◇浮世絵聚花 15 (小学館 1980)
- ▷図78「初崎菊太郎 市川升五郎 好色一代男」(奥村利信 享保期)
◇浮世絵聚花 4 (小学館 1979)
- ▷図85「市川団十郎の鬼王と市川舛五郎の箱王丸」(鳥居清信(初代))
◇日本の美術 22 (平凡社 1964)
- ▷図13「初崎菊太郎 市川升五郎 好色一代男」(奥村利信 享保期)

市川団十郎〔4代〕 いちかわだんじゅうろう
1711~1778 江戸時代中期の歌舞伎役者。
◇ボストン美術館 日本美術調査図録 (講談社 2003)
- ▷図III-161「二代目市川海老蔵の暫」(鳥居清久 宝暦7-8(1757-58)頃)
- ▷図III-233「二代目市川海老蔵の新田四天王」

いちか

（柳文朝　宝暦年間(1751-64)）
◇ボストン美術館 肉筆浮世絵 2（講談社 2000）
　▷図91「二代目市川海老蔵の暫」（鳥居清久　宝暦7,8(1757,58)頃）
　▷図63「二代目市川海老蔵の新田四天王」（柳文朝　宝暦年間(1751-64)）
◇日本の浮世絵美術館 4（角川書店 1996）
　▷図13「二代目市川海老蔵の鳴神上人と初代尾上菊五郎の雲の絶間姫」（石川豊信　寛延4）
　▷図141「四世市川団十郎の景清」（一筆斎文調　明和6)）
　▷図139「四世市川団十郎の岡崎悪四郎」（鳥居清広　宝暦）
◇秘蔵日本美術大観 3（講談社 1993）
　▷図101-(1)「役者大首絵 四代目市川団十郎」（勝川派　寛政年間(1789-1801)初）
◇秘蔵日本美術大観 10（講談社 1993）
　▷図46「四代目市川団十郎の御厩の喜三太と二代目中村助五郎の麻生の松若」（勝川春章　明和5(1768)）
◇秘蔵浮世絵大観 ベレス・コレクション（講談社 1991）
　▷図27「四代目市川団十郎の寺岡平右衛門と二代目瀬川菊之丞のおかる」（一筆斎文調　明和5(1768)）
◇秘蔵浮世絵大観 別巻（講談社 1990）
　▷〔チ〕11「四代目市川団十郎のまつおう丸」（鳥居清経　宝暦14(1764)）
◇秘蔵浮世絵大観 6（講談社 1989）
　▷図0102「三代目市川海老蔵」（勝川春章　安永前期）
　▷図010「二代目市川海老蔵のういろう売り」（鳥居清倍(2代)　寛延4）
◇秘蔵浮世絵大観 9（講談社 1989）
　▷図9「三代目市川海老蔵の五役」（鳥居清経　明和9.11(1772.11)）
　▷図63「四代目市川団十郎の男伊達前髪佐平実は景清と初代中村歌右衛門の唐犬十右衛門」（一筆斎文調　明和6(1769)）
　▷図8「四代目市川団十郎の七役」（鳥居清満（初代）　宝暦6.11(1756.11)）
◇秘蔵浮世絵大観 2（講談社 1987）
　▷図017「初代中村富十郎の八橋亡魂と四代目市川団十郎の清玄亡魂」（鳥居清広　宝暦7.正）
◇秘蔵浮世絵大観 10（講談社 1987）
　▷図59「四代市川団十郎のかけきよ」（鳥居清経　宝暦末−明和前期(1751-72)）
◇浮世絵聚花 1（小学館 1983）
　▷図81「二世市川海老蔵と大谷竜左衛門（か）の舞台姿」（鳥居清信(2代)）
　▷図97「二世市川海老蔵の四役」（鳥居清倍(2代)）
　▷図109「二世市川海老蔵の雷神」（鳥居清倍(2代)）
　▷図148「二世市川海老蔵の舞台姿」（西村重信）
◇浮世絵の美百選（日本経済新聞社 1981）
　▷図17「二世市川海老蔵の鳴神上人と尾上菊五郎の雲の絶間姫」（石川豊信）
◇浮世絵聚花 9（小学館 1981）
　▷図113「二世市川海老蔵の矢の根五郎」（鳥居清信（初代））
◇浮世絵聚花 13（小学館 1981）
　▷図169「三世市川海老蔵の暫（栗生左衛門）」（勝川春章）
　▷図58「三世市川海老蔵の暫（篠塚五郎）」（勝川春章）
　▷図53「四代目市川団十郎の男伊達前髪佐平実は景清と初代中村歌右衛門の唐犬十右衛門」（一筆斎文調　明和6(1769)）
　▷図126「四世市川団十郎の久米の仙人」（勝川春章）
　▷図62「四世市川団十郎の三庄太夫、じつは佐野の源藤太」（勝川春章）
　▷図61「四世市川団十郎の三庄太夫、じつは佐野の源藤太、市川高麗蔵の佐野源左衛門と中村仲蔵の宗尊親王」（勝川春章）
　▷図55「二世松本幸四郎の工藤祐経、五世市川団十郎の曽我五郎と二世市川高麗蔵の曽我十郎」（勝川春章）
◇浮世絵聚花 14（小学館 1981）
　▷図48「四世市川団十郎と初世尾上菊五郎」（石川豊信）
◇浮世絵聚花 16（小学館 1981）
　▷図41「二世市川海老蔵の松王丸図」（勝川春好（初代））
◇浮世絵聚花 5（小学館 1980）
　▷図96-98「二世市川八百蔵の桜丸、二世中島三甫右衛門の藤原時平と三世市川海老蔵の松王丸、九世市村羽左衛門の梅王丸」（勝川春章）
　▷図013「四世市川団十郎」（勝川春章）
　▷図01「篭の赤子をみる二世松本幸四郎の斧を担いだ仙人」（勝川春章）
　▷図19「二世松本幸四郎と三世市川団蔵」（勝川春章）
◇浮世絵聚花 12（小学館 1980）
　▷図63「四世市川団十郎」（勝川春章）
◇日本人名大事典 1〜6（平凡社 1979(覆刻)）
◇浮世絵聚花 4（小学館 1979）
　▷図36「市川海老蔵の三浦大助、四世市川団十郎の岡崎悪四郎、中村助五郎の加藤荒次郎」（鳥居清広）
　▷図34「二世松本幸四郎の不破伴左衛門」（鳥居清重）
◇浮世絵大系 1（集英社 1974）
　▷図48「四代目市川団十郎」（鳥居清重）
　▷図61「四代目市川団十郎の悪七兵衛景清」（鳥居清満（初代））
◇浮世絵大系 3（集英社 1974）
　▷図30-32「二世市川八百蔵の桜丸、二世中島三甫右衛門の藤原時平と三世市川海老蔵の松王丸、九世市村羽左衛門の梅王丸」（勝川春章）
　▷図18「二世市川海老蔵の松王丸図」（勝川春

40　歴史人物肖像索引

好(初代))
◇日本版画美術全集 3（講談社 1961）
　▷図61「四世市川団十郎の松本大膳」（一筆斎文調）
　▷図223「四世市川団十郎の紀の名虎」（勝川春章）
◇浮世絵全集 1（河出書房新社 1957）
　▷図16「四代市川団十郎の悪七兵衛景清」（鳥居清満(初代)）
◇浮世絵全集 5（河出書房新社 1957）
　▷図26「二世市川海老蔵（四世市川団十郎）のういらう売」（勝川春章）

市川団十郎〔5代〕　いちかわだんじゅうろう
　1741〜1806　江戸時代中期，後期の歌舞伎役者。
◇浮世絵ギャラリー 4（小学館 2006）
　▷図17「市川鰕蔵の竹村定之進」（東洲斎写楽　寛政6(1794)）
◇華―浮世絵名品集（平木浮世絵財団 2004）
　▷図29「市川鰕蔵の暫」（歌川国政　寛政8(1796)）
　▷図25「市川鰕蔵の鎌倉権五郎景政 三代目坂田半五郎の奴矢筈の弥団平」（勝川春英　寛政6(1794)）
◇ボストン美術館 日本美術調査図録（講談社 2003）
　▷図III-341「五代目市川団十郎の工藤祐経」（歌川豊国　文化4-6(1807-09)）
◇ボストン美術館 肉筆浮世絵 3（講談社 2000）
　▷図42「五代目市川団十郎の工藤祐経」（歌川豊国　文化4-6(1807-09)）
◇国宝・重要文化財大全 2（毎日新聞社 1999）
　▷図259「江戸三座役者似顔絵」（東洲斎写楽　江戸時代）
◇日本の浮世絵美術館 2（角川書店 1996）
　▷図150「市川鰕蔵の竹村定之進」（東洲斎写楽　寛政6）
　▷図145「五代目市川団十郎の三浦知興と四代目岩井半四郎のうとう」（勝川春章　天明2）
◇日本の浮世絵美術館 3（角川書店 1996）
　▷図132「市川鰕蔵の竹村定之進」（東洲斎写楽　寛政6）
　▷図16「東扇・五代市川団十郎」（勝川春章　安永後期－天明初期頃）
◇日本の浮世絵美術館 4（角川書店 1996）
　▷図140「三世松本幸四郎の外郎売、実は京の次郎」（一筆斎文調　明和7）
◇日本の浮世絵美術館 5（角川書店 1996）
　▷図72「五世市川団十郎の安の平兵衛」（勝川春好　安永中期）
◇日本の浮世絵美術館 6（角川書店 1996）
　▷図181「五代目団十郎円窓景清図」（勝川春好）
◇肉筆浮世絵大観 10（講談社 1995）
　▷図47「曽我の対面（五代目市川団十郎の工藤・三代目瀬川菊之丞の傾城舞鶴・四代目岩井半四郎の五郎）」（歌川豊国　天明9(1789)）
◇秘蔵日本美術大観 11（講談社 1994）
　▷図31「五代目市川団十郎」（勝川春好　寛政2(1790)頃）
　▷図29「五代目市川団十郎の暫と初代中村仲蔵の暫の受」（勝川春章　天明6(1786)）
◇浮世絵聚花名品選（小学館 1993）
　▷図6「市川鰕蔵の竹村定之進」（東洲斎写楽）
◇名品揃物浮世絵 6（ぎょうせい 1992）
　▷図36「役者舞台之姿絵 成田屋（市川鰕蔵の郡山の気負い金作次郎実は清原武則）天王寺屋（二世山下金作の大国屋の仲居ゑび蔵おかね実は貞任女房岩手）」（歌川豊国(初代)　寛政6-7(1794-95)）
◇新編 名宝日本の美術 29（小学館 1991）
　▷図19「市川鰕蔵の竹村定之進」（東洲斎写楽　寛政6.5(1794)）
◇新編 名宝日本の美術 30（小学館 1991）
　▷図25「市川鰕蔵の山賊 実は文覚上人」（葛飾北斎　寛政3(1791)）
◇日本美術全集 20（講談社 1991）
　▷図46「市川鰕蔵の竹村定之進」（東洲斎写楽　寛政6(1794)）
◇名品揃物浮世絵 5（ぎょうせい 1991）
　▷図23「市川鰕蔵の竹村定之進」（東洲斎写楽　寛政6.5(1794)）
　▷図37「五世市川団十郎(暫)」（勝川春好(初代)　天明8－寛政元(1788-1792頃)）
　▷図38「五世市川団十郎」（勝川春好(初代)　天明8－寛政2(1788-1790)）
　▷図88「東扇 五世市川団十郎」（勝川春章　安永4－天明2頃(1775-82頃)）
　▷図31「五世市川団十郎の楽屋」（勝川春章　天明2-3頃(1782-3頃)）
　▷図36「四世松本幸四郎と五世市川団十郎の楽屋」（勝川春章　天明2-3頃(1782-83頃)）
◇人間の美術 10（学習研究社 1990）
　▷図116「東扇 五世市川団十郎」（勝川春章　安永4－天明2頃(1775-82頃)）
◇秘蔵浮世絵大観 別巻（講談社 1990）
　▷〔チ〕042「市川鰕蔵の鰕ざこの十」（勝川春英　寛政4）
　▷〔チ〕039「市川鰕蔵の幡随長兵衛」（勝川春英　寛政5）
　▷〔チ〕047「五世市川団十郎」（勝川春英　寛政2頃）
　▷〔チ〕048「五世市川団十郎」（勝川春英　天明末－寛政初）
　▷〔チ〕029「五世市川団十郎」（勝川春好(初代)　天明）
　▷〔チ〕034「五世市川団十郎」（勝川春好(初代)　天明）
　▷〔チ〕021「五世市川団十郎」（勝川春章　安永）
　▷〔チ〕026「五世市川団十郎」（勝川春章　安永）
　▷〔チ〕020「五代目市川団十郎」（勝川春章　安永末－天明前期）
　▷〔チ〕44「五代目市川団十郎の狼谷のわん鉄

いちか

と四代目市川団蔵の鎌倉権五郎景政」(勝川春章　安永7(1778))
▷〔チ〕023「五代目市川団十郎と初代中村仲蔵」(勝川春章　安永末－天明初期)
▷〔チ〕55「五代目市川団十郎の豆腐屋佐次兵衛と初代尾上松助の荒浪灘蔵」(勝川春常　天明2(1782))
▷〔チ〕038「初代中村仲蔵と五代目市川団十郎」(勝川春常　安永末－天明前期)
▷〔ケ〕025「五代目市川団十郎の暫」(葛飾北斎　天明)
▷〔チ〕61「五代目市川団十郎の股野五郎景久・初代中村里好の白拍子風折実は鎌田正清娘・三代目沢村宗十郎の河津三郎祐安」(鳥居清長　天明4(1784))
▷〔チ〕053「出語り図 三桝の梅川と幸四郎の忠兵衛」(鳥居清長　天明4.3(1784.3))
◇秘蔵浮世絵大観 6 (講談社 1989)
▷図0185「市川鰕蔵の工藤祐経」(東洲斎写楽　寛政7)
▷図0180「市川鰕蔵の竹村定之進」(東洲斎写楽　寛政6.5(1794))
▷図0127「五世市川団十郎」(勝川春英　寛政初)
▷図117「五代目市川団十郎の虚無僧」(勝川春章　安永10(天明元)頃(1781頃))
▷図0105「四世岩井半四郎の桜姫と五世市川団十郎の骸骨」(勝川春章　天明3)
▷図0115「四世松本幸四郎と五世市川団十郎の楽屋」(勝川春章　天明2-3頃(1782-83頃))
▷図168「宮参り五代目市川団十郎とその家族」(鳥居清長　天明3-4頃(1783-84頃))
◇秘蔵浮世絵大観 8 (講談社 1989)
▷図105「二世市川門之助の雁金文七,三世大谷広次の布袋市右衛門,五世市川団十郎の安の平兵衛」(勝川春好(初代)　安永5.5(1776.5))
▷図025「五代目市川団十郎の歳旦」(勝川春章　天明)
▷図98「五代目市川団十郎の団三郎と四代目坂東又太郎の五郎」(勝川春章　安永4.正(1775.正))
▷図106「出語り図 三桝の梅川と幸四郎の忠兵衛」(鳥居清長　天明4.3(1784.3))
◇秘蔵浮世絵大観 9 (講談社 1989)
▷図027「市川鰕蔵の寿老人と四代目岩井半四郎・三代目沢村宗十郎の唐子」(勝川春好(初代)　寛政)
▷図026「市川鰕蔵(五代目市川団十郎)の諸役」(勝川春好(初代)　寛政)
▷図101「五代目市川団十郎」(勝川春好(初代)　安永8-9頃(1779-80頃))
▷図024「五代目市川団十郎と初代中村仲蔵の暫」(勝川春章　明和7)
▷図93「五代目市川団十郎の六部実は阿部貞任」(勝川春章　天明2(1782))
▷図125「三代目瀬川菊之丞と五代目市川団十郎」(勝川春泉　天明7－寛政元(1787-89))
▷図62「三代目松本幸四郎の曽我五郎と二代

目市川高麗蔵の鬼王」(一筆斎文調　明和6(1769))
◇秘蔵浮世絵大観 4 (講談社 1988)
▷図048「五世市川団十郎」(勝川春好(初代)天明期)
▷図053「五代目市川団十郎のすけつねと初代市川男女蔵の時致」(作者不詳　寛政期)
◇秘蔵浮世絵大観 11 (講談社 1988)
▷図31「市川鰕蔵の竹村定之進」(東洲斎写楽　寛政6.5(1794))
▷図06「五代目市川団十郎の天川屋義平」(勝川春好(初代)　天明4.8)
▷図6「五代目市川団十郎・初代中村仲蔵・三代目瀬川菊之丞・三代目市川八百蔵,初代尾上菊五郎」(勝川春章　安永8-9頃(1779-80頃))
▷図9「五代目市川団十郎と初代中村仲蔵」(勝川春章　安永末－天明初期)
▷図8「初代中村仲蔵と五代目市川団十郎」(勝川春章　安永末－天明初期(1772-89))
▷図013「三代目松本幸四郎の法橋娘朝顔」(一筆斎文調　明和5.11)
◇秘蔵浮世絵大観 12 (講談社 1988)
▷図048「三代目市川高麗蔵・五代目市川団十郎・二代目市川門之助」(勝川春好(初代)天明6または8)
▷図050「五世市川団十郎」(勝川春好(初代)天明)
▷図76「五代目市川団十郎の桧垣婆亡魂」(勝川春章　安永5.11(1776.11))
▷図72「初代中村仲蔵の髭の意休実は大友一法師・初代尾上松助のかんぺら門兵衛・初代中村里好の三浦屋の揚巻・五代目市川団十郎の白酒売新兵衛実は曽我十郎」(勝川春章　天明2.5(1782.5))
▷図81「五代目市川団十郎の工藤祐経」(勝川春章　安永中期－天明中期(1772-89))
▷図68「三代目市川団蔵・初代中村仲蔵・三代目松本幸四郎・三代目大谷広右衛門」(勝川春章　明和3.11-7.11(1766.11-1770.11))
◇秘蔵浮世絵大観 2 (講談社 1987)
▷図112「四代目岩井半四郎・市川鰕蔵・四代目松本幸四郎」(勝川春英　寛政4または7(1792または1795))
▷図0165「市川鰕蔵の竹村定之進」(東洲斎写楽　寛政6.5(1794))
▷図57「五代目市川団十郎の五郎と二代目市川高麗蔵の十郎」(一筆斎文調　明和8.正(1771.正))
▷図93「五代目市川団十郎と初代中村里好」(勝川春章　天明元(1781.8))
▷図087「五代目市川団十郎の廻国修行者実は相馬太郎良門と三代目瀬川菊之丞の女六部実は伴左衛門娘はしとみ」(勝川春章　天明5.11)
▷図092「五世市川団十郎の坂田金時」(勝川春章　天明元.11)
▷図87「五代目市川団十郎の不動明王」(勝川春章　安永9.11(1780.11))

42　歴史人物肖像索引

▷図081「五代目市川団十郎と四代目松本幸四郎」（勝川春章　安永7頃）
▷図137「三代目瀬川菊之丞の梅が枝・五代目市川段十郎の浅間左衛門・四代目岩井半四郎の八重機」（鳥居清長　天明7.11（1787.11））

◇浮世絵八華 2（平凡社 1985）
▷図45「五世市川団十郎の香具屋弥兵衛と中村里好の丹波屋おつまと山下万菊の女中」（鳥居清長）
▷図47「五世市川団十郎のでく六兵衛と三世沢村宗十郎の曽我十郎と三世市川八百蔵の白菊の亡霊」（鳥居清長）

◇浮世絵八華 4（平凡社 1985）
▷図099「市川鰕蔵の廻国修業者良山実は安倍貞任」（東洲斎写楽）
▷図0100「市川鰕蔵の鎌倉権五郎景政」（東洲斎写楽）
▷図097「市川鰕蔵の鎌倉権太夫実は安倍貞任」（東洲斎写楽）
▷図66「市川鰕蔵の工藤祐経」（東洲斎写楽　寛政7）
▷図0132「市川鰕蔵の工藤祐経」（東洲斎写楽　寛政7）
▷図22「市川鰕蔵の竹村定之進」（東洲斎写楽　寛政6.5（1794））
▷図019「市川鰕蔵の竹村定之進」（東洲斎写楽　寛政6.5（1794））
▷図40,055「市川鰕蔵のらんみゃくの吉」（東洲斎写楽）

◇浮世絵聚花 2（小学館 1985）
▷図64「市川団十郎と遊女」（鳥居清長）
▷図169「五世市川団十郎の舞台姿」（鳥居清長）

◇浮世絵聚花 1（小学館 1983）
▷図160「市川海老蔵の分身矢根五郎」（鳥居清重）
▷図83「市川海老蔵の篠塚五郎」（鳥居清信(2代)）
▷図29「市川海老蔵の景清（にせ五郎）」（鳥居清倍(2代)）
▷図104「市川海老蔵の法道仙人」（鳥居清倍(2代)）
▷図28「市川海老蔵の三井寺頼豪阿闍梨」（鳥居清倍(2代)）
▷図111「松嶋吉三郎の鉄拐仙人、瀬川菊之丞のおちよ、市川海老蔵の武者之助」（鳥居清倍(2代)）

◇名宝日本の美術 23（小学館 1983）
▷図25「市川鰕蔵の山賊 実は文覚上人」（葛飾北斎　寛政3(1791)）

◇浮世絵聚花 補巻1（小学館 1982）
▷図145「雄鶏をはさんで立つ三世松本幸四郎と初世中村富十郎」（鈴木春信　宝暦7(1757)）

◇浮世絵の美百選（日本経済新聞社 1981）
▷図54「市川鰕蔵の竹村定之進」（東洲斎写楽　寛政6.5（1794））
▷図32「東扇 五世市川団十郎」（勝川春章　安永4-天明2頃(1775-82頃)）

◇浮世絵聚花 9（小学館 1981）
▷図107「五世市川団十郎の廻国の修行者」（歌川国政）
▷図24「五世市川団十郎」（勝川春英）
▷図135「五世市川団十郎の大星由良之助」（勝川春章）
▷図60「五世市川団十郎の大星由良之助」（勝川春章）
▷図182「浅尾為十郎と五世市川団十郎」（葛飾北斎）

◇浮世絵聚花 13（小学館 1981）
▷図136「役者舞台之姿絵 成田屋（市川鰕蔵の郡山の気負い金作次郎実は清原武則）天王寺屋（二世山下金作の大国屋の仲居ゑび蔵おかね実は貞任女房岩手）」（歌川豊国（初代）寛政6-7（1794-95））
▷図68「市川鰕蔵（五世市川団十郎）の木樵じつは文覚上人」（勝川春英）
▷図71「市川鰕蔵（五世市川団十郎）の山賎じつは三田の仕」（勝川春英）
▷図67「五世市川団十郎（平景清）」（勝川春好（初代）　天明8-寛政2(1788-1790)）
▷図59「五世市川団十郎の暫」（勝川春章）
▷図55「二世松本幸四郎の工藤祐経、五世市川団十郎の曽我五郎と二世市川高麗蔵の曽我十郎」（勝川春章）

◇在外日本の至宝 7（毎日新聞社 1980）
▷図74「雁金五人男 五代目市川団十郎の極印千右衛門」（勝川春章　安永9(1780)）

◇浮世絵聚花 5（小学館 1980）
▷図024「五世市川団十郎の縞衣裳の男伊達」（勝川春英）
▷図118「五世市川団十郎の上総五郎兵衛忠光」（勝川春好（初代））
▷図017「五世市川団十郎の裃長袴の侍」（勝川春好（初代））
▷図32-33「中村仲蔵の団七九郎兵衛と五世市川団十郎の一寸徳兵衛」（勝川春好（初代））
▷図107「五世市川団十郎の足利尊氏」（勝川春章）
▷図91「五世市川団十郎の跡見一位」（勝川春章）
▷図4「五世市川団十郎の上総五郎兵衛忠光と中村仲蔵の鎮西八郎為朝」（勝川春章）
▷図86「五世市川団十郎の暫」（勝川春章）
▷図04「五世市川団十郎の清玄石魂」（勝川春章）
▷図109「五世市川団十郎の横向きの暫」（勝川春章）
▷図28「四世岩井半四郎の桜姫と五世市川団十郎の骸骨」（勝川春章　天明3）
▷図99-101「尾上民蔵、五世市川団十郎、二世小佐川常世」（勝川春常世）
▷図153「五世市川団十郎の三しよう太夫」（鳥居清長）
▷図177「五世市川団十郎のでく六兵衛と三世沢村宗十郎の曽我十郎と三世市川八百蔵の白菊の亡霊」（鳥居清長）

いちか

- ▷図142「五世市川団十郎の源義家」（鳥居清長）
- ▷図82「三世松本幸四郎の松王丸」（勝川春章）
- ▷図139「三世松本幸四郎の楠亡魂と沢村喜十郎の大森彦七」（鳥居清長）
◇浮世絵聚花 8（小学館 1980）
- ▷図61「五世市川団十郎」（一筆斎文調）
- ▷図167-168「初世浅尾為十郎と五世市川団十郎」（勝川春英）
- ▷図33-34「二世坂田半五郎と五世市川団十郎」（勝川春好（初代））
- ▷図66「五世市川団十郎」（勝川春章）
- ▷図22「五世市川団十郎の渡辺綱と九世市村羽左衛門の鬼女」（勝川春章）
◇浮世絵聚花 12（小学館 1980）
- ▷図039-041「二世市川門之助の雁金文七、三世大谷広次の布袋市右衛門、五世市川団十郎の安の平兵衛」（勝川春好（初代）　安永5.5（1776.5））
- ▷図031「五世市川団十郎と中村伝九郎」（勝川春章）
- ▷図038「五代目市川団十郎の歳旦」（勝川春章　天明）
- ▷図166「四世松本幸四郎と五世市川団十郎の楽屋」（勝川春章　天明2-3頃（1782-83頃））
◇浮世絵聚花 15（小学館 1980）
- ▷図163「市川鰕蔵のらんみゃくの吉」（東洲斎写楽）
- ▷図26「東扇 五世市川団十郎」（勝川春章　安永4－天明2頃（1775-82頃））
- ▷図31「雁金五人男 五代目市川団十郎の極印千右衛門」（勝川春章　安永9（1780））
◇復元浮世絵大観 1（集英社 1980）
- ▷図18「市川海老蔵の助六」（奥村政信）
◇復元浮世絵大観 4（集英社 1980）
- ▷図20「五世市川団十郎の浅間左衛門則正と四世岩井半四郎の八重はた」（勝川春英）
- ▷図7「五世市川団十郎の楽屋」（勝川春章　天明2-3頃（1782-3頃））
◇日本絵画百選（日本経済新聞社 1979）
- ▷図85「市川鰕蔵の竹村定之進」（東洲斎写楽　寛政6.5（1794））
◇浮世絵聚花 4（小学館 1979）
- ▷図36「市川海老蔵の三浦大助、四市市川団十郎の岡崎悪五郎、中村助五郎の加藤荒次郎」（鳥居清広）
- ▷図107「市川えび蔵の丑の刻参り」（鳥居清倍）
◇浮世絵聚花 7（小学館 1979）
- ▷図159「五世市川団十郎」（勝川春英）
- ▷図157「五世市川団十郎」（勝川春好（初代））
- ▷図232「五世市川団十郎の坂田金時」（勝川春章）
- ▷図28-29「二世小佐川常世のお石と五世市川団十郎の本織」（勝川春章）
- ▷図35「宮参り 五代目市川団十郎とその家族」（鳥居清長　天明3-4頃（1783-84頃））
- ▷図86「三世松本幸四郎の外郎売り」（一筆斎文調）
◇浮世絵聚花 10（小学館 1979）
- ▷図28「市川鰕蔵の弥平衛宗清」（勝川春英）
- ▷図052「市川鰕蔵の竹村定之進」（東洲斎写楽　寛政6.5（1794））
- ▷図25-27「二世中村仲蔵 二世中村野塩 五世市川団十郎」（勝川春英）
- ▷図90「五代目市川団十郎と初代中村仲蔵の暫」（勝川春章　明和7）
- ▷図111「五世市川団十郎 二世市川門之助 二世瀬川菊之丞」（鳥居清長）
◇浮世絵聚花 11（小学館 1979）
- ▷図9「市川鰕蔵の竹村定之進」（東洲斎写楽　寛政6.5（1794））
- ▷図98-99「五代目市川団十郎の五郎と二代目市川高麗蔵の十郎」（一筆斎文調　明和8.正（1771.正））
- ▷図192-194「九世市村羽左衛門の曽我十郎と三世瀬川菊之丞の天津乙女と五世市川団十郎の善知鳥、じつは京の次郎」（勝川春章）
◇浮世絵聚花 6（小学館 1978）
- ▷図164「市川鰕蔵の工藤祐経」（東洲斎写楽　寛政7）
◇復元浮世絵大観 8（集英社 1978）
- ▷図16「市川鰕蔵の竹村定之進」（東洲斎写楽　寛政6.5（1794））
◇重要文化財 11（毎日新聞社 1975）
- ▷図190「市川鰕蔵の竹村定之進」（東洲斎写楽　寛政6.5（1794））
◇浮世絵大系 3（集英社 1974）
- ▷図51「五世市川団十郎の浅間左衛門則正と四世岩井半四郎の八重はた」（勝川春英）
- ▷図33-37「初代中村仲蔵の髭の意休実は大友一法師・初代尾上松助のかんぺら門兵衛・初代中村里好の三浦屋の揚巻・五代目市川団十郎の白酒売新兵衛実は曽我十郎」（勝川春章　天明2.5（1782.5））
- ▷図61「五代市川団十郎の坂田金時」（勝川春常）
◇浮世絵大系 7（集英社 1973）
- ▷図19「市川鰕蔵の竹村定之進」（東洲斎写楽　寛政6.5（1794））
◇平凡社ギャラリー 6（平凡社 1973）
- ▷図1「市川鰕蔵の竹村定之進」（東洲斎写楽　寛政6.5（1794））
◇在外秘宝―欧米収蔵浮世絵集成 東洲斎写楽（学習研究社 1972）
- ▷図V「市川鰕蔵と尾上松助」（東洲斎写楽）
- ▷図0106「市川鰕蔵の廻国修業者良山実は安倍貞任」（東洲斎写楽）
- ▷図61「市川鰕蔵の鎌倉権五郎景政」（東洲斎写楽）
- ▷図098「市川鰕蔵の鎌倉権五郎景政」（東洲斎写楽）
- ▷図57「市川鰕蔵の鎌倉権太夫実は安倍貞任」（東洲斎写楽）
- ▷図092「市川鰕蔵の鎌倉権太夫実は安倍貞任」（東洲斎写楽）

いちか

- ▷図76「市川鰕蔵の工藤祐経」(東洲斎写楽　寛政7)
- ▷図0130「市川鰕蔵の工藤祐経」(東洲斎写楽　寛政7)
- ▷図20「市川鰕蔵の竹村定之進」(東洲斎写楽　寛政6.5(1794))
- ▷図91「市川鰕蔵の竹村定之進」(東洲斎写楽　寛政6.5(1794))
- ▷図019「市川鰕蔵の竹村定之進」(東洲斎写楽　寛政6.5(1794))
- ▷図055「市川鰕蔵のらんみゃくの吉」(東洲斎写楽)

◇在外秘宝―欧米収蔵浮世絵集成　鳥居清長 (学習研究社　1972)
- ▷図44「五世市川団十郎　二世市川門之助　二世瀬川菊之丞」(鳥居清長)
- ▷図12「宮参り　五代目市川団十郎とその家族」(鳥居清長　天明3-4頃(1783-84頃))

◇全集浮世絵版画　2 (集英社　1972)
- ▷図24「出語り図　三桝の梅川と幸四郎の忠兵衛」(鳥居清長　天明4.3(1784.3))

◇全集浮世絵版画　4 (集英社　1972)
- ▷図11「市川鰕蔵の竹村定之進」(東洲斎写楽　寛政6.5(1794))

◇日本の名画　13 (講談社　1972)
- ▷表紙「市川鰕蔵の竹村定之進」(東洲斎写楽　寛政6.5(1794))
- ▷図15「市川鰕蔵のらんみゃくの吉」(東洲斎写楽)

◇日本美術館　9 (筑摩書房　1972)
- ▷図29「市川鰕蔵の竹村定之進」(東洲斎写楽　寛政6.5(1794))

◇日本美術館　8 (講談社　1970)
- ▷図103「市川鰕蔵の竹村定之進」(東洲斎写楽　寛政6.5(1794))

◇在外秘宝―欧米収蔵日本絵画集成　肉筆浮世絵 (学習研究社　1969)
- ▷図57「市川鰕蔵図」(勝川春好(初代))

◇原色日本の美術　17 (小学館　1968)
- ▷図1「市川鰕蔵の竹村定之進」(東洲斎写楽　寛政6.5(1794))
- ▷図30「五世市川団十郎(暫)」(勝川春好(初代)　天明8－寛政4頃(1788-1792頃))
- ▷図23「東扇　五世市川団十郎」(勝川春章　安永4－天明2頃(1775-82頃))

◇浮世絵名作選集　4 (山田書院　1968)
- ▷図〔9〕「市川鰕蔵の竹村定之進」(東洲斎写楽　寛政6.5(1794))

◇美人画・役者絵　6 (講談社　1966)
- ▷図78「市川鰕蔵の廻国修業者良山実は安倍貞任」(東洲斎写楽)
- ▷図80「市川鰕蔵の鎌倉権太夫実は安倍貞任」(東洲斎写楽)
- ▷図103「市川鰕蔵の工藤祐経」(東洲斎写楽　寛政7)
- ▷図111「市川鰕蔵の竹村定之進」(東洲斎写楽　寛政6.5(1794))
- ▷図46「市川鰕蔵のらんみゃくの吉」(東洲斎写楽)

◇日本の美術　22 (平凡社　1964)
- ▷図1「市川鰕蔵の竹村定之進」(東洲斎写楽　寛政6.5(1794))

◇浮世絵版画　5 (集英社　1964)
- ▷図24「出語り図　三桝の梅川と幸四郎の忠兵衛」(鳥居清長　天明4.3(1784.3))

◇浮世絵版画　6 (集英社　1964)
- ▷図11「市川鰕蔵の竹村定之進」(東洲斎写楽　寛政6.5(1794))

◇日本版画美術全集　2 (講談社　1961)
- ▷図214「市川海老蔵の助六」(奥村政信)
- ▷図158「市川海老蔵の口上姿」(鳥居清朝)
- ▷図155「市川海老蔵」(鳥居清信(2代))

◇日本版画美術全集　3 (講談社　1961)
- ▷図259「市川鰕蔵の弥平衛宗清」(勝川春英)
- ▷図285「三世瀬川菊之丞のお三輪・二世市川門之助の入鹿・中村仲蔵の柴六・市川鰕蔵の鱶七」(勝川春潮)
- ▷図346「市川鰕蔵となには屋おきた」(叢豊丸)
- ▷図271「二世市川高麗蔵の梅王・五世市川団十郎の松王」(勝川春英)
- ▷図29「五世市川団十郎(暫)」(勝川春好(初代)　天明8－寛政4頃(1788-1792頃))
- ▷図242「四世岩井半四郎の白拍子衣子と三世大谷広次のこんから坊と五世市川団十郎のせいたか坊」(勝川春好(初代))
- ▷図243「三世瀬川菊之丞の山姥と五世市川団十郎の山神と二世市川門之助の怪童丸」(勝川春好(初代))
- ▷図216「五世市川団十郎と三世瀬川菊之丞」(勝川春章)
- ▷図212「五世市川団十郎の三浦荒次郎と中村仲蔵の平少納言時忠」(勝川春章)
- ▷図22「五世市川団十郎の三浦団妙(暫)」(勝川春章)
- ▷図218「中村仲蔵の為朝と五世市川団十郎の宗清」(勝川春章)
- ▷図221「四世松本幸四郎と五世市川団十郎の楽屋」(勝川春章　天明2-3頃(1782-83頃))
- ▷図154「五世市川団十郎のでく六兵衛と三世沢村宗十郎の曽我十郎と三世市川八百蔵の白菊の亡霊」(鳥居清長)
- ▷図175「五世市川団十郎の矢の根五郎」(鳥居清長)
- ▷図55-57「市川弁慶の桜丸・二世市川八百蔵の梅王丸・三世松本幸四郎の松王丸」(一筆斎文調)

◇日本版画美術全集　4 (講談社　1960)
- ▷図44「市川鰕蔵の景清」(歌川豊国(初代))
- ▷図87「市川鰕蔵と尾上松助」(東洲斎写楽)
- ▷図34「市川鰕蔵の竹村定之進」(東洲斎写楽　寛政6.5(1794))

◇浮世絵全集　5 (河出書房新社　1957)
- ▷図68「市川鰕蔵の暫」(歌川国政)
- ▷図65「市川鰕蔵の景清」(歌川豊国(初代))
- ▷図52「市川鰕蔵の竹村定之進」(東洲斎写楽　寛政6.5(1794))

歴史人物肖像索引　45

いちか

▷図19「五世市川団十郎の尾形三郎と中村松江の白妙」（一筆斎文調）
▷図27「五世市川団十郎の跡見一位」（勝川春章）
▷図31「雁金五人男 五代目市川団十郎の極印千右衛門」（勝川春章 安永9（1780））
▷図39「五世市川団十郎のでく六兵衛と三世沢村宗十郎の曽我十郎と三世市川八百蔵の白菊の亡霊」（鳥居清長）
▷図25「三世松本幸四郎の死人小左衛門」（勝川春章）

市川団十郎〔6代〕　いちかわだんじゅうろう
1778～1799　江戸時代中期、後期の歌舞伎役者。

◇秘蔵日本美術大観 10（講談社 1993）
　▷図84「六代目市川団十郎の加藤正清と初代岩井粂三郎の正清女房文月」（歌川豊国 寛政9（1797））
　▷図55「六代目市川団十郎と四代目岩井半四郎」（勝川春亭 寛政8-11（1796-99））
◇新編 名宝日本の美術 29（小学館 1991）
　▷図43「六代目市川団十郎の荒川太郎（成田屋三升）」（東洲斎写楽）
◇日本美術全集 20（講談社 1991）
　▷図48「六代目市川団十郎」（歌川国政 寛政（1789-1801）後期）
◇秘蔵浮世絵大観 ベレス・コレクション（講談社 1991）
　▷図100「六代目市川団十郎の江戸ッ子十太」（歌川国政 寛政8-10（1796-98））
◇名品揃物浮世絵 5（ぎょうせい 1991）
　▷図78「六代目市川団十郎の荒川太郎（成田屋三升）」（東洲斎写楽）
◇秘蔵浮世絵大観 7（講談社 1990）
　▷図92「六代目市川団十郎の助六」（歌川豊国（初代）　寛政11・3（1799.3））
◇秘蔵浮世絵大観 別巻（講談社 1990）
　▷〔チ〕90「六代目市川団十郎の桃井若狭之助（死絵）」（歌川国政　寛政11（1799））
◇秘蔵浮世絵大観 9（講談社 1989）
　▷図0100「六代目市川団十郎の桃井若狭之介と三代目中島勘左衛門の高師直」（歌川国政 寛政11.5）
　▷図086「六代目市川団十郎のえびざこの十と四代目岩井半四郎の三日月おせん」（歌川豊国（初代）　寛政10.11）
◇秘蔵浮世絵大観 4（講談社 1988）
　▷図050「六代目市川団十郎のちどり・初代市川門之助のすけよのとら・三代目瀬川菊之丞のとら」（勝川春英　寛政初）
◇秘蔵浮世絵大観 12（講談社 1988）
　▷図79「六代目市川団十郎の定九郎」（勝川春英　寛政7（1795））
◇浮世絵八華 4（平凡社 1985）
　▷図0116「六代目市川団十郎の荒川太郎（成田屋三升）」（東洲斎写楽）
　▷図67「六代目市川団十郎の曽我の五郎時宗」（東洲斎写楽）

▷図0133「六代目市川団十郎の曽我の五郎時宗」（東洲斎写楽）
▷図043「六代目市川団十郎の不破伴作」（東洲斎写楽）
▷図0102「六代目市川団十郎の行成卿息みまな行教」（東洲斎写楽）
◇浮世絵八華 6（平凡社 1985）
　▷図26「六代目市川団十郎の荒獅子男之助」（歌川豊国（初代））
　▷図27「六代目市川団十郎の大宅の太郎」（歌川豊国（初代））
◇浮世絵聚花 9（小学館 1981）
　▷図66「六代目市川団十郎の定九郎」（勝川春英 寛政7（1795））
　▷図106「六代目市川団十郎の不破伴作」（東洲斎写楽）
◇浮世絵聚花 14（小学館 1981）
　▷図171「六代目市川団十郎の行成卿息みまな行教」（東洲斎写楽）
◇浮世絵聚花 8（小学館 1980）
　▷図39「六代目市川団十郎と初世大谷徳次の暫」（歌川豊国（初代））
　▷図106「六代目市川団十郎のえびざこの十と四代目岩井半四郎の三日月おせん」（歌川豊国（初代）　寛政10.11）
◇日本美術全集 22（学習研究社 1979）
　▷図80「六代目市川団十郎の江戸ッ子十太」（歌川国政　寛政8-10（1796-98））
◇浮世絵聚花 7（小学館 1979）
　▷図30-31「七世片岡仁左衛門と六世市川団十郎」（勝川春好（初代））
◇浮世絵聚花 10（小学館 1979）
　▷図50「六代目市川団十郎の江戸ッ子十太」（歌川国政　寛政8-10（1796-98））
◇浮世絵聚花 6（小学館 1978）
　▷図16「六代目市川団十郎」（歌川国政）
　▷図66「六代目市川団十郎の荒川太郎（成田屋三升）」（東洲斎写楽）
　▷図165「六代目市川団十郎の曽我の五郎時宗」（東洲斎写楽）
◇復元浮世絵大観 8（集英社 1978）
　▷図23「六代目市川団十郎の荒川太郎（成田屋三升）」（東洲斎写楽）
◇浮世絵大系 9（集英社 1975）
　▷図35「六代目市川団十郎の江戸ッ子十太」（歌川国政　寛政8-10（1796-98））
◇在外秘宝―欧米収蔵浮世絵集成 東洲斎写楽（学習研究社 1972）
　▷図59「六代目市川団十郎の荒川太郎（成田屋三升）」（東洲斎写楽）
　▷図095「六代目市川団十郎の荒川太郎（成田屋三升）」（東洲斎写楽）
　▷図77「六代目市川団十郎の曽我の五郎時宗」（東洲斎写楽）
　▷図0131「六代目市川団十郎の曽我の五郎時宗」（東洲斎写楽）
　▷図036「六代目市川団十郎の不破伴作」（東洲斎写楽）

▷図63「六世市川団十郎の行成卿息みまな行教」(東洲斎写楽)
▷図0100「六世市川団十郎の行成卿息みまな行教」(東洲斎写楽)
◇美人画・役者絵 6 (講談社 1966)
▷図79「六世市川団十郎の荒川太郎(成田屋三升)」(東洲斎写楽)
▷図104「六世市川団十郎の曽我の五郎時宗」(東洲斎写楽)
▷図33「六世市川団十郎の不破伴作」(東洲斎写楽)
▷図89「六世市川団十郎の行成卿息みまな行教」(東洲斎写楽)
◇日本版画美術全集 4 (講談社 1960)
▷図231「六世市川団十郎の荒川太郎(成田屋三升)」(東洲斎写楽)

市川団十郎〔7代〕 いちかわだんじゅうろう
1791〜1859 江戸時代末期の歌舞伎役者。
◇華―浮世絵名品集 (平木浮世絵財団 2004)
▷図33「市川団之助の尾上 七代目市川団十郎の岩ふじ 五代目岩井半四郎のおはつ」(歌川豊国 文化11(1814))
◇ボストン美術館 日本美術調査図録 (講談社 2003)
▷図III-365「七世団十郎諸芸図巻」(五蝶亭貞升 天保年間(1830-44))
◇日本の浮世絵美術館 1 (角川書店 1996)
▷図79,80「七世市川団十郎隅田川渡舟図」(歌川国次 文政年間)
◇日本の浮世絵美術館 2 (角川書店 1996)
▷図74「雪月花之内 月 市川三升」(月岡芳年 明治23)
◇日本の浮世絵美術館 3 (角川書店 1996)
▷図55「続隈取十八番」より「七世団十郎工夫石橋獅子金地隈」(鳥居忠雅 昭和17-18)
◇日本の浮世絵美術館 4 (角川書店 1996)
▷図152「三世尾上菊五郎のお岩ぼうこん、二世岩井粂三郎のお岩妹お袖 三世尾上菊五郎の小仏小兵衛、七世市川団十郎の民谷伊右衛門」(歌川国安 文化8年)
▷図147「二世沢村田之助の顔世、五世松本幸四郎の師直、七世市川団十郎の若狭之助、三世尾上菊五郎の判官」(歌川豊国 文化13年)
◇肉筆浮世絵大観 10 (講談社 1995)
▷図単色7「曽我の対面(五代目松本幸四郎の工藤・三代目坂東三津五郎の十郎・七代目市川団十郎の五郎)」(歌川豊広 文化8(1811))
◇秘蔵日本美術大観 11 (講談社 1994)
▷図71「三代目岩井粂三郎の講釈師玄竜実は雁金文七 五代目市川海老蔵の巾着切目玉五郎実は雷庄九郎 八代目市川団十郎のあんばいよし六実は極印千右衛門」(歌川国貞(初代) 嘉永5(1852))
◇秘蔵浮世絵大観 ベレス・コレクション (講談社 1991)
▷図0111「七代目市川団十郎と五代目岩井半四郎」(歌川国貞(初代))
▷図207「七代目市川団十郎の在原業平と五代目瀬川菊之丞の小野小町」(歌川国貞(初代) 文政初(1818-30))
◇秘蔵浮世絵大観 別巻 (講談社 1990)
▷〔ケ〕52「五代目市川海老蔵の不破伴左衛門と牡丹」(歌川国貞(初代),魚屋北渓 嘉永4(1851))
▷〔ケ〕50「七代目市川団十郎の梅王丸」(歌川国貞(初代) 文政2-7頃(1819-24頃))
▷〔ア〕045「七代目市川団十郎の碓井貞光(暫)」(歌川広重(初代) 文政6-7)
▷〔ア〕043「七代目市川団十郎の睨み」(歌川広重(初代) 文政3)
▷〔ケ〕029「七代目市川団十郎の暫」(桜川慈悲成 天保4)
◇秘蔵浮世絵大観 ブルヴェラー・コレクション (講談社 1990)
▷図79「七代目市川団十郎の鬼若丸」(歌川国貞 文政9.正(1826.正))
▷図0114「七代目市川団十郎の暫」(歌川国貞(初代) 文政)
▷図78「七代目市川団十郎の武智左馬之助と初代市川鰕十郎の虎之助政清」(歌川国貞 文政4.正(1821.正))
▷図0115「楽屋の七代目市川団十郎」(歌川国貞(初代) 文政)
▷図83「四天王 七代目市川団十郎の絵凧」(歌川豊清 文化10(1813))
▷図73「七代目市川団十郎と二代目岩井粂三郎」(歌川豊国(初代) 文政4.正(1821.正))
▷図74「七代目市川団十郎の暫」(歌川豊国(初代) 文政7.正(1824.正))
▷図012「七代目市川団十郎の三浦荒男之助」(歌川豊国(初代) 文化10)
▷図0112「手鏡を覗く七代目市川団十郎」(歌川豊国(初代) 文政中期)
▷図75「歳の市帰りの七代目市川団十郎」(歌川豊国(初代) 文政(1818-30))
▷図85「七代目市川団十郎と五代目瀬川菊之丞」(歌川広重(初代) 文政前期(1818-30))
▷図124「七代目市川団十郎の暫」(岳亭 文政(1818-30))
▷図71「七代目市川団十郎の暫」(喜多川月麿 文化14.正(1817.正))
◇秘蔵浮世絵大観 5 (講談社 1989)
▷図02「浮世大江山 五代目瀬川菊之丞・七代目市川団十郎・初代岩井松之助・二代目岩井粂三郎」(歌川国貞(初代) 文政初期)
▷図7「俳優舞台扇 七代目市川団十郎の立場の太平次」(歌川国貞(初代) 文政7(1824))
◇秘蔵浮世絵大観 8 (講談社 1989)
▷図271「七代目市川団十郎の荒獅子男之助」(歌川豊国(初代) 享和3.正(1803.正))
◇秘蔵浮世絵大観 9 (講談社 1989)

いちか

- ▷図0139「五代目市川海老蔵の名虎亡魂と初代片岡市蔵のくじゃく三郎」(五粽亭広貞　嘉永2.8)
◇秘蔵浮世絵大観 3（講談社 1988）
- ▷図11「五代目市川海老蔵の斎藤道三と初代岩井紫若の八重垣姫」（歌川国貞（初代）天保7.7(1836.7)）
- ▷図23「松明を持つ武者 七代目市川団十郎」（歌川国貞（初代）　文政頃(1818-30頃)）
- ▷図018「七代目市川団十郎と二代目岩井粂三郎」（歌川貞景　文政）
- ▷図019「七代目市川団十郎の岩ふじ・初代岩井紫若の見立おのえ・五代目岩井半四郎のおはつ」（歌川豊国（2代）文政7.3）
- ▷図100「七代目市川団十郎の明智左馬助」（歌川広重（初代）　文政4(1821)）
- ▷図55「市川三升歓送の摺物」（歌川国芳　嘉永2(1849)）
- ▷図57「市川三升歓送の摺物」（柴田是真　嘉永2(1849)）
◇秘蔵浮世絵大観 4（講談社 1988）
- ▷図117「七世市川団十郎の暫」（歌川豊国（初代）　文政中期(1818-30)）
- ▷図080「初代沢村源之助の六三郎と七代目市川団十郎の奴袖介」（歌川豊国（初代）文化初）
◇秘蔵浮世絵大観 12（講談社 1988）
- ▷図092「五代目岩井半四郎のおその・七代目市川団十郎のきぬ川弥三郎・五代目瀬川菊之丞のおきく」（歌川豊国（初代）　文政元）
- ▷図091「曽我狂言 五代目瀬川菊之丞の大磯の虎・初代市川鰕十郎の工藤祐経・七代目市川団十郎の五郎時宗」（歌川豊国（初代）文政4）
◇秘蔵浮世絵大観 1（講談社 1987）
- ▷図152「七代目市川団十郎暫の図」（鳥居清峰　文化12～天保・弘化(1815-48)）
◇浮世絵八華 7（平凡社 1985）
- ▷図75「仮名手本忠臣蔵〔二段目〕尾上伊三郎のみなせ（三世）尾上松助の小なミ（八世）市川団十郎の力弥（五世）市川海老蔵の若さの助（三世）尾上菊五郎の本蔵」（歌川国芳）
- ▷図76「仮名手本忠臣蔵〔三段目〕（三世）尾上菊五郎のおかる（五世）市川海老蔵の勘平 坂東熊十郎の伴内」（歌川国芳）
- ▷図83「仮名手本忠臣蔵〔十段目〕（五世）市川海老蔵の天川屋義平」（歌川国芳）
- ▷図84「仮名手本忠臣蔵〔十一段目〕（十二世）市村左衛門の数右衛門（五世）市川海老蔵の由良之助（三世）尾上菊五郎の師直（三世）尾上松助の与茂七」（歌川国芳）
◇日本大百科全書（小学館 1984）　▷市川団十郎〔7世〕
◇肉筆浮世絵 10（集英社 1983）
- ▷図81「七代目市川団十郎肖像図」（市川団十郎（7代））
◇肉筆浮世絵 8（集英社 1981）

- ▷図70「七代目市川団十郎の暫図」（歌川豊国（2代））
◇浮世絵聚花 14（小学館 1981）
- ▷図90「七世市川団十郎の暫」（歌川豊国（初代））
◇世界伝記大事典（ほるぷ出版 1978）
◇肉筆浮世絵集成 2（毎日新聞社 1977）
- ▷図120「七代目市川団十郎の暫図」（鳥居清長　天明期）
◇日本版画美術全集 7（講談社 1962）
- ▷図125「市川三升の毛剃九右衛門」（月岡芳年）
◇日本版画美術全集 4（講談社 1960）
- ▷図258「七代目市川団十郎の三浦荒男之助」（歌川豊国（初代）　文化10）
◇浮世絵全集 5（河出書房新社 1957）
- ▷図69「七世市川団十郎の大星由良之助」（歌川国貞（初代））

市川団十郎〔8代〕　いちかわだんじゅうろう
1823～1854　江戸時代末期の歌舞伎役者。
◇日本の浮世絵美術館 4（角川書店 1996）
- ▷図153「八世市川団十郎の児雷也と二世市川九蔵の富貴太郎」（歌川国貞（初代）　嘉永5年）
◇肉筆浮世絵大観 2（講談社 1995）
- ▷図68「八世市川団十郎の助六図」（歌川国貞（初代）　弘化元(1844)頃）
◇秘蔵日本美術大観 11（講談社 1994）
- ▷図71「三代目岩井粂三郎の講釈師玄竜実は雁金文七 五代目市川海老蔵の巾着切目玉五郎実は雷庄九郎 八代目市川団十郎のあんばいよし六実は極印千右衛門」（歌川国貞（初代）嘉永5(1852)）
◇秘蔵浮世絵大観 ブルヴェラー・コレクション（講談社 1990）
- ▷図067「八代目市川団十郎誕生の祝儀」（魚屋北渓　文政7）
◇秘蔵浮世絵大観 5（講談社 1989）
- ▷図03「四代目市川小団次の意休・八代目市川団十郎の助六・初代坂東しうかの揚巻」（歌川国貞（初代）　嘉永3）
- ▷図04「四代目市川小団次の与次郎・初代坂東しうかのお俊・八代目市川団十郎の伝兵衛」（歌川国貞（初代）　嘉永3）
- ▷図23「八代目市川団十郎一家一門参会」（歌川国貞（初代）　嘉永2(1849)）
- ▷図19「八代目市川団十郎の当たり役 悪七兵衛かげ清と岡部六弥太」（歌川国貞（初代）嘉永(1848-54)）
- ▷図18「八代目市川団十郎の当たり役 ぬれ髪長五郎と羽柴久吉」（歌川国貞（初代）　嘉永(1848-54)）
- ▷図20「八代目市川団十郎の当たり役 松王丸と安部保名」（歌川国貞（初代）　嘉永(1848-54)）
◇浮世絵八華 7（平凡社 1985）

▷図36「八世市川団十郎の鳴神上人」（歌川国芳）
▷図75「仮名手本忠臣蔵〔二段目〕尾上伊三郎のみなせ（三世）尾上松助の小なミ（八世）市川団十郎の力弥（五世）市川海老蔵の若さの助（三世）尾上菊五郎の本蔵」（歌川国芳）

市川団十郎〔9代〕　　いちかわだんじゅうろう
1838～1903　江戸時代末期、明治時代の歌舞伎役者。
◇十一日本のダンディズム（二玄社 2003）
　▷p097 No.62「名刺写真帖」（小豆沢亮一　明治初期）
　▷p098 No.63「俳優写真競 音響千成瓢箪」
◇日本史大事典（平凡社 1992）　▷市川団十郎〔9世〕
◇秘蔵浮世絵大観 ムラー・コレクション（講談社 1990）
　▷図0135「今様俳優写真鑑 九代目市川団十郎の真田ゆきむら」（豊原国周　明治14.1(1881.1)）
◇秘蔵浮世絵大観 5（講談社 1989）
　▷図95「七代目河原崎権之助の幡随長兵衛・二代目沢村訥升の白井権八・五代目尾上菊五郎の野ざらし吾助」（豊原国周　明治5(1872)）
　▷図016「今様押絵鏡 初代河原崎権十郎の桃井若狭之助」（歌川国貞(初代)　安政6-文久元(1859-61)）
　▷図27「四代目中村芝翫の横蔵と河原崎権十郎の慈悲蔵」（歌川国貞(初代)　文久元(1861)）
　▷図071「三代目岩井粂三郎の印南数馬・初代河原崎権十郎の仁木多門之丞・四代目中村芝翫の大高主殿」（落合芳幾　文久2）
◇秘蔵浮世絵大観 3（講談社 1988）
　▷図34「今様押絵鏡 初代河原崎権十郎の桃井若狭之助」（歌川国貞(初代)　安政6-文久元(1859-61)）
◇日本大百科全書（小学館 1984）　▷市川団十郎〔9世〕
◇肉筆浮世絵 8（集英社 1981）
　▷図59「九代目団十郎の外郎売図」（落合芳幾）
◇国史大辞典（吉川弘文館 1979）
◇日本人名大事典 1～6（平凡社 1979）（覆刻）
◇世界伝記大事典（ほるぷ出版 1978）
◇写真の開祖上野彦馬（上野彦馬撮影 産業能率短期大学出版部 1975）
　▷p222「（無題）」（鹿島清兵衛　明治中期）
◇浮世絵大系 12（集英社 1974）
　▷図47「河原崎権之助の駄六」（豊原国周　明治2.6.(1869.6.)）
◇日本写真史 1840-1945（平凡社 1971）
　▷p446 No.689「市川団十郎肖像写真」
◇世界大百科事典（平凡社 1964）

市川段四郎〔2代〕　　いちかわだんしろう
1855～1922　江戸時代末期、明治時代の歌舞伎役者。
◇秘蔵浮世絵大観 ムラー・コレクション（講談社 1990）
　▷図156「二代目市川段四郎の逸見鉄心斎」（山村耕花　大正8(1919)）

市川団蔵〔代数不詳〕　　いちかわだんぞう
江戸時代の歌舞伎役者。
◇日本の浮世絵美術館 2（角川書店 1996）
　▷図20「市川団蔵の鎮西八郎為朝と四代目岩井半四郎の下田の初糸」（歌川豊国　寛政10）
　▷図5「市村竹之丞と市川団蔵」（鳥居清信 享保初期）
◇浮世絵聚花 1（小学館 1983）
　▷図116「松嶋兵太郎と市川団蔵の舞台姿」（鳥版派）
◇浮世絵の美百選（日本経済新聞社 1981）
　▷図5「市村竹之丞と市川団蔵」（鳥居清信(初代)）
◇復元浮世絵大観 1（集英社 1980）
　▷図15「市川団蔵と松本小四郎」（鳥居清倍）
◇浮世絵聚花 10（小学館 1979）
　▷図59「市川団蔵と三条勘太郎」（鳥居清朝）
◇原色日本の美術 17（小学館 1968）
　▷図27-29「小佐川常世の厳島の天女・市川団蔵の崇徳院・嵐雛助の渡辺丁七」（勝川春章）
◇日本の美術 22（平凡社 1964）
　▷図10「市川団蔵の曽我五郎と藤村半太夫の少将」（鳥居清信(初代)　享保6）
◇日本版画美術全集 3（講談社 1961）
　▷図226「小佐川常世の厳島の天女・市川団蔵の崇徳院・嵐雛助の渡辺丁七」（勝川春章）
◇浮世絵全集 1（河出書房新社 1957）
　▷図50「市川団蔵の曽我五郎」（勝川輝重）

市川団蔵〔初代〕　　いちかわだんぞう
1684～1740　江戸時代中期の歌舞伎役者。
◇秘蔵浮世絵大観 2（講談社 1987）
　▷図4「初代市川団蔵と初代大谷広次の草摺曳」（鳥居清倍　享保2,享保3(1717,1718)）
◇在外日本の至宝 7（毎日新聞社 1980）
　▷図13「初代市川団蔵と初代大谷広次の草摺曳」（鳥居清倍　享保2,享保3(1717,1718)）
◇浮世絵大系 1（集英社 1974）
　▷図29「初代市川団蔵と初代大谷広次の草摺曳」（鳥居清倍　享保2,享保3(1717,1718)）

市川団蔵〔3代〕　　いちかわだんぞう
1709～1772　江戸時代中期の歌舞伎役者。
◇秘蔵日本美術大観 12（講談社 1994）
　▷図5「三代目市川団蔵の渡辺綱」（鳥居清経 宝暦年間(1751-64)）

いちか

◇秘蔵浮世絵大観 6（講談社 1989）
　▷図115「三代目市川団蔵の今井四郎兼平と初代尾上民蔵の男山八幡の舞子山吹」（勝川春章　安永2(1773)）
◇秘蔵浮世絵大観 12（講談社 1988）
　▷図68「三代目市川団蔵・初代中村仲蔵・三代目松本幸四郎・三代目大谷広右衛門」（勝川春章　明和3.11-7.11(1766.11-1770.11)）
◇浮世絵聚花 補巻1（小学館 1982）
　▷図68「三世市川団蔵の大江戸岩戸左衛門と初代尾上菊五郎の良峯少将」（鈴木春信　宝暦12(1762)）
◇浮世絵聚花 13（小学館 1981）
　▷図60「三世市川団蔵の外郎売り」（勝川春章）
◇浮世絵聚花 14（小学館 1981）
　▷図59「三世市川団蔵」（勝川春章）
◇浮世絵聚花 5（小学館 1980）
　▷図02「三世市川団蔵の暫」（勝川春章）
　▷図18「二世沢村宗十郎の黄石公と三世市川団蔵の張良」（勝川春章）
　▷図19「二世松本幸四郎と三世市川団蔵」（勝川春章）

市川団蔵〔4代〕　　いちかわだんぞう
　1745〜1808　江戸時代中期、後期の歌舞伎役者。
◇日本の浮世絵美術館 3（角川書店 1996）
　▷図24「四代市川団蔵の毛谷村六助」（歌川豊国　寛政11)）
◇新編 名宝日本の美術 29（小学館 1991）
　▷図65「四代市川団蔵の毛谷村六助」（歌川豊国（初代)）
◇名品揃物浮世絵 5（ぎょうせい 1991）
　▷図35「四代市川団蔵と三世瀬川菊之丞の楽屋」（勝川春章　天明2-3頃(1782-3頃)）
◇秘蔵浮世絵大観 別巻（講談社 1990）
　▷〔手〕44「五代市川団十郎の狼谷のわん鉄と四代目市川団蔵の鎌倉権五郎景政」（勝川春章　安永7(1778)）
◇秘蔵浮世絵大観 6（講談社 1989）
　▷図0114「四代市川団蔵と三世瀬川菊之丞の楽屋」（勝川春章　天明2-3頃(1782-3頃)）
◇秘蔵浮世絵大観 4（講談社 1988）
　▷図081「四代目市川団蔵の七兵衛景清と四代目松本幸四郎の秩父重忠」（歌川豊国（初代）寛政末)）
◇秘蔵浮世絵大観 11（講談社 1988）
　▷図15「四代目市川団蔵の天川屋義平・初代大谷徳次の丁稚伊五」（勝川春章　天明元(1781)）
◇秘蔵浮世絵大観 12（講談社 1988）
　▷図74「四代目市川団蔵の大星由良之助」（勝川春章　安永8.8または10.3(1779.8または1781.3)）
◇浮世絵八華 6（平凡社 1985）
　▷図24「四世市川団蔵の毛谷村六助」（歌川豊国（初代)）

◇図45「四世市川団蔵の聖天町之法界坊と三世佐野川市松の永楽屋のでっち幸吉実ハ吉田の松若丸」（歌川豊国（初代)）
◇図47「四世市川団蔵の長崎かげゆ左衛門と三世坂東彦三郎の畑六郎左衛門」（歌川豊国（初代)）
◇浮世絵八華 7（平凡社 1985）
　▷図80「仮(名)手本忠臣蔵〔七段目〕沢村訥升の寺岡平右衛門 市川当十郎の竹森喜太八 市川清十郎の千崎弥五郎（三世）市川団三郎の矢間重太郎 坂東玉三郎のおかる（五世）市川団蔵の由良之助」（歌川国芳）
　▷図74「仮名手本忠臣蔵〔四段目〕坂東玉三郎のかほ世 四世坂東三津五郎の師直 沢村訥升の判官（三世）市川団三郎の若さの助」（歌川国芳）
◇浮世絵聚花 5（小学館 1980）
　▷図018「四世市川団蔵の鏡を持った総髪の男」（勝川春好（初代)）
　▷図94「四世市川団蔵の平知盛」（勝川春章）
　▷図112「四世市川団蔵の与一兵衛と定九郎の早替り」（勝川春章）
◇浮世絵聚花 12（小学館 1980）
　▷図032「四世市川団蔵」（勝川春章）
　▷図68「四世市川団蔵と三世瀬川菊之丞の楽屋」（勝川春章　天明2-3頃(1782-3頃)）
◇浮世絵聚花 15（小学館 1980）
　▷図59「四世市川団蔵」（歌川豊国（初代)）

市川団蔵〔5代〕　　いちかわだんぞう
　1788〜1845　江戸時代後期の歌舞伎役者。
◇秘蔵浮世絵大観 5（講談社 1989）
　▷図0100「谷村楯八の久松と市川柔之助のおそめ」（春梅斎北英　天保10頃）
　▷図095「市川柔之助の早ノ勘平」（春川あし広　天保10頃）
◇秘蔵浮世絵大観 3（講談社 1988）
　▷図118「夏祭浪花鑑 五代目市川団蔵のつり船の三婦と初代中村三光の徳兵衛女房たつ」（戯画堂芦ゆき　文政7(1824)）
　▷図0123「五代目市川団蔵の月本円秋」（寿好堂よし国　文政8)）
◇秘蔵浮世絵大観 4（講談社 1988）
　▷図118「なごり狂言 五代目市川団蔵の実盛・法界坊・茘売り」（歌川豊国（初代）享和元(1801)）
◇浮世絵八華 7（平凡社 1985）
　▷図77「仮(名)手本忠臣蔵〔四段目〕（五世）市川団蔵の由良之助」（歌川国芳）
　▷図80「仮(名)手本忠臣蔵〔七段目〕（五世）市川団蔵の由良之助」（歌川国芳）※
　▷図82「仮(名)手本忠臣蔵〔九段目〕（五世）市川団蔵の本蔵（十世）森田勘弥の小なミ 沢村訥升のとなせ」（歌川国芳）

市川団蔵〔6代〕　　いちかわだんぞう
　1800～1871　江戸時代末期, 明治時代の歌舞伎役者。
◇日本の浮世絵美術館 4（角川書店 1996）
　　▷図153「八世市川団十郎の児雷也と二世市川九蔵の富貴太郎」（歌川国貞（初代）　嘉永5年）
◇秘蔵浮世絵大観 3（講談社 1988）
　　▷図10「二代目市川九蔵の赤松主計と初代坂東玉三郎の小姓たそがれ」（歌川国貞（初代）　天保9.3(1838.3)）
◇秘蔵浮世絵大観 12（講談社 1988）
　　▷図0124「四代目中村歌右衛門の岩城三大夫広綱・二代目市川九蔵の雲井の前・十二代目市村羽左衛門の悪源太義平」（歌川国貞（初代）　天保9-14）

市川団蔵〔7代〕　　いちかわだんぞう
　1836～1911　江戸時代末期, 明治時代の歌舞伎役者。
◇日本大百科全書（小学館 1984）　▷市川団蔵〔7世〕

市川団之助　　いちかわだんのすけ
　江戸時代の歌舞伎役者。
◇華一浮世絵名品集（平木浮世絵財団 2004）
　　▷図33「市川団之助の尾上 七代目市川団十郎の岩ふじ 五代目岩井半四郎のおはつ」（歌川豊国　文化11(1814)）

市川団兵衛　　いちかわだんべえ
　江戸時代の歌舞伎役者。
◇秘蔵浮世絵大観 ブルヴェラー・コレクション（講談社 1990）
　　▷図0117「大凧の前の市川団兵衛」（歌川国安　文政4）

市川当十郎　　いちかわとうじゅうろう
　江戸時代の歌舞伎役者。
◇浮世絵八華 7（平凡社 1985）
　　▷図80「仮(名)手本忠臣蔵〔七段目〕沢村訥升の寺岡平右衛門 市川当十郎の竹森喜太八 市川清十郎の千崎弥五郎（三世）市川団三郎の矢間重太郎 坂東玉三郎のおかる（五世）市川団蔵の由良之助」（歌川国芳）

市川白猿　　いちかわはくえん
　江戸時代の歌舞伎役者。
◇秘蔵浮世絵大観 5（講談社 1989）
　　▷図14「俳優六玉顔 武蔵名所 調布の玉川 成田屋白猿」（歌川国貞（初代）　天保3-4頃(1832-33頃)）
◇秘蔵浮世絵大観 9（講談社 1989）
　　▷図0127「市川白猿の七役の内荒獅子男之助」（戯画堂芦ゆき　文政12.8）

　　▷図0137「五代目松本幸四郎のひげの伊久・三代目中村松江のけいせい揚まき・市川白猿の助六・三代目中村歌右衛門の白酒売」（柳斎重春　天保元.3）
◇浮世絵八華 6（平凡社 1985）
　　▷図48「市川白猿の悪七兵へ景清」（歌川豊国（初代））
◇日本版画美術全集 3（講談社 1961）
　　▷図372「市川白猿の道哲」（柳狂亭重直）

市川文吉　　いちかわぶんきち　1847～1927
　江戸時代末期, 明治時代の幕府開成所仏学稽古人 世話心得, 外務省官吏。
◇幕末―写真の時代（筑摩書房 1994）
　　▷p137 No.143「(無題)」（撮影者不詳　慶応2年(1866)～明治初期）
◇読者所蔵「古い写真」館（朝日新聞社 1986）
　　▷p43「遣露使節と留学生」

市川文蔵〔代数不詳〕　　いちかわぶんぞう
　江戸時代後期以来の甲西町菊佐沢の有力者。
◇山梨百科事典（山梨日日新聞社 1992）　▷市川文蔵

市河米庵　　いちかわべいあん　1779～1858
　江戸時代後期の書家。
◇講談社日本人名大辞典（講談社 2001）
◇国宝・重要文化財大全 2（毎日新聞社 1999）
　　▷図219「市河米庵像」（渡辺崋山　江戸時代　天保9(1838)自題）
◇原色日本の美術（改訂版）19（小学館 1994）
　　▷図105「市河米庵像画稿」（渡辺崋山　1837）
◇日本史大事典（平凡社 1992）
◇人間の美術 9（学習研究社 1990）
　　▷図182「市河米庵像」（渡辺崋山　天保9(1838)）
◇日本大百科全書（小学館 1984）
◇国史大辞典（吉川弘文館 1979）
◇日本美術絵画全集 24（集英社 1977）
　　▷図3「市河米庵像」（渡辺崋山　天保8(1837)）
　　▷図2「市河米庵像画稿」（渡辺崋山）
◇水墨美術大系 別巻1（講談社 1976）
　　▷図103「市河米庵像画稿」（渡辺崋山）
◇重要文化財 11（毎日新聞社 1975）
　　▷図158「市河米庵像」（渡辺崋山　江戸時代）
◇文人画粋編 19（中央公論社 1975）
　　▷図65「市河米庵像」（渡辺崋山　天保8(1837)）
　　▷図64「市河米庵像稿」（渡辺崋山　天保8(1837)）
◇日本絵画館 8（講談社 1970）
　　▷図42「市河米庵像画稿」（渡辺崋山　天保8(1837)）
◇原色日本の美術 18（小学館 1969）
　　▷図105「市河米庵像画稿」（渡辺崋山　1837）

いちか

◇世界大百科事典（平凡社 1964）
◇日本美術大系 5（講談社 1959）
　▷図100「市河米庵像画稿」（渡辺崋山）

市川弁蔵〔初代〕　いちかわべんぞう
江戸時代の歌舞伎役者。
◇秘蔵浮世絵大観 8（講談社 1989）
　▷図97「初代市川弁蔵の大和田要之助」（一筆斎文調　明和6.11(1769.11)）
◇浮世絵聚花 12（小学館 1980）
　▷図022「初代市川弁蔵の大和田要之助」（一筆斎文調　明和6.11(1769.11)）

市川門之助〔代数不詳〕　いちかわもんのすけ
江戸時代の歌舞伎役者。
◇秘蔵浮世絵大観 6（講談社 1989）
　▷図05「市川門之助の紅絵売り」（鳥居清信（初代））
◇秘蔵浮世絵大観 11（講談社 1988）
　▷図066「当世押絵羽子板 市川門之助当り狂言ノ内 阿古屋」（歌川国貞（初代）　文政6頃）
◇秘蔵浮世絵大観 10（講談社 1987）
　▷図67「市川門之助」（奥村利信　享保中期頃（1716-36頃））
　▷図65「市川門之助の木や長蔵」（奥村利信　享保8春頃(?)(1723.春頃(?))）
◇浮世絵聚花 1（小学館 1983）
　▷図117「市川門之助(か)の花売り」（近藤清春）
　▷図69「市川門之助, 二世中村竹三郎, および水木菊三郎の舞台姿」（鳥居清信（初代））
◇浮世絵聚花 14（小学館 1981）
　▷図02「市川団十郎と市川門之助ほか」（鳥居清倍）
◇在外日本の至宝 7（毎日新聞社 1980）
　▷図45「市川門之助の蒔絵売」（西村重長　享保12(1727)）
◇浮世絵聚花 8（小学館 1980）
　▷図24-29「松本幸四郎・中山富三郎・市川高麗蔵・市川門之助・坂田半五郎・瀬川菊之丞の助六」（勝川春英）
◇浮世絵聚花 12（小学館 1980）
　▷図03「市川門之助と嵐わかの」（鳥居清信（初代））
　▷図47「市川門之助の紅絵売り」（鳥居清信（初代））
◇浮世絵聚花 4（小学館 1979）
　▷図140「市川門之助の若衆と嵐和歌野の傘をさしかける女」（奥村利信）
　▷図31「三条勘太郎と市川門之助」（奥村利信）
　▷図137「出来島大助の貴女を背負う市川門之助の貴人」（奥村利信）
　▷図78「二世市川団十郎の呉服売りと市川門之助の久松」（鳥居清信（初代））
　▷図82「市川門之助と袖崎伊勢野」（鳥居清信（初代））
　▷図83「市川門之助と出来島大助」（鳥居清信（初代））
　▷図80「市川門之助の枕獅子」（鳥居清信（初代））
　▷図22「市川門之助と玉沢林弥」（鳥居清倍）
◇浮世絵聚花 10（小学館 1979）
　▷図021「市川門之助」（勝川春好（初代））
　▷図022「市川門之助」（勝川春好（初代））
　▷図039「市川門之助と嵐竜蔵」（葛飾北斎）
◇浮世絵聚花 11（小学館 1979）
　▷図239-241「市川門之助の曽我五郎・市川高麗蔵の工藤左衛門・市川八百蔵の曽我十郎」（一筆斎文調）
◇日本絵画館 8（講談社 1970）
　▷図70「市川門之助の信太小太郎」（鳥居清倍）
◇美人画・役者絵 3（講談社 1965）
　▷図37「富本豊前太夫門前の門之助と菊之丞」（鳥居清長）
◇日本版画美術全集 2（講談社 1961）
　▷図229「市川門之助」（奥村利信　享保中期頃（1716-36頃））
　▷図21「市川門之助のよし長と袖崎伊勢野の桜姫」（奥村利信）
　▷図13「市川門之助の曽我五郎」（鳥居清信（初代））
　▷図152「市川門之助と玉沢林弥」（鳥居清倍）
◇浮世絵全集 1（河出書房新社 1957）
　▷図43「玉沢林弥のしずか・市川門之助の若野長吉」（鳥居清倍）

市川門之助〔初代〕　いちかわもんのすけ
1691〜1729　江戸時代中期の歌舞伎役者。
◇秘蔵浮世絵大観 ベレス・コレクション（講談社 1991）
　▷図6「二代目三条勘太郎のお染と初代市川門之助の久松」（作者不詳　享保5(1720)）
◇秘蔵浮世絵大観 別巻（講談社 1990）
　▷〔チ〕14「初代市川門之助の深くさ少将と初代嵐和歌野の小野小町」（奥村利信　享保8-10か(1723-25か)）
◇秘蔵浮世絵大観 プルヴェラー・コレクション（講談社 1990）
　▷図09「初代市川門之助の扇売り」（奥村利信　享保）
◇秘蔵浮世絵大観 6（講談社 1989）
　▷図025「初代市川もん之助と二代目出来島大助の草刈り山路」（作者不詳　享保前・中期）
◇秘蔵浮世絵大観 8（講談社 1989）
　▷図04「初代嵐わかのと初代市川門之助」（鳥居清信（初代）　享保）
　▷図03「初代市川門之助・初代袖崎いせの・初代袖崎みわの」（鳥居清倍　享保）
◇秘蔵浮世絵大観 4（講談社 1988）
　▷図050「六代目市川団十郎のちどり・初代市川門之助のすけよのすけ・三代目瀬川菊之丞のとら」（勝川春英　寛政初）

◇浮世絵聚花 1（小学館 1983）
　▷図9「初世市川門之助」（鳥居清倍）
◇浮世絵聚花 9（小学館 1981）
　▷図117「初世市川門之助」（鳥居清倍）
◇浮世絵聚花 14（小学館 1981）
　▷図126「初代市川門之助の扇売り」（奥村利信　享保）
◇浮世絵聚花 8（小学館 1980）
　▷図15「初世市川門之助のよしながと二世市川団十郎のにらみの助」（奥村利信）
　▷図138「初世市川門之助」（鳥居清倍）
◇浮世絵聚花 4（小学館 1979）
　▷図141「初世市川門之助のかもの次郎」（伝奥村利信）
　▷図79「二世市川団十郎と初世市川門之助」（鳥居清倍）

市川門之助〔2代〕　いちかわもんのすけ
1743～1794　江戸時代中期の歌舞伎役者。
◇浮世絵ギャラリー 4（小学館 2006）
　▷図12「二代目市川門之助の伊達の与作」（東洲斎写楽　寛政6(1794)）
◇日本の浮世絵美術館 2（角川書店 1996）
　▷図146「二代目市川門之助」（勝川春好　寛政1）
◇日本の浮世絵美術館 5（角川書店 1996）
　▷図147「二代目市川門之助の暫」（勝川春章　天明4）
◇秘蔵日本美術大観 10（講談社 1993）
　▷図51「二代目市川門之助の樋の口に立つ若衆」（勝川春january　天明(1781-89)中期－寛政(1789-1801)初頭頃）
　▷図76「三代目市川高麗蔵と二代目市川門之助」（叢豊丸　寛政年間(1789-1801)中期）
　▷図75「二代目市川門之助と初代嵐竜蔵」（叢豊丸　寛政年間(1789-1801)中期）
　▷図57「二代目市川門之助の曽我五郎と三代目瀬川菊之丞の月小夜の草摺曳のやつし」（鳥居清長　天明2(1782)）
◇浮世絵聚花名品選（小学館 1993）
　▷図8「二代目市川門之助の伊達与作」（東洲斎写楽）
◇名品揃物浮世絵 6（ぎょうせい 1992）
　▷図7「役者舞台之姿絵 たきのや（二世市川門之助の曽我十郎）」（歌川豊国(初代)　寛政6-7(1794-95)）
◇新編 名宝日本の美術 29（小学館 1991）
　▷図45「役者舞台之姿絵 たきのや（二世市川門之助の曽我十郎）」（歌川豊国(初代)　寛政6-7(1794-95)）
　▷図21「二世市川門之助の伊達の与作」（東洲斎写楽　寛政6(1794)）
◇名品揃物浮世絵 5（ぎょうせい 1991）
　▷図49「二世市川門之助（お染）」（勝川春好（初代）　天明8－寛政2(1788-1790)）
　▷図47「二世市川門之助（曽我五郎）」（勝川春好（初代）　天明8－寛政2(1788-1790)）
　▷図48「二世市川門之助（勇姿）」（勝川春好（初代）　天明8－寛政2(1788-1790)）
　▷図34「二世市川門之助と四世岩井半四郎の楽屋」（勝川春章　天明2-3頃(1782-3頃)）
　▷図22「二世市川門之助の伊達の与作」（東洲斎写楽　寛政6(1794)）
◇秘蔵浮世絵大観 別巻（講談社 1990）
　▷〔チ〕043「二代目市川門之助」（勝川春英　寛政前期）
　▷〔チ〕045「二代目市川門之助」（勝川春英　寛政初期頃）
　▷〔チ〕028「初世中村仲蔵の関守関兵衛と三世瀬川菊之丞の小町姫と二世市川門之助の良岑宗貞」（勝川春貞　天明4）
　▷〔チ〕022「二代目市川門之助の河津三郎」（勝川春章　天明6）
　▷〔ケ〕04「二代目市川門之助」（水野廬朝　寛政頃）
◇秘蔵浮世絵大観 プルヴェラー・コレクション（講談社 1990）
　▷図36「初代尾上松助と二代目市川門之助」（勝川春好（初代）　安永8(?)(1779(?))）
　▷図34「二代目市川門之助と四世岩井半四郎の楽屋」（勝川春章　天明2-3頃(1782-3頃)）
◇秘蔵浮世絵大観 6（講談社 1989）
　▷図103「二代目市川門之介の小姓吉三郎と初代中村松江の八百屋お七」（一筆斎文調　明和8(1771)）
　▷図03「二代目市川門之助と四世松本幸四郎と四世岩井半四郎」（東洲斎写楽　寛政6-7）
　▷図183「二世市川門之助の伊達の与作」（東洲斎写楽　寛政6(1794)）
　▷図156「三代目沢村宗十郎の曽我十郎・三代目瀬川菊之丞の虎幽魂・二代目市川門之助の清玄亡魂（出語り図）」（鳥居清長　天明3(1783)）
◇秘蔵浮世絵大観 8（講談社 1989）
　▷図105「二世市川門之助の雁金文七、三世大谷広次の布袋市右衛門、五世市川団十郎の安の平兵衛」（勝川春好（初代）　安永5.5(1776.5)）
◇秘蔵浮世絵大観 9（講談社 1989）
　▷図111「二代目市川門之助（滝野屋 新車）」（勝川春英　寛政3-6(1791-94)）
　▷図103「二代目市川門之助（お染）」（勝川春好（初代）　天明8－寛政2(1788-1790)）
　▷図99「二代目市川門之助の才三郎と初代芳沢いろはのお駒」（勝川春好（初代）　安永5,安永7頃(1776,1779頃)）
　▷図104「二代目市川門之助（勇姿）」（勝川春好（初代）　天明8－寛政2(1788-1790)）
　▷図218「二代目市川門之助の曽我五郎と三代目沢村宗十郎の曽我十郎」（葛飾北斎　寛政初期(1789-1801)）
◇秘蔵浮世絵大観 4（講談社 1988）
　▷図87「二代目市川門之助と三代目坂田半五郎」（勝川春好（初代）　天明中期(1781-89)）
　▷図041「初代中村野塩と二代目市川門之助

歴史人物肖像索引　53

いちか

　（勝川春章　安永期）
◇秘蔵浮世絵大観 11（講談社 1988）
▷図012「三代目坂田半五郎と二代目市川門之助」（勝川春英　寛政前期頃）
▷図5「二代目市川門之助・三代目瀬川菊之丞・四代目松本幸四郎の相撲場」（勝川春章　天明末－寛政初期(1781-1801)）
▷図10「四代目岩井半四郎・初代尾上松助・二代目市川門之助」（勝川春章　安永9(1780)）
▷図24「初代坂東三津五郎・四代目松本幸四郎・二代目市川門之助」（勝川春常　安永9.11-10(天明元).10(1780.11-1781.10)）
◇秘蔵浮世絵大観 12（講談社 1988）
▷図63「二代目市川門之助の小姓久丸と山下八尾蔵のお染」（一筆斎文調　明和8.正(1771.正)）
▷図118「役者舞台之姿絵　たきのや（二世市川門之助の曽我十郎）」（歌川豊国（初代）　寛政6-7(1794-95)）
▷図048「三代目市川高麗蔵・五代目市川団十郎・二代目市川門之助」（勝川春好（初代）　天明6または8）
▷図71「二代目市川門之助の大塔宮護良親王」（勝川春章　安永元.11(1772.11)）
◇秘蔵浮世絵大観 2（講談社 1987）
▷図108「三代目坂田半五郎と二代目市川門之助」（勝川春英　天明9(寛政元)－寛政5(1789-93)）
▷図0102「四代目松本幸四郎と二代目市川門之助」（勝川春英　天明末－寛政初頃）
▷図083「二代目市川門之助と初代尾上松助」（勝川春章　安永9頃）
▷図94「二代目市川門之助の五位之介安貞・三代目瀬川菊之丞の傾城墨染・三代目大谷広次の奴和歌平」（勝川春章　天明4.11(1784.11)）
▷図090「三代目沢村宗十郎の源頼光・二代目市川門之助の卜部季武・三代目瀬川菊之丞の舞子妻菊実は蜘蛛の精」（勝川春章　天明元.11）
▷図091「三代目瀬川菊之丞の静御前・三代目市川八百蔵の義経姿の江田源蔵・二代目市川門之助の鈴木三郎」（勝川春章　天明4.正）
▷図95「二代目市川門之助と三代目沢村宗十郎」（勝川春常　天明元.11－同3.10(1781.11-83.10)）
▷図0162「二世市川門之助の伊達の与作」（東洲斎写楽　寛政6(1794)）
▷図0115「二代目市川門之助の曽我五郎時致と四代目岩井半四郎の化粧坂少将」（鳥居清長　安永8.正）
◇浮世絵八華 4（平凡社 1985）
▷図65「二世市川門之助」（東洲斎写楽）
▷図0136「二世市川門之助」（東洲斎写楽）
▷図19「二世市川門之助の伊達の与作」（東洲斎写楽　寛政6(1794)）
▷図022「二世市川門之助の伊達の与作」（東洲斎写楽　寛政6(1794)）

◇浮世絵聚花 2（小学館 1985）
▷図177「二世市川門之助とその妻」（鳥居清長）
▷図172「二世市川門之助と太夫と禿」（鳥居清長）
▷図63「二世市川門之助の曽我五郎時宗」（鳥居清長）
▷図162「二世市川門之助の源頼信」（鳥居清長）
▷図67「四世岩井半四郎のお俊、三世市川八百蔵の伝兵衛、二世市川門之助の白藤源太」（鳥居清長）
▷図68「三世沢村宗十郎の濡髪長五郎、二世市川門之助の放駒長吉、三世瀬川菊之丞の吾妻、三世市川八百蔵の山崎与五郎」（鳥居清長）
▷図3「中村仲蔵の大伴黒主、三世瀬川菊之丞の墨染、二世市川門之助の宗貞」（鳥居清長）
◇浮世絵聚花 9（小学館 1981）
▷図37「役者舞台之姿絵　たきのや（二世市川門之助の曽我十郎）」（歌川豊国（初代）　寛政6-7(1794-95)）
◇浮世絵聚花 13（小学館 1981）
▷図127「二世市川門之助（曽我五郎）」（勝川春好（初代）　天明8－寛政2(1788-1790)）
▷図6「二世市川門之助の伊達の与作」（東洲斎写楽　寛政6(1794)）
◇浮世絵聚花 14（小学館 1981）
▷図029「二世市川門之助の御香具所」（一筆斎文調）
◇在外日本の至宝 7（毎日新聞社 1980）
▷図78「雁金五人男　二代目市川門之助の雁金文七」（勝川春章　安永9(1780)）
◇浮世絵聚花 5（小学館 1980）
▷図75「市川弁蔵」（一筆斎文調）
▷図123「二世市川門之助と三世瀬川菊之丞」（勝川春好（初代））
▷図027「二世市川門之助の早野勘平」（北尾政演）
▷図160「二世市川門之助の曽我五郎と三世瀬川菊之丞の月小夜」（鳥居清長）
▷図028-030「四世岩井半四郎の大倉の小女郎狐、二世市川門之助の二階堂信濃之介、坂東三津五郎の万作狐」（鳥居清長）
▷図170「中村仲蔵の大伴黒主、三世瀬川菊之丞の墨染、二世市川門之助の宗貞」（鳥居清長）
◇浮世絵聚花 8（小学館 1980）
▷図025「市川弁蔵」（一筆斎文調）
▷図58「市川弁蔵の団三郎」（一筆斎文調）
▷図76「二世市川門之助」（勝川春好（初代））
▷図129「二世市川門之助の伊達の与作」（東洲斎写楽　寛政6(1794)）
◇浮世絵聚花 12（小学館 1980）
▷図124「市川弁蔵」（一筆斎文調）
▷図039-041「二世市川門之助の雁金文七、三世大谷広次の布袋市右衛門、五世市川団十郎の安の平兵衛」（勝川春好（初代）　安永5.5(1776.5)）
◇浮世絵聚花 15（小学館 1980）
▷図110「二世市川門之助（曽我五郎）」（勝川

いちか

春好（初代）　天明8－寛政2(1788-1790)）
▷図27「雁金五人男　二代目市川門之助の雁金文七」（勝川春章　安永9(1780)）
▷図170「二世市川門之助」（東洲斎写楽）
◇復元浮世絵大観 4（集英社 1980）
▷図16「四代岩井半四郎と二代市川門之助と三代坂田半五郎」（勝川春好(初代)）
◇日本美術全集 22（学習研究社 1979）
▷図55「二代目市川門之助の才三郎と初代芳沢いろはのお駒」（勝川春好(初代)　安永5、安永7頃(1776,1779頃)）
◇浮世絵聚花 7（小学館 1979）
▷図234「二世市川門之助」（勝川春英）
▷図239「二世市川門之助」（勝川春好(初代)）
◇浮世絵聚花 10（小学館 1979）
▷図84「二代目市川門之介の小姓吉三郎と初代中村松江の八百屋お七」（一筆斎文調　明和8(1771)）
▷図111「五世市川団十郎　二代市川門之助　二世瀬川菊之丞」（鳥居清長）
◇浮世絵聚花 11（小学館 1979）
▷図105「初世中村仲蔵の関守関兵衛と三世瀬川菊之丞の小町姫と二代市川門之助の良岑宗貞」（勝川春好(初代)　天明4）
▷図246-247「二代目市川門之助の曽我五郎時致と四代目岩井半四郎の化粧坂少将」（鳥居清長　安永8.正）
◇浮世絵大系 3（集英社 1974）
▷図48「四代岩井半四郎と二代市川門之助と三代坂田半五郎」（勝川春好(初代)）
▷図38「二代市川門之助と四代坂東又太郎」（勝川春章）
▷図60「二代市川門之助の卜部季武」（勝川春常）
◇浮世絵大系 8（集英社 1974）
▷図5「二代市川門之助」（葛飾北斎）
◇浮世絵大系 7（集英社 1973）
▷図53「二世市川門之助」（東洲斎写楽）
▷図24「二世市川門之助の伊達の与作」（東洲斎写楽　寛政6(1794)）
◇在外秘宝－欧米収蔵浮世絵集成 東洲斎写楽（学習研究社 1972）
▷図0125「二世市川門之助」（東洲斎写楽）
▷図XI「二世市川門之助と四世松本幸四郎と四世岩井半四郎」（東洲斎写楽　寛政6-7）
▷図25「二世市川門之助の伊達の与作」（東洲斎写楽　寛政6(1794)）
▷図92「二世市川門之助の伊達の与作」（東洲斎写楽　寛政6(1794)）
▷図024「二世市川門之助の伊達の与作」（東洲斎写楽　寛政6(1794)）
◇在外秘宝－欧米収蔵浮世絵集成 鳥居清長（学習研究社 1972）
▷図45「二世市川高麗蔵の久松と二世市川門之助のお染」（鳥居清長）
▷図44「五世市川団十郎　二世市川門之助　二世瀬川菊之丞」（鳥居清長）
▷図46「三代目沢村宗十郎の曽我十郎・三代目

瀬川菊之丞の虎幽魂・二代目市川門之助の清玄亡魂（出語り図）」（鳥居清長　天明3(1783)）
◇全集浮世絵版画 4（集英社 1972）
▷図48「二世市川門之助」（東洲斎写楽）
◇浮世絵名作選集 4（山田書院 1968）
▷図〔12〕「二世市川門之助の伊達の与作」（東洲斎写楽　寛政6(1794)）
◇美人画・役者絵 6（講談社 1966）
▷図102「二世市川門之助」（東洲斎写楽）
▷図23「二世市川門之助の伊達の与作」（東洲斎写楽　寛政6(1794)）
◇美人画・役者絵 3（講談社 1965）
▷図38「二世市川門之助と太夫と禿」（鳥居清長）
◇日本版画美術全集 3（講談社 1961）
▷図55-57「市川弁蔵の桜丸・二世市川八百蔵の梅王丸・三世松本幸四郎の松王丸」（一筆斎文調）
▷図50「中村仲蔵の教経の亡霊と市川弁蔵の経若丸」（一筆斎文調）
▷図238「二世市川門之助（お染）」（勝川春好(初代)　天明8－寛政2(1788-1790)）
▷図248「二世市川門之助の曽我五郎」（勝川春好(初代)）
▷図246「四世岩井半四郎のお初・三世瀬川菊之丞のおふさ・二世市川門之助の徳兵衛」（勝川春好(初代)）
▷図243「三世瀬川菊之丞の山姥と五世市川団十郎の山神と二世市川門之助の怪童丸」（勝川春好(初代)）
▷図28「初世中村仲蔵の関守関兵衛と三世瀬川菊之丞の小町姫と二世市川門之助の良岑宗貞」（勝川春好(初代)　天明4）
▷図213「東扇　二世市川門之助」（勝川春章）
▷図215「二世市川門之助と四代坂東又太郎」（勝川春章）
▷図230「二世市川門之助の五位之助忠家・中村仲蔵の渡辺綱」（勝川春章）
▷図287「二世市川門之助の五郎・中村仲蔵の祐経・山下万菊の少将」（勝川春常）
▷図285「三世瀬川菊之丞のお三輪・二世市川門之助の入鹿・中村仲蔵の柴六・市川鰕蔵の鱶七」（勝川春潮）
▷図171「二世市川高麗蔵の久松と二世市川門之助のお染」（鳥居清長）
▷図117「二世市川門之助と太夫と禿」（鳥居清長）
◇日本版画美術全集 4（講談社 1960）
▷図233「二世市川門之助」（東洲斎写楽）
◇浮世絵全集 5（河出書房新社 1957）
▷図31「雁金五人男　二代目市川門之助の雁金文七」（勝川春章　安永9(1780)）
▷図32「三世瀬川菊之丞の墨染と中村仲蔵の関兵衛と二世市川門之助の四位の少将宗貞」（勝川春章）
▷図46「二世市川門之助と尾上菊五郎と高島屋ひさ」（勝川春潮）

歴史人物肖像索引　55

いちか

市川門之助〔3代〕 いちかわもんのすけ
1794~1824 江戸時代後期の歌舞伎役者。
◇秘蔵浮世絵大観 5（講談社 1989）
▷図3「三代目市川門之助のみろく町の芸者おつま」（歌川国貞（初代） 文政5(1822)）

市川八百蔵〔代数不詳〕 いちかわやおぞう
江戸時代の歌舞伎役者。
◇浮世絵聚花 9（小学館 1981）
▷図028「市川八百蔵と岩井半四郎」（一筆斎文調）
▷図029「山下金作と市川八百蔵」（一筆斎文調）
▷図031-035「市川八百蔵 瀬川吉次 中村仲蔵 岩井半四郎 沢村宗十郎」（勝川春章）
◇浮世絵聚花 5（小学館 1980）
▷図93「水門の前に刀を構える市川八百蔵」（勝川春章）
◇浮世絵聚花 8（小学館 1980）
▷図030「市川八百蔵」（一筆斎文調）
▷図32「三名優図 沢村宗十郎・市川八百蔵・瀬川菊之丞」（勝川春英）
▷図039「市川八百蔵の五郎時宗」（喜多川歌麿（初代））
◇浮世絵聚花 12（小学館 1980）
▷図025「市川八百蔵」（勝川春章）
◇浮世絵聚花 10（小学館 1979）
▷図037「市川八百蔵」（葛飾北斎）
◇浮世絵聚花 11（小学館 1979）
▷図239-241「市川門之助の曽我五郎・市川高麗蔵の工藤左衛門・市川八百蔵の曽我十郎」（一筆斎文調）
▷図237-238「市川八百蔵の孔雀三郎・中村松江の白びゃう子桜木」（一筆斎文調）
▷図277「市川八百蔵と沢村宗十郎」（喜多川歌麿）
▷図278「市川八百蔵の八郎兵衛と瀬川菊之丞のおつま」（喜多川歌麿（初代））
◇浮世絵大系 9（集英社 1975）
▷図42「市川男女蔵の長尾三郎かけかつと市川八百蔵の横načí」（歌川国貞）
◇日本の美術 22（平凡社 1964）
▷図22「市川八百蔵と岩井半四郎」（勝川春英 天明頃）
◇日本版画美術全集 2（講談社 1961）
▷図171「市川八百蔵と中村助五郎」（鳥居清満（初代））
◇日本版画美術全集 4（講談社 1960）
▷図256「市川八百蔵の烏帽子男」（歌川豊国（初代））

市川八百蔵〔初代〕 いちかわやおぞう
1730~1759 江戸時代中期の歌舞伎役者。
◇秘蔵浮世絵大観 6（講談社 1989）
▷図39「初代佐野川市松と初代市川八百蔵」（石川豊信 寛延2-宝暦初期(1749-64)）
◇秘蔵浮世絵大観 4（講談社 1988）

▷図40「初代中村助五郎の俣野の五郎と初代市川八百蔵のさなだの与市と二代目坂田半五郎の山木判官」（鳥居清信(2代) 宝暦2(1752)）
◇浮世絵聚花 8（小学館 1980）
▷図028「初世市川八百蔵」（一筆斎文調）

市川八百蔵〔2代〕 いちかわやおぞう
1735~1777 江戸時代中期の歌舞伎役者。
◇日本の浮世絵美術館 4（角川書店 1996）
▷図142「二代目市川八百蔵の曽我十郎と二世市川高麗蔵の曽我五郎」（一筆斎文調 明和7）
◇秘蔵浮世絵大観 別巻（講談社 1990）
▷〔チ〕37「二代目市川八百蔵の左近狐」（一筆斎文調 明和7(1770)）
▷〔チ〕030「二代目市川八百蔵の一寸徳兵衛」（勝川春好（初代） 安永6）
▷〔チ〕54「二代目市川八百蔵の死絵」（勝川春童 安永6(1777)）
◇秘蔵浮世絵大観 プルヴェラー・コレクション（講談社 1990）
▷図6「二代目市川八百蔵の朝比奈」（鳥居清満（初代） 明和8(1771)）
◇秘蔵浮世絵大観 6（講談社 1989）
▷図104「二代目市川八百蔵の奴軍助」（一筆斎文調 明和7(1770)）
▷図122「二代目市川八百蔵の半七と二代目瀬川菊之丞の三勝」（勝川春章 明和5(1768)）
▷図118「二代目市川八百蔵の奴」（勝川春章 明和後期(1764-72)）
◇秘蔵浮世絵大観 9（講談社 1989）
▷図019「二代目中村助五郎のやっこかち蔵と二代目市川八百蔵のやっこてる平」（北尾重政 明和3）
◇秘蔵浮世絵大観 4（講談社 1988）
▷図040「二代目市川八百蔵と坂田半五郎」（勝川春章 安永期）
◇秘蔵浮世絵大観 11（講談社 1988）
▷図07「二代目市川八百蔵と初代尾上松助」（勝川春好（初代） 安永3春）
▷図02「二代目市川八百蔵の暫」（勝川春章 安永2.11）
◇秘蔵浮世絵大観 2（講談社 1987）
▷図90「二代目市川八百蔵の助六と四代目岩井半四郎の揚巻」（勝川春章 安永5.3(1776.3)）
◇浮世絵聚花 9（小学館 1981）
▷図130「初世山下八百蔵の小野小町と二世市川八百蔵の良岑ノ宗貞」（一筆斎文調）
◇浮世絵聚花 13（小学館 1981）
▷図147「二世市川八百蔵の早野勘平」（鳥居清満（初代））
◇浮世絵聚花 5（小学館 1980）
▷図96-98「二世市川八百蔵の桜丸,二世中島三甫右衛門の藤原時平と三世市川海老蔵の松王丸,九世市村羽左衛門の梅王丸」（勝川

春章）
　　▷図06「二世市川八百蔵の暫」（勝川春章）
◇浮世絵聚花 8（小学館 1980）
　　▷図157「四世岩井半四郎と二世市川八百蔵」
　　　（一筆斎文調）
　　▷図160「二世瀬川菊之丞の玉菊と二世市川八
　　　百蔵の時頼」（一筆斎文調）
　　▷図67-68「二世市川八百蔵と二世中嶋三浦右
　　　衛門」（勝川春章）
◇浮世絵聚花 12（小学館 1980）
　　▷図62「二代目市川八百蔵の奴軍助」（一筆斎
　　　文調　明和7(1770)）
◇浮世絵聚花 15（小学館 1980）
　　▷図021「二世瀬川菊之丞と二代市川八百蔵」
　　　（一筆斎文調）
◇浮世絵聚花 4（小学館 1979）
　　▷図028「二世市川八百蔵の男伊達」（鳥居清
　　　満（初代））
◇浮世絵聚花 10（小学館 1979）
　　▷図86「二世市川八百蔵と中村松江」（一筆斎
　　　文調）
　　▷図93「二世市川八百蔵」（勝川春章）
◇浮世絵聚花 11（小学館 1979）
　　▷図102「二世市川八百蔵の小山田百姓与茂
　　　作」（勝川春章）
◇浮世絵大系 3（集英社 1974）
　　▷図65「二代瀬川菊之丞と二代市川八百蔵」
　　　（一筆斎文調）
　　▷図30-32「二世市川八百蔵の桜丸、二世中島
　　　三甫右衛門の藤原時平と三世市川海老蔵の
　　　松王丸、九世市村羽左衛門の梅王丸」（勝川
　　　春章）
　　▷図26「三代瀬川菊之丞の愛護若と二代市川
　　　八百蔵の八王丸荒虎」（勝川春章）
◇日本版画美術全集 3（講談社 1961）
　　▷図55-57「市川弁蔵の桜丸・二世市川八百蔵
　　　の梅王丸・三世松本幸四郎の松王丸」（一筆
　　　斎文調）
　　▷図62「二世市川八百蔵の播磨之助」（一筆斎
　　　文調）
　　▷図76「二世市川八百蔵の宗貞」（一筆斎文
　　　調）
　　▷図70「二代目市川八百蔵の奴軍助」（一筆斎
　　　文調　明和7(1770)）
◇浮世絵全集 5（河出書房新社 1957）
　　▷図30「二世市川八百蔵の桜丸と坂東又太郎
　　　の梅王丸と中島三甫右衛門の藤原時平と四
　　　世松本幸四郎の松王丸」（勝川春章）

市川雷蔵〔初代〕　いちかわらいぞう
　　1724～1767　江戸時代中期の歌舞伎役者。
◇浮世絵聚花 7（小学館 1979）
　　▷図70「二世吾妻藤蔵の楊貴妃と市川升蔵の
　　　玄宗皇帝」（鳥居清広）
◇日本版画美術全集 2（講談社 1961）
　　▷図170「市川雷蔵」（鳥居清満（初代））
◇日本版画美術全集 3（講談社 1961）
　　▷図227「市川高麗蔵の下部駒平・松本幸四郎

　　　の菊池兵庫・市川雷蔵の信田五郎・中村仲
　　　蔵の菊池下部八右衛門」（勝川春章）

市川渡　いちかわわたる　1824～？
　　江戸時代末期の官吏、辞書編纂者。
◇幕末一写真の時代（筑摩書房 1994）
　　▷p63 No.66「（無題）」（ナダール）
◇写真集 甦る幕末（朝日新聞社 1987）
　　▷p237 No.349「（無題）」

一条昭良　いちじょうあきよし　1605～1672
　　江戸時代前期の公家。摂政・関白・左大臣。
◇京都大事典（淡交社 1984）

一条内経　いちじょううちつね　1291～1325
　　鎌倉時代後期の公卿。関白・内大臣。
◇国史大辞典（吉川弘文館 1979）

一条実経　いちじょうさねつね　1223～1284
　　鎌倉時代後期の公卿。摂政・関白・左大臣。
◇角川日本姓氏歴史人物大辞典 26（角川書店
　　1997）
◇国史大辞典（吉川弘文館 1979）

一条教房　いちじょうのりふさ　1423～1480
　　室町時代、戦国時代の公卿。左大臣・関白。
◇高知県百科事典（高知新聞社 1976）

伊地知貞馨　いぢちさだか　1826～1887
　　江戸時代末期、明治時代の志士。
◇沖縄大百科事典（沖縄タイムス社 1983）

伊地知正治　いぢちまさはる　1828～1886
　　江戸時代末期、明治時代の志士。
◇鹿児島大百科事典（南日本新聞社 1981）

一庭啓二　いちばけいじ　1844～1911
　　江戸時代後期、末期、明治時代の実業家。
◇滋賀県百科事典（大和書房 1984）
◇浮世絵聚花 4（小学館 1979）
　　▷図111「市川羽左衛門, 市村亀蔵, 中村喜代三
　　　郎」（鳥居清信（初代））

市村羽左衛門〔代数不詳〕　いちむらうざえ
　　もん
　　江戸時代前期の歌舞伎の座主、役名。
◇浮世絵聚花 1（小学館 1983）
　　▷図76「市村宇左衛門の舞台姿」（鳥居清信（2
　　　代））
　　▷図78「市村宇左衛門の清玄と滝中歌川の桜
　　　姫」（鳥居清信（2代））
　　▷図82「市村宇左衛門の和藤内」（鳥居清信（2
　　　代））

いちむ

◇浮世絵聚花 10（小学館 1979）
　▷図015「市村羽左衛門」（勝川春章）
◇浮世絵聚花 11（小学館 1979）
　▷図243「市村羽左衛門の不破伴左衛門と瀬川菊之丞のかつらぎ」（勝川春章）
◇日本版画美術全集 2（講談社 1961）
　▷図168「市村羽左衛門と瀬川菊之丞」（鳥居清満（初代））

市村羽左衛門〔3代〕　　いちむらうざえもん
？～1686　江戸時代前期の歌舞伎座本。
◇浮世絵聚花 1（小学館 1983）
　▷図105「三世市村羽左衛門の白酒売り新兵衛」（鳥居清倍（2代））

市村羽左衛門〔8代〕　　いちむらうざえもん
1698～1762　江戸時代中期の歌舞伎役者, 歌舞伎座本。
◇ボストン美術館 日本美術調査図録（講談社 2003）
　▷図III-167「初代尾上菊五郎の葛の葉と八代目市村宇左衛門の保名」（作者不詳　寛保2(1742)頃）
◇ボストン美術館 肉筆浮世絵 2（講談社 2000）
　▷図92「初代尾上菊五郎の葛の葉と八代目市村宇左衛門の保名」（作者不詳　寛保2(1742)頃）
◇秘蔵日本美術大観 11（講談社 1994）
　▷図10「四代目市村竹之丞と姉川千代三郎」（鳥居清倍（2代）　元文2(1737)頃）
◇秘蔵日本美術大観 10（講談社 1993）
　▷図23「二代目三条勘太郎の八百屋お七と四代目市村竹之丞の吉三郎」（鳥居清倍　享保3(1718)）
◇秘蔵浮世絵大観 8（講談社 1989）
　▷図67「八代目市村宇左衛門の小松の三位重盛」（鳥居清信（2代）　元文2.11(1737.11)）
　▷図72「四代目市村竹之丞と初代瀬川菊之丞の「英獅子乱曲」」（鳥居清倍（2代）　寛保2(1742)）
　▷図06「四代目市むら竹之丞の半兵衛と二代目三条勘太郎のおちよ」（奥村利信　享保）
　▷図05「四代目市村竹之丞と二代目三条勘太郎」（鳥居清忠（初代）　享保）
◇秘蔵浮世絵大観 9（講談社 1989）
　▷図2「八代目市村宇左衛門と初代尾上菊五郎」（鳥居清信（2代）　延享2(1745)）
◇秘蔵浮世絵大観 12（講談社 1988）
　▷図36「四代目市村竹之丞の曽我五郎と初代萩野伊三郎の化粧坂少将」（奥村利信　享保14(1729)）
◇浮世絵聚花 1（小学館 1983）
　▷図106「八代目市村宇左衛門の丹前風」（鳥居清倍（2代））
◇浮世絵聚花 13（小学館 1981）
　▷図141「四世市村竹之丞の鬼王と坂田半五郎の又野五郎」（奥村利信）
　▷図140「四世市村竹之丞の曽我五郎と鶴屋南北の朝比奈」（勝川輝重）
◇浮世絵聚花 14（小学館 1981）
　▷図129「二世藤村半太夫のお七と四世市村竹之丞の吉三」（奥村利信）
　▷図44「四世市村竹之丞と二世三条勘太郎の髪梳き」（鳥居清倍）
◇浮世絵聚花 7（小学館 1979）
　▷図62「二世市村羽左衛門と初世瀬川菊之丞」（鳥居清信（2代））
　▷図59「八世市村羽左衛門の荒事」（鳥居清倍（2代））
　▷図64「四世市村竹之丞」（鳥居清朝）

市村羽左衛門〔9代〕　　いちむらうざえもん
1725～1785　江戸時代中期の歌舞伎役者, 歌舞伎座本。
◇日本の浮世絵美術館 4（角川書店 1996）
　▷図144「九世市村羽左衛門の村雨と初世尾上菊五郎の松風」（一筆斎文調　明和7）
　▷図145「九世市村羽左衛門の義家と初世中村松江の錦木」（一筆斎文調　明和5）
◇秘蔵日本美術大観 10（講談社 1993）
　▷図44「九代目市村羽左衛門の信太左衛門」（勝川春章　明和7(1770)）
◇秘蔵浮世絵大観 別巻（講談社 1990）
　▷〔チ〕018「九世市村羽左衛門の主馬判官盛久・二世佐野川市松の中将・今様道成寺」（一筆斎文調　明和6）
　▷〔チ〕02「初代市村亀蔵の東山頼兼」（鳥居清満（初代）　宝暦9）
　▷〔チ〕8「江戸紫根元曽我 初代市村亀蔵のわたし守京の次郎と二代目瀬川菊之丞の狂女みだれがみのおせん」（鳥居清満（初代）　宝暦11(1761)）
　▷〔チ〕18「九十三騎醋曽我 初代市村亀蔵のそがの五ろうときむね」（山本藤信　宝暦8(1758)）
◇秘蔵浮世絵大観 ブルヴェラー・コレクション（講談社 1990）
　▷図31「初代中村富十郎の餅売りと九代目市村羽左衛門の酒売り」（勝川春章　安永6(1777)）
　▷図5「市山伝五郎と市村満蔵」（鳥居清信（2代）　寛保頃(1741-44頃)）
◇秘蔵浮世絵大観 6（講談社 1989）
　▷図23「嵐冨之助のくもいのまへと初代市村亀蔵のらいごうあじやり」（鳥居清信（2代）　延享3(1746)）
◇秘蔵浮世絵大観 8（講談社 1989）
　▷図101「九代目市村羽左衛門の相馬の将のりと三代目大谷広次の浮嶋大八」（勝川春章　明和7.7(1770.7)）
　▷図68「二代中村助五郎の松王丸と初代さの川市松の桜まると初代市村亀蔵の梅おう丸」（鳥居清信（2代）　延享4.5(1747.5)）
◇秘蔵浮世絵大観 9（講談社 1989）
　▷図123「九代目市村羽左衛門の弥平兵衛宗

いちむ

清」（勝川春常　天明2(1782)）
◇秘蔵浮世絵大観 11（講談社 1988）
　▷図4「初代尾上菊五郎の工藤・九代目市村羽左衛門の五郎・二代目嵐三五郎の十郎」（勝川春章　明和8(1771)）
◇秘蔵浮世絵大観 12（講談社 1988）
　▷図61「九世市村羽左衛門の村雨・尾上菊五郎の松風」（一筆斎文調　明和7.正(1770.正)）
　▷図28「九世目市村羽左衛門の曽我十郎祐成」（鳥居清満(初代)　明和(1764-72)）
　▷図25「初代市村亀蔵の椀久」（鳥居清満(初代)　宝暦10.正?(1760.正?)）
◇秘蔵浮世絵大観 2（講談社 1987）
　▷図55「九代目市村羽左衛門の虚無僧」（一筆斎文調　明和末期(1764-72)）
　▷図99「九代目市村羽左衛門」（勝川春童　安永－天明初期(1772-89)）
　▷図136「九代目市村羽左衛門の奴実は諏訪明神・初代中村仲蔵の丹前実は山本勘助・初代尾上松助の白狐の神(出語り図)」（鳥居清長　天明3.11(1783)）
◇浮世絵聚花 1（小学館 1983）
　▷図110「団扇売り―市村満蔵と玉沢才次郎の舞台姿」（鳥居清倍(2代)）
◇浮世絵聚花 13（小学館 1981）
　▷図66「九世市村羽左衛門の弁慶」（勝川春好(初代)）
　▷図145「市村満蔵のくわいらい師」（西村重信）
◇浮世絵聚花 5（小学館 1980）
　▷図14-15「九世市村羽左衛門の主馬判官盛久・二世佐野川市松の中将・今様道成寺」（一筆斎文調　明和6）
　▷図96-98「二世市川八百蔵の桜丸、二世中島三甫右衛門の藤原時平と三世市川海老蔵の松王丸、九世市村羽左衛門の梅王丸」（勝川春章）
　▷図104「九世市村羽左衛門の助六」（勝川春章）
　▷図25「中村富十郎の饅頭売日向屋実は日向姥ヶ岳の雌狐と、九世市村羽左衛門の酒売伊勢屋実は源九郎狐」（勝川春章）
◇浮世絵聚花 8（小学館 1980）
　▷図22「五世市川団十郎の渡辺綱と九世市村羽左衛門の鬼女」（勝川春章）
　▷図43「初代市村亀蔵の曽我十郎」（鳥居清信(初代)）
◇浮世絵聚花 12（小学館 1980）
　▷図161「九代目市村羽左衛門の相馬の将のりと三代目大谷広次の浮嶋大八」（勝川春章　明和7.7(1770.7)）
◇浮世絵聚花 7（小学館 1979）
　▷図102「九代目市村羽左衛門の奴実は諏訪明神・初代中村仲蔵の丹前実は山本勘助・初代尾上松助の白狐の神(出語り図)」（鳥居清長　天明3.11(1783)）
　▷図58「市村満蔵」（鳥居清倍(2代)）
　▷図146「市村満蔵のあさいなの三郎」（鳥居

清倍(2代)）
◇浮世絵聚花 10（小学館 1979）
　▷図88「九世市村羽左衛門」（勝川春章）
◇浮世絵聚花 11（小学館 1979）
　▷図192-194「九世市村羽左衛門の曽我十郎と三世瀬川菊之丞の天津乙女と五世市川団十郎の善知鳥、じつは京の次郎」（勝川春章）
◇浮世絵大系 3（集英社 1974）
　▷図30-32「二世市川八百蔵の桜丸、二世中島三甫右衛門の藤原時平と三世市川海老蔵の松王丸、九世市村羽左衛門の梅王丸」（勝川春章）
◇原色日本の美術 17（小学館 1968）
　▷図21「九世市村羽左衛門の鳥さし朝比奈」
◇日本版画美術全集 3（講談社 1961）
　▷図72「九世市村羽左衛門の芦葉達磨と尾上民蔵の娘」（一筆斎文調）
　▷図64「九世市村羽左衛門の曽我の十郎・二世左門市松の曽我の五郎」（一筆斎文調）
　▷図59「九世市村羽左衛門の鳥さし朝比奈」（一筆斎文調）
　▷扉「九世市村羽左衛門の梅王」（勝川春章）
　▷図228「三世大谷広次の小栗十郎・九世市村羽左衛門の曽我五郎」（勝川春章）
◇浮世絵全集 5（河出書房新社 1957）
　▷図24「九世市村羽左衛門の村雨・尾上菊五郎の松風」（一筆斎文調　明和7.正(1770.正)）

市村羽左衛門〔12代〕　いちむらうざえもん
1812～1851　江戸時代末期の歌舞伎役者，歌舞伎座本。
◇秘蔵浮世絵大観 5（講談社 1989）
　▷図023「十二代目市村羽左衛門の朝顔売り」（歌川国貞(初代)　嘉永5）
　▷図17「十二代目市村羽左衛門の桜丸と四代目坂東三津五郎の白太夫」（歌川国貞(初代)　嘉永3(1850)）
◇秘蔵浮世絵大観 12（講談社 1988）
　▷図0124「四代目中村歌右衛門の岩城三大夫広ума・二代目市川九蔵の雲井の前・十二代目市村羽左衛門の悪源太義平」（歌川国貞(初代)　天保9-14）
◇浮世絵八華 7（平凡社 1985）
　▷図84「仮名手本忠臣蔵〔十一段目〕（十二世)市村羽左衛門の数右衛門（五世)市村海老蔵の由良之助（三世)尾上菊五郎の師直（三世)尾上松助の与茂七」（歌川国芳）

市村亀蔵　いちむらかめぞう
江戸時代の歌舞伎役者。
◇秘蔵浮世絵大観 6（講談社 1989）
　▷図032「市村亀蔵の人形を遣う美人」（石川豊信　延享-寛延頃）
◇秘蔵浮世絵大観 12（講談社 1988）
　▷図010「嵐富之介のくも井のまへと市村亀蔵のらいごうあじやり」（鳥居清信(2代)　延

享3)」
◇浮世絵聚花 1 (小学館 1983)
　▷図125「中村粂太郎の松浦さよ姫と市村亀蔵の粂仙人」(奥村政信)
　▷図162「中村粂太郎の松浦さよ姫と市村亀蔵の粂仙人」(鳥居清広)
◇在外日本の至宝 7 (毎日新聞社 1980)
　▷図27「市村亀蔵の松若丸と坂東彦三郎の荒木左衛門」(鳥居清信(2代) 延享3(1746))
◇浮世絵聚花 8 (小学館 1980)
　▷図09「市村亀蔵と嵐和哥野」(鳥居清倍)
◇浮世絵聚花 15 (小学館 1980)
　▷図017「中村喜代三郎のおきく 市村亀蔵の幸助」(石川豊信)
◇浮世絵聚花 4 (小学館 1979)
　▷図38「市村亀蔵の椀久と中村喜代三郎の松山」(石川豊信)
　▷図153「市村亀蔵のたち花や彦宗」(鈴木春信)
　▷図111「市川羽左衛門, 市村亀蔵, 中村喜代三郎」(鳥居清信(初代))
　▷図029「市村亀蔵の三番叟」(鳥居清広)
◇浮世絵聚花 7 (小学館 1979)
　▷図211「市村亀蔵」(鳥居清広)
◇日本版画美術全集 2 (講談社 1961)
　▷図240「中村喜代三郎のおきく 市村亀蔵の幸助」(石川豊信)

市村善蔵　いちむらぜんぞう
江戸時代の歌舞伎役者。
◇秘蔵浮世絵大観 10 (講談社 1987)
　▷図56「二代坂東彦三郎のさなだの与市・二代瀬川吉次の二のみや・市村善蔵の友わか丸」(鳥居清広 宝暦5(1755))

市村竹之丞　いちむらたけのじょう
江戸時代の歌舞伎役者。
◇日本の浮世絵美術館 2 (角川書店 1996)
　▷図5「市村竹之丞と市川団蔵」(鳥居清信 享保初期)
◇浮世絵聚花 1 (小学館 1983)
　▷図128「市村竹之丞の鬼王」(勝川輝重)
　▷図62「中村勘三郎座と市村竹之丞座の総踊り」(治兵衛風)
　▷図27「市村竹之丞と二世三条勘太郎の舞台姿」(鳥居清忠(初代))
　▷図15「小川善五郎, 市村竹之丞, 中嶋三甫右衛門, および大谷広次の舞台姿」(鳥居清信(初代))
　▷図16「二世三条勘太郎の八百屋お七と市村竹之丞の吉三郎」(鳥居清信(初代))
　▷図96「二世市川団十郎の曽我五郎と市村竹之丞の朝比奈」(鳥居清倍(2代))
　▷図88「荻野伊三郎と市村竹之丞の舞台姿」(鳥居清倍(2代))
　▷図95「瀬川菊次郎の揚巻と市村竹之丞の助六」(伝 鳥居清倍(2代))
　▷図113「二世三条勘太郎のお七と市村竹之丞の吉三郎」(羽川珍重)
◇浮世絵の美百選 (日本経済新聞社 1981)
　▷図5「市村竹之丞と市川団蔵」(鳥居清信(初代))
◇浮世絵聚花 15 (小学館 1980)
　▷図84「市村竹之丞 丹前大あた里」(西村重長)
◇浮世絵聚花 4 (小学館 1979)
　▷図103-104「市村竹之丞のかなや金五郎, 沢村宗十郎のふるこほり新ざへもん」(鳥居清倍)
　▷図24「市村竹之丞と荻野伊三郎の黒木売り」(羽川和元)
◇日本版画美術全集 2 (講談社 1961)
　▷図235「市村竹之丞の車争い松王」(石川豊信)
　▷図228「市村竹之丞の山崎与次兵衛と松嶋兵太郎の藤屋あづま」(常川重信)
　▷図154「三条勘太郎と市村竹之丞」(鳥居清倍)
　▷図233「市村竹之丞 丹前大あた里」(西村重長)
　▷図231「市村竹之丞と富沢門太郎と小さん金五郎」(西村重長)
◇浮世絵全集 1 (河出書房新社 1957)
　▷図41「市村竹之丞の相模守時頼・市村玉柏の正木前・若林四郎五郎の北条安時」(鳥居清倍)

市村玉柏　いちむらたまがしわ
江戸時代中期の歌舞伎役者。
◇浮世絵聚花 1 (小学館 1983)
　▷図14「二世三条勘太郎, 市村玉柏, 大谷広次, および中嶋三甫右衛門の舞台姿」(鳥居清信(初代))
　▷図18「市村玉柏の柾の前」(伝 鳥居清倍)
◇日本版画美術全集 2 (講談社 1961)
　▷図153「市村玉柏の柾の前」(伝 鳥居清倍)
◇浮世絵全集 1 (河出書房新社 1957)
　▷図41「市村竹之丞の相模守時頼・市村玉柏の正木前・若林四郎五郎の北条安時」(鳥居清倍)

市山伝五郎　いちやまでんごろう
江戸時代中期の歌舞伎役者。
◇秘蔵浮世絵大観 ブルヴェラー・コレクション (講談社 1990)
　▷図5「市山伝五郎と市村満蔵」(鳥居清信(2代) 寛保頃(1741-44頃))

一来　いちらい
平安時代後期の僧。
◇浮世絵聚花 1 (小学館 1983)
　▷図7「宇治橋上の筒井浄妙と一来法師」(鳥居清倍)

一休宗純 いっきゅうそうじゅん 1394〜1481
室町時代の臨済宗の僧。
◇日本絵画名作101選（小学館 2005）
　▷図50「一休宗純像」（作者不詳　室町時代前期－後期（15世紀））
◇講談社日本人名大辞典（講談社 2001）
◇日本芸術の創跡 2001年度版（世界文芸社 2001）
　▷p76「面構　一休さま」（片岡球子）
◇国宝・重要文化財大全 4（毎日新聞社 1999）
　▷図701「一休和尚(坐)像」（作者不詳　室町時代　酬恩庵（京都府京田辺市）蔵）
　▷図700「一休和尚(坐)像」（作者不詳　室町時代　真珠庵（京都府京都市北区）蔵）
◇日本の美術百選（朝日新聞社 1999）
　▷図24「一休和尚像」（作者不詳　室町時代（16世紀））
◇ボストン美術館 日本美術調査図録（講談社 1997）
　▷図I-231「一休宗純像」（作者不詳　江戸時代（18世紀））
◇国宝・重要文化財大全 1（毎日新聞社 1997）
　▷図136「一休宗純像」（曽我紹仙　室町時代）
　▷図135「一休宗純像」（墨斎　室町時代）
　▷図134「一休宗純像」（作者不詳　室町時代）
　▷図136「一休宗純像」（作者不詳　室町時代　応仁2(1468)自賛）
　▷図136「一休宗純像」（作者不詳　室町時代　成化21(1485)張応麒賛）
　▷図137「一休宗純像」（作者不詳　室町時代　寛正3(1462)自賛）
◇肉筆浮世絵大観 5（講談社 1996）
　▷図18(板橋区立美術館)「一休和尚酔臥図」（英一蝶　宝永6(1709)－享保2(1717)）
◇京都大事典 府域編（淡交社 1994）
◇原色日本の美術（改訂版）21（小学館 1994）
　▷図31「一休和尚(坐)像」（作者不詳　酬恩庵（京都府京田辺市）蔵）
　▷図58「一休宗純像」（作者不詳　15世紀後半）
◇日本史大事典（平凡社 1992）　▷一休
◇日本美術全集 22（講談社 1992）
　▷図88「堅田の一休」（平福百穂　昭和4(1929)）
◇昭和の日本画100選（朝日新聞社 1991）
　▷図19「堅田の一休」（平福百穂　昭和4(1929)）
◇日本の仏像大百科 5（ぎょうせい 1991）
　▷図142「一休和尚(坐)像」（作者不詳　室町時代　真珠庵（京都府京都市北区）蔵）
◇昭和の美術 1（毎日新聞社 1990）
　▷p26「堅田の一休」（平福百穂　昭和4(1929)）
◇秘蔵浮世絵大観 3（講談社 1988）
　▷図0132「新撰東錦絵　一休地獄太夫之話」（月岡芳年　明治19(1886)）

◇仏像集成 3（学生社 1986）
　▷図366「一休和尚(坐)像」（作者不詳　酬恩庵（京都府京田辺市）蔵）
　▷図207「一休和尚(坐)像」（作者不詳　真珠庵（京都府京都市北区）蔵）
◇現代の水墨画 3（講談社 1984）
　▷図42「堅田の一休」（平福百穂　昭和4(1929)）
◇全集日本の古寺 9（集英社 1984）
　▷図11「一休和尚(坐)像」（作者不詳　室町時代　酬恩庵（京都府京田辺市）蔵）
◇日本大百科全書（小学館 1984）
◇日本美術絵画全集 3（集英社 1980）
　▷図77「自画賛一休像(狩野探幽模)」（一休）
　▷図54「一休和尚像」（曽我紹仙）
　▷図53「一休和尚円相像(自賛)」（曽我宗丈）
　▷図5「一休和尚像(自賛)」（伝 曽我宗丈）
　▷図26「一休和尚像(自賛)」（伝 曽我宗丈）
　▷図37「一休和尚像(自賛)」（伝 曽我宗丈　文明9(1477)）
　▷図24「一休和尚像(自賛)」（曽我墨渓　享徳2(1453)）
　▷図36「一休和尚像(自賛)」（曽我墨渓　文安4(1447)）
　▷図23「一休和尚壮容像(自賛)」（曽我墨渓　享徳1(1452)）
　▷図38「一休和尚円相像(自賛)」（伝 曽我墨渓　康正3(1457)）
　▷図25「一休和尚像(自賛)」（伝 曽我墨渓　享徳2(1453)）
　▷図1「一休和尚像紙形(墨斎筆一休自賛語)」（伝 曽我墨渓　享徳2(1453)）
　▷図27「虚堂様梅花一休和尚像(自賛)」（作者不詳　応仁2(1468)）
◇原色現代日本の美術 2（小学館 1979）
　▷図87「一休」（橋本静水　明治40(1907)）
◇国史大辞典（吉川弘文館 1979）
◇日本絵画百選（日本経済新聞社 1979）
　▷図39「一休宗純像」（作者不詳　室町時代）
◇日本人名大事典 1〜6（平凡社 1979(覆刻)）
◇日本美術全集 13（学習研究社 1979）
　▷図94「一休和尚(坐)像」（作者不詳　15世紀後半　酬恩庵（京都府京田辺市）蔵）
　▷図95「一休和尚(坐)像」（作者不詳　15世紀後半　真珠庵（京都府京都市北区）蔵）
◇原色現代日本の美術 4（小学館 1978）
　▷図37「堅田の一休」（平福百穂　昭和4(1929)）
◇世界伝記大事典（ほるぷ出版 1978）
◇日本美術絵画全集 16（集英社 1978）
　▷図74「一休和尚酔臥図」（英一蝶）
◇現代日本の美術 1（集英社 1976）
　▷図21「一休禅師」（下村観山　大正7(1918)）
◇日本の美術 1（旺文社 1976）
　▷図205「一休宗純像」（墨斎　15世紀後半）
　▷図186「一休和尚(坐)像」（作者不詳　15世紀後期　酬恩庵（京都府京田辺市））

いつさ

◇現代日本の美術 2（集英社 1975）
　▷図18「堅田の一休」（平福百穂　昭和4（1929））
◇日本の名画 3（中央公論社 1975）
　▷図48「一休戯謔図」（富岡鉄斎　大正13（1924））
◇重要文化財 5（毎日新聞社 1974）
　▷図181「一休和尚（坐）像」（作者不詳　室町時代　酬恩庵（京都府京田辺市）蔵）
　▷〔カラー〕5,180「一休和尚（坐）像」（作者不詳　室町時代　真珠庵（京都府京都市北区）蔵）
◇重要文化財 10（毎日新聞社 1974）
　▷図366「一休宗純像（一休自賛語）」（墨斎〔筆〕　室町時代）
　▷原色10「一休宗純像」（作者不詳　室町時代）
　▷図367「一休宗純像」（作者不詳　室町時代）
　▷原色10,365「一休宗純像（自賛）」（作者不詳　室町時代）
　▷図368「一休宗純像（自賛）」（作者不詳　室町時代）
◇水墨美術大系 6（講談社 1974）
　▷図15「一休和尚像」（墨斎）
　▷図106「一休和尚像」（墨谿）
◇水墨美術大系 15（講談社 1974）
　▷図13「堅田の一休」（平福百穂　昭和4（1929））
◇平凡社ギャラリー 28（平凡社 1974）
　▷図16「一休戯謔図」（富岡鉄斎　大正13（1924））
◇和漢詩歌作家辞典（みづほ出版 1972）
◇原色日本の美術 23（小学館 1971）
　▷図25「一休和尚（坐）像」（作者不詳　酬恩庵（京都府京田辺市）蔵）
　▷図58「一休禅師像」（作者不詳）
◇水墨画 1（毎日新聞社 1971）
　▷図28「一休禅師像」（墨斎　室町時代（15世紀））
◇日本絵画館 5（講談社 1971）
　▷序図「一休和尚像」（墨斎）
◇日本絵画館 10（講談社 1971）
　▷図37「堅田の一休」（平福百穂　昭和4（1929））
◇現代の日本画 2（三彩社 1968）
　▷図119「一休禅師」（中川一政　昭和42（1967））
◇秘宝 11（講談社 1968）
　▷図69「一休宗純像（半身像）」（曽我紹仙）
　▷図67-69「一休宗純像」（作者不詳）
　▷図68「一休宗純像（全身像）」（作者不詳）
　▷図16「一休宗純像（梅花像）」（作者不詳）
　▷図67「一休宗純像（半身像）」（作者不詳）
◇大日本百科事典（小学館 1967）
◇世界大百科事典（平凡社 1964）
◇日本近代絵画全集 21（講談社 1962）
　▷図33「堅田の一休」（平福百穂　昭和4（1929））

◇日本版画美術全集 2（講談社 1961）
　▷図69「一休がいこつ」（作者不詳）
◇日本版画美術全集 6（講談社 1961）
　▷図85「一休和尚の説経」（歌川国芳）
◇日本美術大系 2（講談社 1959）
　▷図128「一休和尚（坐）像」（作者不詳　室町時代　酬恩庵（京都府京田辺市）蔵）
◇現代日本美術全集 3（角川書店 1955）
　▷グラビア46「堅田の一休」（平福百穂　昭和4（1929））

一山一寧　いっさんいちねい　1247～1317
鎌倉時代後期の日本に来た元の僧，南禅寺住持。
◇国宝・重要文化財大全 4（毎日新聞社 1999）
　▷図684「一山一寧（坐）像」（作者不詳　鎌倉時代　南禅寺（京都府京都市左京区）蔵）
◇日本の仏像大百科 5（ぎょうせい 1991）
　▷図135「一山一寧（坐）像」（作者不詳　鎌倉時代　南禅寺（京都府京都市左京区）蔵）

一町田大江　いっちょうだおおえ　1839～1909
江戸時代末期，明治期の津軽弘前藩士。
◇青森県人名事典（東奥日報社 2002）

一鎮　いっちん
鎌倉時代後期，南北朝時代の時宗の僧。
◇国宝・重要文化財大全 4（毎日新聞社 1999）
　▷図676「一鎮上人坐像」（幸俊　建武1（1334）　長楽寺（京都府京都市東山区）蔵）
◇仏像集成 8（学生社 1997）
　▷図172「一鎮上人坐像」（作者不詳　南北朝時代　西郷寺（広島県尾道市）蔵）
◇日本美術全集 11（講談社 1993）
　▷図122「一鎮上人坐像」（幸俊　建武1（1334）　長楽寺（京都府京都市東山区）蔵）

逸然　いつねん　1601～1668
江戸時代前期の渡来僧，南画伝来者。
◇郷土歴史人物事典 長崎（第一法規出版 1979）

一遍　いっぺん　1239～1289
鎌倉時代後期の時宗の僧。開祖。
◇日本絵画名作101選（小学館 2005）
　▷図33「一遍聖絵」（法眼円伊　正安1（1299））
◇講談社日本人名大辞典（講談社 2001）
◇日本の美（美術年鑑社 2000）
　▷図2「一遍聖絵」（法眼円伊　正安1（1299））
◇国宝・重要文化財大全 4（毎日新聞社 1999）
　▷図677「一遍上人（立）像」（作者不詳　文明7（1475）　宝厳寺（愛媛県松山市湯月町）蔵）
　▷図676「智真像」（康秀　応永27（1420）　長楽寺（京都府京都市東山区）蔵）
◇日本の美術百選（朝日新聞社 1999）
　▷図25「一遍上人絵伝」（法眼円伊　鎌倉時代

(1299))
◇国宝・重要文化財大全 1（毎日新聞社 1997）
　▷図121「一遍聖絵」（法眼円伊　鎌倉時代 正安元(1299)奥書 巻第七は江戸時代補写）
　▷図123「一遍聖絵」（法眼円伊　鎌倉時代 正安元(1299)歓喜光寺本奥書）
　▷図122「一遍聖絵断簡」（法眼円伊　鎌倉時代 正安元(1299)奥書）
　▷図126「一遍上人絵伝」（作者不詳　鎌倉時代）
　▷図124「一遍聖絵」（作者不詳　南北朝時代）
　▷図125「一遍聖絵」（作者不詳　南北朝時代）
◇仏像集成 8（学生社 1997）
　▷図410「一遍上人（立）像」（作者不詳　室町時代中期　宝厳寺(愛媛県松山市湯月町)蔵）
　▷図405「一遍上人立像」（作者不詳　鎌倉時代　浄土寺(愛媛県松山市)蔵）
◇私の選んだ国宝絵画 1（毎日新聞社 1996）
　▷p52「一遍上人絵伝　第七巻第三段」（法眼円伊　鎌倉時代(1299)）
◇岡山県歴史人物事典（山陽新聞社 1994）　▷一遍智真
◇原色日本の美術(改訂版) 8（小学館 1994）
　▷図97「一遍聖絵　第七巻」（法眼円伊 1299）
　▷図98「一遍聖絵　第五巻」（法眼円伊 1299）
◇原色日本の美術(改訂版) 21（小学館 1994）
　▷図15「一遍上人（立）像」（作者不詳　文明7(1475)　宝厳寺(愛媛県松山市湯月町)）
　▷図52「一遍上人像」（作者不詳）
◇日本美術全集 9（講談社 1993）
　▷図73「一遍上人伝絵巻（一遍聖絵）」（法眼円伊　正安1(1299)）
　▷図74-76「一遍上人伝絵巻（一遍聖絵）」（法眼円伊　正安1(1299)）
◇国宝百撰 平山郁夫（毎日新聞社 1992）
　▷図28「一遍上人絵巻　第七巻第三段」（法眼円伊 1299）
◇日本史大事典（平凡社 1992）
◇人間の美術 7（学習研究社 1991）
　▷図10「一遍聖絵　五巻」（法眼円伊　正安1(1299)）
　▷図32「一遍聖絵　一巻一段」（法眼円伊　正安1(1299)）
　▷図33「一遍聖絵　一巻三段」（法眼円伊　正安1(1299)）
　▷図34「一遍聖絵　二巻二段」（法眼円伊　正安1(1299)）
　▷図35「一遍聖絵　二巻一段」（法眼円伊　正安1(1299)）
　▷図36「一遍聖絵　四巻三段」（法眼円伊　正安1(1299)）
　▷図37「一遍聖絵　四巻三段」（法眼円伊　正安1(1299)）
　▷図38「一遍聖絵　五巻五段」（法眼円伊　正安1(1299)）
　▷図39「一遍聖絵　四巻五段」（法眼円伊　正安1(1299)）
　▷図40「一遍聖絵　六巻三段」（法眼円伊　正安1(1299)）
　▷図41「一遍聖絵　七巻二段」（法眼円伊　正安1(1299)）
　▷図42「一遍聖絵　七巻三段」（法眼円伊　正安1(1299)）
　▷図43-44「一遍聖絵　十一巻三段」（法眼円伊　正安1(1299)）
　▷図45「一遍聖絵　八巻二段」（法眼円伊　正安1(1299)）
　▷図46「一遍聖絵　十一巻四段」（法眼円伊　正安1(1299)）
　▷図47「一遍聖絵　十二巻三段」（法眼円伊　正安1(1299)）
　▷図7「一遍上人像」（作者不詳　14世紀）
　▷図11「一遍上人（立）像」（作者不詳　15世紀　宝厳寺(愛媛県松山市湯月町)蔵）
◇日本の仏像大百科 5（ぎょうせい 1991）
　▷図118「一遍上人（立）像」（作者不詳　文明7(1475)　宝厳寺(愛媛県松山市湯月町)蔵）
◇人間の美術 6（学習研究社 1990）
　▷図85「一遍聖絵　巻三第一段」（法眼円伊　正安1(1299)）
　▷図86「一遍聖絵　那智滝の図（巻三第一段）」（法眼円伊　正安1(1299)）
　▷図87-88「一遍聖絵　巻三第一段」（法眼円伊　正安1(1299)）
　▷図89「一遍聖絵　巻三第二段―第三段」（法眼円伊　正安1(1299)）
　▷図90「一遍聖絵　巻三第一段」（法眼円伊　正安1(1299)）
　▷図91「一遍聖絵　巻三第二段」（法眼円伊　正安1(1299)）
　▷図92「一遍聖絵　巻三第三段」（法眼円伊　正安1(1299)）
◇長野県歴史人物大事典（郷土出版社 1989）
◇日本の絵巻 20（中央公論社 1988）
　▷p3-340「一遍上人絵伝」（作者不詳）
◇愛媛県百科大事典（愛媛新聞社 1985）
◇国宝大事典 1（講談社 1985）
　▷図92「一遍上人絵伝」（法眼円伊　鎌倉時代(1299)）
　▷図93「一遍上人絵伝」（法眼円伊　鎌倉時代(1299)）
◇国宝 2（毎日新聞社 増補改訂版 1984）
　▷図25(1)「一遍上人絵伝　巻第十」（法眼円伊　正安1(1299)）
　▷図25(2-4)「一遍上人絵伝　巻第十一」（法眼円伊　正安1(1299)）
　▷図26「一遍上人絵伝　巻第七」（法眼円伊　正安1(1299)）
◇日本大百科全書（小学館 1984）
◇神奈川県百科事典（大和書房 1983）
◇花鳥画の世界 1（学習研究社 1982）
　▷図119-126「一遍聖絵」（法眼円伊　正安1(1299)）

いてま

◇日本古寺美術全集 21（集英社 1982）
　▷図67-70「一遍聖絵」（法眼円伊　正安1
　　（1299））
◇日本絵画百選（日本経済新聞社 1979）
　▷図30「一遍上人絵伝　第五巻第四段」（作者
　　不詳　正安1(1299)）
◇日本人名大事典 1〜6（平凡社 1979（覆刻））
◇日本美術全集 10（学習研究社 1979）
　▷図14「一遍聖絵　第二巻第一段」（法眼円伊
　　正安1(1299)）
　▷図80「一遍上人像」（作者不詳　鎌倉時代）
◇郷土歴史人物事典 愛媛（第一法規出版 1978）
◇世界伝記大事典（ほるぷ出版 1978）
◇日本美術絵画全集 9（集英社 1978）
　▷図17「一遍上人絵伝　第一巻第一段」（狩野
　　宗秀　文禄3(1594)）
　▷図18「一遍上人絵伝　第二巻第二段」（狩野
　　宗秀　文禄3(1594)）
◇原色版国宝 7（毎日新聞社 1976）
　▷図46「一遍上人絵伝　巻第一」（法眼円伊
　　鎌倉時代(1299)）
　▷図47「一遍上人絵伝　巻第七」（法眼円伊
　　鎌倉時代(1299)）
◇日本の美術 1（旺文社 1976）
　▷図170「一遍聖絵　第七巻」（法眼円伊　正
　　安1(1299)）
◇新修日本絵巻物全集 11（角川書店 1975）
　▷一冊「一遍聖絵」（作者不詳）
◇水墨美術大系 1（講談社 1975）
　▷図83「一遍上人絵」（法眼円伊）
　▷図136「一遍上人絵」（作者不詳）
◇国宝・重要文化財 仏教美術（小学館 1974）
　▷図7「一遍上人（立）像」（作者不詳　室町時
　　代　宝厳寺（愛媛県松山市湯月町）蔵）
◇重要文化財 5（毎日新聞社 1974）
　▷図160「一遍上人（立）像」（作者不詳　文明7
　　(1475)　宝厳寺（愛媛県松山市湯月町）蔵）
◇重要文化財 9（毎日新聞社 1974）
　▷図111「一遍聖絵」（法眼円伊　正安1
　　(1299)）
　▷図113「一遍聖絵」（法眼円伊　正安1
　　(1299)）
　▷図112「一遍聖絵（断簡）」（法眼円伊　正安
　　1(1299)）
　▷図116「一遍上人絵伝」（作者不詳　鎌倉時
　　代）
　▷図114「一遍聖絵」（作者不詳　南北朝時代）
　▷図115「一遍聖絵」（作者不詳　南北朝時代）
◇日本美術館 5（筑摩書房 1972）
　▷図17「一遍上人絵伝」（法眼円伊　鎌倉時
　　代）
◇原色日本の美術 23（小学館 1971）
　▷図52「一遍上人像」（作者不詳）
　▷図15「一遍上人（立）像」（作者不詳　宝厳
　　寺（愛媛県松山市湯月町））
◇日本の絵画 国宝50選（毎日新聞社 1970）
　▷図33「一遍上人絵伝」（法眼円伊　鎌倉時代
　　(1299)）

◇日本絵画館 4（講談社 1970）
　▷図76-78「一遍上人絵伝」（法眼円伊　正安1
　　(1299)）
　▷図79「一遍上人絵伝」（法眼円伊　正安1
　　(1299)）
　▷図80「一遍上人絵伝」（法眼円伊　正安1
　　(1299)）
◇原色日本の美術 8（小学館 1968）
　▷図97「一遍聖絵　第五巻」（法眼円伊
　　1299）
　▷図98「一遍聖絵　第七巻」（法眼円伊
　　1299）
◇大日本百科事典（小学館 1967）
◇秘宝 10（講談社 1967）
　▷図131「一遍聖絵　巻十」（作者不詳）
　▷図129「一遍聖絵（歓喜光寺本）　巻十 厳島
　　詣」（作者不詳　正安1）
◇国宝 4（毎日新聞社 1966）
　▷図73「一遍上人絵伝」（法眼円伊　鎌倉時代
　　(1299)）
　▷図74「一遍上人絵伝」（法眼円伊　鎌倉時代
　　(1299)）
◇日本の美術 10（平凡社 1964）
　▷図27「一遍聖絵巻　第五巻」（作者不詳
　　1299）

井手真棹　いでまさお　1837〜1909
江戸時代末期、明治期の歌人、実業家。
◇愛媛県百科大事典（愛媛新聞社 1985）

井手与四太郎　いでよしたろう
1842〜1895　江戸時代末期、明治期の製茶業者。
◇佐賀県大百科事典（佐賀新聞社 1983）

以天宗清　いてんそうせい　1472〜1554
戦国時代の臨済宗の僧。
◇日本美術絵画全集 8（集英社 1980）
　▷図11「以天宗清像（自賛）」（雪村周継　天
　　文19(1550)）
◇日本美術全集 16（学習研究社 1980）
　▷図64「以天宗清像」（雪村周継　天文19
　　(1550)）

伊藤一刀斎　いとういっとうさい
安土桃山時代、江戸時代前期の剣術家。
◇日本大百科全書（小学館 1984）
◇日本人名大事典 1〜6（平凡社 1979（覆刻））
　▷伊東一刀斎

伊藤梅子　いとううめこ　1848〜1924
江戸時代末期、明治期の女性。伊藤博文の妻。
◇皇族・華族古写真帖 愛蔵版（新人物往来社
2003）
　▷p145「（無題）」
　▷p146「（無題）」

◇幕末維新・明治・大正美人帖（新人物往来社 2003）
　▷p42「（無題）」
　▷p42「韓国の民族衣装を着た伊藤博文と梅子夫人」（1906.12）
　▷p42「伊藤家の人々」
◇幕末・明治美人帖（新人物往来社 2001）
　▷p36「総理大臣伊藤博文一家」

伊東甲子太郎　いとうきねたろう
1835～1867　江戸時代末期の新撰組参謀。
◇茨城県史 近世編（茨城県 1985）
　▷図12-2（写真）「伊東甲子太郎肖像」

伊藤鏡河　いとうきょうか　1752～1829
江戸時代中期,後期の豊後岡藩士。
◇大分百科事典（大分放送 1980）

伊藤琴子　いとうきんこ
江戸時代末期の女性。伊藤博文の母。
◇皇族・華族古写真帖 愛蔵版（新人物往来社 2003）
　▷p146「（無題）」

伊藤圭介　いとうけいすけ　1803～1901
江戸時代末期,明治時代の植物学者。
◇講談社日本人名大辞典（講談社 2001）
◇日本大百科全書（小学館 1984）
◇国史大辞典（吉川弘文館 1979）
◇日本人名大事典 1～6（平凡社 1979（覆刻））
◇愛知百科事典（中日新聞本社 1977）
◇大日本百科事典（小学館 1967）

伊藤健蔵　いとうけんぞう　1840～1907
江戸時代後期～明治期の医師。
◇鳥取県大百科事典（新日本海新聞社 1984）

伊東玄朴　いとうげんぼく　1800～1871
江戸時代末期の蘭方医、肥前佐賀藩士。
◇日本大百科全書（小学館 1984）
◇佐賀県大百科事典（佐賀新聞社 1983）
◇国史大辞典（吉川弘文館 1979）
◇日本人名大事典 1～6（平凡社 1979（覆刻））
◇大日本百科事典（小学館 1967）

伊藤若冲　いとうじゃくちゅう　1716～1800
江戸時代中期,後期の画家。
◇講談社日本人名大辞典（講談社 2001）

伊藤十蔵　いとうじゅうぞう　1816～1896
江戸時代末期,明治時代の長州（萩）藩足軽。
◇皇族・華族古写真帖 愛蔵版（新人物往来社 2003）
　▷p146「（無題）」

伊藤正作　いとうしょうさく　1779～1864
江戸時代後期の勧農家。
◇福井県大百科事典（福井新聞社 1991）

伊東昇迪　いとうしょうてき　1804～1888
江戸時代後期～明治期の蘭方医・上杉斉憲侍医。
◇山形県大百科事典（山形放送 1993）　▷伊東昇迪（祐直）

伊藤仁斎　いとうじんさい　1627～1705
江戸時代前期,中期の京都町衆。
◇講談社日本人名大辞典（講談社 2001）
◇日本史大事典（平凡社 1992）
◇京都大事典（淡交社 1984）
◇日本大百科全書（小学館 1984）
◇国史大辞典（吉川弘文館 1979）
◇日本人名大事典 1～6（平凡社 1979（覆刻））
◇世界伝記大事典（ほるぷ出版 1978）
◇和漢詩歌作家辞典（みづほ出版 1972）
◇大日本百科事典（小学館 1967）
◇世界大百科事典（平凡社 1964）

伊藤慎蔵　いとうしんぞう　1825～1880
江戸時代末期,明治時代の洋学者。
◇福井県大百科事典（福井新聞社 1991）

伊東祐命　いとうすけのぶ　1834～1889
江戸時代末期,明治時代の石見浜田藩士。
◇島根県歴史人物事典（山陰中央新報社 1997）

伊東祐麿　いとうすけまろ　1832～1906
江戸時代末期,明治時代の薩摩藩士,海軍軍人。
◇鹿児島大百科事典（南日本新聞社 1981）

伊東祐亨　いとうすけゆき　1843～1914
江戸時代末期,明治時代の薩摩藩士,海軍軍人。
◇角川日本姓氏歴史人物大辞典 46（角川書店 1994）
◇鹿児島大百科事典（南日本新聞社 1981）
◇国史大辞典（吉川弘文館 1979）

伊藤忠兵衛〔初代〕　いとうちゅうべえ
1842～1903　江戸時代末期,明治時代の近江商人。
◇講談社日本人名大辞典（講談社 2001）
◇滋賀県百科事典（大和書房 1984）
◇国史大辞典（吉川弘文館 1979）

いとう

伊藤常足　いとうつねたる　1774～1858
江戸時代後期の国学者。
◇福岡県百科事典 上,下 （西日本新聞社 1982）

伊藤東涯　いとうとうがい　1670～1736
江戸時代中期の儒学者。
◇講談社日本人名大辞典（講談社 2001）
◇日本百科全書（小学館 1984）
◇国史大辞典（吉川弘文館 1979）
◇日本人名大事典 1～6（平凡社 1979（覆刻））
◇世界伝記大事典（ほるぷ出版 1978）
◇大日本百科事典（小学館 1967）

伊藤徳敦　いとうのりあつ　1840～1910
江戸時代末期,明治期の土佐藩士。
◇高知県人名事典（高知新聞社 1999）

伊藤乗義　いとうのりよし　1829～1912
江戸時代後期～明治期の国学者,教育家。
◇高知県人名事典（高知新聞社 1999）

伊藤博文　いとうひろぶみ　1841～1909
江戸時代末期,明治時代の志士,政治家。
◇サムライ古写真帖（新人物往来社 2004）
　▷p91「洋行前の伊藤博文」（上野彦馬）
　▷p91「英国留学より帰朝直後の伊藤博文」
　▷p86「晋作と伊藤俊輔」（上野彦馬）
　▷p92「惣髪姿の伊藤博文」（内田九一　慶応年間（1865～68））
　▷p91「25歳の伊藤博文」
　▷p93「ザンギリ頭姿の博文」
　▷p90「（無題）」
　▷p93「伊藤博文と、同じく尊王攘夷運動で活躍していた月代姿の田中光顕」
　▷p89「志士時代の木戸」
◇皇族・華族古写真帖 愛蔵版（新人物往来社 2003）
　▷p143「（無題）」
　▷p144「（無題）」
　▷p144「（無題）」
　▷p145「（無題）」（撮影地：ベルリン）
　▷p145「（無題）」（撮影地：大磯滄浪閣）
　▷p146「（無題）」
　▷p145「（無題）」
　▷p145「（無題）」（撮影地：霊南坂官邸）
　▷p147「（無題）」
　▷p147「（無題）」（撮影地：東京）
　▷p14「（無題）」（内田九一）
　▷p140「（無題）」
　▷p142「（無題）」
　▷p143「（無題）」
　▷p143「（無題）」
　▷p143「（無題）」
　▷p144「（無題）」
　▷p145「（無題）」

　▷p146「（無題）」
◇士―日本のダンディズム（二玄社 2003）
　▷p053 No.45「伊藤博文像」（制作年不詳）
◇幕末維新・明治・大正美人帖（新人物往来社 2003）
　▷p42「韓国の民族衣装を着た伊藤博文と梅子夫人」（1906.12）
　▷p42「（無題）」
◇千葉県の歴史 通史編 近現代1（千葉県 2002）
　▷〈写真〉写真254「小倉惣次郎「伊藤文像」
◇講談社日本人名大辞典（講談社 2001）
◇幕末・明治美人帖（新人物往来社 2001）
　▷p36「総理大臣伊藤博文一家」
◇セピア色の肖像（朝日ソノラマ 2000）
　▷p26「（無題）」（上野彦馬　慶応元年（1865）.2）
◇幕末―写真の時代（筑摩書房 1994）
　▷p186 No.198「（無題）」（上野彦馬　慶応年間（1865～68））
　▷p188 No.200「木戸,伊藤ら群像」（上野彦馬）
◇日本史大事典（平凡社 1992）
◇角川日本姓氏歴史人物大辞典 35（角川書店 1991）
◇読者所蔵「古い写真」館（朝日新聞社 1986）
　▷p64「（無題）」
◇愛媛県百科大事典（愛媛新聞社 1985）
◇日本写真全集 1 写真の幕あけ（小学館 1985）
　▷p148 No.203「（無題）」（上野彦馬）
◇日本大百科全書（小学館 1984）
◇沖縄大百科事典（沖縄タイムス社 1983）
◇山口県百科事典（大和書房 1982）
◇国史大辞典（吉川弘文館 1979）
◇日本人名大事典 1～6（平凡社 1979（覆刻））
◇世界伝記大事典（ほるぷ出版 1978）
◇写真の開祖上野彦馬（上野彦馬撮影 産業能率短期大学出版部 1975）
　▷p31 No.27「（無題）」
　▷p11 No.5「（無題）」
◇和漢詩歌作家辞典（みづほ出版 1972）
◇日本写真史 1840-1945（平凡社 1971）
　▷p84 No.152「伊藤博文像」（丸木利陽　明治後期）
◇大日本百科事典（小学館 1967）
◇兵庫県百年史（兵庫県 1967）
　▷p523（写真）「引きまわされた伊藤博文の銅像」
◇世界大百科事典（平凡社 1964）

伊東方成　いとうほうせい　1832～1898
江戸時代末期,明治時代の医師。
◇神奈川県百科事典（大和書房 1983）

伊東マンショ　いとうまんしょ
　1570〜1612　安土桃山時代,江戸時代前期の天正
　遣欧少年使節正使,神父。
◇講談社日本人名大辞典（講談社 2001）
◇宮崎県大百科事典（宮崎日日新聞社 1983）　▷
　伊東満所

伊藤身禄　いとうみろく　1671〜1733
　江戸時代前期,中期の富士行者異端派6世。
◇山梨百科事典（山梨日日新聞社 1992）

伊東物部　いとうものべ　1848〜1904
　江戸時代後期〜明治期の民権運動家。
◇高知県人名事典（高知新聞社 1999）

伊藤蘭嵎　いとうらんぐう　1694〜1778
　江戸時代中期の儒者,紀伊和歌山藩儒。
◇国史大辞典（吉川弘文館 1979）

伊藤蘭林　いとうらんりん　1815〜1895
　江戸時代末期,明治時代の書家。
◇高知県人名事典（高知新聞社 1999）

伊藤六郎兵衛　いとうろくろべえ
　1829〜1894　江戸時代末期,明治時代の宗教家。
◇神奈川県史 各論編3 文化（神奈川県 1980）
　　▷〈写真〉175「伊藤六郎兵衛肖像画」

糸原権造　いとはらごんぞう　1827〜1895
　江戸時代後期〜明治期の仁多郡の鉄師糸原家
　11代。
◇島根県歴史人物事典（山陰中央新報社 1997）
◇島根県大百科事典（山陰中央新報社 1982）

井戸平左衛門　いどへいざえもん
　1672〜1733　江戸時代中期の民政家,石見国大森
　代官。
◇岡山県歴史人物事典（山陽新聞社 1994）
◇日本大百科全書（小学館 1984）　▷井戸正明
◇岡山人名事典（日本文教出版 1978）

糸より姫　いとよりひめ
　の伝説上の女性。
◇香川県大百科事典（四国新聞社 1984）

稲垣長茂　いながきながしげ　1539〜1612
　安土桃山時代,江戸時代前期の武将,大名。
◇群馬県史 通史編4 近世1 政治（群馬県 1990）
　　▷〈写真〉79「稲垣長茂画像」

稲垣平衛　いながきひょうえ
　江戸時代後期〜明治期の耐火煉瓦製造業者。
◇岡山県歴史人物事典（山陽新聞社 1994）
◇岡山人名事典（日本文教出版 1978）

稲垣義方　いながきよしかた　1841〜1908
　江戸時代末期,明治時代の加賀藩士。
◇書府太郎―石川県大百科事典 改訂版 上（北国
　新聞社 2004）
◇角川日本姓氏歴史人物大辞典 17（角川書店
　1998）

稲川政右衛門　いながわまさえもん
　江戸時代中期,後期の力士。
◇群馬県人名大事典（上毛新聞社 1982）

稲毛屋山　いなげおくざん　1755〜1824
　江戸時代後期の漢学者。
◇香川県人物・人名事典（四国新聞社 1985）

伊奈忠順　いなただのぶ　？〜1712
　江戸時代中期の関東郡代。
◇静岡県歴史人物事典（静岡新聞社 1991）

稲妻咲右衛門　いなづまさきえもん
　江戸時代中期,後期の力士。
◇秘蔵浮世絵大観 6（講談社 1989）
　　▷図0116「西方 真鶴咲右衛門・武蔵野幸内」
　　（勝川春章　天明前期(1781-89)）
◇秘蔵浮世絵大観 11（講談社 1988）
　　▷図1「西方 真鶴咲右衛門・武蔵野幸内」（勝
　　川春章　天明前期(1781-89)）
◇浮世絵聚花 12（小学館 1980）
　　▷図69「西方 真鶴咲右衛門・武蔵野幸内」
　　（勝川春章　天明前期(1781-89)）

稲妻雷五郎　いなづまらいごろう　1795〜1877
　江戸時代末期,明治時代の力士。
◇島根県歴史人物事典（山陰中央新報社 1997）
　　▷稲妻雷五郎則親

稲富直家　いなとみなおいえ　1552〜1611
　安土桃山時代,江戸時代前期の砲術家,伊勢亀山
　藩士。
◇国史大辞典（吉川弘文館 1979）　▷稲富一夢

稲葉一鉄　いなばいってつ　1516〜1588
　戦国時代,安土桃山時代の武将,西美濃三人衆の
　一人。
◇国宝・重要文化財大全 1（毎日新聞社 1997）
　　▷図205「稲葉一鉄像」（作者不詳　桃山時代
　　天正17(1589)）
◇国史大辞典（吉川弘文館 1979）

いなは

◇日本人名大事典 1～6（平凡社 1979（覆刻））

稲葉迂斎 いなばうさい 1684～1760
　江戸時代中期の儒学者、肥前唐津藩士。
◇国史大辞典（吉川弘文館 1979）

稲葉景通 いなばかげみち 1639～1694
　江戸時代前期の大名。
◇大分百科事典（大分放送 1980）

稲葉一通 いなばかずみち 1587～1641
　江戸時代前期の大名。
◇大分百科事典（大分放送 1980）

稲葉雍通 いなばてるみち 1776～1847
　江戸時代後期の大名。
◇大分百科事典（大分放送 1980）

稲葉直富 いなばなおとみ ？～1640
　江戸時代前期の藩臣。
◇書府太郎―石川県大百科事典 改訂版 上（北国新聞社 2004）

稲葉信通 いなばのぶみち 1608～1673
　江戸時代前期の大名。
◇大分百科事典（大分放送 1980）

稲葉正成 いなばまさなり 1571～1628
　安土桃山時代、江戸時代前期の武将、大名。
◇栃木県歴史人物事典（下野新聞社 1995）

稲葉正則 いなばまさのり 1623～1696
　江戸時代前期の大名、老中。
◇神奈川県史 通史編2近世(1)（神奈川県 1981）
　▷〈口絵〉「小田原藩主稲葉美濃守正則画像」

稲葉正巳 いなばまさみ 1815～1879
　江戸時代末期、明治時代の大名、老中。
◇サムライ古写真帖（新人物往来社 2004）
　▷p145「大君の側近たちと米国公使とその秘書（江戸）」（ウィード、チャールズ）
◇写された幕末―石黒敬七コレクション（明石書店 1990）
　▷p30 No.3「米公使と幕府役人」（慶応年間(1865～68)）
◇読者所蔵「古い写真」館（朝日新聞社 1986）
　▷p82「米国公使と幕府高官」

稲葉友賢 いなばゆうけん 1823～1915
　江戸時代末期～大正期の漢籍折衷医、村上藩医。
◇新潟県大百科事典 別巻（新潟日報事業社 1977）

稲村三伯 いなむらさんぱく 1758～1811
　江戸時代後期の蘭学者。
◇講談社日本人名大辞典（講談社 2001）
◇鳥取県大百科事典（新日本海新聞社 1984）
◇日本大百科全書（小学館 1984）
◇国史大辞典（吉川弘文館 1979）
◇大日本百科事典（小学館 1967）

稲本利右衛門 いなもとりえもん
　1788～1854　江戸時代後期の近江商人。
◇郷土歴史人物事典 滋賀（第一法規出版 1979）

犬飼松窓 いぬかいしょうそう 1816～1893
　江戸時代末期、明治時代の儒学者、篤農家。
◇岡山県歴史人物事典（山陽新聞社 1994）
◇岡山人名事典（日本文教出版社 1978）

井上馨 いのうえかおる 1835～1915
　江戸時代末期、明治時代の志士、政治家。
◇サムライ古写真帖（新人物往来社 2004）
　▷p98「（無題）」（内田九一　慶応年間(1865～68)）
　▷p98「若き日の井上馨」（慶応年間(1865～68)）
　▷p73「維新の志士たち」
◇皇族・華族古写真帖 愛蔵版（新人物往来社 2003）
　▷p14「（無題）」（内田九一）
　▷p143「（無題）」
　▷p143「（無題）」
◇士―日本のダンディズム（二玄社 2003）
　▷p111 No.81「明治英雄一覧」（明治時代初期）
　▷p053 No.46「井上馨像」（上野彦馬　制作年不詳）
◇講談社日本人名大辞典（講談社 2001）
◇幕末・明治美人帖（新人物往来社 2001）
　▷p34「（無題）」
◇幕末―写真の時代（筑摩書房 1994）
　▷p187 No.199「（無題）」（上野彦馬　慶応年間(1865～68)）
◇角川日本姓氏歴史人物大辞典 35（角川書店 1991）
◇日本大百科全書（小学館 1984）
◇沖縄大百科事典（沖縄タイムス社 1983）
◇山口県大百科事典（大和書房 1982）
◇国史大辞典（吉川弘文館 1979）
◇東京百年史 第二巻 首都東京の成立（明治前期）（ぎょうせい 1979）
　▷p1306（写真）「井上馨」
◇日本人名大事典 1～6（平凡社 1979（覆刻））
◇世界伝記大事典（ほるぷ出版 1978）
◇写真の開祖上野彦馬（上野彦馬撮影 産業能率短期大学出版部 1975）

▷p27 No.20「(無題)」(慶応年間(1865〜68))
◇大日本百科事典（小学館 1967）
◇世界大百科事典（平凡社 1964）

井上可堂　いのうえかどう　1802〜1840
　江戸時代末期の篆刻家。
◇岡山県歴史人物事典（山陽新聞社 1994）

井上吉兵衛　いのうえきちべえ　1804〜1884
　江戸時代後期〜明治期の篤農家。
◇宮城県百科事典（河北新報社 1982）

井上源三郎　いのうえげんざぶろう　1852〜1920
　江戸時代末期〜大正期の実業家。
◇静岡県歴史人物事典（静岡新聞社 1991）

井上源七郎　いのうえげんしちろう
　江戸時代末期の幕府目付役。
◇写された幕末―石黒敬七コレクション（明石書店 1990）
　　▷p18 No.2「(無題)」

井上玄徹　いのうえげんてつ　1602〜1686
　江戸時代前期の医師。
◇広島県大百科事典（中国新聞社 1982）
◇国史大辞典（吉川弘文館 1979）
◇日本人名大事典 1〜6（平凡社 1979(覆刻)）

井上四明　いのうえしめい　1730〜1819
　江戸時代中期の儒学者。
◇岡山県歴史人物事典（山陽新聞社 1994）

井上鍫介　いのうえしゅうすけ　1836〜1923
　江戸時代末期〜大正期の庄屋。
◇島根県歴史人物事典（山陰中央新報社 1997）

井上俊三　いのうえしゅんぞう　1834〜1907
　江戸時代末期、明治時代の医師。
◇高知県人名事典（高知新聞社 1999）
◇高知県百科事典（高知新聞社 1976）

井上井月　いのうえせいげつ　1822〜1887
　江戸時代末期、明治時代の俳人。
◇角川日本姓氏歴史人物大辞典 20（角川書店 1996）
◇長野県歴史人物大事典（郷土出版社 1989）

井上素堂　いのうえそどう　1740〜1803
　江戸時代後期の文人。
◇岡山県歴史人物事典（山陽新聞社 1994）

井上高格　いのうえたかのり　1831〜1893
　江戸時代末期、明治時代の政治家。
◇徳島県歴史人物鑑（徳島新聞社 1994）
◇徳島県百科事典（徳島新聞社 1981）

井上達也　いのうえたつや　1848〜1895
　江戸時代末期、明治時代の眼科医。
◇徳島県百科事典（徳島新聞社 1981）

井上稚川　いのうえちせん
　江戸時代中期の医師。
◇日本人名大事典 1〜6（平凡社 1979(覆刻)）

井上通女　いのうえつうじょ　1660〜1738
　江戸時代中期の女性。歌人、文学者。
◇香川県人物・人名事典（四国新聞社 1985）
◇香川県大百科事典（四国新聞社 1984）
◇美人画・役者絵 5（講談社 1965）
　　▷図79「近代七才女詩歌 井上通」（喜多川歌麿（初代））

井上伝　いのうえでん　1788〜1869
　江戸時代末期の女性。久留米絣の創始者。
◇福岡県百科事典 上,下（西日本新聞社 1982）

井上八郎　いのうえはちろう　1816〜1897
　江戸時代末期の剣術家。
◇角川日本姓氏歴史人物大辞典 22（角川書店 1995）▷井上延陵
◇静岡県歴史人物事典（静岡新聞社 1991）▷井上延陵

井上正直　いのうえまさなお　1825〜1904
　江戸時代末期、明治時代の大名。
◇千葉県の歴史 通史編 近現代1（千葉県 2002）
　　▷〈写真〉写真16「井上正直」

井上勝　いのうえまさる　1843〜1910
　江戸時代末期、明治時代の技術者、官吏。
◇皇族・華族古写真帖 愛蔵版（新人物往来社 2003）
　　▷p143「(無題)」
◇士―日本のダンディズム（二玄社 2003）
　　▷p111 No.81「明治英雄一覧」（明治時代初期）
◇山口県百科事典（大和書房 1982）
◇国史大辞典（吉川弘文館 1979）
◇日本人名大事典 1〜6（平凡社 1979(覆刻)）
◇大日本百科事典（小学館 1967）

いのう

井上三千太　いのうえみちた　1839〜1907
　江戸時代後期〜明治期の実業家, 藍商, 海運業。
◇徳島県歴史人物鑑（徳島新聞社 1994）
◇徳島県百科事典（徳島新聞社 1981）

井上八千代〔代数不詳〕　いのうえやちよ
　江戸時代中期以来の京舞井上流家元。
◇京都大事典（淡交社 1984）　▷井上八千代

井上八千代〔3代〕　いのうえやちよ
　1838〜1938　江戸時代末期, 明治時代の女性。日本舞踊家, 京舞井上流家元。
◇講談社日本人名大辞典（講談社 2001）

井上良馨　いのうえよしか　1845〜1929
　江戸時代末期, 明治時代の薩摩藩士, 海軍軍人。
◇鹿児島大百科事典（南日本新聞社 1981）
◇日本人名大事典 1〜6（平凡社 1979〔覆刻〕）
◇五十嵐与七遺作集（五十嵐与七撮影　五十嵐写真店 1974）
　　▷p82「（無題）」
　　▷p83「（無題）」

稲生若水　いのうじゃくすい　1655〜1715
　江戸時代中期の本草学者。
◇講談社日本人名大辞典（講談社 2001）
◇日本大百科全書（小学館 1984）
◇国史大辞典（吉川弘文館 1979）
◇日本人名大事典 1〜6（平凡社 1979〔覆刻〕）
◇大日本百科事典（小学館 1967）

伊能忠敬　いのうただたか　1745〜1818
　江戸時代後期の地理学者, 測量家。
◇北海道歴史人物事典（北海道新聞社 1993）
◇日本史大事典（平凡社 1992）
◇愛媛県百科大事典（愛媛新聞社 1985）
◇長崎県大百科事典（長崎新聞社 1984）
◇日本大百科全書（小学館 1984）
◇佐賀県大百科事典（佐賀新聞社 1983）
◇千葉県大百科事典（千葉日報社 1982）
◇北海道大百科事典（北海道新聞社 1981）
◇郷土歴史人物事典 千葉（第一法規出版 1980）
◇国史大辞典（吉川弘文館 1979）
◇日本人名大事典 1〜6（平凡社 1979〔覆刻〕）
◇世界伝記大事典（ほるぷ出版 1978）
◇大日本百科事典（小学館 1967）
◇世界大百科事典（平凡社 1964）

稲生ちか　いのうちか　1813〜1861
　江戸時代後期, 末期の女性。親孝行と貞節で知られた。
◇講談社日本人名大辞典（講談社 2001）

猪木雄一郎　いのきゆういちろう　1845〜1917
　江戸時代末期〜大正期の高梁川河口干拓者。
◇岡山県歴史人物事典（山陽新聞社 1994）

井口犀川　いのくちさいせん　1812〜1884
　江戸時代後期〜明治期の漢学者。
◇書府太郎―石川県大百科事典 改訂版 上（北国新聞社 2004）

猪熊千倉　いのくまちくら　？〜1678
　江戸時代前期の神官, 国学者。
◇香川県人物・人名事典（四国新聞社 1985）

猪瀬東寧　いのせとうねい　1838〜1908
　江戸時代末期, 明治時代の画家, 漢詩人。
◇茨城県大百科事典（茨城新聞社 1981）

伊庭八郎　いばはちろう　1843〜1869
　江戸時代末期の幕臣, 剣術家, 遊撃隊士。
◇サムライ古写真帖（新人物往来社 2004）
　　▷p114「（無題）」

井原応輔　いはらおうすけ　1842〜1865
　江戸時代末期の志士。
◇高知県人名事典（高知新聞社 1999）

茨木定興　いばらきさだおき　1835〜1912
　江戸時代後期〜明治期の教育者。
◇高知県人名事典（高知新聞社 1999）

伊原木茂兵衛　いばらぎもへえ
　1797〜1862　江戸時代末期の豪商, 天満屋創立者。
◇岡山県歴史人物事典（山陽新聞社 1994）

井原西鶴　いはらさいかく　1642〜1693
　江戸時代前期の浮世草子作者, 俳人。
◇講談社日本人名大辞典（講談社 2001）
◇日本史大事典（平凡社 1992）
◇大阪府史 第5巻 近世編1（大阪府 1985）
　　▷〈写真〉写真278「鶴永（西鶴）像・西翁（宗因）像『歌仙大坂俳諧師』」
◇日本大百科全書（小学館 1984）
◇国史大辞典（吉川弘文館 1979）
◇日本人名大事典 1〜6（平凡社 1979〔覆刻〕）
◇俳人の書画美術 1（集英社 1979）
　　▷図82「西鶴肖像」（一晶）
◇世界伝記大事典（ほるぷ出版 1978）
◇俳諧人名辞典（巖南堂書店 1970）　▷西鶴
◇大日本百科事典（小学館 1967）
◇世界大百科事典（平凡社 1964）

井原昂　いはらのぼる　1840〜1923
　江戸時代末期,明治時代の志士。
◇高知県人名事典（高知新聞社 1999）

今井兼平　いまいかねひら　？〜1184
　平安時代後期の武士。
◇長野県歴史人物大事典（郷土出版社 1989）

今井貞吉　いまいさだきち　1831〜1903
　江戸時代末期,明治時代の土佐藩士,博物学者。
◇高知県人名事典（高知新聞社 1999）

今泉今右衛門〔10代〕　いまいずみいまえもん
　1848〜1927　江戸時代後期,末期,明治時代の陶芸家。
◇佐賀県大百科事典（佐賀新聞社 1983）

今井宗久　いまいそうきゅう　1520〜1593
　戦国時代,安土桃山時代の堺の豪商,茶湯者。
◇講談社日本人名大辞典（講談社 2001）
◇日本大百科全書（小学館 1984）
◇国史大辞典（吉川弘文館 1979）
◇世界大百科事典（平凡社 1964）

今井信郎　いまいのぶお　1841〜1918
　江戸時代末期,明治時代の京都見廻組。
◇静岡県歴史人物事典（静岡新聞社 1991）

今井芳斎　いまいほうさい　1828〜1901
　江戸時代後期〜明治期の医師。
◇鳥取県大百科事典（新日本海新聞社 1984）

今枝重直　いまえだしげなお　1554〜1627
　安土桃山時代,江戸時代前期の武士。
◇日本美術絵画全集 15（集英社 1978）
　▷図77「今枝重直像」（狩野探幽）

今川氏親　いまがわうじちか　1473〜1526
　戦国時代の武将。
◇静岡県歴史人物事典（静岡新聞社 1991）
◇静岡大百科事典（静岡新聞社 1978）

今川義忠　いまがわよしただ　1436〜1476
　室町時代の武将。
◇静岡県歴史人物事典（静岡新聞社 1991）
◇静岡大百科事典（静岡新聞社 1978）

今川義元　いまがわよしもと　1519〜1560
　戦国時代の武将。
◇講談社日本人名大辞典（講談社 2001）
◇静岡県歴史人物事典（静岡新聞社 1991）

◇日本大百科全書（小学館 1984）
◇日本人名大事典 1〜6（平凡社 1979（覆刻））
◇世界伝記大事典（ほるぷ出版 1978）
◇静岡大百科事典（静岡新聞社 1978）

今北洪川　いまきたこうせん　1816〜1892
　江戸時代末期,明治時代の臨済宗の僧。
◇国史大辞典（吉川弘文館 1979）

今出川晴季　いまでがわはるすえ　1539〜1617
　安土桃山時代,江戸時代前期の公家。右大臣。
◇国史大辞典（吉川弘文館 1979）

今村英生　いまむらえいせい　1671〜1736
　江戸時代中期のオランダ通詞。
◇長崎県大百科事典（長崎新聞社 1984）

今村百八郎　いまむらひゃくはちろう
　1842〜1876
　江戸時代末期,明治時代の筑前秋月藩士。
◇サムライ古写真帖（新人物往来社 2004）
　▷p131「（無題）」

今村正長　いまむらまさなが　1588〜1653
　江戸時代前期の下田奉行。
◇静岡県歴史人物事典（静岡新聞社 1991）

今村弥太郎　いまむらやたろう　1850〜1889
　江戸時代中期の歌舞伎役者。
◇高知県人名事典（高知新聞社 1999）

今村了庵　いまむらりょうあん　1814〜1890
　江戸時代末期,明治時代の医師。
◇日本人名大事典 1〜6（平凡社 1979（覆刻））

入江文郎　いりえぶんろう　1834〜1878
　江戸時代末期,明治期のフランス語学者。
◇島根県歴史人物事典（山陰中央新報社 1997）

入沢格治　いりさわかくじ　1847〜1920
　江戸時代末期〜大正期の林業家。
◇鳥取県大百科事典（新日本海新聞社 1984）

入沢恭平　いりさわきょうへい　1831〜1874
　江戸時代末期,明治時代の在野の洋方医教育者。
◇新潟県大百科事典 別巻（新潟日報事業社 1977）

色川三中　いろかわみなか　1801〜1855
　江戸時代末期の国学者,薬商。
◇茨城県史 近世編（茨城県 1985）
　▷図9-22（写真）「色川三中肖像と「検田

いろへ

　　考証」」
◇茨城県大百科事典（茨城新聞社 1981）
◇国史大辞典（吉川弘文館 1979）

色部長門　　いろべながと　1825〜1868
江戸時代末期の出羽米沢藩家老格。
◇山形県大百科事典（山形放送 1993）　▷色部長門久長

岩井喜代太郎〔代数不詳〕　　いわいきよたろう
江戸時代の歌舞伎役者。
◇日本の浮世絵美術館 1（角川書店 1996）
　　▷図143「岩井喜代太郎の鷲坂左内妻藤波と坂東善次の鷲塚官太夫妻小笹」（東洲斎写楽　寛政6）
◇新編 名宝日本の美術 29（小学館 1991）
　　▷図27「岩井喜代太郎の鷲坂左内妻藤波と坂東善次の鷲塚官太夫妻小笹」（東洲斎写楽）
◇名品揃物浮世絵 5（ぎょうせい 1991）
　　▷図27「岩井喜代太郎の鷲坂左内妻藤波と坂東善次の鷲塚官太夫妻小笹」（東洲斎写楽）
◇浮世絵八華 4（平凡社 1985）
　　▷図27「岩井喜代太郎の鷲坂左内妻藤波と坂東善次の鷲塚官太夫妻小笹」（東洲斎写楽）
　　▷図026「岩井喜代太郎の鷲坂左内妻藤波と坂東善次の鷲塚官太夫妻小笹」（東洲斎写楽）
◇肉筆浮世絵 6（集英社 1981）
　　▷図33「岩井喜代太郎・二世中村助五郎・三世東彦三郎図」（東洲斎写楽）
◇浮世絵聚花 8（小学館 1980）
　　▷図210「岩井喜代太郎の千代」（歌川国政）
◇浮世絵聚花 7（小学館 1979）
　　▷図95「岩井喜代太郎」（勝川春好（初代））
◇浮世絵聚花 5（小学館 1980）
　　▷図199「三世市川八百蔵の武部源蔵と岩井喜代太郎の戸浪」（歌川豊国（初代））
◇浮世絵大系 7（集英社 1973）
　　▷図27「岩井喜代太郎の鷲坂左内妻藤波と坂東善次の鷲塚官太夫妻小笹」（東洲斎写楽）
◇在外秘宝―欧米収蔵浮世絵集成 東洲斎写楽（学習研究社 1972）
　　▷図IX「岩井喜代太郎・二世中村助五郎・三世東彦三郎図」（東洲斎写楽）
　　▷図027「岩井喜代太郎の鷲坂左内妻藤波と坂東善次の鷲塚官太夫妻小笹」（東洲斎写楽）
　　▷図054「岩井喜代太郎の二見屋娘お袖」（東洲斎写楽）
◇全集浮世絵版画 4（集英社 1972）
　　▷図15「岩井喜代太郎の鷲坂左内妻藤波と坂東善次の鷲塚官太夫妻小笹」（東洲斎写楽）
◇原色日本の美術 24（小学館 1971）
　　▷図76「岩井喜代太郎の二見屋娘お袖」（東洲斎写楽）
◇日本絵画館 8（講談社 1970）
　　▷図105「岩井喜代太郎の鷲坂左内妻藤波と坂東善次の鷲塚官太夫妻小笹」（東洲斎写楽）

◇原色日本の美術 17（小学館 1968）
　　▷図79「岩井喜代太郎の千代」（歌川国政）
◇浮世絵名作選集 4（山田書院 1968）
　　▷図〔15〕「岩井喜代太郎の鷲坂左内妻藤波と坂東善次の鷲塚官太夫妻小笹」（東洲斎写楽）
◇美人画・役者絵 6（講談社 1966）
　　▷図26「岩井喜代太郎の鷲坂左内妻藤波と坂東善次の鷲塚官太夫妻小笹」（東洲斎写楽）
　　▷図45「岩井喜代太郎の二見屋娘お袖」（東洲斎写楽）
◇浮世絵版画 6（集英社 1964）
　　▷図15「岩井喜代太郎の鷲坂左内妻藤波と坂東善次の鷲塚官太夫妻小笹」（東洲斎写楽）
◇浮世絵全集 5（河出書房新社 1957）
　　▷図15「岩井喜代太郎の千代」（歌川国政）

岩井喜代太郎〔初代〕　　いわいきよたろう
江戸時代中期の歌舞伎役者。
◇秘蔵浮世絵大観 別巻（講談社 1990）
　　▷〔チ〕092「二代目坂東三津五郎の足利頼兼公と初代岩井喜代太郎の角力さゞ波勝の助」（歌川豊国（初代）　享和元）

岩井喜代太郎〔2代〕　　いわいきよたろう
江戸時代の歌舞伎役者。
◇浮世絵ギャラリー 4（小学館 2006）
　　▷図36「二代目岩井喜代太郎の左内女房藤浪と初代坂東善次の官太夫女房小笹」（東洲斎写楽　寛政6(1794)）
◇名品揃浮世絵 6（ぎょうせい 1992）
　　▷図43「役者舞台之姿絵 江戸や（二世岩井喜代太郎の大星由良之助妻お石）」（歌川豊国（初代）　寛政6-7(1794-95)）
　　▷図20「役者舞台之姿絵 江戸や（岩井喜代太郎のおかる）」（歌川豊国（初代）　寛政6-7(1794-95)）
◇秘蔵浮世絵大観 別巻（講談社 1990）
　　▷〔ア〕030「初代岩井粂三郎の玉琴姫と二代目岩井喜代太郎の千草之介」（歌川国政　寛政10）
　　▷〔チ〕89「役者舞台之姿絵 江戸や（二世岩井喜代太郎の大星由良之助妻お石）」（歌川豊国（初代）　寛政6-7(1794-95)）
◇浮世絵聚花 9（小学館 1981）
　　▷図175「役者舞台之姿絵 江戸や（岩井喜代太郎のおかる）」（歌川豊国（初代）　寛政6-7(1794-95)）
◇浮世絵全集 5（河出書房新社 1957）
　　▷図14「役者舞台之姿絵 江戸や（二世岩井喜代太郎の大星由良之助妻お石）」（歌川豊国（初代）　寛政6-7(1794-95)）

岩井粂三郎　　いわいくめさぶろう
江戸時代後期の歌舞伎役者。
◇華―浮世絵名品集（平木浮世絵財団 2004）

▷図30「岩井粂三郎」(歌川国政　寛政8 (1796)頃)
◇浮世絵八華 4（平凡社 1985）
　▷図0131「岩井粂三郎の芸者久米吉」(東洲斎写楽　寛政7(1795))
◇浮世絵八華 6（平凡社 1985）
　▷図51「岩井粂三郎の芸者湯島おかんと市川男女蔵のもくづの三平」(歌川国貞(初代))
◇在外日本の至宝 7（毎日新聞社 1980）
　▷図106「岩井粂三郎の芸者久米吉」(東洲斎写楽　寛政7(1795))
◇浮世絵聚花 6（小学館 1978）
　▷図200「岩井粂三郎の巴御前」(歌川国政)
◇在外秘宝―欧米収蔵浮世絵集成 東洲斎写楽（学習研究社 1972）
　▷図0139「岩井粂三郎の芸者久米吉」(東洲斎写楽　寛政7(1795))
◇美人画・役者絵 5（講談社 1965）
　▷図1「岩井粂三郎の重忠おく方」(喜多川歌麿(初代))

岩井左源太　いわいさげんた
江戸時代中期の歌舞伎役者。
◇華―浮世絵名品集（平木浮世絵財団 2004）
　▷図16「いわ井左源太 かつ山又五郎」(鳥居清信　元禄14(1701))

岩泉正意　いわいずみまさもと　1841～1909
江戸時代末期, 明治期の陸奥八戸藩士, 洋学者, 政治家。県議会議員。
◇青森県人名事典（東奥日報社 2002）

岩井半四郎〔代数不詳〕　いわいはんしろう
江戸時代の歌舞伎役者。
◇肉筆浮世絵大鑑 3（講談社 1996）
　▷図69「岩井半四郎・悪婆の図」(歌川国貞　文政(1818-30)末-天保(1830-44)年間末)
◇名品揃物浮世絵 2（ぎょうせい 1991）
　▷図70「出語り図 沢村宗十郎の治兵衛と岩井半四郎の小春」(鳥居清長　天明4.8 (1784.8))
◇秘蔵浮世絵大観 5（講談社 1989）
　▷図12「俳優六玉かほ 陸奥名所 千鳥の玉川 大和屋梅我」(歌川国貞(初代)　天保3-4頃(1832-33頃))
◇秘蔵浮世絵大観 12（講談社 1988）
　▷図89「出語り図 沢村宗十郎の治兵衛と岩井半四郎の小春」(鳥居清長　天明4.8 (1784.8))
◇浮世絵八華 2（平凡社 1985）
　▷図49「出語り図 沢村宗十郎の治兵衛と岩井半四郎の小春」(鳥居清長　天明4.8 (1784.8))
◇浮世絵聚花 9（小学館 1981）
　▷図028「市川八百蔵と岩井半四郎」(一筆斎文調)

▷図040「岩井半四郎」(勝川春好(初代))
▷図031-035「市川八百蔵 瀬川吉次 中村仲蔵 岩井半四郎 沢村宗十郎」(勝川春章)
◇浮世絵聚花 8（小学館 1980）
　▷図024「岩井半四郎」(一筆斎文調)
◇浮世絵聚花 15（小学館 1980）
　▷図049「岩井半四郎 難波屋お北 高島お久(布引き)」(喜多川歌麿(初代))
　▷図87「岩井半四郎の小女郎」(鳥居清経)
◇浮世絵聚花 7（小学館 1979）
　▷図153「市川高麗蔵の行平と岩井半四郎の村雨」(一筆斎文調)
　▷図103「市川高麗蔵 岩井半四郎 瀬川菊之丞」(勝川春潮)
◇浮世絵聚花 10（小学館 1979）
　▷図038「岩井半四郎」(葛飾北斎)
◇復元浮世絵大観 5（集英社 1979）
　▷図21「出語り図 沢村宗十郎の治兵衛と岩井半四郎の小春」(鳥居清長　天明4.8 (1784.8))
◇浮世絵大系 4（集英社 1975）
　▷図51「出語り図 沢村宗十郎の治兵衛と岩井半四郎の小春」(鳥居清長　天明4.8 (1784.8))
◇在外秘宝―欧米収蔵浮世絵集成 鳥居清長（学習研究社 1972）
　▷図125「出語り図 沢村宗十郎の治兵衛と岩井半四郎の小春」(鳥居清長　天明4.8 (1784.8))
◇原色日本の美術 24（小学館 1971）
　▷図45「出語り図 沢村宗十郎の治兵衛と岩井半四郎の小春」(鳥居清長　天明4.8 (1784.8))
◇日本の美術 22（平凡社 1964）
　▷図22「市川八百蔵と岩井半四郎」(勝川春英　天明頃)
　▷図20「市川団十郎と岩井半四郎」(勝川春章　安永期)
◇日本版画美術全集 3（講談社 1961）
　▷図144「出語り図 沢村宗十郎の治兵衛と岩井半四郎の小春」(鳥居清長　天明4.8 (1784.8))
◇日本版画美術全集 4（講談社 1960）
　▷図255「岩井半四郎の小女郎狐」(歌川豊国(初代))
◇浮世絵全集 5（河出書房新社 1957）
　▷図5「出語り図 沢村宗十郎の治兵衛と岩井半四郎の小春」(鳥居清長　天明4.8(1784.8))

岩井半四郎〔4代〕　いわいはんしろう
1747～1800　江戸時代中期, 後期の歌舞伎役者。
◇浮世絵ギャラリー 4（小学館 2006）
　▷図31「三代目坂東彦三郎の帯屋長右衛門と四代目岩井半四郎の信濃屋お半」(東洲斎写楽　寛政6(1794))
　▷図23「四代目岩井半四郎の重の井」(東洲斎写楽　寛政6(1794))

いわい

▷図28「四代目岩井半四郎の信濃屋お半」（東洲斎写楽　寛政6(1794)）
◇華―浮世絵名品集（平木浮世絵財団 2004）
　▷図20「四代目岩井半四郎 二代目坂東彦三郎」（鳥居清満　明和4(1767)頃）
◇日本の浮世絵美術館 1（角川書店 1996）
　▷図142「四代目岩井半四郎の乳人重の井」（東洲斎写楽　寛政6）
◇日本の浮世絵美術館 2（角川書店 1996）
　▷図20「市川団蔵の鎮西八郎為朝と四代目岩井半四郎の下田の初糸」（歌川豊国　寛政10）
　▷図145「五代目市川団十郎の三浦国妙と四代目岩井半四郎のうとう」（勝川春章　天明2）
　▷図116「四代目岩井半四郎（死絵）」（勝川春徳　寛政12頃）
◇日本の浮世絵美術館 3（角川書店 1996）
　▷図150「四世岩井半四郎・七世片岡仁左衛門・三世瀬川菊之丞」（勝川春好　寛政6-9）
◇日本の浮世絵美術館 5（角川書店 1996）
　▷図69「四世岩井半四郎の団七妹お中」（北尾政演　安永9頃）
◇肉筆浮世絵大観 10（講談社 1995）
　▷図47「曽我の対面（五代目市川団十郎の工藤・三代目瀬川菊之丞の傾城舞鶴・四代目岩井半四郎の五郎）」（勝川春章　天明9(1789)）
◇秘蔵日本美術大観 12（講談社 1994）
　▷図25「四代目岩井半四郎の長古姉」（葛飾北斎　天明3(1783)）
　▷図19「四代目岩井半四郎の乳人重の井」（東洲斎写楽　寛政6(1794)）
◇秘蔵日本美術大観 10（講談社 1993）
　▷図49「四代目松本幸四郎と四代目岩井半四郎」（勝川春美　天明元(1781)か）
　▷図55「六代目市川団十郎と四代目岩井半四郎」（勝川春亭　寛政8-11(1796-99)）
◇浮世絵聚花名品選（小学館 1993）
　▷図12「三世坂東彦三郎の帯屋長右衛門と、四世岩井半四郎の信濃屋お半」（東洲斎写楽）
◇名品揃物浮世絵 6（ぎょうせい 1992）
　▷図25「役者舞台之姿絵 やまとや（四世岩井半四郎の楠正成娘菊水）」（歌川豊国（初代）寛政6-7(1794-95)）
　▷図34「役者舞台之姿絵 やまとや（四世岩井半四郎の平井権八）」（歌川豊国（初代）寛政6-7(1794-95)）
　▷図40「役者舞台之姿絵 やまと屋（四世岩井半四郎の遊女おかる）」（歌川豊国（初代）寛政6-7(1794-95)）
◇新編 名宝日本の美術 29（小学館 1991）
　▷図46「役者舞台之姿絵（四世岩井半四郎のお花）」（歌川豊国（初代）寛政6）
　▷図20「四代目岩井半四郎の乳人重の井」（東洲斎写楽　寛政6(1794)）
　▷図33「三世坂東彦三郎の帯屋長右衛門と四世岩井半四郎の信濃屋お半」（東洲斎写楽）
◇秘蔵浮世絵大観 ベレス・コレクション（講談社 1991）
　▷図063「役者舞台之姿絵 やまとや（四世岩井半四郎の楠正成娘菊水）」（歌川豊国（初代）寛政6-7(1794-95)）
　▷図30「四代目岩井半四郎の暫」（勝川春英　寛政3(1791)）
　▷図38「四代目岩井半四郎の狐忠信」（勝川春艶　寛政6(1794)）
◇名品揃物浮世絵 5（ぎょうせい 1991）
　▷図59「おし絵形 四世岩井半四郎の鳥売」（勝川春英　寛政4-6頃(1792-94頃)）
　▷図44「四代目岩井半四郎（傘）」（勝川春好（初代）天明8－寛政2(1788-1790)）
　▷図43「四代目岩井半四郎（傾城）」（勝川春好（初代）天明8－寛政2(1788-1790)）
　▷図34「二世市川門之助と四世岩井半四郎の楽屋」（勝川春章　天明2-3頃(1782-3頃)）
　▷図82「四世岩井半四郎の浮世之助下女さん実は左馬之助妹さへだ（大和屋杜若）」（東洲斎写楽）
　▷図83「四世岩井半四郎の楠正成女房菊水」（東洲斎写楽）
　▷図21「四世岩井半四郎の乳人重の井」（東洲斎写楽　寛政6(1794)）
　▷図72「三世坂東彦三郎の帯屋長右衛門と四世岩井半四郎の信濃屋お半」（東洲斎写楽）
◇秘蔵浮世絵大観 7（講談社 1990）
　▷図91「四代目岩井半四郎と初代尾上松助」（歌川豊国（初代）寛政2・正(1800.正)）
　▷図032「役者舞台之姿絵 やまとや（四世岩井半四郎のお花）」（歌川豊国（初代）寛政6）
　▷図88「役者舞台之姿絵 やまとや（四世岩井半四郎の楠正成娘菊水）」（歌川豊国（初代）寛政6-7(1794-95)）
◇秘蔵浮世絵大観 別巻（講談社 1990）
　▷〔チ〕091「四代目岩井半四良の久松と二世中村のしほのおそめ」（歌川豊国（初代）寛政10）
　▷〔チ〕044「四代目岩井半四郎」（勝川春英　寛政初期頃）
　▷〔チ〕031「四代目岩井半四郎」（勝川春好（初代）天明）
　▷〔ア〕13「四代目松本幸四郎の与右衛門と四代目岩井半四郎のかさね」（勝川春好（初代）安永7(1778)）
　▷〔チ〕049「四代目岩井半四郎」（勝川春泉　天明末－寛政初頃）
◇秘蔵浮世絵大観 プルヴェラー・コレクション（講談社 1990）
　▷図34「二世市川門之助と四世岩井半四郎の楽屋」（勝川春章　天明2-3頃(1782-3頃)）
　▷図32「初代尾上松助・四代目岩井半四郎・三代目市川八百蔵」（勝川春章　天明3(1783)）
◇秘蔵浮世絵大観 6（講談社 1989）
　▷図128「四代目松本幸四郎と四代目岩井半四郎」（勝川春好（初代）安永7-8頃(1778-79頃)）
　▷図0105「四世岩井半四郎の桜姫と五世市川団十郎の骸骨」（勝川春章　天明3）

いわい

▷図0104「四代目岩井半四郎の舞子桜木」(勝川春章　安永4)
▷図03「二世市川門之助と四世松本幸四郎と四世岩井半四郎」(東洲斎写楽　寛政6-7)
▷図0179「四世岩井半四郎の乳人重の井」(東洲斎写楽　寛政6(1794))
▷図0163「浄瑠璃・睦月恋手取三代目瀬川菊之丞の安方と四代目岩井半四郎の善知鳥」(鳥居清長　天明2(1782))
◇秘蔵浮世絵大観 9 (講談社 1989)
▷図086「六代目市川団十郎のえびざこの十と四代目岩井半四郎の三日月おせん」(歌川豊国(初代)　寛政10.11)
▷図088「四代目岩井半四郎の笠屋万勝」(歌川豊国(初代)　寛政10.2)
▷図113「四代目岩井半四郎の春駒」(勝川春英　寛政(1789-1801))
▷図027「市川鰕蔵の寿老人と四代目岩井半四郎・三代目沢村宗十郎の唐子」(勝川春好(初代)　寛政)
▷図041「四代目岩井半四郎の月さよ」(鳥居清長　明和9)
▷図150「江戸紫娘道成寺 四代目岩井半四郎の白拍子野分実は太田弥兵衛娘おたねの亡魂」(鳥居清政　寛政5(1793))
◇秘蔵浮世絵大観 4 (講談社 1988)
▷図88「四代目岩井半四郎と初代中村野塩」(勝川春好(初代)　安永中期(1772-81))
▷図86「四代目松本幸四郎の佐藤忠信実は源九郎狐と四代目岩井半四郎の静御前」(勝川春好(初代)　安永6(1777))
▷図82「四代目岩井半四郎の遊女と禿」(勝川春章　天明初年頃(1781-89頃))
▷図77「四代目松本幸四郎と四代目岩井半四郎」(勝川春章　安永中期頃(1772-81))
▷図92「四代目岩井半四郎の女傀儡師・三代目沢村宗十郎の河津三郎・三代目瀬川菊之丞の白拍子風折」(勝川春潮　天明9(寛政元)・1(1789・1))
▷図052「双六遊びを見る四代目岩井半四郎」(作者不詳　寛政中期)
◇秘蔵浮世絵大観 11 (講談社 1988)
▷図08「初代浅尾為十郎の矢間喜内・三代目沢村宗十郎の矢間重太郎・四代目勝川春四郎の重太郎女房おりゑ」(勝川春好(初代)　寛政元.6)
▷図10「四代目岩井半四郎・初代尾上松助・二代目市川門之助」(勝川春章　安永9(1780))
◇秘蔵浮世絵大観 12 (講談社 1988)
▷図60「四代目岩井半四郎」(一筆斎文調　明和後期(1764-72))
▷図036「四代目岩井半四郎の村雨」(一筆斎文調　明和8)
▷図052「四代目岩井半四郎」(勝川春英　寛政5-7)
▷図045「四代目岩井半四郎」(勝川春章　安永後期)
▷図73「四代目岩井半四郎と初代中村仲蔵の「道成寺」のやつし」(勝川春章　安永6.3(1777.3))
▷図113「四世岩井半四郎の信濃屋お半」(東洲斎写楽　寛政6(1794))
◇秘蔵浮世絵大観 2 (講談社 1987)
▷図51「四代目岩井半四郎の清姫」(一筆斎文調　明和7.9(1770.9))
▷図109「三世市川八百蔵の五郎時宗と三世瀬川菊之丞のおとりと四世岩井半四郎のおてふ」(勝川春英　寛政3.1(1791.1))
▷図112「四代目岩井半四郎・市川蝦蔵・四代目松本幸四郎」(勝川春英　寛政4または7(1792または1795))
▷図110「二代目坂東三津五郎の法院・四代目岩井半四郎の諸芸指南のお千代実は小女郎狐・三代目大谷鬼次の奴」(勝川春英　寛政3.11(1791.11))
▷図90「三代目市川八百蔵の助六と四代目岩井半四郎の揚巻」(勝川春章　安永5.3(1776.3))
▷図085「四代目岩井半四郎と三代目市川八百蔵」(勝川春章　安永末-天明初)
▷図086「四代目岩井半四郎の女占示お松実は富士娘と四代目松本幸四郎の浅間左衛門」(勝川春章　天明元.11)
▷図082「初代中村粂次郎と四代目岩井半四郎」(勝川春章　安永7-9)
▷図212「四世岩井半四郎の乳人重の井」(東洲斎写楽　寛政6(1794))
▷図0115「二代目市川門之助の曽我五郎時致と四代目岩井半四郎の化粧坂少将」(鳥居清長　安永8.正)
▷図126「浄瑠璃・睦月恋手取三代目瀬川菊之丞の安方と四代目岩井半四郎の善知鳥」(鳥居清長　天明2(1782))
▷図137「三代目瀬川菊之丞の梅が枝・五代目市川段十郎の浅間左衛門・四代目岩井半四郎の八重機」(鳥居清長　天明7.11(1787.11))
◇浮世絵八華 4 (平凡社 1985)
▷図0121「四世岩井半四郎の浮世之助下女さん実は左馬之助妹さへど(大和屋杜若)」(東洲斎写楽)
▷図52「四世岩井半四郎のおとま」(東洲斎写楽)
▷図074「四世岩井半四郎のおとま」(東洲斎写楽)
▷図077「四世岩井半四郎のおひな」(東洲斎写楽)
▷図080「四世岩井半四郎の楠正成女房菊水」(東洲斎写楽)
▷図071「四世岩井半四郎の仕丁姿の兼好妹千早」(東洲斎写楽)
▷図050「四世岩井半四郎の信濃屋お半」(東洲斎写楽　寛政6(1794))
▷図24「四世岩井半四郎の乳人重の井」(東洲斎写楽　寛政6(1794))
▷図020「四世岩井半四郎の乳人重の井」(東洲斎写楽　寛政6(1794))

歴史人物肖像索引　75

いわい

▷図39「三世坂東彦三郎の帯屋長右衛門と四世岩井半四郎の信濃屋お半」（東洲斎写楽）
◇浮世絵八華 6（平凡社 1985）
　▷図17「役者舞台之姿絵 やまとや（四世岩井半四郎の平井権八）」（歌川豊国（初代）寛政6-7(1794-95)）
　▷図20「役者舞台之姿絵 やまとや（四世岩井半四郎の平井権八）」（歌川豊国（初代）寛政6-7(1794-95)）
◇浮世絵聚花 2（小学館 1985）
　▷図67「四世岩井半四郎のお俊、三世市川八百蔵の伝兵衛、二世市川門之助の白藤源太」（鳥居清長）
◇浮世絵の美百選（日本経済新聞社 1981）
　▷図60「四世岩井半四郎の楠正成女房菊水」（東洲斎写楽）
◇浮世絵聚花 9（小学館 1981）
　▷図070「七世片岡仁左衛門の伊与の太郎と四世岩井半四郎の小女郎狐」（歌川豊国（初代））
　▷図90「初世中村仲蔵と四世岩井半四郎」（勝川春章）
◇浮世絵聚花 13（小学館 1981）
　▷図167「四世岩井半四郎」（勝川春章）
　▷図8「四世岩井半四郎の楠正成女房菊水」（東洲斎写楽）
　▷図38「江戸紫娘道成寺 四代目岩井半四郎の白拍子野分実は太田弥兵衛娘おたねの亡魂」（鳥居清政 寛政5(1793)）
◇浮世絵聚花 14（小学館 1981）
　▷図169「四世岩井半四郎の信濃屋お半」（東洲斎写楽 寛政6(1794)）
◇浮世絵聚花 5（小学館 1980）
　▷図78「四世岩井半四郎の座敷に立つ娘」（一筆斎文調）
　▷図126「四世岩井半四郎の刀を構えた女」（勝川春英）
　▷図021「四世岩井半四郎の暫」（勝川春好（初代））
　▷図28「四世岩井半四郎の桜姫と五世市川団十郎の骸骨」（勝川春章 天明3）
　▷図108「四世岩井半四郎の玉姫誠は大倉の小女郎狐」（勝川春章）
　▷図028-030「四世岩井半四郎の大倉の小女郎狐、二世市川門之助の二階堂信濃之介、坂東三津五郎の万作狐」（鳥居清長）
◇浮世絵聚花 8（小学館 1980）
　▷図157「四世岩井半四郎と二世市川八百蔵」（一筆斎文調）
　▷図106「六代目市川団十郎のえびざこの十と四代目岩井半四郎の三日月おせん」（歌川豊国（初代）寛政10.11）
◇浮世絵聚花 12（小学館 1980）
　▷図200「四世岩井半四良の久松と二世中村のしほのおそめ」（歌川豊国（初代）寛政10）
　▷図163「四代目岩井半四郎の狐忠信」（勝川春艶 寛政6(1794)）
◇復元浮世絵大観 4（集英社 1980）

▷図20「五世市川団十郎の浅間左衛門則正と四世岩井半四郎の八重はた」（勝川春英）
▷図16「四代岩井半四郎と二代市川門之助と三代坂田半五郎」（勝川春好（初代））
◇浮世絵聚花 7（小学館 1979）
　▷図230「四世岩井半四郎」（勝川春章）
　▷図189「四世岩井半四郎の仕丁姿の兼好妹千早」（東洲斎写楽）
　▷図13「三世坂東彦三郎の帯屋長右衛門と四世岩井半四郎の信濃屋お半」（東洲斎写楽）
　▷図65「四世岩井半四郎のさくら姫」（鳥居清経）
◇浮世絵聚花 10（小学館 1979）
　▷図133「役者舞台之姿絵 やまとや（四世岩井半四郎の楠正成娘菊水）」（歌川豊国（初代）寛政6-7(1794-95)）
　▷図94「中村仲蔵と四世岩井半四郎」（勝川春章）
　▷図229「三世坂東彦三郎の帯屋長右衛門と四世岩井半四郎の信濃屋お半」（東洲斎写楽）
◇浮世絵聚花 11（小学館 1979）
　▷図189「四代目岩井半四郎の村雨」（一筆斎文調 明和8）
　▷図28-30「三世市川八百蔵の五郎時宗と三世瀬川菊之丞のおとりと四世岩井半四郎のおてふ」（勝川春英 寛政3.1(1791.1)）
　▷図31-33「三世東三津五郎の富田林の太郎狐と四世松本幸四郎の狩野之助茂光と四世岩井半四郎の狩野之助妹真袖」（勝川春好（初代））
　▷図104「四世岩井半四郎と山下万菊と四世松本幸四郎」（勝川春章）
　▷図11「四世岩井半四郎の乳人重の井」（東洲斎写楽 寛政6(1794)）
　▷図246-247「二代目市川門之助の曽我五郎時致と四代目岩井半四郎の化粧坂少将」（鳥居清長 安永8.正）
◇復元浮世絵大観 10（集英社 1979）
　▷図8「役者舞台之姿絵 やまとや（四世岩井半四郎のお花）」（歌川豊国（初代）寛政6）
◇浮世絵聚花 6（小学館 1978）
　▷図80「役者舞台之姿絵 やまとや（四世岩井半四郎のお花）」（歌川豊国（初代）寛政6）
　▷図67「四世岩井半四郎の浮世之助下女さん実は左馬之助妹さへだ（大和屋壮若）」（東洲斎写楽）
　▷図161「四世岩井半四郎のおとま」（東洲斎写楽）
◇復元浮世絵大観 8（集英社 1978）
　▷図19「四世岩井半四郎の乳人重の井」（東洲斎写楽 寛政6(1794)）
◇浮世絵大系 4（集英社 1975）
　▷図53「四代岩井半四郎の白拍子野分」（鳥居清政）
◇浮世絵大系 3（集英社 1974）
　▷図64「四代目岩井半四郎の村雨」（一筆斎文調 明和8）
　▷図51「五世市川団十郎の浅間左衛門則正と四世岩井半四郎の八重はた」（勝川春英）

いわい

▷図48「四代岩井半四郎と二代市川門之助と三代坂田半五郎」(勝川春好(初代))
▷図47「四世岩井半四郎のおりえ」(勝川春好(初代))
◇浮世絵大系 7 (集英社 1973)
▷図51「四世岩井半四郎の浮世之助下女さん実は左馬之助妹さへだ(大和屋杜若)」(東洲斎写楽)
▷図23「四世岩井半四郎の乳人重の井」(東洲斎写楽 寛政6(1794))
▷図37「三世坂東彦三郎の帯屋長右衛門と四世岩井半四郎の信濃屋お半」(東洲斎写楽)
◇在外秘宝―欧米収蔵浮世絵集成 東洲斎写楽 (学習研究社 1972)
▷図XI「二世市川門之助と四世松本幸四郎と四世岩井半四郎」(東洲斎写楽 寛政6-7)
▷図82「四世岩井半四郎の浮世之助下女さん実は左馬之助妹さへだ(大和屋杜若)」(東洲斎写楽)
▷図0123「四世岩井半四郎の浮世之助下女さん実は左馬之助妹さへだ(大和屋杜若)」(東洲斎写楽)
▷図73「四世岩井半四郎のおとま」(東洲斎写楽)
▷図0119「四世岩井半四郎のおとま」(東洲斎写楽)
▷図0115「四世岩井半四郎のおひな」(東洲斎写楽)
▷図0111「四世岩井半四郎の楠正成女房菊水」(東洲斎写楽)
▷図70「四世岩井半四郎の仕丁姿の兼好妹千早」(東洲斎写楽)
▷図0114「四世岩井半四郎の仕丁姿の兼好妹千早」(東洲斎写楽)
▷図41「四世岩井半四郎の信濃屋お半」(東洲斎写楽 寛政6(1794))
▷図051「四世岩井半四郎の信濃屋お半」(東洲斎写楽 寛政6(1794))
▷図24「四世岩井半四郎の乳人重の井」(東洲斎写楽 寛政6(1794))
▷図023「四世岩井半四郎の乳人重の井」(東洲斎写楽 寛政6(1794))
▷図40「三世坂東彦三郎の帯屋長右衛門と四世岩井半四郎の信濃屋お半」(東洲斎写楽)
▷図049「三世坂東彦三郎の帯屋長右衛門と四世岩井半四郎の信濃屋お半」(東洲斎写楽)
◇在外秘宝―欧米収蔵浮世絵集成 鳥居清長 (学習研究社 1972)
▷図91「四代目岩井半四郎と供の男」(鳥居清長)
◇全集浮世絵版画 4 (集英社 1972)
▷図24「四世岩井半四郎のおひな」(東洲斎写楽)
▷図44「四世岩井半四郎のおひな」(東洲斎写楽)
▷図13「四世岩井半四郎の乳人重の井」(東洲斎写楽 寛政6(1794))
▷図37「三世坂東彦三郎の帯屋長右衛門と四世岩井半四郎の信濃屋お半」(東洲斎写楽)

◇日本の名画 13 (講談社 1972)
▷図6「四世岩井半四郎の乳人重の井」(東洲斎写楽 寛政6(1794))
◇原色日本の美術 24 (小学館 1971)
▷図72「四世岩井半四郎の浮世之助下女さん実は左馬之助妹さへだ(大和屋杜若)」(東洲斎写楽)
▷図74「四世岩井半四郎の乳人重の井」(東洲斎写楽 寛政6(1794))
◇浮世絵名作選集 4 (山田書院 1968)
▷図〔18〕「四世岩井半四郎の浮世之助下女さん実は左馬之助妹さへだ(大和屋杜若)」(東洲斎写楽)
◇美人画・役者絵 6 (講談社 1966)
▷図94-95「四世岩井半四郎の浮世之助下女さん実は左馬之助妹さへだ(大和屋杜若)」(東洲斎写楽)
▷図96「四世岩井半四郎のおとま」(東洲斎写楽)
▷図91「四世岩井半四郎のおひな」(東洲斎写楽)
▷図98「四世岩井半四郎の仕丁姿の兼好妹千早」(東洲斎写楽)
▷図49「四世岩井半四郎の信濃屋お半」(東洲斎写楽 寛政6(1794))
▷図22「四世岩井半四郎の乳人重の井」(東洲斎写楽 寛政6(1794))
▷図51「三世坂東彦三郎の帯屋長右衛門と四世岩井半四郎の信濃屋お半」(東洲斎写楽)
◇浮世絵版画 6 (集英社 1964)
▷図24「四世岩井半四郎の浮世之助下女さん実は左馬之助妹さへだ(大和屋杜若)」(東洲斎写楽)
▷図13「四世岩井半四郎の乳人重の井」(東洲斎写楽 寛政6(1794))
◇日本版画美術全集 3 (講談社 1961)
▷図3「四代目岩井半四郎の村雨」(一筆斎文調 明和8)
▷図266「四世岩井半四郎・市川男女蔵・大谷鬼次」(勝川春英)
▷図269「四世岩井半四郎・市川男女蔵・大谷鬼次」(勝川春英)
▷図267「四世岩井半四郎の七役」(勝川春英)
▷図263「おし絵形 四世岩井半四郎の鳥売」(勝川春英 寛政4-6頃(1792-94頃))
▷図264「七世片岡仁左衛門の伊予の太郎と四世岩井半四郎の岡崎小女郎狐」(勝川春英)
▷図284「四世岩井半四郎と芸者」(勝川春英、勝川春潮)
▷図239「四世岩井半四郎(傾城)」(勝川春好(初代) 天明8-寛政2(1788-1790))
▷図246「四世岩井半四郎のお初・三世瀬川菊之丞のおふさ・二世市川門之助の徳兵衛」(勝川春好(初代))
▷図242「四世岩井半四郎の白拍子衣子と三世大谷広次のこんから坊と五世市川団十郎のせいたか坊」(勝川春好(初代))
▷図143「四世岩井半四郎の葛の葉と三世市川八百蔵の可内」(鳥居清長)

歴史人物肖像索引 77

◇日本版画美術全集 4（講談社 1960）
　▷図261「役者舞台之姿絵 やまとや（四世岩井半四郎の楠正成娘菊水）」（歌川国貞（初代） 寛政6-7（1794-95））
　▷図208「江戸紫娘道成寺 四代目岩井半四郎の白拍子野分実は太田弥兵衛娘おたねの亡魂」（鳥居清政 寛政5（1793））
　▷図107「三世坂東彦三郎の牛若と四世岩井半四郎の浄るり御前」（鳥居清満（初代））
　▷図228「四世岩井半四郎の浮世之助下女さん実は左馬之助妹さへだ（大和屋杜若）」（東洲斎写楽）
　▷図241「四世岩井半四郎のおひな」（東洲斎写楽）
　▷図223「四世岩井半四郎の乳人重の井」（東洲斎写楽 寛政6（1794））
◇浮世絵全集 5（河出書房新社 1957）
　▷図43「四世岩井半四郎の久松と三世瀬川菊之丞のお染」（勝川春英）
　▷図34「四世岩井半四郎のおかる」（勝川春章）

岩井半四郎〔5代〕　いわいはんしろう
1776～1847　江戸時代後期の歌舞伎役者。
◇華―浮世絵名品集（平木浮世絵財団 2004）
　▷図33「市川団之助の尾上 七代目市川団十郎の岩ふじ 五代目岩井半四郎のおはつ」（歌川豊国 文化11（1814））
◇日本の浮世絵美術館 4（角川書店 1996）
　▷図156「五世岩井半四郎の草かりおまつと三世坂東三津五郎の武蔵坊弁慶」（勝川春亭 文化4年）
◇日本の浮世絵美術館 6（角川書店 1996）
　▷図101「初代岩井粂三郎」（歌川国政 寛政8年）
◇肉筆浮世絵大観 10（講談社 1995）
　▷図単色6「三代目坂東三津五郎の工藤・瀬川路考の虎・五代目岩井半四郎の少将」（歌川豊国 文化2（1805））
◇秘蔵日本美術大観 11（講談社 1994）
　▷図58「五代目岩井半四郎のおやつ」（歌川豊国 文化9（1812））
◇秘蔵日本美術大観 10（講談社 1993）
　▷図84「六代目市川団十郎の加藤正清と初代岩井粂三郎の正清女房文月」（歌川豊国 寛政9（1797））
◇秘蔵浮世絵大観 ベレス・コレクション（講談社 1991）
　▷図184「初代中山富三郎と初代岩井粂三郎」（葛飾北斎 享和3（1803））
　▷図0111「七代目市川団十郎と五代目岩井半四郎」（歌川国貞（初代） 文政後期）
◇秘蔵浮世絵大観 別巻（講談社 1990）
　▷〔ア〕030「初代岩井粂三郎の玉琴姫と二目岩井喜代太郎の千草之介」（歌川国政 寛政10）
◇秘蔵浮世絵大観 プルヴェラー・コレクション（講談社 1990）

　▷図60「俳優日時計 申の刻 五代目岩井半四郎」（歌川国貞（初代） 文化13頃（1816頃））
◇秘蔵浮世絵大観 5（講談社 1989）
　▷図21「五代目岩井半四郎の田舎むすめ・初代中村芝翫の空谷寺はちたたき・三代目坂東三津五郎の面討五郎作」（歌川国貞（初代） 文政元（1818））
　▷図6「俳優舞台扇 五代目岩井半四郎の与郎女房およね」（歌川国貞（初代） 文政7（1824））
◇秘蔵浮世絵大観 9（講談社 1989）
　▷図085「三代目坂東彦三郎の小姓吉三郎と初代岩井粂三郎の八百やお七」（歌川豊国（初代） 享和元.正）
◇秘蔵浮世絵大観 3（講談社 1988）
　▷図20「娘と羽子板 五代目岩井半四郎」（歌川国貞（初代） 文政（1818-30））
　▷図37「見立狂言 五代目松本幸四郎・五代目岩井半四郎・五代目瀬川菊之丞・初代中村芝翫」（歌川国安 文化15（文政元）.2（1818.2））
　▷図019「七代目市川団十郎の岩ふじ・初代岩井紫若の見立おのえ・五代目岩井半四郎のおはつ」（歌川豊国（2代） 文政7.3）
◇秘蔵浮世絵大観 12（講談社 1988）
　▷図092「五代目岩井半四郎のおその・七代目市川団十郎のきぬ川弥三郎・三代目瀬川菊之丞のおきく」（歌川豊国（初代） 文政元）
◇秘蔵浮世絵大観 2（講談社 1987）
　▷図0178「三代目坂東三津五郎のわたなべの綱・初代市川男女蔵の相played良門・五代目岩井半四郎の小ゆき」（勝川春好（2代） 文化2.11）
◇浮世絵八華 6（平凡社 1985）
　▷図52「五代目岩井半四郎の三ケ月おせん」（歌川豊国（初代））
◇日本大百科全書（小学館 1984）　▷岩井半四郎〔5世〕
◇浮世絵聚花 8（小学館 1980）
　▷図12「初世岩井粂三郎の八重」（歌川国政）
◇国史大辞典（吉川弘文館 1979）

岩井半四郎〔6代〕　いわいはんしろう
1799～1836　江戸時代後期の歌舞伎役者。
◇日本の浮世絵美術館 4（角川書店 1996）
　▷図152「三世尾上菊五郎のお岩ぼうこん、二世岩井粂三郎のお岩妹お袖 三世尾上菊五郎の小仏小兵衛、七世市川団十郎の民谷伊右衛門」（歌川国安 文化8年）
◇秘蔵日本美術大観 11（講談社 1994）
　▷図56「二代目岩井粂三郎のおさん」（歌川豊国 文政5（1822））
◇秘蔵浮世絵大観 プルヴェラー・コレクション（講談社 1990）
　▷図73「七代目市川団十郎と二代目岩井粂三郎」（歌川豊国（初代） 文政4.正（1821．

正))
◇秘蔵浮世絵大観 5（講談社 1989）
▷図4「二代目岩井粂三郎のおりつ」（歌川国貞（初代） 天保2(1831)）
▷図02「浮世大江山 五代目瀬川菊之丞・七代目市川団十郎・初代岩井松之助・二代目岩井粂三郎」（歌川国貞（初代） 文政初期）
▷図74「二代目岩井粂三郎のあげ巻」（歌川豊国（2代） 文政7-8頃(1824-25頃)）
◇秘蔵浮世絵大観 3（講談社 1988）
▷図018「七代目市川団十郎と二代目岩井粂三郎」（歌川貞景 文政）
◇秘蔵浮世絵大観 12（講談社 1988）
▷図0125「二代目岩井粂三郎の幸兵衛娘おそで・三代目坂東三津五郎の唐木政右衛門・五代目瀬川菊之丞の政右衛門女房おたね」（歌川国貞（初代） 文政5）

岩井半四郎〔7代〕　いわいはんしろう
1804〜1845　江戸時代後期の歌舞伎役者。
◇秘蔵日本美術大観 11（講談社 1994）
▷図81「初代岩井紫若のいさみおんな」（丸丈斎国広 天保3(1832)）
◇秘蔵日本美術大観 10（講談社 1993）
▷図194「初代岩井紫若の照手の前」（春江斎北英 天保4(1833)）
◇秘蔵浮世絵大観 5（講談社 1989）
▷図5「俳優舞台扇 初代岩井紫若の町芸者おせん」（歌川国貞（初代） 文政7(1824)）
▷図144「初代岩井紫若のみの屋三かつと二代目嵐璃寛の赤根屋半七」（丸丈斎国広 天保5(1834)）
▷図161「二代目嵐璃寛の源為朝と初代岩井紫若の寧王女」（春梅斎北英 天保4(1833)）
▷図151「初代岩井紫若のお須磨の方・坂東寿太郎の笹屋半兵衛」（春梅斎北英 天保3(1832)）
▷図152「初代岩井紫若の久松とお染」（春梅斎北英 天保4(1833)）
▷図159「三代目中村歌右衛門の熊谷と初代岩井紫若の小萩実は敦盛」（春梅斎北英 天保3.2(1832)）
▷図162「三代目中村松江のかつらぎ太夫・坂東寿太郎の不破伴左衛門・初代岩井紫若の中居おみや」（春梅斎北英 天保3(1832)）
▷図02「浮世大江山 五代目瀬川菊之丞・七代目市川団十郎・初代岩井松之助・二代目岩井粂三郎」（歌川国貞（初代） 文政初期）
◇秘蔵浮世絵大観 9（講談社 1989）
▷図0134「三代目中村歌右衛門の熊谷と初代岩井紫若の小萩実は敦盛」（春梅斎北英 天保3.2(1832)）
◇秘蔵浮世絵大観 3（講談社 1988）
▷図11「五代目市川海老蔵の斎藤道三と初代岩井紫若の八重垣姫」（歌川国貞（初代） 天保7.7(1836.7)）
▷図019「七代目市川団十郎の岩ふじ・初代岩井紫若の見立おのえ・五代目岩井半四郎の

おはつ」（歌川豊国（2代） 文政7.3）

岩井半四郎〔8代〕　いわいはんしろう
1829〜1882　江戸時代末期,明治時代の歌舞伎役者。
◇秘蔵日本美術大観 11（講談社 1994）
▷図71「三代目岩井粂三郎の講釈師玄竜実は雁金文七 五代目市川海老蔵の巾着切目玉五郎実は雷庄九郎 八代目市川団十郎のあんばいよし六実は極印千右衛門」（歌川国貞（初代） 嘉永5(1852)）
◇秘蔵浮世絵大観 7（講談社 1990）
▷図0145「初代市川左団次の地廻り仁三・二代目岩井紫若の額の小さん・七代目河原崎三升の鳶金五郎」（豊原国周 明治4.8）
◇秘蔵浮世絵大観 別巻（講談社 1990）
▷〔ケ〕028「三代目高屋高助の茂兵衛と三代目岩井粂三郎のおさん」（歌川国芳 嘉永6）
◇秘蔵浮世絵大観 5（講談社 1989）
▷図16「三代目岩井粂三郎の八百屋お七と沢村宇十郎の紅屋長兵衛」（歌川国貞（初代） 嘉永2(1849)）
▷図026「見立闇つくし 子ゆゑのやみ 三代目岩井粂三郎の儀兵衛女房お園」（歌川国貞（初代） 安政元）
▷図071「三代目岩井粂三郎の印南数馬・初代河原崎権十郎の仁木多門之正・四代目中村芝翫の大高主殿」（落合芳幾 文久2）
◇秘蔵浮世絵大観 3（講談社 1988）
▷図33「今様押絵鏡 三代目岩井粂三郎の愛妾於柳の方」（歌川国貞（初代） 安政6－文久元(1859-61)）
◇秘蔵浮世絵大観 4（講談社 1988）
▷図209「端唄の意 三代目岩井粂三郎」（歌川国貞（初代） 安政4(1857)）
◇日本人名大事典 1〜6（平凡社 1979（覆刻））

岩城魁　いわきかい　1832〜1905
江戸時代末期,明治期の儒学者,教育者。
◇静岡県歴史人物事典（静岡新聞社 1991）

岩城吉隆　いわきよしたか　1609〜1671
江戸時代前期の大名。
◇秋田大百科事典（秋田魁新報社 1981）　▷佐竹義隆

岩切貞一　いわきりさだかず
江戸時代末期の薩摩藩士,科学者。
◇幕末―写真の時代（筑摩書房 1994）
▷p251 No.269「（無題）」（撮影者不詳）

岩雲花香　いわくもはなか　1792〜1869
江戸時代末期の尊王家。
◇徳島県百科事典（徳島新聞社 1981）

岩倉具視　いわくらともみ　1825～1883
　江戸時代末期, 明治時代の公家。外務卿・右大臣。
◇サムライ古写真帖（新人物往来社 2004）
　　▷p3「洋装の岩倉具視」
　　▷p3「衣冠束帯姿の岩倉具視」
◇皇族・華族古写真帖 愛蔵版（新人物往来社 2003）
　　▷p136「（無題）」
◇士―日本のダンディズム（二玄社 2003）
　　▷p111 No.81「明治英雄一覧」（明治時代初期）
　　▷p054 No.42「岩倉具視像」（制作年不詳）
◇講談社日本人名大辞典（講談社 2001）
◇日本史大事典（平凡社 1992）
◇写された幕末―石黒敬七コレクション（明石書店 1990）
　　▷p83 No.4「珍風俗の岩倉使節一行」
　　▷p82 No.3「岩倉具視のカルカチュア」
◇読者所蔵「古い写真」館（朝日新聞社 1986）
　　▷p65「（無題）」
◇京都大事典（淡交社 1984）
◇日本大百科全書（小学館 1984）
◇宮城県百科事典（河北新報社 1982）
◇国史大辞典（吉川弘文館 1979）
◇日本人名大事典 1～6（平凡社 1979（覆刻））
◇世界伝記大事典（ほるぷ出版 1978）
◇和漢詩歌作家辞典（みづほ出版 1972）
◇明治絵画名作大観 下（同盟通信社 1969）
　　▷図3「岩倉具視」（高橋由一）
◇大日本百科事典（小学館 1967）
◇世界大百科事典（平凡社 1964）
◇日本版画美術全集 7（講談社 1962）
　　▷図96「岩倉具視像」（作者不詳　明治16（1883））

岩崎灌園　いわさきかんえん　1786～1842
　江戸時代後期の本草学者, 博物学者, 幕府御家人。
◇日本大百科全書（小学館 1984）　▷岩崎灌園
◇国史大辞典（吉川弘文館 1979）　▷岩崎灌園
◇日本人名大事典 1～6（平凡社 1979（覆刻））
　　▷岩崎灌園

岩崎喜勢　いわさききせ　1845～1923
　江戸時代末期～大正期の女性。岩崎弥太郎の妻。
◇高知県人名事典（高知新聞社 1999）

岩崎豊太夫　いわさきとよだゆう
　江戸時代末期の第1回遣欧使節団監察使従者。
◇幕末―写真の時代（筑摩書房 1994）
　　▷p64 No.67「（無題）」（ナダール）
◇写真集 甦る幕末（朝日新聞社 1987）
　　▷p238 No.350「（無題）」

岩崎弥太郎　いわさきやたろう　1834～1885
　江戸時代末期, 明治時代の土佐藩出身の実業家。
◇高知県人名事典（高知新聞社 1999）
◇長崎事典 歴史編1988年版（長崎文献社 1988）
◇長崎県大百科事典（長崎新聞社 1984）
◇日本大百科全書（小学館 1984）
◇郷土歴史人物事典 長崎（第一法規出版 1979）
◇国史大辞典（吉川弘文館 1979）
◇日本人名大事典 1～6（平凡社 1979（覆刻））
◇世界伝記大事典（ほるぷ出版 1978）
◇高知県百科事典（高知新聞社 1976）
◇大日本百科事典（小学館 1967）
◇世界大百科事典（平凡社 1964）

岩佐純　いわさじゅん　1836～1912
　江戸時代末期, 明治時代の越前福井藩士, 医師。侍医。
◇福井県大百科事典（福井新聞社 1991）

岩佐又兵衛　いわさまたべえ　1578～1650
　江戸時代前期の画家。
◇国宝・重要文化財大全 2（毎日新聞社 1999）
　　▷図274「岩佐勝以像」（作者不詳　江戸時代）
◇日本美術絵画全集 13（集英社 1980）
　　▷図53「自画像」（岩佐又兵衛）
◇国史大辞典（吉川弘文館 1979）
◇日本人名大事典 1～6（平凡社 1979（覆刻））
◇重要文化財 11（毎日新聞社 1975）
　　▷図205「岩佐勝以像」（作者不詳　江戸時代）

岩下方平　いわしたまさひら　1827～1900
　江戸時代末期, 明治時代の薩摩藩士, 志士, 官吏。
◇サムライ古写真帖（新人物往来社 2004）
　　▷p158「薩摩藩と砂土原藩の武士たち」（ベアト　明治初期）

岩瀬忠震　いわせただなり　1818～1861
　江戸時代末期の幕府官僚, 外国奉行。
◇神奈川県史 通史編3近世（2）（神奈川県 1983）
　　▷p1137「写真」「岩瀬忠震」
◇神奈川県百科事典（大和書房 1983）
◇国史大辞典（吉川弘文館 1979）
◇日本人名大事典 1～6（平凡社 1979（覆刻））

岩田橘園　いわたきつえん　1833～1885
　江戸時代後期～明治期の囲碁棋士追贈6段, 画家。
◇島根県歴史人物事典（山陰中央新報社 1997）

岩田三蔵　いわたさんぞう　1822～1887
　江戸時代末期の幕臣, 御徒目付。
◇幕末―写真の時代（筑摩書房 1994）
　　▷p142 No.156「（無題）」（撮影者不詳）
◇読者所蔵「古い写真」館（朝日新聞社 1986）

▷p42「遣露使節と留学生」

岩戸山峰右衛門　いわとやまみねえもん
江戸時代後期の力士。
◇秘蔵浮世絵大観 4（講談社 1988）
　　▷図0114「岩戸山峰右衛門」（春川英蝶　天保期）

岩波其残　いわなみきざん　1815〜1894
江戸時代後期〜明治期の俳人。
◇角川日本姓氏歴史人物大辞典 20（角川書店 1996）
◇長野県歴史人物大事典（郷土出版社 1989）

岩政次郎右衛門　いわまさじろうえもん
1656〜1736　江戸時代前期、中期の治水家。
◇角川日本姓氏歴史人物大辞典 35（角川書店 1991）　▷岩政次郎右衛門

岩松太郎　いわまつたろう
江戸時代末期の河津伊豆守家来。1864年遣仏使節に随行しフランスに渡る。
◇読者所蔵「古い写真」館（朝日新聞社 1986）
　　▷p38「第2回遣欧使節」

岩見潟丈右衛門　いわみがたじょうえもん
1744〜1780　江戸時代中期の力士。
◇岩手百科事典（岩手放送 1988）　▷石見潟丈右衛門

岩村高俊　いわむらたかとし　1845〜1906
江戸時代末期、明治時代の土佐藩士、政治家。
◇書府太郎—石川県大百科事典 改訂版 上（北国新聞社 2004）
◇高知県人名事典（高知新聞社 1999）
◇愛媛県百科大事典（愛媛新聞社 1985）
◇佐賀県大百科事典（佐賀新聞社 1983）
◇高知県百科事典（高知新聞社 1976）

岩村通俊　いわむらみちとし　1840〜1915
江戸時代末期、明治時代の土佐藩士、官僚。
◇講談社日本人名大辞典（講談社 2001）
◇高知県人名事典（高知新聞社 1999）
◇北海道歴史人物事典（北海道新聞社 1993）
◇日本大百科全書（小学館 1984）
◇沖縄大百科事典（沖縄タイムス社 1983）
◇佐賀県大百科事典（佐賀新聞社 1983）
◇鹿児島大百科事典（南日本新聞社 1981）
◇北海道大百科事典（北海道新聞社 1981）
◇国史大辞典（吉川弘文館 1979）
◇高知県百科事典（高知新聞社 1976）

岩本晴之　いわもとはるゆき　1833〜1913
江戸時代末期、明治時代の政治家。
◇徳島県百科事典（徳島新聞社 1981）

岩本廉蔵　いわもとれんぞう　1831〜1916
江戸時代末期、明治時代の庄屋。
◇鳥取県大百科事典（新日本海新聞社 1984）

岩谷九十老　いわやくじゅうろう　1808〜1895
江戸時代末期、明治時代の篤農家。
◇島根県歴史人物事典（山陰中央新報社 1997）

隠元　いんげん　1592〜1673
江戸時代前期の来日明僧、日本黄檗宗の開祖。
◇講談社日本人名大辞典（講談社 2001）　▷隠元隆琦
◇国宝・重要文化財大全 1（毎日新聞社 1997）
　　▷図144「隠元隆琦像」（元規　江戸時代）
◇京都大事典 府域編（淡交社 1994）　▷隠元隆琦
◇日本史大事典（平凡社 1992）
◇京都大事典（淡交社 1984）　▷隠元隆琦
◇国史大辞典（吉川弘文館 1979）　▷隠元隆琦
◇日本人名大事典 1〜6（平凡社 1979〔覆刻〕）
◇世界伝記大事典（ほるぷ出版 1978）
◇重要文化財 11（毎日新聞社 1975）
　　▷図221「隠元和尚像（隠元自題）」（元規　江戸時代）
◇大日本百科事典（小学館 1967）
◇世界大百科事典（平凡社 1964）

印南丈作　いんなみじょうさく　1831〜1888
江戸時代末期、明治期の開拓功労者。那須開墾社初代社長。
◇栃木県歴史人物事典（下野新聞社 1995）
◇栃木県大百科事典（栃木県大百科事典刊行会 1980）
◇郷土歴史人物事典 栃木（第一法規出版 1977）

【う】

上河淇水　うえかわきすい　1748〜1817
江戸時代中期、後期の心学者。
◇国史大辞典（吉川弘文館 1979）

植木直枝　うえきなおえ　1817〜1893
江戸時代後期〜明治期の『万葉集古義』校閲者。
◇高知県人名事典（高知新聞社 1999）

上嶋重兵衛康房　うえじまじゅうべいやすふさ
　1760〜?　江戸時代中期, 後期の林業家。
◇福井県大百科事典（福井新聞社 1991）

上島竜記　うえじまりゅうき　1827〜1914
　江戸時代末期〜大正期の養蚕・製糸の先駆者。
◇大分県歴史人物事典（大分合同新聞社 1996）

上杉謙信　うえすぎけんしん　1530〜1578
　戦国時代, 安土桃山時代の武将, 関東管領。
◇講談社日本人名大辞典（講談社 2001）
◇朝日美術館 日本編 8（朝日新聞社 1997）
　▷図26「面構 上杉謙信と直江山城守」（片岡球子 1969）
◇秘蔵日本美術大観 11（講談社 1994）
　▷図12「上杉謙信」（鳥居清重 享保年間（1716-36））
◇富山大百科事典（北日本新聞社 1994）
◇日本史大事典（平凡社 1992）
◇現代の日本画 6（学習研究社 1991）
　▷図45「面構 上杉謙信と直江山城守」（片岡球子 昭和44（1969））
◇名品揃物浮世絵 1（ぎょうせい 1991）
　▷図87「風流やつし武者鑑 信玄 謙信」（礒田湖竜斎 明和末－安永初）
◇秘蔵浮世絵大観 プルヴェラー・コレクション（講談社 1990）
　▷図3「上杉謙信」（鳥居清重 享保（1716-36））
◇日本大百科全書（小学館 1984）
◇山形県大百科事典（山形放送 1983）
◇国史大辞典（吉川弘文館 1979）
◇日本人名大事典 1〜6（平凡社 1979（覆刻））
◇浮世絵聚花 4（小学館 1979）
　▷図053「風流やつし武者鑑 信玄 謙信」（礒田湖竜斎 明和末－安永初）
◇世界伝記大事典（ほるぷ出版 1978）
◇新潟県大百科事典 上, 下（新潟日報事業社 1977）
◇和漢詩歌作家辞典（みづほ出版 1972）
◇大日本百科事典（小学館 1967）
◇世界大百科事典（平凡社 1964）
◇浮世絵全集 2（河出書房新社 1958）
　▷図39「風流やつし武者鑑 信玄 謙信」（礒田湖竜斎 明和末－安永初）

上杉重勝　うえすぎしげかつ　1823〜1876
　江戸時代末期, 明治期の土佐藩士。
◇高知県人名事典（高知新聞社 1999）

上杉重房　うえすぎしげふさ　生没年不詳
　鎌倉時代の武士。
◇国宝・重要文化財大全 4（毎日新聞社 1999）
　▷図751「上杉重房（坐）像」（作者不詳 鎌倉時代　明月院（神奈川県鎌倉市山ノ内）蔵）
◇原色日本の美術（改訂版）9（小学館 1994）
　▷図108「上杉重房（坐）像」（作者不詳　明月院（神奈川県鎌倉市山ノ内））
◇原色日本の美術（改訂版）21（小学館 1994）
　▷図17「上杉重房（坐）像」（作者不詳　明月院（神奈川県鎌倉市山ノ内）蔵）
◇鎌倉事典（東京堂出版 1992）
◇日本美術全集 10（講談社 1991）
　▷図111「上杉重房（坐）像」（作者不詳　13世紀後期　明月院（神奈川県鎌倉市山ノ内）蔵）
◇仏像集成 1（学生社 1989）
　▷図52「上杉重房（坐）像」（作者不詳　明月院（神奈川県鎌倉市山ノ内）蔵）
◇全集日本の古寺 2（集英社 1984）
　▷図14「上杉重房（坐）像」（作者不詳　明月院（神奈川県鎌倉市山ノ内）蔵）
◇日本古寺美術全集 17（集英社 1981）
　▷図11「上杉重房（坐）像」（作者不詳　明月院（神奈川県鎌倉市山ノ内）蔵）
◇国史大辞典（吉川弘文館 1979）
◇重要文化財 5（毎日新聞社 1974）
　▷図228「上杉重房（坐）像」（作者不詳　鎌倉時代　明月院（神奈川県鎌倉市山ノ内）蔵）
◇日本美術館 5（筑摩書房 1972）
　▷図20「上杉重房（坐）像」（作者不詳　明月院（神奈川県鎌倉市山ノ内）蔵）
◇原色日本の美術 23（小学館 1971）
　▷図17「上杉重房（坐）像」（作者不詳　明月院（神奈川県鎌倉市山ノ内）蔵）
◇原色日本の美術 9（小学館 1968）
　▷図113「上杉重房（坐）像」（作者不詳　明月院（神奈川県鎌倉市山ノ内）蔵）
◇世界大百科事典（平凡社 1964）
◇日本の美術 11（平凡社 1964）
　▷図10「上杉重房（坐）像」（作者不詳　13世紀　明月院（神奈川県鎌倉市山ノ内）蔵）
◇日本美術全集 3（東都文化交易 1953）
　▷図48「上杉重房（坐）像」（作者不詳　鎌倉時代　明月院（神奈川県鎌倉市山ノ内））
◇日本の彫刻 6（美術出版社 1952）
　▷図30-32「上杉重房（坐）像」（作者不詳　康暦年間頃（1379-1380）　明月院（神奈川県鎌倉市山ノ内）蔵）

上杉駿河守　うえすぎするがのかみ
　江戸時代末期の大名。
◇幕末―写真の時代（筑摩書房 1994）
　▷p189 No.201「幕末の大名たち」（撮影者不詳）

上杉治憲　うえすぎはるのり　1751〜1822
　江戸時代中期, 後期の大名。
◇講談社日本人名大辞典（講談社 2001）　▷上杉鷹山

◇宮崎県大百科事典（宮崎日日新聞社 1983）▷上杉鷹山
◇山形県大百科事典（山形放送 1983）▷上杉鷹山
◇国史大辞典（吉川弘文館 1979）▷上杉鷹山
◇日本人名大事典 1〜6（平凡社 1979（覆刻））▷上杉鷹山
◇世界伝記大事典（ほるぷ出版 1978）
◇大日本百科事典（小学館 1967）▷上杉鷹山
◇世界大百科事典（平凡社 1964）

上杉茂憲　うえすぎもちのり　1844〜1919
江戸時代末期，明治時代の大名，官吏。
◇角川日本姓氏歴史人物大辞典 47（角川書店 1992）
◇沖縄大百科事典（沖縄タイムス社 1983）
◇山形県大百科事典（山形放送 1983）

上田秋成　うえだあきなり　1734〜1809
江戸時代中期，後期の歌人，国学者，読本作者。
◇講談社日本人名大辞典（講談社 2001）
◇日本史大事典（平凡社 1992）
◇大阪府史 第6巻 近世編2（大阪府 1987）
　▷〈写真〉写真222「上田秋成像」
◇京都大事典（淡交社 1984）
◇日本大百科全書（小学館 1984）
◇国史大辞典（吉川弘文館 1979）
◇日本人名大事典 1〜6（平凡社 1979（覆刻））
◇世界伝記大事典（ほるぷ出版 1978）
◇和漢詩歌作家辞典（みづほ出版 1972）
◇大日本百科事典（小学館 1967）
◇世界大百科事典（平凡社 1964）

上田樹徳　うえだじゅとく　1847〜1922
江戸時代末期〜大正期の書道家。
◇香川県人物・人名事典（四国新聞社 1985）
◇香川県大百科事典（四国新聞社 1984）

上田友助　うえだともすけ
江戸時代末期の第1回遣欧使節団定役元締。
◇幕末―写真の時代（筑摩書房 1994）
　▷p59 No.50「(無題)」（ナダール）
　▷p140 No.149「(無題)」（撮影者不詳）
　▷p66 No.77「遣欧使節団の随行者たち」（ナダール）
◇写された幕末―石黒敬七コレクション（明石書店 1990）
　▷p34 No.2「遣欧使節竹内下野守随員」（ナダール，フェリックス）
◇写真集 甦る幕末（朝日新聞社 1987）
　▷p232 No.322「(無題)」
◇読者所蔵「古い写真」館（朝日新聞社 1986）
　▷p42「遣露使節と留学生」
◇開化写真鏡 写真にみる幕末から明治へ（大和書房 1975）
　▷p92「(無題)」（ナダール）

上田寅吉　うえだとらきち　1823〜1890
江戸時代末期，明治時代の造船技師。
◇幕末―写真の時代（筑摩書房 1994）
　▷p74 No.86「(無題)」（撮影者不詳）
◇静岡県歴史人物事典（静岡新聞社 1991）

植田年　うえだみのる　1838〜1919
江戸時代末期〜大正期の地方自治功労者。
◇岡山県歴史人物事典（山陽新聞社 1994）

上田休　うえだやすみ　1830〜1877
江戸時代末期，明治時代の肥後熊本藩士。
◇熊本県大百科事典（熊本日日新聞社 1982）

上西甚蔵　うえにしじんぞう　1815〜1888
江戸時代末期，明治時代の仁侠家、陸奥仙台藩士。
◇宮城県百科事典（河北新報社 1982）

上野俊之丞　うえのとしのじょう　1790〜1851
江戸時代末期の蘭学者，技術者。
◇長崎県大百科事典（長崎新聞社 1984）

上野彦馬　うえのひこま　1838〜1904
江戸時代末期，明治時代の日本写真術の開祖の一人、俊之丞の次男。
◇上野彦馬と幕末の写真家たち（岩波書店 1997）
◇日本の写真家 1（岩波書店 1997）
　▷No.9「上野彦馬とその一族」（上野彦馬）
◇幕末―写真の時代（筑摩書房 1994）
　▷p170 No.178「(無題)」（堀江鍬次郎(伝)）
　▷p171 No.179「上野彦馬の一族」（上野彦馬）
◇写された幕末―石黒敬七コレクション（明石書店 1990）
　▷p21 No.5「彦馬と長崎役人達」
　▷p25 No.3「上野彦馬の日光乾燥室」
　▷p259「上野彦馬使用の写真機」
◇写真集 甦る幕末（朝日新聞社 1987）
　▷p104 No.118「長崎・中島川上流」（ベアト）
　▷p227 No.307「上野彦馬と門弟たち」
　▷p226 No.305「(無題)」
　▷p227 No.306「上野彦馬と門弟たち」
　▷p106 No.119「長崎・中島川上流」
　▷p106 No.120「長崎・中島川上流」
◇日本写真全集 5 人物と肖像（小学館 1986）
　▷p158 No.216「(無題)」（明治初期）
　▷p124 No.130「(無題)」
◇日本写真全集 1 写真の幕あけ（小学館 1985）
　▷p148 No.201「(無題)」（撮影者不詳）
◇長崎県大百科事典（長崎新聞社 1984）

うえの

◇大分百科事典（大分放送 1980）
◇郷土歴史人物事典 長崎（第一法規出版 1979）
◇国史大辞典（吉川弘文館 1979）
◇開化写真鏡 写真にみる幕末から明治へ（大和書房 1975）
　▷p101「（無題）」
◇写真の開祖上野彦馬（上野彦馬撮影 産業能率短期大学出版部 1975）
　▷p181 No.332「彦馬46歳ぐらい」
　▷p181 No.328「彦馬28歳頃」
　▷p183 No.339「（無題）」
　▷p207「（無題）」
　▷p42 No.51「（無題）」（明治初期）
　▷p181 No.329「彦馬33歳」
　▷pIII「（無題）」（1870年新春）
　▷p114 No.203「（無題）」
　▷p181 No.330「彦馬38歳ぐらい」
　▷p181 No.331「彦馬40歳ぐらい」
　▷p136 No.245「（無題）」
　▷p186 No.347「魔法（トリック）写真」
　▷p136 No.244「（無題）」
　▷p184 No.344「（無題）」
　▷p186 No.348「魔法（トリック）写真」
　▷p277「（無題）」
　▷p202 No.379「（無題）」（1897年代）
　▷p184 No.345「（無題）」（1898.3.15）
　▷p202 No.380「（無題）」
　▷p185 No.346「（無題）」
　▷p278「（無題）」
　▷p278「（無題）」
　▷p233「（無題）」
　▷p243「（無題）」
　▷p244「（無題）」
　▷p245「（無題）」
　▷p247「（無題）」
　▷p250「（無題）」
　▷p284「（無題）」（撮影地：上野彦馬の写場の展示室）
　▷p284「（無題）」（撮影地：上野彦馬の写場の乾燥室）
◇日本写真史 1840-1945（平凡社 1971）
　▷p370 No.563「（無題）」（上野彦馬 明治初期）
　▷p468「（無題）」
◇大日本百科事典（小学館 1967）

上野基房　うえのもとふさ　1777～1834
　江戸時代後期の宇都宮の郷土史家, 狂歌師。
◇栃木県歴史人物事典（下野新聞社 1995）

上原宣正　うえはらせんしょう　1805～1879
　江戸時代後期～明治期の僧。
◇大分県歴史人物事典（大分合同新聞社 1996）

植原六郎左衛門　うえはらろくろうざえもん
　1816～1868　江戸時代末期の美作津山藩士, 勤王家, 砲術家。
◇岡山県歴史人物事典（山陽新聞社 1994）　▷植原正方

植松自謙　うえまつじけん　1750～1810
　江戸時代後期の心学者。
◇長野県歴史人物大事典（郷土出版社 1989）
◇国史大辞典（吉川弘文館 1979）

上村吉三郎〔代数不詳〕　うえむらきちさぶろう
　江戸時代中期の歌舞伎役者。
◇浮世絵聚花 4（小学館 1979）
　▷図15「上村吉三郎の女三の宮」（鳥居清信（初代））
◇浮世絵大系 1（集英社 1974）
　▷図22「上村吉三郎の女三の宮」（鳥居清信（初代））
◇原色日本の美術 24（小学館 1971）
　▷図21「上村吉三郎の女三の宮」（鳥居清信（初代））

上村吉三郎〔初代〕　うえむらきちさぶろう
　江戸時代中期の歌舞伎役者。
◇秘蔵浮世絵大観 ブルヴェラー・コレクション（講談社 1990）
　▷図04「吉岡求女と初代上村吉三郎」（作者不詳 元禄末－宝永初頃）

鵜飼九十郎　うかいくじゅうろう
　江戸時代の歌舞伎役者。
◇美人画・役者絵 7（講談社 1965）
　▷図51「玉屋新兵衛と鵜飼九十郎」（歌川国芳）

倉稲魂命　うかのみたまのみこと
　上代の女神。
◇国史大辞典（吉川弘文館 1979）

浮田卯佐吉　うきだうさきち　1844～1911
　江戸時代後期～明治期の実業家。
◇岡山県歴史人物事典（山陽新聞社 1994）

宇喜多忠家　うきたただいえ　？～1609
　安土桃山時代, 江戸時代前期の武士。
◇岡山県歴史人物事典（山陽新聞社 1994）

宇喜多直家　うきたなおいえ　1529～1581
　戦国時代, 安土桃山時代の大名。
◇岡山県歴史人物事典（山陽新聞社 1994）
◇国史大辞典（吉川弘文館 1979）

◇岡山人名事典（日本文教出版 1978）

宇喜多秀家　うきたひでいえ　1573～1655
安土桃山時代の大名、五大老。
◇岡山県歴史人物事典（山陽新聞社 1994）

宇喜多能家　うきたよしいえ　？～1534
戦国時代の武将。
◇国宝・重要文化財大全 1（毎日新聞社 1997）
　▷図189「宇喜多能家像」（作者不詳　室町時代 大永4(1524)九峯宗成賛）
◇岡山県歴史人物事典（山陽新聞社 1994）
◇国史大辞典（吉川弘文館 1979）
◇岡山人名事典（日本文教出版 1978）

右近源左衛門　うこんげんざえもん
江戸時代前期の歌舞伎役者。
◇肉筆浮世絵 2（集英社 1982）
　▷図58「右近源左衛門図」（作者不詳　17世紀中頃）
◇日本美術全集 22（学習研究社 1979）
　▷図13「右近源左衛門図」（作者不詳　17世紀中頃）

右近権左衛門　うこんごんざえもん
1816～1888　江戸時代後期、末期、明治時代の北前船主9代。
◇福井県大百科事典（福井新聞社 1991）

宇佐美灊水　うさみしんすい　1710～1776
江戸時代中期の儒者。
◇講談社日本人名大辞典（講談社 2001）
◇国史大辞典（吉川弘文館 1979）

氏家厚時　うじいえあつとき　1817～1900
江戸時代末期、明治期の陸奥仙台藩士。
◇宮城県百科事典（河北新報社 1982）

牛島ノシ　うしじまのし　1812～1887
江戸時代後期～明治期の女性。絣織法の考案者。
◇福岡県百科事典 上,下（西日本新聞社 1982）

碓井元亮　うすいげんりょう　1777～1849
江戸時代中期、後期の医師。
◇宮崎県大百科事典（宮崎日日新聞社 1983）　▷碓井元亮・玄良父子

碓井玄良　うすいげんりょう　1830～1909
江戸時代後期～明治期の医師。
◇宮崎県大百科事典（宮崎日日新聞社 1983）　▷碓井元亮・玄良父子

渦ケ淵勘太夫　うずがふちかんだゆう
江戸時代中期、後期の力士。
◇秘蔵浮世絵大観 6（講談社 1989）
　▷図127「東小結 渦ケ渕勘太夫・西前頭 関ノ戸八郎治・行司 木村庄之助」（勝川春好（初代）　天明6頃(1786頃)）
◇秘蔵浮世絵大観 11（講談社 1988）
　▷図05「東方 久留米 渦ケ淵勘太夫・西方 江戸 荒海八郎治・行司 木村槌之助」（作者不詳　天明1-2)

薄雲〔初代〕　うすぐも
生没年不詳　江戸時代前期の女性。江戸吉原信濃屋の遊女。
◇肉筆浮世絵 1（集英社 1982）
　▷図47-48「高尾・薄雲図」（作者不詳）
◇美人画・役者絵 1（講談社 1965）
　▷図67-68「高尾・薄雲図」（作者不詳）

歌川国貞〔代数不詳〕　うたがわくにさだ
1786～1864　江戸時代後期の浮世絵師。
◇朝日美術館 日本編 8（朝日新聞社 1997）
　▷図36「面構 歌川国貞・柳亭種彦」（片岡球子 1980）
◇現代の日本画 6（学習研究社 1991）
　▷図62「面構 歌川国貞と四世鶴屋南北」（片岡球子　昭和57(1982)）
　▷図59「面構 歌川国貞・柳亭種彦」（片岡球子　昭和55(1980)）

歌川国貞〔初代〕　うたがわくにさだ
1786～1864　江戸時代後期の浮世絵師。
◇朝日美術館 日本編 8（朝日新聞社 1997）
　▷図45「面構 浮世絵師三代歌川豊国・渓斎英泉」（片岡球子 1991）
　▷図39「面構 狂言作者河竹黙阿弥・浮世絵師三代豊国」（片岡球子　1983）
◇現代の日本画 6（学習研究社 1991）
　▷図63「面構 狂言作者河竹黙阿弥・浮世絵師三代豊国」（片岡球子　昭和58(1983)）
　▷図54「面構 国貞改め三代豊国」（片岡球子　昭和51(1976)）
◇秘蔵浮世絵大観 3（講談社 1988）
　▷図159「三代豊国死絵」（豊原周信　元治元(1864)）
◇国史大辞典（吉川弘文館 1979）　▷歌川国貞〔代数なし〕
◇日本人名大事典 1～6（平凡社 1979(覆刻)）
　▷歌川豊国〔3代〕

歌川国芳　うたがわくによし　1797～1861
江戸時代末期の浮世絵師。
◇朝日美術館 日本編 8（朝日新聞社 1997）
　▷図43「面構 浮世絵師歌川国芳と浮世絵研究家鈴木重三先生」（片岡球子　1988）
　▷図33「面構 歌川国芳」（片岡球子　1977）

うたか

◇現代の日本画 6（学習研究社 1991）
　▷図67「面構 浮世絵師歌川国芳と浮世絵研究家鈴木重三先生」（片岡球子　昭和63（1988））
　▷図57「面構 歌川国芳」（片岡球子　昭和52（1977））
◇国史大辞典（吉川弘文館 1979）

宇田川玄真　うだがわげんしん　1769～1834
江戸時代中期, 後期の蘭方医。
◇岡山県歴史人物事典（山陽新聞社 1994）
◇日本大百科全書（小学館 1984）　▷宇田川榛斎
◇国史大辞典（吉川弘文館 1979）
◇日本人名大事典 1～6（平凡社 1979（覆刻））
　▷宇田川榛斎
◇岡山人名事典（日本文教出版 1978）
◇大日本百科事典（小学館 1967）　▷宇田川榛斎

宇田川玄随　うだがわげんずい　1755～1797
江戸時代中期の蘭方医。
◇講談社日本人名大辞典（講談社 2001）
◇岡山県歴史人物事典（山陽新聞社 1994）
◇日本大百科全書（小学館 1984）
◇国史大辞典（吉川弘文館 1979）
◇日本人名大事典 1～6（平凡社 1979（覆刻））
◇岡山人名事典（日本文教出版 1978）
◇大日本百科事典（小学館 1967）

歌川豊国〔初代〕　うたがわとよくに
1769～1825　江戸時代後期の浮世絵師。
◇講談社日本人名大辞典（講談社 2001）
◇朝日美術館 日本編 8（朝日新聞社 1997）
　▷図44「面構 師歌川豊広弟子安藤広重 師歌川豊春弟子初代歌川豊国」（片岡球子　1990）
　▷図34「面構 初代豊国」（片岡球子　1978）
◇現代の日本画 6（学習研究社 1991）
　▷図68「面構 師歌川豊広, 弟子安藤広重・師歌川豊春, 弟子初代歌川豊国」（片岡球子　平成2（1990））
　▷図55「面構 初代豊国」（片岡球子　昭和53（1978））
◇日本大百科全書（小学館 1984）　▷歌川豊国〔代数なし〕
◇国史大辞典（吉川弘文館 1979）　▷歌川豊国〔代数なし〕
◇日本人名大事典 1～6（平凡社 1979（覆刻））
◇世界伝記大事典（ほるぷ出版 1978）

歌川豊春　うたがわとよはる　1735～1814
江戸時代中期, 後期の浮世絵師。
◇朝日美術館 日本編 8（朝日新聞社 1997）
　▷図44「面構 師歌川豊広弟子安藤広重 師歌川豊春弟子初代歌川豊国」（片岡球子　1990）
◇現代の日本画 6（学習研究社 1991）
　▷図68「面構 師歌川豊広, 弟子安藤広重・師歌川豊春, 弟子初代歌川豊国」（片岡球子　平成2（1990））

歌川豊広　うたがわとよひろ　1774～1829
江戸時代後期の浮世絵師。
◇朝日美術館 日本編 8（朝日新聞社 1997）
　▷図44「面構 師歌川豊広弟子安藤広重 師歌川豊春弟子初代歌川豊国」（片岡球子　1990）
◇日本の浮世絵美術館 3（角川書店 1996）
　▷図33「歌川豊広像」（歌川豊広（2代）　明治前期）
◇現代の日本画 6（学習研究社 1991）
　▷図68「面構 師歌川豊広, 弟子安藤広重・師歌川豊春, 弟子初代歌川豊国」（片岡球子　平成2（1990））
◇国史大辞典（吉川弘文館 1979）

歌川広重〔初代〕　うたがわひろしげ
1797～1858　江戸時代末期の浮世絵師。
◇日本芸術の創跡 2004年度版（世界文芸社 2004）
　▷p91「面構 歌川広重」（片岡球子）
◇講談社日本人名大辞典（講談社 2001）
◇朝日美術館 日本編 8（朝日新聞社 1997）
　▷図31「面構 安藤広重」（片岡球子　1973）
　▷図44「面構 師歌川豊広弟子安藤広重 師歌川豊春弟子初代歌川豊国」（片岡球子　1990）
◇日本の浮世絵美術館 3（角川書店 1996）
　▷図34「歌川広重像」（歌川広重（2代）　明治前期）
◇現代の日本画 6（学習研究社 1991）
　▷図52「面構 安藤広重」（片岡球子　昭和48（1973））
　▷図68「面構 師歌川豊広, 弟子安藤広重・師歌川豊春, 弟子初代歌川豊国」（片岡球子　平成2（1990））
◇国史大辞典（吉川弘文館 1979）　▷歌川広重〔代数なし〕
◇日本人名大事典 1～6（平凡社 1979（覆刻））
◇世界伝記大事典（ほるぷ出版 1978）　▷安藤広重〔1世〕

宇田川榕庵　うだがわようあん　1798～1846
江戸時代後期の蘭学医。
◇講談社日本人名大辞典（講談社 2001）
◇岡山県歴史人物事典（山陽新聞社 1994）　▷宇田川榕菴
◇日本大百科全書（小学館 1984）　▷宇田川榕菴
◇国史大辞典（吉川弘文館 1979）
◇日本人名大事典 1～6（平凡社 1979（覆刻））
◇岡山人名事典（日本文教出版 1978）
◇世界伝記大事典（ほるぷ出版 1978）
◇大日本百科事典（小学館 1967）　▷宇田川榕菴
◇世界大百科事典（平凡社 1964）　▷宇田川榕菴

宇多天皇　うだてんのう　867～931
　平安時代前期の第59代天皇。在位887～897。
◇日本大百科全書（小学館 1984）
◇国史大辞典（吉川弘文館 1979）
◇日本人名大事典 1～6（平凡社 1979（覆刻））
◇世界伝記大事典（ほるぷ出版 1978）

内垣末吉　うちがきすえきち　1847～1918
　江戸時代末期～大正期の棋客。松尾神者の主典。
◇島根県歴史人物事典（山陰中央新報社 1997）

内田家吉　うちだいえよし
　平安時代後期の武士。
◇秘蔵浮世絵大観 4（講談社 1988）
　　▷図65「鞆絵御前と内田家吉」（礒田湖竜斎　安永年間（1772-81））

内田九一　うちだくいち　1844～1875
　江戸時代末期，明治時代の写真師。
◇日本写真全集 5 人物と肖像（小学館 1986）
　　▷p158 No.216「（無題）」（明治初期）
◇日本写真全集 1 写真の幕あけ（小学館 1985）
　　▷p151 No.208「（無題）」「撮影者不詳」
◇写真の開祖上野彦馬（上野彦馬撮影 産業能率短期大学出版部 1975）
　　▷p42 No.51「（無題）」（明治初期）
　　▷p224「（無題）」
◇日本写真史 1840-1945（平凡社 1971）
　　▷p470「（無題）」

内田七郎作　うちだしちろうさく　1827～1894
　江戸時代後期～明治期の風流人。
◇岡山県歴史人物事典（山陽新聞社 1994）

内田太蔵　うちだたぞう　1828～1901
　江戸時代後期～明治期の栃木村名主，栃本・奈良淵村戸長，栃木県議会議員。
◇栃木県歴史人物事典（下野新聞社 1995）

内田饒穂　うちだにぎほ　1836～1903
　江戸時代末期，明治期の勤王家，政治家。
◇岡山県歴史人物事典（山陽新聞社 1994）

内田正雄　うちだまさお　1838～1876
　江戸時代末期，明治時代の幕臣，教育者。
◇幕末―写真の時代（筑摩書房 1994）
　　▷p72 No.81「（無題）」（撮影者不詳）

内田政風　うちだまさかぜ　1815～1893
　江戸時代末期，明治時代の薩摩藩士。
◇書府太郎―石川県大百科事典 改訂版 上（北国新聞社 2004）

内堀久太　うちぼりきゅうた　1835～1912
　江戸時代後期～明治期の佐久郡塩野村名主。
◇角川日本姓氏歴史人物大辞典 20（角川書店 1996）

内村鱸香　うちむらろこう　1821～1901
　江戸時代末期，明治時代の儒学者。
◇島根県歴史人物事典（山陰中央新報社 1997）
◇島根県大百科事典（山陰中央新報社 1982）

内山七郎右衛門　うちやましちろうえもん
　1807～1881　江戸時代末期，明治時代の武士，経世家。
◇福井県大百科事典（福井新聞社 1991）

内山隆佐　うちやまたかすけ　1812～1864
　江戸時代末期の蝦夷地開拓者。
◇福井県大百科事典（福井新聞社 1991）

内山真竜　うちやままたつ　1740～1821
　江戸時代中期，後期の国学者。
◇静岡県史 通史編4 近世2（静岡県 1997）
　　▷〈写真〉写1-96「内山真竜画像」
◇静岡県歴史人物事典（静岡新聞社 1991）
◇静岡県史 資料編14 近世6（静岡県 1989）
　　▷〈口絵〉2「内山真竜自画讃像」
◇国史大辞典（吉川弘文館 1979）
◇静岡大百科事典（静岡新聞社 1978）

宇津木昆台　うつきこんだい　1779～1848
　江戸時代後期の医師。
◇日本人名大事典 1～6（平凡社 1979（覆刻））

宇津重上　うつしげかみ
　江戸時代の下野国，宇都宮家の御殿医。
◇栃木県史 通史編5 近世二（栃木県 1984）
　　▷〈写真〉11-5「逸翁（権右衛門重上）肖像」

宇都宮公綱　うつのみやきんつな　1302～1356
　鎌倉時代後期，南北朝時代の武将。
◇栃木県歴史人物事典（下野新聞社 1995）
◇栃木県大百科事典（栃木県大百科事典刊行会 1980）

宇都宮貞綱　うつのみやさだつな　1264～1316
　鎌倉時代後期の武将。
◇栃木県歴史人物事典（下野新聞社 1995）

宇都宮東太　うつのみやとうた　1818～1906
　江戸時代後期～明治期の肝属郡高山郷の曖役。
◇角川日本姓氏歴史人物大辞典 46（角川書店 1994）

うつの

宇都宮頼綱　うつのみやよりつな　1172～1259
鎌倉時代前期の武将、歌人。
◇国史大辞典（吉川弘文館 1979）

烏亭焉馬〔初代〕　うていえんば
1743～1822　江戸時代中期、後期の戯作者。
◇朝日美術館 日本編 8（朝日新聞社 1997）
　▷図48「面構 烏亭焉馬と二代目団十郎」（片岡球子 1994）
◇国史大辞典（吉川弘文館 1979）

海上胤平　うながみたねひら　1829～1916
江戸時代末期、明治時代の歌人。
◇千葉大百科事典（千葉日報社 1982）

海内果　うみうちはたす　1850～1881
江戸時代末期、明治時代の自由民権家。
◇富山大百科事典（北日本新聞社 1994）

梅田雲浜　うめだうんぴん　1815～1859
江戸時代末期の尊攘派志士。
◇講談社日本人名大辞典（講談社 2001）
◇福井県大百科事典（福井新聞社 1991）
◇日本大百科全書（小学館 1984）
◇国史大辞典（吉川弘文館 1979）
◇世界伝記大事典（ほるぷ出版 1978）
◇和漢詩歌作家辞典（みづほ出版 1972）

梅田五月　うめださつき　1835～1912
江戸時代末期、明治期の加賀大聖寺藩士、実業家、政治家。衆議院議員。
◇書府太郎―石川県大百科事典 改訂版 上（北国新聞社 2004）

梅津只円　うめづしえん　1818～1910
江戸時代末期、明治時代の能楽師。喜多流シテ方。
◇福岡県百科事典 上、下（西日本新聞社 1982）

梅辻規清　うめつじのりきよ　1798～1861
江戸時代後期の神学者。
◇京都大事典（淡交社 1984）

梅野多喜蔵　うめのたきぞう　1841～1928
江戸時代末期、明治期の筑後久留米藩士。
◇福岡県百科事典 上、下（西日本新聞社 1982）

梅村速水　うめむらはやみ　1842～1870
江戸時代末期、明治時代の志士。
◇岐阜県史 史料編 近代1（岐阜県 1998）
　▷〈口絵〉「梅村速水肖像（部分）」
◇岐阜県百科事典（岐阜日日新聞社 1968）

浦上玉堂　うらがみぎょくどう　1745～1820
江戸時代後期の南画家。
◇講談社日本人名大辞典（講談社 2001）
◇岡山県歴史人物事典（山陽新聞社 1994）
◇岡山人名事典（日本文教出版 1978）
◇日本美術絵画全集 20（集英社 1978）
　▷図94「浦上春琴筆玉堂寿像自賛詩」（浦上玉堂　文化10（1813））
　▷図95「玉堂寿像」（浦上春琴　文化10（1813））
　▷図96「浦上玉堂先生肖像」（佐野竜雲）
◇文人画粋編 18（中央公論社 1976）
　▷図61「父玉堂寿像」（浦上春琴　文化10（1813））
◇文人画粋編 14（中央公論社 1974）
　▷図101「浦上春琴筆玉堂寿像自賛詩」（浦上玉堂　文化10（1813））

浦本時蔵　うらもとときぞう
江戸時代末期の第2回遣欧使節随員。
◇読者所蔵「古い写真」館（朝日新聞社 1986）
　▷p39「第2回遣欧使節」

瓜生岩　うりゅういわ　1829～1897
江戸時代末期、明治時代の女性。社会事業家。
◇会津大事典（国書刊行会 1985）　▷瓜生イワ
◇福島大百科事典（福島民報社 1980）　▷瓜生岩子
◇国史大辞典（吉川弘文館 1979）
◇日本人名大事典 1～6（平凡社 1979（覆刻））

雲華　うんげ　1773～1850
江戸時代後期の真宗の僧。
◇大分百科事典（大分放送 1980）　▷末広雲華

運慶　うんけい　?～1223
平安時代後期、鎌倉時代前期の仏師。
◇国宝・重要文化財大全 4（毎日新聞社 1999）
　▷図717「伝運慶・伝湛慶（坐）像」（作者不詳　鎌倉時代　六波羅蜜寺（京都府京都市東山区）蔵）
◇仏像集成 3（学生社 1986）
　▷図193「伝運慶・伝湛慶（坐）像」（作者不詳　13世紀後半　六波羅蜜寺（京都府京都市東山区）蔵）
◇国史大辞典（吉川弘文館 1979）
◇日本人名大事典 1～6（平凡社 1979（覆刻））
◇重要文化財 5（毎日新聞社 1974）
　▷図196「伝運慶・伝湛慶（坐）像」（作者不詳　鎌倉時代　六波羅蜜寺（京都府京都市東山区）蔵）

雲居希膺 うんごきよう 1582～1659
江戸時代前期の臨済宗の僧。
◇国史大辞典（吉川弘文館 1979）

運寿一則 うんじゅかずのり 1839～1910
江戸時代後期～明治期の刀工。
◇長野県歴史人物大事典（郷土出版社 1989）

雲竜久吉 うんりゅうひさきち 1823～1891
江戸時代末期,明治時代の力士。
◇福岡県百科事典 上,下（西日本新聞社 1982）

運良 うんりょう 1267～1341
鎌倉時代後期の浄土宗の僧。
◇富山大百科事典（北日本新聞社 1994） ▷恭翁運良

【え】

栄西 えいさい 1141～1215
平安時代後期,鎌倉時代前期の臨済宗の僧。開祖。
◇講談社日本人名大辞典（講談社 2001） ▷明庵栄西
◇岡山県歴史人物事典（山陽新聞社 1994）
◇原色日本の美術(改訂版) 21（小学館 1994）
　▷図22「栄西禅師像」(作者不詳　寿福寺(神奈川県鎌倉市扇ガ谷)蔵)
◇日本史大事典（平凡社 1992）
◇日本の仏像大百科 5（ぎょうせい 1991）
　▷図124「栄西禅師像」(作者不詳　鎌倉時代　寿福寺(神奈川県鎌倉市扇ガ谷)蔵)
◇仏像集成 1（学生社 1989）
　▷図29「栄西禅師像」(作者不詳　寿福寺(神奈川県鎌倉市扇ガ谷)蔵)
◇京都大事典（淡交社 1984）
◇長崎県大百科事典（長崎新聞社 1984）
◇日本大百科全書（小学館 1984）
◇国史大辞典（吉川弘文館 1979） ▷明庵栄西
◇日本美術全集 13（学習研究社 1979）
　▷図83「栄西禅師像」(作者不詳　13世紀後半　寿福寺(神奈川県鎌倉市扇ガ谷))
◇岡山人名事典（日本文教出版 1978）
◇世界伝記大事典（ほるぷ出版 1978）
◇原色日本の美術 23（小学館 1971）
　▷図22「栄西禅師像」(作者不詳　寿福寺(神奈川県鎌倉市扇ガ谷)蔵)
◇大日本百科事典（小学館 1967）

英照皇太后 えいしょうこうたいごう
1833～1897
江戸時代末期,明治時代の女性。孝明天皇の皇后。
◇皇族・華族古写真帖 愛蔵版（新人物往来社 2003）
　▷p35「（無題）」
◇国史大辞典（吉川弘文館 1979）
◇日本人名大事典 1～6（平凡社 1979（覆刻））

叡尊 えいそん 1201～1290
鎌倉時代後期の律宗の僧。
◇国宝・重要文化財大全 4（毎日新聞社 1999）
　▷図632「興正菩薩(坐)像」(善春　弘安3(1280)　西大寺(奈良県奈良市西大寺芝町)蔵)
　▷図633「興正菩薩(坐)像」(作者不詳　鎌倉時代　白毫寺(奈良県奈良市白毫寺町)蔵)
◇原色日本の美術(改訂版) 9（小学館 1994）
　▷図46「興正菩薩(坐)像」(善春　弘安3(1280)　西大寺(奈良県奈良市西大寺芝町))
◇原色日本の美術(改訂版) 21（小学館 1994）
　▷図16「興正菩薩叡尊(坐)像」(善春,春聖,善実,堯善　弘安3(1280)　西大寺(奈良県奈良市西大寺芝町))
◇仏像集成 5（学生社 1994）
　▷図63「興正菩薩(坐)像」(善春　弘安3(1280)　西大寺(奈良県奈良市西大寺芝町)蔵)
　▷図217「興正菩薩(坐)像」(作者不詳　白毫寺(奈良県奈良市白毫寺町)蔵)
◇日本史大事典（平凡社 1992）
◇奈良県史 第6巻 寺院（名著出版 1991）
　▷p149「(写真)「叡尊像」
◇日本の仏像大百科 5（ぎょうせい 1991）
　▷図109「叡尊坐像」(善春　弘安3(1280)　西大寺(奈良県奈良市西大寺芝町)蔵)
◇日本美術全集 10（講談社 1991）
　▷図100「興正菩薩(坐)像」(善春　弘安3(1280)　西大寺(奈良県奈良市西大寺芝町)蔵)
◇人間の美術 6（学習研究社 1990）
　▷図134「興正菩薩(坐)像」(善春　弘安3(1280)　西大寺(奈良県奈良市西大寺芝町)蔵)
◇全集日本の古寺 13（集英社 1984）
　▷図56「興正菩薩(坐)像」(善春　弘安3(1280)　西大寺(奈良県奈良市西大寺芝町)蔵)
◇日本大百科全書（小学館 1984）
◇日本古寺美術全集 6（集英社 1983）
　▷図13「興正菩薩(坐)像」(善春　弘安3(1280)　西大寺(奈良県奈良市西大寺芝町)蔵)
◇在外日本の至宝 8（毎日新聞社 1980）
　▷図79「叡尊坐像」(作者不詳　室町時代　ケ

えいち

　　　　ルン東洋美術館（ドイツ・ケルン）蔵）
◇国史大辞典（吉川弘文館 1979）
◇世界伝記大事典（ほるぷ出版 1978）
◇日本美術全集 12（学習研究社 1978）
　　▷図57-58「興正菩薩(坐)像」（善春 弘安3
　　（1280） 西大寺（奈良県奈良市西大寺芝町）
　　蔵）
◇大和古寺大観 4（岩波書店 1977）
　　▷図135「興正菩薩(坐)像」（作者不詳 13世
　　紀 白毫寺（奈良県奈良市白毫寺町）蔵）
◇重要文化財 5（毎日新聞社 1974）
　　▷〔カラー〕4,121「興正菩薩(坐)像」（善春
　　弘安3(1280) 西大寺（奈良県奈良市西大寺
　　芝町）蔵）
　　▷図122「興正菩薩(坐)像」（作者不詳 鎌倉
　　時代 白毫寺（奈良県奈良市白毫寺町）蔵）
◇奈良の寺 21（岩波書店 1974）
　　▷図26,27「興正菩薩(坐)像」（善春 弘安3
　　（1280） 西大寺（奈良県奈良市西大寺芝町）
　　蔵）
◇奈良六大寺大観 14（岩波書店 1973）
　　▷p12-13,50-53「興正菩薩(坐)像」（善春 西
　　大寺（奈良県奈良市西大寺芝町）蔵）
◇原色日本の美術 23（小学館 1971）
　　▷図16「興正菩薩叡尊(坐)像」（善春、春聖、
　　善実、尭善 弘安3(1280) 西大寺（奈良県
　　奈良市西大寺芝町））
◇原色日本の美術 9（小学館 1968）
　　▷図45「興正菩薩叡尊(坐)像」（善春、春聖、
　　善実、尭善 西大寺（奈良県奈良市西大寺芝
　　町））
◇世界大百科事典（平凡社 1964）

栄朝　えいちょう　1165〜1247
平安時代後期、鎌倉時代前期の臨済宗の僧。
◇群馬県史 通史編6 近世3 生活・文化（群馬県 1992）
　　▷〈写真〉127「栄朝禅師木像」
◇仏像集成 1（学生社 1989）
　　▷図314「栄朝禅師像」（作者不詳 鎌倉時代
　　末期 蓮華寺（群馬県安中市）蔵）
◇埼玉大百科事典 1〜5（埼玉新聞社 1974）

江川太郎左衛門〔36代〕　えがわたろうざえもん
1801〜1855 江戸時代末期の代官、洋式砲術家。
◇講談社日本人名大辞典（講談社 2001） ▷江川英竜
◇静岡県史 通史編4 近世2（静岡県 1997）
　　▷〈写真〉写2-21「江川英竜自画像」
◇日本大百科全書（小学館 1984） ▷江川英竜
◇国史大辞典（吉川弘文館 1979）
◇日本人名大事典 1〜6（平凡社 1979（覆刻））
　　▷江川太郎左衛門〔代数なし〕
◇世界伝記大事典（ほるぷ出版 1978） ▷江川太郎左衛門〔代数なし〕

◇和漢詩歌作家辞典（みづほ出版 1972） ▷江川太郎左衛門〔代数なし〕
◇世界大百科事典（平凡社 1964） ▷江川太郎左衛門〔代数なし〕

江川英竜　えがわひでたつ　1801〜1855
江戸時代後期、末期の伊豆韮山の世襲代官。
◇静岡県歴史人物事典（静岡新聞社 1991） ▷江川坦庵
◇静岡大百科事典（静岡新聞社 1978） ▷江川坦庵

江木鰐水　えぎがくすい　1810〜1881
江戸時代末期、明治時代の儒学者。
◇広島県大百科事典（中国新聞社 1982）

恵慶　えぎょう
平安時代中期の僧、歌人。
◇日本版画美術全集 5（講談社 1960）
　　▷図68「百人一首乳母が絵解〈版下絵〉恵慶法師」（葛飾北斎）

江口甚右衛門正त্তয়　えぐちじんえもんまさとし
1645〜1725 江戸時代前期、中期の名主。
◇長崎県大百科事典（長崎新聞社 1984）

殖栗王　えくりのみこ
飛鳥時代の皇族。
◇仏像集成 6（学生社 1995）
　　▷図93「聖徳太子・山背王・殖栗王・卒末呂王・恵慈法師(坐)像」（作者不詳 法隆寺（奈良県生駒郡斑鳩町）蔵）
◇国宝大事典 2（講談社 1985）
　　▷図91「聖徳太子・山背王・殖栗王・卒末呂王・恵慈法師(坐)像」（作者不詳 保安2(1121) 法隆寺（奈良県生駒郡斑鳩町））
◇国宝（増補改訂版）5（毎日新聞社 1984）
　　▷図35「聖徳太子・山背王・殖栗王・卒末呂王・恵慈法師(坐)像」（作者不詳 保安2(1121) 法隆寺（奈良県生駒郡斑鳩町）蔵）
◇秘宝 2（講談社 1970）
　　▷図253「殖栗王坐像」（作者不詳 法隆寺（奈良県生駒郡斑鳩町）蔵）
◇国宝図録 3（文化財協会 1955）
　　▷図29「聖徳太子・山背王・殖栗王・卒末呂王・恵慈法師(坐)像」（作者不詳 法隆寺（奈良県生駒郡斑鳩町）蔵）

慧月　えげつ　？〜1863
江戸時代末期の浄土真宗の僧。
◇富山大百科事典（北日本新聞社 1994）

江越礼太　えごしれいた　1827～1892
　江戸時代末期, 明治時代の小城藩士。
◇佐賀県大百科事典（佐賀新聞社 1983）

江崎礼二　えさきれいじ　1845～1910
　江戸時代末期, 明治時代の写真技術者。
◇日本写真史 1840-1945（平凡社 1971）
　　▷p473「（無題）」

懐山　えざん
　江戸時代前期, 中期の浄土宗の僧。
◇兵庫県史　第5巻　近世編3・幕末維新（兵庫県 1981）
　　▷〈写真〉写真46「懐山像」

恵慈　えじ　？～623
　飛鳥時代の高句麗の僧。
◇仏像集成 6（学生社 1995）
　　▷p93「聖徳太子・山背王・殖栗王・卒末呂王・恵慈法師（坐）像」（作者不詳　法隆寺（奈良県生駒郡斑鳩町）蔵）
◇国宝大事典 2（講談社 1985）
　　▷図91「聖徳太子・山背王・殖栗王・卒末呂王・恵慈法師（坐）像」（作者不詳　保安2（1121）　法隆寺（奈良県生駒郡斑鳩町））
◇国宝（増補改訂版）5（毎日新聞社 1984）
　　▷図35「聖徳太子・山背王・殖栗王・卒末呂王・恵慈法師（坐）像」（作者不詳　保安2（1121）　法隆寺（奈良県生駒郡斑鳩町）蔵）
◇秘宝 2（講談社 1970）
　　▷p255「恵慈法師坐像」（作者不詳　法隆寺（奈良県生駒郡斑鳩町）蔵）
◇国宝図録 3（文化財協会 1955）
　　▷図29「聖徳太子・山背王・殖栗王・卒末呂王・恵慈法師（坐）像」（作者不詳　法隆寺（奈良県生駒郡斑鳩町）蔵）

江島其磧　えじまきせき　1666～1735
　江戸時代中期の浮世草子作者。
◇日本大百科全書（小学館 1984）
◇世界伝記大事典（ほるぷ出版 1978）

恵信尼　えしんに　1182～1268？
　鎌倉時代前期の女性。親鸞の妻。
◇日本史大事典（平凡社 1992）
◇茨城県大百科事典（茨城新聞社 1981）

枝権兵衛　えだごんべえ　1809～1880
　江戸時代末期, 明治時代の商人地主。
◇書府太郎―石川県大百科事典　改訂版　上（北国新聞社 2004）

恵端　えたん　1642～1721
　江戸時代前期, 中期の臨済宗の僧で, 正受庵主。
◇長野県歴史人物大事典（郷土出版社 1989）

慧澄　えちょう　1780～1862
　江戸時代中期, 後期の天台宗の学僧。
◇国史大辞典（吉川弘文館 1979）

越人　えつじん　1656～？
　江戸時代中期の俳人。
◇俳諧人名辞典（巌南堂書店 1970）

江連堯則　えづれたかのり
　江戸時代末期の外国奉行。
◇サムライ古写真帖（新人物往来社 2004）
　　▷p145「大君の側近たちと米国公使とその秘書（江戸）」（ウィード, チャールズ）
◇写された幕末―石黒敬七コレクション（明石書店 1990）
　　▷p30 No.3「米公使と幕府役人」（慶応年間（1865～68））

江藤新平　えとうしんぺい　1834～1874
　江戸時代末期, 明治時代の肥前佐賀藩士, 政治家。
◇サムライ古写真帖（新人物往来社 2004）
　　▷p129「（無題）」
◇士―日本のダンディズム（二玄社 2003）
　　▷p111 No.81「明治英雄一覧」（明治時代初期）
◇講談社日本人名大辞典（講談社 2001）
◇日本大百科全書（小学館 1984）
◇佐賀県大百科事典（佐賀新聞社 1983）
◇国史大辞典（吉川弘文館 1979）
◇日本人名大事典 1～6（平凡社 1979（覆刻））
◇世界伝記大事典（ほるぷ出版 1978）
◇和漢詩歌作家辞典（みづほ出版 1972）
◇日本写真史 1840-1945（平凡社 1971）
　　▷p247 No.380「佐賀の乱で捕えられ処刑された江藤新平のさらし首」（不詳　1874.4.13）
◇世界大百科事典（平凡社 1964）

江戸ケ崎　えどがさき
　江戸時代の力士。
◇日本版画美術全集 3（講談社 1961）
　　▷図253「谷風・江戸ケ崎・柏戸」（勝川春好（初代））

榎並玄泰　えなみげんたい　不詳～1871～1871
　江戸時代後期～明治期の漢方医。
◇新潟県大百科事典　別巻（新潟日報事業社 1977）

榎並泰輔　えなみたいすけ　1841～1873
　江戸時代後期～明治期の蘭方医。
◇新潟県大百科事典 別巻（新潟日報事業社 1977）

榎本武揚　えのもとたけあき　1836～1908
　江戸時代末期、明治時代の幕臣、政治家。
◇サムライ古写真帖（新人物往来社 2004）
　▷p121「（無題）」（田本研造）
　▷p122「洋装軍服姿の蝦夷共和国幹部」（田本研造）
　▷p123「洋式正装の榎本」（明治初～中期か）
　▷p122「サムライ姿の榎本」（ライデン（オランダの写真家））
◇十一日本のダンディズム（二玄社 2003）
　▷p111 No.81「明治英雄一覧」（明治時代初期）
◇幕末維新・明治・大正美人帖（新人物往来社 2003）
　▷p43「（無題）」
◇講談社日本人名大辞典（講談社 2001）
◇幕末―写真の時代（筑摩書房 1994）
　▷p75 No.88「（無題）」（撮影者不詳）
　▷p195 No.207「（無題）」（撮影者不詳 慶応年間（1865～68）末頃）
　▷p281 No.298「箱館戦争の旧幕府軍幹部」（田本研造）
　▷p282 No.299「（無題）」（田本研造）
◇北海道歴史人物事典（北海道新聞社 1993）
◇日本史大事典（平凡社 1992）
◇写された幕末―石黒敬七コレクション（明石書店 1990）
　▷p75 No.4「榎本釜次郎」
◇読者所蔵「古い写真」館（朝日新聞社 1986）
　▷p65「（無題）」
◇日本大百科全書（小学館 1984）
◇北海道大百科事典（北海道新聞社 1981）
◇国史大辞典（吉川弘文館 1979）
◇日本人名大事典 1～6（平凡社 1979（覆刻））
◇世界伝記大事典（ほるぷ出版 1978）
◇和漢詩歌作家辞典（みづほ出版 1972）
◇日本写真史 1840-1945（平凡社 1971）
　▷p84 No.151「海軍中将榎本武揚像」（不詳）
◇大日本百科事典（小学館 1967）
◇世界大百科事典（平凡社 1964）

榎本多津　えのもとたつ　1852～1893
　江戸時代末期、明治時代の女性。榎本武揚の妻。
◇幕末維新・明治・大正美人帖（新人物往来社 2003）
　▷p43「（無題）」
◇幕末・明治美人帖（新人物往来社 2001）
　▷p37「（無題）」

榎本弥左衛門　えのもとやざえもん
　1625～1686　江戸時代前期の武蔵国川越の豪商。
◇新編埼玉県史 通史編3（埼玉県 1988）
　▷〈口絵〉5「榎本弥左衛門夫妻画像」

海老名晋　えびなしん
　江戸時代末期の遣露使節随員。箱館奉行支配調役通弁御用。
◇読者所蔵「古い写真」館（朝日新聞社 1986）
　▷p42「遣露使節と留学生」

海老名季昌　えびなとしまさ　1843～1914
　江戸時代末期、明治時代の陸奥会津藩士。
◇会津大事典（国書刊行会 1985）

海老原絹四郎　えびはらきぬしろう
　江戸時代末期の遣露使節随員。
◇読者所蔵「古い写真」館（朝日新聞社 1986）
　▷p43「遣露使節と留学生」

海老原絹一郎　えびはらけんいちろう
　江戸時代末期の通詞。遣露使節に随行。
◇幕末―写真の時代（筑摩書房 1994）
　▷p142 No.155「（無題）」（撮影者不詳）

江馬細香　えまさいこう　1787～1861
　江戸時代末期の女性。漢詩人、南画家。
◇京都大事典（淡交社 1984）

江馬蘭斎　えまらんさい　1747～1838
　江戸時代中期、後期の蘭方医。
◇国史大辞典（吉川弘文館 1979）　▷江馬春齢
◇日本人名大事典 1～6（平凡社 1979（覆刻））
◇岐阜県史 通史編 近世下（岐阜県 1972）
　▷p1053（写真）「江馬蘭斎画像」
◇岐阜県百科事典（岐阜日日新聞社 1968）

恵美三白　えみさんぱく　1707～1781
　江戸時代中期の安芸広島藩医。
◇日本人名大事典 1～6（平凡社 1979（覆刻））

衛門三郎　えもんさぶろう
　の弘法大師にかかわる伝説上の人物。
◇徳島県百科事典（徳島新聞社 1981）

円観　えんかん　1281～1356
　鎌倉時代後期、南北朝時代の天台宗の僧。
◇国史大辞典（吉川弘文館 1979）

円空　えんくう　1632～1695
　江戸時代前期の僧。
◇国史大辞典（吉川弘文館 1979）

円冏　えんげい　1634～1706
江戸時代前期, 中期の浄土宗の僧。
◇講談社日本人名大辞典（講談社 2001）

円光　えんこう
鎌倉時代後期の真言宗の僧。
◇国宝・重要文化財大全 4（毎日新聞社 1999）
　▷図667「円光大師像」（作者不詳　鎌倉時代　奥院（奈良県北葛城郡）蔵）
◇仏像集成 6（学生社 1995）
　▷図212「円光大師（坐）像」（作者不詳　当麻寺（奈良県北葛城郡当麻町）蔵）
◇大和古寺大観 2（岩波書店 1978）
　▷図126-127「円光大師（坐）像」（作者不詳　14世紀　当麻寺（奈良県北葛城郡当麻町）蔵）
◇重要文化財 5（毎日新聞社 1974）
　▷図154「円光大師像」（作者不詳　鎌倉時代　奥院（奈良県北葛城郡）蔵）

円照　えんしょう　1221～1277
鎌倉時代前期の律宗の僧。
◇国史大辞典（吉川弘文館 1979）
◇奈良六大寺大観 11（岩波書店 1972）
　▷p162「円照上人像」（作者不詳　13世紀）
◇秘宝 5（講談社 1969）
　▷図229「円照上人実相画像」（作者不詳　鎌倉時代）

円珍　えんちん　814～891
平安時代前期の天台宗の僧。天台座主, 寺門派の祖。
◇国宝・重要文化財大全 4（毎日新聞社 1999）
　▷図647「智証大師（坐）像」（良成　康治2（1143）　聖護院（京都府京都市左京区）蔵）
　▷図648「智証大師（坐）像」（作者不詳　平安時代　若王寺（京都府相楽郡）蔵）
◇国宝・重要文化財大全 1（毎日新聞社 1997）
　▷図46「智証大師像」（作者不詳　鎌倉時代）
◇原色日本の美術（改訂版）5（小学館 1994）
　▷図54「智証大師（坐）像（御骨大師）」（作者不詳　園城寺（滋賀県大津市園城寺町）蔵）
◇日本史大事典（平凡社 1992）
◇日本美術全集 5（講談社 1992）
　▷図113「智証大師（坐）像（御骨大師）」（作者不詳　9世紀末期　園城寺（滋賀県大津市園城寺町）蔵）
◇日本の仏像大百科 5（ぎょうせい 1991）
　▷図96「智証大師（坐）像」（良成　康治2（1143）　聖護院（京都府京都市左京区）蔵）
◇仏像集成 4（学生社 1987）
　▷図33「智証大師（坐）像」（作者不詳　平安時代後期　園城寺（滋賀県大津市園城寺町）蔵）
　▷図25「智証大師（坐）像（御骨大師）」（作者不詳　10世紀　園城寺（滋賀県大津市園城寺町）蔵）
◇仏像集成 3（学生社 1986）
　▷図111「智証大師（坐）像」（良成　康治2（1143）　聖護院（京都府京都市左京区）蔵）
　▷図368「智証大師（坐）像」（作者不詳　若王寺（京都府相楽郡）蔵）
◇香川県人物・人名事典（四国新聞社 1985）
◇国宝大事典 2（講談社 1985）
　▷図79「智証大師（坐）像（御骨大師）」（作者不詳　平安時代　園城寺（滋賀県大津市園城寺町）蔵）
　▷図80「智証大師（坐）像（御骨大師）」（作者不詳　平安時代）
◇京都大事典（淡交社 1984）
◇香川県大百科事典（四国新聞社 1984）
◇国宝（増補改訂版）5（毎日新聞社 1984）
　▷図23「智証大師（坐）像（御骨大師）」（作者不詳　平安時代　園城寺（滋賀県大津市園城寺町）蔵）
　▷図24「智証大師（坐）像（御骨大師）」（作者不詳　平安時代）
◇滋賀県百科事典（大和書房 1984）
◇日本大百科全書（小学館 1984）
◇日本古寺美術全集 25（集英社 1981）
　▷図40「智証大師（坐）像」（良成　康治2（1143）　聖護院（京都府京都市左京区）蔵）
◇日本古寺美術全集 10（集英社 1980）
　▷図38「智証大師（坐）像（御骨大師）」（作者不詳　園城寺（滋賀県大津市園城寺町）蔵）
◇郷土歴史人物事典 滋賀（第一法規出版 1979）
◇国史大辞典（吉川弘文館 1979）
◇日本人名大事典 1～6（平凡社 1979［覆刻］）
◇原色日本の美術 5（小学館 1978）
　▷図54「智証大師（坐）像（御骨大師）」（作者不詳　園城寺（滋賀県大津市園城寺町）蔵）
◇世界伝記大事典（ほるぷ出版 1978）
◇原色版国宝 4（毎日新聞社 1976）
　▷図48「智証大師（坐）像（御骨大師）」（作者不詳　平安時代（10世紀）　園城寺（滋賀県大津市園城寺町））
　▷図49「智証大師（坐）像」（作者不詳　平安時代（10世紀））
◇重要文化財 5（毎日新聞社 1974）
　▷図135「智証大師（坐）像」（良成　康治2（1143）　聖護院（京都府京都市左京区）蔵）
　▷図134「智証大師（坐）像」（作者不詳　平安時代　園城寺（滋賀県大津市園城寺町）蔵）
　▷図136「智証大師（坐）像」（作者不詳　平安時代　若王寺（京都府相楽郡）蔵）
　▷図132「智証大師（坐）像（御骨大師）」（作者不詳　平安時代　園城寺（滋賀県大津市園城寺町）蔵）
　▷図133「智証大師（坐）像（御骨大師）」（作者不詳　平安時代）
◇国宝・重要文化財 仏教美術 四国1（奈良国立博物館 1973）
　▷図43「智証大師像」（作者不詳　鎌倉時代）

えんと

◇重要文化財 8（毎日新聞社 1973）
　▷図202「智証大師像」（作者不詳　鎌倉時代）
◇大日本百科事典（小学館 1967）
◇国宝 2（毎日新聞社 1964）
　▷図50「智証大師(坐)像(御骨大師)」（作者不詳）
　▷図51「智証大師(坐)像(御骨大師)」（作者不詳）
◇国宝図録 3（文化財協会 1955）
　▷図25「智証大師(坐)像(御骨大師)」（作者不詳）

遠藤温　えんどうおん　1823～1896
江戸時代末期, 明治期の陸奥仙台藩士, 政治家。
◇宮城県百科事典（河北新報社 1982）

遠藤謹助　えんどうきんすけ　1836～1893
江戸時代末期, 明治時代の長州(萩)藩士, 官吏。
◇皇族・華族古写真帖 愛蔵版（新人物往来社 2003）
　▷p143「（無題）」

遠藤敬止　えんどうけいし　1849～1904
江戸時代後期～明治期の会津藩士, 実業家。
◇会津大事典（国書刊行会 1985）
◇宮城県百科事典（河北新報社 1982）

遠藤香村　えんどうこうそん　1787～1864
江戸時代後期の画家。
◇会津大事典（国書刊行会 1985）

遠藤允信　えんどうさねのぶ　1836～1899
江戸時代末期, 明治時代の陸奥仙台藩士。
◇宮城県百科事典（河北新報社 1982）

遠藤司　えんどうつかさ　1833～1903
江戸時代後期～明治期の人。
◇山形県大百科事典（山形放送 1983）

遠藤田一　えんどうでんいち　1765～1834
江戸時代後期の洋画家。
◇福島大百科事典（福島民報社 1980）

遠藤春足　えんどうはるたり　1782～1834
江戸時代中期, 後期の狂歌作者。
◇徳島県歴史人物鑑（徳島新聞社 1994）
◇徳島県百科事典（徳島新聞社 1981）

遠藤又左衛門　えんどうまたざえもん
1813～1868　江戸時代末期の蝦夷松前藩士。
◇幕末―写真の時代（筑摩書房 1994）
　▷p20 No.9「松前藩用人遠藤又左衛門と従者たち」（E・ブラウン・ジュニア）
◇写された幕末―石黒敬七コレクション（明石書店 1990）
　▷p226「（無題）」
◇日本写真全集 1 写真の幕あけ（小学館 1985）
　▷p7 No.3「（無題）」（E・ブラウン・ジュニア）
◇写真の開祖上野彦馬（上野彦馬撮影 産業能率短期大学出版部 1975）
　▷p216「（無題）」（E.ブラウン・ジュニア）
◇日本写真史 1840-1945（平凡社 1971）
　▷p352 No.519「遠藤又左衛門と従者」（ブラウン）

遠藤万作　えんどうまんさく　1819～1892
江戸時代後期～明治期の製糸家。
◇長野県歴史人物大事典（郷土出版社 1989）

遠藤慶利　えんどうよしとし
江戸時代前期の大名。
◇岐阜県史 通史編 近世上（岐阜県 1968）
　▷p547（写真）「遠藤慶利像」

円爾　えんに　1202～1280
鎌倉時代前期の臨済宗の僧。
◇人間の美術 6（学習研究社 1990）
　▷図188「聖一国師(弁円円爾)像(岩上像)」（伝 明兆　14世紀）
◇日本大百科全書（小学館 1984）
◇日本古寺美術全集 22（集英社 1983）
　▷図23「聖一国師像(円爾弁円)」（伝 明兆）
　▷図15「聖一国師像(円爾弁円)」（明兆）
　▷図8「聖一国師像(円爾弁円)」（作者不詳）
◇国史大辞典（吉川弘文館 1979）
◇静岡大百科事典（静岡新聞社 1978）　▷円爾弁円
◇重要文化財 30（毎日新聞社 1977）
　▷図44「聖一国師像(自賛)」（作者不詳　弘安3(1280)）
　▷図45「聖一国師像(乾峯士曇賛)」（作者不詳　南北朝時代）
◇日本美術絵画全集 1（集英社 1977）
　▷図41「聖一国師岩上像」（明兆）
　▷図40「聖一国師像」（明兆）
◇日本の美術 1（旺文社 1976）
　▷図173「聖一国師像」（作者不詳　弘安3(1280)）
◇重要文化財 10（毎日新聞社 1974）
　▷図320「円爾弁円像(聖一国師)」（明兆　室町時代）
　▷図319「円爾弁円像(聖一国師)」（作者不詳　室町時代）
　▷図317「円爾弁円像(聖一国師自賛)」（作者不詳　鎌倉時代）
　▷図318「円爾弁円像(聖一国師自賛)」（作者不詳　鎌倉時代）
◇水墨美術大系 5（講談社 1974）

▷図98「聖一国師岩上像」(明兆)
▷図99「聖一国師像」(明兆)
◇日本絵画館 5 (講談社 1971)
▷図18「聖一国師岩上像」(明兆)
◇大日本百科事典 (小学館 1967) ▷円爾弁円

円仁 えんにん 794～864
平安時代前期の天台宗の僧。
◇国宝・重要文化財大全 1 (毎日新聞社 1997)
▷図25「聖徳太子・天台高僧像」(作者不詳 平安時代)
◇仏像集成 8 (学生社 1997)
▷図562「慈覚大師坐像」(弁阿闍梨 正長2 (1429) 普光寺(福岡県大牟田市)蔵)
◇原色日本の美術(改訂版) 21 (小学館 1994)
▷図9「慈覚大師頭部」(作者不詳 立石寺(山形県山形市山寺)蔵)
◇日本史大事典 (平凡社 1992)
◇日本の仏像大百科 5 (ぎょうせい 1991)
▷図95「円仁像(頭部)」(作者不詳 平安時代前期 立石寺(山形県山形市山寺))
◇日本美術全集 7 (講談社 1991)
▷図122,145「聖徳太子及び天台高僧像 竜樹菩薩」(作者不詳 11世紀中頃)
▷図146「聖徳太子及び天台高僧像 善無畏三蔵」(作者不詳 11世紀中頃)
▷図147「聖徳太子及び天台高僧像 智顗(天台智者大師)」(作者不詳 11世紀中頃)
▷図148「聖徳太子及び天台高僧像 最澄(伝教大師)」(作者不詳 11世紀中頃)
▷図149「聖徳太子及び天台高僧像 円仁(慈覚大師)」(作者不詳 11世紀中頃)
◇国宝大事典 1 (講談社 1985)
▷図40「聖徳太子及び天台高僧像」(作者不詳 平安時代(11世紀))
◇国宝 増補改訂版 1 (毎日新聞社 1984)
▷図45(1)「聖徳太子及び天台高僧像 聖徳太子」(作者不詳 平安時代)
▷図45(2)「聖徳太子及び天台高僧像 竜樹菩薩」(作者不詳 平安時代)
▷図45(3)「聖徳太子及び天台高僧像 慧文禅師」(作者不詳 平安時代)
▷図45(4)「聖徳太子及び天台高僧像 湛然禅師」(作者不詳 平安時代)
◇滋賀県百科事典 (大和書房 1984)
◇日本大百科全書 (小学館 1984)
◇山形県大百科事典 (山形放送 1983)
◇日本古寺美術全集 19 (集英社 1982)
▷図14-15「聖徳太子および天台高僧像」(作者不詳)
◇茨城県大百科事典 (茨城新聞社 1981) ▷慈覚大師
◇国史大辞典 (吉川弘文館 1979)
◇日本絵画百選 (日本経済新聞社 1979)
▷図13「聖徳太子・天台高僧像 竜樹菩薩像」(作者不詳 平安時代)
◇日本人名大事典 1～6 (平凡社 1979(覆刻))

◇日本美術全集 7 (学習研究社 1978)
▷図91「聖徳太子・天台高僧像 竜樹像」(作者不詳 11世紀後半)
◇原色版国宝 3 (毎日新聞社 1976)
▷図20「聖徳太子及び天台高僧像 竜樹菩薩」(作者不詳 平安時代(11世紀))
▷図21「聖徳太子及び天台高僧像 聖徳太子」(作者不詳 平安時代(11世紀))
◇水墨美術大系 1 (講談社 1975)
▷図102-103「弘法大師・慈覚大師像(高僧図像)」(観祐)
◇重要文化財 8 (毎日新聞社 1973)
▷図183(1)「聖徳太子・天台高僧像 竜樹菩薩」(作者不詳 平安時代)
▷図183(2)「聖徳太子・天台高僧像 善無畏三蔵」(作者不詳 平安時代)
▷図183(3)「聖徳太子・天台高僧像 慈文禅師」(作者不詳 平安時代)
▷図183(4)「聖徳太子・天台高僧像 慧思(南岳大師)」(作者不詳 平安時代)
▷図183(5)「聖徳太子・天台高僧像 智顗(天台智者大師)」(作者不詳 平安時代)
▷図183(6)「聖徳太子・天台高僧像 灌頂(章安大師)」(作者不詳 平安時代)
▷図183(7)「聖徳太子・天台高僧像 湛然(荊渓大師)」(作者不詳 平安時代)
▷図183(8)「聖徳太子・天台高僧像 聖徳太子」(作者不詳 平安時代)
▷図183(9)「聖徳太子・天台高僧像 最澄(伝教大師)」(作者不詳 平安時代)
▷図183(10)「聖徳太子・天台高僧像 円仁(慈覚大師)」(作者不詳 平安時代)
◇原色日本の美術 23 (小学館 1971)
▷図9「慈覚大師頭部」(作者不詳 立石寺(山形県山形市山寺))
◇大日本百科事典 (小学館 1967)
◇国宝 2 (毎日新聞社 1964)
▷図85「聖徳太子及び天台高僧像 聖徳太子」(作者不詳 平安時代(11世紀))
▷図86「聖徳太子及び天台高僧像 竜樹」(作者不詳 平安時代(11世紀))
▷図87「聖徳太子及び天台高僧像 湛然」(作者不詳 平安時代(11世紀))

役小角 えんのおづぬ 634～?
飛鳥時代の宗教家。
◇国宝・重要文化財大全 4 (毎日新聞社 1999)
▷図706「役行者像」(作者不詳 南北朝時代 桜本坊(奈良県吉野郡)蔵)
▷図705「役行者・二鬼像」(作者不詳 鎌倉時代 石馬寺(滋賀県神崎郡五個荘町)蔵)
◇ボストン美術館 日本美術調査図録 (講談社 1997)
▷図I-160「役行者像」(作者不詳 室町時代(15世紀))
◇国宝・重要文化財大全 1 (毎日新聞社 1997)
▷図634「役行者八大童子像」(作者不詳 南北朝時代)

◇仏像集成 7（学生社 1997）
　▷図554「役行者同脇侍像」（作者不詳　鎌倉時代末期　熊野那智大社（和歌山県東牟婁郡）蔵）
◇仏像集成 6（学生社 1995）
　▷図226「役行者像」（作者不詳　鎌倉時代末期～南北朝時代　桜本坊（奈良県吉野郡）蔵）
◇巨匠の日本画 7（学習研究社 1994）
　▷図47「役優婆塞」（安田靫彦　昭和11（1936））
◇秘蔵日本美術大観 7（講談社 1992）
　▷図41「えんの行者絵巻」（作者不詳　江戸時代（17世紀後半））
◇仏像集成 2（学生社 1992）
　▷図434「役行者倚像」（作者不詳　室町時代　蔵田寺（岐阜県恵那郡）蔵）
◇日本の仏像大百科 5（ぎょうせい 1991）
　▷図32「役行者倚像」（慶俊　弘安9（1286））
◇長野県歴史人物大事典（郷土出版社 1989）
◇仏像集成 4（学生社 1987）
　▷図317「役行者・二鬼像」（作者不詳　13世紀後半　石馬寺（滋賀県神崎郡五個荘町）蔵）
◇全集日本の古寺 5（集英社 1985）
　▷図34「役行者像」（作者不詳　鎌倉時代後期　石馬寺（滋賀県神崎郡五個荘町）蔵）
◇法隆寺の至宝 4（小学館 1985）
　▷図277「役行者・二鬼像」（作者不詳　鎌倉時代　法隆寺（奈良県生駒郡斑鳩町）蔵）
◇日本の石仏 3（国書刊行会 1984）
　▷図135「医王寺の役行者」（作者不詳）
　▷図136「小月笠山の役行者」（作者不詳）
　▷図137「竜蔵寺の役行者」（作者不詳）
◇日本大百科全書（小学館 1984）　▷役行者
◇日本の石仏 4（国書刊行会 1983）
　▷図167「阿弥陀寺の役行者像」（作者不詳　元文4（1739））
　▷図166「萱生の役行者」（作者不詳）
◇日本の石仏 6（国書刊行会 1983）
　▷図33「役の行者」（作者不詳）
◇日本の石仏 7（国書刊行会 1983）
　▷図18「役行者」（吉原講中　明治1（1868））
◇日本の石仏 8（国書刊行会 1983）
　▷図36「磨墨岩の役行者」（作者不詳）
　▷図38「平の金峯役行者」（作者不詳）
　▷図37「彼岸桜下の役行者」（作者不詳）
◇日本古寺美術全集 11（集英社 1981）
　▷図56「役行者・二鬼像」（作者不詳　石馬寺（滋賀県神崎郡五個荘町）蔵）
◇在外日本の至宝 8（毎日新聞社 1980）
　▷図87「役行者坐像」（作者不詳　鎌倉時代　クリーブランド美術館（アメリカ・クリーブランド）蔵）
◇国史大辞典（吉川弘文館 1979）
◇日本美術全集 11（学習研究社 1979）
　▷図142「役行者像」（作者不詳　14世紀）
　▷図141「役行者像」（作者不詳　鎌倉時代　石馬寺（滋賀県神崎郡五個荘町）蔵）
◇日本美術全集 23（学習研究社 1979）
　▷図14「役行者倚像」（円空　延宝3（1675）松尾寺（奈良県大和郡山市））
◇重要文化財 5（毎日新聞社 1974）
　▷図186「役行者像」（作者不詳　南北朝時代　桜本坊（奈良県吉野郡）蔵）
　▷図185「役行者・二鬼像」（作者不詳　鎌倉時代　石馬寺（滋賀県神崎郡五個荘町）蔵）
◇重要文化財 8（毎日新聞社 1973）
　▷図256(1-2)「役行者八大童子像」（作者不詳　南北朝時代）
◇秘宝 2（講談社 1970）
　▷図246「役行者倚像」（作者不詳　鎌倉時代　法隆寺（奈良県生駒郡斑鳩町）蔵）

円明　えんみょう　？～851
　平安時代前期の真言宗の僧。
◇岡山県歴史人物事典（山陽新聞社 1994）

塩谷依信　えんやよりのぶ　1850～1908
　江戸時代後期～明治期の教育者。
◇徳島県百科事典（徳島新聞社 1981）

円融天皇　えんゆうてんのう　959～991
　平安時代中期の第64代天皇。在位969～984。
◇日本絵画館 7（講談社 1970）
　▷図93「円融院子日御遊之図」（冷泉為恭）
◇日本美術大系 5（講談社 1959）
　▷図49「円融院子の日の御遊図」（冷泉為恭）

【お】

緒明菊三郎　おあけきくさぶろう　1845～1909
　江戸時代末期、明治時代の船大工。
◇静岡県歴史人物事典（静岡新聞社 1991）

お犬の方　おいぬのかた
　安土桃山時代の女性。細川昭元の妻。
◇原色日本の美術（改訂版）21（小学館 1994）
　▷図69「細川昭元夫人像」（作者不詳　1582）
◇人間の美術 8（学習研究社 1990）
　▷図32「細川昭元夫人・お犬の方像」（作者不詳　天正10（1582）頃）
◇日本古寺美術全集 24（集英社 1982）
　▷図65「細川昭元夫人像（霊光院殿）」（作者不詳）
◇日本絵画百選（日本経済新聞社 1979）
　▷図54「細川昭元夫人像」（作者不詳　桃山時代）
◇日本美術全集 18（学習研究社 1979）

▷図70「細川昭元夫人像」(作者不詳　桃山時代)
◇原色日本の美術 23（小学館 1971）
　　▷図69「細川昭元夫人像」(作者不詳）

応其　　おうご　1536〜1608
安土桃山時代,江戸時代前期の木食僧,連歌師。
◇和歌山県史 近世（和歌山県 1990）
　　▷〈写真〉写真20「応其上人像」
◇国史大辞典（吉川弘文館 1979）

応神天皇　おうじんてんのう
上代の第15代天皇。
◇国史大辞典（吉川弘文館 1979）

おうの　おうの　〜1909
江戸時代末期,明治時代の女性。高杉晋作の側室。
◇幕末―写真の時代（筑摩書房 1994）
　　▷p185 No.197「（無題）」(鈴木真一　明治初期)

淡海三船　おうみのみふね　722〜785
奈良時代の貴族,文人。
◇世界伝記大事典（ほるぷ出版 1978）

近江屋甚兵衛　おうみやじんべえ
1766〜1844　江戸時代後期の海苔商人。
◇千葉大百科事典（千葉日報社 1982）

おゑい　おえい
江戸時代末期の女性。葛飾北斎の娘。
◇朝日美術館 日本編 8（朝日新聞社 1997）
　　▷図15「北斎の娘おゑい」(片岡球子　1982）

大石監二　おおいしかんじ　1843〜1899
江戸時代後期〜明治期の教育者。
◇高知県人名事典（高知新聞社 1999）

大石喜三郎　おおいしきさぶろう　1842〜1884
江戸時代末期,明治期の庄屋。
◇静岡県歴史人物事典（静岡新聞社 1991）

大石団蔵　おおいしだんぞう　1833〜1896
江戸時代末期,明治時代の土佐藩士。
◇高知県人名事典（高知新聞社 1999）

大石主税　おおいしちから　1688〜1703
江戸時代前期の播磨赤穂藩士。
◇明治絵画名作大観 上（同盟通信社 1969）
　　▷図81「大石主税」(島田墨仙　明治35(1902)）

大石千引　おおいしちびき　1770〜1834
江戸時代後期の国学者。
◇国史大辞典（吉川弘文館 1979）

大石隼雄　おおいしはやお　1829〜1899
江戸時代末期の武士。
◇岡山県歴史人物事典（山陽新聞社 1994）

大石円　おおいしまどか　1829〜1916
江戸時代末期,明治時代の志士。
◇高知県人名事典（高知新聞社 1999）　▷大石弥太郎
◇写真の開祖上野彦馬（上野彦馬撮影 産業能率短期大学出版部 1975）
　　▷p68 No.97「（無題）」

大石良雄　おおいしよしお　1659〜1703
江戸時代前期,中期の播磨赤穂藩家老。
◇ボストン美術館 日本美術調査図録（講談社 2003）
　　▷図IV-29「大石内蔵助・琴士図・故事人物図」(伝 曾我蕭白　江戸時代(19世紀)）
◇日本大百科全書（小学館 1984）
◇兵庫県大百科事典 上,下（神戸新聞出版センター 1983）
◇世界伝記大事典（ほるぷ出版 1978）

大井夫人　おおいふじん　1497〜1552
戦国時代の女性。武田信玄の母。
◇国宝・重要文化財大全 1（毎日新聞社 1997）
　　▷図195「武田信虎夫人像」(武田信廉　室町時代 天文22(1553)玄隠賛）
◇山梨百科事典（山梨日日新聞社 1992）
◇重要文化財 10（毎日新聞社 1974）
　　▷図393「武田信虎夫人像（玄隠賛）」(武田信廉　室町時代）

大炊御門頼実　おおいみかどよりざね
1155〜1225　平安時代後期,鎌倉時代前期の歌人・公卿。太政大臣。
◇角川日本姓氏歴史人物大辞典 26（角川書店 1997）

大井六郎左衛門　おおいろくろうざえもん
江戸時代末期の徳川昭武使節団随員。
◇サムライ古写真帖（新人物往来社 2004）
　　▷p18「マルセイユでの徳川昭武一行」(Walery　1867.4.5）
◇写された幕末―石黒敬七コレクション（明石書店 1990）
　　▷p56 No.1「マルセイユで撮った徳川昭武一行」

大内持盛　おおうちもちもり　1397〜1433
　室町時代の武将。
◇仏像集成 8（学生社 1997）
　　▷図271「大内持盛坐像」（作者不詳　洞春寺
　　（山口県山口市）蔵）

大内持世　おおうちもちよ　1394〜1441
　室町時代の武将、周防・長門・豊前の守護。
◇国史大辞典（吉川弘文館 1979）

大内盛見　おおうちもりみ　1377〜1431
　室町時代の武将、周防・長門・豊前の守護。
◇仏像集成 8（学生社 1997）
　　▷図270「大内盛見坐像」（作者不詳　洞春寺
　　（山口県山口市）蔵）
◇角川日本姓氏歴史人物大辞典 35（角川書店 1991）
◇山口県百科事典（大和書房 1982）
◇国史大辞典（吉川弘文館 1979）

大内義隆　おおうちよしたか　1507〜1551
　戦国時代の武将。
◇島根県歴史人物事典（山陰中央新報社 1997）
◇日本史大事典（平凡社 1992）
◇角川日本姓氏歴史人物大辞典 35（角川書店 1991）
◇日本大百科全書（小学館 1984）
◇国史大辞典（吉川弘文館 1979）
◇世界伝記大事典（ほるぷ出版 1978）
◇世界大百科事典（平凡社 1964）

大内義弘　おおうちよしひろ　1356〜1399
　南北朝時代,室町時代の武将。
◇仏像集成 8（学生社 1997）
　　▷図269「大内義弘坐像」（作者不詳　洞春寺
　　（山口県山口市）蔵）

大浦慶　おおうらけい　1828〜1884
　江戸時代末期,明治時代の女性。貿易商。
◇長崎県大百科事典（長崎新聞社 1984）　▷大浦
　お慶

大江千里　おおえのちさと
　平安時代前期,中期の歌人、学者。
◇秘蔵浮世絵大観 3（講談社 1988）
　　▷図039「百人一首之内　大江千里」（歌川国芳
　　天保）
◇浮世絵八華 7（平凡社 1985）
　　▷図14「百人一首之内　大江千里」（歌川国芳
　　天保）

大江匡房　おおえのまさふさ　1041〜1111
　平安時代中期,後期の学者、歌人、公卿。権中
　納言。
◇日本大百科全書（小学館 1984）
◇世界伝記大事典（ほるぷ出版 1978）

大江丸　おおえまる　1722〜1805
　江戸時代中期,後期の俳人、飛脚問屋。
◇俳諧人名辞典（巌南堂書店 1970）

大岡忠相　おおおかただすけ　1677〜1751
　江戸時代中期の大名、町奉行、幕臣。
◇世界伝記大事典（ほるぷ出版 1978）

大梶七兵衛〔初代〕　おおかじしちべえ
　1621〜1689　江戸時代前期の植林、水利、新田開
　発の功労者。
◇島根県歴史人物事典（山陰中央新報社 1997）
　　▷大梶七兵衛
◇島根県大百科事典（山陰中央新報社 1982）　▷
　大梶七兵衛
◇国史大辞典（吉川弘文館 1979）　▷大梶七兵衛
　〔代数なし〕

大賀宗伯　おおがそうはく　？〜1665
　江戸時代前期の博多の豪商。
◇福岡県百科事典 上,下（西日本新聞社 1982）

大金薫　おおがねかおる　1846〜1919
　江戸時代末期〜大正期の那須郡小砂の篤農家、実
　業家。
◇栃木県歴史人物事典（下野新聞社 1995）

大川喜太郎　おおかわきたろう　1832〜1865
　江戸時代末期の鍛冶職人。
◇幕末—写真の時代（筑摩書房 1994）
　　▷p73 No.84「（無題）」（撮影者不詳）
◇写された幕末—石黒敬七コレクション（明石書
　店 1990）
　　▷p59 No.5「留学生となった船鍛冶」

大川橋蔵　おおかわはしぞう
　江戸時代の歌舞伎役者。
◇秘蔵浮世絵大観 5（講談社 1989）
　　▷図177「東海道かけ川　大川橋蔵の西行」（五
　　蝶亭貞升　嘉永2(1849)）
　　▷図178「武道名誉伝 大川橋蔵の仁木だん正」
　　（五蝶亭貞升　嘉永元(1848)）

大川春吉　おおかわはるよし
　江戸時代の歌舞伎役者。
◇秘蔵浮世絵大観 5（講談社 1989）
　　▷図0113「大川春吉の団七九郎兵衛」（礼山

明治10項)

大木喬任　おおきたかとう　1832～1899
　江戸時代末期, 明治時代の肥前佐賀藩士, 政治家。
◇皇族・華族古写真帖 愛蔵版 (新人物往来社 2003)
　　▷p183「(無題)」
◇写された幕末—石黒敬七コレクション (明石書店 1990)
　　▷p52 No.1「秘密会議の幹部達」
◇佐賀県大百科事典 (佐賀新聞社 1983)
◇国史大辞典 (吉川弘文館 1979)
◇日本人名大事典 1～6 (平凡社 1979(覆刻))
◇世界伝記大事典 (ほるぷ出版 1978)

正親町天皇　おおぎまちてんのう　1517～1593
　戦国時代, 安土桃山時代の第106代天皇。在位1557～1586。
◇国史大辞典 (吉川弘文館 1979)

大草高重　おおくさたかしげ　1835～1892
　江戸時代後期～明治期の金谷開墾方として牧之原へ移住。
◇静岡県歴史人物事典 (静岡新聞社 1991)

大国隆正　おおくにたかまさ　1792～1871
　江戸時代末期, 明治時代の石見津和野藩士, 備後福山藩士, 国学者。
◇島根県歴史人物事典 (山陰中央新報社 1997)
◇島根県大百科事典 (山陰中央新報社 1982)
◇国史大辞典 (吉川弘文館 1979)
◇日本人名大事典 1～6 (平凡社 1979(覆刻))

大久保一翁　おおくぼいちおう　1817～1888
　江戸時代末期, 明治時代の幕府官僚, 若年寄。
◇サムライ古写真帖 (新人物往来社 2004)
　　▷p100「(無題)」
◇皇族・華族古写真帖 愛蔵版 (新人物往来社 2003)
　　▷p12「(無題)」(内田九一)
◇士—日本のダンディズム (二玄社 2003)
　　▷p111 No.81「明治英雄一覧」(明治時代初期)
◇講談社日本人名大辞典 (講談社 2001)
◇国史大辞典 (吉川弘文館 1979)　▷大久保忠寛
◇東京百年史 第二巻 首都東京の成立(明治前期) (ぎょうせい 1979)
　　▷p172(写真)「第5代府知事 大久保忠寛(一翁)」

大久保要　おおくぼかなめ　1798～1859
　江戸時代末期の尊王派志士。
◇茨城県大百科事典 (茨城新聞社 1981)

大窪詩仏　おおくぼしぶつ　1767～1837
　江戸時代中期, 後期の漢詩人。
◇富山大百科事典 (北日本新聞社 1994)
◇茨城県大百科事典 (茨城新聞社 1981)
◇国史大辞典 (吉川弘文館 1979)

大久保修平　おおくぼしゅうへい　1827～1904
　江戸時代後期～明治期の蘭方医。
◇新潟県大百科事典 上, 下 (新潟日報事業社 1977)

大久保諶之丞　おおくぼじんのじょう
　1849～1891　江戸時代末期, 明治時代の豪農。
◇香川県人物・人名事典 (四国新聞社 1985)

大久保忠真　おおくぼただざね　1781～1837
　江戸時代後期の大名。
◇神奈川県史 通史編3近世(2) (神奈川県 1983)
　　▷〈口絵〉「小田原藩主 大久保忠真画像 大久保神社蔵画像模写」
◇国史大辞典 (吉川弘文館 1979)

大久保忠世　おおくぼただよ　1532～1594
　戦国時代, 安土桃山時代の大名。
◇神奈川県史 通史編2近世(1) (神奈川県 1981)
　　▷〈口絵〉「小田原城主大久保忠世画像」

大久保常春　おおくぼつねはる　1675～1728
　江戸時代中期の大名。
◇栃木県歴史人物事典 (下野新聞社 1995)
◇栃木県史 通史編5 近世二 (栃木県 1984)
　　▷〈写真〉9-11「大久保常春の木像」

大久保適斎　おおくぼてきさい　1840～1911
　江戸時代後期～明治期の教育者。群馬県医学校初代校長。
◇群馬県人名大事典 (上毛新聞社 1982)
◇群馬県百科事典 (上毛新聞社 1979)

大久保天山　おおくぼてんざん　1848～1916
　江戸時代末期～大正期の漢学者。
◇徳島県歴史人物鑑 (徳島新聞社 1994)
◇徳島県百科事典 (徳島新聞社 1981)

大久保利通　おおくぼとしみち　1830～1878
　江戸時代末期, 明治時代の志士, 政治家。
◇サムライ古写真帖 (新人物往来社 2004)
　　▷p99「大礼服姿の大久保」
　　▷p99「大礼服姿の大久保」
◇皇族・華族古写真帖 愛蔵版 (新人物往来社 2003)
　　▷p141「(無題)」

歴史人物肖像索引　99

おおく

◇士―日本のダンディズム（二玄社 2003）
  ▷p111 No.81「明治英雄一覧」（明治時代初期）
◇講談社日本人名大辞典（講談社 2001）
◇幕末・明治美人帖（新人物往来社 2001）
  ▷p64「（無題）」
◇角川日本姓氏歴史人物大辞典 46（角川書店 1994）
◇日本史大事典（平凡社 1992）
◇日本美術全集 21（講談社 1991）
  ▷p102「大久保利通像」（大熊氏広　明治27（1894）　東京国立博物館（東京都台東区）蔵）
◇写された幕末―石黒敬七コレクション（明石書店 1990）
  ▷p83 No.4「珍風俗の岩倉使節一行」
  ▷p52 No.1「秘密会議の幹部達」
  ▷p82 No.3「大久保利通のカルカチュア」
◇秘蔵浮世絵大観 ムラー・コレクション（講談社 1990）
  ▷図198「故内務卿贈正二位右大臣大久保利通公肖像」（小林清親　明治11(1878)）
◇読者所蔵「古い写真」館（朝日新聞社 1986）
  ▷p65「（無題）」
◇日本大百科全書（小学館 1984）
◇沖縄大百科事典（沖縄タイムス社 1983）
◇宮城県百科事典（河北新報社 1982）
◇鹿児島大百科事典（南日本新聞社 1981）
◇国史大辞典（吉川弘文館 1979）
◇日本人名大事典 1～6（平凡社 1979（覆刻））
◇世界伝記大事典（ほるぷ出版 1978）
◇和漢詩歌作家辞典（みづほ出版 1972）
◇大日本百科事典（小学館 1967）
◇世界大百科事典（平凡社 1964）

大久保長安　おおくぼながやす　1545～1613
安土桃山時代, 江戸時代前期の奉行, 代官頭。
◇国史大辞典（吉川弘文館 1979）
◇世界伝記大事典（ほるぷ出版 1978）

大久保春野　おおくぼはるの　1846～1915
江戸時代末期～大正期の陸軍人。大将, 男爵。
◇静岡県歴史人物事典（静岡新聞社 1991）
◇静岡大百科事典（静岡新聞社 1978）

大久保彦左衛門　おおくぼひこざえもん
1560～1639　安土桃山時代, 江戸時代前期の旗本, 旗奉行。
◇講談社日本人名大辞典（講談社 2001）
◇日本大百科全書（小学館 1984）　▷大久保忠教
◇国史大辞典（吉川弘文館 1979）

大久保満寿　おおくぼます　～1878
江戸時代末期, 明治時代の大久保利通の妻。
◇幕末・明治美人帖（新人物往来社 2001）
  ▷p64「大家族だった大久保家の面倒を忍耐強くこなした利通夫人満寿」

大隈言道　おおくまことみち　1798～1868
江戸時代末期の歌人。
◇国史大辞典（吉川弘文館 1979）

大隈重信　おおくましげのぶ　1838～1922
江戸時代末期, 明治時代の肥前佐賀藩士, 政治家。
◇サムライ古写真帖（新人物往来社 2004）
  ▷p102「（無題）」（内田九一　慶応年間(1865～68)）
◇皇族・華族古写真帖 愛蔵版（新人物往来社 2003）
  ▷p145「（無題）」
  ▷p90「（無題）」
  ▷p143「（無題）」
  ▷p184「（無題）」
◇幕末―写真の時代（筑摩書房 1994）
  ▷p191 No.203「（無題）」（上野彦馬　慶応年間(1865～68)）
◇日本史大事典（平凡社 1992）
◇写された幕末―石黒敬七コレクション（明石書店 1990）
  ▷p63 No.4「長崎のフルベッキ塾生大隈重信達」
◇長崎県大百科事典（長崎新聞社 1984）
◇日本大百科全書（小学館 1984）
◇佐賀県大百科事典（佐賀新聞社 1983）
◇国史大辞典（吉川弘文館 1979）
◇東京百年史 第三巻「東京人」の形成(明治後期)（ぎょうせい 1979）
  ▷p206(写真)「大隈重信（外相時代）」
◇日本人名大事典 1～6（平凡社 1979（覆刻））
◇世界伝記大事典（ほるぷ出版 1978）
◇写真の開祖上野彦馬（上野彦馬撮影 産業能率短期大学出版部 1975）
  ▷p27 No.21「（無題）」
◇明治絵画名作大観 下（同盟通信社 1969）
  ▷図58「大隈重信侯」（黒田清輝　明治36-37(1903-04)）
◇大日本百科事典（小学館 1967）
◇世界大百科事典（平凡社 1964）

大蔵虎明　おおくらとらあきら　1597～1662
江戸時代前期の狂言師。
◇世界伝記大事典（ほるぷ出版 1978）

大蔵永常　おおくらながつね　1768～?
江戸時代中期, 後期の農学者。
◇大分県歴史人物事典（大分合同新聞社 1996）

◇大分百科事典（大分放送 1980）

大河内存真　おおこうちそんしん　1796〜1883
江戸時代末期, 明治時代の漢方医, 本草学者。
◇愛知百科事典（中日新聞本社 1977）

大河内輝声　おおこうちてるな
1848.11.10〜1882.8.15
江戸時代末期の最後の上野国高崎藩主。
◇群馬県史 通史編4 近世1 政治（群馬県 1990）
▷〈写真〉237「大河内輝声肖像」

大河内正質　おおこうちまさただ　1844〜1901
江戸時代末期, 明治時代の大名, 老中格。
◇サムライ古写真帖（新人物往来社 2004）
▷p114「（無題）」
◇千葉県の歴史 通史編 近現代1（千葉県 2002）
▷〈写真〉写真19「大河内正質」

大坂金助〔初代〕　おおさかきんすけ
1845〜1925　江戸時代末期〜大正期の青森商業銀行創設者。
◇青森県人名事典（東奥日報社 2002）
◇青森県百科事典（東奥日報社 1981）

大迫貞清　おおさこさだきよ　1825〜1896
江戸時代末期, 明治時代の薩摩藩士, 官僚。
◇静岡県歴史人物事典（静岡新聞社 1991）
◇沖縄大百科事典（沖縄タイムス社 1983）
◇鹿児島大百科事典（南日本新聞社 1981）
◇国史大辞典（吉川弘文館 1979）
◇静岡大百科事典（静岡新聞社 1978）

大迫尚敏　おおさこなおとし　1844〜1927
江戸時代末期, 明治時代の薩摩藩士, 陸軍軍人。
◇鹿児島大百科事典（南日本新聞社 1981）

大塩平八郎　おおしおへいはちろう　1793〜1837
江戸時代後期の儒学者, 大坂東町奉行所与力。
◇講談社日本人名大辞典（講談社 2001）
◇日本史大事典（平凡社 1992）
◇大阪府史 第7巻 近世編3（大阪府 1989）
▷〈口絵〉「大塩中斎像」
◇日本大百科全書（小学館 1984）
◇国史大辞典（吉川弘文館 1979）
◇日本人名大事典 1〜6（平凡社 1979（覆刻））
◇世界伝記大事典（ほるぷ出版 1978）
◇和漢詩歌作家辞典（みづほ出版 1972）
◇大日本百科事典（小学館 1967）
◇世界大百科事典（平凡社 1964）

凡河内躬恒　おおしこうちのみつね　?〜928?
平安時代前期, 中期の歌人。
◇世界大百科事典（平凡社 1964）

大島有隣　おおしまうりん　1755〜1836
江戸時代中期, 後期の心学者。
◇国史大辞典（吉川弘文館 1979）
◇埼玉大百科事典 1〜5（埼玉新聞社 1974）　▷大島有鄰

大島仙蔵　おおしませんぞう
江戸時代末期, 明治期の薩摩藩校造士館助教授, 日本最初の鉄道技師。
◇沖縄大百科事典（沖縄タイムス社 1983）　▷大島直治兄弟
◇鹿児島大百科事典（南日本新聞社 1981）　▷大島直治兄弟

大島宗七郎　おおしまそうしちろう　1849〜1895
江戸時代後期〜明治期の芳賀郡手彦子村の名主, 自由民権運動家。
◇栃木県歴史人物事典（下野新聞社 1995）

大島高任　おおしまたかとう　1826〜1901
江戸時代末期, 明治期の鋳造家, 冶金学者。工部省出仕。
◇岩手百科事典（岩手放送 1988）
◇茨城県大百科事典（茨城新聞社 1981）

大島久直　おおしまひさなお　1848〜1928
江戸時代末期, 明治時代の出羽秋田藩士, 陸軍軍人。
◇書府太郎—石川県大百科事典 改訂版 上（北国新聞社 2004）
◇秋田大百科事典（秋田魁新報社 1981）

大嶋光義　おおしまみつよし　1508〜1604
戦国時代の武将。
◇岐阜県史 通史編 近世上（岐阜県 1968）
▷p343（写真）「大嶋光義像」

大島蓼太　おおしまりょうた　1718〜1787
江戸時代中期の俳人。
◇長野県歴史人物大事典（郷土出版社 1989）
◇俳諧人名辞典（巌南堂書店 1970）　▷蓼太

大須賀筠軒　おおすがいんけん
1841〜1912　江戸時代末期, 明治時代の藩儒神林復所の末子。
◇宮城県百科事典（河北新報社 1982）

おおす

大洲鉄然　おおずてつねん　1834~1902
江戸時代末期, 明治時代の浄土真宗の僧。
◇山口県百科事典（大和書房 1982）
◇国史大辞典（吉川弘文館 1979）

大関半之助　おおぜきはんのすけ
江戸時代末期の遣仏使節の一員。
◇読者所蔵「古い写真」館（朝日新聞社 1986）
　▷p39「第2回遣欧使節」

大関増業　おおぜきますなり　1782~1845
江戸時代後期の大名。
◇栃木県歴史人物事典（下野新聞社 1995）
◇国史大辞典（吉川弘文館 1979）

大関増裕　おおぜきますひろ　1837~1867
江戸時代末期の大名。
◇写された幕末―石黒敬七コレクション（明石書店 1990）
　▷p30 No.3「米公使と幕府役人」（慶応年間（1865~68））
◇栃木県史 通史編5 近世二（栃木県 1984）
　▷〈写真〉12-4「大関増裕公肖像(慶応元年冬撮影)」

大関良忠　おおぜきよしただ　?~1892
江戸時代後期~明治期の修験僧, 真岡の算法塾西光院塾主。
◇栃木県歴史人物事典（下野新聞社 1995）

大田垣蓮月　おおたがきれんげつ　1791~1875
江戸時代後期, 明治時代の女性。歌人。
◇京都大事典（淡交社 1984）
◇日本大百科全書（小学館 1984）
◇国史大辞典（吉川弘文館 1979）
◇世界伝記大事典（ほるぷ出版 1978）　▷太田垣蓮月
◇平凡社ギャラリー 28（平凡社 1974）
　▷図1「太田垣蓮月像」（富岡鉄斎　明治10 (1877)）

大高源吾　おおたかげんご　1672~1703
江戸時代中期の播磨赤穂藩士。
◇俳人の書画美術 3（集英社 1980）
　▷図26「其角・子葉邂逅図」（英一蝶）
◇現代日本美術全集 3（集英社 1972）
　▷図44「大高源吾」（今村紫紅　明治43頃 (1910頃)）

太田可笛　おおたかてき　1752~1815
江戸時代中期, 後期の俳人。
◇宮崎県大百科事典（宮崎日日新聞社 1983）

太田杏荘　おおたきょうそう　1834~1897
江戸時代後期~明治期の医師。
◇岡山県歴史人物事典（山陽新聞社 1994）

太田黒伴雄　おおたぐろともお　1835~1876
江戸時代末期, 明治時代の志士, 神官。
◇熊本県大百科事典（熊本日日新聞社 1982）

太田源三郎　おおたげんざぶろう　1835~1895
江戸時代末期, 明治時代の幕府遣欧使節通詞。
◇幕末―写真の時代（筑摩書房 1994）
　▷p61 No.57「（無題）」（ナダール）
◇写された幕末―石黒敬七コレクション（明石書店 1990）
　▷p34 No.2「遣欧使節竹内下野守随員」（ナダール, フェリックス）
◇写真集 甦る幕末（朝日新聞社 1987）
　▷p233 No.329「（無題）」
　▷p234 No.333「（無題）」
◇開化写真鏡 写真にみる幕末から明治へ（大和書房 1975）
　▷p92「（無題）」（ナダール）

太田清蔵〔代数不詳〕　おおたせいぞう
江戸時代後期以来の地方有力者。
◇福岡県百科事典 上, 下（西日本新聞社 1982）
　▷太田清蔵

大立目謙吾　おおたつめけんご　1848~1920
江戸時代末期~大正期の仙台藩士。
◇宮城県百科事典（河北新報社 1982）

大館謙三郎　おおだてけんざぶろう　1824~1875
江戸時代末期, 明治時代の志士。
◇角川日本姓氏歴史人物大辞典 10（角川書店 1994）
◇群馬県史 通史編4 近世1 政治（群馬県 1990）
　▷〈写真〉220「大館謙三郎肖像」

太田道灌　おおたどうかん　1432~1486
室町時代, 戦国時代の武将。
◇昭和の文化遺産 5（ぎょうせい 1990）
　▷図3「太田道灌像」（朝倉文夫　昭和31 (1956)）
◇日本大百科全書（小学館 1984）　▷太田道灌
◇国史大辞典（吉川弘文館 1979）　▷太田道灌
◇日本人名大事典 1~6（平凡社 1979（覆刻））
　▷太田道灌
◇世界伝記大事典（ほるぷ出版 1978）　▷太田道灌
◇在外秘宝―欧米収蔵浮世絵集成 鈴木春信（学習研究社 1972）
　▷図129「見立太田道灌」（鈴木春信）

◇和漢詩歌作家辞典（みづほ出版 1972）　▷太田道灌
◇大日本百科事典（小学館 1967）　▷太田道灌

大田南畝　おおたなんぽ　1749〜1823
江戸時代中期, 後期の戯作者, 狂歌師。
◇講談社日本人名大辞典（講談社 2001）
◇日本の浮世絵美術館 5（角川書店 1996）
　▷図98「大田蜀山人画像」（鳥文斎栄之）
◇肉筆浮世絵大観 2（講談社 1995）
　▷図27「蜀山人肖像」（鳥文斎栄之　文化11(1814)）
◇長崎県大百科事典（長崎新聞社 1984）
◇日本大百科全書（小学館 1984）　▷蜀山人
◇肉筆浮世絵 6（集英社 1981）
　▷図48「蜀山人肖像図」（鳥文斎栄之）
◇国史大辞典（吉川弘文館 1979）
◇日本人名大事典 1〜6（平凡社 1979（覆刻））
◇世界伝記大事典（ほるぷ出版 1978）
◇和漢詩歌作家辞典（みづほ出版 1972）
◇大日本百科事典（小学館 1967）　▷蜀山人
◇世界大百科事典（平凡社 1964）

大谷鬼次　おおたにおにじ
江戸時代の歌舞伎役者。
◇名品揃物浮世絵 6（ぎょうせい 1992）
　▷図14「役者舞台之姿絵　まさつや（大谷鬼次）」（歌川豊国（初代）　寛政6-7(1794-95)）
◇人間の美術 10（学習研究社 1990）
　▷図173「役者舞台之姿絵　まさつや（大谷鬼次）」（歌川豊国（初代）　寛政6-7(1794-95)）
◇日本美術全集 22（学習研究社 1979）
　▷図78「役者舞台之姿絵　まさつや（大谷鬼次）」（歌川豊国（初代）　寛政6-7(1794-95)）
◇浮世絵聚花 4（小学館 1979）
　▷図026「大谷鬼治の小林のあさいな」（鳥居清里）
　▷図113「玉沢才次郎, 瀬川菊之丞, 大谷鬼次」（鳥居清倍）
◇復元浮世絵大観 10（集英社 1979）
　▷図9「役者舞台之姿絵　まさつや（大谷鬼次）」（歌川豊国（初代）　寛政6-7(1794-95)）
◇日本版画美術全集 3（講談社 1961）
　▷図266「四世岩井半四郎・市川男女蔵・大谷鬼次」（勝川春英）
　▷図269「四世岩井半四郎・市川男女蔵・大谷鬼次」（勝川春英）
◇日本版画美術全集 4（講談社 1960）
　▷図259「役者舞台之姿絵　まさつや（大谷鬼次）」（歌川豊国（初代）　寛政6-7(1794-95)）
◇浮世絵全集 5（河出書房新社 1957）
　▷図61「役者舞台之姿絵　まさつや（大谷鬼次）」（歌川豊国（初代）　寛政6-7(1794-95)）

大谷幸蔵　おおたにこうぞう　1825〜1887
江戸時代末期, 明治時代の生糸商人。
◇長野県歴史人物大事典（郷土出版社 1989）

大谷徳次〔代数不詳〕　おおたにとくじ
江戸時代後期の歌舞伎役者。
◇新編 名宝日本の美術 29（小学館 1991）
　▷図11「大谷徳次の奴袖助」（東洲斎写楽　寛政6.5(1794)）
◇名品揃物浮世絵 5（ぎょうせい 1991）
　▷図8「大谷徳次の奴袖助」（東洲斎写楽　寛政6.5(1794)）
◇秘蔵浮世絵大観 11（講談社 1988）
　▷図34「大谷徳次の物草太郎」（東洲斎写楽　寛政6(1794)）
　▷図32「大谷徳次の奴袖助」（東洲斎写楽　寛政6.5(1794)）
◇秘蔵浮世絵大観 2（講談社 1987）
　▷図0157「大谷徳次の奴袖助」（東洲斎写楽　寛政6.5(1794)）
◇浮世絵八華 4（平凡社 1985）
　▷図33「大谷徳次の物草太郎」（東洲斎写楽　寛政6(1794)）
　▷図039「大谷徳次の物草太郎」（東洲斎写楽　寛政6(1794)）
　▷図9「大谷徳次の奴袖助」（東洲斎写楽　寛政6.5(1794)）
　▷図08「大谷徳次の奴袖助」（東洲斎写楽　寛政6.5(1794)）
◇浮世絵聚花 5（小学館 1980）
　▷図44「三世沢村宗十郎の曽我十郎, 小佐川常世の大磯虎, 吾妻藤蔵の三浦片貝, 大谷徳次の団三郎」（鳥居清長）
◇浮世絵聚花 15（小学館 1980）
　▷図161「大谷徳次の物草太郎」（東洲斎写楽　寛政6(1794)）
◇復元浮世絵大観 8（集英社 1978）
　▷図6「大谷徳次の奴袖助」（東洲斎写楽　寛政6.5(1794)）
◇浮世絵大系 7（集英社 1973）
　▷図7「大谷徳次の奴袖助」（東洲斎写楽　寛政6.5(1794)）
◇在外秘宝―欧米収蔵浮世絵集成　東洲斎写楽（学習研究社 1972）
　▷図045「大谷徳次の物草太郎」（東洲斎写楽　寛政6(1794)）
　▷図8「大谷徳次の奴袖助」（東洲斎写楽　寛政6.5(1794)）
　▷図07「大谷徳次の奴袖助」（東洲斎写楽　寛政6.5(1794)）
　▷図87「大谷徳次の奴袖助」（東洲斎写楽　寛政6.5(1794)）
◇全集浮世絵版画 4（集英社 1972）
　▷図3「大谷徳次の奴袖助」（東洲斎写楽　寛

政6.5(1794))
◇浮世絵名作選集 4（山田書院 1968）
　▷図〔2〕「大谷徳次の奴袖助」（東洲斎写楽　寛政6.5(1794)）
◇美人画・役者絵 6（講談社 1966）
　▷図42「大谷徳次の物草太郎」（東洲斎写楽　寛政6(1794)）
　▷図7「大谷徳次の奴袖助」（東洲斎写楽　寛政6.5(1794)）
◇浮世絵版画 6（集英社 1964）
　▷図3「大谷徳次の奴袖助」（東洲斎写楽　寛政6.5(1794)）
◇日本版画美術全集 4（講談社 1960）
　▷図210「大谷徳次の奴袖助」（東洲斎写楽　寛政6.5(1794)）
◇浮世絵全集 5（河出書房新社 1957）
　▷図48「大谷徳次の奴袖助」（東洲斎写楽　寛政6.5(1794)）

大谷徳次〔初代〕　おおたにとくじ
1756～1807　江戸時代中期、後期の歌舞伎役者。
◇浮世絵ギャラリー 4（小学館 2006）
　▷図7「初代大谷徳次のやつこ袖助」（東洲斎写楽　寛政6(1794)）
◇秘蔵日本美術大観 10（講談社 1993）
　▷図53「初代大谷徳次の文違いの御殿女中」（勝川春常　安永7-9(1778-80)頃）
◇秘蔵浮世絵大観 6（講談社 1989）
　▷図0128「初代大谷徳次」（勝川春英　寛政初）
◇秘蔵浮世絵大観 11（講談社 1988）
　▷図15「四代目市川団蔵の天川屋義平・初代大谷徳次の丁稚伊五」（勝川春章　天明元(1781)）
◇浮世絵聚花 8（小学館 1980）
　▷図39「六世市川団十郎と初世大谷徳次の暫」（歌川豊国（初代））

大谷友右衛門〔代数不詳〕　おおたにともえもん
江戸時代の歌舞伎役者。
◇名品揃物浮世絵 6（ぎょうせい 1992）
　▷図47「役者舞台之姿絵 あかしや（大谷友右衛門の斧定九郎）」（歌川豊国（初代）　寛政6-7(1794-95)）
◇浮世絵聚花 11（小学館 1979）
　▷図191「大谷友右衛門の傘張法橋」（勝川春章）
　▷図190「大谷友右衛門の山三が奴岡平」（勝川春章）
◇浮世絵全集 5（河出書房新社 1957）
　▷図23「尾上松蔵の和泉三郎娘柵木と大谷友右衛門の奴谷平」（一筆斎文調）

大谷友右衛門〔初代〕　おおたにともえもん
1744～1781　江戸時代中期の歌舞伎役者。
◇秘蔵浮世絵大観 別巻（講談社 1990）
　▷〔ケ〕29「三代目大谷広次の逸平と初代大谷友右衛門の江戸平」（勝川春章　安永3(1774)）
◇秘蔵浮世絵大観 6（講談社 1989）
　▷図096「四代目松本幸四郎と初代大谷友右衛門」（勝川春章　安永後期）
◇秘蔵浮世絵大観 8（講談社 1989）
　▷図102「初代大谷友右衛門の浪人」（勝川春章　安永後期(1772-81)）
◇秘蔵浮世絵大観 11（講談社 1988）
　▷図01「初代大谷友右衛門」（勝川春章　安永後期）
　▷図7「初代大谷友右衛門の奴」（勝川春章　明和7(1770頃)）
◇秘蔵浮世絵大観 12（講談社 1988）
　▷図047「初代大谷友右衛門」（勝川春章　安永後期）
◇秘蔵浮世絵大観 2（講談社 1987）
　▷図088「初代坂東三津五郎・四代目松本幸四郎・初代大谷友右衛門」（勝川春章　安永7-9頃）
　▷図080「四代目松本幸四郎と初代大谷友右衛門」（勝川春章　安永2-3頃）
　▷図089「四代目松本幸四郎の伊勢の三郎・初代大谷友右衛門のゆりの八郎・初代坂東三津五郎の尾形三郎」（勝川春章　安永9.11）
◇浮世絵聚花 7（小学館 1979）
　▷図26-27「初世大谷友右衛門と初世坂東三津五郎」（勝川春章）

大谷友右衛門〔2代〕　おおたにともえもん
1769～1830　江戸時代後期の歌舞伎役者。
◇浮世絵ギャラリー 4（小学館 2006）
　▷図30「谷村虎蔵の片岡幸左衛門」（東洲斎写楽　寛政6(1794)）
　▷図13「谷村虎蔵の鷲塚八平次」（東洲斎写楽　寛政6(1794)）
◇日本の浮世絵美術館 1（角川書店 1996）
　▷図141「谷村虎蔵の鷲塚八平次」（作者不詳　寛政6）
◇新編 名宝日本の美術 29（小学館 1991）
　▷図25「谷村虎蔵の鷲塚八平次」（東洲斎写楽）
◇秘蔵浮世絵大観 ベレス・コレクション（講談社 1991）
　▷図99「二代目大谷友右衛門の岩城弥源次と二代目坂東三津五郎の若党友次」（歌川豊国（初代）　寛政9(1797)）
◇名品揃物浮世絵 5（ぎょうせい 1991）
　▷図26「谷村虎蔵の鷲塚八平次」（東洲斎写楽　寛政6(1794)）
◇秘蔵浮世絵大観 3（講談社 1988）
　▷図088「二代目大谷友右衛門の玄達と二代目あらし橘三郎の石どう縫之助」（戯画堂芦ゆ

・き　文政6)
◇秘蔵浮世絵大観 2（講談社 1987）
▷図211「谷村虎蔵の鷲塚八平次」（東洲斎写楽　寛政6(1794)）
◇浮世絵八華 4（平凡社 1985）
▷図43「谷村虎蔵の片岡幸右衛門」（東洲斎写楽）
▷図052「谷村虎蔵の片岡幸右衛門」（東洲斎写楽）
▷図25「谷村虎蔵の鷲塚八平次」（東洲斎写楽　寛政6(1794)）
▷図027「谷村虎蔵の鷲塚八平次」（東洲斎写楽　寛政6(1794)）
◇浮世絵聚花 15（小学館 1980）
▷図166「谷村虎蔵の片岡幸右衛門」（東洲斎写楽）
◇浮世絵聚花 11（小学館 1979）
▷図12「谷村虎蔵の鷲塚八平次」（東洲斎写楽　寛政6(1794)）
◇浮世絵大系 7（集英社 1973）
▷図25「谷村虎蔵の鷲塚八平次」（東洲斎写楽　寛政6(1794)）
◇在外秘宝―欧米収蔵浮世絵集成 東洲斎写楽（学習研究社 1972）
▷図053「谷村虎蔵の片岡幸右衛門」（東洲斎写楽）
▷図26「谷村虎蔵の鷲塚八平次」（東洲斎写楽　寛政6(1794)）
▷図025「谷村虎蔵の鷲塚八平次」（東洲斎写楽　寛政6(1794)）
◇全集浮世絵版画 4（集英社 1972）
▷図14「谷村虎蔵の鷲塚八平次」（東洲斎写楽　寛政6(1794)）
◇原色日本の美術 17（小学館 1968）
▷図43「谷村虎蔵の鷲塚八平次」（東洲斎写楽　寛政6(1794)）
◇浮世絵名作選集 4（山田書院 1968）
▷図〔11〕「谷村虎蔵の鷲塚八平次」（東洲斎写楽　寛政6(1794)）
◇美人画・役者絵 6（講談社 1966）
▷図50「谷村虎蔵の片岡幸右衛門」（東洲斎写楽）
▷図21「谷村虎蔵の片岡幸右衛門」（東洲斎写楽）
◇浮世絵版画 6（集英社 1964）
▷図14「谷村虎蔵の鷲塚八平次」（東洲斎写楽　寛政6(1794)）
◇日本版画美術全集 4（講談社 1960）
▷図222「谷村虎蔵の鷲塚八平次」（東洲斎写楽　寛政6(1794)）
◇浮世絵全集 5（河出書房新社 1957）
▷図11「谷村虎蔵の鷲塚八平次」（東洲斎写楽　寛政6(1794)）

大谷友右衛門〔4代〕　おおたにともえもん
1791～1861　江戸時代末期の歌舞伎役者。
◇日本大百科全書（小学館 1984）　▷大谷友右衛門〔4世〕

大谷友右衛門〔5代〕　おおたにともえもん
江戸時代の歌舞伎役者。
◇秘蔵浮世絵大観 5（講談社 1989）
▷図066「四代目市村家橘の天狗子増霧太郎・三代目中村仲蔵のあんまの丑市・五代目大谷友右衛門のしのぶの惣太」（豊原国周　明治元）

大谷彦次郎　おおたにひこじろう　1825～1903
戦国時代の武士。
◇角川日本姓氏歴史人物大辞典 16（角川書店 1992）

大谷広右衛門〔代数不詳〕　おおたにひろえもん
江戸時代の歌舞伎役者。
◇日本の浮世絵美術館 2（角川書店 1996）
▷図108「二代目坂東彦三郎の曽我の五郎、大谷広右衛門の朝比奈」（鳥居清満　宝暦13）

大谷広右衛門〔3代〕　おおたにひろえもん
1726～1790　江戸時代中期の歌舞伎役者。
◇秘蔵浮世絵大観 ブルヴェラー・コレクション（講談社 1990）
▷図35「三代目大谷広右衛門と初代坂東三津五郎の闇仕合」（勝川春好(初代)　安永後期(1772-81)）
◇秘蔵浮世絵大観 6（講談社 1989）
▷図129「三代目大谷広右衛門と初代坂東三津五郎の闇仕合」（勝川春好(初代)　安永後期(1772-81)）
◇秘蔵浮世絵大観 12（講談社 1988）
▷図68「三代目市川団蔵・初代中村仲蔵・三代目松本幸四郎・三代目大谷広右衛門」（勝川春章　明和3.11-7.11(1766.11-1770.11)）
◇秘蔵浮世絵大観 2（講談社 1987）
▷図079「三代目大谷広右衛門と初代坂東三津五郎」（勝川春章　安永2-3頃）
◇浮世絵聚花 9（小学館 1981）
▷図59「三世大谷広右衛門」（勝川春章）
◇浮世絵聚花 8（小学館 1980）
▷図163「三世大谷広右衛門」（勝川春章）

大谷広次〔代数不詳〕　おおたにひろじ
江戸時代の歌舞伎役者。
◇日本の浮世絵美術館 1（角川書店 1996）
▷図130「二代目市川団十郎の不破伴左衛門と大谷広次の山名入道」（鳥居清重　享保16）
◇浮世絵聚花 1（小学館 1983）
▷図15「小川善五郎,市村竹之丞,中嶋三甫右衛門,および大谷広次の舞台姿」（鳥居清信(初代)）
▷図14「二世三条勘太郎,市村玉柏,大谷広次,

およひ中嶋三甫右衛門の舞台姿」（鳥居清信（初代））
▷図98「三世市川団十郎と大谷広次の舞台姿」（鳥居清倍（2代））
◇浮世絵聚花 14（小学館 1981）
▷図05「市川団十郎と大谷広次」（鳥居清倍）
◇浮世絵聚花 8（小学館 1980）
▷図029「大谷広次」（一筆斎文調）
◇浮世絵聚花 12（小学館 1980）
▷図037「大谷広次」（勝川春章）
◇浮世絵聚花 15（小学館 1980）
▷図19「大谷広次 小槌置物持ちたる男」（鳥居清重）
▷図68「大谷広次の山田三郎 中村助五郎の麻生松若」（鳥居清倍）
◇浮世絵聚花 10（小学館 1979）
▷図011「大谷広次」（一筆斎文調）
▷図201「大谷広次と中村助五郎」（勝川春章）
▷図051「大谷広次と沢村四郎五郎」（鳥居清長）
◇浮世絵聚花 11（小学館 1979）
▷図242「嵐三五郎の名護屋山三と大谷広次の土佐又平」（勝川春章）
◇原色日本の美術 17（小学館 1968）
▷図22「大谷広治 吾妻藤蔵」（一筆斎文調）
◇日本版画美術全集（講談社 1961）
▷図239「市川亀蔵の曽我十郎、大谷広次の足軽八幡之助」（石川豊信）

大谷広次〔初代〕　おおたにひろじ
1696～1747　江戸時代中期の歌舞伎役者。
◇秘蔵浮世絵大観 別巻（講談社 1990）
▷〔ケ〕012「二代目市川団十郎・初代大谷広次・二代目三条かん太郎」（鳥居清倍（2代）享保後期）
◇秘蔵浮世絵大観 9（講談社 1989）
▷図02「初代中村富十郎のしろたへと初代大谷広治の片桐弥七」（鳥居清信（2代）宝暦3.ル）
◇秘蔵浮世絵大観 2（講談社 1987）
▷図4「初代市川団蔵と初代大谷広次の草摺曳」（鳥居清倍 享保2,享保3（1717,1718））
◇秘蔵浮世絵大観 10（講談社 1987）
▷図52「初代大谷広治のはしば久吉と二代三条勘太郎」（鳥居清信（初代）享保4（1719））
◇浮世絵聚花 14（小学館 1981）
▷図46「初世大谷広次の忠節と初世瀬川菊之丞の葛城」（西村重信）
◇在外日本の至宝 7（毎日新聞社 1980）
▷図13「初代市川団蔵と初代大谷広次の草摺曳」（鳥居清倍 享保2,享保3（1717,1718））
◇浮世絵大系 1（集英社 1974）
▷図29「初代市川団蔵と初代大谷広次の草摺曳」（鳥居清倍 享保2,享保3（1717,1718））

大谷広次〔2代〕　おおたにひろじ
1717～1757　江戸時代中期の歌舞伎役者。
◇名品揃物浮世絵 2（ぎょうせい 1991）
▷図71「中村仲蔵の白拍子桂木とのうち四代松本幸四郎の名月坊、二代大谷広次の十六夜坊（出語り図）」（鳥居清長　天明2-寛政元（1782-89））
◇秘蔵浮世絵大観 9（講談社 1989）
▷図11「二代目大谷広治の黒舟忠右衛門と初代中村助五郎の獄門庄兵衛」（石川豊信　寛延3（1750））
◇浮世絵八華 2（平凡社 1985）
▷図48「中村仲蔵の白拍子桂木とのうち四代松本幸四郎の名月坊、二代大谷広次の十六夜坊（出語り図）」（鳥居清長　天明2-寛政元（1782-89））
◇浮世絵聚花 8（小学館 1980）
▷図134「初世大谷鬼次と初世瀬川菊次郎」（鳥居清信（初代））
◇浮世絵大系 4（集英社 1975）
▷図52「中村仲蔵の白拍子桂木とのうち四代松本幸四郎の名月坊、二代大谷広次の十六夜坊（出語り図）」（鳥居清長　天明2-寛政元（1782-89））
◇在外秘宝－欧米収蔵浮世絵集成 鳥居清長（学習研究社 1972）
▷図124「中村仲蔵の白拍子桂木とのうち四代松本幸四郎の名月坊、二代大谷広次の十六夜坊（出語り図）」（鳥居清長　天明2-寛政元（1782-89））
◇美人画・役者絵 3（講談社 1965）
▷図41「中村仲蔵の白拍子桂木とのうち四代松本幸四郎の名月坊、二代大谷広次の十六夜坊（出語り図）」（鳥居清長　天明2-寛政元（1782-89））

大谷広次〔3代〕　おおたにひろじ
1746～1802　江戸時代中期、後期の歌舞伎役者。
◇浮世絵ギャラリー 4（小学館 2006）
▷図52「三代目大谷広次の名護屋が下部土佐の又平」（東洲斎写楽　寛政6（1794））
◇華－浮世絵名品集（平木浮世絵財団 2004）
▷図22「三代目大谷広治 二代目吾妻藤蔵」（一筆斎文調　明和7（1770））
▷図23「曽我の対面 坂東三津五郎 三代目大谷広次 四代目坂東又太郎」（勝川春章　明和5（1768））
◇名品揃物浮世絵 6（ぎょうせい 1992）
▷図15「役者舞台之姿絵 まるや（三世大谷広次の土佐の又平）」（歌川豊国（初代）　寛政6-7（1794-95））
◇新編 名宝日本の美術 29（小学館 1991）
▷図30「嵐雀蔵の奴浮世又平と三世大谷広次の奴土佐の又平」（東洲斎写楽）
◇名品揃物浮世絵 5（ぎょうせい 1991）
▷図89「東扇 三世大谷広次」（勝川春章　安永4－天明2頃（1775-82頃））

◇秘蔵浮世絵大観 別巻（講談社 1990）
　▷図29「三世大谷広治と中村仲蔵および大谷徳次の楽屋」（勝川春章　天明2-3頃(1782-83頃)）
　▷図69「嵐竜蔵の奴浮世又平と三世大谷広次の奴土佐の又平」（東洲斎写楽）
◇秘蔵浮世絵大観 別巻（講談社 1990）
　▷〔ケ〕29「三代目大谷広次の逸平と初代大谷友右衛門の江戸平」（勝川春章　安永3(1774)）
　▷〔チ〕057「三世沢村宗十郎の平重盛・六世中山小十郎の八丁礫の紀平治・三世大谷広次の三浦荒四郎・三世市川八百蔵の悪源太義平」（鳥居清長）
　▷〔チ〕03「三代目大谷広治の矢間十太郎」（鳥居清満(初代)　明和4）
◇秘蔵浮世絵大観 6（講談社 1989）
　▷図099「三代目大谷広次」（勝川春章　安永後期）
◇秘蔵浮世絵大観 8（講談社 1989）
　▷図105「二世市川門之助の雁金文七, 三世大谷広次の布袋市右衛門, 五世市川団十郎の安の平兵衛」（勝川春好(初代)　安永5.5(1776.5)）
　▷図101「九代目市村羽左衛門の相馬の将のりと三代目大谷広次の浮嶋大八」（勝川春章　明和7.7(1770.7)）
　▷図100「三代目大谷広次の鯉つかみ」（勝川春章　明和8.5(1771.5)）
◇秘蔵浮世絵大観 9（講談社 1989）
　▷図97「三世大谷広治と中村仲蔵および大谷徳次の楽屋」（勝川春章　天明2-3頃(1782-83頃)）
　▷図124「三代目大谷広治の三浦弾正義村と四代目松本幸四郎の武部源左衛門常世」（勝川春泉　天明7(1787)）
◇秘蔵浮世絵大観 4（講談社 1988）
　▷図036「三代目大谷広次」（一筆斎文調　安永・天明期）
　▷図76「初代中村富十郎の横伯・二世目三五郎の西行法師・三代目大谷広治の文覚上人」（勝川春章　安永6(1777)）
◇秘蔵浮世絵大観 11（講談社 1988）
　▷図27「三代目大谷広次の放胸四郎兵衛」（一筆斎文調　明和6.2(1769.2)）
◇秘蔵浮世絵大観 12（講談社 1988）
　▷図041「三代目大谷広次の亀王と坂田佐十郎の有王」（勝川春章　明和6末－7初）
◇秘蔵浮世絵大観 2（講談社 1987）
　▷図94「二代目市川門之助の五位之介安貞・三代目瀬川菊之丞の傾城墨染・三代目大谷広次の奴和歌平」（勝川春章　天明4.11(1784.11)）
　▷図096「三代目大谷広次」（勝川春章　安永末期頃）
　▷図013「三代目大谷広次のぬれがみ長五郎」（鳥居清満(初代)　明和2.正）
◇浮世絵八華 4（平凡社 1985）
　▷図30「嵐竜蔵の奴浮世又平と三世大谷広次の奴土佐の又平」（東洲斎写楽）
　▷図032「嵐竜蔵の奴浮世又平と三世大谷広次の奴土佐の又平」（東洲斎写楽）
　▷図088「三世大谷広次の秦の大膳武虎」（東洲斎写楽）
　▷図045「三世大谷広次の奴土佐の又平」（東洲斎写楽）
◇浮世絵聚花 2（小学館 1985）
　▷図160「三世大谷広治の松王と四世坂東又太郎の梅王」（鳥居清長）
◇浮世絵聚花 補巻1（小学館 1982）
　▷図149「三世大谷広次の岡部六弥太」（鈴木春信　明和元(1764)）
◇浮世絵聚花 9（小学館 1981）
　▷図25「三世沢村宗十郎の平重盛・六世中山小十郎の八丁礫の紀平治・三世大谷広次の三浦荒四郎・三世市川八百蔵の悪源太義平」（鳥居清長　天明5）
◇浮世絵聚花 13（小学館 1981）
　▷図21「三代目大谷広次と中村仲蔵および大谷徳次の楽屋」（勝川春章　天明2-3頃(1782-83頃)）
◇浮世絵聚花 14（小学館 1981）
　▷図154「三世大谷広次の松王丸」（勝川春章）
◇浮世絵聚花 5（小学館 1980）
　▷図27「東扇 三世大谷広次」（勝川春章　安永4－天明2頃(1775-82頃)）
　▷図116「三世大谷広次と中村仲蔵および大谷徳次の楽屋」（勝川春章　天明2-3頃(1782-83頃)）
　▷図17「三代目大谷広次の亀王と坂田佐十郎の有王」（勝川春章　明和6末－7初）
　▷図87「三世大谷広次の源氏の白旗を持つ侍」（勝川春章）
　▷図85「三世大谷広次の仏像を捧げ, 雨桶の水を浴びる裸身の男」（勝川春章）
　▷図22-24「中村富十郎の葛の葉, 二世坂東三津五郎のやかん平, 三世大谷広次のよかん平」（勝川春章）
　▷図167「山下万菊と三世大谷広次」（鳥居清長）
◇浮世絵聚花 8（小学館 1980）
　▷図62「三世大谷広次の那頃の与市と坂田左十郎のあじか沢の可兵衛」（一筆斎文調）
　▷5-6「三世大谷広次と初世市川男女蔵」（勝川春英）
　▷図75「三世大谷広次」（勝川春好(初代)）
◇浮世絵聚花 12（小学館 1980）
　▷図039-041「二世市川門之助の雁金文七, 三世大谷広次の布袋市右衛門, 五世市川団十郎の安の平兵衛」（勝川春好(初代)　安永5.5(1776.5)）
　▷図161「九代目市村羽左衛門の相馬の将のりと三代目大谷広次の浮嶋大八」（勝川春章　明和7.7(1770.7)）
　▷図026「三世大谷広次」（勝川春章）
　▷図144「嵐竜蔵の奴浮世又平と三世大谷広次の奴土佐の又平」（東洲斎写楽）

おおた

◇浮世絵聚花 15（小学館 1980）
　▷図028「三代目大谷広次の鯉つかみ」（勝川春章　明和8.5(1771.5)）
　▷図164「三世大谷広次の秦の大膳武虎」（東洲斎写楽）
◇復元浮世絵大観 4（集英社 1980）
　▷図4「三代大谷広次の直江左衛門と四代坂東又太郎の坂東太郎」（勝川春章）
◇浮世絵聚花 10（小学館 1979）
　▷図89「三世大谷広次」（勝川春章）
　▷図62「三世大谷広次」（鳥居清経）
　▷図61「三世大谷広次の坂田のきん時と尾上松助のび女御ぜん」（鳥居清満（初代））
◇復元浮世絵大観 8（集英社 1978）
　▷図21「嵐竜蔵の奴浮世又平と三代大谷広次の奴土佐の又平」（東洲斎写楽）
◇浮世絵大系 3（集英社 1974）
　▷図40「三代大谷広治と中村仲蔵および大谷徳次の楽屋」（勝川春章　天明2-3頃(1782-83頃)）
　▷図27-28「三代大谷広次の直江左衛門と四代坂東又太郎の坂東太郎」（勝川春章）
　▷図29「初代中村仲蔵の近江小藤太と三代大谷広次の鬼王」（勝川春章）
◇浮世絵大系 7（集英社 1973）
　▷図32「嵐竜蔵の奴浮世又平と三代大谷広次の奴土佐の又平」（東洲斎写楽）
◇平凡社ギャラリー 6（平凡社 1973）
　▷図19「三世大谷広次の秦の大膳武虎」（東洲斎写楽）
◇在外秘宝—欧米収蔵浮世絵集成 東洲斎写楽（学習研究社 1972）
　▷図038「嵐竜蔵の奴浮世又平と三代大谷広次の奴土佐の又平」（東洲斎写楽）
　▷図069「三世大谷広次の秦の大膳武虎」（東洲斎写楽）
　▷図37「三世大谷広次の奴土佐又平」（東洲斎写楽）
　▷図042「三世大谷広次の奴土佐又平」（東洲斎写楽）
◇全集浮世絵版画 4（集英社 1972）
　▷図34「嵐竜蔵の奴浮世又平と三代大谷広次の奴土佐の又平」（東洲斎写楽）
◇日本の名画 13（講談社 1972）
　▷図10「嵐竜蔵の奴浮世又平と三代大谷広次の奴土佐の又平」（東洲斎写楽）
◇原色日本の美術 24（小学館 1971）
　▷図75「三代大谷広次の奴土佐の又平」（東洲斎写楽）
◇日本絵画館 8（講談社 1970）
　▷図90「三代大谷広次の直江左衛門と四代坂東又太郎の坂東太郎」（勝川春章）
◇美人画・役者絵 6（講談社 1966）
　▷図34「嵐竜蔵の奴浮世又平と三代大谷広次の奴土佐の又平」（東洲斎写楽）
　▷図69「三世大谷広次の秦の大膳武虎」（東洲斎写楽）
　▷図31「三世大谷広次の奴土佐又平」（東洲斎写楽）
◇日本版画美術全集 3（講談社 1961）
　▷図66「吾妻藤蔵の三国女郎と三世大谷広治の放駒四郎兵衛」（一筆斎文調）
　▷図69「三世大谷広次の勘平と中村松江のおかる」（一筆斎文調）
　▷図242「四世岩井半四郎の白拍子衣子と三世大谷広次のこんから坊と五世市川団十郎のせいたか坊」（勝川春好（初代））
　▷図244「中村里好の満汐と二世小佐川常世の白拍子芙蓉と三世大谷広次の三浦荒次郎」（勝川春好（初代））
　▷図25「三世大谷広次の小栗十郎・九世市村羽左衛門の曽我五郎」（勝川春章）
　▷図224「三世大谷広次の三浦荒次郎・二世小佐川常世の白拍子芙蓉・中村里好の満汐」（勝川春章）
　▷図24-25「三世大谷広次の湯島の三吉と二世坂田半五郎の神田の与吉」（勝川春章）
　▷図222「三世大谷広次の和歌平と三世瀬川菊之丞の傾城墨染」（勝川春章）
　▷図231「四世松本幸四郎の重忠・三世大谷広次の由兵衛実は鬼王」（勝川春章）
　▷図345「三世大谷広次の大谷村の伊賀蔵」（金長洞石賀）
◇日本版画美術全集 4（講談社 1960）
　▷図40「嵐竜蔵の奴浮世又平と三代大谷広次の奴土佐の又平」（東洲斎写楽）
　▷図238「三世大谷広次の秦の大膳武虎」（東洲斎写楽）
◇浮世絵全集 5（河出書房新社 1957）
　▷図3「三代大谷広次の黒船忠右衛門と二世中村助五郎の獄門庄兵衛」（勝川春章）
　▷図12「嵐竜蔵の奴浮世又平と三世大谷広次の奴土佐の又平」（東洲斎写楽）

大谷広次〔5代〕　　おおたにひろじ
1833～1873　江戸時代末期、明治時代の歌舞伎役者。
◇秘蔵浮世絵大観 5（講談社 1989）
　▷図011「二代目尾上菊次郎の木下川幸助と大谷友松の羽生屋助四郎」（歌川国貞（初代）安政）

大谷門蔵〔2代〕　　おおたにもんぞう
江戸時代の歌舞伎役者。
◇秘蔵浮世絵大観 7（講談社 1990）
　▷図0144「明治二巳年 箱館場　五代目尾上菊五郎の轟坂五郎・初代市川左団次の狼ノ九蔵・坂東喜知六の連花ノ六助・二代目大谷門蔵の轡ノ門太」（豊原国周　明治8）

大谷保造　　おおたにやすぞう　　1831～1913
江戸時代末期～大正民の実業家。
◇大分県歴史人物事典（大分合同新聞社 1996）

大谷竜左衛門　おおたにりゅうさえもん
　江戸時代の歌舞伎役者。
◇浮世絵聚花 1（小学館 1983）
　▷図81「二世市川海老蔵と大谷竜左衛門（か）の舞台姿」（鳥居清信（2代））

太田広城　おおたひろき　1838～1911
　江戸時代末期, 明治時代の陸奥八戸藩士。
◇青森県人名事典（東奥日報社 2002）
◇青森県百科事典（東奥日報社 1981）

太田祐円　おおたゆうえん　1841～1916
　江戸時代末期～大正期の僧。
◇鹿児島大百科事典（南日本新聞社 1981）

太田用成　おおたようせい　1844～1912
　江戸時代末期, 明治期の医師。浜松病院院長, 浜松病院付属医学校校長。
◇静岡大百科事典（静岡新聞社 1978）

大塚啓三郎　おおつかけいざぶろう　1828～1876
　江戸時代末期, 明治時代の陶工。
◇栃木県歴史人物事典（下野新聞社 1995）

大月源　おおつきげん　1733～1808
　江戸時代中期, 後期のわが国ただ1人の女性刀工。
◇岡山県歴史人物事典（山陽新聞社 1994）

大槻玄沢　おおつきげんたく　1757～1827
　江戸時代後期の陸奥一関藩士, 陸奥仙台藩士, 蘭学者。
◇講談社日本人名大辞典（講談社 2001）
◇日本史大事典（平凡社 1992）
◇岩手百科事典（岩手放送 1988）
◇長崎県大百科事典（長崎新聞社 1984）
◇日本大百科全書（小学館 1984）
◇宮城県百科事典（河北新報社 1982）
◇国史大辞典（吉川弘文館 1979）
◇日本人名大事典 1～6（平凡社 1979（覆刻））
◇世界伝記大事典（ほるぷ出版 1978）
◇大日本百科事典（小学館 1967）
◇世界大百科事典（平凡社 1964）

大槻俊斎　おおつきしゅんさい　1806～1862
　江戸時代末期の蘭方医, 西洋医学所頭取。
◇日本大百科全書（小学館 1984）
◇宮城県百科事典（河北新報社 1982）
◇国史大辞典（吉川弘文館 1979）
◇日本人名大事典 1～6（平凡社 1979（覆刻））
◇大日本百科事典（小学館 1967）

大槻丈作　おおつきじょうさく　1766～1825
　江戸時代中期, 後期の大肝煎, 篤行家。
◇宮城県百科事典（河北新報社 1982）

大槻磐渓　おおつきばんけい　1801～1878
　江戸時代末期, 明治時代の蘭学者, 砲術家。
◇岩手百科事典（岩手放送 1988）
◇宮城県百科事典（河北新報社 1982）
◇国史大辞典（吉川弘文館 1979）

大築彦五郎　おおつきひこごろう　1851～1884
　江戸時代末期, 明治時代の留学生。
◇幕末―写真の時代（筑摩書房 1994）
　▷p136 No.141「(無題)」(撮影者不詳)
◇読者所蔵「古い写真」館（朝日新聞社 1986）
　▷p43「遣露使節と留学生」

大槻平泉　おおつきへいせん　1773～1850
　江戸時代後期の儒者。
◇宮城県百科事典（河北新報社 1982）

大津皇子　おおつのみこ　663～686
　飛鳥時代の天武天皇の第3皇子。
◇国宝・重要文化財大全 4（毎日新聞社 1999）
　▷図746「伝大津皇子(坐)像」(作者不詳　室町時代　薬師寺(奈良県奈良市西ノ京町)蔵)
◇仏像集成 5（学生社 1994）
　▷図164「伝大津皇子(坐)像」(作者不詳　鎌倉時代末期　薬師寺(奈良県奈良市西ノ京町)蔵)
◇現代の日本画 4（学習研究社 1991）
　▷図79「大津皇子」(小倉遊亀　昭和57(1982))
◇土門拳 日本の彫刻 2（美術出版社 1980）
　▷図155-157「伝大津皇子(坐)像」(作者不詳　鎌倉時代末期－南北朝時代　薬師寺(奈良県奈良市西ノ京町)蔵)
◇国史大辞典（吉川弘文館 1979）
◇重要文化財 5（毎日新聞 1974）
　▷図223「伝大津皇子(坐)像」(作者不詳　室町時代　薬師寺(奈良県奈良市西ノ京町)蔵)
◇奈良六大寺大観 6（岩波書店 1970）
　▷p184-185「伝大津皇子(坐)像」(作者不詳　薬師寺(奈良県奈良市西ノ京町)蔵)

大坪二市　おおつぼにいち
　江戸時代末期, 明治時代の飛騨国の篤農家, 文人。
◇岐阜県史 通史編 近代中（岐阜県 1970）
　▷p522(写真)「大坪二市肖像 国府町 大坪長節蔵」

大友亀太郎　おおともかめたろう　1834～1897
江戸時代末期,明治時代の北海道開拓者。
- 北海道歴史人物事典（北海道新聞社 1993）
- 北海道大百科事典（北海道新聞社 1981）

大友宗麟　おおともそうりん　1530～1587
戦国時代,安土桃山時代のキリシタン,大名。
- 講談社日本人名大辞典（講談社 2001）
- 大分県歴史人物事典（大分合同新聞社 1996）
- 日本史大事典（平凡社 1992）
- 大阪府史 第5巻 近世編1（大阪府 1985）
  - ▷〈写真〉写真29「大友宗麟像 京都府瑞峯院」
- 日本大百科全書（小学館 1984）
- 福岡県百科事典 上,下（西日本新聞社 1982）
- 国史大辞典（吉川弘文館 1979）
- 日本人名大事典 1～6（平凡社 1979（覆刻））
- 世界伝記大事典（ほるぷ出版 1978）
- 秘宝 11（講談社 1968）
  - ▷図22「大友宗麟像」（作者不詳）
- 大日本百科事典（小学館 1967）
- 世界大百科事典（平凡社 1964）

大友黒主　おおとものくろぬし
平安時代前期の歌人。
- 名品揃物浮世絵 4（ぎょうせい 1992）
  - ▷図55「六歌仙 黒主」（鳥文斎栄之　天明年間末頃(1781-89頃)）
- 名品揃物浮世絵 1（ぎょうせい 1991）
  - ▷図79「風流六哥仙 大伴黒主」（鈴木春信　明和4-6頃(1767-69頃)）
- 秘蔵浮世絵大観 6（講談社 1989）
  - ▷図123「六歌仙 大伴黒主」（勝川春章　明和末(1764-72)）
- 秘蔵浮世絵大観 8（講談社 1989）
  - ▷図246「六歌仙 大伴黒主」（柳々居辰斎　享和－文化(1801-18)）
- 秘蔵浮世絵大観 9（講談社 1989）
  - ▷図175「新六歌仙 黒主」（鳥文斎栄之　寛政7-8頃(1795-96頃)）
- 浮世絵聚花 補巻2（小学館 1982）
  - ▷図586「大伴黒主」（司馬江漢　明和7-8(1770-71)）
  - ▷図382「風流六哥仙 大伴黒主」（鈴木春信　明和4-6頃(1767-69頃)）
  - ▷図475「風流六哥仙 大伴黒主」（鈴木春信　明和4-6頃(1767-69頃)）
- 浮世絵聚花 16（小学館 1981）
  - ▷図115「六歌仙図 大伴黒主」（葛飾北斎）
- 浮世絵聚花 6（小学館 1978）
  - ▷図011「六歌仙 黒主」（鳥文斎栄之　天明年間末頃(1781-89頃)）
- 美人画・役者絵 4（講談社 1965）
  - ▷図38「風流六歌撰 黒主」（喜多川歌麿（初代））

大伴旅人　おおとものたびと　665～731
飛鳥時代,奈良時代の歌人,公卿。大納言。
- 現代日本美術全集 5（角川書店 1955）
  - ▷図13「大伴旅人卿像」（小杉放庵　昭和22(1947)）

大伴家持　おおとものやかもち　718～785
奈良時代の歌人,官人。中納言。
- 講談社日本人名大辞典（講談社 2001）
- 国宝・重要文化財大全 1（毎日新聞社 1997）
  - ▷図229「上畳本三十六歌仙切 大伴家持像」（作者不詳　鎌倉時代）
  - ▷図208「佐竹本三十六歌仙切 大伴家持像」（作者不詳　鎌倉時代）
- 秘蔵日本美術大観 12（講談社 1994）
  - ▷図10「百人一首 中納言家持」（鈴木春信　明和4-7(1767-70)）
- 日本史大事典（平凡社 1992）
- 富山県文学事典（桂書房 1992）
- 名品揃物浮世絵 9（ぎょうせい 1992）
  - ▷図6「百人一首乳母か絵説 中納言家持」（葛飾北斎　天保年間中－後期(1830-1844)）
- 日本大百科全書（小学館 1984）
- 浮世絵聚花 補巻1（小学館 1982）
  - ▷図38「三十六歌仙 中納言家持」（鈴木春信　明和4-5(1767-68)）
- 世界伝記大事典（ほるぷ出版 1978）

大友能直　おおともよしなお　1172～1223
鎌倉時代前期の武士。
- 大分百科事典（大分放送 1980）

大鳥居信全　おおとりいしんぜん　1822～1871
江戸時代後期,末期,明治時代の社僧・連歌作者。
- 福岡県百科事典 上,下（西日本新聞社 1982）

大鳥圭介　おおとりけいすけ　1833～1911
江戸時代末期,明治時代の幕臣,外交官。
- サムライ古写真帖（新人物往来社 2004）
  - ▷p123「（無題）」
- 士一日本のダンディズム（二玄社 2003）
  - ▷p111 No.81「明治英雄一覧」（明治時代初期）
- 講談社日本人名大辞典（講談社 2001）
- 北海道歴史人物事典（北海道新聞社 1993）
- 日本大百科全書（小学館 1984）
- 北海道大百科事典（北海道新聞社 1981）
- 国史大辞典（吉川弘文館 1979）
- 日本人名大事典 1～6（平凡社 1979（覆刻））
- 和漢詩歌作家辞典（みづほ出版 1972）
- 日本写真史 1840-1945（平凡社 1971）
  - ▷p465「（無題）」

鴻雪爪　おおとりせっそう　1814～1904
江戸時代末期, 明治時代の宗教家。
◇福井県大百科事典（福井新聞社　1991）
◇広島県大百科事典（中国新聞社　1982）

大音竜太郎　おおどりゅうたろう　1840～1912
江戸時代末期, 明治時代の郷士, 官吏。
◇群馬県史　通史4　近世1　政治（群馬県　1990）
　　▷〈写真〉226「大音竜太郎肖像」
◇新編埼玉県史　通史編5　近代1（埼玉県　1988）
　　▷〈写真〉1-10「岩鼻知県事　大音竜太郎」
◇群馬県人名大事典（上毛新聞社　1982）
◇群馬県百科事典（上毛新聞社　1979）

大中臣能宣　おおなかとみのよしのぶ　921～991
平安時代中期の神祇官人, 歌人。
◇国宝・重要文化財大全 1（毎日新聞社　1997）
　　▷図233「上畳本三十六歌仙切　大中臣能宣像」
　　　（作者不詳　鎌倉時代）
　　▷図216「佐竹本三十六歌仙切　大中臣能宣像」
　　　（作者不詳　鎌倉時代）
◇名品揃物浮世絵 9（ぎょうせい　1992）
　　▷図22「百人一首姥か恵登幾　大中臣能宣朝臣」（葛飾北斎　天保年間中－後期(1830-1844)）
◇秘蔵浮世絵大観　ペレス・コレクション（講談社　1991）
　　▷図065「百人一首姥か恵登幾　大中臣能宣朝臣」（葛飾北斎　天保年間中－後期(1830-1844)）
◇秘蔵浮世絵大観　別巻（講談社　1990）
　　▷〔ケ〕57「百人一首姥か恵登幾　大中臣能宣朝臣」（葛飾北斎　天保年間中－後期(1830-1844)）
◇在外秘宝―欧米収蔵浮世絵集成　鈴木春信（学習研究社　1972）
　　▷図160「小松曳（大中臣能信朝臣）」（鈴木春信）

大中臣頼基　おおなかとみのよりもと
平安時代中期の神祇官人, 歌人。
◇国宝・重要文化財大全 1（毎日新聞社　1997）
　　▷図222「佐竹本三十六歌仙切　大中臣頼基像」
　　　（作者不詳　鎌倉時代）
◇秘蔵浮世絵大観 9（講談社　1989）
　　▷図23「三十六歌仙　大中臣頼基朝臣　一ふしに」（鈴木春信　明和2-7(1765-70)）
◇浮世絵聚花 13（小学館　1980）
　　▷図14「三十六歌仙　大中臣頼基朝臣　一ふしに」（鈴木春信　明和2-7(1765-70)）
◇日本版画美術全集 2（講談社　1961）
　　▷図293「三十六歌仙　大中臣頼基朝臣　一ふしに」（鈴木春信　明和2-7(1765-70)）

大沼枕山　おおぬまちんざん　1818～1891
江戸時代末期, 明治時代の漢詩人。
◇国史大辞典（吉川弘文館　1979）

大野規周　おおののりちか　1820～1886
江戸時代末期, 明治時代の幕府留学生, 造幣局技師。
◇幕末―写真の時代（筑摩書房　1994）
　　▷p74 No.85「（無題）」（撮影者不詳）

大野弁吉　おおのべんきち　1801～1870
江戸時代末期, 明治時代の写真師。
◇書府太郎―石川県大百科事典 改訂版　上（北国新聞社　2004）
◇日本の写真家 1（岩波書店　1997）
　　▷No.15「自写像」（大野弁吉　1860年代）
◇幕末―写真の時代（筑摩書房　1994）
　　▷p177 No.189「大野弁吉 自写像」（慶応年間(1865～68)）
　　▷p176 No.187「大野弁吉使用の自製カメラ」
　　▷p176 No.188「大野弁吉「一東視窮録」より」
◇日本写真史 1840-1945（平凡社　1971）
　　▷p4 No.2「伝自画像」（大野弁吉）

太安万侶　おおのやすまろ　？～723
奈良時代の学者。
◇郷土歴史人物事典　奈良（第一法規出版　1981）

大橋一蔵　おおはしいちぞう　1848～1889
江戸時代末期, 明治期の志士。
◇北海道歴史人物事典（北海道新聞社　1993）
◇北海道大百科事典（北海道新聞社　1981）

大橋慎　おおはししん　1835～1872
江戸時代末期, 明治時代の志士。
◇サムライ古写真帖（新人物往来社　2004）
　　▷p84「変装した陸援隊幹部3名」（戊辰戦前後(1868)か）
◇高知県人名事典（高知新聞社　1999）

大橋竹村　おおはしちくそん　1770～1841
江戸時代後期の小山の歌人。
◇栃木県歴史人物事典（下野新聞社　1995）

大橋訥庵　おおはしとつあん　1816～1862
江戸時代末期の尊攘派志士, 儒者。
◇国史大辞典（吉川弘文館　1979）

大畠喜三治　おおはたきさんじ
江戸時代後期～明治期の蚕糸改良家。
◇埼玉大百科事典 1～5（埼玉新聞社　1974）

歴史人物肖像索引　111

大原孝四郎　おおはらこうしろう　1833〜1910
　　江戸時代後期〜明治期の実業家。
◇岡山県歴史人物事典（山陽新聞社 1994）
◇岡山人名事典（日本文教出版 1978）

大原重徳　おおはらしげとみ　1801〜1879
　　江戸時代末期，明治時代の公家。権中納言。
◇講談社日本人名大辞典（講談社 2001）
◇日本大百科全書（小学館 1984）
◇日本人名大事典 1〜6（平凡社 1979（覆刻））
◇世界大百科事典（平凡社 1964）

大原幽学　おおはらゆうがく　1797〜1858
　　江戸時代末期の思想家。
◇講談社日本人名大辞典（講談社 2001）
◇日本史大事典（平凡社 1992）
◇日本大百科全書（小学館 1984）
◇郷土歴史人物事典 千葉（第一法規出版 1980）
◇国史大辞典（吉川弘文館 1979）
◇日本人名大事典 1〜6（平凡社 1979（覆刻））
◇世界伝記大事典（ほるぷ出版 1978）
◇大日本百科事典（小学館 1967）

大原利謙　おおはらりけん　1845〜1916
　　江戸時代末期〜大正期の漢学者。
◇岡山県歴史人物事典（山陽新聞社 1994）

大東義徹　おおひがしぎてつ　1842〜1905
　　江戸時代末期，明治時代の近江彦根藩士，政治家。
◇日本人名大事典 1〜6（平凡社 1979（覆刻））

大藤高雅　おおふじたかつね　1819〜1863
　　江戸時代末期の歌人，国学者，勤王家。
◇岡山県歴史人物事典（山陽新聞社 1994）　▷藤井高雅

大前田英五郎　おおまえだえいごろう
　　1793〜1874　江戸時代末期，明治時代の侠客。
◇群馬県史 通史編6 近世3 生活・文化（群馬県 1992）
　　　▷〈写真〉49「大前田栄五郎肖像画」
◇群馬県百科事典（上毛新聞社 1979）　▷大前田栄五郎

大牧周西　おおまきしゅうさい　1757〜1820
　　江戸時代中期，後期の医師。
◇千葉大百科事典（千葉日報社 1982）

大村斐夫　おおむらあやお　1818〜1896
　　江戸時代末期，明治時代の儒学者。
◇岡山県歴史人物事典（山陽新聞社 1994）

大村圭堂　おおむらけいどう　1789〜1843
　　江戸時代後期の詩人，画家。
◇静岡県歴史人物事典（静岡新聞社 1991）

大村純熙　おおむらすみひろ
　　1825〜1882　江戸時代末期，明治時代の大名，伯爵。
◇サムライ古写真帖（新人物往来社 2004）
　　　▷p62「（無題）」

大村益次郎　おおむらますじろう　1824〜1869
　　江戸時代末期の兵学者，長州（萩）藩士。
◇講談社日本人名大辞典（講談社 2001）
◇角川日本姓氏歴史人物大辞典 35（角川書店 1991）　▷村田蔵六
◇日本大百科全書（小学館 1984）
◇山口県百科事典（大和書房 1982）
◇大分百科事典（大分放送 1980）　▷大村益次郎（村田宗太郎）
◇国史大辞典（吉川弘文館 1979）
◇日本人名大事典 1〜6（平凡社 1979（覆刻））
◇世界伝記大事典（ほるぷ出版 1978）
◇世界大百科事典（平凡社 1964）

大森喜右衛門　おおもりきえもん
　　1844〜1927　江戸時代前期のキリシタン，殉教者。
◇埼玉大百科事典 1〜5（埼玉新聞社 1974）

大森熊太郎　おおもりくまたろう　1851〜1902
　　江戸時代後期〜明治期の園芸家。
◇岡山県歴史人物事典（山陽新聞社 1994）
◇岡山人名事典（日本文教出版 1978）

大森彦七　おおもりひこしち
　　南北朝時代の武将。
◇ボストン美術館 日本美術調査図録（講談社 2003）
　　　▷図III-102「大森彦七図」（宮川春信　享保年間（1716-36）頃）
◇日本の浮世絵美術館 1（角川書店 1996）
　　　▷図177「大森彦七鬼女と争うの図」（河鍋暁斎　明治13）
◇秘蔵日本美術大観 12（講談社 1994）
　　　▷図3「大森彦七図」（宮川長春　宝永年間（1704-11））
◇肉筆浮世絵 10（集英社 1983）
　　　▷図39「大森彦七鬼女と争う図」（河鍋暁斎）
◇肉筆浮世絵 6（集英社 1981）
　　　▷図78「大森彦七図」（鳥山石燕）

大森隆碩　おおもりりゅうせき　1846〜1903
　　江戸時代後期，末期，明治時代の医師，教育者。
◇新潟県大百科事典 上，下（新潟日報事業社

1977)

大八木諦聴 おおやぎたいちょう　1837〜1898
江戸時代後期〜明治期の坊津町久志広泉寺の開山。
◇鹿児島大百科事典（南日本新聞社 1981）

大山巌 おおやまいわお　1842〜1916
江戸時代末期, 明治時代の薩摩藩士, 陸軍軍人。
◇皇族・華族古写真帖 愛蔵版（新人物往来社 2003）
　▷p170「（無題）」
　▷p170「（無題）」
　▷p170「（無題）」
　▷p166「（無題）」
◇栃木県歴史人物事典（下野新聞社 1995）
◇角川日本姓氏歴史人物大辞典 46（角川書店 1994）
◇読者所蔵「古い写真」館（朝日新聞社 1986）
　▷p64「（無題）」
◇日本写真全集 5 人物と肖像（小学館 1986）
　▷p14〜15 No.10「大山巌満州軍総司令官送別会記念写真」（宮内省写真掛）
◇日本大百科全書（小学館 1984）
◇鹿児島大百科事典（南日本新聞社 1981）
◇国史大辞典（吉川弘文館 1979）
◇日本人名大事典 1〜6（平凡社 1979（覆刻））
◇世界伝記大事典（ほるぷ出版 1978）
◇明治絵画名作大観 下（同盟通信社 1969）
　▷図38「大山巌公」（キヨソーネ　明治28（1895））

大山綱良 おおやまつなよし　1825〜1877
江戸時代末期, 明治時代の薩摩有力者。
◇角川日本姓氏歴史人物大辞典 46（角川書店 1994）
◇鹿児島大百科事典（南日本新聞社 1981）
◇国史大辞典（吉川弘文館 1979）

大屋愷敞 おおやよしあつ
1839〜1901　江戸時代後期〜明治期の洋学者。
◇書府太郎―石川県大百科事典 改訂版 上（北国新聞社 2004）

大脇順若 おおわきまさより　1825〜1905
江戸時代末期, 明治時代の土佐藩。
◇高知県人名事典（高知新聞社 1999）

岡熊臣 おかくまおみ　1783〜1851
江戸時代後期の神官, 国学者。
◇島根県歴史人物事典（山陰中央新報社 1997）
◇島根県大百科事典（山陰中央新報社 1982）
◇国史大辞典（吉川弘文館 1979）

岡崎藤左衛門 おかざきとうざえもん
江戸時代末期の第1回遣欧使節随員。
◇幕末―写真の時代（筑摩書房 1994）
　▷p59 No.48「（無題）」（ナダール）
◇写された幕末―石黒敬七コレクション（明石書店 1990）
　▷p34 No.4「岡崎藤左衛門の狩衣姿」
◇写真集 甦る幕末（朝日新聞社 1987）
　▷p231 No.320「（無題）」
　▷p234 No.336「（無題）」

小笠原男也 おがさわらおなり　？〜1876
江戸時代末期の長州（萩）藩士。
◇読者所蔵「古い写真」館（朝日新聞社 1986）
　▷p50〜51「長州の重鎮たち」（明治初期）

小笠原貞宗 おがさわらさだむね　1292〜1347
鎌倉時代後期, 南北朝時代の武将, 信濃守護, 小笠原流礼法の祖。
◇長野県歴史人物大事典（郷土出版社 1989）

小笠原忠真 おがさわらただざね　1596〜1667
江戸時代前期の大名。
◇国史大辞典（吉川弘文館 1979）

小笠原只八 おがさわらただはち　1829〜1868
江戸時代末期の志士。
◇サムライ古写真帖（新人物往来社 2004）
　▷p120「（無題）」（京都の保利与兵衛か）
◇高知県人名事典（高知新聞社 1999）　▷小笠原唯八

小笠原長行 おがさわらながみち　1822〜1891
江戸時代末期, 明治時代の幕府老中。
◇皇族・華族古写真帖 愛蔵版（新人物往来社 2003）
　▷p9「（無題）」（内田九一）
◇佐賀県大百科事典（佐賀新聞社 1983）
◇国史大辞典（吉川弘文館 1979）
◇日本人名大事典 1〜6（平凡社 1979（覆刻））

岡鹿之助 おかしかのすけ　1832〜1911
江戸時代末期, 明治時代の肥前佐賀藩士。
◇幕末―写真の時代（筑摩書房 1994）
　▷p66 No.76「（無題）」（ナダール）
◇写真集 甦る幕末（朝日新聞社 1987）
　▷p236 No.342「（無題）」
◇開化写真鏡 写真にみる幕末から明治へ（大和書房 1975）
　▷p93「（無題）」

おかせ

岡節斎　おかせっさい　1764〜1848
江戸時代後期の幕府医師。
◇日本人名大事典 1〜6（平凡社 1979（覆刻））

岡千仞　おかせんじん　1833〜1914
江戸時代末期〜大正期の漢学者。
◇宮城県百科事典（河北新報社 1982）

緒方郁蔵　おがたいくぞう　1816〜1871
江戸時代末期, 明治期の蘭方医。
◇岡山県歴史人物事典（山陽新聞社 1994）
◇岡山人名事典（日本文教出版 1978）▷緒方研堂

岡太玄　おかたいげん　1756〜1823
江戸時代後期の漢詩人。
◇高知県人名事典（高知新聞社 1999）

岡田円蔵　おかだえんぞう　1830〜1895
江戸時代後期〜明治期の中島新田開拓の祖。
◇山形県大百科事典（山形放送 1993）

岡田寒泉　おかだかんせん　1740〜1816
江戸時代中期, 後期の儒学者, 幕府代官。
◇茨城県大百科事典（茨城新聞社 1981）

緒方洪庵　おがたこうあん　1810〜1863
江戸時代末期の医師, 蘭学者。
◇講談社日本人名大辞典（講談社 2001）
◇岡山県歴史人物事典（山陽新聞社 1994）
◇日本史大事典（平凡社 1992）
◇長崎事典 歴史編 1988年版（長崎文献社 1988）
◇大阪府史 第6巻 近世編2（大阪府 1987）
　▷〈写真〉写真207「緒方洪庵像 緒方正美氏蔵」
◇長崎県大百科事典（長崎新聞社 1984）
◇日本大百科全書（小学館 1984）
◇国史大辞典（吉川弘文館 1979）
◇日本人名大事典 1〜6（平凡社 1979（覆刻））
◇世界伝記大事典（ほるぷ出版 1978）
◇大日本百科事典（小学館 1967）
◇世界大百科事典（平凡社 1964）

尾形光琳　おがたこうりん　1658〜1716
江戸時代前期, 中期の画家, 工芸家。
◇大日本百科事典（小学館 1967）

岡田呉陽　おかだごよう　1825〜1885
江戸時代末期, 明治時代の儒学者。
◇富山大百科事典（北日本新聞社 1994）

緒方惟準　おがたこれよし　1843〜1909
江戸時代末期, 明治時代の医師。
◇岡山県歴史人物事典（山陽新聞社 1994）

岡田孤鹿　おかだころく　1834〜1906
江戸時代後期〜明治期の民権運動家。
◇福岡県百科事典 上, 下（西日本新聞社 1982）

岡田佐平治　おかださへいじ　1812〜1878
江戸時代末期, 明治時代の遠州地方の報徳運動家。
◇静岡大百科事典（静岡新聞社 1978）

緒方春朔　おがたしゅんさく　1748〜1810
江戸時代中期, 後期の医学者。
◇福岡県百科事典 上, 下（西日本新聞社 1982）
◇日本人名大事典 1〜6（平凡社 1979（覆刻））

緒方城次郎　おがたじょうじろう　1844〜1905
江戸時代末期, 明治時代の幕府留学生。
◇幕末―写真の時代（筑摩書房）
　▷p136 No.142「（無題）」「撮影者不詳」
◇読者所蔵「古い写真」館（朝日新聞社 1986）
　▷p43「遣露使節と留学生」

岡田純夫　おかだすみお　1850〜1903
江戸時代後期〜明治期の教育者。
◇岡山県歴史人物事典（山陽新聞社 1994）
◇岡山人名事典（日本文教出版 1978）

岡田井蔵　おかだせいぞう
江戸時代末期の教授方手伝。1860年咸臨丸の教授方手伝としてアメリカに渡る。
◇幕末―写真の時代（筑摩書房 1994）
　▷p45 No.35「サンフランシスコの咸臨丸乗組員たち」「撮影者不詳」

岡田宗山　おかだそうざん　生没年不詳
江戸時代の和泉の豪農。
◇栃木県史 史料編・近世八（栃木県 1977）
　▷〈口絵〉第九図「岡田宗山像」

岡田太作　おかだたさく　1849〜1922
江戸時代末期〜大正期の海運業者。
◇大分県歴史人物事典（大分合同新聞社 1996）

尾方長栄　おがたちょうえい　1843〜1925
江戸時代末期〜大正期の勤王家・政治家。
◇徳島県歴史人物鑑（徳島新聞社 1994）
◇徳島県百科事典（徳島新聞社 1981）

岡田米山人　おかだべいさんじん　1744～1820
江戸時代中期, 後期の南画家。
◇人間の美術 9（学習研究社 1990）
　▷図173「自画像」（岡田米山人　19世紀初期）
◇文人画粋編 15（中央公論社 1978）
　▷図1「自画像」（岡田米山人）
　▷図94「自画像」（岡田米山人　文政1
　（1818））
◇水墨美術大系 13（講談社 1975）
　▷図20「自画像」（岡田米山人）

緒方八重　おがたやえ　1822～1886
江戸時代末期, 明治時代の女性。蘭学医緒方洪庵の妻。
◇岡山県歴史人物事典（山陽新聞社 1994）

尾形安平　おがたやすへい　1832～1897
江戸時代後期～明治期の公益家。
◇宮城県百科事典（河北新報社 1982）

岡田善同　おかだよしあつ　1558～1631
安土桃山時代, 江戸時代前期の武士。山田奉行, 美濃国奉行。
◇岐阜県史 通史編 近世上（岐阜県 1968）
　▷p191（写真）「岡田善同像」

岡田善次　おかだよしつぐ
江戸時代前期の伏見奉行。
◇岐阜県史 通史編 近世上（岐阜県 1968）
　▷p348（写真）「岡田豊前守善次像」

岡田善政　おかだよしまさ　1605～1677.7.1
江戸時代初期の美濃国の旗本。勘定奉行。
◇岐阜県史 通史編 近世上（岐阜県 1968）
　▷p193（写真）「岡田善政像」

岡田良一郎　おかだりょういちろう　1839～1915
江戸時代末期, 明治時代の報徳運動家, 政治家。
◇静岡県歴史人物事典（静岡新聞社 1991）
◇静岡大百科事典（静岡新聞社 1978）

岡寺義淵　おかでらぎえん　643～728
奈良時代の僧。竜蓋寺など五ヶ竜寺の開基。
◇奈良県史 第6巻 寺院（名著出版 1991）
　▷p62（写真）「岡寺義淵像」

岡戸文右衛門　おかどぶんえもん
1838～1906　江戸時代後期～明治期の学校創設者・産業功労者。
◇埼玉大百科事典 1～5（埼玉新聞社 1974）

岡部駿河守　おかべするがのかみ
江戸時代末期の長崎奉行。
◇写された幕末―石黒敬七コレクション（明石書店 1990）
　▷p25 No.5「（無題）」（松本良順）

岡部長盛　おかべながもり　1568～1632
安土桃山時代, 江戸時代前期の武将, 大名。
◇岐阜県史 通史編 近世上（岐阜県 1968）
　▷p487（写真）「岡部長盛像」

岡松甕谷　おかまつおうこく　1820～1895
江戸時代末期, 明治時代の儒学者。
◇大分県歴史人物事典（大分合同新聞社 1996）
◇国史大辞典（吉川弘文館 1979）

岡村景楼　おかむらけいろう　1835～1890
江戸時代末期, 明治時代の医師。
◇高知県人名事典（高知新聞社 1999）

岡村鼎三　おかむらていぞう　1827～1919
江戸時代末期, 明治時代の柳生藩士。
◇郷土歴史人物事典 奈良（第一法規出版 1981）
　▷岡村閑翁

お亀の方　おかめのかた　1573～1642
安土桃山時代, 江戸時代前期の女性。徳川家康の側室, 京都石清水八幡の修験者志水宗清の娘。
◇京都大事典 府域編（淡交社 1994）

岡本花亭　おかもとかてい　1767～1850
江戸時代中期, 後期の幕臣, 漢詩人, 勘定奉行。
◇国史大辞典（吉川弘文館 1979）

岡本監輔　おかもとかんすけ　1839～1904
江戸時代末期, 明治時代の蝦夷樺太探検家。
◇北海道歴史人物事典（北海道新聞社 1993）
◇徳島県百科事典（徳島新聞社 1981）　▷岡本韋庵
◇北海道大百科事典（北海道新聞社 1981）

岡本玄冶　おかもとげんや　1587～1645
江戸時代前期の医師。
◇国史大辞典（吉川弘文館 1979）
◇日本人名大事典 1～6（平凡社 1979（覆刻））

岡本斯文　おかもとしぶん　1843～1919
江戸時代末期～大正期の教育者。
◇徳島県歴史人物鑑（徳島新聞社 1994）
◇徳島県百科事典（徳島新聞社 1981）

岡本苔蘇　おかもとたいそ　？〜1709
　江戸時代中期の俳人。蕉門。
　◇俳諧人名辞典（巌南堂書店 1970）　▷苔蘇

岡本巍　おかもとたかし　1850〜1920
　江戸時代末期〜大正期の教育者。
　◇岡山県歴史人物事典（山陽新聞社 1994）

岡本俊信　おかもととしのぶ　1849〜1923
　江戸時代末期〜大正期の浜田市後野町の豪農・
　屋号薮土居の第14代当主。
　◇島根県歴史人物事典（山陰中央新報社 1997）

岡本豊彦　おかもととよひこ　1773〜1845
　江戸時代後期の四条派の画家。
　◇岡山県歴史人物事典（山陽新聞社 1994）
　◇国史大辞典（吉川弘文館 1979）
　◇岡山人名事典（日本文教出版 1978）

岡本寧浦　おかもとねいほ　1794〜1853
　江戸時代末期の儒者。
　◇高知県人名事典（高知新聞社 1999）
　◇高知県百科事典（高知新聞社 1976）　▷岡本
　寧甫

岡本梅英　おかもとばいえい
　江戸時代末期,明治期の尾張藩士,日本画家。
　◇愛知百科事典（中日新聞東京 1977）　▷岡本梅
　英・柳南

小川可進　おがわかしん　1786〜1855
　江戸時代後期の茶人,医師,煎茶小川流の祖。
　◇京都大事典（淡交社 1984）

小川含章　おがわがんしょう　1812〜1894
　江戸時代末期,明治時代の漢学者。
　◇大分百科事典（大分放送 1980）

小川吉太郎〔初代〕　おがわきちたろう
　1737〜1781　江戸時代中期の歌舞伎役者,歌舞伎
　座本。
　◇秘蔵浮世絵大観 3（講談社 1988）
　　▷図0106「初代小川吉太郎の今木伝七」（寿好
　　堂よし国　文政6）
　　▷図0124「初代小川吉太郎の馬かた与作」（寿
　　好堂よし国　文政5）

小川幸三　おがわこうぞう　1836〜1864
　江戸時代末期の加賀藩士。
　◇書府太郎―石川県大百科事典 改訂版 上（北国
　新聞社 2004）
　◇富山大百科事典（北日本新聞社 1994）

小川茂周　おがわしげちか　1835〜1902
　江戸時代末期,明治時代の大津村名主。
　◇神奈川県百科事典（大和書房 1983）

小川清斎　おがわせいさい　1837〜1900
　江戸時代末期,明治時代の医師。静岡藩医。
　◇静岡県歴史人物事典（静岡新聞社 1991）

小川善五郎〔初代〕　おがわぜんごろう
　1682〜1737　江戸時代中期の歌舞伎役者。
　◇浮世絵聚花 1（小学館 1983）
　　▷図30「二世市川団十郎と小川善五郎の舞台
　　姿」（鳥居清朝）
　　▷図15「小川善五郎,市村竹之丞,中嶋三甫右
　　衛門,および大谷広次の舞台姿」（鳥居清信
　　（初代））

小川仙之介　おがわせんのすけ　1828〜1909
　江戸時代後期〜明治期の加賀藩士。
　◇書府太郎―石川県大百科事典 改訂版 上（北国
　新聞社 2004）

小川破笠　おがわはりつ　1663〜1747
　江戸時代中期の漆芸家。
　◇国史大辞典（吉川弘文館 1979）

小川汶庵　おがわぶんあん
　1782〜1847　江戸時代後期の医師。
　◇日本人名大事典 1〜6（平凡社 1979(覆刻)）

尾川光久　おがわみつひさ　1803〜1860
　江戸時代末期の剣術・拳法家。
　◇高知県人名事典（高知新聞社 1999）

小川渉　おがわわたる　1843〜1907
　江戸時代末期,明治期の会津藩士。
　◇青森県人名事典（東奥日報社 2002）
　◇青森県百科事典（東奥日報社 1981）

沖津醇　おきつじゅん　1831〜1899
　江戸時代末期,明治期の会津藩士,教育者。
　◇青森県人名事典（東奥日報社 2002）

荻野伊三郎〔代数不詳〕　おぎのいさぶろう
　江戸時代中期の歌舞伎役者。
　◇華―浮世絵名品集（平木浮世絵財団 2004）
　　▷図17「荻野伊三郎のなりひらの大次郎」（鳥
　　居清倍（2代）　元文2(1737)）
　◇秘蔵日本美術大観 11（講談社 1994）
　　▷図10「荻野伊三郎」（鳥居清信（2代）享保
　　年間(1716-36)）
　◇浮世絵聚花 1（小学館 1983）
　　▷図112「荻野伊三郎の舞台姿」（鳥居清忠（初

代))
　　▷図88「荻野伊三郎と市村竹之丞の舞台姿」
　　　(鳥居清倍(2代))
　　▷図91「荻野伊三郎の曽我五郎」(鳥居清倍(2
　　　代))
　　▷図101「荻野伊三郎のどう三郎(にせ五郎)」
　　　(鳥居清倍(2代))
◇浮世絵聚花 8（小学館 1980）
　　▷図140「荻野伊三郎の真田与一」(鳥居清倍)
◇浮世絵聚花 4（小学館 1979）
　　▷図24「市村竹之丞と荻野伊三郎の黒木売り」
　　　(羽川和元)
◇日本版画美術全集 2（講談社 1961）
　　▷図217「俳諧発句恋の付合五色墨, 瀬川菊之
　　　丞のお七, 荻野伊三郎の吉三」(奥村政信)
　　▷図157「荻野伊三郎」(鳥居清朝)
　　▷図232「松竹梅 瀬川菊之丞の小しょう吉三と
　　　荻野伊三郎の八百屋お七」(西村重長)
◇浮世絵全集 1（河出書房新社 1957）
　　▷図11「嵐和可野と荻野伊三郎」(鳥居清信
　　　(初代))

荻野伊三郎〔初代〕　おぎのいさぶろう
　1703～1748　江戸時代中期の歌舞伎役者。
◇秘蔵浮世絵大観 9（講談社 1989）
　　▷図01「初代萩野伊三郎の牛若丸」(鳥居清倍
　　　享保)
◇秘蔵浮世絵大観 4（講談社 1988）
　　▷図39「初代萩野伊三郎と袖崎伊勢野」(鳥居
　　　清信(初代)　享保18-9頃(1733-34頃))
◇秘蔵浮世絵大観 12（講談社 1988）
　　▷図36「四代目市村竹之丞の曽我五郎と初代
　　　萩野伊三郎の化粧坂少将」(奥村利信　享保
　　　14(1729))
◇秘蔵浮世絵大観 2（講談社 1987）
　　▷図08「初代萩野伊三郎の五代の三郎と初代
　　　瀬川菊之丞の小ののおまち」(鳥居清信(2
　　　代)　享保18－元文3)
　　▷図010「初代萩野伊三郎の曽我五郎」(鳥居
　　　清倍(2代)　享保中期頃)
◇浮世絵聚花 15（小学館 1980）
　　▷図15「初世荻野伊三郎」(鳥居清信(初代))
◇浮世絵聚花 7（小学館 1979）
　　▷図60「初世荻野伊三郎のかとりひめ」(鳥居
　　　清倍)

荻野検校　おぎのけんぎょう　1731～1801
　江戸時代中期, 後期の平曲・地唄箏曲演奏者。
◇愛知百科事典（中日新聞本社 1977）

荻野沢之丞　おぎのさわのじょう　1656～1704
　江戸時代中期の歌舞伎役者。
◇浮世絵聚花 15（小学館 1980）
　　▷図14「荻野沢之丞 松本勘太郎 草子洗」(鳥
　　　居清信(初代))

荻野安重　おぎのやすしげ　1613～1690
　江戸時代前期の砲術家。
◇国史大辞典（吉川弘文館 1979）

荻生徂徠　おぎゅうそらい　1666～1728
　江戸時代中期の儒者。
◇講談社日本人名大辞典（講談社 2001）
◇静岡県史 通史編4 近世2（静岡県 1997）
　　〈写真〉写2-46「荻生徂来像」
◇日本史大事典（平凡社 1992）
◇日本大百科全書（小学館 1984）
◇国史大辞典（吉川弘文館 1979）
◇日本人名大事典 1～6（平凡社 1979(覆刻))
◇世界伝記大事典（ほるぷ出版 1978）
◇和漢詩歌作家辞典（みづほ出版 1972）
◇大日本百科事典（小学館 1967）
◇世界大百科事典（平凡社 1964）

大給恒　おぎゅうゆずる　1839～1910
　江戸時代末期, 明治時代の大名。
◇長野県歴史人物大事典（郷土出版社 1989）

沖良賢　おきりょうけん　1849～1920
　江戸時代末期～大正期の土佐藩士。
◇高知県人名事典（高知新聞社 1999）

奥河内清香　おくごうちきよか　1805～1873
　江戸時代末期の歌人。
◇栃木県歴史人物事典（下野新聞社 1995）

小串為八郎　おぐしためはちろう　1842～1883
　江戸時代後期～明治期の勤皇の志士。
◇大分県歴史人物事典（大分合同新聞社 1996）

奥平壱岐　おくだいらいき　？～1884
　江戸時代末期の豊前中津藩家老。
◇大分県歴史人物事典（大分合同新聞社 1996）

奥平謙輔　おくだいらけんすけ　1841～1876
　江戸時代末期, 明治時代の志士。
◇日本人名大事典 1～6（平凡社 1979(覆刻))

奥平信昌　おくだいらのぶまさ　1555～1615
　安土桃山時代, 江戸時代前期の大名。
◇群馬県史 通史編4 近世1 政治（群馬県 1990）
　　〈写真〉70「奥平信昌画像」
◇日本大百科全書（小学館 1984）
◇国史大辞典（吉川弘文館 1979）
◇岐阜県史 通史編 近世上（岐阜県 1968）
　　▷p469（写真）「奥平信昌像」

おくた

奥平昌高　おくだいらまさたか　1781～1855
　江戸時代後期の大名。
◇大分百科事典（大分放送 1980）

奥野昌綱　おくのまさつな　1823～1910
　江戸時代末期、明治時代の幕臣、牧師。
◇神奈川県百科事典（大和書房 1983）
◇国史大辞典（吉川弘文館 1979）

奥宮暁峰　おくのみやぎょうほう　1819～1893
　江戸時代末期、明治時代の致道館教授。
◇高知県人名事典（高知新聞社 1999）

奥宮慥斎　おくのみやぞうさい　1811～1877
　江戸時代末期、明治時代の致道館教授。
◇高知県人名事典（高知新聞社 1999）
◇高知県百科事典（高知新聞社 1976）

奥原晴湖　おくはらせいこ　1837～1913
　江戸時代末期、明治時代の女性。南画家。
◇埼玉人物事典（埼玉県 1998）
◇茨城県大百科事典（茨城新聞社 1981）

奥村玉蘭　おくむらぎょくらん　1761～1828
　江戸時代中期、後期の商家。
◇福岡県百科事典 上,下（西日本新聞社 1982）

奥村左近太　おくむらさこんた　1842～1903
　江戸時代末期、明治時代の備前岡山藩士・剣術家。
◇岡山県歴史人物事典（山陽新聞社 1994）

奥村石蘭　おくむらせきらん　1834～1897
　江戸時代後期、末期、明治時代の日本画家。
◇愛知百科事典（中日新聞本社 1977）

奥村良竹　おくむらりょうちく　1686～1760
　江戸時代中期の医師。
◇国史大辞典（吉川弘文館 1979）
◇日本人名大事典 1～6（平凡社 1979(覆刻)）

奥村良筑　おくむらりょうちく　1684～1760
　江戸時代前期、中期の医学者。
◇福井県大百科事典（福井新聞社 1991）

小倉処平　おぐらしょへい　1846～1877
　江戸時代末期、明治時代の日向飫肥藩士。
◇宮崎県大百科事典（宮崎日日新聞社 1983）

小倉富三郎　おぐらとみさぶろう　1815～1870
　江戸時代後期～明治期の徳島藩士。
◇徳島県百科事典（徳島新聞社 1981）

奥蘭田　おくらんでん　1836～1897
　江戸時代後期～明治期の地誌「塩渓紀勝」の著者。
◇栃木県歴史人物事典（下野新聞社 1995）

小栗忠順　おぐりただまさ　1827～1868
　江戸時代末期の幕臣。
◇サムライ古写真帖（新人物往来社 2004）
　▷p66「遣米使節正使・副使ら3人」
　▷p66「米海軍工廠を見学する遣米使節幹部たち」
◇士—日本のダンディズム（二玄社 2003）
　▷p123 No.97「遣米使節正使・副使ら三人」
◇角川日本姓氏歴史人物大辞典 10（角川書店 1994）
◇幕末—写真の時代（筑摩書房 1994）
　▷p42 No.33「ワシントンの遣米使節団」（マッシュウ・ブラディー）
◇群馬県史 通史編4 近世1 政治（群馬県 1990）
　▷〈写真〉217「小栗上野介肖像」
◇写された幕末—石黒敬七コレクション（明石書店 1990）
　▷p31 No.6「遣米使節〈新見豊前守一行〉」（ブラデー　万延元年(1860).4.5）
◇読者所蔵「古い写真」館（朝日新聞社 1986）
　▷p45～46「第1回遣米使節」
◇群馬県百科事典（上毛新聞社 1979）　▷小栗上野介忠順
◇国史大辞典（吉川弘文館 1979）
◇日本人名大事典 1～6（平凡社 1979(覆刻)）

小栗又一　おぐりまたいち
　安土桃山時代、江戸時代前期の武将、軍奉行。
◇幕末—写真の時代（筑摩書房 1994）
　▷p280 No.297「小栗上野介養子又一と上野介家臣たち」（撮影者不詳　慶応年間(1865～68)）

奥劣斎　おくれっさい　1780～1835
　江戸時代後期の産科医。
◇国史大辞典（吉川弘文館 1979）
◇日本人名大事典 1～6（平凡社 1979(覆刻)）

小河一敏　おごうかずとし　1813～1886
　江戸時代末期、明治時代の尊攘派志士。
◇大分県歴史人物事典（大分合同新聞社 1996）
◇大分百科事典（大分放送 1980）

刑部善十郎　おさかべぜんじゅうろう
　1845～1893
　江戸時代後期～明治期の壬生藩領家中村名主、利鎌隊結社の代表者。
◇栃木県歴史人物事典（下野新聞社 1995）

小佐川常世〔初代〕 おさがわつねよ
1724～1766 江戸時代中期の歌舞伎役者。
◇日本の浮世絵美術館 2（角川書店 1996）
　▷図165「大日ほう市川こま蔵 あこや小佐川つ
　　ね世」（葛飾北斎　寛政3）
◇浮世絵聚花 5（小学館 1980）
　▷図44「三世沢村宗十郎の曽我十郎, 小佐川常
　　世の大磯虎, 吾妻藤蔵の三浦片貝, 大谷徳次
　　の団三郎」（鳥居清長）
◇原色日本の美術 17（小学館 1968）
　▷図27-29「小佐川常世の厳島の天女・市川団
　　蔵の崇徳院・嵐雛助の渡辺丁七」（勝川春
　　章）
◇日本版画美術全集 3（講談社 1961）
　▷図226「小佐川常世の厳島の天女・市川団蔵
　　の崇徳院・嵐雛助の渡辺丁七」（勝川春章）

小佐川常世〔2代〕 おさがわつねよ
1753～1808 江戸時代中期, 後期の歌舞伎役者。
◇浮世絵ギャラリー 4（小学館 2006）
　▷図22「二代目小佐川常世の一平姉おさん」
　　（東洲斎写楽　寛政6（1794））
　▷図29「二代目小佐川常世の長右衛門女房お
　　きぬ」（東洲斎写楽　寛政6（1794））
◇ボストン美術館 日本美術調査図録（講談社
　2003）
　▷図III-258「絵看板 二代目小佐川常世の虎と
　　四代目坂東又太郎の朝比奈による春駒」（作
　　者不詳　天明年間（1781-89））
◇ボストン美術館 肉筆浮世絵 2（講談社 2000）
　▷図98「絵看板 二代目小佐川常世の虎と四代
　　目坂東又太郎の朝比奈による春駒」（作者不
　　詳　天明年間（1781-89））
◇秘蔵日本美術大観 11（講談社 1994）
　▷図55「二代目助高屋高助のがんくつの来現
　　と二代目小佐川常世のおやす」（歌川豊国
　　文化2（1805））
◇秘蔵日本美術大観 10（講談社 1993）
　▷図82「役者舞台之姿絵 わた屋二代目小佐川
　　常世の尾上」（歌川豊国　寛政7（1795））
◇浮世絵聚花名品選（小学館 1993）
　▷図7「二世小佐川常世」（東洲斎写楽）
◇名品揃物浮世絵 6（ぎょうせい 1992）
　▷図35「役者舞台之姿絵 わた屋（二世小佐川
　　常世の八幡）」（歌川豊国（初代）　寛政6-7
　　（1794-95））
◇新編 名宝日本の美術 29（小学館 1991）
　▷図52「役者舞台之姿絵 わた屋（二世小佐川
　　常世の八幡）」（歌川豊国（初代）　寛政6-7
　　（1794-95））
　▷図26「二世小佐川常世」（東洲斎写楽　寛政
　　6（1794））
◇秘蔵浮世絵大観 ベレス・コレクション（講談社
　1991）
　▷図021「二代目小佐川常世」（勝川春英　寛
　　政3-5頃）
　▷図022「二代目小佐川常世」（勝川春英　天

　　明末－寛政初）
　▷図111「二世小佐川常世」（東洲斎写楽　寛
　　政6（1794））
◇名品揃物浮世絵 5（ぎょうせい 1991）
　▷図24「二世小佐川常世」（東洲斎写楽　寛政
　　6（1794））
◇秘蔵浮世絵大観 6（講談社 1989）
　▷図121「初代中村仲蔵と二代目小佐川常世」
　　（勝川春章　安永7-9頃（1778-80頃））
　▷図0181「二世小佐川常世」（東洲斎写楽　寛
　　政6（1794））
　▷図0184「二世小佐川常世の女髪結お六」（東
　　洲斎写楽　寛政6）
◇秘蔵浮世絵大観 2（講談社 1987）
　▷図214「二世小佐川常世」（東洲斎写楽　寛
　　政6（1794））
◇浮世絵八華 4（平凡社 1985）
　▷図23「二世小佐川常世」（東洲斎写楽　寛政
　　6（1794））
　▷図021「二世小佐川常世」（東洲斎写楽　寛
　　政6（1794））
　▷図072「二世小佐川常世の女髪結お六」（東
　　洲斎写楽　寛政6）
　▷図069「二世小佐川常世の仕丁姿の備後三郎
　　妻児島」（東洲斎写楽）
　▷図051「二世小佐川常世の長右衛門女房おき
　　ぬ」（東洲斎写楽）
◇浮世絵八華 1（平凡社 1985）
　▷図18「役者舞台之姿絵 わた屋（二世小佐川
　　常世の八幡）」（歌川豊国（初代）　寛政6-7
　　（1794-95））
◇浮世絵聚花 13（小学館 1981）
　▷図133「二世小佐川常世の長右衛門女房おき
　　ぬ」（東洲斎写楽）
◇浮世絵聚花 5（小学館 1980）
　▷図011「二世小佐川常世の手拭を肩にかけた
　　女」（勝川春章）
　▷図99-101「尾上民蔵, 五世市川団十郎, 二世
　　小佐川常世」（勝川春章）
◇浮世絵聚花 8（小学館 1980）
　▷図107「二世坂東三津五郎と二世小佐川常
　　世」（歌川国政）
　▷図10「二世小佐川常世」（東洲斎写楽　寛政
　　6（1794））
◇浮世絵聚花 7（小学館 1979）
　▷図28-29「二世小佐川常世のお石と五世市川
　　団十郎の本蔵」（勝川春章）
　▷図124「二世小佐川常世の女髪結お六」（東
　　洲斎写楽　寛政6）
◇浮世絵聚花 10（小学館 1979）
　▷図232「役者舞台之姿絵 わた屋（二世小佐川
　　常世の八幡）」（歌川豊国（初代）　寛政6-7
　　（1794-95））
◇浮世絵聚花 11（小学館 1979）
　▷図184「六世中山小十郎の仏御前と二世小佐
　　川常世の傾城難波津と三世沢村宗十郎の小
　　松重盛」（勝川春章）
◇復元浮世絵大観 8（集英社 1978）

おさき

▷図20「二世小佐川常世」(東洲斎写楽　寛政6(1794))
◇浮世絵大系 7 (集英社 1973)
　▷図26「二世小佐川常世」(東洲斎写楽　寛政6(1794))
◇在外秘宝―欧米収蔵浮世絵集成 東洲斎写楽 (学習研究社 1972)
　▷図27「二世小佐川常世」(東洲斎写楽　寛政6(1794))
　▷図026「二世小佐川常世」(東洲斎写楽　寛政6(1794))
　▷図71「二世小佐川常世の女髪結お六」(東洲斎写楽　寛政6)
　▷図0117「二世小佐川常世の女髪結お六」(東洲斎写楽　寛政6)
　▷図0112「二世小佐川常世の仕丁姿の備後三郎妻児島」(東洲斎写楽)
　▷図42「二世小佐川常世の長右衛門女房おきぬ」(東洲斎写楽)
　▷図052「二世小佐川常世の長右衛門女房おきぬ」(東洲斎写楽)
◇全集浮世絵版画 4 (集英社 1972)
　▷図29「二世小佐川常世」(東洲斎写楽　寛政6(1794))
　▷図42「二世小佐川常世の女髪結お六」(東洲斎写楽　寛政6)
◇原色日本の美術 24 (小学館 1971)
　▷図66「二世小佐川常世」(東洲斎写楽　寛政6(1794))
◇浮世絵名作選集 4 (山田書院 1968)
　▷図〔13〕「二世小佐川常世」(東洲斎写楽　寛政6(1794))
◇美人画・役者絵 6 (講談社 1966)
　▷図19-20「二世小佐川常世」(東洲斎写楽　寛政6(1794))
　▷図48「二世小佐川常世の長右衛門女房おきぬ」(東洲斎写楽)
◇日本の美術 22 (平凡社 1964)
　▷図31「二世小佐川常世」(東洲斎写楽　寛政6(1794))
◇日本版画美術全集 3 (講談社 1961)
　▷図244「中村里好の満汐と二世小佐川常世の白拍子芙蓉と三ས大谷広次の三浦荒次郎」(勝川春好〔初代〕)
　▷図224「三世大谷広次の三浦荒次郎・二世小佐川常世の白拍子芙蓉・中村里好の満汐」(勝川春章)
　▷図220「六世中山小十郎の仏御前と二世小佐川常世の傾城難波津と三沢村宗十郎の小松重盛」(勝川春章)

尾崎邦蔵〔初代〕　おざきくにぞう
1838~1895　江戸時代後期~明治期の実業家。
◇岡山県歴史人物事典 (山陽新聞社 1994)

尾崎幸之進　おざきこうのしん　1840~1864
江戸時代末期の志士。
◇高知県人名事典 (高知新聞社 1999)

尾崎忠治　おざきただはる　1831~1905
江戸時代末期, 明治時代の土佐藩士, 司法官。
◇高知県人名事典 (高知新聞社 1999)
◇国史大辞典 (吉川弘文館 1979)

尾崎文五郎　おさきぶんごろう　1825~1898
江戸時代末期, 明治時代の大庄屋。
◇鳥取県大百科事典 (新日本海新聞社 1984)

尾崎雅嘉　おざきまさよし　1755~1827
江戸時代中期, 後期の国学者。
◇国史大辞典 (吉川弘文館 1979)

小山内建　おさないけん　1846~1885
江戸時代後期~明治期の軍医。
◇広島県大百科事典 (中国新聞社 1982)
◇青森県百科事典 (東奥日報社 1981)　▷小山内玄洋

小沢清次郎　おざわせいじろう
江戸時代末期の幕府留学生。
◇幕末―写真の時代 (筑摩書房 1994)
　▷p137 No.144「(無題)」「撮影者不詳」
◇読者所蔵「古い写真」館 (朝日新聞社 1986)
　▷p43「遣露使節と留学生」

小沢蘆庵　おざわろあん　1723~1801
江戸時代中期, 後期の歌人。
◇日本大百科全書 (小学館 1984)
◇日本人名大事典 1~6 (平凡社 1979(覆刻))
　▷小沢芦庵

鴛海量容　おしのうみりょうよう　1819~1896
江戸時代後期~明治期の涵養舎(北豊唯一の学舎)で子弟の教育に当った人。
◇大分県歴史人物事典 (大分合同新聞社 1996)
◇大分百科事典 (大分放送 1980)

小島竜太郎　おじまりゅうたろう　1849~1913
江戸時代末期~大正期の自由思想家。
◇高知県人名事典 (高知新聞社 1999)

織田有楽斎　おだうらくさい　1547~1621
安土桃山時代, 江戸時代前期の大名, 茶人。
◇大阪府史 第5巻 近世編1 (大阪府 1985)
　▷〈写真〉写真68「織田長益(有楽)像」
◇京都大事典 (淡交社 1984)　▷織田有楽
◇日本大百科全書 (小学館 1984)　▷織田有楽

◇国史大辞典（吉川弘文館 1979） ▷織田長益
◇世界大百科事典（平凡社 1964）

小田切辰之助　おたぎりたつのすけ
1839～1904　江戸時代後期～明治期の須坂製糸業の発展に尽くした事業家。
◇長野県歴史人物大事典（郷土出版社 1989）

小谷の方　おだにのかた　1547～1583
戦国時代、安土桃山時代の女性。織田信長の妹、柴田勝家の妻。
◇講談社日本人名大辞典（講談社 2001）　▷お市の方
◇国宝・重要文化財大全 1（毎日新聞社 1997）
　▷図196「浅井久政像・浅井長政像・浅井長政夫人像」（作者不詳）
◇原色日本の美術（改訂版）21（小学館 1994）
　▷図68「浅井長政夫人像」（作者不詳　16世紀末）
◇福井県大百科事典（福井新聞社 1991）　▷お市の方
◇人間の美術 8（学習研究社 1990）
　▷図33「浅井長政夫人・お市の方像」（作者不詳　天正17(1589)頃）
◇日本大百科全書（小学館 1984）
◇日本古寺美術全集 13（集英社 1983）
　▷図39「浅井長政夫人像」（作者不詳）
◇国史大辞典（吉川弘文館 1979）
◇日本美術全集 18（学習研究社 1979）
　▷図69「浅井長政夫人像」（作者不詳　桃山時代）
◇重要文化財 10（毎日新聞社 1974）
　▷図394「浅井久政像（玄中性洞賛）・浅井長政像（錬甫宗純賛）・浅井長政夫人像」（作者不詳　室町－桃山時代）
◇原色日本の美術 23（小学館 1971）
　▷図68「浅井長政夫人像」（作者不詳）
◇日本絵画館 6（講談社 1969）
　▷図59「浅井長政夫人像」（作者不詳）
◇秘宝 7（講談社 1968）
　▷図149「浅井長政夫人像」（作者不詳）
◇世界大百科事典（平凡社 1964）　▷小谷の方

織田信雄　おだのぶかつ　1558～1630
安土桃山時代、江戸時代前期の大名、織田信長の次男。
◇静岡県史　通史編3　近世1（静岡県 1997）
　▷〈写真〉写1-17「織田信雄画像」
◇国史大辞典（吉川弘文館 1979）

織田信忠　おだのぶただ　1557～1582
安土桃山時代の武将。織田信長の長子。
◇日本大百科全書（小学館 1984）
◇国史大辞典（吉川弘文館 1979）

織田信長　おだのぶなが　1534～1582
安土桃山時代の武将、右大臣。
◇講談社日本人名大辞典（講談社 2001）
◇国宝・重要文化財大全 4（毎日新聞社 1999）
　▷図757「織田信長像」（康清　天正11(1583)総見院（京都府京都市北区）蔵）
◇国宝・重要文化財大全 1（毎日新聞社 1997）
　▷図202「織田信長像」（狩野元秀　桃山時代　天正11(1583)寄進銘）
　▷図203「織田信長像」（作者不詳　桃山時代　天正11(1583)古渓宗陳賛）
◇原色日本の美術（改訂版）21（小学館 1994）
　▷図66「織田信長像」（作者不詳　1583）
◇日本史大事典（平凡社 1992）
◇昭和の文化遺産 5（ぎょうせい 1990）
　▷図21「若き日の織田信長」（北村西望　昭和）
◇アート・ギャラリー・ジャパン 3（集英社 1987）
　▷図013「安土山上の信長」（松岡映丘　昭和9(1934)）
◇日本現代美術　絵画1（形象社 1986）
　▷p30「異風行列の信長」（前田青邨　昭和44(1969)）
◇京都大事典（淡交社 1984）
◇日本画素描大観 5（講談社 1984）
　▷図190「異装行列の信長（小下図）」（前田青邨　昭和44(1969)）
　▷図188「異装行列の信長（スケッチ）」（前田青邨　昭和44(1969)）
　▷図189「異装行列の信長（スケッチ）」（前田青邨　昭和44(1969)）
　▷図191「異風行列の信長」（前田青邨　昭和44(1969)）
◇日本大百科全書（小学館 1984）
◇郷土歴史人物事典　岐阜（第一法規出版 1980）
◇国史大辞典（吉川弘文館 1979）
◇日本人名大事典 1～6（平凡社 1979（覆刻））
◇日本美術全集 18（学習研究社 1979）
　▷図71「織田信長像」（狩野宗秀　桃山時代）
◇世界伝記大事典（ほるぷ出版 1978）
◇兵庫県史　第3巻　中世編2・近世編1（兵庫県 1978）
　▷〈写真〉写真180「織田信長像（神戸市立南蛮美術館蔵）」
◇日本の名画 15（中央公論社 1977）
　▷図46「異風行列の信長」（前田青邨　昭和44(1969)）
◇重要文化財 10（毎日新聞社 1974）
　▷図398「織田信長像」（狩野元秀　桃山時代）
　▷図399「織田信長像(吉渓宗陳賛)」（作者不詳　桃山時代）
◇現代日本美術全集 15（集英社 1973）
　▷図53「異風行列の信長」（前田青邨　昭和44(1969)）
◇日本の名画 26（講談社 1973）
　▷図14「異風行列の信長」（前田青邨　昭和44

おたの

　　　(1969))
◇原色日本の美術 23（小学館 1971）
　　▷図66「織田信長像」（作者不詳）
◇岐阜県史 通史編 近世上（岐阜県 1968）
　　▷図版第2（口絵）「織田信長像」
◇岐阜県百科事典（岐阜日日新聞社 1968）
◇大日本百科事典（小学館 1967）
◇世界大百科事典（平凡社 1964）

織田信秀　おだのぶひで　1510～1551
　戦国時代の武将。
◇日本大百科全書（小学館 1984）
◇国史大辞典（吉川弘文館 1979）

小田治久　おだはるひさ　1283～1352
　鎌倉時代後期、南北朝時代の武士。
◇国史大辞典（吉川弘文館 1979）

織田秀信　おだひでのぶ　1580～1605
　安土桃山時代の大名。
◇国史大辞典（吉川弘文館 1979）
◇岐阜県史 通史編 近世上（岐阜県 1968）
　　▷p135（写真）「織田秀信像」

纒長治郎　おだまきちょうじろう
　江戸時代後期の力士。
◇秘蔵浮世絵大観 6（講談社 1989）
　　▷図140「鹿間津滝右衛門・糸ケ浜長治郎」
　　（勝川春英　文化2-5(1805-08)）

落合左平次　おちあいさへいじ
　江戸時代前期の紀伊和歌山藩士。
◇人間の美術 8（学習研究社 1990）
　　▷図82「落合左平次背旗の図」（藤原竜善〔写し〕　19世紀前半頃）

落合双石　おちあいそうせき　1785～1868
　江戸時代後期の日向飫肥藩儒人。
◇宮崎県大百科事典（宮崎日日新聞社 1983）

乙骨亘　おっこつわたる
　江戸時代末期、明治時代の理髪師。
◇幕末―写真の時代（筑摩書房 1994）
　　▷p95 No.110「（無題）」（ルイ・ルソー）
◇読者所蔵「古い写真」館（朝日新聞社 1986）
　　▷p38「第2回遣欧使節」
◇日本写真全集 1 写真の幕あけ（小学館 1985）
　　▷p17 No.19「第二回遣欧使節随員」

乙由　おつゆう　1675～1739
　江戸時代中期の俳人。
◇俳諧人名辞典（巌南堂書店 1970）

弟橘媛　おとたちばなひめ
　上代の女性。日本武尊の妃。
◇香川県人物・人名事典（四国新聞社 1985）▷弟橘姫
◇香川県大百科事典（四国新聞社 1984）▷弟橘姫

鬼貫　おにつら　1661～1738
　江戸時代中期の俳人。
◇兵庫県史 第4巻 近世編2（兵庫県 1980）
　　▷〈写真〉写真87「上島鬼貫像」
◇俳諧人名辞典（巌南堂書店 1970）

鬼若力之助　おにわかりきのすけ　1841～？
　江戸時代後期、末期の力士。
◇日本の浮世絵美術館 4（角川書店 1996）
　　▷図47「鬼若力之助土俵入り」（歌川国芳　嘉永3）
◇千葉県大百科事典（千葉日報社 1982）

小野惟一郎　おのいいちろう　1848～1917
　江戸時代末期～大正期の初代県養蚕講習所長。
◇大分県歴史人物事典（大分合同新聞社 1996）
◇大分百科事典（大分放送 1980）

小野以正　おのいせい　1785～1858
　江戸時代後期の数学者。
◇岡山県歴史人物事典（山陽新聞社 1994）▷小野光右衛門

尾上伊三郎　おのえいさぶろう
　江戸時代の歌舞伎役者。
◇浮世絵八華 7（平凡社 1985）
　　▷図75「仮名手本忠臣蔵〔二段目〕尾上伊三郎のみなせ（三世）尾上松助の小なミ（八世）市川団十郎の力弥（五世）市川海老蔵の若さの助（三世）尾上菊五郎の本蔵」（歌川国芳）

尾上賀朝　おのえがちょう
　江戸時代の歌舞伎役者。
◇秘蔵浮世絵大観 2（講談社 1987）
　　▷図218「白梅の衣裳で踊る沢村曙山・瀬川路暁・尾上賀朝」（歌川豊国（初代）　文化2(1805)）
　　▷図234「唐装束の尾上賀朝・瀬川路暁・沢村曙山」（勝川春好（2代）　文化3(1806)）

尾上菊五郎〔代数不詳〕　おのえきごろう
　江戸時代の歌舞伎役者。
◇日本の浮世絵美術館 5（角川書店 1996）
　　▷図83「尾上菊五郎の菅相丞ほか」（尾竹竹坡）
◇秘蔵浮世絵大観 12（講談社 1988）

▷図61「九世市村羽左衛門の村雨・尾上菊五郎の松風」(一筆斎文調　明和7.正(1770.正))
◇浮世絵聚花 1 (小学館 1983)
　▷図108「尾上菊五郎の早咲と坂東彦三郎の備後三郎」(鳥居清倍(2代))
◇浮世絵の美百選 (日本経済新聞社 1981)
　▷図17「二世市川海老蔵の鳴神上人と尾上菊五郎の雲の絶間姫」(石川豊信)
◇浮世絵聚花 10 (小学館 1979)
　▷図68「佐野川市松と尾上菊五郎」(石川豊信)
◇浮世絵聚花 11 (小学館 1979)
　▷図101「尾上菊五郎の和泉三郎忠信と二世坂田半五郎の伊達次郎泰衡」(勝川春章)
◇浮世絵大系 (集英社 1974)
　▷図58「鳥追い・尾上菊五郎と中村喜代三郎」(石川豊信)
◇日本版画美術全集 2 (講談社 1961)
　▷図237「中村喜三郎、尾上菊五郎、若衆と傘さし少女」(石川豊信)
　▷図218「尾上菊五郎の曽我五郎、沢村小伝次のけはい坂少将」(奥村政信)
　▷図156「尾上菊五郎」(鳥居清信(2代))
　▷図182「嵐富之助と尾上菊五郎」(鳥居清倍(2代))
◇浮世絵全集 1 (河出書房新社 1957)
　▷図15「鳥追い・尾上菊五郎と中村喜代三郎」(石川豊信)
◇浮世絵全集 5 (河出書房新社 1957)
　▷図24「九世市村羽左衛門の村雨・尾上菊五郎の松風」(一筆斎文調　明和7.正(1770.正))
　▷図46「二世市川門之助と尾上菊五郎と高島屋ひさ」(勝川春潮)

尾上菊五郎〔初代〕　おのえきくごろう
1717～1783　江戸時代中期の歌舞伎役者。
◇ボストン美術館 日本美術調査図録 (講談社 2003)
　▷図III-167「初代尾上菊五郎の葛の葉と八代目市村宇左衛門の保名」(作者不詳　寛保2(1742)頃)
◇ボストン美術館 肉筆浮世絵 2 (講談社 2000)
　▷図92「初代尾上菊五郎の葛の葉と八代目市村宇左衛門の保名」(作者不詳　寛保2(1742)頃)
◇日本の浮世絵美術館 4 (角川書店 1996)
　▷図13「二代目市川海老蔵の鳴神上人と初代尾上菊五郎の雲絶間姫」(石川豊信　寛延4)
　▷図144「九世市村羽左衛門の村雨と初代尾上菊五郎の松風」(一筆斎文調　明和7)
◇秘蔵浮世絵大観 別巻 (講談社 1990)
　▷〔チ〕04「初代尾上菊五郎の佐の次郎左エ門実は宇佐美三郎」(鳥居清広　宝暦7)
　▷〔ケ〕19「初代尾上菊五郎の糸売り藤五郎」(鳥居清倍(2代)　寛保3(1743))
　▷〔ケ〕013「初代尾上菊五郎のそがの五郎と初代坂東三八のあさひな」(鳥居清倍(2代)　宝暦3)
　▷〔チ〕10「初代尾上菊五郎の良みねのせうせうこれさだ」(鳥居清満(初代)　宝暦12(1762))
◇秘蔵浮世絵大観 プルヴェラー・コレクション (講談社 1990)
　▷図26「初代尾上菊五郎の和泉三郎」(一筆斎文調　明和6(1769))
◇秘蔵浮世絵大観 6 (講談社 1989)
　▷図097「二代目嵐三五郎の十郎と初代尾上菊五郎の工藤」(勝川春章　明和8)
　▷図018「初代尾上菊五郎」(鳥居清重　寛保-寛延)
　▷図30「初代尾上菊五郎の本蔵女ぼうとなせ」(鳥居清経　明和3(1766))
◇秘蔵浮世絵大観 9 (講談社 1989)
　▷図10「初代尾上菊五郎の工藤祐経と二代目瀬川菊之丞の傾城舞鶴」(鳥居清経　明和9(1772))
　▷図2「八代目市村宇左衛門と初代尾上菊五郎」(鳥居清信(2代)　延享2(1745))
◇秘蔵浮世絵大観 4 (講談社 1988)
　▷図44「初代尾上菊五郎と初代中村喜代三郎の猿曳」(奥村政信　寛延末-宝暦初(1748-64))
◇秘蔵浮世絵大観 11 (講談社 1988)
　▷図6「五代目市川団十郎・初代中村仲蔵・三代目瀬川菊之丞・三代目市川八百蔵、初代尾上菊五郎」(勝川春章　安永8-9頃(1779-80頃))
　▷図4「初代尾上菊五郎の工藤・九代目市村羽左衛門の五郎・二代目嵐三五郎の十郎」(勝川春章　明和8(1771))
◇秘蔵浮世絵大観 2 (講談社 1987)
　▷図54「初代尾上菊五郎の佐藤忠信と初代中村喜代三郎の女房信夫」(一筆斎文調　明和6.11(1769.11))
　▷図094「初代尾上菊五郎の和泉三郎と二代目坂田半五郎の伊達次郎泰衡」(勝川春章　明和6.11)
　▷図05「初代尾上菊五郎」(鳥居清重　宝暦年間)
　▷図6「初代尾上菊五郎の勝田次郎成信」(鳥居清満(初代)　宝暦10.11(1760.11))
◇浮世絵聚花 補巻1 (小学館 1982)
　▷図68「三世市川団蔵の大江戸岩戸左衛門と初代尾上菊五郎の良峯少将」(鈴木春信　宝暦12(1762))
　▷図150「初世尾上菊五郎の尾形三郎」(鈴木春信　明和元(1764))
◇浮世絵聚花 9 (小学館 1981)
　▷図128「初世尾上菊五郎の泉三郎」(一筆斎文調)
◇浮世絵聚花 13 (小学館 1981)
　▷図52「初代尾上菊五郎の工藤祐経と二代目瀬川菊之丞の傾城舞鶴」(鳥居清経　明和9(1772))
◇浮世絵聚花 14 (小学館 1981)

▷図48「四世市川団十郎と初世尾上菊五郎」（石川豊信）
▷図130「初世尾上菊五郎のそがの太郎」（鳥居清広）
▷図125「初代尾上菊五郎の糸売り藤五郎」（鳥居清倍(2代)　寛保3(1743)）
◇在外日本の至宝 7（毎日新聞社 1980）
▷図24「初代尾上菊五郎」（鳥居清ург　寛保－寛延）
◇日本美術全集 22（学習研究社 1979）
▷図42「初代尾上菊五郎の編木摺」（奥村政信　18世紀中頃）
◇浮世絵聚花 4（小学館 1979）
▷図130「初代尾上菊五郎の虚無僧姿の曽我五郎」（奥村政信）
◇浮世絵聚花 7（小学館 1979）
▷図78「初世中村喜代三郎の八百屋お七と初世尾上菊五郎の小姓吉三」（石川豊信）
▷図87「初世尾上菊五郎の戸無瀬」（一筆斎文調）
◇浮世絵聚花 11（小学館 1979）
▷図224「初代尾上菊五郎の勝田次郎成信」（鳥居清満（初代）　宝暦10.11(1760.11)）
◇日本の美術 2（旺文社 1976）
▷図69「初代尾上菊五郎の編木摺」（奥村政信　18世紀中頃）
◇浮世絵大系 2（集英社 1974）
▷図42「初代尾上菊五郎の編木摺」（奥村政信　18世紀中頃）

尾上菊五郎〔3代〕　おのえきくごろう
1784～1849　江戸時代後期の歌舞伎役者。
◇日本の浮世絵美術館 4（角川書店 1996）
▷図152「三世尾上菊五郎のお岩ぼうこん、二世岩井粂三郎のお岩妹お袖　三世尾上菊五郎の小仏小兵衛、七世市川団十郎の民谷伊右衛門」（歌川国安　文化8年　大判 三枚続）
▷図152「三世尾上菊五郎のお岩ぼうこん、二世岩井粂三郎のお岩妹お袖　三世尾上菊五郎の小仏小兵衛、七世市川団十郎の民谷伊右衛門」（歌川国安　文化8年　大判 三枚続）
▷図147「二世沢村田之助の顔世、五世松本幸四郎の師直、七世市川団十郎の若狭之助、三世尾上菊五郎の判官」（歌川豊国　文化13年）
◇肉筆浮世絵大観 10（講談社 1995）
▷図単色8「五代目松本幸四郎・初代尾上栄三郎・初代沢村源之助」（歌川豊広　文化3,4(1806,07)頃）
◇秘蔵日本美術大観 11（講談社 1994）
▷図57「初代尾上栄三郎の寺西閑心」（歌川豊国　文化6(1809)）
◇秘蔵浮世絵大観 別巻（講談社 1990）
▷［ア］042「三代目尾上菊五郎の曽我十郎」（歌川国貞（初代）　文政10）
◇秘蔵浮世絵大観 5（講談社 1989）
▷図014「今様押絵鏡　四代目尾上菊五郎の七綾太夫」（歌川国貞（初代）　安政6）
▷図10「俳優舞台扇　三代目尾上菊五郎の高橋弥十郎」（歌川国貞（初代）　文政7(1824)）
◇秘蔵浮世絵大観 3（講談社 1988）
▷図0100「三代目尾上菊五郎大坂御目見へ口上」（寿好堂よし国　文政8）
◇秘蔵浮世絵大観 4（講談社 1988）
▷図084「二代目尾上松助の佐の次郎左衛門と二代目沢村田之助の新造 舟はし」（歌川豊国（初代）　文化中期）
◇秘蔵浮世絵大観 12（講談社 1988）
▷図0129「二代目尾上松助の大工六三郎とかしくおばあ二役」（歌川国丸　文化10）
◇浮世絵八華 6（平凡社 1985）
▷図57「三世尾上菊五郎の名古屋山三と五世瀬川菊之丞のかつらぎ」（歌川豊国（初代））
◇浮世絵八華 7（平凡社 1985）
▷図75「仮名手本忠臣蔵〔二段目〕尾上伊三郎のみなせ（三世）尾上松助の小なミ（八世）市川団十郎の力弥（五世）市川海老蔵の若さの助（三世）尾上菊五郎の本蔵」（歌川国芳）
▷図76「仮名手本忠臣蔵〔三段目〕（三世）尾上菊五郎のおかる（五世）市川海老蔵の勘平 坂東熊十郎の伴内」（歌川国芳）
▷図84「仮名手本忠臣蔵〔十一段目〕（十二世）市村羽左衛門の数右衛門（五世）市川海老蔵の由良之助（三世）尾上菊五郎の師直（三世）尾上松助の与茂七」（歌川国芳）
◇肉筆浮世絵 8（集英社 1981）
▷図46「三代目尾上菊五郎舞台姿図」（歌川国貞（初代））

尾上菊五郎〔4代〕　おのえきくごろう
1808～1860　江戸時代末期の歌舞伎役者。
◇秘蔵浮世絵大観 1（講談社 1990）
▷図071「八代目片岡仁左衛門の大判司清澄・初代中村福助の久我之助清舟・四代目尾上菊五郎の後室定高・三代目沢村田之助の雛鳥」（歌川国貞（初代）　安政6.3）
▷図072「初代中村福助の若党周功・四代目尾上菊五郎の八重櫛おお・八代目片岡仁左衛門の沼田文蔵」（歌川国貞（初代）　安政6.7）
◇浮世絵全集 5（河出書房新社 1957）
▷図70「四世尾上菊五郎の乳人政岡」（歌川国貞（初代））

尾上菊五郎〔5代〕　おのえきくごろう
1844～1903　江戸時代末期,明治時代の歌舞伎役者、座本。
◇講談社日本人名大辞典（講談社 2001）
◇秘蔵浮世絵大観 7（講談社 1990）
▷図0144「明治二巳年 箱館場 五代目尾上菊五郎の轟坂五郎・初代市川左団次の狼ノ九蔵・坂東喜知六の連花ノ六助・二代目大谷門蔵の轡ノ門太」（豊原国周　明治8）
◇秘蔵浮世絵大観 別巻（講談社 1990）

▷〔ケ〕69「五代目尾上菊五郎の一ッ家の老婆」(月岡芳年　明治23(1890))
◇秘蔵浮世絵大観 ムラー・コレクション (講談社 1990)
　▷図151「五代目尾上菊五郎の花井お梅と四代目尾上松助の箱屋峰吉」(豊原国周　明治21.1(1888.1))
◇秘蔵浮世絵大観 5 (講談社 1989)
　▷図89「四季所作の内 秋 四代目中村芝翫と十三代目市村羽左衛門」(歌川国明(初代)　文久2(1862))
　▷図066「四代目市村家橘の天狗子増霧太郎・三代目中村仲蔵のあんまの丑市・五代目大谷友右衛門のしのぶの惣太」(豊原国周　明治元)
　▷図95「七代目河原崎権之助の幡随長兵衛・二代目沢村訥升の白井権八・五代目尾上菊五郎の野ざらし吾助」(豊原国周　明治5(1872))
　▷図0114「忠臣蔵十二段続 三段目門外 五代目尾上菊五郎の勘平・初代市川左団治の伴内・四代目助高屋高助のおかる」(礼山　明治12頃)
◇秘蔵浮世絵大観 3 (講談社 1988)
　▷図163「市村羽左衛門(五代目菊五郎)の弁天小僧菊之助・四代目中村芝翫の南郷力丸」(月岡芳年　文久2(1862))
　▷図161「五代目尾上菊五郎の加古川清十郎」(豊原国周　明治2(1869))
◇秘蔵浮世絵大観 11 (講談社 1988)
　▷図82「十三代目市村羽左衛門襲名の摺物」(鳥居清峰　嘉永4.2(1851.2))
◇国史大辞典 (吉川弘文館 1979)
◇日本人名大事典 1〜6 (平凡社 1979(覆刻))

尾上菊次郎〔2代〕　おのえきくじろう
1814〜1875　江戸時代末期,明治時代の歌舞伎役者。
◇日本美術全集 20 (講談社 1991)
　▷図76「二代目尾上菊次郎の滝夜叉姫」(歌川国貞　文久2(1862))
◇秘蔵浮世絵大観 5 (講談社 1989)
　▷図26「二代目尾上菊次郎の有馬おふじと初代中村福助の石留武助」(歌川国貞(初代)　安政3(1856))
　▷図011「二代目尾上菊次郎の木下川幸助と大谷友松の羽生屋助四郎」(歌川国貞(初代)　安政3)
◇日本美術全集 22 (学習研究社 1979)
　▷図89「二代目尾上菊次郎の滝夜叉姫」(歌川国貞(初代)　文久2.10(1862.10))

尾上鯉三郎　おのえこいさぶろう
江戸時代の歌舞伎役者。
◇日本版画美術全集 3 (講談社 1961)
　▷図381「尾上鯉三郎の南方十次兵衛」(日本斉)

尾上新七〔2代〕　おのえしんしち
1780〜1818　江戸時代後期の歌舞伎役者。
◇秘蔵浮世絵大観 5 (講談社 1989)
　▷図143「中村吉太郎のおすはの方・初代浅尾友蔵の稲田東蔵・二代目尾上新七の万野兵庫」(清谷　文化3(1806))

尾上多見蔵〔代数不詳〕　おのえたみぞう
1754〜?　江戸時代中期の歌舞伎役者。
◇日本版画美術全集 3 (講談社 1961)
　▷図363「尾上多見蔵」(画登軒春芝)
　▷図373「尾上多見蔵の伊達の与作」(五蝶亭貞広)
　▷図375「尾上多見蔵の花石橋」(長谷川小信)

尾上多見蔵〔初代〕　おのえたみぞう
1754〜?　江戸時代中期の歌舞伎役者。
◇華一浮世絵名品集 (平木浮世絵財団 2004)
　▷図21「二代目佐野川市松 尾上民蔵」(一筆斎文調　明和7-8(1770-71)頃)
◇秘蔵浮世絵大観 別巻 (講談社 1990)
　▷〔ア〕6「初代尾上民蔵」(一筆斎文調　明和7-8頃か(1770-71頃か))
◇秘蔵浮世絵大観 6 (講談社 1989)
　▷図115「三代目市川団蔵の今井四郎兼平と初代尾上民蔵の男山八幡の舞子山吹」(勝川春章　安永2(1773))
◇秘蔵浮世絵大観 4 (講談社 1988)
　▷図78「初代尾上民蔵と初代芳沢いろはの芋環を持つ二人の女」(勝川春章　安永5-6頃(1776-77頃))
◇秘蔵浮世絵大観 11 (講談社 1988)
　▷図26「初代尾上民蔵」(一筆斎文調　明和後期(1764-72))
◇浮世絵聚花 (小学館 1980)
　▷図99-101「尾上民蔵,五世市川団十郎,二世小佐川常世」(勝川春章)
　▷図95「尾上民蔵の尺八を吹く女虚無僧」(勝川春章)
◇日本版画美術全集 3 (講談社 1961)
　▷図72「九世市村羽左衛門の芦葉達磨と尾上民蔵の娘」(一筆斎文調)
　▷図75「尾上民蔵の増田甚之助と二世瀬川菊之丞のお園」(一筆斎文調)
◇浮世絵全集 5 (河出書房新社 1957)
　▷図23「尾上民蔵の和泉三郎娘錦木と大谷友右衛門の奴谷平」(一筆斎文調)

小野悦斎　おのえっさい　1816〜1886
江戸時代後期〜明治期の佐賀関町早吸日女神社神官。
◇大分百科事典 (大分放送 1980)

尾上梅幸　おのえばいこう
江戸時代の歌舞伎役者。
◇朝日美術館 日本編 8 (朝日新聞社 1997)

おのえ

▷図3「尾上梅幸」（片岡球子　1957）
◇日本の浮世絵美術館 2（角川書店 1996）
　▷図73「雪月花之内 雪 尾上梅幸」（月岡芳年　明治23）
◇現代の日本画 6（学習研究社 1991）
　▷図36「尾上梅幸」（片岡球子　昭和32（1957））
◇秘蔵浮世絵大観 7（講談社 1990）
　▷図0153「梅幸百種之内 安達元右衛門」（豊原国周 明治26）
　▷図0197「梅幸百種之内 扇折早百合（戻橋）」（豊原国周 明治26(1893)）
　▷図0147「梅幸百種之内 お半」（豊原国周 明治26.7）
　▷図0151「梅幸百種之内 きつねただのぶ」（豊原国周 明治26）
　▷図0156「梅幸百種之内 肴屋惣五郎」（豊原国周 明治27）
　▷図0150「梅幸百種之内 しのぶ売り」（豊原国周 明治26）
　▷図0196「梅幸百種之内 平親王将門（暫）」（豊原国周 明治26(1893)）
　▷図0155「梅幸百種之内 日吉丸」（豊原国周 明治27）
　▷図0146「梅幸百種之内 藤井紋太夫」（豊原国周 明治26）
　▷図0148「梅幸百種之内 藤屋伊左衛門」（豊原国周 明治26）
　▷図0149「梅幸百種之内 光秀」（豊原国周 明治26）
　▷図0154「梅幸百種之内 め組の辰五郎」（豊原国周 明治26）
　▷図0152「梅幸百種之内 野州無宿鳥蔵」（豊原国周 明治26）
　▷図0157「梅幸百種之内 鷲の長吉」（豊原国周 明治26-27）
◇秘蔵浮世絵大観 別巻（講談社 1990）
　▷〔チ〕095「古今未曽有工夫の幽霊 尾上梅幸」（歌川国貞（初代）　天保）
◇秘蔵浮世絵大観 ムラー・コレクション（講談社 1990）
　▷図0134「梅幸百種之内 篠原国幹」（豊原国周 明治26-7(1893-94)）
◇近代日本版画大系 1（毎日新聞社 1975）
　▷図207「梅幸のお富」（名取春仙　大正6(1917)）

尾上芙雀〔3代〕　おのえふじゃく
1793〜1831　江戸時代後期の歌舞伎役者。
◇秘蔵浮世絵大観 3（講談社 1988）
　▷図0101「三代目尾上芙雀の粟しま甲斐之助」（寿好堂よし国　文政5頃）

尾上松助〔代数不詳〕　おのえまつすけ
江戸時代の歌舞伎役者。
◇日本の浮世絵美術館 3（角川書店 1996）
　▷図18「尾上松助の松下造酒之進」（東洲斎写楽 寛政6）

◇新編 名宝日本の美術 29（小学館 1991）
　▷図15「尾上松助の松下造酒之進」（東洲斎写楽 寛政6(1794)）
◇名品揃物浮世絵 5（ぎょうせい 1991）
　▷図33「尾上松助の楽屋」（勝川春章　天明2-3頃(1782-3頃)）
　▷図15「尾上松助の松下造酒之進」（東洲斎写楽 寛政6(1794)）
◇秘蔵浮世絵大観 6（講談社 1989）
　▷図0113「尾上松助の楽屋」（勝川春章　天明2-3頃(1782-3頃)）
　▷図0177「尾上松助の松下造酒之進」（東洲斎写楽 寛政6(1794)）
◇秘蔵浮世絵大観 2（講談社 1987）
　▷図0210「尾上松助の松下造酒之進」（東洲斎写楽 寛政6(1794)）
◇浮世絵八華 4（平凡社 1985）
　▷図49「尾上松助の足利尊氏」（東洲斎写楽）
　▷図067「尾上松助の足利尊氏」（東洲斎写楽）
　▷図13「尾上松助の松下造酒之進」（東洲斎写楽 寛政6(1794)）
　▷図016「尾上松助の松下造酒之進」（東洲斎写楽 寛政6(1794)）
　▷図078「尾上松助の湯浅孫六入道」（東洲斎写楽 寛政6(1794)）
◇浮世絵八華 6（平凡社 1985）
　▷図30「尾上松助の足利尊氏と市川男女蔵の村上彦四郎」（歌川豊国（初代））
◇浮世絵聚花 2（小学館 1985）
　▷図176「尾上松助と芸者」（鳥居清長）
　▷図170「尾上松助のあこや」（鳥居清長）
　▷図173「三味線を弾く尾上松助」（鳥居清長）
◇在外日本の至宝 7（毎日新聞社 1980）
　▷図105「尾上松助の湯浅孫六入道」（東洲斎写楽 寛政6(1794)）
◇浮世絵聚花 5（小学館 1980）
　▷図016「尾上松助の崇徳院の霊」（勝川春好（初代））
　▷図110「尾上松助の崇徳院」（勝川春章）
◇浮世絵聚花 8（小学館 1980）
　▷図128「尾上松助の松下造酒之進」（東洲斎写楽 寛政6(1794)）
◇浮世絵聚花 12（小学館 1980）
　▷図043「尾上松助の楽屋」（勝川春英）
　▷図67「尾上松助の楽屋」（勝川春章　天明2-3頃(1782-3頃)）
　▷図14「尾上松助の足利尊氏」（東洲斎写楽）
◇浮世絵聚花 15（小学館 1980）
　▷図55「尾上松助の松下造酒之進」（東洲斎写楽 寛政6(1794)）
◇浮世絵聚花 10（小学館 1979）
　▷図61「三世大谷広次の坂田のきん時と尾上松助のび女御ぜん」（鳥居清満（初代））
◇浮世絵大系 7（集英社 1973）
　▷図16「尾上松助の松下造酒之進」（東洲斎写楽 寛政6(1794)）
◇平凡社ギャラリー 6（平凡社 1973）
　▷図7「尾上松助の松下造酒之進」（東洲斎写

◇在外秘宝―欧米収蔵浮世絵集成 東洲斎写楽（学習研究社 1972）
　▷図V「市川鰕蔵と尾上松助」（東洲斎写楽）
　▷図17「尾上松助の松下造酒之進」（東洲斎写楽　寛政6(1794)）
　▷図88「尾上松助の松下造酒之進」（東洲斎写楽　寛政6(1794)）
　▷図016「尾上松助の松下造酒之進」（東洲斎写楽　寛政6(1794)）
　▷図0116「尾上松助の湯浅孫六入道」（東洲斎写楽　寛政6(1794)）
◇在外秘宝―欧米収蔵浮世絵集成 鳥居清長（学習研究社 1972）
　▷図92「尾上松助と芸者」（鳥居清長）
◇日本の名画 13（講談社 1972）
　▷図2「尾上松助の松下造酒之進」（東洲斎写楽　寛政6(1794)）
◇日本絵画館 8（講談社 1970）
　▷図102「尾上松助の松下造酒之進」（東洲斎写楽　寛政6(1794)）
　▷図107「尾上松助の湯浅孫六入道」（東洲斎写楽　寛政6(1794)）
◇美人画・役者絵 6（講談社 1966）
　▷図13「尾上松助の松下造酒之進」（東洲斎写楽　寛政6(1794)）
　▷図92「尾上松助の湯浅孫六入道」（東洲斎写楽　寛政6(1794)）
◇日本版画美術全集 2（講談社 1961）
　▷図242「佐野川市松・尾上松助の二人虚無僧」（石川豊信）
◇日本版画美術全集 3（講談社 1961）
　▷図77「尾上松助のお舎利の伝」（一筆斎文調）
　▷図4「尾上松助の松風」（勝川春章）
　▷図289「尾上松助の足利義氏」（勝川春泉）
◇日本版画美術全集 4（講談社 1960）
　▷図87「市川鰕蔵と尾上松助」（東洲斎写楽）
　▷図214「尾上松助の松下造酒之進」（東洲斎写楽　寛政6(1794)）
◇浮世絵全集 5（河出書房新社 1957）
　▷図20「尾上松助の蔦屋お松」（一筆斎文調）

尾上松助〔初代〕　おのえまつすけ
1744～1815 江戸時代中期,後期の歌舞伎役者。
◇浮世絵ギャラリー 4（小学館 2006）
　▷図4「初代尾上松助の松下造酒之進」（東洲斎写楽　寛政6(1794)）
◇名品揃物浮世絵 6（ぎょうせい 1992）
　▷図33「役者舞台之姿絵 音羽屋（初世尾上松助の近江の局）」（歌川豊国（初代）　寛政6-7(1794-95)）
　▷図41「役者舞台之姿絵 音羽屋（初世尾上松助の大星由良之助）」（歌川豊国（初代）　寛政6-7(1794-95)）
　▷図45「役者舞台之姿絵 おとハや（初世尾上松助の加古川本蔵妻戸無瀬）」（歌川豊国（初代）　寛政6-7(1794-95)）

◇新編 名宝日本の美術 29（小学館 1991）
　▷図51「役者舞台之姿絵 音羽屋（初世尾上松助の近江の局）」（歌川豊国（初代）　寛政6-7(1794-95)）
◇秘蔵浮世絵大観 ペレス・コレクション（講談社 1991）
　▷図28「初代尾上松助の玉虫御前と三代目市川八百蔵の暫」（勝川春好（初代）　天明7(1787)）
◇秘蔵浮世絵大観 7（講談社 1990）
　▷図91「四代目岩井半四郎と初代尾上松助」（歌川豊国（初代）　寛政12・正(1800.正)）
◇秘蔵浮世絵大観 別巻（講談社 1990）
　▷〔チ〕024「初代尾上松助」（勝川春章　天明－寛政前期）
　▷〔チ〕55「五代目市川団十郎の豆腐屋佐次兵衛と初代尾上松助の荒浪灘蔵」（勝川春常　天明2(1782)）
◇秘蔵浮世絵大観 ブルヴェラー・コレクション（講談社 1990）
　▷図54「初代尾上松助の意休・三代目市川高麗蔵の助六・初代中山富三郎の揚巻」（歌川豊国（初代）　寛政9(1797)）
　▷図36「初代尾上松助と二代目市川門之助」（勝川春好（初代）　安永8(?)(1779(?))）
　▷図32「初代尾上松助・四代目岩井半四郎・三代目市川八百蔵」（勝川春章　天明3(1783)）
◇秘蔵浮世絵大観 3（講談社 1988）
　▷図020「初代尾上松助のいほはたゆふこん」（歌川国久（初代）　文化元.7）
◇秘蔵浮世絵大観 4（講談社 1988）
　▷図114「初代尾上松助の工藤祐経」（歌川豊国（初代）　寛政11(1799)）
　▷図89「楽屋の初代尾上松助」（勝川春好（初代）　天明初期(1781-89)）
◇秘蔵浮世絵大観 11（講談社 1988）
　▷図07「二代目市川八百蔵と初代尾上松助」（勝川春好（初代）　安永3春）
　▷図10「四代目岩井半四郎・初代尾上松助・二代目市川門之助」（勝川春章　安永9(1780)）
◇秘蔵浮世絵大観 12（講談社 1988）
　▷図090「初代尾上松助のこはだ小平次と同女房」（歌川豊国（初代）　文化5）
　▷図72「初代中村仲蔵の髭の意休実は大友一法師・初代尾上松助のかんぺら門兵衛・初代中村里好の三浦屋の揚巻・五代目市川団十郎の白酒売新兵衛実は曽我十郎」（勝川春章　天明2.5(1782.5)）
◇秘蔵浮世絵大観 2（講談社 1987）
　▷図106「初代尾上松助と三代目市川高麗蔵」（勝川春英　寛政前期(1789-1801)）
　▷図0103「初代尾上松助の重井筒後家おるい・初代中山富三郎の額風呂の小はん」（勝川春英　寛政6.4）
　▷図0104「初代尾上松助の湯浅孫六入道と三

おのえ

　　代目市川高麗蔵の新田義貞」（勝川春英　寛政6.11）
　▷図083「二代目市川門之助と初代尾上松助」（勝川春章　安永9頃）
　▷図095「初代尾上松助」（勝川春章　明和8-9頃）
　▷図136「九代目市村羽左衛門の奴実は諏訪明神・初代中村仲蔵の丹前実は山本勘助・初代尾上松助の白狐の神（出語り図）」（鳥居清長　天明3.11（1783））
◇浮世絵八華 6（平凡社 1985）
　▷図16「役者舞台之姿絵　音羽屋（初世尾上松助の近江の局）」（歌川豊国（初代）　寛政6-7（1794-95））
◇浮世絵聚花 9（小学館 1981）
　▷図8「役者舞台之姿絵　音羽屋（初世尾上松助の大星由良之助）」（歌川豊国（初代）　寛政6-7（1794-95））
　▷図61「初世尾上松助の鉄砲の男」（勝川春章）
◇浮世絵聚花 8（小学館 1980）
　▷図171「初世尾上松助の怨霊図」（勝川春好（初代））
　▷図165-166「初世尾上松助と二世山下金作」（勝川春章）
◇浮世絵聚花 7（小学館 1979）
　▷図53「役者舞台之姿絵　音羽屋（初世尾上松助の大星由良之助）」（歌川豊国（初代）　寛政6-7（1794-95））
　▷図102「九代目市村羽左衛門の奴実は諏訪明神・初代中村仲蔵の丹前実は山本勘助・初代尾上松助の白狐の神（出語り図）」（鳥居清長　天明3.11（1783））
◇浮世絵大系 3（集英社 1974）
　▷図33-37「初代中村仲蔵の髭の意休実は大伴一法師・初代尾上松助のかんぺら門兵衛・初代中村里夜の三浦屋の揚巻・五代目市川団十郎の白酒売新兵衛実は曽我七郎」（勝川春章　天明2.5（1782.5））
　▷図57「初代尾上松助の碓井貞光」（勝川春常）

尾上松助〔3代〕　おのえまつすけ
1805～1851 江戸時代末期の歌舞伎役者。
◇浮世絵八華 7（平凡社 1985）
　▷図75「仮名手本忠臣蔵〔二段目〕尾上伊三郎のみなせ（三世）尾上松助の小なミ（八世）市川団十郎の力弥（五世）市川海老蔵の若さの助（三世）尾上菊五郎の本蔵」（歌川国芳）
　▷図84「仮名手本忠臣蔵〔十一段目〕（十二世）市村羽左衛門の数右衛門（五世）市川海老蔵の由良之助（三世）尾上菊五郎の師直（三世）尾上松助の与茂七」（歌川国芳）

尾上松助〔4代〕　おのえまつすけ
1843～1928 江戸時代末期, 明治時代の歌舞伎役者。
◇秘蔵浮世絵大観　ムラー・コレクション（講談社 1990）
　▷図151「五代目尾上菊五郎の花井お梅と四代目尾上松助の箱屋峰吉」（豊原国周　明治21.1（1888.1））
　▷図0140「四代目尾上松助の蝙蝠安」（山村耕花　大正6（1917））

小野川喜三郎　おのがわきさぶろう
1758～1806 江戸時代中期, 後期の力士。
◇日本の浮世絵美術館 4（角川書店 1996）
　▷図42「横綱授与の図 谷風梶之助・小野川喜三郎」（勝川春英　寛政初期）
◇秘蔵浮世絵大観　別巻（講談社 1990）
　▷〔チ〕037「西関脇 谷風・東関脇 小野川」（勝川春好（初代）　天明7－寛政元）
◇秘蔵浮世絵大観 6（講談社 1989）
　▷図0119「東 小の川喜三郎・西 谷風梶之助」（勝川春奕　寛政3-5）
　▷図0117「小野川喜三郎・鬼面山谷五郎・筆ノ海金右エ門」（勝川春好（初代）　天明後期）
　▷図124「東方 小野川喜三郎」（勝川春章　天明中・後期（1781-89））
◇秘蔵浮世絵大観 12（講談社 1988）
　▷図049「和田ケ原甚四郎・岩井川逸八・小野川才助」（勝川春好（初代）　寛政2-9）
◇浮世絵聚花 5（小学館 1980）
　▷図015「小野川喜三郎」（勝川春章）
◇国史大辞典（吉川弘文館 1979）
◇日本版画美術全集 3（講談社 1961）
　▷図254「谷風と小野川」（勝川春好（初代））
　▷図252「横綱ノ図 小野川」（勝川春好（初代））

小野義真　おのぎしん　1839～1905
江戸時代末期, 明治期の実業家。
◇高知県人名事典（高知新聞社 1999）
◇高知県百科事典（高知新聞社 1976）

小野元秀　おのげんしゅう　1817～1896
江戸時代後期～明治期の弘前藩医。
◇青森県百科事典（東奥日報社 1981）

小野湖山　おのこざん　1814～1910
江戸時代末期, 明治時代の志士, 漢詩人。
◇滋賀県百科事典（大和書房 1984）
◇日本人名大事典 1～6（平凡社 1979（覆刻））

小野五平　おのごへい　1831～1921
江戸時代末期～大正期の棋士・第12世名人。
◇徳島県歴史人物鑑（徳島新聞社 1994）
◇徳島県百科事典（徳島新聞社 1981）

小野権右衛門　おのごんえもん
　1662～1732　江戸時代前期,中期の豪商。
◇岩手百科事典（岩手放送 1988）

小野素郷　おのそごう　1749～1820
　江戸時代後期の俳人。
◇岩手百科事典（岩手放送 1988）

小野太三郎　おのたさぶろう　1840～1912
　江戸時代末期,明治時代の慈善家。
◇書府太郎—石川県大百科事典 改訂版 上（北国新聞社 2004）

小野忠明　おのただあき　？～1628
　安土桃山時代,江戸時代前期の剣術家。
◇日本大百科全書（小学館 1984）

小野寺丹元　おのでらたんげん　1800～1876
　江戸時代末期,明治時代の蘭方医,陸奥仙台藩医。
◇宮城県百科事典（河北新報社 1982）

小野道一　おのどういつ　1850～1895
　江戸時代後期～明治期の官権派地方幹部。
◇高知県人名事典（高知新聞社 1999）

小野小町　おのこまち　825？～900？
　平安時代前期の女性。歌人。
◇ボストン美術館 日本美術調査図録（講談社 2003）
　▷図I-92「小野小町図」（狩野常信　江戸時代（17世紀後期-18世紀前期））
　▷図III-47「小野小町観桜図」（菱川師平　元禄（1688-1704）-宝永（1704-11）頃）
　▷図III-91「業平・小町・伊勢図」（宮川長春　享保年間（1716-36））
　▷図III-13「小野小町図」（作者不詳　江戸時代前期（17世紀中期頃））
◇講談社日本人名大辞典（講談社 2001）
◇ボストン美術館 肉筆浮世絵 2（講談社 2000）
　▷図5-7「業平・小町・伊勢図」（宮川長春　享保年間（1716-36））
◇日本の幽霊名画集（人類文化社 2000）
　▷図52「小町亡霊図」（森徹山）
◇日本芸術の創跡 1998年度版（世界文芸社 1998）
　▷p209「小野小町」（横沢実峰）
◇国宝・重要文化財大全 1（毎日新聞社 1997）
　▷図203「佐竹本三十六歌仙切 小野小町像」（作者不詳　鎌倉時代）
◇日本の浮世絵美術館 5（角川書店 1996）
　▷図168,169「小野小町、在原業平」（葛飾北斎　文化頃）
◇肉筆浮世絵大観 6（講談社 1995）
　▷図単色38「小野小町図」（葛飾北斎　文化年間（1804-18））
◇日本史大事典（平凡社 1992）
◇名品揃浮世絵 4（ぎょうせい 1992）
　▷図85「風流略六哥仙 其二 小野小町」（鳥文斎栄之　寛政中期（1794頃））
　▷図53「六歌仙 小町」（鳥文斎栄之　天明年間末頃（1781-89頃））
◇名品揃浮世絵 9（ぎょうせい 1992）
　▷図8「百人一首うはかゑと幾 小野の小町」（葛飾北斎　天保年間中-後期（1830-1844））
　▷図211「六歌仙 小野小町」（葛飾北斎　文化年間中期頃（1804-1818頃））
◇秘蔵浮世絵大観 7（講談社 1990）
　▷図72「略三幅対小野小町」（鳥文斎栄之　寛政9年（1797））
◇秘蔵浮世絵大観 プルヴェラー・コレクション（講談社 1990）
　▷図0116「六歌仙 小町 さそう水」（歌川国安　文政後期）
　▷図49「風流略六哥仙 其二 小野小町」（鳥文斎栄之　寛政中期（1794頃））
◇秘蔵浮世絵大観 6（講談社 1989）
　▷図087「風流六歌仙 小町」（礒田湖竜斎　安永前期）
　▷図55「三十六歌仙 小野小町 わびぬれば」（鈴木春信　明和4-5頃（1767-68頃））
　▷図0154「小野小町」（鳥居清長　天明4頃）
◇秘蔵浮世絵大観 9（講談社 1989）
　▷図174「新六歌仙 小町」（鳥文斎栄之　寛政7-8頃（1795-96頃））
◇秘蔵浮世絵大観 4（講談社 1988）
　▷図144「風流浮世姿 小野小町」（菊川英山　文化初（1804-18））
◇秘蔵浮世絵大観 2（講談社 1987）
　▷図192「六歌仙 小野小町」（鳥文斎栄之　寛政後期（1789-1801））
◇秘蔵浮世絵大観 10（講談社 1987）
　▷図025「小野小町」（鈴木春信　明和3-4（1766-67））
◇浮世絵八華 6（平凡社 1985）
　▷図6「風流六哥仙 小野小町」（歌川豊国（初代））
◇日本大百科全書（小学館 1984）
◇浮世絵八華 5（平凡社 1984）
　▷図33「六歌仙 小野小町」（葛飾北斎　文化年間中期頃（1804-1818頃））
◇浮世絵聚花 1（小学館 1983）
　▷図103「和哥三后 左・小野小町」（鳥居清倍（2代））
◇浮世絵聚花 補巻1（小学館 1982）
　▷図241「小野小町」（鈴木春信　明和3-4（1766-67））
　▷図242「小野小町」（鈴木春信　明和3-4（1766-67））
◇浮世絵聚花 補巻2（小学館 1982）
　▷図585「小野小町」（司馬江漢　明和7-8（1770-71））

おのの

◇浮世絵聚花 9（小学館 1981）
　▷図122「風流六哥仙 小野小町」（鈴木春信）
◇浮世絵聚花 13（小学館 1981）
　▷〔版〕13「在原業平と小野小町」（鈴木春信）
　▷図45「小野小町」（鈴木春信　明和3-4
　　（1766-67））
◇浮世絵聚花 14（小学館 1981）
　▷図027「六歌仙 小野小町」（勝川春章）
　▷図059「風流略六哥仙 其二 小野小町」（鳥
　　文斎栄之　寛政中期(1794頃)）
◇浮世絵聚花 16（小学館 1981）
　▷図114「六歌仙図 小野小町」（葛飾北斎）
◇日本美術絵画全集 13（集英社 1980）
　▷図29「三十六歌仙図扁額 小野小町」（岩佐
　　又兵衛）
◇浮世絵聚花 8（小学館 1980）
　▷図118「三十六歌仙 小野小町 わびぬれば」
　　（鈴木春信　明和4-5頃(1767-68頃)）
　▷図19「百人一首 小野小町」（鈴木春信）
◇浮世絵聚花 12（小学館 1980）
　▷図55「三十六歌仙 小野小町 わびぬれば」
　　（鈴木春信　明和4-5頃(1767-68頃)）
　▷図41「略三幅対小野小町」（鳥文斎栄之　寛
　　政9頃(1797頃)）
　▷図78「官女小野小町」（鳥居清長）
◇原色現代日本の美術 12（小学館 1979）
　▷図63「小野小町」（中川一政　昭和42
　　(1967)）
◇浮世絵聚花 7（小学館 1979）
　▷図45「風流略六哥仙 其二 小野小町」（鳥文
　　斎栄之　寛政中期(1794頃)）
　▷図259「略三幅対小野小町」（鳥文斎栄之　
　　寛政9頃(1797頃)）
◇復元浮世絵大観 7（集英社 1979）
　▷図8「略三幅対小野小町」（鳥文斎栄之　寛
　　政9頃(1797頃)）
◇岡山人名事典（日本文教出版 1978）
◇世界伝記大事典（ほるぷ出版 1978）
◇日本美術絵画全集 16（集英社 1978）
　▷図36「小野小町図」（清原雪信）
◇浮世絵聚花 6（小学館 1978）
　▷図49「略六花撰 小町」（鳥文斎栄之）
　▷図08「六歌仙 小町」（鳥文斎栄之　天明年
　　間末期(1781-89頃)）
◇肉筆浮世絵集成 1（毎日新聞社 1977）
　▷図273「六歌仙小町と業平の色ごと図」（正
　　芳　慶応期）
◇日本美術絵画全集 22（集英社 1977）
　▷図19「小野小町図」（円山応挙）
◇浮世絵大系 6（集英社 1973）
　▷図48「略六花撰 小町」（鳥文斎栄之）
◇在外秘宝－欧米収蔵浮世絵集成 鈴木春信（学習
　研究社 1972）
　▷図138「在原業平と小野小町」（鈴木春信）
　▷図97「縁台美人（小野小町）」（鈴木春信）
◇在外秘宝－欧米収蔵浮世絵集成 葛飾北斎（学習
　研究社 1972）
　▷図188「六歌仙 小野小町」（葛飾北斎　文化

年間中期頃(1804-1818頃)）
◇世界大百科事典（平凡社 1964）

小野篁　おののたかむら　802〜852
平安時代前期の漢学者、歌人、公卿。参議。
◇日本の浮世絵美術館 6（角川書店 1996）
　▷図104「百人一首 乳母か絵とき 参議篁」（葛
　　飾北斎　天保6頃）
◇名品揃物浮世絵 9（ぎょうせい 1992）
　▷図9「百人一首乳母か絵と起 参議篁」（葛飾
　　北斎　天保年間中－後期(1830-1844)）
◇秘蔵浮世絵大観 7（講談社 1990）
　▷図078「百人一首乳母か絵と起 参議篁」（葛
　　飾北斎　天保年間中－後期(1830-1844)）
◇浮世絵八華 7（平凡社 1985）
　▷図15「百人一首之内 参議篁」（歌川国芳）
◇浮世絵聚花 4（小学館 1979）
　▷図173「百人一首 参議篁」（鈴木春信）
◇在外秘宝－欧米収蔵浮世絵集成 葛飾北斎（学習
　研究社 1972）
　▷図91「百人一首乳母か絵と起 参議篁」（葛
　　飾北斎　天保年間中－後期(1830-1844)）
◇全集浮世絵版画 5（集英社 1971）
　▷図23「百人一首乳母か絵と起 参議篁」（葛
　　飾北斎　天保年間中－後期(1830-1844)）
◇世界大百科事典（平凡社 1964）
◇浮世絵版画 2（集英社 1963）
　▷図23「百人一首乳母か絵と起 参議篁」（葛
　　飾北斎　天保年間中－後期(1830-1844)）
◇日本の名画 北斎（平凡社 1956）
　▷図8「百人一首乳母か絵と起 参議篁」（葛飾
　　北斎　天保年間中－後期(1830-1844)）
◇浮世絵全集 6（河出書房新社 1956）
　▷図33「百人一首乳母か絵と起 参議篁」（葛
　　飾北斎　天保年間中－後期(1830-1844)）

小野道風　おののとうふう　894〜966
平安時代中期の能書家、公卿。
◇講談社日本人名大辞典（講談社 2001）
◇日本史大事典（平凡社 1992）
◇皇室の至宝第1期 御物 1（毎日新聞社 1991）
　▷図3-4「小野道風画像」（伝 頼寿　鎌倉時代）
◇秘蔵浮世絵大観 ベレス・コレクション（講談社
　1991）
　▷図202「和漢十二能書 小野道風」（葛飾北岱
　　文化(1804-18)）
◇秘蔵浮世絵大観 別巻（講談社 1990）
　▷〔チ〕098「小野道風」（歌川広重(初代)
　　嘉永6)）
◇秘蔵浮世絵大観 6（講談社 1989）
　▷図059「見立小野道風」（鈴木春信　明和3-5
　　頃）
　▷図058「見立小野道風」（鈴木春信　明和2）
◇秘蔵浮世絵大観 10（講談社 1987）
　▷図77「見立小野道風」（鈴木春信　明和中・
　　後期(1764-72)）

◇浮世絵八華 1（平凡社 1985）
　▷図8「見立小野道風」（鈴木春信　明和2）
◇日本大百科全書（小学館 1984）
◇浮世絵聚花 補巻2（小学館 1982）
　▷図630「見立小野道風」（北尾重政）
　▷図544「見立小野道風」（鈴木春信　明和3-4（1766-67））
◇浮世絵聚花 9（小学館 1981）
　▷図018「見立小野道風」（鈴木春信）
◇在外日本の至宝 7（毎日新聞社 1980）
　▷図35「小野道風」（鳥居清広　宝暦年間（1751-64））
◇浮世絵聚花 12（小学館 1980）
　▷図50「見立小野道風」（鈴木春信　明和2）
◇日本美術全集 22（学習研究社 1979）
　▷図48「小野道風」（鳥居清広　宝暦年間（1751-64））
◇世界伝記大事典（ほるぷ出版 1978）
◇御物聚成 絵画1（朝日新聞社 1977）
　▷図7「小野道風画像」（頼寿　平安時代）
◇在外秘宝―欧米収蔵浮世絵集成 鈴木春信（学習研究社 1972）
　▷図127「見立小野道風」（鈴木春信　明和2）
◇世界大百科事典（平凡社 1964）
◇日本版画美術全集 2（講談社 1961）
　▷図253「小野道風」（鈴木春信）

小野蘭山　おのらんざん　1729～1810
　江戸時代中期, 後期の本草博物学者。
◇日本史大事典（平凡社 1992）
◇日本大百科全書（小学館 1984）
◇国史大辞典（吉川弘文館 1979）
◇日本人名大事典 1～6（平凡社 1979（覆刻））
◇大日本百科事典（小学館 1967）
◇世界大百科事典（平凡社 1964）

小幡英之助　おばたえいのすけ　1850～1909
　江戸時代末期, 明治時代の歯科医。
◇大分県歴史人物事典（大分合同新聞社 1996）
◇大分百科事典（大分放送 1980）

御幡儀右衛門〔初代〕　おばたぎうえもん
　1771～1817　江戸時代中期, 後期の長崎の時計師。
◇長崎県大百科事典（長崎新聞社 1984）

小畑衷　おばたただし　1832～1912
　江戸時代後期～明治期の漢学者。
◇大分県歴史人物事典（大分合同新聞社 1996）

小幡篤次郎　おばたとくじろう　1842～1905
　江戸時代末期, 明治時代の豊前中津藩士, 教育者。
◇大分県歴史人物事典（大分合同新聞社 1996）
◇大分百科事典（大分放送 1980）
◇国史大辞典（吉川弘文館 1979）

尾原佐七　おばらさしち　1841～1892
　江戸時代後期～明治期の尾原呉服店創業者。
◇島根県歴史人物事典（山陰中央新報社 1997）

小原重哉　おはらしげや　1836～1902
　江戸時代末期, 明治時代の備前岡山藩士, 勤王家。
◇岡山県歴史人物事典（山陽新聞社 1994）

小原鉄心　おはらてっしん　1817～1872
　江戸時代末期, 明治時代の美濃大垣藩士。
◇福井県大百科事典（福井新聞社 1991）
◇郷土歴史人物事典 岐阜（第一法規出版 1980）
◇岐阜県史 通史編 近世下（岐阜県 1972）
　▷p1072（写真）「小原鉄心 肖像写真」
◇岐阜県百科事典（岐阜日日新聞社 1968）

小原正朝　おはらまさとも　1844～1889
　江戸時代末期, 明治時代の志士。
◇大分県歴史人物事典（大分合同新聞社 1996）
◇大分百科事典（大分放送 1980）

於平　おひら　？～1603
　安土桃山時代の女性。島津義久の長女。
◇角川日本姓氏歴史人物大辞典 46（角川書店 1994）

小山田与清　おやまだともきよ　1783～1847
　江戸時代後期の国学者, 文人。
◇国史大辞典（吉川弘文館 1979）
◇日本人名大事典 1～6（平凡社 1979（覆刻））

小山鼎吉　おやまていきち　1827～1891
　江戸時代末期, 明治時代の医師。
◇栃木県歴史人物事典（下野新聞社 1995）　▷小山春山

尾山徹三　おやまてつぞう　1836～1889
　江戸時代末期, 明治時代の教育家。
◇北海道歴史人物事典（北海道新聞社 1993）
◇北海道大百科事典（北海道新聞社 1981）

折田平内　おりたへいない　1846～1905
　江戸時代末期, 明治時代の鹿児島士族。
◇栃木県歴史人物事典（下野新聞社 1995）
◇山形県大百科事典（山形放送 1983）

折田要蔵　おりたようぞう　1825～1897
　江戸時代末期, 明治時代の薩摩藩士。
◇兵庫県史 第5巻 近世編3・幕末維新（兵庫県 1981）
　▷〈写真〉写真129「折田要蔵像」

尾和宗臨　おわそうりん　？～1501
戦国時代の堺の豪商。
◇日本美術絵画全集 3（集英社 1980）
　　▷図6「尾和宗臨像」（曽我宗丈）

恩地富美　おんちとみ　1844～1903
江戸時代末期、明治時代の女性。天誅組首領中山忠光の侍女。
◇幕末・明治美人帖（新人物往来社 2001）
　　▷p187「忘れ形見の南加をわが子と呼べなかった恩地トミ。」（明治時代）

隠明寺勇象　おんみょうじゆうぞう　1844～1915
江戸時代末期～大正期の隠明寺凧の創始者。
◇山形県大百科事典（山形放送 1993）

【か】

甲斐有雄　かいありお　1829～1909
江戸時代後期～明治期の社会福祉事業家。
◇熊本県大百科事典（熊本日日新聞社 1982）

快慶　かいけい
鎌倉時代前期の慶派の仏師。
◇講談社日本人名大辞典（講談社 2001）
◇世界伝記大事典（ほるぷ出版 1978）

快川紹喜　かいせんじょうき　？～1582
戦国時代、安土桃山時代の臨済宗の僧。
◇国史大辞典（吉川弘文館 1979）

甲斐宗運　かいそううん　？～1585
戦国時代、安土桃山時代の肥後益城郡の国人領主。
◇熊本県大百科事典（熊本日日新聞社 1982）

貝原益軒　かいばらえきけん　1630～1714
江戸時代前期、中期の儒学者、博物学者。
◇講談社日本人名大辞典（講談社 2001）
◇日本史大事典（平凡社 1992）
◇大阪府史 第5巻 近世編1（大阪府 1985）
　　▷〈写真〉写真293「貝原益軒像」
◇日本大百科全書（小学館 1984）
◇福岡県百科事典 上，下（西日本新聞社 1982）
◇国史大辞典（吉川弘文館 1979）
◇日本人名大事典 1～6（平凡社 1979〔覆刻〕）
◇世界伝記大事典（ほるぷ出版 1978）
◇和漢詩歌作家辞典（みづほ出版 1972）
◇大日本百科事典（小学館 1967）

世界大百科事典（平凡社 1964）

海部ハナ　かいふはな　1831～1919
江戸時代後期、末期、明治時代の染織家。
◇徳島県歴史人物鑑（徳島新聞社 1994）
◇徳島県百科事典（徳島新聞社 1981）

海北友松　かいほうゆうしょう　1533～1615
安土桃山時代、江戸時代前期の画家。
◇国史大辞典（吉川弘文館 1979）
◇日本人名大事典 1～6（平凡社 1979〔覆刻〕）
◇重要文化財 11（毎日新聞社 1975）
　　▷図222「海北友松夫妻像」（海北友雪　江戸時代）

海江田信義　かえだのぶよし　1832～1906
江戸時代末期、明治時代の薩摩藩士、政治家。
◇講談社日本人名大辞典（講談社 2001）
◇鹿児島大百科事典（南日本新聞社 1981）
◇国史大辞典（吉川弘文館 1979）
◇日本人名大事典 1～6（平凡社 1979〔覆刻〕）

顔世御前　かおよぜん
南北朝時代の女性。塩冶判官高貞の妻。
◇ボストン美術館 日本美術調査図録（講談社 2003）
　　▷図III-248「高師直顔世御前の入浴を覗く図」（勝川春潮　天明(1781-89)後期－寛政(1789-1801)前期）
◇ボストン美術館 肉筆浮世絵 2（講談社 2000）
　　▷図81「高師直顔世御前の入浴を覗く図」（勝川春潮　天明(1781-89)末－寛政(1789-1801)初）
◇日本美術全集 21（講談社 1991）
　　▷図64「塩谷高貞妻浴後図」（菊池容斎 1842）
◇肉筆浮世絵 10（集英社 1983）
　　▷図33「塩谷高貞妻浴後図」（菊池容斎 1842）

加賀野井弥八郎秀望　かがのいやはちろうひでもち
1561～1600　安土桃山時代の武将。
◇岐阜県百科事典（岐阜日日新聞社 1968）

加賀千代　かがのちよ　1703～1775
江戸時代中期の女性。俳人。
◇俳人の書画美術 4（集英社 1980）
　　▷図55「千代尼像(画賛)」（千代尼〔書〕）
◇国史大辞典（吉川弘文館 1979）
◇日本人名大事典 1～6（平凡社 1979〔覆刻〕）
　　▷千代
◇俳諧人名辞典（巌南堂書店 1970）　▷千代

鏡岩浜之助　　かがみいわはまのすけ
　江戸時代後期の力士。
◇秘蔵浮世絵大観 6（講談社 1989）
　　▷図0118「鏡岩之助・山嵐源悟」（勝川春英　享和）

各務支考　　かがみしこう　1665～1731
　江戸時代中期の俳人。
◇国史大辞典（吉川弘文館 1979）
◇岐阜県史 通史編 近世下（岐阜県 1972）
　　▷p1040（写真）「各務支考画像」
◇俳諧人名辞典（巌南堂書店 1970）　▷支考
◇岐阜県百科事典（岐阜日日新聞社 1968）

加賀美遠光　　かがみとおみつ　1143～1230
　平安時代後期、鎌倉時代前期の武将、信濃守。
◇長野県歴史人物大事典（郷土出版社 1989）

各務文献　　かがみぶんけん　1754～1819
　江戸時代中期、後期の整骨医。
◇国史大辞典（吉川弘文館 1979）
◇日本人名大事典 1～6（平凡社 1979（覆刻））

香川景樹　　かがわかげき　1768～1843
　江戸時代後期の歌人。
◇日本百科全書（小学館 1984）
◇国史大辞典（吉川弘文館 1979）
◇日本人名大事典 1～6（平凡社 1979（覆刻））
◇和漢詩歌作家辞典（みづほ出版 1972）
◇世界大百科事典（平凡社 1964）

香川敬三　　かがわけいぞう　1839～1915
　江戸時代末期、明治時代の水戸藩士、志士。
◇サムライ古写真帖（新人物往来社 2004）
　　▷p84「（無題）」
◇茨城県大百科事典（茨城新聞社 1981）

賀川玄悦　　かがわげんえつ　1700～1777
　江戸時代中期の産科医。
◇徳島県歴史人物鑑（徳島新聞社 1994）　▷賀川子玄
◇徳島県百科事典（徳島新聞社 1981）　▷賀川子玄
◇国史大辞典（吉川弘文館 1979）
◇日本人名大事典 1～6（平凡社 1979（覆刻））
◇大日本百科事典（小学館 1967）

賀川玄迪　　かがわげんてき　1739～1779
　江戸時代中期の産科医、阿波藩医。
◇国史大辞典（吉川弘文館 1979）　▷賀川玄廸
◇日本人名大事典 1～6（平凡社 1979（覆刻））

香川修徳　　かがわしゅうとく　1683～1755
　江戸時代中期の医師。
◇国史大辞典（吉川弘文館 1979）　▷香川修庵
◇日本人名大事典 1～6（平凡社 1979（覆刻））

香川松石　　かがわしょうせき　1845～1911
　江戸時代末期、明治時代の書家。
◇千葉大百科事典（千葉日報社 1982）

香川宣阿　　かがわせんあ　1646～1735
　江戸時代前期、中期の歌人。
◇国史大辞典（吉川弘文館 1979）

香川善治郎　　かがわぜんじろう　1848～1921
　江戸時代末期～大正期の武道家。
◇香川県人物・人名事典（四国新聞社 1985）
◇香川県大百科事典（四国新聞社 1984）

賀川蘭斎　　かがわらんさい　1771～1833
　江戸時代後期の産科医。
◇日本人名大事典 1～6（平凡社 1979（覆刻））

賀川蘭台　　かがわらんだい　1796～1864
　江戸時代末期の産科医。
◇日本人名大事典 1～6（平凡社 1979（覆刻））

蠣崎波響　　かきざきはきょう　1764～1826
　江戸時代中期、後期の画家。
◇北海道歴史人物事典（北海道新聞社 1993）
◇北海道大百科事典（北海道新聞社 1981）
◇国史大辞典（吉川弘文館 1979）　▷蛎崎波響

柿谷半月　　かきたにはんげつ　1772～1842
　江戸時代後期の狂歌師。
◇福井県大百科事典（福井新聞社 1991）

柿本人麻呂　　かきのもとのひとまろ　？～724
　奈良時代の万葉歌人。
◇ボストン美術館 日本美術調査図録（講談社 2003）
　　▷図I-137「人麿・山水図」（狩野惟信　江戸時代（18世紀後期－19世紀初期））
◇講談社日本人名大辞典（講談社 2001）
◇国宝・重要文化財大全 2（毎日新聞社 1999）
　　▷図273「人麿貫之図」（岩佐勝以　江戸時代）
　　▷図32「柿本人麿像」（詫磨栄賀　室町時代）
◇国宝・重要文化財大全 1（毎日新聞社 1997）
　　▷図206「佐竹本三十六歌仙切 柿本人麿像」（作者不詳　鎌倉時代）
◇静岡県史 通史編4 近世2（静岡県 1997）
　　▷〈写真〉写1-89「石川依平賛・喜多武清筆 人麿像」
◇島根県歴史人物事典（山陰中央新報社 1997）

かきや

◇肉筆浮世絵大観 9 （講談社 1996）
　▷図単色40（奈良県立美術館）「柿本人麻呂画像」（西川祐信　江戸時代中期（18世紀））
◇日本の浮世絵美術館 4 （角川書店 1996）
　▷図163「百人一首うばがゑとき 柿本人麻呂」（葛飾北斎　天保後期－弘化頃）
◇原色日本の美術（改訂版）21 （小学館 1994）
　▷図53「柿本人麿像」（作者不詳　14世紀）
◇秘蔵日本美術大観 12 （講談社 1994）
　▷図17「柿本人麿図」（葛飾北斎　享和年間（1801-04））
　▷図2「柿本人麿像」（作者不詳　室町時代中期（15世紀））
◇日本水墨名品図譜 3 （毎日新聞社 1992）
　▷図21「柿本人麿図」（如水宗淵　室町時代）
◇日本美術全集 12 （講談社 1992）
　▷図49「柿本人麿像（性海霊見賛）」（栄賀　14世紀後半）
◇日本美術全集 17 （講談社 1992）
　▷図63-64「人麿・貫之図」（岩佐又兵衛　17世紀前半）
◇名品揃物浮世絵 9 （ぎょうせい 1992）
　▷図3「百人一首乳母かゑと起 柿の本人麿」（葛飾北斎　天保年間中－後期（1830-1844））
◇昭和の文化遺産 9 （ぎょうせい 1991）
　▷図25「万葉千首 人麿の歌」（鈴木翠軒　昭和41（1966））
◇琳派 4 （紫紅社 1991）
　▷図96「柿本人麻呂図」（酒井抱一）
　▷図92「柿本人麻呂像」（酒井抱一）
　▷図90「柿本人麻呂像」（中村芳中）
◇人間の美術 9 （学習研究社 1990）
　▷図61-62「人麿・貫之図」（岩佐又兵衛　17世紀初期（江戸時代））
◇日本大百科全書 （小学館 1984）
◇浮世絵聚花 補巻1 （小学館 1982）
　▷図112「三十六歌仙 柿本人麿」（鈴木春信　明和4-5（1767-68））
◇郷土歴史人物事典 奈良 （第一法規出版 1981）
◇浮世絵聚花 13 （小学館 1980）
　▷図48「百人一首 柿本人麿 あしひきの」（鈴木春信）
◇日本美術絵画全集 13 （集英社 1980）
　▷図169「人麿図」（岩佐勝重）
　▷図31「人麿・貫之図」（岩佐又兵衛）
　▷図169「人麿図」（岩佐勝重）
　▷図31「人麿・貫之図」（岩佐又兵衛　17世紀初期（江戸時代））
◇国史大辞典 （吉川弘文館 1979）
◇日本絵画百選 （日本経済新聞社 1979）
　▷図169「人麿・貫之図」（岩佐又兵衛　17世紀初期（江戸時代））
◇日本美術全集 23 （学習研究社 1979）
　▷図18「柿本人麻呂坐像」（円空　17世紀後半　荒子観音寺（愛知県名古屋市））
◇浮世絵聚花 11 （小学館 1979）

　▷図227「三十六歌仙 柿本人麿」（鈴木春信　明和4-5（1767-68））
　▷図228「百人一首 柿本人麿 あしひきの」（鈴木春信）
◇原色現代日本の美術 4 （小学館 1978）
　▷図95「羇旅の人麿」（福田青嵐　昭和17（1942））
◇世界伝記大事典 （ほるぷ出版 1978）
◇日本美術絵画全集 15 （集英社 1978）
　▷図35「柿本人麿像」（狩野探幽）
◇御物聚成 絵画1 （朝日新聞社 1977）
　▷図8「柿本人麻呂像」（伝 藤原信実　鎌倉時代）
◇日本美術絵画全集 1 （集英社 1977）
　▷図75「柿本人麿像（性海霊見賛）」（栄賀　応永2（1395））
◇日本の美術 1 （旺文社 1976）
　▷図190「柿本人麿像」（詫磨栄賀　応永2（1395））
◇重要文化財 11 （毎日新聞社 1975）
　▷図204「人麿・貫之図」（岩佐又兵衛　17世紀初期（江戸時代））
◇重要文化財 10 （毎日新聞社 1974）
　▷図23「柿本人麿像（性海霊見八十一歳賛）」（詫磨栄賀　室町時代）
◇水墨美術大系 5 （講談社 1974）
　▷図86「柿本人麿図（性海霊見賛）」（栄賀）
◇文人画粋編 12 （中央公論社 1974）
　▷図96「柿本人麿像」（池大雅）
◇水墨美術大系 7 （講談社 1973）
　▷図75「柿本人麿図」（宗淵）
◇原色日本の美術 23 （小学館 1971）
　▷図53「柿本人麿像」（作者不詳）
◇日本絵画館 4 （講談社 1970）
　▷図62「柿本人麻呂像」（作者不詳　14世紀後半）
◇日本絵画館 7 （講談社 1970）
　▷図90「柿本人麿像」（田中訥言）
◇大日本百科事典 （小学館 1967）　▷柿本人麿
◇世界大百科事典 （平凡社 1964）

鍵谷カナ　かぎやかな　1782～1864
江戸時代後期の女性。伊予絣の創始者。
◇愛媛県百科大事典 （愛媛新聞社 1985）

岳翁長甫　がくおうちょうほ　？～1362
南北朝時代の臨済宗の僧。
◇宮崎県大百科事典 （宮崎日日新聞社 1983）

賀来佐一郎　かくさいちろう　1799～1857
江戸時代末期の医師。
◇日本人名大事典 1～6 （平凡社 1979（覆刻））
　▷賀来毅篤

覚山尼　かくさんに　1252～1306
鎌倉時代後期の女性。執権北条時宗の妻。
◇国宝・重要文化財大全 4（毎日新聞社 1999）
　▷図702「伝覚山和尚(坐)像」（作者不詳　南北朝時代　国分寺(愛知県稲沢市矢合町)蔵）
◇仏像集成 2（学生社 1992）
　▷図514「伝覚山和尚(坐)像」（作者不詳　南北朝時代　国分寺(愛知県稲沢市矢合町)蔵）
◇国史大辞典（吉川弘文館 1979）　▷覚山
◇重要文化財 5（毎日新聞社 1974）
　▷図182「伝覚山和尚(坐)像」（作者不詳　南北朝時代　国分寺(愛知県稲沢市矢合町)蔵）

覚盛　かくじょう　1194～1249
鎌倉時代前期の律宗の僧。
◇日本の仏像大百科 5（ぎょうせい 1991）
　▷図110「覚盛坐像」（成慶　応永2(1395)　唐招提寺(奈良県奈良市五条町)蔵）
◇国史大辞典（吉川弘文館 1979）
◇日本人名大事典 1～6（平凡社 1979）(覆刻)

覚心　かくしん　1207～1298
鎌倉時代後期の臨済宗の僧。
◇国宝・重要文化財大全 4（毎日新聞社 1999）
　▷図680「法灯国師(坐)像」（作者不詳　鎌倉時代　安国寺(広島県福山市鞆町)蔵）
　▷図679「法灯国師(坐)像」（作者不詳　鎌倉時代　興国寺(和歌山県日高郡由良町)蔵）
◇国宝・重要文化財大全 1（毎日新聞社 1997）
　▷図94「心地覚心像（法灯国師）」（覚慧　鎌倉時代 正和4(1315)寧一山賛）
◇仏像集成 7（学生社 1997）
　▷図537「法灯国師(坐)像」（作者不詳　弘安9(1286)　興国寺(和歌山県日高郡由良町)蔵）
　▷図438「法灯国師坐像」（作者不詳　鎌倉時代　円満寺(和歌山県有田市)蔵）
◇仏像集成 8（学生社 1997）
　▷図176「法灯国師(坐)像」（作者不詳　鎌倉時代後期　安国寺(広島県福山市鞆町)蔵）
◇原色日本の美術(改訂版) 9（小学館 1994）
　▷図90「法灯国師(坐)像」（作者不詳　興国寺(和歌山県日高郡由良町)蔵）
◇原色日本の美術(改訂版) 21（小学館 1994）
　▷図27「法灯国師(坐)像」（作者不詳　建治1(1275)　安国寺(広島県福山市鞆町)蔵）
◇日本の仏像大百科 5（ぎょうせい 1991）
　▷図128「心地覚心坐像」（作者不詳　建治1(1275)　安国寺(広島県福山市鞆町)蔵）
◇日本美術全集 10（講談社 1991）
　▷図102「法灯国師(坐)像」（作者不詳　弘安9(1286)　興国寺(和歌山県日高郡由良町)蔵）

◇人間の美術 6（学習研究社 1990）
　▷図193「法灯国師(心地覚心)像」（覚慧　13世紀）
　▷図223-224「法灯国師(坐)像」（作者不詳　建治1(1275)　安国寺(広島県福山市鞆町)蔵）
◇全集日本の古寺 17（集英社 1985）
　▷図40「法灯国師(坐)像」（作者不詳　建治1(1275)　安国寺(広島県福山市鞆町)蔵）
◇日本古寺美術全集 13（集英社 1983）
　▷図69「法灯国師像」（覚慧）
◇日本古寺美術全集 19（集英社 1982）
　▷図39「法灯国師(坐)像」（作者不詳　建治1(1275)　安国寺(広島県福山市鞆町)蔵）
◇国宝・重要文化財 仏教美術（小学館 1980）
　▷図14「法灯国師(坐)像」（作者不詳　鎌倉時代　安国寺(広島県福山市鞆町)蔵）
◇在外日本の至宝 8（毎日新聞社 1980）
　▷図78「法灯国師覚心坐像」（作者不詳　鎌倉時代　クリーブランド美術館(アメリカ・クリーブランド)蔵）
◇国史大辞典（吉川弘文館 1979）　▷無本覚心
◇日本美術全集 13（学習研究社 1979）
　▷図86「心地覚心坐像」（作者不詳　建治1(1275)　安国寺(広島県福山市鞆町)蔵）
　▷図85「法灯国師(坐)像」（作者不詳　弘安9(1286)　興国寺(和歌山県日高郡由良町)蔵）
◇重要文化財 5（毎日新聞社 1974）
　▷図163「法灯国師(坐)像」（作者不詳　鎌倉時代　安国寺(広島県福山市鞆町)蔵）
　▷図162「法灯国師(坐)像」（作者不詳　鎌倉時代　興国寺(和歌山県日高郡由良町)蔵）
◇重要文化財 10（毎日新聞社 1974）
　▷図330「心地覚心像(法灯国師)(寧一山賛)」（覚慧　鎌倉時代）
◇水墨美術大系 5（講談社 1974）
　▷図38「法灯国師像(一山一寧賛)」（覚慧）
◇原色日本の美術 23（小学館 1971）
　▷図27「法灯国師(坐)像」（作者不詳　建治1(1275)　安国寺(広島県福山市鞆町)蔵）
◇原色日本の美術 9（小学館 1968）
　▷図91「法灯国師(坐)像」（作者不詳　弘安9(1286)　興国寺(和歌山県日高郡由良町)蔵）
◇秘宝 9（講談社 1968）
　▷図66「法灯国師像」（作者不詳　桃山時代）
　▷図64「法灯国師像」（作者不詳）

角地要助　かくちようすけ　1799～1873
江戸時代後期～明治期の開拓士。
◇角川日本姓氏歴史人物大辞典 16（角川書店 1992）

覚如　かくにょ　1270～1351
鎌倉時代後期、南北朝時代の真宗の僧。
◇講談社日本人名大辞典（講談社 2001）
◇国宝・重要文化財大全 1（毎日新聞社 1997）

▷図60「親鸞・如信・覚如三上人像」(作者不詳　南北朝時代)
◇福井県大百科事典 (福井新聞社 1991)
◇日本大百科全書 (小学館 1984)
◇国史大辞典 (吉川弘文館 1979)
◇日本人名大事典 1〜6 (平凡社 1979(覆刻))
◇重要文化財 30 (毎日新聞社 1977)
▷図42「親鸞・如信・覚如三上人像」(作者不詳　南北朝時代)

覚鑁　かくばん　1095〜1143
平安時代後期の真言宗の僧,新義真言宗の開祖。
◇仏像集成 8 (学生社 1997)
▷図635「覚鑁上人坐像」(作者不詳　鎌倉時代末期－南北朝時代　誕生院(佐賀県鹿島市)蔵)
◇日本大百科全書 (小学館 1984)
◇佐賀県大百科事典 (佐賀新聞社 1983)　▷覚鑁上人
◇国史大辞典 (吉川弘文館 1979)

賀来飛霞　かくひか　1816〜1894
江戸時代末期,明治時代の本草学者,医師。肥前島原藩医。
◇大分県歴史人物事典 (大分合同新聞社 1996)
◇大分百科事典 (大分放送 1980)

覚猷　かくゆう　1053〜1140
平安時代後期の天台宗の僧。天台座主。
◇講談社日本人名大辞典 (講談社 2001)
◇国史大辞典 (吉川弘文館 1979)

加倉井砂山　かくらいさざん　1805〜1855
江戸時代末期の水戸藩郷士,教育者。
◇茨城県史 近世編 (茨城県 1985)
▷図9-19 (写真)「加倉井砂山肖像」
◇茨城県大百科事典 (茨城新聞社 1981)

筧武文　かけいたけふみ　1850〜1915
江戸時代末期〜大正期の司法官。
◇岡山県歴史人物事典 (山陽新聞社 1994)

荷月翁　かげつおう　1726〜1813
江戸時代中期,後期の茶人。
◇徳島県百科事典 (徳島新聞社 1981)

筧雄平　かけひゆうへい　1842〜1916
江戸時代末期〜大正期の保育園の創始者。
◇鳥取県大百科事典 (新日本海新聞社 1984)

景山楳子　かげやまうめこ　1826〜1909
江戸時代末期,明治期の教師,自由民権運動家。岡山県女子教訓所教授,女紅場校長。
◇岡山県歴史人物事典 (山陽新聞社 1994)

景山粛　かげやましゅく　1774〜1862
江戸時代後期の儒者・医師。
◇鳥取県大百科事典 (新日本海新聞社 1984)

蔭山豊洲　かげやまほうしゅう　1750〜1808
江戸時代後期の儒者。
◇日本人名大事典 1〜6 (平凡社 1979(覆刻))

笠井順八　かさいじゅんぱち　1835〜1919
江戸時代末期,明治時代の長州(萩)藩士,実業家。
◇角川日本姓氏歴史人物大辞典 35 (角川書店 1991)
◇山口県百科事典 (大和書房 1982)

笠原白翁　かさはらはくおう　1809〜1880
江戸時代末期,明治時代の蘭方医。
◇福井県大百科事典 (福井新聞社 1991)
◇郷土歴史人物事典 福井 (第一法規出版 1985)

重松覚平　かさまつかくへい　1845〜1894
江戸時代後期〜明治期の自由民権運動家。
◇富山大百科事典 (北日本新聞社 1994)

笠森お仙　かさもりおせん　1751〜1827
江戸時代中期,後期の女性。江戸谷中笠森稲荷門前の水茶屋の娘,美女として知られる。
◇日本史大事典 (平凡社 1992)
◇秘蔵浮世絵大観 ベレス・コレクション (講談社 1991)
▷図011「笠森お仙と若侍」(鈴木春信　明和5-6(1768-69))
◇人間の美術 10 (学習研究社 1990)
▷図89「笠森お仙と団扇売り」(鈴木春信　明和(1764-72))
◇秘蔵浮世絵大観 別巻 (講談社 1990)
▷〔ア〕010「笠森お仙」(作者不詳　明和)
◇秘蔵浮世絵大観 ムラー・コレクション (講談社 1990)
▷図080「善悪三拾六美人 笠森於仙」(豊原国周　明治9.5(1876.5))
◇秘蔵浮世絵大観 6 (講談社 1989)
▷図045「お仙と福寿草を持つ少女 長閑なる」(鈴木春信　明和5-7頃)
◇秘蔵浮世絵大観 9 (講談社 1989)
▷図34「お仙の猫じゃらし」(鈴木春信　明和2-7(1765-70))
◇秘蔵浮世絵大観 10 (講談社 1987)
▷図75「若衆の髪を結う笠森お仙」(鈴木春信　明和4-6(1767-69))

◇浮世絵八華 1（平凡社 1985）
　▷図1「笠森お仙と団扇売り」（鈴木春信　明和(1764-72)）
◇日本大百科全書（小学館 1984）
◇浮世絵聚花 補巻2（小学館 1982）
　▷図446「笠森稲荷の鳥居に恋歌を書くお仙」（鈴木春信　明和7(1770)）
　▷図481「笠森お仙と若侍」（鈴木春信　明和5-6(1768-69)）
　▷図573「簪で酸漿の芯を取るお仙」（鈴木春信　明和6-7(1769-70)）
　▷図574「猫をじゃらすお仙」（鈴木春信　明和6(1769)）
　▷図445「本を読むお仙と手伝いの少女」（鈴木春信　明和6-7(1769-70)）
◇浮世絵聚花 13（小学館 1981）
　▷〔版〕29「お仙の猫じゃらし」（鈴木春信　明和2-7(1765-70)）
　▷図156「笠森稲荷御手洗前のお仙」（鈴木春信）
◇浮世絵聚花 14（小学館 1981）
　▷図102「お仙の駆落ち」（鈴木春信）
　▷図024「お仙の羽根つき」（鈴木春信）
◇浮世絵聚花 8（小学館 1980）
　▷図150「髪結うお仙と少女」（鈴木春信）
◇浮世絵聚花 12（小学館 1980）
　▷図016「お仙と福寿草を持つ少女 長閑なる」（鈴木春信　明和5-7頃）
◇浮世絵聚花 15（小学館 1980）
　▷図90「江戸三美人（菊之丞とお仙とお藤）」（鈴木春信）
　▷図97「笠森お仙」（鈴木春信）
◇国史大辞典（吉川弘文館 1979）
◇浮世絵聚花 10（小学館 1979）
　▷図87「笠森おせん」（一筆斎文調）
◇浮世絵聚花 11（小学館 1979）
　▷図86「笠森お仙と若侍」（鈴木春信　明和5-6(1768-69)）
◇復元浮世絵大観 3（集英社 1978）
　▷図11「笠森お仙と団扇売り」（鈴木春信　明和(1764-72)）
◇浮世絵大系 2（集英社 1973）
　▷図34「笠森お仙と若侍」（鈴木春信　明和5-6(1768-69)）
◇在外秘宝―欧米収蔵浮世絵集成 鈴木春信（学習研究社 1972）
　▷図152「お仙と蘭」（鈴木春信）
　▷図65「お仙の駆ち」（鈴木春信）
　▷図122「笠森稲荷御手洗前のお仙」（鈴木春信）
◇全集浮世絵版画 1（集英社 1972）
　▷図19「笠森お仙」（鈴木春信）
　▷図44「笠森お仙と団扇売り」（鈴木春信　明和(1764-72)）
◇日本美術館 9（筑摩書房 1972）
　▷図25「笠森お仙と団扇売り」（鈴木春信　明和(1764-72)）
◇大日本百科事典（小学館 1967）

◇美人画・役者絵 2（講談社 1965）
　▷図78「笠森お仙と団扇売り」（鈴木春信　明和(1764-72)）
◇日本版画美術全集 2（講談社 1961）
　▷図306「江戸三美人（菊之丞とお仙とお藤）」（鈴木春信）
　▷図305「笠森お仙」（鈴木春信）
　▷図30「笠森お仙と団扇売り」（鈴木春信　明和(1764-72)）
◇日本版画美術全集 3（講談社 1961）
　▷図53「笠森おせん」（一筆斎文調）
◇浮世絵全集 2（河出書房新社 1958）
　▷図32「笠森お仙」（鈴木春信）

風山広雄　かざやまひろお　1846〜1916
江戸時代末期〜大正期の芳賀郡小山村の社掌・塾頭。
◇栃木県歴史人物事典（下野新聞社 1995）

禾山　かざん　1837〜1917
江戸時代後期、末期の俳人。
◇愛媛県百科大事典（愛媛新聞社 1985）

加治ケ浜力右衛門　かじがはまりょくうえもん
江戸時代の力士。
◇日本の浮世絵美術館 4（角川書店 1996）
　▷図41「鶴ケ滝剛右衛門と加治ケ浜力右衛門」（勝川春章　天明4頃）
◇秘蔵浮世絵大観 6（講談社 1989）
　▷図126「鷲ケ浜音右衛門・加治ケ浜力右衛門・出水川林右衛門」（勝川春好（初代）寛政初期(1789-1801)）

加治権三郎　かじごんざぶろう
江戸時代末期の水戸藩士。1867年遣仏使節に随行しフランスに渡る。
◇サムライ古写真帖（新人物往来社 2004）
　▷p18「マルセイユでの徳川昭武一行」（Walery 1867.4.5）
◇写された幕末―石黒敬七コレクション（明石書店 1990）
　▷p56 No.1「マルセイユで撮った徳川昭武一行」

梶野啓壱　かじのけいいち　1847〜1923
江戸時代末期〜大正期の安濃銀行支配人。
◇島根県歴史人物事典（山陰中央新報社 1997）

梶浜　かじはま
江戸時代の力士。
◇復元浮世絵大観 4（集英社 1980）
　▷図24「陣幕・梶浜」（勝川春英）

かしま

賀島兵介　かしまひょうすけ　1645～1697
江戸時代前期の対馬藩士。
◇佐賀県大百科事典（佐賀新聞社 1983）

鹿島万平　かしままんぺい　1822～1891
江戸時代末期,明治時代の商人。
◇国史大辞典（吉川弘文館 1979）

柏倉文四郎〔4代〕　かしわぐらぶんしろう
1842～1903　江戸時代後期～明治時代の最上堰開削者。
◇山形県大百科事典（山形放送 1983）

柏田盛文　かしわだもりふみ　1851～1910
江戸時代末期,明治期の薩摩藩士。
◇角川日本姓氏歴史人物大辞典 46（角川書店 1994）
◇鹿児島大百科事典（南日本新聞社 1981）

柏戸勘太夫　かしわどかんだゆう
江戸時代後期の力士。
◇秘蔵浮世絵大観 6（講談社 1989）
　▷図141「東 陳幕嶋之助・西 柏戸勘太夫」（勝川春英　寛政3(1791)）
◇浮世絵大系 3（集英社 1974）
　▷図49「鷲ヶ岳と柏戸と九紋竜」（勝川春好（初代））
◇日本版画美術全集 3（講談社 1961）
　▷図253「谷風・江戸ケ崎・柏戸」（勝川春英（初代））

柏原学而　かしわばらがくじ　1835～1910
江戸時代末期,明治時代の蘭方医。
◇静岡県歴史人物事典（静岡新聞社 1991）

柏有度　かしわゆうと
江戸時代中期,後期の奄美の糖業功労者。
◇角川日本姓氏歴史人物大辞典 46（角川書店 1994）
◇沖縄大百科事典（沖縄タイムス社 1983）

梶原景季　かじわらかげすえ　1162～1200
平安時代後期,鎌倉時代前期の武将。
◇ボストン美術館 日本美術調査図録（講談社 2003）
　▷図I-157「佐々木高綱・源義経・梶原景季図」（狩野栄信　江戸時代(19世紀前期)）
◇秘蔵浮世絵大観 4（講談社 1988）
　▷図200「浄瑠璃尽し ひらがな盛衰記 梅が枝源太無間鐘の段」（歌川国貞（初代）　天保初年(1830)）
◇美人画・役者絵 7（講談社 1965）
　▷図26「浄瑠璃尽し ひらがな盛衰記 梅が枝太無間鐘の段」（歌川国貞（初代）　天保初年(1830)）

柏原謙益　かしわらかねます　1827～1896
江戸時代末期,明治期の医師。
◇香川県人物・人名事典（四国新聞社 1985）
◇香川県大百科事典（四国新聞社 1984）

春日寛平　かすがかんぺい　1812～1886
江戸時代末期,明治期の漢方医。
◇岡山県歴史人物事典（山陽新聞社 1994）

春日局　かすがのつぼね　1579～1643
安土桃山時代,江戸時代前期の女性。3代将軍徳川家光の乳母。
◇日本史大事典（平凡社 1992）
◇京都大事典（淡交社 1984）
◇日本大百科全書（小学館 1984）
◇神奈川県史 通史編2近世(1)（神奈川県 1981）
　▷p294（写真）「春日局画像」
◇国史大辞典（吉川弘文館 1979）
◇日本人名大事典 1～6（平凡社 1979（覆刻））
◇日本美術絵画全集 15（集英社 1978）
　▷図34「春日局像」（狩野探幽）
◇世界大百科事典（平凡社 1964）

春日山段右エ門　かすがやまだんえもん
江戸時代の力士。
◇秘蔵浮世絵大観 6（講談社 1989）
　▷図0123「関ノ戸八郎治・春日山（段右エ門？）」（勝川春英　文化3-4）

和宮　かずのみや　1846～1877
江戸時代末期,明治期の女性。徳川家茂の正室。
◇講談社日本人名大辞典（講談社 2001）
◇日本大百科全書（小学館 1984）
◇大日本百科事典（小学館 1967）

歌川　かせん　1716～1777
江戸時代中期の女性。俳人。
◇福井県大百科事典（福井新聞社 1991）　▷哥川
◇浮世絵聚花 3（小学館 1978）
　▷図154-156「松葉楼三美人張見世 若紫,松風,哥川」（喜多川歌麿（初代））
◇原色日本の美術 17（小学館 1968）
　▷図56-58「松葉楼三美人張見世 若紫,松風,哥川」（喜多川歌麿（初代））
◇浮世絵名作選集 10（山田書院 1968）
　▷図〔1-3〕,表紙,ケース「松葉楼三美人張見世 若紫,松風,哥川」（喜多川歌麿（初代））

華叟宗曇　かそうそうどん　1352～1428
南北朝時代、室町時代の臨済宗の僧。
◇秘宝 11（講談社 1968）
　▷図14「華叟宗曇像」（作者不詳）

片岡市蔵〔初代〕　かたおかいちぞう
1792～1862　江戸時代末期の歌舞伎役者。
◇秘蔵浮世絵大観 9（講談社 1989）
　▷図0139「五代目市川海老蔵の名虎亡魂と初代片岡市蔵のくじゃく三郎」（五粽亭広貞　嘉永2.8)

片岡我童〔2代〕　かたおかがどう
江戸時代の歌舞伎役者。
◇肉筆浮世絵大観 10（講談社 1995）
　▷図単色19「二代目片岡我童芝居絵貼交屏風」（光橋亭春蝶　安政年間(1854-60)初）
◇秘蔵浮世絵大観 5（講談社 1989）
　▷図015「今様押絵鏡 二代目片岡我童の梅の由兵衛」（歌川国貞(初代)　安政6)

片岡源馬　かたおかげんば
江戸時代末期の陸援隊幹部。
◇サムライ古写真帖（新人物往来社 2004）
　▷p84「変装した陸援隊幹部3名」（戊辰戦前後(1868）か）

片岡如松　かたおかじょしょう　1843～1919
江戸時代末期～大正期の栃木県最初の写真家、栃木町に写真館創業。
◇栃木県歴史人物事典（下野新聞社 1995）

片岡利和　かたおかとしかず　1836～1908
江戸時代末期、明治時代の志士。
◇高知県人名事典（高知新聞社 1999）
◇北海道歴史人物事典（北海道新聞社 1993）
◇北海道大百科事典（北海道新聞社 1981）

片岡仁左衛門〔7代〕　かたおかにざえもん
1755～1837　江戸時代中期、後期の歌舞伎役者。
◇日本の浮世絵美術館 3（角川書店 1996）
　▷図150「四世岩井半四郎・七世片岡仁左衛門・三世瀬川菊之丞」（勝川春好 寛政6-9)
　▷図102「七世片岡仁左衛門の紀名虎と三代沢村宗十郎の孔雀三郎」（東洲斎写楽）
◇名品揃物浮世絵 6（ぎょうせい 1992）
　▷図30「役者舞台之姿絵 なにわや（七世片岡仁左衛門の笹ノ三五兵衛)」（歌川豊国(初代)　寛政6-7(1794-95)）
◇新編 名宝日本の美術 29（小学館 1991）
　▷図62「七世片岡仁左衛門」（歌川豊国(初代)）
◇名品揃物浮世絵 5（ぎょうせい 1991）
　▷図51「七世片岡仁左衛門」（勝川春好(初代)　天明8-寛政2(1788-1790)）
◇秘蔵浮世絵大観 ブルヴェラー・コレクション（講談社 1990）
　▷図39「七世片岡仁左衛門の白太夫」（勝川春英　寛政8(1796)）
◇秘蔵浮世絵大観 6（講談社 1989）
　▷図133「七代目片岡仁左衛門の高師直」（勝川春英　寛政7(1795)）
◇秘蔵浮世絵大観 9（講談社 1989）
　▷図107「七代目片岡仁左衛門」（勝川春英　寛政6(1794)）
◇秘蔵浮世絵大観 11（講談社 1988）
　▷図60「七代目片岡仁左衛門の犬神遣い伊予の太郎秀純」（歌川国政　寛政8.11(1796.11)）
◇秘蔵浮世絵大観 12（講談社 1988）
　▷図116「役者舞台之姿絵 なにわや（七世片岡仁左衛門の笹ノ三五兵衛)」（歌川豊国(初代)　寛政6-7(1794-95)）
◇秘蔵浮世絵大観 2（講談社 1987）
　▷図217「車引 二代目中村仲蔵の松王丸・七代目片岡仁左衛門の時平・三代目市川八百蔵の梅王丸・二代目中村野塩の桜丸」（歌川豊国(初代)　寛政8(1796)）
◇浮世絵八華 4（平凡社 1985）
　▷図58「七世片岡仁左衛門の紀名虎」（東洲斎写楽）
　▷図084「七世片岡仁左衛門の紀名虎」（東洲斎写楽）
◇浮世絵八華 6（平凡社 1985）
　▷図29「七世片岡仁左衛門の才原勘解由」（歌川豊国(初代)）
　▷図31-34「車引 二代目中村仲蔵の松王丸・七代目片岡仁左衛門の時平・三代目市川八百蔵の梅王丸・二代目中村野塩の桜丸」（歌川豊国(初代)　寛政8(1796)）
◇浮世絵聚花 9（小学館 1981）
　▷図070「七世片岡仁左衛門の伊与の太郎と四世岩井半四郎の小女郎狐」（歌川豊国(初代)）
◇浮世絵聚花 13（小学館 1981）
　▷図137「七世片岡仁左衛門」（歌川豊国(初代)）
　▷図72「七世片岡仁左衛門の斧九太夫」（勝川春英）
　▷図128「七世片岡仁左衛門の白太夫」（勝川春英　寛政8(1796)）
◇浮世絵聚花 8（小学館 1980）
　▷図72-73「三世沢村宗十郎の孔雀三郎と七世片岡仁左衛門の紀名虎」（勝川春英）
◇浮世絵聚花 12（小学館 1980）
　▷図126「七世片岡仁左衛門の高師直」（勝川春英）
◇浮世絵聚花 7（小学館 1979）
　▷図30-31「七世片岡仁左衛門と六世市川団十郎」（勝川春好(初代)）
◇浮世絵聚花 10（小学館 1979）
　▷図10「役者舞台之姿絵 たち花や（七世片岡

かたお

仁左衛門の梶原平次)」(歌川豊国(初代))
◇浮世絵聚花 3 (小学館 1978)
　▷図85「七代片岡仁左衛門の由利八郎」(喜多川歌麿(初代))
◇浮世絵聚花 6 (小学館 1978)
　▷図201「七世片岡仁左衛門の伊予の太郎」(歌川国政)
◇浮世絵大系 9 (集英社 1975)
　▷図37「七世片岡仁左衛門の伊予の太郎」(歌川国政)
　▷図19「七代片岡仁左衛門の藤原時平」(歌川豊国(初代))
◇浮世絵大系 3 (集英社 1974)
　▷図45「七世片岡仁左衛門」(勝川春好(初代)　天明8－寛政2(1788-1790))
◇在外秘宝―欧米収蔵浮世絵集成 東洲斎写楽 (学習研究社 1972)
　▷図075「七世片岡仁左衛門の紀名虎」(東洲斎写楽)
◇日本絵画館 8 (講談社 1970)
　▷図112「七代片岡仁左衛門の藤原時平」(歌川豊国(初代))
◇日本版画美術全集 3 (講談社 1961)
　▷図264「七代片岡仁左衛門の伊予の太郎と四世岩井半四郎の岡崎小女郎狐」(勝川春英)
　▷図240「七代片岡仁左衛門」(勝川春好(初代)　天明8－寛政2(1788-1790))
◇浮世絵全集 5 (河出書房新社 1957)
　▷図66「三世坂東彦三郎の毛谷村六助と七世片岡仁左衛門の京極内匠と二世中村野塩のおその」(歌川豊国(初代))
　▷図155「七世片岡仁左衛門の紀名虎」(東洲斎写楽)

片岡仁左衛門〔8代〕　かたおかにざえもん
1810～1863　江戸時代末期の歌舞伎役者。
◇秘蔵日本美術大観 11 (講談社 1994)
　▷図8「八代目片岡仁左衛門図」(歌川国貞(2代)　文久2(1862))
◇秘蔵浮世絵大観 7 (講談社 1990)
　▷図071「八代目片岡仁左衛門の大判司清澄・初代中村福助の久我之助清舟・四代目尾上菊五郎の後室定高・三代目沢村田之助の雛鳥」(歌川国貞(初代)　安政6.3)
　▷図072「初代中村福助の若党周助・四代目尾上菊五郎の八重櫛おオ・四代目片岡仁左衛門の沼田文蔵」(歌川国貞(初代)　安政6.7)
　▷図034「五代目瀬川菊之丞の一味斎娘おその と岩五郎の一味斎孫弥三松」(歌川豊国(初代)　文政7.9)
◇国史大辞典 (吉川弘文館 1979)

片岡仁左衛門〔11代〕　かたおかにざえもん
1857～1934　江戸時代末期,明治時代の歌舞伎役者。
◇講談社日本人名大辞典 (講談社 2001)
◇秘蔵浮世絵大観 ムラー・コレクション (講談社 1990)
　▷図158「梨園の華 十一代目片岡仁左衛門の柿右衛門」(山村耕花　大正9(1920))
◇日本大百科全書 (小学館 1984)　▷片岡仁左衛門〔11世〕

片岡信子　かたおかのぶこ　1834～1919
江戸時代末期,明治時代の女性。片岡直温の母。
◇高知県人名事典 (高知新聞社 1999)　▷片岡信(子)

片岡美遊　かたおかみゆ　1845～1909
江戸時代末期,明治期の女性。高知市婦人会幹部。
◇高知県人名事典 (高知新聞社 1999)

片桐且元　かたぎりかつもと　1556～1615
安土桃山時代,江戸時代前期の大名。
◇日本史大事典 (平凡社 1992)
◇秘蔵浮世絵大観 8 (講談社 1989)
　▷図157「糸柳瀬七本鑓梅 片桐且元」(窪俊満　文化初年頃(1804-18頃))
◇大阪府史 第5巻 近世編1 (大阪府 1985)
　▷〈写真〉写真69「片桐且元像」
◇滋賀県百科事典 (大和書房 1984)
◇日本大百科全書 (小学館 1984)
◇国史大辞典 (吉川弘文館 1979)
◇日本人名大事典 1～6 (平凡社 1979(覆刻))
◇兵庫県史 第3巻 中世編2・近世編1 (兵庫県 1978)
　▷〈写真〉写真264「片桐且元像」
◇世界大百科事典 (平凡社 1964)

片桐石州　かたぎりせきしゅう　1605～1673
江戸時代前期の大名,茶人。
◇京都大事典 (淡交社 1984)
◇日本大百科全書 (小学館 1984)
◇国史大辞典 (吉川弘文館 1979)

片倉鶴陵　かたくらかくりょう　1751～1822
江戸時代後期の産科医。
◇神奈川県百科事典 (大和書房 1983)　▷片倉元周
◇郷土歴史人物事典 神奈川 (第一法規出版 1980)　▷片倉元周
◇国史大辞典 (吉川弘文館 1979)
◇日本人名大事典 1～6 (平凡社 1979(覆刻))　▷片倉元周

片倉景綱　かたくらかげつな　1557～1615
安土桃山時代,江戸時代前期の武将。
◇宮城県百科事典 (河北新報社 1982)　▷片倉小十郎景綱

片倉重長　かたくらしげなが　1584～1659
安土桃山時代，江戸時代前期の一家片倉氏2代。
◇宮城県百科事典（河北新報社 1982）

荷田春満　かだのあずままろ　1669～1736
江戸時代中期の国学者。
◇講談社日本人名大辞典（講談社 2001）
◇静岡県史 通史編3 近世1（静岡県 1997）
　〈写真〉写2-60「荷田春満画像」
◇日本大百科全書（小学館 1984）
◇国史大辞典（吉川弘文館 1979）
◇和漢詩歌作家辞典（みづほ出版 1972）
◇大日本百科事典（小学館 1967）

荷田在満　かだのありまろ　1706～1751
江戸時代中期の国学者，有職故実家。
◇日本人名大事典 1～6（平凡社 1979(覆刻)）

片野万右衛門　かたのまんえもん
1809～1885　江戸時代後期，末期，明治時代の治水家。
◇郷土歴史人物事典 岐阜（第一法規出版 1980）

片平信明　かたひらのぶあき　1830～1898
江戸時代末期，明治時代の農業指導者。
◇静岡県歴史人物事典（静岡新聞社 1991）
◇静岡大百科事典（静岡新聞社 1978）

片山兼山　かたやまけんざん　1730～1782
江戸時代中期の折衷学派の儒者。
◇角川日本姓氏歴史人物大辞典 10（角川書店 1994）

片山重範　かたやましげのり　1838～1895
江戸時代後期～明治期の官女。
◇岡山県歴史人物事典（山陽新聞社 1994）

語臣猪麻呂　かたりのおみいまろ
飛鳥時代の出雲国の人。
◇島根県歴史人物事典（山陰中央新報社 1997）

花頂山五郎吉　かちょうざんごろきち
江戸時代後期の力士。
◇秘蔵浮世絵大観 6（講談社 1989）
　▷図137「常山五郎吉・熊山庄大夫」（勝川春英　寛政5-6頃（1793-94頃））

勝海舟　かつかいしゅう　1823～1899
江戸時代末期，明治時代の幕臣，政治家。
◇サムライ古写真帖（新人物往来社 2004）
　▷p145「大君の側近たちと米国公使とその秘書（江戸）」（ウィード，チャールズ）
　▷p94「洋装姿の海舟」（幕末期）
　▷p94「（無題）」（明治初期）
　▷p65「（無題）」
◇皇族・華族古写真帖 愛蔵版（新人物往来社 2003）
　▷p12「（無題）」（内田九一）
　▷p139「（無題）」
◇士―日本のダンディズム（二玄社 2003）
　▷p119 No.98「勝海舟像」
　▷p025 No.38「勝阿房守（海舟）像」（幕末期）
　▷p025 No.37「勝海舟像」（明治初期）
◇幕末―写真の時代（筑摩書房 1994）
　▷p29 No.21「（無題）」（ウィリアム・シュー）
　▷p30 No.22「福沢諭吉とアメリカの娘」（ウィリアム・シュー）
　▷p194 No.206「（無題）」（撮影者不詳　慶応年間（1865～68））
◇日本史大事典（平凡社 1992）
◇静岡県歴史人物事典（静岡新聞社 1991）
◇写された幕末―石黒敬七コレクション（明石書店 1990）
　▷p30 No.3「米公使と幕府役人」（慶応年間（1865～68））
◇日本写真全集 1 写真の幕あけ（小学館 1985）
　▷p20 No.24「（無題）」（ウィリアム・シュー）
◇長崎県大百科事典（長崎新聞社 1984）
◇日本大百科全書（小学館 1984）
◇兵庫県大百科事典 上，下（神戸新聞出版センター 1983）
◇兵庫県史 第5巻 近世史3・幕末維新（兵庫県 1981）
　〈写真〉写真80「勝海舟像」
◇国史大辞典（吉川弘文館 1979）
◇日本人名大事典 1～6（平凡社 1979(覆刻)）
◇世界伝記大事典（ほるぷ出版 1978）
◇日本近代文学大事典 1～3（講談社 1977）
◇開化写真鏡 写真にみる幕末から明治へ（大和書房 1975）
　▷p18「（無題）」
　▷p94「（無題）」（明治初期（推測））
◇勝海舟―写真秘録（講談社 1974）
◇和漢詩歌作家辞典（みづほ出版 1972）
◇大日本百科事典（小学館 1967）
◇世界大百科事典（平凡社 1964）　▷勝安芳

勝川春章　かつかわしゅんしょう　1726～1792
江戸時代中期の浮世絵師。
◇朝日美術館 日本編 8（朝日新聞社 1997）
　▷図41「面構 浮世絵師勝川春章」（片岡球子 1987）
◇現代の日本画 6（学習研究社 1991）
　▷図66「面構 浮世絵師勝川春章」（片岡球子 昭和62(1987)）
◇昭和の美術 6（毎日新聞社 1991）
　▷p64「面構 浮世絵師勝川春章」（片岡球子 昭和62(1987)）

香月牛山　かつきぎゅうざん　1656〜1740
　江戸時代中期の医師。
◇国史大辞典（吉川弘文館 1979）
◇日本人名大事典 1〜6（平凡社 1979（覆刻））
◇大日本百科事典（小学館 1967）

香月恕経　かつきゆきつね　1842〜1894
　江戸時代末期, 明治時代の医師。
◇福岡県百科事典 上, 下（西日本新聞社 1982）

葛三　かつさん　1762〜1818
　江戸時代中期の俳人。
◇長野県歴史人物大事典（郷土出版社 1989）▷倉田葛三

月山周枢　がっさんしゅうすう　1305〜1399
　鎌倉時代後期〜室町時代の僧。
◇茨城県大百科事典（茨城新聞社 1981）

葛飾北斎　かつしかほくさい　1760〜1849
　江戸時代後期の浮世絵師。
◇20世紀の美 日本の絵画100選（日本経済新聞社 2000）
　▷図44「面構（葛飾北斎）」（片岡球子　昭和46（1971））
◇朝日美術館 日本編 8（朝日新聞社 1997）
　▷図27「面構 葛飾北斎」（片岡球子　1971）
　▷図35「面構 葛飾北斎・滝沢馬琴」（片岡球子　1979）
◇日本史大事典（平凡社 1992）
◇現代の日本画 6（学習研究社 1991）
　▷図49「面構 葛飾北斎」（片岡球子　昭和46（1971））
　▷図74「面構 葛飾北斎」（片岡球子　昭和46（1971））
　▷図58「面構 葛飾北斎・滝沢馬琴」（片岡球子　昭和54（1979））
◇昭和の日本画100選（朝日新聞社 1991）
　▷図84「面構 葛飾北斎」（片岡球子　昭和46（1971））
◇昭和の文化遺産 2（ぎょうせい 1991）
　▷図49「面構 葛飾北斎」（片岡球子　昭和46（1971））
◇昭和の美術 5（毎日新聞社 1990）
　▷p41「面構 葛飾北斎」（片岡球子　昭和46（1971））
◇長野県歴史人物大事典（郷土出版社 1989）
◇秘蔵浮世絵大観 6（講談社 1989）
　▷図8「北斎肖像」（伝 葛飾北斎　天保−弘化（1830-48））
◇原色現代日本の美術 9（小学館 1980）
　▷図34「面構 葛飾北斎」（片岡球子　昭和46（1971））
◇国史大辞典（吉川弘文館 1979）
◇日本人名大事典 1〜6（平凡社 1979（覆刻））

◇世界伝記大事典（ほるぷ出版 1978）
◇大日本百科事典（小学館 1967）

勝田三平　かつたさんぺい　1823〜1894
　江戸時代末期, 明治期の名主。
◇静岡県歴史人物事典（静岡新聞社 1991）

勝部修　かつべおさむ　1837〜1908
　江戸時代後期〜明治期の新聞人。
◇島根県歴史人物事典（山陰中央新報社 1997）

勝部其楽　かつべきらく　1846〜1933
　江戸時代末期, 明治期の英語教育者。
◇島根県大百科事典（山陰中央新報社 1982）

勝間田稔　かつまたみのる　1841〜1906
　江戸時代末期, 明治時代の長州（萩）藩士。
◇宮城県百科事典（河北新報社 1982）

勝山　かつやま
　江戸時代前期の女性。吉原の名妓。
◇肉筆浮世絵大観 7（講談社 1996）
　▷図13「遊女勝山図」（作者不詳　明暦（1655-58）−万治（1658-61）年間）
◇日本の浮世絵美術館 5（角川書店 1996）
　▷図175「遊女勝山図」（作者不詳　明暦−万治頃）
◇写された幕末―石黒敬七コレクション（明石書店 1990）
　▷p278「（無題）」
◇肉筆浮世絵 2（集英社 1982）
　▷図62「遊女勝山巡礼図」（作者不詳）
　▷図59「遊女勝山図」（作者不詳）

勝山又五郎　かつやままたごろう
　江戸時代中期の歌舞伎役者。
◇華―浮世絵名品集（平木浮世絵財団 2004）
　▷図16「いわ井左源太 かつ山又五郎」（鳥居清信　元禄14（1701））
◇日本版画美術全集 2（講談社 1961）
　▷図139「嵐喜代三郎・中村伝九郎・勝山又五郎」（鳥居清信（初代））
◇浮世絵全集 1（河出書房新社 1957）
　▷図42「勝山又五郎の曽我十郎・藤村半太夫のとら」（鳥居清倍）

桂川甫粲　かつらがわほさん　1754〜1808
　江戸時代中期, 後期の蘭学者, 戯作者, 蘭方医。
◇国史大辞典（吉川弘文館 1979）▷森羅万象
◇大日本百科事典（小学館 1967）▷森羅万象〔2世〕

桂久武　かつらひさたけ　1830〜1877
江戸時代末期, 明治時代の薩摩藩大目付, 家老加判役。
◇鹿児島大百科事典（南日本新聞社 1981）

桂文左衛門　かつらぶんざえもん　1844〜1916
江戸時代末期, 明治時代の落語家。
◇古今東西落語家事典（平凡社 1989）

桂文治〔6代〕　かつらぶんじ
？〜1911　江戸時代末期, 明治時代の落語家。
◇古今東西落語家事典（平凡社 1989）

桂文団治〔初代〕　かつらぶんだんじ
1843〜1886　江戸時代末期, 明治時代の落語家。
◇古今東西落語家事典（平凡社 1989）

加藤桜老　かとうおうろう　1811〜1884
江戸時代末期, 明治時代の笠間藩士。
◇茨城県大百科事典（茨城新聞社 1981）

加藤清正　かとうきよまさ　1562〜1611
安土桃山時代, 江戸時代前期の武将, 大名。
◇ボストン美術館 日本美術調査図録（講談社 2003）
　▷図I-277「加藤清正像」（伝 勝田竹翁　江戸時代（17世紀後半））
◇講談社日本人名大辞典（講談社 2001）
◇日本史大事典（平凡社 1992）
◇秘蔵浮世絵大観 別巻（講談社 1990）
　▷〔ケ〕026「武勇三番続 其三 加藤清正」（勝川春亭　文化末−文政前期）
◇秘蔵浮世絵大観 8（講談社 1989）
　▷図158「糸柳瀬七本鑓梅 加藤清正」（窪俊満　文化初年頃（1804-18頃））
◇大阪府史 第5巻 近世編1（大阪府 1985）
　▷〈写真〉写真55「加藤清正像」
◇日本大百科全書（小学館 1984）
◇福岡県百科事典 上, 下（西日本新聞社 1982）
◇国史大辞典（吉川弘文館 1979）
◇日本人名大事典 1〜6（平凡社 1979（覆刻））
◇世界伝記大事典（ほるぷ出版 1978）
◇浮世絵名作選集 6（山田書院 1968）
　▷図〔7〕「時世江戸鹿子 白銀の清正公」（歌川国貞（初代））
◇大日本百科事典（小学館 1967）
◇世界大百科事典（平凡社 1964）
◇日本版画美術全集 6（講談社 1961）
　▷図32「肥後国熊本清正公護符」（作者不詳）

加藤賢成　かとうけんせい　1840〜1920
江戸時代末期〜大正期の郷校主幹, 積善舎・斯文館開塾, 大阪府立医学校助教諭。
◇大分県歴史人物事典（大分合同新聞社 1996）

加藤三四郎　かとうさんしろう
江戸時代の歌舞伎役者。
◇肉筆浮世絵 2（集英社 1982）
　▷図51「若衆加藤三四郎図」（伝 岩佐勝重）

賀藤清右衛門　かとうせいえもん
1768〜1834　江戸時代後期の林政家。
◇秋田大百科事典（秋田魁新報社 1981）　▷賀藤景林

加藤素毛　かとうそもう　1825〜1879
江戸時代末期, 明治時代の俳人。
◇国史大辞典（吉川弘文館 1979）
◇岐阜県百科事典（岐阜日日新聞社 1968）

加藤忠広　かとうただひろ　1601〜1653
江戸時代前期の大名。
◇山形県大百科事典（山形放送 1983）

加藤民吉　かとうたみきち　1772〜1824
江戸時代後期の瀬戸窯の磁祖とされる陶工。
◇国史大辞典（吉川弘文館 1979）
◇愛知百科事典（中日新聞本社 1977）

加藤千蔭　かとうちかげ　1735〜1808
江戸時代中期, 後期の歌人, 国学者。
◇講談社日本人名大辞典（講談社 2001）
◇日本大百科全書（小学館 1984）
◇国史大辞典（吉川弘文館 1979）
◇日本人名大事典 1〜6（平凡社 1979（覆刻））
　▷橘千蔭

加藤徳成　かとうとくなり　1830〜1865
江戸時代末期の尊王攘夷派志士。
◇福岡県百科事典 上, 下（西日本新聞社 1982）
　▷加藤司書

加藤忍九郎　かとうにんくろう　1838〜1918
江戸時代末期〜大正期の耐火煉瓦製造者。
◇岡山県歴史人物事典（山陽新聞社 1994）
◇岡山人名事典（日本文教出版 1978）

加藤彦七郎　かとうひこしちろう　1845〜1910
江戸時代後期〜明治期の実業家。
◇宮城県百科事典（河北新報社 1982）

加藤弘之　かとうひろゆき　1836～1916
　江戸時代末期, 明治時代の但馬出石藩士, 幕臣, 思想家。
◇日本大百科全書（小学館 1984）
◇国史大辞典（吉川弘文館 1979）
◇日本人名大事典 1～6（平凡社 1979（覆刻））
◇世界伝記大事典（ほるぷ出版 1978）
◇世界大百科事典（平凡社 1964）

加藤歩簫　かとうほしょう　1743～1827
　江戸時代後期の俳人。
◇岐阜県史　通史編　近世下（岐阜県 1972）
　▷p1045（写真）「加藤歩簫画像」

加藤光泰　かとうみつやす　1537～1593
　安土桃山時代の武将, 豊臣秀吉の臣。
◇国史大辞典（吉川弘文館 1979）

加藤泰恒　かとうやすつね　1657～1715
　江戸時代前期, 中期の大名。
◇愛媛県百科大事典（愛媛新聞社 1985）

加藤弥平太　かとうやへいた　1830～1906
　江戸時代後期～明治期の黒羽藩下の庄の勧農役。
◇栃木県歴史人物事典（下野新聞社 1995）

加藤嘉明　かとうよしあき　1563～1631
　安土桃山時代, 江戸時代前期の武将。
◇秘蔵浮世絵大観 8（講談社 1989）
　▷図163「糸柳瀬七本鎗梅　加藤嘉明」（窪俊満　文化初年頃（1804-18頃））
◇愛媛県百科大事典（愛媛新聞社 1985）
◇会津大事典（国書刊行会 1985）
◇福島大百科事典（福島民報社 1980）
◇国史大辞典（吉川弘文館 1979）

門田熊次郎　かどたくまじろう　1849～1903
　江戸時代後期～明治期の林業家。
◇徳島県歴史人物鑑（徳島新聞社 1994）
◇徳島県百科事典（徳島新聞社 1981）

楫取素彦　かとりもとひこ　1829～1912
　江戸時代末期, 明治時代の志士。
◇角川日本姓氏歴史人物大辞典 35（角川書店 1991）
◇群馬県史　通史編7　近代現代1　政治・社会（群馬県 1991）
　▷〈写真〉10「楫取素彦県令肖像画」
◇群馬県人名大事典（上毛新聞社 1982）
◇群馬県百科事典（上毛新聞社 1979）
◇埼玉大百科事典 1～5（埼玉新聞社 1974）

金井烏洲　かないうしゅう　1796～1857
　江戸時代末期の画家, 画論家, 勤王家。
◇群馬県史　通史編6　近世3　生活・文化（群馬県 1992）
　▷〈写真〉113「金井烏洲肖像画」

金井俊行　かないとしゆき　1850～1897
　江戸時代末期, 明治時代の長崎代官所書記。
◇長崎事典　歴史編 1988年版（長崎文献社 1988）
◇長崎県大百科事典（長崎新聞社 1984）
◇郷土歴史人物事典　長崎（第一法規出版 1979）

金井之恭　かないゆきやす　1833～1907
　江戸時代末期, 明治時代の志士。
◇群馬県人名大事典（上毛新聞社 1982）
◇国史大辞典（吉川弘文館 1979）
◇日本人名大事典 1～6（平凡社 1979（覆刻））

仮名垣魯文　かながきろぶん　1829～1894
　江戸時代末期, 明治時代の小説家。
◇講談社日本人名大辞典（講談社 2001）
◇国史大辞典（吉川弘文館 1979）
◇日本人名大事典 1～6（平凡社 1979（覆刻））
◇日本近代文学大事典 1～3（講談社 1977）
◇大日本百科事典（小学館 1967）
◇世界大百科事典（平凡社 1964）

金田甲橘　かなだこうきち　1848～1936
　江戸時代末期～昭和期の人。
◇山形県大百科事典（山形放送 1983）

金森重頼　かなもりしげより　1594～1650
　江戸時代前期の大名。
◇国史大辞典（吉川弘文館 1979）
◇岐阜県百科事典（岐阜日日新聞社 1968）

金森宗和　かなもりそうわ　1584～1656
　江戸時代前期の武士, 茶匠。
◇京都大事典（淡交社 1984）
◇日本大百科全書（小学館 1984）
◇岐阜県百科事典（岐阜日日新聞社 1968）

金森長近　かなもりながちか　1524～1608
　戦国時代, 安土桃山時代の大名。
◇日本史大事典（平凡社 1992）
◇福井県大百科事典（福井新聞社 1991）
◇国史大辞典（吉川弘文館 1979）
◇岐阜県史　通史編　近世上（岐阜県 1968）
　▷図版第4（口絵）「金森長近像」
◇岐阜県百科事典（岐阜日日新聞社 1968）

金森可重　かなもりよししげ　1558～1615
安土桃山時代,江戸時代前期の大名。
◇国史大辞典（吉川弘文館 1979）
◇岐阜県百科事典（岐阜日日新聞社 1968）

金森頼旹　かなもりよりとき
1669～1736　江戸時代中期の大名。
◇岐阜県百科事典（岐阜日日新聞社 1968）

金森頼直　かなもりよりなお　1621～1665
江戸時代前期の大名。
◇岐阜県百科事典（岐阜日日新聞社 1968）

金子杏庵　かねこきょうあん　1777～1857
江戸時代後期の医者。
◇新潟県大百科事典 上,下（新潟日報事業社 1977）

金子孫二郎　かねこまごじろう　1804～1861
江戸時代末期の尊攘派水戸藩士。
◇茨城県大百科事典（茨城新聞社 1981）
◇国史大辞典（吉川弘文館 1979）

金子利吉　かねこりきち　1823～1896
江戸時代後期～明治期の北海道建材業の先駆者。
◇北海道歴史人物事典（北海道新聞社 1993）
◇北海道大百科事典（北海道新聞社 1981）

金沢貞顕　かねさわさだあき　1278～1333
鎌倉時代後期の鎌倉幕府第15代執権。在職1326。
◇国宝・重要文化財大全 1（毎日新聞社 1997）
　▷図168「北条実時像・北条顕時像・金沢貞顕像・金沢貞将像」（作者不詳　鎌倉時代）
◇国宝大事典 1（講談社 1985）
　▷図79「北条実時像・北条顕時像・金沢貞顕像・金沢貞将像」（作者不詳　鎌倉時代(13-14世紀)）
◇国宝 2（毎日新聞社 増補改訂版 1984）
　▷図40「北条実時像・北条顕時像・金沢貞顕像・金沢貞将像」（作者不詳　鎌倉時代）
◇国史大辞典（吉川弘文館 1979）
◇重要文化財 9（毎日新聞社 1974）
　▷図271「北条実時像・北条顕時像・金沢貞顕像・金沢貞将像」（作者不詳　鎌倉時代）

金沢貞将　かねざわさだまさ　？～1333
鎌倉時代後期の武将,六波羅探題。
◇国宝・重要文化財大全 1（毎日新聞社 1997）
　▷図168「北条実時像・北条顕時像・金沢貞顕像・金沢貞将像」（作者不詳　鎌倉時代）
◇国宝大事典 1（講談社 1985）
　▷図79「北条実時像・北条顕時像・金沢貞顕像・金沢貞将像」（作者不詳　鎌倉時代(13-14世紀)）
◇国宝 2（毎日新聞社 増補改訂版 1984）
　▷図40「北条実時像・北条顕時像・金沢貞顕像・金沢貞将像」（作者不詳　鎌倉時代）
◇日本人名大事典 1～6（平凡社 1979(覆刻)）
◇重要文化財 9（毎日新聞社 1974）
　▷図271「北条実時像・北条顕時像・金沢貞顕像・金沢貞将像」（作者不詳　鎌倉時代）

金丸惣八　かねまるそうはち　1825～1898
江戸時代後期,末期,明治時代の武士,治水家。
◇宮崎県大百科事典（宮崎日日新聞社 1983）

狩野永納　かのうえいのう　1631～1697
江戸時代前期の画家。
◇国史大辞典（吉川弘文館 1979）
◇日本人名大事典 1～6（平凡社 1979(覆刻)）

狩野旭峰　かのうきょくほう　1832～1925
江戸時代末期,明治の漢学者。遐迩新聞主幹。
◇秋田大百科事典（秋田魁新報社 1981）

加納御前　かのうごぜん　1560～1625
安土桃山時代,江戸時代前期の女性。徳川家康の長女。
◇国史大辞典（吉川弘文館 1979）　▷亀姫
◇岐阜県史 通史編 近世上（岐阜県 1968）
　▷p469(写真)「信昌室(亀姫)像」

狩野山雪　かのうさんせつ　1589～1651
江戸時代前期の画家。
◇国史大辞典（吉川弘文館 1979）
◇日本人名大事典 1～6（平凡社 1979(覆刻)）

狩野山楽　かのうさんらく　1559～1635
安土桃山時代,江戸時代前期の画家。
◇講談社日本人名大辞典（講談社 2001）
◇国史大辞典（吉川弘文館 1979）
◇日本人名大事典 1～6（平凡社 1979(覆刻)）

狩野松栄　かのうしょうえい　1519～1592
戦国時代,安土桃山時代の画家。
◇国史大辞典（吉川弘文館 1979）

加納宗七　かのうそうしち　1827～1887
江戸時代末期,明治時代の紀伊国加納新左衛門の次男。
◇兵庫県大百科事典 上,下（神戸新聞出版センター 1983）

かのう

狩野孝信　かのうたかのぶ　1571～1618
安土桃山時代, 江戸時代前期の画家。
◇国史大辞典（吉川弘文館 1979）

狩野探幽　かのうたんゆう　1602～1674
江戸時代前期の画家。
◇国宝・重要文化財大全 2（毎日新聞社 1999）
　▷図99「狩野探幽像」（伝 桃田柳栄　江戸時代）
◇日本美術全集 17（講談社 1992）
　▷図30「狩野探幽像」（伝 桃田柳栄　17世紀後半）
◇国史大辞典（吉川弘文館 1979）
◇日本人名大事典 1～6（平凡社 1979（覆刻））
◇世界伝記大事典（ほるぷ出版 1978）
◇重要文化財 11（毎日新聞社 1975）
　▷図64「狩野探幽像」（伝 桃田柳栄　江戸時代）
◇日本絵画館 7（講談社 1970）
　▷序図「狩野探幽像」（伝 桃田柳栄）

狩野探林　かのうたんりん　1732～1777
江戸時代中期の奥絵師。
◇講談社日本人名大辞典（講談社 2001）

狩野尚信　かのうなおのぶ　1607～1650
江戸時代前期の画家。
◇国史大辞典（吉川弘文館 1979）

加納久宜　かのうひさよし　1848～1919
江戸時代末期, 明治時代の大名, 殖産事業家。
◇千葉県の歴史 通史編 近現代1（千葉県 2002）
　▷〈写真〉写真286「加納久宜」
◇角川日本姓氏歴史人物大辞典 46（角川書店 1994）
◇千葉大百科事典（千葉日報社 1982）
◇鹿児島大百科事典（南日本新聞社 1981）
◇国史大辞典（吉川弘文館 1979）

狩野芳崖　かのうほうがい　1828～1888
江戸時代末期, 明治時代の日本画家, 長門長府藩御用絵師。
◇講談社日本人名大辞典（講談社 2001）
◇日本美術全集 21（講談社 1991）
　▷図103「狩野芳崖像」（藤田文蔵　昭和9（1934）　東京国立博物館（東京都台東区）蔵）
◇原色現代日本の美術 13（小学館 1979）
　▷図14「狩野芳崖像」（藤田文蔵　昭和初期　東京国立博物館（東京都台東区）蔵）
◇日本人名大事典 1～6（平凡社 1979（覆刻））
◇世界伝記大事典（ほるぷ出版 1978）

加納諸平　かのうもろひら　1806～1857
江戸時代後期の国学者, 歌人, 紀伊和歌山藩国学所総裁。
◇和歌山県史 近世（和歌山県 1990）
　▷〈写真〉写真295「加納諸平画像」

樺島石梁　かばしませきりょう　1754～1827
江戸時代中期, 後期の儒学者。
◇福岡県百科事典 上, 下（西日本新聞社 1982）

樺山十兵衛　かばやまじゅうべえ　1845～1868
江戸時代末期の薩摩藩士。
◇角川日本姓氏歴史人物大辞典 46（角川書店 1994）

樺山資雄　かばやますけお　1801～1878
江戸時代末期, 明治時代の国学者, 薩摩藩士。
◇栃木県歴史人物事典（下野新聞社 1995）

樺山資紀　かばやますけのり　1837～1922
江戸時代末期, 明治時代の薩摩藩士, 海軍軍人。
◇皇族・華族古写真帖 愛蔵版（新人物往来社 2003）
　▷p187「（無題）」
◇角川日本姓氏歴史人物大辞典 46（角川書店 1994）
◇鹿児島大百科事典（南日本新聞社 1981）
◇国史大辞典（吉川弘文館 1979）
◇日本人名大事典 1～6（平凡社 1979（覆刻））
◇世界伝記大事典（ほるぷ出版 1978）

樺山舎人　かばやまとねり　1831～1912
江戸時代末期, 明治時代の佐土原藩家老。
◇サムライ古写真帖（新人物往来社 2004）
　▷p158「薩摩藩と砂土原藩の武士たち」（ベアト　明治初期）

鏑木渓庵　かぶらきけいあん　1819～1870
江戸時代末期, 明治時代の明清楽演奏者。
◇講談社日本人名大辞典（講談社 2001）

加部厳夫　かべいずお　1849～1922
江戸時代末期～大正期の神祇官, 教育者, 郷土史家。
◇島根県歴史人物事典（山陰中央新報社 1997）

加部琴堂　かべきんどう　1829～1894
江戸時代後期, 末期, 明治時代の豪商, 俳人。
◇角川日本姓氏歴史人物大辞典 10（角川書店 1994）

鎌倉景政　かまくらかげまさ
　平安時代後期の武士。
◇浮世絵八華　5（平凡社 1984）
　▷図46「鎌倉の権五郎景政と鳥の海弥三郎保則」（葛飾北斎）

鎌倉長九郎〔2代〕　かまくらちょうくろう
　江戸時代中期の歌舞伎役者。
◇浮世絵聚花　9（小学館 1981）
　▷図115「二世鎌倉長九郎のめいどの小八と松島兵太郎の大いそのとら」（鳥居清倍（2代））

鎌田玄台　かまだげんだい　1794～1854
　江戸時代末期の医師。大洲藩医。
◇愛媛県百科大事典（愛媛新聞社 1985）

鎌田房次　かまだふさじ　1840～1920
　江戸時代末期～大正期の実業家。
◇香川県人物・人名事典（四国新聞社 1985）

蒲池鎮厚　かまちしげあつ
　江戸時代末期の甲府勤番。
◇読者所蔵「古い写真」館（朝日新聞社 1986）
　▷p181「陣笠」

蒲池鎮克　かまちしげかつ
　江戸時代末期の武士。
◇読者所蔵「古い写真」館（朝日新聞社 1986）
　▷p26「馬上の武士」

鎌原桐山　かまはらとうざん　1774～1852
　江戸時代後期の松代藩儒。
◇長野県歴史人物大事典（郷土出版社 1989）

上岡利太郎　かみおかりたろう　1835～1909
　江戸時代後期～明治期の呉服商，公共事業家。
◇高知県人名事典（高知新聞社 1999）

神永喜八　かみながきはち　1824～1910
　江戸時代末期，明治時代の炭田開発の先駆者。
◇茨城県大百科事典（茨城新聞社 1981）

神矢粛一　かみやしゅくいち　1849～1919
　江戸時代末期～大正期の小学校校長。
◇兵庫県大百科事典　上，下（神戸新聞出版センター 1983）

神屋宗湛　かみやそうたん　1553～1635
　戦国時代～江戸時代前期の博多豪商。
◇福岡県百科事典　上，下（西日本新聞社 1982）

神谷宗湛　かみやそうたん　1551～1635
　安土桃山時代，江戸時代前期の筑前博多の豪商，茶人。
◇日本大百科全書（小学館 1984）
◇国史大辞典（吉川弘文館 1979）　▷神屋宗湛
◇世界伝記大事典（ほるぷ出版 1978）　▷神屋宗湛

亀井茲矩　かめいこれのり　1557～1612
　安土桃山時代，江戸時代前期の武将，大名。
◇島根県歴史人物事典（山陰中央新報社 1997）
◇国史大辞典（吉川弘文館 1979）

亀井茲監　かめいこれみ　1825～1885
　江戸時代末期，明治時代の大名。
◇島根県歴史人物事典（山陰中央新報社 1997）

亀井昭陽　かめいしょうよう　1773～1836
　江戸時代後期の古文辞系の儒者。
◇福岡県百科事典　上，下（西日本新聞社 1982）
◇国史大辞典（吉川弘文館 1979）

亀井南冥　かめいなんめい　1743～1814
　江戸時代中期，後期の儒学者，漢詩人。
◇福岡県百科事典　上，下（西日本新聞社 1982）

亀川盛武　かめがわせいぶ　生没年不詳
　江戸時代末期の三司官。
◇角川日本姓氏歴史人物大辞典 47（角川書店 1992）
◇沖縄大百科事典（沖縄タイムス社 1983）

亀沢幸介　かめざわこうすけ　1838～1919
　江戸時代末期～大正期の日向都城藩士。
◇角川日本姓氏歴史人物大辞典 46（角川書店 1994）

亀田鵬斎　かめだほうさい　1752～1826
　江戸時代中期，後期の儒学者。
◇講談社日本人名大辞典（講談社 2001）
◇角川日本姓氏歴史人物大辞典 10（角川書店 1994）
◇琳派　4（紫紅社 1991）
　▷図127「亀田鵬斎像」（鈴木其一）
◇新編埼玉県史　通史編4（埼玉県 1989）
　▷〈写真〉6-18「亀田鵬斎画像」
◇国史大辞典（吉川弘文館 1979）
◇和漢詩歌作家辞典（みづほ出版 1972）

亀屋十治良　かめやじゅうじろう
　江戸時代の歌舞伎役者。
◇浮世絵聚花　4（小学館 1979）

歴史人物肖像索引　147

かめや

▷図86「瀬川菊之丞の大いそのとらと亀屋十治良の十郎介なり」（鳥居清信（初代））

亀屋四郎三郎　かめやしろさぶろう
　1815～1905　江戸時代末期の勧業家。
◇鳥取県大百科事典（新日本海新聞社 1984）

亀山天皇　かめやまてんのう　1249～1305
　鎌倉時代後期の第90代天皇。在位1259～1274。
◇国宝・重要文化財大全 4（毎日新聞社 1999）
　▷図749「亀山天皇像」（作者不詳　鎌倉時代　南禅寺（京都府京都市左京区）蔵）
◇国宝・重要文化財大全 1（毎日新聞社 1997）
　▷図147「天皇摂関御影」（作者不詳　鎌倉時代）
◇日本美術全集 9（講談社 1993）
　▷図30「天子摂関大臣影図巻」（藤原為信，藤原豪信　14世紀中頃）
◇日本史大事典（平凡社 1992）
◇皇室の至宝第1期 御物 1（毎日新聞社 1991）
　▷図10-30「天皇影（天皇・摂関・大臣影三巻のうち）」（藤原為信，伝 藤原豪信　鎌倉時代）
◇続日本の絵巻 12（中央公論社 1991）
　▷p51-84「天子摂関御影」（作者不詳　14世紀半ば過ぎ）
◇仏像集成 3（学生社 1986）
　▷図116「亀山天皇像」（作者不詳　南禅寺（京都府京都市左京区）蔵）
◇続日本絵巻大成 18（中央公論社 1983）
　▷p51-84「天子摂関御影」（作者不詳）
◇国史大辞典（吉川弘文館 1979）
◇日本人名大事典 1～6（平凡社 1979（覆刻））
◇新修日本絵巻物全集 26（角川書店 1978）
　▷グラビアp24-29「天子摂関御影　天子巻」（作者不詳）
　▷グラビアp30-37「天子摂関御影　摂関巻」（作者不詳）
　▷グラビアp38-55「天子摂関御影　大臣巻」（作者不詳）
　▷グラビア1「天子摂関御影　天子巻（崇徳院）」（作者不詳）
　▷グラビア2「天子摂関御影　天子巻（順徳院・後高倉院）」（作者不詳）
　▷グラビア3「天子摂関御影　摂関巻（藤原忠通・藤原基実）」（作者不詳）
　▷グラビア4「天子摂関御影　摂関巻（九条良経・近衛家実）」（作者不詳）
　▷グラビア5「天子摂関御影　大臣巻（藤原宗忠・藤原頼長）」（作者不詳）
　▷グラビア6「天子摂関御影　大臣巻（平重盛・平宗盛）」（作者不詳）
　▷グラビア7「天子摂関御影　大臣巻（大炊御門冬氏・今出川兼季）」（作者不詳）
　▷オフセット1「天子摂関御影　天子巻（鳥羽院）」（作者不詳）
　▷オフセット2「天子摂関御影　天子巻（後白河院・二条院）」（作者不詳）
　▷オフセット3「天子摂関御影　天子巻（高倉院・後鳥羽院）」（作者不詳）
　▷オフセット4「天子摂関御影　天子巻（花園院・後醍醐院）」（作者不詳）
　▷オフセット5「天子摂関御影　摂関巻（藤原師家・九条兼実）」（作者不詳）
　▷オフセット6「天子摂関御影　大臣巻（平清盛・藤原忠雅）」（作者不詳）
◇世界伝記大事典（ほるぷ出版 1978）
◇重要文化財 5（毎日新聞 1974）
　▷図226「亀山天皇像」（作者不詳　鎌倉時代　南禅寺（京都府京都市左京区）蔵）
◇日本絵画館 4（講談社 1970）
　▷図53「天皇影」（伝 藤原為信　14世紀前半）

蒲生氏郷　がもううじさと　1556～1595
　安土桃山時代の武将，若松若松城主。
◇国宝・重要文化財大全 1（毎日新聞社 1997）
　▷図221「蒲生氏郷像」（作者不詳　江戸時代　元和7(1621)逸伝賛）
◇三重県史 資料編 近世1（三重県 1993）
　▷〈口絵〉5「蒲生氏郷画像」
◇日本史大事典（平凡社 1992）
◇京都大事典（淡交社 1984）
◇滋賀県百科事典（大和書房 1984）
◇日本大百科全書（小学館 1984）
◇福島大百科事典（福島民報社 1980）
◇国史大辞典（吉川弘文館 1979）
◇日本人名大事典 1～6（平凡社 1979（覆刻））
◇重要文化財 11（毎日新聞 1975）
　▷図217「蒲生氏郷像（逸伝賛）」（作者不詳　江戸時代）
◇世界大百科事典（平凡社 1964）

蒲生賢秀　がもうかたひで　1534～1584
　安土桃山時代の武将。
◇国史大辞典（吉川弘文館 1979）

蒲生君平　がもうくんぺい　1768～1813
　江戸時代後期の学者，尊王家。
◇栃木県歴史人物事典（下野新聞社 1995）
◇栃木県史 通史編5 近世二（栃木県 1984）
　▷〈写真〉11-42「蒲生君平肖像」
◇日本大百科全書（小学館 1984）
◇国史大辞典（吉川弘文館 1979）
◇日本人名大事典 1～6（平凡社 1979（覆刻））
◇和漢詩歌作家辞典（みづほ出版 1972）
◇世界大百科事典（平凡社 1964）

蒲生忠知　がもうただとも　1605～1634
　江戸時代前期の大名。
◇愛媛県百科大事典（愛媛新聞社 1985）

鹿持雅澄　かもちまさずみ　1791〜1858
　江戸時代末期の国学者, 歌人。
◇高知県人名事典（高知新聞社 1999）
◇高知県百科事典（高知新聞社 1976）

賀茂季鷹　かものすえたか　1754〜1841
　江戸時代中期, 後期の歌人, 国学者。
◇国史大辞典（吉川弘文館 1979）　▷加茂季鷹

鴨長明　かものちょうめい　1155〜1216
　平安時代後期, 鎌倉時代前期の歌人, 随筆家, 文学者。
◇講談社日本人名大辞典（講談社 2001）
◇日本大百科全書（小学館 1984）
◇国史大辞典（吉川弘文館 1979）
◇日本人名大事典 1〜6（平凡社 1979〔覆刻〕）
◇世界伝記大事典（ほるぷ出版 1978）
◇日本美術絵画全集 16（集英社 1978）
　　▷図80「鴨長明・宗祇図」（英一蝶）
◇大日本百科事典（小学館 1967）
◇世界大百科事典（平凡社 1964）
◇現代日本美術全集 5（角川書店 1955）
　　▷グラビア47「本朝道釈の内鴨長明方丈居」
　　　（小杉放庵　昭和21（1946））

賀茂真淵　かものまぶち　1697〜1769
　江戸時代中期の国学者, 歌人。
◇講談社日本人名大辞典（講談社 2001）
◇静岡県史 通史編3 近世1（静岡県 1997）
　　▷〈写真〉写2-62「賀茂真淵画像」
◇静岡県史 通史編4 近世2（静岡県 1997）
　　▷〈写真〉写1-132「内山真竜筆 賀茂真淵画像」
◇静岡県歴史人物事典（静岡新聞社 1991）
◇静岡県史 資料編14 近世6（静岡県 1989）
　　▷〈口絵〉1「内山真竜筆 賀茂真淵画像」
◇日本大百科全書（小学館 1984）
◇国史大辞典（吉川弘文館 1979）
◇日本人名大事典 1〜6（平凡社 1979〔覆刻〕）
◇世界伝記大事典（ほるぷ出版 1978）
◇静岡大百科事典（静岡新聞社 1978）
◇和漢詩歌作家辞典（みづほ出版 1972）
◇大日本百科事典（小学館 1967）

加舎白雄　かやしらお　1738〜1791
　江戸時代中期の俳人, 中興五傑の一人。
◇長野県歴史人物大事典（郷土出版社 1989）
◇長野県百科事典（信濃毎日新聞社 1981）
◇国史大辞典（吉川弘文館 1979）
◇郷土歴史人物事典 長野（第一法規出版 1978）
◇俳諧人名辞典（巌南堂書店 1970）　▷白雄

萱野権兵衛　かやのごんべえ　1830〜1869
　江戸時代末期の陸奥会津藩家老。
◇会津大事典（国書刊行会 1985）

柄井川柳　からいせんりゅう　1718〜1790
　江戸時代中期の前句付点者。
◇講談社日本人名大辞典（講談社 2001）
◇日本大百科全書（小学館 1984）　▷川柳
◇国史大辞典（吉川弘文館 1979）
◇世界伝記大事典（ほるぷ出版 1978）
◇大日本百科事典（小学館 1967）　▷川柳〔1世〕

唐衣橘洲　からごろもきっしゅう　1743〜1802
　江戸時代中期, 後期の狂歌師。
◇国史大辞典（吉川弘文館 1979）

烏丸光広　からすまるみつひろ　1579〜1638
　安土桃山時代, 江戸時代前期の歌人, 公家。権大納言。
◇京都大事典（淡交社 1984）
◇国史大辞典（吉川弘文館 1979）
◇日本人名大事典 1〜6（平凡社 1979〔覆刻〕）
◇世界伝記大事典（ほるぷ出版 1978）

唐橋君山　からはしくんざん　1736〜1800
　江戸時代中期, 後期の漢学者。
◇大分百科事典（大分放送 1980）　▷唐橋世済

狩野半三郎　かりのはんざぶろう　1842〜1921
　江戸時代末期〜大正期の篤農家。
◇島根県歴史人物事典（山陰中央新報社 1997）

狩谷棭斎　かりやえきさい
　1775〜1835　江戸時代後期の国学者, 書家。
◇国史大辞典（吉川弘文館 1979）
◇日本人名大事典 1〜6（平凡社 1979〔覆刻〕）
◇大日本百科事典（小学館 1967）

河合乙州　かわいおとくに　？〜1710
　江戸時代中期の俳人。
◇日本人名大事典 1〜6（平凡社 1979〔覆刻〕）
　　▷川井乙州
◇俳諧人名辞典（巌南堂書店 1970）　▷乙州

河合寸翁　かわいすんおう　1767〜1841
　江戸時代中期, 後期の播磨姫路藩家老。
◇兵庫県史 第5巻 近世編3・幕末維新（兵庫県 1981）
　　▷〈写真〉写真8「河合寸翁像」

かわい

河合曽良　かわいそら　1649～1710
江戸時代前期, 中期の俳人。
◇長野県歴史人物大事典（郷土出版社 1989）
◇国史大辞典（吉川弘文館 1979）　▷河合曾良
◇俳諧人名辞典（巌南堂書店 1970）　▷曾良

河井継之助　かわいつぐのすけ　1827～1868
江戸時代末期の越後長岡藩家老。
◇サムライ古写真帖（新人物往来社 2004）
　▷p116「（無題）」
◇講談社日本人名大辞典（講談社 2001）
◇日本史大事典（平凡社 1992）
◇河井継之助写真集（横村克宏写真 新人物往来社 1986）
◇日本大百科全書（小学館 1984）
◇国史大辞典（吉川弘文館 1979）
◇日本人名大事典 1～6（平凡社 1979(覆刻)）
◇新潟県大百科事典 上, 下（新潟日報事業社 1977）

河合栗村　かわいりっそん　1851～1908
江戸時代後期～明治期の画家。
◇岡山県歴史人物事典（山陽新聞社 1994）　▷河合栗邨

川上冬崖　かわかみとうがい　1827～1881
江戸時代末期, 明治時代の洋画家。
◇長野県百科事典（信濃毎日新聞社 1981）

川上広樹　かわかみひろき　1838～1895
江戸時代末期, 明治時代の下野足利藩老, 学者, 教育者。
◇栃木県歴史人物事典（下野新聞社 1995）

川上不白〔初代〕　かわかみふはく
1719～1807　江戸時代中期, 後期の茶匠。
◇和歌山県史 近世（和歌山県 1990）
　▷〈写真〉写真118「川上不白像」
◇国史大辞典（吉川弘文館 1979）　▷川上不白〔代数なし〕

川崎権太夫　かわさきごんだゆう
江戸時代前期の青森津軽の義人。
◇青森県百科事典（東奥日報社 1981）

川崎定孝　かわさきさだたか　1694～1767
江戸時代中期の農政家。
◇新編埼玉県史 通史編4（埼玉県 1989）
　▷〈写真〉1-11「川崎平右衛門画像」
◇国史大辞典（吉川弘文館 1979）
◇東京百年史 第一巻（ぎょうせい 1979）
　▷p850〈写真〉「川崎平右衛門」
◇埼玉大百科事典 1～5（埼玉新聞 1974）　▷

川崎平右衛門定孝

川崎道民　かわさきみちたみ　？～1881
江戸時代末期, 明治時代の肥前佐賀藩医師。
◇サムライ古写真帖（新人物往来社 2004）
　▷p68「（無題）」
◇幕末―写真の時代（筑摩書房 1994）
　▷p254 No.272「野々村市之進, 川崎道民らのステレオ印画」（撮影者不詳）
　▷p62 No.62「（無題）」（ナダール）
　▷p66 No.77「遣欧使節団の随行者たち」（ナダール）
◇写された幕末―石黒敬七コレクション（明石店 1990）
　▷p34 No.2「遣欧使節竹内下野守随員」（ナダール, フェリックス）
　▷p34 No.3「（無題）」
◇写真集 甦る幕末（朝日新聞社 1987）
　▷p236 No.338「（無題）」
◇佐賀県大百科事典（佐賀新聞社 1983）
◇開化写真鏡 写真にみる幕末から明治へ（大和書房 1975）
　▷p92「（無題）」（ナダール）

川崎舎竹郎　かわさきやたけろう　1822～1879
江戸時代末期, 明治時代の実業家。
◇香川県人物・人名事典（四国新聞社 1985）
◇香川県大百科事典（四国新聞社 1984）

川路太郎　かわじたろう　1844～1927
江戸時代末期, 明治時代の幕臣, 教育者。
◇兵庫県大百科事典 上, 下（神戸新聞出版センター 1983）　▷川路寛堂

川路聖謨　かわじとしあきら　1801～1868
江戸時代末期の幕府官僚, 勘定奉行。
◇大分県歴史人物事典（大分合同新聞社 1996）
◇神奈川県史 通史編3近世(2)（神奈川県 1983）
　▷p1082〈写真〉「川路聖謨」
◇国史大辞典（吉川弘文館 1979）
◇日本人名大事典 1～6（平凡社 1979(覆刻)）

川路利良　かわじとしよし　1834～1879
江戸時代末期, 明治時代の薩摩藩士, 警察制度創設者。
◇角川日本姓氏歴史人物大辞典 46（角川書店 1994）
◇鹿児島大百科事典（南日本新聞社 1981）
◇国史大辞典（吉川弘文館 1979）
◇日本人名大事典 1～6（平凡社 1979(覆刻)）
◇日本版画美術全集 7（講談社 1962）
　▷図90「川路利良像」（大山助市　明治17(1884)）

川島梅坪　かわしまばいへい　1835〜1891
　江戸時代後期〜明治期の埼玉県官員。
◇埼玉大百科事典 1〜5（埼玉新聞社 1974）

河尻秀隆　かわじりひでたか　1527〜1582
　戦国時代, 安土桃山時代の武将。
◇国史大辞典（吉川弘文館 1979）

河瀬真孝　かわせまさたか　1840〜1919
　江戸時代末期, 明治時代の長州（萩）藩士, 外交官。
◇角川日本姓氏歴史人物大辞典 35（角川書店 1991）

川田甕江　かわだおうこう　1830〜1896
　江戸時代末期, 明治時代の儒学者, 備中松山藩士。
◇岡山県歴史人物事典（山陽新聞社 1994）
◇日本人名大事典 1〜6（平凡社 1979（覆刻））
◇岡山人名事典（日本文教出版 1978）

河田景与　かわだかげとも　1828〜1897
　江戸時代末期, 明治時代の功臣。
◇鳥取県大百科事典（新日本海新聞社 1984）

河竹新七〔3代〕　　かわたけしんしち
　1842〜1901　江戸時代末期, 明治時代の歌舞伎作者。
◇国史大辞典（吉川弘文館 1979）

河竹黙阿弥　かわたけもくあみ　1816〜1893
　江戸時代末期, 明治時代の歌舞伎作者。
◇講談社日本人名大辞典（講談社 2001）
◇朝日美術館 日本編 8（朝日新聞社 1997）
　▷図39「面構 狂言作者河竹黙阿弥・浮世絵師三代豊国」（片岡球子 1983）
◇日本史大事典（平凡社 1992）
◇現代の日本画 6（学習研究社 1991）
　▷図63「面構 狂言作者河竹黙阿弥・浮世絵師三代豊国」（片岡球子 昭和58（1983））
◇日本大百科全書（小学館 1984）
◇国史大辞典（吉川弘文館 1979）
◇東京百年史 第二巻 首都東京の成立（明治前期）（ぎょうせい 1979）
　▷p551（写真）「河竹黙阿弥」
◇日本人名大事典 1〜6（平凡社 1979（覆刻））
　▷古河黙阿弥
◇世界伝記大事典（ほるぷ出版 1978）
◇日本近代文学大事典 1〜3（講談社 1977）
◇大日本百科事典（小学館 1967）
◇世界大百科事典（平凡社 1964）

河田相模守　かわださがみのかみ
　江戸時代末期の第2回遣欧使節随員。
◇読者所蔵「古い写真」館（朝日新聞社 1986）
　▷p38「第2回遣欧使節」
◇日本写真全集 1 写真の幕あけ（小学館 1985）
　▷p16 No.12「副使・目付と外国人武官」（撮影者不詳）

河田小竜　かわたしょうりょう　1824〜1898
　江戸時代末期, 明治時代の土佐藩士, 狩谷派画家。
◇高知県人名事典（高知新聞社 1999）

河田迪斎　かわたてきさい　1805〜1859
　江戸時代後期, 末期の儒者。
◇香川県人物・人名事典（四国新聞社 1985）
◇香川県大百科事典（四国新聞社 1984）

河津伊豆守　かわづいずのかみ
　江戸時代末期の第2回遣欧使節随員。
◇写された幕末―石黒敬七コレクション（明石書店 1990）
　▷p232「（無題）」（ナダール, フェリックス）
◇読者所蔵「古い写真」館（朝日新聞社 1986）
　▷p38「第2回遣欧使節」
◇日本写真全集 1 写真の幕あけ（小学館 1985）
　▷p16 No.12「副使・目付と外国人武官」（撮影者不詳）

河津三郎　かわづさぶろう
　江戸時代の力士。
◇秘蔵浮世絵大観 10（講談社 1987）
　▷図092「河津三郎と俣野五郎の相撲」（北尾政美　天明頃）

河津祐邦　かわづすけくに　？〜1868
　江戸時代末期の幕臣。
◇士―日本のダンディズム（二玄社 2003）
　▷p134 No.113「鎧姿で仏皇帝に拝謁した河津伊豆守祐邦像」（ナダール）
　▷p135 No.114「鎧姿で仏皇帝に拝謁した河津伊豆守祐邦立像」（ナダール）
　▷p133 No.112「河津伊豆守祐邦像」
◇幕末―写真の時代（筑摩書房 1994）
　▷p92 No.104「（無題）」（ルイ・ルソー）
　▷p253 No.271「（無題）」（島霞谷）

河津省庵　かわづせいあん　1800〜1852
　江戸時代末期の漢蘭折衷医。
◇神奈川県百科事典（大和書房 1983）
◇日本人名大事典 1〜6（平凡社 1979（覆刻））

河津直入 かわづなおり 1824〜1903
江戸時代末期, 明治時代の越前福井藩士, 歌人。
◇福井県大百科事典（福井新聞社 1991）

河鍋暁斎 かわなべぎょうさい 1831〜1889
江戸時代末期, 明治時代の浮世絵師。
◇講談社日本人名大辞典（講談社 2001）
◇茨城県大百科事典（茨城新聞社 1981）

河鰭景岡 かわばたかげおか 1817〜1896
江戸時代末期, 明治期の石見浜田藩家老。
◇島根県歴史人物事典（山陰中央新報社 1997）

川端道喜 かわばたどうき ？〜1592
安土桃山時代の京都の豪商, 菓子司。
◇国史大辞典（吉川弘文館 1979）

川原一瓢 かわはらいっぴょう 1771〜1840
江戸時代中期の俳僧。
◇静岡県歴史人物事典（静岡新聞社 1991）
◇静岡大百科事典（静岡新聞社 1978） ▷一瓢

河原信可 かわらのぶよし 1842〜1908
江戸時代末期, 明治期の実業家。大阪商船社長。
◇岡山県歴史人物事典（山陽新聞社 1994）

川村永之介 かわむらえいのすけ 1841〜1909
江戸時代後期〜明治期の蚕業功労者。
◇秋田大百科事典（秋田魁新報社 1981）

河村公成 かわむらこうせい 1808〜1868
江戸時代末期の商人。
◇山口県百科事典（大和書房 1982）

川村純義 かわむらすみよし 1836〜1904
江戸時代末期, 明治時代の薩摩藩士, 海軍軍人。
◇鹿児島大百科事典（南日本新聞社 1981）
◇国史大辞典（吉川弘文館 1979）
◇日本人名大辞典 1〜6（平凡社 1979（覆刻））

河村豊州 かわむらほうしゅう 1849〜1933
江戸時代末期, 明治期の海軍軍医。
◇大分県歴史人物事典（大分合同新聞社 1996）
◇大分百科事典（大分放送 1980） ▷河村豊洲

川本幸民 かわもとこうみん 1810〜1871
江戸時代末期, 明治時代の物理・化学・蘭方医学者。
◇日本大百科全書（小学館 1984）
◇兵庫県大百科事典 上, 下（神戸新聞出版センター 1983）

◇国史大辞典（吉川弘文館 1979）
◇日本人名大事典 1〜6（平凡社 1979（覆刻））
◇日本写真史 1840-1945（平凡社 1971）
▷p5 No.4「自画像」（川本幸民）
◇大日本百科事典（小学館 1967）

河原崎国太郎〔初代〕 かわらさきくにたろう
1849〜1867 江戸時代末期の歌舞伎役者。
◇秘蔵浮世絵大観 5（講談社 1989）
▷図021「今様押絵鑑 初代河原崎国太郎の甚五郎女房おみね」（歌川国貞（初代） 万延元）

河原崎三升〔7代〕 かわらざきさんしょう
江戸時代, 明治時代の歌舞伎役者。
◇秘蔵浮世絵大観 7（講談社 1990）
▷図0145「初代市川左団次の地廻り仁三・二代目岩井紫若の額の小さん・七代目河原崎三升の鳶金五郎」（豊原国周 明治4.8）
◇秘蔵浮世絵大観 ムラー・コレクション（講談社 1990）
▷図153「戸隠 河原崎三升」（豊原国周 明治2.9(1869.9)）
◇日本版画美術全集 7（講談社 1962）
▷図7「河原崎三升の佐藤正清」（豊原国周 明治2(1869)）
◇浮世絵全集 5（河出書房新社 1957）
▷図71「戸隠 河原崎三升」（豊原国周 明治2.9(1869.9)）

神河庚蔵 かんがわこうぞう 1851〜1926
江戸時代末期〜大正期の医師。
◇徳島県百科事典（徳島新聞社 1981）

寒巌義尹 かんがんぎいん 1217〜1300
鎌倉時代後期の曹洞宗の僧。
◇国史大辞典（吉川弘文館 1979）

岸駒 がんく 1756〜1839
江戸時代中期, 後期の画家。
◇講談社日本人名大辞典（講談社 2001）
◇富山大百科事典（北日本新聞社 1994）
◇国史大辞典（吉川弘文館 1979）

寛空 かんくう 884〜972
平安時代中期の真言宗の僧。
◇国史大辞典（吉川弘文館 1979）

観月庵恵海 かんげつあんえかい
江戸時代中期, 後期の茶人。
◇島根県歴史人物事典（山陰中央新報社 1997）

寛斎　かんさい　1749～1820
江戸時代の富山藩に仕えた儒者。
◇京都府百年の資料 8 美術工芸編（京都府 1972）
　▷〈口絵〉「寛斎像（森雄山画）と辞世」

神崎伊勢野　かんざきいせの
江戸時代の歌舞伎役者。
◇浮世絵聚花 4（小学館 1979）
　▷図90「二世市川団十郎と神崎伊勢野」（鳥居清倍）

菅茶山　かんさざん　1748～1827
江戸時代中期，後期の漢詩人。
◇講談社日本人名大辞典（講談社 2001）
◇広島県大百科事典（中国新聞社 1982）
◇国史大辞典（吉川弘文館 1979）
◇日本人名大事典 1～6（平凡社 1979（覆刻））
◇和漢詩歌作家辞典（みづほ出版 1972）
◇大日本百科事典（小学館 1967）

関山慧玄　かんざんえげん　1277～1360
鎌倉時代後期，南北朝時代の臨済宗の僧。
◇長野県歴史人物大事典（郷土出版社 1989）
◇日本大百科全書（小学館 1984）
◇日本古寺美術全集 24（集英社 1982）
　▷図19「無相大師像（関山慧玄）」（作者不詳）
◇国史大辞典（吉川弘文館 1979）

閑室元佶　かんしつげんきつ　1548～1612
安土桃山時代，江戸時代前期の臨済宗の僧，足利学校庠主。
◇国宝・重要文化財大全 1（毎日新聞社 1997）
　▷図140「玄佶和尚像」（作者不詳　桃山時代）
◇静岡県史 通史編3 近世1（静岡県 1997）
　▷〈写真〉写1-59「閑室元佶画像」
◇京都大事典（淡交社 1984）
◇国史大辞典（吉川弘文館 1979）
◇重要文化財 10（毎日新聞社 1974）
　▷図371「玄佶和尚像（自賛）」（作者不詳　桃山時代）

鑑真　がんじん　688～763
飛鳥時代，奈良時代の唐の学僧，日本律宗の開祖。
◇講談社日本人名大辞典（講談社 2001）
◇国宝・重要文化財大全 4（毎日新聞社 1999）
　▷図624「鑑真和上（坐）像」（光達　享保18（1733）　東大寺（奈良県奈良市雑司町）蔵）
　▷図1105「鑑真和上（坐）像」（作者不詳　奈良時代　唐招提寺（奈良県奈良市五条町）蔵）
◇国宝・重要文化財大全 1（毎日新聞社 1997）
　▷図11「鑑真和尚像」（作者不詳　鎌倉時代）
◇原色日本の美術（改訂版）3（小学館 1994）
　▷図54「鑑真和上（坐）像」（作者不詳　唐招提寺（奈良県奈良市五条町）蔵）

◇原色日本の美術（改訂版）21（小学館 1994）
　▷図2「鑑真和上（坐）像」（作者不詳　唐招提寺（奈良県奈良市五条町）蔵）
◇仏像集成 5（学生社 1994）
　▷図119「鑑真和上（坐）像」（光達　寛保3（1743）　東大寺（奈良県奈良市雑司町）蔵）
　▷図23「鑑真和上（坐）像」（作者不詳　唐招提寺（奈良県奈良市五条町）蔵）
◇国宝百撰 平山郁夫（毎日新聞社 1992）
　▷図62「鑑真和上（坐）像」（作者不詳　奈良時代　唐招提寺（奈良県奈良市五条町）蔵）
◇日本の仏像大百科 5（ぎょうせい 1991）
　▷図89「鑑真和上（坐）像」（作者不詳　奈良時代　唐招提寺（奈良県奈良市五条町）蔵）
◇新編 名宝日本の美術 6（小学館 1990）
　▷図60-64「鑑真和上（坐）像」（作者不詳　8世紀　唐招提寺（奈良県奈良市五条町）蔵）
◇人間の美術 4（学習研究社 1990）
　▷図99,194「鑑真和上（坐）像」（作者不詳　8世紀　唐招提寺（奈良県奈良市五条町）蔵）
◇日本美術全集 4（講談社 1990）
　▷図101-102「鑑真和上（坐）像」（作者不詳　天平宝字7（763）　唐招提寺（奈良県奈良市五条町）蔵）
◇ほとけの顔 8（毎日新聞社 1989）
　▷図8「鑑真和上（坐）像」（作者不詳　天平時代　唐招提寺（奈良県奈良市五条町）蔵）
◇国宝大事典 2（講談社 1985）
　▷図34「鑑真和上（坐）像」（作者不詳　奈良時代　唐招提寺（奈良県奈良市五条町）蔵）
◇国宝（増補改訂版）4（毎日新聞社 1984）
　▷図34「鑑真和上（坐）像」（作者不詳　奈良時代　唐招提寺（奈良県奈良市五条町）蔵）
◇全集日本の古寺 13（集英社 1984）
　▷図20「鑑真和上（坐）像」（作者不詳　天平時代？　唐招提寺（奈良県奈良市五条町）蔵）
◇日本大百科全書（小学館 1984）
◇福岡県百科事典 上,下（西日本新聞社 1982）
◇名宝日本の美術 7（小学館 1980）
　▷図60-64「鑑真和上（坐）像」（作者不詳　8世紀　唐招提寺（奈良県奈良市五条町）蔵）
◇国史大辞典（吉川弘文館 1979）
◇土門拳 日本の彫刻 1（美術出版社 1979）
　▷図118-119「鑑真和上（坐）像」（作者不詳　天平年間　唐招提寺（奈良県奈良市五条町）蔵）
◇日本古寺美術全集 3（集英社 1979）
　▷図4-5「鑑真和上（坐）像」（作者不詳　天平宝字7（763）　唐招提寺（奈良県奈良市五条町）蔵）
◇日本人名大事典 1～6（平凡社 1979（覆刻））
◇世界伝記大事典（ほるぷ出版 1978）
◇日本美術全集 4（学習研究社 1977）
　▷図71-72「鑑真和上（坐）像」（作者不詳　8世紀後半　唐招提寺（奈良県奈良市五条町）蔵）
◇原色版国宝 1（毎日新聞社 1976）

歴史人物肖像索引　153

かんた

▷図72「鑑真和上(坐)像」(作者不詳 奈良時代(8世紀後半) 唐招提寺(奈良県奈良市五条町)蔵)
◇日本の美術 1 (旺文社 1976)
　▷図65「鑑真和上(坐)像」(作者不詳 天平宝字7(763)頃 唐招提寺(奈良県奈良市五条町)蔵)
◇重要文化財 6 (毎日新聞社 1975)
　▷図198「鑑真和上(坐)像」(作者不詳 奈良時代 唐招提寺(奈良県奈良市五条町)蔵)
◇奈良の寺 20 (岩波書店 1975)
　▷図1-3,17-19「鑑真和上(坐)像」(作者不詳 天平時代(8世紀) 唐招提寺(奈良県奈良市五条町)蔵)
◇重要文化財 5 (毎日新聞社 1974)
　▷図114「鑑真和上(坐)像」(光達 享保18(1733) 東大寺(奈良県奈良市雑司町)蔵)
◇重要文化財 8 (毎日新聞社 1973)
　▷図171「鑑真和尚像」(作者不詳 鎌倉時代)
◇奈良六大寺大観 13 (岩波書店 1972)
　▷p34-37,128-133「鑑真和上(坐)像」(作者不詳 唐招提寺(奈良県奈良市五条町)蔵)
◇原色日本の美術 23 (小学館 1971)
　▷図2「鑑真和上(坐)像」(作者不詳 唐招提寺(奈良県奈良市五条町)蔵)
◇日本美術館 2 (筑摩書房 1971)
　▷図23「鑑真和上(坐)像」(作者不詳 唐招提寺(奈良県奈良市五条町))
◇奈良六大寺大観 12 (岩波書店 1969)
　▷p36「鑑真和上像」(作者不詳 14世紀)
◇秘宝 5 (講談社 1969)
　▷図176「鑑真和上像」(光達 東大寺(奈良県奈良市雑司町)蔵)
　▷図228「鑑真和上像」(作者不詳 鎌倉時代)
◇原色日本の美術 3 (小学館 1966)
　▷図54「鑑真和上(坐)像」(作者不詳 唐招提寺(奈良県奈良市五条町)蔵)
◇日本の美術 7 (平凡社 1965)
　▷図12「鑑真和上(坐)像」(作者不詳 天平宝字7(763)頃 唐招提寺(奈良県奈良市五条町)蔵)
◇世界大百科事典 (平凡社 1964)
◇国宝 1 (毎日新聞社 1963)
　▷図92-93「鑑真和上(坐)像」(作者不詳)
◇日本美術大系 2 (講談社 1959)
　▷図70-71「鑑真和上(坐)像」(作者不詳 奈良時代 唐招提寺(奈良県奈良市五条町)蔵)
◇日本美術全集 3 (東都文化交易 1953)
　▷図26「鑑真和上(坐)像」(作者不詳 奈良時代 唐招提寺(奈良県奈良市五条町))
◇国宝図録 1 (文化財協会 1952)
　▷図33「鑑真和上(坐)像」(作者不詳 奈良時代後期 唐招提寺(奈良県奈良市五条町)蔵)
◇日本の彫刻 4 (美術出版社 1951)
　▷図17「鑑真和上(坐)像」(作者不詳 唐招提寺(奈良県奈良市五条町))

神田孝平　かんだたかひら　1830～1898
　江戸時代末期, 明治時代の洋学者。
◇日本大百科全書 (小学館 1984)
◇兵庫県史 第5巻 近世編3・幕末維新 (兵庫県 1981)
　▷〈写真〉写真152「神田孝平像」
◇国史大辞典 (吉川弘文館 1979)
◇日本人名大事典 1～6 (平凡社 1979(覆刻))
◇大日本百科事典 (小学館 1967)

神田兵右衛門　かんだひょうえもん
　1841～1921　江戸時代末期, 明治時代の兵庫の豪商神田家の養子。
◇兵庫県大百科事典 上, 下 (神戸新聞出版センター 1983)

上林竹庵　かんばやしちくあん　1550～1600
　安土桃山時代の宇治茶師。
◇京都大事典 府域編 (淡交社 1994)　▷上林政重

神戸麗山　かんべれいざん　1802～1862
　江戸時代後期の画家。
◇静岡県歴史人物事典 (静岡新聞社 1991)

菅政友　かんまさとも　1824～1897
　江戸時代末期, 明治時代の歴史家。
◇茨城県大百科事典 (茨城新聞社 1981)

桓武天皇　かんむてんのう　737～806
　平安時代前期の第50代天皇。在位781～806。
◇講談社日本人名大辞典 (講談社 2001)
◇日本史大事典 (平凡社 1992)
◇京都大事典 (淡交社 1984)
◇日本大百科全書 (小学館 1984)
◇国史大辞典 (吉川弘文館 1979)
◇世界伝記大事典 (ほるぷ出版 1978)

観勒　かんろく
　飛鳥時代の僧。
◇国宝・重要文化財大全 4 (毎日新聞社 1999)
　▷図714「観勒僧正坐像」(作者不詳 平安時代 法隆寺(奈良県生駒郡斑鳩町)蔵)
◇仏像集成 6 (学生社 1995)
　▷図148「観勒僧正坐像」(作者不詳 11世紀中期頃 法隆寺(奈良県生駒郡斑鳩町)蔵)
◇入江泰吉写真集 (小学館 1989)
　▷図58「観勒僧正坐像」(作者不詳 平安時代 法隆寺(奈良県生駒郡斑鳩町)蔵)
◇法隆寺の至宝 4 (小学館 1985)
　▷p28,276「観勒僧正坐像」(作者不詳 平安時代 法隆寺(奈良県生駒郡斑鳩町)蔵)

◇国史大辞典（吉川弘文館 1979）
◇日本人名大事典 1～6（平凡社 1979（覆刻））
◇重要文化財 5（毎日新聞社 1974）
　▷図194「観勒僧正坐像」（作者不詳　平安時代　法隆寺（奈良県生駒郡斑鳩町）蔵）
◇奈良六大寺大観 2（岩波書店 1968）
　▷p183-184,246-248「観勒僧正坐像」（作者不詳　法隆寺（奈良県生駒郡斑鳩町）蔵）

【き】

規庵祖円　きあんそえん　1261～1313
鎌倉時代後期の臨済宗仏光派の僧。
◇国宝・重要文化財大全 1（毎日新聞社 1997）
　▷図97「規庵祖円像（南院国師）」（作者不詳　鎌倉時代,桃山時代 慶長17(1612)後水尾天皇賛）
◇長野県歴史人物大事典（郷土出版社 1989）
◇国史大辞典（吉川弘文館 1979）
◇重要文化財 10（毎日新聞社 1974）
　▷図333「規庵祖円像（南院国師）」（作者不詳　鎌倉時代－桃山時代）

木内石亭　きうちせきてい　1724～1808
江戸時代中期,後期の弄石家。
◇滋賀県百科事典（大和書房 1984）
◇郷土歴史人物事典　滋賀（第一法規出版 1979）
◇国史大辞典（吉川弘文館 1979）

義雲　ぎうん　1253～1333
鎌倉時代後期の曹洞宗の僧。
◇福井県大百科事典（福井新聞社 1991）
◇国史大辞典（吉川弘文館 1979）

義演　ぎえん　1558～1626
安土桃山時代,江戸時代前期の真言宗の僧,醍醐寺座主。
◇国史大辞典（吉川弘文館 1979）
◇日本人名大事典 1～6（平凡社 1979（覆刻））

義淵　ぎえん　？～728
飛鳥時代,奈良時代の法相宗の僧。
◇国宝・重要文化財大全 4（毎日新聞社 1999）
　▷図1135「義淵僧正(坐)像」（作者不詳　奈良時代　岡寺（奈良県高市郡明日香村）蔵）
◇仏像集成 6（学生社 1995）
　▷図194「義淵僧正(坐)像」（作者不詳　奈良時代後期　岡寺（奈良県高市郡明日香村）蔵）
◇原色日本の美術（改訂版）3（小学館 1994）
　▷図78「義淵僧正(坐)像」（作者不詳　岡寺

　（奈良県高市郡明日香村））
◇日本の仏像大百科 5（ぎょうせい 1991）
　▷図85「義淵僧正(坐)像」（作者不詳　奈良－平安時代前期　岡寺（奈良県高市郡明日香村）蔵）
◇国宝大事典 2（講談社 1985）
　▷図36「義淵僧正(坐)像」（作者不詳　奈良時代　岡寺（奈良県高市郡明日香村）蔵）
◇国宝（増補改訂版）4（毎日新聞社 1984）
　▷図44「義淵僧正(坐)像」（作者不詳　奈良時代　岡寺（奈良県高市郡明日香村）蔵）
◇全集日本の古寺 14（集英社 1984）
　▷図7「義淵僧正(坐)像」（作者不詳　天平時代後期－平安時代初期？　岡寺（奈良県高市郡明日香村）蔵）
◇日本画素描大観 4（講談社 1984）
　▷図18「岡寺義淵僧上木像（スケッチ）」（安田靫彦　明治35(1902)）
◇日本大百科全書（小学館 1984）
◇国史大辞典（吉川弘文館 1979）
◇土門拳　日本の彫刻 1（美術出版社 1979）
　▷図145-147「義淵僧正(坐)像」（作者不詳　岡寺（奈良県高市郡明日香村）蔵）
◇日本古寺美術全集 1（集英社 1979）
　▷図63「義淵僧正(坐)像」（作者不詳　岡寺（奈良県高市郡明日香村）蔵）
◇日本人名大事典 1～6（平凡社 1979（覆刻））
◇原色版国宝 1（毎日新聞社 1976）
　▷図75「義淵僧正(坐)像」（作者不詳　奈良時代(8世紀末期－9世紀初期)　岡寺（奈良県高市郡明日香村）蔵）
◇重要文化財 6（毎日新聞社 1975）
　▷図226「義淵僧正(坐)像」（作者不詳　奈良時代　岡寺（奈良県高市郡明日香村）蔵）
◇原色日本の美術 3（小学館 1966）
　▷図78「義淵僧正(坐)像」（作者不詳　岡寺（奈良県高市郡明日香村））
◇国宝 1（毎日新聞社 1963）
　▷図96「義淵僧正(坐)像」（作者不詳）
◇国宝図録 7（便利堂（印刷） 1961）
　▷図8「義淵僧正(坐)像」（作者不詳　天平時代末期－平安時代初期　岡寺（奈良県高市郡明日香村）蔵）

宜翁　ぎおう　1624～1661
江戸時代前期の学僧。
◇香川県人物・人名事典（四国新聞社 1985）

希膺雲居　きおううんご　1582～1659
安土桃山時代,江戸時代前期の高僧。
◇宮城県百科事典（河北新報社 1982）

義翁紹仁　ぎおうしょうにん
鎌倉時代後期の臨済宗の僧。
◇仏像集成 8（学生社 1997）
　▷図276「義翁和尚倚像」（作者不詳　文安4

(1447)　大照院(山口県萩市)蔵)

祇園南海　ぎおんなんかい　1677～1751
　　江戸時代中期の漢詩人,文人画家。
◇和歌山県史 近世 (和歌山県 1990)
　　▷〈写真〉写真103「祇園南海画像」

其角　きかく　1661～1707
　　江戸時代前期,中期の詩人。
◇琳派 4 (紫紅社 1991)
　　▷図122「其角像」(酒井抱一)
　　▷図123「其角像」(酒井抱一　文化3(1806))
◇俳人の書画美術 3 (集英社 1980)
　　▷図26「其角・子葉邂逅図」(英一蝶)
◇国史大辞典 (吉川弘文館 1979) ▷榎本其角
◇和漢詩歌作家辞典 (みづほ出版 1972)
◇俳諧人名辞典 (巖南堂書店 1970)
◇大日本百科事典 (小学館 1967)

魏学源　ぎがくげん　1793～1843
　　江戸時代後期の『新集科律』の編集者。
◇沖縄大百科事典 (沖縄タイムス社 1983)

気賀林　きがりん　1810～1883
　　江戸時代末期,明治時代の豪商。
◇静岡県歴史人物事典 (静岡新聞社 1991)

義教　ぎきょう　1694～1768
　　江戸時代中期の浄土真宗の僧。
◇富山大百科事典 (北日本新聞社 1994)

菊川英山　きくかわえいざん　1787～1867
　　江戸時代後期の浮世絵師。
◇日本人名大事典 1～6 (平凡社 1979(覆刻))

菊地愛山　きくちあいざん　1819～1906
　　江戸時代末期,明治期の日本画家。
◇栃木県歴史人物事典 (下野新聞社 1995)

菊池海荘　きくちかいそう　1799～1881
　　江戸時代末期,明治時代の志士。
◇和歌山県史 近世 (和歌山県 1990)
　　▷〈写真〉写真301「菊池海荘画像」
◇郷土歴史人物事典 和歌山 (第一法規出版 1979)

菊池教中　きくちきょうちゅう　1828～1862
　　江戸時代末期の豪商,志士。
◇栃木県歴史人物事典 (下野新聞社 1995)

菊池九郎　きくちくろう　1847～1926
　　江戸時代末期,明治時代の陸奥弘前藩士,政治家。
◇青森県人名事典 (東奥日報社 2002)

◇青森県百科事典 (東奥日報社 1981)
◇国史大辞典 (吉川弘文館 1979)

菊池重賢　きくちしげたか　1833～1904
　　江戸時代後期,末期,明治時代の函館八幡宮社家
　　菊池家第81代神職。
◇北海道歴史人物事典 (北海道新聞社 1993)
◇北海道大百科事典 (北海道新聞社 1981)

菊池大麓　きくちだいろく　1855～1917
　　江戸時代末期,明治時代の数学者,教育者,政治家。
◇岡山県歴史人物事典 (山陽新聞社 1994)
◇日本史大事典 (平凡社 1992)
◇日本大百科全書 (小学館 1984)
◇国史大辞典 (吉川弘文館 1979)
◇日本人名大事典 1～6 (平凡社 1979(覆刻))
◇岡山人名事典 (日本文教出版 1978)
◇大日本百科事典 (小学館 1967)
◇世界大百科事典 (平凡社 1964)

菊池武揚　きくちたけあき　1834～1912
　　江戸時代後期～明治期の米良領主侍医。
◇宮崎県大百科事典 (宮崎日日新聞社 1983)

菊池武重　きくちたけしげ　生没年不詳
　　南北朝時代の南朝方の武将。
◇熊本県大百科事典 (熊本日日新聞社 1982)

菊池武時　きくちたけとき　?～1333
　　鎌倉時代後期の肥後国の武将。
◇日本史大事典 (平凡社 1992)
◇国史大辞典 (吉川弘文館 1979)

菊池武房　きくちたけふさ　1245～1285
　　鎌倉時代後期の肥後国の武士。
◇講談社日本人名大辞典 (講談社 2001)
◇日本史大事典 (平凡社 1992)
◇国史大辞典 (吉川弘文館 1979)

菊池武光　きくちたけみつ　?～1373
　　南北朝時代の南朝方の武将。
◇日本史大事典 (平凡社 1992)
◇日本大百科全書 (小学館 1984)
◇熊本県大百科事典 (熊本日日新聞社 1982)
◇国史大辞典 (吉川弘文館 1979)

菊地民子　きくちたみこ　1794～1864
　　江戸時代後期の歌人。
◇栃木県歴史人物事典 (下野新聞社 1995)

菊池為邦　きくちためくに　1430～1488
　　室町時代の武将。
◇国史大辞典（吉川弘文館 1979）

菊池淡雅　きくちたんが　1788～1853
　　江戸時代後期の商人。
◇栃木県歴史人物事典（下野新聞社 1995）　▷菊地淡雅
◇郷土歴史人物事典 栃木（第一法規出版 1977）

菊地平八郎　きくちへいはちろう
　　江戸時代末期の水戸藩士・小姓頭取。1867年遣仏使節に随行しフランスに渡る。
◇サムライ古写真帖（新人物往来社 2004）
　　▷p18「マルセイユでの徳川昭武一行」（Walery 1867.4.5）
　　▷p22「マルセイユでの昭武と菊地平八郎」（Walery 1867.4.5）
◇写された幕末―石黒敬七コレクション（明石書店 1990）
　　▷p56 No.1「マルセイユで撮った徳川昭武一行」

菊池容斎　きくちようさい　1788～1878
　　江戸時代後期の日本画家。
◇国史大辞典（吉川弘文館 1979）
◇日本人名大事典 1～6（平凡社 1979（覆刻））

菊池能運　きくちよしかず　1482～1504
　　戦国時代の武将。
◇国宝・重要文化財大全 1（毎日新聞社 1997）
　　▷図191「菊池能運像」（作者不詳　室町時代）
◇日本史大事典（平凡社 1992）
◇国史大辞典（吉川弘文館 1979）
◇重要文化財 10（毎日新聞社 1974）
　　▷図390「菊池能運像」（作者不詳　室町時代）

菊池六朔　きくちろくさく　1810～1902
　　江戸時代後期～明治期の農政家。
◇福岡県百科事典 上,下（西日本新聞社 1982）

喜江　きこう
　　室町時代の禅僧。
◇国宝・重要文化財大全 1（毎日新聞社 1997）
　　▷図138「喜江禅師像」（作者不詳　室町時代　明応9（1500））
◇日本美術絵画全集 6（集英社 1979）
　　▷図30「喜江禅師画像（玉隠英璵賛）」（伝 祥啓　明応9（1500））
◇重要文化財 10（毎日新聞社 1974）
　　▷図369「喜江禅師像（玉隠英璵賛）」（作者不詳　室町時代）
◇水墨美術大系 6（講談社 1974）
　　▷図148「喜江禅師図」（伝 祥啓）

喜江禅師　きこうぜんし　生没年未詳
　　戦国時代の僧。
◇鎌倉事典（東京堂出版 1992）

儀山善来　ぎさんぜんらい　1800～1878
　　江戸時代末期、明治時代の臨済宗の僧。
◇福井県大百科事典（福井新聞社 1991）

岸沢式佐〔5代〕　きしざわしきさ　1806～1866　江戸時代末期の常磐津節の三味線方。
◇世界大百科事典（平凡社 1964）

岸赤十　きしせきじゅう　1829～1915
　　江戸時代末期～大正期の赤十字運動の先覚者。
◇山形県大百科事典（山形放送 1993）

岸田吟香　きしだぎんこう　1833～1905
　　江戸時代末期、明治時代の実業家、文化人。
◇講談社日本人名大辞典（講談社 2001）
◇下岡蓮杖写真集 限定版（下岡蓮杖撮影 新潮社 1999）
　　▷No.073「（無題）」
◇岡山県歴史人物事典（山陽新聞社 1994）
◇日本大百科全書（小学館 1984）
◇神奈川県史 各論編3 文化（神奈川県 1980）
　　▷〈写真〉123「岸田吟香」
◇国史大辞典（吉川弘文館 1979）
◇日本人名大事典 1～6（平凡社 1979（覆刻））
◇岡山人名事典（日本文教出版 1978）
◇世界伝記大事典（ほるぷ出版 1978）
◇世界大百科事典（平凡社 1964）

岸珍平　きしちんぺい
　　江戸時代末期の従者。1860年遣米使節に随行しアメリカに渡る。
◇サムライ古写真帖（新人物往来社 2004）
　　▷p68「（無題）」

来島又兵衛　きじままたべえ　1816～1864
　　江戸時代末期の長州（萩）藩士。
◇角川日本姓氏歴史人物大辞典 35（角川書店 1991）

岸本武太夫　きしもとぶだゆう　1742～1810
　　江戸時代後期の代官。
◇国史大辞典（吉川弘文館 1979）

岸本芳秀　きしもとよしひで　1821～1890
　　江戸時代末期、明治時代の雅楽家。
◇岡山県歴史人物事典（山陽新聞社 1994）
◇岡山人名事典（日本文教出版 1978）

喜舎場朝賢　きしゃばちょうけん　1840～1916
江戸時代末期, 明治時代の琉球の士族。
◇角川日本姓氏歴史人物大辞典 47（角川書店 1992）
◇沖縄大百科事典（沖縄タイムス社 1983）

金須松三郎　きすまつさぶろう　1843～1894
江戸時代後期～明治期の金融業。
◇宮城県百科事典（河北新報社 1982）

喜撰　きせん
平安時代前期の僧, 歌人。
◇名品揃物浮世絵 4（ぎょうせい 1992）
　▷図56「六歌仙 喜撰法師」（鳥文斎栄之　天明年間末頃(1781-89頃)）
◇秘蔵浮世絵大観 6（講談社 1989）
　▷図87「風流六歌仙 喜撰法師」（礒田湖竜斎　安永中期(1772-81)）
◇秘蔵浮世絵大観 4（講談社 1988）
　▷図75「六歌仙 喜撰法師」（勝川春章　明和末(1764-72)）
◇秘蔵浮世絵大観 2（講談社 1987）
　▷図066「今様風俗六哥仙 喜撰法師」（礒田湖竜斎　安永中・後期）
　▷図190「略六花撰 喜撰法師」（鳥文斎栄之　寛政8-10頃(1796-98頃)）
◇浮世絵聚花 補巻1（小学館 1982）
　▷図45「百人一首 喜撰法師」（鈴木春信　明和4-5(1767-68)）
◇浮世絵聚花 14（小学館 1981）
　▷図53「喜撰法師」（伝 鈴木春信）
◇浮世絵聚花 11（小学館 1979）
　▷図53「略六花撰 喜撰法師」（鳥文斎栄之　寛政8-10頃(1796-98頃)）
◇浮世絵聚花 6（小学館 1978）
　▷図044「風流略六哥仙 其二 喜撰法師」（鳥文斎栄之）
　▷図012「六歌仙 喜撰法師」（鳥文斎栄之　天明年間末頃(1781-89頃)）
◇日本版画美術全集 5（講談社 1960）
　▷図69「百人一首乳母が絵解〈版下絵〉喜撰法師」（葛飾北斎）

喜早伊右衛門　きそういえもん
1847～1906　江戸時代末期, 明治時代の東沢溜池建築者。
◇山形県大百科事典（山形放送 1983）

木曽義元　きそよしもと　1474～1504
戦国時代の信濃国衆。
◇長野県歴史人物大事典（郷土出版社 1989）

北浦定政　きたうらさだまさ　1817～1871
江戸時代末期, 明治時代の陵墓・条理・宮址研究家。
◇郷土歴史人物事典 奈良（第一法規出版 1981）
◇国史大辞典（吉川弘文館 1979）

北尾政美　きたおまさよし　1764～1824
江戸時代中期, 後期の浮世絵師。
◇日本芸術の創跡 2005年度版（世界文芸社 2005）
　▷p83「面構 鍬形蕙斎」（片岡球子）
◇朝日美術館 日本編 8（朝日新聞社 1997）
　▷図37「面構 浮世絵師鍬形蕙斎・戯作者山東京伝」（片岡球子　1981）
◇現代の日本画 6（学習研究社 1991）
　▷図60「面構 浮世絵師鍬形蕙斎・戯作者山東京伝」（片岡球子　昭和56(1981)）

北垣国道　きたがきくにみち　1836～1916
江戸時代末期, 明治時代の志士, 官僚。
◇高知県人名事典（高知新聞社 1999）
◇角川日本姓氏歴史人物大辞典 26（角川書店 1997）
◇北海道歴史人物事典（北海道新聞社 1993）
◇京都大事典（淡交社 1984）
◇兵庫県大百科事典 上, 下（神戸新聞出版センター 1983）
◇徳島県百科事典（徳島新聞社 1981）
◇兵庫県史 第5巻 近世編3・幕末維新（兵庫県 1981）
　▷〈写真〉写真86「北垣晋太郎像」
◇北海道大百科事典（北海道新聞社 1981）
◇国史大辞典（吉川弘文館 1979）

北風正造　きたかぜしょうぞう　1834～1895
江戸時代末期, 明治時代の兵庫の豪商。
◇兵庫県史 第5巻 近世編3・幕末維新（兵庫県 1981）
　▷〈写真〉写真99「北風正造像」

喜多川歌麿　きたがわうたまろ　1753～1806
江戸時代中期, 後期の浮世絵師。
◇朝日美術館 日本編 8（朝日新聞社 1997）
　▷図46「面構 浮世絵師喜多川歌麿と版元蔦屋重三郎」（片岡球子　1992）
　▷図30「面構 喜多川歌麿・鳥居清長」（片岡球子　1972）
◇現代の日本画 6（学習研究社 1991）
　▷図51「面構 喜多川歌麿と鳥居清長」（片岡球子　昭和47(1972)）
◇秘蔵浮世絵大観 1（講談社 1987）
　▷図023「歌麿之像」（伝 鳥文斎栄之）
◇浮世絵聚花 11（小学館 1979）
　▷図279「歌麿の書初め」（喜多川歌麿(初代)）

▷図185-186「高名美人見たて忠臣蔵 十二枚つゞき 十一だんめ」(喜多川歌麿〔初代〕) 1796-97項)
◇美人画・役者絵 5 (講談社 1965)
　▷図51「高名美人見たて忠臣蔵 十二枚つゞき 十一だんめ」(喜多川歌麿〔初代〕) 1796-97項)
◇日本版画美術全集 4 (講談社 1960)
　▷図45「歌麿之像」(伝 鳥文斎栄之)
◇日本の名画 歌麿 (平凡社 1956)
　▷図1「高名美人見たて忠臣蔵 十二枚つゞき 十一だんめ」(喜多川歌麿〔初代〕) 1796-97項)

喜多七太夫〔初代〕　きたしちだゆう　1586~1653　江戸時代前期の能役者。
◇国史大辞典 (吉川弘文館 1979)　▷喜多七太夫〔代数なし〕
◇世界伝記大事典 (ほるぷ出版 1978)

北島秀朝　きたじまひでとも　1842~1877　江戸時代末期,明治時代の志士。
◇千葉県の歴史 資料編 近現代7 (社会・教育・文化1) (発行 千葉県 1998)
　▷p16(写真)「北島秀朝(1842-77)肖像」
◇栃木県歴史人物事典 (下野新聞社 1995)

北代正臣　きただいまさおみ　未詳~1908~1908　江戸時代末期,明治期の土佐勤王党員。
◇高知県人名事典 (高知新聞社 1999)

北野鞠塢　きたのきくう　1762~1831　江戸時代中期,後期の文人,本草家。
◇国史大辞典 (吉川弘文館 1979)　▷佐原菊塢

北野元峰　きたのげんぽう　1842~1933　江戸時代末期~昭和期の曹洞宗僧侶。永平寺67世,曹洞宗管長。
◇福井県大百科事典 (福井新聞社 1991)
◇郷土歴史人物事典 福井 (第一法規出版 1985)

北畠顕家　きたばたけあきいえ　1318~1338　鎌倉時代後期,南北朝時代の武将。
◇国史大辞典 (吉川弘文館 1979)

北畠親房　きたばたけちかふさ　1293~1354　鎌倉時代後期,南北朝時代の公卿,武将。大納言・准大臣。
◇大日本百科事典 (小学館 1967)

北畠道竜　きたばたけどうりゅう　1820~1907　江戸時代末期,明治時代の浄土真宗の僧。
◇和歌山県史 近世 (和歌山県 1990)

▷〈写真〉写真308「北畠道竜画像」

北畠治房　きたばたけはるふさ　1833~1921　江戸時代末期,明治時代の志士。
◇郷土歴史人物事典 奈良 (第一法規出版 1981)

北原稲雄　きたはらいなお　1825~1881　江戸時代の国学者,信濃国伊那郡座光寺村の名主。
◇長野県歴史人物大事典 (郷土出版社 1989)

北原秦里　きたはらしんり　1786~1829　江戸時代後期の漢詩人。
◇高知県人名事典 (高知新聞社 1999)
◇高知県百科事典 (高知新聞社 1976)

喜多武清　きたぶせい　1776~1856　江戸時代後期の画家。
◇日本人名大事典 1~6 (平凡社 1979〔覆刻〕)

貴田孫兵衛　きだまごべえ　1559~1623　戦国時代~江戸時代前期の歌舞伎「彦山権現誓助太刀」の主人公毛谷村六助のモデル。
◇大分県歴史人物事典 (大分合同新聞社 1996)

北村季吟　きたむらきぎん　1624~1705　江戸時代前期,中期の俳人,歌人,和学者,幕府歌学方。
◇日本大百科全書 (小学館 1984)
◇郷土歴史人物事典 滋賀 (第一法規出版 1979)
◇国史大辞典 (吉川弘文館 1979)
◇俳諧人名辞典 (巌南堂書店 1970)　▷季吟

北村湖春　きたむらこしゅん　1648~1697　江戸時代前期の俳人,歌学者。
◇国史大辞典 (吉川弘文館 1979)

北村重頼　きたむらしげより　1845~1878　江戸時代末期,明治時代の志士。
◇高知県人名事典 (高知新聞社 1999)

北村守之助　きたむらもりのすけ　1837~1919　江戸時代末期~大正期の民権運動家,地方自治功労者。
◇高知県人名事典 (高知新聞社 1999)

橘田春湖　きちだしゅんこ　1825~1886　江戸時代末期,明治時代の俳人。
◇山梨百科事典 (山梨日日新聞社 1992)

吉川経幹　きっかわつねまさ　1829〜1867
江戸時代末期の大名。
◇角川日本姓氏歴史人物大辞典 35（角川書店 1991）
◇国史大辞典（吉川弘文館 1979）

吉川日鑑　きっかわにちかん　1827〜1886
江戸時代末期, 明治時代の日蓮宗の僧。
◇高知県人名事典（高知新聞社 1999）

吉川広家　きっかわひろいえ　1561〜1625
安土桃山時代, 江戸時代前期の毛利氏の武将。
◇国史大辞典（吉川弘文館 1979）

吉川元長　きっかわもとなが　1548〜1587
安土桃山時代の武将。
◇国史大辞典（吉川弘文館 1979）

吉川元春　きっかわもとはる　1530〜1586
戦国時代, 安土桃山時代の武将。毛利元就の次男, 毛利の両川の一人。
◇島根県歴史人物事典（山陰中央新報社 1997）
◇角川日本姓氏歴史人物大辞典 35（角川書店 1991）
◇日本大百科全書（小学館 1984）
◇広島県大百科事典（中国新聞社 1982）
◇国史大辞典（吉川弘文館 1979）
◇日本人名大事典 1〜6（平凡社 1979（覆刻））
◇兵庫県史 第3巻 中世編2・近世編1（兵庫県 1978）
　　▷〈写真〉写真210「吉川元春像」

木津幸吉　きづこうきち　1830〜1895
江戸時代末期, 明治期の写真館経営者。
◇北海道歴史人物事典（北海道新聞社 1993）
◇北海道大百科事典（北海道新聞社 1981）

義天玄承　ぎてんげんしょう　1393〜1462
室町時代の臨済宗の僧。
◇国史大辞典（吉川弘文館 1979）　▷義天玄詔

几董　きとう　1741〜1789
江戸時代中期の俳人。
◇日本人名大事典 1〜6（平凡社 1979（覆刻））
　　▷高井几董
◇俳諧人名辞典（巌南堂書店 1970）

義堂周信　ぎどうしゅうしん　1325〜1388
南北朝時代の臨済宗の僧。
◇高知県人名事典（高知新聞社 1999）
◇国史大辞典（吉川弘文館 1979）
◇日本人名大事典 1〜6（平凡社 1979（覆刻））

◇世界伝記大事典（ほるぷ出版 1978）
◇高知県百科事典（高知新聞社 1976）

鬼頭道恭　きとうどうきょう　1840〜1904
江戸時代末期, 明治期の画家。
◇愛知百科事典（中日新聞本社 1977）

木戸孝允　きどたかよし　1833〜1877
江戸時代末期, 明治時代の政治家, もと長州（萩）藩士。
◇サムライ古写真帖（新人物往来社 2004）
　　▷p88「（無題）」（上野彦馬　慶応年間(1865〜68)）
　　▷p89「木戸孝允立像」
　　▷p89「志士時代の木戸」
◇皇族・華族古写真帖 愛蔵版（新人物往来社 2003）
　　▷p138「（無題）」
　　▷p143「（無題）」
◇士―日本のダンディズム（二玄社 2003）
　　▷p052 No.44「木戸孝允像」（制作年不詳）
◇講談社日本人名大辞典（講談社 2001）
◇幕末・明治美人帖（新人物往来社 2001）
　　▷p63「芸妓幾松との恋に落ちた木戸孝允」
◇幕末―写真の時代（筑摩書房 1994）
　　▷p179 No.191「（無題）」（上野彦馬　慶応年間(1865〜68)）
　　▷p188 No.200「木戸, 伊藤ら群像」（上野彦馬）
◇日本史大事典（平凡社 1992）
◇角川日本姓氏歴史人物大辞典 35（角川書店 1991）
◇読者所蔵「古い写真」館（朝日新聞社 1986）
　　▷p50〜51「長州の重鎮たち」（明治初期）
　　▷p65「（無題）」
◇日本写真全集 1 写真の幕あけ（小学館 1985）
　　▷p149 No.204「（無題）」（上野彦馬）
◇日本大百科全書（小学館 1984）
◇山口県百科事典（大和書房 1982）
◇国史大辞典（吉川弘文館 1979）
◇日本人名大事典 1〜6（平凡社 1979（覆刻））
◇世界伝記大事典（ほるぷ出版 1978）
◇写真の開祖上野彦馬（上野彦馬撮影 産業能率短期大学出版部 1975）
　　▷p9 No.3「（無題）」
◇和漢詩歌作家辞典（みづほ出版 1972）
◇大日本百科事典（小学館 1967）
◇世界大百科事典（平凡社 1964）

木戸松子　きどまつこ　1843〜1886
江戸時代末期, 明治時代の女性。木戸孝允の妻。
◇幕末・明治美人帖（新人物往来社 2001）
　　▷p63「木戸孝允夫人松子と忠太郎」

木戸明　きどめい　1834～1916
江戸時代末期～大正期の勤王の志士。
◇高知県人名事典（高知新聞社 1999）

木梨精一郎　きなしせいいちろう　1845～1910
江戸時代末期，明治時代の長州（萩）藩士，政治家。
◇角川日本姓氏歴史人物大辞典 47（角川書店 1992）
◇沖縄大百科事典（沖縄タイムス社 1983）

稀音家浄観〔初代〕　きねやじょうかん
1839～1917　江戸時代末期，明治時代の長唄三味線方。
◇世界大百科事典（平凡社 1964）　▷杵屋勘五郎〔4代〕

紀海音　きのかいおん　1663～1742
江戸時代中期の浄瑠璃作者，俳人，狂歌師。
◇大阪府史 第6巻 近世編2（大阪府 1987）
　▷〈写真〉写真120「紀海音像『狂歌・戎の鯛』」
◇日本大百科全書（小学館 1984）
◇国史大辞典（吉川弘文館 1979）
◇大日本百科事典（小学館 1967）
◇世界大百科事典（平凡社 1964）

紀伊国屋文左衛門　きのくにやぶんざえもん
？～1734　江戸時代中期の豪商，材木問屋。
◇講談社日本人名大辞典（講談社 2001）
◇日本史大事典（平凡社 1992）
◇日本大百科全書（小学館 1984）
◇郷土歴史人物事典 和歌山（第一法規出版 1979）
◇国史大辞典（吉川弘文館 1979）
◇静岡大百科事典（静岡新聞社 1978）　▷紀国屋文左衛門

木下家定　きのしたいえさだ　1543～1608
安土桃山時代，江戸時代前期の武将，大名。
◇岡山人名事典（日本文教出版 1978）

木下逸雲　きのしたいつうん　1799～1866
江戸時代後期の画家。
◇長崎県大百科事典（長崎新聞社 1984）

木下順庵　きのしたじゅんあん　1621～1698
江戸時代前期の儒学者。
◇講談社日本人名大辞典（講談社 2001）
◇日本大百科全書（小学館 1984）
◇国史大辞典（吉川弘文館 1979）
◇世界大百科事典（平凡社 1964）

木下長嘯子　きのしたちょうしょうし
1569～1649
安土桃山時代，江戸時代前期の大名，歌人。
◇講談社日本人名大辞典（講談社 2001）
◇京都大事典（淡交社 1984）
◇国史大辞典（吉川弘文館 1979）
◇兵庫県史 第3巻 中世編2・近世編1（兵庫県 1978）
　▷〈写真〉写真248「木下勝俊像」

木下利房　きのしたとしふさ　1573～1637
安土桃山時代，江戸時代前期の大名。
◇岡山県歴史人物事典（山陽新聞社 1994）

紀貫之　きのつらゆき　？～945
平安時代前期，中期の歌人。
◇講談社日本人名大辞典（講談社 2001）
◇国宝・重要文化財大全 2（毎日新聞社 1999）
　▷図273「人麿貫之図」（岩佐勝以　江戸時代）
◇国宝・重要文化財大全 1（毎日新聞社 1997）
　▷図234「上畳本三十六歌仙切 紀貫之像」（作者不詳　鎌倉時代）
　▷図218「佐竹本三十六歌仙切 紀貫之像」（作者不詳　鎌倉時代）
◇日本史大事典（平凡社 1992）
◇日本美術全集 17（講談社 1992）
　▷図62-64「人麿・貫之図」（岩佐又兵衛　17世紀前半）
◇人間の美術 9（学習研究社 1990）
　▷図61-62「人麿・貫之図」（岩佐又兵衛　17世紀初期（江戸時代））
◇日本大百科全書（小学館 1984）
◇浮世絵聚花 補巻（小学館 1982）
　▷図113「三十六歌仙 紀貫之」（鈴木春信　明和4-5（1767-68））
◇日本美術絵画全集 13（集英社 1980）
　▷図31「人麿・貫之図」（岩佐又兵衛　17世紀初期（江戸時代））
◇国史大辞典（吉川弘文館 1979）
◇日本絵画百選（日本経済新聞社 1979）
　▷図69「人麿・貫之図」（岩佐又兵衛　17世紀初期（江戸時代））
◇浮世絵聚花 4（小学館 1979）
　▷図53「三十六歌仙 紀貫之」（鈴木春信　明和4-5（1767-68））
◇世界伝記大事典（ほるぷ出版 1978）
◇高知県百科事典（高知新聞社 1976）
◇重要文化財 11（毎日新聞社 1975）
　▷図204「人麿・貫之図」（岩佐又兵衛　17世紀初期（江戸時代））
◇在外秘宝─欧米所蔵浮世絵集成 鈴木春信（学習研究社 1972）
　▷図162「三十六歌仙 紀貫之」（鈴木春信　明和4-5（1767-68））
◇全集浮世絵版画 1（集英社 1972）

▷図41「三十六歌仙 紀貫之」（鈴木春信　明和4-5(1767-68)）
◇大日本百科事典（小学館 1967）
◇世界大百科事典（平凡社 1964）

紀友則　きのとものり
平安時代前期、中期の歌人。
◇国宝・重要文化財大全 1（毎日新聞社 1997）
▷図213「佐竹本三十六歌仙切 紀友則像」（作者不詳　鎌倉時代）
◇浮世絵聚花 補巻1（小学館 1982）
▷図258「三十六歌仙 紀友則」（鈴木春信　明和4-5(1767-68)）
◇浮世絵聚花 9（小学館 1981）
▷図1「三十六歌仙 紀友則」（鈴木春信　明和4-5(1767-68)）
◇国史大辞典（吉川弘文館 1979）
◇浮世絵大系 2（集英社 1973）
▷図31「三十六歌仙 紀友則」（鈴木春信　明和4-5(1767-68)）
◇在外秘宝―欧米秘蔵浮世絵集成 鈴木春信（学習研究社 1972）
▷図53「三十六歌仙 紀友則」（鈴木春信　明和4-5(1767-68)）
◇全集浮世絵版画 1（集英社 1972）
▷図12「三十六歌仙 紀友則」（鈴木春信　明和4-5(1767-68)）
◇原色日本の美術 17（小学館 1968）
▷図13「三十六歌仙 紀友則」（鈴木春信　明和4-5(1767-68)）
◇美人画・役者絵 2（講談社 1965）
▷図84-85「三十六歌仙 紀友則」（鈴木春信　明和4-5(1767-68)）
◇浮世絵版画 3（集英社 1963）
▷図12「三十六歌仙 紀友則」（鈴木春信　明和4-5(1767-68)）
◇日本版画美術全集 5（講談社 1960）
▷図66「百人一首乳母が絵解〈版下絵〉紀友則」（葛飾北斎）

紀長谷雄　きのはせお　845～912
平安時代前期、中期の学者、公卿。中納言。
◇日本史大事典（平凡社 1992）
◇国史大辞典（吉川弘文館 1979）

木畑坦斎　きはたたんさい　1824～1904
江戸時代末期、明治時代の儒者。
◇岡山県歴史人物事典（山陽新聞社 1994）

吉備真備　きびのまきび　695～775
奈良時代の学者、官人。右大臣。
◇講談社日本人名大辞典（講談社 2001）
◇岡山県歴史人物事典（山陽新聞社 1994）　▷吉備朝臣真備
◇原色日本の美術（改訂版）8（小学館 1994）

▷図71-72「吉備大臣入唐絵巻」（作者不詳　12世紀末－13世紀初）
◇原色日本の美術（改訂版）27（小学館 1994）
▷図19「吉備大臣入唐絵巻」（作者不詳　12世紀末－13世紀初）
◇人間の美術 6（学習研究社 1990）
▷図73「吉備大臣入唐絵巻」（作者不詳　12世紀）
◇日本美術全集 8（講談社 1990）
▷図136-138「吉備大臣入唐絵巻」（作者不詳　12世紀）
◇日本の絵巻 3（中央公論社 1987）
▷p2-84「吉備大臣入唐絵巻」（作者不詳）
◇在外日本の至宝 2（毎日新聞社 1980）
▷図1-5「吉備大臣入唐絵巻」（作者不詳　平安時代末－鎌倉時代初（12世紀後半））
◇国史大辞典（吉川弘文館 1979）
◇日本美術全集 10（学習研究社 1979）
▷図39「吉備大臣入唐絵巻　第三巻」（作者不詳　12世紀末）
◇岡山人名事典（日本文教出版社 1978）
◇世界伝記大事典（ほるぷ出版 1978）
◇新修日本絵巻物全集 6（角川書店 1977）
▷原色版5「吉備大臣入唐絵　第一段」（作者不詳）
▷原色版5-7「吉備大臣入唐絵」（作者不詳）
▷原色版6「吉備大臣入唐絵　第三段」（作者不詳）
▷原色版7「吉備大臣入唐絵　第六段」（作者不詳）
▷オフセット6「吉備大臣入唐絵　第一段」（作者不詳）
▷オフセット7「吉備大臣入唐絵　第一段」（作者不詳）
▷オフセット8「吉備大臣入唐絵　第四段」（作者不詳）
▷オフセット9「吉備大臣入唐絵　第六段」（作者不詳）
▷グラビア11-12「吉備大臣入唐絵　第一段」（作者不詳）
▷グラビア13「吉備大臣入唐絵　第二段」（作者不詳）
▷グラビア14「吉備大臣入唐絵　第三段・詞書」（作者不詳）
▷グラビア15-17「吉備大臣入唐絵　第三段」（作者不詳）
▷グラビア18「吉備大臣入唐絵　第五段」（作者不詳）
▷グラビア19-20「吉備大臣入唐絵　第六段」（作者不詳）
◇日本絵画館 4（講談社 1970）
▷図96-97「吉備大臣入唐絵詞」（作者不詳　13世紀）
◇在外秘宝 2（学習研究社 1969）
▷図51-52「吉備大臣入唐絵巻」（作者不詳）
◇原色日本の美術 8（小学館 1968）
▷図71-72「吉備大臣入唐絵巻」（作者不詳　12世紀末－13世紀初）

◇日本の美術 10（平凡社 1964）
　▷図15「吉備大臣入唐絵巻」（作者不詳　12世紀末）

木村浅七〔初代〕　きむらあさしち
1848～1916　江戸時代末期～大正期の足利町の機業家。
◇栃木県歴史人物事典（下野新聞社 1995）

木村芥舟　きむらかいしゅう　1830～1901
江戸時代末期,明治時代の幕臣。
◇サムライ古写真帖（新人物往来社 2004）
　▷p69「（無題）」
◇幕末―写真の時代（筑摩書房 1994）
　▷p101 No.117「（無題）」（横山松三郎）
◇国史大辞典（吉川弘文館 1979）

木村金秋　きむらきんしゅう　1833～1917
江戸時代末期～大正期の日本画家。
◇愛知百科事典（中日新聞本社 1977）

木村蒹葭堂　きむらけんかどう　1736～1802
江戸時代中期,後期の文人,商人,好事家。
◇講談社日本人名大辞典（講談社 2001）
◇国宝・重要文化財大全 2（毎日新聞社 1999）
　▷図210「木村蒹葭堂像」（谷文晁　江戸時代　享和2(1802)年記）
◇原色日本の美術（改訂版）19（小学館 1994）
　▷図80「木村蒹葭堂像」（谷文晁　1802）
◇日本史大事典（平凡社 1992）
◇日本美術全集 21（講談社 1991）
　▷図53「木村蒹葭堂像」（谷文晁　享和2(1802)）
◇人間の美術 9（学習研究社 1990）
　▷図181「木村蒹葭堂像」（谷文晁　享和2(1802)）
◇大阪府史 第6巻 近世編2（大阪府 1987）
　▷〈口絵〉「木村蒹葭堂像（重文）」
◇日本大百科全書（小学館 1984）
◇国史大辞典（吉川弘文館 1979）
◇日本人名事典 1～6（平凡社 1979(覆刻)）
◇重要文化財 11（毎日新聞社 1975）
　▷図150「木村蒹葭堂像」（谷文晁　江戸時代）
◇文人画粋編 19（中央公論社 1975）
　▷図103「木村蒹葭堂像」（谷文晁　享和2(1802)）
◇日本絵画館 8（講談社 1970）
　▷図46「木村蒹葭堂像」（谷文晁　享和2(1802)）
◇原色日本の美術 18（小学館 1969）
　▷図80「木村蒹葭堂像」（谷文晁　1802）
◇世界大百科（平凡社 1964）
◇日本美術大系 5（講談社 1959）
　▷図77「木村蒹葭堂像」（谷文晁）

木村謙哉　きむらけんさい　1837～1890
江戸時代末期,明治期の医師。
◇新潟県大百科事典 上,下（新潟日報事業社 1977）

木村重成　きむらしげなり　？～1615
江戸時代前期の武将。
◇国史大辞典（吉川弘文館 1979）　▷木村長門守

木村庄次郎　きむらしょうじろう
江戸時代の相撲行司。
◇浮世絵聚花 10（小学館 1979）
　▷図99「行司木村庄次郎」（勝川春英）

木村庄之助〔代数不詳〕　きむらしょうのすけ
江戸時代の立行司。
◇秘蔵浮世絵大観 6（講談社 1989）
　▷図127「東小結 渦ケ淵勘太夫・西前頭 関ノ戸八郎治・行司 木村庄之助」（勝川春好(初代)　天明6頃(1786頃)）
◇秘蔵浮世絵大観 9（講談社 1989）
　▷図106「東前頭 鶴ケ瀧・西前頭 秀ノ山改伊達ケ関・行司 木村庄之助」（勝川春好(初代)　天明6冬頃(1786・冬頃)）
◇国史大辞典（吉川弘文館 1979）　▷木村庄之助

木村庄之助〔13代〕　きむらしょうのすけ
江戸時代後期,末期,明治時代の行司。
◇写された幕末―石黒敬七コレクション（明石書店 1990）
　▷p192 No.1「明治2年の横綱」

木村宗三　きむらそうぞう
江戸時代末期,明治時代の幕臣。
◇サムライ古写真帖（新人物往来社 2004）
　▷p18「マルセイユでの徳川昭武一行」（Walery　1867.4.5）

木村宗蔵　きむらそうぞう
江戸時代末期の徳川昭武使節団随員。
◇写された幕末―石黒敬七コレクション（明石書店 1990）
　▷p56 No.1「マルセイユで撮った徳川昭武一行」

木村高敦　きむらたかあつ　1680～1742
江戸時代中期の幕臣,歴史考証学者。
◇国史大辞典（吉川弘文館 1979）

木村探元　きむらたんげん　1679～1767
江戸時代中期の狩野派の画家。
◇鹿児島大百科事典（南日本新聞社 1981）

木村槌之助 きむらつちのすけ
江戸時代の相撲行司。
◇秘蔵浮世絵大観 11（講談社 1988）
▷図05「東方 久留米 渦ケ淵勘太夫・西方 江戸 荒海八郎治・行司 木村槌之助」（作者不詳 天明1-2）

木村弦雄 きむらつるお 1838～1897
江戸時代末期，明治時代の肥後熊本藩士。
◇熊本県大百科事典（熊本日日新聞社 1982）

木村鉄太 きむらてつた 1828～1862
江戸時代末期の肥後熊本藩士。
◇幕末―写真の時代（筑摩書房 1994）
▷p46 No.36「（無題）」（撮影者不詳）

木村東眠 きむらとうみん 1831～1905
江戸時代後期～明治期の医師。
◇新潟県大百科事典 上，下（新潟日報事業社 1977）

木村半兵衛〔3代〕 きむらはんべえ
1833～1886 江戸時代後期，末期，明治時代の実業家。
◇栃木県歴史人物事典（下野新聞社 1995）

木村敏 きむらびん 1850～1908
江戸時代末期，明治期の教育家。
◇宮城県百科事典（河北新報社 1982）

木村黙老 きむらもくろう 1774～1856
江戸時代後期の讃岐高松藩家老。
◇香川県人物・人名事典（四国新聞社 1985）
◇香川県大百科事典（四国新聞社 1984）
◇国史大辞典（吉川弘文館 1979）

木村安兵衛 きむらやすべえ 1817～1889
江戸時代末期，明治時代の武士，パン職人。
◇茨城県大百科事典（茨城新聞社 1981）

鬼面山谷五郎 きめんざんたにごろう
江戸時代後期の力士。
◇秘蔵浮世絵大観 6（講談社 1989）
▷図0117「小野川喜三郎・鬼面山谷五郎・筆ノ海金右エ門」（勝川春好（初代） 天明後期）
◇全集浮世絵版画 5（集英社 1971）
▷図30「鬼面山谷五郎と出羽海金蔵」（葛飾北斎）
◇日本版画美術全集 5（講談社 1960）
▷図2「鬼面山谷五郎と出羽海金蔵」（葛飾北斎）

鬼面山谷五郎 きめんざんたにごろう
1826～1871 江戸時代末期，明治時代の力士。
◇講談社日本人名大辞典（講談社 2001）
◇写された幕末―石黒敬七コレクション（明石書店 1990）
▷p192 No.1「明治2年の横綱」

鬼面山与一右衛門 きめんざんよいちえもん
1768～1832 江戸時代中期，後期の力士。
◇千葉大百科事典（千葉日報社 1982）
◇在外秘宝―欧米収蔵浮世絵集成 葛飾北斎（学習研究社 1972）
▷図167「高根山与一右衛門と千田川吉五郎」（葛飾北斎）

義門 ぎもん 1786～1843
江戸時代後期の真宗の僧。
◇福井県大百科事典（福井新聞社 1991） ▷東条義門

喜屋武朝扶 きゃんちょうふ 生没年未詳
江戸時代末期，明治期の首里士族。
◇沖縄大百科事典（沖縄タイムス社 1983）

行賀 ぎょうが 729～803
奈良時代，平安時代前期の僧，興福寺別当。
◇日本史大事典（平凡社 1992）
◇国史大辞典（吉川弘文館 1979）

行基 ぎょうき 668～749
飛鳥時代，奈良時代の僧。
◇国宝・重要文化財大全 4（毎日新聞社 1999）
▷図622「行基菩薩（坐）像」（作者不詳 享保15（1730） 西大寺（奈良県奈良市西大寺芝町）蔵）
▷図621「行基菩薩（坐）像」（作者不詳 鎌倉時代 唐招提寺（奈良県奈良市五条町）蔵）
◇国宝・重要文化財大全 1（毎日新聞社 1997）
▷図267「行基菩薩行状絵伝」（作者不詳 鎌倉時代）
◇仏像集成 5（学生社 1994）
▷図62「行基菩薩（坐）像」（作者不詳 享保15（1730） 西大寺（奈良県奈良市西大寺芝町）蔵）
▷図48「行基菩薩（坐）像」（作者不詳 唐招提寺（奈良県奈良市五条町）蔵）
◇日本史大事典（平凡社 1992）
◇日本の仏像大百科 5（ぎょうせい 1991）
▷図83「行基菩薩（坐）像」（作者不詳 鎌倉時代 唐招提寺（奈良県奈良市五条町）蔵）
◇アート・ギャラリー・ジャパン 4（集英社 1987）
▷図023「行基菩薩」（安田靫彦 昭和18（1943））

◇香川県人物・人名事典（四国新聞社 1985）
◇香川県大百科事典（四国新聞社 1984）
◇日本大百科全書（小学館 1984）
　▷図74-77「行基菩薩行状絵伝」（作者不詳）
◇国史大辞典（吉川弘文館 1979）
◇日本古寺美術全集 3（集英社 1979）
　▷図58「行基菩薩（坐）像」（作者不詳　唐招提寺（奈良県奈良市五条町）蔵）
◇日本人名大事典 1～6（平凡社 1979（覆刻））
◇世界伝記大事典（ほるぷ出版 1978）
◇日本の名画 14（中央公論社 1976）
　▷図23「行基菩薩」（安田靫彦　昭和18（1943））
◇現代日本美術全集 14（集英社 1974）
　▷図20「行基菩薩」（安田靫彦　昭和18（1943））
◇重要文化財 5（毎日新聞社 1974）
　▷図112「行基菩薩（坐）像」（作者不詳　享保15（1730）　西大寺（奈良県奈良市西大寺芝町）蔵）
　▷図111「行基菩薩（坐）像」（作者不詳　鎌倉時代　唐招提寺（奈良県奈良市五条町）蔵）
◇重要文化財 9（毎日新聞社 1974）
　▷図241「行基菩薩行状絵伝」（作者不詳　鎌倉時代）
◇奈良六大寺大観 13（岩波書店 1972）
　▷p210-212「行基菩薩（坐）像」（作者不詳　唐招提寺（奈良県奈良市五条町）蔵）
◇奈良六大寺大観 12（岩波書店 1969）
　▷p235「行基菩薩像」（幸守　13世紀）
◇世界大百科事典（平凡社 1964）

行教　　ぎょうきょう
　平安時代前期の大安寺の僧。
◇国宝・重要文化財大全 4（毎日新聞社 1999）
　▷図643「行教律師（坐）像」（作者不詳　平安時代　神応寺（京都府八幡市八幡高坊）蔵）
◇日本の仏像大百科 5（ぎょうせい 1991）
　▷図104「行教律師（坐）像」（作者不詳　平安時代前期　神応寺（京都府八幡市八幡高坊）蔵）
◇仏像集成 3（学生社 1986）
　▷図338「行教律師（坐）像」（作者不詳　神応寺（京都府八幡市八幡高坊）蔵）
◇日本古寺美術全集 15（集英社 1980）
　▷図80「行教律師（坐）像」（作者不詳　神応寺（京都府八幡市八幡高坊）蔵）
◇国史大辞典（吉川弘文館 1979）
◇日本人名大事典 1～6（平凡社 1979（覆刻））
◇重要文化財 5（毎日新聞社 1974）
　▷図131「行教律師（坐）像」（作者不詳　平安時代　神応寺（京都府八幡市八幡高坊）蔵）

京極朗徹　　きょうごくあきゆき　　1828～1882
　江戸時代末期、明治時代の大名。
◇香川県人物・人名事典（四国新聞社 1985）
◇香川県大百科事典（四国新聞社 1984）

京極高朗　　きょうごくたかあき　　1824～1864
　江戸時代末期の幕臣。
◇サムライ古写真帖（新人物往来社 2004）
　▷p106「遣欧使節一行」（ナダール）
◇士―日本のダンディズム（二玄社 2003）
　▷p125 No.101「第一回遣欧使節団正使・副使ら四人」（ナダール）
　▷p128 No.104「京極能登守高朗像」（ロビラルト）
◇幕末―写真の時代（筑摩書房 1994）
　▷p57 No.42「第一回遣欧使節団正副使ら」（ナダール）
◇写された幕末―石黒敬七コレクション（明石書店 1990）
　▷p35 No.6「ロンドンにおける使節随員」（タビス　文久元年（1861）.6.6）
　▷p35 No.5「遣欧使節竹内下野守」
◇写真集 甦る幕末（朝日新聞社 1987）
　▷p230 No.314「（無題）」
◇開化写真鏡 写真にみる幕末から明治へ（大和書房 1975）
　▷p92「（無題）」

京極高朗　　きょうごくたかあきら　　1798～1874
　江戸時代末期、明治時代の大名。
◇香川県人物・人名事典（四国新聞社 1985）
◇香川県大百科事典（四国新聞社 1984）

京極高和　　きょうごくたかかず　　1619～1662
　江戸時代前期の大名。
◇香川県人物・人名事典（四国新聞社 1985）
◇香川県大百科事典（四国新聞社 1984）

京極高次　　きょうごくたかつぐ　　1563～1609
　安土桃山時代、江戸時代前期の大名。
◇国史大辞典（吉川弘文館 1979）

京極高豊　　きょうごくたかとよ　　1655～1694
　江戸時代前期、中期の大名。
◇香川県人物・人名事典（四国新聞社 1985）
◇香川県大百科事典（四国新聞社 1984）

京極高中　　きょうごくたかなか　　1754～1811
　江戸時代中期、後期の大名。
◇香川県人物・人名事典（四国新聞社 1985）
◇香川県大百科事典（四国新聞社 1984）

きよう

京極高矩 きょうごくたかのり 1718～1763
江戸時代中期の大名。
◇香川県人物・人名事典（四国新聞社 1985）
◇香川県大百科事典（四国新聞社 1984）

京極高或 きょうごくたかもち 1692～1724
江戸時代中期の大名。
◇香川県人物・人名事典（四国新聞社 1985）
◇香川県大百科事典（四国新聞社 1984）

京極忠高 きょうごくただたか 1593～1637
江戸時代前期の大名。
◇国史大辞典（吉川弘文館 1979）

行厳 ぎょうごん
平安時代後期の天台宗の僧。
◇日本人名大事典 1～6（平凡社 1979（覆刻））

行照 ぎょうしょう 1793～1862
江戸時代末期の浄土真宗の僧。
◇富山大百科事典（北日本新聞社 1994）

尭恕入道親王 ぎょうじょにゅうどうしんのう
1640～1695 江戸時代前期の天台宗の僧。天台座主。
◇国史大辞典（吉川弘文館 1979） ▷尭恕入道親王

教信 きょうしん ？～866
平安時代前期の念仏聖。
◇国史大辞典（吉川弘文館 1979）

行信 ぎょうしん
奈良時代の僧。
◇国宝・重要文化財大全 4（毎日新聞社 1999）
　▷図1104「行信僧都（坐）像」（作者不詳　奈良時代　法隆寺（奈良県生駒郡斑鳩町）蔵）
◇法隆寺の至宝 3（小学館 1996）
　▷乾漆像2「行信僧都（坐）像」（作者不詳　奈良時代　法隆寺（奈良県生駒郡斑鳩町）蔵）
◇仏像集成 6（学生社 1995）
　▷図92「行信僧都（坐）像」（作者不詳　8世紀後半　法隆寺（奈良県生駒郡斑鳩町）蔵）
◇原色日本の美術(改訂版) 2（小学館 1994）
　▷図78「行信僧都（坐）像」（作者不詳　法隆寺（奈良県生駒郡斑鳩町）蔵）
◇原色日本の美術(改訂版) 21（小学館 1994）
　▷図3「行信僧都（坐）像」（作者不詳　法隆寺（奈良県生駒郡斑鳩町）蔵）
◇日本の仏像大百科 5（ぎょうせい 1991）
　▷図84「行信僧都（坐）像」（作者不詳　奈良時代　法隆寺（奈良県生駒郡斑鳩町）蔵）
◇新編 名宝日本の美術 1（小学館 1990）
　▷図50「行信僧都（坐）像」（作者不詳　8世紀　法隆寺（奈良県生駒郡斑鳩町）蔵）
◇人間の美術 4（学習研究社 1990）
　▷図29「行信僧都（坐）像」（作者不詳　8世紀　法隆寺（奈良県生駒郡斑鳩町）蔵）
◇日本美術全集 4（講談社 1990）
　▷図100「行信僧都（坐）像」（作者不詳　8世紀後期　法隆寺（奈良県生駒郡斑鳩町）蔵）
◇入江泰吉写真集（小学館 1989）
　▷図178,184「行信僧都（坐）像」（作者不詳　天平時代　法隆寺（奈良県生駒郡斑鳩町）蔵）
◇国宝大事典 2（講談社 1985）
　▷図35「行信僧都（坐）像」（作者不詳　奈良時代　法隆寺（奈良県生駒郡斑鳩町）蔵）
◇国宝(増補改訂版) 4（毎日新聞社 1984）
　▷図35「行信僧都（坐）像」（作者不詳　奈良時代　法隆寺（奈良県生駒郡斑鳩町）蔵）
◇全集日本の古寺 10（集英社 1984）
　▷図44「行信僧都（坐）像」（作者不詳　天平時代　法隆寺（奈良県生駒郡斑鳩町）蔵）
◇名宝日本の美術 2（小学館 1982）
　▷図50「行信僧都（坐）像」（作者不詳　8世紀　法隆寺（奈良県生駒郡斑鳩町）蔵）
◇国史大辞典（吉川弘文館 1979）
◇土門拳 日本の彫刻 1（美術出版社 1979）
　▷図143-144「行信僧都（坐）像」（作者不詳　天平時代　法隆寺（奈良県生駒郡斑鳩町）蔵）
◇日本古寺美術全集 2（集英社 1979）
　▷図4「行信僧都（坐）像」（作者不詳　天平時代後期　法隆寺（奈良県生駒郡斑鳩町）蔵）
◇日本美術全集 2（学習研究社 1978）
　▷図81「行信僧都（坐）像」（作者不詳　8世紀後半　法隆寺（奈良県生駒郡斑鳩町）蔵）
◇原色版国宝 1（毎日新聞社 1976）
　▷図66「行信僧都（坐）像」（作者不詳　奈良時代（8世紀）　法隆寺（奈良県生駒郡斑鳩町））
◇日本の美術 1（旺文社 1976）
　▷図66「行信僧都（坐）像」（作者不詳　8世紀後期　法隆寺（奈良県生駒郡斑鳩町）蔵）
◇重要文化財 6（毎日新聞社 1975）
　▷図197「行信僧都（坐）像」（作者不詳　奈良時代　法隆寺（奈良県生駒郡斑鳩町）蔵）
◇奈良の寺 5（岩波書店 1973）
　▷図46,47「行信僧都（坐）像」（作者不詳　天平時代(8世紀)　法隆寺（奈良県生駒郡斑鳩町）蔵）
◇原色日本の美術 23（小学館 1971）
　▷図3「行信僧都（坐）像」（作者不詳　法隆寺（奈良県生駒郡斑鳩町）蔵）
◇秘宝 2（講談社 1970）
　▷図37「行信僧都（坐）像」（作者不詳　天平勝宝2(750)？　法隆寺（奈良県生駒郡斑鳩町）蔵）
◇奈良六大寺大観 3（岩波書店 1969）
　▷p148-149,226-231「行信僧都（坐）像」（作者

不詳　法隆寺（奈良県生駒郡斑鳩町）蔵）
◇原色日本の美術 2（小学館 1966）
　▷図78「行信僧都（坐）像」（作者不詳　8世紀中期　法隆寺（奈良県生駒郡斑鳩町）蔵）
◇日本の美術 4（平凡社 1965）
　▷図43「行信僧都（坐）像」（作者不詳　8世紀後半　法隆寺（奈良県生駒郡斑鳩町）蔵）
◇国宝 1（毎日新聞社 1963）
　▷図86「行信僧都（坐）像」（作者不詳）
◇日本美術大系 2（講談社 1959）
　▷図67「行信僧都（坐）像」（作者不詳　奈良時代　法隆寺（奈良県生駒郡斑鳩町）蔵）
◇国宝図録 2（文化財協会 1953）
　▷図36「行信僧都（坐）像」（作者不詳　法隆寺（奈良県生駒郡斑鳩町）蔵）

暁台　きょうたい　1732～1792
江戸時代中期の俳人。
◇日本人名大事典 1～6（平凡社 1979（覆刻））
　▷久村暁台
◇俳諧人名辞典（巌南堂書店 1970）

敬徳　きょうとく　1834～1885
江戸時代末期、明治時代の天台宗の僧。
◇滋賀県百科事典（大和書房 1984）　▷桜井敬徳

教如　きょうにょ　1558～1614
安土桃山時代、江戸時代前期の真宗の僧。
◇富山大百科事典（北日本新聞社 1994）
◇大阪府史 第5巻 近世編1（大阪府 1985）
　▷〈写真〉写真88「教如上人像 東本願寺」
◇国史大辞典（吉川弘文館 1979）
◇世界伝記大事典（ほるぷ出版 1978）　▷教如光寿

巧如　ぎょうにょ　1376～1440
室町時代の僧。
◇国史大辞典（吉川弘文館 1979）

凝然　ぎょうねん　1240～1321
鎌倉時代後期の律僧、東大寺戒壇院主。
◇日本史大事典（平凡社 1993）
◇愛媛県百科大事典（愛媛新聞社 1985）
◇国史大辞典（吉川弘文館 1979）
◇奈良六大寺大観 11（岩波書店 1972）
　▷p162「凝然上人像」（作者不詳　14世紀）
◇秘宝 5（講談社 1969）
　▷図230「凝然画像」（作者不詳　南北朝時代）

堯然入道親王　ぎょうねんにゅうどうしんのう
1602～1661　江戸時代前期の僧。天台座主。
◇国史大辞典（吉川弘文館 1979）　▷堯然入道親王

岐陽方秀　ぎようほうしゅう　1361～1424
南北朝時代、室町時代の臨済宗の僧。
◇国宝・重要文化財大全 1（毎日新聞社 1997）
　▷図131「岐陽方秀像」（作者不詳　室町時代　応永27（1420）自賛）
◇国史大辞典（吉川弘文館 1979）
◇重要文化財 10（毎日新聞社 1974）
　▷図362「岐陽方秀像（自賛）」（作者不詳　室町時代）

清岡静　きよおかしず　1843～1913
江戸時代末期、明治時代の女性。高知藩尊攘派志士清岡道之助の妻。
◇高知県人名事典（高知新聞社 1999）

清岡公張　きよおかたかとも　1841～1901
江戸時代末期、明治時代の土佐藩士、志士、官僚。
◇高知県人名事典（高知新聞社 1999）

清岡道之助　きよおかみちのすけ　1833～1864
江戸時代末期の勤王志士。
◇高知県人名事典（高知新聞社 1999）
◇高知県百科事典（高知新聞社 1976）

清河八郎　きよかわはちろう　1830～1863
江戸時代後期、末期の尊攘派浪士。
◇山形県大百科事典（山形放送 1983）

清川八郎　きよかわはちろう　1830～1863
江戸時代末期の尊攘派志士。
◇講談社日本人名大辞典（講談社 2001）
◇国史大辞典（吉川弘文館 1979）
◇日本人名大事典 1～6（平凡社 1979（覆刻））

玉隠永璵　ぎょくいんえいよ　1432～1524
室町時代、戦国時代の臨済宗の僧。
◇国宝・重要文化財大全 1（毎日新聞社 1997）
　▷図139「玉隠英璵像」（作者不詳　室町時代）
◇鎌倉事典（東京堂出版 1992）　▷玉隠英璵
◇重要文化財 10（毎日新聞社 1974）
　▷図370「玉隠英璵像（自賛）」（作者不詳　室町時代）

玉甫紹琮　ぎょくほじょうそう
1546～1613　安土桃山時代、江戸時代前期の臨済宗の僧。
◇日本美術絵画全集 10（集英社 1979）
　▷図60「玉甫紹琮像」（長谷川等伯　慶長14（1609））

浄定行者　きよさだぎょうじゃ
奈良時代の僧。
◇福井県大百科事典（福井新聞社 1991）

きよの

清野勇　きよのいさむ　1851～1926
　　江戸時代末期～大正期の医学者。
◇岡山県歴史人物事典（山陽新聞社 1994）

虚白　きょはく　？～1847
　　江戸時代後期の俳人。
◇俳諧人名辞典（巌南堂書店 1970）

清原雄風　きよはらおかぜ　1747～1810
　　江戸時代中期、後期の歌人。
◇大分百科事典（大分放送 1980）

清原当済　きよはらとうすみ　1747～1816
　　江戸時代中期の薩摩藩士。
◇沖縄大百科事典（沖縄タイムス社 1983）

清原武衡　きよはらのたけひら　？～1087
　　平安時代中期、後期の豪族。
◇国史大辞典（吉川弘文館 1979）

清原宣賢　きよはらのぶかた　1475～1550
　　戦国時代の儒学者、公卿。非参議。
◇福井県大百科事典（福井新聞社 1991）
◇国史大辞典（吉川弘文館 1979）

清原深養父　きよはらのふかやぶ
　　平安時代中期の歌人。
◇名品揃物浮世絵 9（ぎょうせい 1992）
　　▷図19「百人一首うはか縁説 清原深養父」（葛飾北斎　天保年間中－後期（1830-1844）
◇浮世絵大系 8（集英社 1974）
　　▷図147「百人一首うはか縁説 清原深養父」（葛飾北斎　天保年間中－後期（1830-1844））
◇全集浮世絵版画 5（集英社 1971）
　　▷図48「百人一首うはか縁説 清原深養父」（葛飾北斎　天保年間中－後期（1830-1844））

清原元輔　きよはらのもとすけ　908～990
　　平安時代中期の歌人。
◇国宝・重要文化財大全 1（毎日新聞社 1997）
　　▷図226「佐竹本三十六歌仙切 清原元輔像」（作者不詳　鎌倉時代）
◇日本史大事典（平凡社 1992）
◇浮世絵聚花 13（小学館 1981）
　　▷〔版〕22「三十六歌仙 清原元輔」（鈴木春信）
◇国史大辞典（吉川弘文館 1979）
◇全集浮世絵版画 1（集英社 1972）
　　▷図43「三十六歌仙 清原元輔」（鈴木春信）
◇日本版画美術全集 2（講談社 1961）
　　▷図288「三十六歌仙 清原元輔」（鈴木春信）

清原無曆　きよはらむれき　1830～1904
　　江戸時代後期～明治期の勤皇家。
◇大分県歴史人物事典（大分合同新聞社 1996）

許六　きょりく　1656～1715
　　江戸時代前期、中期の俳人、近江彦根藩士、彦根俳壇の指導者。
◇滋賀県百科事典（大和書房 1984）　▷森川許六
◇国史大辞典（吉川弘文館 1979）　▷森川許六
◇日本人名大事典 1～6（平凡社 1979〈覆刻〉）
　　　▷森川許六
◇俳諧人名辞典（巌南堂書店 1970）

吉良順吉　きらじゅんきち　1847～1896
　　江戸時代後期～明治期の自由民権運動家。
◇高知県人名事典（高知新聞社 1999）

吉良義央　きらよしなか　1641～1702
　　江戸時代前期、中期の高家。
◇日本史大事典（平凡社 1992）
◇仏像集成 2（学生社 1992）
　　▷図566「吉良義央坐像」（伝 吉良義央　元禄3（1690）　華蔵寺（愛知県幡豆郡）蔵）
◇国史大辞典（吉川弘文館 1979）

霧波滝江　きりなみたきえ
　　江戸時代中期の歌舞伎役者。
◇浮世絵聚花 10（小学館 1979）
　　▷図15「いくしま新五郎 二世市川だん十郎 きり浪滝江」（鳥居清信）

桐野利秋　きりのとしあき　1838～1877
　　江戸時代末期、明治時代の志士。
◇サムライ古写真帖（新人物往来社 2004）
　　▷p133「（無題）」
　　▷p133「女性と並んだ桐野利秋」
◇幕末・明治美人帖（新人物往来社 2001）
　　▷p62「さとを口説き落とした中村半次郎」
◇鹿児島大百科事典（南日本新聞社 1981）
◇国史大辞典（吉川弘文館 1979）
◇日本人名大事典 1～6（平凡社 1979〈覆刻〉）

桐山紋次〔3代〕　きりやまもんじ
　　江戸時代後期の歌舞伎役者。
◇秘蔵浮世絵大観 3（講談社 1988）
　　▷図075「一世一代 三代目中村歌右衛門の五斗兵衛と三代目桐山紋次」（戯画堂芦ゆき　文政8）

宜湾朝保　ぎわんちょうほ　1823～1876
　　江戸時代末期、明治時代の琉球の政治家、歌人、三司官。
◇角川日本姓氏歴史人物大辞典 47（角川書店

1992)
◇国史大辞典（吉川弘文館 1979）
◇世界伝記大事典（ほるぷ出版 1978）

金岡用兼　きんこうようけん　1438～？
室町時代，戦国時代の曹洞宗の僧。
◇徳島県歴史人物鑑（徳島新聞社 1994）
◇徳島県百科事典（徳島新聞社 1981）

【く】

空海　くうかい　774～835
平安時代前期の真言宗の開祖。
◇講談社日本人名大辞典（講談社 2001）
◇国宝・重要文化財大全 4（毎日新聞社 1999）
　▷図641「弘法大師(坐)像」（慶秀，舜慶　応安8(1375)　法隆寺(奈良県生駒郡斑鳩町)蔵）
　▷図636「弘法大師(坐)像」（康勝　天福1(1233)　教王護国寺(京都府京都市南区)蔵）
　▷図814「弘法大師(坐)像」（定喜，円順　鎌倉時代　神護寺(京都府京都市右京区)蔵）
　▷図637「弘法大師(坐)像」（長快　鎌倉時代　六波羅蜜寺(京都府京都市東山区)蔵）
　▷図640「弘法大師(坐)像」（良円　永仁2(1294)　遍照寺(和歌山県那智郡)蔵）
　▷図639「弘法大師(坐)像」（作者不詳　正中2(1325)　元興寺(奈良県奈良市中院町)蔵）
　▷図638「弘法大師(坐)像」（作者不詳　鎌倉時代　神咒寺(兵庫県西宮市)蔵）
　▷図635「弘法大師(坐)像」（作者不詳　鎌倉時代　青蓮寺(神奈川県鎌倉市)蔵）
◇国宝・重要文化財大全 1（毎日新聞社 1997）
　▷図102「高野大師行状図絵」（巨勢有康　鎌倉時代　元応元(1319)奥書）
　▷図99「弘法大師絵伝」（作者不詳　鎌倉時代）
　▷図101「弘法大師行状絵」（作者不詳　南北朝時代）
　▷図18「弘法大師像」（作者不詳　鎌倉時代）
　▷図19「弘法大師像」（作者不詳　平安時代）
　▷図20「弘法大師像」（作者不詳　鎌倉時代）
　▷図21「弘法大師像」（作者不詳　鎌倉時代）
　▷図623「弘法大師・丹生高野両明神像（問答講本尊像）」（作者不詳　鎌倉時代）
　▷図100「高野大師行状図画」（作者不詳　鎌倉時代）
　▷図15「真言八祖像」（作者不詳　鎌倉時代）
　▷図16「真言八祖像」（作者不詳　鎌倉時代）
◇仏像集成 7（学生社 1997）
　▷図270「弘法大師坐像」（道尊　長禄1(1457)　弘川寺(大阪府南河内郡)蔵）
　▷図565「弘法大師(坐)像」（良円　永仁2(1294)　遍照寺(和歌山県那智郡)蔵）
　▷図308「弘法大師(坐)像」（作者不詳　神咒寺(兵庫県西宮市)蔵）
　▷図515「弘法大師(坐)像」（作者不詳　南北朝時代　三宝院(和歌山県伊都郡)蔵）
◇仏像集成 8（学生社 1997）
　▷図770「弘法大師坐像」（秀永　応永19(1412)　槻木大師堂(熊本県球磨郡)蔵）
　▷図771「弘法大師坐像」（祐全　応永7(1400)　下里大師堂(熊本県球磨郡)蔵）
　▷図24「弘法大師坐像」（作者不詳　寛政戊午　石脇観音堂(鳥取県東伯郡)蔵）
　▷図319「弘法大師坐像」（作者不詳　応永7(1400)　焼山寺(徳島県名西郡)蔵）
　▷図438「弘法大師坐像」（作者不詳　正和4(1315)　仏木寺(愛媛県北宇和郡)蔵）
◇仏像集成 6（学生社 1995）
　▷図149「弘法大師(坐)像」（慶秀，舜慶　応安8(1375)　法隆寺(奈良県生駒郡斑鳩町)蔵）
◇原色日本の美術(改訂版) 21（小学館 1994）
　▷図6「弘法大師(坐)像」（康勝　天福1(1233)　教王護国寺(京都府京都市南区)）
　▷図46「弘法大師像」（作者不詳　12世紀後半）
◇原色日本の美術(改訂版) 27（小学館 1994）
　▷図27「弘法大師行状絵巻　上巻」（作者不詳　13世紀後半）
　▷図28「弘法大師行状絵巻」（作者不詳　13世紀後半）
◇秘蔵日本美術大観 12（講談社 1994）
　▷図21「弘法大師修法図」（伝 葛飾北斎　弘化－嘉永年間(1844-54)）
　▷図3「高野大師行状絵巻」（作者不詳　鎌倉時代後期(14世紀)）
◇仏像集成 5（学生社 1994）
　▷図133「弘法大師(坐)像」（作者不詳　正中2(1325)頃　元興寺(奈良県奈良市中院町)蔵）
◇山梨百科事典（山梨日日新聞社 1992）　▷弘法
◇新編 名宝日本の美術 7（小学館 1992）
　▷図40「弘法大師像」（作者不詳　13世紀）
◇新編 名宝日本の美術 8（小学館 1992）
　▷図13「弘法大師(坐)像」（定喜，円順　正安4(1302)　神護寺(京都府京都市右京区)蔵）
◇日本史大事典（平凡社 1992）
◇日本美術全集 12（講談社 1992）
　▷図77「弘法大師行状絵巻」（祐高，中務少輔久行，巨勢行忠，善祐　1389）
◇仏像集成 2（学生社 1992）
　▷図120「弘法大師坐像」（作者不詳　室町時代　楞厳寺(福井県福井市)蔵）
◇奈良県史　第6巻 寺院（名著出版 1991）
　▷p83「写真」「空海像」
◇日本の仏像大百科 5（ぎょうせい 1991）
　▷図100「空海坐像」（康勝　天福1(1233)　教王護国寺(京都府京都市南区)蔵）
◇日本美術全集 10（講談社 1991）

くうか

- ▷図74「弘法大師(坐)像」(康勝　天福1 (1233)　教王護国寺(京都府京都市南区)蔵)
- ◇秘蔵浮世絵大観 ベレス・コレクション (講談社 1991)
  - ▷図06「六玉川 高野の玉川 弘法大師」(鈴木春信　明和)
- ◇人間の美術 5 (学習研究社 1990)
  - ▷図13「弘法大師像」(作者不詳　12世紀)
- ◇人間の美術 6 (学習研究社 1990)
  - ▷図167「真言八祖像(空海)」(伝 託間俊賀　寛喜3(1231))
- ◇続日本の絵巻 10 (中央公論社 1990)
  - ▷p2-104「弘法大師行状絵詞」(作者不詳)
- ◇続日本の絵巻 11 (中央公論社 1990)
  - ▷p2-96「弘法大師行状絵詞」(作者不詳)
- ◇仏像集成 1 (学生社 1989)
  - ▷図37「弘法大師(坐)像」(作者不詳　青蓮寺(神奈川県鎌倉市)蔵)
  - ▷図399「弘法大師坐像」(作者不詳　南北朝時代　医王寺(栃木県上都賀郡)蔵)
- ◇仏像集成 3 (学生社 1986)
  - ▷図224「弘法大師(坐)像」(康勝　天福1 (1233)　教王護国寺(京都府京都市南区)蔵)
  - ▷図41「弘法大師(坐)像」(定喜、円順　正安4 (1302)　神護寺(京都府京都市右京区)蔵)
  - ▷図191「弘法大師(坐)像」(長快　建長時代頃　六波羅蜜寺(京都府京都市東山区)蔵)
- ◇香川県人物・人名事典 (四国新聞社 1985)
- ◇法隆寺の至宝 4 (小学館 1985)
  - ▷図279「弘法大師(坐)像」(作者不詳　江戸時代)
  - ▷図280「弘法大師(坐)像」(作者不詳　江戸時代)
  - ▷図281「弘法大師(坐)像」(作者不詳　江戸時代)
  - ▷図282「弘法大師(坐)像」(作者不詳　江戸時代　法隆寺(奈良県生駒郡斑鳩町))
  - ▷図283「弘法大師(坐)像」(作者不詳　江戸時代)
  - ▷図284「弘法大師(坐)像」(作者不詳　江戸時代)
  - ▷図285「弘法大師(坐)像」(作者不詳)
- ◇京都大事典 (淡交社 1984)
- ◇香川県大百科事典 (四国新聞社 1984)
- ◇日本大百科全書 (小学館 1984)
- ◇浮世絵八華 5 (平凡社 1984)
  - ▷図60「弘法大師修法図」(葛飾北斎)
- ◇密教美術大観 4 (朝日新聞社 1983)
  - ▷図234「弘法大師(坐)像」(康勝　天福1 (1233)　教王護国寺(京都府京都市南区)蔵)
  - ▷図239「弘法大師(坐)像」(定喜、円順　正安4(1302)　神護寺(京都府京都市右京区)蔵)
  - ▷図235「弘法大師(坐)像」(長快　鎌倉時代　六波羅蜜寺(京都府京都市東山区)蔵)

- ▷図237「弘法大師(坐)像」(作者不詳　鎌倉時代　元興寺(奈良県奈良市中院町)蔵)
- ▷図238「弘法大師(坐)像」(作者不詳　鎌倉時代　三宝院(和歌山県伊都郡)蔵)
- ▷図236「弘法大師(坐)像」(作者不詳　鎌倉時代　青蓮寺(神奈川県鎌倉市)蔵)
- ▷図240「弘法大師像」(作者不詳　12世紀)
- ▷図241「弘法大師像」(作者不詳　13世紀)
- ▷図242「弘法大師像」(作者不詳　13世紀)
- ▷図245「弘法大師像(善通寺御影)」(作者不詳　15世紀)
- ▷図243「弘法大師像(談議本尊)」(作者不詳 14世紀)
- ▷図246「弘法大師・丹生高野両明神像」(作者不詳　13世紀)
- ◇続日本絵巻大成 6 (中央公論社 1983)
  - ▷p2-76「弘法大師行状絵詞」(作者不詳)
- ◇日本の石仏 2 (国書刊行会 1983)
  - ▷図7「弘法大師像」(作者不詳)
  - ▷図4「弘法大師と地蔵」(作者不詳)
  - ▷図39「弘法大師・母堂石仏」(作者不詳)
- ◇日本の石仏 5 (国書刊行会 1983)
  - ▷図126「神岡の弘法大師像」(作者不詳)
- ◇日本の石仏 6 (国書刊行会 1983)
  - ▷図32「弘法大師像」(作者不詳　元禄年間)
- ◇日本の石仏 10 (国書刊行会 1983)
  - ▷図26「弘法大師」(作者不詳)
  - ▷図25「弘法大師」(作者不詳)
  - ▷図27「弘法大師と大通智勝仏」(作者不詳)
- ◇日本古寺美術全集 13 (集英社 1983)
  - ▷図31「弘法大師・丹生高野両明神像(問答講本尊)」(作者不詳)
  - ▷図36-38「高野大師行状図絵」(作者不詳)
- ◇重要文化財 31 (毎日新聞社 1982)
  - ▷図20「弘法大師像」(作者不詳　鎌倉時代)
- ◇続日本絵巻大成 5 (中央公論社 1982)
  - ▷p2-105「弘法大師行状絵詞」(作者不詳　14世紀後半)
- ◇徳島県百科事典 (徳島新聞社 1981)　▷弘法大師
- ◇日本古寺美術全集 7 (集英社 1981)
  - ▷図73「弘法大師像」(作者不詳)
- ◇日本古寺美術全集 9 (集英社 1981)
  - ▷図14「弘法大師(坐)像」(定喜、円順　正安4 (1302)　神護寺(京都府京都市右京区)蔵)
- ◇名宝日本の美術 8 (小学館 1981)
  - ▷図40「弘法大師像」(作者不詳　13世紀)
- ◇在外日本の至宝 2 (毎日新聞社 1980)
  - ▷図99-101「弘法大師行状絵巻」(作者不詳　鎌倉時代)
  - ▷図102-103「弘法大師行状絵巻」(作者不詳　鎌倉時代)
  - ▷図104「高野大師行状絵」(作者不詳　鎌倉時代)
- ◇新修日本絵巻物全集 別巻1 (角川書店 1980)
  - ▷グラビアp12-18「弘法大師伝絵巻」(作者不詳)
  - ▷グラビアp19-31「弘法大師伝絵巻」(作者不

詳）
　　▷別刷図版〔1〕「弘法大師伝絵巻」（作者不
　　　詳）
　　▷別刷図版〔2〕「弘法大師伝絵巻」（作者不
　　　詳）
　　▷オフセット3「弘法大師伝絵巻（フリア美術
　　　館本）　上巻 第一段」（作者不詳）
　　▷オフセット4「弘法大師伝絵巻（フリア美術
　　　館本）　上巻 第二段」（作者不詳）
　　▷オフセット5-6「弘法大師伝絵巻（フリア美
　　　術館本）　下巻 第一段」（作者不詳）
　　▷グラビア1-2「弘法大師伝絵巻（ホノルル美
　　　術館本）　第一段」（作者不詳）
　　▷オフセット1「弘法大師伝絵巻（ホノルル美
　　　術館本）　第二段」（作者不詳）
　　▷オフセット2「弘法大師伝絵巻（ホノルル美
　　　術館本）　第三段」（作者不詳）
◇土門拳 日本の彫刻 3（美術出版社 1980）
　　▷図85-88「弘法大師（坐）像」（定喜、円順　正
　　　安4(1302)　神護寺（京都府京都市右京区）
　　　蔵）
◇日本古寺美術全集 5（集英社 1980）
　　▷図85「弘法大師（坐）像」（作者不詳　元興
　　　寺（奈良県奈良市中院町）蔵）
◇日本古寺美術全集 12（集英社 1980）
　　▷図23「弘法大師（坐）像」（康勝　天福1
　　　(1233)　教王護国寺（京都府京都市南区）
　　　蔵）
　　▷図42「弘法大師行状絵詞　登壇受戒（第二巻
　　　第一段）」（作者不詳）
　　▷図43「弘法大師行状絵詞　図像写経（第四巻
　　　第三段）」（作者不詳）
　　▷図44「弘法大師行状絵詞　宮中壁字（第四巻
　　　第七段）」（作者不詳）
　　▷図45「弘法大師行状絵詞　流水天字（第四巻
　　　第八段）」（作者不詳）
◇郷土歴史人物事典 和歌山（第一法規出版 1979）
◇国史大辞典（吉川弘文館 1979）
◇日本人名大事典 1～6（平凡社 1979（覆刻））
◇日本美術全集 10（学習研究社 1979）
　　▷図11「弘法大師伝絵巻　上巻第一段」（作者
　　　不詳　13世紀末-14世紀初）
◇郷土歴史人物事典 香川（第一法規出版 1978）
◇世界伝記大事典（ほるぷ出版 1978）
◇大和古寺大観 3（岩波書店 1977）
　　▷図19,54-55「弘法大師（坐）像」（作者不詳
　　　14世紀　元興寺（奈良県奈良市中院町）蔵）
◇水墨美術大系 1（講談社 1975）
　　▷図102-103「弘法大師・慈覚大師像（高僧図
　　　像）」（観祐）
◇重要文化財 5（毎日新聞社 1974）
　　▷図129「弘法大師（坐）像」（慶秀, 舜慶　応
　　　安8(1375)　法隆寺（奈良県生駒郡斑鳩町）
　　　蔵）
　　▷図125「弘法大師（坐）像」（康勝　天福1
　　　(1233)　教王護国寺（京都府京都市南区）
　　　蔵）
　　▷〔カラー〕8,300「弘法大師（坐）像」（定喜,

　　　円順　鎌倉時代　神護寺（京都府京都市右京
　　　区）蔵）
　　▷図126「弘法大師（坐）像」（長快　鎌倉時代
　　　六波羅蜜寺（京都府京都市東山区）蔵）
　　▷図128「弘法大師（坐）像」（作者不詳　鎌倉
　　　時代　元興寺（奈良県奈良市中院町）蔵）
　　▷図127「弘法大師（坐）像」（作者不詳　鎌倉
　　　時代　神咒寺（兵庫県西宮市）蔵）
　　▷図124「弘法大師（坐）像」（作者不詳　鎌倉
　　　時代　青蓮寺（神奈川県鎌倉市）蔵）
◇重要文化財 9（毎日新聞社 1974）
　　▷図91「弘法大師絵伝」（作者不詳　鎌倉時
　　　代）
　　▷図93「弘法大師行状絵」（作者不詳　南北朝
　　　時代）
　　▷図92「高野大師行状図画」（作者不詳　鎌倉
　　　時代）
◇現代日本美術全集 1（集英社 1973）
　　▷図60「弘法大師在唐遊歴図」（富岡鉄斎　大
　　　正13(1924)）
◇重要文化財 8（毎日新聞社 1973）
　　▷図178「弘法大師像」（作者不詳　平安時代）
　　▷図179「弘法大師像」（作者不詳　鎌倉時代）
　　▷図180「弘法大師像」（作者不詳　鎌倉時代）
◇和漢詩歌作家辞典（みづほ出版 1972）
◇原色日本の美術 23（小学館 1971）
　　▷図6「弘法大師（坐）像」（康勝　天福1
　　　(1233)　教王護国寺（京都府京都市南区）
　　　蔵）
　　▷図46「弘法大師像」（作者不詳）
◇奈良六大寺大観 4（岩波書店 1971）
　　▷p198「弘法大師（坐）像」（慶秀, 舜慶　応安
　　　8(1375)　法隆寺（奈良県生駒郡斑鳩町））
　　▷図278「弘法大師（坐）像」（慶秀, 舜慶　応
　　　安8(1375)）
◇秘宝 2（講談社 1970）
　　▷図268「弘法大師（坐）像」（作者不詳　室町
　　　時代　法隆寺（奈良県生駒郡斑鳩町）蔵）
◇在外秘宝 2（学習研究社 1969）
　　▷図62「弘法大師伝絵巻」（作者不詳）
◇秘宝 6（講談社 1969）
　　▷図199「弘法大師（坐）像」（康勝　教王護国
　　　寺（京都府京都市南区）蔵）
◇秘宝 7（講談社 1968）
　　▷図248「弘法大師（坐）像」（作者不詳）
　　▷図45「弘法大師像」（作者不詳）
　　▷図44「弘法大師・丹生高野両明神図（問答講
　　　本尊）」（作者不詳）
◇大日本百科事典（小学館 1967）
◇日本近代絵画全集 14（講談社 1963）
　　▷図36「弘法大師在唐遊歴図」（富岡鉄斎　大
　　　正13(1924)）
◇日本版画美術全集 2（講談社 1961）
　　▷図65-66「高野大師行状図画」（作者不詳）

空谷明応　くうこくみょうおう　1328～1407
南北朝時代, 室町時代の臨済宗の僧。
◇国史大辞典（吉川弘文館 1979）

空寂 くうじゃく
鎌倉時代の浄土宗の僧。
◇仏像集成 7（学生社 1997）
　▷図269「空寂上人坐像」（定佑　文安1（1444）弘川寺（大阪府南河内郡）蔵）

空也 くうや　903～972
平安時代中期の浄土教の民間布教僧。
◇講談社日本人名大辞典（講談社 2001）
◇国宝・重要文化財大全 4（毎日新聞社 1999）
　▷図663「空也上人（立）像」（康勝　鎌倉時代　六波羅蜜寺（京都府京都市東山区）蔵）
　▷図664「空也上人（立）像」（作者不詳　鎌倉時代　月輪寺（京都府京都市右京区）蔵）
　▷図662「空也上人（立）像」（作者不詳　鎌倉時代　荘厳寺（滋賀県近江八幡市）蔵）
　▷図665「空也上人（立）像」（作者不詳　鎌倉時代　浄土寺（愛媛県松山市）蔵）
◇仏像集成 8（学生社 1997）
　▷図25「空也上人像」（作者不詳　転法輪寺（鳥取県東伯郡）蔵）
◇原色日本の美術（改訂版）9（小学館 1994）
　▷図67「空也上人（立）像」（康勝　六波羅蜜寺（京都府京都市東山区）蔵）
◇原色日本の美術（改訂版）21（小学館 1994）
　▷図13「空也上人（立）像」（作者不詳　浄土寺（愛媛県松山市）蔵）
◇日本史大事典（平凡社 1992）
◇日本の仏像大百科 5（ぎょうせい 1991）
　▷図113「空也上人（立）像」（康勝　鎌倉時代　六波羅蜜寺（京都府京都市東山区）蔵）
◇日本美術全集 10（講談社 1991）
　▷図73「空也上人（立）像」（康勝　13世紀前期　六波羅蜜寺（京都府京都市東山区）蔵）
◇人間の美術 5（学習研究社 1990）
　▷図144「空也上人（立）像」（康勝　13世紀　六波羅蜜寺（京都府京都市東山区）蔵））
◇人間の美術 6（学習研究社 1990）
　▷図11「空也上人（立）像」（康勝　13世紀前半　六波羅蜜寺（京都府京都市東山区）蔵）
◇仏像集成 4（学生社 1987）
　▷図93「空也上人（立）像」（作者不詳　鎌倉時代末期　荘厳寺（滋賀県近江八幡市）蔵）
◇仏像集成 3（学生社 1986）
　▷図192「空也上人（立）像」（康勝　鎌倉時代　六波羅蜜寺（京都府京都市東山区）蔵）
　▷図64「空也上人（立）像」（作者不詳　月輪寺（京都府京都市右京区）蔵）
◇日本大百科全書（小学館 1984）
◇日本古寺美術全集 25（集英社 1981）
　▷図26「空也上人（立）像」（康勝　六波羅蜜寺（京都府京都市東山区）蔵）
◇国史大辞典（吉川弘文館 1980）
◇日本人名大事典 1～6（平凡社 1979（覆刻））
◇世界伝記大事典（ほるぷ出版 1978）
◇日本美術全集 12（学習研究社 1978）
　▷図43「空也上人（立）像」（康勝　13世紀前期　六波羅蜜寺（京都府京都市東山区）蔵）
◇国宝・重要文化財 仏教美術（小学館 1974）
　▷図3「空也上人（立）像」（作者不詳　鎌倉時代　浄土寺（愛媛県松山市）蔵）
◇重要文化財 5（毎日新聞社 1974）
　▷図150「空也上人（立）像」（康勝　鎌倉時代　六波羅蜜寺（京都府京都市東山区）蔵）
　▷図151「空也上人（立）像」（作者不詳　鎌倉時代　月輪寺（京都府京都市右京区）蔵）
　▷図149「空也上人（立）像」（作者不詳　鎌倉時代　荘厳寺（滋賀県近江八幡市）蔵）
　▷図152「空也上人（立）像」（作者不詳　鎌倉時代　浄土寺（愛媛県松山市）蔵）
◇原色日本の美術 23（小学館 1971）
　▷図13「空也上人（立）像」（作者不詳　浄土寺（愛媛県松山市））
◇原色日本の美術 9（小学館 1968）
　▷図65「空也上人（立）像」（康勝　六波羅蜜寺（京都府京都市東山区）蔵）
◇日本の美術 11（平凡社 1964）
　▷図28「空也上人（立）像」（康勝　13世紀　六波羅蜜寺（京都府京都市東山区）蔵）

久我哲斎 くがてっさい　1849～1920
江戸時代末期～大正期の千葉大学医学部の前身である共立千葉病院の創立に尽くした医師。
◇千葉大百科事典（千葉日報社 1982）

九鬼隆義 くきたかよし　1837～1891
江戸時代末期，明治時代の大名。
◇兵庫県大百科事典 上，下（神戸新聞出版センター 1983）

九鬼嘉隆 くきよしたか　1542～1600
安土桃山時代の武将，大名。
◇国宝・重要文化財大全 1（毎日新聞社 1997）
　▷図217「九鬼嘉隆像」（作者不詳　桃山時代　慶長12(1607)清韓賛）
◇三重県史 資料編 近世1（三重県 1993）
　▷（口絵）6「九鬼嘉隆画像」
◇国史大辞典（吉川弘文館 1979）
◇重要文化財 10（毎日新聞社 1974）
　▷図412「九鬼嘉隆像（清韓賛）」（作者不詳　桃山時代）

久坂玄瑞 くさかげんずい　1840～1864
江戸時代末期の尊攘派志士。
◇講談社日本人名大辞典（講談社 2001）
◇角川日本姓氏歴史人物大辞典 35（角川書店 1991）
◇日本大百科全書（小学館 1984）
◇国史大辞典（吉川弘文館 1979）

日下部太郎　くさかべたろう　1845～1870
江戸時代末期,明治時代の越前福井藩留学生。
◇福井県大百科事典（福井新聞社 1991）
◇郷土歴史人物事典 福井（第一法規出版 1985）

草刈太一左衛門　くさかりたいちざえもん
1815～1884　江戸時代後期～明治期の新田干拓者,県議会議員。
◇長崎県大百科事典（長崎新聞社 1984）

日柳燕石　くさなぎえんせき　1817～1868
江戸時代末期の勤皇博徒。
◇香川県人物・人名事典（四国新聞社 1985）
◇香川県大百科事典（四国新聞社 1984）
◇国史大辞典（吉川弘文館 1979）

草野宗内　くさのそうない　1778～1852
江戸時代後期の日田の豪商,公益事業家。
◇大分県歴史人物事典（大分合同新聞社 1996）

草野又六　くさのまたろく　1678～1730
江戸時代中期の地方巧者。
◇福岡県百科事典 上,下（西日本新聞社 1982）

草場船山　くさばせんざん　1821～1889
江戸時代末期,明治時代の東原庠舎教官。
◇佐賀県大百科事典（佐賀新聞社 1983）

草間直方　くさまなおかた　1753～1831
江戸時代後期の両替商,経済学者。
◇大阪府史 第5巻 近世編1（大阪府 1985）
　▷〈写真〉写真197「草間直方像」
◇国史大辞典（吉川弘文館 1979）

久次米兵次郎義周　くじめひょうじろうよしちか
1829～1913　江戸時代末期,明治期の商人,銀行家。
◇徳島県百科事典（徳島新聞社 1981）　▷久次米兵次郎

九条兼実　くじょうかねざね　1149～1207
平安時代後期,鎌倉時代前期の公卿。摂政・関白・太政大臣。
◇講談社日本人名大辞典（講談社 2001）
◇国宝・重要文化財大全 4（毎日新聞社 1999）
　▷図712「伝九条兼実(坐)像」（作者不詳 平安時代 月輪寺(京都府京都市右京区)蔵）
◇角川日本姓氏歴史人物大辞典 26（角川書店 1997）
◇国宝・重要文化財大全 1（毎日新聞社 1997）
　▷図147「天皇摂関御影」（作者不詳 鎌倉時代）
◇日本美術全集 9（講談社 1993）
　▷図30「天子摂関大臣影図巻」（藤原為信,藤原豪信 14世紀中頃）
◇日本史大事典（平凡社 1992）
◇皇室の至宝第1期 御物 1（毎日新聞社 1991）
　▷図10-30「天皇影(天皇・摂関・大臣影三巻のうち)」（藤原為信,伝 藤原豪信 鎌倉時代）
◇続日本の絵巻 12（中央公論社 1991）
　▷p51-84「天子摂関御影」（作者不詳 14世紀半ば過ぎ）
◇仏像集成 3（学生社 1986）
　▷図65「伝九条兼実(坐)像」（作者不詳 平安時代後期 月輪寺(京都府京都市右京区)蔵）
◇京都大事典（淡交社 1984）
◇日本大百科全書（小学館 1984）
◇続日本絵巻大成 18（中央公論社 1983）
　▷p51-84「天子摂関御影」（作者不詳）
◇国史大辞典（吉川弘文館 1979）
◇新修日本絵巻物全集 26（角川書店 1978）
　▷グラビアp24-29「天子摂関御影　天子巻」（作者不詳）
　▷グラビアp30-37「天子摂関御影　摂関巻」（作者不詳）
　▷グラビアp38-55「天子摂関御影　大臣巻」（作者不詳）
　▷グラビア1「天子摂関御影　天子巻(崇徳院)」（作者不詳）
　▷グラビア2「天子摂関御影　天子巻(順徳院・後高倉院)」（作者不詳）
　▷グラビア3「天子摂関御影　摂関巻(藤原忠通・藤原基実)」（作者不詳）
　▷グラビア4「天子摂関御影　摂関巻(九条良経・近衛家実)」（作者不詳）
　▷グラビア5「天子摂関御影　大臣巻(藤原宗忠・藤原頼長)」（作者不詳）
　▷グラビア6「天子摂関御影　大臣巻(平重盛・平宗盛)」（作者不詳）
　▷グラビア7「天子摂関御影　大臣巻(大炊御門冬氏・今出川兼季)」（作者不詳）
　▷オフセット1「天子摂関御影　天子巻(鳥羽院)」（作者不詳）
　▷オフセット2「天子摂関御影　天子巻(後白河院・二条院)」（作者不詳）
　▷オフセット3「天子摂関御影　天子巻(高倉院・後鳥羽院)」（作者不詳）
　▷オフセット4「天子摂関御影　天子巻(花園院・後醍醐院)」（作者不詳）
　▷オフセット5「天子摂関御影　摂関巻(藤原師家・九条兼実)」（作者不詳）
　▷オフセット6「天子摂関御影　大臣巻(平清盛・藤原忠雅)」（作者不詳）
◇世界伝記大事典（ほるぷ出版 1978）　▷藤原兼実
◇重要文化財 5（毎日新聞社 1974）
　▷図192「伝九条兼実(坐)像」（作者不詳 平安時代 月輪寺(京都府京都市右京区)蔵）
◇日本絵画集 4（講談社 1970）

▷図53「天皇影」(伝 藤原為信　14世紀前半)

九条教実　くじょうのりざね　1210～1235
鎌倉時代前期の公卿。摂政・関白・太政大臣。
◇国史大辞典（吉川弘文館 1979）

九条道家　くじょうみちいえ　1193～1252
鎌倉時代前期の歌人・公卿。関白・摂政・太政大臣。
◇角川日本姓氏歴史人物大辞典 26（角川書店 1997）
◇国宝・重要文化財大全 1（毎日新聞社 1997）
　▷図146「中殿御会図」(作者不詳　室町時代)
　▷図147「天皇摂関御影」(作者不詳　鎌倉時代)
　▷図161「藤原道家像」(作者不詳　南北朝時代　康永2(1343)乾峯士曇賛)
◇日本美術全集 9（講談社 1993）
　▷図30「天子摂関大臣影図巻」(藤原為信, 藤原豪信　14世紀中頃)
◇日本史大事典（平凡社 1992）
◇皇室の至宝第1期 御物 1（毎日新聞社 1991）
　▷図10-30「天皇影(天皇・摂政・大臣影三巻のうち)」(藤原為信, 伝 藤原豪信　鎌倉時代)
◇続日本の絵巻 12（中央公論社 1991）
　▷p11-32「中殿御会図」(作者不詳)
　▷p51-84「天子摂関御影」(作者不詳　14世紀半ば過ぎ)
◇人間の美術 6（学習研究社 1990）
　▷図179「建保六年中殿御会図」(作者不詳　14世紀)
◇日本大百科全書（小学館 1984）
◇続日本絵巻大成 18（中央公論社 1983）
　▷p11-32「中殿御会図」(作者不詳)
　▷p51-84「天子摂関御影」(作者不詳)
◇日本古寺美術全集 22（集英社 1983）
　▷図22「藤原道家像」(作者不詳)
◇国史大辞典（吉川弘文館 1979）
◇日本人名大事典 1～6（平凡社 1979(覆刻)）
◇日本美術全集 10（学習研究社 1979）
　▷図87「中殿御会図」(作者不詳　南北朝時代)
◇新修日本絵巻物全集 26（角川書店 1978）
　▷グラビア10-12,p61-66「中殿御会図」(作者不詳)
　▷グラビアp24-29「天子摂関御影　天子巻」(作者不詳)
　▷グラビアp30-37「天子摂関御影　摂関巻」(作者不詳)
　▷グラビアp38-55「天子摂関御影　大臣巻」(作者不詳)
　▷グラビア1「天子摂関御影　天子巻(崇徳院)」(作者不詳)
　▷グラビア2「天子摂関御影　天子巻(順徳院・後高倉院)」(作者不詳)
　▷グラビア3「天子摂関御影　摂関巻(藤原忠通・藤原基実)」(作者不詳)
　▷グラビア4「天子摂関御影　摂関巻(九条良経・近衛家実)」(作者不詳)
　▷グラビア5「天子摂関御影　大臣巻(藤原宗忠・藤原頼長)」(作者不詳)
　▷グラビア6「天子摂関御影　大臣巻(平重盛・平宗盛)」(作者不詳)
　▷グラビア7「天子摂関御影　大臣巻(大炊御門冬氏・今出川兼季)」(作者不詳)
　▷オフセット1「天子摂関御影　天子巻(鳥羽院)」(作者不詳)
　▷オフセット2「天子摂関御影　天子巻(後白河院・二条院)」(作者不詳)
　▷オフセット3「天子摂関御影　天子巻(高倉院・後鳥羽院)」(作者不詳)
　▷オフセット4「天子摂関御影　天子巻(花園院・後醍醐院)」(作者不詳)
　▷オフセット5「天子摂関御影　摂関巻(藤原師家・九条兼実)」(作者不詳)
　▷オフセット6「天子摂関御影　大臣巻(平清盛・藤原忠雅)」(作者不詳)
◇重要文化財 9（毎日新聞社 1974）
　▷図254「中殿御会図」(作者不詳　室町時代)
　▷図268「藤原道家像(乾峯士曇賛)」(作者不詳　康永2(1343))
◇日本絵画館 4（講談社 1970）
　▷図52「中殿御会図」(作者不詳　14世紀末)
　▷図53「天皇影」(伝 藤原為信　14世紀前半)
◇世界大百科事典（平凡社 1964）

九条道孝　くじょうみちたか　1839～1906
江戸時代末期, 明治時代の公家。左大臣。
◇皇族・華族古写真帖 愛蔵版（新人物往来社 2003）
　▷p137「(無題)」
◇宮城県百科事典（河北新報社 1982）
◇福島大百科事典（福島民報社 1980）

九条基家　くじょうもといえ　1203～1280
鎌倉時代前期の歌人・公卿。内大臣。
◇国史大辞典（吉川弘文館 1979）
◇日本絵画館 4（講談社 1970）
　▷図54「摂関影」(伝 藤原豪信　14世紀前半)

九条良経　くじょうよしつね　1169～1206
平安時代後期, 鎌倉時代前期の公卿。摂政・太政大臣。
◇角川日本姓氏歴史人物大辞典 26（角川書店 1997）
◇国宝・重要文化財大全 1（毎日新聞社 1997）
　▷図147「天皇摂関御影」(作者不詳　鎌倉時代)
◇日本美術全集 9（講談社 1993）
　▷図30「天子摂関大臣影図巻」(藤原為信, 藤原豪信　14世紀中頃)
◇皇室の至宝第1期 御物 1（毎日新聞社 1991）

▷図10-30「天皇影(天皇・摂関・大臣影三巻のうち)」(藤原為信,伝 藤原豪信　鎌倉時代)
◇続日本の絵巻 12（中央公論社 1991）
　▷p51-84「天子摂関御影」(作者不詳　14世紀半ば過ぎ)
◇続日本絵巻大成 18（中央公論社 1983）
　▷p51-84「天子摂関御影」(作者不詳)
◇国史大辞典（吉川弘文館 1979）
◇日本人名大事典 1～6（平凡社 1979（覆刻））
　▷藤原良経
◇新修日本絵巻物全集 26（角川書店 1978）
　▷グラビアp24-29「天子摂関御影　天子巻」(作者不詳)
　▷グラビアp30-37「天子摂関御影　摂関巻」(作者不詳)
　▷グラビアp38-55「天子摂関御影　大臣巻」(作者不詳)
　▷グラビア1「天子摂関御影　天子巻(崇徳院)」(作者不詳)
　▷グラビア2「天子摂関御影　天子巻(順徳・後高倉院)」(作者不詳)
　▷グラビア3「天子摂関御影　摂関巻(藤原忠通・藤原基実)」(作者不詳)
　▷グラビア4「天子摂関御影　摂関巻(九条良経・近衛家実)」(作者不詳)
　▷グラビア5「天子摂関御影　大臣巻(藤原宗忠・藤原頼長)」(作者不詳)
　▷グラビア6「天子摂関御影　大臣巻(平重盛・平宗盛)」(作者不詳)
　▷グラビア7「天子摂関御影　大臣巻(大炊御門冬氏・今出川兼季)」(作者不詳)
　▷オフセット1「天子摂関御影　天子巻(鳥羽院)」(作者不詳)
　▷オフセット2「天子摂関御影　天子巻(後白河院・二条院)」(作者不詳)
　▷オフセット3「天子摂関御影　天子巻(高倉院・後鳥羽院)」(作者不詳)
　▷オフセット4「天子摂関御影　天子巻(花園院・後醍醐院)」(作者不詳)
　▷オフセット5「天子摂関御影　摂関巻(藤原師家・九条兼実)」(作者不詳)
　▷オフセット6「天子摂関御影　大臣巻(平清盛・藤原忠雅)」(作者不詳)
◇日本絵画館 4（講談社 1970）
　▷図53「天皇影」(伝 藤原為信　14世紀前半)

鯨井勘衛　くじらいかんえ　1831～1874
江戸時代後期,末期,明治時代の養蚕家。
◇埼玉大百科事典 1～5（埼玉新聞社 1974）

楠木久子　くすのきひさこ
南北朝時代の女性。楠木正成の妻。
◇現代日本美術全集 13（集英社 1973）
　▷図62「楠公夫人」(上村松園　昭和19(1944))

楠正興　くすのきまさおき　1829～1887
江戸時代末期,明治時代の医師。
◇高知県人名事典（高知新聞社 1999）

楠木正成　くすのきまさしげ　？～1336
鎌倉時代後期,南北朝時代の武将。
◇ボストン美術館 日本美術調査図録（講談社 2003）
　▷図II-33「楠木正成訣子図」(住吉広行　江戸時代(18-19世紀))
　▷図III-45「楠公父子桜井の別れの図」(菱川師房　元禄(1688-1704)頃)
◇講談社日本人名大辞典（講談社 2001）
◇ボストン美術館 肉筆浮世絵 1（講談社 2000）
　▷図47「楠公父子桜井の別れの図」(菱川師房　元禄年間(1688-1704)頃)
◇国宝・重要文化財大全 2（毎日新聞社 1999）
　▷図98「楠公訣児図」(狩野探幽　江戸時代　寛文10(1670)賛、年記)
◇肉筆浮世絵大観 9（講談社 1996）
　▷図単色8(奈良県立美術館)「楠公父子訣別図」(菱川友宣　江戸時代中期(17世紀末－18世紀))
◇秘蔵日本美術大観 11（講談社 1994）
　▷図21「楠正成図」(市川其融　江戸時代後期(19世紀後半))
◇日本史大事典（平凡社 1992）
◇新編埼玉県史 通史編6 近代2（埼玉県 1989）
　▷〈写真〉3-82「金属回収によって供出された二宮金次郎・楠公像」
◇日本大百科全書（小学館 1984）
◇国史大辞典（吉川弘文館 1979）
◇日本人名大事典 1～6（平凡社 1979（覆刻））
◇世界伝記大事典（ほるぷ出版 1978）
◇日本美術絵画全集 15（集英社 1978）
　▷図30「楠公訣別図」(狩野探幽　寛文10(1670))
◇肉筆浮世絵集成 1（毎日新聞社 1977）
　▷図80「楠公父子訣別の図」(菱川師宣　貞享期)
◇肉筆浮世絵集成 2（毎日新聞社 1977）
　▷図48「楠公座像図」(鳥居清信(初代)　元禄期)
◇重要文化財 11（毎日新聞社 1975）
　▷図63「楠公訣児図」(狩野探幽　江戸時代)
◇和漢詩歌作家辞典（みづほ出版 1972）　▷楠正成
◇世界大百科事典（平凡社 1964）　▷楠正成
◇日本版画美術全集 7（講談社 1962）
　▷図102「楠公桜井駅訣子図」(青野桑洲　明治6(1873))
◇日本版画美術全集 6（講談社 1961）
　▷序「楠正成千早城図」(作者不詳)

歴史人物肖像索引　175

くすの

楠木正行　くすのきまさつら　?～1348
南北朝時代の武将。
◇ボストン美術館 日本美術調査図録（講談社 2003）
　▷図III-45「楠公父子桜井の別れの図」（菱川師房　元禄(1688-1704)頃）
◇ボストン美術館 肉筆浮世絵 1（講談社 2000）
　▷図47「楠公父子桜井の別れの図」（菱川師房　元禄年間(1688-1704)頃）
◇肉筆浮世絵大観 9（講談社 1996）
　▷図単色8（奈良県立美術館）「楠公父子訣別図」（菱川友宣　江戸時代中期(17世紀末－18世紀初)）
◇秘蔵浮世絵大観 5（講談社 1989）
　▷図029「楠正行長柄川の舟橋を切て足利の大軍を破る図」（歌川国芳　天保14頃）
◇秘蔵浮世絵大観 11（講談社 1988）
　▷図141「楠正行奥庭にて平九郎狸退治之図」（歌川芳員　安政2(1855)）
◇アート・ギャラリー・ジャパン 3（集英社 1987）
　▷図011「小楠公」（松岡映丘　昭和11(1936)）
◇肉筆浮世絵集成 1（毎日新聞社 1977）
　▷図80「楠公父子訣別の図」（菱川師宣　貞享期）

楠瀬大枝　くすのせおおえ　1776～1835
江戸時代後期の土佐藩士,文人。
◇高知県人名事典（高知新聞社 1999）
◇高知県百科事典（高知新聞社 1976）

楠原志朗　くすはらしろう　1835～1905
江戸時代後期～明治期の歌人。
◇岡山県歴史人物事典（山陽新聞社 1994）

楠本イネ　くすもといね　1827～1903
江戸時代末期,明治期の医師。産婦人科,宮内庁御用掛。
◇岡山県歴史人物事典（山陽新聞社 1994）
◇愛媛県百科大事典（愛媛新聞社 1985）

楠本端山　くすもとたんざん　1828～1883
江戸時代末期,明治期の儒学者,肥前平戸藩士。
◇国史大辞典（吉川弘文館 1979）

楠本正隆　くすもとまさたか　1838～1902
江戸時代末期,明治時代の肥前大村藩士,政治家。
◇士―日本のダンディズム（二玄社 2003）
　▷p111 No.81「明治英雄一覧」（明治時代初期）
◇国史大辞典（吉川弘文館 1979）
◇日本人名大事典 1～6（平凡社 1979(覆刻)）

久世治作　くぜじさく　1825～1882
江戸時代末期,明治時代の化学者,官吏。大垣操練所へ出仕。
◇サムライ古写真帖（新人物往来社 2004）
　▷p73「維新の志士たち」
◇皇族・華族古写真帖 愛蔵版（新人物往来社 2003）
　▷p143「（無題）」

九谷庄三　くたにしょうざ　1816～1883
江戸時代末期,明治時代の陶工。
◇書府太郎―石川県大百科事典 改訂版 上（北国新聞社 2004）

愚中周及　ぐちゅうしゅうきゅう　1323～1409
南北朝時代,室町時代の臨済宗の僧。
◇国宝・重要文化財大全 1（毎日新聞社 1997）
　▷図130「愚中周及像」（作者不詳　南北朝時代）
◇国史大辞典（吉川弘文館 1979）
◇重要文化財 10（毎日新聞社 1974）
　▷図361「愚中周及像（大道禅師）（自賛）」（作者不詳　南北朝時代）

クーチンコロ　くーちんころ
1816～1876　江戸時代後期～明治期の近文コタン首長。
◇北海道歴史人物事典（北海道新聞社 1993）
◇北海道大百科事典（北海道新聞社 1981）

朽木昌綱　くつきまさつな　1750～1802
江戸時代中期,後期の大名,蘭学者。
◇国史大辞典（吉川弘文館 1979）

工藤三助　くどうさんすけ　1661～1758
江戸時代中期の水利功労者。
◇大分百科事典（大分放送 1980）

工藤祐経　くどうすけつね　?～1193
平安時代後期の武士。
◇秘蔵日本美術大観 10（講談社 1993）
　▷図121「工藤祐経と舞鶴姫」（葛飾北斎　文政7(1824)）

愚堂東寔　ぐどうとうしょく　1577～1661
江戸時代前期の臨済宗の僧。
◇岐阜県史 通史編 近世下（岐阜県 1972）
　▷p909（写真）「愚堂国師像」

国方豊民　くにかたとよみ　1821～1903
江戸時代後期～明治期の国学者。
◇徳島県百科事典（徳島新聞社 1981）

国定忠治　くにさだちゅうじ　1810〜1850
江戸時代末期の侠客。
◇群馬県史　通史編6 近世3 生活・文化（群馬県 1992）
　▷（写真）50「指名手配された忠治の人相書」
◇日本史大事典（平凡社 1992）　▷国定忠次
◇群馬県百科事典（上毛新聞社 1979）　▷国定忠次
◇郷土歴史人物事典 群馬（第一法規出版 1978）

国重正文　くにしげまさぶみ　1840〜1901
江戸時代末期，明治時代の長州（萩）藩士。
◇富山大百科事典（北日本新聞社 1994）

国司信濃　くにししなの　1842〜1864
江戸時代末期の長州（萩）藩家老。
◇角川日本姓氏歴史人物大辞典 35（角川書店 1991）　▷国司親相

国友藤兵衛　くにともとうべえ　1778〜1840
江戸時代後期の鉄砲鍛冶，科学技術者。
◇滋賀県百科事典（大和書房 1984）　▷国友藤兵衛（一貫斎）

久宝院　くほういん
戦国時代の女性。藤堂高虎の妻。
◇国宝・重要文化財大全 1（毎日新聞社 1997）
　▷図222附「藤堂高虎夫人像」（作者不詳　江戸時代）
◇原色日本の美術（改訂版）21（小学館 1994）
　▷図70「藤堂高虎夫人像」（作者不詳　17世紀前半）
◇重要文化財大系 11（毎日新聞社 1975）
　▷附（2）「藤堂高虎夫人像」（作者不詳　江戸時代）
◇原色日本の美術 23（小学館 1971）
　▷図70「藤堂高虎夫人像」（作者不詳）

久保財三郎　くぼざいざぶろう　1849〜1913
江戸時代末期〜大正期の剣道家・自由民権運動家。
◇香川県人物・人名事典（四国新聞社 1985）

久保三八郎　くぼさぶはちろう　1845〜1907
江戸時代後期〜明治期の栃木県金融界の先駆者，農工銀行初代頭取。
◇栃木県歴史人物事典（下野新聞社 1995）

窪田猿雖　くぼたえんすい　？〜1704
江戸時代前期，中期の俳人。蕉門。
◇俳諧人名辞典（巌南堂書店 1970）　▷猿雖

窪田畔夫　くぼたくろお　1838〜1921
江戸時代末期〜大正期の民権家，画人。
◇長野県歴史人物大事典（郷土出版社 1989）

窪田重平　くぼたじゅうへい　1842〜1917
江戸時代末期〜大正期の地方新聞発行者。
◇長野県歴史人物大事典（郷土出版社 1989）

窪田次郎　くぼたじろう　1835〜1902
江戸時代末期，明治時代の啓蒙社設立，医師。
◇広島県大百科事典（中国新聞社 1982）

久保利世　くぼとしよ　1571〜1640
江戸時代前期の侘び茶人。
◇国史大辞典（吉川弘文館 1979）

熊谷直実　くまがいなおざね　1141〜1208
平安時代後期，鎌倉時代前期の武士。
◇講談社日本人名大辞典（講談社 2001）
◇秘蔵浮世絵大観 12（講談社 1988）
　▷図29「熊谷次郎直実と無官大夫敦盛」（鳥居清満（初代）　宝暦（1751-64））
◇秘蔵浮世絵大観 10（講談社 1987）
　▷図027「熊谷直実と平敦盛」（鈴木春信　明和4-5（1767-68））
◇日本大百科全書（小学館 1984）
◇浮世絵聚花 補巻1（小学館 1982）
　▷図111「熊谷直実と平敦盛」（鈴木春信　明和3-4（1766-67））
　▷図138「熊谷直実と平敦盛」（鈴木春信　明和4-5（1767-68））
◇国史大辞典（吉川弘文館 1979）
◇日本人名大事典 1〜6（平凡社 1979（覆刻））
◇在外秘宝—欧米収蔵浮世絵集成 鈴木春信（学習研究社 1972）
　▷図215「熊谷直実と平敦盛」（鈴木春信　明和3-4（1766-67））
◇日本版画美術全集 3（講談社 1961）
　▷図359「熊谷直実」（五蝶亭貞升）

熊谷直孝　くまがいなおたか　1817〜1875
江戸時代末期，明治時代の商人。
◇京都大事典（淡交社 1984）

熊谷直好　くまがいなおよし　1782〜1862
江戸時代後期の歌人。
◇角川日本姓氏歴史人物大辞典 35（角川書店 1991）
◇国史大辞典（吉川弘文館 1979）

熊坂長範　くまさかちょうはん
平安時代後期の盗賊。
◇日本大百科全書（小学館 1984）

熊沢蕃山　くまざわばんざん　1619~1691
江戸時代前期の経世家。
◇講談社日本人名大辞典（講談社 2001）
◇岡山県歴史人物事典（山陽新聞社 1994）
◇日本史大事典（平凡社 1992）
◇日本大百科全書（小学館 1984）
◇大分百科事典（大分放送 1980）
◇国史大辞典（吉川弘文館 1979）
◇日本人名大事典 1~6（平凡社 1979（覆刻））
◇岡山人名事典（日本文教出版 1978）
◇世界伝記大事典（ほるぷ出版 1978）
◇大日本百科事典（小学館 1967）

神代勝利　くましろかつとし　1511~1565
戦国時代の山内の武将。
◇佐賀県大百科事典（佐賀新聞社 1983）

熊田恰　くまだあたか　1825~1868
江戸時代末期の松山藩士。
◇岡山県歴史人物事典（山陽新聞社 1994）

熊谷五右衛門　くまやごうえもん
1719~1799　江戸時代の長州（萩）藩御用商家。
◇角川日本姓氏歴史人物大辞典 35（角川書店 1991）
◇国史大辞典（吉川弘文館 1979）

熊山庄大夫　くまやましょうだゆう
江戸時代の相撲行司。
◇秘蔵浮世絵大観 6（講談社 1989）
　▷図137「常山五郎吉・熊山庄大夫」（勝川春英　寛政5-6頃（1793-94頃））

久米通賢　くめみちかた　1780~1841
江戸時代後期の科学者, 造塩家。
◇香川県人物・人名事典（四国新聞社 1985）
◇日本大百科全書（小学館 1984）　▷久米衛左衛門
◇国史大辞典（吉川弘文館 1979）
◇郷土歴史人物事典 香川（第一法規出版 1978）
◇大日本百科事典（小学館 1967）　▷久米栄左衛門

雲井竜雄　くもいたつお　1844~1870
江戸時代末期, 明治時代の志士。
◇山形県大百科事典（山形放送 1983）
◇国史大辞典（吉川弘文館 1979）

雲早山鉄之助　くもさやまてつのすけ
1814~1875　江戸時代末期の力士。
◇徳島県歴史人物鑑（徳島新聞 1994）

九紋竜　くもんりゅう
江戸時代の力士。
◇浮世絵大系 3（集英社 1974）
　▷図49「鷲ヶ岳と柏戸と九紋竜」（勝川春好（初代））

久山知住　くやまともずみ　1818~1877
江戸時代後期の里正。
◇岡山県歴史人物事典（山陽新聞社 1994）

倉井友敬　くらいゆうけい　1817~1898
江戸時代後期の雀宮針ヶ谷村に開塾。
◇栃木県歴史人物事典（下野新聞社 1995）

鞍懸寅二郎　くらかけとらじろう　1834~1871
江戸時代末期, 明治時代の播磨赤穂藩足軽。
◇岡山県歴史人物事典（山陽新聞社 1994）
◇岡山人名事典（日本文教出版 1978）　▷鞍懸吉寅

工楽松右衛門　くらくまつえもん
1743~1812　江戸時代後期の播磨姫路藩士, 造船技師。
◇兵庫県史 第4巻 近世編2（兵庫県 1980）
　▷〈写真〉写真190「工楽松右衛門像」

倉田雲平〔初代〕　くらたうんぺい
1851~1917　江戸時代末期~大正期の月星化成創業者。
◇福岡県百科事典 上, 下（西日本新聞社 1982）

鞍作鳥　くらつくりのとり
飛鳥時代の仏師。
◇日本画素描大観 4（講談社 1984）
　▷図205「飛鳥大仏と止利仏師（小下図）」（安田靫彦　昭和47（1972））
　▷図206「飛鳥大仏と止利仏師」（安田靫彦　昭和47（1972））
◇日本の名画 14（中央公論社 1976）
　▷図50-51「飛鳥大仏と止利仏師」（安田靫彦　昭和47（1972））
◇現代日本美術全集 14（集英社 1974）
　▷図58「飛鳥大仏と止利仏師」（安田靫彦　昭和47（1972））

栗岡利吉　くりおかりきち　1840~1901
江戸時代後期~明治期の長崎の豪商。
◇大分県歴史人物事典（大分合同新聞社 1996）

栗島彦八郎　くりしまひこはちろう
江戸時代末期の幕臣・小人目付。1860年遣米使節に随行しアメリカに渡る。
◇写された幕末―石黒敬七コレクション（明石書

店 1990)
▷p31 No.6「遣米使節〈新見豊前守一行〉」（ブラデー 万延元年(1860).4.5）

栗田定之丞 くりたさだのじょう 1767～1827
江戸時代後期の砂防植林功労者。
◇秋田大百科事典（秋田魁新報社 1981）
◇国史大辞典（吉川弘文館 1979）

栗田土満 くりたひじまろ 1737～1811
江戸時代中期, 後期の国学者, 歌人。
◇静岡県史 通史編4 近世2（静岡県 1997）
▷〈写真〉写1-92「栗田土満画像」
◇静岡県史 資料編14 近世6（静岡県 1989）
▷〈口絵〉3「栗田土満画像」

栗田寛 くりたひろし 1835～1899
江戸時代末期, 明治時代の史家, 水戸藩士。
◇茨城県大百科事典（茨城新聞社 1981）
◇国史大辞典（吉川弘文館 1979）
◇日本人名大事典 1～6（平凡社 1979（覆刻））
◇郷土歴史人物事典 茨城（第一法規出版 1978）

栗本鋤雲 くりもとじょうん 1822～1897
江戸時代末期, 明治時代の幕臣, 外交官, 新聞記者。
◇幕末―写真の時代（筑摩書房 1994）
▷p145 No.159「（無題）」（N・ブラン 慶応年間(1865～68)後半）
◇北海道歴史人物事典（北海道新聞社 1993）
◇日本大百科全書（小学館 1984）
◇北海道大百科事典（北海道新聞社 1981）
◇国史大辞典（吉川弘文館 1979）
◇東京百年史 第二巻 首都東京の成立（明治前期）（ぎょうせい 1979）
▷p620（写真）「栗本鋤雲」
◇日本人名大事典 1～6（平凡社 1979（覆刻））

栗山新兵衛 くりやましんべえ 1824～1900
江戸時代末期, 明治時代の南部藩士。
◇秋田大百科事典（秋田魁新報社 1981）

栗山大膳 くりやまたいぜん 1591～1652
江戸時代前期の武士, 筑前福岡藩家老。
◇日本史大事典（平凡社 1992）
◇岩手百科事典（岩手放送 1988）
◇国史大辞典（吉川弘文館 1979）

久留島通祐 くるしまみちすけ 1738～1791
江戸時代中期の大名。
◇大分百科事典（大分放送 1980）

来島通総 くるしまみちふさ 1561～1597
安土桃山時代の武将, 大名。
◇国史大辞典（吉川弘文館 1979）

黒岩直方 くろいわなおかた 1837～1900
江戸時代末期, 明治期の尊攘派の志士。
◇高知県人名事典（高知新聞社 1999）

黒川豊麿 くろかわとよまろ 1842～1904
江戸時代後期～明治期の壬生・雄琴神社神官, 利鎌隊々長。
◇栃木県歴史人物事典（下野新聞社 1995）

黒川春村 くろかわはるむら 1799～1866
江戸時代後期の国学者, 狂歌師。
◇国史大辞典（吉川弘文館 1979）

黒川文哲 くろかわぶんてつ 1848～1916
江戸時代末期～大正期の医師。
◇大分県歴史人物事典（大分合同新聞社 1996）

黒川真頼 くろかわまより 1829～1906
江戸時代末期, 明治時代の国学者。
◇角川日本姓氏歴史人物大辞典 10（角川書店 1994）
◇国史大辞典（吉川弘文館 1979）
◇日本人名大事典 1～6（平凡社 1979（覆刻））

黒川良安 くろかわりょうあん 1817～1890
江戸時代末期, 明治時代の蘭学者, 加賀藩医。
◇書府太郎―石川県大百科事典 改訂版 上（北国新聞社 2004）
◇富山大百科事典（北日本新聞社 1994）

黒沢加兵衛 くろさわかへえ 1612～1691
江戸時代前期, 中期の八重原新田開発者。
◇角川日本姓氏歴史人物大辞典 20（角川書店 1996）

黒沢新左衛門 くろさわしんざえもん
1809～1892 江戸時代末期, 明治時代の幕臣。
◇幕末―写真の時代（筑摩書房 1994）
▷p64 No.68「（無題）」（ナダール）
◇写真集 甦る幕末（朝日新聞社 1987）
▷p234 No.335「（無題）」
▷p238 No.351「（無題）」

黒沢石斎 くろさわせきさい 1612～1678
江戸時代前期の出雲松江藩儒。
◇島根県歴史人物事典（山陰中央新報社 1997）

黒沢登幾　くろさわとき　1806～1890
　江戸時代末期,明治時代の女性。歌人。
◇茨城県大百科事典（茨城新聞社 1981）

黒住宗篤　くろずみむねあつ　1848～1889
　江戸時代末期,明治時代の黒住教第3代教主。
◇岡山県歴史人物事典（山陽新聞社 1994）

黒住宗忠　くろずみむねただ　1780～1850
　江戸時代後期の神道家,黒住教の教祖。
◇岡山県歴史人物事典（山陽新聞社 1994）
◇国史大辞典（吉川弘文館 1979）
◇岡山人名事典（日本文教出版 1978）

黒住宗信　くろずみむねのぶ　1822～1856
　江戸時代末期の黒住教第2世の祖。
◇岡山県歴史人物事典（山陽新聞社 1994）

黒瀬義門　くろせぎもん　1846～1919
　江戸時代末期～大正期の軍人。陸軍中将。
◇岡山県歴史人物事典（山陽新聞社 1994）

黒瀬李蹊　くろせりけい　？～1821
　江戸時代末期の謡曲家。
◇岡山県歴史人物事典（山陽新聞社 1994）

黒田清綱　くろだきよつな　1830～1917
　江戸時代末期,明治時代の薩摩藩士,政治家,歌人。
◇鹿児島大百科事典（南日本新聞社 1981）
◇国史大辞典（吉川弘文館 1979）

黒田源右衛門　くろだげんえもん
　？～1905　江戸時代末期,明治期の放生津の俳人。
◇角川日本姓氏歴史人物大辞典 16（角川書店 1992）

黒田継高　くろだつぐたか　1703～1775
　江戸時代中期の大名。
◇福岡県百科事典 上,下（西日本新聞社 1982）

黒田長興　くろだながおき　1610～1665
　江戸時代前期の大名。
◇講談社日本人名大辞典（講談社 2001）

黒田長溥　くろだながひろ　1811～1887
　江戸時代末期,明治時代の大名。
◇皇族・華族古写真帖 愛蔵版（新人物往来社 2003）
　▷p140「（無題）」（内田九一）
◇福岡県百科事典 上,下（西日本新聞社 1982）

◇国史大辞典（吉川弘文館 1979）

黒田長政　くろだながまさ　1568～1623
　安土桃山時代,江戸時代前期の武将,大名。
◇講談社日本人名大辞典（講談社 2001）
◇日本史大事典（平凡社 1992）
◇人間の美術 8（学習研究社 1990）
　▷図98「黒田長政画像」（作者不詳　1624頃）
◇日本大百科全書（小学館 1984）
◇国史大辞典（吉川弘文館 1979）
◇日本人名大事典 1～6（平凡社 1979(覆刻)）
◇大日本百科事典（小学館 1967）
◇世界大百科事典（平凡社 1964）

黒田孝高　くろだよしたか　1546～1604
　安土桃山時代の武将,大名。
◇講談社日本人名大辞典（講談社 2001）
◇朝日美術館 日本編 8（朝日新聞社 1997）
　▷図29「面構 豊太閤と黒田如水」（片岡球子 1970）
◇日本史大事典（平凡社 1992）
◇現代の日本画 6（学習研究社 1991）
　▷図48「面構 豊太閤と黒田如水」（片岡球子 昭和45(1970)）
◇日本大百科全書（小学館 1984）
◇福岡県百科事典 上,下（西日本新聞社 1982）
◇大分百科事典（大分放送 1980）　▷黒田如水（孝高）
◇国史大辞典（吉川弘文館 1979）
◇日本人名大事典 1～6（平凡社 1979(覆刻)）
◇兵庫県史 第3巻 中世編2・近世編1（兵庫県 1978）
　▷〈写真〉写真193「黒田孝高像」

黒田綾山　くろだりょうざん　1755～1814
　江戸時代末期の画家。
◇岡山県歴史人物事典（山陽新聞社 1994）

桑江良真　くわえりょうしん　1831～1914
　江戸時代末期～大正期の琉球古典音楽家。
◇沖縄大百科事典（沖縄タイムス社 1983）

桑田立斎　くわたりゅうさい　1811～1868
　江戸時代末期の蘭方医。
◇北海道歴史人物事典（北海道新聞社 1993）
◇北海道大百科事典（北海道新聞社 1981）
◇国史大辞典（吉川弘文館 1979）
◇日本人名大事典 1～6（平凡社 1979(覆刻)）
◇大日本百科事典（小学館 1967）

桑津一兵衛　くわづいちべえ　1837～1906
　江戸時代後期～明治期の勤王家。
◇高知県人名事典（高知新聞社 1999）

桑原又一郎　くわばらまたいちろう　1845〜1926
　江戸時代末期〜大正期の日置流竹林派の弓術家。
◇静岡県歴史人物事典（静岡新聞社 1991）

薫的　くんてき　1625〜1671
　江戸時代前期の曹洞宗の僧。
◇高知県人名事典（高知新聞社 1999）
◇高知県百科事典（高知新聞社 1976）

【け】

桂庵玄樹　けいあんげんじゅ　1427〜1508
　室町時代，戦国時代の臨済宗の僧。
◇角川日本姓氏歴史人物大辞典 35（角川書店 1991）
◇日本大百科全書（小学館 1984）
◇鹿児島大百科事典（南日本新聞社 1981）
◇国史大辞典（吉川弘文館 1979）
◇世界大百科事典（平凡社 1964）　▷桂庵

慶雲　けいうん　1663〜1729
　江戸時代中期の天台宗の僧。
◇長野県歴史人物大事典（郷土出版社 1989）　▷慶運

慶光院周清　けいこういんしゅせい　？〜1648
　江戸時代前期の女性。臨済宗の尼僧，慶光院5世。
◇国史大辞典（吉川弘文館 1979）

渓斎英泉　けいさいえいせん　1790〜1848
　江戸時代後期の浮世絵師，戯作者。
◇朝日美術館 日本編 8（朝日新聞社 1997）
　　▷図45「面構 浮世絵師三代歌川豊国・渓斎英泉」（片岡球子　1991）

瑩山紹瑾　けいざんじょうきん　1268〜1325
　鎌倉時代後期の曹洞宗の僧。
◇国宝・重要文化財大全 1（毎日新聞社 1997）
　　▷図104「瑩山紹瑾像」（作者不詳　鎌倉時代元応元(1319)自賛）
◇福井県大百科事典（福井新聞社 1991）
◇国史大辞典（吉川弘文館 1979）
◇重要文化財 10（毎日新聞社 1974）
　　▷図338「瑩山紹瑾像」（作者不詳　鎌倉時代）

景徐周麟　けいじょしゅうりん　1440〜1518
　室町時代，戦国時代の臨済宗の僧。
◇日本史大事典（平凡社 1992）
◇国史大辞典（吉川弘文館 1979）

景川宗隆　けいせんそうりゅう　1425〜1500
　室町時代，戦国時代の僧。
◇国史大辞典（吉川弘文館 1979）

継体天皇　けいたいてんのう
　上代の第26代天皇。
◇福井県大百科事典（福井新聞社 1991）

契沖　けいちゅう　1640〜1701
　江戸時代前期，中期の和学者。
◇日本史大事典（平凡社 1992）
◇茨城県史 近世編（茨城県 1985）
　　▷図5-13（写真）「契沖肖像と『万葉代匠記』」
◇大阪府史 第5巻 近世編1（大阪府 1985）
　　▷〈写真〉写真294「契沖肖像画 円珠庵」
◇日本大百科全書（小学館 1984）
◇兵庫県史 第4巻 近世編2（兵庫県 1980）
　　▷〈写真〉写真66「契沖像」
◇国史大辞典（吉川弘文館 1979）
◇世界伝記大事典（ほるぷ出版 1978）
◇大日本百科事典（小学館 1967）
◇世界大百科事典（平凡社 1964）

慶仲周賀　けいちゅうしゅうが　1363〜1425
　南北朝時代，室町時代の禅僧。
◇講談社日本人名大辞典（講談社 2001）　▷慶中周賀

景轍玄蘇　けいてつげんそ　1537〜1611
　安土桃山時代，江戸時代前期の外交僧。
◇国史大辞典（吉川弘文館 1979）

袈裟　けさ
　平安時代後期の女性。源左衛門尉渡の妻。
◇秘蔵浮世絵大観 3（講談社 1988）
　　▷図17「渡辺亘の妻袈裟御前」（歌川国貞（初代）　弘化初期頃(1844-47頃)）

月居　げっきょ　1756〜1824
　江戸時代中期，後期の俳人。
◇俳諧人名辞典（巌南堂書店 1970）

月江正文　げっこうしょうぶん　？〜1463
　室町時代の曹洞宗の僧。
◇角川日本姓氏歴史人物大辞典 10（角川書店 1994）
◇国史大辞典（吉川弘文館 1979）

月照　げっしょう　1813〜1858
　江戸時代末期の勤王僧。
◇香川県人物・人名事典（四国新聞社 1985）
◇香川県大百科事典（四国新聞社 1984）

けつし

◇鹿児島大百科事典（南日本新聞社 1981）
◇国史大辞典（吉川弘文館 1979） ▷忍向

月性 げっしょう 1817～1858
江戸時代末期の真宗の勤王僧。
◇日本史大事典（平凡社 1992）
◇角川日本姓氏歴史人物大辞典 35（角川書店 1991）
◇山口県百科事典（大和書房 1982）
◇国史大辞典（吉川弘文館 1979）

月船琛海 げっせんしんかい
1231～1308 鎌倉時代後期の禅僧。
◇仏像集成 1（学生社 1989）
　▷図330「法照禅師（月船琛海）像」（作者不詳 鎌倉時代末期 長楽寺（群馬県新田郡）蔵）

月庵宗光 げったんそうこう 1326～1389
南北朝時代の禅僧。
◇愛媛県百科大事典（愛媛新聞社 1985） ▷月庵

月林道皎 げつりんどうこう 1293～1351
鎌倉時代後期、南北朝時代の五山禅僧。
◇国史大辞典（吉川弘文館 1979）

毛谷村六助 けやむらろくすけ
安土桃山時代の剣豪。
◇日本版画美術全集 3（講談社 1961）
　▷図379「毛谷村六助」（寺沢昌次）

賢覚 げんかく 1080～1156
平安時代後期の真言宗の僧。
◇水墨美術大系 1（講談社 1975）
　▷図112-113「勝覚・賢覚像（理性院祖師像）」（作者不詳）

玄興 げんこう 1538～1604
安土桃山時代の臨済宗妙心寺派の僧。
◇国史大辞典（吉川弘文館 1979） ▷南化玄興

賢俊 けんしゅん 1299～1357
鎌倉時代後期、南北朝時代の真言宗の僧、歌人。
◇日本史大事典（平凡社 1992）
◇国史大辞典（吉川弘文館 1979）

見性院 けんしょういん 1557～1617
安土桃山時代、江戸時代前期の女性。山内一豊の正室。
◇高知県人名事典（高知新聞社 1999）
◇滋賀県百科事典（大和書房 1984） ▷山内一豊の妻（千代女）
◇高知県百科事典（高知新聞社 1976）

源信 げんしん 942～1017
平安時代中期の天台宗の学僧、浄土教家。
◇日本史大事典（平凡社 1992）
◇人間の美術 5（学習研究社 1990）
　▷図14「恵心僧都像」（作者不詳 14世紀）
◇京都大事典（淡交社 1984）
◇日本大百科全書（小学館 1984）
◇国史大辞典（吉川弘文館 1979）
◇世界伝記大事典（ほるぷ出版 1978）

元政 げんせい 1623～1668
江戸時代前期の日蓮宗の僧。
◇国史大辞典（吉川弘文館 1979）
◇日本人名大事典 1～6（平凡社 1979（覆刻））

玄丹おかよ げんたんおかよ 1842～1918
江戸時代末期、明治時代の女性。出雲松江藩士・鍼医錦織玄丹の娘。
◇島根県歴史人物事典（山陰中央新報社 1997）
　▷玄丹かよ
◇島根県大百科事典（山陰中央新報社 1982） ▷玄丹かよ

顕智 けんち 1226～1310
鎌倉時代後期の真宗の僧。
◇栃木県歴史人物事典（下野新聞社 1995）
◇原色日本の美術（改訂版）21（小学館 1994）
　▷図23「顕智上人（坐）像」（作者不詳 専修寺（栃木県芳賀郡）蔵）
◇仏像集成 1（学生社 1989）
　▷図387「顕智上人（坐）像」（作者不詳 鎌倉時代 専修寺（栃木県芳賀郡）蔵）
◇国史大辞典（吉川弘文館 1979）
◇原色日本の美術 23（小学館 1971）
　▷図30「顕智上人（坐）像」（作者不詳 延慶3（1310） 専修寺（栃木県芳賀郡）蔵）

顕如 けんにょ 1543～1592
安土桃山時代の真宗の僧。
◇日本史大事典（平凡社 1992）
◇京都大事典（淡交社 1984）
◇日本大百科全書（小学館 1984）
◇国史大辞典（吉川弘文館 1979）
◇兵庫県史 第3巻 中世編2・近世編1（兵庫県 1978）
　▷〈写真〉写真184「顕如像」

源翁心昭 げんのうしんしょう 1329～1400
南北朝時代、室町時代の曹洞宗の僧。
◇国史大辞典（吉川弘文館 1979）

玄賓　げんぴん　?〜818
　奈良時代,平安時代前期の法相宗の僧。
◇岡山県歴史人物事典（山陽新聞社 1994）
◇国史大辞典（吉川弘文館 1979）

玄昉　げんぼう
　?〜746　奈良時代の僧。
◇日本大百科全書（小学館 1984）
◇国史大辞典（吉川弘文館 1979）
◇日本人名大事典 1〜6（平凡社 1979（覆刻））
◇世界伝記大事典（ほるぷ出版 1978）

玄宥　げんゆう　1529〜1605
　戦国時代,安土桃山時代の新義真言宗の学僧。
◇栃木県歴史人物事典（下野新聞社 1995）

建礼門院　けんれいもんいん　1155〜1213
　平安時代後期,鎌倉時代前期の女性。平清盛の第2女。
◇秘蔵浮世絵大観 4（講談社 1988）
　▷図112「清盛息女の画 自像を写母の元に送図」（鳥文斎栄之　寛政8-9頃（1796-97頃））
◇京都大事典（淡交社 1984）
◇国史大辞典（吉川弘文館 1979）
◇世界伝記大事典（ほるぷ出版 1978）　▷平徳子

建礼門院右京大夫　けんれいもんいんのうきょうのだいぶ
　平安時代後期,鎌倉時代前期の女性。歌人。
◇講談社日本人名大辞典（講談社 2001）

【こ】

恋川春町　こいかわはるまち　1744〜1789
　江戸時代中期の黄表紙・洒落本・狂歌師。
◇日本大百科全書（小学館 1984）
◇日本人名大事典 1〜6（平凡社 1979（覆刻））

小池曲江　こいけきょくこう　1758〜1847
　江戸時代後期の画家。
◇宮城県百科事典（河北新報社 1982）

小石元俊　こいしげんしゅん　1743〜1808
　江戸時代中期、後期の医師、解剖家。
◇福井県大百科事典（福井新聞社 1991）
◇大阪府史 第6巻 近世編2（大阪府 1987）
　▷〈写真〉写真204「小石元俊像」
◇日本大百科全書（小学館 1984）
◇国史大辞典（吉川弘文館 1979）

◇日本人名大事典 1〜6（平凡社 1979（覆刻））
◇大日本百科事典（小学館 1967）

小石元瑞　こいしげんずい　1784〜1849
　江戸時代後期の蘭方医。
◇京都大事典（淡交社 1984）
◇国史大辞典（吉川弘文館 1979）
◇日本人名大事典 1〜6（平凡社 1979（覆刻））
◇大日本百科事典（小学館 1967）

小石第二郎　こいしだいじろう　1848〜1904
　江戸時代後期〜明治期の新潟県立新潟医学校医学教師。
◇新潟県大百科事典 上,下（新潟日報事業社 1977）

小泉保右衛門　こいずみやすえもん
　江戸時代末期の池田長発の家来。1864年遣仏使節に随行しフランスに渡る。
◇読者所蔵「古い写真」館（朝日新聞社 1986）
　▷p41「第1回遣欧使節」（ベルノン・ハース）
　▷p39「第2回遣欧使節」

小出八郎右衛門　こいではちろうえもん
　1840〜1910　江戸時代後期〜明治期の銀行家。
◇長野県歴史人物大事典（郷土出版社 1989）

小出大和守　こいでやまとのかみ
　江戸時代末期の遣露使節団正使。
◇幕末―写真の時代（筑摩書房 1994）
　▷p139 No.146「（無題）」（撮影者不詳）
◇読者所蔵「古い写真」館（朝日新聞社 1986）
　▷p42「遣露使節と留学生」

小出吉英　こいでよしひで　1587〜1666
　江戸時代前期の大名。
◇兵庫県史 第4巻 近世編2（兵庫県 1980）
　▷〈写真〉写真1「小出吉英像」

小出吉政　こいでよしまさ　1565〜1613
　安土桃山時代,江戸時代前期の大名。
◇兵庫県史 第3巻 中世編2・近世編1（兵庫県 1978）
　▷〈写真〉写真263「小出吉政像」

上泉伊勢守　こういずみいせのかみ　1508〜1600
　戦国時代の兵法家。
◇角川日本姓氏歴史人物大辞典 10（角川書店 1994）　▷上泉秀綱
◇日本大百科全書（小学館 1984）　▷上泉信綱
◇群馬県百科事典（上毛新聞社 1979）　▷上泉伊勢守秀綱

興意法親王 こういほっしんのう 1576〜1620
安土桃山時代，江戸時代前期の誠仁親王の第5王子。
◇国史大辞典（吉川弘文館 1979）

豪円 ごうえん 1535〜1611
安土桃山時代，江戸時代前期の天台宗の僧。
◇岡山県歴史人物事典（山陽新聞社 1994）
◇鳥取県大百科事典（新日本海新聞社 1984） ▷豪円僧正

公海 こうかい 1607〜1695
江戸時代前期の天台宗の僧。
◇栃木県歴史人物事典（下野新聞社 1995）
◇国史大辞典（吉川弘文館 1979）

光格天皇 こうかくてんのう 1771〜1840
江戸時代後期の第119代天皇。在位1779〜1817。
◇日本史大事典（平凡社 1992）
◇京都大事典（淡交社 1984）
◇国史大辞典（吉川弘文館 1979）

甲賀源吾 こうがげんご 1839〜1869
江戸時代末期の幕臣。
◇サムライ古写真帖（新人物往来社 2004）
▷p127「（無題）」

香月院深励 こうがついんじんれい 1749〜1817
江戸時代中期，後期の真宗大谷派の僧。
◇福井県大百科事典（福井新聞社 1991）

江稼圃 こうかほ
江戸時代後期の清の画家。
◇長崎県大百科事典（長崎新聞社 1984）

皇嘉門院別当 こうかもんいんのべっとう
平安時代後期の女性。歌人。
◇秘装浮世絵大観 3（講談社 1988）
▷図052「百人一首うばがゑとき〈版下絵〉皇嘉門院別当」（葛飾北斎 天保中期）

弘巌玄猊 こうがんげんげい 1748〜1821
江戸時代中期，後期の臨済宗の僧。
◇新潟県大百科事典 上，下（新潟日報事業社 1977） ▷弘巌

公慶 こうけい 1648〜1705
江戸時代前期，中期の東大寺三論宗の僧。
◇国宝・重要文化財大全 4（毎日新聞社 1999）
▷図634「公慶上人（坐）像」（性慶，即念 宝永3(1706) 東大寺(奈良県奈良市雑司町)蔵）

◇仏像集成 5（学生社 1994）
▷図118「公慶上人（坐）像」（性慶，即念 江戸時代 東大寺(奈良県奈良市雑司町)蔵）
◇日本の仏像大百科 5（ぎょうせい 1991）
▷図145「公慶上人（坐）像」（性慶，即念 宝永3(1706) 東大寺(奈良県奈良市雑司町)蔵）
◇新編 名宝日本の美術 4（小学館 1990）
▷図63「公慶上人（坐）像」（性慶，即念 18世紀 東大寺(奈良県奈良市雑司町)）
◇名宝日本の美術 3（小学館 1980）
▷図63「公慶上人（坐）像」（性慶，即念 18世紀 東大寺(奈良県奈良市雑司町)）
◇国史大辞典（吉川弘文館 1979）
◇重要文化財 5（毎日新聞社 1974）
▷図123「公慶上人（坐）像」（性慶，即念 宝永3(1706) 東大寺(奈良県奈良市雑司町)蔵）

江月宗玩 こうげつそうがん 1574〜1643
安土桃山時代，江戸時代前期の臨済宗の僧。
◇日本史大事典（平凡社 1992）
◇国史大辞典（吉川弘文館 1979）
◇秘宝 11（講談社 1968）
▷図72「江月宗玩像」（伝 狩野探幽）

光孝天皇 こうこうてんのう 830〜887
平安時代前期の第58代天皇。在位884〜887。
◇浮世絵聚花 14（小学館 1981）
▷図021「光孝天皇」（鈴木春信）

光後玉江 こうごたまえ 1830〜1905
江戸時代末期，明治期の女性蘭方医。
◇岡山県歴史人物事典（山陽新聞社 1994）

光厳天皇 こうごんてんのう 1313〜1364
南北朝時代の北朝初代天皇。在位1331〜1333。
◇京都大事典 府域編（淡交社 1994）
◇日本史大事典（平凡社 1992）
◇国史大辞典（吉川弘文館 1979）

江左尚白 こうさしょうはく 1654〜1722
江戸時代中期の俳人。蕉門。
◇滋賀県百科事典（大和書房 1984）
◇日本人名大事典 1〜6（平凡社 1979〔覆刻〕）
◇俳諧人名辞典（巌南堂書店 1970） ▷尚白

香下豊蔵 こうしたとよぞう 1847〜1897
江戸時代後期〜明治期の庄屋，多額納税者。
◇大分県歴史人物事典（大分合同新聞社 1996）

光純　こうじゅん
　江戸時代中期,後期の天台宗の僧。
◇ボストン美術館 日本美術調査図録（講談社 1997）
　　▷図I-253「光純和尚像」（作者不詳　明治時代（19世紀））

光定　こうじょう　779～858
　平安時代前期の天台宗の僧。
◇国宝・重要文化財大全 4（毎日新聞社 1999）
　　▷図724「光定大師像（大黒天）」（作者不詳　南北朝時代　延暦寺（滋賀県大津市坂本本町）蔵）
◇仏像集成 4（学生社 1987）
　　▷図37「光定大師像（大黒天）」（作者不詳　室町時代　延暦寺（滋賀県大津市坂本本町）蔵）
◇重要文化財 5（毎日新聞社 1974）
　　▷図203「光定大師像（大黒天）」（作者不詳　南北朝時代　延暦寺（滋賀県大津市坂本本町）蔵）

国府彰哉　こうしょうさい　1833～1909
　江戸時代末期,明治期の医師。
◇岡山県歴史人物事典（山陽新聞社 1994）

仰誓　ごうせい　1721～1794
　江戸時代中期の浄土真宗の僧。
◇島根県歴史人物事典（山陰中央新報社 1997）
◇島根県大百科事典（山陰中央新報社 1982）

高泉性潡　こうせんしょうとん
　1633～1695　江戸時代前期の渡来僧。
◇国史大辞典（吉川弘文館 1979）

高台院　こうだいいん　1548～1624
　戦国時代,安土桃山時代,江戸時代前期の女性。豊臣秀吉の正室。
◇大阪府史 第5巻 近世編1（大阪府 1985）
　　▷〈写真〉写真63「北政所像」
◇京都大事典（淡交社 1984）　▷北政所
◇国史大辞典（吉川弘文館 1979）
◇現代日本美人画全集 7（集英社 1978）
　　▷図50「ねねと茶々」（北沢映月　昭和45（1970））
　　▷図XI「ねねと茶々（下絵）」（北沢映月）
◇重要文化財 8（毎日新聞社 1973）
　　▷図163「嘉祥大師像・浄影大師像」（作者不詳　鎌倉時代）
　　▷図163(1)「嘉祥大師像・浄影大師像　嘉祥大師像」（作者不詳　鎌倉時代）
　　▷図163(2)「嘉祥大師像・浄影大師像　浄影大師像」（作者不詳　鎌倉時代）
◇奈良六大寺大観 11（岩波書店 1972）
　　▷p130,156「嘉祥大師像」（作者不詳　13世紀）
◇日本絵画館 6（講談社 1969）
　　▷図58「豊臣秀吉夫人（高台院）像」（作者不詳）
◇秘宝 5（講談社 1969）
　　▷図213「嘉祥大師吉蔵画像」（作者不詳　鎌倉時代）

広大夫人　こうだいふじん　1773～1844
　江戸時代後期の女性。11代将軍徳川家斉の正室。
◇講談社日本人名大辞典（講談社 2001）　▷広大院

後宇多天皇　ごうだてんのう　1267～1324
　鎌倉時代後期の第91代天皇。在位1274～1287。
◇角川日本姓氏歴史人物大辞典 26（角川書店 1997）
◇国宝・重要文化財大全 1（毎日新聞社 1997）
　　▷図153「後宇多天皇像」（作者不詳　南北朝時代）
　　▷図154「後宇多天皇像」（作者不詳　南北朝時代）
　　▷図156「後宇多天皇像」（作者不詳　鎌倉時代）
　　▷図147「天皇摂関御影」（作者不詳　鎌倉時代）
◇日本美術全集 9（講談社 1993）
　　▷図30「天子摂関大臣影図巻」（藤原為信,藤原豪信　14世紀中頃）
◇日本史大事典（平凡社 1992）
◇皇室の至宝第1期 御物 1（毎日新聞社 1991）
　　▷図10-30「天皇影（天皇・摂関・大臣影三巻のうち）」（藤原為信,伝 藤原豪信　鎌倉時代）
◇続日本の絵巻 12（中央公論社 1991）
　　▷p51-84「天子摂関御影」（作者不詳　14世紀半ば過ぎ）
◇京都大事典（淡交社 1984）
◇続日本絵巻大成 18（中央公論社 1983）
　　▷p51-84「天子摂関御影」（作者不詳）
◇日本古寺美術 14（集英社 1982）
　　▷図86「後宇多天皇像」（作者不詳）
◇国史大辞典（吉川弘文館 1979）
◇日本人名大事典 1～6（平凡社 1979（覆刻））
◇新修日本絵巻物全集 26（角川書店 1978）
　　▷グラビアp24-29「天子摂関御影　天子巻」（作者不詳）
　　▷グラビアp30-37「天子摂関御影　摂関巻」（作者不詳）
　　▷グラビアp38-55「天子摂関御影　大臣巻」（作者不詳）
　　▷グラビア1「天子摂関御影　天子巻（崇徳院）」（作者不詳）
　　▷グラビア2「天子摂関御影　天子巻（順徳院・後高倉院）」（作者不詳）
　　▷グラビア3「天子摂関御影　摂関巻（藤原忠通・藤原基実）」（作者不詳）
　　▷グラビア4「天子摂関御影　摂関巻（九条良

こうち

経・近衛家実)」(作者不詳)
▷グラビア5「天子摂関御影　大臣巻(藤原宗忠・藤原頼長)」(作者不詳)
▷グラビア6「天子摂関御影　大臣巻(平重盛・平宗盛)」(作者不詳)
▷グラビア7「天子摂関御影　大臣巻(大炊御門冬氏・今出川兼季)」(作者不詳)
▷オフセット1「天子摂関御影　天子巻(鳥羽院)」(作者不詳)
▷オフセット2「天子摂関御影　天子巻(後白河院・二条院)」(作者不詳)
▷オフセット3「天子摂関御影　天子巻(高倉院・後鳥羽院)」(作者不詳)
▷オフセット4「天子摂関御影　天子巻(花園院・後醍醐院)」(作者不詳)
▷オフセット5「天子摂関御影　摂関巻(藤原師家・九条兼実)」(作者不詳)
▷オフセット6「天子摂関御影　大臣巻(平清盛・藤原忠雅)」(作者不詳)
◇重要文化財　9（毎日新聞社 1974)
▷図260「後宇多天皇像」(作者不詳　南北朝時代)
▷図261「後宇多天皇像」(作者不詳　鎌倉時代)
▷図262「後宇多天皇像」(作者不詳　鎌倉時代)
◇日本絵画館　4（講談社 1970)
▷図53「天皇影」(伝 藤原為信　14世紀前半)
◇世界大百科事典（平凡社 1964)

幸地朝常　こうちちょうじょう　生没年不詳
江戸時代末期の脱清人の指導者の一人。
◇角川日本姓氏歴史人物大辞典 47（角川書店 1992)
◇沖縄大百科事典（沖縄タイムス社 1983)

厚東武実　こうとうたけざね　？～1348
鎌倉時代後期，南北朝時代の武将。
◇国史大辞典（吉川弘文館 1979)

勾当内侍　こうとうのないし
鎌倉時代後期，南北朝時代の女性。後醍醐天皇の女官。
◇日本画素描大観 2（講談社 1983)
▷図2「義貞勾当内侍を視る(下図)」(上村松園　明治28(1895))

香渡晋　こうどすすむ　1830～1902
江戸時代末期，明治期の新谷藩士，実業家。
◇愛媛県百科大事典（愛媛新聞社 1985)

鴻池新右衛門　こうのいけしんえもん
江戸時代の酒造業者。
◇国史大辞典（吉川弘文館 1979)

鴻池善右衛門〔代数不詳〕　こうのいけぜんえもん
江戸時代の大坂の大富豪。
◇国史大辞典（吉川弘文館 1979)　▷鴻池善右衛門

鴻池善右衛門〔3代〕　こうのいけぜんえもん
1667～1736　江戸時代中期の大坂の豪商の3代。
◇世界伝記大事典（ほるぷ出版 1978)

神上佐助　こうのうえさすけ
江戸時代末期の第2回遣欧使節随員。
◇読者所蔵「古い写真」館（朝日新聞社 1986)
▷p39「第2回遣欧使節」

河野元育　こうのげんいく　1841～1895
江戸時代末期，明治期の医師・実業家。
◇岡山県歴史人物事典（山陽新聞社 1994)

河野顕三　こうのけんぞう　1838～1862
江戸時代末期の尊攘派の志士。
◇栃木県歴史人物事典（下野新聞社 1995)

河野固浄　こうのこじょう　1744～1802
江戸時代中期，後期の僧，歌人。
◇香川県大百科事典（四国新聞社 1984)

河野指撃　こうのしげき　1848～1919
江戸時代末期～大正期の自由民権運動家。
◇高知県人名事典（高知新聞社 1999)

河野鉄兜　こうのてっとう　1825～1867
江戸時代末期の漢詩人。
◇兵庫県大百科事典 上，下（神戸新聞出版センター 1983)
◇兵庫県史 第5巻 近世編3・幕末維新（兵庫県 1981)
▷〈写真〉写真29「河野鉄兜像」

河野通有　こうのみちあり　？～1311
鎌倉時代後期の武士。
◇日本史大事典（平凡社 1992)
◇愛媛県百科事典（愛媛新聞社 1985)
◇国史大辞典（吉川弘文館 1979)

河野守弘　こうのもりひろ　1793～1863
江戸時代末期の国学者，歌人。
◇栃木県歴史人物事典（下野新聞社 1995)

高師直　こうのもろなお　？～1351
南北朝時代の武将。
◇ボストン美術館 日本美術調査図録（講談社

2003)
　　　▷図Ⅲ-248「高師直顔世御前の入浴を覗く図」
　　　（勝川春潮　天明(1781-89)後期－寛政
　　　(1789-1801)前期）
◇ボストン美術館 肉筆浮世絵 2（講談社 2000）
　　　▷図81「高師直顔世御前の入浴を覗く図」（勝
　　　川春潮　天明(1781-89)末－寛政(1789-
　　　1801)初）
◇日本大百科全書（小学館 1984）

河野李由　こうのりゆう　1660～1705
江戸時代中期の蕉門の俳人、僧。
◇滋賀県百科事典（大和書房 1984）　▷李由
◇日本人名大事典 1～6（平凡社 1979（覆刻））
◇俳諧人名辞典（巖南堂書店 1970）　▷李由

甲原玄寿　こうはらげんじゅ　1792～1875
江戸時代後期～明治期の医師。
◇大分県歴史人物事典（大分合同新聞社 1996）

高芙蓉　こうふよう　1722～1784
江戸時代中期の篆刻家。
◇国史大辞典（吉川弘文館 1979）
◇日本人名大事典 1～6（平凡社 1979（覆刻））
◇世界大百科事典（平凡社 1964）

弘文天皇　こうぶんてんのう　648～672
飛鳥時代の第39代天皇。在位671～672。
◇国宝・重要文化財大全 4（毎日新聞社 1999）
　　　▷図747「弘文天皇像」（作者不詳　平安時代
　　　石座神社（滋賀県大津市）蔵）
◇仏像集成 4（学生社 1987）
　　　▷図76「天命開別命坐像・伊賀采女宅子媛坐
　　　像・弘文天皇坐像・彦坐王坐像」（作者不詳
　　　平安時代、彦坐王 南北朝時代　石座神社（滋
　　　賀県大津市）蔵）
◇国史大辞典（吉川弘文館 1979）　▷大友皇子
◇重要文化財 5（毎日新聞社 1974）
　　　▷図224「弘文天皇像」（作者不詳　平安時代
　　　石座神社（滋賀県大津市）蔵）

高峰顕日　こうほうけんにち　1241～1316
鎌倉時代後期の臨済宗仏光派の僧。
◇国宝・重要文化財大全 4（毎日新聞社 1999）
　　　▷図687「高峰顕日像」（院恵　正和4(1315)
　　　正統院（神奈川県鎌倉市）蔵）
◇国宝・重要文化財大全 4（毎日新聞社 1997）
　　　▷図99「高峰顕日像（仏国国師）」（作者不詳
　　　鎌倉時代)
◇栃木県歴史人物事典（下野新聞社 1995）　▷仏
国師
◇人間の美術 6（学習研究社 1990）
　　　▷図222「高峰顕日像」（院恵　正和4(1315)
　　　正統院（神奈川県鎌倉市）蔵）

◇日本古寺美術全集 17（集英社 1981）
　　　▷図13「高峰顕日像」（院恵　正和4(1315)
　　　正統院（神奈川県鎌倉市））
◇国史大辞典（吉川弘文館 1979）　▷高峯顕日
◇重要文化財 10（毎日新聞社 1974）
　　　▷図334「高峰顕日像（仏国国師）（自賛）」（作
　　　者不詳　鎌倉時代）

光明皇后　こうみょうこうごう　701～760
奈良時代の女性。聖武天皇の皇后。
◇皇室の至宝第1期 御物 3（毎日新聞社 1991）
　　　▷図1「光明皇后」（下村観山　明治30
　　　(1897)）
◇アート・ギャラリー・ジャパン 12（集英社
1986）
　　　▷図02「光明皇后」（青木繁　明治39(1906)）
◇現代日本美術全集 7（集英社 1972）
　　　▷図21「光明皇后」（青木繁　明治39(1906)）
◇日本近代絵画全集 4（講談社 1962）
　　　▷図28「光明皇后」（青木繁　明治39(1906)）

光明天皇　こうみょうてんのう　1321～1380
南北朝時代の北朝第2代天皇。在位1336～1348。
◇日本史大事典（平凡社 1992）
◇国史大辞典（吉川弘文館 1979）

孝明天皇　こうめいてんのう　1831～1866
江戸時代末期の第121代天皇。在位1846～1866。
◇日本史大事典（平凡社 1992）
◇京都大事典（淡交社 1984）
◇国史大辞典（吉川弘文館 1979）
◇世界伝記大事典（ほるぷ出版 1978）
◇世界大百科事典（平凡社 1964）

河本立軒　こうもとりっけん　1749～1809
江戸時代後期の岡山の豪商。
◇岡山県歴史人物事典（山陽新聞社 1994）

神山郡廉　こうやまくにきよ　1829～1909
江戸時代末期、明治時代の土佐藩士、官僚、政
治家。
◇高知県人名事典（高知新聞社 1999）

高良斎　こうりょうさい　1799～1846
江戸時代後期の播磨明石藩士。
◇徳島県歴史人物鑑（徳島新聞社 1994）
◇日本大百科全書（小学館 1984）
◇徳島県百科事典（徳島新聞社 1981）
◇国史大辞典（吉川弘文館 1979）
◇日本人名大事典 1～6（平凡社 1979（覆刻））
◇大日本百科事典（小学館 1967）

こうん

孤雲懐奘　こうんえじょう　1198～1280
鎌倉時代前期の曹洞宗の僧。
◇国史大辞典（吉川弘文館 1979）

護得久朝常　ごえくちょうじょう　1850～1910
江戸時代後期～明治期の歌人。
◇角川日本姓氏歴史人物大辞典 47（角川書店 1992）
◇沖縄大百科事典（沖縄タイムス社 1983）

後円融天皇　ごえんゆうてんのう　1358～1393
南北朝時代の北朝第5代天皇。在位1371～1382。
◇国宝・重要文化財大全 1（毎日新聞社 1997）
　▷図160「後円融院像」（土佐光信　室町時代）
◇日本史大事典（平凡社 1992）
◇京都大事典（淡交社 1984）
◇国史大辞典（吉川弘文館 1979）
◇日本人名大事典 1～6（平凡社 1979（覆刻））
◇日本美術絵画全集 5（集英社 1979）
　▷図54「後円融院像（後土御門帝賛）」（土佐光信　延徳4(1492)）
◇重要文化財 9（毎日新聞社 1974）
　▷図267「後円融院像」（土佐光信　室町時代）
◇日本絵画館 5（講談社 1971）
　▷図108「後円融院像」（土佐光信　明応1(1492)）

小大君　こおおぎみ
平安時代中期の女性。歌人、三十六歌仙の一。
◇日本絵画名作101選（小学館 2005）
　▷図37「佐竹本三十六歌仙 小大君」（作者不詳　鎌倉時代前期(13世紀前半)）
◇国宝・重要文化財大全 1（毎日新聞社 1997）
　▷図232「上畳本三十六歌仙切 小大君像」（作者不詳　鎌倉時代）
　▷図201「佐竹本三十六歌仙切 小大君像」（作者不詳　鎌倉時代）
◇日本美術全集 9（講談社 1993）
　▷図29「小大君像(佐竹本三十六歌仙絵)」（作者不詳　13世紀前半）
◇浮世絵聚花 補巻1（小学館 1982）
　▷図262「三十六歌仙 三条院女蔵人左近(初版)」（鈴木春信　明和4-5(1767-68)）
　▷図263「三十六歌仙 三条院女蔵人左近(再版)」（鈴木春信　明和4-5(1767-68)）
◇浮世絵聚花 13（小学館 1981）
　▷図158「三十六歌仙 三条院女蔵人左近(初版)」（鈴木春信　明和4-5(1767-68)）
◇国史大辞典（吉川弘文館 1979）
◇浮世絵聚花 4（小学館 1979）
　▷図175「三十六歌仙 三条院女蔵人左近(初版)」（鈴木春信　明和4-5(1767-68)）
◇重要文化財 9（毎日新聞社 1974）
　▷原色8「小大君像(佐竹本三十六歌仙切)」（作者不詳　鎌倉時代）

古岳宗亘　こがくそうこう　1465～1548
戦国時代の臨済宗大徳寺派の僧。
◇国史大辞典（吉川弘文館 1979）
◇秘宝 11（講談社 1968）
　▷図66「古岳宗亘像」（作者不詳）

古賀精里　こがせいり　1750～1817
江戸時代中期,後期の儒学者。
◇日本史大事典（平凡社 1992）
◇日本大百科全書（小学館 1984）
◇佐賀県大百科事典（佐賀新聞社 1983）
◇国史大辞典（吉川弘文館 1979）

久我建通　こがたけみち　1815～1903
江戸時代末期,明治時代の公家。内大臣。
◇角川日本姓氏歴史人物大辞典 26（角川書店 1997）

久我通光　こがみちみつ　1187～1248
鎌倉時代前期の歌人・公卿。太政大臣。
◇国史大辞典（吉川弘文館 1979）

虎関師錬　こかんしれん　1278～1346
鎌倉時代後期,南北朝時代の臨済宗聖一派の僧。
◇国宝・重要文化財大全 1（毎日新聞社 1997）
　▷図119「虎関師錬像」（作者不詳　南北朝時代　康永2(1343)自賛）
◇京都大事典（淡交社 1984）
◇国史大辞典（吉川弘文館 1979）
◇日本人名大事典 1～6（平凡社 1979（覆刻））
◇重要文化財 10（毎日新聞社 1974）
　▷図352「虎関師錬像(自賛)」（作者不詳　南北朝時代）

国仙　こくせん　1723～1791
江戸時代中期の僧。
◇岡山県歴史人物事典（山陽新聞社 1994）

国分義胤　こくぶよしたね　1832～1908
江戸時代末期,明治時代の人。
◇栃木県歴史人物事典（下野新聞社 1995）

国分平　こくぶんたいら　1804～1899
江戸時代後期～明治期の儒学者。
◇宮城県百科事典（河北新報社 1982）

国分行道　こくぶんゆきみち　1846～1909
江戸時代後期～明治期の教育家。
◇宮城県百科事典（河北新報社 1982）

小樽久衛 こぐれきゅうえ 1844〜1921
江戸時代末期〜大正期の蚕糸業経営者,埼玉県議会議員。
◇埼玉大百科事典 1〜5（埼玉新聞社 1974）

悟渓宗頓 ごけいそうとん 1416〜1500
室町時代,戦国時代の僧。
◇国史大辞典（吉川弘文館 1979）

後光厳天皇 ごこうごんてんのう 1338〜1374
南北朝時代の北朝第4代天皇。在位1352〜1371。
◇角川日本姓氏歴史人物大辞典 26（角川書店 1997）
◇日本史大事典（平凡社 1992）
◇国史大辞典（吉川弘文館 1979）
◇日本人名大事典 1〜6（平凡社 1979（覆刻））

小督局 こごうのつぼね 1157〜?
平安時代後期の女性。高倉天皇の侍嬪。
◇国史大辞典（吉川弘文館 1979）

後光明天皇 ごこうみょうてんのう 1633〜1654
江戸時代前期の第110代天皇。在位1643〜1654。
◇国史大辞典（吉川弘文館 1979）
◇大日本百科事典（小学館 1967）

後小松天皇 ごこまつてんのう 1377〜1433
室町時代の第100代（北朝第6代）の天皇。在位1382〜1412。
◇国史大辞典（吉川弘文館 1979）

後西天皇 ごさいてんのう 1637〜1685
江戸時代前期の第111代天皇。在位1654〜1663。
◇日本史大事典（平凡社 1992）
◇国史大辞典（吉川弘文館 1979）

後嵯峨天皇 ごさがてんのう 1220〜1272
鎌倉時代前期の第88代天皇。在位1242〜1246。
◇角川日本姓氏歴史人物大辞典 26（角川書店 1997）
◇国宝・重要文化財大全 1（毎日新聞社 1997）
　▷図147「天皇摂関御影」（作者不詳　鎌倉時代）
◇日本美術全集 9（講談社 1993）
　▷図30「天子摂関大臣影図巻」（藤原為信,藤原豪信　14世紀中頃）
◇皇室の至宝第1期 御物 1（毎日新聞社 1991）
　▷図10-30「天皇影（天皇・摂関・大臣影三巻のうち）」（藤原為信,伝 藤原豪信　鎌倉時代）
◇続日本の絵巻 12（中央公論社 1991）
　▷p51-84「天子摂関御影」（作者不詳　14世紀半ば過ぎ）
◇続日本絵巻大成 18（中央公論社 1983）
　▷p51-84「天子摂関御影」（作者不詳）
◇日本人名大事典 1〜6（平凡社 1979（覆刻））
◇新修日本絵巻物全集 26（角川書店 1978）
　▷グラビアp24-29「天子摂関御影　天子巻」（作者不詳）
　▷グラビアp30-37「天子摂関御影　摂関巻」（作者不詳）
　▷グラビアp38-55「天子摂関御影　大臣巻」（作者不詳）
　▷グラビア1「天子摂関御影　天子巻（崇徳院）」（作者不詳）
　▷グラビア2「天子摂関御影　天子巻（順徳院・後高倉院）」（作者不詳）
　▷グラビア3「天子摂関御影　摂関巻（藤原忠通・藤原基実）」（作者不詳）
　▷グラビア4「天子摂関御影　摂関巻（九条良経・近衛家実）」（作者不詳）
　▷グラビア5「天子摂関御影　大臣巻（藤原宗忠・藤原頼長）」（作者不詳）
　▷グラビア6「天子摂関御影　大臣巻（平重盛・平宗盛）」（作者不詳）
　▷グラビア7「天子摂関御影　大臣巻（大炊御門冬氏・今出川兼季）」（作者不詳）
　▷オフセット1「天子摂関御影　天子巻（鳥羽院）」（作者不詳）
　▷オフセット2「天子摂関御影　天子巻（後白河院・二条院）」（作者不詳）
　▷オフセット3「天子摂関御影　天子巻（高倉院・後鳥羽院）」（作者不詳）
　▷オフセット4「天子摂関御影　天子巻（花園院・後醍醐院）」（作者不詳）
　▷オフセット5「天子摂関御影　摂関巻（藤原師家・九条兼実）」（作者不詳）
　▷オフセット6「天子摂関御影　大臣巻（平清盛・藤原忠雅）」（作者不詳）
◇日本絵画館 4（講談社 1970）
　▷図53「天皇影」（伝 藤原為信　14世紀前半）

小さん金五郎 こさんきんごろう
江戸時代の歌舞伎役者。
◇日本版画美術全集 2（講談社 1961）
　▷図231「市村竹之丞と富沢門太郎と小さん金五郎」（西村重長）

小式部内侍 こしきぶのないし ?〜1025
平安時代中期の女性。歌人。
◇ボストン美術館 日本美術調査図録（講談社 2003）
　▷図III-218「見立小式部内侍」（伝 礒田湖竜斎　明和年間（1764-72）後期頃か）
◇秘蔵浮世絵大観 2（講談社 1987）
　▷図31「小式部内侍」（鈴木春信　明和2-7（1765-70））
◇浮世絵聚花 補巻1（小学館 1982）
　▷図120「百人一首 小式部内侍」（鈴木春信　明和4-5（1767-68））
　▷図265「百人一首 小式部内侍」（鈴木春信　明和4-5（1767-68））

こしま

◇浮世絵聚花 9（小学館 1981）
　▷図014「百人一首 小式部内侍」（鈴木春信 明和4-5(1767-68)）
◇浮世絵聚花 8（小学館 1980）
　▷図100「浮世三幅対 小式部」（鳥文斎栄之）
◇日本美術全集 22（学習研究社 1979）
　▷図39「小式部内侍」（杉村治兵衛 17世紀末）
◇浮世絵大系 1（集英社 1974）
　▷図19「小式部内侍」（杉村治兵衛 17世紀末）
◇日本版画美術全集 6（講談社 1961）
　▷図16「大江山の小式部内侍」（作者不詳）
◇浮世絵全集 1（河出書房新社 1957）
　▷図24「小式部内侍」（杉村治兵衛 17世紀末）

児島惟謙　こじまいけん　1837～1908
　江戸時代末期, 明治時代の伊予宇和島藩士, 司法官。
◇日本史大事典（平凡社 1992）
◇愛媛県百科大事典（愛媛新聞社 1985）
◇日本大百科全書（小学館 1984）
◇国史大辞典（吉川弘文館 1979）
◇郷土歴史人物事典 愛媛（第一法規出版 1978）

児島強介　こじまきょうすけ　1836～1862
　江戸時代末期の志士。
◇栃木県歴史人物事典（下野新聞社 1995）

小島源兵衛　こじまげんべえ
　江戸時代末期, 明治時代の幕臣。
◇幕末─写真の時代（筑摩書房 1994）
　p140 No.150「（無題）」（撮影者不詳）
◇読者所蔵「古い写真」館（朝日新聞社 1986）
　▷p42「遣露使節と留学生」

小島蕉園　こじましょうえん　1771～1826
　江戸時代後期の良吏。
◇静岡県歴史人物事典（静岡新聞社 1991）

児島高徳　こじまたかのり
　南北朝時代の武将。
◇岡山県歴史人物事典（山陽新聞社 1994）
◇秘蔵浮世絵大観 8（講談社 1989）
　▷図87「見立児島高徳」（鈴木春信 明和2頃(1765頃)）
◇浮世絵聚花 補巻1（小学館 1982）
　▷図71「児島備後三郎高徳」（鈴木春信 宝暦12－明和元(1762-64)）
◇浮世絵聚花 12（小学館 1980）
　▷図017「見立児島高徳」（鈴木春信 明和2頃(1765頃)）
◇岡山人名事典（日本文教出版 1978）

◇在外秘宝─欧米収蔵浮世絵集成 鈴木春信（学習研究社 1972）
　▷図132「見立児島高徳」（鈴木春信 明和2頃(1765頃)）

児島東雄　こじまはるお　1818～1895
　江戸時代後期, 末期, 明治時代の教育者。
◇岡山県歴史人物事典（山陽新聞社 1994）

小島文次郎　こじまぶんじろう　1825～1870
　江戸時代末期, 明治時代の義民。
◇群馬県史 通史編4 近世1 政治（群馬県 1990）
　▷〈写真〉239「小島文次郎画像」

小島柳蛙　こじまりゅうあ　1820～1882
　江戸時代末期, 明治時代の写真師。
◇日本の写真家 1（岩波書店 1997）
　▷No.17「小島柳蛙とその家族 コラージュ」（小島柳蛙）

呉春　ごしゅん　1752～1811
　江戸時代中期, 後期の画家。
◇講談社日本人名大辞典（講談社 2001）　▷松村月渓
◇国史大辞典（吉川弘文館 1979）
◇日本人名大事典 1～6（平凡社 1979（覆刻））
　▷松村呉春
◇俳人の書画美術 5（集英社 1978）
　▷図77「呉春肖像」（紀広成）

古城玄洲　こじょうげんしゅう　1826～1915
　江戸時代末期～大正期の東国東郡国見町岐部の医師。
◇大分県歴史人物事典（大分合同新聞社 1996）
◇大分百科事典（大分放送 1980）

古庄虎二　こしょうとらじ　1838～1898
　江戸時代末期, 明治期の庄屋。
◇大分県歴史人物事典（大分合同新聞社 1996）

後白河天皇　ごしらかわてんのう　1127～1192
　平安時代後期の第77代天皇。在位1155～1158。
◇国宝・重要文化財大全 4（毎日新聞社 1999）
　▷図748「後白河法皇像」（康知 明暦4(1658) 長講堂（京都府京都市下京区）蔵）
◇国宝・重要文化財大全 1（毎日新聞社 1997）
　▷図151「後白河法皇像」（作者不詳 鎌倉時代）
　▷図147「天皇摂関御影」（作者不詳 鎌倉時代）
◇原色日本の美術（改訂版）21（小学館 1994）
　▷図40「後白河法皇像」（作者不詳 13世紀）
◇日本美術全集 9（講談社 1993）
　▷図30「天子摂関大臣影図巻」（藤原為信, 藤

原豪信　14世紀中頃)
　▷図24「後白河法皇像」(作者不詳　13世紀初)
◇新編 名宝日本の美術 8（小学館　1992）
　▷図24「後白河法皇像」(作者不詳　14世紀)
◇日本史大事典（平凡社　1992）
◇皇室の至宝第1期 御物 1（毎日新聞社　1991）
　▷図10-30「天皇影（天皇・摂関・大臣影三巻のうち）」(藤原為信，伝 藤原豪信　鎌倉時代)
◇続日本の絵巻 12（中央公論社　1991）
　▷p51-84「天子摂関御影」(作者不詳　14世紀半ば過ぎ)
◇人間の美術 6（学習研究社　1990）
　▷図18「後白河院像（画巻）」(藤原為信　14世紀)
◇京都大事典（淡交社　1984）
◇日本大百科全書（小学館　1984）
◇続日本絵巻大成 18（中央公論社　1983）
　▷p51-84「天子摂関御影」(作者不詳)
◇花鳥画の世界 1（学習研究社　1982）
　▷図221-222「後白河法皇像」(作者不詳　鎌倉時代)
◇日本古寺美術全集 25（集英社　1981）
　▷図17「後白河法皇像」(作者不詳)
◇国史大辞典（吉川弘文館　1979）
◇在外日本の至宝 5（毎日新聞社　1979）
　▷図52-53「後白河法皇大原御幸図」(宗達派　江戸時代前期)
◇日本絵画百選（日本経済新聞社　1979）
　▷図32「後白河法皇像」(作者不詳　鎌倉時代)
◇日本人名大事典 1〜6（平凡社　1979（覆刻））
◇新修日本絵巻物全集 26（角川書店　1978）
　▷グラビアp24-29「天子摂関御影　天子巻」(作者不詳)
　▷グラビアp30-37「天子摂関御影　摂関巻」(作者不詳)
　▷グラビアp38-55「天子摂関御影　大臣巻」(作者不詳)
　▷グラビア1「天子摂関御影　天子巻（崇徳院）」(作者不詳)
　▷グラビア2「天子摂関御影　天子巻（順徳院・後高倉院）」(作者不詳)
　▷グラビア3「天子摂関御影　摂関巻（藤原忠通・藤原基実）」(作者不詳)
　▷グラビア4「天子摂関御影　摂関巻（九条良経・近衛家実）」(作者不詳)
　▷グラビア5「天子摂関御影　大臣巻（藤原宗忠・藤原頼長）」(作者不詳)
　▷グラビア6「天子摂関御影　大臣巻（平重盛・平宗盛）」(作者不詳)
　▷グラビア7「天子摂関御影　大臣巻（大炊御門冬氏・今出川兼季）」(作者不詳)
　▷オフセット1「天子摂関御影　天子巻（鳥羽院）」(作者不詳)
　▷オフセット2「天子摂関御影　天子巻（後白河院・二条院）」(作者不詳)
　▷オフセット3「天子摂関御影　天子巻（高倉院・後鳥羽院）」(作者不詳)
　▷オフセット4「天子摂関御影　天子巻（花園院・後醍醐院）」(作者不詳)
　▷オフセット5「天子摂関御影　摂関巻（藤原師家・九条兼実）」(作者不詳)
　▷オフセット6「天子摂関御影　大臣巻（平清盛・藤原師雅）」(作者不詳)
◇世界伝記大事典（ほるぷ出版　1978）
◇御物聚成　絵画1（朝日新聞社　1977）
　▷図5「後白河天皇御影」(作者不詳　鎌倉時代)
◇重要文化財 5（毎日新聞社　1974）
　▷図225「後白河法皇像」(康知　明暦4（1658）　長講堂（京都府京都市下京区）蔵)
◇重要文化財 9（毎日新聞社　1974）
　▷原色10,258「後白河法皇像」(作者不詳　鎌倉時代)
◇原色日本の美術 23（小学館　1971）
　▷図40「後白河法皇像」(作者不詳)
◇日本絵画館 4（講談社　1970）
　▷図53「天皇影」(伝 藤原為信　14世紀前半)
◇在外秘宝 1（学習研究社　1969）
　▷図53「後白河法皇大原御幸図」(「対青軒」印)
◇大日本百科事典（小学館　1967）
◇世界大百科事典（平凡社　1964）

小杉椙邨　こすぎすぎむら　1834〜1910
江戸時代後期〜明治期の歌人，国学者。
◇徳島県歴史人物鑑（徳島新聞社　1994）
◇徳島県百科事典（徳島新聞社　1981）

小杉榲邨　こすぎすぎむら　1834〜1910
江戸時代末期，明治時代の国文学者，歌人，阿波徳島藩士。
◇日本人名大事典 1〜6（平凡社　1979（覆刻））

小杉雅之進　こすぎまさのしん
江戸時代後期，末期，明治時代の船舶技術者。
1860年咸臨丸の教授方手伝としてアメリカに渡る。
◇サムライ古写真帖（新人物往来社　2004）
　▷p72「（無題）」
　▷p122「洋装軍服姿の蝦夷共和国幹部」(田本研造)
　▷頁・番号なし「（無題）」

五姓田芳柳〔初代〕　ごせだほうりゅう
1827〜1892　江戸時代末期，明治時代の洋画家。
◇近代日本洋画素描大系 1（講談社　1985）
　▷図29「初代芳柳像」(五姓田義松)

小曽根乾堂　こそねけんどう　1828〜1885
江戸時代末期，明治時代の篆刻家。
◇長崎県大百科事典（長崎新聞社　1984）

こたい

後醍院真柱 ごだいいんみはしら　1805〜1879
江戸時代末期, 明治時代の薩摩藩士, 国学者。
◇岡山県歴史人物事典（山陽新聞社 1994）

後醍醐天皇 ごだいごてんのう　1288〜1339
鎌倉時代後期, 南北朝時代の第96代（南朝初代）の天皇。在位1318〜1339。
◇講談社日本人名大辞典（講談社 2001）
◇角川日本姓氏歴史人物大辞典 26（角川書店 1997）
◇国宝・重要文化財大全 1（毎日新聞社 1997）
　▷図158「後醍醐天皇像」（作者不詳　鎌倉時代）
　▷図159「後醍醐天皇像」（作者不詳　南北朝時代）
◇水墨画の巨匠 8（講談社 1995）
　▷図63「後醍醐帝笠置御潜逃図」（曽我蕭白）
◇京都大事典 府域編（淡交社 1994）
◇原色日本の美術（改訂版）21（小学館 1994）
　▷図42「後醍醐天皇像」（作者不詳　14世紀）
◇日本史大事典（平凡社 1992）
◇新編名宝日本の美術 27（小学館 1991）
　▷図60「後醍醐天皇潜逃図」（曽我蕭白　明和2-8(1765-71)）
◇人間の美術 10（学習研究社 1990）
　▷図82「後醍醐帝笠置潜逃図」（曽我蕭白　18世紀後期）
◇秘蔵浮世絵大観 ムラー・コレクション（講談社 1990）
　▷図177「後醍醐帝笠置山皇居霊夢之図」（尾形月耕　明治27(1894)）
◇京都大事典（淡交社 1984）
◇日本大百科全書（小学館 1984）
◇国史大辞典（吉川弘文館 1979）
◇日本人名大事典 1〜6（平凡社 1979（覆刻））
◇世界伝記大事典（ほるぷ出版 1978）
◇重要文化財 9（毎日新聞社 1974）
　▷図265「後醍醐天皇像」（作者不詳　鎌倉時代）
　▷図266「後醍醐天皇像」（作者不詳　南北朝時代）
◇原色日本の美術 23（小学館 1971）
　▷図42「後醍醐像」（作者不詳）
◇日本絵画館 4（講談社 1970）
　▷図151「後醍醐天皇像」（作者不詳　14世紀中葉）
◇秘宝 11（講談社 1968）
　▷図19「後醍醐天皇像」（作者不詳）
◇大日本百科事典（小学館 1967）
◇世界大百科事典（平凡社 1964）

後高倉院 ごたかくらいん　1179〜1223
鎌倉時代前期の上皇。
◇角川日本姓氏歴史人物大辞典 26（角川書店 1997）

◇国宝・重要文化財大全 1（毎日新聞社 1997）
　▷図147「天皇摂関御影」（作者不詳　鎌倉時代）
◇日本美術全集 9（講談社 1993）
　▷図30「天子摂関大臣影図巻」（藤原為信, 藤原豪信　14世紀中頃）
◇日本史大事典（平凡社 1992）
◇皇室の至宝第1期 御物 1（毎日新聞社 1991）
　▷図10-30「天皇影（天皇・摂関・大臣影三巻のうち）」（藤原為信,伝 藤原豪信　鎌倉時代）
◇続日本の絵巻 12（中央公論社 1991）
　▷p51-84「天子摂関御影」（作者不詳　14世紀半ば過ぎ）
◇続日本絵巻大成 18（中央公論社 1983）
　▷p51-84「天子摂関御影」（作者不詳）
◇国史大辞典（吉川弘文館 1979）
◇新修日本絵巻物全集 26（角川書店 1978）
　▷グラビアp24-29「天子摂関御影　天子巻」（作者不詳）
　▷グラビアp30-37「天子摂関御影　摂関巻」（作者不詳）
　▷グラビアp38-55「天子摂関御影　大臣巻」（作者不詳）
　▷グラビア1「天子摂関御影　天子巻（崇徳院）」（作者不詳）
　▷グラビア2「天子摂関御影　天子巻（順徳院・後高倉院）」（作者不詳）
　▷グラビア3「天子摂関御影　摂関巻（藤原忠通・藤原基実）」（作者不詳）
　▷グラビア4「天子摂関御影　摂関巻（九条良経・近衛家実）」（作者不詳）
　▷グラビア5「天子摂関御影　大臣巻（藤原宗忠・藤原頼長）」（作者不詳）
　▷グラビア6「天子摂関御影　大臣巻（平重盛・平宗盛）」（作者不詳）
　▷グラビア7「天子摂関御影　大臣巻（大炊御門冬氏・今出川兼季）」（作者不詳）
　▷オフセット1「天子摂関御影　天子巻（鳥羽院）」（作者不詳）
　▷オフセット2「天子摂関御影　天子巻（後白河院・二条院）」（作者不詳）
　▷オフセット3「天子摂関御影　天子巻（高倉院・後鳥羽院）」（作者不詳）
　▷オフセット4「天子摂関御影　天子巻（花園院・後醍醐院）」（作者不詳）
　▷オフセット5「天子摂関御影　摂関巻（藤原師家・九条兼実）」（作者不詳）
　▷オフセット6「天子摂関御影　大臣巻（平清盛・藤原忠雅）」（作者不詳）
◇日本絵画館 4（講談社 1970）
　▷図53「天皇影」（伝 藤原為信　14世紀前半）

小竹才六 こたけさいろく　1848頃〜1916
江戸時代末期〜大正期の能楽師。
◇福井県大百科事典（福井新聞社 1991）

小谷三志　こだにさんし　1765〜1841
　江戸時代中期,後期の不二道の開祖。
◇埼玉人物事典（埼玉県 1998）
◇新編埼玉県史 通史編4（埼玉県 1989）
　　▷〈写真〉5-12「小谷三志画像」
◇国史大辞典（吉川弘文館 1979）

児玉久右衛門　こだまきゅうえもん
　1689〜1761　江戸時代前期,中期の治水家。
◇宮崎県大百科事典（宮崎日日新聞社 1983）

児玉南柯　こだまなんか
　江戸時代中期,後期の武蔵岩槻藩士,儒学者。
◇新編埼玉県史 通史編4（埼玉県 1989）
　　▷〈写真〉6-6「児玉南柯自画像」

児玉平格　こだまへいかく　1791〜1875
　江戸時代後期〜明治期の旧佐土原藩士で藩校学習館の教主。
◇宮崎県大百科事典（宮崎日日新聞社 1983）

兀庵普寧　ごったんふねい　1197〜1276
　鎌倉時代前期の宋の渡来僧。
◇国宝・重要文化財大全 2（毎日新聞社 1999）
　　▷図98「兀庵普寧像」（靖菴　元△）
◇国宝・重要文化財大全 1（毎日新聞社 1997）
　　▷図78「兀庵普寧像」（作者不詳　鎌倉時代）
◇原色日本の美術（改訂版）21（小学館 1994）
　　▷図56「兀庵普寧像」（作者不詳　13世紀中頃）
◇人間の美術 6（学習研究社 1990）
　　▷図190「兀庵普寧像」（長嘉　13世紀中期）
◇国史大辞典（吉川弘文館 1979）
◇重要文化財 10（毎日新聞社 1974）
　　▷図380「兀庵普寧像（自賛）」（靖菴〔筆〕元△）
　　▷図316「兀庵普寧像（自賛）」（作者不詳　鎌倉時代）
◇水墨美術大系 5（講談社 1974）
　　▷図27「兀庵普寧像（兀庵普寧賛）」（靖菴）
　　▷図28「兀庵普寧像（兀庵普寧賛）」（伝 長嘉）
◇原色日本の美術 23（小学館 1971）
　　▷図56「兀庵普寧像」（作者不詳）

籠手田安定　こてだやすさだ　1840〜1899
　江戸時代末期,明治時代の肥前平戸藩士,官吏。
◇島根県歴史人物事典（山陰中央新報社 1997）
◇滋賀県百科事典（大和書房 1984）
◇長崎県大百科事典（長崎新聞社 1984）
◇島根県大百科事典（山陰中央新報社 1982）

小寺清先　こでらきよさき　1748〜1827
　江戸時代中期,後期の国学者,神道家。
◇岡山県歴史人物事典（山陽新聞社 1994）

後藤逸女　ごとういつじょ　1814〜1883
　江戸時代後期〜明治期の歌人。
◇秋田大百科事典（秋田魁新報社 1981）

後藤艮山　ごとうこんざん　1659〜1733
　江戸時代前期,中期の医師。
◇日本史大事典（平凡社 1992）
◇国史大辞典（吉川弘文館 1979）
◇日本人名大事典 1〜6（平凡社 1979（覆刻））
◇大日本百科事典（小学館 1967）

後藤鹿太郎　ごとうしかたろう　1837〜1916
　江戸時代末期〜大正期の富士緒井路の企画立案者。
◇大分県歴史人物事典（大分合同新聞社 1996）

後藤象二郎　ごとうしょうじろう　1838〜1897
　江戸時代末期,明治時代の土佐藩士,政治家。
◇サムライ古写真帖（新人物往来社 2004）
　　▷p95「（無題）」（上野彦馬）
　　▷p95「（無題）」
◇皇族・華族古写真帖 愛蔵版（新人物往来社 2003）
　　▷p139「（無題）」
◇士―日本のダンディズム（二玄社 2003）
　　▷p043 No.29「後藤象二郎像」（上野彦馬）
◇講談社日本人名大辞典（講談社 2001）
◇セピア色の肖像（朝日ソノラマ 2000）
　　▷p28「（無題）」（内田九一）
◇高知県人名事典（高知新聞社 1999）
◇日本の写真家 1（岩波書店 1997）
　　▷No.4「後藤象二郎像」（上野彦馬　1860年代）
◇幕末―写真の時代（筑摩書房 1994）
　　▷p182 No.194「（無題）」（上野彦馬　慶応年間（1865〜68））
◇日本大百科全書（小学館 1984）
◇国史大辞典（吉川弘文館 1979）
◇日本人名大事典 1〜6（平凡社 1979（覆刻））
◇世界伝記大事典（ほるぷ出版 1978）
◇高知県百科事典（高知新聞社 1976）
◇大日本百科事典（小学館 1967）
◇世界大百科事典（平凡社 1964）

厚東次郎助　ことうじろうじょ
　江戸時代末期の山県有朋視察団随員。
◇サムライ古写真帖（新人物往来社 2004）
　　▷p97「ヨーロッパ視察中の山県一行」（上野彦馬　1869.6）
◇写真の開祖上野彦馬（上野彦馬撮影 産業能率短期大学出版部 1975）
　　▷p13 No.7「（無題）」（1869.6）

ことう

後藤碩田　ごとうせきでん　1805〜1882
　江戸時代末期,明治時代の国学者。
◇大分百科事典（大分放送 1980）

後藤祐乗　ごとうゆうじょう　1440〜1512
　室町時代,戦国時代の刀装金工家。
◇国史大辞典（吉川弘文館 1979）
◇日本人名大事典 1〜6（平凡社 1979（覆刻））
◇世界伝記大事典（ほるぷ出版 1978）

後鳥羽天皇　ごとばてんのう　1180〜1239
　鎌倉時代前期の第82代天皇。在位1183〜1198。
◇日本絵画名作101選（小学館 2005）
　▷図36「後鳥羽上皇像」（伝 藤原信実 承久3（1221））
◇講談社日本人名大辞典（講談社 2001）
◇角川日本姓氏歴史人物大辞典 26（角川書店 1997）
◇国宝・重要文化財大全 1（毎日新聞社 1997）
　▷図152「後鳥羽天皇像」（伝 藤原信実 鎌倉時代）
　▷図147「天皇摂関御影」（作者不詳 鎌倉時代）
◇私の選んだ国宝絵画 2（毎日新聞社 1997）
　▷p24「後鳥羽天皇像」（伝 藤原信実 鎌倉時代（13世紀））
◇原色日本の美術（改訂版）21（小学館 1994）
　▷図41「後鳥羽天皇像」（作者不詳 1221）
◇日本美術全集 9（講談社 1993）
　▷図30「天子摂関大臣影図巻」（藤原為信,藤原豪信 14世紀中頃）
　▷図28「後鳥羽天皇像」（伝 藤原信実 承久3（1221））
◇日本史大事典（平凡社 1992）
◇皇室の至宝第1期 御物 1（毎日新聞社 1991）
　▷図10-30「天皇影（天皇・摂関・大臣影三巻のうち）」（藤原為信,伝 藤原信実 鎌倉時代）
　▷図7-8「後鳥羽御影」（作者不詳 鎌倉時代）
◇続日本の絵巻 12（中央公論社 1991）
　▷p51-84「天子摂関御影」（作者不詳 14世紀半ば過ぎ）
◇昭和の文化遺産 1（ぎょうせい 1990）
　▷図46「後鳥羽院と神崎の遊女たち」（松岡映丘 昭和12（1937））
◇人間の美術 6（学習研究社 1990）
　▷図184「後鳥羽上皇像」（藤原信実 承久3（1221））
◇アート・ギャラリー・ジャパン 3（集英社 1987）
　▷014「後鳥羽院と神崎の遊女たち」（松岡映丘 昭和12（1937））
◇国宝大事典 1（講談社 1985）
　▷図75「後鳥羽天皇像」（伝 藤原信実 鎌倉時代（1221））
◇京都大事典（淡交社 1984）

◇国宝 2（毎日新聞社 増補改訂版 1984）
　▷図37「後鳥羽天皇像」（伝 藤原信実 鎌倉時代）
◇日本大百科全書（小学館 1984）
◇続日本絵巻大成 18（中央公論社 1983）
　▷p51-84「天子摂関御影」（作者不詳）
◇国史大辞典（吉川弘文館 1979）
◇日本美術全集 10（学習研究社 1979）
　▷図71「後鳥羽上皇像」（藤原信実 鎌倉時代）
◇新修日本絵巻物全集 26（角川書店 1978）
　▷グラビアp24-29「天子摂関御影　天子巻」（作者不詳）
　▷グラビアp30-37「天子摂関御影　摂関巻」（作者不詳）
　▷グラビアp38-55「天子摂関御影　大臣巻」（作者不詳）
　▷グラビア1「天子摂関御影　天子巻（崇徳院）」（作者不詳）
　▷グラビア2「天子摂関御影　天子巻（順徳院・後高倉院）」（作者不詳）
　▷グラビア3「天子摂関御影　摂関巻（藤原忠通・藤原基実）」（作者不詳）
　▷グラビア4「天子摂関御影　摂関巻（九条良経・近衛家実）」（作者不詳）
　▷グラビア5「天子摂関御影　大臣巻（藤原宗忠・藤原頼長）」（作者不詳）
　▷グラビア6「天子摂関御影　大臣巻（平重盛・平宗盛）」（作者不詳）
　▷グラビア7「天子摂関御影　大臣巻（大炊御門冬氏・今出川兼季）」（作者不詳）
　▷オフセット1「天子摂関御影　天子巻（鳥羽院）」（作者不詳）
　▷オフセット2「天子摂関御影　天子巻（後白河院・二条院）」（作者不詳）
　▷オフセット3「天子摂関御影　天子巻（高倉院・後鳥羽院）」（作者不詳）
　▷オフセット4「天子摂関御影　天子巻（花園院・後醍醐院）」（作者不詳）
　▷オフセット5「天子摂関御影　摂関巻（藤原師家・九条兼実）」（作者不詳）
　▷オフセット6「天子摂関御影　大臣巻（平清盛・藤原忠雅）」（作者不詳）
◇世界伝記大事典（ほるぷ出版 1978）
◇御影聚成 絵画1（朝日新聞社 1977）
　▷図3-4「後鳥羽天皇御影」（伝 藤原信実 鎌倉時代）
◇原色版国宝 7（毎日新聞社 1976）
　▷図20「後鳥羽天皇像」（作者不詳 鎌倉時代（13世紀））
◇重要文化財 9（毎日新聞社 1974）
　▷図259「後鳥羽天皇像」（伝 藤原信実 鎌倉時代）
◇和漢詩歌作家辞典（みづほ出版 1972）
◇原色日本の美術 23（小学館 1971）
　▷図41「後鳥羽天皇像」（作者不詳）
◇日本絵画館 4（講談社 1970）
　▷図53「天皇影」（伝 藤原為信 14世紀前半）

▷図50「後鳥羽天皇像」(伝 藤原信実　承久3 (1221)頃)
◇大日本百科事典（小学館 1967）
◇国宝 4（毎日新聞社 1966）
　▷図48「後鳥羽天皇像」(作者不詳　鎌倉時代 (13世紀))
◇世界大百科事典（平凡社 1964）

小永井五八郎　こながいごはちろう
江戸時代末期の操練所勤番公用方下役。1860年咸臨丸の操練所勤番公用方下役としてアメリカに渡る。
◇幕末―写真の時代（筑摩書房 1994）
　▷p45 No.35「サンフランシスコの咸臨丸乗組員たち」(撮影者不詳)

小中村清矩　こなかむらきよのり　1821〜1895
江戸時代末期、明治時代の国学者。
◇国史大辞典（吉川弘文館 1979）
◇日本人名大事典 1〜6（平凡社 1979（覆刻））

後奈良天皇　ごならてんのう　1496〜1557
戦国時代の第105代天皇。在位1526〜1557。
◇日本史大事典（平凡社 1992）
◇国史大辞典（吉川弘文館 1979）
◇秘宝 4（講談社 1969）
　▷図391「後奈良天皇宣命(転害会宣命)」(作者不詳　天文8.9(1539.9))

小西有義　こにしありよし　？〜1895
江戸時代末期、明治時代の教育者。
◇富山大百科事典（北日本新聞社 1994）

小西行長　こにしゆきなが　？〜1600
安土桃山時代の大名。
◇熊本県大百科事典（熊本日日新聞社 1982）
◇世界伝記大事典（ほるぷ出版 1978）

後二条天皇　ごにじょうてんのう　1285〜1308
鎌倉時代後期の第94代天皇。在位1301〜1308。
◇角川日本姓氏歴史人物大辞典 26（角川書店 1997）
◇日本史大辞典（平凡社 1992）
◇国史大辞典（吉川弘文館 1979）

小西来山　こにしらいざん　1654〜1716
江戸時代前期、中期の俳人。
◇国史大辞典（吉川弘文館 1979）
◇日本人名大事典 1〜6（平凡社 1979（覆刻））
◇俳諧人名辞典（巖南堂書店 1970）　▷来山

小西利兵衛　こにしりへい　1807〜1881
江戸時代後期〜明治期の実業家。
◇角川日本姓氏歴史人物大辞典 4（角川書店 1994）
◇宮城県百科事典（河北新報社 1982）

近衛家実　このえいえざね　1179〜1242
鎌倉時代前期の公卿。摂政・関白・太政大臣。
◇角川日本姓氏歴史人物大辞典 26（角川書店 1997）
◇国宝・重要文化財大全 1（毎日新聞社 1997）
　▷図147「天皇摂関御影」(作者不詳　鎌倉時代)
◇日本美術全集 9（講談社 1993）
　▷図30「天子摂関大臣影図巻」(藤原為信, 藤原豪信　14世紀中頃)
◇皇室の至宝第1期 御物 1（毎日新聞社 1991）
　▷図10-30「天皇影(天皇・摂関・大臣影三巻のうち)」(藤原為信, 伝 藤原豪信　鎌倉時代)
◇続日本の絵巻 12（中央公論社 1991）
　▷p51-84「天子摂関御影」(作者不詳　14世紀半ば過ぎ)
◇続日本絵巻大成 18（中央公論社 1983）
　▷p51-84「天子摂関御影」
◇新修日本絵巻物全集 26（角川書店 1978）
　▷グラビアp24-29「天子摂関御影　天子巻」(作者不詳)
　▷グラビアp30-37「天子摂関御影　摂関巻」(作者不詳)
　▷グラビアp38-55「天子摂関御影　大臣巻」(作者不詳)
　▷グラビア1「天子摂関御影　天子巻(崇徳院)」(作者不詳)
　▷グラビア2「天子摂関御影　天子巻(順徳院・後高倉院)」(作者不詳)
　▷グラビア3「天子摂関御影　摂関巻(藤原忠通・藤原基実)」(作者不詳)
　▷グラビア4「天子摂関御影　摂関巻(九条良経・近衛家実)」(作者不詳)
　▷グラビア5「天子摂関御影　大臣巻(藤原宗忠・藤原頼長)」(作者不詳)
　▷グラビア6「天子摂関御影　大臣巻(平重盛・平宗盛)」(作者不詳)
　▷グラビア7「天子摂関御影　大臣巻(大炊御門冬氏・今出川兼季)」(作者不詳)
　▷オフセット1「天子摂関御影　天子巻(鳥羽院)」(作者不詳)
　▷オフセット2「天子摂関御影　天子巻(後白河院・二条院)」(作者不詳)
　▷オフセット3「天子摂関御影　天子巻(高倉院・後鳥羽院)」(作者不詳)
　▷オフセット4「天子摂関御影　天子巻(花園院・後醍醐院)」(作者不詳)
　▷オフセット5「天子摂関御影　摂関巻(藤原師家・九条兼実)」(作者不詳)
　▷オフセット6「天子摂関御影　大臣巻(平清盛・藤原忠雅)」(作者不詳)
◇日本絵画館 4（講談社 1970）

このえ

▷図53「天皇影」(伝 藤原為信 14世紀前半)

近衛家平 このえいえひら 1282〜1324
鎌倉時代後期の公卿。関白・左大臣。
◇角川日本姓氏歴史人物大辞典 26(角川書店 1997)

近衛家熙 このえいえひろ 1667〜1736
江戸時代中期の公家。摂政・関白・太政大臣・准三宮。
◇国宝・重要文化財大全 1(毎日新聞社 1997)
▷図165「近衛与楽院像」(作者不詳 江戸時代 元文元(1736)百拙賛)
◇日本史大事典(平凡社 1992)
◇国史大辞典(吉川弘文館 1979)
◇世界伝記大事典(ほるぷ出版 1978)
◇重要文化財 11(毎日新聞社 1975)
▷図223「近衛予楽院像(百拙賛)」(作者不詳 江戸時代)
◇世界大百科事典(平凡社 1964) ▷近衛家熙

近衛兼経 このえかねつね 1210〜1259
鎌倉時代前期の公卿。摂政・関白・太政大臣。
◇角川日本姓氏歴史人物大辞典 26(角川書店 1997)
◇国宝・重要文化財大全 1(毎日新聞社 1997)
▷図147「天皇摂関御影」(作者不詳 鎌倉時代)
◇日本美術全集 9(講談社 1993)
▷図30「天子摂関大臣影図巻」(藤原為信,藤原豪信 14世紀中頃)
◇皇室の至宝第1期 御物 1(毎日新聞 1991)
▷図10-30「天皇影(天皇・摂関・大臣影三巻のうち)」(藤原為信,伝 藤原豪信 鎌倉時代)
◇続日本の絵巻 12(中央公論社 1991)
▷p51-84「天子摂関御影」(作者不詳 14世紀半ば過ぎ)
◇続日本絵巻大成 18(中央公論社 1983)
▷p51-84「天子摂関御影」(作者不詳)
◇国史大辞典(吉川弘文館 1979)
◇新修日本絵巻物全集 26(角川書店 1978)
▷グラビアp24-29「天子摂関御影 天子巻」(作者不詳)
▷グラビアp30-37「天子摂関御影 摂関巻」(作者不詳)
▷グラビアp38-55「天子摂関御影 大臣巻」(作者不詳)
▷グラビア1「天子摂関御影 天子巻(崇徳院)」(作者不詳)
▷グラビア2「天子摂関御影 天子巻(順徳院・後高倉院)」(作者不詳)
▷グラビア3「天子摂関御影 摂関(藤原忠通・藤原基実)」(作者不詳)
▷グラビア4「天子摂関御影 摂関(九条良経・近衛家実)」(作者不詳)
▷グラビア5「天子摂関御影 大臣巻(藤原宗忠・藤原頼長)」(作者不詳)
▷グラビア6「天子摂関御影 大臣巻(平重盛・平宗盛)」(作者不詳)
▷グラビア7「天子摂関御影 大臣巻(大炊御門冬氏・今出川兼季)」(作者不詳)
▷オフセット1「天子摂関御影 天子巻(鳥羽院)」(作者不詳)
▷オフセット2「天子摂関御影 天子巻(後白河院・二条院)」(作者不詳)
▷オフセット3「天子摂関御影 天子巻(高倉院・後鳥羽院)」(作者不詳)
▷オフセット4「天子摂関御影 天子巻(花園院・後醍醐院)」(作者不詳)
▷オフセット5「天子摂関御影 摂関(藤原師家・九条兼実)」(作者不詳)
▷オフセット6「天子摂関御影 大臣巻(平清盛・藤原忠雅)」(作者不詳)
◇日本絵画館 4(講談社 1970)
▷図53「天皇影」(伝 藤原為信 14世紀前半)

近衛忠嗣 このえただつぐ 1383〜1454
室町時代の公卿。関白・左大臣。
◇国宝・重要文化財大全 1(毎日新聞社 1997)
▷図147「天皇摂関御影」(作者不詳 鎌倉時代)
◇日本美術全集 9(講談社 1993)
▷図30「天子摂関大臣影図巻」(藤原為信,藤原豪信 14世紀中頃)
◇皇室の至宝第1期 御物 1(毎日新聞 1991)
▷図10-30「天皇影(天皇・摂関・大臣影三巻のうち)」(藤原為信,伝 藤原豪信 鎌倉時代)
◇続日本の絵巻 12(中央公論社 1991)
▷p51-84「天子摂関御影」(作者不詳 14世紀半ば過ぎ)
◇続日本絵巻大成 18(中央公論社 1983)
▷p51-84「天子摂関御影」(作者不詳)
◇新修日本絵巻物全集 26(角川書店 1978)
▷グラビアp24-29「天子摂関御影 天子巻」(作者不詳)
▷グラビアp30-37「天子摂関御影 摂関巻」(作者不詳)
▷グラビアp38-55「天子摂関御影 大臣巻」(作者不詳)
▷グラビア1「天子摂関御影 天子巻(崇徳院)」(作者不詳)
▷グラビア2「天子摂関御影 天子巻(順徳院・後高倉院)」(作者不詳)
▷グラビア3「天子摂関御影 摂関(藤原忠通・藤原基実)」(作者不詳)
▷グラビア4「天子摂関御影 摂関(九条良経・近衛家実)」(作者不詳)
▷グラビア5「天子摂関御影 大臣巻(藤原宗忠・藤原頼長)」(作者不詳)
▷グラビア6「天子摂関御影 大臣巻(平重盛・平宗盛)」(作者不詳)
▷グラビア7「天子摂関御影 大臣巻(大炊御門冬氏・今出川兼季)」(作者不詳)
▷オフセット1「天子摂関御影 天子巻(鳥羽

院)」(作者不詳)
　▷オフセット2「天子摂関御影　天子巻(後白河院・二条院)」(作者不詳)
　▷オフセット3「天子摂関御影　天子巻(高倉院・後鳥羽院)」(作者不詳)
　▷オフセット4「天子摂関御影　天子巻(花園院・後醍醐院)」(作者不詳)
　▷オフセット5「天子摂関御影　摂関巻(藤原師家・九条兼実)」(作者不詳)
　▷オフセット6「天子摂関御影　大臣巻(平清盛・藤原忠雅)」(作者不詳)
◇日本絵画館 4（講談社 1970）
　▷図53「天皇影」(伝 藤原為信　14世紀前半)

近衛忠熙　このえただひろ
1808～1898　江戸時代末期，明治期の公家。
◇京都大事典（淡交社 1984）

近衛忠熙　このえただひろ　1808～1898
江戸時代末期，明治時代の公家。関白・左大臣。
◇国史大辞典（吉川弘文館 1979）
◇日本人名大事典 1～6（平凡社 1979(覆刻)）

近衛基実　このえもとざね　1143～1166
平安時代後期の公卿。摂政・関白・左大臣。
◇角川日本姓氏歴史人物大辞典 26（角川書店 1997）
◇国史大辞典（吉川弘文館 1979）　▷藤原基実

近衛基平　このえもとひら　1246～1268
鎌倉時代前期の歌人・公卿。摂政・関白・左大臣。
◇角川日本姓氏歴史人物大辞典 26（角川書店 1997）

近衛基熙　このえもとひろ　1648～1722
江戸時代前期，中期の公家。関白・太政大臣。
◇日本史大事典（平凡社 1992）
◇国史大辞典（吉川弘文館 1979）

近衛基通　このえもとみち　1160～1233
平安時代後期，鎌倉時代前期の公卿。摂政・関白・内大臣。
◇角川日本姓氏歴史人物大辞典 26（角川書店 1997）
◇国史大辞典（吉川弘文館 1979）　▷藤原基通

後花園天皇　ごはなぞのてんのう　1419～1470
室町時代の第102代天皇。在位1428～1464。
◇日本史大事典（平凡社 1992）
◇国史大辞典（吉川弘文館 1979）

小早川隆景　こばやかわたかかげ　1533～1597
戦国時代，安土桃山時代の武将。
◇国宝・重要文化財大全 1（毎日新聞社 1997）
　▷図204「小早川隆景像」(作者不詳　桃山時代 文禄3(1594)賛)
◇日本史大事典（平凡社 1992）
◇日本大百科全書（小学館 1984）
◇広島県大百科事典（中国新聞社 1982）
◇国史大辞典（吉川弘文館 1979）
◇日本人名大事典 1～6（平凡社 1979(覆刻)）
◇重要文化財 10（毎日新聞社 1974）
　▷図400「小早川隆景像」(作者不詳　桃山時代)
◇明治絵画名作大観 上（同盟通信社 1969）
　▷図56「小早川隆景破明軍」(村田丹陵　明治27(1894))

小早川秀秋　こばやかわひであき　1582～1602
安土桃山時代の大名。
◇岡山県歴史人物事典（山陽新聞社 1994）
◇日本史大事典（平凡社 1992）
◇国史大辞典（吉川弘文館 1979）
◇岡山人名事典（日本文教出版 1978）
◇大日本百科事典（小学館 1967）

小林一茶　こばやしいっさ　1763～1827
江戸時代中期，後期の俳人。
◇講談社日本人名大辞典（講談社 2001）
◇群馬県史 通史編6 近世3 生活・文化（群馬県 1992）
　▷〈写真〉121「『一茶発句集』に描かれた小林一茶肖像画」
◇長野県歴史人物大事典（郷土出版社 1989）
◇香川県人物・人名事典（四国新聞社 1985）
◇日本画素描大観 4（講談社 1984）
　▷図90「一茶(下図)」(安田靫彦　昭和10(1935))
◇日本大百科全書（小学館 1984）　▷一茶
◇茨城県大百科事典（茨城新聞社 1981）
◇長野県百科事典（信濃毎日新聞社 1981）
◇国史大辞典（吉川弘文館 1979）
◇日本人名大事典 1～6（平凡社 1979(覆刻)）
◇郷土歴史人物事典 長野（第一法規出版 1978）
◇世界伝記大事典（ほるぷ出版 1978）
◇和漢詩歌作家辞典（みづほ出版 1972）　▷一茶
◇大日本百科事典（小学館 1967）　▷一茶
◇世界大百科事典（平凡社 1964）　▷一茶

小林重吉　こばやしじゅうきち　1825～1903
江戸時代末期，明治時代の蝦夷地場所請負人。
◇北海道歴史人物事典（北海道新聞社 1993）
◇北海道大百科事典（北海道新聞社 1981）

小林虎三郎 こばやしとらさぶろう　1828〜1877
江戸時代末期、明治時代の開港論者。
◇国史大辞典（吉川弘文館 1979）
◇新潟県大百科事典 上,下（新潟日報事業社 1977）

小林日昇 こばやしにっしょう　1832〜1891
江戸時代後期〜明治期の僧。
◇新潟県大百科事典 上,下（新潟日報事業社 1977）

小林平兵衛 こばやしへいべえ　1779〜1849
江戸時代中期、後期の農政家。
◇静岡県史 通史編4 近世2（静岡県 1997）
　▷〈写真〉写2-141「小林平兵衛画像」
◇静岡県歴史人物事典（静岡新聞社 1991）

後深草天皇 ごふかくさてんのう　1243〜1304
鎌倉時代後期の第89代天皇。在位1246〜1259。
◇角川日本姓氏歴史人物大辞典 26（角川書店 1997）
◇国宝・重要文化財大全 1（毎日新聞社 1997）
　▷図147「天皇摂関御影」（作者不詳 鎌倉時代）
◇日本美術全集 9（講談社 1993）
　▷図30「天子摂関大臣影図巻」（藤原為信、藤原豪信　14世紀中頃）
◇日本史大事典（平凡社 1992）
◇皇室の至宝第1期 御物 1（毎日新聞社 1991）
　▷図10-30「天皇影（天皇・摂関・大臣影三巻のうち）」（藤原為信、伝 藤原豪信　鎌倉時代）
◇続日本の絵巻 12（中央公論社 1991）
　▷p51-84「天子摂関御影」（作者不詳　14世紀半ば過ぎ）
◇続日本絵巻大成 18（中央公論社 1983）
　▷p51-84「天子摂関御影」（作者不詳）
◇国史大辞典（吉川弘文館 1979）
◇日本人名大事典 1〜6（平凡社 1979（覆刻））
◇新修日本絵巻物全集 26（角川書店 1978）
　▷グラビアp24-29「天子摂関御影　天子巻」（作者不詳）
　▷グラビアp30-37「天子摂関御影　摂関巻」（作者不詳）
　▷グラビアp38-55「天子摂関御影　大臣巻」（作者不詳）
　▷グラビア1「天子摂関御影　天子巻（崇徳院）」（作者不詳）
　▷グラビア2「天子摂関御影　天子巻（順徳院・後高倉院）」（作者不詳）
　▷グラビア3「天子摂関御影　摂関巻（藤原忠通・藤原基実）」（作者不詳）
　▷グラビア4「天子摂関御影　摂関巻（九条良経・近衛家実）」（作者不詳）
　▷グラビア5「天子摂関御影　大臣巻（藤原宗忠・藤原頼長）」（作者不詳）
　▷グラビア6「天子摂関御影　大臣巻（平重盛・平宗盛）」（作者不詳）
　▷グラビア7「天子摂関御影　大臣巻（大炊御門冬氏・今出川兼季）」（作者不詳）
　▷オフセット1「天子摂関御影　天子巻（鳥羽院）」（作者不詳）
　▷オフセット2「天子摂関御影　天子巻（後白河院・二条院）」（作者不詳）
　▷オフセット3「天子摂関御影　天子巻（高倉院・後鳥羽院）」（作者不詳）
　▷オフセット4「天子摂関御影　天子巻（花園院・後醍醐院）」（作者不詳）
　▷オフセット5「天子摂関御影　摂関巻（藤原師家・九条兼実）」（作者不詳）
　▷オフセット6「天子摂関御影　大臣巻（平清盛・藤原忠雅）」（作者不詳）
◇日本絵画館 4（講談社 1970）
　▷図53「天皇影」（伝 藤原為信　14世紀前半）

後伏見天皇 ごふしみてんのう　1288〜1336
鎌倉時代後期の第93代天皇。在位1298〜1301。
◇角川日本姓氏歴史人物大辞典 26（角川書店 1997）
◇国宝・重要文化財大全 1（毎日新聞社 1997）
　▷図147「天皇摂関御影」（作者不詳 鎌倉時代）
◇日本美術全集 9（講談社 1993）
　▷図30「天子摂関大臣影図巻」（藤原為信、藤原豪信　14世紀中頃）
◇日本史大事典（平凡社 1992）
◇皇室の至宝第1期 御物 1（毎日新聞社 1991）
　▷図10-30「天皇影（天皇・摂関・大臣影三巻のうち）」（藤原為信、伝 藤原豪信　鎌倉時代）
◇続日本の絵巻 12（中央公論社 1991）
　▷p51-84「天子摂関御影」（作者不詳　14世紀半ば過ぎ）
◇続日本絵巻大成 18（中央公論社 1983）
　▷p51-84「天子摂関御影」（作者不詳）
◇国史大辞典（吉川弘文館 1979）
◇日本人名大事典 1〜6（平凡社 1979（覆刻））
◇新修日本絵巻物全集 26（角川書店 1978）
　▷グラビアp24-29「天子摂関御影　天子巻」（作者不詳）
　▷グラビアp30-37「天子摂関御影　摂関巻」（作者不詳）
　▷グラビアp38-55「天子摂関御影　大臣巻」（作者不詳）
　▷グラビア1「天子摂関御影　天子巻（崇徳院）」（作者不詳）
　▷グラビア2「天子摂関御影　天子巻（順徳院・後高倉院）」（作者不詳）
　▷グラビア3「天子摂関御影　摂関巻（藤原忠通・藤原基実）」（作者不詳）
　▷グラビア4「天子摂関御影　摂関巻（九条良経・近衛家実）」（作者不詳）
　▷グラビア5「天子摂関御影　大臣巻（藤原宗忠・藤原頼長）」（作者不詳）
　▷グラビア6「天子摂関御影　大臣巻（平重盛・平宗盛）」（作者不詳）

▷グラビア7「天子摂関御影　大臣巻(大炊御門冬氏・今出川兼季)」(作者不詳)
▷オフセット1「天子摂関御影　天子巻(鳥羽院)」(作者不詳)
▷オフセット2「天子摂関御影　天子巻(後白河院・二条院)」(作者不詳)
▷オフセット3「天子摂関御影　天子巻(高倉院・後鳥羽院)」(作者不詳)
▷オフセット4「天子摂関御影　天子巻(花園院・後醍醐院)」(作者不詳)
▷オフセット5「天子摂関御影　摂関巻(藤原師家・九条兼実)」(作者不詳)
▷オフセット6「天子摂関御影　大臣巻(平清盛・藤原忠雅)」(作者不詳)
◇日本絵画館 4 (講談社 1970)
▷図53「天皇影」(伝 藤原為信　14世紀前半)

孤峰覚明　こほうかくみょう　1271～1361
鎌倉時代後期, 南北朝時代の臨済宗法灯派の僧。
◇国宝・重要文化財大全 1 (毎日新聞社 1997)
▷図125「孤峰覚明像(三光国師)」(作者不詳　南北朝時代)
▷図126「孤峰覚明像(三光国師)」(作者不詳　南北朝時代 至徳3(1386)得勝賛)
◇日本史大事典 (平凡社 1992)
◇島根県大百科事典 (山陰中央新報社 1982)
◇国史大辞典 (吉川弘文館 1979)　▷孤峯覚明
◇国宝・重要文化財 仏教美術 中国3 (奈良国立博物館 1977)
▷図40「三光国師像」(作者不詳　室町時代)
◇重要文化財 10 (毎日新聞社 1974)
▷図356「孤峯国師像(三光国師)」(作者不詳　南北朝時代)
▷図357「孤峯覚明像(三光国師)(得勝賛)」(作者不詳　南北朝時代)

小堀遠州　こぼりえんしゅう　1579～1647
安土桃山時代, 江戸時代前期の大名。
◇岡山県歴史人物事典 (山陽新聞社 1994)　▷小堀政一
◇京都大事典 (淡交社 1984)
◇滋賀県百科事典 (大和書房 1984)
◇日本大百科全書 (小学館 1984)
◇国史大辞典 (吉川弘文館 1979)
◇世界伝記大事典 (ほるぷ出版 1978)
◇秘宝 11 (講談社 1968)
▷図81「小堀遠州像」(作者不詳)
◇大日本百科事典 (小学館 1967)

後堀河天皇　ごほりかわてんのう　1212～1234
鎌倉時代前期の第86代天皇。在位1221～1232。
◇角川日本姓氏歴史人物大辞典 26 (角川書店 1997)
◇国宝・重要文化財大全 1 (毎日新聞社 1997)
▷図147「天皇摂関御影」(作者不詳　鎌倉時代)

◇日本美術全集 9 (講談社 1993)
▷図30「天子摂関大臣影図巻」(藤原為信, 藤原豪信　14世紀中頃)
◇日本史大事典 (平凡社 1992)
◇皇室の至宝第1期 御物 1 (毎日新聞社 1991)
▷図10-30「天皇影(天皇・摂関・大臣影三巻のうち)」(藤原為信, 伝 藤原豪信　鎌倉時代)
◇続日本の絵巻 12 (中央公論社 1991)
▷p51-84「天子摂関御影」(作者不詳　14世紀半ば過ぎ)
◇続日本絵巻大成 18 (中央公論社 1983)
▷p51-84「天子摂関御影」(作者不詳)
◇国史大辞典 (吉川弘文館 1979)
◇日本人名大事典 1～6 (平凡社 1979(覆刻))
◇新修日本絵巻物全集 26 (角川書店 1978)
▷グラビアp24-29「天子摂関御影　天子巻」(作者不詳)
▷グラビアp30-37「天子摂関御影　摂関巻」(作者不詳)
▷グラビアp38-55「天子摂関御影　大臣巻」(作者不詳)
▷グラビア1「天子摂関御影　天子巻(崇徳院)」(作者不詳)
▷グラビア2「天子摂関御影　天子巻(順徳院・後高倉院)」(作者不詳)
▷グラビア3「天子摂関御影　摂関巻(藤原忠通・藤原基実)」(作者不詳)
▷グラビア4「天子摂関御影　摂関巻(九条良経・近衛家実)」(作者不詳)
▷グラビア5「天子摂関御影　大臣巻(藤原宗忠・藤原頼長)」(作者不詳)
▷グラビア6「天子摂関御影　大臣巻(平重盛・平宗盛)」(作者不詳)
▷グラビア7「天子摂関御影　大臣巻(大炊御門冬氏・今出川兼季)」(作者不詳)
▷オフセット1「天子摂関御影　天子巻(鳥羽院)」(作者不詳)
▷オフセット2「天子摂関御影　天子巻(後白河院・二条院)」(作者不詳)
▷オフセット3「天子摂関御影　天子巻(高倉院・後鳥羽院)」(作者不詳)
▷オフセット4「天子摂関御影　天子巻(花園院・後醍醐院)」(作者不詳)
▷オフセット5「天子摂関御影　摂関巻(藤原師家・九条兼実)」(作者不詳)
▷オフセット6「天子摂関御影　大臣巻(平清盛・藤原忠雅)」(作者不詳)
◇日本絵画館 4 (講談社 1970)
▷図53「天皇影」(伝 藤原為信　14世紀前半)

小堀長順　こぼりちょうじゅん　1700～1771
江戸時代中期の茶匠。
◇熊本県大百科事典 (熊本日日新聞社 1982)

小牧天山　こまきてんざん　1776～1853
江戸時代中期, 後期の儒学者, 五藤家の侍読。
◇高知県人名事典 (高知新聞社 1999)

駒木根八兵衛　こまぎねはちべえ
江戸時代前期の砲術家。
◇日本の浮世絵美術館 4（角川書店 1996）
　▷図166「魁題百撰相 駒木根八兵衛」（月岡芳年　慶応4-明治2）

小牧昌業　こまきまさなり　1843〜1922
江戸時代末期, 明治時代の薩摩藩士, 官僚, 漢学者。
◇日本人名大事典 1〜6（平凡社 1979（覆刻））

小間常光　こまじょうこう　生没年未詳
戦国時代の越中国人椎名長常の家臣。
◇富山大百科事典（北日本新聞社 1994）

高麗大記　こまだいき　1826〜1900
江戸時代後期〜明治期の神官・教育者。
◇埼玉大百科事典 1〜5（埼玉新聞社 1974）

小松帯刀　こまつたてわき　1835〜1870
江戸時代末期, 明治時代の薩摩藩士, 官僚。
◇サムライ古写真帖（新人物往来社 2004）
　▷p103「（無題）」
　▷p103「帯刀と薩摩藩士たち」
◇講談社日本人名大辞典（講談社 2001）
◇日本大百科全書（小学館 1984）
◇鹿児島大百科事典（南日本新聞社 1981）
◇国史大辞典（吉川弘文館 1979）
◇大日本百科事典（小学館 1967）

小松姫　こまつひめ　1573〜1620
安土桃山時代, 江戸時代前期の女性。徳川四天王の一人本多平八郎忠勝の娘。
◇長野県歴史人物大事典（郷土出版社 1989）　▷小松

小松与右衛門　こまつよえもん
1845〜1911　江戸時代後期〜明治期の酒造家, 民権運動家, 高知県議会議員。
◇高知県人名事典（高知新聞社 1999）

後水尾天皇　ごみずのおてんのう　1596〜1680
江戸時代前期の第108代天皇。在位1611〜1629。
◇日本史大事典（平凡社 1992）
◇京都大事典（淡交社 1984）
◇日本大百科全書（小学館 1984）
◇国史大辞典（吉川弘文館 1979）
◇日本人名大事典 1〜6（平凡社 1979（覆刻））
◇琳派絵画全集 光琳派1（日本経済新聞社 1979）
　▷図195「後水尾天皇像」（尾形光琳）
◇世界伝記大事典（ほるぷ出版 1978）
◇日本美術絵画全集 17（集英社 1976）
　▷図23「後水尾天皇像」（尾形光琳）

◇大日本百科事典（小学館 1967）

小見山三学　こみやまさんがく
江戸時代末期〜大正期の御流儀分派独立僧。
◇岡山人名事典（日本文教出版 1978）

小宮山昌秀　こみやままさひで　1764〜1840
江戸時代中期, 後期の水戸藩士。
◇日本史大事典（平凡社 1992）
◇茨城県史 近世編（茨城県 1985）
　▷図7-13（写真）「小宮山楓軒肖像」
◇茨城県大百科事典（茨城新聞社 1981）　▷小宮山楓軒
◇国史大辞典（吉川弘文館 1979）　▷小宮山楓軒

後村上天皇　ごむらかみてんのう　1328〜1368
南北朝時代の第97代（南朝第2代）の天皇。在位1339〜1368。
◇日本史大事典（平凡社 1992）
◇国史大辞典（吉川弘文館 1979）

小紫　こむらさき
江戸時代前期の女性。京都の遊女。
◇秘蔵浮世絵大観 ベレス・コレクション（講談社 1991）
　▷図77「実競色乃美名家見 小紫・権八」（喜多川歌麿（初代）　寛政末頃（1789-1801））
◇浮世絵八華 3（平凡社 1984）
　▷図43「流行模様哥麿形 小紫権八」（喜多川歌麿（初代））
◇浮世絵聚花 6（小学館 1978）
　▷図40「流行模様哥麿形 小紫権八」（喜多川歌麿（初代））
◇在外秘宝—欧米収蔵浮世絵集成 喜多川歌麿（学習研究社 1973）
　▷図132「小むら咲 権八」（喜多川歌麿（初代））
　▷図134「流行模様哥麿形 小紫権八」（喜多川歌麿（初代））
◇原色日本の美術 17（小学館 1968）
　▷図55「音曲比翼の番組 小むら咲権八」（喜多川歌麿（初代）　1798頃）

小室信夫　こむろしのぶ　1839〜1898
江戸時代末期, 明治時代の志士, 実業家。
◇京都大事典 府域編（淡交社 1994）
◇群馬県史 通史編4 近世1 政治（群馬県 1990）
　▷〈写真〉229「小室信夫肖像」
◇日本大百科全書（小学館 1984）
◇国史大辞典（吉川弘文館 1979）
◇日本人名大事典 1〜6（平凡社 1979（覆刻））

五明　ごめい　1731〜1803
　江戸時代中期, 後期の俳人。
◇秋田大百科事典（秋田魁新報社 1981）　▷吉川五明

後桃園天皇　ごももぞのてんのう　1758〜1779
　江戸時代中期の第118代天皇。在位1770〜1779。
◇日本史大事典（平凡社 1992）
◇国史大辞典（吉川弘文館 1979）

小森沢長政　こもりざわながまさ　1843〜1917
　江戸時代末期〜大正期の軍人。海軍文官。
◇山形県大百科事典（山形放送 1993）

小森桃塢　こもりとうう　1782〜1843
　江戸時代後期の蘭方医。
◇国史大辞典（吉川弘文館 1979）
◇日本人名大事典 1〜6（平凡社 1979（覆刻））

子安峻　こやすたかし　1836〜1898
　江戸時代末期, 明治時代の通詞, 記者。
◇国史大辞典（吉川弘文館 1979）

小柳常吉　こやなぎつねきち　1817〜1858
　江戸時代末期の力士。
◇日本の浮世絵美術館 2（角川書店 1996）
　▷図112「秀の山雷五郎, 荒馬吉五郎, 小柳常吉」（歌川国貞（初代）　天保14-弘化4）
◇日本の浮世絵美術館 4（角川書店 1996）
　▷図37「小柳・荒馬取組の図」（歌川国貞（初代）　嘉永元頃）
◇秘蔵浮世絵大観 5（講談社 1989）
　▷図29「小柳常吉・秀の山雷五郎・荒馬吉五郎」（歌川国貞（初代）　弘化2(1845)）

小柳常吉　こやなぎつねきち　1838〜1881
　江戸時代末期, 明治時代の力士。
◇写された幕末―石黒敬七コレクション（明石書店 1990）
　▷p192 No.1「明治2年の横綱」

小柳春吉　こやなぎはるきち　1839〜1881
　江戸時代後期〜明治期の大相撲関脇。
◇千葉大百科事典（千葉日報社 1982）

小山杉渓　こやまさんけい　1819〜1896
　江戸時代末期, 明治時代の砲術家。
◇新潟県大百科事典 別巻（新潟日報事業社 1977）

小山良運　こやまりょううん　生没年不詳
　江戸時代末期の医師。
◇新潟県大百科事典 別巻（新潟日報事業社 1977）

後陽成天皇　ごようぜいてんのう　1571〜1617
　安土桃山時代, 江戸時代前期の第107代天皇。在位1586〜1611。
◇講談社日本人名大辞典（講談社 2001）
◇日本史大事典（平凡社 1992）
◇京都大事典（淡交社 1984）
◇日本大百科全書（小学館 1984）
◇国史大辞典（吉川弘文館 1979）
◇世界伝記大事典（ほるぷ出版 1978）
◇日本美術絵画全集 9（集英社 1978）
　▷図36「後陽成天皇像」（狩野孝信）
◇日本絵画館 6（講談社 1969）
　▷図36「後陽成帝像」（狩野孝信）
◇大日本百科事典（小学館 1967）

是枝柳右衛門　これえだりゅうえもん
　1817〜1864　江戸時代末期の歌人。
◇角川日本姓氏歴史人物大辞典 46（角川書店 1994）
◇鹿児島大百科事典（南日本新聞社 1981）

惟喬親王　これたかしんのう　844〜897
　平安時代前期の文徳天皇の第1皇子。
◇国史大辞典（吉川弘文館 1979）

言外宗忠　ごんがいそうちゅう　1305〜1390
　鎌倉時代後期, 南北朝時代の禅僧。
◇秘宝 11（講談社 1968）
　▷図65「言外宗忠像」（作者不詳）

金光金吉　こんこうかねよし　1845〜1907
　江戸時代末期〜明治期の宗教家・金光教副管長。
◇岡山県歴史人物事典（山陽新聞社 1994）

金光萩雄　こんこうはぎお　1849〜1919
　江戸時代末期〜大正期の宗教家・金光教初代管長。
◇岡山県歴史人物事典（山陽新聞社 1994）

勤操　ごんぞう　754〜827
　奈良時代, 平安時代前期の僧。
◇国宝・重要文化財大全 1（毎日新聞社 1997）
　▷図45「勤操僧正像」（作者不詳　平安時代）
◇原色日本の美術（改訂版）21（小学館 1994）
　▷図35「勤操僧正像」（作者不詳　11世紀）
◇新編 名宝日本の美術 7（小学館 1992）
　▷図67「勤操僧正像」（作者不詳　11世紀）
◇日本史大事典（平凡社 1992）
◇国宝大事典 1（講談社 1985）
　▷図39「勤操僧正像」（作者不詳　平安時代（11世紀））
◇国宝 増補改訂版 1（毎日新聞社 1984）
　▷図46「勤操僧正像」（作者不詳　平安時代）

◇日本大百科全書（小学館 1984）
◇日本古寺美術全集 13（集英社 1983）
　▷図20「勤操僧正像」（作者不詳）
◇国史大辞典（吉川弘文館 1979）
◇日本人名大事典 1～6（平凡社 1979（覆刻））
◇原色国宝 3（毎日新聞社 1976）
　▷図22「勤操僧正像」（作者不詳　平安時代
　　（11世紀））
◇重要文化財 8（毎日新聞社 1973）
　▷図201「勤操僧正像」（作者不詳　平安時代）
◇原色日本の美術 23（小学館 1971）
　▷図35「勤操僧正像」（作者不詳）
◇日本絵画館 3（講談社 1970）
　▷図50「勤操僧正像」（作者不詳）
◇秘宝 7（講談社 1968）
　▷図7「勤操僧正像」（作者不詳　平安後期）
◇国宝 2（毎日新聞社 1964）
　▷図88「勤操僧正像」（作者不詳　平安時代
　　（11世紀））

渾大防益三郎　こんだいぼうますさぶろう
　1842～1914　江戸時代末期～大正期の実業家。
◇岡山県歴史人物事典（山陽新聞社 1994）

権田直助　ごんだなおすけ　1809～1887
　江戸時代末期，明治時代の国学者，神道家，医師。
◇新編埼玉県史 通史編4（埼玉県 1989）
　▷〈写真〉4-35「権田直助画像」
◇国史大辞典（吉川弘文館 1979）
◇日本人名大事典 1～6（平凡社 1979（覆刻））

近藤勇　こんどういさみ　1834～1868
　江戸時代末期の京都守護職傘下の新撰組局長。
◇サムライ古写真帖（新人物往来社 2004）
　▷p113「（無題）」（慶応年間末（1868）頃　港
　　区立港郷土資料館蔵）
　▷p113「（無題）」（慶応年間末（1868）頃　福
　　井市郷土歴史博物館蔵）
◇十―日本のダンディズム（二玄社 2003）
　▷p051 No.41「近藤勇像」（制作年不詳）
◇講談社日本人名大辞典（講談社 2001）
◇下岡蓮杖写真集 限定版（下岡蓮杖撮影　新潮社
　1999）
　▷p286「（無題）」（内田九一もしくは下岡蓮
　　杖か　慶応年間（1865～68）か）
◇幕末―写真の時代（筑摩書房 1994）
　▷p196 No.208「（無題）」（内田九一　慶応年
　　間（1865～68）末頃）
◇日本史大事典（平凡社 1992）
◇日本大百科全書（小学館 1984）
◇千葉大百科事典（千葉日報社 1982）
◇国史大辞典（吉川弘文館 1979）
◇日本人名大事典 1～6（平凡社 1979（覆刻））
◇世界伝記大事典（ほるぷ出版 1978）
◇大日本百科事典（小学館 1967）

近藤亀蔵　こんどうかめぞう　1781～不明
　江戸時代の豪商。
◇兵庫県史 第5巻 近世編3・幕末維新（兵庫県
　1981）
　▷〈写真〉写真7「近藤亀蔵像」

近藤喜八郎　こんどうきはちろう　1838～1910
　江戸時代末期，明治期の製鉄業者。日野郡長。
◇鳥取県大百科事典（新日本海新聞社 1984）

近藤清石　こんどうきよし　1833～1916
　江戸時代末期，明治時代の国学者。
◇山口県百科事典（大和書房 1982）

近藤貞用　こんどうさだもち　1606～1696
　江戸時代前期，中期の武士。
◇静岡県史 通史編3 近世1（静岡県 1997）
　▷〈写真〉写1-48「近藤貞用画像」

近藤重蔵　こんどうじゅうぞう　1771～1829
　江戸時代後期の北方探検家，幕臣。
◇北海道歴史人物事典（北海道新聞社 1993）
◇日本大百科全書（小学館 1984）　▷近藤守重
◇北海道大百科事典（北海道新聞社 1981）
◇国史大辞典（吉川弘文館 1979）
◇日本人名大事典 1～6（平凡社 1979（覆刻））
　▷近藤守重
◇世界伝記大事典（ほるぷ出版 1978）

近藤如行　こんどうじょこう　？～1708
　江戸時代前期，中期の美濃大垣藩士，俳人。
◇俳諧人名辞典（巌南堂書店 1970）　▷如行

近藤坦平　こんどうたんぺい　1844～1929
　江戸時代末期，明治時代の医師。
◇愛知百科事典（中日新聞本社 1977）

近藤長次郎　こんどうちょうじろう　1838～1866
　江戸時代末期の商人大黒屋伝次の子，勝海舟の
　門弟。
◇サムライ古写真帖（新人物往来社 2004）
　▷p79「（無題）」（井上俊三もしくは上野彦馬
　　慶応年間（1865～68））
◇高知県人名事典（高知新聞社 1999）
◇高知県百科事典（高知新聞社 1976）

近藤篤山　こんどうとくざん　1766～1846
　江戸時代後期の儒学者。
◇愛媛県百科大事典（愛媛新聞社 1985）
◇郷土歴史人物事典 愛媛（第一法規出版 1978）

近藤文蔵　こんどうぶんぞう　1819～1901
　江戸時代後期～明治期の加東郡太郎太夫村の豪農近藤家の7代目当主。
◇兵庫県大百科事典　上，下（神戸新聞出版センター　1983）
◇兵庫県史　第5巻　近世編3・幕末維新（兵庫県 1981）
　▷〈写真〉写真109「近藤文蔵像」

近藤正英　こんどうまさふさ　1851～1915
　江戸時代末期～大正期の弁護士、教育家。
◇高知県人名事典（高知新聞社　1999）

混沌軒国丸　こんとんけんくにまる　1734～1790
　江戸時代中期の狂歌師。
◇大阪府史　第6巻　近世編2（大阪府　1987）
　▷図88「混沌軒国丸(玉雲斎貞右)像」『知音狂歌百人一首』

【さ】

蔡温　さいおん　1682～1761
　江戸時代中期の琉球の政治家。
◇世界伝記大事典（ほるぷ出版　1978）

西園寺公経　さいおんじきんつね　1171～1244
　鎌倉時代前期の公卿。太政大臣・准三宮。
◇角川日本姓氏歴史人物大辞典　26（角川書店 1997）
◇日本史大事典（平凡社　1992）
◇京都大事典（淡交社　1984）
◇国史大辞典（吉川弘文館　1979）

西園寺公衡　さいおんじきんひら　1264～1315
　鎌倉時代後期の公卿。左大臣。
◇角川日本姓氏歴史人物大辞典　26（角川書店 1997）
◇日本史大事典（平凡社　1992）
◇国史大辞典（吉川弘文館　1979）

西園寺公望　さいおんじきんもち　1849～1940
　江戸時代末期，明治時代の公家。権中納言。
◇皇族・華族古写真帖　愛蔵版（新人物往来社 2003）
　▷p194「（無題）」
◇京都大事典　府域編（淡交社　1994）
◇日本史大事典（平凡社　1992）
◇静岡県歴史人物事典（静岡新聞社　1991）
◇日本大百科全書（小学館　1984）
◇国史大辞典（吉川弘文館　1979）

◇静岡大百科事典（静岡新聞社　1978）
◇五十嵐与七遺作集（五十嵐与七撮影　五十嵐写真店　1974）
　▷p85「（無題）」

西園寺実氏　さいおんじさねうじ　1194～1269
　鎌倉時代前期の公卿。太政大臣。
◇角川日本姓氏歴史人物大辞典　26（角川書店 1997）
◇日本史大事典（平凡社　1992）
◇国史大辞典（吉川弘文館　1979）

西園寺実兼　さいおんじさねかね　1249～1322
　鎌倉時代後期の公卿。太政大臣。
◇日本史大事典（平凡社　1992）
◇国史大辞典（吉川弘文館　1979）

西行　さいぎょう　1118～1190
　平安時代後期の歌人、僧。
◇講談社日本人名大辞典（講談社　2001）
◇国宝・重要文化財大全　2（毎日新聞社　1999）
　▷図124「西行法師行状絵」（俵屋宗達〔絵〕，烏丸光広〔詞〕　江戸時代）
　▷図125「西行法師行状絵」（俵屋宗達〔絵〕，烏丸光広〔詞〕　江戸時代　寛永7(1630)烏丸光広奥書）
◇国宝・重要文化財大全　1（毎日新聞社　1997）
　▷図172「西行物語絵巻」（作者不詳　鎌倉時代）
　▷図173「西行物語絵巻」（作者不詳　鎌倉時代）
◇琳派名品百選（日本経済新聞社　1996）
　▷図22‐1「西行物語絵　毛利家本第四巻」（俵屋宗達）
　▷図22‐2「西行物語絵　武蔵野図　渡辺家本第四巻」（俵屋宗達）
◇続々日本絵巻大成　伝記・縁起篇　3（中央公論社　1995）
　▷p2-66「西行法師行状絵巻」（作者不詳）
◇原色日本の美術(改訂版)　8（小学館　1994）
　▷図99「西行物語絵巻」（作者不詳　13世紀後半）
◇原色日本の美術(改訂版)　14（小学館　1994）
　▷図47-49「西行物語図（渡辺本）」（俵屋宗達）
◇肉筆浮世絵大観　1（講談社　1994）
　▷図63「西行と遊女図」（奥村政信　享保年間(1716-36)）
　▷図50「江口の君と西行法師図」（伝　宮川長春　享保年間(1716-36)）
◇日本美術全集　9（講談社　1993）
　▷図77「西行物語絵巻」（作者不詳　13世紀中頃）
◇秘蔵日本美術大観　3（講談社　1993）
　▷図106「西行と童子図」（柴田是真　幕末‐明治時代(19世紀)）
　▷図25「西行法師図」（土佐光成　延宝9‐元

禄9(1681-96)」)
◇琳派美術館 1 （集英社 1993）
　▷図38「西行法師行状絵詞　法金剛院の紅葉」（俵屋宗達）
◇日本史大事典（平凡社 1992）
◇秘蔵日本美術大観 2（講談社 1992）
　▷図11「西行物語絵巻（模本）」（作者不詳　江戸時代(18-19世紀)）
◇皇室の至宝第1期 御物 2（毎日新聞社 1991）
　▷図33-36「西行物語絵巻」（尾形光琳　江戸時代）
◇人間の美術 7（学習研究社 1991）
　▷図57「西行物語絵巻」（作者不詳　13世紀）
◇琳派 4（紫紅社 1991）
　▷図57「西行物語絵巻」（尾形光琳）
　▷図108「西行法師図」（酒井抱一）
　▷図55「西行物語絵巻」（俵屋宗達）
　▷図56「西行物語絵巻」（俵屋宗達）
◇昭和の美術 1（毎日新聞社 1990）
　▷p61「大和路の西行」（岩田正巳　昭和9(1934)）
◇新編 名宝日本の美術 23（小学館 1990）
　▷図34-35「西行物語図」（俵屋宗達　寛永7(1630)頃）
◇新編 名宝日本の美術 24（小学館 1990）
　▷図36-39「西行物語絵巻」（尾形光琳　18世紀）
◇人間の美術 6（学習研究社 1990）
　▷図74「西行物語絵巻　第四段」（作者不詳　13世紀）
◇秘蔵浮世絵大観 6（講談社 1989）
　▷図99「富士見西行」（礒田湖竜斎　安永(1772-81)）
　▷図023「富士見西行」（奥村政信　寛保－寛延）
　▷図43「富士見西行」（作者不詳　安永(1772-81)）
◇日本の絵巻 19（中央公論社 1988）
　▷p60-124「西行物語絵巻（渡辺家本）」（俵屋宗達［画］, 烏丸光広［詞］　江戸時代初期）
　▷p2-20「西行物語絵巻（徳川美術館本）」（作者不詳　13世紀中期）
　▷p22-58「西行物語絵巻（万野美術館本）」（作者不詳　13世紀中期）
◇秘蔵浮世絵大観 1（講談社 1987）
　▷図111「西行江口遊君図」（西川祐信　元文－延享(1736-48)）
◇香川県人物・人名事典（四国新聞社 1985）
◇香川県大百科事典（四国新聞社 1984）
◇日本大百科全書（小学館 1984）
◇名宝日本の美術 19（小学館 1983）
　▷図34-35「西行物語図」（俵屋宗達　寛永7(1630)頃）
◇花鳥画の世界 1（学習研究社 1982）
　▷図48-51「西行物語絵巻」（作者不詳　鎌倉時代）
◇浮世絵聚花 補巻1（小学館 1982）
　▷図178「見立三夕　西行法師」（鈴木春信）
　▷図236「見立三夕　西行法師 心なき」（鈴木春信　明和3-4(1766-67)）
　▷図10「見立三夕　定家, 寂蓮, 西行」（鈴木春信　宝暦13－明和元(1763-74)）
◇浮世絵聚花 補巻2（小学館 1982）
　▷図549「牛に乗って富士を仰ぎ見る西行」（鈴木春信　明和4-5(1767-68)）
◇浮世絵聚花 9（小学館 1981）
　▷図86「見立三夕　定家, 寂蓮, 西行」（鈴木春信　宝暦13－明和元(1763-74)）
◇浮世絵聚花 13（小学館 1981）
　▷図152「見立三夕　西行法師」（鈴木春信）
　▷図46「見立三夕　西行法師 心なき」（鈴木春信　明和3-4(1766-67)）
◇名宝日本の美術 20（小学館 1981）
　▷図36-39「西行物語絵巻」（尾形光琳　18世紀）
◇在外日本の至宝 2（毎日新聞社 1980）
　▷図35-36「西行物語絵巻（模本）」（作者不詳　江戸時代）
◇在外日本の至宝 4（毎日新聞社 1980）
　▷図95「西行物語図」（作者不詳　江戸時代）
◇日本美術絵画全集 13（集英社 1980）
　▷図61「西行図」（岩佐又兵衛）
◇国史大辞典（吉川弘文館 1979）
◇国宝・重要文化財 仏教美術 中国1（小学館 1979）
　▷図36, 原－3「西行物語絵詞」（作者不詳　鎌倉時代）
◇日本美術全集 10（学習研究社 1979）
　▷図17「西行物語絵巻　第三段」（作者不詳　13世紀中頃）
◇日本美術全集 21（学習研究社 1979）
　▷図20-21「西行法師行状絵詞」（俵屋宗達　寛永7(1630)）
◇日本美術全集 22（学習研究社 1979）
　▷図111「富岳旅愁図（富士見西行）（鏝絵）」（入江長八　明治5(1872)）
◇日本屏風絵集成 5（講談社 1979）
　▷図73-74「西行物語図」（作者不詳）
◇浮世絵聚花 10（小学館 1979）
　▷図08「見立三夕　西行」（鈴木春信）
◇琳派絵画全集 光琳派1（日本経済新聞社 1979）
　▷図35-38「西行物語絵巻」（尾形光琳）
　▷図101-104「西行物語絵巻」（尾形光琳）
◇世界伝記大事典（ほるぷ出版 1978）
◇新修日本絵巻物全集 12（角川書店 1977）
　▷原色版3-4「西行物語絵巻（大原本）」（作者不詳）
　▷グラビア〔35〕「西行物語絵巻（大原本）　全巻」（作者不詳）
　▷グラビア1,15-25「西行物語絵巻（大原本）」（作者不詳）
　▷オフセット3-6「西行物語絵巻（大原本）」（作者不詳）
　▷原色版1-2「西行物語絵巻（徳川美術館本）」（作者不詳）

▷グラビア〔34〕「西行物語絵巻(徳川美術館本) 全巻」(作者不詳)
▷グラビア2-14「西行物語絵巻(徳川美術館本)」(作者不詳)
▷オフセット1-2「西行物語絵巻(徳川美術館本)」(作者不詳)
◇琳派絵画全集 宗達派1(日本経済新聞社 1977)
▷図86-88「西行物語絵」(作者不詳)
▷図89-91「西行物語絵」(作者不詳)
▷図95-96「西行物語絵」(作者不詳)
▷図97-100「西行物語絵」(作者不詳)
▷図101-107「西行物語絵」(作者不詳)
◇日本美術絵画全集 14(集英社 1976)
▷図1「西行法師行状絵詞(旧毛利家本) 天竜川の渡し」(俵屋宗達 寛永7(1630))
▷図27「西行法師行状絵詞(旧毛利家本) 出家の決意」(俵屋宗達 寛永7(1630))
▷図28「西行法師行状絵詞(旧毛利家本) 年の暮のいそぎ」(俵屋宗達 寛永7(1630))
▷図30「西行法師行状絵詞(旧毛利家本) 西行妻子の天野の草庵」(俵屋宗達 寛永7(1630))
▷図24「西行法師行状絵詞(渡辺家本) 武蔵野の草庵に遁世の人を訪う」(俵屋宗達 寛永7(1630))
▷図25「西行法師行状絵詞(渡辺家本) 西行故郷の家を過ぐ」(俵屋宗達 寛永7(1630))
▷図26「西行法師行状絵詞(渡辺家本) 実方の墓」(俵屋宗達 寛永7(1630))
▷図29「西行法師行状絵詞(渡辺家本) 江口の宿」(俵屋宗達 寛永7(1630))
◇重要文化財 11(毎日新聞社 1975)
▷図85「西行法師行状絵」(俵屋宗達〔絵〕,烏丸光広〔詞〕 江戸時代)
▷図86「西行法師行状絵」(俵屋宗達〔絵〕,烏丸光広〔詞〕 江戸時代)
◇水墨美術大系 10(講談社 1975)
▷図81「西行物語絵巻」(俵屋宗達)
◇重要文化財 9(毎日新聞社 1974)
▷図122「西行物語絵」(作者不詳 鎌倉時代)
◇日本の名画 4(集英社 1973)
▷図28-29「西行物語大井河図」(俵屋宗達)
◇在外秘宝―欧米収蔵浮世絵集成 鈴木春信(学習研究社 1972)
▷図93「見立三夕 西行」(鈴木春信)
▷図123左「見立三夕 西行法師」(鈴木春信)
▷図28「見立三夕 定家,寂蓮,西行」(鈴木春信 宝暦13－明和元(1763-74))
◇和漢詩歌作家辞典(みづほ出版 1972)
◇現代日本美術全集 5(集英社 1971)
▷図43「西行」(小林古径 昭和14(1939))
◇原色日本の美術 14(小学館 1969)
▷図47「西行物語図(渡辺本)」(作者不詳)
▷図48「西行物語図(渡辺本)」(作者不詳)
▷図49「西行物語図(渡辺本)」(作者不詳)
◇原色日本の美術 8(小学館 1968)
▷図99「西行物語絵巻」(作者不詳 13世紀後半)
◇日本の美術 18(平凡社 1965)
▷図18「西行物語図(旧毛利本)」(俵屋宗達 1630頃)
▷図19「西行物語図(渡辺本)」(俵屋宗達 1630頃)
◇世界大百科事典(平凡社 1964)
◇日本の美術 10(平凡社 1964)
▷図35「西行物語絵巻」(作者不詳 13世紀中頃)
◇日本美術大系 5(講談社 1959)
▷図61-62「西行物語絵詞」(俵屋宗達)

斎宮女御 さいぐうのにょうご 929～985
平安時代中期の女性。歌人。
◇日本芸術の創跡 1998年度版(世界文芸社 1998)
▷p208「斎宮女御」(横沢実峰)
◇巨匠の日本画 7(学習研究社 1994)
▷図16「斎宮女御」(安田靫彦 昭和29(1954))
◇昭和の文化遺産 9(ぎょうせい 1991)
▷図48「斎宮女御(巻子本三十六歌仙)」(桑田笹舟 昭和58(1983))
◇琳派 4(紫紅社 1991)
▷図83「歌仙絵色紙 斎宮女御」(尾形光琳)
◇浮世絵聚花 補巻1(小学館 1982)
▷図259「三十六歌仙 斎宮女御」(鈴木春信 明和4-5(1767-68))
◇浮世絵聚花 8(小学館 1980)
▷図20「三十六歌仙 斎宮女御」(鈴木春信 明和4-5(1767-68))
◇国史大辞典(吉川弘文館 1979) ▷徽子女王
◇日本美術絵画全集 17(集英社 1976)
▷図66「斎宮女御図」(尾形光琳)
◇重要文化財 11(毎日新聞社 1975)
▷図206「三十六歌仙図扁額 斎宮女御」(岩佐又兵衛 江戸時代)

三枝蓊 さいぐさしげる 1835～1868
江戸時代末期の勤王僧。
◇写真集 甦る幕末(朝日新聞社 1987)
▷p188 No.225「パークス英公使襲撃犯・三枝蓊」(慶応4年(1868).3.4)

西郷いと さいごういと 1843～1922
江戸時代末期の女性。西郷隆盛の妻。
◇幕末維新・明治・大正美人帖(新人物往来社 2003)
▷p46「(無題)」

西郷隆盛 さいごうたかもり 1827～1877
江戸時代末期,明治時代の薩摩藩士。
◇講談社日本人名大辞典(講談社 2001)
◇日本の浮世絵美術館 6(角川書店 1996)

▷図204「西郷隆盛切腹図」(月岡芳年　明治10)
　　▷図203「西南西郷星之図」(月岡芳年　明治10)
◇日本史大事典（平凡社 1992）
◇日本大百科全書（小学館 1984）
◇沖縄大百科事典（沖縄タイムス社 1983）
◇宮崎県大百科事典（宮崎日日新聞社 1983）
◇山形県大百科事典（山形放送 1983）
◇鹿児島大百科事典（南日本新聞社 1981）
◇原色現代日本の美術 13（小学館 1979）
　　▷図21「西郷隆盛像」(高村光雲　明治30(1897))
◇国史大辞典（吉川弘文館 1979）
◇東京百年史 第四巻 大都市への成長（大正期）（ぎょうせい 1979）
　　▷p1182（写真）「西郷隆盛銅像貼紙」
◇日本人名大事典 1〜6（平凡社 1979（覆刻））
◇世界伝記大事典（ほるぷ出版 1978）
◇大日本百科事典（小学館 1967）
◇世界大百科事典（平凡社 1964）

西郷頼母　さいごうたのも　1830〜1903
江戸時代末期, 明治時代の陸奥会津藩家老。
◇会津大事典（国書刊行会 1985）
◇福島大百科事典（福島民報社 1980）

西郷従道　さいごうつぐみち　1843〜1902
江戸時代末期, 明治時代の薩摩藩士, 軍人。
◇サムライ古写真帖（新人物往来社 2004）
　　▷p97「ヨーロッパ視察中の山県一行」（上野彦馬　1869.6）
◇皇族・華族古写真集 愛蔵版（新人物往来社 2003）
　　▷p141「（無題）」
◇士—日本のダンディズム（二玄社 2003）
　　▷p111 No.81「明治英雄一覧」（明治時代初期）
◇栃木県歴史人物事典（下野新聞社 1995）
◇角川日本姓氏歴史人物大辞典 46（角川書店 1994）
◇北海道歴史人物事典（北海道新聞社 1993）
◇読者所蔵「古い写真」館（朝日新聞社 1986）
　　▷p65「（無題）」
◇日本大百科全書（小学館 1984）
◇沖縄大百科事典（沖縄タイムス社 1983）
◇鹿児島大百科事典（南日本新聞社 1981）
◇北海道大百科事典（北海道新聞社 1981）
◇国史大辞典（吉川弘文館 1979）
◇日本人名大事典 1〜6（平凡社 1979（覆刻））
◇写真の開祖上野彦馬（上野彦馬撮影 産業能率短期大学出版部 1975）
　　▷p13 No.7「（無題）」（1869.6）

西国兵五郎〔初代〕　さいごくひょうごろう
1656〜1707　江戸時代前期, 中期の歌舞伎役者。
◇浮世絵聚花 13（小学館 1981）
　　▷図120「中村伝九郎と西国兵五郎の奴踊り」（伝　鳥居清信）

税所敦子　さいしょあつこ　1825〜1900
江戸時代後期, 明治時代の女性。歌人。
◇鹿児島大百科事典（南日本新聞社 1981）

税所篤　さいしょあつし　1827〜1910
江戸時代末期, 明治時代の薩摩藩士, 明治政府高官。
◇兵庫県大百科事典 上, 下（神戸新聞出版センター 1983）
◇国史大辞典（吉川弘文館 1979）

在先希譲　ざいせんきじょう　1335〜1403
南北朝時代, 室町時代の臨済宗の僧。
◇国宝・重要文化財大全 1（毎日新聞社 1997）
　　▷図128「在先希譲像」（明兆　室町時代）
◇日本古寺美術全集 22（集英社 1983）
　　▷図16「在先希譲像」（明兆）
◇日本人名大事典 1〜6（平凡社 1979（覆刻））
◇重要文化財 10（毎日新聞社 1974）
　　▷図359「在先希譲像」（作者不詳　室町時代）

最澄　さいちょう　767〜822
奈良時代, 平安時代前期の僧。
◇講談社日本人名大辞典（講談社 2001）
◇国宝・重要文化財大全 4（毎日新聞社 1999）
　　▷図642「伝教大師（坐）像」（作者不詳　貞応3(1224)　観音寺（滋賀県坂田郡）蔵）
　　▷図657「伝教大師像（慈恵大師）」（作者不詳　鎌倉時代　高野神社（滋賀県伊香郡）蔵）
◇ボストン美術館 日本美術調査図録（講談社 1997）
　　▷図I-162「伝教大師像」（作者不詳　室町時代(15世紀)）
◇国宝・重要文化財大全 1（毎日新聞社 1997）
　　▷図25「聖徳太子・天台高僧像」（作者不詳　平安時代）
◇日本史大事典（平凡社 1992）
◇日本の仏像大百科 5（ぎょうせい 1991）
◇日本美術全集 7（講談社 1991）
　　▷図122,145「聖徳太子及び天台高僧像　竜樹菩薩」（作者不詳　11世紀中頃）
　　▷図146「聖徳太子及び天台高僧像　善無畏三蔵」（作者不詳　11世紀中頃）
　　▷図147「聖徳太子及び天台高僧像　智顗（天台智者大師）」（作者不詳　11世紀中頃）
　　▷図148「聖徳太子及び天台高僧像　最澄（伝教大師）」（作者不詳　11世紀中頃）
　　▷図149「聖徳太子及び天台高僧像　円仁（慈覚大師）」（作者不詳　11世紀中頃）

◇仏像集成 1（学生社 1989）
　▷図542「伝教大師坐像」（作者不詳　立石寺（山形県山形市山寺）蔵）
◇仏像集成 4（学生社 1987）
　▷図344「伝教大師（坐）像」（作者不詳　貞応3（1224）　観音寺（滋賀県坂田郡）蔵）
　▷図363「伝教大師（慈恵大師）」（作者不詳　弘安6（1283）？　高野神社（滋賀県伊香郡）蔵）
◇国宝大事典 1（講談社 1985）
　▷図40「聖徳太子及び天台高僧像」（作者不詳　平安時代（11世紀））
◇京都大事典（淡交社 1984）
◇国宝 増補改訂版 1（毎日新聞社 1984）
　▷図45（1）「聖徳太子及天台高僧像　聖徳太子」（作者不詳　平安時代）
　▷図45（2）「聖徳太子及天台高僧像　竜樹菩薩」（作者不詳　平安時代）
　▷図45（3）「聖徳太子及天台高僧像　慧文禅師」（作者不詳　平安時代）
　▷図45（4）「聖徳太子及天台高僧像　湛然禅師」（作者不詳　平安時代）
◇滋賀県百科事典（大和書房 1984）
◇日本画素描大観 4（講談社 1984）
　▷図110「伝教大師」（安田靫彦　昭和15（1940））
　▷図109「伝教大師（下図）」（安田靫彦　昭和15（1940））
◇日本大百科全書（小学館 1984）
◇日本古寺美術全集 19（集英社 1982）
　▷図14-15「聖徳太子および天台高僧像」（作者不詳）
◇福岡県百科事典 上，下（西日本新聞社 1982）
◇日本美術全集 6（学習研究社 1980）
　▷図124-125「最澄入唐牒」（作者不詳　唐時代△）
◇郷土歴史人物事典 滋賀（第一法規出版 1979）
◇国史大辞典（吉川弘文館 1979）
◇日本絵画百選（日本経済新聞社 1979）
　▷図13「聖徳太子・天台高僧像　竜樹菩薩像」（作者不詳　平安時代）
◇日本人名大事典 1〜6（平凡社 1979（覆刻））
◇世界伝記大事典（ほるぷ出版 1978）
◇日本美術全集 7（学習研究社 1978）
　▷図91「聖徳太子・天台高僧像　竜樹像」（作者不詳　11世紀後半）
◇日本の名画 15（中央公論社 1977）
　▷図9「伝教大師絵伝　延暦寺根本中堂落慶供養図」（前田青邨　大正9（1920））
◇原色版国宝 3（毎日新聞社 1976）
　▷図20「聖徳太子及び天台高僧像　竜樹菩薩像」（作者不詳　平安時代（11世紀））
　▷図21「聖徳太子及び天台高僧像　聖徳太子」（作者不詳　平安時代（11世紀））
◇重要文化財 5（毎日新聞社 1974）
　▷図130「伝教大師（坐）像」（作者不詳　貞応3（1224）　観音寺（滋賀県坂田郡）蔵）

　▷図144「伝教大師（慈眼大師）」（作者不詳　鎌倉時代　高野神社（滋賀県伊香郡）蔵）
◇現代日本美術全集 15（集英社 1973）
　▷図7「伝教大師絵伝 延暦寺根本中堂落慶供養図」（前田青邨　大正9（1920））
◇重要文化財 8（毎日新聞社 1973）
　▷図183（1）「聖徳太子・天台高僧像　竜樹菩薩」（作者不詳　平安時代）
　▷図183（2）「聖徳太子・天台高僧像　善無畏三蔵」（作者不詳　平安時代）
　▷図183（3）「聖徳太子・天台高僧像　慈文禅師」（作者不詳　平安時代）
　▷図183（4）「聖徳太子・天台高僧像　慧思（南岳大師）」（作者不詳　平安時代）
　▷図183（5）「聖徳太子・天台高僧像　智顗（天台智者大師）」（作者不詳　平安時代）
　▷図183（6）「聖徳太子・天台高僧像　灌頂（章安大師）」（作者不詳　平安時代）
　▷図183（7）「聖徳太子・天台高僧像　湛然（荊渓大師）」（作者不詳　平安時代）
　▷図183（8）「聖徳太子・天台高僧像　聖徳太子」（作者不詳　平安時代）
　▷図183（9）「聖徳太子・天台高僧像　最澄（伝教大師）」（作者不詳　平安時代）
　▷図183（10）「聖徳太子・天台高僧像　円仁（慈覚大師）」（作者不詳　平安時代）
◇和漢詩歌作家辞典（みづほ出版 1972）　▷伝教大師
◇大日本百科事典（小学館 1967）
◇国宝 2（毎日新聞社 1964）
　▷図85「聖徳太子及び天台高僧像　聖徳太子」（作者不詳　平安時代（11世紀））
　▷図86「聖徳太子及び天台高僧像　竜樹」（作者不詳　平安時代（11世紀））
　▷図87「聖徳太子及び天台高僧像　湛然」（作者不詳　平安時代（11世紀））
◇世界大百科事典（平凡社 1964）
◇現代日本美術全集 3（角川書店 1955）
　▷グラビア54「伝教大師（下絵）」（吉川霊華　大正10（1921））

斎藤篤信　さいとうあつのぶ　1825〜1891
江戸時代末期，明治時代の出羽米沢藩士。
◇山形県大百科事典（山形放送 1983）

斉藤栄三郎　さいとうえいざぶろう　1824〜1898
江戸時代後期の陶業家。
◇栃木県歴史人物事典（下野新聞社 1995）

斎藤一興　さいとうかずおき　1757〜1823
江戸時代中期，後期の備前岡山藩士。
◇岡山県歴史人物事典（山陽新聞社 1994）

斎藤勝広　さいとうかつひろ　1840〜1910
江戸時代後期〜明治期の篤農家。
◇島根県歴史人物事典（山陰中央新報社 1997）

さいと

◇島根県大百科事典（山陰中央新報社 1982）

斎藤求三郎　さいとうきょうさぶろう
　1819～1876
　江戸時代末期, 明治時代の肥後熊本藩士。
◇熊本県大百科事典（熊本日日新聞社 1982）

斎藤源三郎　さいとうげんざぶろう　1833～1915
　江戸時代末期～大正期の谷島屋書店創業者。
◇静岡県歴史人物事典（静岡新聞社 1991）

斎藤実盛　さいとうさねもり　？～1183
　平安時代後期の武士。
◇ボストン美術館 日本美術調査図録（講談社 2003）
　▷図I-370「実盛化粧図」（田付孝則　江戸時代（19世紀））
◇国史大辞典（吉川弘文館 1979）

斎藤重右衛門　さいとうじゅうえもん
　1823～1895　江戸時代末期, 明治期の金光教大教正。
◇岡山県歴史人物事典（山陽新聞社 1994）

斎藤松寿　さいとうしょうじゅ　1846～1918
　江戸時代末期～大正期の地域功労者, 宮原八幡宮宮司。
◇栃木県歴史人物事典（下野新聞社 1995）

斎藤次郎太郎　さいとうじろうたろう
　江戸時代末期の幕臣・幕府徒目付。1864年遣仏使節に随行しフランスに渡る。
◇十一―日本のダンディズム（二玄社 2003）
　▷p147 No.127「斉藤次郎太郎像」
◇幕末―写真の時代（筑摩書房 1994）
　▷p87 No.99「（無題）」（ナダール）
◇読者所蔵「古い写真」館（朝日新聞社 1986）
　▷p38「第2回遣欧使節」

斎藤拙堂　さいとうせつどう　1797～1865
　江戸時代末期の儒学者。
◇日本史大事典（平凡社 1992）
◇国史大辞典（吉川弘文館 1979）

斎藤善右衛門　さいとうぜんえもん
　1854～1925　江戸時代中期の剣術家。山口流。
◇角川日本姓氏歴史人物大辞典 4（角川書店 1994）
◇宮城県百科事典（河北新報社 1982）

斎藤大之進　さいとうだいのしん　1822～1871
　江戸時代末期, 明治時代の幕臣。
◇幕末―写真の時代（筑摩書房 1994）
　▷p60 No.52「（無題）」（ナダール）
◇写真集 甦る幕末（朝日新聞社 1987）
　▷p232 No.326「（無題）」
　▷p234 No.334「（無題）」

斎藤竹堂　さいとうちくどう　1815～1852
　江戸時代末期の儒学者。
◇宮城県百科事典（河北新報社 1982）
◇国史大辞典（吉川弘文館 1979）

斎藤道三　さいとうどうさん　？～1556
　戦国時代の美濃国の大名。
◇国宝・重要文化財大全 1（毎日新聞社 1997）
　▷図200「斎藤道三像・斎藤義竜像」（作者不詳）
◇日本史大事典（平凡社 1992）
◇日本大百科全書（小学館 1984）
◇国史大辞典（吉川弘文館 1979）
◇重要文化財 30（毎日新聞社 1977）
　▷図50「斎藤道三・斎藤義竜像」（作者不詳 室町時代－桃山時代）
◇岐阜県百科事典（岐阜日日新聞社 1968）

斉藤東太郎　さいとうとうたろう　1825～1893
　江戸時代後期～明治期の栃木県土木業の始祖。
◇栃木県歴史人物事典（下野新聞社 1995）

斉藤留蔵　さいとうとめぞう　1844～1917
　江戸時代末期の下野国壬生藩士。
◇サムライ古写真帖（新人物往来社 2004）
　▷p71「（無題）」

斎藤八郎　さいとうはちろう　1849～1922
　江戸時代末期～大正期の教育者。
◇富山大百科事典（北日本新聞社 1994）

斎藤寿雄　さいとうひさお　1847～1938
　江戸時代後期, 末期, 明治時代の医師、政治家。
◇角川日本姓氏歴史人物大辞典 10（角川書店 1994）
◇群馬県人名大事典（上毛新聞社 1982）
◇群馬県百科事典（上毛新聞社 1979）

斎藤方策　さいとうほうさく　1771～1849
　江戸時代後期の蘭方医。
◇国史大辞典（吉川弘文館 1979）
◇日本人名大事典 1～6（平凡社 1979（覆刻））

斎藤墨湖　さいとうぼっこ　1772～1874
　江戸時代後期の出羽松山藩士, 画家。
◇山形県大百科事典（山形放送 1993）

斎藤妙椿　さいとうみょうちん　1411～1480
　室町時代, 戦国時代の武将, 美濃国守護代岐成頼の守護代。
◇日本史大事典（平凡社 1992）
◇国史大辞典（吉川弘文館 1979）

斎藤弥九郎〔代数不詳〕　さいとうやくろう
　1798～1871　江戸時代末期の剣豪。幕末三剣士の筆頭。
◇富山大百科事典（北日本新聞社 1994）▷斎藤弥九郎

斎藤弥九郎〔初代〕　さいとうやくろう
　1798～1871　江戸時代末期, 明治時代の剣術家。
◇写された幕末―石黒敬七コレクション（明石書店 1990）
　　▷p47 No.4「幕末の剣客と志士」（文久間（1861～1864））
◇国史大辞典（吉川弘文館 1979）

斎藤義竜　さいとうよしたつ　1527～1561
　戦国時代の美濃国の大名。
◇国宝・重要文化財大全 1（毎日新聞社 1997）
　　▷図200「斎藤道三像・斎藤義竜像」（作者不詳）
◇日本史大事典（平凡社 1992）
◇日本大百科全書（小学館 1984）
◇国史大辞典（吉川弘文館 1979）
◇日本人名大事典 1～6（平凡社 1979（覆刻））
◇重要文化財 30（毎日新聞社 1977）
　　▷図50「斎藤道三・斎藤義竜像」（作者不詳－室町時代－桃山時代）
◇岐阜県史 通史編 近世上（岐阜県 1968）
　　▷図版第3（口絵）「斎藤義竜像」
　　▷p41（写真）「斎藤義竜像」
◇岐阜県百科事典（岐阜日日新聞社 1968）

斎藤芳之都　さいとうよしのいつ　1847～1921
　江戸時代末期～大正期の邦楽家。
◇岡山県歴史人物事典（山陽新聞社 1994）

佐伯友光　さえきともてる　1847～1924
　江戸時代末期～大正期の郷土開発先覚者。
◇鳥取県大百科事典（新日本海新聞社 1984）

三枝雲岱　さえぐさうんたい　1811～1901
　江戸時代末期, 明治期の日本画家。
◇山梨百科事典（山梨日日新聞社 1992）

酒井家次　さかいいえつぐ　1564～1618
　安土桃山時代, 江戸時代前期の大名。
◇千葉大百科事典（千葉日報社 1982）

坂井重季　さかいしげき　1846～1922
　江戸時代末期, 明治時代の志士。
◇高知県人名事典（高知新聞社 1999）　▷阪井重季

酒井重忠　さかいしげただ　1549～1617
　安土桃山時代, 江戸時代前期の武将, 大名。
◇群馬県史 通史編4 近世1 政治（群馬県 1990）
　　▷〈写真〉2「酒井重忠画像」

境二郎　さかいじろう　1836～1900
　江戸時代末期, 明治時代の長州（萩）藩士。
◇島根県歴史人物事典（山陰中央新報社 1997）

酒井田柿右衛門〔代数不詳〕　さかいだかきえもん
　江戸時代の陶工。
◇国史大辞典（吉川弘文館 1979）　▷酒井田柿右衛門

酒井忠彰　さかいただあきら
　江戸時代末期, 明治時代の大名。
◇群馬県史 通史編4 近世1 政治（群馬県 1990）
　　▷〈写真〉242「酒井忠彰肖像」

酒井忠勝　さかいただかつ　1587～1662
　江戸時代前期の大名, 大老。
◇福井県大百科事典（福井新聞社 1991）
◇日本大百科全書（小学館 1984）
◇国史大辞典（吉川弘文館 1979）

酒井忠勝　さかいただかつ　1594～1647
　江戸時代前期の大名。
◇山形県大百科事典（山形放送 1983）

酒井忠績　さかいただしげ　1827～1895
　江戸時代末期, 明治時代の大名, 大老。
◇兵庫県史 第5巻 近世編3・幕末維新（兵庫県 1981）
　　▷〈写真〉写真90「酒井忠績像」

酒井忠恭　さかいただずみ　1710～1772
　江戸時代中期の大名。
◇群馬県史 通史編6 近世3 生活・文化（群馬県 1992）
　　▷〈写真〉136「前橋藩主酒井忠恭肖像画」
◇兵庫県史 第4巻 近世編2（兵庫県 1980）
　　▷〈写真〉写真126「酒井忠恭像」

酒井忠篤 さかいただずみ 1853〜1915
江戸時代末期, 明治時代の大名, 軍人。
◇山形県大百科事典（山形放送 1983）

酒井忠次 さかいただつぐ 1527〜1596
戦国時代, 安土桃山時代の武将。
◇国史大辞典（吉川弘文館 1979）

酒井忠宝 さかいただみち 1856〜1921
江戸時代末期, 明治時代の大名。
◇山形県大百科事典（山形放送 1983）

酒井忠世 さかいただよ 1572〜1636
安土桃山時代, 江戸時代前期の大名。
◇群馬県史 通史編6 近世3 生活・文化（群馬県 1992）
　▷〈写真〉2「前橋藩主酒井忠世肖像画」
◇国史大辞典（吉川弘文館 1979）

酒井調良 さかいちょうりょう 1848〜1926
江戸時代末期〜大正期の庄内柿普及者。
◇山形県大百科事典（山形放送 1983）

酒井融 さかいとおる 1840〜1920
江戸時代末期〜大正期の医師, 主計将校。
◇高知県人名事典（高知新聞社 1999）

酒井南嶺 さかいなんれい 1828〜1881
江戸時代後期〜明治期の教育者, 書道家。
◇高知県人名事典（高知新聞社 1999）

酒井了恒 さかいのりつね 1842〜1876
江戸時代末期, 明治時代の庄内藩中老。
◇山形県大百科事典（山形放送 1983）　▷酒井玄蕃

酒井抱一 さかいほういつ 1761〜1828
江戸時代中期, 後期の琳派の画家。
◇講談社日本人名大辞典（講談社 2001）
◇琳派 4（紫紅社 1991）
　▷図128「抱一上人像」（酒井鶯蒲）
　▷図129「抱一上人像」（野崎真一）
◇国史大辞典（吉川弘文館 1979）
◇日本人名大事典 1〜6（平凡社 1979（覆刻））
◇日本の名画 10（中央公論社 1975）
　▷図6-8「抱一上人」（鏑木清方　明治42（1909））
◇俳諧人名辞典（巌南堂書店 1970）　▷抱一

酒井政勝 さかいまさかつ 生没年不詳
江戸時代の旗本。
◇新編埼玉県史 通史編3（埼玉県 1988）

　▷〈写真〉2—21「旗本酒井政勝画像」

坂入源左衛門 さかいりげんざえもん
1847〜1879　江戸時代後期〜明治期の官僚。
◇栃木県歴史人物事典（下野新聞社 1995）

坂英力 さかえいりき 1833〜1869
江戸時代末期の陸奥仙台藩一族。
◇宮城県百科事典（河北新報社 1982）

榊原鍵吉 さかきばらけんきち 1830〜1894
江戸時代末期, 明治時代の剣術家。
◇サムライ古写真帖（新人物往来社 2004）
　▷p140「（無題）」（スティルフリード　1870年代　国際日本文化研究センター蔵）
　▷p140「（無題）」（スティルフリード　1870年代　長崎大学附属図書館蔵）
◇写された幕末―石黒敬七コレクション（明石書店 1990）
　▷p47 No.4「幕末の剣客と志士」（文久年間（1861〜1864））
◇国史大辞典（吉川弘文館 1979）

榊原康政 さかきばらやすまさ 1548〜1606
安土桃山時代, 江戸時代前期の大名。
◇群馬県史 通史編4 近世1 政治（群馬県 1990）
　▷〈写真〉47「絹本著色榊原康政像」
◇群馬県史 資料編16 近世8（群馬県 1988）
　▷p14（写真）「絹本著色館林藩主榊原康政画像」
◇国史大辞典（吉川弘文館 1979）

榊山三五郎〔2代〕 さかきやまさんごろう
江戸時代の歌舞伎役者。
◇浮世絵八華 4（平凡社 1985）
　▷図0101「二世榊山三五郎の道長息女おたへ姫」（東洲斎写楽）
◇浮世絵聚花 7（小学館 1979）
　▷図51「二世榊山三五郎の道長息女おたへ姫」（東洲斎写楽）
◇在外秘宝―欧米収蔵浮世絵集成 東洲斎写楽（学習研究社 1972）
　▷図62「二世榊山三五郎の道長息女おたへ姫」（東洲斎写楽）
　▷図099「二世榊山三五郎の道長息女おたへ姫」（東洲斎写楽）
◇美人画・役者絵 6（講談社 1966）
　▷図88「二世榊山三五郎の道長息女おたへ姫」（東洲斎写楽）

坂崎直盛 さかざきなおもり ？〜1616
安土桃山時代, 江戸時代前期の武将, 大名。
◇島根県歴史人物事典（山陰中央新報社 1997）
　▷坂崎出羽守直盛

◇岡山県歴史人物事典（山陽新聞社 1994） ▷宇喜多詮家

坂田荻之丞　さかたおぎのじょう
江戸時代中期の歌舞伎役者。
◇秘蔵浮世絵大観 6（講談社 1989）
　▷図18「中川半三郎・津川半太夫・坂田荻之丞」（鳥居清信（初代）　元禄16頃（1703頃））
◇肉筆浮世絵 2（集英社 1982）
　▷図33「坂田荻之丞の舞姿図」（懐月堂安度）
◇浮世絵聚花 12（小学館 1980）
　▷図15「中川半三郎，津川半太夫とさかた荻之丞」（作者不詳）

坂田佐十郎　さかたさじゅうろう
江戸時代の歌舞伎役者。
◇秘蔵浮世絵大観 12（講談社 1988）
　▷図041「三世大谷広次の亀王と坂田佐十郎の有王」（勝川春章　明和6末－7初）
◇浮世絵聚花 5（小学館 1980）
　▷図17「三世大谷広次の亀王と坂田佐十郎の有王」（勝川春章　明和6末－7初）
◇浮世絵聚花 8（小学館 1980）
　▷図62「三世大谷広次の那須の与市と坂田左十郎のあじか沢の可兵衛」（一筆斎文調）
◇日本版画美術全集 3（講談社 1961）
　▷図60「坂田佐十郎の時平と二世中村助五郎の梅王と二世沢村宗十郎の松王と二世佐野川市松の桜丸」（一筆斎文調）

坂田丈平　さかたじょうへい　1839～1899
江戸時代末期，明治時代の漢学者，教育者，政治家。
◇岡山県歴史人物事典（山陽新聞社 1994） ▷坂田警軒
◇岡山人名事典（日本文教出版 1978）　▷坂田警軒

坂田藤十郎〔初代〕　さかたとうじゅうろう
1647～1709　江戸時代前期，中期の歌舞伎役者，歌舞伎座本。
◇日本画素描大観 7（講談社 1983）
　▷図180「藤十郎（スケッチ）」（奥村土牛　昭和52(1977)）
◇国史大辞典（吉川弘文館 1979） ▷坂田藤十郎〔代数なし〕
◇世界大百科事典（平凡社 1964）

阪谷京　さかたにきょう　1832～1924
江戸時代末期～大正期の女性。阪谷朗廬の妻。
◇岡山県歴史人物事典（山陽新聞社 1994） ▷阪谷京（恭）

阪谷朗廬　さかたにろうろ　1822～1881
江戸時代末期，明治時代の儒学者。
◇岡山県歴史人物事典（山陽新聞社 1994） ▷阪谷朗廬
◇日本大百科全書（小学館 1984）
◇広島県大百科事典（中国新聞社 1982）
◇国史大辞典（吉川弘文館 1979）
◇岡山人名事典（日本文教出版 1978）

坂田半五郎〔代数不詳〕　さかたはんごろう
江戸時代の歌舞伎役者。
◇秘蔵浮世絵大観 4（講談社 1988）
　▷図040「二代目市川八百蔵と坂田半五郎」（勝川春章　安永期）
◇浮世絵聚花 13（小学館 1981）
　▷図141「四世市竹之丞の鬼王と坂田半五郎の又野五郎」（奥村利信）
◇浮世絵聚花 14（小学館 1981）
　▷図62「坂田半五郎」（勝川春英）
◇秘蔵浮世絵大観 4（講談社 1988）
　▷図24-29「松本幸四郎・中山富三郎・市川高麗蔵・市川門之助・坂田半五郎・瀬川菊之丞の助六」（勝川春英）
◇浮世絵聚花 15（小学館 1980）
　▷図065「坂田半五郎」（葛飾北斎）
◇浮世絵聚花 7（小学館 1979）
　▷図209「坂田半五郎」（鳥居清重）
◇浮世絵聚花 10（小学館 1979）
　▷図019「坂田半五郎」（勝川春英）
◇日本版画美術全集 4（講談社 1960）
　▷図254「坂田半五郎の赤沢十内」（歌川豊国（初代））

坂田半五郎〔2代〕　さかたはんごろう
1724～1787　江戸時代中期の歌舞伎役者。
◇秘蔵浮世絵大観 6（講談社 1989）
　▷図120「二代目坂田半五郎」（勝川春章　安永期－天明2(1772-82)）
◇秘蔵浮世絵大観 4（講談社 1988）
　▷図40「初代中村助五郎の俣野の五郎と初代市川八百蔵のさなだの与市と二代目坂田半五郎の山木判官」（鳥居清信（2代）　宝暦2(1752)）
◇秘蔵浮世絵大観 11（講談社 1988）
　▷図03「二代目坂田半五郎」（勝川春章　安永後期－天明2）
◇秘蔵浮世絵大観 2（講談社 1987）
　▷図094「初代尾上菊五郎の和泉三郎と二代目坂田半五郎の伊達次郎泰衡」（勝川春章　明和6.11）
◇浮世絵聚花 2（小学館 1985）
　▷図166「二世坂田半五郎の鬚の意休」（鳥居清長）
◇浮世絵聚花 9（小学館 1981）
　▷図65「二世坂田半五郎」（勝川春英）
◇在外日本の至宝 7（毎日新聞社 1980）

さかた

◇浮世絵聚花 5（小学館 1980）
　▷図117「二世坂田半五郎」（勝川春好（初代））
◇浮世絵聚花 8（小学館 1980）
　▷図33-34「二世坂田半五郎と五世市川団十郎」（勝川春好（初代））
◇浮世絵聚花 15（小学館 1980）
　▷図29「雁金五人男　二代目坂田半五郎の布袋市右衛門」（勝川春章　安永9(1780)）
◇浮世絵聚花 11（小学館 1979）
　▷図101「尾上菊五郎の和泉三郎忠信と二世坂田半五郎の伊達次郎泰衡」（勝川春章）
◇日本版画美術全集 3（講談社 1961）
　▷図63「二世坂田半五郎の十府の里の菅右衛門」（一筆斎文調）
　▷図265「二世市川高麗蔵・中山富三郎・二世坂田半五郎」（勝川春英）
　▷図24-25「三世大谷広次の湯島の三吉と二世坂田半五郎の神田の与吉」（勝川春章）
◇浮世絵全集 5（河出書房新社 1957）
　▷図63「二世坂田半五郎の近江の小藤太」（歌川豊国（初代））
　▷図31「雁金五人男　二代目坂田半五郎の布袋市右衛門」（勝川春章　安永9(1780)）

坂田半五郎〔3代〕　さかたはんごろう
1756〜1795　江戸時代中期の歌舞伎役者。
◇浮世絵ギャラリー 4（小学館 2006）
　▷図44「三代目市川八百蔵の不破の伴左衛門重勝と三代目坂田半五郎の子そだての観音坊」（東洲斎写楽　寛政6(1794)）
　▷図32「三代目坂田半五郎の子そだての観音坊」（東洲斎写楽　寛政6(1794)）
　▷図1「三代目坂田半五郎の藤川水右衛門」（東洲斎写楽　寛政6(1794)）
◇華一浮世絵名品集（平木浮世絵財団 2004）
　▷図25「市川鰕蔵の鎌倉権五郎景政 三代目坂田半五郎の奴矢筈の弥田平」（勝川春英　寛政6(1794)）
◇日本の浮世絵美術館 3（角川書店 1996）
　▷図17「三代目市川八百蔵の不破伴左衛門と三代目坂田半五郎の子育観音坊」（東洲斎写楽　寛政6）
　▷図156「三代坂田半五郎の藤川水右衛門」（東洲斎写楽　寛政6）
◇名品揃物浮世絵 6（ぎょうせい 1992）
　▷図27「役者舞台之姿絵 正八や（三世坂田半五郎の安倍宗任）」（歌川豊国（初代）　寛政6-7(1794-95)）
　▷図12「役者舞台之姿絵 正八屋（三世坂田半五郎の藤川水右衛門）」（歌川豊国（初代）　寛政6-7(1794-95)）
◇新編 名宝日本の美術 29（小学館 1991）
　▷図61「三世坂田半五郎」（歌川豊国（初代））
　▷図47「役者舞台之姿絵 正八屋（三世坂田半五郎の藤川水右衛門）」（歌川豊国（初代）　寛政6-7(1794-95)）
　▷図31「三世市川八百蔵の不破伴左衛門と三世坂田半五郎の子育て観音坊」（東洲斎写楽　寛政6(1794)）
　▷図4「三世坂田半五郎の藤川水右衛門」（東洲斎写楽　寛政6.5(1794)）
◇秘蔵浮世絵大観 ベレス・コレクション（講談社 1991）
　▷図35「三代目坂田半五郎・三代目瀬川菊之丞・三代目市川八百蔵」（勝川春英　寛政6頃(1794頃)）
　▷図110「三世坂田半五郎の藤川水右衛門」（東洲斎写楽　寛政6.5(1794)）
◇名品揃物浮世絵 5（ぎょうせい 1991）
　▷図52「三世坂田半五郎（紀名虎）」（勝川春好（初代）　天明8－寛政2(1788-1790)）
　▷図70「三世市川八百蔵の不破伴左衛門と三世坂田半五郎の子育て観音坊」（東洲斎写楽　寛政6(1794)）
　▷図3「三世坂田半五郎の藤川水右衛門」（東洲斎写楽　寛政6.5(1794)）
◇秘蔵浮世絵大観 6（講談社 1989）
　▷図0174「三世坂田半五郎の藤川水右衛門」（東洲斎写楽　寛政6.5(1794)）
◇秘蔵浮世絵大観 9（講談社 1989）
　▷図108「三世目坂田半五郎」（勝川春英　寛政3-7(1791-95)）
◇秘蔵浮世絵大観 4（講談社 1988）
　▷図87「二代目市川門之助と三代目坂田半五郎」（勝川春好（初代）　天明中期(1781-89)）
◇秘蔵浮世絵大観 11（講談社 1988）
　▷図012「三代目坂田半五郎と二代目市川門之助」（勝川春英　寛政前期頃）
◇秘蔵浮世絵大観 2（講談社 1987）
　▷図108「三代目坂田半五郎と二代目市川門之助」（勝川春英　天明9(寛政元)－寛政5(1789-93)）
　▷図105「四代目松本幸四郎と三代目坂田半五郎」（勝川春英　天明8－寛政2(1788-90)）
　▷図213「三世市川八百蔵の不破伴左衛門と三世坂田半五郎の子育て観音坊」（東洲斎写楽　寛政6(1794)）
　▷図0151「三世坂田半五郎の藤川水右衛門」（東洲斎写楽　寛政6.5(1794)）
◇浮世絵八華 4（平凡社 1985）
　▷図31「三世市川八百蔵の不破伴左衛門と三世坂田半五郎の子育て観音坊」（東洲斎写楽　寛政6(1794)）
　▷図031「三世市川八百蔵の不破伴左衛門と三世坂田半五郎の子育て観音坊」（東洲斎写楽　寛政6(1794)）
　▷図0109「三世坂田半五郎の馬士鐙摺の岩蔵」（東洲斎写楽）
　▷図37「三世坂田半五郎の子育て観音坊」（東洲斎写楽）
　▷図036「三世坂田半五郎の子育て観音坊」（東洲斎写楽）
　▷図2「三世坂田半五郎の藤川水右衛門」（東

洲斎写楽　寛政6.5(1794))
▷図04「三世坂田半五郎の藤川水右衛門」(東洲斎写楽　寛政6.5(1794))
▷図0104「三世坂田半五郎の奴矢筈の矢田平」(東洲斎写楽)
◇浮世絵の美百選（日本経済新聞社 1981）
▷図57「三世市川八百蔵の不破伴左衛門と三世坂田半五郎の子育て観音坊」(東洲斎写楽　寛政6(1794))
◇浮世絵聚花 13（小学館 1981）
▷図40「三世坂田半五郎」(歌川豊国(初代))
◇浮世絵聚花 5（小学館 1980）
▷図020「三世坂田半五郎の近江小藤太」(勝川春好(初代))
◇浮世絵聚花 8（小学館 1980）
▷図38「役者舞台之姿絵 正月屋（三世坂田半五郎の藤川水右衛門）」(歌川豊国(初代)　寛政6-7(1794-95))
▷図70-71「三世沢村宗十郎の唐木政右衛門と三世坂田半五郎の沢井又五郎」(勝川春英)
◇復元浮世絵大観 4（集英社 1980）
▷図16「四代岩井半四郎と二代市川門之助と三代坂田半五郎」(勝川春好(初代))
◇浮世絵聚花 10（小学館 1979）
▷図054「三世市川八百蔵の不破伴左衛門と三世坂田半五郎の子育て観音坊」(東洲斎写楽　寛政6(1794))
◇浮世絵聚花 11（小学館 1979）
▷図4「三世坂田半五郎の藤川水右衛門」(東洲斎写楽　寛政6.5(1794))
◇浮世絵聚花 6（小学館 1978）
▷図60「三世市川八百蔵の不破伴左衛門と三世坂田半五郎の子育て観音坊」(東洲斎写楽　寛政6(1794))
▷図74「三世坂田半五郎の馬士鐙摺の岩蔵」(東洲斎写楽)
▷図72「三世坂田半五郎の奴矢筈の矢田平」(東洲斎写楽)
◇復元浮世絵大観 8（集英社 1978）
▷図3「三世坂田半五郎の藤川水右衛門」(東洲斎写楽　寛政6.5(1794))
◇浮世絵大系 9（集英社 1975）
▷図12「役者舞台之姿絵 正月屋（三世坂田半五郎の藤川水右衛門）」(歌川豊国(初代)　寛政6-7(1794-95))
◇浮世絵大系 3（集英社 1974）
▷図48「四代岩井半四郎と二代市川門之助と三代坂田半五郎」(勝川春好(初代))
◇浮世絵大系 7（集英社 1973）
▷図31「三世市川八百蔵の不破伴左衛門と三世坂田半五郎の子育て観音坊」(東洲斎写楽　寛政6(1794))
▷図4「三世坂田半五郎の藤川水右衛門」(東洲斎写楽　寛政6.5(1794))
◇平凡社ギャラリー 6（平凡社 1973）
▷図4「三世坂田半五郎の藤川水右衛門」(東洲斎写楽　寛政6.5(1794))
◇在外秘宝―欧米収蔵浮世絵集成 東洲斎写楽（学習研究社 1972）
▷図VII「市川富右衛門と三世坂田半五郎と三世佐野川市松」(東洲斎写楽)
▷図34「三世市川八百蔵の不破伴左衛門と三世坂田半五郎の子育て観音坊」(東洲斎写楽　寛政6(1794))
▷図037「三世市川八百蔵の不破伴左衛門と三世坂田半五郎の子育て観音坊」(東洲斎写楽　寛政6(1794))
▷図54「三世坂田半五郎の馬士鐙摺の岩蔵」(東洲斎写楽)
▷図089「三世坂田半五郎の馬士鐙摺の岩蔵」(東洲斎写楽)
▷図35「三世坂田半五郎の子育て観音坊」(東洲斎写楽)
▷図039「三世坂田半五郎の子育て観音坊」(東洲斎写楽)
▷図5「三世坂田半五郎の藤川水右衛門」(東洲斎写楽　寛政6.5(1794))
▷図04「三世坂田半五郎の藤川水右衛門」(東洲斎写楽　寛政6.5(1794))
▷図85「三世坂田半五郎の藤川水右衛門」(東洲斎写楽　寛政6.5(1794))
▷図65「三世坂田半五郎の奴矢筈の矢田平」(東洲斎写楽)
▷図0102「三世坂田半五郎の奴矢筈の矢田平」(東洲斎写楽)
◇全集浮世絵版画 4（集英社 1972）
▷図33「三世市川八百蔵の不破伴左衛門と三世坂田半五郎の子育て観音坊」(東洲斎写楽　寛政6(1794))
▷図25「三世坂田半五郎の藤川水右衛門」(東洲斎写楽　寛政6.5(1794))
◇原色日本の美術 24（小学館 1971）
▷図69「三世坂田半五郎の藤川水右衛門」(東洲斎写楽　寛政6.5(1794))
◇美人画・役者絵 6（講談社 1966）
▷図35「三世市川八百蔵の不破伴左衛門と三世坂田半五郎の子育て観音坊」(東洲斎写楽　寛政6(1794))
▷図77「三世坂田半五郎の馬士鐙摺の岩蔵」(東洲斎写楽)
▷図39「三世坂田半五郎の子育て観音坊」(東洲斎写楽)
▷図4「三世坂田半五郎の藤川水右衛門」(東洲斎写楽　寛政6.5(1794))
◇日本版画美術全集 3（講談社 1961）
▷図268「三代目坂田半五郎・三代目瀬川菊之丞・三代目市川八百蔵」(勝川春英　寛政6頃(1794頃))
▷図241「三世坂田半五郎(紀名虎)」(勝川春好(初代)　天明8-寛政2(1788-1790))
▷図249「三世坂田半五郎の天川屋義平」(勝川春好(初代))
◇日本版画美術全集 4（講談社 1960）
▷図88「市川富右衛門と三世坂田半五郎と三世佐野川市松」(東洲斎写楽)
▷図209「三世坂田半五郎の藤川水右衛門」(東洲斎写楽　寛政6.5(1794))

◇日本美術大系 5（講談社 1959）
　▷図15「三世坂田半五郎の藤川水右衛門」（東洲斎写楽　寛政6.5(1794)）
◇浮世絵全集 5（河出書房新社 1957）
　▷図13「三世市川八百蔵の不破伴左衛門と三世坂田半五郎の子育て観音坊」（東洲斎写楽　寛政6(1794)）

坂田半五郎〔4代〕　さかたはんごろう
江戸時代後期の歌舞伎役者。
◇浮世絵聚花 13（小学館 1981）
　▷図65「敵役を演ずる四世大谷広右衛門」（勝川春好（初代））

坂田平一　さかたへいいち　1843～1908
江戸時代後期, 末期, 明治時代の漆工。
◇島根県歴史人物事典（山陰中央新報社 1997）
◇島根県大百科事典（山陰中央新報社 1982）

嵯峨天皇　さがてんのう　786～842
平安時代前期の第52代天皇。在位809～823。
◇日本史大事典（平凡社 1992）
◇皇室の至宝第1期 御物 1（毎日新聞社 1991）
　▷図9「嵯峨天皇御影」（作者不詳　鎌倉時代）
◇京都大事典（淡交社 1984）
◇国史大辞典（吉川弘文館 1979）
◇日本人名大事典 1～6（平凡社 1979（覆刻））
◇世界伝記大事典（ほるぷ出版 1978）
◇世界大百科事典（平凡社 1964）

坂時存　さかときもり　1680～1760
江戸時代中期の長州（萩）藩士。
◇講談社日本人名大辞典（講談社 2001）

坂上是則　さかのうえのこれのり
平安時代中期の歌人。
◇国宝・重要文化財大全 1（毎日新聞社 1997）
　▷図209「佐竹本三十六歌仙切 坂上是則像」（作者不詳　鎌倉時代）
◇秘蔵浮世絵大観 3（講談社 1988）
　▷図054「百人一首宇波がゑとき〈版下絵〉坂ノ上是則」（葛飾北斎　天保時期）
◇国史大辞典（吉川弘文館 1979）
◇浮世絵聚花 4（小学館 1979）
　▷図55「三十六歌仙 坂上是則」（鈴木春信）
◇在外秘宝—欧米収蔵浮世絵集成 鈴木春信（学習研究社 1972）
　▷図52「三十六歌仙 坂上是則」（鈴木春信）
◇全集浮世絵版画 1（集英社 1972）
　▷図42「三十六歌仙 坂上是則」（鈴木春信）
◇美人画・役者絵 2（講談社 1965）
　▷図93「三十六歌仙 坂上是則」（鈴木春信）

坂上田村麻呂　さかのうえのたむらまろ
758～811　奈良時代, 平安時代前期の武将, 征夷大将軍。
◇講談社日本人名大辞典（講談社 2001）
◇昭和の美術 1（毎日新聞社 1990）
　▷p136「坂上田村麻呂」（山崎朝雲　昭和9(1934)　京都市美術館（京都府京都市左京区）蔵）
◇長野県歴史人物大事典（郷土出版社 1989）　▷坂上田村麿
◇日本大百科全書（小学館 1984）
◇肉筆浮世絵 10（集英社 1983）
　▷図86「田村麿鈴鹿合戦 平次住家図屏風」（絵金）
◇世界伝記大事典（ほるぷ出版 1978）

阪場志業　さかばむねなり　1833～1911
江戸時代末期, 明治時代の鉄砲製造業者。
◇茨城県大百科事典（茨城新聞社 1981）

坂本乙女　さかもとおとめ　1832～1879
江戸時代末期, 明治時代の女性。坂本竜馬の姉。
◇高知県人名事典（高知新聞社 1999）

坂本天山　さかもとてんざん　1745～1803
江戸時代中期, 後期の砲術家, 信濃高遠藩士。
◇長野県歴史人物大事典（郷土出版社 1989）　▷阪本天山
◇国史大辞典（吉川弘文館 1979）

坂本直　さかもとなお　1842～1898
江戸時代末期, 明治時代の志士。
◇サムライ古写真帖（新人物往来社 2004）
　▷p59「（無題）」（1869年秋か）
◇高知県人名事典（高知新聞社 1999）

坂本則敏　さかもとのりとし　1838～1895
江戸時代末期～明治期の飯山藩維新の功労者。
◇長野県歴史人物大事典（郷土出版社 1989）

坂本元蔵　さかもともとぞう　1785～1854
江戸時代後期の筑後久留米藩士, 久留米ツツジの育種鼻祖。
◇福岡県百科事典 上, 下（西日本新聞社 1982）

坂本りょう　さかもとりょう　1841～1906
江戸時代後期～明治期の女性。幕末維新の志士・坂本竜馬の妻。
◇高知県人名事典（高知新聞社 1999）　▷坂本竜

坂本竜馬　さかもとりょうま　1835～1867
江戸時代末期の志士。
◇サムライ古写真帖（新人物往来社 2004）

▷p75「(無題)」(井上俊三(上野彦馬の門人))
▷p76「(無題)」慶応3年(1867)秋か)
▷p74「坂本竜馬立像」
◇士―日本のダンディズム (二玄社 2003)
▷p042 No.27「坂本竜馬像」(上野彦馬)
◇幕末維新・明治・大正美人帖 (新人物往来社 2003)
▷p45「(無題)」(上野彦馬)
◇講談社日本人名大辞典 (講談社 2001)
◇幕末・明治美人帖 (新人物往来社 2001)
▷p61「タカと交流があった坂本竜馬」
◇高知県人名事典 (高知新聞社 1999)
◇静岡県史 通史編4 近世2 (静岡 1997)
▷〈写真〉写2-166「坂本竜馬像(高知県高知市)」
◇日本の写真家1 (岩波書店 1997)
▷No.5「坂本竜馬像」(上野彦馬)
◇幕末―写真の時代 (筑摩書房 1994)
▷p181 No.193「(無題)」(上野彦馬)
▷p180 No.192「(無題)」(撮影者不詳)
◇日本史大事典 (平凡社 1992)
◇写真集 坂本竜馬の生涯 (新人物往来社 1989)
◇日本写真全集1 写真の幕あけ (小学館 1985)
▷p21 No.25「(無題)」(上野彦馬)
◇京都大事典 (淡交社 1984)
◇長崎県大百科事典 (長崎新聞社 1984)
◇日本大百科全書 (小学館 1984)
◇坂本竜馬写真集 (新人物往来社 1982)
◇国史大辞典 (吉川弘文館 1979)
◇日本人名大事典1~6 (平凡社 1979)(覆刻))
◇世界伝記大事典 (ほるぷ出版 1978)
◇高知県百科事典 (高知新聞社 1976)
◇写真の開祖上野彦馬 (上野彦馬撮影 産業能率短期大学出版部 1975)
▷p5 No.1「(無題)」(元治元年(1864)~慶応2年(1866)か)
▷p209「(無題)」
▷p209「(無題)」(慶応2年(1866)?)
◇大日本百科事典 (小学館 1967)
◇世界大百科事典 (平凡社 1964)

相良知安 さがらともやす 1836~1906
江戸時代末期, 明治時代の医師。
◇写された幕末―石黒敬七コレクション (明石書店 1990)
▷p63 No.4「長崎のフルベッキ塾生大隈重信達」
◇佐賀県大百科事典 (佐賀新聞社 1983)
◇国史大辞典 (吉川弘文館 1979)

相良義陽 さがらよしひ 1544~1581
安土桃山時代の武将。
◇熊本県大百科事典 (熊本日日新聞社 1982)

相良頼基 さがらよりもと 1841~1885
江戸時代末期, 明治時代の大名。
◇サムライ古写真帖 (新人物往来社 2004)
▷p55「(無題)」(上野彦馬 1869.3)

向山周慶 さきやましゅうけい 1746~1819
江戸時代中期, 後期の讃岐国大内郡湊村の医師。
◇香川県人物・人名事典 (四国新聞社 1985)

佐久川清助 さくがわせいすけ 1850~1911
江戸時代後期~明治期の沖縄農業の貢献者。
◇沖縄大百科事典 (沖縄タイムス社 1983)

策彦周良 さくげんしゅうりょう 1501~1579
戦国時代, 安土桃山時代の臨済宗の僧。
◇国宝・重要文化財大全2 (毎日新聞社 1999)
▷図105「策彦周良像」(作者不詳 明 嘉靖20 (1541)賛△)
◇角川日本姓氏歴史人物大辞典35 (角川書店 1991)
◇日本大百科全書 (小学館 1984)
◇国史大辞典 (吉川弘文館 1979)
◇日本人名大事典1~6 (平凡社 1979)(覆刻))
周良策彦
◇重要文化財10 (毎日新聞社 1974)
▷図386「策彦周良像(柯雨窓賛)」(作者不詳 明△)

佐久間恪次郎 さくまかくじろう
江戸時代末期の志士。佐久間象山の次男。
◇幕末―写真の時代 (筑摩書房 1994)
▷p178 No.190「佐久間象山, 格二郎, 順子」(佐久間象山)
◇写された幕末―石黒敬七コレクション (明石書店 1990)
▷p24 No.2「佐久間象山と夫人と次男」(安政年間(1854~1860))
◇写真の開祖上野彦馬 (上野彦馬撮影 産業能率短期大学出版部 1975)
▷p217「(無題)」(佐久間象山 安政年間(1854~1860))

佐久間真勝 さくまさねかつ 1570~1642
安土桃山時代, 江戸時代前期の武将, 茶人。
◇国史大辞典 (吉川弘文館 1979)

佐久間左馬太 さくまさまた
1844~1915 江戸時代末期, 明治時代の長州(萩)藩士, 陸軍軍人。
◇宮城県百科事典 (河北新報社 1982)
◇国史大辞典 (吉川弘文館 1979)
◇日本人名大事典1~6 (平凡社 1979)(覆刻))

佐久間象山　さくましょうざん　1811～1864
　江戸時代末期の思想家，信濃松代藩士。
◇講談社日本人名大辞典（講談社 2001）
◇幕末—写真の時代（筑摩書房 1994）
　▷p178 No.190「佐久間象山，格二郎，順子」
　　（佐久間象山）
◇日本史大事典（平凡社 1992）
◇写された幕末—石黒敬七コレクション（明石書店 1990）
　▷p24 No.2「佐久間象山と夫人と次男」（安政年間（1854～1860））
◇長野県歴史人物事典（郷土出版社 1989）
◇日本大百科全書（小学館 1984）
◇長野県百科事典（信濃毎日新聞社 1981）
◇国史大辞典（吉川弘文館 1979）
◇日本人名大事典 1～6（平凡社 1979（覆刻））
◇郷土歴史人物事典 長野（第一法規出版 1978）
◇世界伝記大事典（ほるぷ出版 1978）
◇写真の開祖上野彦馬（上野彦馬撮影 産業能率短期大学出版部 1975）
　▷p217「（無題）」（佐久間象山　安政年間（1854～1860））
◇日本写真史 1840-1945（平凡社 1971）
　▷p466「（無題）」
◇大日本百科事典（小学館 1967）
◇世界大百科事典（平凡社 1964）

佐久間縝　さくまつづき　1819～1896
　江戸時代末期，明治時代の和算家。
◇福島大百科事典（福島民報社 1980）　▷佐久間庸軒

佐久間貞一　さくまていいち　1848～1898
　江戸時代末期，明治時代の幕臣，実業家。
◇静岡県歴史人物事典（静岡新聞社 1991）
◇国史大辞典（吉川弘文館 1979）
◇日本人名大事典 1～6（平凡社 1979（覆刻））

佐久間洞巌　さくまどうがん　1653～1736
　江戸時代中期の儒学者，書画家。
◇宮城県百科事典（河北新報社 1982）

佐久間範造　さくまはんぞう　1844～1897
　江戸時代後期〜明治期の写真師。
◇北海道歴史人物事典（北海道新聞社 1993）
◇北海道大百科事典（北海道新聞社 1981）

佐久間瑞枝　さくまみずえ　1835～1908
　江戸時代末期の女性。佐久間象山の妻。
◇幕末—写真の時代（筑摩書房 1994）
　▷p178 No.190「佐久間象山，格二郎，順子」
　　（佐久間象山）
◇写された幕末—石黒敬七コレクション（明石書店 1990）
　▷p24 No.2「佐久間象山と夫人と次男」（安政年間（1854～1860））
◇写真の開祖上野彦馬（上野彦馬撮影 産業能率短期大学出版部 1975）
　▷p217「（無題）」（佐久間象山　安政年間（1854～1860））

佐久間盛政　さくまもりまさ　1554～1583
　安土桃山時代の武将。
◇肉筆浮世絵 8（集英社 1981）
　▷図55-56「佐久間盛政，羽柴秀吉を狙う図」（月岡芳年）

佐久良東雄　さくらあずまお　1811～1860
　江戸時代末期の歌人，志士。
◇茨城県大百科事典（茨城新聞社 1981）
◇国史大辞典（吉川弘文館 1979）

桜井三郎右衛門〔10代〕　さくらいさぶろうえもん
　1849～1908　江戸時代後期〜明治期の産業功労者。
◇島根県大百科事典（山陰中央新報社 1982）

桜井勉　さくらいつとむ　1843～1931
　江戸時代末期，明治時代の但馬出石藩士。
◇徳島県歴史人物鑑（徳島新聞社 1994）

桜井梅室　さくらいばいしつ　1769～1852
　江戸時代中期，後期の俳人。
◇国史大辞典（吉川弘文館 1979）

桜任蔵　さくらじんぞう　1812～1859
　江戸時代末期の水戸藩吏。
◇茨城県大百科事典（茨城新聞社 1981）

佐倉惣五郎　さくらそうごろう
　江戸時代前期の義民。
◇日本の幽霊名画集（人類文化社 2000）
　▷図31「佐倉宗吾怨霊図」（作者不詳）

桜間左陣　さくらまさじん　1835～1917
　江戸時代末期〜大正期の能楽師。
◇熊本県大百科事典（熊本日日新聞社 1982）

桜町天皇　さくらまちてんのう　1720～1750
　江戸時代中期の第115代天皇。在位1735～1747。
◇日本史大事典（平凡社 1992）
◇国史大辞典（吉川弘文館 1979）

佐々木宇右衛門　ささきうえもん
1849～1909　江戸時代後期～明治期の長井の製糸業育成振興に力のあった実業家。
◇山形県大百科事典（山形放送 1983）

佐々木嘉太郎〔初代〕　ささきかたろう
1840～1914　江戸時代末期～大正期の富豪, 貴族院議員。
◇青森県人名事典（東奥日報社 2002）

佐々木元俊　ささきげんしゅん　1818～1874
江戸時代末期, 明治時代の医師。
◇青森県百科事典（東奥日報社 1981）

佐々木弘造　ささきこうぞう　1850～1923
江戸時代末期～大正期の近川開拓村の指導者。
◇青森県人名事典（東奥日報社 2002）

佐佐木貞子　ささきさだこ　1838～1912
江戸時代後期～明治期の女性。佐佐木高行の妻。
◇高知県人名事典（高知新聞社 1999）

佐々木志頭磨　ささきしずま
1619～1695　江戸時代前期の書家。
◇書府太郎―石川県大百科事典 改訂版 上（北国新聞社 2004）

佐々木松俊　ささきしょうご　1732～1798
江戸時代中期の俳人。美濃派。
◇岡山県歴史人物事典（山陽新聞社 1994）

佐々木高氏　ささきたかうじ　1306～1373
鎌倉時代後期, 南北朝時代の守護大名。
◇国宝・重要文化財大全 1（毎日新聞社 1997）
　▷図185「佐々木高氏像」（作者不詳　南北朝時代　貞治5(1366)自賛）
◇日本史大事典（平凡社 1992）
◇人間の美術 7（学習研究社 1991）
　▷図1「佐々木道誉像」（作者不詳　貞治5(1366)）
◇京都大事典（淡交社 1984）　▷佐々木道誉
◇滋賀県百科事典（大和書房 1984）　▷京極導誉
◇日本大百科全書（小学館 1984）
◇郷土歴史人物事典 滋賀（第一法規出版 1979）
　▷京極道誉
◇国史大辞典（吉川弘文館 1979）
◇重要文化財 9（毎日新聞社 1974）
　▷図275「佐々木高氏像（自賛）」（作者不詳　貞治5(1366)）

佐々木高綱　ささきたかつな　?～1214
鎌倉時代前期の武将。
◇ボストン美術館 日本美術調査図録（講談社 2003）
　▷図I-157「佐々木高綱・源義経・梶原景季図」（狩野栄信　江戸時代(19世紀前期)）
◇日本の石仏 3（国書刊行会 1984）
　▷図191「佐々木高綱等身地蔵」（作者不詳　嘉永1(1848)）
◇日本人名大事典 1～6（平凡社 1979(覆刻)）
◇日本版画美術全集 2（講談社 1961）
　▷図140「佐々木高綱」（鳥居清信(初代)）
◇日本版画美術全集 6（講談社 1961）
　▷図15「宇治川の先陣佐々木四郎高綱」（作者不詳）

佐々木高行　ささきたかゆき　1830～1910
江戸時代末期, 明治時代の土佐藩士, 政治家。
◇士―日本のダンディズム（二玄社 2003）
　▷p111 No.81「明治英雄一覧」（明治時代初期）
◇講談社日本人名大辞典（講談社 2001）　▷佐佐木高行
◇高知県人名事典（高知新聞社 1999）　▷佐佐木高行
◇国史大辞典（吉川弘文館 1979）　▷佐佐木高行
◇高知県百科事典（高知新聞社 1976）

佐々木徹周　ささきてっしゅう　1819～1894
江戸時代末期, 明治時代の浄土真宗の僧。
◇福井県大百科事典（福井新聞社 1991）

佐々木東洋　ささきとうよう　1839～1918
江戸時代末期, 明治時代の内科医。
◇国史大辞典（吉川弘文館 1979）

佐々木長淳　ささきながのぶ　1830～1916
江戸時代末期, 明治時代の越前福井藩士, 官吏。
◇福井県大百科事典（福井新聞社 1991）

佐々木信胤　ささきのぶたね
南北朝時代の武将。
◇香川県人物・人名事典（四国新聞社 1985）

佐々木文山　ささきぶんざん　1659～1735
江戸時代前期, 中期の書家。
◇国史大辞典（吉川弘文館 1979）

佐々木盛綱　ささきもりつな　1151～?
平安時代後期, 鎌倉時代前期の武将。
◇岡山県歴史人物事典（山陽新聞社 1994）
◇秘蔵浮世絵大観 6（講談社 1989）
　▷図114「藤戸の佐々木盛綱」（勝川春章　明和後期(1764-72)）
◇秘蔵浮世絵大観 11（講談社 1988）
　▷図128「佐々木盛綱騎馬にて海を渉る」（歌

川国芳　弘化4－嘉永5（1847-52））
◇国史大辞典（吉川弘文館 1979）

佐々木了綱　ささきりょうこう　1826〜1901
江戸時代末期, 明治時代の僧、歌人。
◇長野県歴史人物大事典（郷土出版社 1989）

笹野鬚長　ささのひげなが　1798〜1864
江戸時代後期の医・狂歌師。
◇岡山県歴史人物事典（山陽新聞社 1994）

佐田家親　さだいえちか　1845〜1911
江戸時代後期〜明治期の維新の志士。
◇高知県人名事典（高知新聞社 1999）

佐田介石　さだかいせき　1818〜1882
江戸時代末期, 明治時代の僧, 国粋主義者。
◇国史大辞典（吉川弘文館 1979）
◇日本人名大事典 1〜6（平凡社 1979（覆刻））

佐竹曙山　さたけしょざん　1748〜1785
江戸時代中期の大名。
◇日本史大事典（平凡社 1992）　▷佐竹義敦
◇秋田大百科事典（秋田魁新報社 1981）　▷佐竹義敦
◇国史大辞典（吉川弘文館 1979）　▷佐竹義敦

佐竹蓬平　さたけほうへい　1750〜1807
江戸時代後期の画家。
◇長野県歴史人物大事典（郷土出版社 1989）

佐竹義処　さたけよしずみ　1637〜1703
江戸時代前期, 中期の大名。
◇秋田大百科事典（秋田魁新報社 1981）

佐竹義堯　さたけよしたか　1825〜1884
江戸時代末期, 明治時代の大名。
◇秋田大百科事典（秋田魁新報社 1981）
◇国史大辞典（吉川弘文館 1979）　▷佐竹義尭

佐竹義格　さたけよしただ　1694〜1715
江戸時代中期の大名。
◇秋田大百科事典（秋田魁新報社 1981）

佐竹義睦　さたけよしちか　1839〜1857
江戸時代末期の大名。
◇秋田大百科事典（秋田魁新報社 1981）

佐竹義宣　さたけよしのぶ　1570〜1633
安土桃山時代, 江戸時代前期の大名。
◇茨城県史 近世編（茨城県 1985）

▷図1-1（写真）「佐竹義宣肖像」
◇秋田大百科事典（秋田魁新報社 1981）

佐竹義明　さたけよしはる　1723〜1758
江戸時代中期の大名。
◇秋田大百科事典（秋田魁新報社 1981）

佐竹義厚　さたけよしひろ　1812〜1846
江戸時代後期の大名。
◇秋田大百科事典（秋田魁新報社 1981）

佐竹義真　さたけよしまさ　1732〜1753
江戸時代中期の大名。
◇秋田大百科事典（秋田魁新報社 1981）

佐竹義和　さたけよしまさ　1775〜1815
江戸時代後期の大名。
◇日本史大事典（平凡社 1992）
◇日本大百科全書（小学館 1984）
◇秋田大百科事典（秋田魁新報社 1981）
◇国史大辞典（吉川弘文館 1979）

佐竹義峰　さたけよしみね　1690〜1749
江戸時代中期の5代秋田藩主。
◇秋田大百科事典（秋田魁新報社 1981）

佐々成政　さっさなりまさ　1539〜1588
戦国時代, 安土桃山時代の武将。
◇富山大百科事典（北日本新聞社 1994）
◇日本史大事典（平凡社 1992）
◇富山県文学事典（桂書房 1992）
◇国史大辞典（吉川弘文館 1979）

薩埵徳軒　さったとくけん
1778〜1836　江戸時代後期の心学者。
◇国史大辞典（吉川弘文館 1979）

薩摩治兵衛　さつまじへえ　1831〜1900
江戸時代末期, 明治時代の輸入綿糸布商。
◇滋賀県百科事典（大和書房 1984）

佐藤一斎　さとういっさい　1772〜1859
江戸時代後期の儒学者, 林家塾頭, 昌平坂学問所教官。
◇講談社日本人名大辞典（講談社 2001）
◇国宝・重要文化財大全 2（毎日新聞社 1999）
　　▷図217「佐藤一斎像」（渡辺崋山　江戸時代文政4(1821)年記, 文政7(1824)賛）
◇日本史大事典（平凡社 1992）
◇日本大百科全書（小学館 1984）
◇郷土歴史人物事典 岐阜（第一法規出版 1980）
◇在外日本の至宝 6（毎日新聞社 1980）

▷図41「佐藤一斎像」（渡辺崋山　江戸時代）
◇国史大辞典（吉川弘文館 1979）
◇日本人名大事典 1～6（平凡社 1979（覆刻））
◇日本美術全集 25（学習研究社 1979）
　▷図16「佐藤一斎像」（渡辺崋山　文政4（1821））
◇日本美術絵画全集 24（集英社 1977）
　▷図40「佐藤一斎像」（渡辺崋山　文政4（1821））
　▷図37「佐藤一斎像（画稿第2）」（渡辺崋山）
　▷図38「佐藤一斎像（画稿第3）」（渡辺崋山）
　▷図39「佐藤一斎像（画稿第5）」（渡辺崋山）
◇重要文化財 11（毎日新聞社 1975）
　▷図153「佐藤一斎像（佐藤一斎賛）」（渡辺崋山　江戸時代）
◇文人画粋編 19（中央公論社 1975）
　▷図17「佐藤一斎像（佐藤一斎賛）」（渡辺崋山　文政4（1821））
◇岐阜県史 通史編 近世下（岐阜県 1972）
　▷p1013（写真）「佐藤一斎画像」
◇在外秘宝 1（学習研究社 1969）
　▷図100「佐藤一斎像」（渡辺崋山）
◇岐阜県百科事典（岐阜日日新聞社 1968）
◇大日本百科事典（小学館 1967）

佐藤九十郎　さとうくじゅうろう　1844～1914
江戸時代末期～大正期の人。
◇秋田大百科事典（秋田魁新報社 1981）

佐藤源吉　さとうげんきち　1829～1914
江戸時代末期～大正期の教育者。
◇静岡県歴史人物事典（静岡新聞社 1991）

佐藤憲欽　さとうけんきん　1825～1893
江戸時代末期、明治時代の出羽亀田藩士。
◇秋田大百科事典（秋田魁新報社 1981）　▷佐藤梅軒

佐藤源三郎　さとうげんざぶろう　1851～1923
江戸時代末期～大正期の資産家。
◇宮城県百科事典（河北新報社 1982）

佐藤孝郷　さとうごうきょう　1850～1922
江戸時代末期～大正期の札幌市白石町開拓の指導者。
◇北海道歴史人物事典（北海道新聞社 1993）
◇北海道大百科事典（北海道新聞社 1981）

佐藤恒蔵　さとうこうぞう
江戸時代末期の杵築藩士。
◇写真集 甦る幕末（朝日新聞社 1987）
　▷p237 No.344「（無題）」

佐藤三之助　さとうさんのすけ　1839～1913
江戸時代末期～大正期の実業家。
◇宮城県百科事典（河北新報社 1982）

佐藤尚中　さとうしょうちゅう　1827～1882
江戸時代末期、明治時代の医師。
◇国史大辞典（吉川弘文館 1979）
◇日本人名大事典 1～6（平凡社 1979（覆刻））
◇写真の開祖上野彦馬（上野彦馬撮影 産業能率短期大学出版部 1975）
　▷p32 No.29「（無題）」（明治初期）
◇大日本百科事典（小学館 1967）

佐藤暢　さとうしん　1850～1910
江戸時代末期、明治時代の鹿児島県士族。
◇栃木県歴史人物事典（下野新聞社 1995）

佐藤新右衛門　さとうしんえもん
1573～1637　江戸時代前期の水利功労者、出羽米沢藩士。
◇福島大百科事典（福島民報社 1980）

佐藤泰然　さとうたいぜん　1804～1872
江戸時代末期、明治時代の蘭方医。
◇国史大辞典（吉川弘文館 1979）
◇大日本百科事典（小学館 1967）

佐藤忠信　さとうただのぶ　1161～1186
平安時代後期の武士。
◇皇室の至宝第1期 御物 3（毎日新聞社 1991）
　▷図28「佐藤忠信参館図」（水野年方　明治31（1898））
◇秘蔵浮世絵大観 11（講談社 1988）
　▷図11「碁盤忠信」（勝川春章　安永前期（1772-81））
◇秘蔵浮世絵大観 2（講談社 1987）
　▷図115「佐藤忠信」（勝川春英　寛政（1789-1801））
◇浮世絵聚花 補巻2（小学館 1982）
　▷図665「横川覚範を打ち倒す佐藤忠信」（作者不詳）

佐藤中陵　さとうちゅうりょう　1762～1848
江戸時代中期、後期の本草学者。
◇国史大辞典（吉川弘文館 1979）

佐藤継信　さとうつぐのぶ　1158～1185
平安時代後期の武将。
◇現代日本の美術 1（集英社 1976）
　▷図4「継信最期」（下村観山　明治30（1897））
◇日本近代絵画全集 18（講談社 1963）
　▷図6「継信最期」（下村観山　明治30

(1897))

佐藤富四郎　さとうとみしろう　1850〜1918
江戸時代末期〜大正期の西の原用水の開拓者。
◇栃木県歴史人物事典（下野新聞社 1995）

佐藤友信　さとうとものぶ　1718〜1786
江戸時代中期の養蚕功労者。
◇福島大百科事典（福島民報社 1980）

佐藤信寛　さとうのぶひろ　1816〜1900
江戸時代末期, 明治期の萩藩士。
◇島根県歴史人物事典（山陰中央新報社 1997）
◇島根県大百科事典（山陰中央新報社 1982）

佐藤信淵　さとうのぶひろ　1769〜1850
江戸時代中期, 後期の経世家。
◇日本史大事典（平凡社 1992）
◇日本大百科全書（小学館 1984）
◇秋田大百科事典（秋田魁新報社 1981）
◇徳島県百科事典（徳島新聞社 1981）　▷佐藤信淵
◇国史大辞典（吉川弘文館 1979）
◇世界伝記大事典（ほるぷ出版 1978）
◇大日本百科事典（小学館 1967）
◇世界大百科事典（平凡社 1964）

佐藤秀長　さとうひでなが　1820〜1905
江戸時代後期, 末期の藩士。
◇大分県歴史人物事典（大分合同新聞社 1996）

佐藤兵八　さとうへいはち　1844〜1900
江戸時代後期〜明治期の実業家。
◇岡山県歴史人物事典（山陽新聞社 1994）

佐渡島長五郎〔初代〕　さどしまちょうごろう
1700〜1757　江戸時代中期の歌舞伎役者。
◇秘蔵浮世絵大観 2（講談社 1987）
　▷図037「二代目市川団十郎の鬼王と初代佐渡島長五郎の曽我十郎」（西村重信 享保17. 正）
◇浮世絵聚花 11（小学館 1979）
　▷図79「二世市川団十郎の鬼王と佐渡島長五郎の曽我十郎」（石川豊信）

里村紹巴　さとむらじょうは　1525〜1602
戦国時代, 安土桃山時代の連歌師。
◇国史大辞典（吉川弘文館 1979）

真田信之　さなだのぶゆき　1566〜1658
安土桃山時代, 江戸時代前期の大名。
◇日本史大事典（平凡社 1992）

◇長野県歴史人物大事典（郷土出版社 1989）
◇日本大百科全書（小学館 1984）
◇国史大辞典（吉川弘文館 1979）

真田昌幸　さなだまさゆき　1547〜1611
安土桃山時代, 江戸時代前期の大名。
◇日本史大事典（平凡社 1992）
◇長野県歴史人物大事典（郷土出版社 1989）
◇日本大百科全書（小学館 1984）
◇国史大辞典（吉川弘文館 1979）
◇日本人名大事典 1〜6（平凡社 1979（覆刻））
◇大日本百科事典（小学館 1967）

真田幸貫　さなだゆきつら　1791〜1852
江戸時代末期の大名。
◇日本史大事典（平凡社 1992）
◇長野県歴史人物大事典（郷土出版社 1989）
◇国史大辞典（吉川弘文館 1979）

真田幸弘　さなだゆきひろ　1740〜1815
江戸時代中期, 後期の大名。
◇長野県歴史人物大事典（郷土出版社 1989）
◇国史大辞典（吉川弘文館 1979）

真田幸村　さなだゆきむら　1567〜1615
安土桃山時代, 江戸時代前期の武将。
◇講談社日本人名大辞典（講談社 2001）
◇日本史大事典（平凡社 1992）
◇長野県歴史人物大事典（郷土出版社 1989）
◇日本大百科全書（小学館 1984）
◇長野県百科事典（信濃毎日新聞社 1981）
◇国史大辞典（吉川弘文館 1979）

真田幸民　さなだゆきもと　1850〜1903
江戸時代末期, 明治時代の大名, 伯爵。
◇長野県歴史人物大事典（郷土出版社 1989）

誠仁親王　さねひとしんのう　1552〜1586
安土桃山時代の正親町の第1子。
◇日本史大事典（平凡社 1992）
◇国史大辞典（吉川弘文館 1979）

佐野鼎　さのかなえ　1831〜1877
江戸時代末期, 明治時代の加賀藩士。
◇書府太郎—石川県大百科事典 改訂版 上（北国新聞社 2004）
◇幕末—写真の時代（筑摩書房 1994）
　▷p64 No.70「（無題）」（ナダール）
◇写真集 甦る幕末（朝日新聞社 1987）
　▷p236 No.339「（無題）」

佐野川市松〔代数不詳〕　さのがわいちまつ
　江戸時代中期の歌舞伎役者。
◇肉筆浮世絵大観 5（講談社 1996）
　▷図9（太田記念美術館）「佐野川市松の人形遣い」（奥村政信　寛保(1741-44)－延享(1744-48)年間）
◇秘蔵浮世絵大観 10（講談社 1987）
　▷図55「佐野川市松のかたぎり弥七いもうと錦木」（鳥居清広　宝暦3(1753)）
◇浮世絵聚花 1（小学館 1983）
　▷図10「二世中村七三郎と佐野川市松の舞台姿」（石川豊信）
　▷図84「沢村宗十郎の名古屋山三郎と佐野川市松のまま田甚之介」（鳥居清信(2代)）
◇肉筆浮世絵 3（集英社 1982）
　▷図33「佐野川市松の人形遣い図」（奥村政信）
◇浮世絵聚花 12（小学館 1980）
　▷図04「中村介五良の松王丸, さの川市松の桜まる, 市川亀蔵の梅おう丸」（鳥居清信(初代)）
◇浮世絵聚花 15（小学館 1980）
　▷図80「佐野川市松のべにうりおまん」（奥村利信）
　▷図77「佐野川市松の人形つかい」（奥村政信）
◇浮世絵聚花 4（小学館 1979）
　▷図030「文を持つ佐野川市松」（石川豊信）
　▷図148「吉原細見を見る佐野川市松」（石川豊信）
　▷図115「佐野川市松の槍踊り」（鳥居清広）
◇浮世絵聚花 7（小学館 1979）
　▷図208「中村助五郎と佐野川市松」（鳥居清信(初代)）
◇浮世絵聚花 10（小学館 1979）
　▷図68「佐野川市松と尾上菊五郎」（石川豊信）
　▷図69「佐野川市松」（山本藤信）
◇浮世絵大系 1（集英社 1974）
　▷図57「髪すき・佐野川市松と中村粂太郎」（石川豊信）
◇日本版画美術全集 2（講談社 1961）
　▷図242「佐野川市松・尾上松助の二人虚無僧」（石川豊信）
　▷図236「佐野川市松の久松」（石川豊信）
　▷図227「佐野川市松のべにうりおまん」（奥村利信）
　▷図193「佐野川市松の人形つかい」（奥村政信）

佐野川市松〔初代〕　さのがわいちまつ
　1722〜1762　江戸時代中期の歌舞伎役者。
◇日本の浮世絵美術館 4（角川書店 1996）
　▷図14「初代佐野川市松、初代中村富十郎、初代中村粂太郎」（石川豊信　宝暦3頃）
◇秘蔵浮世絵大観 6（講談社 1989）
　▷図39「初代佐野川市松と初代市川八百蔵」（石川豊信　寛延2－宝暦初期(1749-64)）
　▷図030「初代中村粂太郎と初代佐野川市松の万歳」（石川豊信　寛延－宝暦初(1748-64)）
◇秘蔵浮世絵大観 8（講談社 1989）
　▷図80「初代中村粂太郎と初代佐野川市松の万歳」（石川豊信　寛延－宝暦初(1748-64)）
　▷図68「初代中村助五郎の松王丸と初代さの川市松の桜まると初代市村亀蔵の梅おう丸」（鳥居清信(2代)　延享4.5(1747.5)）
　▷図71「初代佐野川市松と初代瀧中秀松」（鳥居清倍(2代)　延享2-4頃(1745-47頃)）
◇秘蔵浮世絵大観 9（講談社 1989）
　▷図03「初代佐野川市松と二代目吾妻藤蔵」（鳥居清信(2代)　延享）
◇在外日本の至宝 7（毎日新聞社 1980）
　▷図25「初代佐野川市松の桜狩」（鳥居清重　18世紀中頃）
◇浮世絵聚花 8（小学館 1980）
　▷図133「初世佐野川市松の久米之助」（鳥居清信(初代)）
　▷図45「初代佐野川市松のぬれ衣と二世沢村宗十郎の源藤太つねかげ」（鳥居清満(初代)）
◇浮世絵聚花 12（小学館 1980）
　▷図49「初代中村粂太郎と初代佐野川市松の万歳」（石川豊信　寛延－宝暦初(1748-64)）
◇浮世絵聚花 4（小学館 1979）
　▷図144「初世佐野川市松」（石川豊信）
　▷図35「初代佐野川市松の桜狩」（鳥居清重　18世紀中頃）
◇浮世絵聚花 7（小学館 1979）
　▷図74「初世佐野川市松」（奥村利信）
　▷図66「初世佐野川市松」（鳥居清満(初代)）
◇日本版画美術全集 2（講談社 1961）
　▷図160「初世佐野川市松の桜狩」（鳥居清重　18世紀中頃）

佐野川市松〔2代〕　さのがわいちまつ
　1747〜1785　江戸時代中期の歌舞伎役者。
◇華一浮世絵名品集（平木浮世絵財団 2004）
　▷図21「二代目佐野川市松 尾上民蔵」（一筆斎文調　明和7-8(1770-71)頃）
◇秘蔵浮世絵大観 別巻（講談社 1990）
　▷〔チ〕018「九世市村羽左衛門の主馬判官盛久・二世佐野川市松の中将・今様道成寺」（一筆斎文調　明和6）
◇浮世絵聚花 5（小学館 1980）
　▷図14-15「九世市村羽左衛門の主馬判官盛久・二世佐野川市松の中将・今様道成寺」（一筆斎文調　明和6）
　▷図76「二世佐野川市松の頬かぶり若衆」（一筆斎文調）
　▷図92「二世佐野川市松の帯に団扇を挿した女」（勝川春章）
◇日本版画美術全集 3（講談社 1961）
　▷図64「九世市村羽左衛門の曽我の十郎・二世左野川市松の曽我の五郎」（一筆斎文調）
　▷図60「坂田佐十郎の時平と二世中村助五郎

の梅王と二世沢村宗十郎の松王と二世佐野
川市松の桜丸」(一筆斎文調)

佐野川万菊　さのがわまんぎく　1690〜1747
江戸時代中期の歌舞伎役者、歌舞伎座本。
◇秘蔵浮世絵大観 6 (講談社 1989)
　▷図026「佐野川万菊の枕売り」(作者不詳
　　享保14-5頃)
◇秘蔵浮世絵大観 12 (講談社 1988)
　▷図19「二代目藤村半太夫・佐野川万菊・二代
　　目市川団十郎」(作者不詳　享保3.11-4.10
　　(1718.11-1719.10))
◇秘蔵浮世絵大観 10 (講談社 1987)
　▷図53「二代市川団十郎と初代佐野川万菊」
　　(鳥居清忠(初代)　享保4(1719))
◇浮世絵聚花 1 (小学館 1983)
　▷図39「富箱の前に座る佐野川万菊」(勝村輝
　　信)
　▷図90「二世三条勘太郎と佐野川万菊の舞台
　　姿」(鳥居清倍(2代))
◇浮世絵聚花 13 (小学館 1981)
　▷図186「中村野塩と佐野川万菊」(歌川豊国
　　(初代))
◇浮世絵聚花 14 (小学館 1981)
　▷図03「市川団十郎の徳兵衛と佐野川万菊の
　　おはつ」(鳥居清信(初代))
　▷図07「佐野川万菊の小間物売」(鳥居清信
　　(初代))
　▷図01「市川団十郎と佐野川万菊」(作者不
　　詳)
◇浮世絵聚花 4 (小学館 1979)
　▷図109「さの川まんぎく」(鳥居清重)
　▷図99「佐野川万菊」(鳥居清倍)
　▷図18「佐野川万菊の糸屋の娘さなだ」(鳥居
　　清倍)
◇日本版画美術全集 2 (講談社 1961)
　▷図148「市川団十郎と佐野川万菊」(鳥居清
　　倍)

佐野恒蔵　さのつねぞう
江戸時代末期の第1回遣欧使節団随員。
◇幕末─写真の時代 (筑摩書房 1994)
　▷p65 No.72「(無題)」(ナダール)

佐野常民　さのつねたみ　1822〜1902
江戸時代末期、明治時代の洋学者、政治家、日本赤
十字創始者。
◇長崎県大百科事典 (長崎新聞社 1984)
◇日本大百科全書 (小学館 1984)
◇佐賀県大百科事典 (佐賀新聞社 1983)
◇国史大辞典 (吉川弘文館 1979)
◇日本人名大事典 1〜6 (平凡社 1979(覆刻))
◇大日本百科事典 (小学館 1967)

佐野経彦　さのつねひこ　1834〜1906
江戸時代末期、明治時代の神道家。
◇国史大辞典 (吉川弘文館 1979)

佐野孫右衛門　さのまごえもん
?〜1881 江戸時代末期、明治時代の釧路場所請
負人、漁場持。
◇北海道歴史人物事典 (北海道新聞社 1993)
◇北海道大百科事典 (北海道新聞社 1981)

左行秀　さのゆきひで　1813〜1887
江戸時代末期、明治時代の刀工、土佐藩士。
◇高知県人名事典 (高知新聞社 1999)
◇高知県百科事典 (高知新聞社 1976)

佐羽吉右衛門〔2代〕　さばきちえもん
1772〜1825　江戸時代中期、後期の商人、漢詩人。
◇群馬県史 通史編6 近世3 生活・文化 (群馬県
1992)
　▷〈写真〉7「『淡斎百律』に描かれた佐羽淡斎
　　肖像画」

佐原村太郎右衛門　さばらむらたろうえもん
1682〜1730　江戸時代前期、中期の義民。
◇福島大百科事典 (福島民報社 1980)

寒河尼　さむかわのあま　1138〜1228
平安時代後期、鎌倉時代前期の女性。源頼朝の
乳母。
◇郷土歴史人物事典 栃木 (第一法規出版 1977)
　▷寒川尼

鮫島尚信　さめじまひさのぶ　1845〜1880
江戸時代末期、明治時代の薩摩藩士、外交官。
◇士─日本のダンディズム (二玄社 2003)
　▷p111 No.81「明治英雄一覧」(明治時代初
　　期)
◇角川日本姓氏歴史人物大辞典 46 (角川書店
1994)
◇国史大辞典 (吉川弘文館 1979)
◇日本人名大事典 1〜6 (平凡社 1979(覆刻))

猿木宗那　さるきそうな　1849〜1912
江戸時代後期、末期、明治時代の水泳師範。
◇熊本県大百科事典 (熊本日日新聞社 1982)

猿丸大夫　さるまるだゆう
平安時代の歌人。
◇名品揃物浮世絵 9 (ぎょうせい 1992)
　▷図5「百人一首乳母かゑとき 猿丸太夫」(葛
　　飾北斎　天保年間中−後期(1830-1844))
◇琳派 4 (紫紅社 1991)
　▷図84「歌仙絵色紙 猿丸大夫」(尾形光琳)

◇秘蔵浮世絵大観 7（講談社 1990）
　▷図116「百人一首乳母かゑとき 猿丸太夫」（葛飾北斎　天保間中～後期(1830-1844)）
◇在外秘宝―欧米収蔵浮世絵集成 葛飾北斎（学習研究社 1972）
　▷図56「百人一首乳母かゑとき 猿丸太夫」（葛飾北斎　天保間中～後期(1830-1844)）

猿若山左衛門〔初代〕　さるわかさんざえもん
?～1701　江戸時代前期,中期の歌舞伎役者。
◇浮世絵聚花 1（小学館 1983）
　▷図65「猿若山左衛門（か）の舞台姿」（伝 鳥居清信）

沢井近知　さわいちかとも　1842～?
江戸時代後期～明治期の警察官。
◇岡山県歴史人物事典（山陽新聞社 1994）

沢田清兵衛　さわだせいべえ　1764～1829
江戸時代中期,後期の新田開発,治水功労者。
◇国史大辞典（吉川弘文館 1979）

沢田里江　さわだりえ
江戸時代末期,明治時代の女性。沢田源之助の姉。
◇日本の浮世絵美術館 6（角川書店 1996）
　▷図158「俳優写真鏡 源之助姉里江 沢村田之助」（落合芳幾　明治3）

沢太郎左衛門　さわたろうざえもん
1834～1898　江戸時代末期,明治時代の幕臣,海軍軍人。
◇日本人名大事典 1～6（平凡社 1979(覆刻)）
◇開化写真鏡 写真にみる幕末から明治へ（大和書房 1975）
　▷p93「（無題）」

沢野修輔　さわのしゅうすけ　1828～1903
江戸時代末期,明治時代の出雲松江藩士。
◇島根県歴史人物事典（山陰中央新報社 1997）

沢野精一　さわのせいいち　1835～1915
江戸時代末期～大正期の駿河庵原郡の篤農家。
◇静岡県歴史人物事典（静岡新聞社 1991）

沢宣嘉　さわのぶよし　1835～1873
江戸時代末期,明治時代の尊攘派の公家,政治家。
◇国史大辞典（吉川弘文館 1979）
◇日本人名大事典 1～6（平凡社 1979(覆刻)）
◇写真の開祖上野彦馬（上野彦馬撮影 産業能率短期大学出版部 1975）
　▷p190 No.353「（無題）」

沢辺琢磨　さわべたくま　1834～1913
江戸時代末期,明治時代の日本ハリスト正教会最初の日本人司祭。
◇高知県人名事典（高知新聞社 1999）
◇北海道歴史人物事典（北海道新聞社 1993）
◇北海道大百科事典（北海道新聞社 1981）
◇国史大辞典（吉川弘文館 1979）
◇高知県百科事典（高知新聞社 1976）

沢村宇十郎　さわむらうじゅうろう
江戸時代中期の歌舞伎役者。
◇秘蔵浮世絵大観 5（講談社 1989）
　▷図16「三代目岩井粂三郎の八百屋お七と沢村宇十郎の紅屋長兵衛」（歌川国貞（初代）嘉永2(1849)）

沢村亀三郎　さわむらかめさぶろう
江戸時代中期の歌舞伎役者。
◇浮世絵聚花 1（小学館 1983）
　▷図92「二世市川団十郎,沢村亀三郎,市川升五郎の舞台姿」（鳥居清倍（2代））
　▷図87「中村座前に立つ袖崎いせの,二世市川団十郎,および沢村亀三郎」（鳥居清倍（2代））

沢村喜十郎　さわむらきじゅうろう
江戸時代の歌舞伎役者。
◇浮世絵聚花 5（小学館 1980）
　▷図139「三世松本幸四郎の楠亡魂と沢村喜十郎の大森彦七」（鳥居清長）

沢村国太郎〔2代〕　さわむらくにたろう
?～1836　江戸時代後期の歌舞伎役者。
◇秘蔵浮世絵大観 9（講談社 1989）
　▷図0126「二代目嵐橘三郎の女房かさねと二代目沢村国太郎のお竹」（戯画堂芦ゆき　文政11.8）
◇秘蔵浮世絵大観 3（講談社 1988）
　▷図072「浅尾額十郎の山田幸十郎・二代目沢村国太郎の女房おこう・二代目嵐橘三郎の今木佐七」（戯画堂芦ゆき　文政10）
　▷図120「けいせい栂物語 初代市川鰕十郎のうきすの岩ós・二代目嵐橘三郎の百姓重作・二代目沢村国太郎の女房おきぬ・嵐橘蔵の十吉」（戯画堂芦ゆき　文政10(1827)）
　▷図090「二代目嵐橘三郎のあは ノ十郎兵衛と二代目沢村国太郎の女房お弓」（戯画堂芦ゆき,寿好堂よし国　文政10）

沢村源之助　さわむらげんのすけ
江戸時代の歌舞伎役者。
◇浮世絵八華 6（平凡社 1985）
　▷図46「沢村源之助の米屋五郎八と瀬川路之助の芸子おたき」（歌川豊国（初代））
◇日本版画美術全集 3（講談社 1961）

▷図377「沢村源之助の新羅三郎義光」(梅春)

沢村小伝次〔代数不詳〕　さわむらこでんじ
江戸時代の歌舞伎役者。
◇在外日本の至宝 7（毎日新聞社 1980）
　　▷図11「沢村小伝次の露の前」(鳥居清信(初代)　元禄11(1698))
◇浮世絵聚花 4（小学館 1979）
　　▷図20「沢村小伝次」(伝 鳥居清信)
◇日本版画美術全集 2（講談社 1961）
　　▷図218「尾上菊五郎の曽我五郎、沢村小伝次のけはい坂少将」(奥村政信)

沢村小伝次〔初代〕　さわむらこでんじ
1665〜?　江戸時代中期の歌舞伎役者。
◇日本美術全集 22（学習研究社 1979）
　　▷図40「初代沢村小伝次の露の前」(鳥居清信(初代)　元禄11(1698))

沢村曙山〔初代〕　さわむらしょざん
江戸時代末期、明治時代の歌舞伎役者。
◇秘蔵浮世絵大観 2（講談社 1987）
　　▷図218「白梅の衣裳で踊る沢村曙山・瀬川路暁・尾上賀朝」(歌川豊国(初代)　文化2(1805))
　　▷図234「唐装束の尾上賀朝・瀬川路暁・沢村曙山」(勝川春好(2代)　文化3(1806))

沢村四郎五郎〔代数不詳〕　さわむらしろごろう
江戸時代の歌舞伎役者。
◇浮世絵聚花 10（小学館 1979）
　　▷図051「大谷広次と沢村四郎五郎」(鳥居清長)

沢村四郎五郎〔2代〕　さわむらしろごろう
?〜1832　江戸時代後期の歌舞伎役者。
◇秘蔵浮世絵大観 11（講談社 1988）
　　▷図123「沢村藤蔵の舟頭松右衛門実は樋口次郎」(歌川国満　文化元.6(1804.6))

沢村宗十郎〔代数不詳〕　さわむらそうじゅうろう
江戸時代の歌舞伎役者。
◇名品揃物浮世絵 2（ぎょうせい 1991）
　　▷図70「出語り図 沢村宗十郎の治兵衛と岩井半四郎の小春」(鳥居清長　天明4.8(1784.8))
◇秘蔵浮世絵大観 12（講談社 1988）
　　▷図89「出語り図 沢村宗十郎の治兵衛と岩井半四郎の小春」(鳥居清長　天明4.8(1784.8))
◇浮世絵八華 2（平凡社 1985）
　　▷図49「出語り図 沢村宗十郎の治兵衛と岩井半四郎の小春」(鳥居清長　天明4.8(1784.8))
◇浮世絵聚花 1（小学館 1983）
　　▷図80「沢村宗十郎の木曽義仲」(鳥居清信(2代))
　　▷図77「沢村宗十郎の近松門左衛門」(鳥居清信(2代))
　　▷図84「沢村宗十郎の名古屋山三郎と佐野川市松のまま田甚之介」(鳥居清信(2代))
　　▷図107「沢村宗十郎、中村七三郎、および瀬川菊次郎の舞台姿」(鳥居清倍(2代))
　　▷図89「袖崎いせの、沢村宗十郎らの舞台姿」(鳥居清倍(2代))
◇浮世絵聚花 9（小学館 1981）
　　▷図031-035「市川八百蔵 瀬川吉次 中村仲蔵 岩井半四郎 沢村宗十郎」(勝川春章)
◇浮世絵聚花 8（小学館 1980）
　　▷図32「三名優図 沢村宗十郎・市川八百蔵・瀬川菊之丞」(勝川春英)
◇浮世絵聚花 12（小学館 1980）
　　▷図05「沢村宗十良と嵐富之助」(鳥居清信(初代))
◇浮世絵聚花 15（小学館 1980）
　　▷図09「沢村宗十郎の隠みの置物持ちたる男」(鳥居清重)
◇浮世絵聚花 4（小学館 1979）
　　▷図146「哥川四星五郎事沢村宗十郎の松王と吾妻藤蔵の桜丸」(石川豊信)
　　▷図103-104「市村竹之丞のかなや金五郎、沢村宗十郎のふるこほり新ざへもん」(鳥居清倍)
◇浮世絵聚花 10（小学館 1979）
　　▷図036「沢村宗十郎」(葛飾北斎)
◇浮世絵聚花 11（小学館 1979）
　　▷図218「沢村宗十郎と瀬川菊三郎」(歌川国政)
　　▷図277「市川八百蔵と沢村宗十郎」(喜多川歌麿(初代))
◇復元浮世絵大観 5（集英社 1979）
　　▷図21「出語り図 沢村宗十郎の治兵衛と岩井半四郎の小春」(鳥居清長　天明4.8(1784.8))
◇浮世絵大系 4（集英社 1975）
　　▷図51「出語り図 沢村宗十郎の治兵衛と岩井半四郎の小春」(鳥居清長　天明4.8(1784.8))
◇在外秘宝—欧米収蔵浮世絵集成 鳥居清長（学習研究社 1972）
　　▷図125「出語り図 沢村宗十郎の治兵衛と岩井半四郎の小春」(鳥居清長　天明4.8(1784.8))
◇原色日本の美術 24（小学館 1971）
　　▷図45「出語り図 沢村宗十郎の治兵衛と岩井半四郎の小春」(鳥居清長　天明4.8(1784.8))
◇日本版画美術全集 3（講談社 1961）
　　▷図144「出語り図 沢村宗十郎の治兵衛と岩井半四郎の小春」(鳥居清長　天明4.8(1784.8))

◇浮世絵全集 5（河出書房新社 1957）
　▷5「出語り図 沢村宗十郎の治兵衛と岩井半四郎の小春」（鳥居清長　天明4.8(1784.8)）

沢村宗十郎〔初代〕　さわむらそうじゅうろう
1685～1756　江戸時代中期の歌舞伎役者, 歌舞伎作者。
◇秘蔵浮世絵大観 4（講談社 1988）
　▷図38「初代沢村宗十郎と初代瀬川菊之丞」（作者不詳　享保15-19頃(1730-34頃)）
◇秘蔵浮世絵大観 12（講談社 1988）
　▷図15「初代瀬川菊次郎のお怨と初代沢村宗十郎の佐野源左衛門」（鳥居清信(2代)　元文4.11(1739.11)）
◇日本大百科全書（小学館 1984）　▷沢村宗十郎〔1世〕
◇浮世絵聚花 1（小学館 1983）
　▷図35「初世沢村宗十郎の清見宗内と二世三条勘太郎のふせや」（奥村利信）
　▷図150「初世沢村宗十郎の朝比奈」（西村重信）

沢村宗十郎〔2代〕　さわむらそうじゅうろう
1713～1770　江戸時代中期の歌舞伎役者。
◇秘蔵日本美術大観 3（講談社 1993）
　▷図101-(2)「役者大首絵 初代市川男女蔵と二代目沢村宗十郎」（勝川派　寛政年間(1789-1801)初）
◇秘蔵浮世絵大観 6（講談社 1989）
　▷図106「二代目沢村宗十郎のくすの木まさつら」（北尾重政　明和4(1767)）
◇秘蔵浮世絵大観 8（講談社 1989）
　▷図69「二代目沢村宗十郎の木曽義仲と初代嵐冨之助の実盛娘篠原」（鳥居清信(2代)　寛延2.11(1749.11)）
◇秘蔵浮世絵大観 9（講談社 1989）
　▷図3「歌川四郎五郎のにたんの四郎」（鳥居清倍(2代)　延享5(1748)）
◇秘蔵浮世絵大観 12（講談社 1988）
　▷図24「二代目沢村宗十郎の梅の由兵衛」（鳥居清満(初代)　宝暦13.3(1763.3)）
◇浮世絵聚花 13（小学館 1981）
　▷図168「二代目沢村宗十郎」（勝川春章）
◇浮世絵聚花 5（小学館 1980）
　▷図18「二世沢村宗十郎の黄石公と三世市川団蔵の張良」（勝川春章）
　▷図16「二世沢村宗十郎の俊寛と二世吾妻藤蔵のお安」（勝川春章）
　▷図88「二世沢村宗十郎の松下に刀を抜いた男」（勝川春章）
◇浮世絵聚花 8（小学館 1980）
　▷図64「二世沢村宗十郎」（勝川春章）
　▷図45「初世佐野川市松のぬれ衣と二世沢村宗十郎の源藤太つねかげ」（鳥居清満(初代)）
◇日本版画美術全集 3（講談社 1961）
　▷図60「坂田佐十郎の時平と二世中村助五郎の梅王と二世沢村宗十郎の松王と二世佐野川市松の桜丸」（一筆斎文調）
　▷図338「二世沢村宗十郎の貞任」（歌川豊春）
◇浮世絵全集 5（河出書房新社 1957）
　▷図35「二世沢村宗十郎の貞任」（歌川豊春）

沢村宗十郎〔3代〕　さわむらそうじゅうろう
1753～1801　江戸時代中期, 後期の歌舞伎役者。
◇浮世絵ギャラリー 4（小学館 2006）
　▷図14「三代目沢村宗十郎の大岸蔵人」（東洲斎写楽　寛政6(1794)）
　▷図50「三代目沢村宗十郎の名護屋山三元春」（東洲斎写楽　寛政6(1794)）
　▷図45「三代目沢村宗十郎の名護屋山三元春と三代目瀬川菊之丞のけいせい葛城」（東洲斎写楽　寛政6(1794)）
◇華一浮世絵名品集（平木浮世絵財団 2004）
　▷図24「三代目沢村宗十郎の曽我十郎 中村里好の大磯の虎」（勝川春常　天明2(1782)）
◇日本の浮世絵美術館 2（角川書店 1996）
　▷図151「三代目沢村宗十郎の名護山三と三代目瀬川菊之丞の傾城かつらぎ」（東洲斎写楽　寛政6）
◇日本の浮世絵美術館 3（角川書店 1996）
　▷図25「三代沢村宗十郎の大星由良之助」（歌川豊国　寛政8）
　▷図102「七代片岡仁左衛門の紀名虎と三代沢村宗十郎の孔雀三郎」（東洲斎写楽）
◇肉筆浮世絵大観 10（講談社 1995）
　▷図49「曽我の対面（三代目沢村宗十郎の十郎・二代目坂東三津五郎の朝比奈・三代目瀬川菊之丞の和田息女虎御前）」（歌川豊広　寛政9(1797)）
◇秘蔵日本美術大観 11（講談社 1994）
　▷図32「三代目沢村宗十郎の大星由良之助」（勝川春英　寛政8(1796)頃）
◇秘蔵日本美術大観 10（講談社 1993）
　▷図52「三代目沢村宗十郎の冠を持つ武士」（勝川春英　寛政2-3(1790-91)頃）
◇名品揃物浮世絵 6（ぎょうせい 1992）
　▷図11「役者舞台之姿絵 きの国や（三世沢村宗十郎の大岸蔵人）」（歌川豊国(初代)　寛政6-7(1794-95)）
　▷図21「役者舞台之姿絵 きの国や（三世沢村宗十郎の孔雀三郎）」（歌川豊国(初代)　寛政6-7(1794-95)）
　▷図32「役者舞台之姿絵 きの国や（三世沢村宗十郎の薩摩源兵衛）」（歌川豊国(初代)　寛政6-7(1794-95)）
　▷図16「役者舞台之姿絵 きのくにや（三世沢村宗十郎の名護屋山三）」（歌川豊国(初代)　寛政6-7(1794-95)）
◇新編 名宝日本の美術 29（小学館 1991）
　▷図66「三世沢村宗十郎のさつま源五兵衛」（歌川豊国(初代)　享和元?(1801?)）
　▷図49「役者舞台之姿絵 きの国や（三世沢村宗十郎の大岸蔵人）」（歌川豊国(初代)　寛政6-7(1794-95)）
　▷図55「役者舞台之姿絵 きのくにや（三世沢村

さわむ

村宗十郎の名護屋山三)」(歌川豊国(初代)　寛政6-7(1794-95))
▷図1「三世沢村宗十郎の大岸蔵人」(東洲斎写楽　寛政6.5(1794.5))
▷図38「三世沢村宗十郎の孔雀三郎(紀伊国屋納子)」(東洲斎写楽　寛政6(1794))
▷図32「三世沢村宗十郎の名護屋山三と三世瀬川菊之丞の傾城かつらぎ」(東洲斎写楽　寛政6.5)

◇秘蔵浮世絵大観 ベレス・コレクション (講談社 1991)
▷図98「三代目沢村宗十郎」(歌川豊国(初代)　寛政10(1798))
▷図37「三代目沢村宗十郎の大岸蔵人」(勝川春艶　寛政6(1794))
▷図106「三世沢村宗十郎の大伴黒主」(東洲斎写楽　寛政6(1794))

◇名品揃物浮世絵 5 (ぎょうせい 1991)
▷図30「三世沢村宗十郎と山下万菊の楽屋」(勝川春章　安永末期頃－天明3頃(1781-83頃))
▷図1「三世沢村宗十郎の大岸蔵人」(東洲斎写楽　寛政6.5(1794.5))
▷図76「三世沢村宗十郎の孔雀三郎(紀伊国屋納子)」(東洲斎写楽　寛政6(1794))
▷図68「三世沢村宗十郎の名護屋山三と三世瀬川菊之丞の傾城かつらぎ」(東洲斎写楽　寛政6.5)

◇人間の美術 10 (学習研究社 1990)
▷図166「三世沢村宗十郎の出村新兵衛と三世市川八百蔵の玉屋新兵衛」(歌川豊国(初代)　寛政10(1798))
▷図168「役者舞台之姿絵 きの国や(三世沢村宗十郎の薩摩源兵衛)」(歌川豊国(初代)　寛政6-7(1794-95))
▷図167「三世沢村宗十郎の大岸蔵人」(東洲斎写楽　寛政6.5(1794.5))

◇秘蔵浮世絵大観 7 (講談社 1990)
▷図033「三世沢村宗十郎のさつま源五兵衛」(歌川豊国(初代)　享和元?(1801?))

◇秘蔵浮世絵大観 別巻 (講談社 1990)
▷〔ケ〕44「三代目沢村宗十郎と二代目嵐竜蔵」(歌川豊国(初代)　寛政8-9(1796-97))
▷〔チ〕040「三代目大谷鬼次と三代目沢村宗十郎」(勝川春英　寛政1-3)
▷〔チ〕61「五代目市川団十郎の股野五郎景久・初代中村里好の白拍子風折実は鎌田正清娘・三代目沢村宗十郎の河津三郎祐安」(鳥居清長　天明4(1784))
▷〔チ〕057「三代目沢村宗十郎の平重盛・六世中山小十郎の八丁礫の紀平治・三世大谷広次の三浦荒四郎・三世市川八百蔵の悪源太義平」(鳥居清長)

◇秘蔵浮世絵大観 6 (講談社 1989)
▷図0169「三代目沢村宗十郎の大岸蔵人」(東洲斎写楽　寛政6.5(1794.5))
▷図0182「三代目沢村宗十郎の名護屋山三と三世川菊之丞の傾城かつらぎ」(東洲斎写楽　寛政6.5)

▷図0141「三世沢村宗十郎と茶屋女」(鳥居清長　天明3頃)
▷図156「三代目沢村宗十郎の曽我十郎・三代目瀬川菊之丞の虎幽魂・二代目市川門之助の清玄亡魂(出語り図)」(鳥居清長　天明3(1783))

◇秘蔵浮世絵大観 9 (講談社 1989)
▷図112「三世沢村宗十郎の加古川本蔵」(勝川春英　寛政7(1795))
▷図110「忠臣蔵 四段目 三代目沢村宗十郎の大星由良之助」(勝川春英　天明－寛政(1781-1801))
▷図027「市川鰕蔵の寿老人と四代目岩井半四郎・三代目沢村宗十郎の唐子」(勝川春好(初代)　寛政)
▷図218「二代目市川門之助の曽我五郎と三代目沢村宗十郎の曽我十郎」(葛飾北斎　寛政初期(1789-1801))
▷図146「三世沢村宗十郎と遊女」(鳥居清長　天明3頃(1783頃))
▷図147「三世沢村宗十郎の楠正行と嵐村次郎の弁の内侍」(鳥居清長　天明6頃(1786頃))

◇秘蔵浮世絵大観 4 (講談社 1988)
▷図045「三代目沢村宗十郎」(勝川春英　天明期)
▷図92「四代目岩井半四郎の女傀儡師・三代目沢村宗十郎の河津三郎・三代目瀬川菊之丞の白拍子風折」(勝川春潮　天明9(寛政元)・1(1789・1))

◇秘蔵浮世絵大観 11 (講談社 1988)
▷図08「三代目沢村喜内・三代目沢村宗十郎の矢間重太郎・四代目岩井半四郎の重太郎女房おりゑ」(勝川春好(初代)　寛政元.6)

◇秘蔵浮世絵大観 12 (講談社 1988)
▷図099「三代目瀬川菊之丞の白拍子桜木・三代目沢村宗十郎の陀仏坊・三代目坂東彦三郎の阿仏坊」(歌川国政　文政4)
▷図115「三代目沢村宗十郎の伊左衛門と三代目瀬川菊之丞の夕霧」(歌川豊国(初代)　寛政10.3(1798.3))
▷図119「三代目沢村宗十郎のさつま源五兵衛」(歌川豊国(初代)　享和元?(1801?))
▷図117「役者舞台之姿絵 きの国や(三世沢村宗十郎の大岸蔵人)」(歌川豊国(初代)　寛政6-7(1794-95))
▷図78「三代目沢村宗十郎」(勝川春英　寛政3(1791))

◇大阪府史 第6巻 近世編2 (大阪府 1987)
▷図66「三代目沢村宗十郎像『絵本舞台扇』」

◇秘蔵浮世絵大観 2 (講談社 1987)
▷図0176「三代目沢村宗十郎の松王丸と初代市川男女蔵の桜丸」(歌川国政　寛政9.9)
▷図232「薪を持つ三代目瀬川菊之丞と三代目沢村宗十郎」(歌川国政　寛政10頃(1798頃))
▷図097「三代目沢村宗十郎の意休」(勝川春英　寛政3.4)

▷図104「三代目沢村宗十郎の塩冶判官」(勝川春英　寛政7(1795))
▷図0106「三代目沢村宗十郎の平清盛と初代嵐竜蔵の清盛乳母八条」(勝川春英　寛政7.11)
▷図107「三代目瀬川菊之丞と三代目沢村宗十郎の朝比奈」(勝川春英　天明末‐寛政前期(1781-1801))
▷図91「三世沢村宗十郎と山下万菊の楽屋」(勝川春章　安永末期頃‐天明3頃(1781-83頃))
▷図090「三代目沢村宗十郎の源頼光・二代目市川門之助の卜部季武・三代目瀬川菊之丞の舞子妻菊実は蜘蛛の精」(勝川春章　天明元.11)
▷図89「六代目中山小十郎(初代中村仲蔵)の長田太郎と三代目沢村宗十郎の小松内府重盛」(勝川春章　天明5.11(1785.11))
▷図95「二代目市川門之助と三代目沢村宗十郎」(勝川春常　天明元.11‐同3.10(1781.11-83.10))
▷図207「三世沢村宗十郎の大岸蔵人」(東洲斎写楽　寛政6.5(1794.5))
▷図0167「三世沢村宗十郎の名護屋山三と三世瀬川菊之丞の傾城かつらぎ」(東洲斎写楽　寛政6.7)
◇浮世絵八華 2 (平凡社 1985)
　▷図47「五世市川団十郎のでく六兵衛と三世沢村宗十郎の曽我十郎と三世市川八百蔵の白菊の亡霊」(鳥居清長)
◇浮世絵八華 4 (平凡社 1985)
　▷図4「三世沢村宗十郎の大岸蔵人」(東洲斎写楽　寛政6.5(1794.5))
　▷図01「三世沢村宗十郎の大岸蔵人」(東洲斎写楽　寛政6.5(1794.5))
　▷図55「三世沢村宗十郎の大伴黒主」(東洲斎写楽　寛政6(1794))
　▷図082「三世沢村宗十郎の大伴黒主」(東洲斎写楽　寛政6(1794))
　▷図59「三世沢村宗十郎の孔雀三郎」(東洲斎写楽)
　▷図085「三世沢村宗十郎の孔雀三郎」(東洲斎写楽)
　▷図0114「三世沢村宗十郎の孔雀三郎(紀伊国屋納子)」(東洲斎写楽　寛政6(1794))
　▷図0130「三世沢村宗十郎の薩摩源五兵衛」(東洲斎写楽)
　▷図0126「三世沢村宗十郎の曽我十郎」(東洲斎写楽)
　▷図36「三世沢村宗十郎の名護屋山三」(東洲斎写楽)
　▷図035「三世沢村宗十郎の名護屋山三」(東洲斎写楽)
　▷図32「三世沢村宗十郎の名護屋山三と三世瀬川菊之丞の傾城かつらぎ」(東洲斎写楽　寛政6.7)
　▷図030「三世沢村宗十郎の名護屋山三と三世瀬川菊之丞の傾城かつらぎ」(東洲斎写楽　寛政6.7)

◇浮世絵八華 6 (平凡社 1985)
　▷図28「三世沢村宗十郎の大星由良之助」(歌川豊国(初代))
◇浮世絵聚花 2 (小学館 1985)
　▷図181「三世沢村宗十郎の楠正行と嵐村次郎の弁の内侍」(鳥居清長　天明6頃(1786頃))
　▷図69「三世沢村宗十郎の工藤祐経、三世市川八百蔵の曽我五郎、三桝徳次郎の大磯虎」(鳥居清長)
　▷図71「三世沢村宗十郎の高尾の幽魂と四世松本幸四郎の浮田左近吾」(鳥居清長)
　▷図68「三世沢村宗十郎の濡髪長五郎、二世市川門之助の放駒長吉、三世瀬川菊之丞の吾妻、三世市川八百蔵の山崎与五郎」(鳥居清長)
　▷図66「三世瀬川菊之丞の小糸、山下万菊の賎機姫、三世沢村宗十郎の大友常陸介」(鳥居清長)
　▷図70「中山小十郎の千鳥、三世沢村宗十郎の重盛、三世市川八百蔵の由兵衛」(鳥居清長)
◇浮世絵の美百選 (日本経済新聞社 1981)
　▷図82「役者舞台之姿絵 きの国や(三世沢村宗十郎の大岸蔵人)」(歌川豊国(初代)　寛政6-7(1794-95))
　▷図34「三世沢村宗十郎」(勝川春英)
◇浮世絵聚花 9 (小学館 1981)
　▷図38「三世沢村宗十郎の馬士むち蔵」(歌川豊国(初代))
　▷図136「三世沢村宗十郎」(勝川春英)
　▷図64「三世沢村宗十郎の追われる男」(勝川春英)
　▷図62「三世沢村宗十郎の武士」(勝川春好(初代))
　▷図25「三世沢村宗十郎の平重盛・六世中山小十郎の八丁礫の紀平治・三世大谷広次の三浦荒四郎・三世市川八百蔵の悪源太義平」(鳥居清長　天明5)
◇浮世絵聚花 13 (小学館 1981)
　▷図190「三世沢村宗十郎」(歌川国政)
　▷図187「三世沢村宗十郎と三世瀬川菊之丞」(歌川豊国(初代))
　▷図75「三世沢村宗十郎の大星由良之助」(勝川春英)
　▷図112「三世沢村宗十郎の孔雀三郎」(東洲斎写楽)
◇浮世絵聚花 14 (小学館 1981)
　▷図66「三世沢村宗十郎」(勝川春英)
◇在外日本の至宝 7 (毎日新聞社 1980)
　▷図100「三世沢村宗十郎の大伴黒主」(東洲斎写楽　寛政6(1794))
　▷図101「三世沢村宗十郎の孔雀三郎(紀伊国屋納子)」(東洲斎写楽　寛政6(1794))
◇浮世絵聚花 5 (小学館 1980)
　▷図177「五世市川団十郎のでく六兵衛と三世沢村宗十郎の曽我十郎と三世市川八百蔵の白菊の亡霊」(鳥居清長)
　▷図44「三世沢村宗十郎の曽我十郎、小佐川常世の大磯虎、吾妻藤蔵の三浦片貝、大谷徳次の団三郎」(鳥居清長)

歴史人物肖像索引　227

さわむ

◇浮世絵聚花 8（小学館 1980）
▷209「三代目沢村宗十郎と二代目嵐竜蔵」（歌川豊国（初代）寛政8-9(1796-97)）
▷図7「三世沢村宗十郎」（勝川春英）
▷図30-31「三世沢村宗十郎と嵐竜蔵」（勝川春英）
▷図70-71「三世沢村宗十郎の唐木政右衛門と三世坂田半五郎の沢井又五郎」（勝川春英）
▷図72-73「三世沢村宗十郎の孔雀三郎と七世片岡仁左衛門の紀名虎」（勝川春英）
▷図84「三世瀬川菊之丞と三世沢村宗十郎」（勝川春潮）
◇浮世絵聚花 12（小学館 1980）
▷図201「三世沢村宗十郎のさつま源五兵衛」（歌川豊国（初代）享和元？(1801？)）
◇浮世絵聚花 15（小学館 1980）
▷図13「三世沢村宗十郎の大星由良之助」（歌川豊国（初代））
▷図25「三世沢村宗十郎と山下万菊の楽屋」（勝川春章 安永末期頃－天明3頃(1781-83頃)）
▷図165「三世沢村宗十郎の大伴黒主」（東洲斎写楽 寛政6(1794)）
▷図169「三世沢村宗十郎の薩摩源五兵衛」（東洲斎写楽）
▷図172「三世沢村宗十郎の曽我十郎」（東洲斎写楽）
▷図12「三世沢村宗十郎の名護屋山三と三世瀬川菊之丞の傾城かつらぎ」（東洲斎写楽 寛政6.7）
▷図119「三世沢村宗十郎と茶屋女」（鳥居清長 天明3頃）
◇復元浮世絵大観 4（集英社 1980）
▷図3「六代目中山小十郎（初代中村仲蔵）の長田太郎と三代目沢村宗十郎の小松内府重盛」（勝川春章 天明5.11(1785.11)）
◇浮世絵聚花 7（小学館 1979）
▷図126「役者舞台之姿絵 きの国や（三世沢村宗十郎の大岸蔵人）」（歌川豊国（初代）寛政6-7(1794-95)）
▷図54「役者舞台之姿絵 きのくにや（三世沢村宗十郎の名護屋山三）」（歌川豊国（初代）寛政6-7(1794-95)）
▷図238「三世沢村宗十郎」（勝川春英）
▷図101「三世沢村宗十郎の蕨楽」（鳥居清長）
◇浮世絵聚花 10（小学館 1979）
▷図233「三世沢村宗十郎の曽我十郎」（歌川国政）
▷図136「三世沢村宗十郎」（歌川豊国（初代））
◇浮世絵聚花 11（小学館 1979）
▷図184「六世中山小十郎の仏御前と二世小佐川常世の傾城難波津と三世沢村宗十郎の小松重盛」（勝川春章）
▷図2「三世沢村宗十郎の大岸蔵人」（東洲斎写楽 寛政6.5(1794.5)）
◇浮世絵聚花 6（小学館 1978）
▷図15「三世沢村宗十郎の入道清盛」（歌川国政）
▷図156「三世沢村宗十郎の孔雀三郎（紀伊屋納子）」（東洲斎写楽 寛政6(1794)）
▷図64「三世沢村宗十郎の名護屋山三」（東洲斎写楽）
◇復元浮世絵大観 8（集英社 1978）
▷図1「三世沢村宗十郎の大岸蔵人」（東洲斎写楽 寛政6.5(1794.5)）
◇浮世絵大系 9（集英社 1975）
▷図21「三代目沢村宗十郎と二代目嵐竜蔵」（歌川豊国（初代）寛政8-9(1796-97)）
▷図16「三世沢村宗十郎の大星由良之助」（歌川豊国（初代））
▷図11「役者舞台之姿絵 きの国や（三世沢村宗十郎の大岸蔵人）」（歌川豊国（初代）寛政6-7(1794-95)）
◇浮世絵大系 3（集英社 1974）
▷図46「三代沢村宗十郎の十太郎」（勝川春好（初代））
▷図24「六代目中山小十郎（初代中村仲蔵）の長田太郎と三代目沢村宗十郎の小松内府重盛」（勝川春章 天明5.11(1785.11)）
◇浮世絵大系 7（集英社 1973）
▷図1「三世沢村宗十郎の大岸蔵人」（東洲斎写楽 寛政6.5(1794.5)）
▷図43「三世沢村宗十郎の孔雀三郎（紀伊国屋納子）」（東洲斎写楽 寛政6(1794)）
▷図30「三世沢村宗十郎の名護屋山三と三世瀬川菊之丞の傾城かつらぎ」（東洲斎写楽 寛政6.7）
◇平凡社ギャラリー 6（平凡社 1973）
▷図2「三世沢村宗十郎の大岸蔵人」（東洲斎写楽 寛政6.5(1794.5)）
▷図16「三世沢村宗十郎の名護屋山三」（東洲斎写楽）
◇在外秘宝―欧米収蔵浮世絵集成 東洲斎写楽（学習研究社 1972）
▷図2「三世沢村宗十郎の大岸蔵人」（東洲斎写楽 寛政6.5(1794.5)）
▷図01「三世沢村宗十郎の大岸蔵人」（東洲斎写楽 寛政6.5(1794.5)）
▷図071「三世沢村宗十郎の大伴黒主」（東洲斎写楽 寛政6(1794)）
▷図98「三世沢村宗十郎の孔雀三郎」（東洲斎写楽）
▷図078「三世沢村宗十郎の孔雀三郎」（東洲斎写楽）
▷図076「三世沢村宗十郎の孔雀三郎（紀伊屋納子）」（東洲斎写楽 寛政6(1794)）
▷図0138「三世沢村宗十郎の薩摩源五兵衛」（東洲斎写楽）
▷図79「三世沢村宗十郎の曽我十郎」（東洲斎写楽）
▷図0134「三世沢村宗十郎の曽我十郎」（東洲斎写楽）
▷図33「三世沢村宗十郎の名護屋山三」（東洲斎写楽）
▷図033「三世沢村宗十郎の名護屋山三」（東洲斎写楽）
▷図30「三世沢村宗十郎の名護屋山三と三世瀬川菊之丞の傾城かつらぎ」（東洲斎写楽

寛政6.7)
▷図030「三世沢村宗十郎の名護屋山三と三世瀬川菊之丞の傾城かつらぎ」(東洲斎写楽　寛政6.7)
◇在外秘宝―欧米収蔵浮世絵集成　鳥居清長 (学習研究社 1972)
▷図90「三世沢村宗十郎と茶屋女」(鳥居清長　天明3頃)
▷図58「三代目沢村宗十郎と遊女」(鳥居清長　天明3頃(1783頃))
▷図67「三世沢村宗十郎の楠正行と嵐次郎の弁の内侍」(鳥居清長　天明6頃(1786頃))
▷図46「三代目沢村宗十郎の曽我十郎・三代目瀬川菊之丞の虎幽魂・二代目市川門之助の清玄亡魂(出語り図)」(鳥居清長　天明3 (1783))
◇全集浮世絵版画 2 (集英社 1972)
▷図25「三世沢村宗十郎と茶屋女」(鳥居清長　天明3頃)
◇全集浮世絵版画 4 (集英社 1972)
▷図5「三世沢村宗十郎の大岸蔵人」(東洲斎写楽　寛政6.5(1794.5))
▷図40「三世沢村宗十郎の大伴黒主」(東洲斎写楽　寛政6(1794))
▷図17「三世沢村宗十郎の名護屋山三と三世瀬川菊之丞の傾城かつらぎ」(東洲斎写楽　寛政6.7)
◇日本の名画 13 (講談社 1972)
▷図1「三世沢村宗十郎の大岸蔵人」(東洲斎写楽　寛政6.5(1794.5))
▷図17「三世沢村宗十郎の孔雀三郎(紀伊国屋納子)」(東洲斎写楽　寛政6(1794))
▷図11「三世沢村宗十郎の名護屋山三と三世瀬川菊之丞の傾城かつらぎ」(東洲斎写楽　寛政6.7)
◇原色日本の美術 24 (小学館 1971)
▷図46「六代目中山小十郎(初代中村仲蔵)の長田太郎と三代目沢村宗十郎の小松内府重盛」(勝川春章　天明5.11(1785.11))
▷図71「三世沢村宗十郎の大岸蔵人」(東洲斎写楽　寛政6.5(1794.5))
◇原色日本の美術 17 (小学館 1968)
▷図26「三世沢村宗十郎と山下万菊の楽屋」(勝川春章　安永末期頃－天明3頃(1781-83頃))
◇浮世絵名作選集 4 (山田書院 1968)
▷図〔1〕「三世沢村宗十郎の大岸蔵人」(東洲斎写楽　寛政6.5(1794.5))
▷図〔16〕, 表紙「三世沢村宗十郎の名護屋山三と三世瀬川菊之丞の傾城かつらぎ」(東洲斎写楽　寛政6.7)
◇美人画・役者絵 6 (講談社 1966)
▷図2「三世沢村宗十郎の大岸蔵人」(東洲斎写楽　寛政6.5(1794.5))
▷図65「三世沢村宗十郎の大伴黒主」(東洲斎写楽　寛政6(1794))
▷図64「三世沢村宗十郎の孔雀三郎(紀伊国屋納子)」(東洲斎写楽　寛政6(1794))
▷図38「三世沢村宗十郎の名護屋山三」(東洲斎写楽)

▷図29「三世沢村宗十郎の名護屋山三と三世瀬川菊之丞の傾城かつらぎ」(東洲斎写楽　寛政6.7)
◇美人画・役者絵 3 (講談社 1965)
▷図36「三世沢村宗十郎と茶屋女」(鳥居清長　天明3頃)
◇日本の美術 22 (平凡社 1964)
▷図32「三世沢村宗十郎の名護屋山三と三世瀬川菊之丞の傾城かつらぎ」(東洲斎写楽　寛政6.7)
◇浮世絵版画 6 (集英社 1964)
▷図5「三世沢村宗十郎の大岸蔵人」(東洲斎写楽　寛政6.5(1794.5))
▷図16「三世沢村宗十郎の名護屋山三と三世瀬川菊之丞の傾城かつらぎ」(東洲斎写楽　寛政6.7)
◇日本版画美術全集 3 (講談社 1961)
▷図257「三世沢村宗十郎の大星由良之助」(勝川春英)
▷図23「三世沢村宗十郎と山下万菊の楽屋」(勝川春章　安永末期頃－天明3頃(1781-83頃))
▷図220「六世中山小十郎の仏御前と二世小佐川常世の傾城難波津と三世沢村宗十郎の小松重盛」(勝川春章)
▷図154「五世市川団十郎のでく六兵衛と三世沢村宗十郎の曽我十郎と三世市川八百蔵の白菊の亡霊」(鳥居清長)
▷図134「三世沢村宗十郎と茶屋女」(鳥居清長　天明3頃)
▷図159「三世沢村宗十郎の楠正行と嵐村次郎の弁の内侍」(鳥居清長　天明6頃(1786頃))
▷図160「三世沢村宗十郎の権八と中山富三郎の小柴」(鳥居清長)
▷図21「三世沢村宗十郎の頼朝・中村里好の清滝・山下万菊の政子」(鳥居清長)
◇日本版画美術全集 4 (講談社 1960)
▷図260「役者舞台之姿絵　きの国や(三世沢村宗十郎の大岸蔵人)」(歌川豊国(初代)　寛政6-7(1794-95))
▷図240「三世沢村宗十郎の大伴黒主」(東洲斎写楽　寛政6(1794))
▷図237「三世沢村宗十郎の孔雀三郎」(東洲斎写楽)
▷図229「三世沢村宗十郎の孔雀三郎(紀伊国屋納子)」(東洲斎写楽　寛政6(1794))
▷図244「三世沢村宗十郎の曽我十郎」(東洲斎写楽)
▷図225「三世沢村宗十郎の名護屋山三と三世瀬川菊之丞の傾城かつらぎ」(東洲斎写楽　寛政6.7)
◇浮世絵全集 5 (河出書房新社 1957)
▷図64「三世沢村宗十郎の大星由良之助」(歌川豊国(初代))
▷図44「三世沢村宗十郎の加古川本蔵」(勝川春英　寛政7(1795))
▷図41「三世沢村宗十郎の亀屋忠兵衛と三世

瀬川菊之丞の遊女梅川」（勝川春好（初代））
▷図55「三世沢村宗十郎の孔雀三郎」（東洲斎写楽）
▷図39「五世市川団十郎のでく六兵衛と三世沢村宗十郎の曽我十郎と三世市川八百蔵の白菊の亡霊」（鳥居清長）
▷図7「三世沢村宗十郎と茶屋女」（鳥居清長 天明3頃）
▷図38「三世沢村宗十郎の頼朝・中村里好の清滝・山下万菊の政子」（鳥居清長）
▷図37「三世瀬川菊之丞の小糸、山下万菊の賤機姫、三世沢村宗十郎の大友常陸介」（鳥居清長）

沢村宗十郎〔4代〕　さわむらそうじゅうろう
1784〜1812　江戸時代後期の歌舞伎役者。
◇講談社日本人名大辞典（講談社 2001）
◇肉筆浮世絵大観 10（講談社 1995）
　▷図単色8「五代目松本幸四郎・初代尾上栄三郎・初代沢村源之助」（歌川豊広　文化3,4（1806,07）頃）
◇秘蔵浮世絵大観 9（講談社 1989）
　▷図084「甲子顔見世 初代沢村源之助の遠江守平の宗もりと瀬川路之助のいつくしまの竜女美玉善女」（歌川豊国（初代）　享和3.11）
◇秘蔵浮世絵大観 4（講談社 1988）
　▷図080「初代沢村源之助の六三郎と七代市川団十郎の奴袖介」（歌川豊国（初代）　文化初）
◇秘蔵浮世絵大観 11（講談社 1988）
　▷図020「初代沢村源之助の曽我の団三郎」（歌川豊国（初代）　享和4.正）
　▷図018「瀬川路之助の土橋かがやの小ひなと初代沢村源之助の岩橋屋弥三郎」（歌川豊国（初代）　文化元.春）

沢村宗十郎〔5代〕　さわむらそうじゅうろう
1802〜1853　江戸時代末期の歌舞伎役者。
◇秘蔵浮世絵大観 別巻（講談社 1990）
　▷〔ケ〕028「三代目助高屋高助の茂兵衛と三代目岩井粂三郎のおさん」（歌川国芳　嘉永6）

沢村惣之丞　さわむらそうのじょう　1843〜1868
江戸時代末期の土佐藩士。
◇高知県人名事典（高知新聞社 1999）　▷沢村総之丞

沢村田之助〔2代〕　さわむらたのすけ
1788〜1817　江戸時代後期の歌舞伎役者。
◇講談社日本人名大辞典（講談社 2001）
◇日本の浮世絵美術館 4（角川書店 1996）
　▷図96「沢村田之助（二世）の苅や姫と坂東彦三郎（三世）の菅丞相」（歌川国貞　文化8）
　▷図147「二世沢村田之助の顔世、五世松本幸四郎の師直、七世市川団十郎の若狭之助、三世尾上菊五郎の判官」（歌川豊国　文化13年）
◇秘蔵浮世絵大観 4（講談社 1988）
　▷図084「二代目尾上松助の佐の次郎左衛門と二代目沢村田之助の新造 舟はし」（歌川豊国（初代）　文化中期）

沢村田之助〔3代〕　さわむらたのすけ
1845〜1878　江戸時代末期、明治時代の歌舞伎役者。
◇秘蔵浮世絵大観 7（講談社 1990）
　▷図073「中村翫太郎の鷺坂伴内・五代目坂東彦三郎の早野かん平・三代目沢村田の助のこし元おかる」（歌川国貞（初代）　文久2.3）
◇秘蔵浮世絵大観 3（講談社 1988）
　▷図36「今様押絵鏡 三代目沢村田之助の小山田娘おたか」（歌川国貞（初代）　安政6－文久元（1859-61））
◇日本大百科全書（小学館 1984）　▷沢村田之助〔3世〕

沢村訥升　さわむらとっしょう
江戸時代の歌舞伎役者。
◇浮世絵八華 7（平凡社 1985）
　▷図80「仮（名）手本忠臣蔵〔七段目〕 沢村訥升の寺岡平右衛門 市川当十郎の竹森喜太八 市川清十郎の千崎弥五郎（三世）市川団三郎の矢間重太郎 坂東玉三郎のおかる（五世）市川団蔵の由良之助」（歌川国芳）
　▷図81「仮（名）手本忠臣蔵〔八段目〕（十世）森田勘弥のこなミ 沢村訥升のとなせ」（歌川国芳）
　▷図82「仮（名）手本忠臣蔵〔九段目〕（五世）市川団蔵の本蔵（十世）森田勘弥の小なミ 沢村訥升のとなせ」（歌川国芳）
　▷図74「仮名手本忠臣蔵〔初段〕坂東玉三郎のかほ世 四世坂東三津五郎の師直 沢村訥升の判官（三世）市川団三郎の若さの助」（歌川国芳）
　▷図79「仮名手本忠臣蔵〔六段目〕（二世）叶民（珉）子のかる母 沢村訥升の勘平（三世）市川寿美蔵の数右衛門 市川清十郎の弥五郎」（歌川国芳　天保頃）
◇日本版画美術全集 7（講談社 1962）
　▷図75「沢村訥升の佐々木源之助」（豊原国周 明治3（1870））

沢村淀五郎〔代数不詳〕　さわむらよどごろう
江戸時代中期の歌舞伎役者。
◇名品揃物浮世絵 6（ぎょうせい 1992）
　▷図46「役者舞台之姿絵 きのくにや（沢村淀五郎）」（歌川豊国（初代）　寛政6-7（1794-95））
◇浮世絵聚花 9（小学館 1981）
　▷図068「役者舞台之姿絵 きのくにや（沢村淀五郎）」（歌川豊国（初代）　寛政6-7（1794-95））

沢村淀五郎〔2代〕　さわむらよどごろう
江戸時代中期の歌舞伎役者。
◇浮世絵ギャラリー 4（小学館 2006）
　▷図40「二代目沢村淀五郎の川連法眼と初代坂東善次の鬼佐渡坊」（東洲斎写楽　寛政6（1794））
◇浮世絵聚花名品選（小学館 1993）
　▷図11「二世沢村淀五郎の河連法眼と坂東善次の鬼佐渡坊」（東洲斎写楽）
◇新編 名宝日本の美術 29（小学館 1991）
　▷図28「二世沢村淀五郎の川つら法眼と坂東善次の鬼佐渡坊」（東洲斎写楽　寛政6（1794））
◇名品揃浮世絵 5（ぎょうせい 1991）
　▷図28「二世沢村淀五郎の川つら法眼と坂東善次の鬼佐渡坊」（東洲斎写楽　寛政6（1794））
◇秘蔵浮世絵大観 6（講談社 1989）
　▷図184「二世沢村淀五郎の川つら法眼と坂東善次の鬼佐渡坊」（東洲斎写楽　寛政6（1794））
◇浮世絵八華 4（平凡社 1985）
　▷図28「二世沢村淀五郎の川つら法眼と坂東善次の鬼佐渡坊」（東洲斎写楽　寛政6（1794））
　▷図028「二世沢村淀五郎の川つら法眼と坂東善次の鬼佐渡坊」（東洲斎写楽　寛政6（1794））
◇浮世絵聚花 13（小学館 1981）
　▷図7「二世沢村淀五郎の川つら法眼と坂東善次の鬼佐渡坊」（東洲斎写楽　寛政6（1794））
◇浮世絵大系 7（集英社 1973）
　▷図28「二世沢村淀五郎の川つら法眼と坂東善次の鬼佐渡坊」（東洲斎写楽　寛政6（1794））
◇平凡社ギャラリー 6（平凡社 1973）
　▷図10「二世沢村淀五郎の川つら法眼と坂東善次の鬼佐渡坊」（東洲斎写楽　寛政6（1794））
◇在外秘宝―欧米収蔵浮世絵集成 東洲斎写楽（学習研究社 1972）
　▷図28「二世沢村淀五郎の川つら法眼と坂東善次の鬼佐渡坊」（東洲斎写楽　寛政6（1794））
　▷図93「二世沢村淀五郎の川つら法眼と坂東善次の鬼佐渡坊」（東洲斎写楽　寛政6（1794））
　▷図028「二世沢村淀五郎の川つら法眼と坂東善次の鬼佐渡坊」（東洲斎写楽　寛政6（1794））
◇全集浮世絵版画 4（集英社 1972）
　▷図31「二世沢村淀五郎の川つら法眼と坂東善次の鬼佐渡坊」（東洲斎写楽　寛政6（1794））
◇美人画・役者絵 6（講談社 1966）
　▷図28「二世沢村淀五郎の川つら法眼と坂東善次の鬼佐渡坊」（東洲斎写楽　寛政6（1794））
◇日本版画美術全集 4（講談社 1960）
　▷図219「二世沢村淀五郎の川つら法眼と坂東善次の鬼佐渡坊」（東洲斎写楽　寛政6（1794））

蚕臥　さんが　1790～1858
江戸時代中期、後期の俳人。
◇富山県文学事典（桂書房 1992）

山海　さんかい
江戸時代中期の俳人。
◇ボストン美術館 日本美術調査図録（講談社 2003）
　▷図I-422「山海和尚図」（作者不詳　江戸時代嘉永6（1853））

三条勘太郎〔代数不詳〕　さんじょうかんたろう
江戸時代中期の歌舞伎役者。
◇秘蔵浮世絵大観 12（講談社 1988）
　▷図14「三条かん太郎と藤村半十郎」（鳥居清信（2代）享保14.11-16.10（1729.11-1731.10））
◇浮世絵聚花 16（小学館 1981）
　▷図70「三条勘太郎と瀬川菊之丞」（鳥居派）
◇浮世絵聚花 4（小学館 1979）
　▷図31「三条勘太郎と市川門之助」（奥村利信）
　▷図93「三条勘太郎の狂女」（鳥居清倍）
　▷図020「瀬川菊次郎のお七と三条勘太郎の吉三郎」（西村重信）
　▷図136「藤棚下の三条勘太郎と藤村半太夫」（作者不詳）
◇浮世絵聚花 10（小学館 1979）
　▷図59「市川団蔵と三条勘太郎」（鳥居清朝）
◇日本版画美術全集 2（講談社 1961）
　▷図220「三条勘太郎」（奥村利信）
　▷図221「三条勘太郎」（奥村利信）
　▷図154「三条勘太郎と市村竹之丞」（鳥居清倍）

三条勘太郎〔2代〕　さんじょうかんたろう
1702～1763　江戸時代中期の歌舞伎役者。
◇華―浮世絵名品集（平木浮世絵財団 2004）
　▷図18「今様町方内儀風 二代目三条勘太郎」（奥村利信　享保（1716-36）中期）
◇秘蔵日本美術大観 10（講談社 1993）
　▷図23「二代目三条勘太郎の八百屋お七と四代目市村竹之丞の吉三郎」（鳥居清倍　享保3（1718））
◇秘蔵浮世絵大観 ベレス・コレクション（講談社 1991）
　▷図2「初代瀬川菊次郎の八百屋お七と二代目三条勘太郎の箱王実は吉三郎」（鳥居清倍（2代）享保17（1732））

さんし

▷図6「二代目三条勘太郎のお染と初代市川門之助の久松」（作者不詳　享保5(1720)）
◇秘蔵浮世絵大観　別巻（講談社 1990）
　▷〔ケ〕012「二代目市川団十郎・初代大谷広次・二代目三条かん太郎」（鳥居清倍（2代）享保後期）
◇秘蔵浮世絵大観 6（講談社 1989）
　▷図19「二代目市川団十郎の井筒屋徳兵衛と二代目三条勘太郎の井筒屋おふさ」（鳥居清信（初代）享保5頃(1720頃)）
　▷図20「二代目市川団十郎の井筒屋徳兵衛と二代目三条勘太郎の井筒屋おふさ」（作者不詳　享保5頃(1720頃)）
◇秘蔵浮世絵大観 8（講談社 1989）
　▷図06「四代目市むら竹之丞の半兵衛と二代目三条勘太郎のおちよ」（奥村利信　享保）
　▷図05「四代目市村竹之丞と二代目三条勘太郎」（鳥居清忠（初代）享保）
◇秘蔵浮世絵大観 9（講談社 1989）
　▷図6「二世三条勘太郎の茶を点てる女」（奥村利信　享保中期頃(1716-36)）
◇秘蔵浮世絵大観 12（講談社 1988）
　▷図16「二世三条勘太郎のよしはらはやりたい」（奥村政信　享保頃）
◇秘蔵浮世絵大観 10（講談社 1987）
　▷図52「初代大谷広治のはしば久吉と二代三条勘太郎」（鳥居清信（初代）享保4(1719)）
◇浮世絵聚花 1（小学館 1983）
　▷図37「金沢の御所座敷八景　初世瀬川菊之丞の梶原女房しづやと二世三条勘太郎の川津こけまんかう」（奥村利信）
　▷図35「初世沢村宗十郎の清見宗内と二世三条勘太郎のふせや」（奥村利信）
　▷図40「二世三条勘太郎の小姓吉三郎」（田村貞信）
　▷図27「市村竹之丞と二代三条勘太郎の舞台姿」（鳥居清忠（初代））
　▷図14「二世三条勘太郎,市村玉柏,大谷広次,および中嶋三甫右衛門の舞台姿」（鳥居清信（初代））
　▷図16「二世三条勘太郎の八百屋お七と市村竹之丞の吉三郎」（鳥居清信（初代））
　▷図90「二世三条勘太郎と佐野川万菊の舞台姿」（鳥居清倍（2代））
　▷図93「二世三条勘太郎の舞台姿」（鳥居清倍（2代））
　▷図102「二世三条勘太郎の舞台姿」（伝　鳥居清倍（2代））
　▷図113「二世三条勘太郎のお七と市村竹之丞の吉三郎」（羽川珍重）
　▷図118「瀬川菊次郎の八百屋お七と二世三条勘太郎の吉三郎」（作者不詳）
◇浮世絵聚花 14（小学館 1981）
　▷図13「二世三条勘太郎のみやこのおくにと嵐和哥野」（奥村利信）
　▷図128「二世三条勘太郎のよしはらはやりた」（奥村政信　享保頃）
　▷図44「四世市村竹之丞と二世三条勘太郎の髪梳き」（鳥居清倍）

◇在外日本の至宝 7（毎日新聞社 1980）
　▷図44「二代目三条勘太郎の八百屋お七」（奥村利信　享保3(1718)）
◇浮世絵聚花 8（小学館 1980）
　▷図42「初世瀬川菊次郎の八百屋お七と二世三条勘太郎の小姓吉三」（奥村利信　享保17(1732)）
◇浮世絵聚花 12（小学館 1980）
　▷図46「二世市川団十郎の井筒屋徳兵衛と二代目三条勘太郎の井筒屋ふさ」（鳥居清信（初代）享保5頃(1720頃)）
　▷図48「二世市川団十郎と二世三条勘太郎」（作者不詳）
◇日本美術全集 22（学習研究社 1979）
　▷図46「初世瀬川菊次郎の八百屋お七と二世三条勘太郎の小姓吉三」（奥村利信　享保17(1732)）
　▷図18「二代目三条勘太郎の舞姿」（懐月堂安度　正徳2-3(1712-13)）
◇浮世絵聚花 4（小学館 1979）
　▷図015「二代目三条勘太郎の八百屋お七」（鳥居清倍）
◇浮世絵聚花 7（小学館 1979）
　▷図63「二世三条勘太郎の八百屋お七」（鳥居清倍（2代））
◇浮世絵聚花 10（小学館 1979）
　▷図65「二世三条勘太郎」（奥村利信）
◇浮世絵大系 1（集英社 1974）
　▷図50「二代三条勘太郎の大磯の虎」（長谷川義重）

三条実万　さんじょうさねつむ　1802〜1859
江戸時代末期の公家。内大臣。
◇国史大辞典（吉川弘文館 1979）

三条実美　さんじょうさねとみ　1837〜1891
江戸時代末期,明治時代の公家。右大臣・太政大臣。
◇皇族・華族古写真帖 愛蔵版（新人物往来社 2003）
　▷p136「（無題）」
　▷p193「（無題）」
◇十一日本のダンディズム（二玄社 2003）
　▷p111 No.81「明治英雄一覧」（明治時代初期）
◇講談社日本人名大辞典（講談社 2001）
◇日本史大事典（平凡社 1992）
◇日本大百科全書（小学館 1984）
◇国史大辞典（吉川弘文館 1979）
◇日本人名大事典 1〜6（平凡社 1979（覆刻））
◇世界伝記大事典（ほるぷ出版 1978）
◇明治絵画名作大観 下（同盟通信社 1969）
　▷図37「三条実美公」（キヨソーネ　明治22(1889)）
◇大日本百科事典（小学館 1967）
◇世界大百科事典（平凡社 1964）

三条実房　さんじょうさねふさ　1147～1225
平安時代後期, 鎌倉時代前期の公卿。左大臣。
◇日本史大事典（平凡社 1992）
◇国史大辞典（吉川弘文館 1979）

三条天皇　さんじょうてんのう　976～1017
平安時代中期の第67代天皇。在位1011～1016。
◇名品揃物浮世絵 9（ぎょうせい 1992）
　▷図25「百人一首字母か衛説 三条院」（葛飾北斎　天保年間中-後期(1830-1844)）

三条西公条　さんじょうにしきんえだ
1487～1563
戦国時代の歌人・公卿。右大臣。
◇国宝・重要文化財大全 1（毎日新聞社 1997）
　▷図164「三条西実隆・公条像」（作者不詳　室町時代）
◇日本史大事典（平凡社 1992）
◇国史大辞典（吉川弘文館 1979）
◇重要文化財 9（毎日新聞社 1974）
　▷図287「三条西実隆・公条像」（作者不詳　室町時代）

三条西実隆　さんじょうにしさねたか
1455～1537
戦国時代の歌人・公卿。内大臣。
◇国宝・重要文化財大全 1（毎日新聞社 1997）
　▷図164「三条西実隆・公条像」（作者不詳　室町時代）
◇秘蔵日本美術大観 10（講談社 1993）
　▷図38「嶋巌 三条西実隆」（北尾政美　宝暦年間(1751-64)後期）
◇日本史大事典（平凡社 1992）
◇京都大事典（淡交社 1984）
◇日本大百科全書（小学館 1984）
◇国史大辞典（吉川弘文館 1979）
◇日本美術絵画全集 5（集英社 1979）
　▷図53「三条西実隆像紙形」（土佐光信　文亀1(1501)）
◇世界伝記大事典（ほるぷ出版 1978）
◇重要文化財 9（毎日新聞社 1974）
　▷図287「三条西実隆・公条像」（作者不詳　室町時代）

三条西実世　さんじょうにしさねよ　1511～1579
戦国時代, 安土桃山時代の歌人・公卿。内大臣。
◇国史大辞典（吉川弘文館 1979）　▷三条西実枝

山叟慧雲　さんそうえうん　1227～1301
鎌倉時代後期の臨済宗か一派の僧。
◇国宝・重要文化財大全 1（毎日新聞社 1997）
　▷図95「山叟恵雲像」（作者不詳　鎌倉時代　永仁7(1299)自賛）
◇日本古寺美術全集 22（集英社 1983）

　▷図18「山叟恵雲像」（作者不詳　永仁7(1299)）
◇国史大辞典（吉川弘文館 1979）
◇重要文化財 10（毎日新聞社 1974）
　▷図331「山叟恵雲像(自賛)」（作者不詳　鎌倉時代）

山東京山　さんとうきょうざん　1769～1858
江戸時代中期, 後期の戯作者。
◇講談社日本人名大辞典（講談社 2001）

山東京伝　さんとうきょうでん　1761～1816
江戸時代中期, 後期の黄表紙・洒落本・読本・合巻作者。
◇講談社日本人名大辞典（講談社 2001）
◇朝日美術館 日本編 8（朝日新聞社 1997）
　▷図37「面構 浮世絵師鍬形蕙斎・戯作者山東京伝」（片岡球子　1981）
　▷図49「面構 戯作者山東京伝」（片岡球子 1985）
◇日本の浮世絵美術館 1（角川書店 1996）
　▷図137「山東京伝遊宴」（喜多川歌麿(初代)）
◇日本芸術の創跡 1996年度版（世界文芸社 1996）
　▷p47「面構 戯作者山東京伝」（片岡球子）
◇肉筆浮世絵大観 2（講談社 1995）
　▷図単色35「山東京伝画像」（歌川豊国　文化年間(1804-18)末）
◇名品揃物浮世絵 4（ぎょうせい 1992）
　▷図65「江戸花京橋名取 山東京伝」（鳥橋斎栄里　寛政7-8頃(1795-96頃)）
◇現代の日本画 6（学習研究社 1991）
　▷図60「面構 浮世絵師鍬形蕙斎・戯作者山東京伝」（片岡球子　昭和56(1981)）
◇秘蔵浮世絵大観 7（講談社 1990）
　▷図030「江戸花京橋名取 山東京伝」（鳥橋斎栄里　寛政7-8頃(1795-96頃)）
◇日本大百科全書（小学館 1984）
◇国史大辞典（吉川弘文館 1979）
◇日本人名大事典 1～6（平凡社 1979(覆刻)）
◇浮世絵聚花 7（小学館 1990）
　▷図44「江戸花京橋名取 山東京伝」（鳥橋斎栄里　寛政7-8頃(1795-96頃)）
◇世界伝記大事典（ほるぷ出版 1978）
◇浮世絵聚花 3（小学館 1978）
　▷図90-92「大名屋敷の遊興に招かれた京伝」（喜多川歌麿(初代)）
◇浮世絵大系 6（集英社 1973）
　▷図55「江戸花京橋名取 山東京伝」（鳥橋斎栄里　寛政7-8頃(1795-96頃)）
◇原色日本の美術 17（小学館 1968）
　▷図76「江戸花京橋名取 山東京伝」（鳥橋斎栄里　寛政7-8頃(1795-96頃)）
◇大日本百科事典（小学館 1967）
◇世界大百科事典（平凡社 1964）
◇日本版画美術全集 3（講談社 1961）

▷図38「山東京伝見世先図」(北尾政演)

三等法印　さんとうほういん　1678〜1746
江戸時代前期, 中期の僧侶。
◇香川県人物・人名事典（四国新聞社 1985）
◇香川県大百科事典（四国新聞社 1984）

三遊亭円橘〔2代〕　さんゆうていえんきつ
1837〜1906　江戸時代末期, 明治時代の落語家。
◇古今東西落語家事典（平凡社 1989）

三遊亭円朝〔初代〕　さんゆうていえんちょう
1839〜1900　江戸時代末期, 明治時代の落語家。
◇巨匠の日本画 6（学習研究社 1994）
　▷図61,63「三遊亭円朝像」（鏑木清方　昭和5（1930））
◇日本史大事典（平凡社 1992）　▷三遊亭円朝〔代数なし〕
◇日本美術全集 22（講談社 1992）
　▷図94「三遊亭円朝像」（鏑木清方　昭和5（1930））
◇昭和の日本画100選（朝日新聞社 1991）
　▷図2「三遊亭円朝像」（鏑木清方　昭和5（1930））
◇昭和の美術 1（毎日新聞社 1990）
　▷p29「三遊亭円朝像」（鏑木清方　昭和5（1930））
◇昭和の文化遺産 1（ぎょうせい 1990）
　▷図29「三遊亭円朝像」（鏑木清方　昭和5（1930））
◇古今東西落語家事典（平凡社 1989）
◇日本大百科全書（小学館 1984）　▷三遊亭円朝〔代数なし〕
◇日本画素描大観 3（講談社 1983）
　▷図15「三遊亭円朝像（下絵）」（鏑木清方　昭和5.9（1930.9））
◇国史大辞典（吉川弘文館 1979）
◇日本人名大事典 1〜6（平凡社 1979（覆刻））
◇原色現代日本の美術 4（小学館 1978）
　▷図52「三遊亭円朝像」（鏑木清方　昭和5（1930））
◇世界伝記大事典（ほるぷ出版 1978）
◇日本近代文学大事典 1〜3（講談社 1977）
◇現代日本の美術 3（集英社 1976）
　▷図17「三遊亭円朝像」（鏑木清方　昭和5（1930））
　▷図X「三遊亭円朝像（下絵）」（鏑木清方　昭和5.9（1930.9））
◇日本の名画 10（中央公論社 1975）
　▷図33「三遊亭円朝像」（鏑木清方　昭和5（1930））
◇日本の名画 19（講談社 1973）
　▷図12「三遊亭円朝像」（鏑木清方　昭和5（1930））
◇大日本百科事典（小学館 1967）

◇世界大百科事典（平凡社 1964）
◇日本近代絵画全集 21（講談社 1962）
　▷図10「三遊亭円朝像」（鏑木清方　昭和5（1930））
◇日本美術大系 10（講談社 1960）
　▷図41「三遊亭円朝像」（鏑木清方　昭和5（1930））
◇現代日本美術全集 5（角川書店 1955）
　▷グラビア39「三遊亭円朝像」（鏑木清方　昭和5（1930））

三遊亭遊三〔初代〕　さんゆうていゆうざ
1840〜1914　江戸時代末期, 明治時代の落語家。
◇古今東西落語家事典（平凡社 1989）

【し】

之庵道貫　しあんどうかん
鎌倉時代後期の臨済宗の僧。
◇国宝・重要文化財大全 1（毎日新聞社 1997）
　▷図106「之庵道貫像」（作者不詳　鎌倉時代　元弘3（1333）自賛）
◇重要文化財 10（毎日新聞社 1974）
　▷図340「之庵道貫（自賛）」（作者不詳　鎌倉時代）

椎名道三　しいなどうさん　1790〜1858
江戸時代末期の新田開発功労者。
◇富山大百科事典（北日本新聞社 1994）

椎原小弥太　しいはらこやた　1840〜1868
江戸時代末期の薩摩藩士。
◇サムライ古写真帖（新人物往来社 2004）
　▷p110「（無題）」
◇鹿児島大百科事典（南日本新聞社 1981）

似雲　じうん　1673〜1753
江戸時代中期の歌人。
◇広島県大百科事典（中国新聞社 1982）

慈雲　じうん　1718〜1804
江戸時代中期, 後期の真言宗の僧。
◇香川県人物・人名事典（四国新聞社 1985）　▷飲光
◇香川県大百科事典（四国新聞社 1984）　▷飲光
◇日本大百科全書（小学館 1984）　▷飲光
◇国史大辞典（吉川弘文館 1979）　▷飲光
◇日本人名大事典 1〜6（平凡社 1979（覆刻））
　▷慈雲尊者
◇文人画粋編 11（中央公論社 1975）

▷図31「慈雲尊者長尾山禅定図」(柳沢淇園)
◇和漢詩歌作家辞典 (みづほ出版 1972)

慈円　　じえん　　1155～1225
　平安時代後期, 鎌倉時代前期の天台宗の僧。
◇講談社日本人名大辞典 (講談社 2001)
◇京都大事典 (淡交社 1984)
◇日本大百科全書 (小学館 1984)
◇国史大辞典 (吉川弘文館 1979)
◇世界伝記大事典 (ほるぷ出版 1978)
◇大日本百科事典 (小学館 1967)

塩沢茂三郎　　しおざわもさぶろう　　1830～1909
　江戸時代末期, 明治期の駿河国富士郡の篤農家。
◇静岡県歴史人物事典 (静岡新聞社 1991)

塩田三郎　　しおださぶろう　　1843～1889
　江戸時代末期, 明治時代の外交官。
◇幕末―写真の時代 (筑摩書房 1994)
　▷p91 No.103「(無題)」(ルイ・ルソー)
◇写された幕末―石黒敬七コレクション (明石書店 1990)
　▷p37 No.6「あばたの随員塩田三郎」
◇読者所蔵「古い写真」館 (朝日新聞社 1986)
　▷p38「第2回遣欧使節」
◇日本写真全集 1 写真の幕あけ (小学館 1985)
　▷p17 No.15「第二回遣欧使節随員」

塩田順庵　　しおたじゅんあん　　1805～1871
　江戸時代末期, 明治時代の医師。
◇北海道歴史人物事典 (北海道新聞社 1993)
◇北海道大百科事典 (北海道新聞社 1981)
◇日本人名大事典 1～6 (平凡社 1979(覆刻))

塩谷大四郎　　しおのやだいしろう　　1769～1836
　江戸時代中期, 後期の西国筋郡代。
◇大分県歴史人物事典 (大分合同新聞社 1996)
　▷塩谷正義
◇大分百科事典 (大分放送 1980)
◇国史大辞典 (吉川弘文館 1979)

塩谷宕陰　　しおのやとういん　　1809～1867
　江戸時代末期の儒学者。
◇国史大辞典 (吉川弘文館 1979)

塩谷良翰　　しおのやりょうかん　　1835～1923
　江戸時代末期, 明治時代の上野館林藩士。
◇宮城県百科事典 (河北新報社 1982)

塩原太助　　しおばらたすけ　　1743～1816
　江戸時代中期, 後期の商人。
◇群馬県百科事典 (上毛新聞社 1979)

塩谷道博　　しおやどうはく　　1843～1899
　江戸時代後期～明治期の那須郡田野倉村の医師, 栃木県議会議員。
◇栃木県歴史人物事典 (下野新聞社 1995)

四海波静太夫　　しかいなみせいだゆう
　1836～1883　江戸時代末期, 明治時代の力士。
◇写された幕末―石黒敬七コレクション (明石書店 1990)
　▷p192 No.1「明治2年の横綱」

志賀親朋　　しがちかとも　　1842～1916
　江戸時代末期, 明治時代のロシア語学者。
◇幕末―写真の時代 (筑摩書房 1994)
　▷p142 No.154「(無題)」(撮影者不詳)
◇読者所蔵「古い写真」館 (朝日新聞社 1986)
　▷p42「遣露使節と留学生」

鹿都部真顔　　しかつべのまがお　　1753～1829
　江戸時代中期, 後期の狂歌師。
◇日本の浮世絵美術館 1 (角川書店 1996)
　▷図33,34「鹿都部真顔・朱楽菅江像」(窪俊満　寛政10頃)
◇国史大辞典 (吉川弘文館 1979)　鹿津部真顔

鹿間津滝右衛門　　しかまつたきうえもん
　江戸時代の力士。
◇秘蔵浮世絵大観 6 (講談社 1989)
　▷図140「鹿間津滝右衛門・糸ケ浜長治郎」(勝川春英　文化2-5(1805-08))

四賀峯音吉　　しがみねおときち
　江戸時代の力士。
◇秘蔵浮世絵大観 プルヴェラー・コレクション (講談社 1990)
　▷図72「角力三番続 四賀峯音吉」(喜多川月麿　文政2-11(1819-26))

紫巖　　しがん　　1738～1811
　江戸時代中期, 後期の天台宗の僧侶。
◇岡山県歴史人物事典 (山陽新聞社 1994)

食行身禄　　じきぎょうみろく　　1671～1733
　江戸時代中期の富士護身派の祖。
◇神奈川県史 各論編3 文化 (神奈川県 1980)
　▷〈写真〉174「食行身禄木像」
◇国史大辞典 (吉川弘文館 1979)

式子内親王　　しきしないしんのう　　?～1201
　平安時代後期, 鎌倉時代前期の女性。歌人。
◇秘蔵浮世絵大観 別巻 (講談社 1990)
　▷〔チ〕15「小倉山の定家を訪ねる式子内親王と野分の方」(西村重長　享保か(1716-36

しきた

　　　か））
◇日本版画美術全集 5（講談社 1960）
　　▷図70「百人一首乳母が絵解〈版下絵〉式子内親王」（葛飾北斎）

敷田年治　しきだとしはる　1817〜1902
　江戸時代末期, 明治時代の国学者。
◇国史大辞典（吉川弘文館 1979）

式亭三馬　しきていさんば　1776〜1822
　江戸時代後期の黄表紙・合巻・滑稽本作者。
◇講談社日本人名大辞典（講談社 2001）
◇日本史大事典（平凡社 1992）
◇日本大百科全書（小学館 1984）
◇国史大辞典（吉川弘文館 1979）
◇日本人名大事典 1〜6（平凡社 1979〔覆刻〕）
◇世界伝記大事典（ほるぷ出版 1978）
◇大日本百科事典（小学館 1967）
◇世界大百科事典（平凡社 1964）

鴫原佐蔵　しぎはらさぞう　1838〜1916
　江戸時代末期〜大正期の農業家。
◇福島大百科事典（福島民報社 1980）

志玉　しぎょく　1383〜1463
　室町時代の僧。
◇国史大辞典（吉川弘文館 1979）
◇秘宝 5（講談社 1969）
　　▷図231「晋一国師志玉画像」（作者不詳　室町時代）

志倉西馬　しくらさいば　1808〜1858
　江戸時代末期の俳人。
◇群馬県史 通史編6 近世3 生活・文化（群馬県 1992）
　　▷〈写真〉111「志倉西馬肖像画」

重野安繹　しげのやすつぐ　1827〜1910
　江戸時代末期, 明治時代の史家, 薩摩藩士, 文学博士。
◇角川日本姓氏歴史人物大辞典 46（角川書店 1994）
◇日本大百科全書（小学館 1984）
◇沖縄大百科事典（沖縄タイムス社 1983）
◇鹿児島大百科事典（南日本新聞社 1981）
◇国史大辞典（吉川弘文館 1979）

重松義胤　しげまつよしたね　1826〜1899
　江戸時代後期〜明治期の志士, 歌人。
◇大分県歴史人物事典（大分合同新聞社 1996）
◇大分百科事典（大分放送 1980）

重光直愿　しげみつなおよし　1849〜1925
　江戸時代末期〜大正期の漢学者。
◇大分県歴史人物事典（大分合同新聞社 1996）

重頼　しげより　1602〜1680
　江戸時代前期の俳人。
◇国史大辞典（吉川弘文館 1979）　▷松江重頼
◇俳諧人名辞典（巖南堂書店 1970）

自謙　じけん　1751〜1846
　江戸時代中期, 後期の浄土真宗の僧。
◇島根県歴史人物事典（山陰中央新報社 1997）
◇島根県大百科事典（山陰中央新報社 1982）

慈興　じこう
　の伝説上の立山開山。
◇国宝・重要文化財大全 4（毎日新聞社 1999）
　　▷図709「慈興上人（坐）像」（作者不詳　鎌倉時代　雄山神社（富山県中新川郡立山町）蔵）
◇仏像集成 2（学生社 1992）
　　▷図92「慈興上人（坐）像」（作者不詳　鎌倉時代　雄山神社（富山県中新川郡立山町）蔵）
◇日本の仏像大百科 5（ぎょうせい 1991）
　　▷図105「慈興上人（坐）像」（作者不詳　鎌倉時代　雄山神社（富山県中新川郡立山町）蔵）
◇重要文化財 5（毎日新聞社 1974）
　　▷図189「慈興上人（坐）像」（作者不詳　鎌倉時代　雄山神社（富山県中新川郡立山町）蔵）

地獄大夫　じごくだゆう
　室町時代の女性。和泉国境の伝説の遊女。
◇ボストン美術館 日本美術調査図録（講談社 2003）
　　▷図III-490「地獄太夫図」（橋本周延　幕末－明治（19世紀後半））
◇ボストン美術館 肉筆浮世絵 3（講談社 2000）
　　▷図106「地獄太夫図」（橋本周延　幕末－明治（19世紀後半））
◇肉筆浮世絵大観 6（講談社 1995）
　　▷図83「地獄太夫図」（落合芳幾　明治39（1906））
◇肉筆浮世絵大観 8（講談社 1995）
　　▷図単色28「地獄太夫図」（河鍋暁翠　明治時代（1868-1912）中・後期）
◇秘蔵浮世絵大観 別巻（講談社 1990）
　　▷〔ケ〕16「地獄太夫図」（河鍋暁斎　明治中期（1868-1912））
◇秘蔵浮世絵大観 3（講談社 1988）
　　▷図0132「新撰東錦絵　一休地獄太夫之話」（月岡芳年　明治19（1886））
◇肉筆浮世絵 10（集英社 1983）
　　▷図36「地獄太夫図」（河鍋暁斎）
　　▷図82「地獄太夫図」（河鍋暁斎）

▷図29「地獄太夫図」(春木南溟)
◇肉筆浮世絵 8（集英社 1981）
　▷図71「地獄太夫図」(歌川豊国(4代))

此山妙在　しざんみょうざい　1296〜1377
　鎌倉時代後期, 南北朝時代の臨済宗の僧。
◇長野県歴史人物大事典（郷土出版社 1989）

宍戸璣　ししどたまき
　1829〜1901　江戸時代末期, 明治時代の政治家。
◇国史大辞典（吉川弘文館 1979）

宍野半　ししのなかば　1844〜1884
　江戸時代末期, 明治時代の神道家。
◇神奈川県史 各論編3 文化（神奈川県 1980）
　▷〈写真〉178「宍野半肖像画」
◇国史大辞典（吉川弘文館 1979）

慈昌　じしょう　1544〜1620
　安土桃山時代, 江戸時代前期の浄土宗の僧。
◇仏像集成 1（学生社 1989）
　▷図244「観智国師坐像」(作者不詳　法台寺(埼玉県新座市)蔵)
◇国史大辞典（吉川弘文館 1979）

四条隆謌　しじょうたかうた　1828〜1898
　江戸時代末期, 明治時代の公家, 七卿落ちの一人, 陸軍軍人。
◇国史大辞典（吉川弘文館 1979）

四条隆房　しじょうたかふさ　1148〜1209
　平安時代後期, 鎌倉時代前期の歌人・公卿。権大納言。
◇講談社日本人名大辞典（講談社 2001）
◇国宝・重要文化財大全 1（毎日新聞社 1997）
　▷図152「隆房卿艶詞絵巻」(作者不詳　鎌倉時代)
◇原色日本の美術（改訂版）8（小学館 1994）
　▷図70「隆房卿艶詞絵巻」(作者不詳　13世紀後半)
◇新編 名宝日本の美術 10（小学館 1991）
　▷図80「隆房卿艶詞絵巻　第一段」(作者不詳　13世紀後半)
◇人間の美術 6（学習研究社 1990）
　▷図102「隆房卿艶詞絵巻　第三段」(作者不詳　13世紀)
◇日本美術全集 8（講談社 1990）
　▷図111「隆房卿艶詞絵巻　絵第一段」(作者不詳　13世紀後半)
　▷図112「隆房卿艶詞絵巻　絵第二段」(作者不詳　13世紀後半)
◇日本の絵巻 10（中央公論社 1988）
　▷p68-96「隆房卿艶詞絵巻」(作者不詳)
◇花鳥画の世界 1（学習研究社 1982）
　▷図15-16「隆房卿艶詞絵巻」(作者不詳　鎌倉時代)
◇名宝日本の美術 10（小学館 1981）
　▷図80「隆房卿艶詞絵巻　第一段」(作者不詳　13世紀後半)
◇水墨美術大系 1（講談社 1975）
　▷図131「隆房卿艶詞絵」(作者不詳)
◇重要文化財 9（毎日新聞社 1974）
　▷図138「隆房卿艶詞絵巻」(作者不詳　鎌倉時代)
◇原色日本の美術 8（小学館 1968）
　▷図70「隆房卿艶詞絵巻」(作者不詳　13世紀後半)

四条天皇　しじょうてんのう　1231〜1242
　鎌倉時代前期の第87代天皇。在位1232〜1242。
◇国宝・重要文化財大全 1（毎日新聞社 1997）
　▷図147「天皇摂関御影」(作者不詳　鎌倉時代)
◇日本美術全集 9（講談社 1993）
　▷図30「天子摂関大臣影図巻」(藤原為信, 藤原豪信　14世紀中頃)
◇皇室の至宝第1期 御物 1（毎日新聞社 1991）
　▷図10-30「天皇影(天皇・摂関・大臣影三巻のうち)」(藤原為信, 伝 藤原豪信　鎌倉時代)
◇続日本の絵巻 12（中央公論社 1991）
　▷p51-84「天子摂関御影」(作者不詳　14世紀半ば過ぎ)
◇続日本絵巻大成 18（中央公論社 1983）
　▷p51-84「天子摂関御影」(作者不詳)
◇国史大辞典（吉川弘文館 1979）
◇日本人名大事典 1〜6（平凡社 1979(覆刻)）
◇新修日本絵巻物全集 26（角川書店 1978）
　▷グラビアp24-29「天子摂関御影　天子巻」(作者不詳)
　▷グラビアp30-37「天子摂関御影　摂関巻」(作者不詳)
　▷グラビアp38-55「天子摂関御影　大臣巻」(作者不詳)
　▷グラビア1「天子摂関御影　天子巻(崇徳院)」(作者不詳)
　▷グラビア2「天子摂関御影　天子巻(順徳院・後高倉院)」(作者不詳)
　▷グラビア3「天子摂関御影　摂関巻(藤原忠通・藤原基実)」(作者不詳)
　▷グラビア4「天子摂関御影　摂関巻(九条良経・近衛家実)」(作者不詳)
　▷グラビア5「天子摂関御影　大臣巻(藤原宗忠・藤原頼長)」(作者不詳)
　▷グラビア6「天子摂関御影　大臣巻(平重盛・平宗盛)」(作者不詳)
　▷グラビア7「天子摂関御影　大臣巻(大炊御門冬氏・今出川兼季)」(作者不詳)
　▷オフセット1「天子摂関御影　天子巻(鳥羽院)」(作者不詳)
　▷オフセット2「天子摂関御影　天子巻(後白河院・二条院)」(作者不詳)
　▷オフセット3「天子摂関御影　天子巻(高倉

院・後鳥羽院)」(作者不詳)
　　▷オフセット4「天子摂関御影　天子巻(花園院・後醍醐院)」(作者不詳)
　　▷オフセット5「天子摂関御影　摂関巻(藤原師家・九条兼実)」(作者不詳)
　　▷オフセット6「天子摂関御影　大臣巻(平清盛・藤原忠雅)」(作者不詳)
◇日本絵画館 4 (講談社 1970)
　　▷図53「天皇影」(伝 藤原為信　14世紀前半)

四条頼基　しじょうよりもと
　鎌倉時代後期の武士。
◇国史大辞典 (吉川弘文館 1979)

静御前　しずかごぜん
　平安時代後期、鎌倉時代前期の女性。源義経の側女。
◇ボストン美術館 日本美術調査図録 (講談社 2003)
　　▷図III-216「静御前図」(礒田湖竜斎　安永(1772-81)-天明(1781-89)前期)
　　▷図III-69「堀川夜討の静御前」(作者不詳　宝永(1704-11)-正徳(1711-16)頃)
◇ボストン美術館 肉筆浮世絵 2 (講談社 2000)
　　▷図48「静御前図」(礒田湖竜斎　安永(1772-81)末-天明(1781-89)初)
◇肉筆浮世絵大観 2 (講談社 1995)
　　▷図単色45「静の舞図」(歌川豊清　文政年間(1818-30)初期)
◇秘蔵日本美術大観 12 (講談社 1994)
　　▷図33「静御前図」(菊池容斎　明治2(1869))
◇浮世絵聚花 補巻1 (小学館 1982)
　　▷図23「頼朝の前で舞う静御前」(鈴木春信)
◇肉筆浮世絵集成 1 (毎日新聞社 1977)
　　▷図137「義経物語 静の舞図」(奥村政信風享保期)
◇肉筆浮世絵集成 2 (毎日新聞社 1977)
　　▷図98「義経,静,弁慶図」(小川破笠　寛保期)
◇原色日本の美術 17 (小学館 1968)
　　▷図5「義経と静」(鳥居清倍)

志静　しせい　1784~1854
　江戸時代中期~末期の僧侶。
◇高知県人名事典 (高知新聞社 1999)

慈仙院　じせいん　1554~1646
　安土桃山時代,江戸時代前期の女性。山内一豊の妹。
◇高知県人名事典 (高知新聞社 1999)

七里恒順　しちりごうじゅん　1835~1900
　江戸時代末期,明治時代の浄土真宗本願寺派の僧。
◇福岡県百科事典 上,下 (西日本新聞社 1982)

実慧　じつえ　786~847
　平安時代前期の真言宗の僧。
◇香川県人物・人名事典 (四国新聞社 1985)
◇香川県大百科事典 (四国新聞社 1984)
◇日本人名大事典 1~6 (平凡社 1979(覆刻))

実川延若〔初代〕　じつかわえんじゃく
　1831~1885　江戸時代末期,明治時代の歌舞伎役者。
◇国史大辞典 (吉川弘文館 1979)

実川額十郎〔初代〕　じつかわがくじゅうろう
　1782~1835　江戸時代後期の歌舞伎役者。
◇秘蔵浮世絵大観 3 (講談社 1988)
　　▷図073「浅尾額十郎の濡髪長五郎と二代目嵐橘三郎の放駒長吉」(戯画堂芦ゆき　文政6)
　　▷図072「浅尾額十郎の山田幸十郎・二代目沢村国太郎の女房おこう・二代目嵐橘三郎の今木伝七」(戯画堂芦ゆき　文政10)

実川額十郎〔2代〕　じつかわがくじゅうろう
　1813~1867　江戸時代末期の歌舞伎役者。
◇秘蔵浮世絵大観 5 (講談社 1989)
　　▷図179「初代実川延三郎の小野の篁」(五蝶亭貞升　嘉永2(1849))

実川八百蔵　じつかわやおぞう
　江戸時代末期,明治時代の歌舞伎役者。
◇日本写真全集 1 写真の幕あけ (小学館 1985)
　　▷p113 No.143「歌舞伎役者」(明治初~中期)

実清　じっしょう
　鎌倉時代後期の僧侶・歌人。
◇ボストン美術館 日本美術調査図録 (講談社 1997)
　　▷図I-230「実清和尚像」(作者不詳　江戸時代正保元(1644))

実如　じつにょ　1458~1525
　戦国時代の真宗の僧。
◇国史大辞典 (吉川弘文館 1979)

十返舎一九　じっぺんしゃいっく　1765~1831
　江戸時代中期,後期の黄表紙・洒落本・合巻作者。
◇講談社日本人名大辞典 (講談社 2001)
◇日本史大事典 (平凡社 1992)
◇日本大百科全書 (小学館 1984)
◇国史大辞典 (吉川弘文館 1979)

◇日本人名大事典 1〜6（平凡社 1979（覆刻））
◇世界伝記大事典（ほるぷ出版 1978）
◇静岡大百科事典（静岡新聞社 1978）
◇大日本百科事典（小学館 1967）

志道軒〔初代〕　しどうけん
1680？〜1765　江戸時代中期の講釈師。
◇秘蔵浮世絵大観 2（講談社 1987）
　▷図38「志道軒講釈」（青牛　宝暦(1751-64)）
◇浮世絵聚花 1（小学館 1983）
　▷図47「講釈場の深井志道軒」（石川豊信）
◇肉筆浮世絵 3（集英社 1982）
　▷図38「志道軒講釈図」（作者不詳）
◇日本版画美術全集 2（講談社 1961）
　▷図196「志道軒と若衆美人」（奥村政信）
◇浮世絵全集 1（河出書房新社 1957）
　▷図54「志道軒と若衆美人」（奥村政信）

持統天皇　じとうてんのう　645〜702
飛鳥時代の第41代天皇。女帝、在位686〜697。
◇名品揃物浮世絵 9（ぎょうせい 1992）
　▷図2「百人一首うはかえと起 持統天皇」（葛飾北斎　天保年間中‐後期(1830-1844)）
◇浮世絵聚花 補巻1（小学館 1982）
　▷図43「百人一首 持統天皇」（鈴木春信　明和4-5(1767-68)）
◇世界伝記大事典（ほるぷ出版 1978）

至道無難　しどうぶなん　1603〜1676
江戸時代前期の臨済宗の僧。
◇国史大辞典（吉川弘文館 1979）

品川弥二郎　しながわやじろう　1843〜1900
江戸時代末期、明治時代の長州（萩）藩士、政治家。
◇栃木県歴史人物事典（下野新聞社 1995）
◇角川日本姓氏歴史人物大辞典 35（角川書店 1991）
◇日本大百科全書（小学館 1984）
◇国史大辞典（吉川弘文館 1979）
◇日本人名大事典 1〜6（平凡社 1979（覆刻））

篠崎小竹　しのざきしょうちく　1781〜1851
江戸時代後期の儒学者、漢詩人。
◇大分百科事典（大分放送 1980）

篠崎安平　しのざきやすへい　1849〜？
江戸時代後期〜明治期の実業家。
◇栃木県歴史人物事典（下野新聞社 1995）

志野宗信　しのそうしん　1441〜1522
室町時代、戦国時代の香道家。
◇国史大辞典（吉川弘文館 1979）

◇日本美術絵画全集 18（集英社 1979）
　▷図69「志野宗信像」（池大雅）

信太意舒　しのだもとのぶ　1839〜1892
江戸時代末期、明治時代の志士。
◇国史大辞典（吉川弘文館 1979）

篠塚浦右衛門　しのづかうらうえもん
江戸時代の歌舞伎役者。
◇浮世絵ギャラリー 4（小学館 2006）
　▷図41「篠塚浦右衛門の都座口上図」（東洲斎写楽　寛政6(1794)）

篠原叶　しのはらかのう　1850〜1926
江戸時代末期〜大正期の新聞人。
◇角川日本姓氏歴史人物大辞典 10（角川書店 1994）
◇群馬県人名大事典（上毛新聞社 1982）
◇群馬県百科事典（上毛新聞社 1979）

篠原国幹　しのはらくにもと　1836〜1877
江戸時代末期、明治時代の薩摩藩士、陸軍少尉。
◇サムライ古写真帖（新人物往来社 2004）
　▷p134「（無題）」
◇日本史大事典（平凡社 1992）
◇鹿児島大百科事典（南日本新聞社 1981）
◇国史大辞典（吉川弘文館 1979）
◇日本人名大事典 1〜6（平凡社 1979（覆刻））

四野宮平八　しのみやへいはち
江戸時代中期の歌舞伎役者。
◇浮世絵聚花 4（小学館 1979）
　▷図76「四野宮平八」（鳥居清信（初代））

柴岡晋　しばおかすすむ　1848〜1923
江戸時代末期〜大正期の警察署長、実業家。
◇宮崎県大百科事典（宮崎日日新聞社 1983）

斯波兼頼　しばかねより　？〜1379
南北朝時代の武将。
◇山形県大百科事典（山形放送 1983）

司馬江漢　しばこうかん　1747〜1818
江戸時代中期、後期の洋風画家。
◇講談社日本人名大辞典（講談社 2001）
◇国史大辞典（吉川弘文館 1979）
◇日本人名大事典 1〜6（平凡社 1979（覆刻））
◇世界伝記大事典（ほるぷ出版 1978）
◇日本の名画 2（中央公論社 1976）
　▷図7「司馬江漢像」（高橋由一　明治8-9頃(1875-76頃)）

柴秋邨　しばしゅうそん　1830～1871
　江戸時代後期～明治期の儒家。
◇徳島県百科事典（徳島新聞社 1981）

芝全交〔初代〕　しばぜんこう
　1750～1793　江戸時代中期の黄表紙作者。
◇日本人名大事典 1～6（平凡社 1979〔覆刻〕）
　▷芝全交〔1世〕

柴田勝家　しばたかついえ　1522～1583
　戦国時代，安土桃山時代の武将。
◇福井県大百科事典（福井新聞社 1991）
◇日本史大事典（平凡社 1992）
◇日本大百科全書（小学館 1984）
◇世界伝記大事典（ほるぷ出版 1978）
◇兵庫県史　第3巻　中世編2・近世編1（兵庫県 1978）
　▷〈写真〉写真224「柴田勝家像」
◇大日本百科事典（小学館 1967）

柴田鳩翁　しばたきゅうおう　1783～1839
　江戸時代後期の石門心学者。
◇岡山県歴史人物事典（山陽新聞社 1994）
◇日本史大事典（平凡社 1992）
◇兵庫県大百科事典　上，下（神戸新聞出版センター 1983）
◇国史大辞典（吉川弘文館 1979）

柴田粂之進　しばたくめのしん
　江戸時代末期の松本藩士。
◇読者所蔵「古い写真」館（朝日新聞社 1986）
　▷p34「出陣を前に」

柴田外記　しばたげき　1609～1671
　江戸時代前期の陸奥仙台藩士。
◇宮城県百科事典（河北新報社 1982）

新発田収蔵　しばたしゅうぞう　1820～1859
　江戸時代末期の蘭方医，篆刻家。
◇国史大辞典（吉川弘文館 1979）　▷柴田収蔵
◇新潟県大百科事典　別巻（新潟日報事業社 1977）

柴田是真　しばたぜしん　1807～1891
　江戸時代末期，明治時代の日本画家，蒔絵師。
◇国史大辞典（吉川弘文館 1979）

柴田剛中　しばたたけなか　1823～1877
　江戸時代末期，明治時代の幕臣。
◇サムライ古写真帖（新人物往来社 2004）
　▷p106「遣欧使節一行」（ナダール）
◇幕末―写真の時代（筑摩書房 1994）
　▷p57 No.42「第一回遣欧使節団正副使ら」（ナダール）

◇写真集 甦る幕末（朝日新聞社 1987）
　▷p231 No.315「（無題）」
　▷p234 No.333「（無題）」
◇開化写真鏡 写真にみる幕末から明治へ（大和書房 1975）
　▷p92「（無題）」（ナダール）
　▷p92「（無題）」

柴田利直　しばたとしなお　1822～1880
　江戸時代末期，明治時代の信濃松本藩士。
◇読者所蔵「古い写真」館（朝日新聞社 1986）
　▷p34「甥とともに」

柴田花守　しばたはなもり　1809～1890
　江戸時代末期，明治時代の神道家。
◇佐賀県大百科事典（佐賀新聞社 1983）
◇国史大辞典（吉川弘文館 1979）

柴野栗山　しばのりつざん　1736～1807
　江戸時代中期，後期の儒学者。
◇講談社日本人名大辞典（講談社 2001）
◇徳島県歴史人物鑑（徳島新聞社 1994）
◇日本史大事典（平凡社 1992）
◇香川県人物・人名事典（四国新聞社 1985）
◇香川県大百科事典（四国新聞社 1984）
◇日本大百科全書（小学館 1984）
◇徳島県百科事典（徳島新聞社 1981）
◇国史大辞典（吉川弘文館 1979）
◇世界伝記大事典（ほるぷ出版 1978）

柴原和　しばはらやわら　1832～1905
　江戸時代末期，明治時代の竜野藩士。
◇千葉大百科事典（千葉日報社 1982）

柴山勘兵衛　しばやまかんべい　1568～1614
　安土桃山時代，江戸時代前期の船奉行。
◇大分百科事典（大分放送 1980）

柴山典　しばやまてん
　江戸時代末期，明治時代の筑後久留米藩士。
◇千葉県の歴史　資料編　近現代7（社会・教育・文化）1（発行 千葉県 1998）
　▷p10（写真）「柴山典（1822-84）肖像」

芝山持豊　しばやまもちとよ　1742～1815
　江戸時代中期，後期の歌人・公家。権大納言。
◇国史大辞典（吉川弘文館 1979）

渋川忠二郎　しぶかわちゅうじろう　1848～1925
　江戸時代末期～大正期の法学者。関西法律学校創立，大阪弁護士会会長。
◇島根県歴史人物事典（山陰中央新報社 1997）

渋沢栄一　しぶさわえいいち　1840～1931
　江戸時代末期, 明治時代の幕臣, 実業家。
◇サムライ古写真帖（新人物往来社 2004）
　　▷p18「マルセイユでの徳川昭武一行」
　　　（Walery　1867.4.5）
　　▷p6「（無題）」
　　▷p7「洋装の渋沢栄一」
◇士―日本のダンディズム（二玄社 2003）
　　▷p111 No.81「明治英雄一覧」（明治時代初期）
◇青森県人名事典（東奥日報社 2002）
◇埼玉人物事典（埼玉県 1998）
◇日本史大事典（平凡社 1992）
◇写された幕末―石黒敬七コレクション（明石書店 1990）
　　▷p56 No.1「マルセイユで撮った徳川昭武一行」
◇日本大百科全書（小学館 1984）
◇宮城県百科事典（河北新報社 1982）
◇群馬県人名大事典（上毛新聞社 1982）
◇兵庫県史　第5巻　近世編3・幕末維新（兵庫県 1981）
　　▷〈写真〉写真81「渋沢栄一像」
◇国史大辞典（吉川弘文館 1979）
◇日本人名大事典 1～6（平凡社 1979（覆刻））
◇世界伝記大事典（ほるぷ出版 1978）
◇五十嵐与七遺作集（五十嵐与七撮影　五十嵐写真店 1974）
　　▷p8「（無題）」
　　▷p9「（無題）」
◇埼玉大百科事典 1～5（埼玉新聞社 1974）
◇大日本百科事典（小学館 1967）
◇世界大百科事典（平凡社 1964）

渋沢喜作　しぶさわきさく　1838～1912
　江戸時代末期, 明治時代の志士, 実業家。
◇国史大辞典（吉川弘文館 1979）
◇埼玉大百科事典 1～5（埼玉新聞社 1974）

渋谷寛　しぶやひろし　1849～1922
　江戸時代末期～大正期の教育者。
◇高知県人名事典（高知新聞社 1999）

島惟精　しまいせい　1834～1886
　江戸時代末期, 明治時代の府内藩士。
◇岩手百科事典（岩手放送 1988）
◇大分百科事典（大分放送 1980）　▷島維精

島井宗室　しまいそうしつ　1539～1615
　安土桃山時代, 江戸時代前期の筑前博多の豪商, 茶人。
◇福岡県百科事典 上, 下（西日本新聞社 1982）

島霞谷　しまかこく　1827～1870
　江戸時代末期, 明治時代の写真師。
◇日本の写真家 1（岩波書店 1997）
　　▷No.25「島霞谷像」（島隆撮影　1860年代）
　　▷No.24「島霞谷像」（島隆撮影）
◇幕末―写真の時代（筑摩書房 1994）
　　▷p175 No.185「（無題）」（島隆）
　　▷p259 No.278「（無題）」（島隆）

島崎雲圃　しまざきうんぽ　1730～1805
　江戸時代中期, 後期の画家。
◇栃木県歴史人物事典（下野新聞社 1995）

島崎呉江　しまさきごこう　1795～1852
　江戸時代後期の文人画家。
◇高知県人名事典（高知新聞社 1999）

島田一良　しまだいちろう　1848～1878
　江戸時代末期, 明治時代の大久保利通の暗殺者。
◇国史大辞典（吉川弘文館 1979）
◇日本人名大事典 1～6（平凡社 1979（覆刻））
　　▷島田一郎

島田春溟　しまだしゅんめい　1772～1852
　江戸時代中期の書家。
◇高知県人名事典（高知新聞社 1999）

島田虎之助　しまだとらのすけ　1814～1852
　江戸時代末期の武士, 剣術家。
◇大分県歴史人物事典（大分合同新聞社 1996）
◇大分百科事典（大分放送 1980）

島田孫惣　しまだまごそう　1745～1803
　江戸時代中期, 後期の藍商, 肥料商。
◇徳島県歴史人物鑑（徳島新聞社 1994）

島地正存　しまぢまさなり　1845～?
　江戸時代末期, 明治時代の自由民権運動家。
◇高知県人名事典（高知新聞社 1999）

志摩長平　しまちょうべい　1851～1918
　江戸時代末期～大正期の実業家。
◇富山大百科事典（北日本新聞社 1994）

島津家久　しまづいえひさ　1576～1638
　安土桃山時代, 江戸時代前期の大名。
◇日本史大事典（平凡社 1992）
◇沖縄大百科事典（沖縄タイムス社 1983）
◇国史大辞典（吉川弘文館 1979）

島津珍彦 しまづうずひこ　1844～1910
江戸時代末期, 明治時代の薩摩藩士。
◇日本の写真家 1（岩波書店 1997）
　▷No.19「島津珍彦像」（内田九一　1860年代）
◇幕末—写真の時代（筑摩書房 1994）
　▷p202 No.213「島津家の三人像」（撮影者不詳　慶応年間(1865～68)）
　▷p272 No.289「戊辰戦争出征の島津珍彦と薩摩藩兵たち」
　▷p203 No.214「(無題)」（内田九一）
◇日本写真全集 1 写真の幕あけ（小学館 1985）
　▷p23 No.27「(無題)」（内田九一）
◇鹿児島大百科事典（南日本新聞社 1981）
◇写真の開祖上野彦馬（上野彦馬撮影　産業能率短期大学出版部 1975）
　▷p26 No.17「(無題)」

島津重豪 しまづしげひで　1745～1833
江戸時代中期, 後期の大名。
◇日本大百科全書（小学館 1984）
◇沖縄大百科事典（沖縄タイムス社 1983）
◇鹿児島大百科事典（南日本新聞社 1981）
◇国史大辞典（吉川弘文館 1979）

島津貴久 しまづたかひさ　1514～1571
戦国時代の薩摩の大名。
◇角川日本姓氏歴史人物大辞典 46（角川書店 1994）
◇日本史大事典（平凡社 1992）
◇国史大辞典（吉川弘文館 1979）

島津琢斎 しまづたくさい　1815～1891
江戸時代末期, 明治期の医師。
◇新潟県大百科事典 別巻（新潟日報事業社 1977）

島津忠国 しまづただくに　1403～1470
室町時代の薩摩・大隅・日向国守護。
◇仏像集成 8（学生社 1997）
　▷図904「島津忠国像」（作者不詳　明応5 (1496)　鶴嶺神社(鹿児島県鹿児島市)蔵）

島津忠貞 しまづただきだ　1845～1907
戦国時代の北条氏の家臣。
◇長野県歴史人物大事典（郷土出版社 1989）

島津忠久 しまづただひさ　？～1227
鎌倉時代前期の武士。
◇角川日本姓氏歴史人物大辞典 46（角川書店 1994）
◇日本史大事典（平凡社 1992）
◇国史大辞典（吉川弘文館 1979）

島津忠寛 しまづただひろ　1828～1896
江戸時代末期, 明治時代の大名。
◇宮崎県大百科事典（宮崎日日新聞社 1983）

島津忠昌 しまづただまさ　1463～1508
戦国時代の薩摩・大隅・日向国守護。
◇仏像集成 8（学生社 1997）
　▷図903「島津忠昌像」（作者不詳　鎌倉時代－南北朝時代　鶴嶺神社(鹿児島県鹿児島市)蔵）

島津忠義 しまづただよし　1840～1897
江戸時代末期, 明治時代の大名。
◇サムライ古写真帖（新人物往来社 2004）
　▷p2「(無題)」（内田九一　明治初期(推測)）
　▷p16「(無題)」
◇皇族・華族古写真帖 愛蔵版（新人物往来社 2003）
　▷p6「(無題)」（内田九一）
◇角川日本姓氏歴史人物大辞典 46（角川書店 1994）
◇日本史大事典（平凡社 1992）
◇写された幕末—石黒敬七コレクション（明石書店 1990）
　▷p52 No.1「秘密会議の幹部達」
◇鹿児島大百科事典（南日本新聞社 1981）
◇国史大辞典（吉川弘文館 1979）
◇日本人名大事典 1～6（平凡社 1979（覆刻））
◇開化写真鏡 写真にみる幕末から明治へ（大和書房 1975）
　▷p96「(無題)」

島津忠良 しまづただよし　1492～1568
戦国時代の薩摩の武将。
◇国史大辞典（吉川弘文館 1979）

島津暐姫 しまづてるひめ
江戸時代末期の女性。島津斉彬の3女。
◇サムライ古写真帖（新人物往来社 2004）
　▷p15「三姫写真」（島津斉彬(伝)　安政5年(1858)頃？）
◇幕末・明治美人帖（新人物往来社 2001）
　▷p91「島津斉彬の三息女」
◇日本写真全集 1 写真の幕あけ（小学館 1985）
　▷p19 No.23「姫三人」（島津斉彬(伝)）

島津斉彬 しまづなりあきら　1809～1858
江戸時代末期の大名。
◇サムライ古写真帖（新人物往来社 2004）
　▷p14「(無題)」（宇宿彦右衛門ら　安政4年(1857).9.17）
◇士—日本のダンディズム（二玄社 2003）
　▷p028 No.12「島津斉彬像」（松木弘安, 市来四郎, 宇宿彦右衛門）

◇講談社日本人名大辞典（講談社 2001）
◇日本の写真家 1（岩波書店 1997）
　▷巻頭「島津斉彬像」（市来四郎・宇宿彦右衛門）
◇角川日本姓氏歴史人物大辞典 46（角川書店 1994）
◇幕末―写真の時代（筑摩書房 1994）
　▷p17 No.6「（無題）」（市来四郎・宇宿彦右衛門他　安政4年（1857）.9.17）
　▷p14 No.3「（無題）」
◇日本史大事典（平凡社 1992）
◇写された幕末―石黒敬七コレクション（明石書店 1990）
　▷p15 No.6「（無題）」（嘉永年間（1848～1854））
　▷p293 写真1「島津斉彬像」（薩摩藩士市来四郎ら）
◇日本写真全集 1 写真の幕あけ（小学館 1985）
　▷p5 No.1「（無題）」（市来四郎、他　安政4年（1857）.9.17）
◇日本大百科全書（小学館 1984）
◇沖縄大百科事典（沖縄タイムス社 1983）
◇鹿児島大百科事典（南日本新聞社 1981）
◇国史大辞典（吉川弘文館 1979）
◇日本人名大事典 1～6（平凡社 1979（覆刻））
◇世界伝記大事典（ほるぷ出版 1978）
◇写真の開祖上野彦馬（上野彦馬撮影 産業能率短期大学出版部 1975）
　▷p216「（無題）」
◇日本写真史 1840-1945（平凡社 1971）
　▷p464「（無題）」
◇大日本百科事典（小学館 1967）
◇世界大百科事典（平凡社 1964）

島津斉興　しまづなりおき　1791～1859
江戸時代末期の大名。
◇沖縄大百科事典（沖縄タイムス社 1983）
◇鹿児島大百科事典（南日本新聞社 1981）
◇国史大辞典（吉川弘文館 1979）

島津典姫　しまづのりひめ
江戸時代末期の女性。島津斉彬の4女。
◇サムライ古写真帖（新人物往来社 2004）
　▷p15「三姫写真」（島津斉彬（伝）　安政5年（1858）頃？）
◇幕末・明治美人帖（新人物往来社 2001）
　▷p91「島津斉彬の三息女」
◇幕末―写真の時代（筑摩書房 1994）
　▷p40 No.31「（無題）」（撮影者不詳）
◇日本写真全集 1 写真の幕あけ（小学館 1985）
　▷p19 No.23「姫三人」（伝島津斉彬）

島津久治　しまづひさはる　1841～1872
江戸時代末期、明治時代の薩摩藩家老。
◇国史大辞典（吉川弘文館 1979）

◇写真の開祖上野彦馬（上野彦馬撮影 産業能率短期大学出版部 1975）
　▷p26 No.18「（無題）」
　▷p210「（無題）」（元治元年（1864）.12）

島津久光　しまづひさみつ　1817～1887
江戸時代末期、明治時代の薩摩藩指導者。
◇サムライ古写真帖（新人物往来社 2004）
　▷p46「（無題）」（横田彦兵衛　慶応3年（1867）.5.14）
　▷p17「（無題）」（横田彦兵衛）
◇皇族・華族古写真帖 愛蔵版（新人物往来社 2003）
　▷p194「（無題）」
◇講談社日本人名大辞典（講談社 2001）
◇角川日本姓氏歴史人物大辞典 46（角川書店 1994）
◇日本史大事典（平凡社 1992）
◇日本大百科全書（小学館 1984）
◇鹿児島大百科事典（南日本新聞社 1981）
◇国史大辞典（吉川弘文館 1979）
◇世界伝記大事典（ほるぷ出版 1978）
◇大日本百科事典（小学館 1967）

島津寧姫　しまづやすひめ
江戸時代末期の女性。島津斉彬の5女。
◇サムライ古写真帖（新人物往来社 2004）
　▷p15「三姫写真」（島津斉彬（伝）　安政5年（1858）頃？）
◇幕末・明治美人帖（新人物往来社 2001）
　▷p91「島津斉彬の三息女」
◇日本写真全集 1 写真の幕あけ（小学館 1985）
　▷p19 No.23「姫三人」（伝島津斉彬）

島津以久　しまづゆきひさ　1550～1610
安土桃山時代、江戸時代前期の武将、大名。
◇国史大辞典（吉川弘文館 1979）

島津義弘　しまづよしひろ　1535～1619
安土桃山時代、江戸時代前期の大名。
◇角川日本姓氏歴史人物大辞典 46（角川書店 1994）
◇日本史大事典（平凡社 1992）
◇日本大百科全書（小学館 1984）
◇沖縄大百科事典（沖縄タイムス社 1983）
◇鹿児島大百科事典（南日本新聞社 1981）
◇国史大辞典（吉川弘文館 1979）
◇兵庫県史　第3巻 中世編2・近世編1（兵庫県 1978）
　▷〈写真〉写真234「島津義弘像」

島野勘左衛門　しまのかんざえもん
江戸時代中期の歌舞伎役者。
◇浮世絵ギャラリー 4（小学館 2006）

▷図33「市川富右衛門の猪の熊門兵衛」(東洲斎写楽　寛政6(1794))
▷図39「三代目佐野川市松の祇園町の白人おなよと市川富右衛門の蟹坂藤馬」(東洲斎写楽　寛政6(1794))
◇新編 名宝日本の美術 29 (小学館 1991)
▷図8「三世佐野川市松の祇園町の白人おなよと市川富右衛門の蟹坂藤馬」(東洲斎写楽　寛政6(1794))
◇名品揃物浮世絵 5 (ぎょうせい 1991)
▷図11「三世佐野川市松の祇園町の白人おなよと市川富右衛門の蟹坂藤馬」(東洲斎写楽　寛政6(1794))
◇秘蔵浮世絵大観 12 (講談社 1988)
▷図111「三世佐野川市松の祇園町の白人おなよと市川富右衛門の蟹坂藤馬」(東洲斎写楽　寛政6(1794))
◇浮世絵八華 4 (平凡社 1985)
▷図038「市川富右衛門の猪の熊門兵衛」(東洲斎写楽)
▷図8「三世佐野川市松の祇園町の白人おなよと市川富右衛門の蟹坂藤馬」(東洲斎写楽　寛政6(1794))
▷図011「三世佐野川市松の祇園町の白人おなよと市川富右衛門の蟹坂藤馬」(東洲斎写楽　寛政6(1794))
◇浮世絵聚花 15 (小学館 1980)
▷図54「三世佐野川市松の祇園町の白人おなよと市川富右衛門の蟹坂藤馬」(東洲斎写楽　寛政6(1794))
◇浮世絵大系 7 (集英社 1973)
▷図33「市川富右衛門の猪の熊門兵衛」(東洲斎写楽)
▷図11「三世佐野川市松の祇園町の白人おなよと市川富右衛門の蟹坂藤馬」(東洲斎写楽　寛政6(1794))
◇平凡社ギャラリー 6 (平凡社 1973)
▷図11「三世佐野川市松の祇園町の白人おなよと市川富右衛門の蟹坂藤馬」(東洲斎写楽　寛政6(1794))
◇在外秘宝―欧米収蔵浮世絵集成 東洲斎写楽 (学習研究社 1972)
▷図Ⅶ「市川富右衛門と三世坂田半五郎と三世佐野川市松」(東洲斎写楽)
▷図96「市川富右衛門の猪の熊門兵衛」(東洲斎写楽)
▷図044「市川富右衛門の猪の熊門兵衛」(東洲斎写楽)
▷図12「三世佐野川市松の祇園町の白人おなよと市川富右衛門の蟹坂藤馬」(東洲斎写楽　寛政6(1794))
▷図011「三世佐野川市松の祇園町の白人おなよと市川富右衛門の蟹坂藤馬」(東洲斎写楽　寛政6(1794))
◇全集浮世絵版画 4 (集英社 1972)
▷図27「三世佐野川市松の祇園町の白人おなよと市川富右衛門の蟹坂藤馬」(東洲斎写楽　寛政6(1794))

◇日本の名画 13 (講談社 1972)
▷図14「市川富右衛門の猪の熊門兵衛」(東洲斎写楽)
◇美人画・役者絵 6 (講談社 1966)
▷図41「市川富右衛門の猪の熊門兵衛」(東洲斎写楽)
▷図6「三世佐野川市松の祇園町の白人おなよと市川富右衛門の蟹坂藤馬」(東洲斎写楽　寛政6(1794))
◇日本版画美術全集 4 (講談社 1960)
▷図88「市川富右衛門と三世坂田半五郎と三世佐野川市松」(東洲斎写楽)

島村重助　しまむらじゅうすけ　1836～1922
江戸時代末期～大正期の実業家。
◇高知県人名事典 (高知新聞社 1999)

島村鼎甫　しまむらていほ　1830～1881
江戸時代末期, 明治時代の医師。
◇岡山県歴史人物事典 (山陽新聞社 1994)
◇岡山人名事典 (日本文教出版 1978)

島本仲道　しまもとなかみち　1833～1893
江戸時代後期, 末期, 明治時代の武士, 官僚。
◇高知県人名事典 (高知新聞社 1999)
◇高知県百科事典 (高知新聞社 1976)

島本蘭渓　しまもとらんけい　1772～1855
江戸時代中期～末期の日本画家。
◇高知県人名事典 (高知新聞社 1999)
◇高知県百科事典 (高知新聞社 1976)

島義勇　しまよしたけ　1822～1874
江戸時代末期, 明治時代の佐賀の乱主謀者の一人。
◇北海道歴史人物事典 (北海道新聞社 1993)
◇佐賀県大百科事典 (佐賀新聞社 1983)
◇秋田大百科事典 (秋田魁新報社 1981)
◇北海道大百科事典 (北海道新聞社 1981)
◇国史大辞典 (吉川弘文館 1979)

志摩利右衛門　しまりえもん
1809～1884　江戸時代末期, 明治時代の阿波藍商。
◇徳島県歴史人物鑑 (徳島新聞社 1994)
◇徳島県百科事典 (徳島新聞社 1981)
◇国史大辞典 (吉川弘文館 1979)

島隆　しまりゅう　1823～1899
江戸時代末期, 明治時代の写真家。
◇日本の写真家 1 (岩波書店 1997)
▷No.26「島隆像」(島霞谷　1860年代)
▷No.27「島隆像」(島霞谷　1860年代)
◇幕末―写真の時代 (筑摩書房 1994)

▷p175 No.186「島隆 自写像」(明治初期)

清水月清入道　しみずげっせいにゅうどう
?〜1582　安土桃山時代の武将。
◇岡山県歴史人物事典（山陽新聞社 1994）

清水清次　しみずせいじ　?〜1864
江戸時代末期の谷田部藩士。
◇幕末―写真の時代（筑摩書房 1994）
　　▷p77 No.90「清水清次のさらし首」（F・ベアト　元治元年(1864).11）

清水善慶　しみずぜんけい　1824〜1893
江戸時代後期〜明治期の公益事業貢献者。
◇静岡県歴史人物事典（静岡新聞社 1991）

清水谷公考　しみずだにきんなる　1845〜1882
江戸時代末期, 明治期の公家。伯爵, 箱館府知事。
◇北海道大百科事典（北海道新聞社 1981）

清水長十郎　しみずちょうじゅうろう
1825〜1887
江戸時代末期, 明治期の実業家。
◇愛媛県百科大事典（愛媛新聞社 1985）

清水東谷　しみずとうこく　1841〜1907
江戸時代末期, 明治時代の写真師。
◇日本写真史 1840-1945（平凡社 1971）
　　▷p472「(無題)」

清水次郎長　しみずのじろちょう　1820〜1893
江戸時代末期, 明治時代の侠客。
◇講談社日本人名大辞典（講談社 2001）
◇角川日本姓氏歴史人物大辞典 22（角川書店 1995）
◇静岡県歴史人物事典（静岡新聞社 1991）
◇日本大百科全書（小学館 1984）
◇国史大辞典（吉川弘文館 1979）
◇日本人名大事典 1〜6（平凡社 1979(覆刻)）
◇世界伝記大事典（ほるぷ出版 1978）
◇大日本百科事典（小学館 1967）

清水浜臣　しみずはまおみ　1776〜1824
江戸時代後期の国学者, 歌人。
◇国史大辞典（吉川弘文館 1979）

清水宗治　しみずむねはる　1537〜1582
安土桃山時代の武将。
◇岡山県歴史人物事典（山陽新聞社 1994）
◇岡山人名事典（日本文教出版 1978）

下岡蓮杖　しもおかれんじょう　1823〜1914
江戸時代末期, 明治時代の日本における写真の開祖の一人。
◇サムライ古写真帖（新人物往来社 2004）
　　▷p107「(無題)」（下岡蓮杖　明治初期）
◇講談社日本人名大辞典（講談社 2001）
◇下岡蓮杖写真集 限定版（下岡蓮杖撮影 新潮社 1999）
　　▷p301「(無題)」
◇幕末―写真の時代（筑摩書房 1994）
　　▷p172 No.181「下岡蓮杖 自写像」
　　▷p172 No.180「下岡蓮杖使用のカメラ」
◇静岡県歴史人物事典（静岡新聞社 1991）
◇写された幕末―石黒敬七コレクション（明石書店 1990）
　　▷p17 No.2「(無題)」
　　▷p246「(無題)」
◇日本写真全集 1 写真の幕あけ（小学館 1985）
　　▷p147 No.200「(無題)」（撮影者不詳）
◇神奈川県百科事典（大和書房 1983）
◇国史大辞典（吉川弘文館 1979）
◇静岡大百科事典（静岡新聞社 1978）
◇写真の開祖上野彦馬（上野彦馬撮影 産業能率短期大学出版部 1975）
　　▷p218「(無題)」
　　▷p224「(無題)」
◇日本写真史 1840-1945（平凡社 1971）
　　▷p370 No.564「安政6年開業の下岡蓮杖の写真館・全楽堂」
　　▷p466「(無題)」
　　▷p469「(無題)」

下河辺長流　しもこうべちょうりゅう
1624〜1686
江戸時代前期の歌人・歌学者。
◇国史大辞典（吉川弘文館 1979）

下村善太郎　しもむらぜんたろう　1827〜1893
江戸時代末期, 明治時代の生糸商・初代前橋市長。
◇角川日本姓氏歴史人物大辞典 10（角川書店 1994）
◇群馬県史 通史編7 近代現代1 政治・社会（群馬県 1991）
　　▷〈写真〉51「下村善太郎銅像」
◇群馬県人名大事典（上毛新聞社 1982）
◇群馬県百科事典（上毛新聞社 1979）
◇郷土歴史人物事典 群馬（第一法規出版 1978）

下村彦右衛門　しもむらひこえもん
1688〜1748　江戸時代中期の大丸百貨店の創業者。
◇京都大事典（淡交社 1984）　▷下村正啓
◇国史大辞典（吉川弘文館 1979）

歴史人物肖像索引　**245**

下村御鍬　しもむらみくわ　1843～1919
江戸時代末期, 明治時代の志士, 漢学者。
◇大分百科事典（大分放送 1980）

下山信之　しもやまのぶゆき　1841～1915
江戸時代末期～大正期の剣術家。
◇栃木県歴史人物事典（下野新聞社 1995）

釈迦ケ岳雲右衛門　しゃかがたけくもえもん
1750～1775　江戸時代中期の力士。大関。
◇島根県歴史人物事典（山陰中央新報社 1997）
　▷釈迦岳雲右衛門

釈雲照　しゃくうんしょう　1827～1909
江戸時代末期, 明治時代の真言宗の僧。
◇島根県歴史人物事典（山陰中央新報社 1997）
　▷雲照
◇栃木県歴史人物事典（下野新聞社 1995）　▷雲照律師
◇島根県大百科事典（山陰中央新報社 1982）
◇国史大辞典（吉川弘文館 1979）　▷雲照

寂厳　じゃくごん　1702～1771
江戸時代中期の真言宗の僧。
◇岡山県歴史人物事典（山陽新聞社 1994）
◇岡山人名事典（日本文教出版 1978）

寂室元光　じゃくしつげんこう　1290～1367
鎌倉時代後期, 南北朝時代の臨済宗の禅僧。
◇国宝・重要文化財大全 4（毎日新聞社 1999）
　▷図1153「寂室和尚(坐)像」（作者不詳　南北朝時代　永源寺（滋賀県神崎郡永源寺町）蔵）
◇岡山県歴史人物事典（山陽新聞社 1994）
◇日本の仏像大百科 5（ぎょうせい 1991）
　▷図140「寂室和尚(坐)像」（作者不詳　南北朝時代　永源寺（滋賀県神崎郡永源寺町）
◇仏像集成 4（学生社 1987）
　▷図321「寂室和尚(坐)像」（作者不詳　康暦1(1379)　永源寺（滋賀県神崎郡永源寺町）蔵）
◇国史大辞典（吉川弘文館 1979）
◇日本美術全集 13（学習研究社 1979）
　▷図93「寂室和尚(坐)像」（作者不詳　14世紀後半　永源寺（滋賀県神崎郡永源寺町））
◇岡山人名事典（日本文教出版 1978）　▷寂室
◇重要文化財 6（毎日新聞社 1975）
　▷図243「寂室和尚(坐)像」（作者不詳　南北朝時代　永源寺（滋賀県神崎郡永源寺町）蔵）

寂照　じゃくしょう　964～1034
平安時代中期の天台宗の僧。
◇20世紀の美 日本の絵画100選（日本経済新聞社 2000）
　▷図4「阿部仲麻呂明州望月図・円通大師呉門隠栖図」（富岡鉄斎　大正3(1914)）
◇国宝・重要文化財大全 2（毎日新聞社 1999）
　▷図17「仲麻呂望月・円通大師隠棲図」（富岡鉄斎　大正3(1914)）
◇日本の美術 2（旺文社 1976）
　▷図158「阿部仲麻呂明州望月, 円通大師呉門隠栖図」（富岡鉄斎　大正3(1914)）
　▷図159「阿部仲麻呂明州望月, 円通大師呉門隠栖図」（富岡鉄斎　大正3(1914)）
◇重要文化財 11（毎日新聞社 1975）
　▷図235「阿部仲麻呂明州望月, 円通大師呉門隠栖図」（富岡鉄斎　大正3(1914)）
◇日本の名画 3（中央公論社 1975）
　▷図41,44「阿部仲麻呂明州望月, 円通大師呉門隠栖図」（富岡鉄斎　大正3(1914)）
　▷図42-43「阿部仲麻呂明州望月, 円通大師呉門隠栖図」（富岡鉄斎　大正3(1914)）
◇現代日本美術全集 1（集英社 1973）
　▷図17「阿部仲麻呂明州望月, 円通大師呉門隠栖図」（富岡鉄斎　大正3(1914)）
　▷図18「阿部仲麻呂明州望月, 円通大師呉門隠栖図」（富岡鉄斎　大正3(1914)）
◇原色日本の美術 26（小学館 1972）
　▷図16「阿部仲麻呂明州望月, 円通大師呉門隠栖図」（富岡鉄斎　大正3(1914)）
◇日本絵画館 9（講談社 1970）
　▷図16「阿部仲麻呂明州望月, 円通大師呉門隠栖図」（富岡鉄斎　大正3(1914)）
◇日本近代絵画全集 14（講談社 1963）
　▷図8「阿部仲麻呂明州望月, 円通大師呉門隠栖図」（富岡鉄斎　大正3(1914)）
◇現代日本美術全集 1（角川書店 1955）
　▷グラビア1「阿部仲麻呂明州望月, 円通大師呉門隠栖図」（富岡鉄斎　大正3(1914)）

釈智輪　しゃくちりん　1819～1897
江戸時代後期～明治期の天台宗僧。
◇島根県大百科事典（山陰中央新報社 1982）

綽如　しゃくにょ　1350～1393
南北朝時代の真宗の僧。
◇福井県大百科事典（福井新聞社 1991）

寂蓮　じゃくれん　1139～1202
平安時代後期, 鎌倉時代前期の歌人。
◇秘蔵浮世絵大観 ベレス・コレクション（講談社 1991）
　▷図012「見立三夕 寂蓮法師」（鈴木春信　明和3-4(1766-67)）
◇秘蔵浮世絵大観 別巻（講談社 1990）
　▷〔チ〕25「風流多賀袖三夕 寂蓮」（礒田湖竜斎　安永前期(1772-81)）
　▷〔チ〕43「三夕和歌 中 寂蓮」（勝川春章　明和末－安永初期(1764-81)）

◇浮世絵聚花 補巻1（小学館 1982）
　▷図179「見立三夕 寂蓮法師」（鈴木春信）
　▷図102「見立三夕 寂蓮法師」（鈴木春信　明和3-4(1766-67)）
　▷図10「見立三夕 定家,寂蓮,西行」（鈴木春信　宝暦13－明和元(1763-74)）
◇浮世絵聚花 9（小学館 1981）
　▷図012「見立三夕 寂蓮法師」（鈴木春信　明和3-4(1766-67)）
　▷図86「見立三夕 定家,寂蓮,西行」（鈴木春信　宝暦13－明和元(1763-74)）
◇浮世絵聚花 10（小学館 1979）
　▷図18「見立三夕 寂蓮法師」（鈴木春信　明和3-4(1766-67)）
◇在外秘宝―欧米収蔵浮世絵集成 鈴木春信（学習研究社 1972）
　▷図27「見立三夕 寂蓮法師」（鈴木春信）
　▷図93「見立三夕 寂蓮法師」（鈴木春信）
　▷図28「見立三夕 定家,寂蓮,西行」（鈴木春信　宝暦13－明和元(1763-74)）
◇美人画・役者絵 2（講談社 1965）
　▷図95「見立三夕 寂蓮法師」（鈴木春信　明和3-4(1766-67)）
◇日本版画美術全集 5（講談社 1960）
　▷図72「百人一首乳母が絵解〈版下絵〉寂蓮法師」（葛飾北斎）

謝国明　しゃこくめい
鎌倉時代前期の南宋の商人。
◇福岡県百科事典 上,下（西日本新聞社 1982）

舎羅　しゃら
江戸時代前期,中期の俳人。
◇俳諧人名辞典（巌南堂書店 1970）

充賢　じゅうけん　1777～1834
江戸時代後期の浄土真宗の僧。
◇富山大百科事典（北日本新聞社 1994）

秋色　しゅうしき　1669～1725
江戸時代中期の女性。俳人。
◇俳諧人名辞典（巌南堂書店 1970）

十四屋宗伍　じゅうしやそうご　？～1552
戦国時代の京都下京の茶人。
◇国史大辞典（吉川弘文館 1979）

宗築　しゅうちく　1584～1669
江戸時代前期の臨済宗の僧。
◇岐阜県史 通史編 近世下（岐阜県 1972）
　▷p910（写真）「大愚禅師の画像」

重兵衛　じゅうべえ
江戸時代末期の商人・伊勢屋八兵衛手代。1862年遣欧使節に随行しフランスに渡る。
◇幕末―写真の時代（筑摩書房 1994）
　▷p65 No.71「（無題）」（ナダール）
◇写真集 甦る幕末（朝日新聞社 1987）
　▷p237 No.345「（無題）」

宗峰妙超　しゅうほうみょうちょう　1282～1337
鎌倉時代後期,南北朝時代の僧。
◇日本絵画名作101選（小学館 2005）
　▷図49「宗峰妙超（大灯国師）像」（作者不詳　建武1(1334)）
◇国宝・重要文化財大全 4（毎日新聞社 1999）
　▷図697「大灯国師（坐）像」（作者不詳　南北朝時代　大徳寺（京都府京都市北区）蔵）
◇国宝・重要文化財大全 1（毎日新聞社 1997）
　▷図107「宗峰妙超像（大灯国師）」（作者不詳　鎌倉時代 元徳2(1330)自賛）
　▷図108「宗峰妙超像（大灯国師）」（作者不詳　南北朝時代）
　▷図109「宗峰妙超像（大灯国師）」（作者不詳　南北朝時代 建武元(1334)自賛）
◇私の選んだ国宝絵画 1（毎日新聞社 1996）
　▷p43「大灯国師像」（作者不詳　南北朝時代(1334)）
◇水墨画の巨匠 7（講談社 1995）
　▷図18「大灯国師図」（白隠慧鶴）
◇原色日本の美術（改訂版）21（小学館 1994）
　▷図57「大灯国師像」（作者不詳　1334）
◇国宝百撰 平山郁夫（毎日新聞社 1992）
　▷図32「大灯国師像」（作者不詳　1334）
◇新編 名宝日本の美術 15（小学館 1991）
　▷図50「大灯国師（宗峰妙超）像」（作者不詳　建武1(1334)）
◇人間の美術 6（学習研究社 1990）
　▷図191「大灯国師（宗峰妙超）像」（作者不詳　建武1(1334)）
◇人間の美術 9（学習研究社 1990）
　▷図197「乞食大灯像」（白隠慧鶴　18世紀中期）
◇仏像集成 3（学生社 1986）
　▷図206「大灯国師（坐）像」（作者不詳　南北朝時代初期　大徳寺（京都府京都市北区）蔵）
◇国宝大事典 1（講談社 1985）
　▷図96「大灯国師像」（作者不詳　南北朝時代(1334)）
◇京都大事典（淡交社 1984）
◇国宝 増補改訂版 1（毎日新聞社 1984）
　▷図50(1-2)「大灯国師像（自賛）」（作者不詳　建武1(1334)）
◇日本大百科全書（小学館 1984）
◇名宝日本の美術 13（小学館 1983）
　▷図50「大灯国師（宗峰妙超）像」（作者不詳　建武1(1334)）

◇日本古寺美術全集 24（集英社 1982）
　▷図20「大灯国師像(宗峰妙超)」（作者不詳　元徳2(1330)）
◇国史大辞典（吉川弘文館 1979）　▷宗峯妙超
◇日本古寺美術全集 23（集英社 1979）
　▷図50「大灯国師像」（作者不詳　建武1(1334)）
◇日本美術全集 14（学習研究社 1979）
　▷図34「宗峰妙超像」（作者不詳　建武1(1334)）
◇日本美術全集 23（学習研究社 1979）
　▷図72「乞食大灯像」（白隠慧鶴）
　▷図73-74「乞食大灯像」（白隠慧鶴）
◇世界伝記大事典（ほるぷ出版 1978）
◇原色版国宝 10（毎日新聞社 1976）
　▷図4「大灯国師像」（作者不詳　南北朝時代(1334)）
◇重要文化財 5（毎日新聞社 1974）
　▷図176「大灯国師(坐)像」（作者不詳　南北朝時代　大徳寺(京都府京都市北区)蔵）
◇重要文化財 10（毎日新聞社 1974）
　▷図341「宗峰妙超像(大灯国師)(自賛)」（作者不詳　鎌倉時代）
　▷図342「宗峰妙超像(大灯国師)(自賛)」（作者不詳　南北朝時代）
　▷図343「宗峰妙超像(大灯国師)(伝後醍醐天皇賛)」（作者不詳　南北朝時代）
◇日本美術館 6（筑摩書房 1972）
　▷図4「大灯国師画像」（作者不詳　建武1(1334)）
◇原色日本の美術 23（小学館 1971）
　▷図57「大灯国師像」（作者不詳）
◇日本の絵画　国宝50選（毎日新聞社 1970）
　▷図35「大灯国師像」（作者不詳　南北朝時代(1334)）
◇日本絵画館 4（講談社 1970）
　▷図59「大灯国師(宗峰妙超)像」（作者不詳　建武1(1334)）
◇日本の美術 12（平凡社 1969）
　▷図7「大灯国師像(大灯賛)」（作者不詳　1334）
◇原色日本の美術(改訂第3版) 10（小学館 1968）
　▷図55「大灯国師(宗峰妙超)像」（作者不詳）
◇秘宝 11（講談社 1968）
　▷図13「宗峰妙超像」（作者不詳）
◇大日本百科事典（小学館 1967）
◇国宝 5（毎日新聞社 1966）
　▷図4「大灯国師像」（作者不詳　南北朝時代(1334)）

授翁宗弼　じゅおうそうひつ　1296〜1380
　鎌倉時代後期，南北朝時代の僧。
◇国宝・重要文化財大全 4（毎日新聞社 1999）
　▷図682「円鑑禅師(坐)像」（作者不詳　鎌倉時代　永明院(京都府京都市東山区)蔵）
　▷図683「円鑑禅師(坐)像(順空和尚像)」（作者不詳　鎌倉時代　高城寺(佐賀県佐賀郡大和町)蔵）
◇仏像集成 8（学生社 1997）
　▷図654「円鑑禅師(坐)像(順空和尚像)」（作者不詳　正安2(1300)　高城寺(佐賀県佐賀郡大和町)蔵）
◇原色日本の美術(改訂版) 9（小学館 1994）
　▷図102「円鑑禅師(坐)像(順空和尚像)」（作者不詳　高城寺(佐賀県佐賀郡大和町)蔵）
◇仏像集成 3（学生社 1986）
　▷図176「円鑑禅師(坐)像」（作者不詳　正和5(1316)　永明院(京都府京都市東山区)蔵）
◇重要文化財 31（毎日新聞社 1982）
　▷〔彫刻〕19「円鑑禅師(坐)像」（作者不詳　正和5(1316)　永明院(京都府京都市東山区)蔵）
◇国史大辞典（吉川弘文館 1979）
◇日本美術絵画全集 10（集英社 1979）
　▷図32「円鑑国師像」（長谷川等伯　文禄3(1594)）
◇日本美術絵画全集 1（集英社 1977）
　▷図43「円鑑禅師像」（明兆）
◇国宝・重要文化財　仏教美術（小学館 1975）
　▷図7「円鑑禅師(坐)像(順空和尚像)」（作者不詳　鎌倉時代　高城寺(佐賀県佐賀郡大和町)蔵）
◇重要文化財 5（毎日新聞社 1974）
　▷図165「円鑑禅師(坐)像(順空和尚像)」（作者不詳　鎌倉時代　高城寺(佐賀県佐賀郡大和町)蔵）

守覚法親王　しゅかくほっしんのう　1150〜1202
　平安時代後期，鎌倉時代前期の真言宗の僧。仁和寺御室。
◇日本史大事典（平凡社 1992）
◇国史大辞典（吉川弘文館 1979）

朱舜水　しゅしゅんすい　1600〜1682
　江戸時代前期の儒学者。
◇日本史大事典（平凡社 1992）
◇茨城県史　近世編（茨城県 1985）
　▷図5-8(写真)「朱舜水木像」
◇国史大辞典（吉川弘文館 1979）

守澄入道親王　しゅちょうにゅうどうしんのう
　1634〜1680　江戸時代前期の後水尾天皇の第6皇子。
◇栃木県歴史人物事典（下野新聞社 1995）　▷守澄法親王

俊恵　しゅんえ　1113〜？
　平安時代後期の歌人。
◇日本版画美術全集 5（講談社 1960）
　▷図71「百人一首乳母が絵解(版下絵)　俊恵法師」（葛飾北斎）

峻翁令山　しゅんおうれいざん
南北朝時代, 室町時代の臨済宗の僧。
◇仏像集成 1（学生社 1989）
　▷図261「峻翁令山像」（作者不詳　国済寺（埼玉県深谷市）蔵）

春屋宗園　しゅんおくそうえん　1529～1611
戦国時代, 安土桃山時代の臨済宗の僧。
◇国宝・重要文化財大全 1（毎日新聞社 1997）
　▷図142「春屋宗園像大宝円鑑国師」（作者不詳　桃山時代　文禄3（1560）自賛）
◇重要文化財 10（毎日新聞社 1974）
　▷図373「春屋宗園像（大宝円鑑国師）」（作者不詳　桃山時代）
◇日本の名画 3（講談社 1974）
　▷図23「春屋宗園像（円鑑国師像）」（長谷川等伯）
◇秘宝 11（講談社 1968）
　▷図70「春屋宗園像」（作者不詳）

春屋妙葩　しゅんおくみょうは　1311～1388
南北朝時代の臨済宗の僧, 五山文学僧。
◇国宝・重要文化財大全 1（毎日新聞社 1997）
　▷図129「春屋妙葩像」（作者不詳　室町時代　永楽2（1404）道聯賛）
◇日本水墨名品図譜 1（毎日新聞社 1993）
　▷図54「春屋妙葩夢中像」（道隠昌樹　永徳3（1383））
◇日本美術全集 12（講談社 1992）
　▷図53「春屋妙葩像（祖芳道聯賛）」（明兆　15世紀前半）
◇人間の美術 7（学習研究社 1991）
　▷図71「春屋妙葩夢中像」（道隠昌樹　14世紀）
◇京都大事典（淡交社 1984）
◇日本大百科全書（小学館 1984）
◇日本古寺美術全集 22（集英社 1983）
　▷図61「春屋妙葩像」（明兆）
◇国史大辞典（吉川弘文館 1979）
◇日本人名大事典 1～6（平凡社 1979（覆刻））
◇世界伝記大事典（ほるぷ出版 1978）
◇日本美術絵画全集 1（集英社 1977）
　▷図73「春屋妙葩夢中像」（道隠昌樹）
　▷図42「普明国師像（祖芳道聯賛）」（明兆）
◇重要文化財 10（毎日新聞社 1974）
　▷図360「春屋妙葩像」（作者不詳　室町時代）
◇水墨美術大系 5（講談社 1974）
　▷図83「春屋妙葩夢中像（春屋妙葩賛）」（道隠昌樹）
　▷図24「普明国師像（祖芳道聯賛）」（明兆）

俊寛　しゅんかん　1142～1179
平安時代後期の僧。
◇日本芸能の創跡 1998年度版（世界文芸社 1998）
　▷p88「俊寛」（白鳥映雪）
◇原色日本の美術（改訂版）32（小学館 1994）
　▷図74「俊寛」（石井鶴三　昭和5（1930）　東京国立近代美術館（東京都千代田区）蔵）
◇昭和の美術 1（毎日新聞社 1990）
　▷p128「俊寛」（石井鶴三　昭和5（1930）　東京国立近代美術館（東京都千代田区）蔵）
◇昭和の文化遺産 5（ぎょうせい 1990）
　▷図17「俊寛」（石井鶴三　昭和5（1930）　東京国立近代美術館（東京都千代田区）蔵）
◇日本美術絵画全集 13（集英社 1980）
　▷図42「俊寛図」（岩佐又兵衛）
◇原色現代日本の美術 13（小学館 1979）
　▷図42「俊寛」（石井鶴三　昭和5（1930）　東京国立近代美術館（東京都千代田区）蔵）
◇原色日本の美術 28（小学館 1972）
　▷図74「俊寛」（石井鶴三　昭和5（1930）　東京国立近代美術館（東京都千代田区）蔵）

俊芿　しゅんじょう
1166～1227　平安時代後期, 鎌倉時代前期の僧。
◇国宝・重要文化財大全 1（毎日新聞社 1997）
　▷図51「俊芿律師像」（作者不詳　鎌倉時代）
◇仏像集成 3（学生社 1986）
　▷図199「俊芿律師坐像」（作者不詳　大治2（1127）頃　泉涌寺（京都府京都市東山区）蔵）
◇日本大百科全書（小学館 1984）
◇国史大辞典（吉川弘文館 1979）
◇日本人名大事典 1～6（平凡社 1979（覆刻））
◇世界伝記大事典（ほるぷ出版 1978）

俊聖　しゅんじょう　1239～1287
鎌倉時代後期の念仏僧。
◇国宝・重要文化財大全 1（毎日新聞社 1997）
　▷図66「一向上人像」（作者不詳　鎌倉時代）
◇仏像集成 2（学生社 1992）
　▷図531「一向上人坐像」（作者不詳　文明2（1470）　蓮台寺（愛知県津島市）蔵）
◇国史大辞典（吉川弘文館 1979）
◇重要文化財 8（毎日新聞社 1973）
　▷図219「一向上人像」（作者不詳　鎌倉時代）

俊丈碩英　しゅんじょうせきえい　？～1807
江戸時代後期の曹洞宗僧侶。
◇長野県歴史人物大事典（郷土出版社 1989）

春叢紹珠　しゅんそうしょうじゅ　1751～1840
江戸時代後期の臨済宗の僧。
◇徳島県百科事典（徳島新聞社 1981）　▷春叢

順徳天皇　じゅんとくてんのう　1197～1242
鎌倉時代前期の第84代天皇。在位1210～1221。
◇国宝・重要文化財大全 1（毎日新聞社 1997）

しゅん

- ▷図146「中殿御会図」(作者不詳　室町時代)
- ▷図147「天皇摂関御影」(作者不詳　鎌倉時代)
◇日本美術全集 9 (講談社 1993)
- ▷図30「天子摂関大臣影図巻」(藤原為信,藤原豪信　14世紀中頃)
◇日本史大事典 (平凡社 1992)
◇皇室の至宝第1期 御物 1 (毎日新聞社 1991)
- ▷図10-30「天皇影(天皇・摂関・大臣影三巻のうち)」(藤原為信,伝 藤原豪信　鎌倉時代)
◇続日本の絵巻 12 (中央公論社 1991)
- ▷p11-32「中殿御会図」(作者不詳)
- ▷p51-84「天子摂関御影」(作者不詳　14世紀半ば過ぎ)
◇人間の美術 6 (学習研究社 1990)
- ▷図179「建保六年中殿御会図」(作者不詳　14世紀)
◇続日本絵巻大成 18 (中央公論社 1983)
- ▷p11-32「中殿御会図」(作者不詳)
- ▷p51-84「天子摂関御影」(作者不詳)
◇国史大辞典 (吉川弘文館 1979)
◇日本人名大事典 1〜6 (平凡社 1979(覆刻))
◇日本美術全集 10 (学習研究社 1979)
- ▷図87「中殿御会図」(作者不詳　南北朝時代)
◇新修日本絵巻物全集 26 (角川書店 1978)
- ▷グラビア10-12,p61-66「中殿御会図」(作者不詳)
- ▷グラビアp24-29「天子摂関御影　天子巻」(作者不詳)
- ▷グラビアp30-37「天子摂関御影　摂関巻」(作者不詳)
- ▷グラビアp38-55「天子摂関御影　大臣巻」(作者不詳)
- ▷グラビア1「天子摂関御影　天子巻(崇徳院)」(作者不詳)
- ▷グラビア2「天子摂関御影　天子巻(順徳院・後高倉院)」(作者不詳)
- ▷グラビア3「天子摂関御影　摂関巻(藤原忠通・藤原基実)」(作者不詳)
- ▷グラビア4「天子摂関御影　摂関巻(九条良経・近衛家実)」(作者不詳)
- ▷グラビア5「天子摂関御影　大臣巻(藤原宗忠・藤原頼長)」(作者不詳)
- ▷グラビア6「天子摂関御影　大臣巻(平重盛・平宗盛)」(作者不詳)
- ▷グラビア7「天子摂関御影　大臣巻(大炊御門冬氏・今出川兼季)」(作者不詳)
- ▷オフセット1「天子摂関御影　天子巻(鳥羽院)」(作者不詳)
- ▷オフセット2「天子摂関御影　天子巻(後白河院・二条院)」(作者不詳)
- ▷オフセット3「天子摂関御影　天子巻(高倉院・後鳥羽院)」(作者不詳)
- ▷オフセット4「天子摂関御影　天子巻(花園院・後醍醐院)」(作者不詳)
- ▷オフセット5「天子摂関御影　摂関巻(藤原師実・九条兼実)」(作者不詳)
- ▷オフセット6「天子摂関御影　大臣巻(平清盛・藤原忠雅)」(作者不詳)
◇重要文化財 9 (毎日新聞社 1974)
- ▷図254「中殿御会図」(作者不詳　室町時代)
◇日本絵画館 4 (講談社 1970)
- ▷図53「天皇影」(伝 藤原為信　14世紀前半)
- ▷図52「中殿御会図」(作者不詳　14世紀末)

淳祐　しゅんにゅう　890〜953
平安時代中期の真言宗の僧。
◇国史大辞典 (吉川弘文館 1979)

准如　じゅんにょ　1577〜1630
安土桃山時代,江戸時代前期の僧,本願寺第12世宗主。
◇大阪府史 第5巻 近世編1 (大阪府 1985)
- ▷〈写真〉写真91「准如上人像 西本願寺」
◇国史大辞典 (吉川弘文館 1979)

俊頼　しゅんらい
平安時代後期の仏師。
◇浮世絵聚花 補巻1 (小学館 1982)
- ▷図316「六玉川 萩の玉川 俊頼」(鈴木春信　明和5頃(1768頃))
◇浮世絵聚花 14 (小学館 1981)
- ▷図100「六玉川 萩の玉川 俊頼」(鈴木春信　明和5頃(1768頃))

定胤　じょういん
平安時代前期,中期の石清水八幡宮の僧。
◇法隆寺の至宝 4 (小学館 1985)
- ▷図293「定胤和上像」(高村光雲　昭和5(1930)　法隆寺(奈良県生駒郡斑鳩町)蔵)

定恵　じょうえ　643〜665
飛鳥時代の僧。
◇日本人名大事典 1〜6 (平凡社 1979(覆刻))

尚円　しょうえん　1415〜1476
室町時代の琉球王国の第二尚氏王統の始祖。
◇日本史大事典 (平凡社 1992)
◇日本大百科全書 (小学館 1984)
◇国史大辞典 (吉川弘文館 1979)
◇日本人名大事典 1〜6 (平凡社 1979(覆刻))

聖戒　しょうかい　1261〜1323
鎌倉時代後期の僧。
◇講談社日本人名大辞典 (講談社 2001)

性海霊見　しょうかいれいけん　1315〜1396
南北朝時代の臨済宗の僧。
◇国宝・重要文化財大全 1 (毎日新聞社 1997)
- ▷図123「性海霊見像」(作者不詳　南北朝時

代 康暦元(1379)自賛)
◇長野県歴史人物大事典（郷土出版社 1989）
◇重要文化財 10（毎日新聞社 1974）
　▷図354「性海霊見像(自賛)」(作者不詳　南北朝時代)

勝覚　しょうかく　1057〜1129
平安時代後期の真言宗の僧。
◇水墨美術大系 1（講談社 1975）
　▷図112-113「勝覚・賢覚像(理性院祖師像)」(作者不詳)

松花堂昭乗　しょうかどうしょうじょう
1584〜1639
江戸時代前期の学僧, 書画家。
◇京都大事典 府域編（淡交社 1994）
◇日本史大事典（平凡社 1992）
◇日本人名大事典 1〜6（平凡社 1979(覆刻)）
◇日本美術大系 5（講談社 1959）
　▷図39「自画像」(松花堂昭乗)

証空　しょうくう　1177〜1247
鎌倉時代前期の浄土宗の僧。西山派の派祖。
◇京都大事典（淡交社 1984）
◇国史大辞典（吉川弘文館 1979）
◇日本美術絵画全集 5（集英社 1979）
　▷図34「善恵上人絵　善恵上人の灌頂会(第一巻)」(作者不詳 享禄4(1531))
　▷図35「善恵上人絵　三鈷寺の造営(第三巻)」(作者不詳 享禄4(1531))

性空　しょうくう　910〜1007
平安時代中期の僧。
◇日本人名大事典 1〜6（平凡社 1979(覆刻)）

尚敬　しょうけい　1700〜1751
江戸時代中期の琉球王国の第二尚氏王朝13代の王。
◇日本史大事典（平凡社 1992）
◇国史大辞典（吉川弘文館 1979）

祥啓　しょうけい
室町時代, 戦国時代の画僧。
◇国史大辞典（吉川弘文館 1979）　▷賢江祥啓
◇日本人名大事典 1〜6（平凡社 1979(覆刻)）

聖冏　しょうげい　1341〜1420
南北朝時代, 室町時代の浄土宗の僧。
◇国史大辞典（吉川弘文館 1979）

貞慶　じょうけい　1155〜1213
平安時代後期, 鎌倉時代前期の法相宗の僧。
◇日本絵画名作101選（小学館 2005）
　▷図31「春日権現験記絵巻　第1巻」(高階隆兼　延慶2(1309))
◇原色日本の美術(改訂版) 8（小学館 1994）
　▷図103「春日権現験記絵巻　第五巻」(高階隆兼 1309)
◇日本美術全集 9（講談社 1993）
　▷図83-85「春日権現験記絵巻」(高階隆兼 延慶2(1309))
◇日本史大事典（平凡社 1992）
◇皇室の至宝第1期 御物 1（毎日新聞社 1991）
　▷図77-95「春日権現験記絵巻」(高階隆兼 延慶2(1309))
◇続日本の絵巻 13（中央公論社 1991）
　▷p2-90「春日権現験記絵(模本)」(作者不詳)
◇続日本の絵巻 14（中央公論社 1991）
　▷p2-50「春日権現験記絵(模本)」(作者不詳)
◇人間の美術 6（学習研究社 1990）
　▷図96-97「春日権現験記絵巻　第一巻第三段」(高階隆兼　延慶2(1309))
◇花鳥画の世界 1（学習研究社 1982）
　▷図86-92「春日権現験記絵」(高階隆兼　延慶2(1309))
◇続日本絵巻大成 14（中央公論社 1982）
　▷p2-91「春日権現験記絵(模本)」(作者不詳)
◇続日本絵巻大成 15（中央公論社 1982）
　▷p2-50「春日権現験記絵(模本)」(作者不詳)
◇国史大辞典（吉川弘文館 1979）
◇日本美術全集 10（学習研究社 1979）
　▷図3「春日権現験記　第三巻第一段」(高階隆兼　延慶2(1309))
◇新修日本絵巻物全集 16（角川書店 1978）
　▷一冊「春日権現験記絵」(作者不詳)
◇世界伝記大事典（ほるぷ出版 1978）
◇御物聚成 絵画1（朝日新聞社 1977）
　▷図9-10「春日権現験記絵巻　第一巻第三段」(高階隆兼　鎌倉時代)
　▷図11-12「春日権現験記絵巻　第二巻第一段」(高階隆兼　鎌倉時代)
　▷図13「春日権現験記絵巻　第三巻第一段」(高階隆兼　鎌倉時代)
　▷図14「春日権現験記絵巻　第五巻第二段」(高階隆兼　鎌倉時代)
　▷図15「春日権現験記絵巻　第五巻第四段」(高階隆兼　鎌倉時代)
　▷図16「春日権現験記絵巻　第七巻第四段」(高階隆兼　鎌倉時代)
　▷図17「春日権現験記絵巻　第九巻第二段」(高階隆兼　鎌倉時代)
　▷図18-19「春日権現験記絵巻　第十巻第七段」(高階隆兼　鎌倉時代)
　▷図20「春日権現験記絵巻　第十一巻第二段」(高階隆兼　鎌倉時代)
　▷図21「春日権現験記絵巻　第十三巻第二段」(高階隆兼　鎌倉時代)
　▷図22「春日権現験記絵巻　第十三巻第三段」(高階隆兼　鎌倉時代)
　▷図23「春日権現験記絵巻　第十四巻第六段」(高階隆兼　鎌倉時代)

しよう

▷図24「春日権現験記絵巻　第十五巻第五段」
（高階隆兼　鎌倉時代）
▷図25「春日権現験記絵巻　第十七巻第二段」
（高階隆兼　鎌倉時代）
▷図26「春日権現験記絵巻　第十八巻第一段」
（高階隆兼　鎌倉時代）
▷図27「春日権現験記絵巻　第十九巻第一段」
（高階隆兼　鎌倉時代）
◇美の美百選 2（日本経済新聞社 1977）
▷図2「春日権現験記　第十九巻」（高階隆兼
鎌倉時代末期）
◇原色日本の美術 8（小学館 1968）
▷図103「春日権現験記絵巻」（高階隆兼
1309）
◇日本の美術 10（平凡社 1964）
▷図12「春日権現験記絵巻」（作者不詳
1309）
▷図31「春日権現験記絵巻」（作者不詳
1309）

尚元　しょうげん　1528～1572
戦国時代の琉球の国王。
◇沖縄大百科事典（沖縄タイムス社 1983）

昭憲皇太后　しょうけんこうたいごう
1850～1914
江戸時代末期,明治時代の女性。明治天皇の皇后。
◇皇族・華族古写真帖 愛蔵版（新人物往来社
2003）
▷p5「（無題）」（内田九一）
▷p34「（無題）」（鈴木真一,丸木利陽）
▷p100「（無題）」（丸木利陽,鈴木真一）
▷p113「（無題）」
◇講談社日本人名大辞典（講談社 2001）
◇幕末・明治美人帖（新人物往来社 2001）
▷p24「（無題）」
▷p24「（無題）」
◇皇室の至宝第1期 御物 3（毎日新聞社 1991）
▷図164「皇后陛下御肖像（皇太后陛下）」（和
田三造　大正13(1924)）
◇写された幕末―石黒敬七コレクション（明石書
店 1990）
▷p77 No.6「開拓使学校の昭憲皇后」
（1873.12.5）
◇読者所蔵「古い写真」館（朝日新聞社 1986）
▷p16「（無題）」（内田九一）
◇日本写真全集 1 写真の幕あけ（小学館 1985）
▷p31 No.34「（無題）」（内田九一）
◇国史大辞典（吉川弘文館 1979）
◇和漢詩歌作家辞典（みづほ出版 1972）
◇日本写真史 1840-1945（平凡社 1971）
▷p360 No.534「明治天皇・昭憲皇太后」（内
田九一）
▷p446 No.687「「大日本帝国高貴肖像」（明治
天皇・皇后）」

尚灝　しょうこう
1787～1834　江戸時代後期の琉球国王。
◇沖縄大百科事典（沖縄タイムス社 1983）

常高院　じょうこういん　？～1633
安土桃山時代,江戸時代前期の女性。浅井長政
の2女。
◇福井県大百科事典（福井新聞社 1991）

樵谷惟僊　しょうこくいせん　生没年不詳
鎌倉時代後期の臨済宗の僧。
◇長野県歴史人物大事典（郷土出版社 1989）
◇郷土歴史人物事典 長野（第一法規出版 1978）

尚純　しょうじゅん　1660～1707
江戸時代前期,中期の琉球の王族。
◇沖縄大百科事典（沖縄タイムス社 1983）

向象賢　しょうしょうけん　1617～1675
江戸時代前期の琉球国の政治家。
◇世界伝記大事典（ほるぷ出版 1978）　▷羽地
朝秀

尚真　しょうしん　1465～1526
戦国時代の琉球王国の第二尚氏王朝3代の王。
◇日本史大事典（平凡社 1992）
◇日本大百科全書（小学館 1984）
◇沖縄大百科事典（沖縄タイムス社 1983）
◇国史大辞典（吉川弘文館 1979）

性信　しょうしん　1187～1275
鎌倉時代前期の真宗の僧。
◇角川日本姓氏歴史人物大辞典 10（角川書店
1994）
◇仏像集成 1（学生社 1989）
▷図335「性信上人坐像」（作者不詳　鎌倉時
代末期　宝福寺（群馬県邑楽郡）蔵）
◇国史大辞典（吉川弘文館 1979）

松窓乙二　しょうそうおつに　1755～1823
江戸時代中期,後期の俳人。
◇宮城県百科事典（河北新報社 1982）

勝尊　しょうそん
鎌倉時代前期の真言宗の僧。
◇山形県大百科事典（山形放送 1983）

尚泰　しょうたい　1843～1901
江戸時代末期,明治時代の琉球王国の王。
◇講談社日本人名大辞典（講談社 2001）　▷尚
泰王
◇角川日本姓氏歴史人物大辞典 47（角川書店

1992）
◇日本史大事典（平凡社 1992）
◇沖縄大百科事典（沖縄タイムス社 1983）
◇国史大辞典（吉川弘文館 1979）
◇日本人名大事典 1～6（平凡社 1979（覆刻））
◇世界伝記大事典（ほるぷ出版 1978）

正田利一郎 しょうだりいちろう 1811～1891
江戸時代後期～明治期の天明鋳物師, 彦根藩佐野代官所御用達, 天明・小屋町副戸長。
◇栃木県歴史人物事典（下野新聞社 1995）

定朝 じょうちょう ?～1057
平安時代中期の仏師。
◇日本史大事典（平凡社 1992）

尚貞王 しょうていおう 1646～1709
江戸時代前期, 中期の琉球国王。
◇沖縄大百科事典（沖縄タイムス社 1983） ▷尚貞

正徹 しょうてつ 1381～1459
室町時代の臨済宗の僧, 歌人。
◇国史大辞典（吉川弘文館 1979）

勝道 しょうどう 735～817
奈良時代, 平安時代前期の僧。
◇国宝・重要文化財大全 1（毎日新聞社 1997）
　▷図44「勝道上人像」（作者不詳　鎌倉時代　正中2（1325）銘, 文保2（1318）銘）
◇日本画素描大観 5（講談社 1984）
　▷図171「勝道上人（スケッチ）」（前田青邨　昭和39（1964））
◇国史大辞典（吉川弘文館 1979）
◇郷土歴史人物事典 栃木（第一法規出版 1977）
　▷勝道上人
◇重要文化財 8（毎日新聞社 1973）
　▷図200（1）「勝道上人像　文保二年銘」（作者不詳　鎌倉時代）
　▷図200（2）「勝道上人像　正中二年銘」（作者不詳　鎌倉時代）

常騰 じょうとう 740～815
奈良時代, 平安時代前期の学僧。
◇国史大辞典（吉川弘文館 1979）
◇日本人名大事典 1～6（平凡社 1979（覆刻））

上東門院 じょうとうもんいん 988～1074
平安時代中期の女性。一条天皇の皇后。
◇講談社日本人名大辞典（講談社 2001）

聖徳太子 しょうとくたいし 574～622
飛鳥時代の王族, 用明天皇の子。
◇日本絵画名作101選（小学館 2005）
　▷図3「聖徳太子及び二王子像」（作者不詳　奈良時代（8世紀））
◇日本芸術の創跡 2004年度版（世界文芸社 2004）
　▷p106「聖徳太子二王子像」（鈴村梅鳳）
◇ボストン美術館 日本美術調査図録（講談社 2003）
　▷図I-402「聖徳太子絵伝」（作者不詳　江戸時代（17世紀））
◇講談社日本人名大辞典（講談社 2001）
◇20世紀の美 日本の絵画100選（日本経済新聞社 2000）
　▷図26「太子樹下禅那之図」（村上華岳　昭和12（1937））
◇日本の美（美術年鑑社 2000）
　▷図1「聖徳太子絵伝」（秦致貞　延久1（1069））
　▷図6「聖徳太子絵伝」（作者不詳　鎌倉時代）
　▷図8「聖徳太子絵伝」（作者不詳　鎌倉時代末期－室町時代）
　▷図7「聖徳太子絵伝絵巻」（作者不詳　元亨1（1321））
◇国宝・重要文化財大全 2（毎日新聞社 1999）
　▷図82「聖徳太子絵伝」（伝 狩野山楽　江戸時代）
◇国宝・重要文化財大全 4（毎日新聞社 1999）
　▷図744「聖徳太子（坐）像」（院恩, 院道　建治3（1277）　達磨寺（奈良県北葛城郡王寺町）蔵）
　▷図739「聖徳太子（立）像（孝養像）」（院憲　乾元2（1303）　浄土寺（広島県尾道市東久保町）蔵）
　▷図726「聖徳太子（立）像（南無仏太子像）」（院勢　建武5（1338）　浄土寺（広島県尾道市東久保町）蔵）
　▷図603「聖徳太子像（悉達太子像）」（院智　建長4（1252）　仁和寺（京都府京都市右京区）蔵）
　▷図741「聖徳太子（坐）像」（円快　治暦5（1069）　法隆寺（奈良県生駒郡斑鳩町）蔵）
　▷図729「聖徳太子（立）像」（慶禅　寛元5（1247）　天洲寺（埼玉県行田市）蔵）
　▷図740「聖徳太子（立）像（摂政像）」（幸春　暦応2（1339）　浄土寺（広島県尾道市東久保町）蔵）
　▷図743「聖徳太子（坐）像」（舜慶　永正12（1515）　橘寺（奈良県高市郡明日香村）蔵）
　▷図734「聖徳太子（立）像」（善春　文永5（1268）　元興寺（奈良県奈良市中院町）蔵）
　▷図725「聖徳太子（立）像」（湛幸　鎌倉時代　善福寺（兵庫県神戸市）蔵）
　▷図732「聖徳太子（立）像」（湛幸　元応2（1320）　仏光寺（京都府京都市下京区）蔵）
　▷図730「聖徳太子孝養像」（作者不詳　鎌倉時代　松岡寺（石川県珠洲市）蔵）

歴史人物肖像索引　253

しよう

- ▷図745「聖徳太子・侍者像」（作者不詳　平安時代　法隆寺（奈良県生駒郡斑鳩町）蔵）
- ▷図742「聖徳太子（坐）像」（作者不詳　室町時代　中山寺（兵庫県宝塚市）蔵）
- ▷図727「聖徳太子（半跏）像」（作者不詳　鎌倉時代　広隆寺（京都府京都市右京区）蔵）
- ▷図738「聖徳太子（立）像」（作者不詳　鎌倉時代　金峯山寺（奈良県吉野郡）蔵）
- ▷図737「聖徳太子（立）像」（作者不詳　鎌倉時代　成福寺（奈良県生駒郡）蔵）
- ▷図728「聖徳太子（立）像」（作者不詳　鎌倉時代　善重寺（茨城県水戸市）蔵）
- ▷図735「聖徳太子（立）像」（作者不詳　鎌倉時代　唐招提寺（奈良県奈良市五条町）蔵）
- ▷図733「聖徳太子（立）像」（作者不詳　弘安9（1286）　道明寺（大阪府藤井寺市道明寺）蔵）
- ▷図731「聖徳太子（立）像」（作者不詳　鎌倉時代　仁勝寺（山梨県甲府市）蔵）
- ▷図736「聖徳太子（立）像」（作者不詳　鎌倉時代　法隆寺（奈良県生駒郡斑鳩町）蔵）

◇ボストン美術館　日本美術調査図録（講談社1997）
- ▷図I-228「聖徳太子孝養像」（作者不詳　江戸時代（17世紀））
- ▷図I-252「聖徳太子摂政像」（作者不詳　明治時代（19世紀））
- ▷図I-54「聖徳太子伝絵」（作者不詳　鎌倉－南北朝時代（14世紀））

◇国宝・重要文化財大全1（毎日新聞社1997）
- ▷図273「聖徳太子絵伝」（遠江法橋　鎌倉時代　元亨3（1323））
- ▷図246「聖徳太子絵伝」（秦致貞　平安時代　延久元（1069））
- ▷図120「聖徳太子絵伝」（作者不詳　鎌倉時代）
- ▷図274「聖徳太子絵伝」（作者不詳　鎌倉時代）
- ▷図275「聖徳太子絵伝」（作者不詳　鎌倉時代）
- ▷図276「聖徳太子絵伝」（作者不詳　南北朝時代）
- ▷図277「聖徳太子絵伝」（作者不詳　室町時代）
- ▷図278「聖徳太子絵伝」（作者不詳　南北朝時代）
- ▷図40「聖徳太子勝鬘経講讃図」（作者不詳　鎌倉時代）
- ▷図41「聖徳太子勝鬘経講讃図」（作者不詳　鎌倉時代）
- ▷図31「聖徳太子像」（作者不詳　鎌倉時代）
- ▷図32「聖徳太子像」（作者不詳　鎌倉時代）
- ▷図33「聖徳太子像」（作者不詳　鎌倉時代）
- ▷図34「聖徳太子像」（作者不詳　鎌倉時代）
- ▷図35「聖徳太子像」（作者不詳　鎌倉時代）
- ▷図36「聖徳太子像」（作者不詳　鎌倉時代）
- ▷図37「聖徳太子像」（作者不詳　鎌倉時代）
- ▷図38「聖徳太子像」（作者不詳　室町時代）
- ▷図230「聖徳太子像」（作者不詳　平安時代後期）
- ▷図25「聖徳太子・天台高僧像」（作者不詳　平安時代）

◇私の選んだ国宝絵画2（毎日新聞社1997）
- ▷p10「聖徳太子絵伝」（秦致貞　平安時代（1069））

◇仏像集成7（学生社1997）
- ▷図287「聖徳太子像」（湛幸　鎌倉時代末期　善福寺（兵庫県神戸市）蔵）
- ▷図441「聖徳太子孝養立像」（作者不詳　14世紀　高山寺（和歌山県田辺市）蔵）
- ▷図328「聖徳太子（坐）像」（作者不詳　桃山時代？　中山寺（兵庫県宝塚市）蔵）
- ▷図258「聖徳太子（立）像」（作者不詳　弘安9（1286）　道明寺（大阪府藤井寺市道明寺）蔵）
- ▷図3「聖徳太子立像」（作者不詳　鎌倉時代　厚源寺（三重県津市）蔵）
- ▷図79「聖徳太子立像」（作者不詳　鎌倉時代　松原寺（三重県安芸郡）蔵）
- ▷図443「聖徳太子立像（二才礼拝）」（作者不詳　14世紀　宗応寺（和歌山県新宮市）蔵）
- ▷図204「聖徳太子像」（作者不詳　附納入品ノ）竜泉寺（大阪府富田林市）蔵）
- ▷図323「聖徳太子二王子像」（作者不詳　鶴林寺（兵庫県加古川市）蔵）

◇仏像集成8（学生社1997）
- ▷図162「聖徳太子（立）像（孝養像）」（院乾祝2（1303）　浄土寺（広島県尾道市東久保町）蔵）
- ▷図161「聖徳太子（立）像（南無仏太子像）」（院勢　建武5（1338）　浄土寺（広島県尾道市東久保町）蔵）
- ▷図163「聖徳太子（立）像（摂政像）」（幸春　暦応2（1339）　浄土寺（広島県尾道市東久保町）蔵）
- ▷図387「聖徳太子立像」（作者不詳　鎌倉時代　聖徳院（香川県綾歌郡宇多津町）蔵）

◇私の選んだ国宝絵画1（毎日新聞社1996）
- ▷p39「聖徳太子及天台高僧像（聖徳太子・竜樹菩薩）」（作者不詳　平安時代（11世紀））

◇法隆寺の至宝3（小学館1996）
- ▷懸仏5「聖徳太子像」（作者不詳　応永24（1417）　法隆寺（奈良県生駒郡斑鳩町）蔵）
- ▷塑像110「聖徳太子坐像（講讃像）」（作者不詳　室町時代－江戸時代　法隆寺（奈良県生駒郡斑鳩町）蔵）
- ▷金剛像30「聖徳太子立像（孝養像）」（作者不詳　昭和時代　法隆寺（奈良県生駒郡斑鳩町））
- ▷塑像116「聖徳太子立像（孝養像）」（作者不詳　江戸時代）
- ▷金剛像27「聖徳太子坐像（摂政像）」（作者不詳　昭和時代　法隆寺（奈良県生駒郡斑鳩町））
- ▷塑像117「聖徳太子坐像（摂政像）」（作者不詳　江戸時代）
- ▷塑像109「聖徳太子（坐）像（7歳像）」（作者不詳　室町時代　法隆寺（奈良県生駒郡斑鳩町））

▷塑像114「聖徳太子(坐)像(7歳像)」(作者不詳　江戸時代)
▷塑像115「聖徳太子(坐)像(7歳像)」(作者不詳　江戸時代)
◇仏像集成　6（学生社　1995）
　▷図220「聖徳太子(坐)像」(院恵、院道　建治3(1277)　達磨寺(奈良県北葛城郡王寺町)蔵)
　▷図146「聖徳太子(坐)像」(円快　治暦5(1069)　法隆寺(奈良県生駒郡斑鳩町)蔵)
　▷図198「聖徳太子(坐)像」(舜慶　永正12(1515)　橘寺(奈良県高市郡明日香村)蔵)
　▷図228「聖徳太子(坐)像」(作者不詳　鎌倉時代後期　金峯山寺(奈良県吉野郡)蔵)
　▷図77「聖徳太子(立)像」(作者不詳　鎌倉時代　成福寺(奈良県生駒郡)蔵)
　▷図147「聖徳太子(立)像」(作者不詳　13世紀末期－14世紀初期頃　法隆寺(奈良県生駒郡斑鳩町)蔵)
　▷図30「聖徳太子立像」(作者不詳　正安4(1302))
　▷図93「聖徳太子・山背王・殖栗王・卒末呂王・恵慈法師(坐)像」(作者不詳　法隆寺(奈良県生駒郡斑鳩町)蔵)
◇巨匠の日本画　7（学習研究社　1994）
　▷図26「上宮太子」(安田靱彦　大正元(1912)頃)
◇巨匠の日本画　9（学習研究社　1994）
　▷図24「太子樹下禅那之図」(村上華岳　昭和13(1938))
◇原色日本の美術(改訂版)　2（小学館　1994）
　▷図43「聖徳太子(坐)像」(作者不詳　法隆寺(奈良県生駒郡斑鳩町)蔵)
　▷図49「聖徳太子および二王子像」(作者不詳)
◇原色日本の美術(改訂版)　9（小学館　1994）
　▷図73「聖徳太子像(悉達太子像)」(院智　仁和寺(京都府京都市右京区)蔵)
　▷図123「聖徳太子(立)像」(慶禅　天洲寺(埼玉県行田市)蔵)
　▷図42「聖徳太子(立)像」(舜慶　嘉元2(1304)　伝香寺(奈良県奈良市小川町)蔵)
　▷図41「聖徳太子(立)像」(作者不詳　延慶2(1309)？　円成寺(奈良県奈良市忍辱山町)蔵)
◇原色日本の美術(改訂版)　21（小学館　1994）
　▷図33「聖徳太子像」(作者不詳　8世紀)
◇日本美術全集　6（講談社　1994）
　▷図113「聖徳太子(坐)像」(円快　治暦5(1069)　法隆寺(奈良県生駒郡斑鳩町)蔵)
　▷図114-118「聖徳太子・侍者像」(作者不詳　保安2(1121)　法隆寺(奈良県生駒郡斑鳩町)蔵)
◇秘蔵日本美術大観　6（講談社　1994）
　▷図9「聖徳太子二童子像」(作者不詳　鎌倉時代後期(13-14世紀))
◇仏像集成　5（学生社　1994）
　▷図13「聖徳太子(立)像」(舜慶　嘉元2(1304)　伝香寺(奈良県奈良市小川町)蔵)
　▷図134「聖徳太子(立)像」(善春　文永5(1268)　元興寺(奈良県奈良市中院町)蔵)
　▷図169「聖徳太子(立)像」(作者不詳　延慶2(1309)？　円成寺(奈良県奈良市忍辱山町)蔵)
　▷図49「聖徳太子(立)像」(作者不詳　唐招提寺(奈良県奈良市五条町)蔵)
　▷図135「聖徳太子立像(南無仏太子像)」(作者不詳　元興寺(奈良県奈良市中院町)蔵)
◇日本美術全集　9（講談社　1993）
　▷図68「聖徳太子勝鬘経講讃図」(作者不詳　13世紀)
　▷図67「聖徳太子伝絵」(作者不詳　13世紀末)
◇日本史大事典（平凡社　1992）
◇日本美術全集　3（講談社　1992）
　▷図23「聖徳太子二童子像」(作者不詳　8世紀)
◇日本美術全集　22（講談社　1992）
　▷図105「太子樹下禅那之図」(村上華岳　昭和13(1938))
◇秘蔵日本美術大観　2（講談社　1992）
　▷図1「聖徳太子絵伝」(作者不詳　室町時代後期(16世紀前期))
◇仏像集成　2（学生社　1992）
　▷図118「聖徳太子孝養像」(作者不詳　鎌倉時代　松岡寺(石川県珠洲市)蔵)
　▷図302「聖徳太子像」(作者不詳　平安時代末期？　西敬寺(長野県飯山市)蔵)
　▷図191「聖徳太子(立)像」(作者不詳　鎌倉時代末期？　仁勝寺(山梨県甲府市)蔵)
　▷図526「聖徳太子立像」(作者不詳　室町時代　性海寺(愛知県稲沢市)蔵)
　▷図485「聖徳太子立像」(作者不詳　元弘3(1333)？　聖徳寺(愛知県名古屋市)蔵)
　▷図180「聖徳太子立像」(作者不詳　嘉暦4(1329)　聖徳寺(福井県足羽郡)蔵)
　▷図494「聖徳太子立像」(作者不詳　鎌倉時代後期　満性寺(愛知県岡崎市)蔵)
◇皇室の至宝第1期　御物　1（毎日新聞社　1991）
　▷図1-2「聖徳太子画像」(作者不詳　奈良時代)
◇昭和の日本画100選（朝日新聞社　1991）
　▷図34「太子樹下禅那之図」(村上華岳　昭和12(1937))
◇新編　名宝日本の美術　21（小学館　1991）
　▷図56-59「聖徳太子絵伝板絵　推古帝の殺生を戒める・山城楓野に行啓・新羅討伐」(狩野山楽　元和9(1623))
◇奈良県史　第6巻　寺院（名著出版　1991）
　▷p154(写真)「聖徳太子像(成福寺)」
◇日本美術全集　7（講談社　1991）
　▷図122,145「聖徳太子及び天台高僧像　竜樹菩薩」(作者不詳　11世紀中頃)
　▷図146「聖徳太子及び天台高僧像　善無畏三蔵」(作者不詳　11世紀中頃)
　▷図147「聖徳太子及び天台高僧像　智顗(天

しよう

台智者大師)」(作者不詳　11世紀中頃)
　▷図148「聖徳太子及び天台高僧像　最澄(伝教大師)」(作者不詳　11世紀中頃)
　▷図149「聖徳太子及び天台高僧像　円仁(慈覚大師)」(作者不詳　11世紀中頃)
◇日本美術全集 10 (講談社 1991)
　▷図94「聖徳太子像(悉達太子像)」(院智建長4(1252)　仁和寺(京都府京都市右京区)蔵)
◇昭和の文化遺産 1 (ぎょうせい 1990)
　▷図98「太子降誕」(堂本印象　昭和22(1947))
◇新編 名宝日本の美術 1 (小学館 1990)
　▷図30「聖徳太子および二王子像」(作者不詳　8世紀)
　▷図31「聖徳太子(坐)像」(作者不詳　12世紀　法隆寺(奈良県生駒郡斑鳩町)蔵)
◇人間の美術 6 (学習研究社 1990)
　▷図147「聖徳太子(立)像(孝養像)」(院憲乾元2(1303)　浄土寺(広島県尾道市東久保町)蔵)
　▷図143「聖徳太子像(悉達太子像)」(院智建長4(1252)　仁和寺(京都府京都市右京区)蔵)
　▷図156「聖徳太子(立)像」(慶禅　寛元5(1247)　天洲寺(埼玉県行田市)蔵)
　▷図174「聖徳太子(立)像」(湛幸　元応2(1320)　仏光寺(京都府京都市下京区)蔵)
◇入江泰吉写真集 (小学館 1989)
　▷図63,65-66,112-115「聖徳太子坐像(講讃像)及び侍者像・救世観音立像」(作者不詳　平安時代　法隆寺(奈良県生駒郡斑鳩町)蔵)
◇仏像集成 1 (学生社 1989)
　▷図263「聖徳太子(立)像」(慶禅　寛元5(1247)　天洲寺(埼玉県行田市)蔵)
　▷図419「聖徳太子(立)像」(作者不詳　善重寺(茨城県水戸市)蔵)
　▷図16「聖徳太子立像」(作者不詳　永勝寺(神奈川県横浜市)蔵)
　▷図434「聖徳太子立像」(作者不詳　光明寺(茨城県下妻市)蔵)
　▷図559「聖徳太子立像」(作者不詳　本山慈恩寺(山形県寒河江市)蔵)
　▷図448「聖徳太子立像」(作者不詳　妙安寺(茨城県岩井市)蔵)
◇アート・ギャラリー・ジャパン 7 (集英社 1987)
　▷図20「太子樹下禅那之図」(村上華岳　昭和12(1937))
◇仏像集成 4 (学生社 1987)
　▷図14「聖徳太子立像」(宗円　元亨1(1321))
◇明治・大正・昭和の仏画仏像 2 (小学館 1987)
　▷図31「太子樹下禅那之図」(村上華岳　昭和12(1937))
◇仏像集成 3 (学生社 1986)
　▷図54「聖徳太子像(悉達太子像)」(院智建長4(1252)　仁和寺(京都府京都市右京区)蔵)

　▷図150「聖徳太子(立)像」(湛幸　元応2(1320)　仏光寺(京都府京都市下京区)蔵)
　▷図30「聖徳太子(半跏)像」(作者不詳　13世紀後半　広隆寺(京都府京都市右京区)蔵)
◇国宝大事典 1 (講談社 1985)
　▷図42「聖徳太子絵伝(絵殿旧障子絵)」(秦致貞　平安時代(1069))
　▷図40「聖徳太子及び天台高僧像」(作者不詳　平安時代(11世紀))
◇国宝大事典 2 (講談社 1985)
　▷図91「聖徳太子・山背王・殖栗王・卒末呂王・恵慈法師(坐)像」(作者不詳　保安2(1121)　法隆寺(奈良県生駒郡斑鳩町))
◇全集日本の古寺 17 (集英社 1985)
　▷図45「聖徳太子(立)像(孝養像)」(院憲乾元2(1303)　浄土寺(広島県尾道市東久保町)蔵)
◇法隆寺の至宝 4 (小学館 1985)
　▷図260「聖徳太子像」(平櫛田中〔彫刻〕,前田青邨〔彩色〕　法隆寺(奈良県生駒郡斑鳩町)蔵)
　▷p32,34,249「聖徳太子・侍者像」(作者不詳　平安時代　法隆寺(奈良県生駒郡斑鳩町)蔵)
　▷p29,248「聖徳太子像」(作者不詳　平安時代)
　▷図250「聖徳太子像」(作者不詳　江戸時代)
　▷図251「聖徳太子像」(作者不詳　江戸時代)
　▷図252「聖徳太子像」(作者不詳　江戸時代)
　▷図253「聖徳太子像」(作者不詳　江戸時代)
　▷図254「聖徳太子像」(作者不詳　江戸時代)
　▷図255「聖徳太子像」(作者不詳)
　▷図256「聖徳太子像」(作者不詳)
　▷図257「聖徳太子像」(作者不詳)
　▷図258「聖徳太子像」(作者不詳)
　▷図259「聖徳太子像」(作者不詳)
　▷図261「聖徳太子像」(作者不詳　鎌倉時代)
　▷図262「聖徳太子像」(作者不詳　鎌倉時代)
　▷図263「聖徳太子像」(作者不詳　鎌倉時代)
　▷図264「聖徳太子像」(作者不詳　室町時代)
　▷図265「聖徳太子像」(作者不詳　室町時代)
　▷図266「聖徳太子像」(作者不詳　江戸時代)
　▷図267「聖徳太子像」(作者不詳　江戸時代)
　▷図268「聖徳太子像」(作者不詳　江戸時代)
　▷図269「聖徳太子像」(作者不詳　徳治2(1307))
　▷図270「聖徳太子像」(作者不詳　鎌倉時代)
　▷図271「聖徳太子像」(作者不詳　南北朝時代)
　▷図272「聖徳太子像」(作者不詳　室町時代　法隆寺(奈良県生駒郡斑鳩町))
　▷図273「聖徳太子像」(作者不詳　江戸時代)
　▷図274「聖徳太子像」(作者不詳　嘉永2(1849))
　▷図275「聖徳太子像」(作者不詳　江戸時代)
◇現代の水墨画 5 (講談社 1984)
　▷図17「太子樹下禅那之図」(村上華岳　昭和12(1937))

◇国宝 2（毎日新聞社 増補改訂版 1984）
　▷図2(1-2)「聖徳太子絵伝（絵殿旧障子絵）」（秦致貞　平安時代）
◇国宝 増補改訂版 1（毎日新聞社 1984）
　▷図45(1)「聖徳太子及天台高僧像　聖徳太子」（作者不詳　平安時代）
　▷図45(2)「聖徳太子及天台高僧像　竜樹菩薩」（作者不詳　平安時代）
　▷図45(3)「聖徳太子及天台高僧像　慧文禅師」（作者不詳　平安時代）
　▷図45(4)「聖徳太子及天台高僧像　湛然禅師」（作者不詳　平安時代）
◇国宝（増補改訂版）5（毎日新聞社 1984）
　▷図35「聖徳太子・山背王・殖栗王・卒末呂王・恵慈法師（坐）像」（作者不詳　保安2（1121）　法隆寺（奈良県生駒郡斑鳩町）蔵）
◇全集日本の古寺 12（集英社 1984）
　▷図51「聖徳太子（立）像」（善春　文永5（1268）　元興寺（奈良県奈良市中院町）蔵）
◇日本大百科全書（小学館 1984）
◇日本の石仏 7（国書刊行会 1983）
　▷図137「聖徳太子」（作者不詳　元禄5（1692））
◇日本古寺美術全集 8（集英社 1982）
　▷図83「聖徳太子（坐）像」（院恵, 院道　建治3（1277）　達磨寺（奈良県北葛城郡王寺町）蔵）
◇日本古寺美術全集 14（集英社 1982）
　▷図59「聖徳太子像（悉達太子像）」（院智　建長4（1252）　仁和寺（京都府京都市右京区）蔵）
　▷図60「聖徳太子像」（作者不詳）
◇日本古寺美術全集 19（集英社 1982）
　▷図14-15「聖徳太子および天台高僧像」（作者不詳）
　▷図25「聖徳太子勝鬘経講讃図」（作者不詳）
◇名宝日本の美術 2（小学館 1982）
　▷図30「聖徳太子および二王子像」（作者不詳　8世紀）
　▷図31「聖徳太子（坐）像」（作者不詳　12世紀　法隆寺（奈良県生駒郡斑鳩町）蔵）
◇日本古寺美術全集 7（集英社 1981）
　▷図19「板絵聖徳太子絵伝」（伝 狩野山楽）
　▷図12-18「聖徳太子絵伝」（遠江法橋　元亨3（1323））
　▷図11「聖徳太子勝鬘経講讃像」（作者不詳）
◇国宝・重要文化財 仏教美術（小学館 1980）
　▷図5「聖徳太子（立）像（孝養像）」（院憲　鎌倉時代　浄土寺（広島県尾道市東久保町）蔵）
　▷図4「聖徳太子（立）像（南無仏太子像）」（院勢　南北朝時代　浄土寺（広島県尾道市東久保町）蔵）
　▷図217「聖徳太子（立）像（摂政像）」（幸春　暦応2（1339）　浄土寺（広島県尾道市東久保町）蔵）
◇在外日本の至宝 8（毎日新聞社 1980）
　▷図77「聖徳太子立像（南无仏太子）」（作者不詳　南北朝時代　シアトル美術館（アメリカ・シアトル）蔵）
　▷図76「聖徳太子立像（南无仏太子）」（作者不詳　正応5（1292）　ハーバード大学付属フォッグ美術館（アメリカ・ケンブリッジ）蔵）
　▷図75「聖徳太子立像（南无仏太子）」（作者不詳　鎌倉時代　フィラデルフィア美術館（アメリカ・フィラデルフィア）蔵）
◇日本古寺美術全集 5（集英社 1980）
　▷図77「聖徳太子（立）像」（善春　文永5（1268）　元興寺（奈良県奈良市中院町）蔵）
◇日本古寺美術全集 12（集英社 1980）
　▷図71「聖徳太子（半跏）像」（作者不詳　広隆寺（京都府京都市右京区）蔵）
◇日本の障壁画 飛鳥―室町編（毎日新聞社 1979）
　▷図25-26,M62-71「聖徳太子絵伝（法隆寺絵殿旧障子絵）」（作者不詳　平安時代 延久1（1069））
◇日本の障壁画 室町―桃山編（毎日新聞社 1979）
　▷図M187-M188「聖徳太子絵伝」（伝 狩野山楽　江戸時代）
◇日本絵画百選（日本経済新聞社 1979）
　▷図13「聖徳太子・天台高僧像　竜樹菩薩像」（作者不詳　平安時代）
◇日本古寺美術全集 1（集英社 1979）
　▷図67「聖徳太子（坐）像」（舜慶　永正12（1515）　橘寺（奈良県高市郡明日香村）蔵）
◇日本古寺美術全集 2（集英社 1979）
　▷図61「聖徳太子（坐）像」（円快　治暦5（1069）　法隆寺（奈良県生駒郡斑鳩町）蔵）
　▷図13「聖徳太子絵伝」（秦致貞　延久1（1069））
　▷図23-26「聖徳太子・侍者像」（作者不詳　保安2（1121）　法隆寺（奈良県生駒郡斑鳩町）蔵）
◇日本人名大事典 1～6（平凡社 1979（覆刻））
◇日本美術全集 10（学習研究社 1979）
　▷図62「聖徳太子絵伝　第六面」（秦致貞　延久1(1069)）
◇世界伝記大事典（ほるぷ出版 1978）
◇日本美術全集 2（学習研究社 1978）
　▷図1「聖徳太子二王子像」（作者不詳　8世紀前半）
◇日本美術全集 7（学習研究社 1978）
　▷図91「聖徳太子・天台高僧像　竜樹像」（作者不詳　11世紀後半）
◇日本美術全集 12（学習研究社 1978）
　▷図62「聖徳太子（立）像（南無仏太子像）」（院勢　建武5（1338）　浄土寺（広島県尾道市東久保町）蔵）
　▷図50「聖徳太子像（悉達太子像）」（院智　建長4（1252）　仁和寺（京都府京都市右京区）蔵）
　▷図67「聖徳太子（立）像」（慶禅　寛元5（1247）　天洲寺（埼玉県行田市）蔵）
◇御物聚成 絵画1（朝日新聞社 1977）
　▷図1「聖徳太子画像」（作者不詳　奈良時代）

しよう

◇重要文化財 30（毎日新聞社 1977）
▷図12「聖徳太子像」（作者不詳　平安時代）
▷図41「聖徳太子像」（作者不詳　鎌倉時代）
◇大和古寺大観 3（岩波書店 1977）
▷図18,56「聖徳太子（立）像」（善春　13世紀　元興寺（奈良県奈良市中院町）蔵）
▷図57「聖徳太子立像（南無仏太子像）」（作者不詳　13-14世紀　元興寺（奈良県奈良市中院町）蔵）
◇大和古寺大観 4（岩波書店 1977）
▷図186,別10「聖徳太子（立）像」（作者不詳　14世紀　円成寺（奈良県奈良市忍辱山町）蔵）
◇原色版国宝 3（毎日新聞社 1976）
▷図20「聖徳太子及び天台高僧像　竜樹菩薩」（作者不詳　平安時代（11世紀））
▷図21「聖徳太子及び天台高僧像　聖徳太子」（作者不詳　平安時代（11世紀））
◇原色版国宝 5（毎日新聞社 1976）
▷図4「聖徳太子絵伝」（秦致貞　平安時代（1069））
◇原色版国宝 6（毎日新聞社 1976）
▷図12「聖徳太子（坐）像」（作者不詳　保安2（1121）　法隆寺（奈良県生駒郡斑鳩町）蔵）
◇日本美術絵画全集 12（集英社 1976）
▷図18-20「聖徳太子絵伝」（狩野山楽　元和9（1623））
◇現代日本の美術 12（集英社 1975）
▷図41「上宮太子板画巻　百済経綸の柵」（棟方志功　昭和15（1940））
▷図42「上宮太子板画巻　迎光の柵」（棟方志功　昭和15（1940））
◇重要文化財 11（毎日新聞社 1975）
▷図50「聖徳太子絵伝」（伝　狩野山楽　江戸）
◇日本の名画 19（中央公論社 1975）
▷図35「太子樹下禅那之図」（村上華岳　昭和12（1937））
◇重要文化財 5（毎日新聞社 1974）
▷図221「聖徳太子（坐）像」（院恵、院道　建治3（1277）　達磨寺（奈良県北葛城郡王寺町）蔵）
▷図216「聖徳太子（立）像（孝養像）」（院憲　乾元2（1303）　浄土寺（広島県尾道市東久保町）蔵）
▷図205「聖徳太子（立）像（南無仏太子像）」（院勢　建武5（1338）　浄土寺（広島県尾道市東久保町）蔵）
▷図93「聖徳太子像（悉達太子像）」（院智　建長4（1252）　仁和寺（京都府京都市右京区）蔵）
▷〔カラー〕6,218「聖徳太子（坐）像」（円快　治暦5（1069）　法隆寺（奈良県生駒郡斑鳩町）蔵）
▷図208「聖徳太子（立）像」（慶禅　寛元5（1247）　天洲寺（埼玉県行田市）蔵）
▷図6「聖徳太子（立）像（摂政像）」（幸春　南北朝時代　浄土寺（広島県尾道市東久保町））
▷図220「聖徳太子（坐）像」（舜慶　永正12（1515）　橘寺（奈良県高市郡明日香村）蔵）
▷図212「聖徳太子（立）像」（善春　文永5（1268）　元興寺（奈良県奈良市中院町）蔵）
▷図204「聖徳太子像」（湛幸　鎌倉時代　善福寺（兵庫県神戸市）蔵）
▷図210「聖徳太子（立）像」（湛幸　元応2（1320）　仏光寺（京都府京都市下京区）蔵）
▷図222「聖徳太子・侍者像」（作者不詳　平安時代　法隆寺（奈良県生駒郡斑鳩町）蔵）
▷図219「聖徳太子（坐）像」（作者不詳　室町時代　中山寺（兵庫県宝塚市）蔵）
▷図206「聖徳太子（半跏）像」（作者不詳　鎌倉時代　広隆寺（京都府京都市右京区）蔵）
▷図215「聖徳太子（立）像」（作者不詳　鎌倉時代　成福寺（奈良県生駒郡）蔵）
▷図207「聖徳太子（立）像」（作者不詳　鎌倉時代　善重寺（茨城県水戸市）蔵）
▷図213「聖徳太子（立）像」（作者不詳　鎌倉時代　唐招提寺（奈良県奈良市五条町）蔵）
▷図211「聖徳太子（立）像」（作者不詳　弘安9（1286）　道明寺（大阪府藤井寺市道明寺）蔵）
▷図209「聖徳太子（立）像」（作者不詳　鎌倉時代　仁勝寺（山梨県甲府市）蔵）
▷図214「聖徳太子（立）像」（作者不詳　鎌倉時代　法隆寺（奈良県生駒郡斑鳩町）蔵）
◇重要文化財 9（毎日新聞社 1974）
▷図246「聖徳太子絵伝」（遠江法橋　元亨3（1323））
▷図224「聖徳太子絵伝」（秦致貞　延久1（1069））
▷図110「聖徳太子絵伝」（作者不詳　鎌倉時代）
▷図247「聖徳太子絵伝」（作者不詳　鎌倉時代）
▷図248「聖徳太子絵伝」（作者不詳　南北朝時代）
▷図249「聖徳太子絵伝」（作者不詳　室町時代）
▷図250「聖徳太子絵伝」（作者不詳　南北朝時代）
◇日本の名画 23（講談社 1974）
▷図11「太子樹下禅那之図」（村上華岳　昭和12（1937））
◇重要文化財 8（毎日新聞社 1973）
▷図196「聖徳太子勝鬘経講讃図」（作者不詳　鎌倉時代）
▷図197「聖徳太子勝鬘経講讃図」（作者不詳　鎌倉時代）
▷図188「聖徳太子像」（作者不詳　鎌倉時代）
▷図189「聖徳太子像」（作者不詳　鎌倉時代）
▷図190「聖徳太子像」（作者不詳　鎌倉時代）
▷図191「聖徳太子像」（作者不詳　鎌倉時代）
▷図192「聖徳太子像」（作者不詳　鎌倉時代）
▷図193「聖徳太子像」（作者不詳　鎌倉時代）
▷図194「聖徳太子像」（作者不詳　室町時代）
▷図183(1)「聖徳太子・天台高僧像　竜樹菩

薩」(作者不詳　平安時代)
▷図183(2)「聖徳太子・天台高僧像　善無畏三蔵」(作者不詳　平安時代)
▷図183(3)「聖徳太子・天台高僧像　慈文禅師」(作者不詳　平安時代)
▷図183(4)「聖徳太子・天台高僧像　慧思(南岳大師)」(作者不詳　平安時代)
▷図183(5)「聖徳太子・天台高僧像　智顗(天台智者大師)」(作者不詳　平安時代)
▷図183(6)「聖徳太子・天台高僧像　灌頂(章安大師)」(作者不詳　平安時代)
▷図183(7)「聖徳太子・天台高僧像　湛然(荊渓大師)」(作者不詳　平安時代)
▷図183(8)「聖徳太子・天台高僧像　聖徳太子」(作者不詳　平安時代)
▷図183(9)「聖徳太子・天台高僧像　最澄(伝教大師)」(作者不詳　平安時代)
▷図183(10)「聖徳太子・天台高僧像　円仁(慈覚大師)」(作者不詳　平安時代)
◇現代日本美術全集 4（集英社 1972)
▷図1「太子樹下禅那之図」(村上華岳　昭和12(1937))
◇奈良六大寺大観 13（岩波書店 1972)
▷p64-213「聖徳太子(立)像」(作者不詳　唐招提寺(奈良県奈良市五条町)蔵)
◇原色日本の美術 23（小学館 1971)
▷図33「聖徳太子像」(作者不詳)
◇奈良六大寺大観 4（岩波書店 1971)
▷p43-45,122-125「聖徳太子(坐)像」(円快治胚5(1069)　法隆寺(奈良県生駒郡斑鳩町)蔵)
▷p32-41,108-119「聖徳太子・侍者像」(作者不詳　法隆寺(奈良県生駒郡斑鳩町)蔵)
▷p199「聖徳太子(立)像」(作者不詳　法隆寺(奈良県生駒郡斑鳩町)蔵)
◇奈良六大寺大観 5（岩波書店 1971)
▷p212「聖徳太子勝鬘経講讃図」(作者不詳)
▷p210「聖徳太子像(孝養像)」(作者不詳)
▷p211「聖徳太子像(摂政像)」(作者不詳)
◇日本絵画館 2（講談社 1971)
▷図45-46「聖徳太子御影」(作者不詳　8世紀)
◇日本美術館 1（筑摩書房 1971)
▷図17「聖徳太子御画像」(作者不詳)
◇日本絵画館 3（講談社 1970)
▷図51「聖徳太子絵伝」(秦致貞)
▷図47「聖徳太子及天台高僧像(善無畏)」(作者不詳)
▷図46「聖徳太子及天台高僧像(竜樹)」(作者不詳)
◇日本絵画館 4（講談社 1970)
▷図27「聖徳太子像」(作者不詳　13世紀)
◇秘宝 1（講談社 1970)
▷図253「聖徳太子勝鬘経講讃図」(作者不詳　室町時代)
▷図244「聖徳太子像(孝養太子)」(作者不詳　鎌倉時代)
▷図243「聖徳太子像(摂政太子)」(作者不詳　鎌倉時代)
▷図252「聖徳太子二王子像(唐本御影)」(作者不詳)
◇秘宝 2（講談社 1970)
▷図265「聖徳太子騎馬像(馬上太子)」(作者不詳　寛永4(1627)　法隆寺(奈良県生駒郡斑鳩町)蔵)
▷図250-251「聖徳太子(坐)像」(作者不詳　法隆寺(奈良県生駒郡斑鳩町)蔵)
▷図267「聖徳太子坐像(講讃像)」(作者不詳　室町時代末－江戸時代　法隆寺(奈良県生駒郡斑鳩町)蔵)
▷図260「聖徳太子立像(孝養像)」(作者不詳　鎌倉時代末－南北朝時代)
▷図261「聖徳太子立像(孝養像)」(作者不詳　鎌倉時代末－南北朝時代　法隆寺(奈良県生駒郡斑鳩町))
▷図262「聖徳太子立像(孝養像)」(作者不詳　江戸時代)
▷図263「聖徳太子立像(孝養像)」(作者不詳　江戸時代)
▷図264「聖徳太子立像(孝養像)」(作者不詳　江戸時代)
▷図266「聖徳太子坐像(摂政像)」(作者不詳　江戸時代　法隆寺(奈良県生駒郡斑鳩町)蔵)
▷図256「聖徳太子立像(南無仏太子)」(作者不詳　室町時代？　法隆寺(奈良県生駒郡斑鳩町))
▷図257「聖徳太子立像(南無仏太子)」(作者不詳　鎌倉時代？)
▷図258「聖徳太子立像(南無仏太子)」(作者不詳　鎌倉時代)
▷図259「聖徳太子(坐)像(7歳像)」(作者不詳　平安時代後期　法隆寺(奈良県生駒郡斑鳩町))
◇在外秘宝 2（学習研究社 1969)
▷図44「聖徳太子行脚像」(作者不詳)
◇原色日本の美術 9（小学館 1968)
▷図120「聖徳太子立像」(堯慶　文永7(1270)　青松寺(東京都港区))
▷図42「聖徳太子(立)像」(舜慶　嘉元2(1304)頃　伝香寺(奈良県奈良市小川町)蔵)
▷図41「聖徳太子(立)像」(作者不詳　延慶2(1309)頃　円成寺(奈良県奈良市忍辱山町)蔵)
◇秘宝 3（講談社 1968)
▷図138「聖徳太子絵伝」(狩野山楽)
▷図139「聖徳太子絵伝」(狩野山楽)
▷図140「聖徳太子絵伝」(狩野山楽)
▷図141「聖徳太子絵伝」(狩野山楽)
▷図142「聖徳太子絵伝」(狩野山楽)
▷図143「聖徳太子絵伝」(狩野山楽)
▷図193「聖徳太子絵伝」(狩野山楽)
▷図194「聖徳太子絵伝」(狩野山楽)
▷図132-137「聖徳太子絵伝」(作者不詳)
▷図188「聖徳太子像(孝養御影)」(作者不詳　室町時代初期？)

しょう

▷図190「聖徳太子像(孝養御影)」(作者不詳)
▷図187「聖徳太子像(南無仏御影)」(作者不詳)
▷図189「聖徳太子像(楊枝御影)」(作者不詳)
▷図131「聖徳太子曼荼羅」(作者不詳)
▷図130「聖徳太子文殊菩薩相見図」(作者不詳)
◇国宝 6 (毎日新聞社 1967)
　▷図(補)1-2「聖徳太子絵伝」(秦致貞　平安時代(1073))
◇大日本百科事典 (小学館 1967)
◇原色日本の美術 2 (小学館 1966)
　▷図104「聖徳太子絵伝屏風」(秦致貞　延久1(1069))
　▷図49「聖徳太子および二王子像」(作者不詳)
　▷図43「聖徳太子(坐)像」(作者不詳　法隆寺(奈良県生駒郡斑鳩町)蔵)
◇国宝 3 (毎日新聞社 1965)
　▷図57「聖徳太子(坐)像」(作者不詳)
◇国宝 2 (毎日新聞社 1964)
　▷図85「聖徳太子及び天台高僧像　聖徳太子」(作者不詳　平安時代(11世紀))
　▷図86「聖徳太子及び天台高僧像　竜樹」(作者不詳　平安時代(11世紀))
　▷図87「聖徳太子及び天台高僧像　湛然」(作者不詳　平安時代(11世紀))
◇世界大百科事典 (平凡社 1964)
◇日本の美術 11 (平凡社 1964)
　▷図45「聖徳太子像(悉達太子像)」(院智　建長4(1252)　仁和寺(京都府京都市右京区)蔵)
◇日本美術大系 2 (講談社 1959)
　▷図99「聖徳太子(坐)像」(円快　治暦5(1069)　法隆寺(奈良県生駒郡斑鳩町)蔵)
◇現代日本美術全集 5 (角川書店 1955)
　▷図7「太子樹下禅那之図」(村上華岳　昭和12(1937))
◇国宝図録 3 (文化財協会 1955)
　▷図29「聖徳太子・山背王・殖栗王・卒末呂王・恵慈法師(坐)像」(作者不詳　法隆寺(奈良県生駒郡斑鳩町)蔵)
◇日本美術全集 3 (東都文化交易 1953)
　▷図38「聖徳太子(坐)像」(円快　治暦5(1069)　法隆寺(奈良県生駒郡斑鳩町)蔵)

湘南　しょうなん　未詳〜1637〜1637
安土桃山時代,江戸時代前期の僧。
◇高知県人名事典 (高知新聞社 1999)

少弐景資　しょうにかげすけ　？〜1285
鎌倉時代後期の武将。
◇日本史大事典 (平凡社 1992)
◇国史大辞典 (吉川弘文館 1979)

証如　しょうにょ　1516〜1554
戦国時代の真宗の僧,本願寺10世。
◇国史大辞典 (吉川弘文館 1979)
◇文人画粋編 19 (中央公論社 1975)
　▷図70「証如上人像」(渡辺崋山　天保12(1841))

尚寧　しょうねい　1564〜1620
安土桃山時代,江戸時代前期の琉球王国第二尚氏7代の国王。
◇講談社日本人名大辞典 (講談社 2001)　▷尚寧王
◇日本史大事典 (平凡社 1992)
◇沖縄大百科事典 (沖縄タイムス社 1983)
◇国史大辞典 (吉川弘文館 1979)
◇世界伝記大事典 (ほるぷ出版 1978)

肖柏　しょうはく　1443〜1527
室町時代,戦国時代の連歌師。
◇講談社日本人名大辞典 (講談社 2001)
◇国宝・重要文化財大全 1 (毎日新聞社 1997)
　▷図225「牡丹花肖柏像」(作者不詳　室町時代　大永7(1527)常庵竜崇賛)
◇原色日本の美術(改訂版) 14 (小学館 1994)
　▷図90「牡丹花肖柏図」(尾形光琳)
◇琳派 4 (紫紅社 1991)
　▷図120「牡丹花肖柏像」(尾形光琳)
◇新編 名宝日本の美術 24 (小学館 1990)
　▷図31「牡丹花肖柏図」(尾形光琳　17-18世紀)
◇名宝日本の美術 20 (小学館 1981)
　▷図31「牡丹花肖柏図」(尾形光琳　17-18世紀)
◇国史大辞典 (吉川弘文館 1979)
◇日本美術全集 21 (学習研究社 1979)
　▷図81「牡丹花肖柏図」(尾形光琳)
◇琳派絵画全集 光琳派1 (日本経済新聞社 1979)
　▷図65「牡丹花肖柏像」(尾形光琳)
◇日本美術絵画全集 17 (集英社 1976)
　▷図27「牡丹花肖柏図」(尾形光琳)
◇重要文化財 9 (毎日新聞社 1974)
　▷図285「牡丹花肖柏像(常庵竜崇賛)」(作者不詳　大永7(1527))
◇日本絵画館 5 (講談社 1971)
　▷図109「牡丹花肖柏像」(作者不詳)
◇原色日本の美術 14 (小学館 1969)
　▷図90「牡丹花肖柏図」(尾形光琳)

丈八　じょうはち
安土桃山時代の尾張瀬戸の陶工。
◇秘蔵浮世絵大観 7 (講談社 1990)
　▷図047「東海道 川崎神奈川間 つるみ 丈八」(歌川国貞(初代)　嘉永5.9)

尚豊 しょうほう 1590～1640
江戸時代前期の琉球の王。
◇沖縄大百科事典（沖縄タイムス社 1983）

聖宝 しょうほう 832～909
平安時代前期,中期の真言宗の僧。
◇国宝・重要文化財大全 4（毎日新聞社 1999）
　▷図649「理源大師像」（作者不詳　鎌倉時代　醍醐寺（京都府京都市伏見区）蔵）
◇日本史大事典（平凡社 1992）
◇日本の仏像大百科 5（ぎょうせい 1991）
　▷図101「聖宝坐像」（作者不詳　鎌倉時代　醍醐寺（京都府京都市伏見区）蔵）
◇香川県人物・人名事典（四国新聞社 1985）
◇香川県大百科事典（四国新聞社 1984）
◇国史大辞典（吉川弘文館 1979）
◇重要文化財 30（毎日新聞社 1977）
　▷〔彫刻〕29「理源大師像」（作者不詳　鎌倉時代　醍醐寺（京都府京都市伏見区）蔵）

尚穆 しょうぼく 1739～1794
江戸時代中期の琉球国王。
◇沖縄大百科事典（沖縄タイムス社 1983）

庄松 しょうま 1799～1871
江戸時代後期～明治期の浄土真宗の篤信者・妙好人。
◇香川県人物・人名事典（四国新聞社 1985）
◇香川県大百科事典（四国新聞社 1984）

聖武天皇 しょうむてんのう 701～756
奈良時代の第45代天皇。在位724～749。
◇講談社日本人名大辞典（講談社 2001）
◇国宝・重要文化財大全 1（毎日新聞社 1997）
　▷図43「四聖御影」（観盛〔永和本〕）
◇日本史大事典（平凡社 1992）
◇皇室の至宝第1期 御物 1（毎日新聞社 1991）
　▷図5-6「聖武天皇御影」（作者不詳　鎌倉時代）
◇日本大百科全書（小学館 1984）
◇御物聚成 絵画1（朝日新聞社 1977）
　▷図2「聖武天皇御影」（作者不詳　鎌倉時代）
◇重要文化財 8（毎日新聞社 1973）
　▷図199(2)「四聖御影　永和本」（観盛　南北朝時代）
　▷図199(1)「四聖御影　建長本」（作者不詳　鎌倉時代）
◇奈良六大寺大観 11（岩波書店 1972）
　▷p128,151-153「四聖御影」（作者不詳　13世紀）
◇秘宝 4（講談社 1969）
　▷図290「四聖御影図（永和本）」（作者不詳　室町時代（永和3））
　▷図289「四聖御影図（建長本）」（作者不詳　鎌倉時代（建長8））

◇世界大百科事典（平凡社 1964）

荘村助右衛門 しょうむらすけえもん
1821～1903　江戸時代末期,明治時代のキリスト教者。
◇読者所蔵「古い写真」館（朝日新聞社 1986）
　▷p66「ピストル」

韶陽院 じょうよういん
安土桃山時代の女性。二条昭実の妻。
◇日本古寺美術全集 24（集英社 1982）
　▷図64「二条昭実夫人像（韶陽院殿）」（作者不詳）

松林伯円〔2代〕 しょうりんはくえん
1834～1905　江戸時代末期,明治時代の講釈師。
◇秋田大百科事典（秋田魁新報社 1981）　▷松林伯円
◇国史大辞典（吉川弘文館 1979）

定和 じょうわ
鎌倉時代の真言宗の僧。
◇仏像集成 6（学生社 1995）
　▷図44「定和上人坐像」（作者不詳　鎌倉時代　長谷寺（奈良県桜井市初瀬）蔵）

諸九尼 しょきゅうに 1714～1781
江戸時代中期の女性。俳人。
◇俳諧人名辞典（巖南堂書店 1970）

白井剛策 しらいごうさく 1841～1907
江戸時代後期～明治期の私立新潟病院院長,洋方医。
◇新潟県大百科事典 上,下（新潟日報事業社 1977）

白井権八 しらいごんぱち
江戸時代前期の情話の主人公。平井権八がモデル。
◇秘蔵浮世絵大観 ベレス・コレクション（講談社 1991）
　▷図77「実競色乃美名家見 小紫・権八」（喜多川歌麿（初代）　寛政末頃(1789-1801)）
◇浮世絵八華 3（平凡社 1984）
　▷図43「流行模様哥麿形 小紫権八」（喜多川歌麿（初代））
◇浮世絵聚花 6（小学館 1978）
　▷図40「流行模様哥麿形 小紫権八」（喜多川歌麿（初代））
◇在外秘宝－欧米収蔵浮世絵集成 喜多川歌麿（学習研究社 1973）
　▷図132「小むら咲 権八」（喜多川歌麿（初代））
　▷図134「流行模様哥麿形 小紫権八」（喜多川

しらい

歌麿（初代）〉
◇原色日本の美術 17（小学館 1968）
　▷図55「音曲比翼の番組 小むら咲権八」（喜多川歌麿（初代） 1798頃）

白石照山　しらいししょうざん　1815〜1883
江戸時代末期、明治時代の儒学者。
◇大分県歴史人物事典（大分合同新聞社 1996）
◇大分百科事典（大分放送 1980）

白神新一郎　しらかみしんいちろう　1818〜1882
江戸時代末期、明治時代の初期金光教の布教功労者。
◇岡山県歴史人物事典（山陽新聞社 1994）

白河天皇　しらかわてんのう　1053〜1129
平安時代後期の第72代天皇。在位1072〜1086。
◇京都大事典（淡交社 1984）

不知火諾右衛門〔代数不詳〕　しらぬいだくえもん
1801〜1854　江戸時代後期、末期の肥後国における初代の横綱。
◇島根県歴史人物事典（山陰中央新報社 1997）
　▷不知火諾右衛門
◇熊本県大百科事典（熊本日日新聞社 1982）▷不知火諾右衛門

不知火諾右衛門〔初代〕　しらぬいだくえもん
1801〜1854　江戸時代末期の力士。
◇講談社日本人名大辞典（講談社 2001）▷不知火諾右衛門〔代数なし〕

不知火光右衛門〔2代〕　しらぬいみつえもん
1825〜1879　江戸時代末期、明治時代の力士。
◇写された幕末—石黒敬七コレクション（明石書店 1990）
　p192 No.1「明治2年の横綱」
◇熊本県大百科事典（熊本日日新聞社 1982）▷不知火光右衛門

白根多助　しらねたすけ　1819〜1882
江戸時代末期、明治時代の長州（萩）藩士。
◇埼玉人物事典（埼玉県 1998）
◇埼玉大百科事典 1〜5（埼玉新聞社 1974）

白野夏雲　しらのかうん　1827〜1899
江戸時代末期、明治時代の静岡藩士、物産研究家。
◇北海道歴史人物事典（北海道新聞社 1993）

慈隆　じりゅう　1815〜1872
江戸時代末期、明治時代の天台宗の僧。
◇国史大辞典（吉川弘文館 1979）

士朗　しろう　1742〜1812
江戸時代中期、後期の俳人。
◇俳諧人名辞典（巌南堂書店 1970）

神叡　しんえい　？〜737
奈良時代の法相宗の僧。
◇国史大辞典（吉川弘文館 1979）

心越興儔　しんえつこうちゅう　1639〜1695
江戸時代前期の来朝した中国の禅僧。
◇国史大辞典（吉川弘文館 1979）

真雅　しんが　801〜879
平安時代前期の真言宗の僧。
◇日本史大事典（平凡社 1992）
◇香川県人物・人名事典（四国新聞社 1985）
◇香川県大百科事典（四国新聞社 1984）
◇国史大辞典（吉川弘文館 1979）
◇日本人名大事典 1〜6（平凡社 1979（覆刻））

真観　しんかん　1276〜1341
鎌倉時代後期、南北朝時代の僧。
◇国史大辞典（吉川弘文館 1979）

真教　しんきょう　1237〜1319
鎌倉時代後期の時宗の僧。
◇国宝・重要文化財大全 4（毎日新聞社 1999）
　▷図676「真教像」（作者不詳　南北朝時代　長楽寺（京都府京都市東山区）蔵）
　▷図675「他阿上人真教像」（作者不詳　鎌倉時代　称願寺（山梨県東八代郡御坂町）蔵）
◇仏像集成 8（学生社 1997）
　▷図171「真教上人坐像」（作者不詳　鎌倉時代　常称寺（広島県尾道市）蔵）
◇原色日本の美術（改訂版）9（小学館 1994）
　▷図125「他阿上人真教像」（作者不詳　称願寺（山梨県東八代郡御坂町））
◇仏像集成 2（学生社 1992）
　▷図212「他阿上人真教像」（作者不詳　称願寺（山梨県東八代郡御坂町）蔵）
◇日本の仏像大百科 5（ぎょうせい 1991）
　▷図120「他阿上人真教像」（作者不詳　鎌倉時代　称願寺（山梨県東八代郡御坂町））
◇日本古寺美術全集 18（集英社 1983）
　▷図19「他阿上人真教像」（作者不詳）
◇国史大辞典（吉川弘文館 1979）
◇重要文化財 8（毎日新聞社 1973）
　▷図220「他阿上人真教像」（作者不詳　鎌倉時代）

信空　しんくう　1146～1228
平安時代後期,鎌倉時代前期の僧。
◇秘蔵日本美術大観 6（講談社 1994）
　▷図10「慈真和尚像」（作者不詳　南北朝時代（14世紀））
◇在外日本の至宝 1（毎日新聞社 1980）
　▷図102「慈真和尚」（作者不詳　南北朝時代（14世紀））
◇国史大辞典（吉川弘文館 1979）
◇在外秘宝 2（学習研究社 1969）
　▷図43「慈真和尚像」（作者不詳）

真空　しんくう　1204～1268
鎌倉時代前期の三論・真言・律・浄土宗兼学の僧。
◇日本人名大事典 1～6（平凡社 1979（覆刻））

新宮馬之助　しんぐううまのすけ　1838～?
江戸時代末期,明治期の土佐藩士。
◇高知県人名事典（高知新聞社 1999）

神功皇后　じんぐうこうごう
上代の女性。仲哀天皇の皇后。
◇国宝・重要文化財大全（毎日新聞社 1997）
　▷図90「神功皇后縁起」（作者不詳　室町時代　永享5（1433）奥書）
◇日本史大事典（平凡社 1992）
◇琳派 4（紫紅社 1991）
　▷図60「鍾馗・神功皇后・武内宿禰図」（鈴木其一　天保2（1831））
◇新編 名宝日本の美術 2（小学館 1990）
　▷図46-47「神功皇后（坐）像」（作者不詳　9世紀　薬師寺（奈良県奈良市西ノ京町）蔵）
◇秘蔵浮世絵大観 5（講談社 1989）
　▷図28「御誂座敷幟ノ内 神功皇后と武内大臣」（歌川国貞（初代）　天保（1830-44））
◇名宝日本の美術 6（小学館 1983）
　▷図46-47「神功皇后（坐）像」（作者不詳　9世紀　薬師寺（奈良県奈良市西ノ京町）蔵）
◇肉筆浮世絵 7（集英社 1982）
　▷図44-45「神功皇后と武内宿禰凱旋の図」（葛飾戴斗（2代））
◇新修日本絵巻物全集 30（角川書店 1980）
　別刷図版〔3〕「神功皇后縁起」（作者不詳）
◇国史大辞典（吉川弘文館 1979）
◇日本古寺美術全集 3（集英社 1979）
　▷図22「神功皇后（坐）像」（作者不詳　薬師寺（奈良県奈良市西ノ京町）蔵）
◇日本の名画 1（中央公論社 1976）
　▷図34-35「神功皇后・小督図屛風」（狩野芳崖　嘉永3#後半（1850#後半））
◇重要文化財 9（毎日新聞社 1974）
　▷図85「神功皇后縁起」（作者不詳　永享5（1433））
◇奈良六大寺大観 6（岩波書店 1970）
　▷p86,89,176-179「神功皇后（坐）像」（作者不詳　薬師寺（奈良県奈良市西ノ京町）蔵）
◇国宝 2（毎日新聞社 1964）
　▷図42「神功皇后（坐）像」（作者不詳）
◇世界大百科事典（平凡社 1964）

新宮凉庭　しんぐうりょうてい　1787～1854
江戸時代後期の蘭方医。
◇日本大百科全書（小学館 1984）
◇国史大辞典（吉川弘文館 1979）
◇日本人名大事典 1～6（平凡社 1979（覆刻））
　▷新宮凉庭
◇大日本百科事典（小学館 1967）　▷新宮凉庭

心敬　しんけい　1406～1475
室町時代の連歌師,十住心院の住持。
◇国史大辞典（吉川弘文館 1979）

神子栄尊　しんしえいそん　1195～1272
鎌倉時代前期の天台兼修の臨済僧。
◇日本人名大事典 1～6（平凡社 1979（覆刻））
　▷栄尊

新庄厚信　しんじょうあつのぶ　1834～1903
江戸時代末期,明治時代の備前岡山藩士,実業家,勤王家。
◇岡山県歴史人物事典（山陽新聞社 1994）

信松院　しんしょういん　1561～1616
安土桃山時代,江戸時代前期の女性。武田信玄の6女。
◇山梨百科事典（山梨日日新聞社 1992）　▷信松尼

真済　しんぜい　800～860
平安時代前期の真言宗の僧。
◇国宝・重要文化財大全 1（毎日新聞社 1997）
　▷図23「真済僧正像」（作者不詳　鎌倉時代）
◇国史大辞典（吉川弘文館 1979）
◇日本人名大事典 1～6（平凡社 1979（覆刻））
◇重要文化財 8（毎日新聞社 1973）
　▷図182「真済僧正像」（作者不詳　鎌倉時代）

真盛　しんせい　1443～1495
室町時代,戦国時代の天台宗の僧。
◇福井県大百科事典（福井新聞社 1991）
◇滋賀県百科事典（大和書房 1984）

真然　しんぜん　?～891
平安時代前期の真言宗の僧。
◇国史大辞典（吉川弘文館 1979）
◇日本人名大事典 1～6（平凡社 1979（覆刻））

しんそ

進十六　しんそろく　1843〜1928
　江戸時代末期, 明治時代の長州 (萩) 藩士。
◇角川日本姓氏歴史人物大辞典 35 (角川書店 1991)

真智　しんち　1504〜1585
　戦国時代, 安土桃山時代の浄土真宗の僧。
◇福井県大百科事典 (福井新聞社 1991)

真如　しんにょ　？〜865？
　平安時代前期の真言宗の僧。
◇日本大百科全書 (小学館 1984)
◇国史大辞典 (吉川弘文館 1979)
◇世界大百科事典 (平凡社 1964)　▷高丘親王

真如海　しんにょかい　1688〜1783
　江戸時代中期の出羽湯殿山の即身仏。
◇山形県大百科事典 (山形放送 1983)

真慧　しんね　1434〜1512
　室町時代, 戦国時代の真宗の僧。
◇国史大辞典 (吉川弘文館 1979)

真仏　しんぶつ　1209〜1258
　鎌倉時代前期の浄土真宗の僧。
◇栃木県歴史人物事典 (下野新聞社 1995)
◇仏像集成 1 (学生社 1989)
　　▷図386 「真仏上人坐像」(作者不詳　文明11 (1479)　専修寺 (栃木県芳賀郡) 蔵)
◇国史大辞典 (吉川弘文館 1979)

神保長誠　じんぼながのぶ　生没年不詳
　室町時代, 戦国時代の武将。
◇富山大百科事典 (北日本新聞社 1994)

陣幕久五郎　じんまくきゅうごろう　1829〜1903
　江戸時代末期, 明治時代の力士。
◇島根県歴史人物事典 (山陰中央新報社 1997)
◇島根県大百科事典 (山陰中央新報社 1982)
◇肉筆浮世絵 8 (集英社 1981)
　　▷図68 「陣幕土俵入り図」(歌川国輝 (2代))
◇復元浮世絵大観 4 (集英社 1980)
　　▷図24 「陣幕・梶浜」(勝川春英)

陣幕嶋之助　じんまくしまのすけ
　江戸時代の力士。
◇秘蔵浮世絵大観 6 (講談社 1989)
　　▷図138 「陣幕嶋之助」(勝川春英　寛政中期 (1789-1801))
　　▷図141 「東 陣幕嶋之助・西 柏戸勘太夫」(勝川春英　寛政3 (1791))

新見正興　しんみまさおき　1822〜1869
　江戸時代末期の幕臣。
◇サムライ古写真帖 (新人物往来社 2004)
　　▷p66 「遣米使節正使・副使ら3人」
　　▷p66 「米海軍工廠を見学する遣米使節幹部たち」
◇士―日本のダンディズム (二玄社 2003)
　　▷p123 No.97 「遣米使節正使・副使ら三人」
◇講談社日本人名大辞典 (講談社 2001)
◇幕末―写真の時代 (筑摩書房 1994)
　　▷p42 No.33 「ワシントンの遣米使節団」(マッシュウ・ブラディー)
◇写された幕末―石黒敬七コレクション (明石書店 1990)
　　▷p31 No.6 「遣米使節〈新見豊前守一行〉」(ブラデー　万延元年 (1860).4.5)
◇読者所蔵「古い写真」館 (朝日新聞社 1986)
　　▷p45〜46 「第1回遣米使節」
　　▷p47 「フルベッキと塾生」

神武天皇　じんむてんのう
　上代の第1代天皇。始馭天下之天皇。
◇日本画素描大観 4 (講談社 1984)
　　▷図111 「神武天皇日向御進発」(安田靫彦　昭和17 (1942))
　　▷図112 「神武天皇日向御進発 (下図)」(安田靫彦　昭和17 (1942))
　　▷図113 「神武天皇日向御進発 (下図)」(安田靫彦　昭和17 (1942))

新門辰五郎　しんもんたつごろう　1800〜1875
　江戸時代末期, 明治時代の俠客。
◇講談社日本人名大辞典 (講談社 2001)
◇日本大百科全書 (小学館 1984)
◇国史大辞典 (吉川弘文館 1979)

親鸞　しんらん　1173〜1262
　鎌倉時代前期の僧。
◇講談社日本人名大辞典 (講談社 2001)
◇国宝・重要文化財大全 4 (毎日新聞社 1999)
　　▷図669 「新鸞聖人 (坐)像」(作者不詳　鎌倉時代　西照寺 (新潟県三島郡) 蔵)
◇国宝・重要文化財大全 1 (毎日新聞社 1997)
　　▷図271 「親鸞上人絵伝」(作者不詳　鎌倉時代)
　　▷図272 「親鸞上人絵伝」(作者不詳　鎌倉時代)
　　▷図59 「親鸞聖人像」(作者不詳　鎌倉時代)
　　▷図57附 「親鸞聖人像 (安城御影)」(作者不詳　鎌倉時代)
　　▷図58 「親鸞聖人像 (安城御影)」(作者不詳　鎌倉時代)
　　▷図57 「親鸞聖人像 (鏡御影)」(作者不詳　鎌倉時代)
　　▷図60 「親鸞・如信・覚如三上人像」(作者不詳　南北朝時代)

◇図114「善信聖人親鸞伝絵」(作者不詳 鎌倉時代 永仁3(1295)奥書)
◇図116「本願寺聖人親鸞伝絵」(作者不詳 南北朝時代 康永3(1344)奥書)
◇図117「本願寺聖人親鸞伝絵」(作者不詳 南北朝時代 貞和2(1346)奥書)
◇図118「本願寺聖人親鸞伝絵」(作者不詳 南北朝時代)
◇図113「善信聖人絵」(作者不詳 鎌倉時代)
◇図114「善信聖人親鸞伝絵」(作者不詳 鎌倉時代 永仁3(1295)奥書)
◇仏像集成 7 (学生社 1997)
 ▷図2「親鸞聖人坐像」(作者不詳 鎌倉時代 専修寺(三重県津市)蔵)
◇私の選んだ国宝絵画 1 (毎日新聞社 1996)
 ▷p42「親鸞聖人像」(作者不詳 鎌倉時代(13世紀))
◇栃木県歴史人物事典 (下野新聞社 1995)
◇原色日本の美術(改訂版) 21 (小学館 1994)
 ▷図14「親鸞聖人(坐)像」(作者不詳 西照寺(新潟県三島郡))
 ▷図50「親鸞上人像」(作者不詳)
◇続々日本絵巻大成 伝記・縁起篇 1 (中央公論社 1994)
 ▷p2-114「善信聖人親鸞伝絵」(作者不詳)
◇日本美術全集 9 (講談社 1993)
 ▷図32「親鸞聖人像(鏡御影)」(専阿弥陀仏 13世紀)
◇日本史大事典 (平凡社 1992)
◇仏像集成 2 (学生社 1992)
 ▷図44「親鸞聖人(坐)像」(作者不詳 鎌倉時代末期 西照寺(新潟県三島郡)蔵)
◇人間の美術 7 (学習研究社 1991)
 ▷図9「善信聖人絵 (下巻)稲田で布教する親鸞」(作者不詳 永仁3(1295))
 ▷図24「善信聖人絵 上巻一段」(作者不詳 永仁3(1295))
 ▷図25「善信聖人絵 上巻三段」(作者不詳 永仁3(1295))
 ▷図26「善信聖人絵 下巻一段」(作者不詳 永仁3(1295))
 ▷図27「善信聖人絵 下巻二段」(作者不詳 永仁3(1295))
 ▷図28「善信聖人絵 下巻五段」(作者不詳 永仁3(1295))
 ▷図29「善信聖人絵 下巻三段」(作者不詳 永仁3(1295))
◇福井県大百科事典 (福井新聞社 1991)
◇人間の美術 6 (学習研究社 1990)
 ▷図183「親鸞上人像」(専阿弥陀仏 13世紀)
◇長野県歴史人物大事典 (郷土出版社 1989)
◇仏像集成 1 (学生社 1989)
 ▷図200「親鸞聖人像」(作者不詳 常教寺(千葉県東葛飾郡))
◇国宝大事典 1 (講談社 1985)
 ▷図78「親鸞聖人像(鏡御影)」(作者不詳 鎌倉時代(13世紀))
◇京都大事典 (淡交社 1984)

◇国宝 増補改訂版 1 (毎日新聞社 1984)
 ▷図48「親鸞聖人像(鏡御影)」(作者不詳 鎌倉時代)
◇日本大百科全書 (小学館 1984)
◇日本古寺美術全集 18 (集英社 1983)
 ▷図77「親鸞上人絵伝」(作者不詳)
◇花鳥画の世界 1 (学習研究社 1982)
 ▷図137-141「親鸞上人絵伝」(作者不詳 康永3(1344))
◇日本古寺美術全集 21 (集英社 1982)
 ▷図27「親鸞聖人像(安城御影)」(作者不詳)
 ▷図26「親鸞聖人像(鏡御影)」(作者不詳)
 ▷図25「本願寺聖人親鸞伝絵」(作者不詳 貞和2(1346))
 ▷図10「善信上人絵(上巻第一段) 上巻第一段」(作者不詳)
◇茨城県大百科事典 (茨城新聞社 1981)
◇国史大辞典 (吉川弘文館 1979)
◇日本人名大事典 1～6 (平凡社 1979(覆刻))
◇日本美術全集 10 (学習研究社 1979)
 ▷図88「親鸞聖人像(鏡御影)」(専阿弥陀仏 鎌倉時代)
◇新修日本絵巻物全集 20 (角川書店 1978)
 ▷原色版1「善信聖人絵 上巻第四段」(作者不詳)
 ▷原色版2「善信聖人絵 下巻第四段」(作者不詳)
 ▷グラビア〔16〕「善信聖人絵 全巻」(作者不詳)
 ▷グラビア1「善信聖人絵 下巻第五段」(作者不詳)
 ▷グラビア2「善信聖人絵 上巻第一段」(作者不詳)
 ▷グラビア3「善信聖人絵 上巻第七段」(作者不詳)
 ▷グラビア4「善信聖人絵 下巻第一段」(作者不詳)
 ▷グラビア5「善信聖人絵 下巻第五段」(作者不詳)
 ▷オフセット1「善信聖人絵 下巻第二段」(作者不詳)
 ▷オフセット2「善信聖人絵 上巻第一段」(作者不詳)
 ▷オフセット3「善信聖人絵 上巻第三段」(作者不詳)
 ▷オフセット4「善信聖人絵 下巻第三段」(作者不詳)
◇世界伝記大事典 (ほるぷ出版 1978)
◇重要文化財 30 (毎日新聞社 1977)
 ▷図42「親鸞・如信・覚如三上人像」(作者不詳 南北朝時代)
◇原色版国宝 7 (毎日新聞社 1976)
 ▷図24「親鸞聖人像(鏡御影)」(作者不詳 鎌倉時代(13世紀後半))
◇重要文化財 5 (毎日新聞社 1974)
 ▷図156「新鸞聖人(坐)像」(作者不詳 鎌倉時代 西照寺(新潟県三島郡)蔵)
◇重要文化財 9 (毎日新聞社 1974)

▷図244「親鸞上人絵伝」(作者不詳　鎌倉時代)
▷図245「親鸞上人絵伝」(作者不詳　鎌倉時代)
▷図105「善信聖人親鸞絵」(作者不詳　永仁3(1295))
▷図108「本願寺聖人親鸞伝絵」(作者不詳　貞和2(1346))
▷図107「本願寺親鸞聖人伝絵」(作者不詳　康永3(1344))
▷図104「善信聖人絵」(作者不詳　鎌倉時代)
▷図105「善信聖人親鸞絵」(作者不詳　永仁3(1295))
◇重要文化財 8（毎日新聞社 1973）
▷図214「親鸞上人像」(作者不詳　鎌倉時代)
▷図213「親鸞聖人像(安城御影)」(作者不詳　鎌倉時代)
▷図212「親鸞聖人像(鏡御影)」(作者不詳　鎌倉時代)
◇和漢詩歌作家辞典（みづほ出版 1972）
◇原色日本の美術 23（小学館 1971）
▷図14「新鸞聖人(坐)像」(作者不詳　西照寺(新潟県三島郡))
▷図50「親鸞上人像」(作者不詳)
◇日本絵画館 4（講談社 1970）
▷図56「親鸞聖人像(鏡御影)」(専阿弥陀仏 13世紀中葉)
◇大日本百科事典（小学館 1967）
◇国宝 4（毎日新聞社 1966）
▷図51「親鸞聖人像(鏡御影)」(作者不詳　鎌倉時代(13世紀後半))

深励　じんれい　1749～1817
江戸時代中期, 後期の真宗の僧。
◇国史大辞典（吉川弘文館 1979）

【す】

瑞巌　ずいがん
江戸時代中期の浄土宗の僧。
◇国宝・重要文化財大全 4（毎日新聞社 1999）
▷図1156「瑞巌和尚(坐)像」(本瑞　明徳3(1392)　安国寺(岐阜県吉城郡)蔵)
◇仏像集成 2（学生社 1992）
▷図417「瑞巌和尚(坐)像」(本瑞　明徳3(1392)　安国寺(岐阜県吉城郡)蔵)
◇重要文化財 6（毎日新聞社 1975）
▷図245「瑞巌和尚(坐)像」(本瑞　明徳3(1392)　安国寺(岐阜県吉城郡)蔵)

瑞渓周鳳　ずいけいしゅうほう　1391～1473
室町時代の臨済宗の僧。
◇国史大辞典（吉川弘文館 1979）

推古天皇　すいこてんのう　554～628
飛鳥時代の第33代天皇。女帝、在位592～628。
◇講談社日本人名大辞典（講談社 2001）

水心子正秀　すいしんしまさひで　1750～1825
江戸時代中期, 後期の出羽山形藩士。
◇山形県大百科事典（山形放送 1983）

崇源院　すうげんいん　1573～1626
安土桃山時代, 江戸時代前期の女性。浅井長政の3女、徳川秀忠の正室。
◇ボストン美術館 日本美術調査図録（講談社 2003）
▷図I-74「小督図」(清原雪信　江戸時代(17世紀後半))
▷図III-100「見立小督仲国図」(宮川長亀　享保年間(1716-36))
◇ボストン美術館 肉筆浮世絵 2（講談社 2000）
▷図12「見立小督仲国図」(宮川長亀　享保年間(1716-36))
◇琳派 4（紫紅社 1991）
▷図53「小督図」(中野其明)
◇近代日本洋画素描大系 1（講談社 1985）
▷図21「小督」(川村清雄)
◇琳派絵画全集 光琳派2（日本経済新聞社 1980）
▷図218「小督局図」(立林何帛)
◇浮世絵聚花 4（小学館 1979）
▷図152「小督の局」(鈴木春信)
◇日本美術絵画全集 16（集英社 1978）
▷図39「小督局隠棲図」(英一蝶)
◇日本の名画 1（中央公論社 1976）
▷図34-35「神功皇后・小督図屏風」(狩野芳崖　嘉永3#後半(1850#後半))
◇日本の名画 13（中央公論社 1976）
▷図1-2「小督」(小林古径　明治34頃(1901頃))

陶弘護　すえひろもり　1455～1482
室町時代, 戦国時代の武将。
◇国宝・重要文化財大全 1（毎日新聞社 1997）
▷図186「陶弘護像」(作者不詳　室町時代 文明16(1484)牧松周省賛)
◇角川日本姓氏歴史人物大辞典 35（角川書店 1991）
◇新編 名宝日本の美術 14（小学館 1991）
▷図33「陶弘護像」(伝 雪舟等楊　文明16(1484))
◇名宝日本の美術 14（小学館 1981）
▷図33「陶弘護像」(伝 雪舟等楊　文明16(1484))
◇国史大辞典（吉川弘文館 1979）
◇重要文化財 30（毎日新聞社 1977）
▷図49「陶弘護像(牧松周省賛)」(作者不詳　文明16(1484))

末吉利方　すえよしとしかた　1526〜1607
戦国時代,安土桃山時代の豪商,銀座頭役。
◇国史大辞典（吉川弘文館 1979）　▷末吉勘兵衛

末吉孫左衛門　すえよしまござえもん
1570〜1617　安土桃山時代,江戸時代前期の豪商,朱印船貿易家。
◇日本大百科全書（小学館 1984）
◇国史大辞典（吉川弘文館 1979）
◇日本人名大事典 1〜6（平凡社 1979覆刻）
　▷末吉吉安
◇大日本百科事典（小学館 1967）
◇世界大百科事典（平凡社 1964）

菅井梅関　すがいばいかん　1784〜1844
江戸時代後期の画家。
◇宮城県百科事典（河北新報社 1982）

菅江真澄　すがえますみ　1754〜1829
江戸時代中期,後期の執筆家。
◇青森県人名事典（東奥日報社 2002）
◇講談社日本人名大辞典（講談社 2001）
◇北海道歴史人物事典（北海道新聞社 1993）
◇日本史大事典（平凡社 1992）
◇秋田大百科事典（秋田魁新報社 1981）
◇国史大辞典（吉川弘文館 1979）

菅波恒　すがなみつね
江戸時代末期の遣仏使節の一員。
◇読者所蔵「古い写真」館（朝日新聞社 1986）
　▷p38「第2回遣欧使節」
◇日本写真全集 1 写真の幕あけ（小学館 1985）
　▷p17 No.21「第2回遣欧使節随員」（ナダール）

菅沼曲翠　すがぬまきょくすい　？〜1717
江戸時代中期の俳人。
◇滋賀県百科事典（大和書房 1984）　▷菅沼曲水
◇国史大辞典（吉川弘文館 1979）
◇日本人名大事典 1〜6（平凡社 1979覆刻）
◇俳諧人名辞典（巌南堂書店 1970）　▷曲翠

菅沼忠政　すがぬまただまさ　1580〜1614
安土桃山時代,江戸時代前期の武将,大名。
◇岐阜県史 通史編 近世上（岐阜県 1968）
　▷p470（写真）「松平忠政像」

菅野覚兵衛　すがのかくべえ　1842〜1893
江戸時代末期,明治時代の志士。
◇サムライ古写真帖（新人物往来社 2004）
　▷p77「（無題）」（井上俊三もしくは上野彦馬　慶応年間（1865〜68）
　▷p78「海援隊士の集合写真」（長岡謙吉,溝淵広之丞,坂本竜馬,山本洪堂,千屋寅之助,白峰駿馬　慶応3年（1867）.1月か）

須釜作十郎　すがまさくじろう
江戸時代中期の都賀郡壬生新町の百姓代,義人。
◇栃木県歴史人物事典（下野新聞社 1995）

菅礼治　すがれいじ　1841〜1912
江戸時代末期,明治時代の材木問屋。
◇秋田大百科事典（秋田魁新報社 1981）

須川長之助　すかわちょうのすけ　1842〜1925
江戸時代末期,明治時代の植物採取家。
◇岩手百科事典（岩手放送 1988）

菅原源八　すがわらげんぱち　1794〜1879
江戸時代後期,末期,明治時代の「羽後民情録」の著者。
◇秋田大百科事典（秋田魁新報社 1981）

菅原洞斎　すがわらどうさい　1772〜1821
江戸時代中期,後期の絵師・鑑定家。
◇秋田大百科事典（秋田魁新報社 1981）

菅原道真　すがわらのみちざね　845〜903
平安時代前期の学者,歌人,公卿。右大臣,従二位。
◇講談社日本人名大辞典（講談社 2001）
◇日本の幽霊名画集（人類文化社 2000）
　▷図29「菅公怨霊図」（作者不詳）
◇国宝・重要文化財大全 4（毎日新聞社 1999）
　▷図548「素盞男尊・大己貴命・菅原道真像」
　（作者不詳　平安時代　上野神社（滋賀県近江八幡市）蔵）
◇日本の浮世絵美術館 2（角川書店 1996）
　▷図184「百人一首うばがゑとき 菅家」（葛飾北斎　天保中期頃）
◇京都大事典 府域編（淡交社 1994）
◇日本史大事典（平凡社 1992）
◇仏像集成 2（学生社 1992）
　▷図350「菅公像」（宗慶　延文2（1357）　興徳寺（岐阜県瑞浪市）蔵）
◇名品揃浮世絵 9（ぎょうせい 1992）
　▷図15「百人一首姥かゑと幾 菅家」（葛飾北斎　天保年間中〜後期（1830-1844））
◇角川日本姓氏歴史人物大辞典 35（角川書店 1991）
◇秘蔵浮世絵大観 プルヴェラー・コレクション（講談社 1990）
　▷図129「楓屋百鶴太夫の菅原道真」（柳川重信　文政5（1822））
◇仏像集成 4（学生社 1987）
　▷図90「素盞男尊・大己貴命・菅原道真像」
　（作者不詳　菅原道真 平安時代後期　上野

神社（滋賀県近江八幡市）蔵）
◇香川県人物・人名事典（四国新聞社 1985）
◇京都大事典（淡交社 1984）
◇香川県大百科事典（四国新聞社 1984）
◇日本大百科全書（小学館 1984）
◇浮世絵聚花 補巻1（小学館 1982）
　　▷図156「菅原道真」（鈴木春信　宝暦13-明和元(1763-64)）
◇福岡県百科事典 上, 下（西日本新聞社 1982）
◇日本人名大事典 1～6（平凡社 1979（覆刻）
◇重要文化財 5（毎日新聞社 1974）
　　▷図45「素盞男尊・大己貴命・菅原道真像」（作者不詳　平安時代　上野神社（滋賀県近江八幡市）蔵）
◇和漢詩歌作家辞典（みづほ出版 1972）
◇大日本百科事典（小学館 1967）
◇世界大百科事典（平凡社 1964）

杉浦愛蔵　すぎうらあいぞう
　江戸時代末期の第2回遣欧使節団定役。
◇幕末－写真の時代（筑摩書房 1994）
　　▷p92 No.105「（無題）」（ルイ・ルソー）
◇写された幕末－石黒敬七コレクション（明石書店 1990）
　　▷p56 No.1「マルセイユで撮った徳川昭武一行」
◇読者所蔵「古い写真」館（朝日新聞社 1986）
　　▷p39「第2回遣欧使節」
　　▷p40「遣欧の顔」

杉浦誠　すぎうらまこと　1826～1900
　江戸時代末期, 明治時代の幕臣。
◇北海道歴史人物事典（北海道新聞社 1993）
◇北海道大百科事典（北海道新聞社 1981）

杉浦譲　すぎうらゆずる　1835～1877
　江戸時代末期, 明治時代の幕臣, 官吏。
◇サムライ古写真帖（新人物往来社 2004）
　　▷p18「マルセイユでの徳川昭武一行」（Walery　1867.4.5）
◇山梨百科事典（山梨日日新聞社 1992）

杉木普斎　すぎきふさい　1628～1706
　江戸時代前期, 中期の茶人。
◇国史大辞典（吉川弘文館 1979）

杉亨二　すぎこうじ　1828～1917
　江戸時代末期, 明治時代の統計学者。
◇長崎事典 歴史編 1988年版（長崎文献社 1988）
◇長崎県大百科事典（長崎新聞社 1984）
◇日本大百科全書（小学館 1984）
◇国史大辞典（吉川弘文館 1979）
◇大日本百科事典（小学館 1967）

杉下碧　すぎしたみどり　1831～1905
　江戸時代後期～明治期の俳人。
◇角川日本姓氏歴史人物大辞典 16（角川書店 1992）

杉田玄端　すぎたげんたん　1818～1889
　江戸時代末期, 明治時代の洋学者。
◇講談社日本人名大辞典（講談社 2001）
◇日本大百科全書（小学館 1984）
◇国史大辞典（吉川弘文館 1979）

杉田玄白　すぎたげんぱく　1733～1817
　江戸時代中期, 後期の蘭方医, 外科医。
◇講談社日本人名大辞典（講談社 2001）
◇原色日本の美術（改訂版）20（小学館 1994）
　　▷図120「杉田玄白像」（石川大浪　1812）
◇日本史大事典（平凡社 1992）
◇日本美術全集 21（講談社 1991）
　　▷図54「杉田玄白像」（石川大浪　1812（文化9））
◇福井県大百科事典（福井新聞社 1991）
◇人間の美術 9（学習研究社 1990）
　　▷図231「杉田玄白像」（石川大浪　文化9(1812)）
◇長崎県大百科事典（長崎新聞社 1984）
◇日本大百科全書（小学館 1984）
◇国史大辞典（吉川弘文館 1979）
◇日本人名大事典 1～6（平凡社 1979（覆刻）
◇世界伝記大事典（ほるぷ出版 1978）
◇原色日本の美術 25（小学館 1970）
　　▷図120「杉田玄白像」（石川大浪　1812）
◇大日本百科事典（小学館 1967）
◇世界大百科事典（平凡社 1964）

杉田成卿　すぎたせいけい　1817～1859
　江戸時代末期の蘭学者。
◇日本史大事典（平凡社 1992）
◇国史大辞典（吉川弘文館 1979）
◇日本人名大事典 1～6（平凡社 1979（覆刻）
◇大日本百科事典（小学館 1967）

杉田仙十郎　すぎたせんじゅうろう　1820～1893
　江戸時代末期, 明治時代の大庄屋, 県会議員。
◇国史大辞典（吉川弘文館 1979）

杉孫七郎　すぎまごしちろう　1835～1920
　江戸時代末期の長州（萩）藩士, 政治家。
◇幕末－写真の時代（筑摩書房 1994）
　　▷p65 No.74「（無題）」（ナダール）
◇写真集 甦る幕末（朝日新聞社 1987）
　　▷p236 No.340「（無題）」
◇山口県百科事典（大和書房 1982）
◇国史大辞典（吉川弘文館 1979）

◇日本人名大事典 1～6（平凡社 1979（覆刻））
◇写真の開祖上野彦馬（上野彦馬撮影 産業能率短期大学出版部 1975）
　▷p31 No.26「毛利元徳を囲む写真」
　▷p208「（無題）」（1870.4.26）

杉本権蔵　すぎもとごんぞう　1829～1909
　江戸時代末期、明治期の開拓家。
◇静岡県歴史人物事典（静岡新聞社 1991）

杉本正甫　すぎもとしょうほう　1838～1894
　江戸時代後期～明治期の蘭方医。
◇静岡県歴史人物事典（静岡新聞社 1991）

杉本直形　すぎもとなおかた　1839～1924
　江戸時代末期～大正期の眼科医、高田盲学校長（2代）。
◇新潟県大百科事典 上,下（新潟日報事業社 1977）

杉山岩三郎　すぎやまいわさぶろう　1841～1913
　江戸時代末期、明治時代の備前岡山藩士、実業家。
◇岡山県歴史人物事典（山陽新聞社 1994）
◇岡山人名事典（日本文教出版 1978）

杉山杉風　すぎやまさんぷう　1647～1732
　江戸時代前期、中期の俳人。
◇日本大百科全書（小学館 1984）　▷杉風
◇国史大辞典（吉川弘文館 1979）
◇俳諧人名辞典（巌南堂書店 1970）　▷杉風
◇大日本百科事典（小学館 1967）　▷杉風

杉山和一　すぎやまわいち　1610～1694
　江戸時代前期の鍼術家。
◇日本史大事典（平凡社 1992）
◇国史大辞典（吉川弘文館 1979）
◇日本人名大事典 1～6（平凡社 1979（覆刻））

菅実秀　すげさねひで　1830～1903
　江戸時代末期、明治時代の出羽庄内藩中老、酒田県権参事。
◇山形県大百科事典（山形放送 1983）　▷菅臥牛

助高屋高助〔2代〕　すけたかやたかすけ
　1747～1818　江戸時代中期、後期の歌舞伎役者。
◇浮世絵ギャラリー 4（小学館 2006）
　▷図8「三代目市川八百蔵の田辺文蔵」（東洲斎写楽　寛政6(1794)）
　▷図48「三代目市川八百蔵の不破の伴左衛門重勝」（東洲斎写楽　寛政6(1794)）
　▷図44「三代目市川八百蔵の不破の伴左衛門重勝と三代目坂田半五郎の子そだての観音坊」（東洲斎写楽　寛政6(1794)）

◇日本の浮世絵美術館 1（角川書店 1996）
　▷図148「三代目市川八百蔵の梅王丸」（作者不詳　寛政8）
◇日本の浮世絵美術館 3（角川書店 1996）
　▷図104「三代目市川八百蔵の関口鮭人」（歌舞妓堂艶鏡）
　▷図17「三代目市川八百蔵の不破伴左衛門と三代坂田半五郎の子育観音坊」（東洲斎写楽　寛政6）
◇日本の浮世絵美術館 4（角川書店 1996）
　▷図17「三代目市川八百蔵の義経」（歌川豊国　寛政7）
◇日本の浮世絵美術館 5（角川書店 1996）
　▷図73「新板七変化三階伊達の姿見（三世市川八百蔵）」（葛飾北斎　安永末期）
　▷図207「三代目市川八百蔵の田辺文蔵」（東洲斎写楽　寛政6）
◇秘蔵日本美術大観 11（講談社 1994）
　▷図55「二代目助高屋高助のがんくつの来現と二代目小佐川常世のおやす」（歌川豊国　文化2(1805)）
◇名品揃物浮世絵 6（ぎょうせい 1992）
　▷図83「菅原伝授手習鑑・車引 三世市川八百蔵の梅王丸」（歌川国政　寛政8.7(1796.7)）
　▷図29「役者舞台之姿絵 たち花や（三世市川八百蔵）あふミや（中山富三郎）」（歌川豊国（初代）　寛政6-7(1794-95)）
　▷図18「役者舞台之姿絵 たち華や（三世市川八百蔵の不破伴左衛門）」（歌川豊国（初代）　寛政6-7(1794-95)）
　▷図9「役者舞台之姿絵 たち花や（三世市川八百蔵の奴初平）」（歌川豊国（初代）　寛政6-7(1794-95)）
　▷図26「役者舞台之姿絵 たち華や（三世市川八百蔵の漁師さざ波辰五郎）」（歌川豊国（初代）　寛政6-7(1794-95)）
◇新編 名宝日本の美術 29（小学館 1991）
　▷図57「役者舞台之姿絵 たち華や（三世市川八百蔵の不破伴左衛門）」（歌川豊国（初代）　寛政6-7(1794-95)）
　▷図6「三世市川八百蔵の田辺文蔵」（東洲斎写楽　寛政6(1794)）
　▷図31「三世市川八百蔵の不破伴左衛門と三世坂田半五郎の子育て観音坊」（東洲斎写楽　寛政6(1794)）
◇秘蔵浮世絵大観 ベレス・コレクション（講談社 1991）
　▷図35「三代目坂田半五郎・三代目瀬川菊之丞・三代目市川八百蔵」（勝川春英　寛政6頃(1794頃)）
　▷図28「初代尾上松助の玉虫御前と三代目市川八百蔵の暫」（勝川春好（初代）　天明7(1787)）
　▷図115「三世市川八百蔵の田辺文蔵」（東洲斎写楽　寛政6(1794)）
◇名品揃物浮世絵 5（ぎょうせい 1991）
　▷図65「菅原伝授手習鑑 三世市川八百蔵の梅王丸」（歌舞妓堂艶鏡）

すけた

- ▷図6「三世市川八百蔵の田辺文蔵」(東洲斎写楽　寛政6(1794))
- ▷図79「三世市川八百蔵の八幡太郎義家(橘屋中車)」(東洲斎写楽)
- ▷図70「三世市川八百蔵の不破伴左衛門と三世坂田半五郎の子育て観音坊」(東洲斎写楽　寛政6(1794))

◇人間の美術 10 (学習研究社 1990)
- ▷図166「三世沢村宗十郎の出村新兵衛と三世市川八百蔵の玉屋新兵衛」(歌川豊国(初代)　寛政10(1798))
- ▷図171「役者舞台之姿絵　たち華や(三世市川八百蔵の不破伴左衛門)」(歌川豊国(初代)　寛政6-7(1794-95))
- ▷図170「三世市川八百蔵の不破伴左衛門」(東洲斎写楽　寛政6.7(1794.7))

◇秘蔵浮世絵大観 7 (講談社 1990)
- ▷図90「三代目市川八百蔵」(歌川豊国(初代)　寛政7.11(1795.11))
- ▷図89「役者舞台之姿絵　たち華や(三世市川八百蔵の漁師さざ波辰五郎)」(歌川豊国(初代)　寛政6-7(1794-95))

◇秘蔵浮世絵大観 別巻 (講談社 1990)
- ▷〔チ〕032「三代目市川八百蔵」(勝川春好(初代)　天明)
- ▷〔チ〕033「三代目市川八百蔵」(勝川春好(初代)　天明)
- ▷〔チ〕60「三代目市川八百蔵の朝比奈と嵐村次郎の化粧坂少将」(勝川春潮　天明7(1787))
- ▷〔チ〕057「三世沢村宗十郎の平重盛・六世中山小十郎の八丁礫の紀平治・三世大谷広次の三浦荒四郎・三世市川八百蔵の悪源太義平」(鳥居清長)

◇秘蔵浮世絵大観 プルヴェラー・コレクション (講談社 1990)
- ▷図32「初代尾上松助・四代目岩井半四郎・三代目市川八百蔵」(勝川春章　天明3(1783))

◇秘蔵浮世絵大観 6 (講談社 1989)
- ▷図173「三世市川八百蔵の田辺文蔵」(東洲斎写楽　寛政6(1794))

◇秘蔵浮世絵大観 8 (講談社 1989)
- ▷図99「初代瀬川雄次郎の勘平」(勝川春章　安永6.8(1777.8))

◇秘蔵浮世絵大観 9 (講談社 1989)
- ▷図189「三世市川八百蔵の田辺文蔵」(東洲斎写楽　寛政6(1794))
- ▷図203「二代目助高屋高助の六部善竜」(歌川豊国(初代)　文化元(1804))

◇秘蔵浮世絵大観 4 (講談社 1988)
- ▷図082「三代目市川八百蔵の梅の由兵衛と三代目瀬川菊之丞の女房小梅」(歌川豊国(初代)　享和期)

◇秘蔵浮世絵大観 11 (講談社 1988)
- ▷図62「菅原伝授手習鑑・車引 三世市川八百蔵の梅王丸」(歌川国政　寛政8.7(1796.7))
- ▷図6「五代目市川団十郎・初代中村仲蔵・三代目瀬川菊之丞・三代目市川八百蔵, 初代尾上菊五郎」(勝川春章　安永8-9頃(1779-80頃))

◇秘蔵浮世絵大観 12 (講談社 1988)
- ▷図054「三代目瀬川菊之丞と三代目市川八百蔵」(勝川春亭　寛政9-10)

◇秘蔵浮世絵大観 2 (講談社 1987)
- ▷図217「車引 二代目中村仲蔵の松王丸・七代目片岡仁左衛門の時平・三代目市川八百蔵の梅王丸・二代目中村野塩の桜丸」(歌川豊国(初代)　寛政8(1796))
- ▷図0111「仕丁之図(三代目市川八百蔵)」(勝春鶴　天明後期-寛政前期)
- ▷図109「三世市川八百蔵の五郎時宗と三世瀬川菊之丞のおとりと四世岩井半四郎のおてふ」(勝川春英　寛政3.1(1791.1))
- ▷図0100「八代目森田勘弥の菊池次郎と三代目市川八百蔵の花の本姫」(勝川春英　天明7.11)
- ▷図92「三代目市川八百蔵の楠の恨之助と嵐村次郎の千枝の小女郎」(勝川春章　天明6.11(1786.11))
- ▷図085「四代目岩井半四郎と三代目市川八百蔵」(勝川春章　安永末-天明初)
- ▷図091「三代目瀬川菊之丞の静御前・三代目市川八百蔵の義経姿の江田源蔵・二代目市川門之助の鈴木三郎」(勝川春章　天明4.正)
- ▷図0153「三代目市川八百蔵の田辺文蔵」(東洲斎写楽　寛政6(1794))
- ▷図213「三世市川八百蔵の不破伴左衛門と三世坂田半五郎の子育て観音坊」(東洲斎写楽　寛政6(1794))

◇浮世絵八華 2 (平凡社 1985)
- ▷図47「五代目市川団十郎のでく六兵衛と三世沢村宗十郎の曽我十郎と三世市川八百蔵の白菊の亡霊」(鳥居清長)

◇浮世絵八華 4 (平凡社 1985)
- ▷図62「三世市川八百蔵の切禿」(東洲斎写楽)
- ▷図0106「三世市川八百蔵の切禿」(東洲斎写楽)
- ▷図0110「三世市川八百蔵の佐伯の蔵人経のり」(東洲斎写楽)
- ▷図68「三世市川八百蔵の曽我の十郎祐成」(東洲斎写楽)
- ▷図0134「三世市川八百蔵の曽我の十郎祐成」(東洲斎写楽)
- ▷図03「三世市川八百蔵の田辺文蔵」(東洲斎写楽　寛政6(1794))
- ▷図11「三世市川八百蔵の田辺文蔵」(東洲斎写楽　寛政6(1794))
- ▷図0103「三世市川八百蔵の鳥売実は中将実方の霊」(東洲斎写楽)
- ▷図098「三世市川八百蔵の八幡太郎義家実は源吾成重」(東洲斎写楽)
- ▷図71「三世市川八百蔵の八幡太郎義家(橘屋中車)」(東洲斎写楽)
- ▷図0117「三世市川八百蔵の八幡太郎義家(橘屋中車)」(東洲斎写楽)

▷図34「三世市川八百蔵の不破伴左衛門」(東洲斎写楽 寛政6.7(1794.7))
▷図033「三世市川八百蔵の不破伴左衛門」(東洲斎写楽 寛政6.7(1794.7))
▷図31「三世市川八百蔵の不破伴左衛門と三世坂田半五郎の子育て観音坊」(東洲斎写楽 寛政6(1794))
▷図031「三世市川八百蔵の不破伴左衛門と三世坂田半五郎の子育て観音坊」(東洲斎写楽 寛政6(1794))

◇浮世絵八華 6（平凡社 1985）
▷図50「三世市川八百蔵の松下嘉平次と三世坂東三津五郎の真柴久よし」(歌川豊国(初代))
▷図22「三世市川八百蔵の義経」(歌川豊国(初代))
▷図31-34「車引 二代目中村仲蔵の松王丸・七代目片岡仁左衛門の時平・三世市川八百蔵の梅王丸・二代目中村野塩の桜丸」(歌川豊国(初代) 寛政8(1796))
▷図14「役者舞台之姿絵 たち花や(三世市川八百蔵)あふみや(中山富三郎)」(歌川豊国(初代) 寛政6-7(1794-95))

◇浮世絵聚花 2（小学館 1985）
▷図65「三世市川八百蔵と遊女」(鳥居清長)
▷図67「四世岩井半四郎のお俊、三世市川八百蔵の伝兵衛、二世市川門之助の白藤源太」(鳥居清長)
▷図69「三世沢村宗十郎の工藤祐経、三世市川八百蔵の曽我五郎、三桝徳次郎の大磯虎」(鳥居清長)
▷図68「三世沢村宗十郎の濡髪長五郎、二世市川門之助の放駒長吉、三世瀬川菊之丞の吾妻、三世市川八百蔵の山崎与五郎」(鳥居清長)
▷図70「中山小十郎の千鳥、三世沢村宗十郎の重盛、三世市川八百蔵の由兵衛」(鳥居清長)

◇浮世絵の美百選（日本経済新聞社 1981）
▷図61「菅原伝授手習鑑」手習鑑の三世市川八百蔵の梅王丸」(歌舞妓堂艶鏡)
▷図57「三世市川八百蔵の不破伴左衛門と三世坂田半五郎の子育て観音坊」(東洲斎写楽 寛政6(1794))

◇浮世絵聚花 9（小学館 1981）
▷図63「三世市川八百蔵の奪い合う武士」(勝川春好(初代))
▷図037「三世市川八百蔵」(勝川春章)
▷図32「菅原伝授手習鑑 三世市川八百蔵の梅王丸」(歌舞妓堂艶鏡)
▷図25「三世沢村宗十郎の平重盛・六世中山小十郎の八丁礫の紀平治・三世大谷広次の三浦荒四郎・三世市川八百蔵の悪源太義平」(鳥居清長 天明5)

◇浮世絵聚花 13（小学館 1981）
▷図189「三世市川八百蔵」(歌川国政)
▷図70「三世市川八百蔵」(勝川春英)

◇浮世絵聚花 14（小学館 1981）
▷図108「二世中村助五郎の股野五郎妹誰が袖、三桝徳次郎の烏帽子折お京実は岡部娘照葉、三世市川八百蔵の真田与市義貞(出語り図)」(鳥居清長)

◇浮世絵聚花 5（小学館 1980）
▷図34「三世市川八百蔵の田辺文蔵」(勝川春英)
▷図177「五世市川団十郎のでく六兵衛と三世沢村宗十郎の曽我十郎と三世市川八百蔵の白菊の亡霊」(鳥居清長)

◇浮世絵聚花 8（小学館 1980）
▷図69「三世市川八百蔵の渡辺綱」(勝川春英)
▷図170「三世市川八百蔵」(勝川春好(初代))
▷図77「三世市川八百蔵の楠恨之介」(勝川春好(初代))

◇浮世絵聚花 15（小学館 1980）
▷図57「三世市川八百蔵の八幡太郎義家(橘屋中車)」(東洲斎写楽)

◇浮世絵聚花 7（小学館 1979）
▷図190「三世市川八百蔵の橘や八郎兵衛と三世瀬川菊之丞の浜やおつま」(歌川豊国(初代))
▷図52「役者舞台之姿絵 たち華や(三世市川八百蔵の不破伴左衛門)」(歌川豊国(初代) 寛政6-7(1794-95))
▷図120「三世市川八百蔵の切禿」(東洲斎写楽)
▷図123「三世市川八百蔵の八幡太郎義家実は源吾成重」(東洲斎写楽)
▷図100「三世市川八百蔵と芸者」(鳥居清長)

◇浮世絵聚花 10（小学館 1979）
▷図031「役者舞台之姿絵 たち花や(三世市川八百蔵の曽我十郎)」(歌川豊国(初代))
▷図2「三世市川八百蔵」(勝川春英)
▷図98「三世市川八百蔵」(勝川春好(初代))
▷図166「三世市川八百蔵の田辺文蔵」(東洲斎写楽 寛政6(1794))
▷図054「三世市川八百蔵の不破伴左衛門と三世坂田半五郎の子育て観音坊」(東洲斎写楽 寛政6(1794))
▷図31「三世市川八百蔵の古手屋八郎兵衛と中村里好の丹波屋おつま(出語り図)」(鳥居清長)

◇浮世絵聚花 11（小学館 1979）
▷図28-30「三世市川八百蔵の五郎時宗と三世瀬川菊之丞のおとりと四世岩井半四郎のおてふ」(勝川春英 寛政3.1(1791.1))

◇浮世絵聚花 6（小学館 1978）
▷図199「三世市川八百蔵の武部源蔵と岩井喜代太郎の戸浪」(歌川豊国(初代))
▷図73「三世市川八百蔵の佐伯の蔵人経のり」(東洲斎写楽)
▷図166「三世市川八百蔵の曽我の十郎祐成」(東洲斎写楽)
▷図71「三世市川八百蔵の鳥兎実は中将実方の霊」(東洲斎写楽)
▷図62「三世市川八百蔵の不破伴左衛門」(東洲斎写楽 寛政6.7(1794.7))
▷図60「三世市川八百蔵の不破伴左衛門と三世坂田半五郎の子育て観音坊」(東洲斎写楽 寛政6(1794))

すけた

◇復元浮世絵大観 8（集英社 1978）
　▷図7「三世市川八百蔵の田辺文蔵」（東洲斎写楽　寛政6(1794)）
◇浮世絵大系 4（集英社 1975）
　▷図48「三世市川八百蔵と遊女」（鳥居清長）
◇浮世絵大系 9（集英社 1975）
　▷図15「役者舞台之姿絵 たち花や（三世市川八百蔵）あふミや（中山富三郎）」（歌川豊国（初代）　寛政6-7(1794-95)）
◇浮世絵大系 7（集英社 1973）
　▷図8「三世市川八百蔵の田辺文蔵」（東洲斎写楽　寛政6(1794)）
　▷図31「三世市川八百蔵の不破伴左衛門と三世坂田半五郎の子育て観音坊」（東洲斎写楽　寛政6(1794)）
◇平凡社ギャラリー 6（平凡社 1973）
　▷図14「三世市川八百蔵の不破伴左衛門」（東洲斎写楽　寛政6.7(1794.7)）
◇在外秘宝―欧米収蔵浮世絵集成 東洲斎写楽（学習研究社 1972）
　▷図55「三世市川八百蔵の切禿」（東洲斎写楽）
　▷図090「三世市川八百蔵の切禿」（東洲斎写楽）
　▷図83「三世市川八百蔵の佐伯の蔵人経のり」（東洲斎写楽）
　▷図0107「三世市川八百蔵の佐伯の蔵人経のり」（東洲斎写楽）
　▷図78「三世市川八百蔵の曽我の十郎祐成」（東洲斎写楽）
　▷図0132「三世市川八百蔵の曽我の十郎祐成」（東洲斎写楽）
　▷図9「三世市川八百蔵の田辺文蔵」（東洲斎写楽　寛政6(1794)）
　▷図08「三世市川八百蔵の田辺文蔵」（東洲斎写楽　寛政6(1794)）
　▷図64「三世市川八百蔵の鳥売実は中将実方の霊」（東洲斎写楽）
　▷図0101「三世市川八百蔵の鳥売実は中将実方の霊」（東洲斎写楽）
　▷図58「三世市川八百蔵の八幡太郎義家実は源吾成重」（東洲斎写楽）
　▷図093「三世市川八百蔵の八幡太郎義家実は源吾成重」（東洲斎写楽）
　▷図68「三世市川八百蔵の八幡太郎義家（橘屋中車）」（東洲斎写楽）
　▷図0105「三世市川八百蔵の八幡太郎義家（橘屋中車）」（東洲斎写楽）
　▷図31「三世市川八百蔵の不破伴左衛門」（東洲斎写楽　寛政6.7(1794.7)）
　▷図031「三世市川八百蔵の不破伴左衛門」（東洲斎写楽　寛政6.7(1794.7)）
　▷図34「三世市川八百蔵の不破伴左衛門と三世坂田半五郎の子育て観音坊」（東洲斎写楽　寛政6(1794)）
　▷図037「三世市川八百蔵の不破伴左衛門と三世坂田半五郎の子育て観音坊」（東洲斎写楽　寛政6(1794)）
◇在外秘宝―欧米収蔵浮世絵集成 鳥居清長（学習研究社 1972）
　▷図13「三世市川八百蔵と芸者」（鳥居清長）
　▷図48「三世市川八百蔵の古手屋八郎兵衛と中村里好の丹波屋おつま（出語り図）」（鳥居清長）
　▷図47「二世中村助五郎の股野五郎妹誰が袖、三桝徳次郎の烏帽子折お京実は岡部娘照葉、三世市川八百蔵の真田与市義貞（出語り図）」（鳥居清長）
◇全集浮世絵版画 2（集英社 1972）
　▷図23「三世市川八百蔵と遊女」（鳥居清長）
◇全集浮世絵版画 4（集英社 1972）
　▷図23「三世市川八百蔵の八幡太郎義家実は源吾成重」（東洲斎写楽）
　▷図33「三世市川八百蔵の不破伴左衛門と三世坂田半五郎の子育て観音坊」（東洲斎写楽　寛政6(1794)）
◇日本の名画 13（講談社 1972）
　▷図12「三世市川八百蔵の不破伴左衛門」（東洲斎写楽　寛政6.7(1794.7)）
◇浮世絵名作選集 4（山田書院 1968）
　▷図〔19〕「三世市川八百蔵の八幡太郎義家（橘屋中車）」（東洲斎写楽）
◇美人画・役者絵 6（講談社 1966）
　▷図83「三世市川八百蔵の佐伯の蔵人経のり」（東洲斎写楽）
　▷図105「三世市川八百蔵の曽我の十郎祐成」（東洲斎写楽）
　▷図9「三世市川八百蔵の田辺文蔵」（東洲斎写楽　寛政6(1794)）
　▷図81「三世市川八百蔵の八幡太郎義家実は源吾成重」（東洲斎写楽）
　▷図87「三世市川八百蔵の八幡太郎義家（橘屋中車）」（東洲斎写楽）
　▷図36「三世市川八百蔵の不破伴左衛門」（東洲斎写楽　寛政6.7(1794.7)）
　▷図35「三世市川八百蔵の不破伴左衛門と三世坂田半五郎の子育て観音坊」（東洲斎写楽　寛政6(1794)）
◇浮世絵版画 5（集英社 1964）
　▷図23「三世市川八百蔵と遊女」（鳥居清長）
◇浮世絵版画 6（集英社 1964）
　▷図21「三世市川八百蔵の八幡太郎義家実は源吾成重」（東洲斎写楽）
◇日本版画美術全集 3（講談社 1961）
　▷図258「三世市川八百蔵の助六」（勝川春英）
　▷図268「三代目坂田半五郎・三代目瀬川菊之丞・三代目市川八百蔵」（勝川春英　寛政6頃(1794頃)）
　▷図154「五世市川団十郎のでく六兵衛と三世沢村宗十郎の曽我十郎と三世市川八百蔵の白菊の亡霊」（鳥居清長）
　▷図116「三世市川八百蔵と遊女」（鳥居清長）
　▷図219「三世市川八百蔵の上総助景清と中村里好の傾城青茶」（鳥居清長）
　▷図153「三世市川八百蔵の古手屋八郎兵衛と中村里好の丹波屋おつま（出語り図）」（鳥居清長）
　▷図143「四世岩井半四郎の葛の葉と三世市川

「八百蔵の可内」(鳥居清長)
◇日本版画美術全集 4 (講談社 1960)
　▷図43「菅原伝授手習鑑 三世市川八百蔵の梅王丸」(歌舞妓堂艶鏡)
　▷図227「三世市川八百蔵の八幡太郎義家実は源吾成重」(東洲斎写楽)
◇浮世絵全集 5 (河出書房新社 1957)
　▷図13「三世市川八百蔵の不破伴左衛門と三世坂田半五郎の子育て観音坊」(東洲斎写楽 寛政6(1794))
　▷図39「五世市川団十郎のでく六兵衛と三世沢村宗十郎の曽我十郎と三世市川八百蔵の白菊の亡霊」(鳥居清長)

助高屋高助〔4代〕　すけたかやたかすけ
1838~1886　江戸時代末期、明治時代の歌舞伎役者。
◇秘蔵浮世絵大観 5 (講談社 1989)
　▷図017「今様押絵鏡 二代目沢村訥升の塩谷判官高貞」(歌川国貞(初代)　安政6)
　▷図022「今様押絵鑑 二代目沢村訥升のきみやあん六」(歌川国貞(初代)　万延元)
　▷図95「七代目河原崎権之助の幡随長兵衛・二代目沢村訥升の白井権八・五代目尾上菊五郎の野ざらし吾助」(豊原国周　明治5(1872))
　▷図0114「忠臣蔵十二段続 三段目門外 五代目尾上菊五郎の勘平・初代市川左団治の伴内・四代目助高屋高助のおかる」(礼山　明治12頃)

調所広郷　ずしょひろさと　1776~1848
江戸時代後期の薩摩藩の財政家。
◇講談社日本人名大辞典 (講談社 2001)
◇角川日本姓氏歴史人物大辞典 46 (角川書店 1994)
◇日本史大事典 (平凡社 1992)
◇日本大百科全書 (小学館 1984)
◇沖縄大百科事典 (沖縄タイムス社 1983)　▷調所笑左衛門広郷
◇鹿児島大百科事典 (南日本新聞社 1981)　▷調所笑左衛門広郷
◇世界伝記大事典 (ほるぷ出版 1978)

調所広丈　ずしょひろたけ　1840~1911
江戸時代末期、明治時代の薩摩藩士。鳥取県知事、貴族院議員、男爵。
◇高知県人名事典 (高知新聞社 1999)
◇北海道歴史人物事典 (北海道新聞社 1993)
◇北海道大百科事典 (北海道新聞社 1981)

鈴鹿甚右衛門　すずかじんえもん
1819~1861　江戸時代末期の商人。
◇北海道歴史人物事典 (北海道新聞社 1993)
◇北海道大百科事典 (北海道新聞社 1981)

鈴木浦八　すずきうらはち　1852~1918
江戸時代末期、明治時代の「畦畔改良」の普及、大成者。
◇静岡県歴史人物事典 (静岡新聞社 1991)

鈴木香峰　すずきこうほう　1808~1884
江戸時代末期、明治期の問屋役。
◇静岡県歴史人物事典 (静岡新聞社 1991)

鈴木三左衛門　すずきさんざえもん
?~1684　江戸時代前期の大谷村の名主。
◇角川日本姓氏歴史人物大辞典 14 (角川書店 1993)

鈴木重胤　すずきしげたね　1812~1863
江戸時代末期の国学者。
◇山形県大百科事典 (山形放送 1983)

鈴木重成　すずきしげなり　1588~1653
江戸時代前期の代官。
◇国史大辞典 (吉川弘文館 1979)

鈴木重嶺　すずきしげね　1814~1898
江戸時代末期、明治時代の幕臣、歌人。
◇日本人名大事典 1~6 (平凡社 1979(覆刻))

鈴木真一　すずきしんいち　1834~1918
江戸時代後期、末期、明治時代の写真家。
◇静岡県歴史人物事典 (静岡新聞社 1991)
◇日本写真史 1840-1945 (平凡社 1971)
　▷p472「(無題)」

鈴木信教　すずきしんきょう　1843~1892
江戸時代末期、明治時代の僧。
◇山形県大百科事典 (山形放送 1993)
◇福島大百科事典 (福島民報社 1980)

鈴木石橋　すずきせっきょう　1754~1815
江戸時代中期、後期の儒学者。
◇栃木県歴史人物事典 (下野新聞社 1995)
◇栃木県史 通史編5 近世二 (栃木県 1984)
　▷〈写真〉11-35「鈴木石橋肖像」

鈴木荘丹　すずきそうたん　1732~1815
江戸時代の俳人、医師。
◇新編埼玉県史 通史編4 (埼玉県 1989)
　▷〈写真〉6-23「鈴木荘丹画像」

鈴木総兵衛〔代数不詳〕　すずきそうべえ
江戸時代の名古屋の豪商。
◇国史大辞典 (吉川弘文館 1979)　▷鈴木総兵衛

鈴木主税　すずきちから　1814～1856
　江戸時代末期の越前福井藩士、経世家。
◇福井県大百科事典（福井新聞社 1991）

鈴木長吉　すずきちょうきち　1848～1919
　江戸時代末期、明治時代の鋳金家。
◇幕末―写真の時代（筑摩書房 1994）
　　▷p31 No.23「（無題）」（ウィリアム・シュー）

鈴木準道　すずきのりみち　1841～1921
　江戸時代末期、明治時代の越前福井藩士。
◇福井県大百科事典（福井新聞社 1991）

鈴木八郎左衛門　すずきはちろうざえもん
　1847～1919　江戸時代末期～大正期の醸造業。
◇角川日本姓氏歴史人物大辞典 22（角川書店 1995）

鈴木春信　すずきはるのぶ　1725～1770
　江戸時代中期の浮世絵師。
◇朝日美術館 日本編 8（朝日新聞社 1997）
　　▷図40「面構 浮世絵師鈴木春信と博物学者平賀源内」（片岡球子 1985）
◇現代の日本画 6（学習研究社 1991）
　　▷図61「面構 浮世絵師鈴木春信と博物学者平賀源内」（片岡球子 昭和60(1985)）

鈴木平吉　すずきへいきち
　江戸時代中期の歌舞伎役者。
◇華―浮世絵名品集（平木浮世絵財団 2004）
　　▷図15「山中平九郎 鈴木平吉」（鳥居清信 宝永4(1707)）
◇浮世絵聚花 9（小学館 1981）
　　▷図85「鈴木平吉と松本かん太郎」（鳥居清信（初代））
◇日本版画美術全集 2（講談社 1961）
　　▷図138「山中平九郎と鈴木平吉」（鳥居清信（初代））

鈴木牧之　すずきぼくし　1770～1842
　江戸時代後期の随筆家、文人。
◇日本大百科全書（小学館 1984）
◇国史大辞典（吉川弘文館 1979）

鈴木正長　すずきまさなが　1732～1806
　江戸時代中期、後期の下野黒羽藩家老。
◇栃木県史 通史編5 近世二（栃木県 1984）
　　▷〈写真〉9-27「鈴木武助肖像」
◇栃木県大百科事典（栃木県大百科事典刊行会 1980）　▷鈴木武助
◇栃木県史 史料編・近世八（栃木県 1977）
　　▷〈口絵〉第13図「鈴木武助正長像」

鈴木味右衛門　すずきみえもん
　1846～1909　江戸時代後期～明治期の実業家。
◇宮城県百科事典（河北新報社 1982）

鈴木道彦　すずきみちひこ　1757～1819
　江戸時代中期、後期の俳人。
◇俳諧人名辞典（巌南堂書店 1970）　▷道彦

鈴木要三　すずきようぞう　1838～1904
　江戸時代後期～明治期の栃木県近代製麻業の先駆者。
◇栃木県歴史人物事典（下野新聞社 1995）

鈴木養邦　すずきようほう　1810～1913
　江戸時代末期～大正期の社会奉仕の先達。
◇静岡県歴史人物事典（静岡新聞社 1991）

須田哲造　すだてつぞう　1848～1894
　江戸時代末期、明治期の眼科医師。東京大学教授。
◇長野県歴史人物大事典（郷土出版社 1989）

首藤周三　すどうしゅうぞう　1829～1916
　江戸時代末期、明治時代の志士、官吏、神官。
◇大分県歴史人物事典（大分合同新聞社 1996）

須藤時一郎　すどうときいちろう　1841～1903
　江戸時代末期、明治時代の幕臣、銀行家。
◇幕末―写真の時代（筑摩書房 1994）
　　▷p93 No.107「（無題）」（ルイ・ルソー）
◇読者所蔵「古い写真」館（朝日新聞社 1986）
　　▷p39「第2回遣欧使節」

崇徳天皇　すとくてんのう　1119～1164
　平安時代後期の第75代天皇。在位1123～1141。
◇角川日本姓氏歴史人物大辞典 26（角川書店 1997）
◇国宝・重要文化財大全 1（毎日新聞社 1997）
　　▷図149「崇徳上皇像」（作者不詳　鎌倉時代）
　　▷図147「天皇摂関影」（作者不詳　鎌倉時代）
◇日本美術全集 9（講談社 1993）
　　▷図30「天子摂関大臣影図巻」（藤原為信、藤原豪信　14世紀中頃）
◇日本史大事典（平凡社 1992）
◇皇室の至宝第1期 御物 1（毎日新聞社 1991）
　　▷図10-30「天皇影(天皇・摂関・大臣影三巻のうち)」（藤原為信、伝 藤原豪信　鎌倉時代）
◇続日本の絵巻 12（中央公論社 1991）
　　▷p51-84「天子摂関御影」（作者不詳　14世紀半ば過ぎ）
◇秘蔵浮世絵大観 3（講談社 1988）
　　▷図52「百人一首之内　崇徳院」（歌川国芳　天保(1830-44)）

◇続日本絵巻大成 18（中央公論社 1983）
　▷p51-84「天子摂関御影」（作者不詳）
◇国史大辞典（吉川弘文館 1979）
◇日本人名大事典 1～6（平凡社 1979（覆刻））
◇日本美術全集 10（学習研究社 1979）
　▷図70「崇徳上皇像」（作者不詳　鎌倉時代）
◇新修日本絵巻物全集 26（角川書店 1978）
　▷グラビアp24-29「天子摂関御影　天子巻」（作者不詳）
　▷グラビアp30-37「天子摂関御影　摂関巻」（作者不詳）
　▷グラビアp38-55「天子摂関御影　大臣巻」（作者不詳）
　▷グラビア1「天子摂関御影　天子巻（崇徳院）」（作者不詳）
　▷グラビア2「天子摂関御影　天子巻（順徳院・後高倉院）」（作者不詳）
　▷グラビア3「天子摂関御影　摂関巻（藤原忠通・藤原基実）」（作者不詳）
　▷グラビア4「天子摂関御影　摂関巻（九条良経・近衛家実）」（作者不詳）
　▷グラビア5「天子摂関御影　大臣巻（藤原宗忠・藤原頼長）」（作者不詳）
　▷グラビア6「天子摂関御影　大臣巻（平重盛・平宗盛）」（作者不詳）
　▷グラビア7「天子摂関御影　大臣巻（大炊御門冬氏・今出川兼季）」（作者不詳）
　▷オフセット1「天子摂関御影　天子巻（鳥羽院）」（作者不詳）
　▷オフセット2「天子摂関御影　天子巻（後白河院・二条院）」（作者不詳）
　▷オフセット3「天子摂関御影　天子巻（高倉院・後鳥羽院）」（作者不詳）
　▷オフセット4「天子摂関御影　天子巻（花園院・後醍醐院）」（作者不詳）
　▷オフセット5「天子摂関御影　摂関巻（藤原師家・九条兼実）」（作者不詳）
　▷オフセット6「天子摂関御影　大臣巻（平清盛・藤原忠雅）」（作者不詳）
◇世界伝記大事典（ほるぷ出版 1978）
◇重要文化財 9（毎日新聞社 1974）
　▷図256「崇徳上皇像」（作者不詳　鎌倉時代）
◇日本絵画館 4（講談社 1970）
　▷図53「天皇影」（伝 藤原為信　14世紀前半）

栖原角兵衛〔代数不詳〕　すはらかくべえ
江戸時代の場所請負商人、漁業家。
◇北海道歴史人物事典（北海道新聞社 1993）　▷栖原角兵衛
◇北海道大百科事典（北海道新聞社 1981）　▷栖原角兵衛

周布公平　すふこうへい　1851～1921
江戸時代末期、明治時代の長州（萩）藩士、官吏。
◇日本人名大事典 1～6（平凡社 1979（覆刻））

周布政之助　すふまさのすけ　1823～1864
江戸時代末期の長州（萩）藩の指導者。
◇日本史大事典（平凡社 1992）
◇角川日本姓氏歴史人物大辞典 35（角川書店 1991）

住友友以　すみともとももち　1607～1662
江戸時代前期の住友家2代、銅精錬・銅輸出商泉屋住友家の創業者。
◇国史大辞典（吉川弘文館 1979）

住友政友　すみともまさとも　1585～1652
江戸時代前期の住友家初代、涅槃宗の僧、のち還俗。
◇大阪府史 第5巻 近世編1（大阪府 1985）
　▷〈写真〉写真222「住友政友像」

角倉素庵　すみのくらそあん　1571～1632
安土桃山時代、江戸時代前期の京都の豪商、文化人。
◇国史大辞典（吉川弘文館 1979）

角倉了以　すみのくらりょうい　1554～1614
安土桃山時代、江戸時代前期の京都の豪商。
◇京都大事典（淡交社 1984）
◇日本大百科全書（小学館 1984）
◇国史大辞典（吉川弘文館 1979）
◇日本人名大事典 1～6（平凡社 1979（覆刻））
◇世界伝記大事典（ほるぷ出版 1978）
◇大日本百科事典（小学館 1967）
◇世界大百科事典（平凡社 1964）

住吉具慶　すみよしぐけい　1631～1705
江戸時代前期、中期のやまと絵系の画家。
◇講談社日本人名大辞典（講談社 2001）
◇日本史大事典（平凡社 1992）
◇国史大辞典（吉川弘文館 1979）

陶山鈍翁　すやまどんおう　1657～1732
江戸時代前期、中期の儒学者。
◇日本史大事典（平凡社 1992）
◇長崎県大百科事典（長崎新聞社 1984）　▷陶山訥庵
◇国史大辞典（吉川弘文館 1979）

諏訪忠誠　すわただまさ　1821～1898
江戸時代末期、明治時代の大名。
◇角川日本姓氏歴史人物大辞典 20（角川書店 1996）
◇長野県歴史人物大事典（郷土出版社 1989）

諏訪楯本　すわたてもと　1842～1900
　　江戸時代後期～明治期の実業家。
◇福岡県百科事典　上，下（西日本新聞社 1982）

【せ】

聖覚　せいかく　1167～1235
　　平安時代後期，鎌倉時代前期の天台宗の僧。
◇国史大辞典（吉川弘文館 1979）

成賢　せいけん　1162～1231
　　平安時代後期，鎌倉時代前期の真言宗の僧。
◇日本人名大事典 1～6（平凡社 1979（覆刻））

聖光院お万の方　せいこういんおまんのかた
　　1620～1690　江戸時代前期，中期の女性。保科正之の側室。
◇会津大事典（国書刊行会 1985）

星定　せいじょう　1816～1881
　　江戸時代後期～明治期の僧侶。
◇静岡県歴史人物事典（静岡新聞社 1991）

西笑承兌　せいしょうじょうたい　1548～1607
　　安土桃山時代，江戸時代前期の臨済宗夢窓派の僧。
◇京都大事典（淡交社 1984）
◇国史大辞典（吉川弘文館 1979）
◇日本人名大事典 1～6（平凡社 1979（覆刻））

清少納言　せいしょうなごん
　　平安時代中期の女性。歌人，随筆家。
◇講談社日本人名大辞典（講談社 2001）
◇秘蔵浮世絵大観　ベレス・コレクション（講談社 1991）
　　▷図211「清少納言」（菊川英信　文政（1818-30））
◇名品揃物浮世絵 8（ぎょうせい 1991）
　　▷図82「詩哥写真鏡　清少納言」（葛飾北斎　天保初頃（1830頃））
◇秘蔵浮世絵大観　ムラー・コレクション（講談社 1990）
　　▷図084「古代模様　清少納言」（小林清親）
◇秘蔵浮世絵大観 6（講談社 1989）
　　▷図164「和国美人略集　清少納言」（鳥居清長　天明1-2頃（1781-82頃））
◇日本大百科全書（小学館 1984）
◇浮世絵聚花 14（小学館 1981）
　　▷図157「和国美人略集　清少納言」（鳥居清長　天明1-2頃（1781-82頃））
◇浮世絵聚花 10（小学館 1979）
　　▷図139「詩哥写真鏡　清少納言」（葛飾北斎　天保初頃（1830頃））
◇在外秘宝―欧米蔵浮世絵集成　鳥居清長（学習研究社 1972）
　　▷図8「和国美人略集　清少納言」（鳥居清長　天明1-2頃（1781-82頃））
◇在外秘宝―欧米蔵浮世絵集成　葛飾北斎（学習研究社 1972）
　　▷図52「詩哥写真鏡　清少納言」（葛飾北斎　天保初頃（1830頃））
◇原色日本の美術 17（小学館 1968）
　　▷図89「詩哥写真鏡　清少納言」（葛飾北斎　天保初頃（1830頃））
◇世界大百科事典（平凡社 1964）

性西法心　せいせいほっしん　1184～1274
　　平安時代後期～鎌倉時代後期の名僧，瑞巌寺開山。
◇宮城県百科事典（河北新報社 1982）

誠拙周樗　せいせつしゅうちょ　1745～1820
　　江戸時代中期，後期の臨済宗の僧。
◇国史大辞典（吉川弘文館 1979）

清拙正澄　せいせつしょうちょう　1274～1339
　　鎌倉時代後期，南北朝時代の臨済宗破庵派の渡来禅僧。
◇国史大辞典（吉川弘文館 1979）

勢見山兵右衛門　せいみざんひょうえもん
　　1762～1809　江戸時代後期の力士。
◇徳島県歴史人物鑑（徳島新聞社 1994）
◇秘蔵浮世絵大観 6（講談社 1989）
　　▷図136「勢見山兵右衛門・玉垣額之助」（勝川春英　寛政5-6頃（1793-94頃））
◇徳島県百科事典（徳島新聞社 1981）

清宮秀堅　せいみやひでかた　1809～1879
　　江戸時代末期，明治時代の国学者。
◇千葉県の歴史　資料編　近現代7（社会・教育・文化）（発行 千葉県 1998）
　　▷p52（写真）「清宮秀堅（1809-79）肖像」

清和天皇　せいわてんのう　850～880
　　平安時代前期の第56代天皇。在位858～876。
◇世界伝記大事典（ほるぷ出版 1978）

瀬丘長圭　せおかちょうけい　1733～1781
　　江戸時代中期の医師。
◇日本人名大事典 1～6（平凡社 1979（覆刻））

瀬川菊三郎　せがわきくさぶろう
江戸時代中期の歌舞伎役者。
◇浮世絵聚花 11（小学館 1979）
　▷図218「沢村宗十郎と瀬川菊三郎」（歌川国政）

瀬川菊次郎〔代数不詳〕　せがわきくじろう
江戸時代の歌舞伎役者。
◇秘蔵浮世絵大観 10（講談社 1987）
　▷図51「瀬川菊次郎の四季のおどり」（鳥居清倍（2代）　享保16-21(1731-36)）
◇浮世絵聚花 1（小学館 1983）
　▷図107「沢村宗十郎、中村七三郎、および瀬川菊次郎の舞台姿」（鳥居清倍（2代））
　▷図99「瀬川菊次郎の大磯の虎」（鳥居清倍（2代））
　▷図95「瀬川菊次郎の揚巻と市村竹之丞の助六」（伝 鳥居清倍（2代））
　▷図118「瀬川菊次郎の八百屋お七と二世三条勘太郎の吉三郎」（作者不詳）
◇在外日本の至宝 7（毎日新聞社 1980）
　▷図21「瀬川菊次郎のしろきやおくま」（鳥居清倍（2代）　元文2頃(1737頃)）
◇浮世絵聚花 12（小学館 1980）
　▷図021「瀬川菊次郎」（一筆斎文調）
　▷図044「瀬川菊次郎」（勝川春英）
　▷図034「瀬川菊次郎」（勝川春章）
◇浮世絵聚花 15（小学館 1980）
　▷図66「瀬川菊次郎のもろのふさんか」（鳥居清信（初代））
◇浮世絵聚花 4（小学館 1979）
　▷図020「瀬川菊次郎のお七と三条勘太郎の吉三郎」（西村重信）
◇浮世絵聚花 7（小学館 1979）
　▷図207「瀬川菊次郎」（鳥居清信（初代））
◇浮世絵聚花 10（小学館 1979）
　▷図58「瀬川菊次郎のしろきやおくま」（鳥居清倍（2代）　元文2頃(1737頃)）
◇日本版画美術全集 2（講談社 1961）
　▷図234「瀬川菊治郎のかぶきお国」（西村重長）

瀬川菊次郎〔初代〕　せがわきくじろう
1715～1756　江戸時代中期の歌舞伎役者。
◇秘蔵浮世絵大観 ベレス・コレクション（講談社 1991）
　▷図2「初代瀬川菊次郎の八百屋お七と二代目三条勘太郎の箱王実は吉三郎」（鳥居清倍（2代）　享保17(1732)）
◇秘蔵浮世絵大観 プルヴェラー・コレクション（講談社 1990）
　▷図12「初代瀬川菊次郎の八百屋お七」（西村重信　享保17(1732)）
◇秘蔵浮世絵大観 8（講談社 1989）
　▷図08「初代瀬川菊次郎」（鳥居清信（2代）　延享-寛延）
◇秘蔵浮世絵大観 12（講談社 1988）
　▷図15「初代瀬川菊次郎のお菊と初代沢村宗十郎の佐野源左衛門」（鳥居清信（2代）　元文4.11(1739.11)）
　▷図17「初代瀬川菊次郎のお国」（鳥居清倍（2代）　享保16.11(1731.11)）
◇浮世絵聚花 14（小学館 1981）
　▷図122「初世瀬川菊次郎のお国」（鳥居清倍（2代）　享保16.11(1731.11)）
◇浮世絵聚花 8（小学館 1980）
　▷図42「初世瀬川菊次郎の八百屋お七と二世三条勘太郎の小姓吉三」（奥村利信　享保17(1732)）
　▷図132「二世市川団十郎の不破伴左衛門と初世瀬川菊次郎のぶれいの一角」（鳥居清信（初代））
　▷図134「初世大谷鬼次と初世瀬川菊次郎」（鳥居清信（初代））
◇日本美術全集 22（学習研究社 1979）
　▷図46「初世瀬川菊次郎の八百屋お七と二世三条勘太郎の小姓吉三」（奥村利信　享保17(1732)）
◇浮世絵聚花 7（小学館 1979）
　▷図145「初世瀬川菊次良の女ひにんかたきうち」（鳥居清倍（2代））

瀬川菊之丞〔代数不詳〕　せがわきくのじょう
江戸時代の歌舞伎役者。
◇国宝・重要文化財大全 2（毎日新聞社 1999）
　▷図259「江戸三座役者似顔絵」（東洲斎写楽　江戸時代）
◇肉筆浮世絵大観 5（講談社 1996）
　▷図10（太田記念美術館）「瀬川菊之丞」（鈴木春信　明和年間(1764-72)）
◇日本の浮世絵美術館 3（角川書店 1996）
　▷図85「瀬川菊之丞 内山賀邸讃」（鈴木春信）
◇日本の浮世絵美術館 5（角川書店 1996）
　▷図121「団十郎と菊之丞」（葛飾北斎）
　▷図24「難波屋おきた・瀬川菊之丞」（喜多川歌麿（初代）　寛政頃）
◇日本の浮世絵美術館 6（角川書店 1996）
　▷図136「市川団十郎の時次郎、瀬川菊之丞の浦里」（歌川広重（初代）　文化初年頃）
◇肉筆浮世絵 5（集英社 1983）
　▷図82「瀬川菊之丞の梅ケ枝図」（伝 鳥居清経）
◇浮世絵聚花 1（小学館 1983）
　▷図111「松嶋吉三郎の鉄拐仙人、瀬川菊之丞のおちよ、市川海老蔵の武者之助」（鳥居清倍（2代））
　▷図154「瀬川菊之丞の松風」（柳斎重春）
◇肉筆浮世絵 4（集英社 1982）
　▷図52「瀬川菊之丞図」（東籬）
◇浮世絵聚花 14（小学館 1981）
　▷図011-012「坂東彦三郎の源よりつねと瀬川菊之丞のしづかごぜん」（鳥居清満（初代））
◇浮世絵聚花 16（小学館 1981）
　▷図70「三条勘太郎と瀬川菊之丞」（鳥居派）

せかわ

◇浮世絵聚花 5（小学館 1980）
　▷図138「瀬川菊之丞」（鳥居清長）
◇浮世絵聚花 8（小学館 1980）
　▷図32「三名優図 沢村宗十郎・市川八百蔵・瀬川菊之丞」（勝川春英）
　▷図24-29「松本幸四郎・中山富三郎・市川高麗蔵・市川門之助・坂田半五郎・瀬川菊之丞の助六」（勝川春英）
◇浮世絵聚花 15（小学館 1980）
　▷図029「瀬川菊之丞 中山富三郎のおしどり」（勝川春章）
　▷図031「瀬川菊之丞の道成寺」（勝川春章）
　▷図045「難波屋おきたと瀬川菊之丞」（喜多川歌麿）
　▷図90「江戸三美人〔菊之丞とお仙とお藤）」（鈴木春信）
◇浮世絵聚花 4（小学館 1979）
　▷図031「瀬川菊之丞の文読む遊女」（石川豊信）
　▷図156「瀬川菊之丞のけいせい梅がへ」（鈴木春信）
　▷図155「瀬川菊之丞の畑六郎左衛門妹山ぶき」（鈴木春信）
　▷図86「瀬川菊之丞の大いそのとらと亀屋十治良の十郎介なり」（鳥居清信（初代））
　▷図017「二世市川団十郎と瀬川菊之丞」（鳥居清倍）
　▷図106「瀬川菊之丞の歌びくに小しゅん」（鳥居清倍）
　▷図105「瀬川菊之丞のくずのは」（鳥居清倍）
　▷図100「瀬川菊之丞のはん女」（鳥居清倍）
　▷図113「玉沢才次郎, 瀬川菊之丞, 大谷鬼次」（鳥居清倍）
◇浮世絵聚花 7（小学館 1979）
　▷図103「市川高麗蔵 岩井半四郎 瀬川菊之丞」（勝川春潮）
◇浮世絵聚花 10（小学館 1979）
　▷図020「瀬川菊之丞」（勝川春好（初代））
　▷図050「松本幸四郎と瀬川菊之丞」（勝川春章）
　▷図54「瀬川菊之丞」（鳥居清信（2代））
◇浮世絵聚花 11（小学館 1979）
　▷図27「瀬川菊之丞」（一筆斎文調）
　▷図59「瀬川菊之丞」（歌川豊国（初代））
　▷図243「市村羽左衛門の不破伴左衛門と瀬川菊之丞のかつらぎ」（勝川春章）
　▷図278「市川八百蔵の八郎兵衛と瀬川菊之丞のおつま」（喜多川歌麿（初代））
◇肉筆浮世絵集成 1（毎日新聞社 1977）
　▷図176「瀬川菊之丞舞台姿図」（勝川春好（初代） 安永期）
◇浮世絵大系 1（集英社 1974）
　▷図55「瀬川菊之丞の文読む遊女」（石川豊信）
◇在外秘宝―欧米収蔵浮世絵集成 鈴木春信（学習研究社 1972）
　▷図115「瀬川菊之丞のけいせい梅がへ」（鈴木春信）
　▷図86「瀬川菊之丞の畑六郎左衛門妹山ぶき」

（鈴木春信）
◇美人画・役者絵 3（講談社 1965）
　▷図37「富本豊前太夫門前の門之助と菊之丞」（鳥居清長）
◇日本版画美術全集 2（講談社 1961）
　▷図217「俳諧発句恋の付合五色墨, 瀬川菊之丞のお七, 荻野伊三郎の吉三」（奥村政信）
　▷図306「江戸三美人〔菊之丞とお仙とお藤）」（鈴木春信）
　▷図168「市村羽左衛門と瀬川菊之丞」（鳥居清満（初代））
　▷図232「松竹梅 瀬川菊之丞の小しょう吉三と荻野伊三郎の八百屋お七」（西村重長）

瀬川菊之丞〔初代〕　せがわきくのじょう
1693～1749　江戸時代中期の歌舞伎役者。
◇秘蔵浮世絵大観 8（講談社 1989）
　▷図72「八代目市村宇左衛門と初代瀬川菊之丞の「英獅子乱曲」」（鳥居清倍（2代） 寛保2(1742)）
◇秘蔵浮世絵大観 4（講談社 1988）
　▷図38「初代沢村宗十郎と初代瀬川菊之丞」（作者不詳 享保15-19頃(1730-34頃)）
◇秘蔵浮世絵大観 2（講談社 1987）
　▷図08「初代萩野伊三郎の五代の三郎と初代瀬川菊之丞の小ののまち」（鳥居清信（2代） 享保18-元文3）
◇浮世絵聚花 1（小学館 1983）
　▷図37「金沢の御所座敷八景 初世瀬川菊之丞の梶原女房しづやと二世三条勘太郎の川津こけまんかう」（奥村利信）
◇浮世絵聚花 14（小学館 1981）
　▷図46「初世大谷広次の忠節と初世瀬川菊之丞の葛城」（西村重長）
◇浮世絵聚花 7（小学館 1979）
　▷図147「初世瀬川菊之丞の二の宮」（奥村利信）
　▷図62「八世市村羽左衛門と初世瀬川菊之丞」（鳥居清信（2代））
　▷図144「初世瀬川菊之丞の葛城」（鳥居清信（2代））
◇日本版画美術全集 2（講談社 1961）
　▷図20「初代瀬川菊之丞の葛の葉」（奥村利信）

瀬川菊之丞〔2代〕　せがわきくのじょう
1741～1773　江戸時代中期の歌舞伎役者。
◇ボストン美術館 日本美術調査図録（講談社 2003）
　▷図III-160「二代目瀬川菊之丞の地紙売り」（鳥居清久　宝暦7-8(1757-58)頃）
◇ボストン美術館 肉筆浮世絵 2（講談社 2000）
　▷図90「二代目瀬川菊之丞の地紙売り」（鳥居清久　宝暦7,8(1757,58)頃）
◇日本の浮世絵美術館 2（角川書店 1996）
　▷図106「二代目坂東彦三郎の源義経, 二代目瀬川菊之丞のしづか御ぜん」（鳥居清満　宝

278　歴史人物肖像索引

暦11」
◇日本の浮世絵美術館 3（角川書店 1996）
　▷図97「二代瀬川吉次の石橋」（石川豊信）
◇日本の浮世絵美術館 4（角川書店 1996）
　▷図10「二代目瀬川菊之丞の柳屋お藤、実は大磯の虎」（一筆斎文調　明和6）
◇秘蔵日本美術大観 11（講談社 1994）
　▷図9「二代目瀬川菊之丞の汐汲み」（鳥居清広　宝暦年間(1751-64)）
　▷図15「二代目瀬川菊之丞のうすゆきひめ」（鳥居清満　宝暦年間(1751-64)後期頃）
◇秘蔵浮世絵大観　ベレス・コレクション（講談社 1991）
　▷図27「四代目市川団十郎の寺岡平右衛門と二代目瀬川菊之丞のおかる」（一筆斎文調　明和5(1768)）
◇秘蔵浮世絵大観　別巻（講談社 1990）
　▷〔チ〕35「二代目嵐三五郎の烏帽子折大太郎実は源頼朝と二代目瀬川菊之丞の雪女実は竜姫」（一筆斎文調　明和7(1770)）
　▷〔チ〕8「江戸紫根元曽我　初代市村亀蔵のわたし守京の次郎と二代目瀬川菊之丞の狂女みだれがみのおせん」（鳥居清満(初代)　宝暦11(1761)）
　▷〔チ〕5「二代目瀬川吉次と二代目坂東彦三郎」（鳥居清広　宝暦6(1756)）
◇秘蔵浮世絵大観　ブルヴェラー・コレクション（講談社 1990）
　▷図33「二代目瀬川菊之丞のおちよと初代坂東三津五郎の半兵衛」（勝川春章　天明元(1781)）
◇秘蔵浮世絵大観 6（講談社 1989）
　▷図122「二代目市川八百蔵の半七と二代目瀬川菊之丞の三勝」（勝川春章　明和5(1768)）
　▷図016「二代目瀬川菊之丞の清玄びくに」（鳥居清満(初代)　宝暦後期）
　▷図015「二代目瀬川吉次のおくめと二代目坂東彦三郎のむめわか」（鳥居清広　宝暦2-6）
◇秘蔵浮世絵大観 8（講談社 1989）
　▷図96「二代目瀬川菊之丞の大磯の虎」（一筆斎文調　明和6.2(1769.2)）
　▷図010「二代目瀬川菊之丞」（鈴木春信　宝暦）
　▷図09「二代目瀬川菊之丞」（鳥居清満(初代)　宝暦）
◇秘蔵浮世絵大観 9（講談社 1989）
　▷図10「初代尾上菊五郎の工藤祐経と二代目瀬川菊之丞の傾城舞鶴」（鳥居清経　明和9(1772)）
　▷図05「二代目瀬川菊之丞のてるまさ妹かとりひめ」（鳥居清経　宝暦11）
◇秘蔵浮世絵大観 11（講談社 1988）
　▷図014「二代目瀬川菊之丞」（一筆斎文調　明和後期）
　▷図28「二代目瀬川菊之丞の今井兼平妹更科と初代中村仲蔵の伊豆次郎」（一筆斎文調　明和6.5(1969.5)）
　▷図016「二代瀬川菊之丞のお綿」（一筆斎文調　明和年間）
　▷図015「二代瀬川菊之丞の鷺娘」（一筆斎文調　明和後期）
◇秘蔵浮世絵大観 12（講談社 1988）
　▷図62「二代目瀬川菊之丞の竜姫」（一筆斎文調　明和7.11(1770.11)）
　▷図046「二世中村助五郎と二世瀬川菊之丞」（勝川春章　明和）
　▷図22「二代目瀬川菊之丞の芹生村おきくと初代中村助五郎の力士三郎照綱」（鳥居清満(初代)　宝暦9.11(1759.11)）
◇秘蔵浮世絵大観 2（講談社 1987）
　▷図078「二代目瀬川菊之丞」（一筆斎文調　明和後期）
　▷図8「初代中村松江の半七と二代目瀬川菊之丞のおはな」（鳥居清満(初代)　明和2(1765)）
◇秘蔵浮世絵大観 10（講談社 1987）
　▷図69「二代瀬川菊之丞」（石川豊信　宝暦後期(1751-64)）
　▷図014「むげんの加裃　二代目瀬川菊之丞」（鳥居清満(初代)　宝暦14.5）
　▷図56「二代坂東彦三郎のさなだの与市・二代瀬川吉次の二のみや・市村善蔵の友わか丸」（鳥居清広　宝暦5(1755)）
◇浮世絵聚花 1（小学館 1983）
　▷図49-51「初代中村松江、二世瀬川菊之丞、姉川大吉」（鳥居清満(初代)）
◇浮世絵聚花　補巻1（小学館 1982）
　▷図148「二世瀬川菊之丞の傾城梅が枝」（鈴木春信　宝暦14(1764)）
◇浮世絵の美百選（日本経済新聞社 1981）
　▷図15「二世瀬川菊之丞の道成寺」（鳥居清満(初代)）
◇浮世絵聚花 13（小学館 1981）
　▷図52「初代尾上菊五郎の工藤祐経と二代目瀬川菊之丞の傾城舞鶴」（鳥居清経　明和9(1772)）
◇浮世絵聚花 14（小学館 1981）
　▷図104「二世中村助五郎と二世瀬川菊之丞」（勝川春章　明和）
◇浮世絵聚花 5（小学館 1980）
　▷図1「二世嵐三五郎の烏帽子折大太郎実ハ源頼朝と二世瀬川菊之丞の雪女」（一筆斎文調）
　▷図74「二世瀬川菊之丞の梅の小枝で文を書く遊女」（一筆斎文調）
◇浮世絵聚花 8（小学館 1980）
　▷図021「二世嵐三五郎の烏帽子折大太郎実ハ源頼朝と二世瀬川菊之丞の雪女」（一筆斎文調）
　▷図160「二世瀬川菊之丞の玉菊と二世市川八百蔵の時頼」（一筆斎文調）
　▷図44「二世瀬川吉次のまつわかと二世坂東彦三郎のむめわか」（鳥居清広）
◇浮世絵聚花 12（小学館 1980）
　▷図123「二世瀬川菊之丞の雪女」（一筆斎

調)
▷図033「二世瀬川菊之丞」(勝川春章)
◇浮世絵聚花 15（小学館 1980）
▷図021「二代瀬川菊之丞と二代市川八百蔵」（一筆斎文調）
◇浮世絵聚花 4（小学館 1979）
▷図37「二世瀬川菊之丞の道成寺」（鳥居清満（初代））
◇浮世絵聚花 7（小学館 1979）
▷図231「二世瀬川菊之丞」（勝川春章）
▷図69「二代目瀬川吉次のおくめと二代目坂東彦三郎のむめわか」（鳥居清広　宝暦2-6）
◇浮世絵聚花 10（小学館 1979）
▷図203-204「二世嵐三五郎と二世瀬川菊之丞」（勝川春章）
▷図111「五世市川団十郎 二世市川門之助 二世瀬川菊之丞」（鳥居清長）
◇浮世絵聚花 11（小学館 1979）
▷図188「二世瀬川菊之丞の舞鶴」（一筆斎文調）
◇浮世絵大系 3（集英社 1974）
▷図65「二代目瀬川菊之丞と二代市川八百蔵」（一筆斎文調）
▷図62「二代目瀬川菊之丞のお綿」（一筆斎文調　明和年間）
◇在外秘宝―欧米収蔵浮世絵集成　鳥居清長（学習研究社 1972）
▷図44「五世市川団十郎 二世市川門之助 二世瀬川菊之丞」（鳥居清長）
▷図120「二代目瀬川菊之丞の静」（鳥居清長）
◇日本版画美術全集 3（講談社 1961）
▷図75「尾上民蔵の増田甚之助と二世瀬川菊之丞のお園」（一筆斎文調）
▷図74「二代目瀬川菊之丞のお国と三世嵐三五郎の曽我十郎」（一筆斎文調）
▷図65「二代目瀬川菊之丞の景清娘人丸」（一筆斎文調）
▷図73「二代目瀬川菊之丞のけいせい常陸」（一筆斎文調）
▷図52「二代目瀬川菊之丞の柳屋お藤実は大磯虎」（一筆斎文調）
▷図67「二代目瀬川菊之丞の雪女」（一筆斎文調）

瀬川菊之丞〔3代〕　せがわきくのじょう
1751〜1810　江戸時代中期、後期の歌舞伎役者。
◇浮世絵ギャラリー 4（小学館 2006）
▷図45「三代目沢村宗十郎の名護屋山三元春と三代目瀬川菊之丞のけいせい葛城」（東洲斎写楽　寛政6(1794)）
▷図49「三代目瀬川菊之丞のけいせい葛城」（東洲斎写楽　寛政6(1794)）
▷図19「三代目瀬川菊之丞の文蔵女房おしず」（東洲斎写楽　寛政6(1794)）
◇華―浮世絵名品集（平木浮世絵財団 2004）
▷図27「三代目瀬川菊之丞の田辺文蔵の妻おしず」（東洲斎写楽　寛政6(1794)）
◇日本の浮世絵美術館 1（角川書店 1996）

▷図145「三代目瀬川菊之丞の傾城かつらぎ」（東洲斎写楽　寛政6)
◇日本の浮世絵美術館 2（角川書店 1996）
▷図151「三代目沢村宗十郎の名護山三と三代目瀬川菊之丞の傾城かつらぎ」（東洲斎写楽　寛政6)
◇日本の浮世絵美術館 3（角川書店 1996）
▷図99「三代瀬川菊之丞」（勝川春好　天明末－寛政頃）
▷図150「四世岩井半四郎・七代片岡仁左衛門・三代目瀬川菊之丞」（勝川春好　寛政6-9)
◇日本の浮世絵美術館 5（角川書店 1996）
▷図71「三世瀬川菊之丞と三世市川高麗蔵」（勝川春好　安永後期）
◇肉筆浮世絵大観 6（講談社 1995）
▷図41「三代目瀬川菊之丞の娘道成寺図」（鳥居清長　天明3(1783)頃）
◇肉筆浮世絵大観 10（講談社 1995）
▷図47「曽我の対面（五代目市川団十郎の工藤・三代目瀬川菊之丞の傾城舞鶴・四代目岩井半四郎の五郎）」（歌川豊国　天明9(1789)）
▷図49「曽我の対面（三代目沢村宗十郎の十郎・三代目坂東三津五郎の朝比奈・三代目瀬川菊之丞の和田息女虎御前）」（歌川豊広　寛政9(1797)）
◇秘蔵日本美術大観 11（講談社 1994）
▷図53「三代目瀬川菊之丞の田辺文蔵妻おしづ」（東洲斎写楽　寛政6(1794)）
◇秘蔵日本美術大観 10（講談社 1993）
▷図54「三代目瀬川菊之丞」（勝川春常　天明元－3(1781-83)頃）
▷図57「二代目市川門之助の曽我五郎と三代目瀬川菊之丞の月小夜の草摺曳のやつし」（鳥居清長　天明2(1782)）
◇浮世絵聚花名品選（小学館 1993）
▷図2「三世瀬川菊之丞の田辺文蔵妻おしず」（東洲斎写楽）
◇名品揃物浮世絵 6（ぎょうせい 1992）
▷図6「役者舞台之姿絵　はまむらや（三世瀬川菊之丞の芸者小万）」（歌川豊国（初代）　寛政6-7(1794-95)）
▷図31「役者舞台之姿絵　はまむらや（三世瀬川菊之丞の芸者小万）」（歌川豊国（初代）　寛政6-7(1794-95)）
▷図17「役者舞台之姿絵　はま村や（三世瀬川菊之丞の傾城葛城太夫）」（歌川豊国（初代）　寛政6-7(1794-95)）
▷図37「役者舞台之姿絵　はまむらや（三世瀬川菊之丞の仲居おはま）」（歌川豊国（初代）　寛政6-7(1794-95)）
▷図22「役者舞台之姿絵　はま村や（三世瀬川菊之丞の大和万歳実は白拍子久かた）」（歌川豊国（初代）　寛政6-7(1794-95)）
◇新編 名宝日本の美術 29（小学館 1991）
▷図56「役者舞台之姿絵　はま村や（三世瀬川菊之丞の傾城葛城太夫）」（歌川豊国（初代）　寛政6-7(1794-95)）

▷図50「役者舞台之姿絵 はま村や（三世瀬川菊之丞の大和万歳実は白拍子久かた）」（歌川豊国（初代） 寛政6-7(1794-95)）
▷図32「三世沢村宗十郎の名護屋山三と三世瀬川菊之丞の傾城かつらぎ」（東洲斎写楽 寛政6.7）
▷図7「三世瀬川菊之丞の田辺文蔵妻おしづ」（東洲斎写楽 寛政6.5(1794)）
◇日本美術全集 20 （講談社 1991）
　▷図47「三代目瀬川菊之丞の田辺文蔵妻おしづ」（東洲斎写楽 寛政6(1794)）
◇秘蔵浮世絵大観 ペレス・コレクション（講談社 1991）
　▷図35「三代目坂田半五郎・三代目瀬川菊之丞・三代目市川八百蔵」（勝川春英 寛政6頃(1794頃)）
　▷図34「三代目瀬川菊之丞」（勝川春英 寛政元－5頃(1789-93頃)）
　▷図29「三代目瀬川菊之丞」（勝川春好（初代） 天明後期(1781-89)）
◇名品揃物浮世絵 5 （ぎょうせい 1991）
　▷図40「三世瀬川菊之丞（小女郎狐）」（勝川春好（初代） 天明8－寛政2(1788-1790)）
　▷図39「三世瀬川菊之丞（狂女）」（勝川春好（初代） 天明8－寛政2(1788-1790)）
　▷図35「四世市川団蔵と三世瀬川菊之丞の楽屋」（勝川春章 天明2-3頃(1782-3頃)）
　▷図68「三世沢村宗十郎の名護屋山三と三世瀬川菊之丞の傾城かつらぎ」（東洲斎写楽 寛政6.7）
　▷図7「三世瀬川菊之丞の田辺文蔵妻おしづ」（東洲斎写楽 寛政6.5(1794)）
　▷図85「三世瀬川菊之丞の仲居おはま（浜村屋路考）」（東洲斎写楽 寛政6.閏11(1794.11)）
◇秘蔵浮世絵大観 別巻 （講談社 1990）
　▷〔チ〕91「三代目瀬川菊之丞のこひなと二代目坂東三津五郎の若党友次」（歌川国政 寛政9(1797)）
　▷〔ア〕029「三代目瀬川菊之丞の三国屋の小女郎と二代目坂東三津五郎の町抱え生毛の金太郎」（歌川豊国（初代） 寛政10）
　▷〔チ〕041「三代目瀬川菊之丞」（勝川春英 寛政3）
　▷〔チ〕028「初世中村仲蔵の関守関兵衛と三世瀬川菊之丞の小町姫と二世市川門之助の良岑宗貞」（勝川春好（初代） 天明4）
◇秘蔵浮世絵大観 プルヴェラー・コレクション（講談社 1990）
　▷図59「夏の富士美人合 三代目瀬川菊之丞と娘」（歌川豊国（初代） 享和(1801-04)）
◇秘蔵浮世絵大観 6 （講談社 1989）
　▷図095「二代目嵐三五郎の河津三郎と初代中村仲蔵の俣野五郎と三代目瀬川菊之丞の鴛鴦の精」（勝川春章 安永4）
　▷図0114「四世市川団蔵と三世瀬川菊之丞の楽屋」（勝川春章 天明2-3頃(1782-3頃)）
　▷図0182「三世沢村宗十郎の名護屋山三と三世瀬川菊之丞の傾城かつらぎ」（東洲斎写楽 寛政6.7）

▷図0172「三世瀬川菊之丞の田辺文蔵妻おしづ」（東洲斎写楽 寛政6.5(1794)）
▷図186「三世瀬川菊之丞の仲居おはま（浜村屋路考）」（東洲斎写楽 寛政6.閏11(1794.11)）
▷図156「三代目沢村宗十郎の曽我十郎・三代目瀬川菊之丞の虎幽魂・二世市川門之助の清玄亡魂（出語り図）」（鳥居清長 天明3(1783)）
▷図0163「浄瑠璃・睦月恋手取三代目瀬川菊之丞の安方と四代目岩井半四郎の善知鳥」（鳥居清長 天明2(1782)）
◇秘蔵浮世絵大観 8 （講談社 1989）
　▷図104「二代目嵐三五郎の十郎・初代瀬川富三郎の少将・二代目中島三甫右衛門の梶原」（勝川春章 安永3.正(1774.正)）
◇秘蔵浮世絵大観 9 （講談社 1989）
　▷図109「三代目瀬川菊之丞」（勝川春英 天明末－寛政(1781-1801)）
　▷図102「三代目瀬川菊之丞」（勝川春好（初代） 天明(1781-89)）
　▷図100「三代目瀬川菊之丞の山姥と金太郎」（勝川春好（初代） 安永9(1780)）
　▷図125「三代目瀬川菊之丞と五代目市川団十郎」（勝川春泉 天明7－寛政元(1787-89)）
　▷図081「三代目瀬川菊之丞の白拍子久かた」（東洲斎写楽 寛政6）
◇秘蔵浮世絵大観 4 （講談社 1988）
　▷図082「三代目市川八百蔵の梅の由兵衛と三代目瀬川菊之丞の女房小梅」（歌川豊国（初代） 享和初）
　▷図050「六代目市川団十郎のちどり・初代市川門之助のすけよのすけ・三代目瀬川菊之丞のとら」（勝川春英 寛政初）
　▷図049「三代目瀬川菊之丞」（勝川春好（初代） 安永期）
　▷図80「三代目瀬川菊之丞の鴛鴦の精」（勝川春章 安永4(1775)）
　▷図79「三代目瀬川菊之丞の鴛鴦の精」（勝川春章 安永4(1775)）
　▷図92「四代目岩井半四郎の女傀儡師・三代目沢村宗十郎の河童三郎・三代目瀬川菊之丞の白拍子風折」（勝川春潮 天明9(寛政元)・1(1789・1)）
◇秘蔵浮世絵大観 11 （講談社 1988）
　▷図59「三代目瀬川菊之丞のお国御前と二代目嵐雛助の不破の伴左衛門」（歌川豊国（初代） 寛政12(1800)）
　▷図6「五代目市川団十郎・初代中村仲蔵・三代目瀬川菊之丞・三代目市川八百蔵, 初代尾上菊五郎」（勝川春章 安永8-9頃(1779-80頃)）
　▷図5「二代目市川門之助・三代目瀬川菊之丞・四代目松本幸四郎の相撲場」（勝川春章 天明末－寛政初期(1781-1801)）
　▷図09「三代目瀬川菊之丞のおはんと四代目松本幸四郎の長右衛門」（勝川春常 安永10.3）

▷図33「三世瀬川菊之丞の田辺文蔵妻おしづ」（東洲斎写楽　寛政6.5(1794)）
◇秘蔵浮世絵大観 12（講談社 1988）
　▷図099「三代目瀬川菊之丞の白拍子桜木・三代目沢村宗十郎の陀仏坊・三代目坂東彦三郎の阿仏坊」（歌川国政　文政4）
　▷図115「三代目沢村宗十郎の伊左衛門と三代目瀬川菊之丞の夕霧」（歌川豊国（初代）　寛政10.3(1798.3)）
　▷図77「三代目瀬川菊之丞」（勝川春好（初代）　安永末期(1772-81)）
　▷図044「二代目嵐三五郎の河津三郎と三代目瀬川菊之丞の鴬鴬の精」（勝川春章　安永4）
　▷図040「三代目瀬川菊之丞の糸屋娘小糸」（勝川春章　天明3）
　▷図054「三代目瀬川菊之丞と三代目市川八百蔵」（勝川春亭　寛政9-10）
　▷図087「三代目瀬川菊之丞の大和万才実は白拍子久かた」（東洲斎写楽　寛政6）
◇秘蔵浮世絵大観 2（講談社 1987）
　▷図232「薪を持つ三代目瀬川菊之丞と三代目沢村宗十郎」（歌川国政　寛政10頃(1798頃)）
　▷図109「三世市川八百蔵の五郎時宗と三世瀬川菊之丞のおとりと四世岩井半四郎のおてふ」（勝川春英　寛政3.1(1791.1)）
　▷図107「三代目市川八百蔵と三代目沢村宗十郎の朝比奈」（勝川春英　天明末－寛政前期(1781-1801)）
　▷図087「五代目市川団十郎の廻国修行者実は相馬太郎良門と三代目瀬川菊之丞の女六部実は伴左衛門娘はしとみ」（勝川春章　天明5.11）
　▷図094「二代目市川門之助の五位之介安貞・三代目瀬川菊之丞の傾城墨染・三代目大谷広次の奴和歌平」（勝川春章　天明4.11(1784.11)）
　▷図090「三代目沢村宗十郎の源頼光・二代目市川門之助の卜部季武・三代目瀬川菊之丞の舞子妻菊実は蜘蛛の精」（勝川春章　天明元.11）
　▷図091「三代目瀬川菊之丞の静御前・三代目市川八百蔵の義経姿の江田源蔵・二代目市川門之助の鈴木三郎」（勝川春章　天明4.正）
　▷図084「三代目瀬川菊之丞と四代目松本幸四郎」（勝川春章　安永8-9）
　▷図88「四代目松本幸四郎と三代目瀬川菊之丞」（勝川春章　安永後期(1772-81)）
　▷図97「三代目瀬川菊之丞」（勝川春常　安永後期－天明前期(1772-89)）
　▷図0167「三世沢村宗十郎の名護屋山三と三世瀬川菊之丞の傾城かつらぎ」（東洲斎写楽　寛政6.7）
　▷図0154「三代目瀬川菊之丞の田辺文蔵妻おしづ」（東洲斎写楽　寛政6.5(1794)）
　▷図0126「浄瑠璃・睦月恋手取三代目瀬川菊之丞の安方と四代目岩井半四郎の善知鳥」（鳥居清長　天明2(1782)）
　▷図137「三代目瀬川菊之丞の梅が枝・五代目

市川段十郎の浅間左衛門・四代目岩井半四郎の八重機」（鳥居清長　天明7.11(1787.11)）
◇浮世絵八華 4（平凡社 1985）
　▷図032「三世沢村宗十郎の名護屋山三と三世瀬川菊之丞の傾城かつらぎ」（東洲斎写楽　寛政6.7）
　▷図030「三世沢村宗十郎の名護屋山三と三世瀬川菊之丞の傾城かつらぎ」（東洲斎写楽　寛政6.7）
　▷図54「三代目瀬川菊之丞の大伴黒主奥方花園御前」（東洲斎写楽）
　▷図081「三代目瀬川菊之丞の大伴黒主奥方花園御前」（東洲斎写楽）
　▷図35「三代目瀬川菊之丞の傾城かつらぎ」（東洲斎写楽）
　▷図034「三代目瀬川菊之丞の傾城かつらぎ」（東洲斎写楽）
　▷図57「三代目瀬川菊之丞の白拍子久かた」（東洲斎写楽　寛政6）
　▷図093「三代目瀬川菊之丞の白拍子久かた」（東洲斎写楽　寛政6）
　▷図1「三代目瀬川菊之丞の田辺文蔵妻おしづ」（東洲斎写楽　寛政6.5(1794)）
　▷図06「三代目瀬川菊之丞の田辺文蔵妻おしづ」（東洲斎写楽　寛政6.5(1794)）
　▷図0124「三代目瀬川菊之丞の仲居おはま（浜村屋路考）」（東洲斎写楽　寛政6.閏11(1794.11)）
　▷図089「三代目瀬川菊之丞の大和万才実は白拍子久かた」（東洲斎写楽　寛政6）
◇浮世絵八華 6（平凡社 1985）
　▷図49「三代目瀬川菊之丞の石橋」（歌川豊国（初代））
　▷図35「三代目瀬川菊之丞の汐汲」（歌川豊国（初代））
　▷図15「役者舞台之姿絵 はまむらや（三世瀬川菊之丞の芸者小万）」（歌川豊国（初代）寛政6-7(1794-95)）
◇浮世絵聚花 2（小学館 1985）
　▷図68「三代目市川団十郎の濡髪長五郎、二世市川門之助の放駒長吉、三世瀬川菊之丞の吾妻、三世市川八百蔵の山崎与五郎」（鳥居清長）
　▷図175「三世瀬川菊之丞と供の男の年始回り」（鳥居清長）
　▷図182「三世瀬川菊之丞の石橋」（鳥居清長）
　▷図72「三代目瀬川菊之丞の回礼姿」（鳥居清長）
　▷図66「三代目瀬川菊之丞の小糸、山下万菊の賎機姫、三世沢村宗十郎の大友常陸介」（鳥居清長）
　▷図3「中村仲蔵の大伴黒主、三世瀬川菊之丞の墨染、二世市川門之助の宗貞」（鳥居清長）
◇肉筆浮世絵 4（集英社 1982）
　▷図57「三代目菊之丞舞台姿図」（闇牛斎円志）
◇浮世絵の美四選（日本経済新聞社 1981）
　▷図33「三世瀬川菊之丞（小女郎狐）」（勝川春好（初代）　天明8－寛政2(1788-90)）

◇浮世絵聚花 9（小学館 1981）
- ▷図069「役者舞台之姿絵 はまむらや（三世瀬川菊之丞の仲居おはま）」（歌川豊国（初代）寛政6-7(1794-95)）
- ▷図23「三世瀬川菊之丞」（勝川春英）
- ▷図92「三世瀬川菊之丞の町娘」（勝川春英）
- ▷図57「三世瀬川菊之丞の女業平」（北尾重政）

◇浮世絵聚花 13（小学館 1981）
- ▷図187「三世沢村宗十郎と三世瀬川菊之丞」（歌川豊国（初代））
- ▷図016「三世瀬川菊之丞」（歌川豊国（初代））
- ▷図23「三世瀬川菊之丞の由良之助妻お石」（勝川春英）

◇浮世絵聚花 14（小学館 1981）
- ▷図88「三世市川高麗蔵と三世瀬川菊之丞」（歌川豊国（初代））
- ▷図35「役者舞台之姿絵 はま村や（三世瀬川菊之丞の傾城葛城太夫）」（歌川豊国（初代）寛政6-7(1794-95)）
- ▷図64「三世瀬川菊之丞」（勝川春英）
- ▷図61「三世瀬川菊之丞（狂女）」（勝川春好（初代）天明8-寛政2(1788-1790)）
- ▷図155「三世瀬川菊之丞の小女郎狐」（勝川春常）

◇浮世絵聚花 5（小学館 1980）
- ▷図128「三世瀬川菊之丞の梅ヶ枝」（勝川春英）
- ▷図125「三世瀬川菊之丞の十二単衣装束で龕灯を持った女」（勝川春英）
- ▷図123「二世市川門之助と三世瀬川菊之丞」（勝川春好（初代））
- ▷図115「三世瀬川菊之丞の雪の門に立つ女」（勝川春章）
- ▷図26「三世瀬川菊之丞の竜宮の城門前に立つ女」（勝川春章）
- ▷図29「三世瀬川菊之丞 初雪と…」（勝川春章）
- ▷図022「三世瀬川菊之丞のお半」（勝川春常）
- ▷図129「三世瀬川菊之丞の蚊帳の前に立つ三升つなぎ浴衣の美人」（勝川春常）
- ▷図160「二世市川門之助の曽我五郎と三世瀬川菊之丞の月小夜」（鳥居清長）
- ▷図170「中村仲蔵の大伴黒主、三世瀬川菊之丞の墨染、二世市川門之助の宗貞」（鳥居清長）

◇浮世絵聚花 8（小学館 1980）
- ▷図74「三世瀬川菊之丞（小女郎狐）」（勝川春好（初代）天明8-寛政2(1788-1790)）
- ▷図84「三世瀬川菊之丞と三世沢村宗十郎」（勝川春潮）

◇浮世絵聚花 12（小学館 1980）
- ▷図19-21「二代目嵐三五郎の河津三郎と初代中村仲蔵の俣野五郎と三代目瀬川菊之丞の鴛鴦の精」（勝川春章 安永4）
- ▷図68「四世市川団蔵と三世瀬川菊之丞の楽屋」（勝川春章 天明2-3頃(1782-3頃)）
- ▷図12「三世瀬川菊之丞の田辺文蔵妻おしづ」（東洲斎写楽 寛政6.5(1794)）
- ▷図028-030「二代目嵐三五郎の十郎・初代瀬川富三郎の少将・二代目中島三浦右衛門の梶原」（勝川春章 安永3.正(1774.正)）

◇浮世絵聚花 15（小学館 1980）
- ▷図12「三世沢村宗十郎の名護屋山三と三世瀬川菊之丞の傾城かつらぎ」（東洲斎写楽 寛政6.7）

◇復元浮世絵大観 4（集英社 1980）
- ▷図18「三世瀬川菊之丞（小女郎狐）」（勝川春好（初代）天明8-寛政2(1788-1790)）
- ▷図17「三世瀬川菊之丞（狂女）」（勝川春好（初代）天明8-寛政2(1788-1790)）

◇日本美術全集 22（学習研究社 1979）
- ▷図77「三世瀬川菊之丞の田辺文蔵妻おしづ」（東洲斎写楽 寛政6.5(1794)）

◇浮世絵聚花 7（小学館 1979）
- ▷図190「三世市川八百蔵の橘や八郎兵衛と三世瀬川菊之丞の浜やおつま」（歌川豊国（初代））
- ▷図235「三世瀬川菊之丞」（勝川春英）
- ▷図92「三世瀬川菊之丞の五郎」（勝川春章）
- ▷図155「三世瀬川菊之丞の頭巾の女」（勝川春章）
- ▷図119「三世瀬川菊之丞の大和万才実は白拍子久かた」（東洲斎写楽 寛政6）

◇浮世絵聚花 10（小学館 1979）
- ▷図135「三世瀬川菊之丞」（歌川豊国（初代））
- ▷図96-97「三世瀬川菊之丞・瀬川雄次郎」（勝川春好（初代））

◇浮世絵聚花 11（小学館 1979）
- ▷図28-30「三世市川八百蔵の五郎時宗と三世瀬川菊之丞のおとりと四世岩井半四郎のおてふ」（勝川春英 寛政3.1(1791.1)）
- ▷図105「初世中村仲蔵の関守関兵衛と三世瀬川菊之丞の小町姫と二世市川門之助の良岑宗貞」（勝川春好（初代）天明4）
- ▷図192-194「九世市村羽左衛門の曽我十郎と三世瀬川菊之丞の天津乙女と五世市川団十郎の善知鳥、じつは京の次郎」（勝川春章）
- ▷図103「四世松本幸四郎と三世瀬川菊之丞」（勝川春章 安永後期(1772-81)）

◇復元浮世絵大観 10（集英社 1979）
- ▷図10「三代瀬川菊之丞大首」（歌川豊国（初代））

◇浮世絵聚花 6（小学館 1978）
- ▷図198「役者舞台之姿絵 はま村や（三世瀬川菊之丞の大和万歳実は白拍子久かた）」（歌川豊国（初代）寛政6-7(1794-95)）
- ▷図63「三世瀬川菊之丞の傾城かつらぎ」（東洲斎写楽）
- ▷図70「三世瀬川菊之丞の白拍子久かた」（東洲斎写楽 寛政6）
- ▷図155「三世瀬川菊之丞の仲居おはま（浜村屋路考）」（東洲斎写楽 寛政6.閏11

せかわ

　　　（1794.11））
◇復元浮世絵大観 8（集英社 1978）
　▷図8「三世瀬川菊之丞の田辺文蔵妻おしづ」
　　（東洲斎写楽　寛政6.5(1794)）
　▷図24「三世瀬川菊之丞の仲居おはま（浜村屋路考）」（東洲斎写楽　寛政6.閏11
　　（1794.11））
◇重要文化財 11（毎日新聞社 1975）
　▷図190「三世瀬川菊之丞の田辺文蔵妻おしづ」（東洲斎写楽　寛政6.5(1794)）
◇浮世絵大系 4（集英社 1975）
　▷図50「三世瀬川菊之丞の石橋」（鳥居清長）
　▷図1「三代瀬川菊之丞の八百やお七」（鳥居清長）
◇浮世絵大系 9（集英社 1975）
　▷図17「三代瀬川菊之丞大首」（歌川豊国（初代））
◇浮世絵大系 3（集英社 1974）
　▷図53「三代瀬川菊之丞」（勝川春英）
　▷図50「三代瀬川菊之丞の町娘」（勝川春英）
　▷図26「三世瀬川菊之丞の愛護若と二代市川八百蔵の八王丸荒虎」（勝川春章）
　▷図25「三世瀬川菊之丞 初雪や…」（勝川春章）
　▷図59「三代瀬川菊之丞の白拍子妻菊実は蜘蛛の精」（勝川春常）
◇浮世絵大系 7（集英社 1973）
　▷図30「三世沢村宗十郎の名護屋山三と三世瀬川菊之丞の傾城かつらぎ」（東洲斎写楽　寛政6.7）
　▷図9「三世瀬川菊之丞の田辺文蔵妻おしづ」（東洲斎写楽　寛政6.5(1794)）
　▷図46「三世瀬川菊之丞の仲居おはま（浜村屋路考）」（東洲斎写楽　寛政6.閏11（1794.11））
　▷図44「三世瀬川菊之丞の大和万才実は白拍子久かた」（東洲斎写楽　寛政6）
◇平凡社ギャラリー 6（平凡社 1973）
　▷図15「三世瀬川菊之丞の傾城かつらぎ」（東洲斎写楽）
◇在外秘宝―欧米収蔵浮世絵集成 東洲斎写楽（学習研究社 1972）
　▷図30「三世沢村宗十郎の名護屋山三と三世瀬川菊之丞の傾城かつらぎ」（東洲斎写楽　寛政6.7）
　▷図030「三世沢村宗十郎の名護屋山三と三世瀬川菊之丞の傾城かつらぎ」（東洲斎写楽　寛政6.7）
　▷図VI「三世瀬川菊之丞と三世大谷鬼次と二世坂東三津五郎（下絵）」（東洲斎写楽）
　▷図070「三世瀬川菊之丞の大伴黒主奥方花園御前」（東洲斎写楽）
　▷図32「三世瀬川菊之丞の傾城かつらぎ」（東洲斎写楽）
　▷図032「三世瀬川菊之丞の傾城かつらぎ」（東洲斎写楽）
　▷図49「三世瀬川菊之丞の白拍子久かた」（東洲斎写楽　寛政6）
　▷図080「三世瀬川菊之丞の白拍子久かた」

（東洲斎写楽　寛政6）
　▷図09「三世瀬川菊之丞の田辺文蔵妻おしづ」（東洲斎写楽　寛政6.5(1794)）
　▷図10「三世瀬川菊之丞の田辺文蔵妻おしづ」（東洲斎写楽　寛政6.5(1794)）
　▷図99「三世瀬川菊之丞の仲居おはま（浜村屋路考）」（東洲斎写楽　寛政6.閏11（1794.11））
　▷図085「三世瀬川菊之丞の仲居おはま（浜村屋路考）」（東洲斎写楽　寛政6.閏11（1794.11））
　▷図47「三世瀬川菊之丞の大和万才実は白拍子久かた」（東洲斎写楽　寛政6）
　▷図073「三世瀬川菊之丞の大和万才実は白拍子久かた」（東洲斎写楽　寛政6）
◇在外秘宝―欧米収蔵浮世絵集成 鳥居清長（学習研究社 1972）
　▷図46「三代目沢村宗十郎の曽我十郎・三代目瀬川菊之丞の虎幽魂・二代目市川門之助の清玄亡魂（出語り図）」（鳥居清長　天明3(1783)）
◇全集浮世絵版画 4（集英社 1972）
　▷図17「三世沢村宗十郎の名護屋山三と三世瀬川菊之丞の傾城かつらぎ」（東洲斎写楽　寛政6.7）
　▷図18「三世瀬川菊之丞の傾城かつらぎ」（東洲斎写楽）
　▷図4「三世瀬川菊之丞の田辺文蔵妻おしづ」（東洲斎写楽　寛政6.5(1794)）
　▷図46「三世瀬川菊之丞の仲居おはま（浜村屋路考）」（東洲斎写楽　寛政6.閏11）
◇日本の名画 13（講談社 1972）
　▷図11「三世沢村宗十郎の名護屋山三と三世瀬川菊之丞の傾城かつらぎ」（東洲斎写楽　寛政6.7）
◇原色日本の美術 24（小学館 1971）
　▷図70「三世瀬川菊之丞の田辺文蔵妻おしづ」（東洲斎写楽　寛政6.5(1794)）
◇原色日本の美術 17（小学館 1968）
　▷図46「三世瀬川菊之丞の傾城かつらぎ」（東洲斎写楽）
◇浮世絵名作選集 4（山田書院 1968）
　▷図〔16〕,表紙「三世沢村宗十郎の名護屋山三と三世瀬川菊之丞の傾城かつらぎ」（東洲斎写楽　寛政6.7）
◇美人画・役者絵 6（講談社 1966）
　▷図29「三世沢村宗十郎の名護屋山三と三世瀬川菊之丞の傾城かつらぎ」（東洲斎写楽　寛政6.7）
　▷図37「三世瀬川菊之丞の傾城かつらぎ」（東洲斎写楽）
　▷図1「三世瀬川菊之丞の田辺文蔵妻おしづ」（東洲斎写楽　寛政6.5(1794)）
　▷図75「三世瀬川菊之丞の仲居おはま（浜村屋路考）」（東洲斎写楽　寛政6.閏11（1794.11））
　▷図70「三世瀬川菊之丞の大和万才実は白拍子久かた」（東洲斎写楽　寛政6）

◇日本の美術 22（平凡社 1964）
　▷図32「三世沢村宗十郎の名護屋山三と三世瀬川菊之丞の傾城かつらぎ」（東洲斎写楽　寛政6.7）
◇浮世絵版画 6（集英社 1964）
　▷図16「三世沢村宗十郎の名護屋山三と三世瀬川菊之丞の傾城かつらぎ」（東洲斎写楽　寛政6.7）
　▷図17「三世瀬川菊之丞の傾城かつらぎ」（東洲斎写楽）
　▷図4「三世瀬川菊之丞の田辺文蔵妻おしづ」（東洲斎写楽　寛政6.5(1794)）
◇日本版画美術全集 3（講談社 1961）
　▷図268「三代目坂田半五郎・三代目瀬川菊之丞・三代目市川八百蔵」（勝川春英　寛政6頃(1794頃)）
　▷図270「三世瀬川菊之丞の伊左衛門・中村野塩の夕霧」（勝川春章）
　▷図261「三世瀬川菊之丞の傾城かつらぎ」（勝川春英）
　▷図272「三世瀬川菊之丞の女房みゆき実は小女郎狐・四世松本幸四郎の五郎又」（勝川春英）
　▷図31「三世瀬川菊之丞の町娘」（勝川春英）
　▷図255「三世瀬川菊之丞の町娘」（勝川春英）
　▷図246「四世岩井半四郎のお初・三世瀬川菊之丞のおふさ・二世市川門之助の徳兵衛」（勝川春好（初代））
　▷図251「三世瀬川菊之丞のお夏」（勝川春好（初代））
　▷図243「三世瀬川菊之丞の山姥と五世市川団十郎の山神と二世市川門之助の怪童丸」（勝川春好（初代））
　▷図28「初世中村仲蔵の関守関兵衛と三世瀬川菊之丞の小町姫と二世市川門之助の良岑宗貞」（勝川春好（初代）　天明4）
　▷図216「五世市川団十郎と三世瀬川菊之丞」（勝川春章）
　▷図222「三世大谷次次の和歌平と三世瀬川菊之丞の傾城墨染」（勝川春章）
　▷図285「三世瀬川菊之丞のお三輪・二世市川門之助の入鹿・中村仲蔵の柴六・市川鰕蔵の鱶七」（勝川春潮）
　▷図173「三世瀬川菊之丞の回礼姿」（鳥居清長）
◇日本版画美術全集 4（講談社 1960）
　▷図225「三世沢村宗十郎の名護屋山三と三世瀬川菊之丞の傾城かつらぎ」（東洲斎写楽　寛政6.7）
　▷図98「三世瀬川菊之丞と三世大谷鬼次と二世坂東三津五郎（下絵）」（東洲斎写楽）
　▷図235「三世瀬川菊之丞の大和万才実は白拍子久かた」（東洲斎写楽　寛政6）
◇浮世絵全集 5（河出書房新社 1957）
　▷図43「四世岩井半四郎の久松と三世瀬川菊之丞のお染」（勝川春英）
　▷図45「三世瀬川菊之丞の由良之助妻お石」（勝川春英）
　▷図41「三世沢村宗十郎の亀屋忠兵衛と三世瀬川菊之丞の遊女梅川」（勝川春好（初代））
　▷図32「三世瀬川菊之丞の墨染と中村仲蔵の関兵衛と二世市川門之助の四位の少将宗貞」（勝川春章）
　▷図10「三世瀬川菊之丞の田辺文蔵妻おしづ」（東洲斎写楽　寛政6.5(1794)）
　▷図59「三世瀬川菊之丞の仲居おはま（浜村屋路考）」（東洲斎写楽　寛政6.閏11 (1794.11)）
　▷図40「三世瀬川菊之丞の石橋」（鳥居清長）
　▷図37「三世瀬川菊之丞の小糸、山下万菊の賎機姫、三世沢村宗十郎の大友常陸介」（鳥居清長）

瀬川菊之丞〔4代〕　せがわきくのじょう
1782～1812　江戸時代後期の歌舞伎役者。
◇秘蔵浮世絵大観 別巻（講談社 1990）
　▷〔チ〕094「反物を持つ瀬川路之助と娘」（歌川豊国（初代）　文化3）
◇秘蔵浮世絵大観 9（講談社 1989）
　▷084「甲子顔見世 初代沢村源之助の遠江守平の宗もりと瀬川路之助のいつくしまの竜女美玉善女」（歌川豊国（初代）　享和3.11）
　▷083「瀬川路之助」（歌川豊国（初代）　文化元頃）
◇秘蔵浮世絵大観 11（講談社 1988）
　▷57「瀬川路三郎の大いそのとらと瀬川路之助のけわい坂の少将」（歌川豊国（初代）　文化元(1804)）
　▷58「瀬川路三郎の大いそのとらと瀬川路之助のけわい坂の少将」（歌川豊国（初代）　文化元(1804)）
　▷018「瀬川路之助の土橋かがやの小ひなと初代沢村源之助の岩橋屋弥三郎」（歌川豊国（初代）　文化元.春）
◇秘蔵浮世絵大観 1（講談社 1987）
　▷134「瀬川路之助花下道行図」（歌川豊国（初代）　享和－文化初(1801-07)）
◇浮世絵八華 6（平凡社 1985）
　▷図46「沢村源之助の米屋五郎八と瀬川路之助の芸子おたき」（歌川豊国（初代））
◇浮世絵八華 5（平凡社 1984）
　▷図36「瀬川路之助の女房こむめ」（葛飾北斎）
◇浮世絵聚花 14（小学館 1981）
　▷図91「四世瀬川路考の女暫」（歌川豊国（初代））

瀬川菊之丞〔5代〕　せがわきくのじょう
1802～1832　江戸時代後期の歌舞伎役者。
◇華一浮世絵名品集（平木浮世絵財団 2004）
　▷図40「吾嬬菊宿の雛形 五代目瀬川菊之丞の七変化所作事の内 あつまむすめ」（歌川国貞　文政4(1821)）
　▷図39「吾嬬菊宿の雛形 五代目瀬川菊之丞の七変化所作事の内 いさみ」（歌川国貞　文政4(1821)）

せかわ

- ▷図36「吾嬬菊宿の雛形 五代目瀬川菊之丞の七変化所作事の内 狂乱」（歌川国貞 文政4（1821））
- ▷図38「吾嬬菊宿の雛形 五代目瀬川菊之丞の七変化所作事の内 神皇后皇」（歌川国貞 文政4（1821））
- ▷図41「吾嬬菊宿の雛形 五代目瀬川菊之丞の七変化所作事の内 雀踊」（歌川国貞 文政4（1821））
- ▷図37「吾嬬菊宿の雛形 五代目瀬川菊之丞の七変化所作事の内 だひもく踊」（歌川国貞 文政4（1821））
- ▷図35「吾嬬菊宿の雛形 五代目瀬川菊之丞の七変化所作事の内 弁才天」（歌川国貞 文政4（1821））

◇秘蔵浮世絵大観 ベレス・コレクション（講談社 1991）
- ▷図207「七代目市川団十郎の在原業平と五代目瀬川菊之丞の小野小町」（歌川国貞（初代） 文政初（1818-30））
- ▷図206「五代目瀬川菊之丞の鬼女」（歌川国貞（初代） 文政末頃（？）（1818-30））

◇秘蔵浮世絵大観 7（講談社 1990）
- ▷図034「五代目瀬川菊之丞の一味嬢娘おそのと岩五郎の一味斎孫弥三松」（歌川豊国（初代） 文政7.9）

◇秘蔵浮世絵大観 ブルヴェラー・コレクション（講談社 1990）
- ▷図85「七代目市川団十郎と五代目瀬川菊之丞」（歌川広重（初代） 文政前期（1818-30））

◇秘蔵浮世絵大観 5（講談社 1989）
- ▷図01「時世薄化粧 五代目瀬川菊之丞」（歌川国貞（初代） 文政初）
- ▷図02「浮世大江山 五代目瀬川菊之丞・七代目市川団十郎・初代岩井松之助・二代目岩井粂三郎」（歌川国貞（初代） 文政初期）
- ▷図9「俳優舞台扇 五代目瀬川菊之丞の弥十郎女房」（歌川国貞（初代） 文政7（1824））

◇秘蔵浮世絵大観 3（講談社 1988）
- ▷図37「見立狂言 五代目松本幸四郎・五代目岩井半四郎・五代目瀬川菊之丞・初代中村芝翫」（歌川国安 文化15（文政元）.2（1818.2））

◇秘蔵浮世絵大観 12（講談社 1988）
- ▷図0125「二代目岩井粂三郎の幸兵衛娘おそで・三代目坂東三津五郎の唐木政右衛門・五代目瀬川菊之丞の政右衛門女房おたね」（歌川国貞（初代） 文政5）
- ▷図092「五代目岩井半四郎のおその・七代目市川団十郎のきぬ川弥三郎・五代目瀬川菊之丞のおきく」（歌川豊国（初代） 文政元）
- ▷図091「曽我狂言 五代目瀬川菊之丞の大磯の虎・初代市川鰕十郎の工藤祐経・七代目市川団十郎の五郎時宗」（歌川豊国（初代） 文政4）

◇浮世絵八華 6（平凡社 1985）
- ▷図57「三世尾上菊五郎の名古屋山三と五世瀬川菊之丞のかつらぎ」（歌川豊国（初代））

瀬川吉次　せがわきつじ
江戸時代の歌舞伎役者。
◇浮世絵聚花 9（小学館 1981）
- ▷図031-035「市川八百蔵 瀬川吉次 中村仲蔵 岩井半四郎 沢村宗十郎」（勝川春章）

◇浮世絵聚花 10（小学館 1979）
- ▷図189「瀬川吉次の石橋」（石川豊信）

瀬川三五郎　せがわさんごろう
江戸時代中期の歌舞伎役者。
◇秘蔵浮世絵大観 10（講談社 1987）
- ▷図47「榊山三五郎の芦屋の月若丸友春」（鳥居清満（初代） 宝暦8（1758））

瀬川如皐〔3代〕　せがわじょこう
1806～1881　江戸時代末期、明治時代の歌舞伎作者。
◇国史大辞典（吉川弘文館 1979）

瀬川富三郎〔代数不詳〕　せがわとみさぶろう
江戸時代の歌舞伎役者。
◇国宝・重要文化財大全 2（毎日新聞社 1999）
- ▷図259「江戸三座役者似顔絵」（東洲斎写楽 江戸時代）

◇浮世絵聚花 10（小学館 1979）
- ▷図63「瀬川富三郎のやうじやおしづ」（鳥居清経）

瀬川富三郎〔2代〕　せがわとみさぶろう
？～1804　江戸時代中期、後期の歌舞伎役者。
◇浮世絵ギャラリー 4（小学館 2006）
- ▷図25「二代目瀬川富三郎の大伴家の侍女若草」（東洲斎写楽 寛政6（1794））
- ▷図21「二代目瀬川富三郎の蔵人妻やどり木」（東洲斎写楽 寛政6（1794））
- ▷図37「二代目瀬川富三郎の蔵人妻やどり木と中村万世の腰元若草」（東洲斎写楽 寛政6（1794））
- ▷図24「二代目瀬川富三郎のけいせい遠山と市川栗蔵の義若丸」（東洲斎写楽 寛政6（1794））

◇日本の浮世絵美術館 1（角川書店 1996）
- ▷図138「二代目瀬川富三郎の大岸蔵人の妻やどり木」（東洲斎写楽 寛政6）

◇日本の浮世絵美術館 5（角川書店 1996）
- ▷図206「二代目瀬川富三郎の大岸蔵人の妻やどり木」（東洲斎写楽 寛政6）

◇秘蔵日本美術大観 11（講談社 1994）
- ▷図54「二代目瀬川富三郎の傾城遠山と市川栗蔵の東山義若丸」（東洲斎写楽 寛政6（1794））

◇浮世絵聚花名品選（小学館 1993）
- ▷図1「二世瀬川富三郎の大岸蔵人妻やどり

木」(東洲斎写楽)
◇新編 名宝日本の美術 29(小学館 1991)
　▷図2「二世瀬川富三郎の大岸蔵人妻やどり木」(東洲斎写楽　寛政6(1794))
　▷図9「二世瀬川富三郎の大岸蔵人妻やどり木と中村万世の腰元若草」(東洲斎写楽　寛政6(1794))
◇名品揃物浮世絵 5(ぎょうせい 1991)
　▷図2「二世瀬川富三郎の大岸蔵人妻やどり木」(東洲斎写楽　寛政6(1794))
　▷図9「二世瀬川富三郎の大岸蔵人妻やどり木と中村万世の腰元若草」(東洲斎写楽　寛政6(1794))
◇秘蔵浮世絵大観 別巻(講談社 1990)
　▷〔ア〕27「二世瀬川富三郎の大岸蔵人妻やどり木と中村万世の腰元若草」(東洲斎写楽　寛政6(1794))
◇秘蔵浮世絵大観 6(講談社 1989)
　▷図0171「二世瀬川富三郎の大岸蔵人妻やどり木」(東洲斎写楽　寛政6(1794))
◇秘蔵浮世絵大観 2(講談社 1987)
　▷図208「二世瀬川富三郎の大岸蔵人妻やどり木」(東洲斎写楽　寛政6(1794))
◇浮世絵八華 4(平凡社 1985)
　▷図5「二世瀬川富三郎の大岸蔵人妻やどり木」(東洲斎写楽　寛政6(1794))
　▷図02「二世瀬川富三郎の大岸蔵人妻やどり木」(東洲斎写楽　寛政6(1794))
　▷図10「二世瀬川富三郎の大岸蔵人妻やどり木と中村万世の腰元若草」(東洲斎写楽　寛政6(1794))
　▷図010「二世瀬川富三郎の大岸蔵人妻やどり木と中村万世の腰元若草」(東洲斎写楽　寛政6(1794))
　▷図087「二世瀬川富三郎の大伴家腰元若草実は惟仁親王」(東洲斎写楽)
　▷図0128「二世瀬川富三郎の芸者浅香」(東洲斎写楽)
　▷図037「二世瀬川富三郎の傾城遠山と市川栗蔵の東山義若丸」(東洲斎写楽)
◇浮世絵聚花 13(小学館 1981)
　▷図132「二世瀬川富三郎の大岸蔵人妻やどり木と中村万世の腰元若草」(東洲斎写楽　寛政6(1794))
◇浮世絵聚花 15(小学館 1980)
　▷図11「二世瀬川富三郎の大岸蔵人妻やどり木」(東洲斎写楽　寛政6(1794))
◇浮世絵聚花 7(小学館 1979)
　▷図125「二世瀬川富三郎の芸者浅香」(東洲斎写楽)
　▷図116「二世瀬川富三郎の傾城遠山と市川栗蔵の東山義若丸」(東洲斎写楽)
◇復元浮世絵大観 8(集英社 1978)
　▷図2「二世瀬川富三郎の大岸蔵人妻やどり木」(東洲斎写楽　寛政6(1794))
　▷図9「二世瀬川富三郎の大岸蔵人妻やどり木と中村万世の腰元若草」(東洲斎写楽　寛政6(1794))

◇重要文化財 11(毎日新聞社 1975)
　▷図190「二世瀬川富三郎の大岸蔵人妻やどり木と中村万世の腰元若草」(東洲斎写楽　寛政6(1794))
◇浮世絵大系 7(集英社 1973)
　▷図3「二世瀬川富三郎の大岸蔵人妻やどり木」(東洲斎写楽　寛政6(1794))
　▷図10「二世瀬川富三郎の大岸蔵人妻やどり木と中村万世の腰元若草」(東洲斎写楽　寛政6(1794))
◇平凡社ギャラリー 6(平凡社 1973)
　▷図3「二世瀬川富三郎の大岸蔵人妻やどり木」(東洲斎写楽　寛政6(1794))
　▷図18「二世瀬川富三郎の大伴家腰元若草実は惟仁親王」(東洲斎写楽)
◇在外秘宝―欧米収蔵浮世絵集成 東洲斎写楽(学習研究社 1972)
　▷図3「二世瀬川富三郎の大岸蔵人妻やどり木」(東洲斎写楽　寛政6(1794))
　▷図02「二世瀬川富三郎の大岸蔵人妻やどり木」(東洲斎写楽　寛政6(1794))
　▷図11「二世瀬川富三郎の大岸蔵人妻やどり木と中村万世の腰元若草」(東洲斎写楽　寛政6(1794))
　▷図010「二世瀬川富三郎の大岸蔵人妻やどり木と中村万世の腰元若草」(東洲斎写楽　寛政6(1794))
　▷図068「二世瀬川富三郎の大伴家腰元若草実は惟仁親王」(東洲斎写楽)
　▷図0136「二世瀬川富三郎の芸者浅香」(東洲斎写楽)
　▷図84「二世瀬川富三郎の傾城遠山と市川栗蔵の東山義若丸」(東洲斎写楽)
　▷図040「二世瀬川富三郎の傾城遠山と市川栗蔵の東山義若丸」(東洲斎写楽)
◇全集浮世絵版画 4(集英社 1972)
　▷図28「二世瀬川富三郎の大岸蔵人妻やどり木と中村万世の腰元若草」(東洲斎写楽　寛政6(1794))
◇日本の名画 13(講談社 1972)
　▷図9「二世瀬川富三郎の大岸蔵人妻やどり木と中村万世の腰元若草」(東洲斎写楽　寛政6(1794))
◇浮世絵名作選集 4(山田書院 1968)
　▷図〔14〕,ケース「二世瀬川富三郎の大岸蔵人妻やどり木と中村万世の腰元若草」(東洲斎写楽　寛政6(1794))
◇美人画・役者絵 6(講談社 1966)
　▷図3「二世瀬川富三郎の大岸蔵人妻やどり木」(東洲斎写楽　寛政6(1794))
　▷図8「二世瀬川富三郎の大岸蔵人妻やどり木と中村万世の腰元若草」(東洲斎写楽　寛政6(1794))
　▷図68「二世瀬川富三郎の大伴家腰元若草実は惟仁親王」(東洲斎写楽)
　▷図40「二世瀬川富三郎の傾城遠山と市川栗蔵の東山義若丸」(東洲斎写楽)
◇日本版画美術全集 4(講談社 1960)
　▷図212「二世瀬川富三郎の大岸蔵人妻やどり

せかわ

木」(東洲斎写楽　寛政6(1794))
▷図37「二世瀬川富三郎の大岸蔵人妻やどり木と中村万世の腰元若草」(東洲斎写楽　寛政6(1794))
◇浮世絵全集 5 (河出書房新社 1957)
▷図49「二世瀬川富三郎の大岸蔵人妻やどり木と中村万世の腰元若草」(東洲斎写楽　寛政6(1794))

瀬川路三郎　せがわみちさぶろう
江戸時代の歌舞伎役者。
◇秘蔵浮世絵大観 11 (講談社 1988)
▷図57「瀬川路三郎の大いそのとらと瀬川路之助のけわい坂の少将」(歌川豊国(初代)　文化元(1804))
▷図58「瀬川路三郎の大いそのとらと瀬川路之助のけわい坂の少将」(歌川豊国(初代)　文化元(1804))

瀬川安五郎　せがわやすごろう　1835〜1911
江戸時代後期〜明治期の実業家。
◇秋田大百科事典 (秋田魁新報社 1981)

瀬川雄次郎〔代数不詳〕　せがわゆうじろう
江戸時代の歌舞伎役者。
◇浮世絵聚花 5 (小学館 1980)
▷図90「瀬川雄次郎の垣根の前に立つ女」(勝川春章)
◇浮世絵聚花 10 (小学館 1979)
▷図96-97「三世瀬川菊之丞・瀬川雄次郎」(勝川春好(初代))
◇浮世絵聚花 11 (小学館 1979)
▷図100「瀬川雄次郎の安寿姫と二世市川高麗蔵の佐野源左衛門常世」(一筆斎文調)

瀬川雄次郎〔2代〕　せがわゆうじろう
江戸時代後期の歌舞伎役者。
◇秘蔵浮世絵大観 6 (講談社 1989)
▷図02「二世瀬川雄次郎と松本米三郎」(東洲斎写楽　寛政6-7)
◇浮世絵八華 4 (平凡社 1985)
▷図0129「二世瀬川雄次郎の仲居おとわ」(東洲斎写楽)
◇浮世絵大系 7 (集英社 1973)
▷図52「二世瀬川雄次郎の仲居おとわ」(東洲斎写楽)
◇在外秘宝―欧米収蔵浮世絵集成 東洲斎写楽 (学習研究社 1972)
▷図XII「二世瀬川雄次郎と松本米三郎」(東洲斎写楽　寛政6-7)
▷図0137「二世瀬川雄次郎の仲居おとわ」(東洲斎写楽)

瀬川路暁　せがわろぎょう
江戸時代の歌舞伎役者。
◇秘蔵浮世絵大観 2 (講談社 1987)
▷図218「白梅の衣裳で踊る沢村曙山・瀬川路暁・尾上賀朝」(歌川豊国(初代)　文化2(1805))
▷図234「唐装束の尾上賀朝・瀬川路暁・沢村曙山」(勝川春好(2代)　文化3(1806))

瀬川路考　せがわろこう
江戸時代の歌舞伎役者。
◇肉筆浮世絵大観 10 (講談社 1995)
▷図単色6「三代目坂東三津五郎の工藤・瀬川路考の虎・五代目岩井半四郎の少将」(歌川豊国　文化2(1805))
◇秘蔵浮世絵大観 プルヴェラー・コレクション (講談社 1990)
▷図55「初代市川男女蔵の岩ふじと瀬川路考のおのへ」(歌川豊国(初代)　文化3(1806))
◇秘蔵浮世絵大観 10 (講談社 1987)
▷図114「瀬川路考の夏の所作 花むすめ」(勝川春紅　文化2(1805))
◇日本版画美術全集 3 (講談社 1961)
▷図356「瀬川路考の御目見得狂言」(松好斎)

石屋真梁　せきおくしんりょう　1345〜1423
南北朝時代, 室町時代の曹洞宗の僧。
◇国史大辞典 (吉川弘文館 1979)

関寛斎　せきかんさい　1830〜1912
江戸時代末期, 明治時代の医師。
◇徳島県歴史人物鑑 (徳島新聞社 1994)　▷関寛
◇北海道歴史人物事典 (北海道新聞社 1993)　▷関寛
◇長崎県大百科事典 (長崎新聞社 1984)
◇千葉大百科事典 (千葉日報社 1982)
◇徳島県百科事典 (徳島新聞社 1981)
◇北海道大百科事典 (北海道新聞社 1981)　▷関寛

関口大八郎　せきぐちだいはちろう
江戸時代末期の幕臣。
◇幕末―写真の時代 (筑摩書房 1994)
▷p142 No.157「(無題)」(撮影者不詳)
◇読者所蔵「古い写真」館 (朝日新聞社 1986)
▷p42「遣露使節と留学生」

関口隆吉　せきぐちたかよし　1836〜1889
江戸時代末期, 明治期の官吏。静岡県知事。
◇角川日本姓氏歴史人物大辞典 35 (角川書店 1991)
◇静岡県史 資料編15 近世7 (静岡県 1991)
▷〈口絵〉6「佐藤玄覧筆 関口隆吉画像」

関口開 せきぐちひらき 1842～1884
江戸時代末期, 明治時代の和算家, 数学教育者。
◇書府太郎―石川県大百科事典 改訂版 上（北国新聞社 2004）

関口文治郎 せきぐちぶんじろう 1731～1807
江戸時代の彫物師。
◇角川日本姓氏歴史人物大辞典 10（角川書店 1994）

関沢明清 せきざわめいせい 1843～1897
江戸時代末期, 明治時代の漁業技術者。
◇書府太郎―石川県大百科事典 改訂版 上（北国新聞社 2004）

関三十郎〔代数不詳〕 せきさんじゅうろう
江戸時代の歌舞伎役者。
◇秘蔵浮世絵大観 11（講談社 1988）
　▷図064「当世押絵羽子板 関三十郎当り狂言ノ内 時宗」（歌川国貞（初代） 文政6頃）

関三十郎〔2代〕 せきさんじゅうろう
1786～1839 江戸時代後期の歌舞伎役者。
◇秘蔵浮世絵大観 5（講談社 1989）
　▷図8「俳優舞台扇 二代目関三十郎の福屋佐七」（歌川国貞（初代） 文政7(1824)）
　▷図164「二代目中村富十郎の蘭の方・二代目関三十郎の植木屋杢衛門・二代目嵐璃寛の小間物屋弥七」（春梅斎北英 天保6(1835)）
　▷図155「流行鏡の覆 二代目関三十郎の五郎太実は早野勘平」（春梅斎北英 天保6(1835)）
◇秘蔵浮世絵大観 3（講談社 1988）
　▷図099「二代目関三十郎のさねもり」（寿好堂よし国 文政9）

関三十郎〔3代〕 せきさんじゅうろう
1805～1870 江戸時代末期, 明治時代の歌舞伎役者。
◇秘蔵浮世絵大観 5（講談社 1989）
　▷図019「今様押絵鏡 三代目関三十郎の梶原平三景時」（歌川国貞（初代） 万延元）
　▷図15「四代目中村歌右衛門の樋口二郎と三代目関三十郎の船頭権四郎」（歌川国貞（初代） 嘉永2(1849)）
　▷図027「見立闇つくし 心のやみ 三代目関三十郎の八百屋半兵衛」（歌川国貞（初代） 安政元）

赤山明神 せきさんみょうじん
平安時代前期の天台宗の護法三十番神の一つ。
◇日本大百科全書（小学館 1984）

尺振八 せきしんぱち 1839～1886
江戸時代末期, 明治時代の英学者。
◇幕末―写真の時代（筑摩書房 1994）
　▷p94 No.109「（無題）」（ルイ・ルソー）
◇読者所蔵「古い写真」館（朝日新聞社 1986）
　▷p39「第2回遣欧使節」
◇日本写真全集 1 写真の幕あけ（小学館 1985）
　▷p17 No.16「第二回遣欧使節随員」
◇日本人名大事典 1～6（平凡社 1979(覆刻)）

関孝和 せきたかかず ？～1708
江戸時代前期, 中期の和算家, 暦算家。
◇講談社日本人名大辞典（講談社 2001）
◇角川日本姓氏歴史人物大辞典 10（角川書店 1994）
◇日本大百科全書（小学館 1984）
◇国史大辞典（吉川弘文館 1979）
◇世界伝記大事典（ほるぷ出版 1978）
◇大日本百科事典（小学館 1967）

関戸覚蔵 せきどかくぞう 1844～1916
江戸時代末期, 明治時代の政治家。
◇茨城県大百科事典（茨城新聞社 1981）

関長治 せきながはる 1657～1738
江戸時代前期, 中期の大名。
◇岡山県歴史人物事典（山陽新聞社 1994）
◇岡山人名事典（日本文教出版 1978）

関根矢作 せきねやさく 1803～1896
江戸時代末期, 明治時代の素封家, 農事指導者。
◇栃木県歴史人物事典（下野新聞社 1995）
◇国史大辞典（吉川弘文館 1979）

関ノ戸八郎治 せきのとはちろうじ
江戸時代後期の力士。
◇秘蔵浮世絵大観 6（講談社 1989）
　▷図0123「関ノ戸八郎治・春日山（段右エ門？）」（勝川春英 文化3-4）
　▷図127「東小結 渦ケ渕勘太夫・西前頭 関ノ戸八郎治・行司 木村庄之助」（勝川春好(初代) 天明6頃(1786頃)）
　▷図125「東方 筆ノ海金右衛門 西方 関ノ戸八郎治」（勝川春章 天明6頃(1786頃)）
◇秘蔵浮世絵大観 9（講談社 1989）
　▷図98「西方 関ノ戸八郎治・出羽ノ海金蔵」（勝川春章 天明6冬頃(1786・冬頃)）

石屏子介 せきびょうしかい
南北朝時代の臨済宗の僧。
◇仏像集成 8（学生社 1997）
　▷図268「石屏子介禅師坐像」（作者不詳 洞春寺(山口県山口市)蔵）

関藤藤陰 せきふじとういん 1807～1876
江戸時代末期, 明治時代の備後福山藩儒, 家老。
◇岡山県歴史人物事典（山陽新聞社 1994） ▷関藤藤蔭
◇広島県大百科事典（中国新聞社 1982）

関政富 せきまさとみ 1723～1760
江戸時代中期の大名。
◇岡山県歴史人物事典（山陽新聞社 1994）
◇岡山人名事典（日本文教出版 1978）

関政方 せきまさみち 1786～1861
江戸時代後期の音韻学者。
◇岡山県歴史人物事典（山陽新聞社 1994）

関矢孫左衛門 せきやまござえもん
1844～1917 江戸時代後期, 末期, 明治時代の尊攘運動家, 開拓者。
◇北海道歴史人物事典（北海道新聞社 1993）
◇北海道大百科事典（北海道新聞社 1981）

関義臣 せきよしおみ 1839～1918
江戸時代末期, 明治時代の越前福井藩士。
◇徳島県歴史人物鑑（徳島新聞社 1994）
◇福井県大百科事典（福井新聞社 1991）
◇徳島県百科事典（徳島新聞社 1981）

是山 ぜざん 1732～1812
江戸時代中期, 後期の僧侶。
◇秋田大百科事典（秋田魁新報社 1981）

絶海中津 ぜっかいちゅうしん 1336～1405
南北朝時代, 室町時代の臨済宗の僧, 五山文学僧。
◇高知県人名事典（高知新聞社 1999）
◇徳島県歴史人物鑑（徳島新聞社 1994）
◇日本史大事典（平凡社 1992）
◇徳島県百科事典（徳島新聞社 1981）
◇高知県百科事典（高知新聞社 1976）
◇大日本百科事典（小学館 1967）

雪江宗深 せっこうそうしん 1408～1486
室町時代, 戦国時代の僧。
◇朝日美術館 日本編 8（朝日新聞社 1997）
　　▷図38「面構 妙心寺六祖雪江禅師と衡梅院東海石門師」（片岡球子 1984）
◇現代の日本画 6（学習研究社 1991）
　　▷図64「面構 妙心寺六祖雪江禅師と衡梅院東海石門師」（片岡球子 昭和59(1984)）
◇国史大辞典（吉川弘文館 1979）

雪舟等楊 せっしゅうとうよう 1420～1506
室町時代, 戦国時代の僧, 画家。
◇日本の美術（美術年鑑社 2003）
　　▷p133「面構（相国寺開祖夢窓国師と雪舟）」（片岡球子 1999）
◇講談社日本人名大辞典（講談社 2001）
◇国宝・重要文化財大全 2（毎日新聞社 1999）
　　▷図133附「雪舟自画像（模本）」（作者不詳 室町時代）
◇日本芸術の創跡 1998年度版（世界文芸社 1998）
　　▷p55「面構 雪舟」（片岡球子）
◇朝日美術館 日本編 8（朝日新聞社 1997）
　　▷図50「面構 雪舟」（片岡球子 1996）
◇島根県歴史人物事典（山陰中央新報社 1997）
◇岡山県歴史人物事典（山陽新聞社 1994） ▷雪舟
◇原色日本の美術（改訂版）21（小学館 1994）
　　▷図59「雪舟等楊像（模本）」（作者不詳 17世紀）
◇日本史大事典（平凡社 1992） ▷雪舟
◇山口県百科事典（大和書房 1982）▷雪舟
◇島根県大百科事典（山陰中央新報社 1982）
◇大分百科事典（大分放送 1980）▷雪舟
◇日本美術全集 16（学習研究社 1980）
　　▷図41「雪舟自画像（模本）」（作者不詳）
◇国史大辞典（吉川弘文館 1979）
◇日本人名大辞典 1～6（平凡社 1979〔覆刻〕）
◇世界伝記大事典（ほるぷ出版 1978）
◇日本美術絵画全集 4（集英社 1976）
　　▷図55「雪舟像」（雲谷等益）
　　▷図56「雪舟自画像（狩野探幽模）」（雪舟等楊）
◇原色日本の美術 23（小学館 1971）
　　▷図59「雪舟像」（作者不詳）
◇日本の美術 12（平凡社 1969）
　　▷図1「雪舟像」（徳力善雪 17世紀）
◇大日本百科事典（小学館 1967）

雪村周継 せっそんしゅうけい 1504～?
戦国時代, 安土桃山時代の禅僧, 画家。
◇国宝・重要文化財大全 2（毎日新聞社 1999）
　　▷図148「雪村自画像」（雪村周継 室町時代）
◇水墨画の巨匠 2（講談社 1995）
　　▷図71「自画像」（雪村周継）
◇日本美術全集 13（講談社 1993）
　　▷図92「自画像（自賛）」（雪村周継 16世紀後半）
◇日本美術絵画全集 8（集英社 1980）
　　▷図12「雪村自画賛像」（雪村周継）
◇日本美術全集 16（学習研究社 1980）
　　▷図68「自画像」（雪村周継）
◇国史大辞典（吉川弘文館 1979）
◇水墨美術大系 7（講談社 1973）
　　▷図16「自画像」（雪村周継）

◇日本絵画館 5（講談社 1971）
　▷図69「自画像」（雪村周継）
◇日本の美術 12（平凡社 1969）
　▷図8「自画像（自賛）」（雪村周継　16世紀）

雪村友梅　せっそんゆうばい　1290～1346
　鎌倉時代後期，南北朝時代の臨済宗の僧。
◇講談社日本人名大辞典（講談社 2001）
◇長野県歴史人物大事典（郷土出版社 1989）

銭屋五兵衛　ぜにやごへえ　1773～1852
　江戸時代後期の豪商，海運業者。
◇書府太郎―石川県大百科事典 改訂版 上（北国新聞社 2004）
◇日本史大事典（平凡社 1992）
◇日本大百科全書（小学館 1984）
◇国史大辞典（吉川弘文館 1979）

妹尾兼康　せのおかねやす　？～1183
　平安時代後期の武士。
◇岡山県歴史人物事典（山陽新聞社 1994）

瀬尾又玄　せのおゆうげん　1829～1896
　江戸時代後期～明治期の医師。
◇岡山県歴史人物事典（山陽新聞社 1994）

蝉丸　せみまる
　平安時代の歌人，琵琶・和琴の名手。
◇秘蔵浮世絵大観 10（講談社 1987）
　▷図022「百人一首　蝉丸」（鈴木春信　明和）
◇浮世絵聚花 10（小学館 1979）
　▷図22「百人一首　蝉丸」（鈴木春信　明和）
◇在外秘宝―欧米収蔵浮世絵集成 鈴木春信（学習研究社 1972）
　▷図165「百人一首　蝉丸」（鈴木春信　明和）

施薬院宗伯　せやくいんそうはく　1576～1663
　安土桃山時代，江戸時代前期の医師。
◇日本人名大事典 1～6（平凡社 1979（覆刻））
　▷丹波宗伯

世良修蔵　せらしゅうぞう　1835～1868
　江戸時代末期の長州（萩）藩士。
◇宮城県百科事典（河北新報社 1982）

世良太一　せらたいち　1838～1919
　江戸時代末期～大正期の官吏。
◇広島県大百科事典（中国新聞社 1982）

仙崖義梵　せんがいぎぼん　1750～1837
　江戸時代中期，後期の臨済宗の僧。
◇福岡県百科事典 上，下（西日本新聞社 1982）

　▷仙厓

千観　せんかん　918～983
　平安時代中期の天台宗の僧。
◇国史大辞典（吉川弘文館 1979）
◇日本人名大事典 1～6（平凡社 1979（覆刻））

千家俊信　せんげとしざね　1764～1831
　江戸時代後期の国学者。
◇島根県歴史人物事典（山陰中央新報社 1997）
◇島根県大百科事典（山陰中央新報社 1982）
◇国史大辞典（吉川弘文館 1979）

仙石忠政　せんごくただまさ　1578～1628
　安土桃山時代，江戸時代前期の武将，大名。
◇長野県歴史人物大事典（郷土出版社 1989）

仙石秀久　せんごくひでひさ　1552～1614
　安土桃山時代，江戸時代前期の武将，大名。
◇長野県歴史人物大事典（郷土出版社 1989）
◇香川県人物・人名事典（四国新聞社 1985）
◇香川県大百科事典（四国新聞社 1984）

善珠　ぜんじゅ　723～797
　奈良時代，平安時代前期の興福寺法相宗の僧。
◇日本史大事典（平凡社 1992）
◇国史大辞典（吉川弘文館 1979）
◇日本人名大事典 1～6（平凡社 1979（覆刻））
◇奈良六大寺大観 12（岩波書店 1969）
　▷p236「善珠僧正像」（作者不詳　14世紀）

闡提正具　せんだいしょうぐ
　鎌倉時代後期の臨済宗の僧。
◇国宝・重要文化財大全 1（毎日新聞社 1997）
　▷図105「闡提正具像」（作者不詳　鎌倉時代）

千田貞暁　せんださだあき　1836～1908
　江戸時代末期，明治時代の薩摩藩士，政治家。
◇広島県大百科事典（中国新聞社 1982）

善如　ぜんにょ　1333～1389
　南北朝時代の真宗の僧。本願寺4世。
◇国史大辞典（吉川弘文館 1979）

善野秀　ぜんのしゅう　1825～1896
　江戸時代末期，明治時代の儒者。
◇栃木県歴史人物事典（下野新聞社 1995）

千少庵　せんのしょうあん　1546～1614
　安土桃山時代，江戸時代前期の茶湯者。
◇国史大辞典（吉川弘文館 1979）

千宗室〔4代〕　せんのそうしつ
1622～1697　江戸時代前期の茶人。
◇国史大辞典（吉川弘文館 1979）　▷千宗室〔代数なし〕

千宗守〔初代〕　せんのそうしゅ
1593～1675　江戸時代前期の茶人。
◇香川県人物・人名事典（四国新聞社 1985）　▷千一翁宗守
◇香川県大百科事典（四国新聞社 1984）　▷千一翁宗守
◇国史大辞典（吉川弘文館 1979）　▷千宗守〔代数なし〕

千宗旦　せんのそうたん　1578～1658
安土桃山時代，江戸時代前期の茶人。
◇日本史大事典（平凡社 1992）
◇国史大辞典（吉川弘文館 1979）
◇世界伝記大事典（ほるぷ出版 1978）

千利休　せんのりきゅう　1522～1591
戦国時代，安土桃山時代の茶人。
◇講談社日本人名大辞典（講談社 2001）
◇国宝・重要文化財大全 1（毎日新聞社 1997）
　▷図226「千利休像」（作者不詳　桃山時代 天正11(1583)古渓宗陳賛）
　▷図227「千利休像」（作者不詳　桃山時代 文禄4(1595)春屋宗園賛）
◇日本史大事典（平凡社 1992）
◇新編 名宝日本の美術 20（小学館 1991）
　▷図55「利休居士像」（長谷川等伯　文禄4(1595)）
◇人間の美術 8（学習研究社 1990）
　▷図50「利休居士像」（長谷川等伯　文禄4(1595)）
◇京都大事典（淡交社 1984）
◇日本大百科全書（小学館 1984）
◇名宝日本の美術 17（小学館 1983）
　▷図55「利休居士像」（長谷川等伯　文禄4(1595)）
◇国史大辞典（吉川弘文館 1979）
◇日本人名大事典 1～6（平凡社 1979（覆刻））
◇日本美術絵画全集 10（集英社 1979）
　▷図33「利休居士像」（長谷川等伯　文禄4(1595)）
◇世界伝記大事典（ほるぷ出版 1978）
◇兵庫県史 第3巻 中世編2・近世編1（兵庫県 1978）
　▷〈写真〉写真275「千利休像」
◇日本の名画 3（講談社 1974）
　▷図21「千利休像」（長谷川等伯）
◇日本絵画館 6（講談社 1969）
　▷図67「利休居士像」（長谷川等伯　文禄4(1595)）
◇秘宝 11（講談社 1968）

　▷図353「千利休立像」（作者不詳　大徳寺（京都府京都市北区））
◇大日本百科事典（小学館 1967）
◇世界大百科事典（平凡社 1964）

千馬光忠　せんばみつただ
江戸時代中期の武士。赤穂藩士、四十七士の一人。
◇日本の浮世絵美術館 6（角川書店 1996）
　▷図50「元禄日本錦 千馬三良兵ェ光忠・矢頭右衛七教兼」（河鍋暁斎　明治19）

千姫　せんひめ　1597～1666
江戸時代前期の女性。豊臣秀頼の妻。
◇日本大百科全書（小学館 1984）

宣明　せんみょう　1750～1821
江戸時代後期の浄土真宗の僧。
◇富山大百科事典（北日本新聞社 1994）

専誉　せんよ　1530～1604
戦国時代，安土桃山時代の新義真言宗の学僧。
◇国史大辞典（吉川弘文館 1979）

【そ】

相阿　そうあ
南北朝時代，室町時代の連歌師。
◇栃木県歴史人物事典（下野新聞社 1995）

増吽　ぞううん　1366～1452
南北朝時代，室町時代の真言宗の僧。
◇香川県人物・人名事典（四国新聞社 1985）
◇香川県大百科事典（四国新聞社 1984）

相応　そうおう　831～918
平安時代前期，中期の天台宗の僧。
◇国宝・重要文化財大全 1（毎日新聞社 1997）
　▷図47「相応和尚像」（作者不詳　鎌倉時代）
◇国史大辞典（吉川弘文館 1979）
◇重要文化財 8（毎日新聞社 1973）
　▷図203「相応和尚像」（作者不詳　鎌倉時代）

象ヶ鼻平助　ぞうがはなへいすけ
1837あるいは1838～1890
江戸時代後期～明治期の大相撲大関。
◇千葉大百科事典（千葉日報社 1982）

宗祇　そうぎ　1421〜1502
　室町時代, 戦国時代の連歌師。
◇講談社日本人名大辞典（講談社 2001）
◇ボストン美術館 日本美術調査図録（講談社 1997）
　　▷図Ⅶ-6「飯尾宗祇像」（狩野元信　室町時代（16世紀前半））
◇国宝・重要文化財大全 1（毎日新聞社 1997）
　　▷図228「宗祇像」（作者不詳　室町時代）
◇日本史大事典（平凡社 1992）
◇秘蔵浮世絵大観 ムラー・コレクション（講談社 1990）
　　▷図176「新形三十六怪撰 飯尾宗祇」（月岡芳年　明治25(1892)）
◇日本大百科全書（小学館 1984）
◇山口県百科事典（大和書房 1982）　▷飯尾宗祇
◇国史大辞典（吉川弘文館 1979）　▷飯尾宗祇
◇世界伝記大事典（ほるぷ出版 1978）
◇日本美術絵画全集 16（集英社 1978）
　　▷図80「鴨長明・宗祇図」（英一蝶）
◇日本の美術 1（旺文社 1976）
　　▷図204「宗祇像」（作者不詳）
◇重要文化財 9（毎日新聞社 1974）
　　▷図286「宗祇像（三条西実隆賛）」（作者不詳　室町時代）
◇和漢詩歌作家辞典（みづほ出版 1972）
◇大日本百科事典（小学館 1967）
◇世界大百科事典（平凡社 1964）

宗貞国　そうさだくに　1422〜1494
　室町時代, 戦国時代の武将, 対馬守護。
◇国史大辞典（吉川弘文館 1979）

宗貞盛　そうさだもり　1385〜1452
　室町時代の武将, 対馬守護。
◇国史大辞典（吉川弘文館 1979）

蔵山順空　ぞうざんじゅんくう　1233〜1308
　鎌倉時代後期の臨済宗の僧。
◇国宝・重要文化財大全 1（毎日新聞社 1997）
　　▷図88「蔵山順空像（円鑑禅師）」（明兆　室町時代）
◇国史大辞典（吉川弘文館 1979）
◇日本人名大事典 1〜6（平凡社 1979(覆刻)）
◇重要文化財 10（毎日新聞社 1974）
　　▷図324「蔵山順空像（円鑑禅師）」（明兆　室町時代）

宗助国　そうすけくに　1207〜1274
　鎌倉時代前期の対馬国の武士。
◇長崎県大百科事典（長崎新聞社 1984）　▷宗資国

宗長　そうちょう　1448〜1532
　室町時代, 戦国時代の連歌師。
◇静岡大百科事典（静岡新聞社 1978）

巣兆　そうちょう　？〜1814
　江戸時代後期の俳人。
◇日本人名大事典 1〜6（平凡社 1979(覆刻)）
　　▷建部巣兆
◇俳諧人名辞典（巖南堂書店 1970）

双峰宗源　そうほうそうげん　1263〜1335
　鎌倉時代後期の臨済宗の僧。
◇国宝・重要文化財大全 1（毎日新聞社 1997）
　　▷図103「双峰宗源像」（作者不詳　鎌倉時代）
◇国史大辞典（吉川弘文館 1979）　▷双峯宗源
◇重要文化財 10（毎日新聞社 1974）
　　▷図337「双峰宗源像（自賛）」（作者不詳　鎌倉時代）

僧樸　そうぼく　1719〜1762
　江戸時代中期の浄土真宗本願寺派の学僧。
◇国史大辞典（吉川弘文館 1979）

相馬大作　そうまだいさく　1789〜1822
　江戸時代後期の武士。
◇岩手百科事典（岩手放送 1988）
◇国史大辞典（吉川弘文館 1979）　▷下斗米秀之進

相馬哲平　そうまてっぺい　1833〜1921
　江戸時代末期, 明治時代の商人。
◇北海道歴史人物事典（北海道新聞社 1993）
◇北海道大百科事典（北海道新聞社 1981）

相馬誠胤　そうまともたね　1852〜1892
　江戸時代末期, 明治時代の大名。
◇皇族・華族古写真帖 愛蔵版（新人物往来社 2003）
　　▷p10「（無題）」（内田九一）

相馬昌胤　そうままさたね　1665〜1728
　江戸時代中期の大名。
◇福島大百科事典（福島民報社 1980）

桑楊庵光　そうようあんひかる　1754〜1796
　江戸時代中期の狂歌師。
◇肉筆浮世絵大観 9（講談社 1996）
　　▷図単色36（奈良県立美術館）「桑楊庵・浅草庵像」（蹄斎北馬　文化(1804-18)後期−文政(1818-30)年間初期）
◇日本の浮世絵美術館 5（角川書店 1996）
　　▷図100「桑楊庵・浅草庵像」（蹄斎北馬）

宗義真　そうよしざね　1639〜1702
江戸時代前期,中期の大名。
◇長崎県大百科事典（長崎新聞社 1984）

宗義調　そうよししげ　1532〜1588
戦国時代,安土桃山時代の大名。
◇日本史大事典（平凡社 1992）
◇国史大辞典（吉川弘文館 1979）

副島種臣　そえじまたねおみ　1828〜1905
江戸時代末期,明治時代の肥前佐賀藩士,政治家。
◇士―日本のダンディズム（二玄社 2003）
　▷p111 No.81「明治英雄一覧」（明治時代初期）
◇講談社日本人名大辞典（講談社 2001）
◇日本史大事典（平凡社 1992）
◇写された幕末―石黒敬七コレクション（明石書店 1990）
　▷p63 No.4「長崎のフルベッキ塾生大隈重信達」
◇日本大百科全書（小学館 1984）
◇沖縄大百科事典（沖縄タイムス社 1983）
◇佐賀県大百科事典（佐賀新聞社 1983）
◇国史大辞典（吉川弘文館 1979）
◇日本人名大事典 1〜6（平凡社 1979〈覆刻〉）
◇世界伝記大事典（ほるぷ出版 1978）
◇大日本百科事典（小学館 1967）
◇世界大百科事典（平凡社 1964）

添田竜吉　そえだりゅうきち　1838〜1913
江戸時代末期〜大正期の室蘭開拓の功労者。
◇北海道歴史人物事典（北海道新聞社 1993）
◇北海道大百科事典（北海道新聞社 1981）

添野覚平　そえのかくべい　1827〜1891
江戸時代後期,末期,明治時代の殖産家。
◇栃木県歴史人物事典（下野新聞社 1995）

曽我蛇足　そがじゃそく
室町時代,戦国時代の曽我派の画家。
◇国史大辞典（吉川弘文館 1979）　▷蛇足

曽我祐成　そがすけなり　1172〜1193
平安時代後期,鎌倉時代前期の武士。
◇秘蔵浮世絵大観 3（講談社 1988）
　▷図033「富士裾野曽我兄弟本望遂図」（歌川国芳　弘化）
◇秘蔵浮世絵大観 1（講談社 1987）
　▷図153「曽我十郎を見送る虎御前の図」（歌川広重〈初代〉　天保末期頃（1830-44頃））
◇肉筆浮世絵 9（集英社 1982）
　▷図11「虎御前と十郎図屏風」（祇園井特）
◇肉筆浮世絵 8（集英社 1981）
　▷図44「大磯の虎御前と馬上の十郎図」（歌川広重〈2代〉）
◇日本人名大事典 1〜6（平凡社 1979〈覆刻〉）
　▷曾我祐成
◇肉筆浮世絵集成 1（毎日新聞社 1977）
　▷図136「曽我十郎と大磯の虎図」（鳥居清信〈2代〉　享保11）
◇肉筆浮世絵集成 2（毎日新聞社 1977）
　▷図204「馬上の虎御前と曽我十郎図」（奥村政信〔偽筆〕）

曽我時致　そがときむね　1174〜1193
鎌倉時代前期の武士。
◇肉筆浮世絵大観 3（講談社 1996）
　▷図75「曽我五郎と化粧坂の少将図屏風」（祇園井特　享和2（1802）頃）
◇日本の浮世絵美術館 2（角川書店 1996）
　▷図9「曽我五郎時宗と御所之五郎丸」（勝川春英　宝暦頃）
◇秘蔵日本美術大観 11（講談社 1994）
　▷図79「曽我五郎」（浅山芦国　文化14（1817））
◇秘蔵浮世絵大観 3（講談社 1988）
　▷図043「武英猛勇鏡 御所五郎丸重宗・曽我五郎時宗」（歌川国芳　天保中・後期）
　▷図033「富士裾野曽我兄弟本望遂図」（歌川国芳）
◇秘蔵浮世絵大観 4（講談社 1988）
　▷図133「曽我五郎時宗と朝比奈三郎義秀の草摺曳」（勝川春亭　文化－文政3（1804-20））
◇浮世絵八華 4（平凡社 1985）
　▷図78「曽我五郎と御所五郎丸」（東洲斎写楽）
　▷図0141「曽我五郎と御所五郎丸」（東洲斎写楽）
◇肉筆浮世絵 5（集英社 1983）
　▷図18「五郎と朝比奈図」（鳥居清長）
◇浮世絵聚花 9（小学館 1981）
　▷図120「曽我五郎時政 朝比奈三郎義秀」（鈴木春信）
◇日本人名大事典 1〜6（平凡社 1979〈覆刻〉）
　▷曾我時致
◇肉筆浮世絵集成 2（毎日新聞社 1977）
　▷図128「円窓春狂言 曽我五郎獅子舞図」（勝川春好〈初代〉　天明期）
◇浮世絵大系 7（集英社 1973）
　▷図55「曽我五郎と御所五郎丸」（東洲斎写楽）
◇在外秘宝―欧米収蔵浮世絵集成 東洲斎写楽（学習研究社 1972）
　▷図0141「曽我五郎と御所五郎丸」（東洲斎写楽）
◇日本美術大系 5（講談社 1959）
　▷図101「弟五郎像」（渡辺崋山）

蘇我入鹿 そがのいるか ？～645
　飛鳥時代の大臣。
◇講談社日本人名大辞典（講談社 2001）

曽我部道夫 そがべみちお 1850～1923
　江戸時代末期～大正期の愛媛県吏員。衆議院議員，福岡県知事。
◇徳島県史歴史人物鑑（徳島新聞社 1994）
◇徳島県百科事典（徳島新聞社 1981）

即非如一 そくひにょいち 1616～1671
　江戸時代前期の渡来僧。
◇日本大百科全書（小学館 1984）
◇福岡県百科事典 上，下（西日本新聞社 1982）
　▷即非
◇国史大辞典（吉川弘文館 1979）
◇日本人名大辞典 1～6（平凡社 1979（覆刻））

素性 そせい
　平安時代前期，中期の僧，歌人。
◇国宝・重要文化財大全 1（毎日新聞社 1997）
　▷図199「佐竹本三十六歌仙切 素性法師像」（作者不詳　鎌倉時代）
◇琳派 4（紫紅社 1991）
　▷図85「歌仙絵色紙 素性法師」（尾形光琳）
◇秘蔵浮世絵大観 9（講談社 1989）
　▷図22「三十六歌仙 素性法師」（鈴木春信　明和2-7(1765-70)）
◇浮世絵聚花 13（小学館 1981）
　▷図1「三十六歌仙 素性法師」（鈴木春信　明和2-7(1765-70)）
◇国史大辞典（吉川弘文館 1979）
◇日本美術絵画全集 17（集英社 1976）
　▷図67「素性法師図」（尾形光琳）
◇浮世絵大系 2（集英社 1973）
　▷図13「三十六歌仙 素性法師」（鈴木春信　明和2-7(1765-70)）
◇美人画・役者絵 2（講談社 1965）
　▷図90「三十六歌仙 素性法師」（鈴木春信　明和2-7(1765-70)）

素堂 そどう 1642～1716
　江戸時代前期，中期の俳人。
◇国史大辞典（吉川弘文館 1979）　▷山口素堂
◇日本人名大辞典 1～6（平凡社 1979（覆刻））
　▷山口素堂
◇俳諧人名辞典（巌南堂書店 1970）

其扇 そのぎ 1807～1869
　江戸時代後期～明治期の丸山遊女，シーボルトの愛人。
◇郷土歴史人物事典 長崎（第一法規出版 1979）

園田実徳 そのださねのり 1848～1917
　江戸時代末期～大正期の実業家，北海道の海運・鉄道開拓功労者。
◇北海道歴史人物事典（北海道新聞社 1993）
◇北海道大百科事典（北海道新聞社 1981）

園女 そのめ 1664～1726
　江戸時代中期の女性。俳人。
◇俳諧人名辞典（巌南堂書店 1970）

卒末呂王 そまろのみこ
　飛鳥時代の皇族。
◇仏像集成 6（学生社 1995）
　▷図93「聖徳太子・山背王・殖栗王・卒末呂王・恵慈法師（坐）像」（作者不詳　法隆寺（奈良県生駒郡斑鳩町）蔵）
◇国宝大事典 2（講談社 1985）
　▷図91「聖徳太子・山背王・殖栗王・卒末呂王・恵慈法師（坐）像」（作者不詳　保安2(1121)　法隆寺（奈良県生駒郡斑鳩町）蔵）
◇国宝（増補改訂版）5（毎日新聞社 1984）
　▷図35「聖徳太子・山背王・殖栗王・卒末呂王・恵慈法師（坐）像」（作者不詳　保安2(1121)　法隆寺（奈良県生駒郡斑鳩町）蔵）
◇秘宝 2（講談社 1970）
　▷図254「卒末呂王坐像」（作者不詳　法隆寺（奈良県生駒郡斑鳩町）蔵）
◇国宝図録 3（文化財協会 1955）
　▷図29「聖徳太子・山背王・殖栗王・卒末呂王・恵慈法師（坐）像」（作者不詳　法隆寺（奈良県生駒郡斑鳩町）蔵）

曽呂利新左衛門〔2代〕 そろりしんざえもん
　1844～1923　江戸時代末期，明治時代の落語家。
◇古今東西落語家事典（平凡社 1989）　▷曾呂利新左衛門〔2代〕

尊恵 そんえ
　室町時代の時宗の僧。遊行15代上人。
◇国宝・重要文化財大全 4（毎日新聞社 1999）
　▷図676「尊恵像」（作者不詳　応永27(1420)　長楽寺（京都府京都市東山区）蔵）

尊円入道親王 そんえんにゅうどうしんのう
　1298～1356　鎌倉時代後期，南北朝時代の僧。
◇在外日本の至宝 2（毎日新聞 1980）
　▷図114「尊円法親王像」（作者不詳　南北朝時代（14世紀中頃））
◇国史大辞典（吉川弘文館 1979）
◇世界伝記大事典（ほるぷ出版 1978）　▷尊円親王

存覚　ぞんかく　1290〜1373
　鎌倉時代後期，南北朝時代の真宗の僧。
◇国史大辞典（吉川弘文館 1979）

存如　ぞんにょ　1396〜1457
　室町時代の真宗の僧。
◇角川日本姓氏歴史人物大辞典 17（角川書店 1998）
◇国史大辞典（吉川弘文館 1979）

尊明　そんめい
　江戸時代中期の真言宗の僧。
◇国宝・重要文化財大全 4（毎日新聞社 1999）
　　▷図676「尊明像」（康祐，康秀　応永14（1407）　長楽寺（京都府京都市東山区）蔵）

【た】

大瀛　だいえい　1759〜1804
　江戸時代後期の浄土真宗本願寺派の学匠。
◇広島県大百科事典（中国新聞社 1982）
◇国史大辞典（吉川弘文館 1979）

大覚　だいがく　1297〜1364
　鎌倉時代後期，南北朝時代の日蓮宗の僧。
◇岡山人名事典（日本文教出版 1978）　▷大覚大僧正

大休正念　だいきゅうしょうねん　1215〜1289
　鎌倉時代後期の臨済宗松源派の渡来禅僧。
◇国史大辞典（吉川弘文館 1979）

大休宗休　だいきゅうそうきゅう　1468〜1549
　戦国時代の臨済宗妙心寺派の僧。
◇国史大辞典（吉川弘文館 1979）

大暁　だいぎょう　1274〜1357
　鎌倉時代後期，南北朝時代の臨済宗の僧。
◇仏像集成 8（学生社 1997）
　　▷図424「大暁禅師倚像」（作者不詳　南北朝時代　大通寺（愛媛県北条市）蔵）
◇愛媛県百科大事典（愛媛新聞社 1985）

太空　たいくう
　南北朝時代，室町時代の時宗の僧。
◇国宝・重要文化財大全 4（毎日新聞社 1999）
　　▷図676「太空像」（作者不詳　室町時代　長楽寺（京都府京都市東山区）蔵）

太原崇孚　たいげんすうふ　1496〜1555
　戦国時代の臨済宗妙心寺派の僧。
◇静岡県史　通史編3 近世1（静岡県 1997）
　　▷〈写真〉写1-58「雪斎画像」

太源宗真　たいげんそうしん　？〜1370
　南北朝時代の曹洞宗の僧。
◇国史大辞典（吉川弘文館 1979）

退耕行勇　たいこうぎょうゆう　1163〜1241
　平安時代後期，鎌倉時代前期の僧。
◇国宝・重要文化財大全 4（毎日新聞社 1999）
　　▷図678「退耕禅師像」（作者不詳　南北朝時代　浄妙寺（神奈川県鎌倉市浄明寺）蔵）
◇日本の仏像大百科 5（ぎょうせい 1991）
　　▷図136「退耕禅師像」（作者不詳　鎌倉時代　浄妙寺（神奈川県鎌倉市浄明寺）蔵）
◇仏像集成 1（学生社 1989）
　　▷図34「退耕禅師像」（作者不詳　浄妙寺（神奈川県鎌倉市浄明寺）蔵）
◇国史大辞典（吉川弘文館 1979）
◇重要文化財 5（毎日新聞社 1974）
　　▷図161「退耕禅師像」（作者不詳　南北朝時代　浄妙寺（神奈川県鎌倉市浄明寺）蔵）

大黒屋光太夫　だいこくやこうだゆう
　1751〜1828　江戸時代中期，後期の商人。
◇講談社日本人名大辞典（講談社 2001）
◇北海道歴史人物事典（北海道新聞社 1993）
◇日本史大事典（平凡社 1992）
◇大阪府史　第7巻　近世編3（大阪府 1989）
　　▷〈写真〉写真108「大黒屋光太夫像『北槎聞略』」
◇奈良県史　第9巻　文学—風土と文学—（名著出版 1984）
　　▷p518（写真）「大黒屋」
◇日本大百科全書（小学館 1984）
◇北海道大百科事典（北海道新聞社 1981）
◇国史大辞典（吉川弘文館 1979）
◇日本人名大事典 1〜6（平凡社 1979（覆刻））
　　▷大黒幸太夫
◇世界伝記大事典（ほるぷ出版 1978）
◇大日本百科事典（小学館 1967）　▷大黒屋幸太夫
◇世界大百科事典（平凡社 1964）　▷幸太夫

醍醐天皇　だいごてんのう　885〜930
　平安時代中期の第60代天皇。在位897〜930。
◇日本大百科全書（小学館 1984）
◇日本人名大事典 1〜6（平凡社 1979（覆刻））

大智　だいち　1290〜1366
　鎌倉時代後期，南北朝時代の曹洞宗の僧。
◇奈良六大寺大観 14（岩波書店 1973）

▷p124,154「大智律師像」（作者不詳　14世紀）
◇奈良六大寺大観 11（岩波書店 1972）
　　▷p161「大智律師像」（作者不詳　15世紀）

袋中　たいちゅう　1552～1639
安土桃山時代, 江戸時代前期の浄土宗の僧。
◇角川日本姓氏歴史人物大辞典 47（角川書店 1992）
◇沖縄大百科事典（沖縄タイムス社 1983）
◇国史大辞典（吉川弘文館 1979）　▷良定

大虫宗岑　だいちゅうしゅうしん　？～1362
南北朝時代の僧, 伊予宗昌寺主。
◇仏像集成 8（学生社 1997）
　　▷図423「大虫禅師倚像」（作者不詳　室町時代初期　宗昌寺（愛媛県北条市）蔵）
◇愛媛県百科大事典（愛媛新聞社 1985）　▷大虫

泰澄　たいちょう　682～767
飛鳥時代, 奈良時代の山岳修行者。
◇書府太郎―石川県大百科事典 改訂版 上（北国新聞社 2004）
◇福井県大百科事典（福井新聞社 1991）

大潮元皓　だいちょうげんこう　1676～1768
江戸時代中期の黄檗僧。
◇人間の美術 10（学習研究社 1990）
　　▷図23「大潮元皓像」（元珍　18世紀中期）

大通　だいつう　1398～1489
室町時代の臨済宗の僧。
◇国宝・重要文化財 仏教美術 中国2（奈良国立博物館 1980）
　　▷図38「大通禅師像」（作者不詳　室町時代）

大徹宗令　だいてつそうれい　1333～1408
南北朝時代, 室町時代の僧。
◇仏像集成 2（学生社 1992）
　　▷図94「大徹宗令禅師頂相」（伝 大徹宗令　応永15(1408)　立山寺（富山県中新川郡）蔵）

大道　だいどう　1768～1840
江戸時代中期の僧, 地方開発者。
◇国宝・重要文化財大全 2（毎日新聞社 1999）
　　▷図41「大道和尚図」（伝 明兆　室町時代 明徳5(1394)賛）
◇国宝・重要文化財大全 4（毎日新聞社 1999）
　　▷図1154「大道和尚(坐)像」（作者不詳　南北朝時代　永明院（京都府京都市東山区）蔵）
◇原色日本の美術（改訂版）11（小学館 1994）
　　▷図21「大道和尚図」（伝 明兆　1394）
◇日本水墨名品図譜 1（毎日新聞社 1993）
　　▷図55,56「大道和尚像」（明兆　室町時代）

◇日本美術全集 12（講談社 1992）
　　▷図54「大道和尚像(性海霊見賛)」（明兆　14世紀後半）
◇福井県大百科事典（福井新聞社 1991）
◇仏像集成 3（学生社 1986）
　　▷図177「大道和尚(坐)像」（作者不詳　1370頃　永明院（京都府京都市東山区）蔵）
◇重要文化財 31（毎日新聞社 1982）
　　▷[彫刻] 19「大道和尚(坐)像」（作者不詳　南北朝時代　永明院（京都府京都市東山区）蔵）
◇日本美術絵画全集 1（集英社 1977）
　　▷図44「大道一以像(性海霊見賛)」（明兆　明徳5(1394)）
◇重要文化財 10（毎日新聞社 1974）
　　▷図30「大道和尚図(性海霊見賛)」（伝 明兆　室町時代）
◇水墨美術大系 5（講談社 1974）
　　▷図101「大道一以像(性海霊見賛)」（明兆）
◇原色日本の美術 11（小学館 1970）
　　▷図21「大道和尚図」（伝 明兆　1394）

大童山文五郎　だいどうざんぶんごろう
江戸時代後期の力士。
◇日本の浮世絵美術館 1（角川書店 1996）
　　▷図39「大童山稚遊図」（栄松斎長喜）
◇日本の浮世絵美術館 4（角川書店 1996）
　　▷図43「大童山文五郎の金太郎見立」（勝川春英　寛政7頃）
◇日本の浮世絵美術館 5（角川書店 1996）
　　▷図25「大童山土俵入」（東洲斎写楽　寛政6）
◇新編 名宝日本の美術 29（小学館 1991）
　　▷図40-42「大童山土俵入」（東洲斎写楽）
◇秘蔵浮世絵大観 12（講談社 1988）
　　▷図80「大童山文五郎」（勝川春英　寛政6(1794)）
◇浮世絵八華 4（平凡社 1985）
　　▷図77「大童山土俵入」（東洲斎写楽）
　　▷図0138「大童山土俵入」（東洲斎写楽）
　　▷図75「大童山土俵入」（東洲斎写楽）
　　▷図0137「大童山土俵入」（東洲斎写楽）
　　▷図76「大童山文五郎卯ノ八才」（東洲斎写楽）
　　▷図0139「大童山文五郎卯ノ八才」（東洲斎写楽）
　　▷図0140「大童山文五郎鬼退治」（東洲斎写楽）
◇肉筆浮世絵 6（集英社 1981）
　　▷図31「谷風と大童山」（東洲斎写楽）
◇浮世絵聚花 8（小学館 1980）
　　▷図208「大童山文五郎卯ノ八才」（東洲斎写楽）
◇浮世絵聚花 12（小学館 1980）
　　▷図202「大童山文五郎鬼退治」（東洲斎写楽）
◇浮世絵大系 7（集英社 1973）
　　▷図54「大童山土俵入」（東洲斎写楽）
◇平凡社ギャラリー 6（平凡社 1973）

たいと

▷図20「大童山土俵入」（東洲斎写楽）
◇在外秘宝―欧米収蔵浮世絵集成 東洲斎写楽（学習研究社 1972）
　▷図0129「大童山土俵入」（東洲斎写楽）
　▷図0126-0128「大童山土俵入」（東洲斎写楽）
　▷図80「大童山文五郎卯ノ八才」（東洲斎写楽）
　▷図0140「大童山文五郎卯ノ八才」（東洲斎写楽）
◇日本の名画 13（講談社 1972）
　▷図18「大童山文五郎卯ノ八才」（東洲斎写楽）
◇美人画・役者絵 6（講談社 1966）
　▷図106-108「大童山土俵入」（東洲斎写楽）
　▷図109「大童山文五郎卯ノ八才」（東洲斎写楽）
◇浮世絵全集 5（河出書房新社 1957）
　▷図17「大童山土俵入」（東洲斎写楽）

大道寺繁禎　だいどうじしげよし　1844～1919
江戸時代末期～大正期の津軽弘前藩家老。国立銀行頭取。
◇青森県人名事典（東奥日報社 2002）
◇青森県百科事典（東奥日報社 1981）

大道長安　だいどうちょうあん　1843～1908
江戸時代末期、明治時代の曹洞宗の僧、新仏救世の教祖。
◇国史大辞典（吉川弘文館 1979）

大場久八　だいばのきゅうはち　1814～1892
江戸時代末期、明治時代の伊豆の侠客。
◇静岡県歴史人物事典（静岡新聞社 1991）　▷大場の久八

太平妙準　たいへいみょうじゅん
鎌倉時代後期、南北朝時代の僧。
◇国宝・重要文化財大全 1（毎日新聞社 1997）
　▷図100「太平妙準像（仏応禅師）」（作者不詳 南北朝時代 貞治癸卯（1363）法忻）

戴曼公　たいまんこう　1596～1672
江戸時代前期の明からの渡来医。
◇国史大辞典（吉川弘文館 1979）　▷独立性易

平敦盛　たいらのあつもり　1169～1184
平安時代後期の武士。
◇昭和の文化遺産 1（ぎょうせい 1990）
　▷図39「敦盛」（菊池契月 昭和2（1927））
◇秘蔵浮世絵大観 12（講談社 1988）
　▷図29「熊谷次郎直実と無官大夫敦盛」（鳥居清満（初代） 宝暦（1751-64））
◇秘蔵浮世絵大観 10（講談社 1987）
　▷図027「熊谷直実と平敦盛」（鈴木春信 明和4-5（1767-68））

◇浮世絵聚花 補巻1（小学館 1982）
　▷図111「熊谷直実と平敦盛」（鈴木春信 明和3-4（1766-67））
　▷図138「熊谷直実と平敦盛」（鈴木春信 明和4-5（1767-68））
◇浮世絵聚花 15（小学館 1980）
　▷図79「廓一谷夢中之敦盛」（奥村利信）
◇原色現代日本の美術 3（小学館 1978）
　▷図40「敦盛」（菊池契月 昭和2（1927））
◇在外秘宝―欧米収蔵浮世絵集成 鈴木春信（学習研究社 1972）
　▷図215「熊谷直実と平敦盛」（鈴木春信 明和3-4（1766-67））
◇日本版画美術全集 2（講談社 1961）
　▷図225「廓一谷夢中之敦盛」（奥村利信）

平景清　たいらのかげきよ　？～1196
平安時代前期、鎌倉時代前期の武将。
◇秘蔵浮世絵大観 8（講談社 1989）
　▷図215「五大力 見立景清」（葛飾北斎 享和－文化前期（1801-18））
◇秘蔵浮世絵大観 11（講談社 1988）
　▷図130「景清大仏供養」（歌川国芳 安政5（1858））
◇肉筆浮世絵 6（集英社 1981）
　▷図19「景清牢破り図」（鳥山石燕）

平兼盛　たいらのかねもり　？～990
平安時代中期の官人、歌人。
◇国宝・重要文化財大全 1（毎日新聞社 1997）
　▷図211「佐竹本三十六歌仙切 平兼盛像」（作者不詳 鎌倉時代）
◇日本史大事典（平凡社 1992）
◇秘蔵浮世絵大観 3（講談社 1988）
　▷図051「百人一首姥がゑとき〈版下絵〉平兼盛」（葛飾北斎 天保中期）
◇浮世絵聚花 13（小学館 1981）
　▷図44「三十六歌仙 平兼盛 くれてゆく」（鈴木春信）
◇国史大辞典（吉川弘文館 1979）

平清盛　たいらのきよもり　1118～1181
平安時代後期の武将、太政大臣。
◇講談社日本人名大辞典（講談社 2001）
◇原色日本の美術（改訂版）21（小学館 1994）
　▷図19「平清盛像」（作者不詳 六波羅蜜寺（京都府京都市東山区））
◇日本史大事典（平凡社 1992）
◇秘蔵浮世絵大観 5（講談社 1989）
　▷図52「清盛入道布引滝遊覧悪源太義平霊討難波次郎」（歌川国芳 文政末期（1818-30））
◇秘蔵浮世絵大観 3（講談社 1988）
　▷図065「平清盛怪異を見る図」（歌川広重（初代） 天保末－弘化）
◇京都大事典（淡交社 1984）

◇日本大百科全書（小学館 1984）
◇浮世絵八華 8（平凡社 1984）
　▷図25「平清盛怪異を見る図」（歌川広重（初代）　天保末－弘化）
◇広島県大百科事典（中国新聞社 1982）
◇浮世絵聚花 補ების1（小学館 1982）
　▷図11「清盛の前で舞う仏御前」（鈴木春信）
◇福岡県百科事典 上，下（西日本新聞社 1982）
◇浮世絵聚花 14（小学館 1981）
　▷図016「清盛の前で舞う仏御前」（鈴木春信）
◇国史大辞典（吉川弘文館 1979）
◇世界伝記大事典（ほるぷ出版 1978）
◇肉筆浮世絵集成 1（毎日新聞社 1977）
　▷図267「見立女清盛図」（歌川国貞（初代）安政期）
◇浮世絵大系 12（集英社 1974）
　▷図35「新形三十六怪撰 清盛福原にて数百の人頭を見る図」（月岡芳年　明治23.9.（1890.9.））
◇在外秘宝―欧米収蔵浮世絵集成 鈴木春信（学習研究社 1972）
　▷図124「清盛の前で舞う仏御前」（鈴木春信）
◇原色日本の美術 23（小学館 1971）
　▷図19「平清盛像」（作者不詳　六波羅蜜寺（京都府京都市東山区））
◇大日本百科事典（小学館 1967）
◇世界大百科事典（平凡社 1964）

平維茂　たいらのこれもち
平安時代中期の武将。
◇日本の浮世絵美術館 1（角川書店 1996）
　▷図47「平維茂戸隠山鬼女退治の図」（月岡芳年　明治20）
◇秘蔵浮世絵大観 ムラー・コレクション（講談社 1990）
　▷図169「平維茂戸隠山鬼女退治之図」（月岡芳年　明治20.11（1887.11））

平維盛　たいらのこれもり　1158～1184
平安時代後期の武将。
◇アート・ギャラリー・ジャパン 5（集英社 1986）
　▷図07「維盛高野之巻」（前田青邨　大正7（1918））
◇現代日本絵巻全集 10（小学館 1984）
　▷図*「維盛高野之巻」（前田青邨　大正7（1918））
◇日本の名画 15（中央公論社 1977）
　▷図3「維盛高野之巻」（前田青邨　大正7（1918））
◇現代日本美術全集 15（集英社 1973）
　▷図8「維盛高野之巻」（前田青邨　大正7（1918））
◇現代日本美術全集 3（角川書店 1955）
　▷図7「維盛高野之巻」（前田青邨　大正7（1918））

平重衡　たいらのしげひら　1157～1185
平安時代後期の武将。
◇アート・ギャラリー・ジャパン 5（集英社 1986）
　▷図04「囚われたる重衡」（前田青邨　明治41（1908））
◇国史大辞典（吉川弘文館 1979）

平重盛　たいらのしげもり　1138～1179
平安時代後期の武将，平清盛の長男。
◇講談社日本人名大辞典（講談社 2001）
◇角川日本姓氏歴史人物大辞典 26（角川書店 1997）
◇国宝・重要文化財大全 1（毎日新聞社 1997）
　▷図166「源頼朝像・平重盛像・藤原光能像」（伝 藤原隆信　鎌倉時代）
◇原色日本の美術（改訂版）21（小学館 1994）
　▷図44「平重盛像」（作者不詳　12世紀末）
◇日本美術全集 9（講談社 1993）
　▷図22「伝平重盛像」（伝 藤原隆信　13世紀前半）
◇新編 名宝日本の美術 8（小学館 1992）
　▷図17「伝平重盛像」（作者不詳　13世紀）
◇日本史大事典（平凡社 1992）
◇人間の美術 6（学習研究社 1990）
　▷図180「伝平重盛像」（伝 藤原隆信　12世紀末）
◇国宝大事典 1（講談社 1985）
　▷図74「伝源頼朝像・伝平重盛像・伝藤原光能像」（伝 藤原隆信　鎌倉時代（12世紀））
◇京都大事典（淡交社 1984）
◇国宝 2（毎日新聞社 増補改訂版 1984）
　▷図39(1)「伝源頼朝像・伝平重盛像・伝藤原光能像　平重盛」（伝 藤原隆信　鎌倉時代）
　▷図39(2)「伝源頼朝像・伝平重盛像・伝藤原光能像　源頼朝」（伝 藤原隆信　鎌倉時代）
◇日本大百科全書（小学館 1984）
◇日本古寺美術全集 9（集英社 1981）
　▷図9「伝平重盛像」（伝 藤原隆信）
◇国史大辞典（吉川弘文館 1979）
◇日本絵画百選（日本経済新聞社 1979）
　▷図31「平重盛像」（作者不詳　鎌倉時代）
◇日本人名大事典 1～6（平凡社 1979（覆刻））
◇日本美術全集 10（学習研究社 1979）
　▷図67「平重盛像」（伝 藤原隆信　鎌倉時代）
◇原色版国宝 7（毎日新聞社 1976）
　▷図21「伝源頼朝像・伝平重盛像・伝藤原光能像」（作者不詳　鎌倉時代（12世紀後半））
◇重要文化財 9（毎日新聞社 1974）
　▷図251「源頼朝像・平重盛像・藤原光能像」（伝 藤原隆信　鎌倉時代）
◇原色日本の美術 23（小学館 1971）
　▷図44「平重盛像」（作者不詳）
◇日本絵画館 4（講談社 1970）
　▷図48「平重盛像」（伝 藤原隆信　12世紀末）
◇明治絵画名作大観 上（同盟通信社 1969）

▷図39「重盛諫言」（榊原文翠　明治26（1893））
◇大日本百科事典（小学館 1967）
◇世界大百科事典（平凡社 1964）

平資盛　たいらのすけもり　1158〜1185
平安時代後期の武将。
◇日本人名大事典 1〜6（平凡社 1979（覆刻））

平忠度　たいらのただのり　1144〜1184
平安時代後期の武将、歌人。
◇秘蔵浮世絵大観　ムラー・コレクション（講談社 1990）
▷図179「平忠度旅宿花」（小林清親　明治17.5（1884.5））

平忠盛　たいらのただもり　1096〜1153
平安時代後期の武士。
◇秘蔵浮世絵大観　ムラー・コレクション（講談社 1990）
▷図0155「平忠盛御堂法師を捕る図」（小林清親）

平経正　たいらのつねまさ　？〜1184
平安時代後期の武将。
◇琳派美術館 3（集英社 1993）
▷図78-79「平経正弾琵琶図屏風」（鈴木守一）
◇琳派 4（紫紅社 1991）
▷図242「平経正弾琵琶図屏風」（鈴木守一）

平知盛　たいらのとももり　1152〜1185
平安時代後期の武将、平清盛の4男。
◇日本の幽霊名画集（人類文化社 2000）
▷図28「平知盛亡霊図」（作者不詳）
◇巨匠の日本画 8（学習研究社 1994）
▷図10,11, カバー・表紙［裏］「知盛幻生」（前田青邨　昭和46(1971)）
◇昭和の日本画100選（朝日新聞社 1991）
▷図18「知盛幻生」（前田青邨　昭和46(1971)）
◇秘蔵浮世絵大観 11（講談社 1988）
▷図127「大物浦平知盛の亡霊」（歌川国芳　文政初期(1818-30)）
◇浮世絵八華 7（平凡社 1985）
▷図1「真勇競　平知盛」（歌川国芳）
▷図5「平知盛亡霊の図」（歌川国芳）
◇日本画素描大観 5（講談社 1984）
▷図195「知盛幻生」（前田青邨　昭和46(1971)）
▷図194「知盛幻生（小下図）」（前田青邨　昭和46(1971)）
◇日本大百科全書（小学館 1984）
◇原色現代日本の美術 9（小学館 1980）
▷図86「知盛幻生」（前田青邨　昭和46(1971)）

◇日本人名大事典 1〜6（平凡社 1979（覆刻））
◇日本の名画 15（中央公論社 1977）
▷図52「知盛幻生」（前田青邨　昭和46(1971)）
◇現代日本美術全集 15（集英社 1973）
▷図49-50「知盛幻生」（前田青邨　昭和46(1971)）
◇日本の名画 26（講談社 1973）
▷図18「知盛幻生」（前田青邨　昭和46(1971)）

平教盛　たいらののりもり　1128〜1185
平安時代後期の武将。
◇日本大百科全書（小学館 1984）
◇日本人名大事典 1〜6（平凡社 1979（覆刻））

平将門　たいらのまさかど　？〜940
平安時代中期の武将。
◇講談社日本人名大辞典（講談社 2001）
◇日本大百科全書（小学館 1984）
◇浮世絵聚花 1（小学館 1983）
▷図3「平親王将門と田原藤太秀郷」（鳥居派）
◇世界伝記大事典（ほるぷ出版 1978）

平宗盛　たいらのむねもり　1147〜1185
平安時代後期の武将。
◇講談社日本人名大辞典（講談社 2001）
◇角川日本姓氏歴史人物大辞典 26（角川書店 1997）
◇国史大辞典（吉川弘文館 1979）

大林宗套　だいりんそうとう　1480〜1568
戦国時代の臨済宗の僧。
◇国史大辞典（吉川弘文館 1979）

高井鴻山　たかいこうざん　1806〜1883
江戸時代末期、明治時代の信濃国の豪農、文人。
◇角川日本姓氏歴史人物大辞典 20（角川書店 1996）
◇長野県歴史人物大事典（郷土出版社 1989）
◇国史大辞典（吉川弘文館 1979）

高尾〔仙台高尾〕　たかお
1641〜1659　江戸時代前期の女性。江戸新吉原の遊女（2代高尾）。
◇栃木県歴史人物事典（下野新聞社 1995）　▷高尾〔代数なし〕

高尾〔代数不詳〕　たかお
江戸時代前期、中期の女性。江戸新吉原京町の代表的遊女（三浦屋抱えの代々の大夫の名、高雄とも書く）。
◇ボストン美術館 日本美術調査図録（講談社

2003）
　▷図III-129「遊女と禿（高尾太夫図）」（千春
　　延享（1744-48）－宝暦（1751-64））
　▷図III-415「高尾太夫図」（蹄斎北馬　文政
　　（1818-30）－天保（1830-44））
◇秘蔵浮世絵大観 3（講談社 1988）
　▷図97「高尾大夫」（歌川広重（2代）　文久2
　　頃（1862頃））
◇秘蔵浮世絵大観 4（講談社 1988）
　▷図110「志喜այ初の図 三浦屋内高尾座舗の躰」
　　（喜多川月麿　文化元（1804））
◇秘蔵浮世絵大観 2（講談社 1987）
　▷図199「見立高尾太夫」（鳥嘴斎栄寿　寛政
　　後期（1789-1801））
◇浮世絵聚花 1（小学館 1983）
　▷図129「三浦屋太夫高尾」（常川重信）
◇肉筆浮世絵 1（集英社 1982）
　▷図47-48「高尾・薄雲図」（作者不詳）
◇肉筆浮世絵 8（集英社 1981）
　▷図21「高尾太夫図」（歌川広重（初代））
◇浮世絵聚花 16（小学館 1981）
　▷図57「高尾太夫図」（歌川広重（初代））
　▷図17「高尾太夫図」（奥村政信）
◇肉筆浮世絵集成 1（毎日新聞社 1977）
　▷図109「高尾太夫立姿図」（宮川長春　宝永
　　期）
◇在外秘宝―欧米収蔵浮世絵集成 歌川広重（学習
　研究社 1973）
　▷図211「画帖 遊女高尾」（歌川広重（初代））
◇在外秘宝―欧米収蔵日本絵画集成 肉筆浮世絵
　（学習研究社 1969）
　▷図98「遊女高尾図」（歌川広重（初代））
◇美人画・役者絵 1（講談社 1965）
　▷図67-68「高尾・薄雲図」（作者不詳）
◇浮世絵全集 3（河出書房新社 1956）
　▷図41「三浦屋内 高尾」（喜多川月麿）

高木清兵衛　たかぎせいべえ　1850〜1924
江戸時代末期〜大正期の酒造家。
◇宮城県百科事典（河北新報社 1982）

高木仙右衛門　たかぎせんえもん
1824〜1899 江戸時代末期,明治時代のキリシ
タン。
◇長崎県大百科事典（長崎新聞社 1984）

高木文平　たかぎぶんぺい　1843〜1910
江戸時代末期,明治時代の旗本領代官。
◇京都大事典（淡交社 1984）

高久靄厓　たかくあいがい
1796〜1843 江戸時代後期の南画家。
◇国宝・重要文化財大全 2（毎日新聞社 1999）
　▷図223「高久靄厓像」（椿椿山　江戸時代）
◇原色日本の美術（改訂版）19（小学館 1994）
　▷図88「高久靄厓像」（椿椿山　1845）
◇日本美術全集 21（講談社 1991）
　▷図61「高久靄厓像」（椿椿山　弘化2
　　（1845））
◇人間の美術 9（学習研究社 1990）
　▷図183「高久靄厓像」（椿椿山　弘化2
　　（1845））
◇日本大百科全書（小学館 1984）
◇郷土歴史人物事典 栃木（第一法規出版 1977）
◇水墨美術大系 別巻1（講談社 1976）
　▷図104「高久靄厓像」（椿椿山）
◇重要文化財 11（毎日新聞社 1975）
　▷図160「高久靄厓像」（椿椿山　江戸時代）
◇文人画粋編 19（中央公論社 1975）
　▷図116「高久靄厓像」（椿椿山　弘化2
　　（1845））
　▷図115「高久靄厓像稿」（椿椿山　弘化2
　　（1845））
◇日本絵画館 8（講談社 1970）
　▷図43「高久靄厓像」（椿椿山　弘化2
　　（1845））
◇原色日本の美術 18（小学館 1969）
　▷図88「高久靄厓像」（椿椿山　1845）
◇日本美術大系 5（講談社 1959）
　▷図104「高久靄厓像」（椿椿山）

高倉天皇　たかくらてんのう　1161〜1181
平安時代後期の第80代天皇。在位1168〜1180。
◇角川日本姓氏歴史人物大辞典 26（角川書店
　1997）
◇国宝・重要文化財大全 1（毎日新聞社 1997）
　▷図147「天皇摂関御影」（作者不詳　鎌倉時
　　代）
◇日本美術全集 9（講談社 1993）
　▷図30「天子摂関大臣影図巻」（藤原為信,藤
　　原豪信　14世紀中頃）
◇日本史大事典（平凡社 1992）
◇皇室の至宝第1期 御物 1（毎日新聞社 1991）
　▷図10-30「天皇影(天皇・摂関・大臣影三巻の
　　うち)」（藤原為信,伝 藤原豪信　鎌倉時代）
◇続日本の絵巻 12（中央公論社 1991）
　▷p51-84「天子摂関御影」（作者不詳　14世紀
　　半ば過ぎ）
◇続日本絵巻大成 18（中央公論社 1983）
　▷p51-84「天子摂関御影」（作者不詳）
◇国史大辞典（吉川弘文館 1979）
◇日本人名大事典 1〜6（平凡社 1979（覆刻））
◇新修日本絵巻物全集 26（角川書店 1978）
　▷グラビアp24-29「天子摂関御影　天子巻」
　　（作者不詳）
　▷グラビアp30-37「天子摂関御影　摂関巻」
　　（作者不詳）
　▷グラビアp38-55「天子摂関御影　大臣巻」
　　（作者不詳）
　▷グラビア1「天子摂関御影　天子巻(崇徳
　　院)」（作者不詳）

▷グラビア2「天子摂関御影　天子巻（順徳院・後高倉院）」（作者不詳）
　▷グラビア3「天子摂関御影　摂関巻（藤原忠通・藤原基実）」（作者不詳）
　▷グラビア4「天子摂関御影　摂関巻（九条良経・近衛家実）」（作者不詳）
　▷グラビア5「天子摂関御影　大臣巻（藤原宗忠・藤原頼長）」（作者不詳）
　▷グラビア6「天子摂関御影　大臣巻（平重盛・平宗盛）」（作者不詳）
　▷グラビア7「天子摂関御影　大臣巻（大炊御門冬氏・今出川兼季）」（作者不詳）
　▷オフセット1「天子摂関御影　天子巻（鳥羽院）」（作者不詳）
　▷オフセット2「天子摂関御影　天子巻（後白河院・二条院）」（作者不詳）
　▷オフセット3「天子摂関御影　天子巻（高倉院・後鳥羽院）」（作者不詳）
　▷オフセット4「天子摂関御影　天子巻（花園院・後醍醐院）」（作者不詳）
　▷オフセット5「天子摂関御影　摂関巻（藤原師家・九条兼実）」（作者不詳）
　▷オフセット6「天子摂関御影　大臣巻（平清盛・藤原忠雅）」（作者不詳）
◇御物聚品 絵画1（朝日新聞社 1977）
　▷図6「高倉天皇御影」（作者不詳　鎌倉時代）
◇日本絵画館 4（講談社 1970）
　▷図53「天皇影」（伝 藤原為信　14世紀前半）

高桑師道　たかくわしどう　1815〜1885
　江戸時代後期〜明治期の浄土真宗本願寺派の学僧。
◇富山大百科事典（北日本新聞社 1994）

高崎五六　たかさきごろく　1836〜1896
　江戸時代末期，明治時代の薩摩藩士，明治政府の官僚。
◇岡山県歴史人物事典（山陽新聞社 1994）
◇岡山県大百科事典（山陽新聞社 1980）
◇岡山人名事典（日本文教出版 1978）

高崎正風　たかさきまさかぜ　1836〜1912
　江戸時代末期，明治期の歌人。御歌所長。
◇角川日本姓氏歴史人物大辞典 46（角川書店 1994）
◇鹿児島大百科事典（南日本新聞社 1981）

高島嘉右衛門　たかしまかえもん
　1832〜1914　江戸時代末期，明治時代の実業家，易断家。
◇北海道歴史人物事典（北海道新聞社 1993）
◇神奈川県百科事典（大和書房 1983）
◇茨城県大百科事典（茨城新聞社 1981）　▷高嶋嘉右衛門
◇北海道大百科事典（北海道新聞社 1981）
◇国史大辞典（吉川弘文館 1979）

◇日本人名大事典 1〜6（平凡社 1979（覆刻））

高島秋帆　たかしましゅうはん　1798〜1866
　江戸時代末期の砲術家，洋式兵学者。
◇長崎県大百科事典（長崎新聞社 1984）
◇日本大百科全書（小学館 1984）
◇郷土歴史人物事典 長崎（第一法規出版 1979）
◇国史大辞典（吉川弘文館 1979）
◇世界伝記大事典（ほるぷ出版 1978）
◇大日本百科事典（小学館 1967）

高島籟士　たかしまてつし　？〜1707
　江戸時代前期，中期の俳人。談林派。
◇日本人名大事典 1〜6（平凡社 1979（覆刻））

高島祐啓　たかしまゆうけい
　江戸時代末期の幕府医師。
◇幕末―写真の時代（筑摩書房 1994）
　▷p62 No.61「（無題）」（ナダール）
◇写真集 甦る幕末（朝日新聞社 1987）
　▷p231 No.318「（無題）」
　▷p234 No.336「（無題）」

高杉晋作　たかすぎしんさく　1839〜1867
　江戸時代末期の長州（萩）藩士。
◇サムライ古写真帖（新人物往来社 2004）
　▷p86「晋作と伊藤俊輔」（上野彦馬）
　▷p85「（無題）」（上野彦馬　慶応2年（1866）.4）
◇士―日本のダンディズム（二玄社 2003）
　▷p052 No.43「高杉晋作像」（上野彦馬　制作年不詳）
◇講談社日本人名大辞典（講談社 2001）
◇幕末―写真の時代（筑摩書房 1994）
　▷p184 No.196「（無題）」（上野彦馬）
◇日本史大事典（平凡社 1992）
◇角川日本姓氏歴史人物大辞典 35（角川書店 1991）
◇写された幕末―石黒敬七コレクション（明石書店 1990）
　▷p46 No.1「剣道着をつけた高杉晋作」
　▷p98 No.1「幕末の志士達」
◇写真集 高杉晋作の生涯（新人物往来社 1989）
◇日本写真全集 1 写真の幕あけ（小学館 1985）
　▷p148 No.202「（無題）」（上野彦馬）
◇高杉晋作写真集（新人物往来社 1984）
◇日本大百科全書（小学館 1984）
◇山口県百科事典（大和書房 1982）
◇国史大辞典（吉川弘文館 1979）
◇日本人名大事典 1〜6（平凡社 1979（覆刻））
◇世界伝記大事典（ほるぷ出版 1978）
◇写真の開祖上野彦馬（上野彦馬撮影 産業能率短期大学出版部 1975）
　▷p11 No.4「（無題）」（慶応元年（1865）.2）

▷p209「（無題）」
▷p7 No.2「（無題）」（慶応2年(1866).4）
▷p209「（無題）」（慶応2年(1866).4）
◇大日本百科事典（小学館 1967）
◇世界大百科事典（平凡社 1964）

高須松亭　たかすしょうてい　1814～1889
江戸時代後期，末期，明治時代の蘭方医。
◇岡山県歴史人物事典（山陽新聞社 1994）
◇岡山県大百科事典（山陽新聞社 1980）

高田音次郎　たかたおとじろう　1849～1915
江戸時代末期～大正期の実業家。
◇岡山県歴史人物事典（山陽新聞社 1994）
◇岡山県大百科事典（山陽新聞社 1980）

多賀高忠　たがたかただ　1425～1486
室町時代，戦国時代の武将，武家故実家。
◇国宝・重要文化財大全 1（毎日新聞社 1997）
　▷図184「多賀高忠像」（作者不詳　室町時代享徳元(1452)養叟賛）
◇日本史大事典（平凡社 1992）
◇国史大辞典（吉川弘文館 1979）
◇重要文化財 9（毎日新聞社 1974）
　▷図284「多賀高忠像(養叟賛)」（作者不詳享徳1(1452)）
◇秘宝 11（講談社 1968）
　▷図76「多賀高忠像」（作者不詳）

高田春塘　たかたしゅんとう　1785～1838
江戸時代中期の漢詩人。
◇高知県人名事典（高知新聞社 1999）

高田宜和　たかたのぶかず　1821～1886
江戸時代末期，明治時代の勧業家。
◇静岡県歴史人物事典（静岡新聞社 1991）

高田屋嘉兵衛　たかだやかへえ
1769～1827　江戸時代中期，後期の海運業者。
◇北海道歴史人物事典（北海道新聞社 1993）
◇日本史大事典（平凡社 1992）
◇日本大百科全書（小学館 1984）
◇兵庫県大百科事典 上，下（神戸新聞出版センター 1983）
◇北海道大百科事典（北海道新聞社 1981）
◇兵庫県史 第4巻 近世編2（兵庫県 1980）
　▷〈写真〉写真196「高田屋嘉兵衛像」
◇国史大辞典（吉川弘文館 1979）

鷹司兼平　たかつかさかねひら　1228～1294
鎌倉時代後期の公卿。摂政・関白・太政大臣。
◇角川日本姓氏歴史人物大辞典 26（角川書店 1997）

◇日本史大事典（平凡社 1992）
◇国史大辞典（吉川弘文館 1979）

高野長英　たかのちょうえい　1804～1850
江戸時代末期の蘭学者。
◇講談社日本人名大辞典（講談社 2001）
◇日本史大事典（平凡社 1992）
◇岩手百科事典（岩手放送 1988）
◇愛媛県百科大事典（愛媛新聞社 1985）
◇日本大百科全書（小学館 1984）
◇宮城県百科事典（河北新報社 1982）
◇国史大辞典（吉川弘文館 1979）
◇日本人名大事典 1～6（平凡社 1979（覆刻））
◇世界伝記大事典（ほるぷ出版 1978）
◇大日本百科事典（小学館 1967）
◇世界大百科事典（平凡社 1964）

高場乱　たかばおさむ　1832～1891
江戸時代末期，明治時代の女性。教育者，眼科医。
◇福岡県百科事典 上，下（西日本新聞社 1982）

高橋景保　たかはしかげやす　1785～1829
江戸時代後期の天文・地理学者。
◇世界伝記大事典（ほるぷ出版 1978）

高橋兼吉　たかはしかねきち　1845～1894
江戸時代末期，明治期の宮大工。
◇山形県大百科事典（山形放送 1983）

高橋是清　たかはしこれきよ　1854～1936
江戸時代末期，明治時代の政治家，財政家。
◇日本史大事典（平凡社 1992）
◇岩手百科事典（岩手放送 1988）
◇読者所蔵「古い写真」館（朝日新聞社 1986）
　▷p163「田中義一内閣」（三越写真館）
◇日本大百科全書（小学館 1984）
◇宮城県百科事典（河北新報社 1982）
◇国史大辞典（吉川弘文館 1979）
◇日本人名大事典 1～6（平凡社 1979（覆刻））
◇世界伝記大事典（ほるぷ出版 1978）
◇大日本百科事典（小学館 1967）
◇世界大百科事典（平凡社 1964）

高橋多一郎　たかはしたいちろう　1814～1860
江戸時代末期の水戸藩士。
◇茨城県大百科事典（茨城新聞社 1981）

高橋恒道　たかはしつねみち　1830～1896
江戸時代後期～明治期の歌人・教育者。
◇北海道歴史人物事典（北海道新聞社 1993）
◇北海道大百科事典（北海道新聞社 1981）

高橋泥舟　たかはしでいしゅう　1835～1903
　江戸時代末期，明治時代の幕臣。
◇講談社日本人名大辞典（講談社 2001）
◇国史大辞典（吉川弘文館 1979）
◇日本人名大事典 1～6（平凡社 1979〈覆刻〉）

高橋道斎　たかはしどうさい　1718～1794
　江戸時代中期の儒者。
◇角川日本姓氏歴史人物大辞典 10（角川書店 1994）
◇群馬県史 通史編6 近世3 生活・文化（群馬県 1992）
　　▷〈写真〉54「高橋道斎肖像画」

高橋東皐　たかはしとうゆう　1752～1819
　江戸時代後期の俳人。蕪村門。
◇岩手百科事典（岩手放送 1988）

高橋徳元　たかはしとくげん　1589～1641
　江戸時代前期の人。
◇会津大事典（国書刊行会 1985）

高橋富枝　たかはしとみえ　1839～1921
　江戸時代末期，明治時代の女性。金光教の布教師。
◇岡山県歴史人物事典（山陽新聞社 1994）
◇岡山県大百科事典（山陽新聞社 1980）
◇岡山人名事典（日本文教出版 1978）

高橋留三郎　たかはしとめさぶろう
　江戸時代末期の第2回遣欧使節団随員。
◇読者所蔵「古い写真」館（朝日新聞社 1986）
　　▷p39「第2回遣欧使節」

高橋直勝　たかはしなおかつ　1849～1898
　江戸時代後期～明治期の人。
◇山形県大百科事典（山形放送 1983）

高橋白山　たかはしはくざん　1836～1904
　江戸時代末期，明治時代の儒学者。
◇長野県歴史人物大事典（郷土出版社 1989）

高橋平四郎　たかはしへいしろう　1834～1889
　江戸時代後期～明治期の製糸業界の先駆者。
◇長野県歴史人物大事典（郷土出版社 1989）

高橋正直　たかはしまさなお　1843～1921
　江戸時代末期～大正期の医師。
◇岡山県歴史人物事典（山陽新聞社 1994）

高橋由一　たかはしゆいち　1828～1894
　江戸時代末期，明治時代の洋画家。
◇人間の美術 9（学習研究社 1990）

　　▷図232「自画像」（高橋由一　慶応4頃（1868頃）
◇香川県人物・人名事典（四国新聞社 1985）
◇香川県大百科事典（四国新聞社 1984）
◇国史大辞典（吉川弘文館 1979）
◇世界伝記大事典（ほるぷ出版 1978）
◇日本の名画 2（中央公論社 1976）
　　▷図1「丁髷姿の自画像」（高橋由一　1866-67頃）

高畠五郎　たかばたけごろう　1825～1884
　江戸時代末期，明治時代の阿波徳島藩医，洋楽者，官吏。
◇徳島県百科事典（徳島新聞社 1981）　▷高畠道純

高畑利宜　たかばたけとしよし　1841～1922
　江戸時代末期～大正期の内陸部開拓の先達。
◇北海道歴史人物事典（北海道新聞社 1993）
◇北海道大百科事典（北海道新聞社 1981）

高幡竜暢　たかはたりゅうちょう　1827～1912
　江戸時代末期，明治時代の僧。
◇香川県人物・人名事典（四国新聞社 1985）
◇香川県大百科事典（四国新聞社 1984）

高林謙三　たかばやしけんぞう　1832～1901
　江戸時代末期，明治時代の茶葉粗揉機の発明家。
◇静岡県歴史人物事典（静岡新聞社 1991）
◇静岡大百科事典（静岡新聞社 1978）
◇埼玉大百科事典 1～5（埼玉新聞社 1974）

幟仁親王　たかひとしんのう　1812～1886
　江戸時代末期，明治時代の親王。
◇国史大辞典（吉川弘文館 1979）

高間応輔　たかまおうすけ
　江戸時代末期の第1回遣欧使節団正使従者。
◇幕末―写真の時代（筑摩書房 1994）
　　▷p63 No.63「〈無題〉」（ナダール）
◇写真集 甦る幕末（朝日新聞社 1987）
　　▷p237 No.346「〈無題〉」

高松彦三郎　たかまつひこさぶろう
　江戸時代末期の幕臣・小人目付。1862年遣欧使節に随行しフランスに渡る。
◇幕末―写真の時代（筑摩書房 1994）
　　▷p60 No.53「〈無題〉」（ナダール）
◇写真集 甦る幕末（朝日新聞社 1987）
　　▷p233 No.327「〈無題〉」

高松凌雲　たかまつりょううん　1836〜1916
江戸時代末期, 明治時代の幕臣, 医師。
◇サムライ古写真帖（新人物往来社 2004）
　▷p18「マルセイユでの徳川昭武一行」（Walery 1867.4.5）
◇北海道歴史人物事典（北海道新聞社 1993）
◇写された幕末―石黒敬七コレクション（明石書店 1990）
　▷p56 No.1「マルセイユで撮った徳川昭武一行」
◇福岡県百科事典 上, 下（西日本新聞社 1982）
◇北海道大百科事典（北海道新聞社 1981）
◇国史大辞典（吉川弘文館 1979）

高見甚左衛門　たかみじんざえもん
1784〜1864　江戸時代中期, 末期の本屋。
◇長野県歴史人物大事典（郷土出版社 1989）

鷹見泉石　たかみせんせき　1785〜1858
江戸時代後期の行政家, 蘭学者。
◇日本絵画名作101選（小学館 2005）
　▷図94「鷹見泉石像」（渡辺崋山　天保8（1837））
◇講談社日本人名大辞典（講談社 2001）
◇国宝・重要文化財大全 2（毎日新聞社 1999）
　▷図220「鷹見泉石像」（渡辺崋山　江戸時代　天保8（1837）年記）
◇日本の美術百選（朝日新聞社 1999）
　▷図38「鷹見泉石像」（渡辺崋山　江戸時代（1837））
◇私の選んだ国宝絵画 2（毎日新聞社 1997）
　▷p56「鷹見泉石像」（渡辺崋山　江戸時代（1837））
◇原色日本の美術（改訂版）19（小学館 1994）
　▷図81「鷹見泉石像」（渡辺崋山　1837）
◇原色日本の美術（改訂版）21（小学館 1994）
　▷図72「鷹見泉石像」（作者不詳　1837）
◇国宝百撰 平山郁夫（毎日新聞社 1992）
　▷図45「鷹見泉石像」（渡辺崋山　1837）
◇日本史大事典（平凡社 1992）
◇日本美術全集 21（講談社 1991）
　▷図57「鷹見泉石像」（渡辺崋山　1837（天保8））
◇人間の美術 9（学習研究社 1990）
　▷図6「鷹見泉石像」（渡辺崋山　天保8（1837））
◇国宝大事典 1（講談社 1985）
　▷図130「鷹見泉石像」（渡辺崋山　江戸時代（1837））
◇国宝 3（毎日新聞社 1984）
　▷図34「鷹見泉石像」（渡辺崋山　天保8（1837）江戸時代）
◇茨城県大百科事典（茨城新聞社 1981）
◇国史大辞典（吉川弘文館 1979）
◇日本人名大事典 1〜6（平凡社 1979（覆刻））

◇日本美術全集 25（学習研究社 1979）
　▷図15「鷹見泉石像」（渡辺崋山　天保8（1837））
◇日本美術絵画全集 24（集英社 1977）
　▷図1「鷹見泉石像」（渡辺崋山　天保8（1837））
◇愛蔵版原色版国宝 12（毎日新聞社 1976）
　▷図28「鷹見泉石像」（渡辺崋山　江戸時代（1837））
◇日本の美術 2（旺文社 1976）
　▷図97「鷹見泉石像」（渡辺崋山　1837）
◇重要文化財 11（毎日新聞社 1975）
　▷図154「鷹見泉石像」（渡辺崋山　江戸時代）
◇文人画粋編 19（中央公論社 1975）
　▷図63「鷹見泉石像」（渡辺崋山　天保8（1837））
◇日本美術館 10（筑摩書房 1972）
　▷図12「鷹見泉石像」（渡辺崋山）
◇原色日本の美術 23（小学館 1971）
　▷図72「鷹見泉石像」（作者不詳）
◇日本の絵画 国宝50選（毎日新聞社 1970）
　▷図54「鷹見泉石像」（渡辺崋山（1837））
◇日本絵画館 8（講談社 1970）
　▷図41「鷹見泉石像」（渡辺崋山　天保8（1837））
◇原色日本の美術 18（小学館 1969）
　▷図81「鷹見泉石像」（渡辺崋山　1837）
◇国宝 6（毎日新聞社 1967）
　▷図41「鷹見泉石像」（渡辺崋山　江戸時代）
◇大日本百科事典（小学館 1967）
◇世界大百科事典（平凡社 1964）

高森観好　たかもりかんこう　1750〜1830
江戸時代中期, 後期の蘭学者。
◇静岡県史 資料編15 近世7（静岡県 1991）
　▷〈口絵〉7「大久保一丘筆 高森観好画像」

高屋洗三郎　たかやせんざぶろう　1851〜1923
江戸時代末期〜大正期の高知藩士, 民権運動家, 商人。
◇高知県人名事典（高知新聞社 1999）

高山右近　たかやまうこん　1552〜1615
安土桃山時代, 江戸時代前期のキリシタン, 大名。
◇書府太郎―石川県大百科事典 改訂版 上（北国新聞社 2004）
◇講談社日本人名大辞典（講談社 2001）
◇大阪府史 第5巻 近世編1（大阪府 1985）
　▷〈写真〉写真15「高山右近像 大阪市東区」
◇世界伝記大事典（ほるぷ出版 1978）
◇兵庫県史 第3巻 中世編2・近世編1（兵庫県 1978）
　▷〈写真〉写真281「高山右近像」
◇大日本百科事典（小学館 1967）

高山周徳　たかやましゅうとく　1835〜1881
　江戸時代後期〜明治期の医師。
◇岡山県歴史人物事典（山陽新聞社 1994）
◇北海道歴史人物事典（北海道新聞社 1993）
◇北海道大百科事典（北海道新聞社 1981）

高山彦九郎　たかやまひこくろう　1747〜1793
　江戸時代中期の勤王家。
◇群馬県史 通史編6 近世3 生活・文化（群馬県 1992）
　　▷〈写真〉233「高山彦九郎画像」
◇京都大事典（淡交社 1984）
◇国史大辞典（吉川弘文館 1979）
◇日本人名大事典 1〜6（平凡社 1979（覆刻））
◇大日本百科事典（小学館 1967）

滝川一益　たきがわかずます　1525〜1586
　戦国時代, 安土桃山時代の武将。
◇日本史大事典（平凡社 1992）
◇日本大百科全書（小学館 1984）
◇国史大辞典（吉川弘文館 1979）

多紀元簡　たきげんかん　1755〜1810
　江戸時代中期, 後期の幕府医師。
◇国史大辞典（吉川弘文館 1979）　▷多紀桂山
◇日本人名大事典 1〜6（平凡社 1979（覆刻））
◇大日本百科事典（小学館 1967）

多紀元堅　たきげんけん　1795〜1857
　江戸時代末期の幕府医師。
◇日本人名大事典 1〜6（平凡社 1979（覆刻））

滝沢馬琴　たきざわばきん　1767〜1848
　江戸時代中期, 後期の読本・合巻作者。
◇講談社日本人名大辞典（講談社 2001）
◇朝日美術館 日本編 8（朝日新聞社 1997）
　　▷図35「面構 葛飾北斎・滝沢馬琴」（片岡球子 1979）
◇日本史大事典（平凡社 1992）　▷曲亭馬琴
◇現代の日本画 6（学習研究社 1991）
　　▷図58「面構 葛飾北斎・滝沢馬琴」（片岡球子 昭和54（1979））
◇日本大百科全書（小学館 1984）　▷曲亭馬琴
◇沖縄大百科事典（沖縄タイムス社 1983）
◇日本画素描大観 3（講談社 1983）
　　▷図194「曲亭馬琴（スケッチ）」（鏑木清方 明治37-38（1904-05））
◇国史大辞典（吉川弘文館 1979）　▷曲亭馬琴
◇日本人名大事典 1〜6（平凡社 1979（覆刻））
◇世界伝記大事典（ほるぷ出版 1978）
◇現代日本の美術 3（集英社 1976）
　　▷図1「曲亭馬琴」（鏑木清方 明治40（1907））

◇大日本百科事典（小学館 1967）
◇世界大百科事典（平凡社 1964）

滝善三郎　たきぜんざぶろう　1837〜1868
　江戸時代末期の神戸事件の犠牲者。
◇岡山県歴史人物事典（山陽新聞社 1994）

滝田紫城　たきたしじょう　1822〜1897
　江戸時代末期, 明治時代の筑前福岡藩士。
◇福岡県百科事典 上, 下（西日本新聞社 1982）

滝谷寺道雅　たきだんじどうが　1812〜1866
　江戸時代後期, 末期の僧。
◇福井県大百科事典（福井新聞社 1991）

滝中秀松〔代数不詳〕　たきなかひでまつ
　江戸時代の歌舞伎役者。
◇秘蔵浮世絵大観 10（講談社 1987）
　　▷図012「瀧中秀松」（鳥居清信（2代） 元文・寛保）

滝中秀松〔初代〕　たきなかひでまつ
　江戸時代の歌舞伎役者。
◇秘蔵浮世絵大観 8（講談社 1989）
　　▷図71「初代佐野川市松と初代瀧中秀松」（鳥居清倍（2代） 延享2-4年(1745-47頃)）

滝浪図南　たきなみとなん　不詳〜1902〜1902
　江戸時代末期, 明治期の洋方医。
◇新潟県大百科事典 別巻（新潟日報事業社 1977）

滝ノ音宗五郎　たきのおとそうごろう
　江戸時代の歌舞伎役者。
◇秘蔵浮世絵大観 6（講談社 1989）
　　▷図135「滝ノ音宗五郎・雷電為右衛門」（勝川春英 寛政5-6年頃(1793-94頃)）
◇秘蔵浮世絵大観 2（講談社 1987）
　　▷図118「谷風・瀧ノ音」（勝川春英 寛政3-6(1791-94)）
◇日本版画美術全集 3（講談社 1961）
　　▷図273「谷風・瀧ノ音」（勝川春英 寛政3-6(1791-94)）

瀧兵右衛門　たきひょうえもん　1843〜1918
　江戸時代末期〜大正期の人。
◇愛知百科事典（中日新聞本社 1977）

滝水薫什　たきみずくんじゅう　1840〜1906
　江戸時代後期〜明治期の宗教家・殖産事業家。
◇富山大百科事典（北日本新聞社 1994）

滝本金蔵　　たきもときんぞう　1826〜1899
　江戸時代末期,明治時代の北海道登別温泉の開発功労者。
◇北海道歴史人物事典（北海道新聞社 1993）
◇北海道大百科事典（北海道新聞社 1981）

多紀元胤　　たきもとつぐ　1789〜1827
　江戸時代後期の寄合医師。
◇日本人名大事典 1〜6（平凡社 1979（覆刻））

瀧吉弘　　たきよしひろ　1842〜1904
　江戸時代末期,明治期の豊後日出藩士。
◇大分県歴史人物事典（大分合同新聞社 1996）

沢庵宗彭　　たくあんそうほう　1573〜1645
　安土桃山時代,江戸時代前期の臨済宗の僧。
◇国宝・重要文化財大全 1（毎日新聞社 1997）
　　▷図143「沢庵宗彭像」（作者不詳　江戸時代　寛永16（1639）自賛）
◇日本大百科全書（小学館 1984）　▷沢庵
◇兵庫県史　第4巻　近世2（兵庫県 1980）
　　▷〈口絵〉「沢庵宗彭像」
　　▷〈写真〉写真72「沢庵像」
◇国史大辞典（吉川弘文館 1979）
◇日本人名大事典 1〜6（平凡社 1979（覆刻））
◇世界伝記大事典（ほるぷ出版 1978）
◇重要文化財 11（毎日新聞社 1975）
　　▷図220「沢庵和尚像（自賛）」（作者不詳　江戸時代）
◇秘宝 11（講談社 1968）
　　▷図71「沢庵宗彭像」（作者不詳）
◇大日本百科事典（小学館 1967）　▷沢庵

沢彦　　たくげん　不明〜1587
　戦国時代の禅僧。信長の名付け親。
◇岐阜県史　通史編　近世上（岐阜県 1968）
　　▷p44（写真）「沢彦和尚像」

多久茂族　　たくしげつぐ　1833〜1884
　江戸時代末期,明治時代の肥前佐賀藩士。
◇佐賀県大百科事典（佐賀新聞社 1983）

田口和美　　たぐちかずよし　1839〜1904
　江戸時代末期,明治時代の医学者。
◇埼玉人物事典（埼玉県 1998）
◇国史大辞典（吉川弘文館 1979）
◇埼玉大百科事典 1〜5（埼玉新聞社 1974）

田口昌竜　　たぐちしょうりゅう　1849〜1919
　江戸時代末期〜大正期の僧,私塾経営者。
◇大分県歴史人物事典（大分合同新聞社 1996）
◇大分百科事典（大分放送 1980）

田口慶郷　　たぐちよしさと　1798〜1866
　江戸時代後期,末期の治水家。
◇岐阜県百科事典（岐阜日日新聞社 1968）

武井守正　　たけいもりまさ　1842〜1926
　江戸時代末期,明治時代の播磨姫路藩士,官僚,実業家。
◇鳥取県大百科事典（新日本海新聞社 1984）

武居用拙　　たけいようせつ　1816〜1892
　江戸時代後期,末期,明治時代の漢学者。
◇長野県歴史人物大事典（郷土出版社 1989）

武殻王　　たけかいこおう
　上代の武将。
◇香川県大百科事典（四国新聞社 1984）

竹川竹斎　　たけがわちくさい　1809〜1882
　江戸時代末期,明治時代の篤農家。
◇三重県史　資料編　近世4（下）幕末維新（三重県 1999）
　　▷〈口絵〉10「竹川竹斎肖像写真（表・裏）」

竹川政信　　たけがわまさのぶ
　江戸時代中期,後期の商家・国学者。
◇三重県史　資料編　近世5 文芸（三重県 1994）
　　▷〈口絵〉2「竹川政信画像」

竹崎茶堂　　たけざきさどう　1812〜1877
　江戸時代末期,明治時代の肥後熊本藩郷士。
◇熊本県大百科事典（熊本日日新聞社 1982）

竹崎順子　　たけざきじゅんこ　1825〜1905
　江戸時代末期,明治時代の女性。教育者。
◇熊本県大百科事典（熊本日日新聞社 1982）

竹崎季長　　たけざきすえなが　1246〜?
　鎌倉時代後期の武士。
◇講談社日本人名大辞典（講談社 2001）
◇国史大辞典（吉川弘文館 1979）

竹沢寛三郎　　たけざわかんざぶろう　1829〜1902
　江戸時代末期,明治期の阿波稲田家家臣。
◇徳島県百科事典（徳島新聞社 1981）　▷新田邦光

竹沢藤次〔代数不詳〕　　たけざわとうじ
　江戸時代の曲独楽芸人。
◇日本の幽霊名画集（人類文化社 2000）
　　▷図64「竹沢藤次・独楽の化物」（歌川国芳）

武内宿禰　たけしうちのすくね
上代の武将。大臣。
- ◇国宝・重要文化財大全 4（毎日新聞社 1999）
  - ▷図579「伝武内宿禰（坐）像」（作者不詳　平安時代　教王護国寺（京都府京都市南区）蔵）
- ◇日本美術全集 6（講談社 1994）
  - ▷図123「伝武内宿禰（坐）像」（作者不詳　11-12世紀　教王護国寺（京都府京都市南区）蔵）
- ◇琳派 4（紫紅社 1991）
  - ▷図60「鍾馗・神功皇后・武内宿禰図」（鈴木其一　天保2(1831)）
- ◇秘蔵浮世絵大観 5（講談社 1989）
  - ▷図28「御誂座敷織ノ内 神功皇后と武内大臣」（歌川国貞（初代）　天保(1830-44)）
- ◇浮世絵八華 7（平凡社 1985）
  - ▷図20「武内大臣の三韓攻め」（歌川国芳）
- ◇肉筆浮世絵 7（集英社 1982）
  - ▷図44-45「神功皇后と武内宿禰凱旋の図」（葛飾戴斗(2代)）
- ◇土門拳 日本の彫刻 2（美術出版社 1980）
  - ▷図136-137「伝武内宿禰（坐）像」（作者不詳　教王護国寺（京都府京都市南区）蔵）
- ◇日本の名画 1（中央公論社 1976）
  - ▷図33「武内宿禰投珠之図」（狩野芳崖　元治1(1864)）
- ◇重要文化財 5（毎日新聞社 1974）
  - ▷図73「伝武内宿禰（坐）像」（作者不詳　平安時代　教王護国寺（京都府京都市南区）蔵）
- ◇秘宝 6（講談社 1969）
  - ▷図161,183「伝武内宿禰（坐）像」（作者不詳　11-12世紀　教王護国寺（京都府京都市南区）蔵）

竹田出雲〔初代〕　たけだいずも
?〜1747　江戸時代中期の大坂の人形浄瑠璃興行主、作者。
- ◇講談社日本人名大辞典（講談社 2001）

竹田出雲〔2代〕　たけだいずも
1691〜1756　江戸時代中期の人形浄瑠璃興行主、作者。
- ◇国史大辞典（吉川弘文館 1979）
- ◇日本人名大事典 1〜6（平凡社 1979（覆刻））
- ◇世界伝記大事典（ほるぷ出版 1978）

武田勝頼　たけだかつより　1546〜1582
安土桃山時代の武将。
- ◇講談社日本人名大辞典（講談社 2001）
- ◇日本史大事典（平凡社 1992）
- ◇長野県歴史人物大事典（郷土出版社 1989）
- ◇日本大百科全書（小学館 1984）
- ◇国史大辞典（吉川弘文館 1979）

- ◇大日本百科事典（小学館 1967）

武田耕雲斎　たけだこううんさい　1803〜1865
江戸時代末期の水戸藩尊攘派の首領。
- ◇日本史大事典（平凡社 1992）
- ◇長野県歴史人物大事典（郷土出版社 1989）
- ◇茨城県大百科事典（茨城新聞社 1981）
- ◇国史大辞典（吉川弘文館 1979）

武田信玄　たけだしんげん　1521〜1573
戦国時代の武将。
- ◇講談社日本人名大辞典（講談社 2001）
- ◇国宝・重要文化財大全 2（毎日新聞社 1999）
  - ▷図184「武田信玄像」（長谷川等伯　桃山時代）
- ◇日本の浮世絵美術館 6（角川書店 1996）
  - ▷図52「武田信玄図」（懐月堂安度　宝永－正徳頃）
- ◇原色日本の美術（改訂版）21（小学館 1994）
  - ▷図65「武田信玄像」（作者不詳　16世紀中頃）
- ◇日本史大事典（平凡社 1992）
- ◇新編 名宝日本の美術 20（小学館 1991）
  - ▷図56「武田信玄像」（長谷川等伯　16世紀）
- ◇名品揃物浮世絵 1（ぎょうせい 1991）
  - ▷図87「風流やつし武者鑑 信玄 謙信」（磯田湖竜斎　明和末－安永初）
- ◇長野県歴史人物大事典（郷土出版社 1989）
- ◇日本大百科全書（小学館 1984）
- ◇日本古寺美術全集 13（集英社 1983）
  - ▷図41「武田信玄像」（長谷川等伯）
- ◇名宝日本の美術 17（小学館 1983）
  - ▷図56「武田信玄像」（長谷川等伯　16世紀）
- ◇肉筆浮世絵 2（集英社 1982）
  - ▷図38「武田信玄像」（懐月堂安度）
- ◇戦国合戦絵屏風集成 別巻（中央公論社 1981）
  - ▷図17「武田信玄像 架鷹」（長谷川等伯　桃山時代）
- ◇国史大辞典（吉川弘文館 1979）
- ◇日本人名大事典 1〜6（平凡社 1979（覆刻））
- ◇日本美術絵画全集 10（集英社 1979）
  - ▷図29「武田信玄像」（長谷川等伯）
- ◇日本美術全集 18（学習研究社 1979）
  - ▷図68「武田信玄像」（長谷川等伯　桃山時代）
- ◇浮世絵聚花 4（小学館 1979）
  - ▷図053「風流やつし武者鑑 信玄 謙信」（磯田湖竜斎　明和末－安永初）
- ◇世界伝記大事典（ほるぷ出版 1978）
- ◇重要文化財 10（毎日新聞社 1974）
  - ▷図153「武田信玄像」（長谷川等伯　桃山時代）
- ◇和漢詩歌作家辞典（みづほ出版 1972）
- ◇原色日本の美術 23（小学館 1971）
  - ▷図65「武田信玄像」（作者不詳）

◇秘宝 7（講談社 1968）
　▷図148「武田信玄像」（長谷川等伯）
◇大日本百科事典（小学館 1967）
◇世界大百科事典（平凡社 1964）
◇日本美術大系 5（講談社 1959）
　▷図37「武田信玄像」（長谷川等伯）
◇浮世絵全集 2（河出書房新社 1958）
　▷図39「風流やつし武者鑑 信玄 謙信」（礒田湖龍斎　明和末〜安永初）

武田長衛　たけだちょうえい　1837〜1906
江戸時代後期〜明治期の経済人。
◇大分県歴史人物事典（大分合同新聞社 1996）

武田成章　たけだなりあき　1827〜1880
江戸時代末期，明治時代の洋学者。
◇北海道歴史人物事典（北海道新聞社 1993）　▷武田斐三郎
◇愛媛県百科大事典（愛媛新聞社 1985）
◇北海道大百科事典（北海道新聞社 1981）　▷武田斐三郎
◇国史大辞典（吉川弘文館 1979）

武田信方　たけだのぶかた
戦国時代の若狭の武将。
◇福井県大百科事典（福井新聞社 1991）

武田信繁　たけだのぶしげ　1525〜1561
戦国時代の武将。
◇長野県歴史人物大事典（郷土出版社 1989）

武田信虎　たけだのぶとら　1494〜1574
戦国時代，安土桃山時代の武将。
◇国宝・重要文化財大全 1（毎日新聞社 1997）
　▷図194「武田信虎像」（武田信廉　桃山時代　天正2(1574)春国賛）
◇日本史大事典（平凡社 1992）
◇長野県歴史人物大事典（郷土出版社 1989）
◇日本美術全集 16（学習研究社 1980）
　▷図70「武田信虎像」（武田逍遙軒　天正2(1574)）
◇国史大辞典（吉川弘文館 1979）
◇重要文化財 10（毎日新聞社 1974）
　▷図392「武田信虎像（春国賛）」（武田信廉　桃山時代）

武田信広　たけだのぶひろ　1431〜1494
室町時代，戦国時代の武将。
◇北海道歴史人物事典（北海道新聞社 1993）
◇北海道大百科事典（北海道新聞社 1981）

武田元光　たけだもとみつ　1494〜1551
戦国時代の武将。
◇福井県大百科事典（福井新聞社 1991）

武田敬孝　たけだゆきたか　1820〜1886
江戸時代末期，明治時代の大州藩士。
◇愛媛県百科大事典（愛媛新聞社 1985）

武田竜芳　たけだりゅうほう　1541〜1582
戦国時代，安土桃山時代の武士。甲斐国主武田晴信の次男。
◇山梨百科事典（山梨日日新聞社 1992）

武市安哉　たけちあんさい　1847〜1894
江戸時代末期，明治時代のクリスチャン，自由民権運動家。
◇高知県人名事典（高知新聞社 1999）
◇北海道歴史人物事典（北海道新聞社 1993）
◇北海道大百科事典（北海道新聞社 1981）
◇高知県百科事典（高知新聞社 1976）

武市熊吉　たけちくまきち　1840〜1874
江戸時代末期，明治時代の赤坂喰違坂事件指導者。
◇高知県人名事典（高知新聞社 1999）　▷武市正幹

武市瑞山　たけちずいざん　1829〜1865
江戸時代末期の土佐藩の剣術家，尊王家。
◇講談社日本人名大辞典（講談社 2001）
◇高知県人名事典（高知新聞社 1999）
◇日本史大事典（平凡社 1992）
◇日本大百科全書（小学館 1984）
◇国史大辞典（吉川弘文館 1979）
◇日本人名大事典 1〜6（平凡社 1979(覆刻)）
　▷武市半平太
◇高知県百科事典（高知新聞社 1976）

武市冨　たけちとみ　1830〜1917
江戸時代末期〜大正期の女性。武市瑞山の妻。
◇高知県人名事典（高知新聞社 1999）

竹中重固　たけなかしげかた
江戸時代末期の幕府官僚，重明の子，陸軍奉行。
◇岐阜県史 通史編 近世上（岐阜県 1968）
　▷p375（写真）「竹中重固像」

竹中半兵衛　たけなかはんべえ　1544〜1579
安土桃山時代の武将，美濃菩提城主竹中重元の子。
◇日本大百科全書（小学館 1984）
◇日本人名大事典 1〜6（平凡社 1979(覆刻)）

たけな

▷竹中重治
◇大日本百科事典（小学館 1967）

竹中文輔　たけなかぶんぽ　1766〜1836
　江戸時代後期の医師。
◇日本人名大事典 1〜6（平凡社 1979（覆刻））

竹内玄同　たけのうちげんどう　1805〜1880
　江戸時代末期、明治時代の洋方医。
◇国史大辞典（吉川弘文館 1979）
◇日本人名大事典 1〜6（平凡社 1979（覆刻））
◇大日本百科事典（小学館 1967）

竹内寿貞　たけのうちじゅてい　1844〜1923
　江戸時代末期〜大正期の官史。茨城県警察部長。
◇宮城県百科事典（河北新報社 1982）

竹内綱　たけのうちつな　1839〜1922
　江戸時代末期、明治時代の土佐藩士、実業家。
◇高知県人名事典（高知新聞社 1999）
◇国史大辞典（吉川弘文館 1979）
◇高知県百科事典（高知新聞社 1976）

竹内保徳　たけのうちやすのり　1807〜？
　江戸時代末期の幕臣。
◇サムライ古写真帖（新人物往来社 2004）
　▷p106「遣欧使節一行」（ナダール）
◇士―日本のダンディズム（二玄社 2003）
　▷p125 No.101「第一回遣欧使節団正使・副使ら四人」（ナダール）
◇講談社日本人名大辞典（講談社 2001）
◇幕末―写真の時代（筑摩書房 1994）
　▷p57 No.42「第一回遣欧使節団正副使ら」（ナダール）
◇北海道歴史人物事典（北海道新聞社 1993）
◇写された幕末―石黒敬七コレクション（明石書店 1990）
　▷p35 No.6「ロンドンにおける使節随員」（タアビス　文久元年（1861）:6.6）
　▷p35 No.5「遣欧使節竹内下野守」
◇写真集 甦る幕末（朝日新聞社 1987）
　▷p230 No.212「（無題）」
◇北海道大百科事典（北海道新聞社 1981）
◇日本人名大事典 1〜6（平凡社 1979（覆刻））
◇開化写真鏡 写真にみる幕末から明治へ（大和書房 1975）
　▷p92「（無題）」

武野紹鷗　たけのじょうおう　1502〜1555
　戦国時代の茶湯者、堺の豪商。
◇講談社日本人名大辞典（講談社 2001）
◇日本史大事典（平凡社 1992）
◇大阪府史 第5巻 近世編1（大阪府 1985）

　▷〈写真〉写真99「武野紹鷗像 堺市南宗寺」
◇日本大百科全書（小学館 1984）
◇国史大辞典（吉川弘文館 1979）
◇世界伝記大事典（ほるぷ出版 1978）

建部綾足　たけべあやたり　1719〜1774
　江戸時代中期の俳人、国学者、画家。
◇日本大百科全書（小学館 1984）
◇青森県百科事典（東奥日報社 1981）
◇国史大辞典（吉川弘文館 1979）
◇日本人名大事典 1〜6（平凡社 1979（覆刻））
　▷建部涼袋
◇俳諧人名辞典（巌南堂書店 1970）　▷涼袋

建部賢文　たけべかたぶみ　1522〜1590
　戦国時代、安土桃山時代の武将。
◇国史大辞典（吉川弘文館 1979）

建部清庵　たけべせいあん　1712〜1782
　江戸時代中期の医師。
◇岩手百科事典（岩手放送 1988）
◇宮城県百科事典（河北新報社 1982）
◇国史大辞典（吉川弘文館 1979）
◇日本人名大事典 1〜6（平凡社 1979（覆刻））

竹部豊前守〔代数不詳〕　たけべぶぜんのかみ
　室町時代以来の瑞泉寺の坊官。
◇富山大百科事典（北日本新聞社 1994）　▷竹部豊前守

武部弥平次　たけべやへいじ　1834〜1918
　江戸時代末期〜大正期の検地縄張役。
◇角川日本姓氏歴史人物大辞典 16（角川書店 1992）

竹俣当綱　たけまたまさつな　1729〜1793
　江戸時代中期の武士。
◇国史大辞典（吉川弘文館 1979）

竹村茂雄　たけむらしげお　1769〜1844
　江戸時代中期、後期の国学者。
◇静岡県史 通史編4 近世2（静岡県 1997）
　▷〈写真〉写1-156「竹村茂雄画像」
◇静岡県歴史人物事典（静岡新聞社 1991）
◇静岡県史 資料編14 近世6（静岡県 1989）
　▷〈口絵〉4「竹村茂雄画像」

竹本義太夫〔初代〕　たけもとぎだゆう
　1651〜1714 江戸時代前期、中期の浄瑠璃一流の始祖。
◇講談社日本人名大辞典（講談社 2001）
◇大阪府史 第6巻 近世編2（大阪府 1987）

▷〈写真〉写真117「竹本義太夫像『大阪朝日新聞』明治35年9月25日」
◇日本大百科全書（小学館 1984）　▷竹本義太夫〔代数なし〕
◇国史大辞典（吉川弘文館 1979）
◇世界伝記大事典（ほるぷ出版 1978）
◇大日本百科事典（小学館 1967）
◇世界大百科事典（平凡社 1964）

武元君立　たけもとくんりつ　1770～1820
　江戸時代後期の備前岡山藩士，農民学者。
◇岡山県歴史人物事典（山陽新聞社 1994）
◇岡山県大百科事典（山陽新聞社 1980）

竹本摂津大掾　たけもとせっつのだいじょう　1836～1917　江戸時代末期，明治時代の義太夫節の太夫。
◇世界大百科事典（平凡社 1964）

武元登登庵　たけもとととうあん　1767～1818
　江戸時代後期の書家，漢詩人。
◇岡山県歴史人物事典（山陽新聞社 1994）　▷武元登々庵

武谷元立　たけやげんりゅう　1785～1852
　江戸時代後期の蘭方医。
◇福岡県百科事典 上，下（西日本新聞社 1982）

竹山屯　たけやまたむろ　1840～1918
　江戸時代末期，明治期の医師。新潟病院院長，新潟医学専門学校校長。
◇新潟県大百科事典 別巻（新潟日報事業社 1977）

武谷祐之　たけやゆうし　1820～1894
　江戸時代末期，明治時代の医師，筑前福岡藩士。
◇福岡県百科事典 上，下（西日本新聞社 1982）

竹脇茂三郎　たけわきもさぶろう　1830～1887
　江戸時代後期～明治期の新川郡十村下条組大許，堀岡村ほか11か村戸長。
◇角川日本姓氏歴史人物大辞典 16（角川書店 1992）

多胡辰敬　たこときたか　1494～1562
　戦国時代の武士。
◇島根県歴史人物事典（山陰中央新報社 1997）
◇島根県大百科事典（山陰中央新報社 1982）

太宰春台　だざいしゅんだい　1680～1747
　江戸時代中期の儒学者。
◇講談社日本人名大辞典（講談社 2001）
◇静岡県史 通史編3 近世1（静岡県 1997）

　▷〈写真〉写2-63「太宰春台」
◇長野県歴史人物大事典（郷土出版社 1989）
◇日本大百科全書（小学館 1984）
◇国史大辞典（吉川弘文館 1979）
◇日本人名大事典 1～6（平凡社 1979（覆刻））
◇世界伝記大事典（ほるぷ出版 1978）

田崎草雲　たざきそううん　1815～1898
　江戸時代末期，明治時代の画家，下野足利藩のお抱え絵師。
◇栃木県史 通史編6・近現代一（栃木県 1982）
　▷〈写真〉1-1「田崎草雲」
◇国史大辞典（吉川弘文館 1979）
◇日本人名大事典 1～6（平凡社 1979（覆刻））

田島弥平　たじまやへい　1822～1898
　江戸時代末期，明治時代の養蚕家。
◇角川日本姓氏歴史人物大辞典 10（角川書店 1994）
◇群馬県人名大事典（上毛新聞社 1982）
◇群馬県百科事典（上毛新聞社 1979）

田尻清五郎　たじりせいごろう　1821～1914
　江戸時代末期，明治時代の豊前中津藩庄屋。
◇大分県歴史人物事典（大分合同新聞社 1996）

田代栄助　たしろえいすけ　1834～1885
　江戸時代末期，明治時代の郷士。
◇新編埼玉県史 通史編5 近代1（埼玉県 1988）
　▷〈写真〉2-29「田代栄助」
◇国史大辞典（吉川弘文館 1979）
◇埼玉大百科事典 1～5（埼玉新聞社 1974）

田代嘉平次　たしろかへいじ　1842～1916
　江戸時代末期～大正期の自治功労者。
◇静岡県歴史人物事典（静岡新聞社 1991）

田代䚮平　たしろきょうへい　1837～1895
　江戸時代後期～明治期の松江藩医。
◇島根県歴史人物事典（山陰中央新報社 1997）
◇島根県大百科事典（山陰中央新報社 1982）

田代三喜　たしろさんき　1465～1537
　戦国時代の医師。
◇日本史大事典（平凡社 1992）
◇国史大辞典（吉川弘文館 1979）
◇日本人名大事典 1～6（平凡社 1979（覆刻））
◇大日本百科事典（小学館 1967）

田代重栄　たしろじゅうえい　1616～1687
　江戸時代前期の田代組村々の大庄屋。
◇福岡県百科事典 上，下（西日本新聞社 1982）

多田宗太郎　ただそうたろう　1824～1892
　江戸時代末期, 明治時代の篤農家。
◇徳島県歴史人物鑑（徳島新聞社 1994）
◇徳島県百科事典（徳島新聞社 1981）

唯武連　ただたけつら　1844～1908
　江戸時代末期～大正期の実業家。
◇鳥取県大百科事典（新日本海新聞社 1984）

多田弥太郎　ただやたろう　1826～1864
　江戸時代末期の出石藩士。
◇兵庫県大百科事典 上, 下（神戸新聞出版センター 1983）
◇兵庫県史 第5巻 近世編3・幕末維新（兵庫県 1981）
　　▷〈写真〉写真78「多田弥太郎像」

館玄竜　たちげんりゅう　1795～1859
　江戸時代末期の医師。
◇日本人名大事典 1～6（平凡社 1979（覆刻））

橘曙覧　たちばなあけみ　1812～1868
　江戸時代末期の歌人。
◇福井県大百科事典（福井新聞社 1991）

橘耕斎　たちばなこうさい　1820～1885
　江戸時代末期, 明治時代の掛川藩士, 通訳。
◇幕末―写真の時代（筑摩書房 1994）
　　▷p144 No.158「（無題）」（撮影者不詳）
◇静岡県歴史人物事典（静岡新聞社 1991）
◇読者所蔵「古い写真」館（朝日新聞社 1986）
　　▷p43「遣露使節と留学生」

橘南谿　たちばななんけい　1753～1805
　江戸時代中期, 後期の儒医。
◇岩手百科事典（岩手放送 1988）
◇国史大辞典（吉川弘文館 1979）
◇日本人名大事典 1～6（平凡社 1979（覆刻））

橘逸勢　たちばなのはやなり　？～842
　平安時代前期の官人。
◇日本人名大事典 1～6（平凡社 1979（覆刻））

立花北枝　たちばなほくし　？～1718
　江戸時代中期の俳人。
◇日本人名大事典 1～6（平凡社 1979（覆刻））
◇俳諧人名辞典（巌南堂書店 1970）　▷北枝

立花宗茂　たちばなむねしげ　1569～1642
　安土桃山時代, 江戸時代前期の武将, 大名。
◇日本史大事典（平凡社 1992）
◇福岡県百科事典 上, 下（西日本新聞社 1982）

◇国史大辞典（吉川弘文館 1979）
◇秘宝 11（講談社 1968）
　　▷図74「立花宗茂像」（土佐光起）

橘守部　たちばなもりべ　1781～1849
　江戸時代後期の国学者。
◇群馬県史 通史編6 近世3 生活・文化（群馬県 1992）
　　▷〈写真〉69「橘守部肖像画」
◇国史大辞典（吉川弘文館 1979）

立原杏所　たちはらきょうしょ　1785～1840
　江戸時代後期の南画家。
◇茨城県大百科事典（茨城新聞社 1981）
◇国史大辞典（吉川弘文館 1979）
◇日本人名大事典 1～6（平凡社 1979（覆刻））
◇郷土歴史人物事典 茨城（第一法規出版 1978）

立原翠軒　たちはらすいけん　1744～1823
　江戸時代中期, 後期の儒学者, 水戸藩士。
◇茨城県大百科事典（茨城新聞社 1981）
◇国史大辞典（吉川弘文館 1979）
◇日本人名大事典 1～6（平凡社 1979（覆刻））

立嘉度　たちよしのり
　江戸時代末期, 明治時代の通詞。
◇幕末―写真の時代（筑摩書房 1994）
　　▷p61 No.56「（無題）」（ナダール）
　　▷p66 No.77「遣欧使節団の随行者たち」（ナダール）
◇写された幕末―石黒敬七コレクション（明石書店 1990）
　　▷p34 No.2「遣欧使節竹内下野守随員」（ナダール, フェリックス）
◇写真集 甦る幕末（朝日新聞社 1987）
　　▷p232 No.325「（無題）」
　　▷p234 No.334「（無題）」
◇開化写真鏡 写真にみる幕末から明治へ（大和書房 1975）
　　▷p92「（無題）」（ナダール）

辰馬きよ　たつうまきよ　1809～1901
　江戸時代後期, 末期, 明治時代の女性。酒造業者。
◇兵庫県大百科事典 上, 下（神戸新聞出版センター 1983）　▷辰馬きよ子

辰岡久菊　たつおかひさぎく
　江戸時代中期の歌舞伎作者。
◇浮世絵聚花 1（小学館 1983）
　　▷図79「辰岡久菊の巴」（鳥居清信（2代））
◇浮世絵聚花 7（小学館 1979）
　　▷図61「辰岡久菊」（鳥居清信（2代））

竜沢芳流　たつざわほうりゅう　1813～1904
　江戸時代後期～明治期の浄土真宗本願寺派の学僧。
◇富山大百科事典（北日本新聞社 1994）

竜塚忍誠　たつづかにんじょう　1821～1894
　江戸時代後期～明治期の浄土真宗本願寺派の学僧。
◇富山大百科事典（北日本新聞社 1994）

辰松八郎兵衛〔初代〕　たつまつはちろべえ
　?～1734　江戸時代中期の人形浄瑠璃の人形遣いの名手。
◇大阪府史　第6巻　近世編2（大阪府 1987）
　　▷〈写真〉写真119「豊竹若太夫と辰松八郎兵衛像『音曲名人像』」
◇国史大辞典（吉川弘文館 1979）　▷辰松八郎兵衛〔代数なし〕

立見尚文　たつみなおぶみ　1845～1907
　江戸時代末期, 明治時代の伊勢桑名藩士, 陸軍軍人。
◇日本人名大事典 1～6（平凡社 1979（覆刻））

立石斧次郎　たていしおのじろう　1843～1917
　江戸時代末期, 明治時代の通詞。
◇サムライ古写真帖（新人物往来社 2004）
　　▷p68「（無題）」

立石正介　たていししょうすけ　1824～1876
　江戸時代末期, 明治期の勤王家。
◇岡山県歴史人物事典（山陽新聞社 1994）

立石清重　たていしせいじゅう　1829～1894
　江戸時代末期, 明治時代の松本の大工棟梁。
◇長野県歴史人物大事典（郷土出版社 1989）

立石得十郎　たていしとくじゅうろう　1829～?
　江戸時代末期の長崎和蘭陀通詞。
◇写された幕末―石黒敬七コレクション（明石書店 1990）
　　▷p31 No.6「遣米使節〈新見豊前守一行〉」（ブラデー　万延元年（1860）.4.5）

達ケ関森右衛門　だてがせきもりえもん
　1756～1807　江戸時代後期の力士。
◇秘蔵浮世絵大観 9（講談社 1989）
　　▷図106「東前頭　鶴ケ瀧・西前頭　秀ノ山改伊達ケ関・行司　木村庄之助」（勝川春好〔初代〕　天明6年冬頃（1786・冬頃））

立川琢斎　たてかわたくさい　1817～1888
　江戸時代後期～明治期の彫刻家。
◇角川日本姓氏歴史人物大辞典 20（角川書店 1996）

立川富昌　たてかわとみまさ　1782～1856
　江戸時代後期の彫刻師, 宮大工。
◇長野県歴史人物大事典（郷土出版社 1989）　▷立川和四郎富昌

伊達邦成　だてくにしげ　1841～1904
　江戸時代末期, 明治時代の陸奥仙台藩一門亘理領主, 開拓者。
◇サムライ古写真帖（新人物往来社 2004）
　　▷p53「（無題）」（明治初期）
◇北海道歴史人物事典（北海道新聞社 1993）
◇北海道大百科事典（北海道新聞社 1981）

伊達邦直　だてくになお　1834～1891
　江戸時代末期, 明治時代の北海道拓殖功労者。
◇北海道歴史人物事典（北海道新聞社 1993）
◇北海道大百科事典（北海道新聞社 1981）

伊達成実　だてしげざね　1568～1646
　安土桃山時代, 江戸時代前期の武士。
◇宮城県百科事典（河北新報社 1982）

伊達重村　だてしげむら　1742～1796
　江戸時代中期の大名。
◇宮城県百科事典（河北新報社 1982）

伊達忠宗　だてただむね　1599～1658
　江戸時代前期の大名。
◇宮城県百科事典（河北新報社 1982）

伊達稙宗　だてたねむね　1488～1565
　戦国時代の武将。
◇日本史大事典（平凡社 1992）
◇国史大辞典（吉川弘文館 1979）

伊達周宗　だてちかむね　1796～1812
　江戸時代後期の大名。
◇宮城県百科事典（河北新報社 1982）

伊達千広　だてちひろ　1802～1877
　江戸時代末期, 明治時代の紀伊和歌山藩士, 国学者。
◇日本史大事典（平凡社 1992）
◇和歌山県史　近世（和歌山県 1990）
　　▷〈写真〉写真266「伊達千広画像」
◇郷土歴史人物事典 和歌山（第一法規出版 1979）
◇国史大辞典（吉川弘文館 1979）

伊達綱宗　だてつなむね　1640～1711
江戸時代前期, 中期の大名。
◇宮城県百科事典（河北新報社 1982）
◇国史大辞典（吉川弘文館 1979）

伊達綱村　だてつなむら　1659～1719
江戸時代前期, 中期の大名。
◇宮城県百科事典（河北新報社 1982）
◇国史大辞典（吉川弘文館 1979）

伊達輝宗　だててるむね　1544～1585
安土桃山時代の武将。
◇宮城県百科事典（河北新報社 1982）
◇国史大辞典（吉川弘文館 1979）

館天籟　たててんらい　1778～1827
江戸時代後期の出羽秋田藩士, 漢学者。
◇秋田大百科事典（秋田魁新報社 1981）

伊達斉邦　だてなりくに　1817～1841
江戸時代後期の大名。
◇宮城県百科事典（河北新報社 1982）

伊達斉宗　だてなりむね　1796～1819
江戸時代後期の大名。
◇宮城県百科事典（河北新報社 1982）

伊達斉村　だてなりむら　1774～1796
江戸時代中期, 後期の大名。
◇宮城県百科事典（河北新報社 1982）

伊達斉義　だてなりよし　1798～1827
江戸時代後期の大名。
◇宮城県百科事典（河北新報社 1982）

伊達晴宗　だてはるむね　1519～1577
戦国時代, 安土桃山時代の武将。
◇国史大辞典（吉川弘文館 1979）

伊達政宗　だてまさむね　1353～1405
南北朝時代, 室町時代の武将。
◇講談社日本人名大辞典（講談社 2001）
◇宮城県百科事典（河北新報社 1982）　▷伊達大膳大夫政宗
◇国史大辞典（吉川弘文館 1979）

伊達政宗　だてまさむね　1567～1636
安土桃山時代, 江戸時代前期の大名。
◇日本史大事典（平凡社 1992）
◇岩手百科事典（岩手放送 1988）
◇会津大事典（国書刊行会 1985）

◇日本大百科全書（小学館 1984）
◇山形県大百科事典（山形放送 1983）
◇宮城県百科事典（河北新報社 1982）
◇福島大百科事典（福島民報社 1980）
◇国史大辞典（吉川弘文館 1979）
◇世界伝記大事典（ほるぷ出版 1978）
◇現代日本美術全集 3（集英社 1972）
　▷図33「伊達政宗」（今村紫紅　明治43（1910））
◇和漢詩歌作家辞典（みづほ出版 1972）
◇明治絵画名作大観 上（同盟通信社 1969）
　▷図107「伊達政宗」（今村紫紅　明治43（1910））
◇大日本百科事典（小学館 1967）
◇世界大百科事典（平凡社 1964）
◇日本近代絵画全集 20（講談社 1964）
　▷図3「伊達政宗」（今村紫紅　明治43（1910））

伊達宗敦　だてむねあつ　1852～1910
江戸時代末期, 明治時代の大名, 政治家。
◇皇族・華族古写真帖 愛蔵版（新人物往来社 2003）
　▷p11「（無題）」（内田九一）

伊達宗紀　だてむねただ　1792～1889
江戸時代末期, 明治時代の大名。
◇愛媛県百科大事典（愛媛新聞社 1985）

伊達宗城　だてむねなり　1818～1892
江戸時代末期, 明治時代の大名。
◇サムライ古写真帖（新人物往来社 2004）
　▷p46「（無題）」（横田彦兵衛　慶応3年（1867）.5.14）
　▷p52「（無題）」
　▷p52「伊達宗城の子女」
◇皇族・華族古写真帖 愛蔵版（新人物往来社 2003）
　▷p8「（無題）」（内田九一）
　▷p133「（無題）」
◇愛媛県百科大事典（愛媛新聞社 1985）

伊達宗村　だてむねむら　1718～1756
江戸時代中期の大名。
◇宮城県百科事典（河北新報社 1982）

伊達宗泰　だてむねやす　1602～1638
江戸時代前期の陸奥仙台藩門閥。
◇宮城県百科事典（河北新報社 1982）

伊達宗贇　だてむねよし　1665～1711
江戸時代中期の大名。
◇宮城県百科事典（河北新報社 1982）

伊達持宗　だてもちむね　1393～1469
　室町時代の武将。
◇国史大辞典（吉川弘文館 1979）

伊達保子　だてやすこ　1827～1904
　江戸時代後期，末期，明治時代の女性。陸奥仙台藩11代藩主伊達斉義の娘。
◇北海道歴史人物事典（北海道新聞社 1993）
◇北海道大百科事典（北海道新聞社 1981）

伊達慶邦　だてよしくに　1825～1874
　江戸時代末期，明治時代の大名。
◇サムライ古写真帖（新人物往来社 2004）
　▷p53「（無題）」（明治初期）
◇宮城県百科事典（河北新報社 1982）

伊達吉村　だてよしむら　1680～1751
　江戸時代中期の大名。
◇宮城県百科事典（河北新報社 1982）
◇国史大辞典（吉川弘文館 1979）

伊達若狭守　だてわかさのかみ
　江戸時代末期の大名。
◇幕末―写真の時代（筑摩書房 1994）
　▷p189 No.201「幕末の大名たち」（撮影者不詳）

田中一如　たなかいちにょ　1769～1846
　江戸時代中期，後期の松山心学の祖。
◇愛媛県百科大事典（愛媛新聞社 1985）

田中大秀　たなかおおひで　1777～1847
　江戸時代後期の国学者。
◇郷土歴史人物事典 岐阜（第一法規出版 1980）
◇岐阜県史 通史編 近世下（岐阜県 1972）
　▷p1028（写真）「田中大秀画像」
◇岐阜県百科事典（岐阜日日新聞社 1968）

田中河内介　たなかかわちのすけ　1815～1862
　江戸時代末期の尊攘派志士。
◇兵庫県史 第5巻 近世編3・幕末維新（兵庫県 1981）
　▷〈写真〉写真75「田中河内介像」

田中丘隅　たなかきゅうぐ　1662～1729
　江戸時代中期の農政家。
◇神奈川県史 通史編3近世(2)（神奈川県 1983）
　▷p221（写真）「田中丘隅像」
◇神奈川県史 各論編3 文化（神奈川県 1980）
　▷〈図〉100「田中丘隅画像」
◇神奈川県史 資料編7 近世(4)（神奈川県 1975）
　▷p89（写真）「田中丘隅画像」

田中光儀　たなかこうぎ
　江戸時代末期の第2回遣欧使節団御蔵奉行格調役。
◇サムライ古写真帖（新人物往来社 2004）
　▷頁・番号なし「（無題）」
◇十一日本のダンディズム（二玄社 2003）
　▷p117 No.90「田中光儀像」（エリファレット・ブラウン・ジュニア）
　▷p149 No.123「田中光儀像」（ダグロン）
　▷p142 No.120「田中光儀像」（フィリップ・ポトー）
　▷p143 No.119「田中光儀像」（フィリップ・ポトー）
　▷p144 No.121「田中光儀像」（フィリップ・ポトー）
　▷p145 No.122「田中光儀像」（フィリップ・ポトー）
　▷p146 No.118「田中光儀像」（ル・グレイ）
◇日本の写真家 1（岩波書店 1997）
　▷p58「田中光儀像」（エリファレット・ブラウン・ジュニア）
◇幕末―写真の時代（筑摩書房 1994）
　▷p19 No.8「（無題）」（E・ブラウン・ジュニア）
　▷p89 No.101「（無題）」（ナダール）
◇写された幕末―石黒敬七コレクション（明石書店 1990）
　▷p294 写真3「田中光儀像」（ブラウン，エリファレット，ジュニア）
◇日本写真全集 1 写真の幕あけ（小学館 1985）
　▷p6 No.2「（無題）」（E・ブラウン・ジュニア）

田中二郎　たなかじろう　1851～？
　江戸時代末期の幕府留学生。
◇幕末―写真の時代（筑摩書房 1994）
　▷p135 No.140「（無題）」（撮影者不詳）
◇読者所蔵「古い写真」館（朝日新聞社 1986）
　▷p43「遣露使節と留学生」

田中善蔵　たなかぜんぞう　1825～1867
　江戸時代末期の紀伊和歌山藩士。
◇和歌山県史 近世（和歌山県 1990）
　▷〈写真〉写真314「田中善蔵画像」

田中長兵衛　たなかちょうべえ　1834～1901
　安土桃山時代の醸造家。醤油醸造の先駆者。
◇静岡県歴史人物事典（静岡新聞社 1991）

田中訥言　たなかとつげん　1767～1823
　江戸時代中期，後期の復古大和絵派の画家。
◇講談社日本人名大辞典（講談社 2001）
◇国史大辞典（吉川弘文館 1979）

田中友三郎 たなかともさぶろう 1829〜1913
江戸時代末期,明治時代の笠間焼の実業家。
◇郷土歴史人物事典 茨城（第一法規出版 1978）

田中璞堂 たなかはくどう 1831〜1908
江戸時代後期〜明治期の書家,漢学者。
◇高知県人名事典（高知新聞社 1999）

田中尚 たなかひさし 1851〜1917
江戸時代末期〜大正期の教育者。
◇鳥取県大百科事典（新日本海新聞社 1984）

田中久重〔初代〕 たなかひさしげ
1799〜1881 江戸時代末期,明治時代の科学技術者,発明家。
◇日本史大事典（平凡社 1992） ▷田中久重〔代数なし〕
◇日本大百科全書（小学館 1984） ▷田中久重〔代数なし〕
◇佐賀県大百科事典（佐賀新聞社 1983） ▷田中久重
◇福岡県百科事典 上,下（西日本新聞社 1982）
▷田中久重
◇国史大辞典（吉川弘文館 1979）
◇大日本百科事典（小学館 1967）
◇世界大百科事典（平凡社 1964）

田中不二麿 たなかふじまろ 1845〜1909
江戸時代末期,明治時代の政治家,もと尾張藩士。
◇日本大百科全書（小学館 1984） ▷田中不二麿
◇国史大辞典（吉川弘文館 1979） ▷田中不二麿
◇愛知百科事典（中日新聞本社 1977）

田中平八 たなかへいはち 1834〜1884
江戸時代末期,明治時代の生糸商,両替商。
◇長野県歴史人物大事典（郷土出版社 1989）
◇国史大辞典（吉川弘文館 1979）

田中正玄 たなかまさはる 1613〜1672
江戸時代前期の陸奥会津藩士。
◇会津大事典（国書刊行会 1985）

田中光顕 たなかみつあき 1843〜1939
江戸時代末期,明治期の高知藩士,政治家。子爵,宮内相。
◇サムライ古写真帖（新人物往来社 2004）
▷p83「横から見た田中光顕」（慶応4年(1868).3）
▷p84「変装した陸援隊幹部3名」（戊辰戦前後(1868)か）
▷p83「（無題）」

▷p93「伊藤博文と,同じく尊王攘夷運動で活躍していた月代姿の田中光顕」
◇高知県人名事典（高知新聞社 1999）
◇高知県百科事典（高知新聞社 1976）

田中芳男 たなかよしお 1838〜1916
江戸時代末期,明治時代の植物学者,博物館創設者。
◇長野県歴史人物大事典（郷土出版社 1989）

田中吉政 たなかよしまさ 1548〜1609
安土桃山時代,江戸時代前期の大名。
◇福岡県百科事典 上,下（西日本新聞社 1982）
◇国史大辞典（吉川弘文館 1979）

田中良助 たなかりょうすけ 1820〜1877
江戸時代末期,明治期の坂本山の山番の息子。
◇高知県人名事典（高知新聞社 1999）

田中廉太郎 たなかれんたろう
江戸時代末期の幕臣・勘定格調役。1864年遣仏使節に随行しフランスに渡る。
◇読者所蔵「古い写真」館（朝日新聞社 1986）
▷p39「第2回遣欧使節」

田辺五兵衛〔代数不詳〕 たなべごへえ
江戸時代の商人。
◇国史大辞典（吉川弘文館 1979） ▷田辺五兵衛

田辺太一 たなべたいち 1831〜1915
江戸時代末期,明治時代の幕臣,外交官。
◇サムライ古写真帖（新人物往来社 2004）
▷p18「マルセイユでの徳川昭武一行」（Walery 1867.4.5）
◇士―日本のダンディズム（二玄社 2003）
▷p141 No.117「田辺太一像」（ダグロン）
▷p139 No.115「田辺太一像」（ナダール）
▷p140 No.116「田辺太一像」（ナダール）
◇幕末―写真の時代（筑摩書房 1994）
▷p88 No.100「（無題）」（ルイ・ルソー）
◇写された幕末―石黒敬七コレクション（明石書店 1990）
▷p56 No.1「マルセイユで撮った徳川昭武一行」
◇読者所蔵「古い写真」館（朝日新聞社 1986）
▷p36〜37「スフィンクスと侍たち」（ベアト）
▷p38「第2回遣欧使節」
▷p40「遣欧の顔」
◇日本写真全集 1 写真の幕あけ（小学館 1985）
▷p17 No.20「第二回遣欧使節随員」
◇国史大辞典（吉川弘文館 1979）

田辺輝実　たなべてるみ　1841～1924
　江戸時代末期,明治時代の柏原藩士。
◇高知県人名事典（高知新聞社 1999）
◇宮崎県大百科事典（宮崎日日新聞社 1983）
◇宮城県百科事典（河北新報社 1982）

田辺良顕　たなべよしあき　1834～1897
　江戸時代末期,明治期の官吏。
◇高知県人名事典（高知新聞社 1999）
◇高知県百科事典（高知新聞社 1976）

谷風梶之助〔2代〕　たにかぜかじのすけ
　1750～1795　江戸時代中期の力士。
◇講談社日本人名大辞典（講談社 2001）　▷谷風梶之助〔初代〕
◇日本の浮世絵美術館 4　（角川書店 1996）
　　▷図42「横綱授与の図 谷風梶之助・小野川喜三郎」（勝川春英　寛政初期）
　　▷図36「谷風梶之助となにわやおきた」（勝川春潮　寛政頃）
◇日本史大事典（平凡社 1992）　▷谷風梶之助〔代数なし〕
◇秘蔵浮世絵大観 別巻（講談社 1990）
　　▷〔チ〕037「西関脇 谷風・東関脇 小野川」（勝川春好（初代）　天明7-寛政元）
◇秘蔵浮世絵大観 6（講談社 1989）
　　▷図0119「東 小の川喜三郎・西 谷風梶之助」（勝川春英　寛政3-5）
◇秘蔵浮世絵大観 9（講談社 1989）
　　▷図105「横綱ノ図 谷風」（勝川春好（初代）寛政3頃（1791頃））
◇秘蔵浮世絵大観 2（講談社 1987）
　　▷図118「谷風・瀧ノ音」（勝川春英　寛政3-6（1791-94））
◇宮城県百科事典（河北新報社 1982）
◇肉筆浮世絵 6（集英社 1981）
　　▷図31「谷風と大童山」（東洲斎写楽）
◇浮世絵聚花 15（小学館 1984）
　　▷図111「江戸三幅対 力士谷風 市川団十郎 扇屋花扇」（勝川春好（初代））
◇復元浮世絵大観 4（集英社 1980）
　　▷図19「江戸三幅対 力士谷風 市川団十郎 扇屋花扇」（勝川春好（初代））
◇国史大辞典（吉川弘文館 1979）
◇日本人名大事典 1～6（平凡社 1979（覆刻））
◇浮世絵聚花 10（小学館 1979）
　　▷図95「谷風力士」（勝川春好（初代））
◇世界伝記大事典（ほるぷ出版 1978）
◇大日本百科事典（小学館 1967）
◇日本版画美術全集 3（講談社 1961）
　　▷図273「谷風・瀧ノ音」（勝川春英　寛政3-6（1791-94））
　　▷図245「江戸三幅対 力士谷風 市川団十郎 扇屋花扇」（勝川春好（初代））
　　▷図253「谷風・江戸ケ崎・柏戸」（勝川春好（初代））
　　▷図254「谷風と小野川」（勝川春好（初代））

谷川士清　たにかわことすが　1709～1776
　江戸時代中期の国学者,神道家。
◇国史大辞典（吉川弘文館 1979）
◇日本人名大事典 1～6（平凡社 1979（覆刻））

谷口清八　たにぐちせいはち　1845～1911
　江戸時代後期～明治期の実業家。
◇佐賀県大百科事典（佐賀新聞社 1983）

谷口藍田　たにぐちらんでん　1822～1902
　江戸時代末期,明治時代の儒学者。
◇佐賀県大百科事典（佐賀新聞社 1983）

谷玖満子　たにくまこ　1843～1909
　江戸時代後期,末期,明治時代の女性。谷干城の妻。
◇高知県人名事典（高知新聞社 1999）
◇写真の開祖上野彦馬（上野彦馬撮影 産業能率短期大学出版部 1975）
　　▷p37 No.44「（無題）」

谷三山　たにさんざん　1802～1867
　江戸時代末期の儒学者。
◇郷土歴史人物事典 奈良（第一法規出版 1981）

谷重喜　たにしげき　1843～1886
　江戸時代末期,明治時代の人。
◇高知県人名事典（高知新聞社 1999）
◇高知県百科事典（高知新聞社 1976）

谷島主水　たにしまもんど
　江戸時代中期の歌舞伎役者。
◇浮世絵聚花 1（小学館 1983）
　　▷図54「女形谷嶋主水」（作者不詳）

谷干城　たにたてき　1837～1911
　江戸時代末期,明治時代の土佐藩士,軍人,政治家。
◇サムライ古写真帖（新人物往来社 2004）
　　▷p134「（無題）」
　　▷p134「熊本鎮台の政府軍」
◇セピア色の肖像（朝日ソノラマ 2000）
　　▷p43「（無題）」（桑田正三郎）
◇高知県人名事典（高知新聞社 1999）
◇写された幕末―石黒敬七コレクション（明石書店 1990）
　　▷p47 No.4「幕末の剣客と志士」（文久年間（1861～1864））
◇日本大百科全書（小学館 1984）
◇熊本県大百科事典（熊本日日新聞社 1982）

◇国史大辞典（吉川弘文館 1979）
◇日本人名大事典 1〜6（平凡社 1979(覆刻)）
◇世界伝記大事典（ほるぷ出版 1978）
◇高知県百科事典（高知新聞社 1976）
◇日本写真史 1840-1945（平凡社 1971）
　▷p91 No.161「西南戦争における熊本籠城の将校」（富重利平）
◇世界大百科事典（平凡社 1964）

谷出羽守　たにでわのかみ
江戸時代末期の大名。
◇幕末―写真の時代（筑摩書房 1994）
　▷p189 No.201「幕末の大名たち」（撮影者不詳）

谷文晁　たにぶんちょう　1763〜1840
江戸時代中期、後期の南画家。
◇講談社日本人名大辞典（講談社 2001）
◇栃木県歴史人物事典（下野新聞社 1995）
◇国史大辞典（吉川弘文館 1979）
◇日本人名大事典 1〜6（平凡社 1979(覆刻)）
◇世界伝記大事典（ほるぷ出版 1978）

谷村楯八　たにむらたてはち
江戸時代中期の歌舞伎役者、歌舞伎座本。
◇秘蔵浮世絵大観 5（講談社 1989）
　▷図0100「谷村楯八の久松と市川森之助のおそめ」（春梅斎北英　天保10頃）

田沼意次　たぬまおきつぐ　1719〜1788
江戸時代中期の大名、老中。
◇講談社日本人名大辞典（講談社 2001）
◇静岡県史 通史編4 近世2（静岡県 1997）
　▷〈写真〉写1-3「田沼意次画像」
◇北海道歴史人物事典（北海道新聞社 1993）
◇静岡県史 資料編9 近世1（静岡県 1992）
　▷〈口絵〉5「相良藩主 田沼意次画像」
◇日本史大事典（平凡社 1992）
◇静岡県歴史人物事典（静岡新聞社 1991）
◇日本大百科全書（小学館 1984）
◇兵庫県史 第4巻 近世編2（兵庫県 1980）
　▷〈写真〉写真172「田沼意次像」
◇国史大辞典（吉川弘文館 1979）
◇世界伝記大事典（ほるぷ出版 1978）
◇静岡大百科事典（静岡新聞社 1978）
◇大日本百科事典（小学館 1967）
◇世界大百科事典（平凡社 1964）

田能村竹田　たのむらちくでん　1777〜1835
江戸時代後期の南画家。
◇講談社日本人名大辞典（講談社 2001）
◇国宝・重要文化財大全 2（毎日新聞社 1999）
　▷図205「田能村竹田関係資料」（田能村竹田

江戸時代）
◇大分県歴史人物事典（大分合同新聞社 1996）
◇大分百科事典（大分放送 1980）
◇日本人名大事典 1〜6（平凡社 1979(覆刻)）
◇世界伝記大事典（ほるぷ出版 1978）
◇日本美術絵画全集 21（集英社 1977）
　▷図78「愛瓢自画像」（田能村竹田）
◇文人画粋編 17（中央公論社 1975）
　▷図114「自画像」（田能村竹田）

田能村直入　たのむらちょくにゅう　1814〜1907
江戸時代末期、明治時代の南画家。
◇大分県歴史人物事典（大分合同新聞社 1996）
◇大分百科事典（大分放送 1980）

田原法水　たはらほうすい　1843〜1927
江戸時代末期、明治時代の僧。
◇沖縄大百科事典（沖縄タイムス社 1983）

田淵敬二　たぶちけいじ　1840〜1900
江戸時代末期、明治期の勤王家。
◇岡山県歴史人物事典（山陽新聞社 1994）

玉垣額之助　たまがきがくのすけ
江戸時代後期の力士。
◇写された幕末―石黒敬七コレクション（明石書店 1990）
　▷p192 No.1「明治2年の横綱」
◇秘蔵浮世絵大観 6（講談社 1989）
　▷図0120「千田川吉五郎・鰭ケ岳源太夫」（勝川春英　寛政6頃）
　▷図136「勢見山兵右衛門・玉垣額之助」（勝川春英　寛政5-6頃(1793-94頃)）
◇在外秘宝―欧米収蔵浮世絵集成 葛飾北斎（学習研究社 1972）
　▷図167「高根山与一右衛門と千田川吉五郎」（葛飾北斎）

玉楮象谷　たまかじぞうこく　1806〜1869
江戸時代末期の漆芸家。
◇香川県人物・人名事典（四国新聞社 1985）
◇香川県大百科事典（四国新聞社 1984）

玉菊　たまぎく　1702〜1726
江戸時代中期の女性。江戸新吉原角町中万字屋勘兵衛抱えの太夫。
◇幕末・明治美人帖（新人物往来社 2001）
　▷p99「4位新橋玉菊 17歳（川口しよふ）」

瓊子内親王　たまこないしんのう　1316〜1339
鎌倉時代後期、南北朝時代の女性。後醍醐天皇の第8皇女。
◇鳥取県大百科事典（新日本海新聞社 1984）

玉沢幸十郎　　たまざわこうじゅうろう
　江戸時代中期の歌舞伎役者。
◇浮世絵聚花 4（小学館 1979）
　　▷図22「市川門之助と玉沢林弥」（鳥居清倍）
◇日本版画美術全集 2（講談社 1961）
　　▷図152「市川門之助と玉沢林弥」（鳥居清倍）
◇浮世絵全集 1（河出書房新社 1957）
　　▷図43「玉沢林弥のしずか・市川門之助の若野長吉」（鳥居清倍）

玉沢才次郎　　たまざわさいじろう
　江戸時代中期の歌舞伎役者。
◇浮世絵聚花 1（小学館 1983）
　　▷図110「団扇売り―市村満蔵と玉沢才次郎の舞台姿」（鳥居清倍（2代））
◇浮世絵聚花 4（小学館 1979）
　　▷図113「玉沢才次郎、瀬川菊之丞、大谷鬼次」（鳥居清倍）

玉田永教　　たまだながのり　　1756～1836
　江戸時代後期の神道家。
◇徳島県歴史人物鑑（徳島新聞社 1994）
◇徳島県百科事典（徳島新聞社 1981）

玉木三弥　　たまのきみつや
　江戸時代末期の第2回遣欧使節団随員。
◇読者所蔵「古い写真」館（朝日新聞社 1986）
　　▷p39「第2回遣欧使節」

玉乃世履　　たまのせいり　　1825～1886
　江戸時代末期,明治時代の周防岩国藩士,司法官。
◇国史大辞典（吉川弘文館 1979）
◇日本人名大事典 1～6（平凡社 1979）（覆刻）

玉日姫　　たまひひめ
　鎌倉時代前期の伝説上の人物。
◇茨城県大百科事典（茨城新聞社 1981）

玉虫左太夫　　たまむしさだゆう　　1823～1869
　江戸時代末期の陸奥仙台藩士。
◇宮城県百科事典（河北新報社 1982）
◇国史大辞典（吉川弘文館 1979）

田宮如雲　　たみやじょうん　　1808～1871
　江戸時代末期,明治時代の尾張藩士。
◇愛知百科事典（中日新聞本社 1977）

民屋四郎五郎　　たみやしろごろう
　1685～1745　江戸時代中期の歌舞伎役者。
◇秘蔵浮世絵大観 2（講談社 1987）
　　▷図07「滝井半四郎」（鳥居清倍　正徳年間）
◇日本絵画百選（日本経済新聞社 1979）
　　▷図81「滝井半之助の若衆図」（鳥居清信（初代）江戸時代）
◇浮世絵聚花 4（小学館 1979）
　　▷図4「滝井半之助の若衆図」（鳥居清信（初代）江戸時代）
◇浮世絵大系 1（集英社 1974）
　　▷図24「滝井半之助の若衆図」（鳥居清信（初代）江戸時代）

田村顕允　　たむらあきまさ　　1832～1913
　江戸時代末期,明治時代の陸奥亘理藩家老,開拓者。
◇北海道歴史人物事典（北海道新聞社 1993）
◇北海道大百科事典（北海道新聞社 1981）

田村梶子　　たむらかじこ　　1785～1862
　江戸時代後期,末期の女性。歌人。
◇角川日本姓氏歴史人物大辞典 10（角川書店 1994）

田村銀之助　　たむらぎんのすけ　　1856～1924
　江戸時代末期,明治時代の新撰組隊士。
◇サムライ古写真帖（新人物往来社 2004）
　　▷p128「（無題）」

田村仁左衛門　　たむらにざえもん
　江戸時代末期,明治時代の篤農家。
◇栃木県史 通史編5 近世二（栃木県 1984）
　　▷〈写真〉7-91「田村仁左衛門像」

田村吉茂　　たむらよししげ
　江戸時代後期の農民・農学者。
◇栃木県史 史料編・近世八（栃木県 1977）
　　▷〈口絵〉第一図「田村仁左衛門吉茂像」

為永春水〔初代〕　　ためながしゅんすい
　1790～1843　江戸時代後期の人情本・読本・合巻作者。
◇講談社日本人名大辞典（講談社 2001）
◇日本大百科全書（小学館 1984）　▷為永春水〔代数なし〕

田本研造　　たもとけんぞう　　1831～1912
　江戸時代末期,明治期の写真師。
◇北海道歴史人物事典（北海道新聞社 1993）
◇北海道大百科事典（北海道新聞社 1981）

田母野秀顕　　たものひであき　　1849～1883
　江戸時代末期,明治時代の自由民権家。
◇日本版画美術全集 7（講談社 1962）
　　▷図83「天保六家撰・田母野秀顕」（小林清親　明治16（1883））

田安宗武　たやすむねたけ　1715〜1771
　江戸時代中期の田安家の初代当主。権中納言。
◇日本人名大事典 1〜6（平凡社 1979（覆刻））
　▷徳川宗武

熾仁親王　たるひとしんのう　1835〜1895
　江戸時代末期，明治時代の有栖川宮熾仁親王の第1子。
◇皇族・華族古写真帖 愛蔵版（新人物往来社 2003）
　　▷p51「(無題)」
　　▷p137「(無題)」
◇講談社日本人名大辞典（講談社 2001）▷有栖川宮熾仁親王
◇福岡県百科事典 上,下（西日本新聞社 1982）
　▷有栖川宮熾仁親王
◇国史大辞典（吉川弘文館 1979）
◇東京百年史 第三巻「東京人」の形成（明治後期）（ぎょうせい 1979）
　　▷p64（写真）「永田町の参謀本部と有栖川（熾仁）宮銅像」
◇日本人名大事典 1〜6（平凡社 1979（覆刻））

田原羊石　たわらようせき　1828〜1918
　江戸時代末期〜大正期の戸長として公共事業に尽力，和歌俳句の宗匠。
◇大分県歴史人物事典（大分合同新聞社 1996）
◇大分百科事典（大分放送 1980）

湛慶　たんけい　1173〜1256
　鎌倉時代前期の仏師。
◇国宝・重要文化財大全 4（毎日新聞社 1999）
　　▷図717「伝運慶・伝湛慶（坐）像」（作者不詳 鎌倉時代 六波羅蜜寺（京都府京都市東山区）蔵）
◇原色日本の美術（改訂版）21（小学館 1994）
　　▷図20「湛慶像」（作者不詳 六波羅蜜寺（京都府京都市東山区）蔵）
◇仏像集成 3（学生社 1986）
　　▷図193「伝運慶・伝湛慶（坐）像」（作者不詳 13世紀後半 六波羅蜜寺（京都府京都市東山区）蔵）
◇京都大事典（淡交社 1984）
◇国史大辞典（吉川弘文館 1979）
◇日本人名大事典 1〜6（平凡社 1979（覆刻））
◇重要文化財 5（毎日新聞社 1974）
　　▷図196「伝運慶・伝湛慶（坐）像」（作者不詳 鎌倉時代 六波羅蜜寺（京都府京都市東山区）蔵）
◇原色日本の美術 23（小学館 1971）
　　▷図170「湛慶像」（作者不詳 六波羅蜜寺（京都府京都市東山区））

丹山　たんざん　1785〜1847
　江戸時代後期の学僧。
◇福井県大百科事典（福井新聞社 1991）

談洲楼燕枝〔初代〕　だんしゅうろうえんし
　1838〜1900　江戸時代末期，明治時代の落語家。
◇古今東西落語家事典（平凡社 1989）

弾誓　たんぜい　1552〜1613
　安土桃山時代，江戸時代前期の浄土宗の僧。
◇長野県歴史人物大事典（郷土出版社 1989）

丹波雅忠　たんばのまさただ　1021〜1088
　平安時代中期，後期の医師。
◇日本人名大事典 1〜6（平凡社 1979（覆刻））

丹波康頼　たんばのやすより　912〜995
　平安時代中期の医師。
◇日本人名大事典 1〜6（平凡社 1979（覆刻））

【ち】

近松半二　ちかまつはんじ　1725〜1783
　江戸時代中期の浄瑠璃作者。
◇兵庫県大百科事典 上,下（神戸新聞出版センター 1983）
◇兵庫県史 第5巻 近世編3・幕末維新（兵庫県 1981）
　　▷〈写真〉写真64「近松半次像」
◇国史大辞典（吉川弘文館 1979）
◇日本人名大事典 1〜6（平凡社 1979（覆刻））
◇世界伝記大事典（ほるぷ出版 1978）
◇世界大百科事典（平凡社 1964）

近松門左衛門　ちかまつもんざえもん
　1653〜1724　江戸時代中期の京都・大坂の歌舞伎作者，浄瑠璃作者。
◇講談社日本人名大辞典（講談社 2001）
◇日本史大事典（平凡社 1992）
◇福井県大百科事典（福井新聞社 1991）
◇大阪府史 第6巻 近世編2（大阪府 1987）
　　▷〈写真〉写真116「近松門左衛門像『浪華土産』」
◇愛媛県百科大事典（愛媛新聞社 1985）
◇国史大辞典（吉川弘文館 1979）
◇日本人名大事典 1〜6（平凡社 1979（覆刻））
◇世界伝記大事典（ほるぷ出版 1978）
◇大日本百科事典（小学館 1967）
◇世界大百科事典（平凡社 1964）

竹林　　ちくりん　　1760～1800
　江戸時代中期,後期の真言僧。
◇香川県人物・人名事典（四国新聞社　1985）
◇香川県大百科事典（四国新聞社　1984）

智月　　ちげつ
　江戸時代前期,中期の女性。俳人、芭蕉一門。
◇日本人名大事典 1～6（平凡社 1979）(覆刻)）
　　▷河合智月
◇俳諧人名辞典（巌南堂書店　1970）

痴兀大慧　　ちごつだいえ　　1228～1312
　鎌倉時代の臨済宗の僧。安養寺の開祖。
◇国宝・重要文化財大全 1（毎日新聞社 1997）
　　▷図96「痴兀大慧像（仏通禅師）」（作者不詳
　　　鎌倉時代　正安3(1301)自賛）

智暹　　ちせん　　1702～1768
　江戸時代中期の浄土真宗本願寺派の学匠。
◇兵庫県史　第5巻　近世編3・幕末維新（兵庫県
　1981）
　　▷〈写真〉写真44「智暹像」

千葉周作　　ちばしゅうさく　　1794～1855
　江戸時代末期の剣術家。
◇日本史大事典（平凡社　1992）
◇国史大辞典（吉川弘文館　1979）

千葉常胤　　ちばつねたね　　1118～1201
　平安時代後期,鎌倉時代前期の御家人。
◇千葉大百科事典（千葉日報社　1982）

千原夕田　　ちはらせきでん　　1830～1894
　江戸時代後期～明治期の豪商。
◇大分県歴史人物事典（大分合同新聞社　1996）
◇大分百科事典（大分放送　1980）

茶屋四郎次郎〔初代〕　　ちゃやしろうじろう
　1545～1596　安土桃山時代の京都の豪商。
◇国史大辞典（吉川弘文館　1979）　▷茶屋四郎次
　郎〔代数なし〕
◇世界伝記大事典（ほるぷ出版　1978）

中巌円月　　ちゅうがんえんげつ　　1300～1375
　鎌倉時代後期,南北朝時代の臨済宗の僧。
◇国史大辞典（吉川弘文館　1979）

中条石太郎　　ちゅうじょういしたろう
　1847～1900
　江戸時代後期～明治期の漁業家。
◇大分県歴史人物事典（大分合同新聞社　1996）

潮音　　ちょうおん
　江戸時代中期の曹洞宗の僧。
◇群馬県史　通史編6　近世3　生活・文化（群馬県
　1992）
　　▷〈写真〉94「潮音肖像画」

潮音道海　　ちょうおんどうかい　　1628～1695
　江戸時代前期,中期の黄檗僧。
◇国史大辞典（吉川弘文館　1979）

澄月　　ちょうげつ　　1714～1798
　江戸時代中期の僧、歌人。
◇岡山県歴史人物事典（山陽新聞社　1994）

重源　　ちょうげん　　1121～1206
　平安時代後期,鎌倉時代前期の僧。
◇講談社日本人名大辞典（講談社　2001）
◇国宝・重要文化財大全 4（毎日新聞社 1999）
　　▷図627「俊乗上人（坐）像」（作者不詳　鎌倉
　　　時代　東大寺（奈良県奈良市雑司町）蔵）
　　▷図628「俊乗上人像」（作者不詳　鎌倉時代
　　　阿弥陀寺（山口県防府市）蔵）
　　▷図626「俊乗上人像」（作者不詳　天福2
　　　(1234)　浄土寺（兵庫県小野市浄谷町）蔵）
　　▷図625「俊乗上人像」（作者不詳　鎌倉時代
　　　新大仏寺（三重県阿山郡）蔵）
◇仏像集成 7（学生社 1997）
　　▷図334「俊乗上人像」（作者不詳　浄土寺（兵
　　　庫県小野市浄谷町）蔵）
　　▷図103「俊乗上人像」（作者不詳　新大仏寺
　　　（三重県阿山郡）蔵）
◇仏像集成 8（学生社 1997）
　　▷図283「重源（坐）像」（作者不詳　阿弥陀寺
　　　（山口県防府市）蔵）
◇岡山県歴史人物事典（山陽新聞社　1994）　▷俊
　乗房重源
◇原色日本の美術（改訂版）9（小学館 1994）
　　▷図8「俊乗上人（坐）像」（作者不詳　東大寺
　　　（奈良県奈良市雑司町））
◇原色日本の美術（改訂版）21（小学館 1994）
　　▷図5「俊乗上人（坐）像」（作者不詳　東大寺
　　　（奈良県奈良市雑司町））
◇仏像集成 5（学生社 1994）
　　▷図90「俊乗上人（坐）像」（作者不詳　鎌倉
　　　時代　東大寺（奈良県奈良市雑司町）蔵）
◇日本史大事典（平凡社　1992）
◇入江泰吉写真集（小学館 1992）
　　▷図66,117-118「俊乗上人（坐）像」（作者不詳
　　　13世紀　東大寺（奈良県奈良市雑司町）蔵）
◇日本の仏像大百科 5（ぎょうせい 1991）
　　▷図106「重源上人（坐）像」（作者不詳　鎌倉
　　　時代　東大寺（奈良県奈良市雑司町）蔵）
◇日本美術全集 10（講談社 1991）
　　▷図40「俊乗上人（坐）像」（作者不詳　13世
　　　紀前期　東大寺（奈良県奈良市雑司町）蔵）
◇新編 名宝日本の美術 4（小学館　1990）

ちょう

▷図60,62「俊乗上人(坐)像」(作者不詳　13世紀　東大寺(奈良県奈良市雑司町)蔵)
◇人間の美術 6（学習研究社 1990）
　▷図51「重源上人(坐)像」(作者不詳　13世紀前半　東大寺(奈良県奈良市雑司町)蔵)
　▷図50「重源(坐)像」(作者不詳　13世紀前半　阿弥陀寺(山口県防府市))
◇ほとけの顔 3（毎日新聞社 1989）
　▷図33「俊乗上人(坐)像」(作者不詳　鎌倉時代　東大寺(奈良県奈良市雑司町))
◇国宝大事典 2（講談社 1985）
　▷図104「俊乗上人(坐)像」(作者不詳　鎌倉時代　東大寺(奈良県奈良市雑司町)蔵)
◇全集日本の古寺 4（集英社 1985）
　▷図43「俊乗上人像」(作者不詳　13世紀中頃？　新大仏寺(三重県阿山郡)蔵)
◇全集日本の古寺 17（集英社 1985）
　▷図57「俊乗上人像」(作者不詳　阿弥陀寺(山口県防府市))
◇国宝（増補改訂版）5（毎日新聞社 1984）
　▷図51「俊乗上人(坐)像」(作者不詳　鎌倉時代　東大寺(奈良県奈良市雑司町)蔵)
◇全集日本の古寺 11（集英社 1984）
　▷図35「俊乗上人像」(作者不詳　東大寺(奈良県奈良市雑司町)蔵)
◇日本画素描大観 4（講談社 1984）
　▷図26「東大寺俊乗上人像(スケッチ)」(安田靫彦　明治41(1908))
　▷図27「東大寺俊乗上人像(スケッチ)」(安田靫彦　明治41(1908))
◇日本大百科全書（小学館 1984）
◇日本古寺美術全集 18（集英社 1983）
　▷図83「俊乗上人像」(作者不詳　新大仏寺(三重県阿山郡)蔵)
◇日本古寺美術全集 19（集英社 1982）
　▷図62「俊乗上人像」(作者不詳　阿弥陀寺(山口県防府市)蔵)
　▷図20「俊乗上人像」(作者不詳　天福2(1234)　浄土寺(兵庫県小野市浄谷町)蔵)
◇土門拳 日本の彫刻 3（美術出版社 1980）
　▷図79-80「俊乗上人(坐)像」(作者不詳　東大寺(奈良県奈良市雑司町)蔵)
◇日本古寺美術全集 4（集英社 1980）
　▷図47「俊乗上人(坐)像」(作者不詳　東大寺(奈良県奈良市雑司町)蔵)
◇名宝日本の美術 3（小学館 1980）
　▷図60,62「俊乗上人(坐)像」(作者不詳　13世紀　東大寺(奈良県奈良市雑司町)蔵)
◇国史大辞典（吉川弘文館 1979）
◇岡山人名事典（日本文教出版 1978）
◇世界伝記大事典（ほるぷ出版 1978）
◇日本美術全集 12（学習研究社 1978）
　▷図31「俊乗上人(坐)像」(作者不詳　13世紀初期　東大寺(奈良県奈良市雑司町)蔵)
◇国宝・重要文化財 仏教美術（小学館 1977）
　▷図34「重源(坐)像」(作者不詳　鎌倉時代　阿弥陀寺(山口県防府市))

◇原色版国宝 8（毎日新聞社 1976）
　▷図15「俊乗上人(坐)像」(作者不詳　鎌倉時代(13世紀前半)　東大寺(奈良県奈良市雑司町)蔵)
◇日本の美術 1（旺文社 1976）
　▷図157「重源上人(坐)像」(作者不詳　13世紀初期　東大寺(奈良県奈良市雑司町)蔵)
◇奈良の寺 17（岩波書店 1975）
　▷図10-11,34-35「俊乗上人(坐)像」(作者不詳　鎌倉時代(13世紀)　東大寺(奈良県奈良市雑司町)蔵)
◇重要文化財 5（毎日新聞社 1974）
　▷図117「俊乗上人(坐)像」(作者不詳　鎌倉時代　東大寺(奈良県奈良市雑司町)蔵)
　▷図118「俊乗上人像」(作者不詳　鎌倉時代　阿弥陀寺(山口県防府市)蔵)
　▷図116「俊乗上人像」(作者不詳　天福2(1234)　浄土寺(兵庫県小野市浄谷町)蔵)
　▷図115「俊乗上人像」(作者不詳　鎌倉時代　新大仏寺(三重県阿山郡)蔵)
◇奈良六大寺大観 11（岩波書店 1972）
　▷p8-11,50-55「俊乗上人(坐)像」(作者不詳　東大寺(奈良県奈良市雑司町)蔵)
◇日本美術館 5（筑摩書房 1972）
　▷図4「俊乗上人(坐)像」(作者不詳　東大寺(奈良県奈良市雑司町)蔵)
◇原色日本の美術 23（小学館 1971）
　▷図5「重源上人(坐)像」(作者不詳　東大寺(奈良県奈良市雑司町)蔵)
◇原色日本の美術 9（小学館 1968）
　▷図6「俊乗上人(坐)像」(作者不詳　東大寺(奈良県奈良市雑司町)蔵)
◇国宝 4（毎日新聞社 1966）
　▷図17「俊乗上人(坐)像」(作者不詳)
◇日本の美術 11（平凡社 1964）
　▷図1「重源上人(坐)像」(作者不詳　13世紀　東大寺(奈良県奈良市雑司町))
◇日本美術大系 2（講談社 1959）
　▷図122「俊乗上人(坐)像」(作者不詳　鎌倉時代　東大寺(奈良県奈良市雑司町)蔵)
◇日本美術全集 3（東都文化交易 1953）
　▷図44「俊乗上人(坐)像」(作者不詳　東大寺(奈良県奈良市雑司町)蔵)
◇国宝図録 1（文化財協会 1952）
　▷図26「俊乗上人(坐)像」(作者不詳　鎌倉時代初期　東大寺(奈良県奈良市雑司町)蔵)
◇日本の彫刻 6（美術出版社 1952）
　▷図17-19「俊乗上人(坐)像」(作者不詳　建久6(1195)頃)

長三洲　ちょうさんしゅう　1833～1895
江戸時代末期、明治時代の漢詩人。
◇大分県歴史人物事典（大分合同新聞社 1996）
◇大分百科事典（大分放送 1980）　▷長三州
◇国史大辞典（吉川弘文館 1979）

鳥酔　ちょうすい　1701〜1769
　江戸時代中期の俳人。
◇俳諧人名辞典（巌南堂書店 1970）

長宗我部元親　ちょうそかべもとちか
　1539〜1599　安土桃山時代の大名。
◇高知県人名事典（高知新聞社 1999）
◇国宝・重要文化財大全 1（毎日新聞社 1997）
　　　▷図212「長宗我部元親像」（作者不詳　桃山時代 慶長4(1599)惟杏永哲賛）
◇徳島県歴史人物鑑（徳島新聞社 1994）
◇香川県人物・人名事典（四国新聞社 1985）
◇香川県大百科事典（四国新聞社 1984）
◇日本大百科全書（小学館 1984）
◇徳島県百科事典（徳島新聞社 1981）
◇国史大辞典（吉川弘文館 1981）
◇兵庫県史 第3巻 中世編2・近世編1（兵庫県 1978）
　　　▷〈写真〉写真231「長宗我部元親像」
◇高知県百科事典（高知新聞社 1976）
◇重要文化財 10（毎日新聞社 1974）
　　　▷図407「長宗我部元親像(惟杏永哲賛)」（作者不詳　桃山時代）
◇大日本百科事典（小学館 1967）
◇世界大百科事典（平凡社 1964）

張尊三　ちょうそんさん　1845〜1918
　江戸時代末期〜大正期の函館在住華僑の中心的人物。
◇北海道歴史人物事典（北海道新聞社 1993）
◇北海道大百科事典（北海道新聞社 1981）

蝶夢　ちょうむ　1732〜1795
　江戸時代中期の俳人。
◇俳諧人名辞典（巌南堂書店 1970）

樗良　ちょら　1729〜1780
　江戸時代中期の俳人。
◇日本人名大事典 1〜6（平凡社 1979（覆刻））
　　　▷三浦樗良
◇俳諧人名辞典（巌南堂書店 1970）

陳元贇　ちんげんぴん　1587〜1671
　江戸時代前期の尾張藩士, 文人。
◇日本史大事典（平凡社 1992）
◇国史大辞典（吉川弘文館 1979）

沈寿官〔12代〕　ちんじゅかん
　1835〜1906　江戸時代末期, 明治時代の大名。
◇鹿児島大百科事典（南日本新聞社 1981）

【つ】

通玄　つうげん　1635〜1704
　江戸時代前期, 中期の高僧。
◇宮城県百科事典（河北新報社 1982）

家田大峯　つかだたいほう　1745〜1832
　江戸時代中期, 後期の儒学者。
◇長野県歴史人物大事典（郷土出版社 1989）

津金文左衛門　つがねぶんざえもん
　1727〜1801　江戸時代中期, 後期の尾張藩士。
◇角川日本姓氏歴史人物大辞典 23（角川書店 1991）
◇愛知百科事典（中日新聞本社 1977）　▷津金胤臣

塚原浅茅　つかはらあさじ　1844〜1918
　江戸時代末期〜大正期の古田学校37年間勤務の郷先生, 国学者。
◇長野県歴史人物大事典（郷土出版社 1989）

塚原重五郎　つかはらじゅうごろう
　江戸時代末期の遣米使節団随員。
◇写された幕末―石黒敬七コレクション（明石書店 1990）
　　　▷p31 No.6「遣米使節〈新見豊前守一行〉」（ブラデー　万延元年(1860).4.5）

塚原卜伝　つかはらぼくでん　1489〜1571
　戦国時代の剣術家。
◇日本大百科全書（小学館 1984）
◇茨城県大百科事典（茨城新聞社 1981）

塚原昌義　つかはらまさよし
　江戸時代末期の幕臣。
◇サムライ古写真帖（新人物往来社 2004）
　　　▷p66「米海軍工廠を見学する遣米使節幹部たち」

津軽為信　つがるためのぶ　1550〜1607
　安土桃山時代, 江戸時代前期の大名。
◇青森県百科事典（東奥日報社 1981）

津軽承昭　つがるつぐあきら　1840〜1916
　江戸時代末期, 明治時代の大名。
◇青森県人名事典（東奥日報社 2002）
◇青森県百科事典（東奥日報社 1981）

つかる

津軽信著　つがるのぶあき　1719～1744
　江戸時代中期の大名。
◇青森県人名事典（東奥日報社 2002）

津軽信政　つがるのぶまさ　1646～1710
　江戸時代前期、中期の大名。
◇青森県人名事典（東奥日報社 2002）
◇国史大辞典（吉川弘文館 1979）

津軽寧親　つがるやすちか　1765～1833
　江戸時代中期、後期の大名。
◇青森県人名事典（東奥日報社 2002）
◇青森県百科事典（東奥日報社 1981）

津川半太夫　つがわはんだゆう　？～1712
　江戸時代中期の歌舞伎役者。
◇秘蔵浮世絵大観 6（講談社 1989）
　▷図18「中川半三郎・津川半太夫・坂田荻之丞」（鳥居清信（初代）　元禄16頃（1703頃））
◇浮世絵聚花 12（小学館 1980）
　▷図15「中川半三郎、津川半太夫とさかた荻之丞」（作者不詳）

月岡芳年　つきおかよしとし　1839～1892
　江戸時代末期、明治時代の浮世絵師。
◇日本大百科全書（小学館 1984）

月形潔　つきがたきよし　1847～1894
　江戸時代後期～明治期の北海道樺戸集治監初代典獄。
◇北海道歴史人物事典（北海道新聞社 1993）
◇北海道大百科事典（北海道新聞社 1981）

月亭文都　つきていぶんと　1844～1900
　江戸時代末期、明治時代の落語家。
◇古今東西落語家事典（平凡社 1989）

筑波玄仲　つくばげんちゅう　1819～1891
　江戸時代後期～明治期の医師。
◇大分県歴史人物事典（大分合同新聞社 1996）

津下精斎　つげせいさい　1812～1899
　江戸時代末期、明治期の医師。
◇岡山県歴史人物事典（山陽新聞社 1994）
◇岡山県大百科事典（山陽新聞社 1980）

津崎矩子　つさきのりこ　1786～1873
　江戸時代後期の女性。勤王家。
◇京都大事典（淡交社 1984）　▷村岡局
◇日本人名大事典 1～6（平凡社 1979（覆刻））

都治月旦　つじげったん　1646～1727
　江戸時代前期、中期の剣術家。
◇高知県百科事典（高知新聞社 1976）

辻新次　つじしんじ　1842～1915
　江戸時代末期、明治時代の信濃松本藩士、教育家。
◇長野県歴史人物大事典（郷土出版社 1989）
◇国史大辞典（吉川弘文館 1979）
◇日本人名大事典 1～6（平凡社 1979（覆刻））

辻真平　つじしんぺい　1849～1914
　江戸時代末期～大正期の剣道家。
◇佐賀県大百科事典（佐賀新聞社 1983）

辻辰之助　つじたつのすけ　1819～1875
　江戸時代末期、明治時代の志士。
◇秋田大百科事典（秋田魁新報社 1981）

津田出　つだいずる　1832～1905
　江戸時代末期、明治時代の紀伊和歌山藩士、官僚、蘭学教授。
◇和歌山県史　近世（和歌山県 1990）
　▷〈写真〉写真313「津田出肖像」

津田景康　つだかげやす　1563～1638
　安土桃山時代、江戸時代前期の陸奥仙台藩士。
◇宮城県百科事典（河北新報社 1982）

津田真一郎　つだしんいちろう
　江戸時代末期の幕府オランダ留学生。
◇幕末―写真の時代（筑摩書房 1994）
　▷p73 No.82「（無題）」（撮影者不詳）

津田仙　つだせん　1837～1908
　江戸時代末期、明治時代の洋学者、農学者。
◇国史大辞典（吉川弘文館 1979）

津田貞　つだてい　1844～1882
　江戸時代後期～明治期の新聞人。
◇高知県人名事典（高知新聞社 1999）

津田永忠　つだながただ　1640～1707
　江戸時代前期、中期の備前岡山藩士。
◇岡山県歴史人物事典（山陽新聞社 1994）
◇岡山人名事典（日本文教出版 1978）

津田弘道　つだひろみち　1834～1887
　江戸時代末期、明治時代の勤王家、備前岡山藩士。
◇岡山県歴史人物事典（山陽新聞社 1994）
◇岡山県大百科事典（山陽新聞社 1980）

津田正臣　つだまさおみ　1841～1896
　江戸時代末期の紀州藩士、初代和歌山県知事。
◇和歌山県史　近世（和歌山県 1990）
　▷〈写真〉写真309「津田楠左衛門（正臣）肖像」

津田真道　つだまみち　1829～1903
　江戸時代末期，明治時代の美作津山藩士，法学者。
◇岡山県歴史人物事典（山陽新聞社 1994）
◇日本大百科全書（小学館 1984）
◇岡山県大百科事典（山陽新聞社 1980）
◇国史大辞典（吉川弘文館 1979）
◇日本人名大事典 1～6（平凡社 1979〔覆刻〕）
◇岡山人名事典（日本文教出版 1978）

津田元貫　つだもとつら　1734～1815
　江戸時代中期，後期の医者・狂歌作者。
◇福岡県百科事典　上，下（西日本新聞社 1982）

蔦屋およし　つたやおよし
　江戸時代中期の女性。明和年間の江戸三美人の一人。
◇浮世絵聚花　補巻2（小学館 1982）
　▷図600「蔦屋お芳」（菊川秀信　明和7頃（1770頃））

蔦屋重三郎　つたやじゅうざぶろう　1750～1797
　江戸時代中期の書物・地本問屋。
◇講談社日本人名大辞典（講談社 2001）
◇朝日美術館　日本編 8（朝日新聞社 1997）
　▷図46「面構 浮世絵師喜多川歌麿と版元蔦屋重三郎」（片岡球子　1992）

土御門定通　つちみかどさだみち　1188～1247
　鎌倉時代前期の公卿。内大臣。
◇国史大辞典（吉川弘文館 1979）

土御門天皇　つちみかどてんのう　1195～1231
　鎌倉時代前期の第83代天皇。在位1198～1210。
◇国宝・重要文化財大全 1（毎日新聞社 1997）
　▷図147「天皇摂関御影」（作者不詳　鎌倉時代）
◇日本美術全集 9（講談社 1993）
　▷図30「天子摂関大臣影図巻」（藤原為信，藤原豪信　14世紀中頃）
◇皇室の至宝第1期 御物 1（毎日新聞社 1991）
　▷図10-30「天皇影（天皇・摂関・大臣影三巻のうち）」（藤原為信，伝 藤原豪信　鎌倉時代）
◇続日本の絵巻 12（中央公論社 1991）
　▷p51-84「天子摂関御影」（作者不詳　14世紀半ば過ぎ）
◇続日本絵巻大成 18（中央公論社 1983）
　▷p51-84「天子摂関御影」（作者不詳）
◇国史大辞典（吉川弘文館 1979）

◇新修日本絵巻物全集 26（角川書店 1978）
　▷グラビアp24-29「天子摂関御影　天子巻」（作者不詳）
　▷グラビアp30-37「天子摂関御影　摂関巻」（作者不詳）
　▷グラビアp38-55「天子摂関御影　大臣巻」（作者不詳）
　▷グラビア1「天子摂関御影　天子巻（崇徳院）」（作者不詳）
　▷グラビア2「天子摂関御影　天子巻（順徳院・後高倉院）」（作者不詳）
　▷グラビア3「天子摂関御影　摂関巻（藤原忠通・藤原基実）」（作者不詳）
　▷グラビア4「天子摂関御影　摂関巻（九条良経・近衛家実）」（作者不詳）
　▷グラビア5「天子摂関御影　大臣巻（藤原宗忠・藤原頼長）」（作者不詳）
　▷グラビア6「天子摂関御影　大臣巻（平重盛・平宗盛）」（作者不詳）
　▷グラビア7「天子摂関御影　大臣巻（大炊御門冬氏・今出川兼季）」（作者不詳）
　▷オフセット1「天子摂関御影　天子巻（鳥羽院）」（作者不詳）
　▷オフセット2「天子摂関御影　天子巻（後白河院・二条院）」（作者不詳）
　▷オフセット3「天子摂関御影　天子巻（高倉院・後鳥羽院）」（作者不詳）
　▷オフセット4「天子摂関御影　天子巻（花園院・後醍醐院）」（作者不詳）
　▷オフセット5「天子摂関御影　摂関巻（藤原師家・九条兼実）」（作者不詳）
　▷オフセット6「天子摂関御影　大臣巻（平清盛・藤原忠雅）」（作者不詳）
◇日本絵画館 4（講談社 1970）
　▷図53「天皇影」（伝 藤原為信　14世紀前半）

土御門通親　つちみかどみちちか　1149～1202
　平安時代後期，鎌倉時代前期の歌人・公卿。内大臣。
◇日本史大事典（平凡社 1992）　▷源通親
◇国史大辞典（吉川弘文館 1979）　▷源通親

土持政照　つちもちまさてる　1834～1902
　江戸時代末期，明治時代の薩摩藩士。
◇沖縄大百科事典（沖縄タイムス社 1983）

土屋寅直　つちやともなお　1820～1895
　江戸時代末期，明治時代の大名。
◇茨城県大百科事典（茨城新聞社 1981）

土屋麓　つちやふもと　1837～1907
　江戸時代末期，明治期の都賀町大柿の私塾経営者。
◇栃木県歴史人物事典（下野新聞社 1995）

つつい

筒井順慶　つついじゅんけい　1549～1584
　安土桃山時代の武将。
◇日本史大事典（平凡社 1992）
◇日本大百科全書（小学館 1984）
◇国史大辞典（吉川弘文館 1979）

筒井浄妙　つついじょうみょう
　平安時代後期の僧。
◇浮世絵聚花 1（小学館 1983）
　　▷図7「宇治橋上の筒井浄妙と一来法師」（鳥居清倍）

続豊治　つづきとよじ　1798～1880
　江戸時代末期，明治時代の船匠。
◇北海道歴史人物事典（北海道新聞社 1993）
◇北海道大百科事典（北海道新聞社 1981）

堤和重　つつみわじゅう　1849～1913
　江戸時代末期～大正期の地方自治功労者。
◇静岡県歴史人物事典（静岡新聞社 1991）

恒松強　つねまつきょう　1842～1903
　江戸時代後期～明治期の漢学者，私塾圭山堂開設。
◇島根県歴史人物事典（山陰中央新報社 1997）

恒松与吉郎忠利　つねまつよきちろうただとし　1805～1883　江戸時代後期～明治期の文化人。
◇島根県歴史人物事典（山陰中央新報社 1997）

常世田長翠　つねよだちょうすい　？～1813
　江戸時代後期の俳人。
◇俳諧人名辞典（巌南堂書店 1970）　▷長翠

角田弟彦　つのだおとひこ　1840～1920
　江戸時代後期～大正期の歌人。
◇北海道歴史人物事典（北海道新聞社 1993）
◇北海道大百科事典（北海道新聞社 1981）

角田九華　つのだきゅうか　1784～1855
　江戸時代後期の儒学者。
◇大分百科事典（大分放送 1980）

角田忠行　つのだただゆき　1834～1918
　江戸時代末期，明治時代の志士。
◇愛知百科事典（中日新聞本社 1977）

椿椿山　つばきちんざん　1801～1854
　江戸時代末期の南画家。
◇栃木県歴史人物事典（下野新聞社 1995）

津波古政正　つはこせいせい　1816～1877
　江戸時代末期，明治時代の政治家。
◇角川日本姓氏歴史人物大辞典 47（角川書店 1992）
◇沖縄大百科事典（沖縄タイムス社 1983）

坪井為春　つぼいいしゅん　1824～1886
　江戸時代後期，末期，明治時代の医師。
◇山形県大百科事典（山形放送 1993）　▷坪井為春（芳洲）

坪井源三郎　つぼいげんざぶろう　1838～1911
　江戸時代後期～明治期の地方政治家，実業家。
◇角川日本姓氏歴史人物大辞典 22（角川書店 1995）

坪井信良　つぼいしんりょう　1823～1904
　江戸時代末期，明治時代の蘭方医。
◇富山大百科事典（北日本新聞社 1994）
◇福井県大百科事典（福井新聞社 1991）

坪井杜国　つぼいとこく　？～1690
　江戸時代前期の俳人，米穀商。
◇俳諧人名辞典（巌南堂書店 1970）　▷杜国

壺井義知　つぼいよしちか　1657～1735
　江戸時代前期，中期の故実家。
◇国史大辞典（吉川弘文館 1979）　▷壷井義知

鶴ケ滝剛右衛門　つるがたきごうえもん
　江戸時代後期の力士。
◇日本の浮世絵美術館 4（角川書店 1996）
　　▷図41「鶴ケ滝剛右衛門と加治ケ浜力右衛門」（勝川春章　天明4頃）
◇秘蔵浮世絵大観 9（講談社 1989）
　　▷図106「東前頭 鶴ケ瀧・西前頭 秀ノ山改伊達ケ関・行司 木村庄之助」（勝川春好（初代）　天明6冬頃（1786・冬頃））

鶴賀若狭掾〔初代〕　つるがわかさのじょう
　1717～1786　江戸時代中期の豊後節の太夫。
◇世界大百科事典（平凡社 1964）　▷鶴賀若狭掾〔代数なし〕

鶴沢清七〔初代〕　つるざわせいしち
　1748～1826　江戸時代中期，後期の義太夫節三味線弾き。
◇世界大百科事典（平凡社 1964）

鶴沢友次郎〔初代〕　つるざわともじろう
　？～1749　江戸時代中期の義太夫節三味線弾き。
◇講談社日本人名大辞典（講談社 2001）

326　歴史人物肖像索引

鶴屋南北〔2代〕　つるやなんぼく
　1701〜1763　江戸時代中期の歌舞伎役者。
◇浮世絵聚花 1（小学館 1983）
　▷図36「松嶋兵太郎の遊女と，中村宇十郎，および鶴屋南北の武士」（奥村利信）
◇浮世絵聚花 13（小学館 1981）
　▷図140「四世市村竹之丞の曽我五郎と鶴屋南北の朝比奈」（勝川輝重）
◇浮世絵聚花 15（小学館 1980）
　▷図82「中村竹三郎の式子内親王 鶴屋南北の衛士源五郎」（奥村利信）

鶴屋南北〔4代〕　つるやなんぼく
　1755〜1829　江戸時代中期，後期の歌舞伎作者。
◇講談社日本人名大辞典（講談社 2001）
◇現代の日本画 6（学習研究社 1991）
　▷図62「面構 歌川国貞と四世鶴屋南北」（片岡球子　昭和57(1982)）
◇国史大辞典（吉川弘文館 1979）
◇世界伝記大事典（ほるぷ出版 1978）
◇大日本百科事典（小学館 1967）
◇世界大百科事典（平凡社 1964）

【て】

貞閑尼　ていかんに　1634〜1698
　江戸時代前期の俳人。
◇兵庫県大百科事典 上，下（神戸新聞出版センター 1983）

鄭孝徳　ていこうとく　1735〜？
　江戸時代中期の久米村士族。
◇沖縄大百科事典（沖縄タイムス社 1983）

貞厳　ていごん
　江戸時代中期，後期の浄土宗の僧。
◇国宝・重要文化財大全 1（毎日新聞社 1997）
　▷図141「伝貞厳和尚像」（源直朝　桃山時代）
◇重要文化財 10（毎日新聞社 1974）
　▷図372「伝貞厳和尚像」（源直朝　桃山時代）

程順則　ていじゅんそく　1663〜1734
　江戸時代中期の琉球の政治家，儒者。
◇角川日本姓氏歴史人物大辞典 47（角川書店 1992）
◇沖縄大百科事典（沖縄タイムス社 1983）
◇世界伝記大事典（ほるぷ出版 1978）　▷名護寵文

鄭成功　ていせいこう　1624〜1662
　江戸時代前期の明の遺臣。
◇郷土歴史人物事典 長崎（第一法規出版 1979）

出来島大助〔2代〕　できしまだいすけ
　江戸時代中期の歌舞伎役者。
◇秘蔵浮世絵大観 6（講談社 1989）
　▷図025「初代市川もん之助と二代目出来大助の草刈り山路」（作者不詳　享保前・中期）

手島堵庵　てじまとあん　1718〜1786
　江戸時代中期の石門心学者。
◇日本史大事典（平凡社 1992）
◇日本大百科全書（小学館 1984）
◇国史大辞典（吉川弘文館 1979）
◇世界伝記大事典（ほるぷ出版 1978）

出島松造　でじままつぞう
　江戸時代末期の通訳。
◇幕末―写真の時代（筑摩書房 1994）
　▷p250 No.268「（無題）」（フリーマン（推定））

手島雄八郎　てしまゆうはちろう　1849〜1901
　江戸時代後期〜明治期の公益家。
◇角川日本姓氏歴史人物大辞典 4（角川書店 1994）
◇宮城県百科事典（河北新報社 1982）

手代木勝任　てしろぎかつとう　1826〜1904
　江戸時代末期，明治時代の陸奥会津藩士。
◇高知県人名事典（高知新聞社 1999）
◇岡山県歴史人物事典（山陽新聞社 1994）
◇会津大事典（国書刊行会 1985）

手塚律蔵　てづかりつぞう　1822〜1878
　江戸時代末期，明治時代の蘭学者・英学者。
◇千葉大百科事典（千葉日報社 1982）

鉄牛道機　てつぎゅうどうき　1628〜1700
　江戸時代前期，中期の黄檗僧。
◇島根県歴史人物事典（山陰中央新報社 1997）
◇宮城県百科事典（河北新報社 1982）　▷鉄牛
◇島根県大百科事典（山陰中央新報社 1982）

鉄眼道光　てつげんどうこう　1630〜1682
　江戸時代前期の黄檗宗の僧。
◇静岡県史 通史編3 近世1（静岡県 1997）
　▷〈写真〉写2-73「鉄眼道光画像」
◇熊本県大百科事典（熊本日日新聞社 1982）
◇国史大辞典（吉川弘文館 1979）

◇日本人名大事典 1〜6（平凡社 1979（覆刻））

鉄山宗鈍　てっさんそうどん　1532〜1617
安土桃山時代、江戸時代前期の臨済宗妙心寺派の僧。
◇国史大辞典（吉川弘文館 1979）

徹通義介　てっつうぎかい　1219〜1309
鎌倉時代後期の曹洞宗の僧。
◇福井県大百科事典（福井新聞社 1991）　▷義介
◇国史大辞典（吉川弘文館 1979）

徹翁義亨　てっとうぎこう　1295〜1369
鎌倉時代後期、南北朝時代の臨済宗の僧。
◇国史大辞典（吉川弘文館 1979）
◇秘宝 11（講談社 1968）
　▷図64「徹翁義亨像」（作者不詳）

鉄翁祖門　てっとうそもん　1791〜1871
江戸時代末期、明治時代の画家、禅僧。
◇郷土歴史人物事典 長崎（第一法規出版 1979）
　▷日高鉄翁

鉄門海　てつもんかい　1768〜1829
江戸時代中期、後期の出羽湯殿山の即身仏。
◇山形県大百科事典（山形放送 1983）

手津屋正助　てつやしょうすけ　1763〜1823
江戸時代中期、後期の久留米藩商人。
◇福岡県百科事典 上，下（西日本新聞社 1982）

寺井玄渓　てらいげんけい　1622〜1711
江戸時代前期、中期の三河岡崎藩の医師。
◇日本人名大事典 1〜6（平凡社 1979（覆刻））

寺門静軒　てらかどせいけん　1796〜1868
江戸時代末期の儒者、詩人。
◇群馬県史 通史編6 近世3 生活・文化（群馬県 1992）
　▷〈写真〉123「寺門静軒肖像画」
◇日本史大事典（平凡社 1992）
◇茨城県大百科事典（茨城新聞社 1981）
◇国史大辞典（吉川弘文館 1979）
◇埼玉大百科事典 1〜5（埼玉新聞社 1974）

寺島宗伴　てらしまそうはん　1794〜1884
江戸時代末期、明治時代の算者。
◇角川日本姓氏歴史人物大辞典 20（角川書店 1996）

寺島宗則　てらじまむねのり　1832〜1893
江戸時代末期、明治時代の薩摩藩士、外交官。
◇講談社日本人名大辞典（講談社 2001）
◇幕末—写真の時代（筑摩書房 1994）
　▷p62 No.60「（無題）」（ナダール）
◇写真集 甦る幕末（朝日新聞社 1987）
　▷p233 No.332「（無題）」
　▷p225 No.301「松木弘安とボードワン医師」
　▷p225 No.302「（無題）」
◇日本写真全集 1 写真の幕あけ（小学館 1985）
　▷p18 No.22「遣欧使節・三人像」（撮影者不詳）
◇日本大百科全書（小学館 1984）
◇鹿児島大百科事典（南日本新聞社 1981）
◇国史大辞典（吉川弘文館 1979）
◇日本人名大事典 1〜6（平凡社 1979（覆刻））
◇世界伝記大事典（ほるぷ出版 1978）

寺田彦太郎　てらだひこたろう　1822〜1903
江戸時代末期、明治時代の自治功労者、代議士。
◇静岡県歴史人物事典（静岡新聞社 1991）
◇静岡大百科事典（静岡新聞社 1978）

寺地強平　てらちきょうへい　1809〜1875
江戸時代末期、明治時代の蘭方医。
◇広島県大百科事典（中国新聞社 1982）　▷寺地舟里

寺西封元　てらにしたかもと　1749〜1827
江戸時代後期の代官。
◇福島大百科事典（福島民報社 1980）
◇国史大辞典（吉川弘文館 1979）

寺林清憲　てらばやしせいけん　1840〜1901
江戸時代後期〜明治期の官吏。
◇富山大百科事典（北日本新聞社 1994）

出羽ノ海金蔵　でわのうみきんぞう
江戸時代の力士。
◇秘蔵浮世絵大観 9（講談社 1989）
　▷図98「西方 関ノ戸八郎治・出羽ノ海金蔵」（勝川春章　天明6冬頃（1786・冬頃））
◇全集浮世絵版画 5（集英社 1971）
　▷図30「鬼面山谷五郎と出羽海金蔵」（葛飾北斎）
◇日本版画美術全集 5（講談社 1960）
　▷図2「鬼面山谷五郎と出羽海金蔵」（葛飾北斎）

天海　てんかい　1536〜1643
安土桃山時代、江戸時代前期の天台宗の僧。
◇国宝・重要文化財大全 4（毎日新聞社 1999）
　▷図666「慈眼大師（坐）像」（作者不詳　江戸

時代　恵日院(滋賀県大津市)蔵)
◇埼玉人物事典(埼玉県 1998)
◇静岡県史 通史編3 近世1 (静岡県 1997)
　▷〈写真〉写1-40「天海僧正画像」
◇群馬県史 通史編6 近世3 生活・文化 (群馬県 1992)
　▷〈写真〉161「天海僧正木像」
◇日本史大事典 (平凡社 1992)
◇日本の仏像大百科 5 (ぎょうせい 1991)
　▷図146「天海僧正(坐)像」(作者不詳 寛永20(1643) 喜多院(埼玉県川越市仙波町)蔵)
◇和歌山県史 近世 (和歌山県 1990)
　▷〈写真〉写真49「天海僧正肖像画」
◇仏像集成 1 (学生社 1989)
　▷図249「天海僧正(坐)像」(作者不詳 寛永20(1643) 喜多院(埼玉県川越市仙波町)蔵)
◇新編埼玉県史 通史編3 (埼玉県 1988)
　▷〈口絵〉16「天海僧正坐像」
　▷〈写真〉6-5「天海僧正画像」
◇仏像集成 4 (学生社 1987)
　▷図49「慈眼大師(坐)像」(作者不詳 恵日院(滋賀県大津市)蔵)
◇大阪府史 第5巻 近世編1 (大阪府 1985)
　▷〈写真〉写真75「南光坊天海像」
◇日本大百科全書 (小学館 1984)
◇栃木県史 通史編4 近世一 (栃木県 1981)
　▷〈写真〉2-50「天海像(日光市)」
◇国史大辞典 (吉川弘文館 1979)
◇日本人名大事典 1～6 (平凡社 1979 (覆刻))
◇世界伝記大事典 (ほるぷ出版 1978)
◇郷土歴史人物事典 栃木 (第一法規出版 1977)
◇埼玉人物事典 1～5 (埼玉新聞社 1974)
◇重要文化財 5 (毎日新聞社 1974)
　▷図153「慈眼大師(坐)像」(作者不詳 江戸時代　恵日院(滋賀県大津市)蔵)
◇大日本百科事典 (小学館 1967)
◇日本美術大系 2 (講談社 1959)
　▷図142「天海僧正像」(作者不詳 江戸時代 輪王寺(栃木県日光市)蔵)

天岸慧広　てんがんえこう　1273～1335
鎌倉時代後期, 南北朝時代の臨済宗の僧。
◇国史大辞典 (吉川弘文館 1979)

天境霊致　てんきょうれいち　1291～1381
鎌倉時代後期, 南北朝時代の僧。
◇重要文化財 10 (毎日新聞社 1974)
　▷図355「天境霊致像(自賛)」(作者不詳 南北朝時代)

天桂伝尊　てんけいでんそん　1648～1735
江戸時代前期, 中期の曹洞宗の僧。
◇国史大辞典 (吉川弘文館 1979)

天秀尼　てんしゅうに　1609～1645
江戸時代前期の女性。豊臣秀頼の娘。
◇神奈川県史 通史編2 近世(1) (神奈川県 1981)
　▷p697〈写真〉「天秀尼画像」

天璋院　てんしょういん　1836～1883
江戸時代末期, 明治時代の女性。13代将軍徳川家定の正室。
◇鹿児島大百科事典 (南日本新聞社 1981)

天神山甚兵衛　てんじんやまじんべえ
江戸時代の村相撲の有力者。
◇角川日本姓氏歴史人物大辞典 14 (角川書店 1993)

天瑞院　てんずいいん　1513～1592
戦国時代, 安土桃山時代の女性。豊臣秀吉の生母。
◇日本史大事典 (平凡社 1992)
◇京都大事典 (淡交社 1984)　▷大政所
◇国史大辞典 (吉川弘文館 1979)

田捨女　でんすてじょ　1634～1698
江戸時代前期, 中期の女性。貞徳系の俳人。
◇兵庫県史 第4巻 近世編2 (兵庫県 1980)
　▷〈写真〉写真84「貞閑(田捨女)像」
◇俳諧人名辞典 (巌南堂書店 1970)　▷捨女

天智天皇　てんぢてんのう　626～671
飛鳥時代の第38代天皇。在位661～671。
◇講談社日本人名大辞典 (講談社 2001)
◇名品揃物浮世絵 9 (ぎょうせい 1992)
　▷図1「百人一首うはかゑとき 天智天皇」(葛飾北斎　天保年間中－後期(1830-1844))
◇浮世絵聚花 14 (小学館 1981)
　▷図2「百人一首 天智天皇」(鈴木春信)
◇在外秘宝－欧米収蔵浮世絵集成 葛飾北斎 (学習研究社 1972)
　▷図194「百人一首うはかゑとき 天智天皇」(葛飾北斎　天保年間中－後期(1830-1844))

伝通院　でんづういん　1528～1602
戦国時代, 安土桃山時代の女性。徳川家康の生母。
◇国史大辞典 (吉川弘文館 1979)　▷於大の方

天武天皇　てんむてんのう　?～686
飛鳥時代の第40代天皇。在位673～686。
◇朝日美術館 日本編 4 (朝日新聞社 1996)
　▷図54「天武天皇」(小倉遊亀 1983)
◇現代の日本画 4 (学習研究社 1991)
　▷図78「天武天皇」(小倉遊亀 昭和58(1983))

天竜道人　てんりゅうどうじん　1718～1810
　江戸時代中期, 後期の画家。
◇長野県歴史人物大事典（郷土出版社 1989）

天嶺性空　てんれいしょうくう　1666～1736
　江戸時代前期, 中期の臨済宗の僧。
◇宮城県百科事典（河北新報社 1982）　▷天嶺

【と】

土井忠一　どいちゅういち　1826～1902
　江戸時代後期～明治期の戸長・養蚕家。
◇岡山県歴史人物事典（山陽新聞社 1994）

土井利勝　どいとしかつ　1573～1644
　安土桃山時代, 江戸時代前期の大名, 大老。
◇栃木県歴史人物事典（下野新聞社 1995）
◇日本史大事典（平凡社 1992）
◇日本大百科全書（小学館 1984）
◇茨城県大百科事典（茨城新聞社 1981）
◇国史大辞典（吉川弘文館 1979）

土井利忠　どいとしただ　1811～1868
　江戸時代末期の大名。
◇福井県大百科事典（福井新聞社 1991）
◇国史大辞典（吉川弘文館 1979）

土井利位　どいとしつら　1789～1848
　江戸時代後期の大名。
◇栃木県歴史人物事典（下野新聞社 1995）
◇日本史大事典（平凡社 1992）
◇茨城県大百科事典（茨城新聞社 1981）
◇国史大辞典（吉川弘文館 1979）

土居通夫　どいみちお　1837～1917
　江戸時代末期, 明治時代の伊予宇和島藩士, 実業家。
◇愛媛県百科大事典（愛媛新聞社 1985）

土居通政　どいみちまさ　1827～1900
　江戸時代後期～明治期の大庄屋頭取。
◇岡山県歴史人物事典（山陽新聞社 1994）

洞院実雄　とういんさねお　1217～1273
　鎌倉時代前期の公卿。左大臣。
◇国史大辞典（吉川弘文館 1979）

道契　どうかい　1816～1876
　江戸時代末期, 明治時代の真言宗の僧。
◇岡山人名事典（日本文教出版 1978）

道鏡　どうきょう　？～772
　奈良時代の政治家, 僧, 法王。
◇新篇初期版画 枕絵（学習研究社 1995）
　　▷図97「弓削道鏡秘伝巻」（月岡雪山　安永5（1776））

道鏡慧端　どうきょうえたん　1642～1721
　江戸時代前期, 中期の臨済宗の僧。
◇国史大辞典（吉川弘文館 1979）

道家大門　どうけだいもん　1830～1890
　江戸時代末期, 明治時代の勤王家, 国学者。
◇岡山人名事典（日本文教出版 1978）

道元　どうげん　1200～1253
　鎌倉時代前期の僧。
◇講談社日本人名大辞典（講談社 2001）
◇京都事典 府域編（淡交社 1994）
◇秘蔵日本美術大観 10（講談社 1993）
　　▷図19「道元禅師一代記図会」（作者不詳　江戸時代末期(19世紀中頃)）
◇日本史大事典（平凡社 1992）
◇福井県大百科事典（福井新聞社 1991）
◇昭和の文化遺産 5（ぎょうせい 1990）
　　▷〔挿図〕29「道元」（細川宗英　昭和47（1972））
◇現代の水彩画 5（第一法規出版 1984）
　　▷図43「道元（腰かける）」（細川宗英　昭和55頃(1980頃)）
◇日本大百科全書（小学館 1984）
◇国史大辞典（吉川弘文館 1979）
◇世界伝記大事典（ほるぷ出版 1978）
◇大日本百科事典（小学館 1967）
◇世界大百科事典（平凡社 1964）

桃源瑞仙　とうげんずいせん　1430～1489
　室町時代, 戦国時代の臨済宗夢窓派の僧。
◇国史大辞典（吉川弘文館 1979）

東郷益子　とうごうますこ　1812～1901
　江戸時代末期, 明治期の女性。元帥東郷平八郎の母。
◇鹿児島大百科事典（南日本新聞社 1981）

道慈　どうじ　？～744
　奈良時代の僧。
◇国史大辞典（吉川弘文館 1979）

道者超元 どうしゃちょうげん 1602〜1662
江戸時代前期の渡来僧。
◇兵庫県史 第4巻 近世編2（兵庫県 1980）
　▷〈写真〉写真79「道者超元像」
◇国史大辞典（吉川弘文館 1979）

道宗 どうしゅう ？〜1516
戦国時代の真宗篤信家。
◇国史大辞典（吉川弘文館 1979）

東洲斎写楽 とうしゅうさいしゃらく
江戸時代後期の浮世絵師。
◇朝日美術館 日本編 8（朝日新聞社 1997）
　▷図28「面構 東洲斎写楽」（片岡球子 1971）
◇現代の日本画 6（学習研究社 1991）
　▷図50「面構 東洲斎写楽」（片岡球子 昭和46(1971)）

唐人お吉 とうじんおきち 1841〜1890
江戸時代末期、明治時代の女性。米国総領事ハリスの下田時代の側女。
◇幕末維新・明治・大正美人帖（新人物往来社 2003）
　▷p48「法被を着たお吉」（船田才太夫）
　▷p49「下田の宝福寺に伝わる19歳の肖像」
◇静岡県歴史人物事典（静岡新聞社 1991）
◇大日本百科事典（小学館 1967）

道詮 どうせん
平安時代前期の三論宗の僧。
◇国宝・重要文化財大全 4（毎日新聞社 1999）
　▷図1152「道詮律師(坐)像」（作者不詳　平安時代　法隆寺(奈良県生駒郡斑鳩町)蔵）
◇法隆寺の至宝 3（小学館 1996）
　▷塑像98「道詮律師(坐)像」（作者不詳　平安時代　法隆寺(奈良県生駒郡斑鳩町)蔵）
◇仏像集成 6（学生社 1995）
　▷図91「道詮律師(坐)像」（作者不詳　貞観15(873)頃　法隆寺(奈良県生駒郡斑鳩町)蔵）
◇原色日本の美術(改訂版) 2（小学館 1994）
　▷図79「道詮律師(坐)像」（作者不詳　法隆寺(奈良県生駒郡斑鳩町)）
◇日本美術全集 5（講談社 1992）
　▷図114「道詮律師(坐)像」（作者不詳　9世紀後期　法隆寺(奈良県生駒郡斑鳩町)蔵）
◇日本の仏像大百科 5（ぎょうせい 1991）
　▷図90「道詮律師(坐)像」（作者不詳　平安時代前期　法隆寺(奈良県生駒郡斑鳩町)蔵）
◇入江泰吉写真集（小学館 1989）
　▷図179,185「道詮律師(坐)像」（作者不詳　平安時代　法隆寺(奈良県生駒郡斑鳩町)蔵）
◇国宝大事典 2（講談社 1985）
　▷図64「道詮律師(坐)像」（作者不詳　平安時代　法隆寺(奈良県生駒郡斑鳩町)蔵）
◇国宝(増補改訂版) 5（毎日新聞社 1984）
　▷図12「道詮律師(坐)像」（作者不詳　平安時代　法隆寺(奈良県生駒郡斑鳩町)）
◇土門拳 日本の彫刻 2（美術出版社 1980）
　▷図34-35「道詮律師(坐)像」（作者不詳　法隆寺(奈良県生駒郡斑鳩町)）
◇国史大辞典（吉川弘文館 1979）
◇日本古寺美術全集 2（集英社 1979）
　▷図5「道詮律師(坐)像」（作者不詳　法隆寺(奈良県生駒郡斑鳩町)蔵）
◇原色版国宝 4（毎日新聞社 1976）
　▷図30「道詮律師(坐)像」（作者不詳　平安時代(9世紀)　法隆寺(奈良県生駒郡斑鳩町)）
◇重要文化財 6（毎日新聞社 1975）
　▷図242「道詮律師(坐)像」（作者不詳　平安時代　法隆寺(奈良県生駒郡斑鳩町)蔵）
◇奈良の寺 5（岩波書店 1973）
　▷図48「道詮律師(坐)像」（作者不詳　平安時代(9世紀)　法隆寺(奈良県生駒郡斑鳩町)蔵）
◇秘宝 2（講談社 1970）
　▷図48「道詮律師(坐)像」（作者不詳　法隆寺(奈良県生駒郡斑鳩町)蔵）
◇奈良六大寺大観 3（岩波書店 1969）
　▷図139,186-189「道詮律師(坐)像」（作者不詳　法隆寺(奈良県生駒郡斑鳩町)蔵）
◇原色日本の美術 2（小学館 1966）
　▷図79「道詮律師(坐)像」（作者不詳　平安時代　法隆寺(奈良県生駒郡斑鳩町)）
◇国宝 2（毎日新聞社 1964）
　▷図29「道詮律師(坐)像」（作者不詳）
◇国宝図録 4（文化財協会 1953）
　▷図20「道詮律師(坐)像」（作者不詳　法隆寺(奈良県生駒郡斑鳩町)蔵）

東常縁 とうつねより 1401〜1494
室町時代、戦国時代の武将、歌人。
◇国史大辞典（吉川弘文館 1979）

藤堂高虎 とうどうたかとら 1556〜1630
安土桃山時代、江戸時代前期の武将、大名。
◇国宝・重要文化財大全 1（毎日新聞社 1997）
　▷図222「藤堂高虎像」（作者不詳　江戸時代）
　▷図223「藤堂高虎像」（作者不詳　江戸時代）
◇三重県史 資料編 近世1（三重県 1993）
　▷〈口絵〉4「藤堂高虎画像」
◇日本史大事典（平凡社 1992）
◇愛媛県百科大事典（愛媛新聞社 1985）
◇滋賀県百科事典（大和書房 1984）
◇日本大百科全書（小学館 1984）
◇国史大辞典（吉川弘文館 1979）
◇重要文化財 11（毎日新聞社 1975）
　▷図218「藤堂高虎像」（作者不詳　江戸時代）
　▷図219「藤堂高虎像(天海賛)」（作者不詳　江戸時代）

藤堂高通　とうどうたかみち　1644〜1697
　江戸時代前期の大名。
◇国史大辞典（吉川弘文館 1979）

東福門院　とうふくもんいん　1607〜1678
　江戸時代前期の女性。徳川秀忠の娘で、後水尾天皇の皇后。
◇日本芸術の創跡 2000年度版（世界文芸社 2000）
　　▷p100「東福門院和子入内」（白本未知）
◇日本の浮世絵美術館 2（角川書店 1996）
　　▷図129-132「東福門院入内図屏風」（作者不詳　江戸時代）
◇日本史大事典（平凡社 1992）
◇日本屏風絵集成 12（講談社 1980）
　　▷図25-28「東福門院入内図屏風」（作者不詳）
◇国史大辞典（吉川弘文館 1979）
◇大日本百科事典（小学館 1967）
◇日本版画美術全集 6（講談社 1961）
　　▷図59「徳川和子（東福門院）が京都に移入した徳川氏の宝船」（作者不詳）

東明慧日　とうみょうえにち　1272〜1340
　鎌倉時代後期、南北朝時代の曹洞宗宏智派の渡来禅僧。
◇国宝・重要文化財大全 4（毎日新聞社 1999）
　　▷図694「東明禅師坐像」（作者不詳　南北朝時代　白雲庵（神奈川県鎌倉市）蔵）
◇仏像集成 1（学生社 1989）
　　▷図57「東明禅師坐像」（作者不詳　白雲庵（神奈川県鎌倉市）蔵）
◇国史大辞典（吉川弘文館 1979）
◇重要文化財 5（毎日新聞社 1974）
　　▷図174「東明禅師坐像」（作者不詳　南北朝時代　白雲庵（神奈川県鎌倉市）蔵）

道雄　どうゆう　？〜851
　平安時代前期の真言宗の僧。
◇秘蔵日本美術大観 7（講談社 1992）
　　▷図9「道雄僧都像」（作者不詳　室町時代（15世紀））

東陽英朝　とうようえいちょう　1428〜1504
　室町時代、戦国時代の臨済宗妙心寺派の僧。
◇国史大辞典（吉川弘文館 1979）

東陽円月　とうようえんげつ　1818〜1902
　江戸時代末期、明治時代の浄土真宗の僧。
◇大分県歴史人物事典（大分合同新聞社 1996）

東陽原泰　とうようげんたい　1807〜1876
　江戸時代末期、明治期の禅僧。
◇角川日本姓氏歴史人物大辞典 14（角川書店 1993）

唐来参和　とうらいさんな　1744〜1810
　江戸時代中期、後期の黄表紙・洒落本作者。
◇国史大辞典（吉川弘文館 1979）

東陵永璵　とうりょうえいよ　？〜1365
　鎌倉時代後期、南北朝時代の中国の渡来禅僧。
◇国宝・重要文化財大全 4（毎日新聞社 1999）
　　▷図698「東陵永璵禅師（倚）像」（作者不詳　南北朝時代　雲巌禅寺（熊本県熊本市）蔵）
◇仏像集成 8（学生社 1997）
　　▷図710「東陵永璵禅師（倚）像」（作者不詳　雲巌禅寺（熊本県熊本市）蔵）
◇原色日本の美術（改訂版）21（小学館 1994）
　　▷図29「東陵永璵禅師（倚）像」（作者不詳　雲巌禅寺（熊本県熊本市）蔵）
◇国史大辞典（吉川弘文館 1979）
◇国宝・重要文化財　仏教美術（小学館 1975）
　　▷図16「東陵永璵禅師（倚）像」（作者不詳　鎌倉時代　雲巌禅寺（熊本県熊本市））
◇重要文化財 5（毎日新聞社 1974）
　　▷図177「東陵永璵禅師（倚）像」（作者不詳　南北朝時代　雲巌禅寺（熊本県熊本市）蔵）
◇原色日本の美術 23（小学館 1971）
　　▷図29「東陵永璵禅師（倚）像」（作者不詳　雲巌禅寺（熊本県熊本市）蔵）

桃隣　とうりん　？〜1719
　江戸時代前期、中期の俳人。
◇俳諧人名辞典（巌南堂書店 1970）

東嶺円慈　とうれいえんじ　1721〜1792
　江戸時代中期の臨済宗妙心寺派の僧。
◇国史大辞典（吉川弘文館 1979）

遠山甚右衛門　とおやまじんうえもん　1850〜1926　江戸時代末期〜大正期の地方自治功労者。
◇埼玉大百科事典 1〜5（埼玉新聞社 1974）

遠山友政　とおやまともまさ　1556〜1619
　安土桃山時代、江戸時代前期の大名。
◇岐阜県史　通史編　近世上（岐阜県 1968）
　　▷p580（写真）「遠山友政像」

栂野彦八　とがのひこはち　1762〜1806
　江戸時代中期、後期の町年寄。
◇富山大百科事典（北日本新聞社 1994）

栂森観亮　とがもりかんりょう　1846～1889
江戸時代後期～明治期の宗教家・天文家。
◇富山大百科事典（北日本新聞社 1994）

土岐真金　ときまかね　1840～1922
江戸時代末期～大正期の勤王の志士。
◇高知県人名事典（高知新聞社 1999）

土岐頼稔　ときよりとし　1695～1744
江戸時代中期の大名。
◇群馬県史 通史編4 近世1 政治（群馬県 1990）
　▷〈写真〉46「土岐頼稔画像」

常盤御前　ときわごぜん
平安時代後期の女性。源義朝・平清盛・藤原長成の妻。
◇秘蔵浮世絵大観 1（講談社 1987）
　▷図035「常盤御前と牛若丸雪の別れ図」（春旭斎北明）
◇浮世絵聚花 14（小学館 1981）
　▷図158「和国美人略集 常盤御前」（鳥居清長）

常盤潭北　ときわたんぼく　1677～1744
江戸時代中期の俳人、教育者。
◇栃木県史 通史編4 近世一（栃木県 1981）
　▷〈写真〉5-49「潭北肖像」
◇栃木県史 史料編・近世八（栃木県 1977）
　▷〈口絵〉第12図「常盤潭北像」

常磐津文字太夫　ときわづもじたゆう
1709～1781　江戸時代中期の常磐津節の創始者、京都の人,本名駿河屋文右衛門。
◇秘蔵浮世絵大観 11（講談社 1988）
　▷図56「常磐津文字太夫さらい会」（歌川豊国（初代）　寛政4-5頃（1792-93頃））

常磐津林中　ときわづりんちゅう　1842～1906
江戸時代後期～明治期の邦楽家。
◇岩手百科事典（岩手放送 1988）

独庵玄光　どくあんげんこう　1630～1698
江戸時代前期の曹洞宗の僧。
◇国史大辞典（吉川弘文館 1979）

徳一　とくいつ
平安時代前期の僧、藤原仲麻呂の子とも。
◇日本史大事典（平凡社 1992）
◇仏像集成 1（学生社 1989）
　▷図457「徳一大師坐像」（作者不詳　月山寺（茨城県西茨城郡）蔵）
◇会津大事典（国書刊行会 1985）
◇茨城県大百科事典（茨城新聞社 1981）

◇国史大辞典（吉川弘文館 1979）

徳翁良高　とくおうりょうこう　1649～1709
江戸時代前期,中期の曹洞宗の僧。
◇岡山県歴史人物事典（山陽新聞社 1994）
◇国史大辞典（吉川弘文館 1979）

徳川昭武　とくがわあきたけ　1853～1910
江戸時代末期,明治時代の大名。
◇サムライ古写真帖（新人物往来社 2004）
　▷p19「（無題）」（慶応2年（1866）.3.10）
　▷p20「パリ、ディスデリのスタジオにて撮影された徳川昭武肖像」（ディスデリ）
　▷p18「マルセイユでの徳川昭武一行」（Walery　1867.4.5）
　▷p22「マルセイユでの昭武と菊地平八郎」（Walery　1867.4.5）
　▷p21「徳川昭武と愛犬リヨン」（1868.1.2）
　▷p23「写真現像中の昭武」（伝徳川昭武 1909.5）
◇皇族・華族古写真帖 愛蔵版（新人物往来社 2003）
　▷p131「（無題）」
◇士―日本のダンディズム（二玄社 2003）
　▷p150 No.129「マルセイユでの徳川昭武一行」（ヴァレリー）
　▷p151 No.130「徳川昭武と水戸富士」
◇セピア色の肖像（朝日ソノラマ 2000）
　▷p20「（無題）」（アンドレ・アドルフ・ウジェーヌ・ディスデリ　正面）
　▷p20「（無題）」（アンドレ・アドルフ・ウジェーヌ・ディスデリ　横）
◇幕末―写真の時代（筑摩書房 1994）
　▷p146 No.160「（無題）」（アドルフ＝ウジェーヌ・ディスデリ　慶応年間（1865～68）後半）
◇写された幕末―石黒敬七コレクション（明石書店 1990）
　▷p56 No.1「マルセイユで撮った徳川昭武一行」
　▷p57 No.2「パリで撮られた民部公使昭武」
◇読者所蔵「古い写真」館（朝日新聞社 1986）
　▷p48～49「ずらり各国首脳」
　▷p49「万博殿様」（慶応4年（1868）.1.2）
◇日本写真全集 5 人物と肖像（小学館 1986）
　▷p134 No.149「（無題）」
　▷p134 No.150「（無題）」
　▷p134 No.152「（無題）」（鈴木真一）
　▷p134 No.151「（無題）」（宮中案内後）
　▷p135 No.153「写真現像中の徳川昭武」
◇茨城県史 近世編（茨城県 1985）
　▷図12-5〈写真〉「パリ万国博へ出かけた昭武（左から二人目）一行」
◇国史大辞典（吉川弘文館 1979）

徳川家定　とくがわいえさだ　1824～1858
　江戸時代末期の江戸幕府第13代将軍。在職1853
　～1858。
◇日本史大事典（平凡社 1992）
◇国史大辞典（吉川弘文館 1979）

徳川家重　とくがわいえしげ　1711～1761
　江戸時代中期の江戸幕府第9代将軍。在職1745～
　1760。
◇日本史大事典（平凡社 1992）
◇国史大辞典（吉川弘文館 1979）

徳川家継　とくがわいえつぐ　1709～1716
　江戸時代中期の江戸幕府第7代将軍。在職1713～
　1716。
◇日本史大事典（平凡社 1992）
◇国史大辞典（吉川弘文館 1979）

徳川家綱　とくがわいえつな　1641～1680
　江戸時代前期の江戸幕府第4代将軍。在職1651～
　1680。
◇日本史大事典（平凡社 1992）
◇国史大辞典（吉川弘文館 1979）

徳川家斉　とくがわいえなり　1773～1841
　江戸時代後期の江戸幕府第11代将軍。在職1787
　～1837。
◇日本史大事典（平凡社 1992）
◇日本大百科全書（小学館 1984）
◇神奈川県史 通史編3近世（2）（神奈川県 1983）
　▷p604（写真）「徳川家斉像」
◇国史大辞典（吉川弘文館 1979）
◇世界伝記大事典（ほるぷ出版 1978）
◇大日本百科事典（小学館 1967）

徳川家宣　とくがわいえのぶ　1662～1712
　江戸時代中期の江戸幕府第6代将軍。在職1709～
　1712。
◇日本史大事典（平凡社 1992）
◇国史大辞典（吉川弘文館 1979）
◇大日本百科事典（小学館 1967）

徳川家治　とくがわいえはる　1737～1786
　江戸時代中期の江戸幕府第10代将軍。在職1760
　～1786。
◇日本史大事典（平凡社 1992）
◇国史大辞典（吉川弘文館 1979）

徳川家光　とくがわいえみつ　1604～1651
　江戸時代前期の江戸幕府第3代将軍。在職1623～
　1651。
◇講談社日本人名大辞典（講談社 2001）
◇日本史大事典（平凡社 1992）

◇京都大事典（淡交社 1984）
◇日本大百科全書（小学館 1984）
◇神奈川県史 通史編2近世（1）（神奈川県 1981）
　▷p296（写真）「徳川家光画像」
◇国史大辞典（吉川弘文館 1979）
◇日本人名大事典 1～6（平凡社 1979（覆刻））
◇世界伝記大事典（ほるぷ出版 1978）
◇大日本百科事典（小学館 1967）
◇世界大百科事典（平凡社 1964）

徳川家茂　とくがわいえもち　1846～1866
　江戸時代末期の江戸幕府第14代将軍。在職1858
　～1866。
◇日本史大事典（平凡社 1992）
◇和歌山県史 近世（和歌山県 1990）
　▷〈写真〉写真276「徳川家茂画像」
◇国史大辞典（吉川弘文館 1979）
◇日本人名大事典 1～6（平凡社 1979（覆刻））
◇世界伝記大事典（ほるぷ出版 1978）

徳川家康　とくがわいえやす　1542～1616
　安土桃山時代、江戸時代前期の江戸幕府初代将
　軍。在職1603～1605。
◇講談社日本人名大辞典（講談社 2001）
◇静岡県史 通史編3 近世1（静岡県 1997）
　▷〈口絵〉1「徳川家康画像」
◇朝日美術館 日本編 8（朝日新聞社 1997）
　▷図23「面構 徳川家康公」（片岡球子 1967）
◇日本史大事典（平凡社 1992）
◇現代の日本画 6（学習研究社 1991）
　▷図43「面構 徳川家康公」（片岡球子 昭和
　42（1967））
◇静岡県歴史人物事典（静岡新聞社 1991）
◇人間の美術 8（学習研究社 1990）
　▷図184「徳川家康像」（作者不詳 17世紀前
　半）
◇和歌山県史 近世（和歌山県 1990）
　▷〈写真〉写真50「徳川家康肖像画」
◇新編埼玉県史 通史編3（埼玉県 1988）
　▷〈口絵〉3「徳川家康画像」
◇大阪府史 第5巻 近世編1（大阪府 1985）
　▷〈写真〉写真71「徳川家康像」
◇京都大事典（淡交社 1984）
◇日本大百科全書（小学館 1984）
◇沖縄大百科事典（沖縄タイムス社 1983）
◇国史大辞典（吉川弘文館 1979）
◇東京百年史 第一巻（ぎょうせい 1979）
　▷p444（写真）「徳川家康坐像」
◇日本人名大事典 1～6（平凡社 1979（覆刻））
◇世界伝記大事典（ほるぷ出版 1978）
◇静岡大百科事典（静岡新聞社 1978）
◇現代日本美術全集 15（集英社 1973）
　▷グラビア4「関ケ原の家康下絵」（前田青邨
　昭和15（1940））

◇岐阜県史 通史編 近世上（岐阜県 1968）
　▷p134（写真）「徳川家康像」
◇秘宝 7（講談社 1968）
　▷図249「徳川家康像 徳川秀忠像」（作者不詳）
◇大日本百科事典（小学館 1967）
◇世界大百科事典（平凡社 1964）

徳川家慶　とくがわいえよし　1793～1853
　江戸時代末期の江戸幕府第12代将軍。在職1837
　～1853。
◇日本史大事典（平凡社 1992）
◇国史大辞典（吉川弘文館 1979）

徳川重倫　とくがわしげみち　1746～?
　江戸時代中期，後期の大名。
◇和歌山県史 近世（和歌山県 1990）
　▷〈写真〉写真96「徳川重倫像」

徳川綱吉　とくがわつなよし　1646～1709
　江戸時代前期，中期の江戸幕府第5代将軍。在職
　1680～1709。
◇日本史大事典（平凡社 1992）
◇国史大辞典（吉川弘文館 1979）
◇世界伝記大事典（ほるぷ出版 1978）

徳川斉昭　とくがわなりあき　1800～1860
　江戸時代末期の大名。
◇日本史大事典（平凡社 1992）
◇茨城県史 近世編（茨城県 1985）
　▷図8-3（写真）「徳川斉昭肖像」
◇日本大百科全書（小学館 1984）
◇神奈川県史 通史編3近世（2）（神奈川県 1983）
　▷p1074（写真）「徳川斉昭像」
◇茨城県大百科事典（茨城新聞社 1981）
◇国史大辞典（吉川弘文館 1979）
◇日本人名大事典 1～6（平凡社 1979（覆刻））
◇郷土歴史人物事典 茨城（第一法規出版 1978）
◇世界伝記大事典（ほるぷ出版 1978）
◇和漢詩歌作家辞典（みづほ出版 1972）
◇大日本百科事典（小学館 1967）

徳川治宝　とくがわはるとみ　1771～1852
　江戸時代後期の大名。
◇和歌山県史 近世（和歌山県 1990）
　▷〈写真〉写真262「徳川治宝画像」
◇国史大辞典（吉川弘文館 1979）

徳川秀忠　とくがわひでただ　1579～1632
　安土桃山時代，江戸時代前期の江戸幕府第2代将
　軍。在職1605～1623。
◇日本史大事典（平凡社 1992）
◇日本大百科全書（小学館 1984）
◇沖縄大百科事典（沖縄タイムス社 1983）

◇神奈川県史 通史編2近世（1）（神奈川県 1981）
　▷p284（写真）「徳川秀忠画像」
◇国史大辞典（吉川弘文館 1979）
◇日本人名大事典 1～6（平凡社 1979（覆刻））
◇世界伝記大事典（ほるぷ出版 1978）
◇秘宝 7（講談社 1968）
　▷図249「徳川家康像 徳川秀忠像」（作者不詳）
◇大日本百科事典（小学館 1967）

徳川光圀　とくがわみつくに　1628～1700
　江戸時代前期，中期の大名。
◇講談社日本人名大辞典（講談社 2001）
◇日本史大事典（平凡社 1992）
◇茨城県史 近世編（茨城県 1985）
　▷図5-7（写真）「徳川光圀肖像」
◇日本大百科全書（小学館 1984）
◇茨城県大百科事典（茨城新聞社 1981）
◇国史大辞典（吉川弘文館 1979）
◇世界伝記大事典（ほるぷ出版 1978）
◇和漢詩歌作家辞典（みづほ出版 1972）
◇大日本百科事典（小学館 1967）
◇世界大百科事典（平凡社 1964）

徳川茂承　とくがわもちつぐ　1844～1906
　江戸時代末期，明治時代の大名。
◇幕末・明治美人帖（新人物往来社 2001）
　▷p21「（無題）」
◇和歌山県史 近世（和歌山県 1990）
　▷〈写真〉写真311「徳川茂承画像」

徳川茂徳　とくがわもちなが　1831～1884
　江戸時代末期，明治時代の大名。
◇サムライ古写真帖（新人物往来社 2004）
　▷p38「（無題）」
◇国史大辞典（吉川弘文館 1979）

徳川慶勝　とくがわよしかつ　1824～1883
　江戸時代末期，明治時代の大名。
◇サムライ古写真帖（新人物往来社 2004）
　▷p36「桐箱に収納された慶勝の肖像写真」
　　（文久元年（1861）.9）
　▷p37「（無題）」
　▷p41「（無題）」（1878.9）
◇北海道歴史人物事典（北海道新聞社 1993）
◇日本史大事典（平凡社 1992）
◇北海道大百科事典（北海道新聞社 1981）
◇国史大辞典（吉川弘文館 1979）
◇愛知百科事典（中日新聞本社 1977）

徳川義直　とくがわよしなお　1600～1650
　江戸時代前期の大名。
◇日本史大事典（平凡社 1992）
◇国史大辞典（吉川弘文館 1979）

とくか

◇日本人名大事典 1〜6（平凡社 1979（覆刻））
◇岐阜県史 通史編 近世上（岐阜県 1968）
　▷p613（写真）「徳川義直像」
◇愛知県史 第2巻（愛知県 1938）
　▷〈写真〉「徳川義直画像」

徳川慶喜　とくがわよしのぶ　1837〜1913
江戸時代末期，明治時代の江戸幕府第15代将軍。在職1866〜1867。
◇サムライ古写真帖（新人物往来社 2004）
　▷p111「（無題）」
　▷頁・番号なし「洋装軍服姿の徳川慶喜」
◇皇族・華族古写真帖 愛蔵版（新人物往来社 2003）
　▷p129「（無題）」
◇士―日本のダンディズム（二玄社 2003）
　▷p049 No.32「徳川慶喜像」（フレデリック・ウィリアム・サットン）
　▷p049 No.33「徳川慶喜像」（フレデリック・ウィリアム・サットン）
　▷p048 No.31「徳川慶喜像」（制作年不詳）
◇幕末・明治美人帖（新人物往来社 2001）
　▷p18「（無題）」
◇セピア色の肖像（朝日ソノラマ 2000）
　▷p20「（無題）」（撮影者不詳）
◇写された明治の静岡―徳川慶喜と明治の静岡写真展（静岡市教育委員会 1998）
◇幕末―写真の時代（筑摩書房 1994）
　▷p276 No.294「禁裏御守衛総督時代の徳川慶喜」（撮影者不詳）
　▷p277 No.295「将軍時代の徳川慶喜」（撮影者不詳）
◇将軍のフォトグラフィー―写真にみる徳川慶喜・昭武兄弟（松戸市戸定歴史館 1992）
◇日本史大事典（平凡社 1992）
◇静岡県歴史人物事典（静岡新聞社 1991）
◇写された幕末―石黒敬七コレクション（明石書店 1990）
　▷p58 No.3「珍風俗の徳川慶喜」
　▷p58 No.1「世界の元首勢揃い〈合成〉」
◇写真集 甦る幕末（朝日新聞社 1987）
　▷p223 No.297「（無題）」
　▷p222 No.296「（無題）」
◇読者所蔵「古い写真」館（朝日新聞社 1986）
　▷p26「（無題）」（慶応3年(1867)春）
◇茨城県史 近世編（茨城県 1985）
　▷図12-1（写真）「徳川慶喜肖像」
◇日本大百科全書（小学館 1984）
◇茨城県大百科事典（茨城新聞社 1981）
◇国史大辞典（吉川弘文館 1979）
◇日本人名大事典 1〜6（平凡社 1979（覆刻））
◇郷土歴史人物事典 茨城（第一法規出版 1978）
◇世界伝記大事典（ほるぷ出版 1978）
◇静岡大百科事典（静岡新聞社 1978）
◇明治絵画名作大観 下（同盟通信社 1969）
　▷図36「徳川慶喜公」（伊東函嶺）

◇大日本百科事典（小学館 1967）
◇世界大百科事典（平凡社 1964）

徳川吉宗　とくがわよしむね　1684〜1751
江戸時代中期の江戸幕府第8代将軍。在職1716〜1745。
◇講談社日本人名大辞典（講談社 2001）
◇日本史大事典（平凡社 1992）
◇和歌山県史 近世（和歌山県 1990）
　▷〈写真〉写真92「徳川吉宗画像」
　▷〈写真〉写真94「徳川吉宗騎馬像」
◇日本大百科全書（小学館 1984）
◇神奈川県史 通史編3近世(2)（神奈川県 1983）
　▷p206（写真）「徳川吉宗像」
◇兵庫県史 第4巻 近世編2（兵庫県 1980）
　▷〈写真〉写真140「徳川吉宗像」
◇郷土歴史人物事典 和歌山（第一法規出版 1979）
◇国史大辞典（吉川弘文館 1979）
◇日本人名大事典 1〜6（平凡社 1979（覆刻））
◇世界伝記大事典（ほるぷ出版 1978）
◇大日本百科事典（小学館 1967）
◇世界大百科事典（平凡社 1964）

徳川慶頼　とくがわよしより　1822〜1870
江戸時代末期，明治時代の田安家第5代，第8代当主。
◇サムライ古写真帖（新人物往来社 2004）
　▷p54「（無題）」
◇皇族・華族古写真帖 愛蔵版（新人物往来社 2003）
　▷p133「（無題）」
◇日本人名大事典 1〜6（平凡社 1979（覆刻））

徳川頼宣　とくがわよりのぶ　1602〜1671
江戸時代前期の大名。
◇静岡県史 通史編3 近世1（静岡県 1997）
　▷〈写真〉写1-38「徳川頼宣画像」
◇和歌山県史 近世（和歌山県 1990）
　▷〈写真〉写真13「徳川頼宣画像」

徳大寺公継　とくだいじきんつぐ　1175〜1227
鎌倉時代前期の公卿。左大臣。
◇国史大辞典（吉川弘文館 1979）

徳大寺実定　とくだいじさねさだ　1139〜1191
平安時代後期の歌人・公卿。左大臣。
◇浮世絵聚花 補巻1（小学館 1982）
　▷図266「百人一首 後徳大寺左大臣」（鈴木春信 明和4-5(1767-68)）
　▷図76「百人一首 後徳大寺左大臣」（鈴木春信 宝暦13−明和元(1763-64)）
◇浮世絵聚花 8（小学館 1980）
　▷図3「百人一首 後徳大寺左大臣」（鈴木春信 明和4-5(1767-68)）

◇国史大辞典（吉川弘文館 1979）
◇在外秘宝―欧米収蔵浮世絵集成 鈴木春信（学習研究社 1972）
　▷図157「百人一首 後徳大寺左大臣」（鈴木春信　明和4-5(1767-68)）

徳大寺実則　とくだいじさねのり　1839～1919
江戸時代末期，明治時代の公家。権大納言。
◇国史大辞典（吉川弘文館 1979）
◇日本人名大事典 1～6（平凡社 1979（覆刻））

徳大寺実基　とくだいじさねもと　1201～1273
鎌倉時代前期の公卿。太政大臣。
◇国史大辞典（吉川弘文館 1979）

徳大寺実能　とくだいじさねよし　1095～1157
平安時代後期の公卿。左大臣。
◇国史大辞典（吉川弘文館 1979）　▷藤原実能

独湛性瑩　どくたんしょうけい　1628～1706
江戸時代前期，中期の黄檗僧。
◇静岡県史 通史編3 近世1（静岡県 1997）
　▷〈写真〉写2-67「独湛禅師像」

得能良介　とくのうりょうすけ　1825～1883
江戸時代末期，明治時代の薩摩藩士，官僚。
◇国史大辞典（吉川弘文館 1979）
◇日本人名大事典 1～6（平凡社 1979（覆刻））
◇大日本百科事典（小学館 1967）

徳久恒範　とくひさつねのり　1843～1910
江戸時代末期，明治時代の肥前佐賀藩士。
◇富山大百科事典（北日本新聞社 1994）
◇香川県人物・人名事典（四国新聞社 1985）

徳弘石門　とくひろせきもん　1777～1825
江戸時代後期の画家。
◇高知県人名事典（高知新聞社 1999）

徳本　とくほん　1758～1818
江戸時代後期の浄土宗の僧。
◇和歌山県史 近世（和歌山県 1990）
　▷〈写真〉写真127「徳本上人画像」
◇国史大辞典（吉川弘文館 1979）

土倉正彦　とくらまさひこ　1849～1874
江戸時代末期の武士。
◇岡山県歴史人物事典（山陽新聞社 1994）
◇岡山人名事典（日本文教出版 1978）

徳竜　とくりゅう　1772～1858
江戸時代後期の真宗大谷派の学僧。
◇国史大辞典（吉川弘文館 1979）

土佐房昌俊　とさぼうしょうしゅん　?～1185
平安時代後期の僧。
◇国宝・重要文化財大全 2（毎日新聞社 1999）
　▷図197「昌俊弁慶相騎図」（長谷川等伯　桃山時代 慶長13(1608)銘）
◇日本美術絵画全集 10（集英社 1979）
　▷図40「弁慶・昌俊図絵馬」（長谷川等伯　慶長13(1608)）

土佐光起　とさみつおき　1617～1691
江戸時代前期の土佐派の画家。
◇講談社日本人名大辞典（講談社 2001）

土佐光信　とさみつのぶ
室町時代，戦国時代の土佐派の絵師。
◇国史大辞典（吉川弘文館 1979）

戸田氏西　とだうじあき　1627～1684
江戸時代前期の大名。
◇岐阜県百科事典（岐阜日日新聞社 1968）

戸田氏彬　とだうじあきら　1831～1865
江戸時代末期の大名。
◇岐阜県百科事典（岐阜日日新聞社 1968）

戸田氏鉄　とだうじかね　1577～1655
安土桃山時代，江戸時代前期の大名。
◇兵庫県史 第4巻 近世編2（兵庫県 1980）
　▷〈写真〉写真20「戸田氏鉄像」

戸田氏定　とだうじさだ　1657～1725
江戸時代前期，中期の大名。
◇岐阜県百科事典（岐阜日日新聞社 1968）

戸田氏共　とだうじたか　1854～1936
江戸時代末期，明治時代の大名，外交官。
◇日本人名大事典 1～6（平凡社 1979（覆刻））
◇岐阜県百科事典（岐阜日日新聞社 1968）

戸田氏庸　とだうじつね　1783～1841
江戸時代後期の大名。
◇岐阜県百科事典（岐阜日日新聞社 1968）

戸田氏長　とだうじなが　1687～1735
江戸時代中期の大名。
◇岐阜県百科事典（岐阜日日新聞社 1968）

戸田氏教　とだうじのり　1754〜1806
　江戸時代中期、後期の大名。
◇岐阜県百科事典（岐阜日日新聞社 1968）

戸田川鷲之助　とだがわしのすけ
　？〜1773　江戸時代中期の力士。
◇千葉大百科事典（千葉日報社 1982）

戸田銀次郎　とだぎんじろう　1804〜1855
　江戸時代末期の改革派水戸藩士。
◇茨城県史 近世編（茨城県 1985）
　▷図10-7（写真）「戸田忠敞肖像」

富田重政　とだしげまさ　1564〜1625
　安土桃山時代、江戸時代前期の武将、剣術家。
◇書府太郎─石川県大百科事典 改訂版 上（北国新聞社 2004）

戸田忠行　とだただゆき　1847〜1918
　江戸時代末期、明治時代の大名。
◇栃木県歴史人物事典（下野新聞社 1995）

戸田忠至　とだただゆき　1809〜1883
　江戸時代末期、明治時代の大名。
◇皇族・華族古写真帖 愛蔵版（新人物往来社 2003）
　▷p135「（無題）」
◇国史大辞典（吉川弘文館 1979）

戸田光則　とだみつひさ　1828〜1892
　江戸時代末期、明治時代の大名。
◇長野県歴史人物大事典（郷土出版社 1989）

戸田康長　とだやすなが　1562〜1632
　安土桃山時代、江戸時代前期の大名。
◇国史大辞典（吉川弘文館 1979）

戸塚貞輔　とつかていすけ　1839〜1892
　江戸時代後期〜明治期の富商。
◇宮城県百科事典（河北新報社 1982）

戸塚文海　とつかぶんかい　1835〜1901
　江戸時代末期、明治時代の海軍軍医総監。
◇岡山県歴史人物事典（山陽新聞社 1994）
◇岡山県大百科事典（山陽新聞社 1980）

戸出元益　とでげんえき　1824〜1891
　江戸時代後期〜明治期の医師。
◇岡山県歴史人物事典（山陽新聞社 1994）

都々一坊扇歌　どどいつぼうせんか
　1804〜1852　江戸時代末期の芸人。
◇茨城県大百科事典（茨城新聞社 1981）
◇郷土歴史人物事典 茨城（第一法規出版 1978）

百々三郎　どどさぶろう　1839〜1922
　江戸時代末期、明治期の福山藩士。
◇広島県大百科事典（中国新聞社 1982）

鳥羽天皇　とばてんのう　1103〜1156
　平安時代後期の第74代天皇。在位1107〜1123。
◇講談社日本人名大辞典（講談社 2001）
◇国宝・重要文化財大全 1（毎日新聞社 1997）
　▷図147「天皇摂関御影」（作者不詳　鎌倉時代）
　▷図150「鳥羽天皇像」（作者不詳　鎌倉時代）
◇原色日本の美術（改訂版）21（小学館 1994）
　▷図39「鳥羽天皇像」（作者不詳　14世紀）
◇日本美術全集 9（講談社 1993）
　▷図30「天子摂関大臣影図巻」（藤原為信、原豪信　14世紀中頃）
◇日本史大事典（平凡社 1992）
◇皇室の至宝第1期 御物 1（毎日新聞社 1991）
　▷図10-30「天皇影（天皇・摂関・大臣影三巻のうち）」（藤原為信、伝 藤原豪信　鎌倉時代）
◇続日本の絵巻 12（中央公論社 1991）
　▷p51-84「天子摂関御影」（作者不詳　14世紀半ば過ぎ）
◇京都大事典（淡交社 1984）
◇続日本絵巻大成 18（中央公論社 1983）
　▷p51-84「天子摂関御影」（作者不詳）
◇国史大辞典（吉川弘文館 1979）
◇日本人名大事典 1〜6（平凡社 1979（覆刻））
◇新修日本絵巻物全集 26（角川書店 1978）
　▷グラビアp24-29「天子摂関御影　天子巻」（作者不詳）
　▷グラビアp30-37「天子摂関御影　摂関巻」（作者不詳）
　▷グラビアp38-55「天子摂関御影　大臣巻」（作者不詳）
　▷グラビア1「天子摂関御影　天子巻（崇徳院）」（作者不詳）
　▷グラビア2「天子摂関御影　天子巻（順徳院・後高倉院）」（作者不詳）
　▷グラビア3「天子摂関御影　摂関巻（藤原忠通・藤原基実）」（作者不詳）
　▷グラビア4「天子摂関御影　摂関巻（九条良経・近衛家実）」（作者不詳）
　▷グラビア5「天子摂関御影　大臣巻（藤原宗忠・藤原頼長）」（作者不詳）
　▷グラビア6「天子摂関御影　大臣巻（平重盛・平宗盛）」（作者不詳）
　▷グラビア7「天子摂関御影　大臣巻（大炊御門冬氏・今出川兼季）」（作者不詳）
　▷オフセット1「天子摂関御影　天子巻（鳥羽院）」（作者不詳）

▷オフセット2「天子摂関御影　天子巻(後白河院・二条院)」(作者不詳)
　　▷オフセット3「天子摂関御影　天子巻(高倉院・後鳥羽院)」(作者不詳)
　　▷オフセット4「天子摂関御影　天子巻(花園院・後醍醐院)」(作者不詳)
　　▷オフセット5「天子摂関御影　摂関巻(藤原師家・九条兼実)」(作者不詳)
　　▷オフセット6「天子摂関御影　大臣巻(平清盛・藤原忠雅)」(作者不詳)
◇世界伝記大事典(ほるぷ出版 1978)　▷鳥羽院
◇重要文化財 9(毎日新聞社 1974)
　　▷図257「鳥羽天皇像」(作者不詳　鎌倉時代)
◇原色日本の美術 23(小学館 1971)
　　▷図39「鳥羽天皇像」(作者不詳)
◇日本絵画館 4(講談社 1970)
　　▷図53「天皇影」(伝 藤原為信　14世紀前半)
◇世界大百科事典(平凡社 1964)

戸早春村　とはやしゅんそん　1837~1905
　江戸時代後期~明治期の医師。
◇大分県歴史人物事典(大分合同新聞社 1996)

土肥実平　どひさねひら
　平安時代後期の武将。
◇国史大辞典(吉川弘文館 1979)

土肥大作　どひだいさく　1837~1872
　江戸時代末期,明治時代の讃岐丸亀藩士。
◇香川県人物・人名事典(四国新聞社 1985)
◇香川県大百科事典(四国新聞社 1984)

戸伏列　とぶしつらね　1837~1901
　江戸時代後期~明治期の教育者。
◇大分県歴史人物事典(大分合同新聞社 1996)

土芳　どほう　1657~1730
　江戸時代前期,中期の俳人。
◇国史大辞典(吉川弘文館 1979)　▷服部土芳
◇俳諧人名辞典(巌南堂書店 1970)

苫ヶ島浦右衛門　とまがしまうらえもん
　1745~1792　江戸時代中期,後期の力士。
◇徳島県歴史人物鑑(徳島新聞社 1994)　▷苫ヶ嶋浦右衛門
◇秘蔵浮世絵大観 8(講談社 1989)
　　▷図024「東方 八ヶ峯住右衛門と苫ヶ島浦右衛門」(勝川春章　寛政)
◇徳島県百科事典(徳島新聞社 1981)

富岡敬明　とみおかけいめい　1822~1909
　江戸時代末期,明治時代の肥前佐賀藩士。
◇山梨百科事典(山梨日日新聞社 1992)

◇日本写真全集 5 人物と肖像(小学館 1986)
　　▷p11 No.7「三角築港竣工記念」(冨重利平)
◇佐賀県大百科事典(佐賀新聞社 1983)
◇熊本県大百科事典(熊本日日新聞社 1982)
◇徳島県百科事典(徳島新聞社 1981)

富岡鉄斎　とみおかてっさい　1836~1924
　江戸時代末期,明治時代の文人画家,志士。
◇国史大辞典(吉川弘文館 1979)
◇日本人名大事典 1~6(平凡社 1979(覆刻))
◇世界伝記大事典(ほるぷ出版 1978)
◇日本の名画 14(講談社 1974)
　　▷扉「八十自画像」(富岡鉄斎)
◇大日本百科事典(小学館 1967)

富川盛奎　とみがわせいけい　1832~1890
　江戸時代後期,末期,明治時代の琉球の政治家。
◇角川日本姓氏歴史人物大辞典 47(角川書店 1992)
◇沖縄大百科事典(沖縄タイムス社 1983)

富沢門太郎　とみざわもんたろう　?~1743
　江戸時代中期の歌舞伎役者。
◇浮世絵聚花 1(小学館 1983)
　　▷図74「富沢門太郎の牛若」(鳥居清信(2代))
　　▷図144「初世富沢門太郎の舞台姿」(西村重信)
◇浮世絵聚花 8(小学館 1980)
　　▷図011「富沢門太郎」(奥村利信)
　　▷図05「富沢門太郎」(鳥居清信(初代))
◇浮世絵聚花 4(小学館 1979)
　　▷図125「京下り冨沢門太良」(奥村政信)
　　▷図102「京四条若女形冨沢門太良」(鳥居清倍)
◇日本版画美術全集 2(講談社 1961)
　　▷図231「市村竹之丞と富沢門太郎と小さん金五郎」(西村重長)

冨重利平　とみしげりへい　1837~1922
　江戸時代末期~大正期の写真師。
◇熊本県大百科事典(熊本日日新聞社 1982)

富田礼彦　とみたいやひこ　1811~1877
　江戸時代末期,明治時代の高山代官所地役人頭取。
◇岐阜県百科事典(岐阜日日新聞社 1968)

富田久三郎　とみたきゅうさぶろう　1828~1911
　江戸時代末期,明治時代の備後絣の創始者。
◇広島県大百科事典(中国新聞社 1982)

富田重助重政　とみたじゅうすけしげまさ
1837～1876　江戸時代末期,明治期の名古屋商人。
◇角川日本姓氏歴史人物大辞典 23（角川書店 1991）　▷富田重助
◇愛知百科事典（中日新聞本社 1977）

富田高慶　とみたたかよし　1814～1890
江戸時代末期,明治時代の報徳運動家。
◇福島大百科事典（福島民報社 1980）

富田鉄之助　とみたてつのすけ　1835～1916
江戸時代末期,明治時代の幕府留学生,実業家。
◇宮城県百科事典（河北新報社 1982）
◇国史大辞典（吉川弘文館 1979）

富永有隣　とみながゆうりん　1821～1900
江戸時代末期,明治時代の長州（萩）藩士,小姓役。
◇高知県人名事典（高知新聞社 1999）

富本豊前太夫〔代数不詳〕　とみもとぶぜんだゆう
1716～1764　江戸時代中期の富本節の創始者。
◇秘蔵浮世絵大観 10（講談社 1987）
　▷図153「富本豊前太夫月次攫会之図」（喜多川歌麿（初代）　安永後期－天明頃（1772-89頃））

富本豊前太夫〔2代〕　とみもとぶぜんだゆう
1754～1822　江戸時代中期,後期の富本節の太夫。
◇名品揃物浮世絵 4（ぎょうせい 1992）
　▷図64「江戸花柳橋名取　二世富本豊前太夫」（鳥橋斎栄里　寛政7-8頃（1795-96頃））
◇浮世絵聚花 12（小学館 1980）
　▷図143「江戸花柳橋名取　二世富本豊前太夫」（鳥橋斎栄里　寛政7-8頃（1795-96頃））
◇浮世絵大系 6（集英社 1973）
　▷図54「江戸花柳橋名取　二世富本豊前太夫」（鳥橋斎栄里　寛政7-8頃（1795-96頃））

巴御前　ともえごぜん　1157～1247
平安時代後期の女性。木曽義仲の側女。
◇肉筆浮世絵大観 2（講談社 1995）
　▷図単色68「巴御前出陣図」（蔀関月　寛政年間（1789-1801）前－中期）
◇秘蔵浮世絵大観 別巻（講談社 1990）
　▷〔ア〕10「巴御前」（北尾重政　明和－安永（1764-81））
◇長野県歴史人物大事典（郷土出版社 1989）
　▷巴
◇秘蔵浮世絵大観 4（講談社 1988）
　▷図65「鞆絵御前と内田家吉」（礒田湖竜斎　安永年間（1772-81））
　▷図087「巴御前の奮闘」（歌川豊国（初代）文化末）

◇秘蔵浮世絵大観 2（講談社 1987）
　▷図114「巴御前」（勝川春英　寛政前期頃（1789-1801））
　▷図82「御田八郎師重の首をねじ切る巴御前」（作者不詳　安永－寛政（1772-1810））
◇肉筆浮世絵 9（集英社 1982）
　▷図32「馬上出陣巴御前図」（蔀関月）

友枝三郎　ともえださぶろう　1843～1917
江戸時代末期,明治時代の能楽師。
◇熊本県大百科事典（熊本日日新聞社 1982）

豊見城盛綱　ともぐすくせいこう　1829～1893
江戸時代末期,明治期の首里士族。
◇角川日本姓氏歴史人物大辞典 47（角川書店 1992）
◇沖縄大百科事典（沖縄タイムス社 1983）

伴林光平　ともばやしみつひら　1813～1864
江戸時代末期の志士。
◇郷土歴史人物事典 奈良（第一法規出版 1981）
◇国史大辞典（吉川弘文館 1979）

友松氏興　ともまつうじおき　1622～1687
江戸時代前期の儒学者,神道家。
◇会津大事典（国書刊行会 1985）
◇国史大辞典（吉川弘文館 1979）

友安三冬　ともやすみふゆ　1788～1862
江戸時代後期の神官,医師。
◇香川県人物・人名事典（四国新聞社 1985）
◇香川県大百科事典（四国新聞社 1984）

豊岡荔墩　とよおかれいとん
1808～1880　江戸時代後期～明治期の大庄屋・漢詩人。
◇徳島県歴史人物鑑（徳島新聞社 1994）
◇徳島県百科事典（徳島新聞社 1981）

豊沢団平〔2代〕　とよざわだんぺい
1828～1898　江戸時代末期,明治時代の義太夫節三絃師。
◇日本大百科全書（小学館 1984）　▷豊沢団平〔代数なし〕
◇世界伝記大事典（ほるぷ出版 1978）

豊住秀堅　とよずみひでかた　1845～1900
江戸時代後期～明治期の医師。
◇広島県大百科事典（中国新聞社 1982）

豊竹小靱太夫　とよたけこゆげだゆう
　1821〜1878　江戸時代後期〜明治期の義太夫家。
◇徳島県百科事典（徳島新聞社 1981）

豊竹肥前掾　とよたけひぜんのじょう
　1704〜1757
　江戸時代中期の義太夫節の太夫。
◇秘蔵浮世絵大観 別巻（講談社 1990）
　▷〔チ〕9「豊竹肥前掾座 太平記菊水巻」（鳥居清満（初代）　宝暦9-10頃（1759-60頃））

豊竹若太夫〔代数不詳〕　とよたけわかだゆう
　江戸時代の義太夫節の太夫。
◇大阪府史 第6巻 近世編2（大阪府 1987）
　▷〈写真〉写真119「豊竹若太夫と辰松八郎兵衛像『音曲名人像』」

豊田天功　とよだてんこう　1805〜1864
　江戸時代末期の漢学者，歴史家，水戸藩士。
◇茨城県史 近世編（茨城県 1985）
　▷図9-9（写真）「里美村賀美小学校校庭に建つ豊田天功胸像」

豊臣秀次　とよとみひでつぐ　1568〜1595
　安土桃山時代の武将，関白左大臣。
◇日本史大事典（平凡社 1992）
◇日本大百科全書（小学館 1984）
◇郷土歴史人物事典 滋賀（第一法規出版 1979）
◇国史大辞典（吉川弘文館 1979）
◇日本人名大事典 1〜6（平凡社 1979（覆刻））
◇大日本百科事典（小学館 1967）

豊臣秀吉　とよとみひでよし　1536〜1598
　安土桃山時代の武将，関白太政大臣。
◇講談社日本人名大辞典（講談社 2001）
◇国宝・重要文化財大全 1（毎日新聞社 1997）
　▷図206「豊臣秀吉像」（作者不詳　桃山時代　慶長3（1598）賛）
　▷図207「豊臣秀吉像」（作者不詳　桃山時代　慶長4（1599）承兌賛）
　▷図208「豊臣秀吉像」（作者不詳　桃山時代　慶長5（1600）霊三，永哲賛）
　▷図209「豊臣秀吉像」（作者不詳　桃山時代　慶長3（1598）南北玄興賛）
　▷図210「豊臣秀吉像画稿」（作者不詳　桃山時代）
◇朝日美術館 日本編 8（朝日新聞社 1997）
　▷図29「面構 豊太閤と黒田如水」（片岡球子 1970）
◇原色日本の美術（改訂版）21（小学館 1994）
　▷図67「豊臣秀吉像」（作者不詳　1598）
◇日本史大事典（平凡社 1992）
◇現代の日本画 6（学習研究社 1991）
　▷図48「面構 豊太閤と黒田如水」（片岡球子　昭和45（1970））
◇人間の美術 8（学習研究社 1990）
　▷図7「豊臣秀吉像」（作者不詳　16世紀末）
◇大阪府史 第5巻 近世編1（大阪府 1985）
　▷〈写真〉写真31「豊臣秀吉像 池田市逸翁美術館」
◇京都大事典（淡交社 1984）
◇日本大百科全書（小学館 1984）
◇沖縄大百科事典（沖縄タイムス社 1983）
◇福岡県百科事典 上，下（西日本新聞社 1982）
◇肉筆浮世絵 8（集英社 1981）
　▷図55-56「佐久間盛政，羽柴秀吉を狙う図」（月岡芳年）
◇日本古寺美術全集 10（集英社 1980）
　▷図101「豊臣秀吉像（霊三・永哲賛）」（作者不詳　慶長5（1600））
◇郷土歴史人物事典 滋賀（第一法規出版 1979）
◇国史大辞典（吉川弘文館 1979）
◇日本人名大事典 1〜6（平凡社 1979（覆刻））
◇日本美術全集 18（学習研究社 1979）
　▷図72「豊臣秀吉像（西笑承兌賛）」（作者不詳　桃山時代）
◇世界伝記大事典（ほるぷ出版 1978）
◇日本美術絵画全集 9（集英社 1978）
　▷図35「豊臣秀吉像（西笑承兌賛）」（作者不詳　慶長4（1599））
　▷図34「豊臣秀吉像画稿」（作者不詳）
　▷図58「豊臣秀吉像（南化玄興賛）」（作者不詳　慶長3（1598））
◇兵庫県史 第3巻 中世編2・近世編1（兵庫県 1978）
　▷〈写真〉写真221「豊臣秀吉像」
◇現代日本の美術 1（集英社 1976）
　▷図1「豊太閤」（下村観山　大正7（1918））
◇重要文化財 10（毎日新聞社 1974）
　▷図401「豊臣秀吉像」（作者不詳　桃山時代）
　▷図405「豊臣秀吉像画稿」（作者不詳　桃山時代）
　▷図402「豊臣秀吉像（承兌賛）」（作者不詳　桃山時代）
　▷図404「豊臣秀吉像（南化玄興賛）」（作者不詳　桃山時代）
　▷図403「豊臣秀吉像（霊三・永哲賛）」（作者不詳　桃山時代）
◇原色日本の美術 23（小学館 1971）
　▷図67「豊臣秀吉像」（作者不詳）
◇日本絵画館 6（講談社 1969）
　▷図57「豊臣秀吉像」（作者不詳）
　▷序図「豊臣秀吉像画稿」（作者不詳）
◇大日本百科事典（小学館 1967）
◇世界大百科事典（平凡社 1964）
◇日本近代絵画全集 18（講談社 1963）
　▷図16「豊太閤」（下村観山　大正7（1918））

とよと

豊臣秀頼　とよとみひでより　1593〜1615
　江戸時代前期の大名。
◇講談社日本人名大辞典（講談社 2001）
◇日本史大事典（平凡社 1992）
◇日本画素描大観 5（講談社 1984）
　▷図199「秀頼（「淀君」のうち）（スケッチ）」
　　（前田青邨　昭和44년頃(1969頃)）
◇国史大辞典（吉川弘文館 1979）
◇日本人名大事典 1〜6（平凡社 1979(覆刻)）

豊永快蔵　とよながかいぞう　1827〜1914
　江戸時代末期〜大正期の医師。
◇高知県人名事典（高知新聞社 1999）

豊福俊雄　とよふくとしお　1845〜1909
　江戸時代後期〜明治期の地方名望家。
◇岡山県歴史人物事典（山陽新聞社 1994）

虎御前　とらごぜん　1175〜1245？
　鎌倉時代前期の伝説の女性。
◇秘蔵浮世絵大観 1（講談社 1987）
　▷図153「曽我十郎を見送る虎御前の図」（歌川広重（初代）　天保末期頃(1830-44頃)）
◇肉筆浮世絵 9（集英社 1982）
　▷図11「虎御前と十郎図屏風」（祇園井特）
◇肉筆浮世絵 8（集英社 1981）
　▷図44「大磯の虎御前と馬上の十郎図」（歌川広重（2代））
◇肉筆浮世絵集成 1（毎日新聞社 1977）
　▷図136「曽我十郎と大磯の虎図」（鳥居清信（2代）　享保11）
　▷図130「虎御前図」（伝 奥村政信　享保期）
◇肉筆浮世絵集成 2（毎日新聞社 1977）
　▷図204「馬上の虎御前と曽我十郎図」（奥村政信〔偽筆〕）

鳥居清長　とりいきよなが　1752〜1815
　江戸時代中期、後期の浮世絵師。
◇講談社日本人名大辞典（講談社 2001）
◇朝日美術館 日本編 8（朝日新聞 1997）
　▷図47「面構 浮世絵師鳥居清長と版元栄寿堂主人西村屋与八」（片岡球子　1993）
　▷図30「面構 喜多川歌麿・鳥居清長」（片岡球子　1972）
◇現代の日本画 6（学習研究社 1991）
　▷図51「面構 喜多川歌麿と鳥居清長」（片岡球子　昭和47(1972)）

鳥居清信〔初代〕　とりいきよのぶ
　1664〜1729 江戸時代中期の絵師。
◇講談社日本人名大辞典（講談社 2001）

鳥居強右衛門　とりいすねえもん
　？〜1575　戦国時代、安土桃山時代の武将。
◇日本史大事典（平凡社 1992）
◇大日本百科事典（小学館 1967）

鳥居忠英　とりいただてる　1665〜1716
　江戸時代中期の大名。
◇栃木県歴史人物事典（下野新聞社 1995）
◇郷土歴史人物事典 栃木（第一法規出版 1977）

鳥居義処　とりいよしずみ　1845〜1926
　江戸時代末期〜大正期の御牧ヶ原の開拓者。
◇長野県歴史人物大事典（郷土出版社 1989）

鳥尾小弥太　とりおこやた　1847〜1905
　江戸時代末期、明治時代の長州（萩）藩士、陸軍人、政治家。
◇山口県百科事典（大和書房 1982）
◇国史大辞典（吉川弘文館 1979）
◇日本人名大事典 1〜6（平凡社 1979(覆刻)）

鳥越甚兵衛尉　とりごえじんべえのじょう
　1650〜1731　江戸時代前期、中期の暦学者。
◇岡山県歴史人物事典（山陽新聞社 1994）

鳥越弁庵　とりごえべんあん　1831〜1900
　江戸時代後期〜明治期の鹿沼の医師、慈善医療、貝島の開田事業。
◇栃木県歴史人物事典（下野新聞社 1995）

頓阿　とんあ　1289〜1372
　鎌倉時代後期、南北朝時代の歌人。
◇国史大辞典（吉川弘文館 1979）
◇日本人名大事典 1〜6（平凡社 1979(覆刻)）

呑海　どんかい　1265〜1327
　鎌倉時代後期の時宗の僧。
◇全集日本の古寺 8（集英社 1984）
　▷図37「時宗祖師像(伝呑海上人)」（康俊　建武1(1334)　長楽寺（京都府京都市東山区）蔵）
◇神奈川県百科事典（大和書房 1983）
◇日本古寺美術全集 21（集英社 1982）
　▷図76「時宗祖師像(伝呑海上人)」（康俊　長楽寺（京都府京都市東山区）蔵）
◇国史大辞典（吉川弘文館 1979）

曇照　どんしょう　1187〜1259
　鎌倉時代前期の律僧。
◇国史大辞典（吉川弘文館 1979）　▷浄業

【な】

内藤儀十郎　ないとうぎじゅうろう　1847～1919
　江戸時代末期～大正期の教育家。
◇熊本県大百科事典（熊本日日新聞社 1982）

内藤丈草　ないとうじょうそう　1662～1704
　江戸時代前期,中期の俳人。
◇国史大辞典（吉川弘文館 1979）
◇日本人名大事典 1～6（平凡社 1979〔覆刻〕）
◇俳諧人名辞典（巖南堂書店 1970）　▷丈草
◇大日本百科事典（小学館 1967）　▷丈草

内藤忠興　ないとうただおき　1592～1674
　江戸時代前期の大名。
◇国史大辞典（吉川弘文館 1979）

内藤伝右衛門　ないとうでんえもん
　1844～1906　江戸時代後期～明治期の山梨日日新聞の前身である「峡中新聞」の創始者。
◇山梨百科事典（山梨日日新聞社 1992）

内藤信成　ないとうのぶなり　1545～1612
　安土桃山時代,江戸時代前期の大名。
◇静岡県史 通史編3 近世1（静岡県 1997）
　　▷〈写真〉写1-19「内藤信成画像」
◇静岡県史 資料編9 近世1（静岡県 1992）
　　▷〈口絵〉8「韮山・駿府藩主 内藤信成画像」

内藤政長　ないとうまさなが　1568～1634
　安土桃山時代,江戸時代前期の大名。
◇国史大辞典（吉川弘文館 1979）

内藤頼直　ないとうよりなお　1840～？
　江戸時代末期,明治時代の大名。
◇長野県歴史人物大事典（郷土出版社 1989）

直江兼続　なおえかねつぐ　1560～1619
　安土桃山時代,江戸時代前期の武将。
◇朝日美術館 日本編 8（朝日新聞社 1997）
　　▷図26「面構 上杉謙信と直江山城守」（片岡球子　1969）
◇現代の日本画 6（学習研究社 1991）
　　▷図45「面構 上杉謙信と直江山城守」（片岡球子　昭和44〔1969〕）
◇山形県大百科事典（山形放送 1983）

直助権兵衛　なおすけごんべえ
　江戸時代前期の悪党。
◇原色現代日本の美術 1（小学館 1980）
　　▷図98「英名二十八衆句 直助権兵衛」（月岡芳年　1866）

永井いと　ながいいと　1836～1904
　江戸時代末期,明治時代の女性。養蚕技術者。
◇郷土歴史人物事典 群馬（第一法規出版 1978）

長井雅楽　ながいうた　1819～1863
　江戸時代末期の長州（萩）藩士。
◇角川日本姓氏歴史人物大辞典 35（角川書店 1991）
◇国史大辞典（吉川弘文館 1979）

永井慶造　ながいけいぞう　1847～1919
　江戸時代末期～大正期の人。
◇島根県歴史人物事典（山陰中央新報社 1997）

永井権中　ながいけんちゅう　？～1762
　江戸時代中期の医師。
◇愛媛県百科大事典（愛媛新聞社 1985）

永井五郎作　ながいごろうさく　1848～1911
　江戸時代後期～明治期の報徳運動家。
◇静岡県歴史人物事典（静岡新聞社 1991）

永井慈現　ながいじげん　不詳～1748
　江戸時代中期の鵜の森精神病院創設者。
◇新潟県大百科事典 別巻（新潟日報事業社 1977）

中井甃庵　なかいしゅうあん　1693～1758
　江戸時代中期の儒学者。
◇国史大辞典（吉川弘文館 1979）

中井竹山　なかいちくざん　1730～1804
　江戸時代中期,後期の儒学者。
◇日本史大事典（平凡社 1992）
◇大阪府史 第6巻 近世編2（大阪府 1987）
　　▷〈写真〉写真185「中井竹山・履軒像『東区史』人物編」
◇国史大辞典（吉川弘文館 1979）
◇世界伝記大事典（ほるぷ出版 1978）

永井直勝　ながいなおかつ　1563～1625
　安土桃山時代,江戸時代前期の大名。
◇国史大辞典（吉川弘文館 1979）

永井尚志　ながいなおむね　1816～1891
　江戸時代末期,明治時代の幕府官僚。
◇講談社日本人名大辞典（講談社 2001）

◇日本人名大事典 1～6（平凡社 1979（覆刻））

中井弘　なかいひろし　1838～1894
江戸時代末期，明治時代の薩摩藩士，官吏。
◇皇族・華族古写真帖 愛蔵版（新人物往来社 2003）
▷p143「（無題）」
◇国史大辞典（吉川弘文館 1979）

中井正清　なかいまさきよ　1565～1619
安土桃山時代，江戸時代前期の大工，京大工頭，中井家の初代。
◇静岡県史 通史編3 近世1（静岡県 1997）
▷〈口絵〉3「中井正清画像」
◇日本史大事典（平凡社 1992）
◇国史大辞典（吉川弘文館 1979）

中井履軒　なかいりけん　1732～1817
江戸時代中期，後期の儒学者。
◇日本史大事典（平凡社 1992）
◇大阪府史 第6巻 近世編2（大阪府 1987）
▷〔写真〕写真185「中井竹山・履軒像『東区史』人物編」
◇国史大辞典（吉川弘文館 1979）

永江伊栄温　ながえいえおん　1844～1920
江戸時代末期～大正期の大島紬業者。
◇沖縄大百科事典（沖縄タイムス社 1983）

中江藤樹　なかえとうじゅ　1608～1648
江戸時代前期の儒学者。
◇講談社日本人名大辞典（講談社 2001）
◇日本史大事典（平凡社 1992）
◇愛媛県百科大事典（愛媛新聞社 1985）
◇滋賀県百科事典（大和書房 1984）
◇日本大百科全書（小学館 1984）
◇国史大辞典（吉川弘文館 1979）
◇日本人名大事典 1～6（平凡社 1979（覆刻））
◇郷土歴史人物事典 愛媛（第一法規出版 1978）
◇世界伝記大事典（ほるぷ出版 1978）
◇和漢詩歌作家辞典（みづほ出版 1972）
◇大日本百科事典（小学館 1967）
◇世界大百科事典（平凡社 1964）

長尾景仲　ながおかげなか　1388～1463
室町時代の武将。
◇角川日本姓氏歴史人物大辞典 10（角川書店 1994）
◇国史大辞典（吉川弘文館 1979）

長尾景長　ながおかげなが　1469～1528
戦国時代の武将。
◇栃木県歴史人物事典（下野新聞社 1995）

長岡謙吉　ながおかけんきち　1834～1872
江戸時代末期，明治時代の土佐藩士，維新政府官僚。
◇サムライ古写真帖（新人物往来社 2004）
▷p77「（無題）」（井上俊三もしくは上野彦馬 慶応年間（1865～68））
◇高知県人名事典（高知新聞社 1999）

長岡監物　ながおかけんもつ　1813～1859
江戸時代末期の肥後熊本藩家老。
◇熊本県大百科事典（熊本日日新聞社 1982）▷長岡是容

中岡慎太郎　なかおかしんたろう　1838～1867
江戸時代末期の尊攘・討幕派志士，土佐藩士。
◇サムライ古写真帖（新人物往来社 2004）
▷p80「（無題）」慶応2年（1866）.11.24
▷p81「笑う中岡慎太郎」（慶応2年（1866）.11）
▷p82「（無題）」
◇講談社日本人名大辞典（講談社 2001）
◇高知県人名事典（高知新聞社 1999）
◇日本史大事典（平凡社 1992）
◇日本大百科全書（小学館 1984）
◇国史大辞典（吉川弘文館 1979）
◇高知県百科事典（高知新聞社 1976）
◇大日本百科事典（小学館 1967）

中岡黙　なかおかもくす　1847～1925
江戸時代末期，明治期の陸軍少将，岡山藩陪臣。
◇岡山県歴史人物事典（山陽新聞社 1994）

長岡護美　ながおかもりよし　1842～1906
江戸時代末期，明治期の外交官，裁判官。子爵，興亜会会長。
◇熊本県大百科事典（熊本日日新聞社 1982）

長尾条助　ながおじょうすけ
江戸時代末期の第1回遣欧使節団随員。
◇幕末―写真の時代（筑摩書房 1994）
▷p63 No.64「（無題）」（ナダール）
◇写真集 甦る幕末（朝日新聞社 1987）
▷p234 No.335「（無題）」
▷p237 No.347「（無題）」

長尾精一　ながおせいいち　1850～1902
江戸時代後期～明治期の医学者。
◇香川県人物・人名事典（四国新聞社 1985）
◇香川県大百科事典（四国新聞社 1984）

◇千葉大百科事典（千葉日報社 1982）

長尾政長　ながおまさなが
戦国時代の足利長尾。
◇栃木県歴史人物事典（下野新聞社 1995）

長尾益吉　ながおますきち　1842〜1897
江戸時代後期〜明治期の医師・教育者。
◇香川県人物・人名事典（四国新聞社 1985）
◇香川県大百科事典（四国新聞社 1984）

中神琴渓　なかがみきんけい　1743〜1833
江戸時代中期，後期の医師。
◇国史大辞典（吉川弘文館 1979）
◇日本人名大事典 1〜6（平凡社 1979（覆刻））
◇大日本百科事典（小学館 1967）

中川嘉兵衛　なかがわかへえ　1817〜1897
江戸時代末期，明治期の実業家。
◇北海道歴史人物事典（北海道新聞社 1993）
◇北海道大百科事典（北海道新聞社 1981）

中川寛　なかがわかん　1829〜1905
江戸時代末期，明治時代の神職。
◇岡山県歴史人物事典（山陽新聞社 1994）

中川清秀　なかがわきよひで　1542〜1583
安土桃山時代の武将，中川重清の子。
◇日本史大事典（平凡社 1992）
◇国史大辞典（吉川弘文館 1979）

中川五郎治　なかがわごろうじ　1768〜1848
江戸時代後期の漁民。
◇北海道歴史人物事典（北海道新聞社 1993）
◇北海道大百科事典（北海道新聞社 1981）

中川淳庵　なかがわじゅんあん　1739〜1786
江戸時代中期の蘭方医，本草学者。
◇福井県大百科事典（福井新聞社 1991）

中川栖山　なかがわせいざん　1825〜1871
江戸時代末期，明治時代の豊後岡藩家老。
◇大分県歴史人物事典（大分合同新聞社 1996）
▷中川栖山

中川清兵衛　なかがわせいべえ　1848〜1916
江戸時代末期〜大正期のビール醸造技術者。
◇北海道歴史人物事典（北海道新聞社 1993）
◇北海道大百科事典（北海道新聞社 1981）

中川宗瑞　なかがわそうずい　1685〜1744
江戸時代中期の俳人。
◇名品揃物浮世絵 1（ぎょうせい 1991）
▷図21「風流五色墨 宗瑞」（鈴木春信　明和5頃(1768頃)）
◇浮世絵聚花 補巻1（小学館 1982）
▷図142「風流五色墨 宗瑞」（鈴木春信　明和5頃(1768頃)）
◇浮世絵聚花 13（小学館 1981）
▷〔版〕24「風流五色墨 宗瑞」（鈴木春信　明和5頃(1768頃)）

中川竹五郎　なかがわたけごろう
江戸時代中期の歌舞伎役者。
◇秘蔵浮世絵大観 6（講談社 1989）
▷図18「中川半三郎・津川半太夫・坂田荻之丞」（鳥居清信（初代）　元禄16頃(1703頃)）
◇秘蔵浮世絵大観 12（講談社 1988）
▷図13「中川半三郎」（作者不詳　元禄末-宝永初期(1688-1711)）
◇浮世絵聚花 14（小学館 1981）
▷図120「中川半三郎」（作者不詳　元禄末-宝永初期(1688-1711)）
◇浮世絵聚花 12（小学館 1980）
▷図15「中川半三郎，津川半太夫とさかた荻之丞」（作者不詳）
◇浮世絵聚花 4（小学館 1979）
▷図5「松本兵衛と中川半三郎」（伝 鳥居清信）

中川久清　なかがわひさきよ　1615〜1681
江戸時代前期の大名。
◇大分県歴史人物事典（大分合同新聞社 1996）
◇大分百科事典（大分放送 1980）
◇国史大辞典（吉川弘文館 1979）

中川久教　なかがわひさのり　1800〜1840
江戸時代後期の大名。
◇大分県歴史人物事典（大分合同新聞社 1996）

中川秀成　なかがわひでなり　1570〜1612
安土桃山時代，江戸時代前期の武将，大名。
◇大分県歴史人物事典（大分合同新聞社 1996）

中川秀政　なかがわひでまさ　1569〜1593
安土桃山時代の武将。
◇国史大辞典（吉川弘文館 1979）

中川横太郎　なかがわよこたろう　1836〜1903
江戸時代末期，明治時代の社会事業家。
◇岡山県歴史人物事典（山陽新聞社 1994）
◇岡山県大百科事典（山陽新聞社 1980）
◇岡山人名事典（日本文教出版 1978）

長久保赤水　ながくぼせきすい　1717～1801
　　江戸時代中期,後期の地図作者。
◇茨城県史　近世編（茨城県 1985）
　　▷図9-15（写真）「長久保赤水肖像」
◇茨城県大百科事典（茨城新聞社 1981）
◇国史大辞典（吉川弘文館 1979）
◇郷土歴史人物事典 茨城（第一法規出版 1978）

永倉新八　ながくらしんぱち　1839～1915
　　江戸時代末期,明治時代の剣豪。新選組隊士。
◇北海道歴史人物事典（北海道新聞社 1993）
◇北海道大百科事典（北海道新聞社 1981）

那珂梧楼　なかごろう　1827～1879
　　江戸時代末期,明治時代の陸奥南部藩士,陸奥盛岡藩校の教授。
◇岩手百科事典（岩手放送 1988）

長坂六之助　ながさかろくのすけ　1812～1902
　　江戸時代後期～明治期の棋士。
◇山形県大百科事典（山形放送 1983）

中里衛門　なかざとえもん
　　江戸時代末期,明治期の宇都宮二荒山神社神官。
◇栃木県歴史人物事典（下野新聞社 1995）

中里千族　なかざとちから　1831～1915
　　江戸時代末期,明治期の宇都宮二荒山神社神官,歌人。
◇栃木県歴史人物事典（下野新聞社 1995）

中沢道二　なかざわどうに　1725～1803
　　江戸時代中期,後期の石門心学者。
◇国史大辞典（吉川弘文館 1979）

中沢与左衛門　なかざわよざえもん
　　1847～1915　江戸時代末期～大正期の人。
◇長野県歴史人物大事典（郷土出版社 1989）

永島安竜　ながしまあんりゅう　1801～1869
　　江戸時代の医師,富士山麓の治水功労者。
◇講談社日本人名大辞典（講談社 2001）

中島歌子　なかじまうたこ　1841～1903
　　江戸時代末期,明治時代の女性。歌人。
◇茨城県大百科事典（茨城新聞社 1981）

中島勘左衛門〔3代〕　なかじまかんざえもん
　　1738～1794　江戸時代中期の歌舞伎役者。
◇秘蔵浮世絵大観 9（講談社 1989）
　　▷図0100「六代目市川団十郎の桃井若狭之介と三代目中島勘左衛門の高師直」（歌川国政

寛政11.5）

中島魚坊　なかしまぎょぼう　1725～1793
　　江戸時代中期,後期の俳人。
◇島根県歴史人物事典（山陰中央新報社 1997）

中島三郎助　なかじまさぶろうすけ　1820～1869
　　江戸時代末期の浦賀奉行所の幕臣。
◇サムライ古写真帖（新人物往来社 2004）
　　▷p126「（無題）」
◇神奈川県百科事典（大和書房 1983）

中島子玉　なかしましぎょく　1801～1834
　　江戸時代後期の豊後佐伯藩士,教育家。
◇大分百科事典（大分放送 1980）

中島秋挙　なかじましゅうきょ　1773～1826
　　江戸時代後期の俳人。
◇愛知百科事典（中日新聞本社 1977）　▷中島秋挙

長嶋善兵衛　ながしまぜんべえ　1825～1877
　　江戸時代後期～明治期の押上村組頭,市ノ堀大普請功労者。
◇栃木県歴史人物事典（下野新聞社 1995）

中島藤右衛門　なかじまとうえもん
　　1745～1825　江戸時代中期,後期の人。
◇茨城県大百科事典（茨城新聞社 1981）

中島名左衛門　なかじまなざえもん
　　1817～1863　江戸時代末期の洋式兵学者,長州（萩）藩士。
◇長崎県大百科事典（長崎新聞社 1984）

中島信行　なかじまのぶしげ　1851～1905
　　江戸時代後期～明治期の銀行家。
◇宮城県百科事典（河北新報社 1982）

中島登　なかじまのぼり　1838～1887
　　江戸時代末期,明治時代の新撰組隊士。
◇サムライ古写真帖（新人物往来社 2004）
　　▷p114「（無題）」

中島広足　なかじまひろたり　1792～1864
　　江戸時代末期の国学者,歌人。
◇長崎県大百科事典（長崎新聞社 1984）
◇熊本県大百科事典（熊本日日新聞社 1982）
◇国史大辞典（吉川弘文館 1979）

中島錫胤　なかじまますたね　1829〜1905
江戸時代末期、明治時代の人。
◇徳島県歴史人物鑑（徳島新聞社 1994）
◇徳島県百科事典（徳島新聞社 1981）

中島三甫右衛門〔代数不詳〕　なかじまみほえもん
江戸時代の歌舞伎役者。
◇浮世絵聚花 1（小学館 1983）
　▷図15「小川善五郎, 市村羊之丞, 中嶋三甫右衛門, および大谷広次の舞台姿」（鳥居清信（初代））
　▷図14「二世三条勘太郎, 市村玉柏, 大谷広次, および中嶋三甫右衛門の舞台姿」（鳥居清信（初代））
◇浮世絵全集 5（河出書房新社 1957）
　▷図30「二世市川八百蔵の桜丸と坂東又太郎の梅王丸と中嶋三甫右衛門の藤原時平と四世松本幸四郎の松王丸」（勝川春章）

中島三甫右衛門〔2代〕　なかじまみほえもん
1724〜1782　江戸時代中期の歌舞伎役者。
◇浮世絵ギャラリー 4（小学館 2006）
　▷図34「二代目中島勘蔵の馬士ねぼけの長蔵」（東洲斎写楽　寛政6(1794)）
◇ボストン美術館 日本美術調査図録（講談社 2003）
　▷図Ⅲ-234「二代目中島三甫右衛門」（作者不詳　明和3(1766)）
◇ボストン美術館 肉筆浮世絵 2（講談社 2000）
　▷図64「二代目中島三甫右衛門」（作者不詳　明和3(1766)）
◇新編 名宝日本の美術 29（小学館 1991）
　▷図37「中島勘蔵の馬子寝言の長蔵」（東洲斎写楽）
　▷図44「二世中島三甫右衛門と中村富十郎」（東洲斎写楽）
◇秘蔵浮世絵大観 別巻（講談社 1990）
　▷〔チ〕46「四代目坂東又太郎の大森彦七と二代目中島三甫右衛門の相模入道亡魂」（勝川春好（初代）　安永4(1775)）
◇秘蔵浮世絵大観 8（講談社 1989）
　▷図104「二代目嵐三五郎の十郎・初代瀬川富三郎の少将・二代目中島三甫右衛門の梶原」（勝川春章　安永3.正(1774.正)）
◇浮世絵八華 4（平凡社 1985）
　▷図063「中島勘蔵の馬子寝言の長蔵」（東洲斎写楽）
　▷図64「二世中島三甫右衛門と中村富十郎」（東洲斎写楽）
　▷図0135「二世中島三甫右衛門と中村富十郎」（東洲斎写楽）
◇浮世絵聚花 5（小学館 1980）
　▷図96-98「二世市川八百蔵の桜丸, 二世中島三甫右衛門の藤原時平と三世市川海老蔵の松王丸, 九世市村羽左衛門の梅王丸」（勝川春章）
◇浮世絵聚花 8（小学館 1980）
　▷図67-68「二世市川八百蔵と二世中嶋三甫右衛門」（勝川春章）
◇浮世絵聚花 12（小学館 1980）
　▷図028-030「二代目嵐三五郎の十郎・初代瀬川富三郎の少将・二代目中島三甫右衛門の梶原」（勝川春章　安永3.正(1774.正)）
◇浮世絵聚花 15（小学館 1980）
　▷図56「中島勘蔵の馬子寝言の長蔵」（東洲斎写楽）
◇浮世絵聚花 10（小学館 1979）
　▷図231「二世中島三甫右衛門と中村富十郎」（東洲斎写楽）
◇浮世絵大系 3（集英社 1974）
　▷図30-32「二世市川八百蔵の桜丸, 二世中島三甫右衛門の藤原時平と三世市川海老蔵の松王丸, 九世市村羽左衛門の梅王丸」（勝川春章）
◇在外秘宝―欧米収蔵浮世絵集成 東洲斎写楽（学習研究社 1972）
　▷図45「中島勘蔵の馬子寝言の長蔵」（東洲斎写楽）
　▷図061「中島勘蔵の馬子寝言の長蔵」（東洲斎写楽）
　▷図0124「二世中島三甫右衛門と中村富十郎」（東洲斎写楽）
◇美人画・役者絵 6（講談社 1966）
　▷図57「中島勘蔵の馬子寝言の長蔵」（東洲斎写楽）
　▷図101「二世中島三甫右衛門と中村富十郎」（東洲斎写楽）
◇日本版画美術全集 4（講談社 1960）
　▷図42「中島勘蔵の馬子寝言の長蔵」（東洲斎写楽）
　▷図234「二世中島三甫右衛門と中村富十郎」（東洲斎写楽）

中嶋三甫蔵　なかじまみほぞう
江戸時代の歌舞伎役者。
◇日本の浮世絵美術館 2（角川書店 1996）
　▷図107「二代目坂東彦三郎の茜屋半七, 中嶋三甫蔵の鷲の長蔵」（鳥居清満　宝暦頃）

中島和田右衛門　なかじまわだうえもん
江戸時代の歌舞伎役者。
◇浮世絵ギャラリー 4（小学館 2006）
　▷図38「中島和田右衛門のほうだら長左衛門と中村此蔵の舟宿かな川屋の権」（東洲斎写楽　寛政6(1794)）
◇新編 名宝日本の美術 29（小学館 1991）
　▷図17「中島和田右衛門のほうだら長左衛門と中村此蔵の船宿かな川やの権」（東洲斎写楽　寛政6.5(1794)）
◇秘蔵浮世絵大観 ペレス・コレクション（講談社 1991）
　▷図108「中島和田右衛門のほうだら長左衛門

なかし

と中村此蔵の船宿かな川やの権」(東洲斎写楽　寛政6.5(1794))
◇名品揃物浮世絵 5 (ぎょうせい 1991)
　▷図17「中島和田右衛門のほうだら長左衛門と中村此蔵の船宿かな川やの権」(東洲斎写楽　寛政6.5(1794))
◇秘蔵浮世絵大観 6 (講談社 1989)
　▷図179「中島和田右衛門のほうだら長左衛門と中村此蔵の船宿かな川やの権」(東洲斎写楽　寛政6.5(1794))
◇秘蔵浮世絵大観 2 (講談社 1987)
　▷図0158「中島和田右衛門のほうだら長左衛門と中村此蔵の船宿かな川やの権」(東洲斎写楽　寛政6.5(1794))
◇浮世絵八華 4 (平凡社 1985)
　▷図45「中島和田右衛門の丹波屋八右衛門」(東洲斎写楽)
　▷図065「中島和田右衛門の丹波屋八右衛門」(東洲斎写楽)
　▷図17「中島和田右衛門のほうだら長左衛門と中村此蔵の船宿かな川やの権」(東洲斎写楽　寛政6.5(1794))
　▷図017「中島和田右衛門のほうだら長左衛門と中村此蔵の船宿かな川やの権」(東洲斎写楽　寛政6.5(1794))
　▷図076「中島和田右衛門の家主身替り地蔵」(東洲斎写楽)
◇浮世絵の美百選 (日本経済新聞社 1981)
　▷図56「中島和田右衛門のほうだら長左衛門と中村此蔵の船宿かな川やの権」(東洲斎写楽　寛政6.5(1794))
◇浮世絵聚花 11 (小学館 1979)
　▷図6「中島和田右衛門のほうだら長左衛門と中村此蔵の船宿かな川やの権」(東洲斎写楽　寛政6.5(1794))
◇浮世絵聚花 6 (小学館 1978)
　▷図163「中島和田右衛門の家主身替り地蔵」(東洲斎写楽)
◇復元浮世絵大観 8 (集英社 1978)
　▷図14「中島和田右衛門のほうだら長左衛門と中村此蔵の船宿かな川やの権」(東洲斎写楽　寛政6.5(1794))
◇浮世絵大系 7 (集英社 1973)
　▷図17「中島和田右衛門のほうだら長左衛門と中村此蔵の船宿かな川やの権」(東洲斎写楽　寛政6.5(1794))
◇在外秘宝―欧米収蔵浮世絵集成 東洲斎写楽 (学習研究社 1972)
　▷図063「中島和田右衛門の丹波屋八右衛門」(東洲斎写楽)
　▷図19「中島和田右衛門のほうだら長左衛門と中村此蔵の船宿かな川やの権」(東洲斎写楽　寛政6.5(1794))
　▷図018「中島和田右衛門のほうだら長左衛門と中村此蔵の船宿かな川やの権」(東洲斎写楽　寛政6.5(1794))
　▷図75「中島和田右衛門の家主身替り地蔵」(東洲斎写楽)

　▷図0121「中島和田右衛門の家主身替り地蔵」(東洲斎写楽)
◇全集浮世絵版画 4 (集英社 1972)
　▷図20「中島和田右衛門の丹波屋八右衛門」(東洲斎写楽)
　▷図10「中島和田右衛門のほうだら長左衛門と中村此蔵の船宿かな川やの権」(東洲斎写楽　寛政6.5(1794))
　▷図45「中島和田右衛門の家主身替り地蔵」(東洲斎写楽)
◇日本の名画 13 (講談社 1972)
　▷図8「中島和田右衛門のほうだら長左衛門と中村此蔵の船宿かな川やの権」(東洲斎写楽　寛政6.5(1794))
◇原色日本の美術 24 (小学館 1971)
　▷図64「中島和田右衛門のほうだら長左衛門と中村此蔵の船宿かな川やの権」(東洲斎写楽　寛政6.5(1794))
◇日本絵画館 8 (講談社 1970)
　▷図106「中島和田右衛門のほうだら長左衛門と中村此蔵の船宿かな川やの権」(東洲斎写楽　寛政6.5(1794))
◇浮世絵名作選集 4 (山田書院 1968)
　▷図〔8〕「中島和田右衛門のほうだら長左衛門と中村此蔵の船宿かな川やの権」(東洲斎写楽　寛政6.5(1794))
◇美人画・役者絵 6 (講談社 1966)
　▷図59「中島和田右衛門の丹波屋八右衛門」(東洲斎写楽)
　▷図16-17「中島和田右衛門のほうだら長左衛門と中村此蔵の船宿かな川やの権」(東洲斎写楽　寛政6.5(1794))
◇浮世絵版画 6 (集英社 1964)
　▷図19「中島和田右衛門の丹波屋八右衛門」(東洲斎写楽)
　▷図10「中島和田右衛門のほうだら長左衛門と中村此蔵の船宿かな川やの権」(東洲斎写楽　寛政6.5(1794))
◇日本版画美術全集 4 (講談社 1960)
　▷図36「中島和田右衛門のほうだら長左衛門と中村此蔵の船宿かな川やの権」(東洲斎写楽　寛政6.5(1794))

中城直楯　なかじょうなおたて　1841～1909
江戸時代後期～明治期の軍人、歌人。
◇高知県人名事典 (高知新聞社 1999)

中条政恒　なかじょうまさつね　1841～1900
江戸時代末期、明治時代の出羽米沢藩士。
◇福島大百科事典 (福島民報社 1980)

中甚兵衛　なかじんべえ　1639～1730
江戸時代前期、中期の水利功労者。
◇大阪府史 第5巻 近世1 (大阪府 1985)
　▷〈写真〉写真232「中甚兵衛像」

中瀬七造　　なかせしちぞう　1845～1909
　江戸時代後期～明治期の漁業家。
◇富山大百科事典（北日本新聞社 1994）
◇角川日本姓氏歴史人物大辞典 16（角川書店 1992）

長瀬時衡　　ながせときひら　1836～1901
　江戸時代末期，明治時代の陸軍軍医監。
◇岡山県歴史人物事典（山陽新聞社 1994）

長田雲堂　　ながたうんどう　1849～1922
　江戸時代末期～大正期の南画家。
◇福井県大百科事典（福井新聞社 1991）

仲田玄齢　　なかたげんれい　1822～1898
　江戸時代末期，明治期の医師。
◇岡山県歴史人物事典（山陽新聞社 1994）

永田荘作　　ながたしょうさく　1843～1920
　江戸時代末期～大正期の埼玉県議会議長・自由民権運動家。
◇埼玉大百科事典 1～5（埼玉新聞社 1974）

永田善斎　　ながたぜんさい
　江戸時代前期の儒者。
◇和歌山県史 近世（和歌山県 1990）
　　▷〈写真〉写真29「永田善斎画像」

永田徳本　　ながたとくほん　1513～1630
　戦国時代，安土桃山時代の医師。
◇山梨百科事典（山梨日日新聞社 1992）　▷長（永）田徳本
◇国史大辞典（吉川弘文館 1979）

長谷信篤　　ながたにのぶあつ　1818～1902
　江戸時代末期，明治時代の公家。参議。
◇京都大事典（淡交社 1984）

長谷幸輝　　ながたにゆきてる　1842～1920
　江戸時代末期～大正期の地唄三味線演奏家。
◇熊本県大百科事典（熊本日日新聞社 1982）

仲地紀仁　　なかちきじん　1789～1859
　江戸時代末期の医師。
◇沖縄大百科事典（沖縄タイムス社 1983）

中務　　なかつかさ
　平安時代中期の女性。歌人。
◇国宝・重要文化財大全 1（毎日新聞社 1997）
　　▷図228「佐竹本三十六歌仙切 中務像」（作者不詳　鎌倉時代）
◇浮世絵聚花 補巻1（小学館 1982）
　　▷図42「三十六歌仙 中務」（鈴木春信　明和4-5(1767-68)）
◇日本美術絵画全集 13（集英社 1980）
　　▷図59「三十六歌仙図扁額 中務」（岩佐又兵衛）
◇国史大辞典（吉川弘文館 1979）
◇在外秘宝―欧米収蔵浮世絵集成 鈴木春信（学習研究社 1972）
　　▷図158「三十六歌仙 中務」（鈴木春信　明和4-5(1767-68)）

仲姫命　　なかつひめのみこと
　上代の女性。応神天皇の皇后。
◇国史大辞典（吉川弘文館 1979）

中臣俊嶺　　なかとみしゅんれい　1810～1888
　江戸時代末期，明治時代の浄土真宗の僧。
◇福井県大百科事典（福井新聞社 1991）　▷俊嶺

中西半隠　　なかにしはんいん　1781～1843
　江戸時代中期，後期の書家。
◇高知県人名事典（高知新聞社 1999）

中沼葵園　　なかぬまきえん　1816～1896
　江戸時代末期，明治時代の儒学者。
◇島根県歴史人物事典（山陰中央新報社 1997）
　▷中沼了三
◇島根県大百科事典（山陰中央新報社 1982）　▷中沼了三

長沼太沖　　ながぬまたちゅう　1761～1834
　江戸時代中期，後期の蘭学医。
◇山形県大百科事典（山形放送 1983）

長沼宗敬　　ながぬまむねよし　1635～1690
　江戸時代前期の兵学者。
◇国史大辞典（吉川弘文館 1979）

中根香亭　　なかねこうてい　1839～1913
　江戸時代末期，明治時代の漢学者，幕臣。
◇静岡県歴史人物事典（静岡新聞社 1991）　▷中根淑

中根祚胤　　なかねそいん　1839～1917
　江戸時代末期～大正期の銀行家。
◇大分県歴史人物事典（大分合同新聞社 1996）

中根雪江　　なかねゆきえ　1807～1877
　江戸時代末期，明治時代の越前福井藩士。
◇福井県大百科事典（福井新聞社 1991）
◇郷土歴史人物事典 福井（第一法規出版 1985）
◇国史大辞典（吉川弘文館 1979）

長野一誠　ながのいっせい　1834～1912
江戸時代後期～明治期の地域振興功労者。
◇熊本県大百科事典（熊本日日新聞社 1982）

中院通重　なかのいんみちしげ　1270～1322
鎌倉時代後期の公卿。内大臣。
◇国史大辞典（吉川弘文館 1979）

中院通茂　なかのいんみちしげ　1631～1710
江戸時代前期, 中期の公家。内大臣。
◇国史大辞典（吉川弘文館 1979）

中院通成　なかのいんみちなり　1222～1286
鎌倉時代後期の公卿。内大臣。
◇国史大辞典（吉川弘文館 1979）

中院通村　なかのいんみちむら　1588～1653
江戸時代前期の公家。内大臣。
◇国史大辞典（吉川弘文館 1979）

中野貢二郎　なかのこうじろう　1845～1892
江戸時代後期～明治期の安蘇郡天明町の名主, 佐野町初代町長, 洪溢会会長。
◇栃木県歴史人物事典（下野新聞社 1995）

長野濬平　ながのしゅんぺい　1823～1897
江戸時代末期, 明治時代の養蚕・製糸家。
◇熊本県大百科事典（熊本日日新聞社 1982）

中野健明　なかのたけあき　1844～1898
江戸時代末期, 明治時代の官吏・判事。1871年岩倉使節団に随行しアメリカに渡る。
◇写された幕末―石黒敬七コレクション（明石書店 1990）
　　▷p63 No.4「長崎のフルベッキ塾生大隈重信達」
◇神奈川県史　通史編4　近代・現代(1) 政治・行政1（財団法人神奈川県弘済会 1980）
　　▷p533（写真）「17代知事中野健明」

中野致明　なかのちめい　1848～1917
江戸時代末期～大正期の実業家。
◇佐賀県大百科事典（佐賀新聞社 1983）

長野業政　ながのなりまさ　1499～1561
戦国時代の武将。
◇角川日本姓氏歴史人物大辞典 10（角川書店 1994）

中目斉　なかのめひとし　1835～1921
江戸時代末期～大正期の医師。
◇宮城県百科事典（河北新報社 1982）

仲野安雄　なかのやすお　1694～1778
江戸時代中期の淡路三原郡伊加利村の里正, 和漢の学者。
◇兵庫県大百科事典 上, 下（神戸新聞出版センター 1983）

中浜鉄子　なかはまてつこ
江戸時代末期の女性。中浜万次郎の妻。
◇日本写真史 1840-1945（平凡社 1971）
　　▷p6 No.7「中浜（ジョン）万次郎夫人鉄子像」（中浜万次郎）

中浜万次郎　なかはままんじろう　1827～1898
江戸時代末期, 明治時代の漁民, 英語学者。
◇高知県人名事典（高知新聞社 1999）
◇日本史大事典（平凡社 1992）
◇写された幕末―石黒敬七コレクション（明石書店 1990）
　　▷p230「（無題）」
◇日本大百科全書（小学館 1984）
◇沖縄大百科事典（沖縄タイムス社 1983）▷ジョン・万次郎
◇鹿児島大百科事典（南日本新聞社 1981）▷ジョン万次郎（中浜万次郎）
◇国史大辞典（吉川弘文館 1979）
◇世界伝記大事典（ほるぷ出版 1978）▷ジョン万次郎
◇高知県百科事典（高知新聞社 1976）
◇日本写真史 1840-1945（平凡社 1971）
　　▷p467「（無題）」
◇大日本百科事典（小学館 1967）

中林梧竹　なかばやしごちく　1827～1913
江戸時代末期, 明治時代の書家。
◇佐賀県大百科事典（佐賀新聞社 1983）

中原嘉左右　なかはらかぞう　1831～1894
江戸時代末期, 明治期の豪商。
◇福岡県百科事典 上, 下（西日本新聞社 1982）

中原猶介　なかはらゆうすけ　1832～1868
江戸時代末期の薩摩藩士, 学者。
◇写された幕末―石黒敬七コレクション（明石書店 1990）
　　▷p52 No.2「（無題）」（イギリス士官）
◇写真集　甦る幕末（朝日新聞社 1987）
　　▷p225 No.303「（無題）」
　　▷p225 No.304「中原猶介とボードワン兄弟」
◇鹿児島大百科事典（南日本新聞社 1981）

中平定純　なかひらさだずみ　1844～1913
江戸時代末期の郷士, 志士。
◇高知県人名事典（高知新聞社 1999）

中御門天皇　なかみかどてんのう　1701～1737
江戸時代中期の第114代天皇。在位1709～1735。
◇日本史大事典（平凡社　1992）
◇国史大辞典（吉川弘文館　1979）
◇日本人名大事典 1～6（平凡社　1979（覆刻））

中御門宗忠　なかみかどむねただ　1062～1141
平安時代後期の官僚。
◇角川日本姓氏歴史人物大辞典 26（角川書店　1997）　▷藤原宗忠

那珂通世　なかみちよ　1851～1908
江戸時代末期、明治時代の日本近代史学の祖。
◇国史大辞典（吉川弘文館　1979）

中牟田倉之助　なかむたくらのすけ
1837～1916　江戸時代末期、明治時代の肥前佐賀藩士、海軍軍人。
◇講談社日本人名大辞典（講談社　2001）
◇佐賀県大百科事典（佐賀新聞社　1983）
◇国史大辞典（吉川弘文館　1979）
◇日本人名大事典 1～6（平凡社　1979（覆刻））

中村明石　なかむらあかし
江戸時代の歌舞伎役者。
◇秘蔵浮世絵大観 4（講談社　1988）
　▷図119「三代目中村歌右衛門と中村明石の三番叟」（歌川豊国（初代）　文化9（1812））

中村宇十郎　なかむらうじゅうろう
江戸時代中期の歌舞伎役者。
◇浮世絵聚花 1（小学館　1983）
　▷図36「松嶋兵太郎の遊女と、中村宇十郎、および鶴屋南北の武士」（奥村利信）

中村歌右衛門〔代数不詳〕　なかむらうたえもん
江戸時代の歌舞伎役者。
◇秘蔵日本美術大観 10（講談社　1993）
　▷図132「其九絵彩四季桜 夕立雷 中村歌右衛門」（歌川国貞　文化13（1816））
◇浮世絵聚花 13（小学館　1981）
　▷図125「中村歌右衛門の清玄と嵐雛治の桜姫」（一筆斎文調）

中村歌右衛門〔初代〕　なかむらうたえもん
1714～1791　江戸時代中期の歌舞伎役者,歌舞伎作者。
◇秘蔵浮世絵大観 6（講談社　1989）
　▷図0100「初代中村歌右衛門のぜげんいたぶりの三ぶ 実は浅原八郎」（勝川春章　明和6）
◇秘蔵浮世絵大観 9（講談社　1989）
　▷図63「四代目市川団十郎の男伊達前髪佐平 実は景清と初代中村歌右衛門の唐犬十右衛門」（一筆斎文調　明和6（1769））
◇大阪府史 第6巻 近世編2（大阪府　1987）
　▷図65「初代中村歌右衛門像『梅玉余響』」
◇浮世絵聚花 13（小学館　1980）
　▷図53「四代目市川団十郎の男伊達前髪佐平 実は景清と初代中村歌右衛門の唐犬十右衛門」（一筆斎文調　明和6（1769））
◇浮世絵聚花 8（小学館　1980）
　▷図159「初代中村歌右衛門の清玄と二世市川高麗蔵の清玄」（一筆斎文調）
◇浮世絵聚花 12（小学館　1980）
　▷図64「初代中村歌右衛門のぜげんいたぶりの三ぶ 実は浅原八郎」（勝川春章　明和6）
◇大日本百科事典（小学館　1967）

中村歌右衛門〔3代〕　なかむらうたえもん
1778～1838　江戸時代後期の歌舞伎役者,歌舞伎作者。
◇華―浮世絵名品集（平木浮世絵財団　2004）
　▷図34「三代目坂東三津五郎 下り三代目中村歌右衛門」（歌川豊国　文化11（1814））
◇ボストン美術館 日本美術調査図録（講談社　2003）
　▷図III-340「三代目中村歌右衛門」（歌川豊国　文化9（1812））
　▷図III-342「三代目中村歌右衛門の七役」（歌川豊国　文化12（1815））
◇講談社日本人名大辞典（講談社　2001）
◇ボストン美術館 肉筆浮世絵 3（講談社　2000）
　▷図41「三代目中村歌右衛門」（歌川豊国　文化9（1812））
　▷図43「三代目中村歌右衛門の七役」（歌川豊国　文化12（1815））
◇日本の浮世絵美術館 4（角川書店　1996）
　▷図151「三世中村歌右衛門の白拍子 いとゆふ」（歌川国安　文化9年）
　▷図150「三世中村歌右衛門の熊谷次郎直実」（春好斎北洲　文政8年）
◇日本美術全集 20（講談社　1991）
　▷図93「三代目中村歌右衛門の石川五右衛門」（春好斎北洲　文化9（1812））
◇秘蔵浮世絵大観 ムラー・コレクション（講談社　1990）
　▷図0133「復讐誓彦山 初代中村芝翫の毛谷村六助」（豊原国周　明治6（1873））
◇秘蔵浮世絵大観 5（講談社　1989）
　▷図097「三代目中村歌右衛門の南草切三吉実は由留木左次郎と市川蝦三郎の斎藤蔵之介」（あし川彦国　文政5）
　▷図2「三代目中村歌右衛門の一世一代御名残口上」（歌川国貞（初代）　文化12（1815））
　▷図0106「一世一代名残狂言尽 三代目中村歌右衛門のおその」（丸丈斎国広　文政8）
　▷図149「一世一代当狂言 三代目中村歌右衛門の京極内匠」（春好斎北洲　文政8（1825））
　▷図150「三代目中村松江の娘ひな鳥と三代目

中村歌右衛門の後室狭高」(春好斎北洲　文政4(1821))
▷図0103「三代目中村歌右衛門の大星由良之助」(春曙斎北頂　天保元)
▷図153「戯場水滸伝百八人之内　二代目中村芝翫の史進・三代目中村歌右衛門の公孫勝・二代目中村富十郎の一丈青・二代目嵐璃寛の張順」(春梅斎北英　天保5頃(1834頃))
▷図0102「三代目中村歌右衛門の孔雀三郎成平」(春梅斎北英　文政11)
▷図159「三代目中村歌右衛門の熊谷と初代岩井紫若の小萩実は敦盛」(春梅斎北英　天保3.2(1832))
▷図0109「三代目中村歌右衛門の自来也」(柳斎重春　天保3)
▷図175「中村東蔵の岩瀬喜文太と三代目中村歌右衛門の自来也」(柳斎重春　天保3(1832))
▷図176「三代目中村松江の娘あやおり・三代目中村歌右衛門の石田のつぼね・市川瀧十郎の斉藤蔵之助」(柳斎重春　天保元(1830))
▷図21「五代目岩井半四郎の田舎むすめ・初代中村芝翫の空谷寺はちたたき・三代目坂東三津五郎の面打五郎作」(歌川国貞(初代)　文政元(1818))
▷図0111「生涯御名残狂言　中村玉助の新洞左衛門と梶原平三」(長谷川貞信　天保9)
◇秘蔵浮世絵大観 9 (講談社 1989)
▷図0129「三代目中村歌右衛門の加藤正清」(寿好堂よし国　文政3.9)
▷図0132「二代目嵐吉三郎の惟喬親王と三代目中村歌右衛門の加藤正清」(春好斎北洲　文政4)
▷図0130「一世一代当狂言　三代目中村歌右衛門の五斗兵衛」(春好斎北洲　文政8.3)
▷図0131「桶狭間合戦　三代目中村歌右衛門の石川五右衛門」(春好斎北洲　文政9.7)
▷図0243「三代目中村歌右衛門の菅原伝授手習鑑七役之内菅丞相」(春好斎北洲　文政6.3(1823.3))
▷図0134「三代目中村歌右衛門の熊谷と初代岩井紫若の小萩実は敦盛」(春梅斎北英　天保3.2(1832))
▷図0137「五代目松本幸四郎のひげの伊久・三代目中村松江のけいせい揚まき・市川白猿の助六・三代目中村歌右衛門の白酒売」(柳斎重春　天保元.3)
◇秘蔵浮世絵大観 3 (講談社 1988)
▷図076「一世一代　三代目中村歌右衛門のおそのと初代市川鰕十郎の毛谷村六助」(戯画堂芦ゆき　文政8)
▷図077「一世一代　三代目中村歌右衛門の熊谷ノ次郎・おその・京極内匠・五斗兵衛」(戯画堂芦ゆき　文政8)
▷図074「一世一代　三代目中村歌右衛門の五斗兵衛と初代市川鰕十郎の和泉ノ三郎」(戯画堂芦ゆき　文政8)
▷図075「一世一代　三代目中村歌右衛門の五斗兵衛と三代目桐山紋次」(戯画堂芦ゆき　文政8)
▷図112「敵討崇禅寺馬場　初代市川鰕十郎の福まると三代目中村歌右衛門の富丸」(戯画堂芦ゆき　文政6(1823))
▷図081「三代目中村歌右衛門の石川五右衛門」(戯画堂芦ゆき　文政9)
▷図083「三代目中村歌右衛門の梶原景季」(戯画堂芦ゆき　文政7)
▷図079「三代目中村歌右衛門の京都出演口上」(戯画堂芦ゆき　文政3)
▷図078「三代目中村歌右衛門のみのゝ庄九郎」(戯画堂芦ゆき　文政6)
▷図082「三代目中村歌右衛門の野勘平」(戯画堂芦ゆき　文政7)
▷図070「二代目藤川友吉の青柳太夫と三代目中村歌右衛門の百姓重作」(戯画堂芦ゆき　文政11)
▷図0112「一世一代　三代目中村歌右衛門の熊谷次郎直実」(寿好堂よし国　文政8)
▷図0115「一世一代　三代目中村歌右衛門の俊寛」(寿好堂よし国　文政8)
▷図0130「一世一代　彦山権現誓助剣　三代目中村歌右衛門のおその」(寿好堂よし国　文政8(1825))
▷図0129「一世一代　義経腰越状　三代目中村歌右衛門の五斗兵衛」(寿好堂よし国　文政8(1825))
▷図0123「五大力恋の緘　三代目中村歌右衛門の勝間伝五兵衛と二代目浅尾奥山の廻し弥介」(寿好堂よし国　文政9(1826))
▷図0113「三代目中村歌右衛門の石川五右衛門と三代目嵐吉三郎の悴五郎市」(寿好堂よし国　文政5)
▷図0109「三代目中村歌右衛門の五じょう軍甘輝」(寿好堂よし国　文政7)
▷図0094「三代目中村歌右衛門の里見伊助と中村三光の娘おせん」(寿好堂よし国　文政5)
▷図0108「三代目中村歌右衛門の節分豆撒き図」(寿好堂よし国　文政3)
▷図0114「三代目中村歌右衛門の団七九郎兵衛」(寿好堂よし国　文政6)
▷図0111「三代目中村歌右衛門の奴蘭平」(寿好堂よし国　文政10)
▷図0095「中村三光のたるや娘おせんと三代目中村歌右衛門のさとみ伊助」(寿好堂よし国　文政5)
▷図0092「三代目坂東三津五郎の大判司清すみと三代目中村歌右衛門の後室定香」(寿好堂よし国　文政4)
▷図0110「百奇円庭前納涼之図三代目中村歌右衛門と悴中村駒之助」(寿好堂よし国　文政4)
▷図0091「二代目藤川友吉の紅梅姫と三代目中村歌右衛門の孔雀三郎」(寿好堂よし国　文政11)
▷図0110「けいせい染分総　三代目中村歌右衛門のたばこ切三吉と初代市川鰕十郎の斎藤内蔵之助」(春好斎北洲　文政5(1822))
▷図8「初代中村芝翫の五斗兵衛」(歌川国貞(初代)　文政2.6(1819.6))

▷図37「見立狂言 五代目松本幸四郎・五代目岩井半四郎・五代目瀬川菊之丞・初代中村芝翫」（歌川国安　文化15(文政元).2(1818.2)）
◇秘蔵浮世絵大観 4（講談社 1988）
　　▷図119「三代目中村歌右衛門と中村明石の三番叟」（歌川豊国（初代）　文化9(1812)）
◇秘蔵浮世絵大観 11（講談社 1988）
　　▷図079「三代目中村歌右衛門の高坂弾正と三代目中村松江の女房唐織」（春好斎北洲　文化14.5）
◇秘蔵浮世絵大観 12（講談社 1988）
　　▷図0100「三代目中村歌右衛門の清水寺清玄」（歌川国次　文化9）
◇大日本百科事典（小学館 1967）
◇日本版画美術全集 3（講談社 1961）
　　▷図368「三世歌右衛門の十二カ月所作の内」（芦友）
　　▷図367「三世歌右衛門の福岡貢」（寿好堂よし国）
　　▷図350「桶狭間合戦 三代目中村歌右衛門の石川五右衛門」（春好斎北洲　文政9.7）
　　▷図357「三世中村歌右衛門の団七九郎兵衛」（春好斎北洲）
　　▷図369「三世歌右衛門の茂兵衛」（浜松歌国）
　　▷図382「三世歌右衛門の高景」（行長）
◇浮世絵全集 5（河出書房新社 1957）
　　▷図16「三世中村歌右衛門の猿回し与次郎」（歌川国貞（初代））

中村歌右衛門〔4代〕　なかむらうたえもん
1798～1852　江戸時代末期の歌舞伎役者。
◇肉筆浮世絵大観 9（講談社 1996）
　　▷図19（京都府立総合資料館）「四代目中村歌右衛門の自来也」（春梅斎北英　天保年間(1830-44)初期）
◇秘蔵日本美術大観 11（講談社 1994）
　　▷図83「二代目中村芝翫の登坂旅中之図」（魁春亭貞芳　天保4(1833)）
◇秘蔵浮世絵大観 5（講談社 1989）
　　▷図15「四代目中村歌右衛門の樋口二郎と三代目関三十郎の船頭権四郎」（歌川国貞（初代）　嘉永2(1849)）
　　▷図0108「四代目中村歌右衛門の早ノ勘平」（五蝶亭貞升　天保9）
　　▷図0104「四代目中村歌右衛門の奴逸平」（春婦斎北妙　天保8）
　　▷図0105「豊ねん風りう伊勢おんど 浅尾与六・三代目中村芝翫・四代目中村歌右衛門・中村友蔵」（春梅斎北妙　天保8）
　　▷図0110「御名残狂言之内 四代目中村歌右衛門の高ノ師直」（長谷川貞信　天保9）
　　▷図0112「俳優擬鶏合 四代目中村歌右衛門・二代目中村富十郎・二代目嵐璃寛」（長谷川貞信　天保8）
　　▷図145「初代中村歌六の仕女山吹と二代目中村芝翫の清玄」（丸丈斎国広　天保元(1830)）
　　▷図146「二代目中村芝翫の道成寺所作事」（丸丈斎国広　天保6(1835)）
　　▷図153「戯場水滸伝百八人之内 二代目中村芝翫の史進・三代目中村歌右衛門の公孫勝・二代目中村富十郎の一丈青・二代目嵐璃寛の張順」（春梅斎北英　天保5(1834頃)）
　　▷図165「二代目中村芝翫の忠信」（春梅斎北英　天保6(1835)）
　　▷図157「流行鏡の覆 二代目中村芝翫の俵藤太秀郷」（春梅斎北英　天保6(1835)）
◇秘蔵浮世絵大観 9（講談社 1989）
　　▷図0135「四代目中村歌右衛門の岩川次郎吉」（春梅斎北英　天保7.正）
◇秘蔵浮世絵大観 3（講談社 1988）
　　▷図0118「二代目中村芝翫の佐野源左衛門」（寿好堂よし国　文政9）
　　▷図0116「寿式三番叟 初代中村鶴助」（寿好堂よし国　文政8）
　　▷図0124「日本花赤城塩竈 初代中村鶴助の大星由良之助」（寿好堂よし国　文政6頃(1823頃)）
◇秘蔵浮世絵大観 12（講談社 1988）
　　▷図0124「四代目中村歌右衛門の岩城三大夫広綱・二代目市川九蔵の雲井の前・十二代目市村羽左衛門の悪源太義平」（歌川国貞（初代）　天保9-14）
　　▷図0130「二代目中村芝翫の十一役の内九大夫娘小なみ」（歌川国春　文政13）
◇大日本百科事典（小学館 1967）

中村歌蔵　なかむらうたぞう
江戸時代後期の歌舞伎役者。
◇秘蔵浮世絵大観 3（講談社 1988）
　　▷図0117「中村歌蔵の塩谷判官」（寿好堂よし国　文政5頃）

中村栄助　なかむらえいすけ　1849～1938
江戸時代末期,明治時代の豪商。
◇角川日本姓氏歴史人物大辞典 26（角川書店 1997）
◇京都大事典（淡交社 1984）

中村介五良　なかむらかいごろう
江戸時代の歌舞伎役者。
◇浮世絵聚花 12（小学館 1980）
　　▷図04「中村介五良の松王丸,さの川市松の桜まる,市川亀蔵の梅おう丸」（鳥居清信（初代））

中村介五郎　なかむらかいごろう
江戸時代の歌舞伎役者。
◇浮世絵聚花 15（小学館 1980）
　　▷図08「三俠客 中村介五郎 松本幸四郎 藤川平九郎」（鳥居清倍）

中村魁車〔初代〕　なかむらかいしゃ
　江戸時代の歌舞伎役者。
◇秘蔵浮世絵大観 ムラー・コレクション（講談社 1990）
　▷図163「春仙似顔集 初代中村魁車の宵庚申の姉おかる」（名取春仙　昭和3(1928)）

中村一氏　なかむらかずうじ　？～1600
　安土桃山時代の武将, 大名。
◇静岡県史 通史編3 近世1（静岡県 1997）
　▷〈写真〉写1-1「中村一氏画像」
◇静岡県史 資料編9 近世1（静岡県 1992）
　▷〈口絵〉2「駿府藩主 中村一氏画像」
◇国史大辞典（吉川弘文館 1979）

中村歌六〔初代〕　なかむらかろく
　1779～1859　江戸時代後期の歌舞伎役者。
◇秘蔵日本美術大観 11（講談社 1994）
　▷図82「初代中村歌六のきばのお才」（春梅斎北英　天保4(1833)）
◇秘蔵浮世絵大観 5（講談社 1989）
　▷図145「初代中村歌六の仕女山吹と二代目中村芝翫の清玄」（丸丈斎国広　天保元(1830)）
◇秘蔵浮世絵大観 3（講談社 1988）
　▷図071「二代目あらし橘三郎の真柴久吉と初代中村歌六の阿野ノ局」（戯画堂芦ゆき　文政8）
　▷図115「けいせい遊山桜 二代目藤川友吉の娘お梶・嵐富三郎の娘小さよ・初代中村歌六の行長女房大淀」（戯画堂芦ゆき　文政10(1827)）
　▷図097「初代中村歌六のけいせい豊鶴」（寿好堂よし国　文政5）
　▷図096「初代中村歌六の酒屋娘お三輪」（寿好堂よし国　文政5）

中村貫一　なかむらかんいち　1843～1879
　江戸時代末期, 明治期の土佐藩士。
◇高知県人名事典（高知新聞社 1999）

中村勘三郎〔代数不詳〕　なかむらかんざぶろう
　江戸時代の歌舞伎役者。
◇秘蔵浮世絵大観 8（講談社 1989）
　▷図171「猿若勘三郎の絵馬」（窪俊満　文化(1804-18)）
◇浮世絵聚花 1（小学館 1983）
　▷図62「中村勘三郎座と市村竹之丞座の総踊り」（治兵衛風）
　▷図67「中村勘三郎の舞台姿」（伝 鳥居清信）
◇日本屏風絵集成 13（講談社 1978）
　▷図96「中村勘三郎座芝居図」（奥村政信）

中村翫太郎　なかむらかんたろう　1818～1873
　江戸時代末期, 明治の歌舞伎役者。
◇秘蔵浮世絵大観 7（講談社 1990）
　▷図073「中村翫太郎の鷺坂伴内・五代目坂東彦三郎の早野かん平・三代目沢村田の助のこし元おかる」（歌川国貞(初代)　文久2.3）

中村吉蔵　なかむらきちぞう
　江戸時代中期の歌舞伎役者。
◇浮世絵聚花 15（小学館 1980）
　▷図65「百千鳥白梅 三幅対中 中村吉蔵」（鳥居清信(初代)）

中村吉太郎　なかむらきちたろう
　江戸時代の歌舞伎役者。
◇秘蔵浮世絵大観 5（講談社 1989）
　▷図143「中村吉太郎のおすはの方・初代浅尾友蔵の稲田東蔵・二代目尾上新七の万野兵庫」（清谷　文化3(1806)）

中村喜代三郎〔初代〕　なかむらきよさぶろう
　1721～1777　江戸時代中期の歌舞伎役者。
◇秘蔵浮世絵大観 別巻（講談社 1990）
　▷〔チ〕010「初代中村喜代三郎」（石川豊信　宝暦前期）
◇秘蔵浮世絵大観 4（講談社 1988）
　▷図44「初代尾上菊五郎と初代中村喜代三郎の猿曳」（奥村政信　寛延末－宝暦初(1748-64)）
◇秘蔵浮世絵大観 2（講談社 1987）
　▷図54「初代尾上菊五郎の佐藤忠信と初代中村喜代三郎の女房信夫」（一筆斎文調　明和6.11(1769.11)）
◇浮世絵聚花 13（小学館 1981）
　▷図146「中村喜代三郎の小むつ」（鳥居清広）
◇浮世絵聚花 8（小学館 1980）
　▷図08「中村助五郎と中村喜代三郎」（鳥居清信(初代)）
◇浮世絵聚花 15（小学館 1980）
　▷図017「中村喜代三郎のおきく 市村亀蔵の幸助」（石川豊信）
◇浮世絵聚花 4（小学館 1979）
　▷図38「市村亀蔵の椀久と中村喜代三郎の松山」（石川豊信）
　▷図111「市川羽左衛門, 市村亀蔵, 中村喜代三郎」（鳥居清信(初代)）
◇浮世絵聚花 7（小学館 1979）
　▷図78「初世中村喜代三郎の八百屋お七と初世尾上菊五郎の小姓吉三」（石川豊信）
◇浮世絵大系 1（集英社 1974）
　▷図58「鳥追い・尾上菊五郎と中村喜代三郎」（石川豊信）
◇原色日本の美術 17（小学館 1968）
　▷図20「中村喜代三郎の頃城片貝」（一筆斎文調）
◇日本版画美術全集 2（講談社 1961）

▷図240「中村喜代三郎のおきく 市村亀蔵の幸助」（石川豊信）
▷図241「中村喜代三郎の文読美人」（石川豊信）
▷図237「中村喜代三郎,尾上菊五郎,若衆と傘さし少女」（石川豊信）
◇日本版画美術全集 3（講談社 1961）
▷図71「中村喜代三郎の頃城片貝」（一筆斎文調）
◇浮世絵全集 1（河出書房新社 1957）
▷図15「鳥追い・尾上菊五郎と中村喜代三郎」（石川豊信）

中村喜代三　　なかむらきよぞう
江戸時代の歌舞伎役者。
◇日本版画美術全集 2（講談社 1961）
▷図219「中村喜代三の嶋野かん」（奥村政信）
◇浮世絵全集 1（河出書房新社 1957）
▷図13「中村喜代三の嶋野かん」（奥村政信）

中村粂助　　なかむらくめすけ
江戸時代の歌舞伎役者。
◇秘蔵浮世絵大観 6（講談社 1989）
▷図102「中村粂助の遊女白梅」（一筆斎文調　明和8(1771)）

中村粂太郎〔代数不詳〕　　なかむらくめたろう
江戸時代の歌舞伎役者。
◇浮世絵聚花 1（小学館 1983）
▷図125「中村粂太郎の松浦さよ姫と市村亀蔵の粂仙人」（奥村政信）
▷図162「中村粂太郎の松浦さよ姫と市村亀蔵の粂仙人」（鳥居清広）
◇浮世絵聚花 5（小学館 1980）
▷図023「大坂下り中村粂太郎」（勝川春英）
◇浮世絵聚花 10（小学館 1979）
▷図018「中村粂太郎」（勝川春英）
◇浮世絵大系 1（集英社 1974）
▷図57「髪すき・佐野川市松と中村粂太郎」（石川豊信）

中村粂太郎〔初代〕　　なかむらくめたろう
1724～1777　江戸時代中期の歌舞伎役者,歌舞伎座本。
◇日本の浮世絵美術館 4（角川書店 1996）
▷図14「初代佐野川市松、初代中村富十郎、初代中村粂太郎」（石川豊信　宝暦3頃）
◇秘蔵浮世絵大観 6（講談社 1989）
▷図030「初代中村粂太郎と初代佐野川市松の万歳」（石川豊信　寛延－宝暦初(1748-64)）
◇秘蔵浮世絵大観 8（講談社 1989）
▷図80「初代中村粂太郎と初代佐野川市松の万歳」（石川豊信　寛延－宝暦初(1748-64)）
◇浮世絵聚花 12（小学館 1980）
▷図49「初代中村粂太郎と初代佐野川市松の万歳」（石川豊信　寛延－宝暦初(1748-64)）

中村粂太郎〔2代〕　　なかむらくめたろう
1763～1808　江戸時代中期,後期の歌舞伎役者。
◇浮世絵ギャラリー 4（小学館 2006）
▷図35「二代目中村粂太郎の矢庫之介女房みなと」（東洲斎写楽　寛政6(1794)）
◇浮世絵八華 4（平凡社 1985）
▷図061「二世中村粂太郎の由良兵庫之介妻みなと」（東洲斎写楽）
◇浮世絵聚花 7（小学館 1979）
▷図118「二世中村粂太郎の由良兵庫之介妻みなと」（東洲斎写楽）
◇在外秘宝―欧米収蔵浮世絵集成 東洲斎写楽（学習研究社 1972）
▷図44「二世中村粂太郎の由良兵庫之介妻みなと」（東洲斎写楽）
▷図059「二世中村粂太郎の由良兵庫之介妻みなと」（東洲斎写楽）
◇美人画・役者絵 6（講談社 1966）
▷図55「二世中村粂太郎の由良兵庫之介妻みなと」（東洲斎写楽）

中村内蔵助　　なかむらくらのすけ　　1668～1730
江戸時代前期の銀座年寄。
◇国宝・重要文化財大全 2（毎日新聞社 1999）
▷図142「中村内蔵助像」（尾形光琳　江戸時代 元禄17(1704)）
◇琳派名品百選（日本経済新聞社 1996）
▷図56「中村内蔵助図」（尾形光琳）
◇原色日本の美術（改訂版）14（小学館 1994）
▷図89「中村内蔵助図」（尾形光琳　元禄17(1704)）
◇琳派美術館 2（集英社 1993）
▷図13「中村内蔵助像」（尾形光琳　元禄17）
◇琳派 4（紫紅社 1991）
▷図124「中村内蔵助像」（尾形光琳　元禄17(1704)）
◇新編 名宝日本の美術 24（小学館 1990）
▷図30「中村内蔵助像」（尾形光琳　元禄17(1704)）
◇日本美術全集 18（講談社 1990）
▷図72「中村内蔵助像」（尾形光琳　1704）
◇京都大事典（淡交社 1984）
◇名宝日本の美術 20（小学館 1981）
▷図30「中村内蔵之助像」（尾形光琳　元禄17(1704)）
◇日本美術全集 21（学習研究社 1979）
▷図71「中村内蔵助像」（尾形光琳）
◇琳派絵画全集 光琳派1（日本経済新聞社 1979）
▷図20「中村内蔵助像」（尾形光琳）
▷図68「中村内蔵助像」（尾形光琳）
◇日本美術絵画全集 17（集英社 1976）
▷図22「中村内蔵助像」（尾形光琳　宝永1(1704)）
◇重要文化財 11（毎日新聞社 1975）

▷図100「中村内蔵助像(中根元圭賛 中村信逸追賛)」(尾形光琳 江戸時代)
◇日本の名画 5 (講談社 1973)
　▷図11「中村内蔵助像」(尾形光琳)
◇日本絵画館 7 (講談社 1970)
　▷図48「中村内蔵助像」(尾形光琳　元禄17(1704))
◇原色日本の美術 14 (小学館 1969)
　▷図89「中村内蔵助図」(尾形光琳)

中村源太郎　なかむらげんたろう
　江戸時代中期の歌舞伎役者。
◇浮世絵聚花 1 (小学館 1983)
　▷図12「山中平九郎と生島新五郎とおよび中村源太郎(か)の舞台姿」(伝 鳥居清信)
◇在外日本の至宝 7 (毎日新聞社 1980)
　▷図10「中村源太郎の瀧口妻しののめ」(鳥居清信(初代)　元禄15(1702))
　▷図16「生島新五郎と中村源太郎の濡事」(鳥居清倍　宝永4頃(1707頃))
◇復元浮世絵大観 1 (集英社 1980)
　▷図14「中村源太郎のあやめ」(鳥居清倍)
◇浮世絵大系 1 (集英社 1974)
　▷図23「中村源太郎の踊り子」(鳥居清信(初代))
　▷図25「中村源太郎の道中姿」(鳥居清信(初代))
◇浮世絵全集 1 (河出書房新社 1957)
　▷図28「中村源太郎のあやめ」(鳥居清倍)

中村黒水　なかむらこくすい　1820〜1884
　江戸時代末期,明治時代の儒学者。
◇長野県歴史人物大事典 (郷土出版社 1989)

中村此蔵　なかむらこのぞう
　江戸時代後期の歌舞伎役者。
◇浮世絵ギャラリー 4 (小学館 2006)
　▷図38「中島和田右衛門のほうだら長左衛門と中村此蔵の舟宿かな川屋の権」(東洲斎写楽　寛政6(1794))
◇新編 名宝日本の美術 29 (小学館 1991)
　▷図17「中島和田右衛門のほうだら長左衛門と中村此蔵の船宿かな川やの権」(東洲斎写楽　寛政6.5(1794))
◇秘蔵浮世絵大観 ベレス・コレクション (講談社 1991)
　▷図108「中島和田右衛門のほうだら長左衛門と中村此蔵の船宿かな川やの権」(東洲斎写楽　寛政6.5(1794))
◇名品揃物浮世絵 5 (ぎょうせい 1991)
　▷図17「中島和田右衛門のほうだら長左衛門と中村此蔵の船宿かな川やの権」(東洲斎写楽　寛政6.5(1794))
◇秘蔵浮世絵大観 6 (講談社 1989)
　▷図179「中島和田右衛門のほうだら長左衛門と中村此蔵の船宿かな川やの権」(東洲斎写楽　寛政6.5(1794))
◇秘蔵浮世絵大観 2 (講談社 1987)
　▷図0158「中島和田右衛門のほうだら長左衛門と中村此蔵の船宿かな川やの権」(東洲斎写楽　寛政6.5(1794))
◇浮世絵八華 4 (平凡社 1985)
　▷図17「中島和田右衛門のほうだら長左衛門と中村此蔵の船宿かな川やの権」(東洲斎写楽　寛政6.5(1794))
　▷図017「中島和田右衛門のほうだら長左衛門と中村此蔵の船宿かな川やの権」(東洲斎写楽　寛政6.5(1794))
◇浮世絵の美百選 (日本経済新聞社 1981)
　▷図56「中島和田右衛門のほうだら長左衛門と中村此蔵の船宿かな川やの権」(東洲斎写楽　寛政6.5(1794))
◇浮世絵聚花 11 (小学館 1979)
　▷図6「中島和田右衛門のほうだら長左衛門と中村此蔵の船宿かな川やの権」(東洲斎写楽　寛政6.5(1794))
◇復元浮世絵大観 8 (集英社 1978)
　▷図14「中島和田右衛門のほうだら長左衛門と中村此蔵の船宿かな川やの権」(東洲斎写楽　寛政6.5(1794))
◇浮世絵大系 7 (集英社 1973)
　▷図17「中島和田右衛門のほうだら長左衛門と中村此蔵の船宿かな川やの権」(東洲斎写楽　寛政6.5(1794))
◇在外秘宝―欧米収蔵浮世絵集成 東洲斎写楽 (学習研究社 1972)
　▷図19「中島和田右衛門のほうだら長左衛門と中村此蔵の船宿かな川やの権」(東洲斎写楽　寛政6.5(1794))
　▷図018「中島和田右衛門のほうだら長左衛門と中村此蔵の船宿かな川やの権」(東洲斎写楽　寛政6.5(1794))
◇全集浮世絵版画 4 (集英社 1972)
　▷図10「中島和田右衛門のほうだら長左衛門と中村此蔵の船宿かな川やの権」(東洲斎写楽　寛政6.5(1794))
◇日本の名画 13 (講談社 1972)
　▷図8「中島和田右衛門のほうだら長左衛門と中村此蔵の船宿かな川やの権」(東洲斎写楽　寛政6.5(1794))
◇原色日本の美術 24 (小学館 1971)
　▷図64「中島和田右衛門のほうだら長左衛門と中村此蔵の船宿かな川やの権」(東洲斎写楽　寛政6.5(1794))
◇日本絵画館 8 (講談社 1970)
　▷図106「中島和田右衛門のほうだら長左衛門と中村此蔵の船宿かな川やの権」(東洲斎写楽　寛政6.5(1794))
◇浮世絵名作選集 4 (山田書院 1968)
　▷図〔8〕「中島和田右衛門のほうだら長左衛門と中村此蔵の船宿かな川やの権」(東洲斎写楽　寛政6.5(1794))
◇美人画・役者絵 6 (講談社 1966)
　▷図16-17「中島和田右衛門のほうだら長左衛

門と中村此蔵の船宿かな川やの権」(東洲斎写楽　寛政6.5(1794))
◇浮世絵版画 6（集英社 1964）
　▷図10「中島和田右衛門のぼうだら長左衛門と中村此蔵の船宿かな川やの権」（東洲斎写楽　寛政6.5(1794)）
◇日本版画美術全集 4（講談社 1960）
　▷図36「中島和田右衛門のぼうだら長左衛門と中村此蔵の船宿かな川やの権」（東洲斎写楽　寛政6.5(1794)）

中村三光　　なかむらさんこう
江戸時代後期の歌舞伎役者。
◇秘蔵浮世絵大観 3（講談社 1988）
　▷図094「三代目中村歌右衛門の里見伊助と中村三光の娘おせん」（寿好堂よし国　文政5）
　▷図095「中村三光のたるや娘おせんと三代目中村歌右衛門のさとみ伊助」（寿好堂よし国　文政5）

中村芝翫〔代数不詳〕　　なかむらしかん
江戸時代の歌舞伎役者。
◇日本の浮世絵美術館 6（角川書店 1996）
　▷図159「俳優写真鏡 白拍子花子 中村芝翫」（落合芳幾　明治3）
◇秘蔵日本美術大観 11（講談社 1994）
　▷図69「近世水滸伝 ましらの源次 中村芝翫」（歌川国貞（初代）文久2(1862)）
◇秘蔵浮世絵大観 5（講談社 1989）
　▷図11「俳優六玉顔 津の国名所 擣衣玉川 成駒屋芝翫」（歌川国貞（初代）　天保3-4頃(1832-33頃)）
◇秘蔵浮世絵大観 3（講談社 1988）
　▷図121「見立 市川新升の十郎祐成・嵐璃寛の工藤祐つね・中村芝翫の五郎時宗」（寿好堂よし国　文政4(1821)）
◇秘蔵浮世絵大観 12（講談社 1988）
　▷図178「中村芝翫の工藤祐経」（歌川国貞（初代）文政3）
◇浮世絵八華 6（平凡社 1985）
　▷図56「中村芝翫の関取鉄ケ岳 中村大吉の岩川 中村芝翫の岩川女房」（歌川豊国（初代））
◇浮世絵大系 12（集英社 1974）
　▷図38「俳優写真鏡・中村芝翫の白拍子花子」（落合芳幾　明治3.5.(1870.5.)）
◇日本版画美術全集 7（講談社 1962）
　▷図99「中村芝翫」（スモリック　明治8(1875)）

中村芝翫〔3代〕　　なかむらしかん
1810～1847　江戸時代後期の歌舞伎役者。
◇秘蔵浮世絵大観 5（講談社 1989）
　▷図0105「豊ねん風りう伊勢おんど 浅尾与六・三代目中村芝翫・四代目中村歌右衛門・中村芝蔵」（春婦斎北妙　天保8）
◇秘蔵浮世絵大観 3（講談社 1988）

　▷図0110「百奇円庭前納涼之図三代目中村歌右衛門と伜中村駒之助」（寿好堂よし国　文政4）
◇日本写真全集 1 写真の幕あけ（小学館 1985）
　▷p113 No.135「歌舞伎役者」（明治初～中期）

中村芝翫〔4代〕　　なかむらしかん
1830～1899　江戸時代末期,明治時代の歌舞伎役者。
◇写された幕末―石黒敬七コレクション（明石書店 1990）
　▷p192 No.3「(無題)」
◇秘蔵浮世絵大観 7（講談社 1990）
　▷図071「八代目片岡仁左衛門の大判司清澄・初代中村福助の久我之助清舟・四代目尾上菊五郎の後室定高・三代目沢村田之助の雛鳥」（歌川国貞（初代）　安政6.3）
　▷図072「初代中村福助の若党ески助・四代目尾上菊五郎の八重梅おオ・八代目片岡仁左衛門の沼田文蔵」（歌川国貞（初代）　安政6.7）
◇秘蔵浮世絵大観 5（講談社 1989）
　▷図89「四季所作の内 秋 四代目中村芝翫と十三代目片岡仁右衛門」（歌川国明（初代）文久2(1862)）
　▷図27「四代目中村芝翫の横蔵と河原崎権十郎の慈悲蔵」（歌川国貞（初代）　文久元(1861)）
　▷図071「三代目岩井粂三郎の印南数馬・初代河原崎権十郎の仁木多門之正・四代目中村芝翫の大高主殿」（落合芳幾　文久2）
　▷図93「江戸八景廻内 みかわしまの落行 四代目中村芝翫の新田梅治郎」（豊原国周　慶応4(1868)）
　▷図26「二代目尾上梅次郎の有鳥おふじと初代中村福助の石留武助」（歌川国貞（初代）　安政3(1856)）
◇秘蔵浮世絵大観 3（講談社 1988）
　▷図163「市村羽左衛門（五代目菊五郎）の弁天小僧菊之助・四代目中村芝翫の南郷力丸」（月岡芳年　文久2(1862)）
　▷図160「四代目中村芝翫の石川八左衛門」（豊原国周　明治2(1869)）
　▷図35「今様押絵鏡 初代中村福助の竹抜五郎」（歌川国貞（初代）　安政6－文久元(1859-61)）
◇日本写真全集 1 写真の幕あけ（小学館 1985）
　▷p113 No.131「歌舞伎役者」（明治初～中期）
　▷p113 No.141「歌舞伎役者」（明治初～中期）

中村重遠　　なかむらしげとう　1840～1884
江戸時代末期,明治期の家老伊賀家臣。陸軍大佐。
◇高知県人名事典（高知新聞社 1999）

中村七三郎〔代数不詳〕　なかむらしちさぶろう
　　江戸時代の歌舞伎役者。
◇浮世絵聚花 1（小学館 1983）
　　▷図107「沢村宗十郎，中村七三郎，および瀬川菊次郎の舞台姿」（鳥居清倍（2代））
◇浮世絵聚花 12（小学館 1980）
　　▷図45「中村七三郎と早川はつセ」（鳥居清信（初代））
◇浮世絵版画 7（集英社 1964）
　　▷図15「七三郎の蘭部衛門　月輝八劔王子　花薗部衛門桜　うす雪今中将姫」（鳥居清信（初代））
◇日本版画美術全集 2（講談社 1961）
　　▷図137「中村七三郎」（鳥居清信（初代））

中村七三郎〔初代〕　なかむらしちさぶろう
　　1662～1708　江戸時代前期，中期の歌舞伎役者。
◇国史大辞典（吉川弘文館 1979）

中村七三郎〔2代〕　なかむらしちさぶろう
　　1703～1774　江戸時代中期の歌舞伎役者。
◇浮世絵聚花 1（小学館 1983）
　　▷図10「二世中村七三郎と佐野川市松の舞台姿」（石川豊信）
◇浮世絵聚花 9（小学館 1981）
　　▷図04「中村富三郎と二世中村七三良」（鳥居清信（初代））

中村芝蔵　なかむらしばぞう
　　江戸時代の歌舞伎役者。
◇秘蔵浮世絵大観 5（講談社 1989）
　　▷0105「豊ねん風りう伊勢おんど　浅尾与六・三代目中村芝翫・四代目中村歌右衛門・中村芝蔵」（春婦斎北妙　天保8）

中村習輔　なかむらしゅうすけ　1732～1816
　　江戸時代中期，後期の心学者。
◇長野県歴史人物大事典（郷土出版社 1989）

中村十蔵〔5代〕　なかむらじゅうぞう
　　1780～1832　江戸時代後期の歌舞伎役者。
◇秘蔵浮世絵大観 6（講談社 1989）
　　▷図22「坂田市太郎のれんしょう女」（鳥居清信（2代）　元文3(1738)）

中村助五郎〔代数不詳〕　なかむらすけごろう
　　江戸時代の歌舞伎役者。
◇浮世絵聚花 5（小学館 1980）
　　▷図81「中村助五郎の雷庄九郎」（勝川春章）
　　▷図20「中村助五郎の柳の上に刀を構えた男」（勝川春章）
◇浮世絵聚花 8（小学館 1980）
　　▷図08「中村助五郎と中村喜代三郎」（鳥居清信（初代））
◇浮世絵聚花 15（小学館 1980）
　　▷図68「大谷広次の山田三郎　中村助五郎の麻生松若」（鳥居清倍）
◇浮世絵聚花 4（小学館 1979）
　　▷図36「市川海老蔵の三浦大助，四世市川団十郎の岡崎悪四郎，中村助五郎の加藤荒次郎」（鳥居清広）
◇浮世絵聚花 7（小学館 1979）
　　▷図208「中村助五郎と佐野川市松」（鳥居清信（初代））
◇浮世絵聚花 10（小学館 1979）
　　▷図201「大谷広次と中村助五郎」（勝川春章）
◇日本版画美術全集 2（講談社 1961）
　　▷図171「市川八百蔵と中村助五郎」（鳥居清満（初代））

中村助五郎〔初代〕　なかむらすけごろう
　　1711～1763　江戸時代中期の歌舞伎役者。
◇秘蔵浮世絵大観 8（講談社 1989）
　　▷図68「初代中村助五郎の松王丸と初代の川市松の桜まると初代市村亀蔵の梅おう丸」（鳥居清信（2代）　延享4.5(1747.5)）
◇秘蔵浮世絵大観 9（講談社 1989）
　　▷図11「二代目大谷広治の黒舟忠右衛門と初代中村助五郎の獄門庄兵衛」（石川豊信　寛延3(1750)）
◇秘蔵浮世絵大観 4（講談社 1988）
　　▷図40「初代中村助五郎の俣野の五郎と初代市川八百蔵のさなだの与市と二代目坂田半五郎の山木判官」（鳥居清信（2代）　宝暦2(1752)）
◇秘蔵浮世絵大観 12（講談社 1988）
　　▷図22「二代目瀬川菊之丞の芹生村おきくと初代中村助五郎の力士三郎照綱」（鳥居清満（初代）　宝暦9.11(1759.11)）

中村助五郎〔2代〕　なかむらすけごろう
　　1745～1806　江戸時代中期，後期の歌舞伎役者。
◇秘蔵日本美術大観 10（講談社 1993）
　　▷図45「初代中村仲蔵の長丹太郎と二代目中村助五郎の麻生の松若」（勝川春章　明和5(1768)）
　　▷図46「四代目市川団十郎の御厩の喜三太と二代目中村助五郎の麻生の松若」（勝川春章　明和5(1768)）
◇秘蔵浮世絵大観　ブルヴェラー・コレクション（講談社 1990）
　　▷図29「二代目中村助五郎の団三郎」（勝川春章　明和7(1770)）
◇秘蔵浮世絵大観 6（講談社 1989）
　　▷図130「二代目中村助五郎」（勝川春常　安永7-8頃(1778-79頃)）
◇秘蔵浮世絵大観 9（講談社 1989）
　　▷図019「二代目中村助五郎のやっこかち蔵と二代目市川八百蔵のやっこてる平」（北尾重政　明和3）

◇秘蔵浮世絵大観 12（講談社 1988）
　▷図046「二世中村助五郎と二世瀬川菊之丞」（勝川春章　明和）
◇秘蔵浮世絵大観 2（講談社 1987）
　▷図98「二代目山下金作と二代目中村助五郎」（勝川春好（初代）　安永(1772-81)）
◇肉筆浮世絵 6（集英社 1981）
　▷図33「岩井喜代太郎・二世中村助五郎・三世坂東彦三郎図」（東洲斎写楽）
◇浮世絵の美百選（日本経済新聞社 1981）
　▷図28「二世中村助五郎の団七九郎兵衛と中村仲蔵の義平次」（一筆斎文調）
◇浮世絵聚花 14（小学館 1981）
　▷図104「二世中村助五郎と二世瀬川菊之丞」（勝川春章　明和）
　▷図153「二世中村助五郎の麻生の松若」（勝川春章）
　▷図108「二世中村助五郎の股野五郎妹誰が袖,三桝徳次郎の烏帽子折お京実は岡部娘照葉,三世市川八百蔵の真田与市義貞（出語り図）」（鳥居清長）
◇在外日本の至宝 7（毎日新聞社 1980）
　▷図77「雁金五人男　二代目中村助五郎の雷庄九郎」（勝川春章　安永9(1780)）
◇浮世絵聚花 15（小学館 1980）
　▷図28「雁金五人男　二代目中村助五郎の雷庄九郎」（勝川春章　安永9(1780)）
◇在外秘宝―欧米収蔵浮世絵集成　東洲斎写楽（学習研究社 1972）
　▷図IX「岩井喜代太郎・二世中村助五郎・三世坂東彦三郎図」（東洲斎写楽）
◇在外秘宝―欧米収蔵浮世絵集成　鳥居清長（学習研究社 1972）
　▷図47「二世中村助五郎の股野五郎妹誰が袖,三桝徳次郎の烏帽子折お京実は岡部娘照葉,三世市川八百蔵の真田与市義貞（出語り図）」（鳥居清長）
◇日本版画美術全集 3（講談社 1961）
　▷図60「坂田佐十郎の時平と二世中村助五郎の梅王と三世沢村宗十郎の松王と二世佐野川市松の桜丸」（一筆斎文調）
　▷図1「二世中村助五郎の団七九郎兵衛と中村仲蔵の義平次」（一筆斎文調）
　▷図225「二世中村助五郎の喧嘩屋五郎右衛門」（勝川春章）
　▷図288「二世中村助五郎のいばの十蔵」（勝川春童）
◇浮世絵全集 5（河出書房新社 1957）
　▷図3「三世大谷広次の黒船忠右衛門と二世中村助五郎の獄門庄兵衛」（勝川春章）
　▷図31「雁金五人男　二代目中村助五郎の雷庄九郎」（勝川春章　安永9(1780)）
　▷図29「二世中村助五郎の赤松武者之助と二世山下金作のむつ花と坂東三津五郎の柏木の衛門」（勝川春章）

中村清三郎〔2代〕　なかむらせいざぶろう
1854〜1923　江戸時代中期の歌舞伎作者。
◇角川日本姓氏歴史人物大辞典 22（角川書店 1995）　▷中村藤吉
◇静岡県歴史人物事典（静岡新聞社 1991）　▷中村藤吉

中村善右衛門　なかむらぜんえもん
1806〜1880　江戸時代末期,明治時代の岩代国伊達郡梁川村の養蚕改良家。
◇福島大百科事典（福島民報社 1980）

中村千弥　なかむらせんや
江戸時代中期の歌舞伎役者。
◇浮世絵聚花 1（小学館 1983）
　▷図19「中村千弥の女役」（鳥居清倍）
◇浮世絵聚花 10（小学館 1979）
　▷図56「京四条下リ 中村千弥」（鳥居清倍(2代)）

中村宗十郎　なかむらそうじゅうろう
江戸時代末期,明治時代の歌舞伎役者。
◇日本写真全集 1 写真の幕あけ（小学館 1985）
　▷p113 No.134「歌舞伎役者」（明治初〜中期）

中村宗珉　なかむらそうみん
1843〜1924　江戸時代末期〜大正期の茶道師範。
◇佐賀県大百科事典（佐賀新聞社 1983）

中村大吉〔初代〕　なかむらだいきち
1773〜？　江戸時代後期の歌舞伎役者。
◇浮世絵八華 6（平凡社 1985）
　▷図56「中村芝翫の関取鉄ケ岳 中村大吉の岩川 中村芝翫の岩川女房」（歌川豊国(初代)）

中村竹三郎〔初代〕　なかむらたけさぶろう
？〜1724　江戸時代中期の歌舞伎役者。
◇肉筆浮世絵大観 10（講談社 1995）
　▷図13,14「中村竹三郎・三浦屋小紫」（菱川師胤　享保元(1716)）
◇浮世絵聚花 15（小学館 1980）
　▷図82「中村竹三郎の弐子内親王 鶴屋南北の衛士源五郎」（奥村利信）
◇浮世絵聚花 4（小学館 1979）
　▷図018「中村竹三郎の梅の枝を持つ女」（鳥居清倍）
　▷図89「二世市川団十郎のこも僧と中村竹三郎の少将」（作者不詳）
◇浮世絵聚花 10（小学館 1979）
　▷図01「山中平九郎と中村竹三郎」（鳥居清倍）
◇日本版画美術全集 2（講談社 1961）
　▷図14「生嶋新五郎と中村竹三郎」（鳥居清倍）

◇浮世絵全集 1（河出書房新社 1957）
　▷図29「生嶋新五郎と中村竹三郎」（鳥居清倍）

中村太助　なかむらたすけ　1838〜1907
江戸時代後期〜明治期の実業家。
◇山形県大百科事典（山形放送 1983）

中村忠一　なかむらただかず　1590〜1609
安土桃山時代, 江戸時代前期の大名。
◇鳥取県大百科事典（新日本海新聞社 1984）　▷中村一忠

仲村長秋　なかむらちょうしゅう　1832〜1904
江戸時代後期〜明治期の書家。
◇大分県歴史人物事典（大分合同新聞社 1996）

中村津多右衛門　なかむらつたえもん
江戸時代中期の歌舞伎役者。
◇秘蔵浮世絵大観 2（講談社 1987）
　▷図96「初代中村仲蔵の団七九郎兵衛と中村熊五郎の大鳥佐賀右衛門」（勝川春常　安永8.7(1779.7)）

中村惕斎　なかむらてきさい
1629〜1702　江戸時代前期, 中期の朱子学者。
◇講談社日本人名大辞典（講談社 2001）
◇日本大百科全書（小学館 1984）
◇国史大辞典（吉川弘文館 1979）
◇日本人名大事典1〜6（平凡社 1979（覆刻））

中村伝九郎〔代数不詳〕　なかむらでんくろう
江戸時代の歌舞伎役者。
◇浮世絵聚花 9（小学館 1981）
　▷図039「中村伝九郎」（勝川春章）
◇浮世絵聚花 13（小学館 1981）
　▷図120「中村伝九郎と西国兵五郎の奴踊り」（伝　鳥居清信）
◇浮世絵聚花 12（小学館 1980）
　▷図031「五世市川団十郎と中村伝九郎」（勝川春章）
◇浮世絵聚花 10（小学館 1979）
　▷図017「中村伝九郎」（勝川春英）
◇日本版画美術全集 2（講談社 1961）
　▷図139「嵐喜代三郎・中村伝九郎・勝山又五郎」（鳥居清信（初代））

中村伝九郎〔2代〕　なかむらでんくろう
1719〜1777　江戸時代中期の歌舞伎役者, 歌舞伎座本。
◇秘蔵浮世絵大観 別巻（講談社 1990）
　▷〔ケ〕20「二代目中村伝九郎の片桐弥七」（鳥居清倍（2代）　寛延2(1749)）
◇浮世絵聚花 9（小学館 1981）

　▷図58「二世中村伝九郎」（勝川春章）

中村伝九郎〔4代〕　なかむらでんくろう
1774〜1799　江戸時代中期, 後期の歌舞伎役者。
◇新編 名宝日本の美術 29（小学館 1991）
　▷図67「四世中村伝九郎」（歌川豊国（初代）寛政10頃）
◇秘蔵浮世絵大観 9（講談社 1989）
　▷図082「四世中村伝九郎」（歌川豊国（初代）寛政10頃）
◇秘蔵浮世絵大観 2（講談社 1987）
　▷図231「初代松本米三郎のこし元十六夜と四代目中村伝九郎の曽我の団三郎」（歌川国政　寛政9(1797)）
◇浮世絵八華 6（平凡社 1985）
　▷図43「二世坂東三津五郎の寺岡帯刀と四世中村伝九郎の下男与助」（歌川豊国（初代））
◇浮世絵聚花 8（小学館 1980）
　▷図37「四世中村伝九郎」（歌川豊国（初代）寛政10頃）

中村東蔵　なかむらとうぞう
江戸時代の歌舞伎役者。
◇秘蔵浮世絵大観 5（講談社 1989）
　▷図175「中村東蔵の岩瀬喜文太と三代目中村歌右衛門の自来也」（柳斎重春　天保3(1832)）

中村徳水　なかむらとくすい　1800〜1856
江戸時代末期の安芸広島藩士, 心学者。
◇広島県大百科事典（中国新聞社 1982）

中村富三郎〔代数不詳〕　なかむらとみさぶろう
江戸時代の歌舞伎役者。
◇浮世絵聚花 9（小学館 1981）
　▷図04「中村富三郎と二世中村七三良」（鳥居清信（初代））

中村富三郎〔初代〕　なかむらとみさぶろう
江戸時代の歌舞伎役者。
◇浮世絵聚花 14（小学館 1981）
　▷図68「初世中村富三郎の男舞」（勝川春英）

中村富十郎〔代数不詳〕　なかむらとみじゅうろう
江戸時代の歌舞伎役者。
◇華―浮世絵名品集（平木浮世絵財団 2004）
　▷図19「茶の湯と花 山下又太郎 中村富十郎」（鳥居清広　宝暦5-7(1755-57)）
◇新編 名宝日本の美術 29（小学館 1991）
　▷図44「二世中島三甫右衛門と中村富十郎」（東洲斎写楽）
◇秘蔵浮世絵大観 ブルヴェラー・コレクション

◇（講談社 1990）
　▷図30「中村富十郎の板額」（勝川春章　安永6(1777)）
◇秘蔵浮世絵大観 10（講談社 1987）
　▷図54「中村富十郎の白妙」（鳥居清満（初代）　宝暦8(1758)）
◇浮世絵八華 4（平凡社 1985）
　▷図64「二世中島三甫右衛門と中村富十郎」（東洲斎写楽）
　▷図0135「二世中島三甫右衛門と中村富十郎」（東洲斎写楽）
◇浮世絵聚花 9（小学館 1981）
　▷図06「中村富十郎の八百やお七」（鳥居清倍）
◇在外日本の至宝 7（毎日新聞社 1980）
　▷図32「中村富十郎の横笛」（鳥居清広　宝暦3(1753)）
◇浮世絵聚花 5（小学館 1980）
　▷図77「中村富十郎の白拍子妓王実ハ義朝の妾延寿と中村のしほの仏御前実ハ熊野弁真娘午王姫」（一筆斎文調）
　▷図22-24「中村富十郎の葛の葉、二世坂東三津五郎のやかん平、三世大谷広次のよかん平」（勝川春章）
　▷図08「中村富十郎の遠山」（勝川春章）
　▷図111「中村富十郎の板額」（勝川春章　安永6(1777)）
　▷図25「中村富十郎の饅頭売日向屋実は日向姥ヶ岳の雌狐と、九世市村羽左衛門の酒売伊勢屋実は源九郎狐」（勝川春章）
　▷図140「中村富十郎の日向国姥ヶ岳のめきつね」（鳥居清長）
◇浮世絵聚花 4（小学館 1979）
　▷図114「中村富十郎の近江のお兼」（鳥居清広）
◇浮世絵聚花 10（小学館 1979）
　▷図202「中村富十郎」（勝川春章）
　▷図231「二世中島三甫右衛門と中村富十郎」（東洲斎写楽）
◇在外秘宝―欧米収蔵浮世絵集成 東洲斎写楽（学習研究社 1972）
　▷図0124「二世中島三甫右衛門と中村富十郎」（東洲斎写楽）
◇美人画・役者絵 6（講談社 1966）
　▷図101「二世中島三甫右衛門と中村富十郎」（東洲斎写楽）
◇日本版画美術全集 3（講談社 1961）
　▷図5「中村富十郎の白拍子妓王実は義朝の妾延寿」（一筆斎文調）
　▷図371「中村富十郎の天日女」（柳斎重春）
◇日本版画美術全集 4（講談社 1960）
　▷図234「二世中島三甫右衛門と中村富十郎」（東洲斎写楽）

中村富十郎〔初代〕　なかむらとみじゅうろう
1719～1786　江戸時代中期の歌舞伎役者、歌舞伎座本。
◇講談社日本人名大辞典（講談社 2001）

◇日本の浮世絵美術館 4（角川書店 1996）
　▷図14「初代佐野川市松、初代中村富十郎、初代中村粂太郎」（石川豊信　宝暦3頃）
◇秘蔵浮世絵大観 別巻（講談社 1990）
　▷〔ア〕3「初代中村富十郎の女万歳太夫」（鳥居清満（初代）　宝暦9(1759)）
　▷〔チ〕19「初代山下又太郎の武辺源蔵と初代中村富十郎の松王女房きよ」（山本義信　宝暦6(1756)）
◇秘蔵浮世絵大観 プルヴェラー・コレクション（講談社 1990）
　▷図31「初代中村富十郎の餅売りと九代目市村羽左衛門の酒売り」（勝川春章　安永6(1777)）
◇秘蔵浮世絵大観 6（講談社 1989）
　▷図013「初代中村富十郎の比丘尼」（鳥居清満（初代）　宝暦7-9）
　▷図27「初代中村富十郎のまつかぜ」（鳥居清満（初代）　宝暦7(1757)）
◇秘蔵浮世絵大観 9（講談社 1989）
　▷図02「初代中村富十郎のしろたへと初代大谷広治の片桐弥七」（鳥居清信（2代）　宝暦3.11）
　▷図08「初代中村富十郎」（西村重長　宝暦前期）
◇秘蔵浮世絵大観 4（講談社 1988）
　▷図035「初代中村富十郎の竹抜五郎」（一筆斎文調　天明期）
　▷図81「初代中村富十郎の所作事」（勝川春章　明和末頃(1764-72頃)）
　▷図76「初代中村富十郎の横笛・二代目嵐三五郎の西行法師・三代目大谷広治の文覚上人」（勝川春章　安永6(1777)）
　▷図034「初代中村富十郎の八つはしと初代尾上菊五郎のさの次郎左衛門」（作者不詳　明和期）
◇秘蔵浮世絵大観 11（講談社 1988）
　▷図017「初代中村富十郎の工藤」（一筆斎文調　明和9.正）
◇秘蔵浮世絵大観 12（講談社 1988）
　▷図16「初代中村富十郎」（鳥居清信（2代）　寛保元（元文6）.11－同3.10(1741.11-1743.10)）
　▷図27「初代中村富十郎のしろたえ」（鳥居清満（初代）　宝暦8.11(1758.11)）
◇秘蔵浮世絵大観 2（講談社 1987）
　▷図017「初代中村富十郎の八橋亡魂と四代目市川団十郎の清玄亡魂」（鳥居清信　宝暦7.正）
　▷図018「初代山下又太郎の渡辺競滝口と初代中村富十郎の傾城初花」（鳥居清広　宝暦5.11）
◇浮世絵聚花 補巻1（小学館 1982）
　▷図145「雄鶏をはさんで立つ三世松本幸四郎と初代中村富十郎」（鈴木春信　宝暦7(1757)）
◇浮世絵聚花 8（小学館 1980）
　▷図63「初世中村のしほの夕霧と初世中村富

十郎の伊左衛門」(一筆斎文調)
◇浮世絵聚花 7 (小学館 1979)
　▷図233「初世中村富十郎」(勝川春章)

中村富十郎〔2代〕　なかむらとみじゅうろう
1786～1855　江戸時代後期の歌舞伎役者。
◇秘蔵浮世絵大観 5 (講談社 1989)
　▷図153「戯場水滸伝百八人之内 二代目中村芝翫の史進・三代目中村歌右衛門の公孫勝・二代目中村富十郎の一丈青・二代目嵐璃寛の張順」(春梅斎北英　天保5頃(1834頃))
　▷図166「二代目中村富十郎のこし元おたか」(春梅斎北英　天保6(1835))
　▷図164「二代目中村富十郎の蘭の方・二代目関三十郎の植木屋杢衛門・二代目嵐璃寛の小間物屋弥七」(春梅斎北英　天保6(1835))
　▷図154「流行鏡の覆 二代目中村富十郎のこし元お高」(春梅斎北英　天保6(1835))
　▷図0112「俳優擬鶏合 四代目中村歌右衛門・二代目中村富十郎・二代目嵐璃寛」(長谷川貞信　天保8)
　▷図150「三代目中村松江の娘ひな鳥と三代目中村歌右衛門の後室狭高」(春好斎北洲　文政4(1821))
　▷図160「三代目中村松江のおかる・二代目嵐璃寛の寺岡平右衛門」(春梅斎北英　天保2(1831))
　▷図162「三代目中村松江のかつらぎ太夫・坂東寿太郎の不破伴左衛門・初代岩井紫若の中居おみや」(春梅斎北英　天保3(1832))
　▷図176「三代目中村松江の娘あやおり・三代目中村歌右衛門の石田のつぼね・市川瀧十郎の斉藤蔵之助」(柳斎重春　天保元(1830))
◇秘蔵浮世絵大観 9 (講談社 1989)
　▷図0138「鏡山故郷之錦絵 初代坂東寿太郎の局岩ふじ・二代目中村富十郎の召使お初・初代三桝源之助の中老尾上」(長谷川貞信　天保9.正)
　▷図0137「五代目松本幸四郎のひげの伊久・三代目中村松江のけいせい揚まき・市川白猿の助六・三代目中村歌右衛門の白酒売」(柳斎重春　天保元.3)
◇秘蔵浮世絵大観 3 (講談社 1988)
　▷図118「夏祭浪花鑑 五代目市川団蔵のつり船の三婦と初代中村三光の徳兵衛女房たつ」(戯画堂芦ゆき　文政7(1824))
　▷図128「初代中村三光の顔見世 座附口上」(寿好堂よし国　文政4(1821))
◇秘蔵浮世絵大観 11 (講談社 1988)
　▷図079「三代目中村歌右衛門の高坂弾正と三代目中村松江の女房唐織」(春好斎北洲　文化14.2)

中村直三　なかむらなおぞう　1819～1882
江戸時代末期、明治時代の明治三老農の一人。
◇郷土歴史人物事典 奈良 (第一法規出版 1981)

中村仲蔵〔初代〕　なかむらなかぞう
1736～1790　江戸時代中期の歌舞伎役者。
◇日本の浮世絵美術館 3 (角川書店 1996)
　▷図15「楽屋内の中村仲蔵」(勝川春章　天明前期頃)
◇秘蔵日本美術大観 11 (講談社 1994)
　▷図29「五代目市川団十郎の暫と初代中村仲蔵の暫の受」(勝川春章　天明6(1786))
　▷図30「初代中村仲蔵の白拍子桂木」(勝川春章　天明3(1783))
◇秘蔵日本美術大観 3 (講談社 1993)
　▷図101-(3)「役者大首絵 二代目山下金作と初代中村仲蔵」(勝川派　寛政年間(1789-1801)初)
◇秘蔵日本美術大観 10 (講談社 1993)
　▷図48「初代中村仲蔵の朝比奈三郎義秀」(勝川春章　安永3(1774))
　▷図43「初代中村仲蔵の斧定九郎」(勝川春章　明和5(1768))
　▷図45「初代中村仲蔵の長田太郎と二代目中村助五郎の麻生の松若」(勝川春章　明和5(1768))
◇名品揃物浮世絵 2 (ぎょうせい 1991)
　▷図71「中村仲蔵の白拍子桂木とのうち四代松本幸四郎の名月坊,二代大谷広次の十六夜坊(出語り図)」(鳥居清長　天明2-寛政元(1782-89))
◇名品揃物浮世絵 5 (ぎょうせい 1991)
　▷図45「中村仲蔵(石川五右衛門)」(勝川春好(初代)　天明8-寛政2(1788-1790))
　▷図46「中村仲蔵(工藤祐経)」(勝川春好(初代)　天明8-寛政2(1788-1790))
　▷図87「東扇 初代中村仲蔵」(勝川春章　安永4-天明2頃(1775-82頃))
　▷図29「三世大谷広治と中村仲蔵および大谷徳次の楽屋」(勝川春章　天明2-3頃(1782-83頃))
　▷図32「中村仲蔵と中村里好の楽屋」(勝川春章　天明2-3頃(1782-3頃))
◇秘蔵浮世絵大観 別巻 (講談社 1990)
　▷〔チ〕028「初世中村仲蔵の関守関兵衛と三世瀬川菊之丞の小町姫と二世市川門之助の良岑宗貞」(勝川春好(初代)　天明4)
　▷〔チ〕023「五代目市川団十郎と初代中村仲蔵」(勝川春章　安永末-天明初期)
　▷〔チ〕45「初世中村仲蔵の菅丞相」(勝川春章　安永9(1780))
　▷〔チ〕038「初代中村仲蔵と五代目市川団十郎」(勝川春常　安永末-天明前期)
◇秘蔵浮世絵大観 別巻 (講談社 1990)
　▷〔ケ〕30「六代目中山小十郎の舌出し三番叟」(勝川春英　天明6(1786))
　▷〔ケ〕057「三世沢村宗十郎の平重盛・六世中山小十郎の八丁礫の紀平治・三世大谷広次の三浦荒四郎・三世市川八百蔵の悪源太義平」(鳥居清長)
◇秘蔵浮世絵大観 6 (講談社 1989)
　▷図095「二代目嵐三五郎の河津三郎と初代中

村仲蔵の俣野五郎と三代目瀬川菊之丞の鴛鴦の精」(勝川春章　安永4)
▷図121「初代中村仲蔵と二代目小佐川常世」(勝川春章　安永7-9頃(1778-80頃))
▷図0101「初代中村仲蔵の惟明親王」(勝川春章　安永2)
▷図0103「初代中村仲蔵の芝売り」(勝川春章　安永4)
◇秘蔵浮世絵大観 9（講談社 1989)
▷図024「五代目市川団十郎と初代中村仲蔵の暫」(勝川春章　明和7)
▷図97「三世大谷広治と中村仲蔵および大谷徳次の楽屋」(勝川春章　天明2-3頃(1782-83頃))
▷図025「初代中村仲蔵」(勝川春章　天明)
▷図91「初代中村仲蔵の廻国修行者祐慶実は鎮西八郎為朝」(勝川春章　安永9(1780))
▷図92「初代中村仲蔵の六部実は阿部貞任」(勝川春章　安永7(1778))
▷図023「六代目中山小十郎(初代中村仲蔵)の長田太郎実は八丁礫喜平次」(勝川春章　天明5.11)
▷図122「初代中村仲蔵の鎮西八郎為朝」(勝川春常　天明2(1782))
◇秘蔵浮世絵大観 3（講談社 1988)
▷図0121「初代中村鶴助の石川五右衛門」(寿好堂よし国　文政7頃)
◇秘蔵浮世絵大観 4（講談社 1988)
▷図051「二代目山下金作の五条坂のあこやと初代中村仲蔵の大日坊ほうこん」(勝川春好(初代)　寛政初)
▷図042「初代中村仲蔵」(勝川春章　安永期)
▷図84「初代中村仲蔵の渡辺綱」(勝川春章　天明元(1781))
◇秘蔵浮世絵大観 11（講談社 1988)
▷図28「二代目瀬川菊之丞の今井兼平妹更科と初代中村仲蔵の伊豆次郎」(一筆斎文調　明和6.5(1969.5))
▷図6「五代目市川団十郎・初代中村仲蔵・三代目瀬川菊之丞・三世市川八百蔵,初代尾上菊五郎」(勝川春章　安永8-9頃(1779-80頃))
▷図9「五代目市川団十郎と初代中村仲蔵」(勝川春章　安永末-天明初期)
▷図8「初代中村仲蔵と五代目市川団十郎」(勝川春章　安永末-天明期(1772-89))
◇秘蔵浮世絵大観 11（講談社 1988)
▷図2「中山小十郎の高師直」(勝川春章　天明6(1786))
◇秘蔵浮世絵大観 12（講談社 1988)
▷図68「三代目市川団蔵・初代中村仲蔵・三代目松本幸四郎・三代目大谷広右衛門」(勝川春章　明和3.11-7.11(1766.11-1770.11))
▷図73「四代目岩井半四郎と初代中村仲蔵の「道成寺」のやつし」(勝川春章　安永6.3(1777.3))
▷図72「初代中村仲蔵の髭の意休実は大友一法師・初代尾上松助のかんぺら門兵衛・初代中村里好の三浦屋の揚巻・五代目市川

十郎の白酒売新兵衛実は曽我十郎」(勝川春章　天明2.5(1782.5))
▷図87「五百崎大黒屋　吾妻藤蔵と中村仲蔵」(鳥居清長　天明3頃(1783頃))
◇秘蔵浮世絵大観 2（講談社 1987)
▷図89「六代目中山小十郎(初代中村仲蔵)の長田太郎と三代目沢村宗十郎の小松内府重盛」(勝川春章　天明5.11(1785.11))
▷図96「初代中村仲蔵の団七九郎兵衛と中村熊五郎の大鳥佐賀右衛門」(勝川春常　安永8.7(1779.7))
▷図136「九代目市村羽左衛門の奴実は諏訪明神・初代中村仲蔵の丹尹実は山本勘助・初代尾上松助の白狐の神(出語り図)」(鳥居清長　天明3.11(1783))
▷図152「初代中村仲蔵と遊女」(鳥居清長　天明初期(1781-89))
◇浮世絵八華 2（平凡社 1985)
▷図48「中村仲蔵の白拍子桂木とのうち四代松本幸四郎の名月坊,二代大谷広次の十六夜坊(出語り図)」(鳥居清長　天明2-寛政元(1782-89))
◇浮世絵聚花 2（小学館 1985)
▷図3「中村仲蔵の大伴黒主,三世瀬川菊之丞の墨染,二世市川門之助の宗貞」(鳥居清長)
◇浮世絵聚花 2（小学館 1985)
▷図70「中山小十郎の千鳥,三世沢村宗十郎の重盛,三世市川八百蔵の由兵衛」(鳥居清長)
◇浮世絵の美百選（日本経済新聞社 1978)
▷図28「二世中村助五郎の団七九郎兵衛と中村仲蔵の義平次」(一筆斎文調)
◇浮世絵聚花 9（小学館 1981)
▷図031-035「市川八百蔵 瀬川吉次 中村仲蔵 岩井半四郎 沢村宗十郎」(勝川春章)
▷図134「初世中村仲蔵」(勝川春章)
▷図90「初世中村仲蔵と四世岩井半四郎」(勝川春章)
▷図133「初世中村仲蔵の巨勢ノ金岡」(勝川春章)
◇浮世絵聚花 9（小学館 1981)
▷図25「三世沢村宗十郎の平重盛・六世中山小十郎の八丁礫の紀平治・三世大谷広次の三浦荒四郎・三世市川八百蔵の悪源太義平」(鳥居清長　天明5)
◇浮世絵聚花 13（小学館 1981)
▷図22「中村仲蔵(工藤祐経)」(勝川春好(初代)　天明8-寛政2(1788-1790))
▷図61「四世市川団十郎の三庄太夫,じつは佐野の源藤太,市川高麗蔵の佐野源左衛門と中村仲蔵の宗尊親王」(勝川春章)
▷図21「三世大谷広治と中村仲蔵および大谷徳次の楽屋」(勝川春章　天明2-3頃(1782-83頃))
▷図57「中村仲蔵の猿回しとんちきとち兵衛,じつは手塚太郎光盛」(勝川春章)
▷図63「中村仲蔵の布袋」(勝川春章)
◇浮世絵聚花 14（小学館 1981)
▷図109「初世中村仲蔵の狐忠信と山下八百蔵

歴史人物肖像索引　363

の静御前」(勝川春潮)
▷図031「中村仲蔵の忍売実は大日坊の亡霊」(鳥居清長)
◇浮世絵聚花 5 (小学館 1980)
▷図019「大坂下り中村仲蔵」(勝川春好(初代))
▷図122「中村仲蔵の刀を逆手に構えた男」(勝川春好(初代))
▷図120「中村仲蔵の俊寛」(勝川春好(初代))
▷図32-33「中村仲蔵の団七九郎兵衛と五世市川団十郎の一寸徳兵衛」(勝川春好(初代))
▷図010「東扇 初代中村仲蔵」(勝川春章 安永4-天明2頃(1775-82頃))
▷図4「五世市川団十郎の上総五郎兵衛忠光と中村仲蔵の鎮西八郎為朝」(勝川春章)
▷図116「三世大谷広治と中村仲蔵および大谷徳次の楽屋」(勝川春章 天明2-3頃(1782-83頃))
▷図89「中村仲蔵の公卿悪役」(勝川春章)
▷図102「中村仲蔵の雪中に熊手を構えた頭巾の男」(勝川春章)
▷図07「中村仲蔵の武智光秀」(勝川春章)
▷図84「中村仲蔵の葛篭に腰かけた男」(勝川春章)
▷図012「中村仲蔵の長柄傘を持った仕丁」(勝川春章)
▷図170「中村仲蔵の大伴黒主,三世瀬川菊之丞の墨染,二世市川門之助の宗貞」(鳥居清長)
◇浮世絵聚花 8 (小学館 1980)
▷図21「初世中村仲蔵」(一筆斎文調)
◇浮世絵聚花 12 (小学館 1980)
▷図19-21「二代目嵐三五郎の河津三郎と初代中村仲蔵の俣野五郎と三代目瀬川菊之丞の鴛鴦の精」(勝川春章 安永4)
▷図167「初代中村仲蔵と遊女」(鳥居清長 天明初期(1781-89))
◇浮世絵聚花 15 (小学館 1980)
▷図109「中村仲蔵(石川五右衛門)」(勝川春好(初代) 天明8-寛政2(1788-1790))
▷図112「初世中村仲蔵の楽屋」(勝川春好(初代))
▷図107「東扇 初代中村仲蔵」(勝川春章 安永4-天明2頃(1775-82頃))
▷図24「中村仲蔵と中村里好の楽屋」(勝川春章 天明2-3頃)
◇復元浮世絵大観 4 (集英社 1980)
▷図5「東扇 初代中村仲蔵」(勝川春章 安永4-天明2頃(1775-82頃))
▷図3「六代目中山小十郎(初代中村仲蔵)の長田太郎と三代目沢村宗十郎の小松内府重盛」(勝川春章 天明5.11(1785.11))
◇日本美術全集 22 (学習研究社 1979)
▷図54「中村仲蔵の大日坊」(勝川春章 18世紀後半)
◇浮世絵聚花 7 (小学館 1979)
▷図90「初世中村仲蔵と蛙」(勝川春章)
▷図91「初世中村仲蔵の菅丞相」(勝川春章 安永9(1780))
▷図156「初世中村仲蔵の六部」(勝川春章)

▷図102「九代目市村羽左衛門の奴実は諏訪明神・初代中村仲蔵の丹前実は山本勘助・初代尾上松助の白狐の神(出語り図)」(鳥居清長 天明3.11(1783))
◇浮世絵聚花 10 (小学館 1979)
▷図90「五代目市川団十郎と初代中村仲蔵の暫」(勝川春章 明和7)
▷図016「中村仲蔵と市川団十郎」(勝川春章)
▷図94「中村仲蔵と四世岩井半四郎」(勝川春章)
◇浮世絵聚花 11 (小学館 1979)
▷図236「中村仲蔵の松風」(一筆斎文調)
▷図105「初世中村仲蔵の関守関兵衛と三世瀬川菊之丞の小町姫と二世市門之助の良岑宗貞」(勝川春好(初代) 天明4)
▷図245「中村仲蔵の鬼王」(勝川春章)
▷図249「初代中村仲蔵と遊女」(鳥居清長 天明初期(1781-89))
◇浮世絵聚花 11 (小学館 1979)
▷図184「六世中山小十郎の仏御前と二世小佐川常世の傾城難波津と三世沢村宗十郎の小松重盛」(勝川春章)
◇浮世絵大系 4 (集英社 1975)
▷図52「中村仲蔵の白拍子桂木とのうち四代松本幸四郎の名月坊,二代大谷広次の十六夜坊(出語り図)」(鳥居清長 天明2-寛政元(1782-89))
◇浮世絵大系 3 (集英社 1974)
▷図39「東扇 初代中村仲蔵」(勝川春章 安永4-天明2頃(1775-82頃))
▷図40「三世大谷広治と中村仲蔵および大谷徳次の楽屋」(勝川春章 天明2-3頃(1782-83頃))
▷図33-37「初代中村仲蔵の髭の意休実は大友一法師・初代尾上松助のかんぺら門兵衛・初代中村里好の三浦屋の揚巻・五代目市川団十郎の白酒売新兵衛実は曽我十郎」(勝川春章 天明2.5(1782.5))
▷図29「初代中村仲蔵の近江小藤太と三代大谷広次の鬼王」(勝川春章)
▷図63「初代中村仲蔵の松風」(勝川春章)
▷図24「六代目中山小十郎(初代中村仲蔵)の長田太郎と三代目沢村宗十郎の小松内府重盛」(勝川春章 天明5.11(1785.11))
▷図58「初代中村仲蔵の渡辺綱」(勝川春常)
◇在外秘宝―欧米収蔵浮世絵集成 鳥居清長 (学習研究社 1972)
▷図124「中村仲蔵の白拍子桂木とのうち四代松本幸四郎の名月坊,二代大谷広次の十六夜坊(出語り図)」(鳥居清長 天明2-寛政元(1782-89))
◇原色日本の美術 24 (小学館 1971)
▷図46「六代目中山小十郎(初代中村仲蔵)の長田太郎と三代目沢村宗十郎の小松内府重盛」(勝川春章 天明5.11(1785.11))
◇美人画・役者絵 3 (講談社 1965)
▷図41「中村仲蔵の白拍子桂木とのうち四代松本幸四郎の名月坊,二代大谷広次の十六夜

坊（出語り図）」（鳥居清長　天明2－寛政元（1782-89））
◇世界大百科事典（平凡社 1964）
◇日本版画美術全集 7（講談社 1962）
　▷図73「中村仲蔵の漁師ふか七」（歌川国貞（初代）　1863）
◇日本版画美術全集 2（講談社 1961）
　▷図185「中村仲蔵」（鳥居清経）
◇日本版画美術全集 3（講談社 1961）
　▷図1「二世中村助五郎の団七九郎兵衛と中村仲蔵の義平次」（一筆斎文調）
　▷図50「中村仲蔵の教経の亡霊と市川弁蔵の経若丸」（一筆斎文調）
　▷図28「初世中村仲蔵の関守関兵衛と三世瀬川菊之丞の小町姫と二世市川門之助の良岑宗貞」（勝川春好（初代）　天明4）
　▷図227「市川高麗蔵の下部駒平・松本幸四郎の菊地兵庫・市川雷蔵の信田五郎・中村仲蔵の菊池下部八右衛門」（勝川春章）
　▷図212「五世市川団十郎の三浦荒次郎と中村仲蔵の平少納言時忠」（勝川春章）
　▷図230「二世市川門之助の五位之助忠家・中村仲蔵の渡辺綱」（勝川春章）
　▷図218「中村仲蔵の為朝と五世市川団十郎の宗清」（勝川春章）
　▷図287「二世市川門之助の五郎・中村仲蔵の祐経・山下万菊の少将」（勝川春常）
　▷図285「三世瀬川菊之丞のお三輪・二世市川門之助の入鹿・中村仲蔵の柴六・市川鰕蔵の鱶七」（勝川春潮）
　▷図290「中村仲蔵の八丁礫喜平次・三枡徳次郎の此花」（由美章）
◇日本版画美術全集 3（講談社 1961）
　▷図220「六世中山小十郎の仏御前と二世小佐川常世の傾城難波津と三世沢村宗十郎の小松重盛」（勝川春章）
◇浮世絵全集 5（河出書房新社 1957）
　▷図32「三世瀬川菊之丞の墨染と中村仲蔵の関兵衛と二世市川門之助の四位の少将宗貞」（勝川春章）
　▷図33「中村仲蔵と中村里好の楽屋」（勝川春章　天明2-3頃）
　▷図28「中村仲蔵の大日坊」（勝川春章　18世紀後半）

中村仲蔵〔2代〕　なかむらなかぞう
1759〜1796　江戸時代中期の歌舞伎役者。
◇浮世絵ギャラリー 4（小学館 2006）
　▷図6「三代目大谷鬼次の江戸兵衛」（東洲斎写楽　寛政6(1794)）
　▷図42「三代目大谷鬼次の川島治部五郎」（東洲斎写楽　寛政6(1794)）
◇日本絵画名作101選（小学館 2005）
　▷図83「三代目大谷鬼次の奴江戸兵衛」（東洲斎写楽　寛政6(1794)）
◇浮世絵聚花名品選（小学館 1993）
　▷図10「三世大谷鬼次の奴江戸兵衛」（東洲斎写楽）
◇名品揃物浮世絵 6（ぎょうせい 1992）
　▷図82「菅原伝授手習鑑・車引 二世中村仲蔵の松王丸」（歌川国政　寛政8.7(1796.7)）
　▷図23「役者舞台之姿絵 まさつく(二世中村仲蔵の才兵実は荒巻耳四郎)」（歌川豊国（初代）　寛政6-7(1794-95)）
◇新編 名宝日本の美術 29（小学館 1991）
　▷図23「三世大谷鬼次の奴江戸兵衛」（東洲斎写楽　寛政6.5(1794)）
　▷図64「二世中村仲蔵の松王丸」（歌川豊国（初代））
　▷図39「二世中村仲蔵の百姓つち蔵実は惟高親王（堺屋秀鶴）」（東洲斎写楽　寛政6(1794)）
◇日本美術全集 20（講談社 1991）
　▷図45「三代目大谷鬼次の奴江戸兵衛」（東洲斎写楽　寛政6(1794)）
◇秘蔵浮世絵大観 ベレス・コレクション（講談社 1991）
　▷図33「三代目大谷鬼次」（勝川春英　寛政3-5頃(1791-93頃)）
　▷図101「二代目中村仲蔵」（歌川国政　寛政8頃(1796頃)）
　▷図107「二世中村仲蔵の百姓つち蔵実は惟高親王（堺屋秀鶴）」（東洲斎写楽　寛政6(1794)）
◇名品揃物浮世絵 5（ぎょうせい 1991）
　▷図71「市川男女蔵の関取雷鶴之助と三世大谷鬼次の浮世土平」（東洲斎写楽　寛政6.7(1794)）
　▷図20「三世大谷鬼次の奴江戸兵衛」（東洲斎写楽　寛政6.5(1794)）
　▷図64「菅原伝授手習鑑 二世中村仲蔵の松王丸」（歌舞妓堂艶鏡）
　▷図75「二世中村仲蔵の百姓つち蔵実は惟高親王（堺屋秀鶴）」（東洲斎写楽　寛政6(1794)）
◇人間の美術 10（学習研究社 1990）
　▷図172「三世大谷鬼次の奴江戸兵衛」（東洲斎写楽　寛政6.5(1794)）
◇秘蔵浮世絵大観 別巻（講談社 1990）
　▷〔チ〕040「三代目大谷鬼次と三代目沢村宗十郎」（勝川春英　寛政1-3）
　▷〔チ〕48「二代目中村野塩の貫之息女此花姫と二代目中村仲蔵の荒巻耳四郎」（勝川春英　寛政6(1794)）
◇秘蔵浮世絵大観 ブルヴェラー・コレクション（講談社 1990）
　▷図53「二世中村仲蔵の才兵実は荒巻耳四郎」（東洲斎写楽　寛政6(1794)）
◇秘蔵浮世絵大観 6（講談社 1990）
　▷図185「市川男女蔵の関取雷鶴之助と三世大谷鬼次の浮世土平」（東洲斎写楽　寛政6.7(1794)）
　▷図181「三世大谷鬼次の奴江戸兵衛」（東洲斎写楽　寛政6.5(1794)）
◇秘蔵浮世絵大観 9（講談社 1989）
　▷図089「二代目中村仲蔵」（歌川豊国（初代））

寛政8頃)
  ▷図080「二世中村仲蔵の荒巻耳四郎」(東洲斎写楽　寛政6(1794))
◇秘蔵浮世絵大観 11 (講談社 1988)
  ▷図010「三代目大谷鬼次の鷲塚官太夫」(勝川春英　寛政6.5)
  ▷図61「菅原伝授手習鑑・車引 二世中村仲蔵の松王丸」(歌川国政　寛政8.7(1796.7))
◇秘蔵浮世絵大観 2 (講談社 1987)
  ▷図098「三代目大谷鬼次」(勝川春英　寛政前期)
  ▷図110「二代目坂東三津五郎の法院・四代目岩井半四郎の諸芸指南のお千代実は小女郎狐・三代目大谷鬼次の奴」(勝川春英　寛政3.11(1791.11))
  ▷図0168「市川男女蔵の関取雷鶴之助と三世大谷鬼次の浮世土平」(東洲斎写楽　寛政6.7(1794))
  ▷図0164「三世大谷鬼次の奴江戸兵衛」(東洲斎写楽　寛政6.5(1794))
  ▷図217「車引 二代目中村仲蔵の松王丸・七代目片岡仁左衛門の時平・三代目市川八百蔵の梅王丸・二代目中村野塩の桜丸」(歌川豊国(初代)　寛政8(1796))
◇浮世絵八華 4 (平凡社 1985)
  ▷図38「市川男女蔵の関取雷鶴之助と三世大谷鬼次の浮世土平」(東洲斎写楽　寛政6.7(1794))
  ▷図046「市川男女蔵の関取雷鶴之助と三世大谷鬼次の浮世土平」(東洲斎写楽　寛政6.7(1794))
  ▷図41「三世大谷鬼次の川島治部五郎」(東洲斎写楽)
  ▷図047「三世大谷鬼次の川島治部五郎」(東洲斎写楽)
  ▷図21「三世大谷鬼次の奴江戸兵衛」(東洲斎写楽　寛政6.5(1794))
  ▷図025「三世大谷鬼次の奴江戸兵衛」(東洲斎写楽　寛政6.5(1794))
  ▷図091「二世中村仲蔵の荒巻耳四郎」(東洲斎写楽　寛政6(1794))
  ▷図090「二世中村仲蔵の才巻実は荒巻耳四郎」(東洲斎写楽　寛政6(1794))
  ▷図70「二世中村仲蔵の百姓つち蔵実は惟高親王(堺屋秀鶴)」(東洲斎写楽　寛政6(1794))
  ▷図0115「二世中村仲蔵の百姓つち蔵実は惟高親王(堺屋秀鶴)」(東洲斎写楽　寛政6(1794))
◇浮世絵八華 6 (平凡社 1985)
  ▷図31-34「車引 二代目中村仲蔵の松王丸・七代目片岡仁左衛門の時平・三代目市川八百蔵の梅王丸・二代目中村野塩の桜丸」(歌川豊国(初代)　寛政8(1796))
  ▷図23「二世中村仲蔵の松王丸」(歌川豊国(初代))
◇浮世絵の美百選 (日本経済新聞社 1981)
  ▷図58「三世大谷鬼次の川島治部五郎」(東洲斎写楽)

▷図83「二世中村仲蔵の松王丸」(歌川豊国(初代))
◇浮世絵聚花 9 (小学館 1981)
  ▷図180「菅原伝授手習鑑・車引 二世中村仲蔵の松王丸」(歌川国政　寛政8.7(1796.7))
  ▷図7「菅原伝授手習鑑 二世中村仲蔵の松王丸」(歌舞妓堂艶鏡)
◇在外日本の至宝 7 (毎日新聞社 1980)
  ▷図102「二世中村仲蔵の荒巻耳四郎」(東洲斎写楽　寛政6(1794))
◇浮世絵聚花 15 (小学館 1980)
  ▷図162「三世大谷鬼次の川島治部五郎」(東洲斎写楽)
◇日本美術全集 22 (学習研究社 1979)
  ▷図76「三世大谷鬼次の奴江戸兵衛」(東洲斎写楽　寛政6.5(1794))
◇浮世絵聚花 7 (小学館 1979)
  ▷図14「二世中村仲蔵の松王丸」(歌川豊国(初代))
  ▷図49「二世中村仲蔵の百姓つち蔵実は惟高親王(堺屋秀鶴)」(東洲斎写楽　寛政6(1794))
◇浮世絵聚花 10 (小学館 1979)
  ▷図25-27「二世中村仲蔵 二世中村野塩 五世市川団十郎」(勝川春英)
  ▷図206「二代目中村野塩の貫之息女此花姫と二代目中村仲蔵の荒巻耳四郎」(勝川春英　寛政6(1794))
  ▷図056「菅原伝授手習鑑 二世中村仲蔵の松王丸」(歌舞妓堂艶鏡)
◇浮世絵聚花 11 (小学館 1979)
  ▷図8「三世大谷鬼次の奴江戸兵衛」(東洲斎写楽　寛政6.5(1794))
◇名作絵画にみる日本の四季 2 (読売新聞社 1979)
  ▷図45「三世大谷鬼次の奴江戸兵衛」(東洲斎写楽　寛政6.5(1794))
◇浮世絵聚花 6 (小学館 1978)
  ▷図159「市川男女蔵の関取雷鶴之助と三世大谷鬼次の浮世土平」(東洲斎写楽　寛政6.7(1794))
  ▷図13「三世大谷鬼次の奴江戸兵衛」(東洲斎写楽　寛政6.5(1794))
  ▷図69「二世中村仲蔵の才巻実は荒巻耳四郎」(東洲斎写楽　寛政6(1794))
◇復元浮世絵大観 8 (集英社 1978)
  ▷図18「三世大谷鬼次の奴江戸兵衛」(東洲斎写楽　寛政6.5(1794))
◇浮世絵大系 9 (集英社 1975)
  ▷図18「二世中村仲蔵の松王丸」(歌川豊国(初代))
◇浮世絵大系 7 (集英社 1973)
  ▷図36「市川男女蔵の関取雷鶴之助と三世大谷鬼次の浮世土平」(東洲斎写楽　寛政6.7(1794))
  ▷図34「三世大谷鬼次の川島治部五郎」(東洲斎写楽)
  ▷図21「三世大谷鬼次の奴江戸兵衛」(東洲斎

写楽　寛政6.5(1794)」
　　▷図45「二世中村仲蔵の才蔵実は荒巻耳四郎」
　　　（東洲斎写楽　寛政6(1794)」
◇平凡社ギャラリー 6 （平凡社 1973）
　　▷図9「三世大谷鬼次の奴江戸兵衛」（東洲斎
　　　写楽　寛政6.5(1794)）
◇在外秘宝―欧米収蔵浮世絵集成 東洲斎写楽 （学習研究社 1972）
　　▷図39「市川男女蔵の関取雷鶴之助と三世大
　　　谷鬼次の浮世土平」（東洲斎写楽　寛政6.7
　　　(1794)）
　　▷図048「市川男女蔵の関取雷鶴之助と三世大
　　　谷鬼次の浮世土平」（東洲斎写楽　寛政6.7
　　　(1794)）
　　▷図046「三世大谷鬼次の川島治部五郎」（東
　　　洲斎写楽）
　　▷図22「三世大谷鬼次の奴江戸兵衛」（東洲斎
　　　写楽　寛政6.5(1794)）
　　▷図021「三世大谷鬼次の奴江戸兵衛」（東洲
　　　斎写楽　寛政6.5(1794)）
　　▷図Ⅵ「三世瀬川菊之丞と三世大谷鬼次と二
　　　世坂東三津五郎(下絵)」（東洲斎写楽）
　　▷図081「二世中村仲蔵の荒巻耳四郎」（東洲斎
　　　写楽　寛政6(1794)）
　　▷図074「二世中村仲蔵の才蔵実は荒巻耳四
　　　郎」（東洲斎写楽　寛政6(1794)）
　　▷図48「二世中村仲蔵の百姓つち蔵実は惟高
　　　親王（堺屋秀鶴）」（東洲斎写楽　寛政6
　　　(1794)）
　　▷図077「二世中村仲蔵の百姓つち蔵実は惟高
　　　親王（堺屋秀鶴）」（東洲斎写楽　寛政6
　　　(1794)）
◇全集浮世絵版画 4 （集英社 1972）
　　▷図35「市川男女蔵の関取雷鶴之助と三世大
　　　谷鬼次の浮世土平」（東洲斎写楽　寛政6.7
　　　(1794)）
　　▷図39「三世大谷鬼次の川島治部五郎」（東洲
　　　斎写楽）
　　▷図12「三世大谷鬼次の奴江戸兵衛」（東洲斎
　　　写楽　寛政6.5(1794)）
◇日本の名画 13 （講談社 1972）
　　▷裏表紙「三世大谷鬼次の川島治部五郎」（東
　　　洲斎写楽）
　　▷図7「三世大谷鬼次の奴江戸兵衛」（東洲斎
　　　写楽　寛政6.5(1794)）
　　▷図16「二世中村仲蔵の百姓つち蔵実は惟高
　　　親王（堺屋秀鶴）」（東洲斎写楽　寛政6
　　　(1794)）
◇原色日本の美術 24 （小学館 1971）
　　▷図3「三世大谷鬼次の奴江戸兵衛」（東洲斎
　　　写楽　寛政6.5(1794)）
◇日本絵画館 8 （講談社 1970）
　　▷図108「三世大谷鬼次の川島治部五郎」（東
　　　洲斎写楽）
◇美人画・役者絵 6 （講談社 1966）
　　▷図52「市川男女蔵の関取雷鶴之助と三世大
　　　谷鬼次の浮世土平」（東洲斎写楽　寛政6.7
　　　(1794)）
　　▷図43-44「三世大谷鬼次の川島治部五郎」

　　　（東洲斎写楽）
　　▷図25「三世大谷鬼次の奴江戸兵衛」（東洲斎
　　　写楽　寛政6.5(1794)）
　　▷図71「二世中村仲蔵の才蔵実は荒巻耳四郎」
　　　（東洲斎写楽　寛政6(1794)）
　　▷図63「二世中村仲蔵の百姓つち蔵実は惟高
　　　親王（堺屋秀鶴）」（東洲斎写楽　寛政6
　　　(1794)）
◇浮世絵版画 6 （集英社 1964）
　　▷図12「三世大谷鬼次の奴江戸兵衛」（東洲斎
　　　写楽　寛政6.5(1794)）
◇日本版画美術全集 4 （講談社 1960）
　　▷図39「市川男女蔵の関取雷鶴之助と三世大
　　　谷鬼次の浮世土平」（東洲斎写楽　寛政6.7
　　　(1794)）
　　▷図38「三世大谷鬼次の川島治部五郎」（東洲
　　　斎写楽）
　　▷図220「三世大谷鬼次の奴江戸兵衛」（東洲
　　　斎写楽　寛政6.5(1794)）
　　▷図98「三世瀬川菊之丞と三世大谷鬼次と二
　　　世坂東三津五郎(下絵)」（東洲斎写楽）
　　▷図248「菅原伝授手習鑑 二世中村仲蔵の松
　　　王丸」（歌舞妓堂艶鏡）
◇浮世絵全集 5 （河出書房新社 1957）
　　▷図9「二世中村仲蔵の斧定九郎」（勝川春英）

中村仲蔵〔3代〕　　なかむらなかぞう
1809～1886　江戸時代末期, 明治時代の歌舞伎役者。
◇秘蔵浮世絵大観 5 （講談社 1989）
　　▷図066「四代目市村家橘の天狗子増霧太郎・
　　　三代目中村仲蔵のあんまの丑市・五代目大
　　　谷友右衛門のしのぶの惣太」（豊原国周　明
　　　治元）

中村野塩　　なかむらのしお
江戸時代後期の歌舞伎役者。
◇浮世絵聚影 2 （小学館 1985）
　　▷図167「中村野塩の松王女房千代と坂東金太
　　　郎の小太郎」（鳥居清長）
◇浮世絵聚花 9 （小学館 1981）
　　▷図071「中村野塩」（歌川豊国（初代））
◇浮世絵聚花 13 （小学館 1981）
　　▷図186「中村野塩と佐野川万菊」（歌川豊国
　　　（初代））
◇浮世絵聚花 5 （小学館 1980）
　　▷図77「中村富十郎の白拍子妓王実ハ義朝の
　　　妾延寿と中村のしほの仏御前実ハ熊野弁真
　　　娘午王姫」（一筆斎文調）
　　▷図05「中村のしほの高尾亡魂」（勝川春章）
◇浮世絵聚花 12 （小学館 1980）
　　▷図027「中村野塩」（勝川春章）
◇浮世絵聚花 10 （小学館 1979）
　　▷図057「坂東彦三郎と中村野塩」（歌川豊国
　　　（初代））
　　▷図014「中村野塩」（勝川春章）
◇日本版画美術全集 3 （講談社 1961）

▷図270「三世瀬川菊之丞の伊左衛門・中村野塩の夕霧」(勝川春英)
▷図30「中村野塩の白拍子横笛」(勝川春英)
▷図109「中村野塩の松王女房千代と坂東金太郎の小太郎」(鳥居清長)

中村のしほ〔初代〕　なかむらのしお
1752〜1777　江戸時代中期の歌舞伎役者。
◇秘蔵浮世絵大観 4 (講談社 1988)
　▷図88「四代目岩井半四郎と初代中村野塩」(勝川春好〔初代〕　安永中期(1772-81))
　▷図041「初代中村野塩と二代目市川門之助」(勝川春章　安永期)
◇浮世絵聚花 8 (小学館 1980)
　▷図027「初世中村野塩」
　▷図63「初世中村のしほの夕霧と初世中村富十郎の伊左衛門」(一筆斎文調)

中村のしほ〔2代〕　なかむらのしお
1759〜1800　江戸時代中期,後期の歌舞伎役者。
◇秘蔵日本美術大観 11 (講談社 1994)
　▷図25「二代目中村のしほ」(流光斎如圭　寛政5(1793)頃)
◇秘蔵日本美術大観 10 (講談社 1993)
　▷図100「三代目坂東三津五郎の仙台百姓塩窯の太次兵衛と二代目中村野塩の信濃更科の賤の女おしほ」(歌川国政　寛政10(1798))
　▷図83「二代目中村のしほの白拍子横笛」(歌川豊国　寛政11(1799))
◇名品揃物浮世絵 6 (ぎょうせい 1992)
　▷図84「菅原伝授手習鑑・車引 二世中村野塩の桜丸」(歌川国政　寛政8(1796))
◇秘蔵浮世絵大観 ベレス・コレクション (講談社 1991)
　▷図102「二代目中村野塩の五斗兵衛女房おとく」(歌川国政　寛政7(1795))
　▷図103「二代目中村野塩の手拭いをかぶる女」(歌川国政　寛政7-8(1795-96)頃)
◇名品揃物浮世絵 5 (ぎょうせい 1991)
　▷図66「菅原伝授手習鑑 二世中村野塩の桜丸」(歌舞妓堂艶鏡)
◇秘蔵浮世絵大観 7 (講談社 1990)
　▷図104「二世中村野塩の手拭いをかぶる女」(歌川国政　寛政7-8(1795-96)頃)
◇秘蔵浮世絵大観 別巻 (講談社 1990)
　▷〔チ〕091「四世岩井半四良の久松と二世中村のしほのおそめ」(歌川豊国〔初代〕　寛政10)
　▷〔チ〕48「二代目中村野塩の貫之息女此花姫と二代目中村仲蔵の荒巻耳四郎」(勝川春英　寛政6(1794))
◇秘蔵浮世絵大観 5 (講談社 1989)
　▷図139「二代目中村のしほの夕霧」(流光斎如圭　寛政5(1793))
◇秘蔵浮世絵大観 2 (講談社 1987)
　▷図217「車引 二代目中村仲蔵の松王丸・七代目片岡仁左衛門の時平・三代目市川八百蔵の梅王丸・二代目中村野塩の桜丸」(歌川豊国〔初代〕　寛政8(1796))
◇浮世絵八華 4 (平凡社 1985)
　▷図56「二世中村野塩の小野小町」(東洲斎写楽)
　▷図083「二世中村野塩の小野小町」(東洲斎写楽)
　▷図092「二世中村野塩の貫之息女この花」(東洲斎写楽　寛政6(1794))
◇浮世絵八華 6 (平凡社 1985)
　▷図31-34「車引 二世中村仲蔵の松王丸・七代目片岡仁左衛門の時平・三代目市川八百蔵の梅王丸・二代目中村野塩の桜丸」(歌川豊国〔初代〕　寛政8(1796))
　▷図36「二世中村野塩の道成寺」(歌川豊国〔初代〕)
◇浮世絵の美百選 (日本経済新聞社 1981)
　▷図84「菅原伝授手習鑑・車引 二世中村野塩の桜丸」(歌川国政　寛政8(1796))
◇浮世絵聚花 9 (小学館 1981)
　▷図33「菅原伝授手習鑑 二世中村野塩の桜丸」(歌舞堂艶鏡)
◇在外日本の至宝 7 (毎日新聞社 1980)
　▷図103「二代目中村野塩の貫之息女この花」(東洲斎写楽　寛政6(1794))
◇浮世絵聚花 12 (小学館 1980)
　▷図43「二代目中村野塩の手拭いをかぶる女」(歌川国政　寛政7-8(1795-96)頃)
　▷図200「四世岩井半四良の久松と二世中村のしほのおそめ」(歌川豊国〔初代〕　寛政10)
◇浮世絵聚花 15 (小学館 1980)
　▷図114「二代目中村野塩の戸無瀬」(勝川春英)
◇復元浮世絵大観 4 (集英社 1980)
　▷図22「二代目中村野塩」(勝川春英)
◇浮世絵聚花 7 (小学館 1979)
　▷図158「二世中村野塩の娘道成寺」(勝川春英)
◇浮世絵聚花 10 (小学館 1979)
　▷図51「二世中村野塩」(歌川国政)
　▷図25-27「二世中村仲蔵 二世中村野塩 五世市川団十郎」(勝川春英)
　▷図206「二代目中村野塩の貫之息女此花姫と二代目中村仲蔵の荒巻耳四郎」(勝川春英　寛政6(1794))
◇浮世絵聚花 3 (小学館 1978)
　▷図84「二代中村野塩の六部」(喜多川歌麿〔初代〕)
◇浮世絵大系 9 (集英社 1975)
　▷図36「菅原伝授手習鑑・車引 二世中村野塩の桜丸」(歌川国政　寛政8(1796))
　▷図38「二世中村野塩の手拭いをかぶる女」(歌川国政　寛政7-8(1795-96)頃)
　▷図22「二世中村野塩の道成寺」(歌川豊国〔初代〕)
◇在外秘宝－欧米収蔵浮世絵集成 東洲斎写楽 (学習研究社 1972)
　▷図072「二世中村野塩の小野小町」(東洲斎写楽)

▷図079「二世中村野塩の貫之息女この花」
　　（東洲斎写楽　寛政6(1794)）
◇浮世絵名作選集 4（山田書院 1968）
　▷扉「二世中村野塩の小野小町」（東洲斎写楽）
◇美人画・役者絵 6（講談社 1966）
　▷図66「二世中村野塩の小野小町」（東洲斎写楽）
　▷図72「二世中村野塩の貫之息女この花」（東洲斎写楽　寛政6(1794)）
◇日本版画美術全集 4（講談社 1960）
　▷図247「菅原伝授手習鑑 二世中村野塩の桜丸」（歌舞妓堂艶鏡）
　▷図239「二世中村野塩の貫之息女この花」（東洲斎写楽　寛政6(1794)）
◇浮世絵全集 5（河出書房新社 1957）
　▷図66「三世坂東彦三郎の毛谷村六助と七世片岡仁左衛門の京極内匠と二世中村野塩のおその」（歌川豊国（初代））

中村梅我　なかむらばいが
江戸時代の歌舞伎役者。
◇肉筆浮世絵 8（集英社 1981）
　▷図83「役者中村梅我図」（歌川国貞（初代））

中村伯先　なかむらはくせん　1756～1820
江戸時代中期, 後期の儒医, 俳人。
◇長野県歴史人物大事典（郷土出版社 1989）

中村半助　なかむらはんすけ　1845～1897
江戸時代後期～明治期の柔術家。
◇福岡県百科事典 上, 下（西日本新聞社 1982）

中村弘　なかむらひろし
江戸時代末期の志士。
◇サムライ古写真帖（新人物往来社 2004）
　▷p73「維新の志士たち」

中村博愛　なかむらひろやす　1843～1902
江戸時代末期, 明治時代の薩摩藩留学生, 外交官。
◇角川日本姓氏歴史人物大辞典 46（角川書店 1994）

中村正直　なかむらまさなお　1832～1891
江戸時代末期, 明治時代の幕臣, 啓蒙思想家。
◇静岡県歴史人物事典（静岡新聞社 1991）
◇日本大百科全書（小学館 1984）
◇国史大辞典（吉川弘文館）
◇日本人名大事典 1～6（平凡社 1979（覆刻））
　▷中村敬宇
◇静岡大百科事典（静岡新聞社 1978）
◇日本近代文学大事典 1～3（講談社 1977）　▷中村敬宇

中村松江　なかむらまつえ
江戸時代の歌舞伎役者。
◇浮世絵聚花 1（小学館 1983）
　▷図49-51「中村松江, 二世瀬川菊之丞, 姉川大吉」（鳥居清満（初代））
　▷図161「中村松江の三浦のあげまき」（鳥居清満（初代））
◇浮世絵聚花 14（小学館 1981）
　▷図030「中村松江」（鳥居清長）
◇浮世絵聚花 5（小学館 1980）
　▷図03「扇をかざした中村松江」（勝川春章）
　▷図103「中村松江の浴衣姿の女」（勝川春章）
◇浮世絵聚花 8（小学館 1980）
　▷図026「中村松江」（一筆斎文調）
◇浮世絵聚花 12（小学館 1980）
　▷図65「中村松江」（勝川春章）
◇浮世絵聚花 15（小学館 1980）
　▷図105「市川団十郎 中村松江」（一筆斎文調）
◇浮世絵聚花 10（小学館 1979）
　▷図86「二世市川八百蔵と中村松江」（一筆斎文調）
◇浮世絵聚花 11（小学館 1979）
　▷図237-238「市川八百蔵の孔雀三郎・中村松江の白びゃう子桜木」（一筆斎文調）
◇日本版画美術全集 3（講談社 1961）
　▷図69「三世大谷広次の勘平と中村松江のおかる」（一筆斎文調）
　▷図78「中村松江の下の関女郎」（一筆斎文調）
◇浮世絵全集 5（河出書房新社 1957）
　▷図19「五世市川団十郎の尾形三郎と中村松江の白妙」（一筆斎文調）
　▷図2「中村松江の白妙」（一筆斎文調）

中村万世　なかむらまんせい
江戸時代の歌舞伎役者。
◇浮世絵ギャラリー 4（小学館 2006）
　▷図37「二代目瀬川富三郎の蔵人妻やどり木と中村万世の腰元若草」（東洲斎写楽　寛政6(1794)）
◇国宝・重要文化財大全 2（毎日新聞社 1999）
　▷図259「江戸三座役者似顔絵」（東洲斎写楽 江戸）
◇新編 名宝日本の美術 29（小学館 1991）
　▷図9「二世瀬川富三郎の大岸蔵人妻やどり木と中村万世の腰元若草」（東洲斎写楽　寛政6(1794)）
◇名品揃浮世絵 5（ぎょうせい 1991）
　▷図9「二世瀬川富三郎の大岸蔵人妻やどり木と中村万世の腰元若草」（東洲斎写楽　寛政6(1794)）
◇秘蔵浮世絵大観 別巻（講談社 1990）
　▷［ア］27「二世瀬川富三郎の大岸蔵人妻やどり木と中村万世の腰元若草」（東洲斎写楽　寛政6(1794)）
◇浮世絵八華 4（平凡社 1985）
　▷図10「二世瀬川富三郎の大岸蔵人妻やどり

木と中村万世の腰元若草」（東洲斎写楽　寛政6（1794））
▷図010「二世瀬川富三郎の大岸蔵人妻やどり木と中村万世の腰元若草」（東洲斎写楽　寛政6（1794））

◇浮世絵聚花 13（小学館 1981）
▷図132「二世瀬川富三郎の大岸蔵人妻やどり木と中村万世の腰元若草」（東洲斎写楽　寛政6（1794））

◇復元浮世絵大観 8（集英社 1978）
▷図9「二世瀬川富三郎の大岸蔵人妻やどり木と中村万世の腰元若草」（東洲斎写楽　寛政6（1794））

◇重要文化財 11（毎日新聞社 1975）
▷図190「二世瀬川富三郎の大岸蔵人妻やどり木と中村万世の腰元若草」（東洲斎写楽　寛政6（1794））

◇浮世絵大系 7（集英社 1973）
▷図10「二世瀬川富三郎の大岸蔵人妻やどり木と中村万世の腰元若草」（東洲斎写楽　寛政6（1794））

◇在外秘宝―欧米収蔵浮世絵集成 東洲斎写楽（学習研究社 1972）
▷図11「二世瀬川富三郎の大岸蔵人妻やどり木と中村万世の腰元若草」（東洲斎写楽　寛政6（1794））
▷図010「二世瀬川富三郎の大岸蔵人妻やどり木と中村万世の腰元若草」（東洲斎写楽　寛政6（1794））

◇全集浮世絵版画 4（集英社 1972）
▷図28「二世瀬川富三郎の大岸蔵人妻やどり木と中村万世の腰元若草」（東洲斎写楽　寛政6（1794））

◇日本の名画 13（講談社 1972）
▷図9「二世瀬川富三郎の大岸蔵人妻やどり木と中村万世の腰元若草」（東洲斎写楽　寛政6（1794））

◇浮世絵名作選集 4（山田書院 1968）
▷図〔14〕、ケース「二世瀬川富三郎の大岸蔵人妻やどり木と中村万世の腰元若草」（東洲斎写楽　寛政6（1794））

◇美人画・役者絵 6（講談社 1966）
▷図8「二世瀬川富三郎の大岸蔵人妻やどり木と中村万世の腰元若草」（東洲斎写楽　寛政6（1794））

◇日本版画美術全集 4（講談社 1960）
▷図37「二世瀬川富三郎の大岸蔵人妻やどり木と中村万世の腰元若草」（東洲斎写楽　寛政6（1794））

◇浮世絵全集 5（河出書房新社 1957）
▷図49「二世瀬川富三郎の大岸蔵人妻やどり木と中村万世の腰元若草」（東洲斎写楽　寛政6（1794））

中村里好〔代数不詳〕　なかむらりこう
江戸時代の歌舞伎役者。

◇華―浮世絵名品集（平木浮世絵財団 2004）

▷図24「三代目沢村宗十郎の曽我十郎 中村里好の大磯の虎」（勝川春常　天明2（1782））

◇日本の浮世絵美術館 6（角川書店 1996）
▷図123「中むら里好の女だてしまのおかん」（葛飾北斎　天明－寛政頃）

◇名品揃物浮世絵 5（ぎょうせい 1991）
▷図32「中村仲蔵と中村里好の楽屋」（勝川春章　天明2-3頃（1782-3頃））

◇浮世絵八華 2（平凡社 1985）
▷図45「五世市川団十郎の香具屋弥兵衛と中村里好の丹波屋おつまと山下万菊の女中」（鳥居清長）

◇浮世絵聚花 2（小学館 1985）
▷図161「中村里好のかつしかのお十」（鳥居清長）

◇浮世絵聚花 15（小学館 1980）
▷図24「中村仲蔵と中村里好の楽屋」（勝川春章　天明2-3頃（1782-3頃））
▷図036「中村里好 太夫・禿」（鳥居清長）

◇浮世絵大系 10（小学館 1979）
▷図31「三世市川八百蔵の古手屋八郎兵衛と中村里好の丹波屋おつま（出語り図）」（鳥居清長）

◇浮世絵大系 4（集英社 1975）
▷図49「中村里好 太夫・禿」（鳥居清長）

◇在外秘宝―欧米収蔵浮世絵集成 鳥居清長（学習研究社 1972）
▷図48「三世市川八百蔵の古手屋八郎兵衛と中村里好の丹波屋おつま（出語り図）」（鳥居清長）
▷図122「中村里好のとむせ」（鳥居清長）

◇全集浮世絵版画 5（集英社 1971）
▷図25「中村里好」（葛飾北斎）

◇日本版画美術全集 3（講談社 1961）
▷図244「中村里好の満汐と二世小佐川常世の白拍子芙蓉と三世大谷広次の三浦荒次郎」（勝川春好（初代））
▷図224「三世大谷広次の三浦荒次郎・二世小佐川常世の白拍子芙蓉・中村里好の満汐」（勝川春章）
▷図26「中村里好の奴の小よしと三桝徳次郎の奴の小万」（勝川春章）
▷図307「中村里好のなか橋おまん」（北尾政演）
▷図219「三世市川八百蔵の上総助景清と中村里好の傾城青茶」（鳥居清長）
▷図153「三世市川八百蔵の古手屋八郎兵衛と中村里好の丹波屋おつま（出語り図）」（鳥居清長）
▷図21「三世沢村宗十郎の頼朝・中村里好の清滝・山下万菊の政子」（鳥居清長）

◇浮世絵全集 5（河出書房新社 1957）
▷図33「中村仲蔵と中村里好の楽屋」（勝川春章　天明2-3頃（1782-3頃））
▷図38「三世沢村宗十郎の頼朝・中村里好の清滝・山下万菊の政子」（鳥居清長）

中村里好〔初代〕　　なかむらりこう
　1742～1786　江戸時代中期の歌舞伎役者。
◇日本の浮世絵美術館 4（角川書店 1996）
　▷図145「九世市村羽左衛門の義家と初世中村松江の錦木」(一筆斎文調　明和5)
　▷図143「初世中村松江の白妙」(一筆斎文調　明和7)
◇名品揃物浮世絵 5（ぎょうせい 1991）
　▷図90「東扇 初代中村里好」(勝川春章　安永4－天明2頃(1775-82頃))
◇秘蔵浮世絵大観 別巻（講談社 1990）
　▷〔チ〕61「五代目市川団十郎の股野五郎景久・初代中村里好の白拍子風折実は鎌田正清娘・三代目沢村宗十郎の河津三郎祐安」(鳥居清長　天明4(1784))
◇秘蔵浮世絵大観 6（講談社 1989）
　▷図103「二代目市川門之介の小姓吉三郎と初代中村松江の八百屋お七」(一筆斎文調　明和8(1771))
　▷図116「初代中村松江の辻君おまん」(勝川春章　明和9(1772))
◇秘蔵浮世絵大観 8（講談社 1989）
　▷図73「初代中村松江の鶏を抱く女」(鳥居清満(初代)　宝暦末－安永元(1751-72))
◇秘蔵浮世絵大観 9（講談社 1989）
　▷図94「初代中村里好の傾城青墓」(勝川春章　安永9(1780))
◇秘蔵浮世絵大観 12（講談社 1988）
　▷図72「初代中村仲蔵の髭の意休実は大友一法師・初代尾上松助のかんぺら門兵衛・初代中村里好の三浦屋の揚巻・五代目市川団十郎の白酒売新兵衛実は曽我十郎」(勝川春章　天明2.5(1782.5))
　▷図69「初代中村里好」(勝川春章　安永－明和前期(1772-89))
　▷図70「初代中村里好」(勝川春章　安永後期－天明前期(1772-89))
◇秘蔵浮世絵大観 2（講談社 1987）
　▷図8「初代中村松江の半七と二代目瀬川菊之丞のおはな」(鳥居清満(初代)　明和2(1765))
　▷図93「五代目市川団十郎と初代中村里好」(勝川春章　天明元.8(1781.8))
◇浮世絵聚花 15（小学館 1980）
　▷図108「東扇 初代中村里好」(勝川春章　安永4－天明2頃(1775-82頃))
◇復元浮世絵大観 4（集英社 1980）
　▷図6「東扇 初代中村里好」(勝川春章　安永4－天明2頃(1775-82頃))
◇浮世絵聚花 10（小学館 1979）
　▷図84「二代目市川門之介の小姓吉三郎と初代中村松江の八百屋お七」(一筆斎文調　明和8(1771))
　▷図24「初代中村里好」(勝川春章　安永後期－天明前期(1772-89))
◇浮世絵大系 3（集英社 1974）
　▷図33-37「初代中村仲蔵の髭の意休実は大友一法師・初代尾上松助のかんぺら門兵衛・初代中村里好の三浦屋の揚巻・五代目市川団十郎の白酒売新兵衛実は曽我十郎」(勝川春章　天明2.5(1782.5))
◇日本版画美術全集 3（講談社 1961）
　▷図214「初代中村里好」(勝川春章　安永4－天明2頃(1775-82頃))
◇浮世絵全集 5（河出書房新社 1957）
　▷図4「東扇 初代中村里好」(勝川春章　安永4－天明2頃(1775-82頃))

中村六三郎　　なかむらろくさぶろう　1841～1907
　江戸時代末期, 明治時代の砲術家, 数学者。
◇静岡県歴史人物事典（静岡新聞社 1991）
◇長崎県大百科事典（長崎新聞社 1984）

永持五郎次　　ながもちごろうじ
　江戸時代末期の第1回遣欧使節団組頭従者。
◇幕末—写真の時代（筑摩書房 1994）
　▷p64 No.69「(無題)」(ナダール)
◇写真集 甦る幕末（朝日新聞社 1987）
　▷p238 No.352「(無題)」

中盛彬　なかもりしげ　生没年不詳
　江戸時代後期の豪農・国学者。
◇大阪府史 第5巻 近世編1（大阪府 1985）
　▷〈写真〉写真51「中盛彬像」

仲家太郎吉　なかやたろきち　1839～1901
　江戸時代末期, 明治時代の漁業改良者。
◇大分県歴史人物事典（大分合同新聞社 1996）
◇大分百科事典（大分放送 1980）

中山久蔵　なかやまきゅうぞう　1828～1919
　江戸時代末期, 明治時代の開拓者。
◇北海道歴史人物事典（北海道新聞社 1993）
◇北海道大百科事典（北海道新聞社 1981）

中山城山　なかやまじょうざん　1763～1837
　江戸時代中期, 後期の讃岐高松藩士, 儒学者。
◇香川県人物・人名事典（四国新聞社 1985）
◇香川県大百科事典（四国新聞社 1984）

中山忠親　なかやまただちか　1132～1195
　平安時代後期, 鎌倉時代前期の公卿。内大臣。
◇角川日本姓氏歴史人物大辞典 26（角川書店 1997）
◇国史大辞典（吉川弘文館 1979）

中山忠能　なかやまただやす　1809～1888
　江戸時代末期, 明治時代の公家。准大臣。
◇国史大辞典（吉川弘文館 1979）

中山富三郎〔初代〕 なかやまとみさぶろう
1760～1819 江戸時代中期、後期の歌舞伎役者。

◇浮世絵ギャラリー 4（小学館 2006）
　▷図46「三代目市川高麗蔵の亀屋忠兵衛と初代中山富三郎の新町のけいせい梅川」（東洲斎写楽　寛政6(1794)）
　▷図20「初代中山富三郎の造酒之進娘宮ぎの」（東洲斎写楽　寛政6(1794)）
　▷図47「四代目松本幸四郎の新口村の孫右衛門と初代中山富三郎の新町のけいせい梅川」（東洲斎写楽　寛政6(1794)）

◇日本の浮世絵美術館 5（角川書店 1996）
　▷図70「中山富三郎の声色 寅新狂言」（北尾政美　寛政前期）

◇名品揃物浮世絵 6（ぎょうせい 1992）
　▷図28「役者舞台之姿絵 あふみや（中山富三郎の安倍宗任妹てりは）」（歌川豊国（初代）　寛政6-7(1794-95)）
　▷図29「役者舞台之姿絵 たち花や（三世市川八百蔵）あふミや（中山富三郎）」（歌川豊国（初代）　寛政6-7(1794-95)）

◇新編 名宝日本の美術 29（小学館 1991）
　▷図35「三世市川高麗蔵の亀屋忠兵衛と中山富三郎の梅川」（東洲斎写楽　寛政6(1794)）
　▷図13「中山富三郎の宮城野」（東洲斎写楽）
　▷図34「四代目松本幸四郎の新口村孫右衛門と中山富三郎の梅川」（東洲斎写楽　寛政6.8(1794.8)）

◇日本美術全集 20（講談社 1991）
　▷図49「中山富三郎」（歌舞妓堂艶鏡　寛政(1789-1801)中期）

◇秘蔵浮世絵大観 ベレス・コレクション（講談社 1991）
　▷図36「三代目市川高麗蔵の時鳥の五郎蔵・初代中山富三郎の宮城野・八代目森田勘弥の鷲の次郎作」（勝川春艶　寛政6(1794)）
　▷図184「初代中山富三郎と初代岩井粂三郎」（葛飾北斎　享和3(1803)）

◇名品揃物浮世絵 5（ぎょうせい 1991）
　▷図74「三世市川高麗蔵の亀屋忠兵衛と中山富三郎の梅川」（東洲斎写楽　寛政6(1794)）
　▷図80「中山富三郎のささ波辰五郎女房おひさ実は安倍貞任妹てりは（近江屋錦車）」（東洲斎写楽）
　▷図13「中山富三郎の宮城野」（東洲斎写楽）
　▷図73「四代目松本幸四郎の新口村孫右衛門と中山富三郎の梅川」（東洲斎写楽　寛政6.8(1794.8)）

◇秘蔵浮世絵大観 別巻（講談社 1990）
　▷〔ケ〕45「初代中山富三郎」（歌川国政　寛政11-享和3頃(1799-1803頃)）

◇秘蔵浮世絵大観 ブルヴェラー・コレクション（講談社 1990）
　▷図57「三代目市川高麗蔵のあかねや半七と初代中山富三郎のみのや三勝」（歌川豊国（初代）　寛政10(1798)）
　▷図54「初代尾上松助の意休・三代目市川高麗蔵の助六・初代中山富三郎の揚巻」（歌川豊

国（初代）　寛政9(1797)）

◇秘蔵浮世絵大観 9（講談社 1989）
　▷図190「四世松本幸四郎の新口村孫右衛門と中山富三郎の梅川」（東洲斎写楽　寛政6.8(1794.8)）

◇秘蔵浮世絵大観 4（講談社 1988）
　▷図085「初代中山富三郎の三勝と三代目市川高麗蔵の半七」（歌川豊国（初代）　享和期）

◇秘蔵浮世絵大観 11（講談社 1988）
　▷図019「初代中山富三郎と三代目坂東三津五郎」（歌川豊国（初代）　享和3）

◇秘蔵浮世絵大観 2（講談社 1987）
　▷図0103「初代尾上松助の重井筒後家おるい・初代中山富三郎の額風呂の小はん」（勝川春英　寛政6.4）
　▷図0104「初代尾上松助の湯浅孫六入道と三代目市川高麗蔵の新田義貞」（勝川春英　寛政6.11）
　▷図103「初世中山富三郎のおかる」（勝川春英　寛政7(1795)）
　▷図215「三世市川高麗蔵の亀屋忠兵衛と中山富三郎の梅川」（東洲斎写楽　寛政6(1794)）
　▷図0169「四世松本幸四郎の新口村孫右衛門と中山富三郎の梅川」（東洲斎写楽　寛政6.8(1794.8)）

◇浮世絵八華 4（平凡社 1985）
　▷図48「三世市川高麗蔵の亀屋忠兵衛と中山富三郎の梅川」（東洲斎写楽　寛政6(1794)）
　▷図057「三世市川高麗蔵の亀屋忠兵衛と中山富三郎の梅川」（東洲斎写楽　寛政6(1794)）
　▷図0105「中山富三郎の牛飼おふで」（東洲斎写楽　寛政6(1794)）
　▷図61「中山富三郎のささ波辰五郎女房おひさ実は安倍貞任妹てりは」（東洲斎写楽）
　▷図0113「中山富三郎のささ波辰五郎女房おひさ実は安倍貞任妹てりは」（東洲斎写楽）
　▷図72「中山富三郎のささ波辰五郎女房おひさ実は安倍貞任妹てりは（近江屋錦車）」（東洲斎写楽）
　▷図0119「中山富三郎のささ波辰五郎女房おひさ実は安倍貞任妹てりは（近江屋錦車）」（東洲斎写楽）
　▷図14「中山富三郎の宮城野」（東洲斎写楽）
　▷図012「中山富三郎の宮城野」（東洲斎写楽）
　▷図058「中山富三郎の義興御台つくば御前」（東洲斎写楽）
　▷図63「中山富三郎の切禿」（東洲斎写楽）
　▷図0107「中山富三郎の切禿」（東洲斎写楽）
　▷図47「四世松本幸四郎の新口村孫右衛門と中山富三郎の梅川」（東洲斎写楽　寛政6.8(1794.8)）
　▷図056「四世松本幸四郎の新口村孫右衛門と中山富三郎の梅川」（東洲斎写楽　寛政6.8(1794.8)）

◇浮世絵八華 6（平凡社 1985）
　▷図14「役者舞台之姿絵 たち花や（三世市川八百蔵）あふミや（中山富三郎）」（歌川豊

国(初代)　寛政6-7(1794-95))
◇肉筆浮世絵 6（集英社 1981）
　▷図32「中山富三郎と市川男女蔵と三世市川高麗蔵」（東洲斎写楽）
◇浮世絵聚花 9（小学館 1981）
　▷図181「ぐにゃ富 初世中山富三郎」（歌川国政）
　▷図21「初世中山富三郎」（勝川春英）
◇浮世絵聚花 13（小学館 1981）
　▷図188「中山富三郎の濡髪小静」（歌川国政）
◇浮世絵聚花 14（小学館 1981）
　▷図65「初世中山富三郎のおかる」（勝川春英　寛政7(1795)）
◇在外日本の至宝 7（毎日新聞社 1980）
　▷図104「中山富三郎の牛飼おふで」（東洲斎写楽　寛政6(1794)）
◇浮世絵聚花 8（小学館 1980）
　▷図24-29「松本幸四郎・中山富三郎・市川高麗蔵・市川門之助・坂田半五郎・瀬川菊之丞の助六」（勝川春英）
　▷図11「四世松本幸四郎の新口村孫右衛門と中山富三郎の梅川」（東洲斎写楽　寛政6.8(1794.8)）
◇浮世絵聚花 12（小学館 1980）
　▷図127「三代目市川高麗蔵の時鳥の五郎蔵・初代中山富三郎の宮城野・八代目森田勘弥の鷲の次郎作」（勝川春艶　寛政6(1794)）
◇浮世絵聚花 15（小学館 1980）
　▷図029「瀬川菊之丞 中山富三郎のおしどり」（勝川春章）
　▷図167「中山富三郎のささ波辰五郎女房おひさ実は安倍貞任妹てりは」（東洲斎写楽）
　▷図58「中山富三郎のささ波辰五郎女房おひさ実は安倍貞任妹てりは（近江屋錦車）」（東洲斎写楽）
◇浮世絵聚花 7（小学館 1979）
　▷図121「中山富三郎の切禿」（東洲斎写楽）
◇浮世絵聚花 10（小学館 1979）
　▷図167「役者舞台之姿絵 あふみや（中山富三郎の安倍宗任妹てりは）」（歌川豊国(初代)　寛政6-7(1794-95)）
　▷図100「中山富三郎」（勝川春英）
◇浮世絵聚花 11（小学館 1979）
　▷図13「三世市川高麗蔵の亀屋忠兵衛と中山富三郎の梅川」（東洲斎写楽　寛政6(1794)）
◇浮世絵聚花 6（小学館 1978）
　▷図76「中山富三郎の手拭をかぶった女」（歌川豊国(初代)）
　▷図75「中山富三郎」（歌舞妓堂艶鏡）
　▷図157「中山富三郎の義興御台つくば御前」（東洲斎写楽）
◇復元浮世絵大観 8（集英社 1978）
　▷図22「三世市川高麗蔵の亀屋忠兵衛と中山富三郎の梅川」（東洲斎写楽　寛政6(1794)）
　▷図11「中山富三郎の宮城野」（東洲斎写楽）
◇浮世絵大系 9（集英社 1975）
　▷図15「役者舞台之姿絵 たち花や（三世市川八百蔵）あふミや（中山富三郎）」（歌川豊

国(初代)　寛政6-7(1794-95))
◇浮世絵大系 7（集英社 1973）
　▷図41「三世市川高麗蔵の亀屋忠兵衛と中山富三郎の梅川」（東洲斎写楽　寛政6(1794)）
　▷図13「中山富三郎の宮城野」（東洲斎写楽）
　▷図42「四世松本幸四郎の新口村孫右衛門と中山富三郎の梅川」（東洲斎写楽　寛政6.8(1794.8)）
◇平凡社ギャラリー 6（平凡社 1973）
　▷図12「三世市川高麗蔵の亀屋忠兵衛と中山富三郎の梅川」（東洲斎写楽　寛政6(1794)）
　▷図13「四世松本幸四郎の新口村孫右衛門と中山富三郎の梅川」（東洲斎写楽　寛政6.8(1794.8)）
◇在外秘宝―欧米収蔵浮世絵集成 東洲斎写楽（学習研究社 1972）
　▷図065「三世市川高麗蔵の亀屋忠兵衛と中山富三郎の梅川」（東洲斎写楽　寛政6(1794)）
　▷図104「三世市川高麗蔵の亀屋忠兵衛と中山富三郎の梅川」（東洲斎写楽　寛政6(1794)）
　▷図IV「中山富三郎と市川男女蔵と三世市川高麗蔵」（東洲斎写楽）
　▷図66「中山富三郎の牛飼おふで」（東洲斎写楽　寛政6(1794)）
　▷図0103「中山富三郎の牛飼おふで」（東洲斎写楽　寛政6(1794)）
　▷図097「中山富三郎のささ波辰五郎女房おひさ実は安倍貞任妹てりは」（東洲斎写楽）
　▷図67「中山富三郎のささ波辰五郎女房おひさ実は安倍貞任妹てりは（近江屋錦車）」（東洲斎写楽）
　▷図0104「中山富三郎のささ波辰五郎女房おひさ実は安倍貞任妹てりは（近江屋錦車）」（東洲斎写楽）
　▷図14「中山富三郎の宮城野」（東洲斎写楽）
　▷図013「中山富三郎の宮城野」（東洲斎写楽）
　▷図43「中山富三郎の義興御台つくば御前」（東洲斎写楽）
　▷図056「中山富三郎の義興御台つくば御前」（東洲斎写楽）
　▷図56「中山富三郎の切禿」（東洲斎写楽）
　▷図091「中山富三郎の切禿」（東洲斎写楽）
　▷図46「四世松本幸四郎の新口村孫右衛門と中山富三郎の梅川」（東洲斎写楽　寛政6.8(1794.8)）
　▷図066「四世松本幸四郎の新口村孫右衛門と中山富三郎の梅川」（東洲斎写楽　寛政6.8(1794.8)）
◇全集浮世絵版画 4（集英社 1972）
　▷図16「三世市川高麗蔵の亀屋忠兵衛と中山富三郎の梅川」（東洲斎写楽　寛政6(1794)）
　▷図7「中山富三郎の宮城野」（東洲斎写楽）
　▷図36「四世松本幸四郎の新口村孫右衛門と中山富三郎の梅川」（東洲斎写楽　寛政6.8(1794.8)）
◇原色日本の美術 17（小学館 1968）
　▷図45「三世市川高麗蔵の亀屋忠兵衛と中山富

三郎の梅川」（東洲斎写楽　寛政6(1794)）
　　▷図42「中山富三郎の宮城野」（東洲斎写楽）
◇浮世絵名作選集 4（山田書院 1968）
　　▷図〔17〕「三世市川高麗蔵の亀屋忠兵衛と中山富三郎の梅川」（東洲斎写楽　寛政6(1794)）
◇美人画・役者絵 6（講談社 1966）
　　▷図58「三世市川高麗蔵の亀屋忠兵衛と中山富三郎の梅川」（東洲斎写楽　寛政6(1794)）
　　▷図90「中山富三郎の牛飼おふで」（東洲斎写楽　寛政6(1794)）
　　▷図85「中山富三郎のささ波辰五郎女房おひさ実は安倍貞任妹てりは」（東洲斎写楽）
　　▷図86「中山富三郎のささ波辰五郎女房おひさ実は安倍貞任妹てりは（近江屋錦車）」（東洲斎写楽）
　　▷図14「中山富三郎の宮城野」（東洲斎写楽）
　　▷図53「中山富三郎の義興御台つくば御前」（東洲斎写楽）
◇浮世絵版画 6（集英社 1964）
　　▷図20「三世市川高麗蔵の亀屋忠兵衛と中山富三郎の梅川」（東洲斎写楽　寛政6(1794)）
　　▷図6「中山富三郎の宮城野」（東洲斎写楽）
◇日本版画美術全集 3（講談社 1961）
　　▷図265「二世市川高麗蔵・中山富三郎・二世坂田半五郎」（勝川春英）
　　▷図160「三世沢村宗十郎の権八と中山富三郎の小柴」（鳥居清長）
◇日本版画美術全集 4（講談社 1960）
　　▷図226「三世市川高麗蔵の亀屋忠兵衛と中山富三郎の梅川」（東洲斎写楽　寛政6(1794)）
　　▷図230「中山富三郎のささ波辰五郎女房おひさ実は安倍貞任妹てりは（近江屋錦車）」（東洲斎写楽）
　　▷図216「中山富三郎の宮城野」（東洲斎写楽）
◇浮世絵全集 5（河出書房新社 1957）
　　▷図54「三世市川高麗蔵の亀屋忠兵衛と中山富三郎の梅川」（東洲斎写楽　寛政6(1794)）
　　▷図58「中山富三郎のささ波辰五郎女房おひさ実は安倍貞任妹てりは（近江屋錦車）」（東洲斎写楽）
　　▷図51「中山富三郎の宮城野」（東洲斎写楽）

中山富三郎〔2代〕　なかやまとみさぶろう
　1793～1837　江戸時代後期の歌舞伎役者。
◇浮世絵八華 7（平凡社 1985）
　　▷図78「仮(名)手本忠臣蔵〔五段目〕（三世）市川寿美蔵の定九郎 松本たい助の与一兵衛」（歌川国芳）
　　▷図79「仮名手本忠臣蔵〔六段目〕（二世）叶民(珉)子のかる母 沢村訥升の勘平（三世）市川寿美蔵の数右衛門 市川清十郎の弥五郎」（歌川国芳　天保頃）

中山南枝〔2代〕　なかやまなんし
　1790～1858　江戸時代末期の歌舞伎役者。
◇秘蔵浮世絵大観 5（講談社 1989）
　　▷図020「今様押絵鑑 二代目中山なんしの仲居おみや」（歌川国貞（初代）　万延元）

中山縫殿之助　なかやまぬいどののすけ
　1811～1882　江戸時代後期～明治期の神職・国学者。
◇岡山県歴史人物事典（山陽新聞社 1994）

中山文七〔初代〕　なかやまぶんしち
　1732～1813　江戸時代中期の歌舞伎役者。
◇日本版画美術全集 3（講談社 1961）
　　▷図354「中山文七の小栗栖重兵衛」（松好斎）

中山文七〔2代〕　なかやまぶんしち
　1755～1798　江戸時代中期の歌舞伎役者。
◇秘蔵浮世絵大観 ベレス・コレクション（講談社 1991）
　　▷図105「二代目中山来助の桃井若狭之介」（流光斎如圭　寛政3(1791)）
◇秘蔵浮世絵大観 9（講談社 1989）
　　▷図244「二代目中山来助の唐橘作十郎」（流光斎如圭　寛政4.9(1792.9)）

中山みき　なかやまみき　1798～1887
　江戸時代後期,明治時代の女性。宗教家、天理教教祖。
◇郷土歴史人物事典 奈良（第一法規出版 1981）

中山三屋　なかやまみや　1840～1871
　江戸時代末期,明治時代の女性。歌人。
◇山口県百科事典（大和書房 1982）

中山元成　なかやまもとなり　1818～1892
　江戸時代末期,明治時代の茶人。
◇郷土歴史人物事典 茨城（第一法規出版 1978）

永山盛輝　ながやまもりてる　1826～1902
　江戸時代末期,明治時代の薩摩藩士、官僚。
◇長野県歴史人物大事典（郷土出版社 1989）

永山弥一郎　ながやまやいちろう　1838～1877
　江戸時代末期,明治時代の薩摩藩士。
◇鹿児島大百科事典（南日本新聞社 1981）

中山慶子　なかやまよしこ　1835～1907
　江戸時代末期,明治時代の女性。明治天皇の母。
◇皇族・華族古写真帖 愛蔵版（新人物往来社 2003）
　　▷p35「(無題)」

中山来助　なかやまらいすけ
　江戸時代の歌舞伎役者。
◇浮世絵聚花 13（小学館 1981）
　　▷図113「武士に扮した中山来助」（流光斎如圭）

半井明親　なからいあきちか　？～1547
　戦国時代の医師。
◇京都大事典（淡交社 1984）

半井梧庵　なからいごあん　1813～1889
　江戸時代末期, 明治時代の医師。
◇愛媛県百科大事典（愛媛新聞社 1985）　▷半井梧菴

半井仲庵　なからいちゅうあん　1812～1871
　江戸時代末期, 明治時代の医師。
◇福井県大百科事典（福井新聞社 1991）

今帰仁朝敷　なきじんちょうふ　1847～1915
　江戸時代末期～大正期の琉球王族。
◇角川日本姓氏歴史人物大辞典 47（角川書店 1992）
◇沖縄大百科事典（沖縄タイムス社 1983）

梛野直　なぎのただし　1842～1912
　江戸時代後期～明治期の医師。
◇新潟県大百科事典 上, 下（新潟日報事業社 1977）

名越白平　なごしはくへい　1826～1908
　江戸時代後期～明治期の地方政治家・実業家。
◇岡山県歴史人物事典（山陽新聞社 1994）

名越左源太　なごやさげんた　1819～1881
　江戸時代末期, 明治時代の薩摩藩士。
◇沖縄大百科事典（沖縄タイムス社 1983）
◇鹿児島大百科事典（南日本新聞社 1981）

那須田又七　なすだまたしち　1842～1900
　江戸時代後期の公益家。
◇静岡県歴史人物事典（静岡新聞社 1991）

那須与一　なすのよいち
　平安時代後期, 鎌倉時代前期の武士。
◇岡山県歴史人物事典（山陽新聞社 1994）
◇秘蔵日本美術大観 11（講談社 1994）
　　▷図27「見立那須与一図」（宮川一笑　江戸時代中期（18世紀））
◇秘蔵浮世絵大観 2（講談社 1987）
　　▷図76「那須与一」（勝川春章　安永頃（1772-81頃））

◇浮世絵聚花 1（小学館 1983）
　　▷図61「扇の的 弓を引く那須与一」（伝 杉村治兵衛）
◇浮世絵聚花 16（小学館 1981）
　　▷図81「見立那須与一図」（川又常行）
◇浮世絵聚花 10（小学館 1979）
　　▷図043「壇之浦の戦い 那須与一」（作者不詳）
◇郷土歴史人物事典 栃木（第一法規出版 1977）
　　▷那須余一
◇在外秘宝―欧米収蔵浮世絵集成 鈴木春信（学習研究社 1972）
　　▷図63「見立那須与一」（鈴木春信）

夏目成美　なつめせいび　1749～1816
　江戸時代中期, 後期の俳人。
◇国史大辞典（吉川弘文館 1979）
◇日本人名大事典 1～6（平凡社 1979（覆刻））
◇俳諧人名辞典（巖南堂書店 1970）　▷成美

夏目甕麿　なつめみかまろ　1773～1822
　江戸時代後期の国学者, 神道学者。
◇静岡県史 通史編4 近世2（静岡県 1997）
　　▷〈写真〉写1-93「夏目甕麿画像」
◇静岡県歴史人物事典（静岡新聞社 1991）
◇静岡県史 資料編14 近世6（静岡県 1989）
　　▷〈口絵〉5「夏目甕麿画像」

鍋島勝茂　なべしまかつしげ　1580～1657
　江戸時代前期の大名。
◇日本史大事典（平凡社 1992）
◇佐賀県大百科事典（佐賀新聞社 1983）
◇国史大辞典（吉川弘文館 1979）

鍋島茂昌　なべしましげまさ　1832～1910
　江戸時代末期, 明治時代の肥前佐賀藩士。
◇佐賀県大百科事典（佐賀新聞社 1983）

鍋島綱茂　なべしまつなしげ　1652～1706
　江戸時代前期, 中期の大名。
◇佐賀県大百科事典（佐賀新聞社 1983）

鍋島直茂　なべしまなおしげ　1538～1618
　安土桃山時代, 江戸時代前期の大名。
◇日本史大事典（平凡社 1992）
◇佐賀県大百科事典（佐賀新聞社 1983）
◇国史大辞典（吉川弘文館 1979）

鍋島直朝　なべしまなおとも　1622～1709
　江戸時代前期の大名。
◇国史大辞典（吉川弘文館 1979）

鍋島直大 なべしまなおひろ 1846〜1921
　江戸時代末期, 明治時代の大名, 官吏。
◇サムライ古写真帖（新人物往来社 2004）
　　▷p13「（無題）」（慶応年間(1865〜68）か）
◇皇族・華族古写真帖 愛蔵版（新人物往来社 2003）
　　▷p89「（無題）」
　　▷p90「（無題）」
◇幕末維新・明治・大正美人帖（新人物往来社 2003）
　　▷p36「（無題）」
　　▷p36「鍋島家の女たち 右から2人目が栄子」
　　▷p36「鍋島家の人々 右端が直大」
◇幕末・明治美人帖（新人物往来社 2001）
　　▷p41「鍋島直大と胤子夫妻」
　　▷p44「ローマで挙式後の直大と栄子夫妻」
　　▷p40「鍋島家族一同」
◇佐賀県大百科事典（佐賀新聞社 1983）
◇国史大辞典（吉川弘文館 1979）
◇日本人名大事典 1〜6（平凡社 1979（覆刻））

鍋島直正 なべしまなおまさ 1814〜1871
　江戸時代末期, 明治時代の大名。
◇サムライ古写真帖（新人物往来社 2004）
　　▷p9「（無題）」（川崎道民）
　　▷p10「鍋島直正肖像」（小野又太郎 慶応2年(1866).11.20）
　　▷p11「冠直衣姿の鍋島直正肖像」（慶応3年(1867)〜明治初期頃の夏）
◇講談社日本人名大辞典（講談社 2001） ▷鍋島閑叟
◇幕末―写真の時代（筑摩書房 1994）
　　▷p190 No.202「（無題）」（川崎道民(伝) 安政6年(1859)？）
◇北海道歴史人物事典（北海道新聞社 1993）
◇日本史大事典（平凡社 1992）
◇日本大百科全書（小学館 1984）
◇佐賀県大百科事典（佐賀新聞社 1983）
◇北海道大百科事典（北海道新聞社 1981）
◇国史大辞典（吉川弘文館 1979）
◇日本人名大事典 1〜6（平凡社 1979（覆刻））
　　▷鍋島閑叟
◇世界伝記大事典（ほるぷ出版 1978）

鍋島直彬 なべしまなおよし 1843〜1915
　江戸時代末期, 明治時代の大名, 官吏。
◇角川日本姓氏歴史人物大辞典 47（角川書店 1992）
◇沖縄大百科事典（沖縄タイムス社 1983）
◇佐賀県大百科事典（佐賀新聞社 1983）
◇国史大辞典（吉川弘文館 1979）

鍋島斉直 なべしまなりなお 1780〜1839
　江戸時代後期の大名。
◇佐賀県大百科事典（佐賀新聞社 1983）

鍋島治茂 なべしまはるしげ 1745〜1805
　江戸時代中期, 後期の大名。
◇佐賀県大百科事典（佐賀新聞社 1983）

鍋島筆姫 なべしまふでひめ
　江戸時代末期の女性。鍋島直正夫人。
◇サムライ古写真帖（新人物往来社 2004）
　　▷p12「（無題）」（内田九一）

鍋島幹 なべしまみき 1844〜1913
　江戸時代末期, 明治時代の肥前佐賀藩家老, 子爵。
◇栃木県歴史人物事典（下野新聞社 1995）

鍋島光茂 なべしまみつしげ 1632〜1700
　江戸時代前期, 中期の大名。
◇佐賀県大百科事典（佐賀新聞社 1983）

鍋島元茂 なべしまもとしげ 1602〜1654
　江戸時代前期の大名。
◇佐賀県大百科事典（佐賀新聞社 1983）

浪江稊三 なみえていぞう
　1848〜1910 江戸時代後期〜明治期の蚕業研究家, 埼玉県議会議員。
◇埼玉大百科事典 1〜5（埼玉新聞社 1974）

並木五瓶〔初代〕 なみきごへい
　1747〜1808 江戸時代中期, 後期の歌舞伎作者。
◇国史大辞典（吉川弘文館 1979）

並木正三〔初代〕 なみきしょうぞう
　1730〜1773 江戸時代中期の歌舞伎作者。
◇大阪府史 第6巻 近世編2（大阪府 1987）
　　▷図64(写真)「並木正三像『並木正三一代噺』」
◇国史大辞典（吉川弘文館 1979）
◇世界伝記大事典（ほるぷ出版 1978）

名村五八郎 なむらごはちろう 1826〜1876
　江戸時代末期, 明治時代の長崎和蘭陀通詞。
◇幕末―写真の時代（筑摩書房 1994）
　　▷p18 No.7「（無題）」（E・ブラウン・ジュニア）
　　▷p138 No.145「遣露使節団一行のうち, 左から箕作秋坪, 古谷簡一, 名村五八郎」（撮影者不詳）
　　▷p141 No.152「（無題）」（撮影者不詳）
◇写された幕末―石黒敬七コレクション（明石書

店 1990）
　　▷p293 写真2「名村五八郎像」（ブラウン，エリファレット，ジュニア）
◇読者所蔵「古い写真」館（朝日新聞社 1986）
　　▷p42「遣露使節と留学生」
　　▷p42「遣露使節と留学生」慶応3年（1867）.2）
◇日本写真全集 1 写真の幕あけ（小学館 1985）
　　▷p147 No.199「（無題）」（E・ブラウン・ジュニア）

楢崎圭三　ならさきけいぞう　1847〜1920
江戸時代末期〜大正期の地域指導者。
◇広島県大百科事典（中国新聞社 1982）

奈良専二　ならせんじ　1822〜1892
江戸時代末期, 明治時代の明治三老農の一人。
◇千葉県の歴史 通史編 近現代1（千葉県 2002）
　　▷〈写真〉写真115「奈良専二」
◇香川県人物・人名事典（四国新聞社 1985）
◇香川県大百科事典（四国新聞社 1984）

楢林宗建　ならばやしそうけん　1802〜1852
江戸時代末期の蘭方医。
◇日本史大事典（平凡社 1992）
◇長崎県大百科事典（長崎新聞社 1984）
◇日本大百科全書（小学館 1984）
◇郷土歴史人物事典 長崎（第一法規出版 1979）
◇国史大辞典（吉川弘文館 1979）
◇日本人名大事典 1〜6（平凡社 1979（覆刻））
◇大日本百科事典（小学館 1967）

楢林鎮山　ならばやしちんざん　1648〜1711
江戸時代前期, 中期のオランダ通詞, 紅毛流外科医。
◇長崎県大百科事典（長崎新聞社 1984）
◇国史大辞典（吉川弘文館 1979）
◇日本人名大事典 1〜6（平凡社 1979（覆刻））
◇大日本百科事典（小学館 1967）

奈良原繁　ならはらしげる　1834〜1918
江戸時代末期, 明治時代の地方行政官僚, 政治家。
◇講談社日本人名大辞典（講談社 2001）
◇角川日本姓氏歴史人物大辞典 47（角川書店 1992）
◇沖縄大百科事典（沖縄タイムス社 1983）
◇鹿児島大百科事典（南日本新聞社 1981）　▷奈良原喜八郎（繁）
◇国史大辞典（吉川弘文館 1979）

楢山佐渡　ならやまさど　1831〜1869
江戸時代末期の陸奥南部藩家老。
◇岩手百科事典（岩手放送 1988）

成田氏長　なりたうじなが　？〜1595
安土桃山時代の大名。
◇栃木県歴史人物事典（下野新聞社 1995）

成田蒼虬　なりたそうきゅう
1761〜1842　江戸時代中期, 後期の俳人。
◇国史大辞典（吉川弘文館 1979）
◇俳諧人名辞典（巌南堂書店 1970）　▷蒼虬

成田太郎　なりたたろう　1831〜1883
江戸時代末期, 明治時代の勤王家, 備前岡山藩士。
◇岡山県歴史人物事典（山陽新聞社 1994）　▷成田元美

成瀬善五郎　なるせぜんごろう
江戸時代末期の遣米使節団随員。
◇写された幕末―石黒敬七コレクション（明石書店 1990）
　　▷p31 No.6「遣米使節〈新見豊前守一行〉」（ブラデー　万延元年（1860）.4.5）

成瀬正成　なるせまさなり　1567〜1625
安土桃山時代, 江戸時代前期の大名。
◇静岡県史 通史編3 近世1（静岡県 1997）
　　▷〈口絵〉4「成瀬正成画像」
　　▷〈写真〉写1-41「成瀬正成画像」
◇日本史大事典（平凡社 1992）
◇国史大辞典（吉川弘文館 1979）

成瀬正典　なるせまさのり
江戸時代末期の幕臣。
◇サムライ古写真帖（新人物往来社 2004）
　　▷p66「米海軍工廠を見学する遣米使節幹部たち」

鳴滝忠五郎　なるたきちゅうごろう
江戸時代後期の力士。
◇秘蔵浮世絵大観 2（講談社 1987）
　　▷図0110「鳴滝忠五郎」（勝川春英　文化年間）

鳴滝文太夫　なるたきぶんだゆう　1764〜1824
江戸時代後期の力士。
◇島根県歴史人物事典（山陰中央新報社 1997）
◇秘蔵浮世絵大観 6（講談社 1989）
　　▷図0122「和田ヶ原甚四郎・鳴瀧文太夫」（勝川春英　寛政中・後期）

名和長年　なわながとし　？〜1336
鎌倉時代後期, 南北朝時代の武将, 伯耆守, 行高の子。
◇講談社日本人名大辞典（講談社 2001）
◇国宝・重要文化財大全 2（毎日新聞社 1999）

▷図185「伝名和長年像」（長谷川等伯　桃山時代）
◇鳥取県大百科事典（新日本海新聞社 1984）
◇日本美術絵画全集 10（集英社 1979）
　▷図31「伝名和長年像」（長谷川等伯）
◇重要文化財 10（毎日新聞社 1974）
　▷図154「伝名和長年像」（長谷川等伯　桃山時代）
◇日本の名画 3（講談社 1974）
　▷図5「伝名和長年像」（長谷川等伯）
◇日本絵画館 6（講談社 1969）
　▷図61「伝名和長年像」（長谷川等伯）

南渓瑞聞　なんけいずいもん　？～1589
戦国時代, 安土桃山時代の臨済宗の僧, 遠州井伊谷竜潭寺第2世。
◇静岡県歴史人物事典（静岡新聞社 1991）

南山　なんざん　1756～1839
江戸時代中期, 後期の僧。瑞鳳寺14世, 妙心寺。
◇神奈川県百科事典（大和書房 1983）
◇宮城県百科事典（河北新報社 1982）

南山士雲　なんざんしうん　1254～1335
鎌倉時代後期, 南北朝時代の臨済宗聖一派の僧。
◇国史大辞典（吉川弘文館 1979）

南条神興　なんじょうじんこう　1814～1887
江戸時代末期, 明治期の真宗大谷派学僧。講師, 教学事務顧問・大学寮総監。
◇福井県大百科事典（福井新聞社 1991）

南天棒　なんてんぼう　1839～1925
江戸時代末期, 明治時代の僧, 書家。
◇佐賀県大百科事典（佐賀新聞社 1983）　▷中原南天棒

難波経直　なんばつねなお　1818～1884
江戸時代後期～明治期の医師。
◇岡山県歴史人物事典（山陽新聞社 1994）

難波抱節　なんばほうせつ　1791～1859
江戸時代末期の医師。
◇岡山県歴史人物事典（山陽新聞社 1994）
◇岡山県大百科事典（山陽新聞社 1980）
◇日本人名大事典 1～6（平凡社 1979(覆刻)）
　▷難波立愿
◇岡山人名事典（日本文教出版 1978）　▷難波立愿

南部明子　なんぶあきこ
江戸時代後期, 末期, 明治時代の歌人。
◇皇族・華族古写真帖 愛蔵版（新人物往来社 2003）
　▷p157「(無題)」（明治初期）
◇幕末維新・明治・大正美人帖（新人物往来社 2003）
　▷p35「(無題)」

南部重直　なんぶしげなお　1606～1664
江戸時代前期の大名。
◇岩手百科事典（岩手放送 1988）

南部信愛　なんぶしんあい　1523～1613
戦国時代, 安土桃山時代の武士。
◇岩手百科事典（岩手放送 1988）　▷北信愛

南仏　なんぶつ
鎌倉時代後期の僧侶・連歌作者。
◇仏像集成 8（学生社 1997）
　▷図488「南仏上人坐像」（作者不詳　室町時代　香山寺(高知県中村市)蔵）

南部利敬　なんぶとしたか　1782～1820
江戸時代後期の大名。
◇岩手百科事典（岩手放送 1988）

南部利直　なんぶとしなお　1576～1632
安土桃山時代, 江戸時代前期の大名。
◇岩手百科事典（岩手放送 1988）
◇国史大辞典（吉川弘文館 1979）

南部利剛　なんぶとしひさ　1826～1896
江戸時代末期, 明治時代の大名。
◇皇族・華族古写真帖 愛蔵版（新人物往来社 2003）
　▷p157「(無題)」（明治時代）
　▷p156「(無題)」
◇幕末維新・明治・大正美人帖（新人物往来社 2003）
　▷p35「(無題)」
◇岩手百科事典（岩手放送 1988）
◇青森県百科事典（東奥日報社 1981）

南部利恭　なんぶとしゆき　1855～1903
江戸時代末期, 明治時代の大名。
◇皇族・華族古写真帖 愛蔵版（新人物往来社 2003）
　▷p158「(無題)」
　▷p158「(無題)」

南部信直　なんぶのぶなお　1546～1599
安土桃山時代の大名。
◇日本史大事典（平凡社 1992）
◇岩手百科事典（岩手放送 1988）
◇国史大辞典（吉川弘文館 1979）

南部信房　なんぶのぶふさ　1765～1835
　江戸時代中期, 後期の大名。
◇青森県人名事典（東奥日報社 2002）
◇青森県百科事典（東奥日報社 1981）

南部甕男　なんぶみかお　1844～1922
　江戸時代末期, 明治時代の土佐藩士。
◇高知県人名事典（高知新聞社 1999）

南部光行　なんぶみつゆき　1147～1215
　鎌倉時代前期の武将。
◇岩手百科事典（岩手放送 1988）
◇青森県百科事典（東奥日報社 1981）

南部義籌　なんぶよしかず　1840～1917
　江戸時代末期～大正期のローマ字論者。
◇高知県人名事典（高知新聞社 1999）

南浦紹明　なんぽしょうみょう　1235～1308
　鎌倉時代後期の臨済宗の僧。
◇国宝・重要文化財大全 4（毎日新聞社 1999）
　▷図690「大応国師(坐)像」(作者不詳　鎌倉時代　妙興寺(愛知県一宮市)蔵)
◇国宝・重要文化財大全 1（毎日新聞社 1997）
　▷図89「南浦紹明像(大応国師)」(作者不詳　鎌倉時代 正応元(1288)自賛)
　▷図90「南浦紹明像(大応国師)」(作者不詳　鎌倉時代 徳治2(1307)自賛)
　▷図91「南浦紹明像(大応国師)」(作者不詳　鎌倉時代)
◇仏像集成 8（学生社 1997）
　▷図803「大応国師坐像」(作者不詳　円福寺(大分県豊後高田市)蔵)
◇日本美術全集 9（講談社 1993）
　▷図39「大応国師像」(作者不詳　正応1(1288)）
◇仏像集成 2（学生社 1992）
　▷図496「大応国師(坐)像」(作者不詳　妙興寺(愛知県一宮市)蔵)
◇京都大事典（淡交社 1984）
◇日本古寺美術全集 24（集英社 1982）
　▷図21「大応国師像(南浦紹明)」(作者不詳)
◇国史大辞典（吉川弘文館 1979）
◇日本人名大事典 1～6（平凡社 1979（覆刻））
◇国宝・重要文化財 仏教美術 九州1（小学館 1976）
　▷図47「大応国師像」(作者不詳　鎌倉時代)
◇重要文化財 5（毎日新聞社 1974）
　▷図170「大応国師(坐)像」(作者不詳　鎌倉時代　妙興寺(愛知県一宮市)蔵)
◇重要文化財 10（毎日新聞社 1974）
　▷図327「南浦紹明像(大応国師)」(作者不詳　鎌倉時代)
　▷図325「南浦紹明像(大応国師)(自賛)」(作者不詳　鎌倉時代)
　▷図326「南浦紹明像(大応国師)(自賛)」(作者不詳　鎌倉時代)
◇秘宝 11（講談社 1968）
　▷図63「南浦紹明像」(作者不詳)

南摩綱紀　なんまつなのり　1823～1909
　江戸時代末期, 明治時代の陸奥会津藩士。
◇栃木県歴史人物事典（下野新聞社 1995）

南明東湖　なんみんとうこ　1616～1684
　江戸時代前期の臨済宗の僧。
◇愛媛県百科大事典（愛媛新聞社 1985）　▷南明

南冥昌運　なんめいしょううん　1328～1412
　鎌倉時代後期～室町時代の僧。仏頂山楞厳禅寺開山。
◇兵庫県大百科事典 上, 下（神戸新聞出版センター 1983）

【に】

新島襄　にいじまじょう　1843～1890
　江戸時代末期, 明治時代のキリスト教主義教育者, もと上野安中藩士。
◇北海道歴史人物事典（北海道新聞社 1993）
◇群馬県史 通史編9 近代現代3 教育・文化（群馬県 1990）
　▷〈口絵〉「湯浅一郎画「新島襄肖像」」
　▷〈写真〉128「新島襄一家」
◇日本大百科全書（小学館 1984）
◇神奈川県百科事典（大和書房 1983）
◇群馬県人名大事典（上毛新聞社 1982）
◇北海道大百科事典（北海道新聞社 1981）
◇群馬県百科事典（上毛新聞社 1979）
◇国史大辞典（吉川弘文館 1979）
◇日本人名大事典 1～6（平凡社 1979（覆刻））
◇郷土歴史人物事典 群馬（第一法規出版 1978）
◇世界伝記大事典（ほるぷ出版 1978）
◇日本近代文学大事典 1～3（講談社 1977）
◇和漢詩歌作家辞典（みづほ出版 1972）
◇大日本百科事典（小学館 1967）
◇世界大百科事典（平凡社 1964）

新島八重　にいじまやえ　1845～1932
　江戸時代末期, 明治時代の女性。新島襄の妻。
◇会津大事典（国書刊行会 1985）　▷新島八重子
◇福島大百科事典（福島民報社 1980）　▷新島八重子

にいす

新居水竹　にいすいちく　1813〜1870
江戸時代末期,明治時代の儒学者。
◇徳島県百科事典（徳島新聞社 1981）▷新居与一助

新納忠元　にいろただもと　1526〜1610
戦国時代,安土桃山時代の武将,対馬氏の臣。
◇国史大辞典（吉川弘文館 1979）

新納中三　にいろなかぞう　1832〜1889
江戸時代末期,明治時代の薩摩藩士,司法官。
◇国史大辞典（吉川弘文館 1979）

二階堂保則〔初代〕　にかいどうやすのり
1835〜1904　江戸時代後期〜明治期の医師,勤王家。
◇新潟県大百科事典 別巻（新潟日報事業社 1977）

仁木永祐　にきえいすけ　1830〜1902
江戸時代末期,明治時代の医師。
◇岡山県歴史人物事典（山陽新聞社 1994）

仁木竹吉　にきたけよし　1834〜1915
江戸時代末期〜大正期の北海道開拓者。
◇徳島県歴史人物鑑（徳島新聞 1994）
◇北海道歴史人物事典（北海道新聞社 1993）
◇徳島県百科事典（徳島新聞社 1981）
◇北海道大百科事典（北海道新聞社 1981）

西周　にしあまね　1829〜1897
江戸時代末期,明治時代の哲学者,もと石見津和野藩士。
◇講談社日本人名大辞典（講談社 2001）
◇島根県歴史人物事典（山陰中央新報社 1997）
◇静岡県歴史人物事典（静岡新聞社 1991）
◇日本百科全書（小学館 1984）
◇島根県大百科事典（山陰中央新報社 1982）
◇国史大辞典（吉川弘文館 1979）
◇世界伝記大事典（ほるぷ出版 1978）
◇日本近代文学大事典 1〜3（講談社 1977）
◇大日本百科事典（小学館 1967）
◇世界大百科事典（平凡社 1964）

西有穆山　にしありぼくざん　1821〜1910
江戸時代末期,明治期の僧。総持寺独住三世貫首。
◇青森県人名事典（東奥日報社 2002）
◇青森県百科事典（東奥日報 1981）

西井多吉　にしいたきち　1815〜1899
江戸時代後期〜明治期の実業家。
◇岡山県歴史人物事典（山陽新聞社 1994）

西内義顕　にしうちよしあき　1844〜1923
江戸時代末期〜大正期の養蚕家。高知県蚕糸同業組合会長。
◇高知県人名事典（高知新聞社 1999）

虹ケ岳柚右衛門　にじがたけそまえもん
江戸時代中期,後期の力士。
◇秘蔵浮世絵大観 12（講談社 1988）
　▷図75「虹ケ岳柚右衛門と筆ノ海金右衛門」
　（勝川春章　天明2-3(1782-83)）
◇浮世絵大系 3（集英社 1974）
　▷図41「虹ケ岳柚右衛門と筆ノ海金右衛門」
　（勝川春章　天明2-3(1782-83)）

西川鯉三郎師〔初代〕　にしかわこいさぶろう
1823〜1899　江戸時代後期〜明治期の日本舞踊西川流宗元。
◇愛知百科事典（中日新聞本社 1977）▷西川鯉三郎〔1世〕

西川春洞　にしかわしゅんどう　1847〜1915
江戸時代末期,明治時代の書家。
◇佐賀県大百科事典（佐賀新聞社 1983）

西川如見　にしかわじょけん　1648〜1724
江戸時代前期,中期の天文学者,地理学者。
◇世界伝記大事典（ほるぷ出版 1978）

西寛二郎　にしかんじろう　1846〜1912
江戸時代末期,明治時代の薩摩藩士,陸軍軍人。
◇宮城県百科事典（河北新報社 1982）▷西寛治郎
◇鹿児島大百科事典（南日本新聞社 1981）
◇国史大辞典（吉川弘文館 1979）

西吉十郎　にしきちじゅうろう
江戸時代末期の通詞。1864年遣仏使節に随行しフランスに渡る。
◇読者所蔵「古い写真」館（朝日新聞社 1986）
　▷p38「第2回遣欧使節」

錦部刀良　にしごりのとら
飛鳥時代の人。
◇香川県人物・人名事典（四国新聞社 1985）

西島八兵衛　にしじまはちべえ　1596〜1680
江戸時代前期の水利技術者,生駒藩国奉行。
◇香川県人物・人名事典（四国新聞社 1985）▷西嶋八兵衛
◇香川県大百科事典（四国新聞社 1984）▷西嶋八兵衛
◇国史大辞典（吉川弘文館 1979）

西田辰正　にしだときまさ　1840〜1899
江戸時代末期, 明治期の富山藩士。
◇富山大百科事典（北日本新聞社 1994）

西道仙　にしどうせん　1836〜1913
江戸時代末期, 明治時代の儒医, 新聞人。
◇長崎県大百科事典（長崎新聞社 1984）

西徳二郎　にしとくじろう　1847〜1912
江戸時代後期〜明治期の外交官僚。
◇鹿児島大百科事典（南日本新聞社 1981）

仁科盛信　にしなもりのぶ　？〜1582
安土桃山時代の武将。
◇長野県歴史人物大事典（郷土出版社 1989）

西洞院時慶　にしのとういんときよし
1552〜1639
安土桃山時代, 江戸時代前期の公家。参議。
◇国史大辞典（吉川弘文館 1979）

西宮藤長　にしのみやふじなが　1825〜1895
江戸時代末期, 明治時代の出羽秋田藩士。
◇秋田大百科事典（秋田魁新報社 1981）

西丸帯刀　にしまるたてわき　生没年不詳
江戸時代末期の水戸藩藩士。
◇茨城県史 近世編（茨城県 1985）
　▷図12-10（写真）「西丸帯刀肖像」

西村茂樹　にしむらしげき　1828〜1902
江戸時代末期, 明治時代の肥前佐賀藩士, 思想家。
◇千葉県の歴史 通史編 近現代1（千葉県 2002）
　▷〈写真〉写真7「西村茂樹」
◇栃木県歴史人物事典（下野新聞社 1995）
◇日本大百科全書（小学館 1984）
◇千葉県人事典（千葉日報社 1982）
◇国史大辞典（吉川弘文館 1979）
◇日本人名大事典 1〜6（平凡社 1979）（覆刻）
◇世界伝記大事典（ほるぷ出版 1978）
◇大日本百科事典（小学館 1967）

西村捨三　にしむらすてぞう　1843〜1908
江戸時代末期, 明治時代の近江彦根藩士, 官僚。
◇角川日本姓氏歴史人物大辞典 47（角川書店 1992）
◇沖縄大百科事典（沖縄タイムス社 1983）

西村屋与八　にしむらやよはち
江戸時代中期・後期の書物・地本草紙問屋の版元。
◇朝日美術館 日本編 8（朝日新聞社 1997）
　▷図47「面構 浮世絵師鳥居清長と版元栄寿堂主人西村屋与八」（片岡球子 1993）

西村亮吉　にしむらりょうきち　1839〜1917
江戸時代末期, 明治時代の土佐藩士。
◇大分県歴史人物事典（大分合同新聞社 1996）
◇大分百科事典（大分放送 1980）

西森拙三　にしもりせつぞう　1848〜1919
江戸時代末期〜大正期の民権派新聞人。
◇高知県人名事典（高知新聞社 1999）

西山関一郎　にしやまかんいちろう　1848〜1903
江戸時代後期〜明治期の医師。
◇島根県歴史人物事典（山陰中央新報社 1997）

西山砂保　にしやますなほ　1781〜1839
江戸時代後期の医師。
◇島根県歴史人物事典（山陰中央新報社 1997）
◇島根県大百科事典（山陰中央新報社 1982）

西山拙斎　にしやませっさい　1735〜1798
江戸時代中期の儒学者, 漢詩人。
◇岡山県歴史人物事典（山陽新聞社 1994）
◇岡山県大百科事典（山陽新聞社 1980）

西山宗因　にしやまそういん　1605〜1682
江戸時代前期の連歌師, 俳人。談林派。
◇大阪府史 第5巻 近世編1（大阪府 1985）
　▷〈写真〉写真278「鶴永（西鶴）像・西翁（宗因）像「歌仙大坂俳諧師」」
◇国史大辞典（吉川弘文館 1979）
◇俳諧人名辞典（巌南堂書店 1970）　▷宗因
◇世界大百科事典（平凡社 1964）　▷宗因

西山志澄　にしやまゆきずみ　1842〜1911
江戸時代後期, 末期, 明治時代の武士, 政治家。
◇高知県人名事典（高知新聞社 1999）
◇高知県百科事典（高知新聞社 1976）

二蕉庵紫香　にしょうあんしこう　1845〜1919
江戸時代末期〜大正期の旧派俳諧宗匠。
◇山口県百科事典（大和書房 1982）

二条院　にじょういん　1026〜1105
平安時代中期, 後期の女性。後一条天皇第1皇女。
◇国宝・重要文化財大全（毎日新聞社 1997）
　▷図147「天皇摂関御影」（作者不詳　鎌倉時代）
◇日本美術全集 9（講談社 1993）
　▷図30「天子摂関大臣影図巻」（藤原為信, 藤原豪信　14世紀中頃）

◇皇室の至宝第1期 御物 1（毎日新聞社 1991）
　▷図10-30「天子影（天皇・摂関・大臣影三巻のうち）」（藤原為信，伝 藤原豪信　鎌倉時代）
◇続日本の絵巻 12（中央公論社 1991）
　▷p51-84「天子摂関御影」（作者不詳　14世紀半ば過ぎ）
◇続日本絵巻大成 18（中央公論社 1983）
　▷p51-84「天子摂関御影」（作者不詳）
◇新修日本絵巻物全集 26（角川書店 1978）
　▷グラビアp24-29「天子摂関御影　天子巻」（作者不詳）
　▷グラビアp30-37「天子摂関御影　摂関巻」（作者不詳）
　▷グラビアp38-55「天子摂関御影　大臣巻」（作者不詳）
　▷グラビア1「天子摂関御影　天子巻（崇徳院）」（作者不詳）
　▷グラビア2「天子摂関御影　天子巻（順徳院・後高倉院）」（作者不詳）
　▷グラビア3「天子摂関御影　摂関巻（藤原忠通・藤原基実）」（作者不詳）
　▷グラビア4「天子摂関御影　摂関巻（九条良経・近衛家実）」（作者不詳）
　▷グラビア5「天子摂関御影　大臣巻（藤原宗忠・藤原頼長）」（作者不詳）
　▷グラビア6「天子摂関御影　大臣巻（平重盛・平宗盛）」（作者不詳）
　▷グラビア7「天子摂関御影　大臣巻（大炊御門冬氏・今出川兼季）」（作者不詳）
　▷オフセット1「天子摂関御影　天子巻（鳥羽院）」（作者不詳）
　▷オフセット2「天子摂関御影　天子巻（後白河院・二条院）」（作者不詳）
　▷オフセット3「天子摂関御影　天子巻（高倉院・後鳥羽院）」（作者不詳）
　▷オフセット4「天子摂関御影　天子巻（花園院・後醍醐院）」（作者不詳）
　▷オフセット5「天子摂関御影　摂関巻（藤原師家・九条兼実）」（作者不詳）
　▷オフセット6「天子摂関御影　大臣巻（平清盛・藤原忠雅）」（作者不詳）
◇日本絵画館 4（講談社 1970）
　▷図53「天皇影」（伝 藤原為信　14世紀前半）

二条天皇　にじょうてんのう　1143～1165
平安時代後期の第78代天皇。在位1158～1165。
◇角川日本姓氏歴史人物大辞典 26（角川書店 1997）
◇日本史大事典（平凡社 1992）
◇国史大辞典（吉川弘文館 1979）
◇日本人名大事典 1～6（平凡社 1979（覆刻））

二条道平　にじょうみちひら　1288～1335
鎌倉時代後期，南北朝時代の公卿。関白・左大臣。
◇日本史大事典（平凡社 1992）
◇国史大辞典（吉川弘文館 1979）

二条良実　にじょうよしざね　1216～1270
鎌倉時代前期の公卿。関白・左大臣。
◇講談社日本人名大辞典（講談社 2001）
◇日本史大事典（平凡社 1992）
◇国史大辞典（吉川弘文館 1979）

西脇吉郎右衛門　にしわききちろううえもん　1819～1889　江戸時代末期，明治期の小千谷の資産家。
◇新潟県大百科事典 上, 下（新潟日報事業社 1977）　▷西脇吉郎右衛門（和三郎）

西脇清一郎　にしわきせいいちろう　1825～1893
江戸時代後期～明治期の銀行家。第四国立銀行副頭取。
◇新潟県大百科事典 上, 下（新潟日報事業社 1977）

日奥　にちおう　1565～1630
安土桃山時代，江戸時代前期の日蓮宗の僧。
◇岡山県歴史人物事典（山陽新聞社 1994）
◇国史大辞典（吉川弘文館 1979）
◇岡山人名事典（日本文教出版 1978）

日凝　にちぎょう　1793～1856
江戸時代後期，末期の日蓮宗の僧。
◇高知県人名事典（高知新聞社 1999）

日堯　にちぎょう　1543～1572
安土桃山時代の日蓮宗の僧。
◇新編 名宝日本の美術 20（小学館 1991）
　▷図53「日堯上人像」（長谷川等伯　元亀3（1572））
◇京都大事典（淡交社 1984）
◇名宝日本の美術 17（小学館 1983）
　▷図53「日堯上人像」（長谷川等伯　元亀3（1572））
◇日本美術絵画全集 10（集英社 1979）
　▷図30「日堯上人像」（長谷川等伯　元亀3（1572））
◇日本の名画 3（講談社 1974）
　▷図4「日堯上人像」（長谷川等伯）

日堯　にちぎょう　1620～1684
江戸時代前期の日蓮宗の僧。
◇香川県人物・人名事典（四国新聞社 1985）　▷日堯・日了

日源　にちげん　？～1609
安土桃山時代，江戸時代前期の日蓮宗の僧。
◇福井県大百科事典（福井新聞社 1991）　▷常円院日源

日持 にちじ　1250〜?
鎌倉時代後期の日蓮宗の僧。
◇北海道大百科事典（北海道新聞社　1981）

日乗 にちじょう
鎌倉時代の日蓮宗の僧。加賀の妙成寺を創建。
◇日本美術絵画全集 10（集英社　1979）
　▷図58「日乗上人像」（長谷川等伯）

日典 にちでん　1528〜1592
戦国時代、安土桃山時代の日蓮宗の僧。
◇岡山県歴史人物事典（山陽新聞社　1994）

日目 にちもく　1260〜1333
鎌倉時代後期の日蓮宗の僧。
◇国史大辞典（吉川弘文館　1979）

日羅 にちら
飛鳥時代の日系の百済官人。
◇国宝・重要文化財大全 4（毎日新聞社　1999）
　▷図720「日羅(立)像」（作者不詳　平安時代　橘寺（奈良県高市郡明日香村）蔵）
◇仏像集成 6（学生社　1995）
　▷図199「日羅(立)像」（作者不詳　9世紀中頃　橘寺（奈良県高市郡明日香村）蔵）
◇原色日本の美術(改訂版) 5（小学館　1994）
　▷図78「日羅(立)像」（作者不詳　橘寺（奈良県高市郡明日香村）蔵）
◇日本美術全集 5（講談社　1992）
　▷図66「日羅(立)像」（作者不詳　9世紀中期　橘寺（奈良県高市郡明日香村）蔵）
◇人間の美術 4（学習研究社　1990）
　▷図188「日羅(立)像」（作者不詳　8世紀）
◇人間の美術 5（学習研究社　1990）
　▷図53「日羅(立)像」（作者不詳　9世紀　橘寺（奈良県高市郡明日香村））
◇ほとけの顔 3（毎日新聞社　1989）
　▷図28「日羅(立)像」（作者不詳　平安時代　橘寺（奈良県高市郡明日香村）蔵）
◇全集日本の古寺 14（集英社　1984）
　▷図8「日羅(立)像」（作者不詳　9世紀後期　橘寺（奈良県高市郡明日香村）蔵）
◇土門拳　日本の彫刻 2（美術出版社　1980）
　▷図26-29「日羅(立)像」（作者不詳　橘寺（奈良県高市郡明日香村）蔵）
◇日本美術全集 6（学習研究社　1980）
　▷図54「日羅(立)像」（作者不詳　9世紀後半　橘寺（奈良県高市郡明日香村）蔵）
◇国史大辞典（吉川弘文館　1979）
◇日本古寺美術全集 5（集英社　1979）
　▷図61「日羅像」（作者不詳　奈良国立博物館（奈良県奈良市）蔵）
◇原色日本の美術 5（小学館　1978）
　▷図78「日羅(立)像」（作者不詳　橘寺（奈良県高市郡明日香村）蔵）
◇重要文化財 5（毎日新聞社　1974）
　▷図199「日羅(立)像」（作者不詳　平安時代　橘寺（奈良県高市郡明日香村）蔵）

日隆 にちりゅう　1385〜1464
室町時代の日蓮宗の僧。
◇国宝・重要文化財大全 4（毎日新聞社　1999）
　▷図674「日隆上人(坐)像」（浄伝　室町時代　本興寺（兵庫県尼崎市）蔵）
◇仏像集成 7（学生社　1997）
　▷図305「日隆上人(坐)像」（浄伝　享徳3(1454)　本興寺（兵庫県尼崎市）蔵）
◇重要文化財 5（毎日新聞社　1974）
　▷図159「日隆上人(坐)像」（浄伝　室町時代　本興寺（兵庫県尼崎市）蔵）

日了尼 にちりょうに
江戸時代前期の日蓮宗の尼僧。
◇香川県人物・人名事典（四国新聞社　1985）　▷日堯・日了

日輪 にちりん　1272〜1359
鎌倉時代後期、南北朝時代の日蓮宗の僧。
◇国史大辞典（吉川弘文館　1979）

日蓮 にちれん　1222〜1282
鎌倉時代後期の僧。
◇華―浮世絵名品集（平木浮世絵財団　2004）
　▷図30「高祖御一代略図 佐州塚原雪中」（歌川国芳　天保(1830-44)中期）
◇ボストン美術館 日本美術調査図録（講談社　2003）
　▷図III-396「日蓮上人波題目画稿」（葛飾北斎　天保年間(1830-44)）
◇講談社日本人名大辞典（講談社　2001）
◇ボストン美術館 肉筆浮世絵 3（講談社　2000）
　▷図72「日蓮上人波題目画稿」（葛飾北斎　天保年間(1830-44)）
◇国宝・重要文化財大全 2（毎日新聞社　1999）
　▷図182「日蓮像」（長谷川等伯）
◇国宝・重要文化財大全 4（毎日新聞社　1999）
　▷図672「日蓮聖人(坐)像」（作者不詳　正応1(1288)　本門寺（東京都大田区池上）蔵）
　▷図673「日蓮像」（作者不詳　鎌倉時代　宥清寺（京都府京都市上京区）蔵）
◇国宝・重要文化財大全 1（毎日新聞社　1997）
　▷図64「日蓮上人像」（作者不詳　鎌倉時代）
　▷図65「日蓮上人像」（作者不詳　鎌倉時代）
◇朝日美術館 日本編 8（朝日新聞社　1997）
　▷図25「面構 日蓮」（片岡球子　1968）
◇仏像集成 8（学生社　1997）
　▷図190「日蓮上人坐像」（作者不詳　十林寺（広島県三次市）蔵）
◇日本の浮世絵美術館 1（角川書店　1996）

にちろ

◇図85「日蓮」（葛飾北斎　文化中期－文政初期）
◇原色日本の美術（改訂版）21（小学館 1994）
　▷図21「日蓮聖人（坐）像」（作者不詳　正応1（1288）　本門寺（東京都大田区池上））
　▷図51「日蓮上人像」（作者不詳）
◇続々日本絵巻大成 伝記・縁起篇 2（中央公論社 1993）
　▷p2-75「日蓮聖人註画讃」（作者不詳）
◇山梨百科事典（山梨日日新聞社 1992）
◇日本史大事典（平凡社 1992）
◇現代の日本画 6（学習研究社 1991）
　▷図46「面構 日蓮」（片岡球子　昭和43（1968））
◇静岡県歴史人物事典（静岡新聞社 1991）
◇日本の仏像大百科 5（ぎょうせい 1991）
　▷図121「日蓮聖人（坐）像」（作者不詳　正応1（1288）　本門寺（東京都大田区池上）蔵）
◇日本美術全集 10（講談社 1991）
　▷図101「日蓮聖人（坐）像」（作者不詳　正応1（1288）　本門寺（東京都大田区池上）蔵）
◇人間の美術 6（学習研究社 1990）
　▷図175「日蓮聖人（坐）像」（作者不詳　正応1（1288）　本門寺（東京都大田区池上）蔵）
◇秘蔵浮世絵大観 5（講談社 1989）
　▷図070「日蓮上人波題目之図」（歌川芳盛　安政4）
◇仏像集成 1（学生社 1989）
　▷図259「日蓮上人坐像」（作者不詳　妙昌寺（埼玉県東松山市）蔵）
　▷図119「日蓮上人（坐）像」（作者不詳　正応1（1288）　本門寺（東京都大田区池上）蔵）
◇京都大事典（淡交社 1984）
◇日本大百科全書（小学館 1984）
◇千葉大百科事典（千葉日報社 1982）
◇日本古寺美術全集 17（集英社 1981）
　▷図61「日蓮聖人（坐）像」（作者不詳　正応1（1288）　本門寺（東京都大田区池上）蔵）
◇郷土歴史人物事典 千葉（第一法規出版 1980）
◇国史大辞典（吉川弘文館 1979）
◇日本美術絵画全集 10（集英社 1979）
　▷図59「日蓮上人像」（長谷川等伯　永禄8（1565））
◇日本美術全集 10（学習研究社 1979）
　▷図79「日蓮上人像」（作者不詳　鎌倉時代）
◇世界伝記大事典（ほるぷ出版 1978）
◇静岡大百科事典（静岡新聞社 1978）
◇日本美術絵画全集 15（集英社 1978）
　▷図31「日蓮上人竜之口法難図」（狩野探幽　寛文13（1673））
◇重要文化財 5（毎日新聞社 1974）
　▷図158「日蓮上人（坐）像」（作者不詳　正応1（1288）　本門寺（東京都大田区池上）蔵）
◇重要文化財 8（毎日新聞社 1973）
　▷図217「日蓮上人像」（作者不詳　鎌倉時代）
　▷図218「日蓮上人像」（作者不詳　鎌倉時代）

◇原色日本の美術 23（小学館 1971）
　▷図51「日蓮上人像」（作者不詳）
　▷図21「日蓮上人（坐）像」（作者不詳　正応1（1288）　本門寺（東京都大田区池上））
◇現代日本美術全集 2（集英社 1971）
　▷図38「日蓮」（横山大観　明治43（1910））
◇日本絵画館 4（講談社 1970）
　▷図60「日蓮上人像」（作者不詳　13世紀後半）
◇大日本百科事典（小学館 1967）
◇世界大百科事典（平凡社 1964）
◇日本版画美術全集 2（講談社 1961）
　▷図67-68「日蓮上人注画讃」（作者不詳）

日朗　にちろう　1245～1320
　鎌倉時代後期の日蓮宗の僧。
◇国史大辞典（吉川弘文館 1979）

日教　にっきょう　1552～1608
　安土桃山時代,江戸時代前期の日蓮宗の僧。
◇原色日本の美術（改訂版）20（小学館 1994）
　▷図20「日教上人像」（伝 信方　17世紀前半）
◇原色日本の美術 25（小学館 1970）
　▷図20「日教上人像」（伝 信方　17世紀前半）

日正　にっしょう　1829～1908
　江戸時代末期,明治時代の僧。
◇岡山県歴史人物事典（山陽新聞社 1994）　▷釈日正
◇岡山人名事典（日本文教出版 1978）

日親　にっしん　1407～1488
　室町時代,戦国時代の日蓮宗の僧。
◇国史大辞典（吉川弘文館 1979）
◇世界伝記大事典（ほるぷ出版 1978）

仁田忠常　にったただつね　？～1203
　平安時代後期,鎌倉時代前期の武士。
◇秘蔵浮世絵大観 プルヴェラー・コレクション（講談社 1990）
　▷図114「新田四郎忠常」（岳亭　文政10（？）（1827（？）））
◇静岡大百科事典（静岡新聞社 1978）

新田義顕　にったよしあき　？～1337
　鎌倉時代後期,南北朝時代の武将。
◇皇室の至宝第1期 御物 3（毎日新聞社 1991）
　▷図3「新田義顕血戦図」（川辺御楯　明治25（1892））
◇原色現代日本の美術 1（小学館 1980）
　▷図86「新田義顕血戦図」（川辺御楯　明治25（1892））
◇明治絵画名作大観 上（同盟通信社 1969）
　▷図2「新田義顕血戦図」（川辺御楯　明治25

（1892））

新田義貞　にったよしさだ　1301～1338
鎌倉時代後期, 南北朝時代の武将。
◇日本史大事典（平凡社　1992）
◇日本大百科全書（小学館　1984）
◇日本画素描大観 2（講談社　1983）
　　▷図2「義貞勾当内侍を視る（下図）」（上村松園　明治28（1895））
◇国史大辞典（吉川弘文館　1979）
◇世界伝記大事典（ほるぷ出版　1978）

日通　にっつう　1551～1608
安土桃山時代, 江戸時代前期の日蓮宗の僧。
◇新編 名宝日本の美術 20（小学館　1991）
　　▷図54「日通上人像」（長谷川等伯　慶長13（1608））
◇名宝日本の美術 17（小学館　1983）
　　▷図54「日通上人像」（長谷川等伯　慶長13（1608））
◇日本美術絵画全集 10（集英社　1979）
　　▷図35「日通上人像」（長谷川等伯　慶長13（1608））
◇日本の名画 3（講談社　1974）
　　▷図22「日通上人像」（長谷川等伯）

日峰宗舜　にっぽうそうしゅん　1368～1448
南北朝時代, 室町時代の臨済宗の僧。
◇国史大辞典（吉川弘文館　1979）　▷日峯宗舜

新渡戸伝　にとべつとう　1793～1871
江戸時代末期, 明治時代の陸奥七戸藩士, 陸奥南部藩士。
◇青森県人名事典（東奥日報社　2002）
◇岩手百科事典（岩手放送　1988）
◇青森県百科事典（東奥日報社　1981）
◇国史大辞典（吉川弘文館　1979）

蜷川親元　にながわちかもと　1433～1488
室町時代, 戦国時代の幕府吏僚。
◇国史大辞典（吉川弘文館　1979）

蜷川式胤　にながわのりたね　1835～1882
江戸時代末期, 明治時代の考古家。
◇国史大辞典（吉川弘文館　1979）

二宮敬作　にのみやけいさく　1804～1862
江戸時代末期の蘭方医。
◇愛媛県百科大事典（愛媛新聞社　1985）
◇国史大辞典（吉川弘文館　1979）

二宮尊行　にのみやそんこう　1821～1871
江戸時代末期, 明治時代の二宮尊徳の子。
◇栃木県歴史人物事典（下野新聞社　1995）　▷二宮弥太郎

二宮尊徳　にのみやそんとく　1787～1856
江戸時代後期の農政家。
◇愛知県史 資料編34 近代11 教育（愛知県　2004）
　　▷〈口絵〉口絵19「二宮金次郎像（1929年）」
◇講談社日本人名大辞典（講談社　2001）
◇静岡県史 通史編4 近世2（静岡県　1997）
　　▷〈写真〉写2-142「二宮尊徳（金次郎）画像」
◇日本史大事典（平凡社　1992）
◇新編埼玉県史 資料編26 近代・現代8 教育・文化 2（埼玉県　1990）
　　▷〈口絵〉7「二宮尊徳（銅像）の応召式（秩父郡日野沢国民学校　昭和18年）」
◇新編埼玉県史 通史編6 近代2（埼玉県　1989）
　　▷〈写真〉3-82「金属回収によって供出された二宮金次郎・楠公像」
◇茨城県史 近世編（茨城県　1985）
　　▷図8-14（写真）「二宮尊徳肖像」
◇栃木県史 通史編5 近世二（栃木県　1984）
　　▷〈写真〉10-2「二宮尊徳像（今市報徳役所跡）」
◇日本大百科全書（小学館　1984）
◇神奈川県史 通史編3近世（2）（神奈川県　1983）
　　▷〈口絵〉「二宮尊徳画像」
◇神奈川県百科事典（大和書房　1983）
◇茨城県大百科事典（茨城新聞社　1981）
◇神奈川県史 各論編3 文化（神奈川県　1980）
　　▷〈口絵〉9「二尊尊徳像 岡本秋暉」
◇神奈川県史 各論編3 文化（神奈川県　1980）
　　▷〈口絵〉9「二尊尊徳像 岡本秋暉」
　　▷〈写真〉117「尊徳銅像」
◇国史大辞典（吉川弘文館　1979）
◇世界伝記大事典（ほるぷ出版　1978）
◇大日本百科事典（小学館　1967）
◇世界大百科事典（平凡社　1964）

如信　にょしん　1235～1300
鎌倉時代後期の真宗の僧。
◇講談社日本人名大辞典（講談社　2001）
◇国宝・重要文化財大全 1（毎日新聞社　1997）
　　▷図60「親鸞・如信・覚如三上人像」（作者不詳　南北朝時代）
◇茨城県大百科事典（茨城新聞社　1981）
◇国史大辞典（吉川弘文館　1979）
◇重要文化財 30（毎日新聞社　1977）
　　▷図42「親鸞・如信・覚如三上人像」（作者不詳　南北朝時代）

如道　にょどう　1253～1340
鎌倉時代後期, 南北朝時代の真宗の僧。
◇福井県大百科事典（福井新聞社　1991）

にれか

仁礼景範　にれかげのり　1831〜1900
　江戸時代末期,明治時代の薩摩藩士,海軍軍人。
◇鹿児島大百科事典（南日本新聞社 1981）
◇国史大辞典（吉川弘文館 1979）
◇日本人名大事典 1〜6（平凡社 1979(覆刻)）

丹羽五郎　にわごろう　1852〜1928
　江戸時代末期,明治時代の陸奥会津藩士。
◇北海道歴史人物事典（北海道新聞社 1993）
◇北海道大百科事典（北海道新聞社 1981）

丹羽長秀　にわながひで　1535〜1585
　安土桃山時代の武将。
◇日本史大事典（平凡社 1992）
◇福井県大百科事典（福井新聞社 1991）
◇日本大百科全書（小学館 1984）
◇国史大辞典（吉川弘文館 1979）

人形忠　にんぎょうちゅう　1841〜1912
　江戸時代後期〜明治期の人形師。
◇徳島県歴史人物鑑（徳島新聞社 1994）
◇徳島県百科事典（徳島新聞社 1981）

仁孝天皇　にんこうてんのう　1800〜1846
　江戸時代後期の第120代天皇。在位1817〜1846。
◇日本史大事典（平凡社 1992）
◇国史大辞典（吉川弘文館 1979）

忍性　にんしょう　1217〜1303
　鎌倉時代後期の僧。
◇日本史大事典（平凡社 1992）
◇日本大百科全書（小学館 1984）
◇国史大辞典（吉川弘文館 1979）
◇世界伝記大事典（ほるぷ出版 1978）

仁如集堯　にんじょしゅうぎょう　1483〜1574
　戦国時代の臨済宗一山派の僧。
◇長野県歴史人物大事典（郷土出版社 1989）

仁徳天皇　にんとくてんのう
　上代の第16代天皇。
◇ボストン美術館 日本美術調査図録（講談社 2003）
　▷図II-42「仁徳天皇詠歌図」（住吉弘貫　江戸時代(19世紀)）
◇琳派 4（紫紅社 1991）
　▷図113「仁徳帝詠歌図」（酒井抱一）

【ぬ】

額田王　ぬかたのおおきみ
　飛鳥時代の女性。万葉歌人。
◇昭和の日本画100選（朝日新聞社 1991）
　▷図45「飛鳥の春の額田王」（安田靫彦　昭和39(1964)）
◇昭和の美術 4（毎日新聞社 1990）
　▷p55「飛鳥の春の額田王」（安田靫彦　昭和39(1964)）
◇アート・ギャラリー・ジャパン 4（集英社 1987）
　▷図02「飛鳥の春の額田王」（安田靫彦　昭和39(1964)）
◇日本現代美術 絵画1（形象社 1986）
　▷p27「飛鳥の春の額田王」（安田靫彦　昭和39(1964)）
◇日本画素描大観 4（講談社 1984）
　▷図191「飛鳥の春の額田王」（安田靫彦　昭和39(1964)）
　▷図190「飛鳥の春の額田王(小下図)」（安田靫彦　昭和39(1964)）
◇名作絵画にみる日本の四季 4（読売新聞社 1979）
　▷図5「飛鳥の春の額田王」（安田靫彦　昭和39(1964)）
◇日本の名画 14（中央公論社 1976）
　▷図40-41「飛鳥の春の額田王」（安田靫彦　昭和39(1964)）
◇現代日本美術全集 14（集英社 1974）
　▷図44「飛鳥の春の額田王」（安田靫彦　昭和39(1964)）
◇日本の名画 25（講談社 1974）
　▷図14「飛鳥の春の額田王」（安田靫彦　昭和39(1964)）
◇原色日本の美術 26（小学館 1972）
　▷図81「飛鳥の春の額田王」（安田靫彦　昭和39(1964)）
◇現代の日本画 3（三彩社 1968）
　▷図98「飛鳥の春の額田王」（安田靫彦　昭和22(1947)）

貫名海屋　ぬきなかいおく　1778〜1863
　江戸時代後期の儒者,書家,画家。
◇徳島県歴史人物鑑（徳島新聞社 1994）　▷貫名菘翁
◇徳島県百科事典（徳島新聞社 1981）　▷貫名菘翁

榲島丹斎　ぬでしまたんさい
　生没年不詳　江戸時代の吉井藩の代官。
◇群馬県史 通史編4 近世1 政治（群馬県 1990）
　▷〈写真〉83「榲島丹斎画像」

沼尻墨僊　ぬまじりぼくせん　1775～1856
　江戸時代後期の地理学者。
◇茨城県大百科事典（茨城新聞社 1981）

【ね】

根上善兵衛　ねあがりぜんべえ　1836～1903
　江戸時代後期～明治期の実業家。
◇山形県大百科事典（山形放送 1983）

根岸武香　ねぎしたけか　1839～1902
　江戸時代末期，明治時代の国学者。
◇埼玉大百科事典 1～5（埼玉新聞社 1974）

根岸干夫　ねぎしたてお　1849～1901
　江戸時代後期～明治期の松江藩士，郡長。
◇島根県歴史人物事典（山陰中央新報社 1997）

禰寝重長　ねじめしげなが　1536～1580
　安土桃山時代の武士。
◇角川日本姓氏歴史人物大辞典 46（角川書店 1994）

根津欽次郎　ねづきんじろう
　江戸時代末期の教授方手伝。1860年咸臨丸の教授方手伝としてアメリカに渡る。
◇幕末―写真の時代（筑摩書房 1994）
　　▷p45 No.35「サンフランシスコの咸臨丸乗組員たち」（撮影者不詳）

念仏阿米　ねんぶつおよね　1752～1758
　江戸時代中期の霊能者。
◇静岡県歴史人物事典（静岡新聞社 1991）

【の】

能因　のういん　988～1050
　平安時代中期の歌人。
◇秘蔵浮世絵大観 ベレス・コレクション（講談社 1991）
　　▷図10「六玉川 千鳥玉川 能因法師」（鈴木春信　明和3-6頃(1765-69頃)）
◇秘蔵浮世絵大観 6（講談社 1989）
　　▷図046「六玉川 千鳥玉川 能因法師」（鈴木春信　明和3-6頃(1765-69頃)）
◇浮世絵聚花 12（小学館 1980）
　　▷図014「六玉川 千鳥玉川 能因法師」（鈴木春信　明和3-6頃(1765-69頃)）

野賀岐山　のがぎざん　1824～1889
　江戸時代後期～明治期の教育者。
◇静岡県歴史人物事典（静岡新聞社 1991）

軒原庄蔵　のきはらしょうぞう　1828～1890
　江戸時代後期，末期，明治時代の治水家。
◇香川県人物・人名事典（四国新聞社 1985）
◇香川県大百科事典（四国新聞社 1984）

野口勝一　のぐちかついち　1848～1905
　江戸時代末期，明治時代の政治家。
◇茨城県大百科事典（茨城新聞社 1981）

野口在色　のぐちざいしき　1643～1719
　江戸時代前期，中期の俳人。談林派。
◇長野県歴史人物大事典（郷土出版社 1989）
◇俳諧人名事典（巖南堂書店 1970）　▷在色

野口小蘋　のぐちしょうひん　1847～1917
　江戸時代末期～大正期の日本画家。
◇徳島県歴史人物鑑（徳島新聞社 1994）
◇徳島県百科事典（徳島新聞社 1981）

野崎兎園　のざきとえん　1836～1908
　江戸時代末期，明治期の実業家。大阪二十一国立銀行取締役。
◇高知県人名事典（高知新聞社 1999）

野崎彦左衛門　のざきひこざえもん
　1843～1905　江戸時代末期，明治期の商人。
◇角川日本姓氏歴史人物大辞典 22（角川書店 1995）

野崎武左衛門　のざきぶざえもん
　1789～1864　江戸時代後期の塩業家。
◇岡山県歴史人物事典（山陽新聞社 1994）　▷野﨑武左衛門
◇岡山県大百科事典（山陽新聞社 1980）
◇国史大辞典（吉川弘文館 1979）

野崎正朝　のざきまさとも　1841～1904
　江戸時代後期～明治期の迅衝隊員，鉱山経営者。
◇高知県人名事典（高知新聞社 1999）

野崎又六　のざきまたろく　1845～1921
　江戸時代末期～大正期の教育者・新聞人。
◇岡山県歴史人物事典（山陽新聞社 1994）

野崎流天　のざきりゅうてん　1851～1922
　江戸時代末期～大正期の僧。
◇鹿児島大百科事典（南日本新聞社 1981）

野沢郁太　のざわいくた
　江戸時代末期の第1回遣欧使節団副使従者。
◇幕末―写真の時代（筑摩書房 1994）
　　▷p63 No.65「（無題）」（ナダール）
◇写真集 甦る幕末（朝日新聞社 1987）
　　▷p234 No.335「（無題）」
　　▷p237 No.348「（無題）」

野沢吉兵衛〔5代〕　のざわきちべえ
　1841～1911　江戸時代末期, 明治期の文楽三味線方。
◇香川県人物・人名事典（四国新聞社 1985）　▷野沢吉兵衛〔代数なし〕
◇香川県大百科事典（四国新聞社 1984）　▷野沢吉兵衛〔代数なし〕

野沢泰次郎　のざわたいじろう　1844～1920
　江戸時代末期～大正期の紡績業者。
◇栃木県歴史人物事典（下野新聞社 1995）

莅戸太華　のぞきどたいか　1735～1803
　江戸時代中期, 後期の出羽米沢藩士。
◇日本大百科全書（小学館 1984）
◇山形県大百科事典（山形放送 1983）　▷莅戸善政

野田豁通　のだひろみち　1844～1913
　江戸時代末期, 明治時代の肥後熊本藩士。
◇青森県百科事典（東奥日報社 1981）

野津鎮雄　のづしずお　1835～1880
　江戸時代末期, 明治時代の薩摩藩士, 陸軍軍人。
◇角川日本姓氏歴史人物大辞典 46（角川書店 1994）
◇鹿児島大百科事典（南日本新聞社 1981）

野中兼山　のなかけんざん　1615～1663
　江戸時代前期の土佐藩士, 政治家, 儒者。
◇国史大辞典（吉川弘文館 1979）
◇世界伝記大事典（ほるぷ出版 1978）
◇高知県百科事典（高知新聞社 1976）

野中元右衛門　のなかもとえもん
　1812～1866　江戸時代末期の肥前佐賀藩士。
◇佐賀県大百科事典（佐賀新聞社 1983）

野々口立圃　ののぐちりゅうほ　1595～1669
　江戸時代前期の俳人。
◇国史大辞典（吉川弘文館 1979）
◇日本人名大事典 1～6（平凡社 1979（覆刻））
◇俳諧人名辞典（巌南堂書店 1970）　▷立圃

野々村市之進　ののむらいちのしん
　江戸時代末期の従者。1860年遣米使節に随行しアメリカに渡る。
◇幕末―写真の時代（筑摩書房 1994）
　　▷p21 No.10「（無題）」（C・D・フレデリックス）
　　▷p47 No.37「（無題）」（C・D・フレデリックス）
　　▷p254 No.272「野々村市之進, 川崎道民らのステレオ印画」（撮影者不詳）

野々村忠実　ののむらただざね
　江戸時代後期, 末期の遣米使節の従者。
◇サムライ古写真帖（新人物往来社 2004）
　　▷p67「（無題）」
　　▷p67「（無題）」
◇士―日本のダンディズム（二玄社 2003）
　　▷p118 No.99「野々村忠実像」（チャールズ・ドフォレスト・フレデリック）
　　▷p124 No.100「野々村忠実像」

信岡喜十郎　のぶおかきじゅうろう　1835～1922
　江戸時代末期～大正期の畜産家。
◇大分県歴史人物事典（大分合同新聞社 1996）

信原藤蔭　のぶはらとういん　1841～1924
　江戸時代末期～大正期の漢学者。
◇岡山人名事典（日本文教出版 1978）

野間玄琢　のまげんたく　1590～1645
　江戸時代前期の医師。
◇国史大辞典（吉川弘文館 1979）

野間三竹　のまさんちく　1608～1676
　江戸時代前期の儒医。
◇国史大辞典（吉川弘文館 1979）
◇日本人名大事典 1～6（平凡社 1979（覆刻））

野溝甚四郎　のみぞじんしろう　1824～1905
　江戸時代末期, 明治期の豊後岡藩士。
◇大分県歴史人物事典（大分合同新聞社 1996）

野村維章　のむらこれあきら　1844～1903
　江戸時代末期, 明治時代の砲術家。
◇高知県人名事典（高知新聞社 1999）

野村成満　のむらしげみつ　1838~1924
　江戸時代末期~大正期の水利功労者。
◇高知県人名事典（高知新聞社 1999）

野村綱　のむらつな　1845~1906
　江戸時代後期~明治期の教育者。宮崎学校長,旧制県立宮崎中学校長。
◇宮崎県大百科事典（宮崎日日新聞社 1983）

野村文夫　のむらふみお　1836~1891
　江戸時代末期,明治時代の安芸広島藩士,官僚,記者。
◇日本人名大事典 1~6（平凡社 1979（覆刻））

野村望東　のむらぼうとう　1806~1867
　江戸時代末期の女性。歌人。
◇山口県百科事典（大和書房 1982）▷野村望東尼
◇福岡県百科事典 上,下（西日本新聞社 1982）▷野村望東尼
◇和漢詩歌作家辞典（みづほ出版 1972）

野村素介　のむらもとすけ　1842~1927
　江戸時代末期,明治時代の長州（萩）藩士,官僚。
◇角川日本姓氏歴史人物大辞典 35（角川書店 1991）
◇国史大辞典（吉川弘文館 1979）

野村盛秀　のむらもりひで　1831~1873
　江戸時代末期,明治時代の薩摩藩士。
◇大分県歴史人物事典（大分合同新聞社 1996）
◇埼玉大百科事典 1~5（埼玉新聞社 1974）

野矢常方　のやつねかた　1802~1868
　江戸時代末期の陸奥会津藩士。
◇会津大事典（国書刊行会 1985）

野呂元丈　のろげんじょう　1693~1761
　江戸時代中期の医師,本草学者,蘭学者。
◇日本史大事典（平凡社 1992）
◇日本大百科全書（小学館 1984）
◇国史大辞典（吉川弘文館 1979）
◇日本人名大事典 1~6（平凡社 1979（覆刻））
◇大日本百科事典（小学館 1967）

野呂武左衛門　のろぶざえもん
　1836~1902　江戸時代中期の植林家。
◇青森県人名事典（東奥日報社 2002）

【は】

売茶翁　ばいさおう　1675~1763
　江戸時代中期の僧煎茶人。
◇日本の美術（美術年鑑社 2002）
　▷p625「売茶翁」（鍋島静道　1999）
◇京都大事典 府域編（淡交社 1994）▷高遊外
◇新編 名宝日本の美術 27（小学館 1991）
　▷図20「売茶翁像」（伊藤若冲　明和4-安永4（1767-75））
◇人間の美術 10（学習研究社 1990）
　▷図19「売茶翁煎茶図」（池大雅　18世紀後期）
　▷図18「売茶翁像」（伊藤若冲　18世紀後期）
　▷図20「売茶翁煎茶図」（谷文晁　19世紀前期）
　▷図21「売茶翁像」（三熊思孝　天明6（1786））
◇京都大事典（淡交社 1984）▷高遊外
◇佐賀県大百科事典（佐賀新聞社 1983）
◇国史大辞典（吉川弘文館 1979）▷月海元昭

梅山聞本　ばいさんもんぽん　?~1417
　室町時代の曹洞宗の僧。
◇国史大辞典（吉川弘文館 1979）

梅荘顕常　ばいそうけんじょう　1719~1801
　江戸時代中期,後期の臨済宗相国寺派の僧。
◇国史大辞典（吉川弘文館 1979）
◇日本人名大事典 1~6（平凡社 1979（覆刻））
　▷大典顕常

灰屋紹益　はいやじょうえき　?~1691
　江戸時代前期の京都の豪商,文人。
◇国史大辞典（吉川弘文館 1979）

芳賀禅可　はがぜんか　?~1372
　鎌倉時代後期,南北朝時代の武将。
◇国史大辞典（吉川弘文館 1979）

芳賀真咲　はがまさき　1841~1906
　江戸時代後期,末期,明治時代の国学者,神職。
◇宮城県百科事典（河北新報社 1982）

萩原禎助　はぎわらていすけ　1828~1909
　江戸時代末期,明治時代の和算家。
◇群馬県史 通史編6 近世3 生活・文化（群馬県 1992）
　▷〈写真〉87「萩原信芳肖像」

はくい

白隠慧鶴　はくいんえかく　1685〜1768
江戸時代中期の僧。
◇朝日美術館 日本編 8（朝日新聞社 1997）
　▷図24「面構 白隠」（片岡球子 1968）
◇日本史大事典（平凡社 1992）　▷白隠
◇現代の日本画 6（学習研究社 1991）
　▷図47「面構 白隠」（片岡球子 昭和43
　（1968））
◇静岡県歴史人物事典（静岡新聞社 1991）　▷
　白隠
◇長野県歴史人物大事典（郷土出版社 1989）
◇日本大百科全書（小学館 1984）　▷白隠
◇国史大辞典（吉川弘文館 1979）
◇日本人名大事典 1〜6（平凡社 1979（覆刻））
◇日本美術全集 23（学習研究社 1979）
　▷図88「円相内自画像」（白隠慧鶴　明和1
　（1764））
　▷図86「自画像」（白隠慧鶴　宝暦5（1755））
　▷図87「自画像」（白隠慧鶴　明和4（1767））
◇世界伝記大事典（ほるぷ出版 1978）
◇静岡大百科事典（静岡新聞社 1978）　▷白隠
◇大日本百科事典（小学館 1967）

白雲慧暁　はくうんえぎょう　1223〜1297
鎌倉時代後期の臨済宗の僧。
◇国宝・重要文化財大全 1（毎日新聞社 1997）
　▷図93「白雲恵暁像」（作者不詳　鎌倉時代）
◇人間の美術 6（学習研究社 1990）
　▷図192「白雲慧暁像」（作者不詳）
◇日本古寺美術全集 22（集英社 1983）
　▷図24「白雲恵暁像」（作者不詳）
◇国史大辞典（吉川弘文館 1979）
◇日本美術絵画全集 1（集英社 1977）
　▷図72「白雲恵暁像（自賛）」（作者不詳）
◇重要文化財 10（毎日新聞社 1974）
　▷図329「白雲恵暁像」（作者不詳　鎌倉時代）

白雲　はくうん　1223〜1297
鎌倉時代前期、後期の禅宗の高僧。
◇香川県人物・人名事典（四国新聞社 1985）
◇香川県大百科事典（四国新聞社 1984）

白雲　はくうん　1764〜1825
江戸時代中期、後期の仙北郡六郷町本覚寺の僧、洋画家。
◇秋田大百科事典（秋田魁新報社 1981）

白極誠一　はくごくせいいち　1850〜1905
江戸時代後期〜明治期の教育家。
◇宮城県百科事典（河北新報社 1982）

白達磨見風　はくだるまけんぷう　1711〜1783
江戸時代中期の俳人。
◇書府太郎―石川県大百科事典 改訂版 上（北国新聞社 2004）　▷河合見風

羽倉簡堂　はぐらかんどう　1790〜1862
江戸時代末期の儒学者、代官。
◇国史大辞典（吉川弘文館 1979）

橋爪治郎作　はしづめじろさく　1838〜1907
江戸時代後期〜明治期の蚕種業者（種屋）。
◇富山大百科事典（北日本新聞社 1994）

羽柴秀長　はしばひでなが　1541〜1591
安土桃山時代の武将、豊臣秀吉の異母弟。
◇国史大辞典（吉川弘文館 1979）

橋本雅邦　はしもとがほう　1835〜1908
江戸時代末期、明治時代の画家。
◇埼玉大百科事典 1〜5（埼玉新聞社 1974）

橋本勘五郎　はしもとかんごろう　1822〜1897
江戸時代末期、明治時代の石工。
◇熊本県大百科事典（熊本日日新聞社 1982）

橋本喜助　はしもときすけ
江戸時代末期、明治期の足袋製造経営者。
◇埼玉大百科事典 1〜5（埼玉新聞社 1974）

橋本香坡　はしもとこうは　1809〜1865
江戸時代末期の沼田藩士。
◇兵庫県大百科事典 上,下（神戸新聞出版センター 1983）
◇兵庫県史 第5巻 近世編3・幕末維新（兵庫県 1981）
　▷〈写真〉写真40「橋本香坡像」

橋本左内　はしもとさない　1834〜1859
江戸時代末期の越前福井藩士、改革論者。
◇講談社日本人名大辞典（講談社 2001）
◇福井県大百科事典（福井新聞社 1991）
◇郷土歴史人物事典 福井（第一法規出版 1985）
◇日本大百科全書（小学館 1984）
◇国史大辞典（吉川弘文館 1979）
◇世界伝記大事典（ほるぷ出版 1978）
◇和漢詩歌作家辞典（みづほ出版 1972）
◇大日本百科事典（小学館 1967）
◇世界大百科事典（平凡社 1964）

橋本宗吉　はしもとそうきち　1763〜1836
江戸時代中期、後期の蘭学者。
◇国史大辞典（吉川弘文館 1979）
◇日本人名大事典 1〜6（平凡社 1979（覆刻））
◇大日本百科事典（小学館 1967）

橋本長兵衛　はしもとちょうべえ
　江戸時代前期の小浜藩絵師。
◇福井県大百科事典（福井新聞社 1991）

橋本経亮　はしもとつねあきら　1755～1805
　江戸時代中期, 後期の国学者, 有識故実家。
◇国史大辞典（吉川弘文館 1979）

橋本悌蔵　はしもとていぞう
　江戸時代末期の幕臣。
◇幕末―写真の時代（筑摩書房 1994）
　　▷p140 No.148「（無題）」（撮影者不詳）
◇読者所蔵「古い写真」館（朝日新聞社 1986）
　　▷p42「遣露使節と留学生」

橋本伝右衛門　はしもとでんえもん
　1845～1900　江戸時代末期, 明治時代の篤農家。
◇福島大百科事典（福島民報社 1980）

橋本晩翠　はしもとばんすい　1812～1887
　江戸時代後期～明治期の儒家。
◇徳島県百科事典（徳島新聞社 1981）

長谷川昭道　はせがわあきみち　1815～1897
　江戸時代末期, 明治時代の儒学者, 政治家。
◇国史大辞典（吉川弘文館 1979）

長谷川角行　はせがわかくぎょう　1541～1646
　安土桃山時代, 江戸時代前期の富士行者。
◇静岡県史 通史編4 近世2（静岡県 1997）
　　▷〈写真〉写1-187「角行肖像」

長谷川敬助　はせがわけいすけ　1850～1922
　江戸時代末期～大正期の埼玉県議会議長・埼玉県官吏。
◇埼玉大百科事典 1～5（埼玉新聞社 1974）

長谷川佐太郎　はせがわさたろう
　1827～1899　江戸時代末期, 明治時代の豪農。
◇香川県人物・人名事典（四国新聞社 1985）
◇香川県大百科事典（四国新聞社 1984）

長谷川泰　はせがわたい　1842～1912
　江戸時代末期, 明治時代の医学者。
◇新潟県大百科事典 別巻（新潟日報事業社 1977）

長谷川忠崇　はせがわただたか　？～1776
　江戸時代中期の幕臣。
◇岐阜県史 通史編 近世上（岐阜県 1968）
　　▷p245(写真)「長谷川庄五郎忠崇像」
◇岐阜県百科事典（岐阜日日新聞社 1968）

長谷川等伯　はせがわとうはく　1539～1610
　安土桃山時代, 江戸時代前期の画家。
◇書府太郎―石川県大百科事典 改訂版 上（北国新聞社 2004）

支倉常長　はせくらつねなが　1571～1622
　安土桃山時代, 江戸時代前期の武士。
◇講談社日本人名大辞典（講談社 2001）
◇日本史大事典（平凡社 1992）
◇人間の美術 8（学習研究社 1990）
　　▷図168「支倉常長像」（作者不詳 1616-19）
◇日本大百科全書（小学館 1984）
◇宮城県百科事典（河北新報社 1982）
◇国史大辞典（吉川弘文館 1979）
◇日本人名大事典 1～6（平凡社 1979(覆刻)）
◇世界伝記大事典（ほるぷ出版 1978）　▷支倉六右衛門
◇原色日本の美術 25（小学館 1970）
　　▷図66「支倉常長」（作者不詳 1615）
　　▷図67「支倉常長立像」（作者不詳 1615）
◇大日本百科事典（小学館 1967）
◇世界大百科事典（平凡社 1964）

秦公直宗　はたぎみのなおむね
　平安時代前期の官人。
◇香川県人物・人名事典（四国新聞社 1985）

畑金鶏　はたきんけい　1767～1809
　江戸時代中期, 後期の上野七日市藩医。
◇浮世絵聚花 3（小学館 1978）
　　▷図21-22「寝語軒を訪う奇々羅金鶏」（喜多川歌麿(初代)）

畠山政長　はたけやままさなが　1442～1493
　室町時代, 戦国時代の武将, 室町幕府管領。
◇世界伝記大事典（ほるぷ出版 1978）

畠山義就　はたけやまよしなり　？～1490
　室町時代, 戦国時代の武将。
◇世界伝記大事典（ほるぷ出版 1978）

畠山義成　はたけやまよしなり　1843～1876
　江戸時代末期, 明治時代の薩摩藩士, 文部省官吏。
◇角川日本姓氏歴史人物大辞典 46（角川書店 1994）

畑黄山　はたこうざん　1721～1804
　江戸時代中期, 後期の医師。
◇国史大辞典（吉川弘文館 1979）
◇日本人名大事典 1～6（平凡社 1979(覆刻)）
　　▷畑柳安

はたの

秦河勝　はたのかわかつ
　飛鳥時代の厩戸皇子の側近。
　◇国史大辞典（吉川弘文館 1979）

羽田野敬雄　はたのたかお　1798～1882
　江戸時代末期、明治時代の国学者、神官。
　◇国史大辞典（吉川弘文館 1979）

波多野秀治　はたのひではる　？～1579
　戦国時代、安土桃山時代の武士。
　◇兵庫県史 第3巻 中世編2・近世編1（兵庫県 1978）
　　▷〈写真〉写真207「波多野秀治像」

畑柳泰　はたりゅうたい　1772～1832
　江戸時代後期の医師。
　◇日本人名大事典 1～6（平凡社 1979（覆刻））

八条女院　はちじょうにょいん　1136～1211
　平安時代後期、鎌倉時代前期の女性。鳥羽天皇の第3皇女。
　◇京都大事典（淡交社 1984）

八陣信蔵　はちじんしんぞう　1837～1902
　江戸時代後期の力士。大阪相撲の初代横綱。
　◇兵庫県大百科事典 上,下（神戸新聞出版センター 1983）

蜂須賀家政　はちすかいえまさ　1558～1638
　安土桃山時代、江戸時代前期の大名。
　◇徳島県歴史人物鑑（徳島新聞社 1994）
　◇徳島県百科事典（徳島新聞社 1981）
　◇国史大辞典（吉川弘文館 1979）

蜂須賀重喜　はちすかしげよし　1738～1801
　江戸時代中期、後期の大名。
　◇徳島県歴史人物鑑（徳島新聞社 1994）
　◇徳島県百科事典（徳島新聞社 1981）

蜂須賀宗順　はちすかそうじゅん　1850～1922
　江戸時代末期～大正期の僧。
　◇佐賀県大百科事典（佐賀新聞社 1983）

蜂須賀忠英　はちすかただてる　1611～1652
　江戸時代前期の大名。
　◇徳島県歴史人物鑑（徳島新聞社 1994）
　◇徳島県百科事典（徳島新聞社 1981）

蜂須賀綱矩　はちすかつなのり　1661～1730
　江戸時代中期の大名。
　◇徳島県歴史人物鑑（徳島新聞社 1994）

蜂須賀綱通　はちすかつなみち　1656～1678
　江戸時代前期の大名。
　◇徳島県歴史人物鑑（徳島新聞社 1994）
　◇徳島県百科事典（徳島新聞社 1981）

蜂須賀斉裕　はちすかなりひろ　1821～1868
　江戸時代末期の大名。
　◇徳島県歴史人物鑑（徳島新聞社 1994）
　◇徳島県百科事典（徳島新聞社 1981）

蜂須賀斉昌　はちすかなりまさ　1795～1859
　江戸時代末期の大名。
　◇徳島県歴史人物鑑（徳島新聞社 1994）
　◇徳島県百科事典（徳島新聞社 1981）

蜂須賀治昭　はちすかはるあき　1757～1814
　江戸時代中期、後期の大名。
　◇徳島県歴史人物鑑（徳島新聞社 1994）
　◇徳島県百科事典（徳島新聞社 1981）

蜂須賀正勝　はちすかまさかつ　1526～1586
　戦国時代、安土桃山時代の武将、秀吉の直臣。
　◇徳島県歴史人物鑑（徳島新聞社 1994）
　◇徳島県百科事典（徳島新聞社 1981）
　◇国史大辞典（吉川弘文館 1979）

蜂須賀光隆　はちすかみつたか　1630～1666
　江戸時代前期の大名。
　◇徳島県歴史人物鑑（徳島新聞社 1994）

蜂須賀宗員　はちすかむねかず　1709～1735
　江戸時代中期の大名。
　◇徳島県歴史人物鑑（徳島新聞社 1994）

蜂須賀宗鎮　はちすかむねしげ　1721～1780
　江戸時代中期の大名。
　◇徳島県歴史人物鑑（徳島新聞社 1994）

蜂須賀宗英　はちすかむねてる　1684～1743
　江戸時代中期の大名。
　◇徳島県歴史人物鑑（徳島新聞社 1994）

蜂須賀茂韶　はちすかもちあき　1846～1918
　江戸時代末期、明治時代の大名、政治家。
　◇皇族・華族古写真帖 愛蔵版（新人物往来社 2003）
　　▷p134「（無題）」
　　▷p172～173「（無題）」
　◇徳島県歴史人物鑑（徳島新聞社 1994）
　◇徳島県百科事典（徳島新聞社 1981）
　◇国史大辞典（吉川弘文館 1979）
　◇日本人名大事典 1～6（平凡社 1979（覆刻））

蜂須賀至鎮　はちすかよししげ　1586〜1620
　江戸時代前期の大名。
◇徳島県歴史人物鑑（徳島新聞社 1994）
◇徳島県百科事典（徳島新聞社 1981）
◇兵庫県史 第4巻 近世編2（兵庫県 1980）
　▷〈写真〉写真17「蜂須賀至鎮像」
◇国史大辞典（吉川弘文館 1979）

蜂須賀至央　はちすかよしひさ　1736〜1754
　江戸時代中期の大名。
◇徳島県歴史人物鑑（徳島新聞社 1994）

八文字屋自笑　はちもんじやじしょう
　？〜1745　江戸時代中期の書肆，浮世草子作者。
◇国史大辞典（吉川弘文館 1979）　▷八文字屋自笑〔初代〕

初岡敬治　はつおかけいじ　1829〜1871
　江戸時代末期，明治時代の出羽秋田藩士。
◇秋田大百科事典（秋田魁新報社 1981）

初谷長太郎　はつがいちょうたろう　1848〜1904
　江戸時代後期〜明治期の織物機械の発明家。
◇栃木県歴史人物事典（下野新聞社 1995）

初崎菊太郎　はつざききくたろう
　江戸時代の歌舞伎役者。
◇浮世絵聚花 15（小学館 1980）
　▷図78「初崎菊太郎 市川升五郎 好色一代男」
　　（奥村利信　享保期）
◇日本の美術 22（平凡社 1964）
　▷図13「初崎菊太郎 市川升五郎 好色一代男」
　　（奥村利信　享保期）

抜隊得勝　ばっすいとくしょう　1327〜1387
　南北朝時代の臨済宗法灯派の僧。
◇国宝・重要文化財大全 1（毎日新聞社 1997）
　▷図127「抜隊得勝像（大円禅師）」（作者不詳　南北朝時代 明徳4(1393)自玄賛）
◇国史大辞典（吉川弘文館 1979）
◇重要文化財 10（毎日新聞社 1974）
　▷図358「抜隊得勝像（大円禅師）(自玄賛)」
　　（作者不詳　南北朝時代）

初瀬川健増　はつせがわけんぞう　1851〜1924
　江戸時代後期，末期，明治時代の殖産家。
◇福島大百科事典（福島民報社 1980）

八田知紀　はったとものり　1799〜1873
　江戸時代末期，明治時代の歌人。
◇沖縄大百科事典（沖縄タイムス社 1983）
◇鹿児島大百科事典（南日本新聞社 1981）

服部秀民　はっとりしゅうみん　1793〜1832
　江戸時代後期の医師。
◇岡山県歴史人物事典（山陽新聞社 1994）

服部潤次郎　はっとりじゅんじろう
　江戸時代末期の水戸藩士。1867年遣仏使節に随行しフランスに渡る。
◇サムライ古写真帖（新人物往来社 2004）
　▷p18「マルセイユでの徳川昭武一行」
　　（Walery　1867.4.5）
◇写された幕末―石黒敬七コレクション（明石書店 1990）
　▷p56 No.1「マルセイユで撮った徳川昭武一行」

服部南郭　はっとりなんかく　1683〜1759
　江戸時代中期の古文辞学派の儒者，文人。
◇講談社日本人名大辞典（講談社 2001）
◇国史大辞典（吉川弘文館 1979）
◇日本人名大事典 1〜6（平凡社 1979（覆刻））

鳩野宗巴　はとのそうは　1641〜1697
　江戸時代前期の外科医。
◇熊本県大百科事典（熊本日日新聞社 1982）

花扇　はなおうぎ
　江戸時代後期の女性。江戸吉原の遊女。
◇秘蔵浮世絵大観 9（講談社 1989）
　▷図061「雷電と花扇」（喜多川歌麿（初代），勝川春英　寛政）
◇浮世絵聚花 9（小学館 1981）
　▷図160「大坂新町 東ノ扇屋 花扇太夫」（栄松斎長喜）
◇日本版画美術全集 4（講談社 1960）
　▷図190「大坂新町 東ノ扇屋 花扇太夫」（栄松斎長喜）

華岡青洲　はなおかせいしゅう　1760〜1835
　江戸時代中期，後期の漢蘭折衷外科医。
◇講談社日本人名大辞典（講談社 2001）
◇日本史大事典（平凡社 1992）
◇和歌山県史 近世（和歌山県 1990）
　▷〈写真〉写真113「華岡青洲画像」
◇日本大百科全書（小学館 1984）
◇郷土歴史人物事典 和歌山（第一法規出版 1979）
◇国史大辞典（吉川弘文館 1979）
◇日本人名大事典 1〜6（平凡社 1979（覆刻））
◇大日本百科事典（小学館 1967）
◇世界大百科事典（平凡社 1964）

華岡鹿城　はなおかろくじょう　1779〜1827
　江戸時代後期の医師。
◇国史大辞典（吉川弘文館 1979）

◇日本人名大事典 1〜6（平凡社 1979（覆刻））
　▷華岡良平

花園天皇　はなぞのてんのう　1297〜1348
　鎌倉時代後期の第95代天皇。在位1308〜1318。
◇角川日本姓氏歴史人物大辞典 26（角川書店 1997）
◇国宝・重要文化財大全 1（毎日新聞社 1997）
　▷図155「花園天皇像」（藤原豪信　南北朝時代　暦応元(1338)記文）
　▷図157「花園天皇像」（作者不詳　室町時代）
　▷図157附「花園天皇像」（作者不詳　室町時代）
◇原色日本の美術（改訂版）21（小学館 1994）
　▷図43「花園天皇像」（作者不詳　1338）
◇日本史大事典（平凡社 1992）
◇人間の美術 6（学習研究社 1990）
　▷図181「花園天皇像」（藤原豪信　暦応1(1338)）
◇国宝大事典 1（講談社 1985）
　▷図97「花園天皇像」（藤原豪信　南北朝時代(1338)）
◇京都大事典（淡交社 1984）
◇国宝 2（毎日新聞社 増補改訂版 1984）
　▷図38「花園天皇像」（藤原豪信　暦応1(1338)）
◇日本大百科全書（小学館 1984）
◇日本古寺美術全集 24（集英社 1982）
　▷図18「花園天皇像」（作者不詳）
◇国史大辞典（吉川弘文館 1979）
◇日本人名大事典 1〜6（平凡社 1979（覆刻））
◇日本美術全集 10（学習研究社 1979）
　▷図72「花園天皇像」（藤原豪信　暦応1(1338)）
◇世界伝記大事典（ほるぷ出版 1978）
◇原色版国宝 7（毎日新聞社 1976）
　▷図23「花園天皇像」（藤原豪信　南北朝時代(1338)）
◇重要文化財 9（毎日新聞社 1974）
　▷図263「花園天皇像」（藤原豪信　暦応1(1338)）
　▷図264「花園天皇像」（作者不詳　室町時代）
　▷図264附「花園天皇像」（作者不詳　室町時代）
◇原色日本の美術 23（小学館 1971）
　▷図43「花園天皇像」（作者不詳）
◇日本の絵画 国宝50選（毎日新聞社 1970）
　▷図30「花園天皇像」（藤原豪信　南北朝時代(1338)）
◇日本絵画館 4（講談社 1970）
　▷図57「花園天皇像」（藤原豪信　延元3(1338)）
◇原色日本の美術（改訂第3版）10（小学館 1968）
　▷図94「花園天皇像」（藤原豪信）
◇国宝 4（毎日新聞社 1966）
　▷図52「花園天皇像」（作者不詳　南北朝時代(1338)）

花野井有年　はなのいありとし　1799〜1865
　江戸時代末期の医師。
◇日本人名大事典 1〜6（平凡社 1979（覆刻））
◇静岡大百科事典（静岡新聞社 1978）

英一蝶〔初代〕　はなぶさいっちょう
　1652〜1724　江戸時代前期, 中期の風俗画家。
◇国史大辞典（吉川弘文館 1979）　▷英一蝶〔代数なし〕
◇日本人名大事典 1〜6（平凡社 1979（覆刻））
　▷英一蝶〔代数なし〕
◇原色現代日本の美術 4（小学館 1978）
　▷図32-33「絵師多賀朝湖流さる」（池田輝方　大正8(1919)）

花房端連　はなぶさまさつら　1824〜1899
　江戸時代末期, 明治時代の備前岡山藩士, 実業家, 政治家。
◇岡山県歴史人物事典（山陽新聞社 1994）
◇岡山県大百科事典（山陽新聞社 1980）
◇岡山人名事典（日本文教出版 1978）

花房職之　はなぶさもとゆき　1548〜1616
　安土桃山時代, 江戸時代前期の武士。
◇岡山人名事典（日本文教出版 1978）　▷花房職秀

花房義質　はなぶさよしもと　1842〜1917
　江戸時代末期, 明治時代の備前岡山藩士, 外交官。
◇岡山県歴史人物事典（山陽新聞社 1994）
◇岡山県大百科事典（山陽新聞社 1980）
◇国史大辞典（吉川弘文館 1979）
◇日本人名大事典 1〜6（平凡社 1979（覆刻））
◇写真の開祖上野彦馬（上野彦馬撮影　産業能率短期大学出版部 1975）
　▷p33 No.33「花房義質弁理公使」

塙保己一　はなわほきいち　1746〜1821
　江戸時代中期, 後期の国学者。
◇講談社日本人名大辞典（講談社 2001）
◇埼玉人物事典（埼玉県 1998）
◇日本史大事典（平凡社 1992）
◇新編埼玉県史 通史編4（埼玉県 1989）
　▷〈写真〉6-24「塙保己一画像」
◇日本大百科全書（小学館 1984）
◇国史大辞典（吉川弘文館 1979）
◇日本人名大事典 1〜6（平凡社 1979（覆刻））
◇世界伝記大事典（ほるぷ出版 1978）
◇埼玉大百科事典 1〜5（埼玉新聞社 1974）
◇大日本百科事典（小学館 1967）
◇世界大百科事典（平凡社 1964）

羽石広右衛門　はねいしひろうえもん
1829〜1908　江戸時代後期〜明治期の荒川分水開鑿者。
◇栃木県歴史人物事典（下野新聞社 1995）

馬場存義　ばばそんぎ　？〜1782
江戸時代中期の俳人。
◇俳諧人名辞典（巌南堂書店 1970）　▷存義

馬場尚繁　ばばなおしげ　生没年不詳
江戸時代の町奉行。讃岐守。
◇岐阜県史 通史編 近世上（岐阜県 1968）
　▷p409（写真）「馬場讃岐守尚繁像」

馬場縫殿右衛門　ばばぬいえもん
1829〜1902　江戸時代末期，明治時代の儒学者，漢詩人。
◇岡山県歴史人物事典（山陽新聞社 1994）　▷馬場不知姣斎

土生玄碩　はぶげんせき　1762〜1848
江戸時代中期，後期の眼科医。
◇広島県大百科事典（中国新聞社 1982）
◇国史大辞典（吉川弘文館 1979）
◇日本人名大事典 1〜6（平凡社 1979（覆刻））

羽太正養　はぶとまさやす　1752〜1814
江戸時代中期，後期の幕臣，安芸守。
◇北海道歴史人物事典（北海道新聞社 1993）
◇北海道大百科事典（北海道新聞社 1981）

浜上謙翠　はまがみけんすい　1851〜1901
江戸時代後期〜明治期の実業家。
◇沖縄大百科事典（沖縄タイムス社 1983）

浜口興右衛門　はまぐちこうえもん
江戸時代末期の遣米使節随員。
◇幕末—写真の時代（筑摩書房 1994）
　▷p45 No.35「サンフランシスコの咸臨丸乗組員たち」（撮影者不詳）

浜口梧陵　はまぐちごりょう　1820〜1885
江戸時代末期，明治時代の官吏。和歌山県議会議長。
◇郷土歴史人物事典 和歌山（第一法規出版 1979）

浜口英幹　はまぐちひでもと　1829〜1894
江戸時代後期〜明治期の浦賀奉行所同心。
◇角川日本姓氏歴史人物大辞典 14（角川書店 1993）

浜田酒堂　はまだしゃどう
江戸時代中期の俳人。
◇俳諧人名辞典（巌南堂書店 1970）　▷酒堂

浜田彦蔵　はまだひこぞう　1837〜1897
江戸時代末期，明治時代の通訳，貿易商。
◇日本史大事典（平凡社 1992）
◇日本大百科全書（小学館 1984）
◇兵庫県大百科事典 上，下（神戸新聞出版センター 1983）　▷ジョセフ・ヒコ
◇神奈川県史 各論編3 文化（神奈川県 1980）
　▷〈写真〉121「ジョセフ彦（右）とヴァン・リード」
◇国史大辞典（吉川弘文館 1979）
◇世界伝記大事典（ほるぷ出版 1978）　▷ジョセフ＝ヒコ
◇大日本百科事典（小学館 1967）

浜辺黒人　はまべのくろひと　1717〜1790
江戸時代中期の狂歌師。
◇大日本百科事典（小学館 1967）

浜村蔵六〔初代〕　はまむらぞうろく
1735〜1794　江戸時代中期の篆刻家。
◇国史大辞典（吉川弘文館 1979）

早川勇　はやかわいさむ　1832〜1899
江戸時代末期，明治時代の医師。
◇福岡県百科事典 上，下（西日本新聞社 1982）

早川新勝　はやかわしんかつ　？〜1753
江戸時代中期の歌舞伎役者。
◇浮世絵聚花 1（小学館 1983）
　▷図126「浮世歌念仏・早川新勝の傾城小じま」（奥村利信）
◇浮世絵聚花 9（小学館 1981）
　▷図05「早川新勝」（鳥居清倍）
◇浮世絵聚花 4（小学館 1979）
　▷図124「早川新勝の輝虎御台豊姫」（奥村政信）

早川初瀬　はやかわはつせ　？〜1730
江戸時代中期の歌舞伎役者。
◇浮世絵聚花 12（小学館 1980）
　▷図45「中村七三郎と早川はつセ」（鳥居清信（初代））
◇浮世絵聚花 4（小学館 1979）
　▷図92「山下金作と早川初瀬の人形遣い」（鳥居清倍）

早川正紀　はやかわまさとし　1739〜1808
江戸時代中期，後期の代官。
◇岡山県歴史人物事典（山陽新聞社 1994）

はやか

◇岡山県大百科事典（山陽新聞社 1980）
◇岡山人名事典（日本文教出版 1978）

早川弥五左衛門 はやかわやござえもん
1819～1883 江戸時代末期、明治時代の越前大野藩士。
◇福井県大百科事典（福井新聞社 1991）

林遠里 はやしえんり 1831～1906
江戸時代末期、明治時代の筑前福岡藩士、農業改良家。
◇福岡県百科事典 上,下（西日本新聞社 1982）

林桜園 はやしおうえん 1798～1870
江戸時代末期、明治時代の国学者、肥後熊本藩士。
◇熊本県大百科事典（熊本日日新聞社 1982）

林芥蔵 はやしかいぞう 1801～1858
江戸時代末期の勝山藩士。
◇福井県大百科事典（福井新聞社 1991）　▷林毛川

林鵞峰 はやしがほう 1618～1680
江戸時代前期の儒学者。
◇日本史大事典（平凡社 1992）　▷林鵞峯
◇国史大辞典（吉川弘文館 1979）　▷林鵞峯

林金兵衛 はやしきんべえ 1825～1881
江戸時代末期、明治時代の農民運動家。
◇角川日本姓氏歴史人物大辞典 23（角川書店 1991）

林研海 はやしけんかい 1844～1882
江戸時代末期、明治時代の幕府留学生、陸軍軍医。
◇静岡県歴史人物事典（静岡新聞社 1991）　▷林紀
◇日本人名大事典 1～6（平凡社 1979（覆刻））　▷林紀

林顕三 はやしけんぞう 1843～1906
江戸時代後期～明治期の行政官。
◇北海道歴史人物事典（北海道新聞社 1993）
◇北海道大百科事典（北海道新聞社 1981）

林崎重信 はやしざきしげのぶ 1542～?
安土桃山時代の抜刀居合術の中興の祖、神夢想林崎流の創始者。
◇山形県大百科事典（山形放送 1993）　▷林崎甚助

林子平 はやししへい 1738～1793
江戸時代中期の経世家。
◇講談社日本人名大辞典（講談社 2001）
◇北海道歴史人物事典（北海道新聞社 1993）
◇日本史大事典（平凡社 1992）
◇宮城県百科事典（河北新報社 1982）
◇国史大辞典（吉川弘文館 1979）
◇日本人名大事典 1～6（平凡社 1979（覆刻））
◇世界伝記大事典（ほるぷ出版 1978）
◇大日本百科事典（小学館 1967）
◇世界大百科事典（平凡社 1964）

林述斎 はやしじゅっさい 1768～1841
江戸時代中期、後期の儒学者。
◇講談社日本人名大辞典（講談社 2001）
◇国史大辞典（吉川弘文館 1979）
◇日本人名大事典 1～6（平凡社 1979（覆刻））
◇岐阜県史 通史編 近世下（岐阜県 1972）
　　▷p1013「写真」「林述斎画像」
◇大日本百科事典（小学館 1967）

林忠崇 はやしただたか 1848～1941
江戸時代末期、明治時代の大名。
◇サムライ古写真帖（新人物往来社 2004）
　　▷p119「（無題）」
　　▷p119「晩年の忠崇」
◇郷土歴史人物事典 千葉（第一法規出版 1980）

林太仲 はやしたちゅう 1839～1916
江戸時代末期、明治期の越中富山藩士。
◇富山大百科事典（北日本新聞社 1994）

林田貞堅 はやしだていけん
江戸時代末期のパークス英公使襲撃犯。
◇写真集 甦る幕末（朝日新聞社 1987）
　　▷p188 No.226「パークス英公使襲撃犯・林田貞堅の首」

林洞海 はやしどうかい 1813～1895
江戸時代末期、明治時代の蘭方医。
◇日本大百科全書（小学館 1984）
◇国史大辞典（吉川弘文館 1979）
◇日本人名大事典 1～6（平凡社 1979（覆刻））
◇大日本百科事典（小学館 1967）

林董三郎 はやしとうざぶろう
江戸時代末期の蝦夷共和国幹部。
◇サムライ古写真帖（新人物往来社 2004）
　　▷p122「洋装軍服姿の蝦夷共和国幹部」（田本研造）

林読耕斎　はやしどっこうさい　1624〜1661
　江戸時代前期の儒学者。
◇講談社日本人名大辞典（講談社 2001）

林友幸　はやしともゆき　1823〜1907
　江戸時代末期, 明治時代の長州(萩)藩士, 官僚。
◇国史大辞典（吉川弘文館 1979）

林復斎　はやしふくさい　1800〜1859
　江戸時代末期の儒学者。
◇山梨百科事典（山梨日日新聞社 1992）　▷林韑
◇国史大辞典（吉川弘文館 1979）

林鳳岡　はやしほうこう　1644〜1732
　江戸時代前期, 中期の儒学者。
◇日本史大事典（平凡社 1992）
◇国史大辞典（吉川弘文館 1979）

林家正蔵〔代数不詳〕　はやしやしょうぞう
　江戸時代の落語家。
◇国史大辞典（吉川弘文館 1979）　▷林家正蔵

林家正蔵〔5代〕　はやしやしょうぞう
　1824〜1923　江戸時代末期, 明治時代の落語家。
◇古今東西落語家事典（平凡社 1989）

林勇蔵　はやしゆうぞう　1813〜1899
　江戸時代末期, 明治時代の豪農。
◇角川日本姓氏歴史人物大辞典 35（角川書店 1991）

林羅山　はやしらざん　1583〜1657
　江戸時代前期の儒学者。
◇講談社日本人名大辞典（講談社 2001）
◇栃木県歴史人物事典（下野新聞社 1995）
◇日本史大事典（平凡社 1992）
◇京都大事典（淡交社 1984）
◇日本大百科全書（小学館 1984）
◇国史大辞典（吉川弘文館 1979）
◇日本人名大事典 1〜6（平凡社 1979(覆刻)）
◇世界伝記大事典（ほるぷ出版 1978）
◇和漢詩歌作家辞典（みづほ出版 1972）
◇大日本百科事典（小学館 1967）
◇世界大百科事典（平凡社 1964）

林良造　はやしりょうぞう　1840〜1917
　江戸時代末期〜大正期の医師, 教育者。
◇鳥取県大百科事典（新日本海新聞社 1984）

速水堅曹　はやみけんぞう　1839〜1913
　江戸時代末期, 明治時代の上野前橋藩士, 製糸技術者。
◇角川日本姓氏歴史人物大辞典 10（角川書店 1994）
◇群馬県人名大事典（上毛新聞社 1982）
◇群馬県百科事典（上毛新聞社 1979）

原市之進　はらいちのしん　1830〜1867
　江戸時代末期の幕臣。
◇茨城県大百科事典（茨城新聞社 1981）
◇日本人名大事典 1〜6（平凡社 1979(覆刻)）

原覚蔵　はらかくぞう
　江戸時代末期の阿波藩士。1862年遣欧使節に随行しフランスに渡る。
◇幕末―写真の時代（筑摩書房 1994）
　▷p65 No.73「(無題)」(ナダール)
◇写真集 甦る幕末（朝日新聞社 1987）
　▷p236 No.343「(無題)」

原口良輔　はらぐちりょうすけ　1837〜?
　江戸時代後期〜明治期の米穀商。
◇佐賀県大百科事典（佐賀新聞社 1983）

原古処　はらこしょ　1767〜1827
　江戸時代中期, 後期の漢詩人。
◇福岡県百科事典 上, 下（西日本新聞社 1982）

原在中　はらざいちゅう　1750〜1837
　江戸時代中期, 後期の画家。
◇京都大事典（淡交社 1984）

原清兵衛　はらせいべい　1795〜1868
　江戸時代末期の相模野開発者。
◇角川日本姓氏歴史人物大辞典 14（角川書店 1993）

原善三郎　はらぜんざぶろう　1827〜1899
　江戸時代末期, 明治時代の横浜生糸売込商。
◇埼玉人物事典（埼玉県 1998）
◇神奈川県百科事典（大和書房 1983）
◇埼玉大百科事典 1〜5（埼玉新聞社 1974）

原田一道　はらだいちどう　1830〜1910
　江戸時代末期, 明治時代の兵学者, 陸軍軍人。
◇岡山県歴史人物事典（山陽新聞社 1994）
◇岡山人名事典（日本文教出版 1978）

原田吾一　はらだごいち
　江戸時代末期の幕臣。遣仏使節に随行。
◇幕末―写真の時代（筑摩書房 1994）

▷p95 No.111「(無題)」(ルイ・ルソー)
◇読者所蔵「古い写真」館 (朝日新聞社 1986)
　　▷p38「第2回遣欧使節」

原田帯霞　はらだたいか　1807～1871
　江戸時代末期, 明治の医師。鳥取藩藩。
◇鳥取県大百科事典 (新日本海新聞社 1984)

原忠順　はらただゆき　1834～1894
　江戸時代末期, 明治時代の肥前鹿島藩士, 殖産家。
◇佐賀県大百科事典 (佐賀新聞社 1983)
◇国史大辞典 (吉川弘文館 1979)

原坦山　はらたんざん　1819～1892
　江戸時代末期, 明治時代の曹洞宗の僧, 仏教学者。
◇日本人名大事典 1～6 (平凡社 1979〈覆刻〉)

原南陽　はらなんよう　1753～1820
　江戸時代中期, 後期の医師。
◇国史大辞典 (吉川弘文館 1979)
◇日本人名大事典 1～6 (平凡社 1979〈覆刻〉)

原主水　はらもんど　1587～1623
　江戸時代前期のキリシタン, 武士。
◇静岡県歴史人物事典 (静岡新聞社 1991)

原老柳　はらろうりゅう　1783～1854
　江戸時代後期の医師。
◇日本人名大事典 1～6 (平凡社 1979〈覆刻〉)

針生久助　はりうきゅうすけ　1829～1894
　江戸時代後期～明治期の旅館業。
◇宮城県百科事典 (河北新報社 1982)

針生正之助　はりうしょうのすけ　1815～1900
　江戸時代後期～明治期の料亭経営・興行師。
◇宮城県百科事典 (河北新報社 1982)

春道列樹　はるみちのつらき
　平安時代中期の歌人。
◇名品揃物浮世絵 9 (ぎょうせい 1992)
　　▷図18「百人一首字波かゑと起　春道列樹」(葛飾北斎　天保年間中－後期(1830-1844))
◇原色日本の美術 17 (小学館 1968)
　　▷図88「百人一首字波かゑと起　春道列樹」(葛飾北斎　天保年間中－後期(1830-1844))

春山一覚　はるやまいっかく　1844～1917
　江戸時代末期～大正期の僧。
◇角川日本姓氏歴史人物大辞典 16 (角川書店 1992)

盤珪永琢　ばんけいようたく　1622～1693
　江戸時代前期の僧。
◇愛媛県百科大事典 (愛媛新聞社 1985)　▷盤珪
◇兵庫県史 第4巻 近世編2 (兵庫県 1980)
　　▷〈写真〉写真80「盤珪像」
◇国史大辞典 (吉川弘文館 1979)

伴蒿蹊　ばんこうけい　1733～1806
　江戸時代中期, 後期の歌人, 和文作者。
◇国史大辞典 (吉川弘文館 1979)

幡随意　ばんずいい　1542～1615
　安土桃山時代, 江戸時代前期の浄土宗の学僧。
◇国史大辞典 (吉川弘文館 1979)

幡随院長兵衛　ばんずいいんちょうべえ
　1622?～1657　江戸時代前期の町奴の頭領。
◇秘蔵浮世絵大観 7 (講談社 1990)
　　▷図0139「東錦浮世稿談　幡随院長兵衛」(月岡芳年　慶応3.10)

伴資健　ばんすけゆき　1835～1913
　江戸時代末期, 明治期の地方功労者。
◇広島県大百科事典 (中国新聞社 1982)

繁田武平　はんだぶへい　1845～1920
　江戸時代末期～大正期の製茶業経営者。
◇埼玉大百科事典 1～5 (埼玉新聞社 1974)　▷繁田武平(満義)

坂東喜知六　ばんどうきちろく　?～1901
　江戸時代末期, 明治時代の歌舞伎役者。
◇秘蔵浮世絵大観 7 (講談社 1990)
　　▷図0144「明治二巳年　箱館場　五代目尾上菊五郎の轟坂五郎・初代市川左団次の狼ノ九蔵・坂東喜知六の連花ノ六助・二代目大谷門蔵の轡ノ門太」(豊原国周　明治8)

坂東三八〔初代〕　ばんどうさんぱち
　?～1770　江戸時代中期の歌舞伎役者。
◇秘蔵浮世絵大観 別巻 (講談社 1990)
　　▷〔ケ〕013「初代尾上菊五郎のそがの五郎と初代坂東三八のあさひな」(鳥居清倍(2代)　宝暦3)

坂東三八〔2代〕　ばんどうさんぱち
　江戸時代中期の歌舞伎役者。
◇浮世絵聚花 2 (小学館 1985)
　　▷図167「中村野塩の松王女房千代と坂東金太郎の小太郎」(鳥居清長)
◇日本版画美術全集 3 (講談社 1961)
　　▷図109「中村野塩の松王女房千代と坂東金太郎の小太郎」(鳥居清長)

坂東寿太郎　ばんどうじゅうたろう
　江戸時代の歌舞伎役者。
◇秘蔵浮世絵大観 5（講談社 1989）
　▷図151「初代岩井紫若のお須磨の方・坂東寿太郎の笹屋半兵衛」（春梅斎北英　天保3（1832））
　▷図098「里見八犬子内一個 坂東寿太郎の犬飼見八信道・二代目嵐璃寛の犬塚信乃戌孝」（春梅斎北英　天保5頃）
　▷図162「三代目中村松江のかつらぎ大夫・坂東寿太郎の不破伴左衛門・初代岩井紫若の中居おみや」（春梅斎北英　天保3（1832））
◇日本版画美術全集 6（講談社 1961）
　▷図25「里見八犬子内一個 坂東寿太郎の犬飼見八信道・二代目嵐璃寛の犬塚信乃戌孝」（春梅斎北英　天保5頃）

板東秀調　ばんどうしゅうちょう
　江戸時代の歌舞伎役者。
◇秘蔵浮世絵大観 5（講談社 1989）
　▷図13「俳優六玉顔 近江の名所 野路の玉川 大和屋秀調」（歌川国貞（初代）　天保3-4頃（1832-33頃））

坂東寿太郎〔初代〕　ばんどうじゅたろう
　1769〜1840　江戸時代後期の歌舞伎役者。
◇秘蔵浮世絵大観 9（講談社 1989）
　▷図0138「鏡山故郷之錦絵 初代坂東寿太郎の局岩ふじ・二代目中村富十郎の召使お初・初代三桝源之助の中老尾上」（長谷川貞信　天保9.正）

坂東善次　ばんどうぜんじ
　江戸時代の歌舞伎役者。
◇日本の浮世絵美術館 1（角川書店 1996）
　▷図143「岩井喜代太郎の鷺坂左内妻藤波と坂東善次の鷺塚官太夫妻小笹」（東洲斎写楽　寛政6）
◇浮世絵秀花名品選（小学館 1993）
　▷図11「二世沢村淀五郎の河連法眼と坂東善次の鬼佐渡坊」（東洲斎写楽）
◇新編 名宝日本の美術 29（小学館 1991）
　▷図27「岩井喜代太郎の鷺坂左内妻藤波と坂東善次の鷺塚官太夫妻小笹」（東洲斎写楽）
　▷図28「二世沢村淀五郎の川つら法眼と坂東善次の鬼佐渡坊」（東洲斎写楽　寛政6（1794））
◇名品揃浮世絵 5（ぎょうせい 1991）
　▷図27「岩井喜代太郎の鷺坂左内妻藤波と坂東善次の鷺塚官太夫妻小笹」（東洲斎写楽）
　▷図28「二世沢村淀五郎の川つら法眼と坂東善次の鬼佐渡坊」（東洲斎写楽　寛政6（1794））
◇秘蔵浮世絵大観 6（講談社 1989）
　▷図184「二世沢村淀五郎の川つら法眼と坂東善次の鬼佐渡坊」（東洲斎写楽　寛政6（1794））
◇浮世絵八華 4（平凡社 1985）
　▷図27「岩井喜代太郎の鷺坂左内妻藤波と坂東善次の鷺塚官太夫妻小笹」（東洲斎写楽）
　▷図026「岩井喜代太郎の鷺坂左内妻藤波と坂東善次の鷺塚官太夫妻小笹」（東洲斎写楽）
　▷図28「二世沢村淀五郎の川つら法眼と坂東善次の鬼佐渡坊」（東洲斎写楽　寛政6（1794））
　▷図028「二世沢村淀五郎の川つら法眼と坂東善次の鬼佐渡坊」（東洲斎写楽　寛政6（1794））
◇浮世絵聚花 13（小学館 1981）
　▷図7「二世沢村淀五郎の川つら法眼と坂東善次の鬼佐渡坊」（東洲斎写楽　寛政6（1794））
◇浮世絵大系 7（集英社 1973）
　▷図27「岩井喜代太郎の鷺坂左内妻藤波と坂東善次の鷺塚官太夫妻小笹」（東洲斎写楽）
　▷図28「二世沢村淀五郎の川つら法眼と坂東善次の鬼佐渡坊」（東洲斎写楽　寛政6（1794））
◇平凡社ギャラリー 6（平凡社 1973）
　▷図10「二世沢村淀五郎の川つら法眼と坂東善次の鬼佐渡坊」（東洲斎写楽　寛政6（1794））
◇在外秘宝―欧米収蔵浮世絵集成 東洲斎写楽（学習研究社 1972）
　▷図027「岩井喜代太郎の鷺坂左内妻藤波と坂東善次の鷺塚官太夫妻小笹」（東洲斎写楽）
　▷図28「二世沢村淀五郎の川つら法眼と坂東善次の鬼佐渡坊」（東洲斎写楽　寛政6（1794））
　▷図93「二世沢村淀五郎の川つら法眼と坂東善次の鬼佐渡坊」（東洲斎写楽　寛政6（1794））
　▷図028「二世沢村淀五郎の川つら法眼と坂東善次の鬼佐渡坊」（東洲斎写楽　寛政6（1794））
◇全集浮世絵版画 4（集英社 1972）
　▷図15「岩井喜代太郎の鷺坂左内妻藤波と坂東善次の鷺塚官太夫妻小笹」（東洲斎写楽）
　▷図31「二世沢村淀五郎の川つら法眼と坂東善次の鬼佐渡坊」（東洲斎写楽　寛政6（1794））
◇日本絵画館 8（講談社 1970）
　▷図105「岩井喜代太郎の鷺坂左内妻藤波と坂東善次の鷺塚官太夫妻小笹」（東洲斎写楽）
◇浮世絵名作選集 4（山田書院 1968）
　▷図〔15〕「岩井喜代太郎の鷺坂左内妻藤波と坂東善次の鷺塚官太夫妻小笹」（東洲斎写楽）
◇美人画・役者絵 6（講談社 1966）
　▷図26「岩井喜代太郎の鷺坂左内妻藤波と坂東善次の鷺塚官太夫妻小笹」（東洲斎写楽）
　▷図28「二世沢村淀五郎の川つら法眼と坂東善次の鬼佐渡坊」（東洲斎写楽　寛政6（1794））

◇浮世絵版画 6（集英社 1964）
▷図15「岩井喜代太郎の鷺坂左内妻藤波と坂東善次の鷲塚官太夫妻小笹」（東洲斎写楽）
◇日本版画美術全集 4（講談社 1960）
▷図219「二世沢村淀五郎の川つら法眼と坂東善次の鬼佐渡坊」（東洲斎写楽 寛政6（1794））

坂東玉三郎　ばんどうたまさぶろう
江戸時代の歌舞伎役者。
◇浮世絵八華 7（平凡社 1985）
▷図80「仮（名）手本忠臣蔵〔七段目〕沢村訥升の寺岡平右衛門 市川十郎の竹森喜太八 市川清十郎の千崎弥五郎（三世）市川団三郎の矢間重太郎 坂東玉三郎のおかる（五世）市川団蔵の由良之助」（歌川国芳）
▷図74「仮名手本忠臣蔵〔初段〕坂東玉三郎のかほ世 四世坂東三津五郎の師直 沢村訥升の判官（三世）市川団三郎の若さの助」（歌川国芳）

坂東彦左衛門〔初代〕　ばんどうひこざえもん
江戸時代中期の歌舞伎役者。
◇浮世絵ギャラリー 4（小学館 2006）
▷図36「二代目岩井喜代太郎の左内女房藤浪と初代坂東善次の官太夫女房小笹」（東洲斎写楽 寛政6（1794））
▷図40「二代目沢村淀五郎の川連法眼と初代坂東善次の鬼佐渡坊」（東洲斎写楽 寛政6（1794））

坂東彦三郎〔代数不詳〕　ばんどうひこさぶろう
江戸時代の歌舞伎役者。
◇浮世絵聚花 1（小学館 1983）
▷図108「尾上菊五郎の早咲と坂東彦三郎の備後三郎」（鳥居清倍（2代））
◇浮世絵聚花 14（小学館 1981）
▷図014「坂東彦三郎のかさうり半七」（鈴木春信）
▷図011-012「坂東彦三郎の源よりつねと瀬川菊之丞のしづかごぜん」（鳥居清満（初代））
◇在外日本の至宝 7（毎日新聞社 1980）
▷図27「市村亀蔵の松若丸と坂東彦三郎の荒木左衛門」（鳥居清信（2代）延享3(1746)）
◇浮世絵聚花 8（小学館 1980）
▷図031「坂東彦三郎の五郎時致」（北尾重政）
◇浮世絵聚花 15（小学館 1980）
▷図76「坂東彦三郎の小姓吉三郎」（奥村政信）
◇浮世絵聚花 7（小学館 1979）
▷図210「坂東彦三郎の八幡太郎義家」（鳥居清満（初代））
◇浮世絵聚花 10（小学館 1979）
▷図057「坂東彦三郎と中村野塩」（歌川豊国（初代））

▷図55「坂東彦三郎と津川かもん」（鳥居清倍（2代））
▷図57「坂東彦三郎の田原藤太と津川かもん」（鳥居清倍（2代））
▷図190「姉川大吉のさんかつと坂東彦三郎の半七」（鳥居清満（初代））
◇日本絵画館 8（講談社 1970）
▷図75「坂東彦三郎の小姓吉三郎」（奥村政信）
◇原色日本の美術 17（小学館 1968）
▷図9「坂東彦三郎の曽我五郎」（鳥居清満（初代））
◇日本の美術 22（平凡社 1964）
▷図15「坂東彦三郎 しだの小太郎」（鳥居清満（初代）宝暦9）

坂東彦三郎〔初代〕　ばんどうひこさぶろう
1693～1751　江戸時代中期の歌舞伎役者。
◇浮世絵聚花 1（小学館 1983）
▷図75「初世坂東彦三郎の本田よし光」（鳥居清信（2代））

坂東彦三郎〔2代〕　ばんどうひこさぶろう
1741～1768　江戸時代中期の歌舞伎役者。
◇華一浮世絵名品集（平木浮世絵財団 2004）
▷図20「四代目岩井半四郎 二代目坂東彦三郎」（鳥居清満 明和4(1767)頃）
◇日本の浮世絵美術館 2（角川書店 1996）
▷図107「二代目坂東彦三郎の茜屋半七、中嶋三甫蔵の鷲の長蔵」（鳥居清満 宝暦頃）
▷図108「二代目坂東彦三郎の曽我の五郎、大谷広右衛門の朝比奈」（鳥居清満 宝暦13）
▷図106「二代目坂東彦三郎の源義経、二代目瀬川菊之丞のしづか御ぜん」（鳥居清満 宝暦11）
◇秘蔵日本美術大観 11（講談社 1994）
▷図17「二代目坂東彦三郎のかさうり半七」（鈴木春信　宝暦11-12(1761-62)頃）
◇秘蔵浮世絵大観 別巻（講談社 1990）
▷〔チ〕5「二代目瀬川吉次と二代目坂東彦三郎」（鳥居清広　宝暦6(1756)）
▷〔チ〕01「二代目坂東彦三郎の真田与市と嵐ひな治の舞子うりう野」（鳥居清満（初代）宝暦13）
◇秘蔵浮世絵大観 6（講談社 1989）
▷図015「二代目瀬川吉次のおくめと二代目坂東彦三郎のむめわか」（鳥居清広　宝暦2-6）
◇秘蔵浮世絵大観 12（講談社 1988）
▷図013「二代目坂東彦三郎の工藤かないし丸」（鳥居清経）
◇秘蔵浮世絵大観 2（講談社 1987）
▷図9「嵐雛次と二代目坂東彦三郎」（鳥居清満（初代）明和1-2頃(1764-65)頃）
◇秘蔵浮世絵大観 10（講談社 1987）
▷図56「二代坂東彦三郎のさなだの与市・二代瀬川吉次の二のみや・市村善蔵の友わか丸」（鳥居清広　宝暦5(1755)）

◇浮世絵聚花 補巻1（小学館 1982）
　▷図73「二世坂東彦三郎（薪水）の伊達虚無僧」
　　（鈴木春信　明和元年以前（1760年代の初期）
◇浮世絵聚花 13（小学館 1981）
　▷図148「二世坂東彦三郎の工藤金石丸」（北尾重政）
◇浮世絵聚花 8（小学館 1980）
　▷図44「二世瀬川吉次のまつわかと二世坂東彦三郎のむめわか」（鳥居清広）
◇浮世絵聚花 7（小学館 1979）
　▷図69「二代目瀬川吉次のおくめと二代目坂東彦三郎のむめわか」（鳥居清広　宝暦2-6）

坂東彦三郎〔3代〕　ばんどうひこさぶろう
1754～1828　江戸時代中期、後期の歌舞伎役者。
◇浮世絵ギャラリー 4（小学館 2006）
　▷図27「三代目坂東彦三郎の帯屋長右衛門」（東洲斎写楽　寛政6(1794)）
　▷図31「三代目坂東彦三郎の帯屋長右衛門と四代目岩井半四郎の信濃屋お半」（東洲斎写楽　寛政6(1794)）
　▷図16「三代目坂東彦三郎の鷺坂左内」（東洲斎写楽　寛政6(1794)）
◇日本の浮世絵美術館 4（角川書店 1996）
　▷図96「沢村田之助（二世）の苅や姫と坂東彦三郎（三世）の菅丞相」（歌川国貞　文化8）
◇秘蔵日本美術大観 10（講談社 1993）
　▷図100「三代目坂東彦三郎の仙台百姓塩竈の太次兵衛と二代目中村野塩の信濃更科の賤女おしげ」（歌川国政　寛政10(1798)）
◇浮世絵聚花名品選（小学館 1993）
　▷図12「三世坂東彦三郎の帯屋長右衛門と、四世岩井半四郎の信濃屋お半」（東洲斎写楽）
◇新編 名宝日本の美術 29（小学館 1991）
　▷図33「三世坂東彦三郎の帯屋長右衛門と四世岩井半四郎の信濃屋お半」（東洲斎写楽）
　▷図24「三世坂東彦三郎の鷺坂左内」（東洲斎写楽　寛政6.5(1794)）
◇秘蔵浮世絵大観 ベレス・コレクション（講談社 1991）
　▷図31「三世坂東彦三郎の菅原道真」（勝川春英　寛政8(1796)）
　▷図114「三世坂東彦三郎の鷺坂左内」（東洲斎写楽　寛政6.5(1794)）
◇名品揃物浮世絵 5（ぎょうせい 1991）
　▷図72「三世坂東彦三郎の帯屋長右衛門と四世岩井半四郎の信濃屋お半」（東洲斎写楽）
　▷図25「三世坂東彦三郎の鷺坂左内」（東洲斎写楽　寛政6.5(1794)）
◇秘蔵浮世絵大観 6（講談社 1989）
　▷図182「三世坂東彦三郎の鷺坂左内」（東洲斎写楽　寛政6.5(1794)）
◇秘蔵浮世絵大観 9（講談社 1989）
　▷図085「三代目坂東彦三郎の小姓吉三郎と初代岩井粂三郎の八百やお七」（歌川豊国（初代）　享和元.正）

◇秘蔵浮世絵大観 12（講談社 1988）
　▷図099「三代目瀬川菊之丞の白拍子桜木・三代目沢村宗十郎の陀仏坊・三代目坂東彦三郎の阿仏坊」（歌川国政　文政4）
◇秘蔵浮世絵大観 12（講談社 1988）
　▷図0161「三世坂東彦三郎の鷺坂左内」（東洲斎写楽　寛政6.5(1794)）
◇浮世絵八華 4（平凡社 1985）
　▷図049「三世坂東彦三郎の帯屋長右衛門」（東洲斎写楽）
　▷図39「三世坂東彦三郎の帯屋長右衛門と四世岩井半四郎の信濃屋お半」（東洲斎写楽）
　▷図69「三世坂東彦三郎の工藤祐経」（東洲斎写楽）
　▷図0125「三世坂東彦三郎の工藤祐経」（東洲斎写楽）
　▷図086「三世坂東彦三郎の五代三郎」（東洲斎写楽）
　▷図26「三世坂東彦三郎の鷺坂左内」（東洲斎写楽　寛政6.5(1794)）
　▷図023「三世坂東彦三郎の鷺坂左内」（東洲斎写楽　寛政6.5(1794)）
◇浮世絵八華 6（平凡社 1985）
　▷図47「四世市川団蔵の長崎かげゆ左衛門と三世坂東彦三郎の畑六郎左衛門」（歌川豊国（初代））
◇肉筆浮世絵 6（集英社 1981）
　▷図33「岩井喜代比・二世中村助五郎・三世坂東彦三郎図」（東洲斎写楽）
◇浮世絵聚花 9（小学館 1981）
　▷図67「三世坂東彦三郎の工藤祐経」（勝川春英）
◇浮世絵聚花 14（小学館 1981）
　▷図67「三世坂東彦三郎の大星由良之助」（勝川春英）
◇浮世絵聚花 5（小学館 1980）
　▷図146「三世坂東彦三郎の吉三郎」（鳥居清長）
◇浮世絵聚花 15（小学館 1980）
　▷図171「三世坂東彦三郎の工藤祐経」（東洲斎写楽）
◇浮世絵聚花 7（小学館 1979）
　▷図93「三世坂東彦三郎の菅丞相」（勝川春英）
　▷図32「三世坂東彦三郎の菅原道真」（勝川春英　寛政8(1796)）
　▷図229「三世坂東彦三郎」（勝川春章）
　▷図13「三世坂東彦三郎の帯屋長右衛門と四世岩井半四郎の信濃屋お半」（東洲斎写楽）
◇浮世絵聚花 10（小学館 1979）
　▷図228「三世坂東彦三郎の帯屋長右衛門」（東洲斎写楽）
　▷図229「三世坂東彦三郎の帯屋長右衛門と四世岩井半四郎の信濃屋お半」（東洲斎写楽）
　▷図230「三世坂東彦三郎の五代三郎」（東洲斎写楽）
◇浮世絵聚花 11（小学館 1979）
　▷図10「三世坂東彦三郎の鷺坂左内」（東洲斎

写楽　寛政6.5(1794)」
◇浮世絵大系 7（集英社 1973）
　▷図37「三世坂東彦三郎の帯屋長右衛門と四世岩井半四郎の信濃屋お半」(東洲斎写楽)
　▷図22「三世坂東彦三郎の鷺坂左内」(東洲斎写楽　寛政6.5(1794))
◇平凡社ギャラリー 6（平凡社 1973）
　▷図17「三世坂東彦三郎の五代三郎」(東洲斎写楽)
◇在外秘宝―欧米収蔵浮世絵集成 東洲斎写楽（学習研究社 1972）
　▷図IX「岩井喜代太郎・二世中村助五郎・三世坂東彦三郎図」(東洲斎写楽)
　▷図050「三世坂東彦三郎の帯屋長右衛門」(東洲斎写楽)
　▷図40「三世坂東彦三郎の帯屋長右衛門と四世岩井半四郎の信濃屋お半」(東洲斎写楽)
　▷図049「三世坂東彦三郎の帯屋長右衛門と四世岩井半四郎の信濃屋お半」(東洲斎写楽)
　▷図0133「三世坂東彦三郎の工藤祐経」(東洲斎写楽)
　▷図067「三世坂東彦三郎の五代三郎」(東洲斎写楽)
　▷図23「三世坂東彦三郎の鷺坂左内」(東洲斎写楽　寛政6.5(1794))
　▷図022「三世坂東彦三郎の鷺坂左内」(東洲斎写楽　寛政6.5(1794))
◇全集浮世絵版画 4（集英社 1972）
　▷図37「三世坂東彦三郎の帯屋長右衛門と四世岩井半四郎の信濃屋お半」(東洲斎写楽)
◇日本の名画 13（講談社 1972）
　▷図13「三世坂東彦三郎の帯屋長右衛門」(東洲斎写楽)
◇美人画・役者絵 6（講談社 1966）
　▷図47「三世坂東彦三郎の帯屋長右衛門」(東洲斎写楽)
　▷図51「三世坂東彦三郎の帯屋長右衛門」(東洲斎写楽)
　▷図67「三世坂東彦三郎の五代三郎」(東洲斎写楽)
　▷図27「三世坂東彦三郎の鷺坂左内」(東洲斎写楽　寛政6.5(1794))
◇日本版画美術全集 3（講談社 1961）
　▷図107「三世坂東彦三郎の牛若と四世岩井半四郎の浄るり御前」(鳥居清満(初代))
◇日本版画美術全集 4（講談社 1960）
　▷図245「三世坂東彦三郎の工藤祐経」(東洲斎写楽)
◇浮世絵全集 5（河出書房新社 1957）
　▷図66「三世坂東彦三郎の毛谷村六助と七世片岡仁左衛門の京極内匠と二世中村野塩のおその」(歌川豊国(初代))

坂東彦三郎〔4代〕　ばんどうひこさぶろう
　1800〜1873　江戸時代末期,明治時代の歌舞伎役者。
◇秘蔵浮世絵大観 5（講談社 1989）
　▷図25「四代目市川小団次の源九郎狐と坂東亀蔵の横川覚範」(歌川国貞(初代))　安政3(1856))

坂東彦三郎〔5代〕　ばんどうひこさぶろう
　1832〜1877　江戸時代末期,明治時代の歌舞伎役者。
◇秘蔵浮世絵大観 7（講談社 1990）
　▷図073「中村翫太郎の鷺坂伴内・五代目坂東彦三郎の早野かん平・三代目沢村田の助のこし元おかる」(歌川国貞(初代)　文久2.3)
◇秘蔵浮世絵大観 5（講談社 1989）
　▷図92「江戸八景ノ内 上野寺の晩鐘 五代目坂東彦三郎の福岡貢」(豊原国周　慶応4(1868))
◇日本人名大事典 1〜6（平凡社 1979（覆刻））
◇日本版画美術全集 3（講談社 1961）
　▷図376「五世彦三郎の口上」(含粋亭芳豊)

坂東又太郎〔代数不詳〕　ばんどうまたろう
　江戸時代の歌舞伎役者。
◇浮世絵全集 5（河出書房新社 1957）
　▷図30「二世中川八百蔵の桜丸と坂東又太郎の梅王丸と中島三浦右衛門の藤原時平と四世松本幸四郎の松王丸」(勝川春章)

坂東又太郎〔4代〕　ばんどうまたろう
　江戸時代中期,後期の歌舞伎役者。
◇華―浮世絵名品集（平木浮世絵財団 2004）
　▷図23「曾我の対面 坂東三津五郎 三代目大谷広次 四代目坂東又太郎」(勝川春章　明和5(1768))
◇ボストン美術館 日本美術調査図録（講談社 2003）
　▷図III-258「絵看板 二代目小佐川常世の虎と四代目坂東又太郎の朝比奈による春駒」(作者不詳　天明年間(1781-89))
◇ボストン美術館 肉筆浮世絵 2（講談社 2000）
　▷図98「絵看板 二代目小佐川常世の虎と四代目坂東又太郎の朝比奈による春駒」(作者不詳　天明年間(1781-89))
◇秘蔵浮世絵大観 別巻（講談社 1990）
　▷〔チ〕46「四代目坂東又太郎の大森彦七と二代目中島三浦右衛門の相模入道亡魂」(勝川春好(初代)　安永4(1775))
◇秘蔵浮世絵大観 8（講談社 1989）
　▷図98「五代目市川団十郎の団三郎と四代目坂東又太郎の五郎」(勝川春章　安永4.正(1775.正))
◇浮世絵聚花 2（小学館 1985）
　▷図160「三世大谷広治の松王と四世坂東又太郎の梅王」(鳥居清長)
◇復元浮世絵大観 4（集英社 1980）
　▷図4「三代大谷広次の直ло左衛門と四代坂東又太郎の坂東太郎」(勝川春章)
◇浮世絵大系 3（集英社 1974）
　▷図38「二代市川門之助と四代坂東又太郎」

（勝川春章）
　　▷図27-28「三代大谷広次の直江左衛門と四代坂東又太郎の坂東太郎」（勝川春章）
◇日本絵画館 8（講談社 1970）
　　▷図90「三代大谷広次の直江左衛門と四代坂東又太郎の坂東太郎」（勝川春章）
◇日本版画美術全集 3（講談社 1961）
　　▷図215「二代市川門之助と四代坂東又太郎」（勝川春章）

坂東又太郎〔5代〕　　ばんどうまたたろう
江戸時代後期の歌舞伎役者。
◇浮世絵八華 7（平凡社 1985）
　　▷図76「仮名手本忠臣蔵〔三段目〕（三世）尾上菊五郎のおかる（五世）市川海老蔵の勘平 坂東熊十郎の伴内」（歌川国芳）

坂東三津五郎〔代数不詳〕　　ばんどうみつごろう
江戸時代の歌舞伎役者。
◇華一浮世絵名品集（平木浮世絵財団 2004）
　　▷図23「曾我の対面 坂東三津五郎 三代目大谷広次 四代目坂東又太郎」（勝川春章　明和5(1768)）
◇浮世絵聚花 5（小学館 1980）
　　▷図028-030「四世岩井半四郎の大倉の小女郎狐、二世市川門之助の二階堂信濃之介, 坂東三津五郎の万作狐」（鳥居清長）
◇浮世絵聚花 12（小学館 1980）
　　▷図166「坂東三津五郎と遊女」（鳥居清長）
◇浮世絵聚花 10（小学館 1979）
　　▷図012「坂東三津五郎」（一筆斎文調）
◇在外秘宝―欧米収蔵浮世絵集成 鳥居清長（学習研究社 1972）
　　▷図54「坂東三津五郎と遊女」（鳥居清長）
◇浮世絵全集 5（河出書房新社 1957）
　　▷図29「二世中村助五郎の赤松武者之助と二世山下金作のむつ花と坂東三津五郎の柏木の衛門」（勝川春章）

坂東三津五郎〔初代〕　　ばんどうみつごろう
1745～1782　江戸時代中期の歌舞伎役者。
◇秘蔵日本美術大観 11（講談社 1994）
　　▷図14「初代坂東三津五郎の本名くすの木まさのり」（鳥居清満　明和4(1767)頃）
◇秘蔵日本美術大観 10（講談社 1993）
　　▷図47「初代坂東三津五郎の朝比奈」（勝川春章　明和7(1770)）
◇秘蔵浮世絵大観 別巻（講談社 1990）
　　▷〔チ〕36「初代坂東三津五郎の半兵衛と二代目山下金作のお千代」（一筆斎文調　明和7(1770)）
　　▷〔チ〕027「初代坂東三津五郎の忠信」（勝川春章　安永9）
◇秘蔵浮世絵大観 プルヴェラー・コレクション（講談社 1990）

　　▷図35「三代目大谷広右衛門と初代坂東三津五郎の闇仕合」（勝川春好（初代）　安永後期(1772-81)）
　　▷図33「二代目瀬川菊之丞のおちよと初代坂東三津五郎の半兵衛」（勝川春章　天明元(1781)）
◇秘蔵浮世絵大観 6（講談社 1989）
　　▷図129「三代目大谷広右衛門と初代坂東三津五郎の闇仕合」（勝川春好（初代）　安永後期(1772-81)）
◇秘蔵浮世絵大観 8（講談社 1989）
　　▷図103「初代坂東三津五郎の仕丁」（勝川春章　安永後期―天明2(1772-82)）
◇秘蔵浮世絵大観 9（講談社 1989）
　　▷図96「初代坂東三津五郎の死絵」（勝川春章　天明2(1782)）
◇秘蔵浮世絵大観 11（講談社 1988）
　　▷図24「初代坂東三津五郎・四代目松本幸四郎・二代目市川門之助」（勝川春常　安永9.11-10（天明元）.10(1780.11-1781.10)）
◇秘蔵浮世絵大観 2（講談社 1987）
　　▷図079「三代目大谷広右衛門と初代坂東三津五郎」（勝川春章　安永2-3頃）
　　▷図088「初代坂東三津五郎・四代目松本幸四郎・初代大谷友右衛門」（勝川春章　安永7-9頃）
　　▷図089「四代目松本幸四郎の伊勢の三郎・初代大谷友右衛門のゆりの八郎・初代坂東三津五郎の尾形三郎」（勝川春章　安永9.11）
◇在外日本の至宝 7（毎日新聞社 1980）
　　▷図76「雁金五人男 初代坂東三津五郎の安の平右衛門」（勝川春章　安永9(1780)）
◇浮世絵聚花 15（小学館 1980）
　　▷図30「雁金五人男 初代坂東三津五郎の安の平右衛門」（勝川春章　安永9(1780)）
◇浮世絵聚花 7（小学館 1979）
　　▷図26-27「初代大谷友右衛門と初世坂東三津五郎」（勝川春章）
◇浮世絵全集 5（河出書房新社 1957）
　　▷図31「雁金五人男 初代坂東三津五郎の安の平右衛門」（勝川春章　安永9(1780)）

坂東三津五郎〔2代〕　　ばんどうみつごろう
1750～1829　江戸時代中期, 後期の歌舞伎役者。
◇浮世絵ギャラリー 4（小学館 2006）
　　▷図2「二代目坂東三津五郎の石井源蔵」（東洲斎写楽　寛政6(1794)）
◇肉筆浮世絵大観 10（講談社 1995）
　　▷図49「曽我の対面（三代目市村宗十郎の十郎・二代目坂東三津五郎の朝比奈・三代目瀬川菊之丞の和田息女虎御前）」（歌川豊広　寛政9(1797)）
◇名品揃物浮世絵 6（ぎょうせい 1992）
　　▷図13「役者舞台の姿絵 やまと屋（二世坂東三津五郎の石井源蔵）」（歌川豊国（初代）　寛政6-7(1794-95)）
◇新編 名宝日本の美術 29（小学館 1991）

▷図48「役者舞台の姿絵 やまと屋(二世坂東三津五郎の石井源蔵)」(歌川豊国(初代) 寛政6-7(1794-95))
▷図5「二世坂東三津五郎の石井源蔵」(東洲斎写楽 寛政6.5(1794))
◇秘蔵浮世絵大観 ベレス・コレクション (講談社 1991)
▷図99「二代目大谷友右衛門の岩城弥源次と二代目坂東三津五郎の若党友次」(歌川豊国(初代) 寛政9(1797))
▷図109「二世坂東三津五郎の石井源蔵」(東洲斎写楽 寛政6.5(1794))
◇名品揃物浮世絵 5 (ぎょうせい 1991)
▷図4「二世坂東三津五郎の石井源蔵」(東洲斎写楽 寛政6.5(1794))
▷図84「二世坂東三津五郎の奴くが平(大和屋是業)」(東洲斎写楽)
◇秘蔵浮世絵大観 別巻 (講談社 1990)
▷〔チ〕91「三代目瀬川菊之丞のこひなと二代目坂東三津五郎の若党友次」(歌川国政 寛政9(1797))
▷〔ア〕029「三代目瀬川菊之丞の三国屋の小女郎と二代目坂東三津五郎の町抱え生毛の金太郎」(歌川豊国(初代) 寛政10)
▷〔チ〕092「二代目坂東三津五郎の足利頼兼公と初代岩井喜代太郎の角力さゞ波勝の助」(歌川豊国(初代) 享和元)
◇秘蔵浮世絵大観 6 (講談社 1989)
▷図131「二代目坂東三津五郎の悪源太義平」(勝川春英 寛政7.11(1795.11))
▷図0170「二世坂東三津五郎の石井源蔵」(東洲斎写楽 寛政6.5(1794))
◇秘蔵浮世絵大観 9 (講談社 1989)
▷図188「二世坂東三津五郎の石井源蔵」(東洲斎写楽 寛政6.5(1794))
◇秘蔵浮世絵大観 12 (講談社 1988)
▷図089「役者舞台の姿絵 やまと屋(二世坂東三津五郎の石井源蔵)」(歌川豊国(初代) 寛政6-7(1794-95))
◇秘蔵浮世絵大観 2 (講談社 1987)
▷図110「二代目坂東三津五郎の法院・四代目岩井半四郎の諸芸指南のお千代実は小女郎狐・三代目大谷鬼次の奴」(勝川春英 寛政3.11(1791.11))
▷図0152「二世坂東三津五郎の石井源蔵」(東洲斎写楽 寛政6.5(1794))
◇浮世絵八華 4 (平凡社 1985)
▷図3「二世坂東三津五郎の石井源蔵」(東洲斎写楽 寛政6.5(1794))
▷図05「二世坂東三津五郎の石井源蔵」(東洲斎写楽 寛政6.5(1794))
▷図096「二世坂東三津五郎の桂小金吾」(東洲斎写楽)
▷図0127「二世坂東三津五郎の曽我五郎」(東洲斎写楽)
▷図040「二世坂東三津五郎の百姓深草の治郎作」(東洲斎写楽)
▷図73「二世坂東三津五郎の奴くが平(大和屋是業)」(東洲斎写楽)
▷図0122「二世坂東三津五郎の奴くが平(大和屋是業)」(東洲斎写楽)
◇浮世絵八華 6 (平凡社 1985)
▷図43「二世坂東三津五郎の寺岡帯刀と四世中村伝九郎の下男与助」(歌川豊国(初代))
▷図44「二世坂東三津五郎の浜屋次良三と嵐三八の小笹助の進」(歌川豊国(初代))
◇浮世絵聚花 2 (小学館 1985)
▷図168「二世坂東三津五郎の天然の万作狐」(鳥居清長)
◇浮世絵聚花 13 (小学館 1981)
▷図139「二世坂東三津五郎の和田新兵衛正高と松本米三郎の女房しからみ」(歌川国政)
◇浮世絵聚花 14 (小学館 1981)
▷図36「二世荻野伊三郎」(歌川国政)
◇浮世絵聚花 5 (小学館 1980)
▷図22-24「中村富十郎の葛の葉, 二世坂東三津五郎のやかん平, 三世大谷広次のよかん平」(勝川春章)
◇浮世絵聚花 8 (小学館 1980)
▷図107「二世坂東三津五郎と二世小佐川常世」(歌川国政)
◇浮世絵聚花 12 (小学館 1980)
▷図035「二世坂東三津五郎」(勝川春章)
◇浮世絵聚花 15 (小学館 1980)
▷図173「二世坂東三津五郎の曽我五郎」(東洲斎写楽)
▷図168「二世坂東三津五郎の奴くが平(大和屋是業)」(東洲斎写楽)
◇浮世絵聚花 7 (小学館 1979)
▷図47「二世坂東三津五郎の石井源蔵」(東洲斎写楽 寛政6.5(1794))
▷図117「二世坂東三津五郎の百姓深草の治郎作」(東洲斎写楽)
◇復元浮世絵大観 8 (集英社 1978)
▷図4「二世坂東三津五郎の石井源蔵」(東洲斎写楽 寛政6.5(1794))
◇浮世絵大系 9 (集英社 1975)
▷図13「役者舞台の姿絵 やまと屋(二世坂東三津五郎の石井源蔵)」(歌川豊国(初代) 寛政6-7(1794-95))
◇浮世絵大系 7 (集英社 1973)
▷図5「二世坂東三津五郎の石井源蔵」(東洲斎写楽 寛政6.5(1794))
◇平凡社ギャラリー 6 (平凡社 1973)
▷図5「二世坂東三津五郎の石井源蔵」(東洲斎写楽 寛政6.5(1794))
◇在外秘宝―欧米収蔵浮世絵集成 東洲斎写楽 (学習研究社 1972)
▷図VI「三世瀬川菊之丞と三世大谷鬼次と二世坂東三津五郎(下絵)」(東洲斎写楽)
▷図6「二世坂東三津五郎の石井源蔵」(東洲斎写楽 寛政6.5(1794))
▷図05「二世坂東三津五郎の石井源蔵」(東洲斎写楽 寛政6.5(1794))
▷図084「二世坂東三津五郎の桂小金吾」(東洲斎写楽)

▷図0135「二世坂東三津五郎の曽我五郎」（東洲斎写楽）
▷図38「二世坂東三津五郎の百姓深草の治郎作」（東洲斎写楽）
▷図043「二世坂東三津五郎の百姓深草の治郎作」（東洲斎写楽）
▷図086「二世坂東三津五郎の奴くが平（大和屋是業）」（東洲斎写楽）
◇全集浮世絵版画 4（集英社 1972）
▷図2「二世坂東三津五郎の石井源蔵」（東洲斎写楽 寛政6.5（1794））
◇原色日本の美術 17（小学館 1968）
▷図24-25「二世坂東三津五郎の梅王・四世松本幸四郎の松王」（勝川春章）
◇美人画・役者絵 6（講談社 1966）
▷図5「二世坂東三津五郎の石井源蔵」（東洲斎写楽 寛政6.5（1794））
▷図74「二世坂東三津五郎の奴くが平（大和屋是業）」（東洲斎写楽）
◇浮世絵版画 6（集英社 1964）
▷図2「二世坂東三津五郎の石井源蔵」（東洲斎写楽 寛政6.5（1794））
◇日本版画美術全集 3（講談社 1961）
▷図229「二世坂東三津五郎の梅王・四世松本幸四郎の松王」（勝川春章）
◇日本版画美術全集 4（講談社 1960）
▷図98「三世瀬川菊之丞と三世大谷鬼次と二世坂東三津五郎（下絵）」（東洲斎写楽）
▷図211「二世坂東三津五郎の石井源蔵」（東洲斎写楽 寛政6.5（1794））
▷図243「二世坂東三津五郎の曽我五郎」（東洲斎写楽）

坂東三津五郎〔3代〕　ばんどうみつごろう
1775～1831　江戸時代後期の歌舞伎役者。
◇華―浮世絵名品集（平木浮世絵財団 2004）
▷図34「三代目坂東三津五郎 下り三代目中村歌右衛門」（歌川豊国　文化11（1814））
◇講談社日本人名大辞典（講談社 2001）
◇日本の浮世絵美術館 4（角川書店 1996）
▷図156「五世岩井半四郎の草かりおまつと三世坂東三津五郎の武蔵坊弁慶」（勝川春亭 文化4年）
◇肉筆浮世絵大観 10（講談社 1995）
▷図単色6「三代目坂東三津五郎の工藤・瀬川路考の虎・五代目岩井半四郎の少将」（歌川豊国　文化2（1805））
▷図単色7「曽我の対面（五代目松本幸四郎の工藤・三代目坂東三津五郎の十郎・七代目市川団十郎の五郎）」（歌川豊広　文化8（1811））
◇秘蔵日本美術大観 11（講談社 1994）
▷図59「三代目坂東三津五郎・名残狂言の小道具」（葛飾北斎　文政3（1820））
◇秘蔵浮世絵大観 別巻（講談社 1990）
▷〔ア〕044「絵看板 三代目坂東三津五郎の佐々木高綱」（歌川広重（初代）　文政4.正(1821.正))
◇秘蔵浮世絵大観 プルヴェラー・コレクション（講談社 1990）
▷図86「絵看板 三代目坂東三津五郎の佐々木高綱」（歌川広重（初代）　文政4.正(1821.正))
◇秘蔵浮世絵大観 5（講談社 1989）
▷図21「五代目岩井半四郎の田舎むすめ・初代中村芝翫の空谷寺はちたたき・三代目坂東三津五郎の面打五郎作」（歌川国貞（初代）　文政元(1818))
◇秘蔵浮世絵大観 3（講談社 1988）
▷図098「三代目坂東三津五郎のかん相丞・覚じゅ」（寿好堂よし国　文政5）
▷図092「三代目坂東三津五郎の大判司清すみと三代目中村歌右衛門の後室定香」（寿好堂よし国　文政4）
◇秘蔵浮世絵大観 11（講談社 1988）
▷図019「初代中山富三郎と三代目坂東三津五郎」（歌川豊国（初代）　享和3）
◇秘蔵浮世絵大観 12（講談社 1988）
▷図0125「二代目岩井粂三郎の幸兵衛娘おその・三代目坂東三津五郎の唐木政右衛門・五代目瀬川菊之丞の政右衛門女房おたね」（歌川国貞（初代）　文政5）
◇秘蔵浮世絵大観 2（講談社 1987）
▷図0178「三代目坂東三津五郎のわたなべの綱・初代市川男女蔵の相馬良門・五代目岩井半四郎の小ゆき」（勝川春好（2代）　文化2.11）
◇浮世絵八華 6（平凡社 1985）
▷図50「三世市川八百蔵の松下嘉平次と三世坂東三津五郎の真柴久よし」（歌川豊国（初代））
◇浮世絵聚花 11（小学館 1979）
▷図31-33「三代目坂東三津五郎の富田林の太郎狐と四世松本幸四郎の狩野之助茂光と四世岩井半四郎の狩野之助妹真袖」（勝川春好（初代））
◇日本版画美術全集 3（講談社 1961）
▷図256「三世坂東三津五郎の勘平」（勝川春英）

坂東三津五郎〔4代〕　ばんどうみつごろう
1802～1863　江戸時代末期の歌舞伎座主、歌舞伎役者。
◇秘蔵浮世絵大観 5（講談社 1989）
▷図17「十二代目市村羽左衛門の桜丸と四代目坂東三津五郎の白太夫」（歌川国貞（初代）　嘉永3(1850))
◇浮世絵八華 7（平凡社 1985）
▷図74「仮名手本忠臣蔵〔段段〕坂東玉三郎のかほ世 四世坂東三津五郎の師直 沢村訥升の判官（三世）市川団三郎の若さの助」（歌川国芳）

坂東三津五郎〔5代〕　ばんどうみつごろう
1813～1855　江戸時代末期の歌舞伎役者。
◇秘蔵浮世絵大観 5（講談社 1989）
　▷図03「四代目市川小団次の意休・八代目市川団十郎の助六・初代坂東しうかの揚巻」（歌川国貞（初代）　嘉永3）
　▷図04「四代目市川小団次の与次郎・初代坂東しうかのお俊・八代目市川団十郎の伝兵衛」（歌川国貞（初代）　嘉永3）
　▷図010「初代坂東しうかの象頭山ノ化現と三代目嵐璃寛の乳母お辻」（歌川国貞（初代）　安政2）
◇秘蔵浮世絵大観 3（講談社 1988）
　▷図10「二代目市川九蔵の赤松主計と初代坂東玉三郎の小姓たそがれ」（歌川国貞（初代）　天保9.3(1838.3)）
◇浮世絵大系 10（集英社 1974）
　▷図23「坂東しうかの橋本屋抱白糸」（歌川国貞（初代））

坂東蓑助〔代数不詳〕　ばんどうみのすけ
江戸時代の歌舞伎役者。
◇日本の浮世絵美術館 4（角川書店 1996）
　▷図57「鳶者三の助 坂東蓑助」（歌川国貞）
◇浮世絵聚花 13（小学館 1981）
　▷図116「坂東蓑助」（歌川豊国（初代））

坂東蓑助〔初代〕　ばんどうみのすけ
江戸時代の歌舞伎役者。
◇日本の浮世絵美術館 3（角川書店 1996）
　▷図162「役者舞台之姿絵 やまとや 初代坂東蓑助の早野勘平」（歌川豊国　寛政7）
◇名品揃物浮世絵 6（ぎょうせい 1992）
　▷図39「役者舞台の姿絵 やまとや（初世坂東蓑助の早野勘平）」（歌川豊国（初代）　寛政6-7(1794-95)）
◇浮世絵聚花 9（小学館 1981）
　▷図36「役者舞台の姿絵 やまとや（初世坂東蓑助の早野勘平）」（歌川豊国（初代）　寛政6-7(1794-95)）
◇浮世絵大系 9（集英社 1975）
　▷図14「役者舞台の姿絵 やまとや（初世坂東蓑助の早野勘平）」（歌川豊国（初代）　寛政6-7(1794-95)）

伴信友　ばんのぶとも　1773～1846
江戸時代後期の国学者。
◇福井県大百科事典（福井新聞社 1991）
◇国史大辞典（吉川弘文館 1979）
◇日本人名大事典 1～6（平凡社 1979（覆刻））

伴正順　ばんまさより　1843～1908
江戸時代後期～明治期の官吏。
◇高知県人名事典（高知新聞社 1999）

播隆　ばんりゅう　1782～1840
江戸時代後期の山岳修行僧。
◇長野県歴史人物大事典（郷土出版社 1989）

【ひ】

日置黙仙　ひおきもくせん　1847～1920
江戸時代末期, 明治時代の曹洞宗の僧。
◇鳥取県大百科事典（新日本海新聞社 1984）

緋縅力弥　ひおどしりきや　1772～1830
江戸時代後期の力士。
◇広島県大百科事典（中国新聞社 1982）

檜垣新右衛門　ひがきしんうえもん
?～1630　安土桃山時代, 江戸時代前期の郡代役。
◇角川日本姓氏歴史人物大辞典 35（角川書店 1991）

檜垣伸　ひがきのぶる　1850～1924
江戸時代末期～大正期の自治功労者。
◇愛媛県百科大事典（愛媛新聞社 1985）　▷桧垣伸

日景弁吉　ひかげべんきち　1848～1919
江戸時代末期～大正期の地域振興, 青少年教育功労者。
◇秋田大百科事典（秋田魁新報社 1981）

東方芝山　ひがしかたしざん　1813～1879
江戸時代末期, 明治時代の加賀大聖寺藩士。
◇書府太郎―石川県大百科事典 改訂版 上（北国新聞社 2004）

東久世通禧　ひがしくぜみちとみ　1833～1912
江戸時代末期, 明治時代の公家。
◇講談社日本人名大辞典（講談社 2001）
◇北海道歴史人物事典（北海道新聞社 1993）
◇アート・ギャラリー・ジャパン 11（集英社 1987）
　▷図22「東久世伯肖像」（黒田清輝　明治27(1894)）
◇兵庫県史 第5巻 近世編3・幕末維新（兵庫県 1981）
　▷〈写真〉写真123「東久世通禧像」
◇北海道大百科事典（北海道新聞社 1981）
◇国史大辞典（吉川弘文館 1979）
◇日本人名大事典 1～6（平凡社 1979（覆刻））
◇日本の名画 5（中央公論社 1975）

▷図19「東久世伯肖像」(黒田清輝　明治27 (1894))

東沢瀉　ひがしたくしゃ　1832～1891
江戸時代末期,明治時代の周防岩国藩士。
◇角川日本姓氏歴史人物大辞典 35 (角川書店 1991)

東山天皇　ひがしやまてんのう　1675～1709
江戸時代中期の第113代天皇。在位1687～1709。
◇日本史大事典 (平凡社 1992)
◇国史大辞典 (吉川弘文館 1979)
◇日本人名大事典 1～6 (平凡社 1979(覆刻))

樋口真吉　ひぐちしんきち　1815～1870
江戸時代末期,明治時代の志士。
◇高知県人名事典 (高知新聞社 1999)

久光与市　ひさみつよいち　1843～1913
江戸時代末期～大正期の薬屋。
◇佐賀県大百科事典 (佐賀新聞社 1983)

土方歳三　ひじかたとしぞう　1835～1869
江戸時代末期の新撰組副長,箱館五稜郭政権の陸軍奉行並。
◇サムライ古写真帖 (新人物往来社 2004)
　▷p125「(無題)」(田本研造)
◇講談社日本人名大辞典 (講談社 2001)
◇土方歳三の生涯―写真集 (新人物往来社 2001)
◇土方歳三写真集 (新人物往来社 1995)
◇幕末―写真の時代 (筑摩書房 1994)
　▷p197 No.209「(無題)」(田本研造)
◇北海道歴史人物事典 (北海道新聞社 1993)
◇日本史大事典 (平凡社 1992)
◇日本大百科全書 (小学館 1984)
◇北海道大百科事典 (北海道新聞社 1981)
◇国史大辞典 (吉川弘文館 1979)
◇大日本百科事典 (小学館 1967)

土方直行　ひじかたなおゆき　1832～1922
江戸時代末期～大正期の勤王家。
◇高知県人名事典 (高知新聞社 1999)

土方久元　ひじかたひさもと　1833～1918
江戸時代末期,明治時代の志士。
◇高知県人名事典 (高知新聞社 1999)
◇国史大辞典 (吉川弘文館 1979)
◇日本人名大事典 1～6 (平凡社 1979(覆刻))
◇高知県百科事典 (高知新聞社 1976)

菱田毅斎　ひしだきさい　1784～1857
江戸時代後期の美濃大垣藩士。
◇郷土歴史人物事典 岐阜 (第一法規出版 1980)

日高亀市　ひだかかめいち　1845～1917
江戸時代末期,明治時代の漁業技術改良者。
◇宮崎県大百科事典 (宮崎日日新聞社 1983)

日高圭三郎　ひだかけいざぶろう　1837～1919
江戸時代末期,明治時代の幕臣。
◇幕末―写真の時代 (筑摩書房 1994)
　▷p58 No.44「(無題)」(ナダール)
　▷p66 No.77「遣欧使節団の随行者たち」(ナダール)
◇写された幕末―石黒敬七コレクション (明石書店 1990)
　▷p34 No.2「遣欧使節竹内下野守随員」(ナダール,フェリックス)
◇写真集 甦る幕末 (朝日新聞社 1987)
　▷p231 No.316「(無題)」
◇日本写真全集 1 写真の幕あけ (小学館 1985)
　▷p18 No.22「遣欧使節・三人像」(撮影者不詳)
◇開化写真鏡 写真にみる幕末から明治へ (大和書房 1975)
　▷p92「(無題)」(ナダール)

日高五明　ひだかごめい　1749～1820
江戸時代中期,後期の俳人。
◇宮崎県大百科事典 (宮崎日日新聞社 1983)　▷日高(小村)五明

日高誠実　ひだかのぶざね　1836～1915
江戸時代末期,明治時代の日向高鍋藩士。
◇宮崎県大百科事典 (宮崎日日新聞社 1983)
◇千葉大百科事典 (千葉日報社 1982)

日高涼台　ひだかりょうだい　1797～1868
江戸時代末期の蘭方医。
◇国史大辞典 (吉川弘文館 1979)
◇日本人名大事典 1～6 (平凡社 1979(覆刻))
　▷日高涼台
◇大日本百科事典 (小学館 1967)　▷日高涼台

肥田浜五郎　ひだはまごろう　1830～1889
江戸時代末期,明治時代の造船技師,海軍軍人。
◇幕末―写真の時代 (筑摩書房 1994)
　▷p45 No.35「サンフランシスコの咸臨丸乗組員たち」(撮影者不詳)
◇静岡県歴史人物事典 (静岡新聞社 1991)

左甚五郎　ひだりじんごろう
　　江戸時代前期の彫物の名手。
◇肉筆浮世絵大観 9（講談社 1996）
　　▷図単色6（京都府立総合資料館）「左甚五郎と鶴図」（歌川国直　文政(1818-30)－天保(1830-44)年間頃）
◇肉筆浮世絵大観 10（講談社 1995）
　　▷図56「左甚五郎と京美人図」（河鍋暁斎　明治17-19(1884-86)）
◇秘蔵浮世絵大観 5（講談社 1989）
　　▷図50「名誉 右に無敵左より甚五郎」（歌川国芳　嘉永元－2(1848-49)）
　　▷図189「名誉十八番 左甚五郎」（右田年英　明治27(1894)）

樋田魯一　ひだろいち　1839～1915
　　江戸時代末期～大正期の農政指導者。
◇大分県歴史人物事典（大分合同新聞社 1996）

秀島英露　ひでしまえいろ　1763～1833
　　江戸時代中期、後期の園芸家。
◇熊本県大百科事典（熊本日日新聞社 1982）

秀の山雷五郎　ひでのやまらいごろう
　　1808～1862　江戸時代中期の力士。
◇島根県歴史人物事典（山陰中央新報社 1997）
◇日本の浮世絵美術館 2（角川書店 1996）
　　▷図112「秀の山雷五郎、荒馬吉五郎、小柳常吉」（歌川国貞（初代）　天保14－弘化4）
◇日本の浮世絵美術館 4（角川書店 1996）
　　▷図38「横綱土俵入之図 秀ノ山雷五郎」（歌川国貞（初代）　弘化4頃）
◇秘蔵浮世絵大観 5（講談社 1989）
　　▷図29「小柳常吉・秀の山雷五郎・荒馬吉五郎」（歌川国貞（初代）　弘化2(1845)）
◇宮城県百科事典（河北新報社 1982）　▷秀ノ山雷五郎

尾藤二洲　びとうじしゅう　1745～1813
　　江戸時代中期、後期の儒学者。
◇愛媛県百科大事典（愛媛新聞社 1985）

人見勝太郎　ひとみかつたろう　1843～1922
　　江戸時代末期、明治時代の幕臣。
◇サムライ古写真帖（新人物往来社 2004）
　　▷p127「榎本軍の幹部たち」
　　▷p124「（無題）」
◇幕末―写真の時代（筑摩書房 1994）
　　▷p281 No.298「箱館戦争の旧幕府軍幹部」（田本研造）

人見四郎　ひとみしろう
　　平安時代後期の武士。
◇日本美術絵画全集 16（集英社 1978）

　　▷図25「人見四郎図」（久隅守景）

日向吉次郎　ひなたきちじろう　1851～1920
　　江戸時代末期～大正期の謡曲家。
◇長野県歴史人物大事典（郷土出版社 1989）

日根野鏡水　ひねのきょうすい　1786～1854
　　江戸時代後期の土佐藩士、漢詩人。
◇高知県人名事典（高知新聞社 1999）

日野勝光　ひのかつみつ　1429～1476
　　室町時代の公卿。左大臣。
◇国史大辞典（吉川弘文館 1979）
◇日本人名大事典 1～6（平凡社 1979(覆刻)）

日野宗春　ひのそうしゅん　1827～1909
　　江戸時代末期、明治期の医師。
◇山口県百科事典（大和書房 1982）

日野俊基　ひのとしもと　？～1332
　　鎌倉時代後期の公卿。
◇講談社日本人名大辞典（講談社 2001）

日野富子　ひのとみこ　1440～1496
　　室町時代、戦国時代の女性。足利義政の正室。
◇講談社日本人名大辞典（講談社 2001）
◇日本史大事典（平凡社 1992）
◇京都大事典（淡交社 1984）
◇日本大百科全書（小学館 1984）
◇国史大辞典（吉川弘文館 1979）
◇世界伝記大事典（ほるぷ出版 1978）

日比野清作　ひびのせいさく
　　江戸時代末期の幕臣・外国奉行支配調役。1867年遣仏使節に随行しフランスに渡る。
◇サムライ古写真帖（新人物往来社 2004）
　　▷p18「マルセイユでの徳川昭武一行」（Walery 1867.4.2）

日比野清治　ひびのせいじ
　　江戸時代末期の徳川昭武使節団随員。
◇写された幕末―石黒敬七コレクション（明石書店 1990）
　　▷p56 No.1「マルセイユで撮った徳川昭武一行」

日比野白圭　ひびのはっけい　1825～1914
　　江戸時代後期、末期、明治時代の画家。
◇愛知百科事典（中日新聞本社 1977）

美福門院　びふくもんいん　1117～1160
平安時代後期の女性。鳥羽天皇の皇后。
◇京都大事典（淡交社 1984）

卑弥呼　ひみこ
上代の女性。邪馬台国の女王。
◇日本芸術の創昴 1996年度版（世界文芸社 1996）
　▷p75「卑弥呼出現」（田中宗越）
◇巨匠の日本画 7（学習研究社 1994）
　▷図10,11「卑弥呼」（安田靫彦　昭和43（1968））
　▷図8,9「大和のヒミコ女王」（安田靫彦　昭和47（1972））
◇昭和の美術 5（毎日新聞社 1990）
　▷p25「卑弥呼」（安田靫彦　昭和43（1968））
◇アート・ギャラリー・ジャパン 4（集英社 1987）
　▷図03「卑弥呼」（安田靫彦　昭和43（1968））
　▷図04「大和のヒミコ女王」（安田靫彦　昭和47（1972））
◇原色現代日本の美術 9（小学館 1980）
　▷図80「卑弥呼」（安田靫彦　昭和43（1968））
◇日本の名画 14（中央公論社 1976）
　▷図54-55「大和のヒミコ女王」（安田靫彦　昭和47（1972））
◇現代日本美術全集 14（集英社 1974）
　▷図48「卑弥呼」（安田靫彦　昭和43（1968））
　▷図49「大和のヒミコ女王」（安田靫彦　昭和47（1972））
◇日本の名画 25（講談社 1974）
　▷図17「大和のヒミコ女王」（安田靫彦　昭和47（1972））
◇現代の日本画 3（三彩社 1968）
　▷図33「卑弥呼壙壁幻想」（平山郁夫　昭和42（1967））

百武兼行　ひゃくたけかねゆき　1842～1884
江戸時代末期,明治期の洋画家,官吏。
◇佐賀県大百科事典（佐賀新聞社 1983）

百武万里　ひゃくたけばんり　1794～1854
江戸時代末期の蘭方医。
◇福岡県百科事典 上,下（西日本新聞社 1982）

平石石山　ひらいせきざん　1833～1896
江戸時代末期,明治期の勤王の志士。
◇栃木県歴史人物事典（下野新聞社 1995）

平井初　ひらいはつ　1826～1897
江戸時代末期,明治期の農民。
◇角川日本姓氏歴史人物大辞典 14（角川書店 1993）

平岩親吉　ひらいわちかよし　1542～1611
安土桃山時代,江戸時代前期の大名。
◇群馬県史 通史編4 近世1 政治（群馬県 1990）
　▷〈写真〉1「平岩親吉画像」
◇国史大辞典（吉川弘文館 1979）

平岡通義　ひらおかみちよし　1831～1917
江戸時代末期,明治時代の長州（萩）藩士,建築家。
◇日本人名大事典 1～6（平凡社 1979（覆刻））

平賀源内　ひらがげんない　1728～1779
江戸時代中期の物産学者,戯作者,浄瑠璃作者。
◇講談社日本人名大辞典（講談社 2001）
◇朝日美術館 日本編 8（朝日新聞社 1997）
　▷図40「面構 浮世絵師鈴木春信と博物学者平賀源内」（片岡球子　1985）
◇日本史大事典（平凡社 1992）
◇現代の日本画 6（学習研究社 1991）
　▷図61「面構 浮世絵師鈴木春信と博物学者平賀源内」（片岡球子　昭和60（1985））
◇香川県大百科事典（四国新聞社 1984）
◇日本大百科全書（小学館 1984）
◇秋田大百科事典（秋田魁新報社 1981）
◇国史大辞典（吉川弘文館 1979）
◇日本人名大事典 1～6（平凡社 1979（覆刻））
◇世界伝記大事典（ほるぷ出版 1978）
◇大日本百科事典（小学館 1967）
◇世界大百科事典（平凡社 1964）

平賀元義　ひらがもとよし　1800～1865
江戸時代末期の歌人,国学者。
◇岡山県歴史人物事典（山陽新聞社 1994）
◇岡山県大百科事典（山陽新聞社 1980）
◇国史大辞典（吉川弘文館 1979）
◇岡山人名事典（日本文教出版 1978）

平川光伸　ひらかわみつのぶ　1835～1891
江戸時代末期の志士。
◇高知県人名事典（高知新聞社 1999）

平田篤胤　ひらたあつたね　1776～1843
江戸時代後期の出羽久保田藩士,備中松山藩士,国学者。
◇講談社日本人名大辞典（講談社 2001）
◇静岡県史 通史編4 近世2（静岡県 1997）
　▷〈写真〉写1-153「平田篤胤画像」
◇岡山県歴史人物事典（山陽新聞社 1994）
◇日本史大事典（平凡社 1992）
◇日本大百科全書（小学館 1984）
◇秋田大百科事典（秋田魁新報社 1981）
◇国史大辞典（吉川弘文館 1979）
◇日本人名大事典 1～6（平凡社 1979（覆刻））
◇世界伝記大事典（ほるぷ出版 1978）

ひらた

◇和漢詩歌作家辞典（みづほ出版 1972）
◇大日本百科事典（小学館 1967）
◇世界大百科事典（平凡社 1964）

平田幸助　ひらたこうすけ
　江戸時代末期の栃木烏山の金工。
◇栃木県歴史人物事典（下野新聞社 1995）

平田靱負　ひらたゆきえ　1704～1755
　江戸時代中期の薩摩藩勝手方家老，木曽川治水工事の総奉行。
◇郷土歴史人物事典 岐阜（第一法規出版社 1980）
◇岐阜県史 通史編 近世下（岐阜県 1972）
　▷p194（写真）「平田靱負像」

平塚承貞　ひらつかじょうてい　1818～1893
　江戸時代末期の足利の旗本六角家御典医。
◇栃木県歴史人物事典（下野新聞社 1995）

平塚籾右衛門　ひらつかもみえもん
　1647～1703　江戸時代前期，中期の陸奥仙台藩士，弓術家。
◇宮城県百科事典（河北新報社 1982）

平手政秀　ひらてまさひで　1492～1553
　戦国時代の武将。
◇国史大辞典（吉川弘文館 1979）

平沼専蔵　ひらぬませんぞう　1836～1913
　江戸時代末期，明治時代の実業家。
◇神奈川県百科事典（大和書房 1983）

平野金華　ひらのきんか　1688～1732
　江戸時代中期の漢学者。
◇講談社日本人名大辞典（講談社 2001）
◇国史大辞典（吉川弘文館 1979）
◇日本人名大事典 1～6（平凡社 1979（覆刻））

平野国臣　ひらのくにおみ　1828～1864
　江戸時代末期の筑前福岡藩士，尊攘派志士。
◇福岡県百科事典 上，下（西日本新聞社 1982）
◇国史大辞典（吉川弘文館 1979）
◇和漢詩歌作家辞典（みづほ出版 1972）

平野五岳　ひらのごがく　1809～1893
　江戸時代末期，明治時代の南画家。
◇大分県歴史人物事典（大分合同新聞社 1996）
◇大分百科事典（大分放送 1980）

平野長裕　ひらのながひろ　1845～1872
　江戸時代末期，明治時代の大名。
◇サムライ古写真帖（新人物往来社 2004）
　▷p63「（無題）」

平野長泰　ひらのながやす　1559～1628
　安土桃山時代，江戸時代前期の武士。
◇秘蔵浮世絵大観 8（講談社 1989）
　▷図160「糸柳瀬七本鎗梅 平野長泰」（窪俊満　文化初年頃（1804-18頃））

平部嶠南　ひらべきょうなん
　1815～1890　江戸時代末期，明治時代の日向飫肥藩士。
◇宮崎県大百科事典（宮崎日日新聞社 1983）

平元謹斎　ひらもときんさい　1810～1876
　江戸時代末期，明治時代の出羽秋田藩士。
◇秋田大百科事典（秋田魁新報社 1981）

平山陳平　ひらやまちんぺい　1839～1889
　江戸時代後期～明治期のジャーナリスト，民権家。
◇静岡県歴史人物事典（静岡新聞社 1991）

鰭ケ岳源太夫　ひれがだけげんだゆう
　江戸時代後期の力士。
◇秘蔵浮世絵大観 6（講談社 1989）
　▷図0120「千田川吉五郎・鰭ケ岳源太夫」（勝川春英　寛政6頃）

広井磐之助　ひろいいわのすけ　1840～1866
　江戸時代末期の土佐藩士。
◇高知県人名事典（高知新聞社 1999）
◇高知県百科事典（高知新聞社 1976）

弘鴻　ひろこう　1829～1903
　江戸時代末期，明治時代の明倫館助教。
◇山口県百科事典（大和書房 1982）

広沢真臣　ひろさわさねおみ　1833～1871
　江戸時代末期，明治時代の志士，政治家。
◇サムライ古写真帖（新人物往来社 2004）
　▷p104「（無題）」
◇皇族・華族古写真帖 愛蔵版（新人物往来社 2003）
　▷p140「（無題）」
◇講談社日本人名大辞典（講談社 2001）
◇角川日本姓氏歴史人物大辞典 35（角川書店 1991）
◇写された幕末—石黒敬七コレクション（明石書店 1990）
　▷p52 No.3「（無題）」
◇山口県百科事典（大和書房 1982）

広沢安任　ひろさわやすとう　1830〜1891
　江戸時代末期, 明治時代の陸奥会津藩士。
◇青森県人名事典（東奥日報社 2002）
◇青森県百科事典（東奥日報社 1981）

広瀬久兵衛　ひろせきゅうべえ　1790〜1871
　江戸時代末期, 明治時代の豊後国日田の豪商。
◇福岡県百科事典 上, 下（西日本新聞社 1982）
◇大分百科事典（大分放送 1980）

広瀬旭荘　ひろせきょくそう　1807〜1863
　江戸時代末期の儒者, 詩人。
◇大分県歴史人物事典（大分合同新聞社 1996）
◇大分百科事典（大分放送 1980）
◇国史大辞典（吉川弘文館 1979）

広瀬元恭　ひろせげんきょう　1821〜1870
　江戸時代末期の蘭方医。
◇国史大辞典（吉川弘文館 1979）
◇日本人名大事典 1〜6（平凡社 1979（覆刻））

広瀬宰平　ひろせさいへい　1828〜1914
　江戸時代末期, 明治時代の実業家。
◇愛媛県百科大事典（愛媛新聞社 1985）
◇国史大辞典（吉川弘文館 1979）
◇郷土歴史人物事典 愛媛（第一法規出版 1978）

広瀬重武　ひろせしげたけ　1836〜1901
　江戸時代末期, 明治期の豊後岡藩士。
◇大分県歴史人物事典（大分合同新聞社 1996）

広瀬誠一郎　ひろせせいいちろう　1837〜1890
　江戸時代末期, 明治時代の政治家, 利根運河の開削者。
◇茨城県大百科事典（茨城新聞社 1981）

広瀬青村　ひろせせいそん　1819〜1884
　江戸時代後期〜明治期の儒学者。
◇大分百科事典（大分放送 1980）

広瀬台山　ひろせたいざん　1751〜1813
　江戸時代中期, 後期の南画家。
◇岡山県歴史人物事典（山陽新聞社 1994）
◇岡山県大百科事典（山陽新聞社 1980）

広瀬淡窓　ひろせたんそう　1782〜1856
　江戸時代後期の儒者, 教育家。
◇講談社日本人名大辞典（講談社 2001）
◇大分県歴史人物事典（大分合同新聞社 1996）

◇国史大辞典（吉川弘文館 1979）

◇日本史大事典（平凡社 1992）
◇日本大百科全書（小学館 1984）
◇福岡県百科事典 上, 下（西日本新聞社 1982）
◇大分百科事典（大分放送 1980）
◇国史大辞典（吉川弘文館 1979）
◇世界伝記大事典（ほるぷ出版 1978）
◇大日本百科事典（小学館 1967）

広瀬林外　ひろせりんがい　1836〜1874
　江戸時代末期, 明治時代の儒学者。
◇大分百科事典（大分放送 1980）

広田亀治　ひろたかめじ　1840〜1896
　江戸時代後期〜明治期の水稲品種「亀治」選出の功労者。
◇島根県歴史人物事典（山陰中央新報社 1997）

弘田伸秋　ひろたのぶあき　1825〜1910
　江戸時代後期〜明治期の幡多勤王派グループの一人, 地方政治家。
◇高知県人名事典（高知新聞社 1999）

【ふ】

風外本高　ふうがいほんこう　1779〜1847
　江戸時代後期の曹洞宗峨山派の画僧。
◇神奈川県史 通史編3近世(2)（神奈川県 1983）
　▷p797（写真）「風外自画像」

深尾重先　ふかおしげもと　1827〜1890
　江戸時代末期, 明治時代の土佐藩家老。
◇高知県人名事典（高知新聞社 1999）

深尾友文　ふかおともふみ　1823〜1895
　江戸時代後期〜明治期の池田学問所の最後の師匠。
◇長野県歴史人物大事典（郷土出版社 1989）

深川栄左衛門真忠　ふかがわえいざえもんしんちゅう
　1832〜1889　江戸時代末期, 明治期の実業家。
◇佐賀県大百科事典（佐賀新聞社 1983）

深川嘉一郎　ふかがわかいちろう　1829〜1901
　江戸時代末期, 明治時代の実業家。
◇佐賀県大百科事典（佐賀新聞社 1983）

ふかさ

深沢安兵衛　ふかざわやすべえ　生没年不詳
江戸時代の名主。
◇静岡県史　通史編4　近世2（静岡県 1997）
　▷〈写真〉写1-19「深沢安兵衛夫妻画像」

深沢雄象　ふかさわゆうぞう　1833～1907
江戸時代末期, 明治時代の前橋藩士。
◇群馬県人名大事典（上毛新聞社 1982）
◇群馬県百科事典（上毛新聞社 1979）

深瀬洋春　ふかせようしゅん　？～1905
江戸時代末期, 明治時代の医師。
◇北海道歴史人物事典（北海道新聞社 1993）
◇北海道大百科事典（北海道新聞社 1981）

深水嘉平　ふかみかへい　1844～1919
江戸時代末期～大正期の地主, 篤農家。
◇宮崎県大百科事典（宮崎日日新聞社 1983）

普寛　ふかん　1731～1801
江戸時代中期, 後期の修験者, 御岳講・御岳教の開祖。
◇群馬県史　通史編6　近世3　生活・文化（群馬県 1992）
　▷〈写真〉209「下仁田御岳神社の普寛像」
◇日本の石仏 8（国書刊行会 1983）
　▷図39「黒滝山の普寛行者」（作者不詳）

復庵宗己　ふくあんそうき　1280～1358
鎌倉時代後期, 南北朝時代の武将, 禅僧。
◇国宝・重要文化財大全 2（毎日新聞社 1999）
　▷図99「高峰玄妙像・復庵宗己像」（作者不詳　元　高峰玄妙像 至元27(1290)賛・至元31(1294)賛△）
◇茨城県大百科事典（茨城新聞社 1981）
◆重要文化財 10（毎日新聞社 1974）
　▷図381「高峰玄妙像(絶岸可湘・王剛中賛)・復庵宗己像(自賛)」（作者不詳　元△）

福岡世徳　ふくおかせいとく　1849～1927
江戸時代末期, 明治時代の出雲松江藩士。
◇島根県歴史人物事典（山陰中央新報社 1997）
◇島根県大百科事典（山陰中央新報社 1982）

福岡孝弟　ふくおかたかちか　1835～1919
江戸時代末期, 明治時代の土佐藩士, 明治政府官僚, 政治家。
◇皇族・華族古写真帖 愛蔵版（新人物往来社 2003）
　▷p183「（無題）」
◇高知県人名事典（高知新聞社 1999）
◇国史大辞典（吉川弘文館 1979）
◇日本人名大事典 1～6（平凡社 1979(覆刻)）

◇高知県百科事典（高知新聞社 1976）
◇世界大百科事典（平凡社 1964）

福川泉吾　ふくかわせんご　1831～1912
江戸時代後期～明治期の実業家。
◇静岡県歴史人物事典（静岡新聞社 1991）

福沢諭吉　ふくざわゆきち　1834～1901
江戸時代末期, 明治時代の啓蒙思想家, 教育者, もと中津藩士。
◇サムライ古写真帖（新人物往来社 2004）
　▷p70「（無題）」
　▷頁・番号なし「（無題）」
　▷p71「洋装の福沢諭吉」
◇皇族・華族古写真帖 愛蔵版（新人物往来社 2003）
　▷p15「（無題）」
◇士―日本のダンディズム（二玄社 2003）
　▷p129 No.105「福沢諭吉像」（フィリップ・ポトー）
　▷p130 No.106「福沢諭吉像」
　▷p130 No.107「福沢諭吉像」
◇日本の写真家 1（岩波書店 1997）
　▷p59「福沢諭吉と写真屋の娘」（不詳）
◇大分県歴史人物事典（大分合同新聞社 1996）
◆幕末―写真の時代（筑摩書房 1994）
　▷p61 No.58「（無題）」（ナダール）
　▷p70 No.80「（無題）」（ナダール）
◇写された幕末―石黒敬七コレクション（明石書店 1990）
　▷p31 No.4「福沢諭吉と米人少女」
◇写真集 甦る幕末（朝日新聞社 1987）
　▷p233 No.330「（無題）」
　▷p235 No.337「（無題）」
　▷p234 No.333「（無題）」
◇日本写真全集 1 写真の幕あけ（小学館 1985）
　▷p10 No.7「（無題）」（ウイリアム・シュー）
◇長崎県大百科事典（長崎新聞社 1984）
◇日本大百科全書（小学館 1984）
◇大分百科事典（大分放送 1980）
◇原色現代日本の美術 13（小学館 1979）
　▷図2「福沢諭吉坐像」（大熊氏広　明治25(1892)）
◇国史大辞典（吉川弘文館 1979）
◇日本人名大事典 1～6（平凡社 1979(覆刻)）
◇世界伝記大事典（ほるぷ出版 1978）
◇日本近代文学大事典 1～3（講談社 1977）
◇開化写真鏡 写真にみる幕末から明治へ（大和書房 1975）
　▷p93「（無題）」（ナダール）
◇写真の開祖上野彦馬（上野彦馬撮影 産業能率短期大学出版部 1975）
　▷p217「（無題）」
◇大日本百科事典（小学館 1967）
◇世界大百科事典（平凡社 1964）

福島邦成　ふくしまくになり　1819〜1898
江戸時代後期, 末期, 明治時代の医師。
◇宮崎県大百科事典（宮崎日日新聞社 1983）

福島豊策　ふくしまほうさく　1838〜1903
江戸時代後期, 末期の医者。
◇静岡県歴史人物事典（静岡新聞社 1991）

福島正則　ふくしままさのり　1561〜1624
安土桃山時代, 江戸時代前期の武将。
◇日本史大事典（平凡社 1992）
◇秘蔵浮世絵大観 8（講談社 1989）
　▷図159「糸柳瀬七本鎗梅 福嶋正則」（窪俊満 文化初年頃（1804-18頃））
◇日本大百科全書（小学館 1984）
◇広島県大百科事典（中国新聞社 1982）
◇国史大辞典（吉川弘文館 1979）
◇日本人名大事典 1〜6（平凡社 1979（覆刻））
◇大日本百科事典（小学館 1967）

福住正兄　ふくずみまさえ　1824〜1892
江戸時代末期, 明治時代の相模国大住郡片岡村の名主。
◇神奈川県史 通史編3近世（2）（神奈川県 1983）
　▷p643（写真）「福住正兄像」
◇神奈川県百科事典（大和書房 1983）
◇神奈川県史 各論編3 文化（神奈川県 1980）
　▷〈写真〉109「福住正兄『二宮翁夜話』の一部」
　▷〈写真〉116「福住正兄画像」
◇国史大辞典（吉川弘文館 1979）

福田行誡　ふくだぎょうかい　1809〜1888
江戸時代末期, 明治時代の浄土宗の僧, 仏教学者。
◇国史大辞典（吉川弘文館 1979）

福田作太郎　ふくださくたろう　1833〜1910
江戸時代末期, 明治時代の幕臣。
◇幕末―写真の時代（筑摩書房 1994）
　▷p58 No.46「（無題）」（ナダール）
◇写真集 甦る幕末（朝日新聞社 1987）
　▷p231 No.317「（無題）」
　▷p234 No.333「（無題）」

福田宗禎　ふくだそうてい　1791〜1840
江戸時代後期の医師。
◇角川日本姓氏歴史人物大辞典 10（角川書店 1994）

福田礼蔵　ふくだれいぞう　1838〜1890
江戸時代後期〜明治期の自治功労者。
◇埼玉大百科事典 1〜5（埼玉新聞社 1974）

福永十三郎　ふくながじゅうざぶろう　1721〜1774
江戸時代中期の義民。
◇国史大辞典（吉川弘文館 1979）

福羽美静　ふくばびせい　1831〜1907
江戸時代末期, 明治時代の国学者。
◇皇族・華族古写真帖 愛蔵版（新人物往来社 2003）
　▷p138「（無題）」
◇島根県歴史人物事典（山陰中央新報社 1997）
◇島根県大百科事典（山陰中央新報社 1982）
◇国史大辞典（吉川弘文館 1979）
◇日本人名大事典 1〜6（平凡社 1979（覆刻））

福原越後　ふくはらえちご　1815〜1864
江戸時代末期の長州（萩）藩家老。
◇国史大辞典（吉川弘文館 1979）

福原和勝　ふくはらかずかつ　1846〜1877
江戸時代末期, 明治時代の陸軍軍人。
◇サムライ古写真帖（新人物往来社 2004）
　▷p97「ヨーロッパ視察中の山県一行」（上野彦馬　1869.6）
◇写真の開祖上野彦馬（上野彦馬撮影 産業能率短期大学出版部 1975）
　▷p13 No.7「（無題）」（1869.6）

藤井松林　ふじいしょうりん　1824〜1894
江戸時代末期, 明治時代の備後福山藩士。
◇広島県大百科事典（中国新聞社 1982）

藤井高尚　ふじいたかなお　1764〜1840
江戸時代中期, 後期の国学者。
◇岡山県歴史人物事典（山陽新聞社 1994）
◇岡山県大百科事典（山陽新聞社 1980）
◇国史大辞典（吉川弘文館 1979）
◇岡山人名事典（日本文教出版 1978）

藤井竹外　ふじいちくがい　1807〜1866
江戸時代末期の漢詩人。
◇国史大辞典（吉川弘文館 1979）

藤井孫次郎　ふじいまごじろう　1847〜1907
江戸時代後期〜明治期の新聞先覚者。
◇福岡県百科事典 上, 下（西日本新聞社 1982）

藤井宗雄　ふじいむねお　1823〜1906
江戸時代末期, 明治時代の神道学者。
◇島根県歴史人物事典（山陰中央新報社 1997）
◇島根県大百科事典（山陰中央新報社 1982）

ふしえ

藤枝令道　　ふじえだれいどう　1814～1892
　江戸時代後期～明治期の浄土真宗本願寺派の学僧。
◇富山大百科事典（北日本新聞社 1994）

藤川黒斉　　ふじかわこくさい　1808～1885
　江戸時代後期～明治期の漆工芸家。
◇香川県人物・人名事典（四国新聞社 1985）▷藤川黒済
◇香川県大百科事典（四国新聞社 1984）

藤川為親　　ふじかわためちか　1836～1885
　江戸時代後期～明治期の第7代島根県令、道路改修に着手。
◇栃木県歴史人物事典（下野新聞社 1995）

藤川友吉〔2代〕　　ふじかわともきち
　江戸時代後期の歌舞伎役者。
◇秘蔵浮世絵大観 3（講談社 1988）
　▷図115「けいせい遊山桜 二代目藤川友吉の娘お梶・嵐富三郎の娘小さよ・初代中村歌六の行長女房大淀」（戯画堂芦ゆき　文政10（1827）
　▷図070「二代目藤川友吉の青柳太夫と三代目中村歌右衛門の百姓重作」（戯画堂芦ゆき　文政11）
　▷図116「名作切篭曙 二代目嵐橘三郎の里見伊助と二代目藤川友吉のたるやおせん」（戯画堂芦ゆき　文政9（1826））
　▷図091「二代目藤川友吉の紅梅姫と三代目中村歌右衛門の孔雀三郎」（寿好堂よし国　文政11）

藤川平九郎　　ふじかわへいくろう　1698～1761
　江戸時代中期の歌舞伎役者。
◇浮世絵聚花 15（小学館 1980）
　▷図08「三俠客 中村介五郎 松本幸四郎 藤川平九郎」（鳥居清倍）

藤沢次謙　　ふじさわつぐよし　1835～1881
　江戸時代末期、明治期の幕臣、陸軍軍人。陸軍副総裁。
◇神奈川県百科事典（大和書房 1983）

藤沢東畡　　ふじさわとうがい　1794～1864
　江戸時代末期の儒学者。
◇大阪府史　第6巻 近世編2（大阪府 1987）
　▷〈写真〉写真192「藤沢東畡像『東区史』人物編」

藤沢南岳　　ふじさわなんがく　1842～1920
　江戸時代末期、明治期の儒学者。
◇大阪府史　第6巻 近世編2（大阪府 1987）
　▷〈写真〉写真194「藤沢南岳像『東区史』人物編」
◇香川県人物・人名事典（四国新聞社 1985）
◇香川県大百科事典（四国新聞社 1984）

富士重本　　ふじしげもと　1826～1897
　江戸時代末期、明治時代の宮司。
◇静岡大百科事典（静岡新聞社 1978）

藤田栄馬　　ふじたえいま　1835～1909
　江戸時代後期～明治期の実業家。
◇高知県人名事典（高知新聞社 1999）

藤田小四郎　　ふじたこしろう　1842～1865
　江戸時代末期の尊攘派水戸藩士。
◇日本史大事典（平凡社 1992）
◇茨城県史 近世編（茨城県 1985）
　▷図11-13（写真）「藤田小四郎馬上図」
◇国史大辞典（吉川弘文館 1979）

藤田貞資　　ふじたさだすけ　1734～1807
　江戸時代中期、後期の和算家。
◇国史大辞典（吉川弘文館 1979）

藤田伝三郎　　ふじたでんざぶろう　1841～1912
　江戸時代末期、明治期の実業家。男爵。
◇岡山県歴史人物事典（山陽新聞社 1994）
◇角川日本姓氏歴史人物大辞典 35（角川書店 1991）
◇山口県百科事典（大和書房 1982）
◇岡山県大百科事典（山陽新聞社 1980）
◇岡山人名事典（日本文教出版 1978）

藤田東湖　　ふじたとうこ　1806～1855
　江戸時代末期の水戸藩士、天保改革派の中心人物、後期水戸学の大成者。
◇講談社日本人名大辞典（講談社 2001）
◇日本史大事典（平凡社 1992）
◇茨城県史 近世編（茨城県 1985）
　▷図8-9（写真）「藤田東湖肖像」
◇日本大百科全書（小学館 1984）
◇茨城県大百科事典（茨城新聞社 1981）
◇国史大辞典（吉川弘文館 1979）
◇日本人名大事典 1～6（平凡社 1979（覆刻））
◇世界伝記大事典（ほるぷ出版 1978）
◇和漢詩歌作家辞典（みづほ出版 1972）
◇大日本百科事典（小学館 1967）

藤田花之丞　　ふじたはなのじょう
　江戸時代中期の歌舞伎役者。
◇浮世絵聚花 4（小学館 1979）
　▷図21「市川団十郎と藤田花之丞」（伝 鳥居清信）

藤田幽谷　ふじたゆうこく　1774～1826
江戸時代後期の儒学者，水戸藩士，彰考館総裁立原翠軒門下。
◇茨城県史 近世編（茨城県 1985）
　▷図9-5（写真）「藤田幽谷肖像」
◇茨城県大百科事典（茨城新聞社 1981）
◇国史大辞典（吉川弘文館 1979）
◇郷土歴史人物事典 茨城（第一法規出版 1978）

藤田吉亨　ふじたよしはる　1839～1923
江戸時代末期～大正期の大田原藩士，のち政治家。
◇栃木県歴史人物事典（下野新聞社 1995）

伏見天皇　ふしみてんのう　1265～1317
鎌倉時代後期の第92代天皇。在位1287～1298。
◇角川日本姓氏歴史人物大辞典 26（角川書店 1997）
◇国宝・重要文化財大全 1（毎日新聞社 1997）
　▷図147「天皇摂関御影」（作者不詳 鎌倉時代）
◇日本美術全集 9（講談社 1993）
　▷図30「天子摂関大臣影図巻」（藤原為信，藤原豪信 14世紀中頃）
◇日本史大事典（平凡社 1992）
◇皇室の至宝第1期 御物 1（毎日新聞社 1991）
　▷図10-30「天皇影（天皇・摂関・大臣影三巻のうち）」（藤原為信，伝 藤原豪信 鎌倉時代）
◇続日本の絵巻 12（中央公論社 1991）
　▷p51-84「天子摂関御影」（作者不詳 14世紀半ば過ぎ）
◇続日本絵巻大成 18（中央公論社 1983）
　▷p51-84「天子摂関御影」（作者不詳）
◇国史大辞典（吉川弘文館 1979）
◇日本人名大事典 1～6（平凡社 1979（覆刻））
◇新修日本絵巻物全集 26（角川書店 1978）
　▷グラビアp24-29「天子摂関御影 天子巻」（作者不詳）
　▷グラビアp30-37「天子摂関御影 摂関巻」（作者不詳）
　▷グラビアp38-55「天子摂関御影 大臣巻」（作者不詳）
　▷グラビア1「天子摂関御影 天子巻（崇徳院）」（作者不詳）
　▷グラビア2「天子摂関御影 天子巻（順徳院・後高倉院）」（作者不詳）
　▷グラビア3「天子摂関御影 摂関巻（藤原忠通・藤原基実）」（作者不詳）
　▷グラビア4「天子摂関御影 摂関巻（九条良経・近衛家実）」（作者不詳）
　▷グラビア5「天子摂関御影 大臣巻（藤原宗忠・藤原頼長）」（作者不詳）
　▷グラビア6「天子摂関御影 大臣巻（平重盛・平宗盛）」（作者不詳）
　▷グラビア7「天子摂関御影 大臣巻（大炊御門冬氏・今川兼季）」（作者不詳）
　▷オフセット1「天子摂関御影 天子巻（鳥羽院）」（作者不詳）
　▷オフセット2「天子摂関御影 天子巻（後白河院・二条院）」（作者不詳）
　▷オフセット3「天子摂関御影 天子巻（高倉院・後鳥羽院）」（作者不詳）
　▷オフセット4「天子摂関御影 天子巻（花園院・後醍醐院）」（作者不詳）
　▷オフセット5「天子摂関御影 摂関巻（藤原師家・九条兼実）」（作者不詳）
　▷オフセット6「天子摂関御影 大臣巻（平清盛・藤原忠雅）」（作者不詳）
◇日本絵画館 4（講談社 1970）
　▷図53「天皇影」（伝 藤原為信 14世紀前半）
◇世界大百科事典（平凡社 1964）

藤村半十郎　ふじむらはんじゅうろう
江戸時代中期の歌舞伎役者。
◇秘蔵浮世絵大観 12（講談社 1988）
　▷図14「三条かん太郎と藤村半十郎」（鳥居清信（2代）享保14.11-16.10(1729.11-1731.10)）
◇浮世絵聚花 8（小学館 1980）
　▷図07「藤村半十郎」（鳥居清倍）

藤村半太夫〔代数不詳〕　ふじむらはんだゆう
江戸時代の歌舞伎役者。
◇浮世絵聚花 1（小学館 1983）
　▷図68「二世市川団十郎の曽我五郎と藤村半太夫の小静」（鳥居清信（初代））
◇浮世絵聚花 4（小学館 1979）
　▷図138「藤村半太夫の大盃をかついだ女」（奥村利信）
　▷図136「藤棚下の三条勘太郎と藤村半太夫」（作者不詳）
◇浮世絵聚花 10（小学館 1979）
　▷図53「藤村半太夫」（鳥居清信（初代））
◇日本の美術 22（平凡社 1964）
　▷図10「市川団蔵の曽我五郎と藤村半太夫の少将」（鳥居清信（初代） 享保6）
◇浮世絵全集 1（河出書房新社 1957）
　▷図42「勝山又五郎の曽我十郎・藤村半太夫のとら」（鳥居清倍）

藤村半太夫〔2代〕　ふじむらはんだゆう
？～1745　江戸時代中期の歌舞伎役者。
◇秘蔵浮世絵大観 12（講談社 1988）
　▷図19「二代目藤村半太夫・佐野川万菊・二代目市川団十郎」（作者不詳 享保3.11-4.10(1718.11-1719.10)）
◇浮世絵聚花 1（小学館 1983）
　▷図8「二世藤村半太夫の女役」（鳥居清倍）
◇浮世絵聚花 14（小学館 1981）
　▷図129「二世藤村半太夫のお七と四世市村竹之丞の吉三」（奥村利信）
◇在外日本の至宝 7（毎日新聞社 1980）

▷図12「二代目藤村半太夫の菊水」(鳥居清信(初代)　1710年代後半)
◇浮世絵聚花 4 (小学館 1979)
　▷図88「二世藤村半太夫」(鳥居清倍)
◇浮世絵聚花 7 (小学館 1979)
　▷図57「二世藤村半太夫」(鳥居清倍(2代))

藤村庸軒　ふじむらようけん　1613～1699
江戸時代前期の茶人。
◇日本大百科全書 (小学館 1984)
◇国史大辞典 (吉川弘文館 1979)
◇日本美術絵画全集 16 (集英社 1978)
　▷図19「藤村庸軒八十七歳像(自賛)」(伝 久隅守景)

藤本鉄石　ふじもとてっせき　1816～1863
江戸時代末期の尊攘派志士。
◇岡山県歴史人物事典 (山陽新聞社 1994)
◇岡山県大百科事典 (山陽新聞社 1980)
◇国史大辞典 (吉川弘文館 1979)
◇日本人名大事典 1～6 (平凡社 1979(覆刻))
◇岡山人名事典 (日本文教出版 1978)

藤本文策　ふじもとぶんさく　1839～1894
江戸時代末期、明治期の医師、実業家。
◇徳島県百科事典 (徳島新聞社 1981)

藤森弘庵　ふじもりこうあん　1799～1862
江戸時代末期の儒学者。
◇茨城県史 近世編 (茨城県 1985)
　▷図8-10 (写真)「藤森天山肖像」
◇茨城県大百科事典 (茨城新聞社 1981)
◇国史大辞典 (吉川弘文館 1979)

藤森素榮　ふじもりそばく　？～1821
江戸時代後期の俳人。
◇俳諧人名事典 (巌南堂書店 1970)　▷素榮

富士万　ふじよろず　1838～1905
江戸時代後期～明治期の国学者、神道家。
◇静岡県歴史人物事典 (静岡新聞社 1991)

藤原国右衛門尉　ふじわらくにえもんじょう
生没年未詳　鎌倉時代後期の寺大工。
◇岡山県大百科事典 (山陽新聞社 1980)

藤原惺窩　ふじわらせいか　1561～1619
安土桃山時代、江戸時代前期の儒学者。
◇講談社日本人名大辞典 (講談社 2001)
◇日本史大事典 (平凡社 1992)
◇京都大事典 (淡交社 1984)
◇日本大百科全書 (小学館 1984)

◇兵庫県史 第4巻 近世編2 (兵庫県 1980)
　▷〈写真〉写真59「藤原惺窩像」
◇国史大辞典 (吉川弘文館 1979)
◇日本人名大事典 1～6 (平凡社 1979(覆刻))
◇世界伝記大事典 (ほるぷ出版 1978)
◇日本美術絵画全集 12 (集英社 1976)
　▷図67「藤原惺窩閑居図」(作者不詳 寛永16 (1639))
◇文人画粋編 19 (中央公論社 1975)
　▷図18「藤原惺窩像(佐藤一斎賛)」(渡辺崋山 文政6(1823))
◇大日本百科事典 (小学館 1967)
◇世界大百科事典 (平凡社 1964)

藤原顕輔　ふじわらのあきすけ　1090～1155
平安時代後期の歌人・公卿。非参議。
◇秘蔵浮世絵大観 3 (講談社 1988)
　▷図51「百人一首之内 左京大夫顕輔」(歌川国芳 天保(1830-44))

藤原朝忠　ふじわらのあさただ　910～966
平安時代中期の歌人・公卿。中納言。
◇国宝・重要文化財大全 1 (毎日新聞社 1997)
　▷図215「佐竹本三十六歌仙切 藤原朝忠像」(作者不詳　鎌倉時代)
◇日本美術絵画全集 13 (集英社 1980)
　▷図58「三十六歌仙図扁額 中納言朝忠」(岩佐又兵衛)

藤原敦忠　ふじわらのあつただ　906～943
平安時代中期の歌人・公卿。権中納言。
◇国宝・重要文化財大全 1 (毎日新聞社 1997)
　▷図230「上畳本三十六歌仙切 藤原敦忠像」(作者不詳　鎌倉時代)
　▷図210「佐竹本三十六歌仙切 藤原敦忠像」(作者不詳　鎌倉時代)
◇秘蔵浮世絵大観 6 (講談社 1989)
　▷図54「三十六歌仙 権中納言敦忠 いせのうみ」(鈴木春信　明和4-5頃(1767-68頃))
◇浮世絵聚花 13 (小学館 1981)
　▷〔版〕21「三十六歌仙 権中納言敦忠 いせのうみ」(鈴木春信　明和4-5頃(1767-68頃))
◇日本美術絵画全集 13 (集英社 1980)
　▷図27「三十六歌仙図扁額 権中納言敦忠」(岩佐又兵衛)
◇美人画・役者絵 2 (講談社 1965)
　▷図86「三十六歌仙 権中納言敦忠 いせのうみ」(鈴木春信　明和4-5頃(1767-68頃))
◇日本版画美術全集 2 (講談社 1961)
　▷図37「三十六歌仙 権中納言敦忠 いせのうみ」(鈴木春信　明和4-5頃(1767-68頃))

藤原家隆　ふじわらのいえたか　1158～1237
平安時代後期,鎌倉時代前期の歌人・公卿。非参議。
◇琳派 4（紫紅社 1991）
　▷図93「歌仙絵 藤原家隆・定家」（鈴木其一）
◇秘蔵浮世絵大観 別巻（講談社 1990）
　▷〔チ〕067「新拾遺集 従二位家隆」（喜多川歌麿（初代）　寛政12）
◇国史大辞典（吉川弘文館 1979）
◇日本版画美術全集 5（講談社 1960）
　▷図73「百人一首乳母が絵解〈版下絵〉従二位家隆」（葛飾北斎）

藤原家忠　ふじわらのいえただ　1062～1136
平安時代後期の公卿。左大臣。
◇角川日本姓氏歴史人物大辞典 26（角川書店 1997）
◇日本史大事典（平凡社 1992）
◇国史大辞典（吉川弘文館 1979）

藤原家良　ふじわらのいえよし　1192～1264
鎌倉時代前期の歌人・公卿。内大臣。
◇角川日本姓氏歴史人物大辞典 26（角川書店 1997）
◇国史大辞典（吉川弘文館 1979）

藤原興風　ふじわらのおきかぜ
平安時代中期の歌人。
◇国宝・重要文化財大全 1（毎日新聞社 1997）
　▷図214「佐竹本三十六歌仙切 藤原興風像」（作者不詳　鎌倉時代）
◇浮世絵聚花 補巻1（小学館 1982）
　▷図118「三十六歌仙 藤原興風」（鈴木春信　明和4-5(1767-68)）

藤原兼輔　ふじわらのかねすけ　877～933
平安時代前期,中期の歌人・公卿。中納言。
◇国宝・重要文化財大全 1（毎日新聞社 1997）
　▷図200「佐竹本三十六歌仙切 藤原兼輔像」（作者不詳　鎌倉時代）
◇秘蔵日本美術大観 10（講談社 1993）
　▷図27「三十六歌仙 中納言兼輔」（鈴木春信　明和4(1767)頃）
◇秘蔵浮世絵大観 3（講談社 1988）
　▷図053「百人一首姥がえとき〈版下絵〉中納言兼輔」（葛飾北斎　天保中期）
◇浮世絵聚花 補巻1（小学館 1982）
　▷図39「三十六歌仙 中納言兼輔」（鈴木春信　明和4-5(1767-68)）

藤原兼経　ふじわらのかねつね
平安時代中期の公卿。参議。
◇国宝・重要文化財大全 1（毎日新聞社 1997）
　▷図162「藤原兼経像」（作者不詳　鎌倉時代）

◇重要文化財 9（毎日新聞社 1974）
　▷図269「藤原兼経像」（作者不詳　鎌倉時代）

藤原鎌足　ふじわらのかまたり　614～669
飛鳥時代の廷臣。内大臣。
◇講談社日本人名大辞典（講談社 2001）
◇日本史大事典（平凡社 1992）
◇日本大百科全書（小学館 1984）
◇日本人名大事典 1～6（平凡社 1979（覆刻））
◇世界伝記大事典（ほるぷ出版 1978）

藤原清正　ふじわらのきよただ　？～958
平安時代中期の歌人。
◇琳派 4（紫紅社 1991）
　▷図86「歌仙絵色紙 藤原清正」（尾形光琳）
◇浮世絵聚花 補巻1（小学館 1982）
　▷図41「三十六歌仙 藤原清正」（鈴木春信　明和4-5(1767-68)）
◇日本版画美術全集 2（講談社 1961）
　▷図289「三十六歌仙 藤原清正」（鈴木春信　明和4-5(1767-68)）

藤原清衡　ふじわらのきよひら　1056～1128
平安時代後期の武将,奥州藤原氏の初代,陸奥国押領使。
◇講談社日本人名大辞典（講談社 2001）
◇日本大百科全書（小学館 1984）
◇世界伝記大事典（ほるぷ出版 1978）

藤原公教　ふじわらのきんのり　1103～1160
平安時代後期の公卿。内大臣。
◇国史大辞典（吉川弘文館 1979）

藤原公能　ふじわらのきんよし　1115～1161
平安時代後期の公卿。右大臣。
◇国史大辞典（吉川弘文館 1979）

藤原薬子　ふじわらのくすこ　？～810
平安時代前期の女官。
◇世界伝記大事典（ほるぷ出版 1978）

藤原伊通　ふじわらのこれみち　1093～1165
平安時代後期の公卿。太政大臣。
◇日本史大事典（平凡社 1992）
◇国史大辞典（吉川弘文館 1979）

藤原定家　ふじわらのさだいえ　1162～1241
平安時代後期,鎌倉時代前期の歌人・公卿。権中納言。
◇講談社日本人名大辞典（講談社 2001）
◇国宝・重要文化財大全 1（毎日新聞社 1997）
　▷図146「中殿御会図」（作者不詳　室町時代）
◇名品揃物浮世絵 9（ぎょうせい 1992）

ふしわ

　　▷図27「百人一首宇波か縁説 権中納言定家」
　　　（葛飾北斎　天保年間中－後期（1830-
　　　1844））
◇続日本の絵巻 12（中央公論社 1991）
　　▷p11-32「中殿御会図」（作者不詳）
◇秘蔵浮世絵大観 ベレス・コレクション（講談社
　1991）
　　▷図05「六玉川 調布の玉川 定家」（鈴木春信
　　　明和2-7（1765-70））
◇名品揃物浮世絵 1（ぎょうせい 1991）
　　▷図77「六玉川 調布の玉川 定家」（鈴木春信
　　　明和2-7（1765-70））
◇琳派 4（紫紅社 1991）
　　▷図93「歌仙絵 藤原家隆・定家」（鈴木其一）
◇人間の美術 6（学習研究社 1990）
　　▷図179「建保六年中殿御会図」（作者不詳
　　　14世紀）
◇秘蔵浮世絵大観 8（講談社 1989）
　　▷図84「見立三夕 定家」（鈴木春信　明和2
　　　（1765））
◇秘蔵浮世絵大観 9（講談社 1989）
　　▷図30「六玉川 調布の玉川 定家」（鈴木春信
　　　明和2-7（1765-70））
◇日本大百科全書（小学館 1984）
◇続日本絵巻大成 18（中央公論社 1983）
　　▷p11-32「中殿御会図」（作者不詳）
◇浮世絵聚花 補巻1（小学館 1982）
　　▷図10「見立三夕 定家, 寂蓮, 西行」（鈴木春
　　　信　宝暦13－明和元（1763-74））
　　▷図317「六玉川 調布の玉川 定家」（鈴木春
　　　信　明和2-7（1765-70））
◇浮世絵の美百選（日本経済新聞社 1981）
　　▷図8「定家の道行」（鳥居清倍）
◇浮世絵聚花 9（小学館 1981）
　　▷図86「見立三夕 定家, 寂蓮, 西行」（鈴木春
　　　信　宝暦13－明和元（1763-74））
　　▷図12「定家の道行」（鳥居清倍）
◇浮世絵聚花 13（小学館 1981）
　　▷〔版〕27「六玉川 調布の玉川 定家」（鈴木
　　　春信　明和2-7（1765-70））
◇浮世絵聚花 12（小学館 1980）
　　▷図149「見立三夕 定家」（鈴木春信　明和2
　　　（1765））
◇国史大辞典（吉川弘文館 1979）
◇日本美術全集 10（学習研究社 1979）
　　▷図87「中殿御会図」（作者不詳　南北朝時
　　　代）
◇新修日本絵巻物全集 26（角川書店 1978）
　　▷グラビア10-12,p61-66「中殿御会図」（作者
　　　不詳）
◇世界伝記大事典（ほるぷ出版 1978）
◇日本美術絵画全集 15（集英社 1978）
　　▷図36「藤原定家像」（狩野探幽）
◇重要文化財 9（毎日新聞社 1974）
　　▷図254「中殿御会図」（作者不詳　室町時代）
◇浮世絵大系 1（集英社 1974）
　　▷図33「定家の道行」（鳥居清倍）

◇浮世絵大系 6（集英社 1973）
　　▷図18「定家卿五色和歌 赤」（喜多川月麿）
◇在外秘宝—欧米収蔵浮世絵集成 鈴木春信（学習
　研究社 1972）
　　▷図123右「見立三夕 定家」（鈴木春信　明和
　　　2（1765））
　　▷図28「見立三夕 定家, 寂蓮, 西行」（鈴木春
　　　信　宝暦13－明和元（1763-74））
　　▷図43「六玉川 調布の玉川 定家」（鈴木春信
　　　明和2-7（1765-70））
◇和漢詩歌作家辞典（みづほ出版 1972）
◇日本絵画館 4（講談社 1970）
　　▷図52「中殿御会図」（作者不詳　14世紀末）
◇大日本百科事典（小学館 1967）
◇美人画・役者絵 2（講談社 1965）
　　▷図94「権中納言定家」（鈴木春信）
　　▷図43「六玉川 調布の玉川 定家」（鈴木春信
　　　明和2-7（1765-70））

藤原定頼　ふじわらのさだより　995～1045
　平安時代中期の歌人・公卿。権中納言。
◇秘蔵浮世絵大観 7（講談社 1990）
　　▷図0136「百人一首之内 権中納言定頼」（歌
　　　川国芳　天保後期頃）

藤原実方　ふじわらのさねかた　？～998
　平安時代中期の歌人。
◇秘蔵浮世絵大観 4（講談社 1988）
　　▷図17「百人一首乳母が縁説〈版下絵〉藤原実
　　　方朝臣」（葛飾北斎　天保中期頃（1830-44
　　　頃））

藤原実成　ふじわらのさねなり　975～1044
　平安時代中期の公卿。中納言。
◇講談社日本人名大辞典（講談社 2001）

藤原実行　ふじわらのさねゆき　1080～1162
　平安時代後期の公卿。太政大臣。
◇国史大辞典（吉川弘文館 1979）

藤原重家　ふじわらのしげいえ　1128～1180
　平安時代後期の公卿。非参議。
◇国史大辞典（吉川弘文館 1979）

藤原佐理　ふじわらのすけまさ　944～998
　平安時代中期の書家, 公卿。参議。
◇世界伝記大事典（ほるぷ出版 1978）

藤原隆信　ふじわらのたかのぶ　1142～1205
　平安時代後期, 鎌倉時代前期の歌人, 似絵絵師。
◇世界伝記大事典（ほるぷ出版 1978）

418　歴史人物肖像索引

ふしわ

藤原高光　ふじわらのたかみつ　?～994
平安時代中期の歌人。
◇国宝・重要文化財大全 1（毎日新聞社 1997）
　▷図220「佐竹本三十六歌仙切 藤原高光像」
　　（作者不詳　鎌倉時代）
◇秘蔵日本美術大観 12（講談社 1994）
　▷図8「三十六歌仙 藤原高光」（鈴木春信　明
　　和4-7(1767-70)）
◇福井県大百科事典（福井新聞社 1991）　▷如覚
◇琳派 4（紫紅社 1991）
　▷図82「歌仙絵色紙 藤原高光」（俵屋宗達）
◇秘蔵浮世絵大観 7（講談社 1990）
　▷図069「見立三十六歌撰之内 藤原高光 より
　　かね」（歌川国貞（初代）　嘉永5.11）

藤原忠通　ふじわらのただみち　1097～1164
平安時代後期の公卿。摂政・関白・太政大臣。
◇講談社日本人名大辞典（講談社 2001）
◇国宝・重要文化財大全 1（毎日新聞社 1997）
　▷図147「天皇摂関御影」（作者不詳　鎌倉時
　　代）
◇日本美術全集 9（講談社 1993）
　▷図30「天子摂関大臣影図巻」（藤原為信,藤
　　原豪信　14世紀中頃）
◇日本史大事典（平凡社 1992）
◇皇室の至宝第1期 御物 1（毎日新聞社 1991）
　▷図10-30「天皇影（天皇・摂関・大臣影三巻の
　　うち）」（藤原為信,伝 藤原豪信　鎌倉時代）
◇続日本の絵巻 12（中央公論社 1991）
　▷p51-84「天子摂関御影」（作者不詳　14世紀
　　半ば過ぎ）
◇秘蔵浮世絵大観 4（講談社 1988）
　▷図18「百人一首乳母がゑとき〈版下絵〉 法性
　　寺入道前関白太政大臣」（葛飾北斎　天保中
　　期頃(1830-44頃)）
◇続日本絵巻大成 18（中央公論社 1983）
　▷p51-84「天子摂関御影」（作者不詳）
◇国史大辞典（吉川弘文館 1979）
◇新修日本絵巻物全集 26（角川書店 1978）
　▷グラビアp24-29「天子摂関御影　天子巻」
　　（作者不詳）
　▷グラビアp30-37「天子摂関御影　摂関巻」
　　（作者不詳）
　▷グラビアp38-55「天子摂関御影　大臣巻」
　　（作者不詳）
　▷グラビア1「天子摂関御影　天子巻（崇徳
　　院）」（作者不詳）
　▷グラビア2「天子摂関御影　天子巻（順徳院・
　　後高倉院）」（作者不詳）
　▷グラビア3「天子摂関御影　摂関巻（藤原忠
　　通・藤原基実）」（作者不詳）
　▷グラビア4「天子摂関御影　摂関巻（九条良
　　経・近衛家実）」（作者不詳）
　▷グラビア5「天子摂関御影　大臣巻（藤原宗
　　忠・藤原頼長）」（作者不詳）
　▷グラビア6「天子摂関御影　大臣巻（平重盛・
　　平宗盛）」（作者不詳）

　▷グラビア7「天子摂関御影　大臣巻（大炊御
　　門冬氏・今出川兼季）」（作者不詳）
　▷オフセット1「天子摂関御影　天子巻（鳥羽
　　院）」（作者不詳）
　▷オフセット2「天子摂関御影　天子巻（後白
　　河院・二条院）」（作者不詳）
　▷オフセット3「天子摂関御影　天子巻（高倉
　　院・後鳥羽院）」（作者不詳）
　▷オフセット4「天子摂関御影　天子巻（花園
　　院・後醍醐院）」（作者不詳）
　▷オフセット5「天子摂関御影　摂関巻（藤原
　　師家・九条兼実）」（作者不詳）
　▷オフセット6「天子摂関御影　大臣巻（平清
　　盛・藤原師雅）」（作者不詳）
◇世界伝記大事典（ほるぷ出版 1978）
◇日本絵画館 4（講談社 1970）
　▷図54「摂関影」（伝 藤原豪信　14世紀前半）
　▷図53「天皇影」（伝 藤原為信　14世紀前半）

藤原経宗　ふじわらのつねむね　1119～1189
平安時代後期の公卿。左大臣。
◇日本史大事典（平凡社 1992）
◇国史大辞典（吉川弘文館 1979）

藤原時平　ふじわらのときひら　871～909
平安時代前期, 中期の公卿。左大臣。
◇講談社日本人名大辞典（講談社 2001）

藤原俊成　ふじわらのとしなり　1114～1204
平安時代後期, 鎌倉時代前期の歌人・公卿。非
参議。
◇秘蔵浮世絵大観 ベレス・コレクション（講談社
　1991）
　▷図11「六玉川 井手の玉川 俊成」（鈴木春信
　　明和3-4(1766-67頃)）
◇浮世絵聚花 8（小学館 1980）
　▷図145「六玉川 井手の玉川 俊成」（鈴木春
　　信）
◇在外秘宝―欧米収蔵浮世絵集成 鈴木春信（学習
　研究社 1972）
　▷図105「六玉川 井手の玉川 俊成」（鈴木春
　　信）
◇大日本百科事典（小学館 1967）

藤原敏行　ふじわらのとしゆき　?～901
平安時代前期, 中期の官人, 歌人, 書家。
◇国宝・重要文化財大全 1（毎日新聞社 1997）
　▷図212「佐竹本三十六歌仙切 藤原敏行像」
　　（作者不詳　鎌倉時代）
◇日本美術全集 20（講談社 1991）
　▷図4「藤原敏行朝臣」（鈴木春信　明和3-4
　　(1766-67)頃）
◇人間の美術 10（学習研究社 1990）
　▷図105「三十六歌仙 藤原敏行朝臣」（鈴木春
　　信　明和(1794-72)）
◇浮世絵八華 1（平凡社 1985）

歴史人物肖像索引　**419**

▷図46「三十六歌仙 藤原敏行朝臣」(鈴木春信　明和(1794-72))
◇日本美術全集 22 (学習研究社 1979)
　▷図51「三十六歌仙 藤原敏行朝臣」(鈴木春信　明和(1794-72))
◇浮世絵聚花 4 (小学館 1979)
　▷図54「三十六歌仙 藤原敏行朝臣」(鈴木春信　明和(1794-72))
◇復元浮世絵大観 3 (集英社 1978)
　▷図9「三十六歌仙 藤原敏行朝臣」(鈴木春信　明和(1794-72))
◇浮世絵大系 2 (集英社 1973)
　▷図22「三十六歌仙 藤原敏行朝臣」(鈴木春信　明和(1794-72))
◇全集浮世絵版画 1 (集英社 1972)
　▷図14「三十六歌仙 藤原敏行朝臣」(鈴木春信　明和(1794-72))
◇日本絵画館 7 (講談社 1970)
　▷図92「藤原敏行朝臣賀茂祭歌意図」(冷泉為恭　嘉永3(1850))
◇浮世絵名作選集 2 (山田書院 1968)
　▷図〔9〕「三十六歌仙 藤原敏行朝臣」(鈴木春信　明和(1794-72))
◇美人画・役者絵 2 (講談社 1965)
　▷図88-89「三十六歌仙 藤原敏行朝臣」(鈴木春信　明和(1794-72))
◇浮世絵版画 3 (集英社 1963)
　▷図15「三十六歌仙 藤原敏行朝臣」(鈴木春信　明和(1794-72))
◇日本版画美術全集 2 (講談社 1961)
　▷図34「三十六歌仙 藤原敏行朝臣」(鈴木春信　明和(1794-72))

藤原仲文　ふじわらのなかぶみ　922～992
　平安時代中期の歌人。
◇国宝・重要文化財大全 1 (毎日新聞社 1997)
　▷図227「佐竹本三十六歌仙切 藤原仲文像」(作者不詳　鎌倉時代)
◇秘蔵日本美術大観 12 (講談社 1994)
　▷図9「三十六歌仙 藤原仲文」(鈴木春信　明和4-7(1767-70))
◇琳派 4 (紫紅社 1991)
　▷図81「歌仙絵色紙 藤原仲文」(俵屋宗達)
◇国史大辞典 (吉川弘文館 1979)

藤原成親　ふじわらのなりちか　1138～1177
　平安時代後期の公卿。権大納言。
◇岡山県歴史人物事典 (山陽新聞社 1994)

藤原成範　ふじわらのなりのり　1135～1187
　平安時代後期の歌人・公卿。中納言。
◇琳派 4 (紫紅社 1991)
　▷図104「桜町中納言・宇津山・不二山図」(酒井抱一)
　▷図105「桜町中納言図」(鈴木其一)
　▷図106「桜町中納言図」(田中抱二)

藤原信実　ふじわらののぶざね　1176～?
　鎌倉時代前期の歌人,似絵絵師。
◇国宝・重要文化財大全 1 (毎日新聞社 1997)
　▷図146「中殿御会図」(作者不詳　室町時代)
◇続日本の絵巻 12 (中央公論社 1991)
　▷p11-32「中殿御会図」(作者不詳)
◇人間の美術 6 (学習研究社 1990)
　▷図179「建保六年中殿御会図」(作者不詳　14世紀)
◇続日本絵巻大成 18 (中央公論社 1983)
　▷p11-32「中殿御会図」(作者不詳)
◇国史大辞典 (吉川弘文館 1979)
◇日本人名大事典 1～6 (平凡社 1979(覆刻))
◇日本美術全集 10 (学習研究社 1979)
　▷図87「中殿御会図」(作者不詳　南北朝時代)
◇新修日本絵巻物全集 26 (角川書店 1978)
　▷グラビア10-12,p61-66「中殿御会図」(作者不詳)
◇重要文化財 9 (毎日新聞社 1974)
　▷図254「中殿御会図」(作者不詳　室町時代)
◇日本絵画館 4 (講談社 1970)
　▷図52「中殿御会図」(作者不詳　14世紀末)

藤原信頼　ふじわらののぶより　1133～1159
　平安時代後期の公卿。権中納言。
◇講談社日本人名大辞典 (講談社 2001)
◇世界伝記大事典 (ほるぷ出版 1978)

藤原秀郷　ふじわらのひでさと
　平安時代中期の東国の武将,下野国の押領使。
◇浮世絵聚花 1 (小学館 1983)
　▷図3「平親王将門と田原藤太秀郷」(鳥居派)

藤原秀衡　ふじわらのひでひら　1122～1187
　平安時代後期の武将。
◇講談社日本人名大辞典 (講談社 2001)
◇岩手百科事典 (岩手放送 1988)
◇宮城県百科事典 (河北新報社 1982)

藤原不比等　ふじわらのふひと　659～720
　飛鳥時代,奈良時代の官人。右大臣。
◇郷土歴史人物事典 奈良 (第一法規出版 1981)

藤原道長　ふじわらのみちなが　966～1027
　平安時代中期の公卿。摂政・太政大臣。
◇講談社日本人名大辞典 (講談社 2001)
◇日本大百科全書 (小学館 1984)
◇世界伝記大事典 (ほるぷ出版 1978)

藤原道信　ふじわらのみちのぶ　972～994
　平安時代中期の官人、歌人。
◇名品揃物浮世絵 9 (ぎょうせい 1992)

▷図24「百人一首字波か縁説　藤原道信朝臣」
（葛飾北斎　天保年間中－後期(1830-1844)）
◇浮世絵大系 8（集英社 1974）
▷図44「百人一首字波か縁説　藤原道信朝臣」
（葛飾北斎　天保年間中－後期(1830-1844)）
◇在外秘宝―欧米収蔵浮世絵集成　葛飾北斎（学習研究社 1972）
▷図196「百人一首字波か縁説　藤原道信朝臣」
（葛飾北斎　天保年間中－後期(1830-1844)）
◇全集浮世絵版画 5（集英社 1971）
▷図24「百人一首字波か縁説　藤原道信朝臣」
（葛飾北斎　天保年間中－後期(1830-1844)）
◇浮世絵版画 2（集英社 1963）
▷図24「百人一首字波か縁説　藤原道信朝臣」
（葛飾北斎　天保年間中－後期(1830-1844)）

藤原通憲　ふじわらのみちのり　1106～1159
平安時代後期の政治家。
◇世界伝記大事典（ほるぷ出版 1978）

藤原光能　ふじわらのみつよし　1132～1183
平安時代後期の公卿。参議。
◇国宝・重要文化財大全 1（毎日新聞社 1997）
▷図166「源頼朝像・平重盛像・藤原光能像」
（伝　藤原隆信　鎌倉時代）
◇新編 名宝日本の美術 8（小学館 1992）
▷図18「伝藤原光能像」（作者不詳　13世紀）
◇国宝大事典 1（講談社 1985）
▷図74「伝源頼朝像・伝平重盛像・伝藤原光能像」
（伝　藤原隆信　鎌倉時代(12世紀)）
◇国宝 2（毎日新聞社 増補改訂版 1984）
▷図39(1)「伝源頼朝像・伝平重盛像・伝藤原光能像　平重盛」（伝　藤原隆信　鎌倉時代）
▷図39(2)「伝源頼朝像・伝平重盛像・伝藤原光能像　源頼朝」（伝　藤原隆信　鎌倉時代）
◇日本美術全集 10（学習研究社 1979）
▷図68「藤原光能像」（伝　藤原隆信　鎌倉時代）
◇原色版国宝 7（毎日新聞社 1976）
▷図21「伝源頼朝像・伝平重盛像・伝藤原光能像」（作者不詳　鎌倉時代(12世紀後半)）
◇重要文化財 9（毎日新聞社 1974）
▷図251「源頼朝像・平重盛像・藤原光能像」
（伝　藤原隆信　鎌倉時代）

藤原宗輔　ふじわらのむねすけ　1077～1162
平安時代後期の公卿。太政大臣。
◇国史大辞典（吉川弘文館 1979）

藤原宗忠　ふじわらのむねただ　1062～1141
平安時代後期の公卿。右大臣。
◇日本史大事典（平凡社 1992）
◇国史大辞典（吉川弘文館 1979）

藤原宗能　ふじわらのむねよし　1085～1170
平安時代後期の公卿。内大臣。
◇国史大辞典（吉川弘文館 1979）

藤原元真　ふじわらのもとざね
平安時代中期の歌人。
◇国宝・重要文化財大全 1（毎日新聞社 1997）
▷図223「佐竹本三十六歌仙切　藤原元真像」
（作者不詳　鎌倉時代）
◇国史大辞典（吉川弘文館 1979）
◇重要文化財 11（毎日新聞社 1975）
▷図206「三十六歌仙図扁額　藤原元真」（岩佐又兵衛　江戸時代）
◇浮世絵大系 2（集英社 1973）
▷図18「三十六歌仙　藤原元真」（鈴木春信）
◇在外秘宝―欧米収蔵浮世絵集成　鈴木春信（学習研究社 1972）
▷図41「三十六歌仙　藤原元真」（鈴木春信）
◇美人画・役者絵 2（講談社 1965）
▷図92「三十六歌仙　藤原元真」（鈴木春信）
◇日本版画美術全集 2（講談社 1961）
▷図290「三十六歌仙　藤原元真」（鈴木春信）

藤原基房　ふじわらのもとふさ　1145～1230
平安時代後期，鎌倉時代前期の公卿。摂政・関白・太政大臣。
◇国宝・重要文化財大全 1（毎日新聞社 1997）
▷図147「天皇摂関御影」（作者不詳　鎌倉時代）
◇日本美術全集 9（講談社 1993）
▷図30「天子摂関大臣影図巻」（藤原為信, 藤原豪信　14世紀中頃）
◇日本史大事典（平凡社 1992）
◇皇室の至宝第1期 御物 1（毎日新聞社 1991）
▷図10-30「天皇影(天皇・摂関・大臣影三巻のうち)」（藤原為信, 伝 藤原豪信　鎌倉時代）
◇続日本の絵巻 12（中央公論社 1991）
▷p51-84「天子摂関御影」（作者不詳　14世紀半ば過ぎ）
◇続日本絵巻大成 18（中央公論社 1983）
▷p51-84「天子摂関御影」（作者不詳）
◇国史大辞典（吉川弘文館 1979）
◇新修日本絵巻物全集 26（角川書店 1978）
▷グラビアp24-29「天子摂関御影　天子巻」
（作者不詳）
▷グラビアp30-37「天子摂関御影　摂関巻」
（作者不詳）
▷グラビアp38-55「天子摂関御影　大臣巻」
（作者不詳）
▷グラビア1「天子摂関御影　天子巻(崇徳

ふしわ

　　院）」（作者不詳）
　▷グラビア2「天子摂関御影　天子巻（順徳院・後高倉院）」（作者不詳）
　▷グラビア3「天子摂関御影　摂関巻（藤原忠通・藤原基実）」（作者不詳）
　▷グラビア4「天子摂関御影　摂関巻（九条良経・近衛家実）」（作者不詳）
　▷グラビア5「天子摂関御影　大臣巻（藤原宗忠・藤原頼長）」（作者不詳）
　▷グラビア6「天子摂関御影　大臣巻（平重盛・平宗盛）」（作者不詳）
　▷グラビア7「天子摂関御影　大臣巻（大炊御門冬氏・今出川兼季）」（作者不詳）
　▷オフセット1「天子摂関御影　天子巻（鳥羽院）」（作者不詳）
　▷オフセット2「天子摂関御影　天子巻（後白河院・二条院）」（作者不詳）
　▷オフセット3「天子摂関御影　天子巻（高倉院・後鳥羽院）」（作者不詳）
　▷オフセット4「天子摂関御影　天子巻（花園院・後醍醐院）」（作者不詳）
　▷オフセット5「天子摂関御影　摂関巻（藤原師家・九条兼実）」（作者不詳）
　▷オフセット6「天子摂関御影　大臣巻（平清盛・藤原忠雅）」（作者不詳）
　▷グラビアp24-29「天子摂関御影　天子巻」（作者不詳）
　▷グラビアp30-37「天子摂関御影　摂関巻」（作者不詳）
　▷グラビアp38-55「天子摂関御影　大臣巻」（作者不詳）
　▷グラビア1「天子摂関御影　天子巻（崇徳院）」（作者不詳）
　▷グラビア2「天子摂関御影　天子巻（順徳院・後高倉院）」（作者不詳）
　▷グラビア3「天子摂関御影　摂関巻（藤原忠通・藤原基実）」（作者不詳）
　▷グラビア4「天子摂関御影　摂関巻（九条良経・近衛家実）」（作者不詳）
　▷グラビア5「天子摂関御影　大臣巻（藤原宗忠・藤原頼長）」（作者不詳）
　▷グラビア6「天子摂関御影　大臣巻（平重盛・平宗盛）」（作者不詳）
　▷グラビア7「天子摂関御影　大臣巻（大炊御門冬氏・今出川兼季）」（作者不詳）
　▷オフセット1「天子摂関御影　天子巻（鳥羽院）」（作者不詳）
　▷オフセット2「天子摂関御影　天子巻（後白河院・二条院）」（作者不詳）
　▷オフセット3「天子摂関御影　天子巻（高倉院・後鳥羽院）」（作者不詳）
　▷オフセット4「天子摂関御影　天子巻（花園院・後醍醐院）」（作者不詳）
　▷オフセット5「天子摂関御影　摂関巻（藤原師家・九条兼実）」（作者不詳）
　▷オフセット6「天子摂関御影　大臣巻（平清盛・藤原忠雅）」（作者不詳）
◇日本絵画館　4（講談社 1970）
　▷図54「摂関影」（伝　藤原豪信　14世紀前半）
　▷図53「天皇影」（伝　藤原為信　14世紀前半）

藤原師長　ふじわらのもろなが　1138～1192
平安時代後期の公卿。太政大臣。
◇日本史大事典（平凡社 1992）
◇国史大辞典（吉川弘文館 1979）

藤原保輔　ふじわらのやすすけ　？～988
平安時代中期の下級官人。
◇日本の浮世絵美術館 2（角川書店 1996）
　▷図71「袴垂保輔鬼童丸術競図」（月岡芳年　明治20）
◇日本版画美術全集 6（講談社 1961）
　▷図12「袴垂保輔鬼童丸術競図」（作者不詳）

藤原保昌　ふじわらのやすまさ　958～1036
平安時代中期の中級貴族。
◇日本の浮世絵美術館 2（角川書店 1996）
　▷図68「藤原保昌月下弄笛図」（月岡芳年　明治16）
◇秘蔵浮世絵大観　ムラー・コレクション（講談社 1990）
　▷図172「藤原保昌月下弄笛図」（月岡芳年　明治16.2（1883.2））
◇秘蔵浮世絵大観 11（講談社 1988）
　▷図185「藤原保昌月下弄笛図」（月岡芳年　明治16.2（1883.2））
◇浮世絵大系 12（集英社 1974）
　▷図27-29「藤原保昌月下弄笛図」（月岡芳年　明治16.2（1883.2））

藤原義孝　ふじわらのよしたか　954～974
平安時代中期の官人、歌人。
◇名品揃物浮世絵 9（ぎょうせい 1992）
　▷図23「百人一首うかゑと起　藤原義孝」（葛飾北斎　天保年間中－後期（1830-1844））
◇浮世絵大系 8（集英社 1974）
　▷図41「百人一首うかゑと起　藤原義孝」（葛飾北斎　天保年間中－後期（1830-1844））

藤原良房　ふじわらのよしふさ　804～872
平安時代前期の公卿。摂政・太政大臣。
◇講談社日本人名大辞典（講談社 2001）
◇世界伝記大事典（ほるぷ出版 1978）

藤原頼経　ふじわらのよりつね　1218～1256
鎌倉時代前期の鎌倉幕府第4代将軍。在職1226～1244。
◇国史大辞典（吉川弘文館 1979）
◇世界伝記大事典（ほるぷ出版 1978）

藤原頼長　ふじわらのよりなが　1120～1156
平安時代後期の公卿。左大臣。
◇角川日本姓氏歴史人物大辞典 26（角川書店 1997）
◇日本史大事典（平凡社 1992）

◇国史大辞典（吉川弘文館 1979）
◇世界伝記大事典（ほるぷ出版 1978）

布施孫一郎　ふせまごいちろう　1847～1911
　江戸時代後期～明治期の蚕業開発者。
◇滋賀県百科事典（大和書房 1984）

ふせり行者　ふせりぎょうじゃ
　奈良時代の行者。
◇福井県大百科事典（福井新聞社 1991）

二川松陰　ふたがわしょういん　1767～1836
　江戸時代後期の儒学者，歌人。
◇福岡県百科事典 上，下（西日本新聞社 1982）
　▷二川相近

布田保之助　ふたやすのすけ　1801～1873
　江戸時代後期の肥後熊本藩の水利功労者。
◇熊本県大百科事典（熊本日日新聞社 1982）

淵辺徳蔵　ふちべとくぞう
　江戸時代末期の幕臣。
◇幕末—写真の時代（筑摩書房 1994）
　▷p58 No.45「〔無題〕」（ナダール）
◇写真集 甦る幕末（朝日新聞社 1987）
　▷p238 No.354「〔無題〕」

仏頂　ぶっちょう　1642～1715
　江戸時代前я,中期の俳人。芭蕉参禅の師。
◇俳諧人名辞典（巌南堂書店 1970）

仏通　ぶっつう　1229～1312
　鎌倉時代前期，後期の臨済宗の僧。
◇国宝・重要文化財大全 4（毎日新聞社 1999）
　▷図686「仏通禅師（坐）像」（作者不詳　鎌倉時代　保国寺（愛媛県西条市）蔵）
◇仏像集成 8（学生社 1997）
　▷図417「仏通禅師（坐）像」（作者不詳　鎌倉時代末期頃　保国寺（愛媛県西条市）蔵）
◇人間の美術 6（学習研究社 1990）
　▷図231「仏通禅師（坐）像」（作者不詳　14世紀前半　保国寺（愛媛県西条市）蔵）
◇愛媛県百科大事典（愛媛新聞社 1985）
◇日本美術全集 13（学習研究社 1979）
　▷図90「仏通禅師（坐）像」（作者不詳　14世紀前半　保国寺（愛媛県西条市）蔵）
◇国宝・重要文化財 仏教美術（小学館 1974）
　▷図9「仏通禅師（坐）像」（作者不詳　鎌倉時代　保国寺（愛媛県西条市）蔵）
◇重要文化財 5（毎日新聞社 1974）
　▷図167「仏通禅師（坐）像」（作者不詳　鎌倉時代　保国寺（愛媛県西条市）蔵）

筆ノ海金右衛門　ふでのうみきんえもん
　江戸時代後期の力士。
◇秘蔵浮世絵大観 6（講談社 1989）
　▷図0117「小野川喜三郎・鬼面山谷五郎・筆ノ海金右エ門」（勝川春好（初代）　天明後期）
　▷図125「東方 筆ノ海金右衛門 西方 関ノ戸八郎治」（勝川春章　天明6歳(1786頃)）
◇秘蔵浮世絵大観 12（講談社 1988）
　▷図75「虹ケ岳杣右衛門と筆ノ海金右衛門」（勝川春章　天明2-3(1782-83)）
◇浮世絵大系 3（集英社 1974）
　▷図41「虹ケ岳杣右衛門と筆ノ海金右衛門」（勝川春章　天明2-3(1782-83)）

船木甚兵衛　ふなぎじんべえ　1816～1899
　江戸時代末期,明治時代の木綿問屋。
◇鳥取県大百科事典（新日本海新聞社 1984）

船越衛　ふなこしまもる　1840～1913
　江戸時代末期,明治時代の安芸広島藩士,官僚,政治家。
◇千葉県の歴史 通史編 近現代1（千葉県 2002）
　▷〈写真〉写真67「船越衛」
◇宮城県百科事典（河北新報社 1982）

船津伝次平　ふなつでんじへい　1832～1898
　江戸時代末期,明治時代の明治三老農と称される。
◇角川日本姓氏歴史人物大辞典 10（角川書店 1994）
◇群馬県人名大事典（上毛新聞社 1982）
◇群馬県百科事典（上毛新聞社 1979）
◇国史大辞典（吉川弘文館 1979）
◇東京百年史 第二巻 首都東京の成立(明治前期)（ぎょうせい 1979）
　▷p1007（写真）「船津伝次平」

武用五郎辺衛〔初代〕　ぶようごろべえ
　1843～1897　江戸時代後期～明治期の実業家・社会奉仕家。
◇岡山県歴史人物事典（山陽新聞社 1994）

古川古松軒　ふるかわこしょうけん　1726～1807
　江戸時代中期,後期の地理学者。
◇講談社日本人名大辞典（講談社 2001）
◇岡山県歴史人物事典（山陽新聞社 1994）
◇北海道歴史人物事典（北海道新聞社 1993）
◇北海道大百科事典（北海道新聞社 1981）
◇岡山県大百科事典（山陽新聞社 1980）
◇国史大辞典（吉川弘文館 1979）
◇日本人名大事典 1～6（平凡社 1979(覆刻)）
　▷古川子曜
◇岡山人名事典（日本文教出版 1978）

ふるか

古川庄八 ふるかわしょうはち 1835〜1912
江戸時代末期,明治時代の幕府留学生,海軍技師。
◇香川県人物・人名事典（四国新聞社 1985）
◇香川県大百科事典（四国新聞社 1984）

古川宣誉 ふるかわせんよ 1849〜1921
江戸時代末期〜大正期の軍人。
◇静岡県歴史人物事典（静岡新聞社 1991）

古河太四郎 ふるかわたしろう 1845〜1965
江戸時代後期〜明治期の育教育者。
◇京都大事典（淡交社 1984）

古川正雄 ふるかわまさお 1837〜1877
江戸時代末期,明治時代の著述家。
◇広島県大百科事典（中国新聞社 1982）

古川松根 ふるかわまつね 1813〜1871
江戸時代末期,明治時代の肥前佐賀藩士。
◇佐賀県大百科事典（佐賀新聞社 1983）

古沢小三郎 ふるさわこさぶろう 1841〜1921
江戸時代末期〜大正期の製糸業功労者。
◇角川日本姓氏歴史人物大辞典 10（角川書店 1994）

古田織部 ふるたおりべ 1544〜1615
安土桃山時代,江戸時代前期の武将,茶人。
◇京都大事典（淡交社 1984）
◇日本大百科全書（小学館 1984）
◇国史大辞典（吉川弘文館 1979）
◇日本人名大事典 1〜6（平凡社 1979（覆刻））
▷古田重然

古橋暉児 ふるはしてるのり 1813〜1892
江戸時代末期,明治時代の篤農家。
◇国史大辞典（吉川弘文館 1979）

古谷簡一 ふるやかんいち 1840〜1875
江戸時代末期,明治時代の官吏,箱館奉行定役出役。
◇幕末—写真の時代（筑摩書房 1994）
▷p138 No.145「遣露使節団一行のうち,左から箕作秋坪,古谷簡一,名村五八郎」（撮影者不詳）
▷p140 No.151「（無題）」（撮影者不詳）
◇読者所蔵「古い写真」館（朝日新聞社 1986）
▷p42「遣露使節と留学生」
▷p42「遣露使節と留学生」（慶応3年（1867）.2）

古屋徳兵衛〔初代〕 ふるやとくべえ
1849〜1911 江戸時代後期〜明治期の商人。
◇神奈川県百科事典（大和書房 1983） ▷古屋徳兵衛〔代数なし〕

文之玄昌 ぶんしげんしょう 1555〜1620
安土桃山時代,江戸時代前期の臨済宗の僧,儒僧。
◇沖縄大百科事典（沖縄タイムス社 1983） ▷南浦文之
◇鹿児島大百科事典（南日本新聞社 1981） ▷文之

文敞真染 ぶんしょうしんぜん 1723〜1797
江戸時代中期,後期の真言宗の僧侶。
◇岡山県歴史人物事典（山陽新聞社 1994）

文屋朝康 ふんやのあさやす
平安時代前期の歌人。
◇名品揃物浮世絵 9（ぎょうせい 1992）
▷図20「百人一首うはか恵と幾 文屋朝康」（葛飾北斎 天保年間中−後期(1830-1844)）

文屋康秀 ふんやのやすひで
平安時代前期の歌人,六歌仙の一人。
◇秘蔵日本美術大観 10（講談社 1993）
▷図24「風流六歌仙 文屋康秀」（鈴木春信 明和4-5(1767-68)頃）
◇名品揃物浮世絵 4（ぎょうせい 1992）
▷図54「六歌仙 康秀」（鳥文斎栄之 天明年間末頃(1781-89)）
◇秘蔵浮世絵大観 8（講談社 1989）
▷図245「六歌仙 文屋康秀」（柳々居辰斎 享和−文化(1801-18)）
◇秘蔵浮世絵大観 2（講談社 1987）
▷図0146「六歌仙 文屋康秀」（鳥文斎栄之 寛政後期）
◇浮世絵聚花 補巻2（小学館 1982）
▷図584「文屋康秀」（司馬江漢 明和7-8(1770-71)）
◇浮世絵聚花 9（小学館 1981）
▷図6「風流略六哥仙 其二 文屋康秀」（鳥文斎栄之）
◇浮世絵聚花 4（小学館 1979）
▷図057「今様風俗六哥仙 文屋康秀」（礒田湖竜斎）
▷図65「風流六哥仙 文屋康秀」（鈴木春信）
◇復元浮世絵大観 7（集英社 1979）
▷図4「六歌仙 康秀」（鳥文斎栄之 天明年間末頃(1781-89)）
◇浮世絵聚花 6（小学館 1978）
▷図010「六歌仙 康秀」（鳥文斎栄之 天明年間末頃(1781-89)）
◇浮世絵大系 6（集英社 1973）
▷図34「六歌仙 康秀」（鳥文斎栄之 天明年間末頃(1781-89)）

◇日本版画美術全集 5（講談社 1960）
　　▷図67「百人一首乳母が絵解〈版下絵〉文屋康秀」（葛飾北斎）

【へ】

平田慈均　へいでんじきん　?〜1364
南北朝時代の僧。
◇国宝・重要文化財大全 1（毎日新聞社 1997）
　　▷図121「平田慈均像」（作者不詳　南北朝時代　観応2(1351)自賛）
◇重要文化財 10（毎日新聞社 1974）
　　▷図353「平田慈均像(自賛)」（作者不詳　南北朝時代）

碧潭周皎　へきたんしゅうこう　1291〜1374
南北朝時代の臨済宗夢窓派の僧。
◇日本美術全集 12（講談社 1992）
　　▷図45「碧潭周皎像(玉畹梵芳賛)」（作者不詳　15世紀前半）
◇国史大辞典（吉川弘文館 1979）

平秩東作〔初代〕　へずつとうさく
1726〜1789　江戸時代中期の戯作者。
◇大日本百科事典（小学館 1967）　▷平秩東作〔1世〕

戸次鑑連　べっきあきつら　1516〜1585
戦国時代,安土桃山時代の武士。
◇大分県歴史人物事典（大分合同新聞社 1996）
◇福岡県百科事典 上,下（西日本新聞社 1982）
　　▷戸次道雪

別所左次郎　べっしょさじろう
江戸時代末期の第2回遣欧使節団随員。
◇読者所蔵「古い写真」館（朝日新聞社 1986）
　　▷p38「第2回遣欧使節」

別所長治　べっしょながはる　1558〜1580
安土桃山時代の武将。
◇兵庫県史 第3巻 中世編2・近世編1（兵庫県 1978）
　　▷〈写真〉写真197「別所長治像」

別役成義　べっちゃくなりよし　1844〜1905
江戸時代後期〜明治期の軍人。陸軍少将。
◇高知県人名事典（高知新聞社 1999）

別府晋介　べっぷしんすけ　1847〜1877
江戸時代末期,明治時代の西南戦争時の西郷軍先鋒隊長。
◇鹿児島大百科事典（南日本新聞社 1981）

ペテロカスイ岐部　ぺてろかすいきべ
1587〜1639　江戸時代前期の宣教師。
◇大分百科事典（大分放送 1980）

弁慶　べんけい　?〜1189
平安時代後期の僧。
◇ボストン美術館 日本美術調査図録（講談社 2003）
　　▷図V-70「弁慶と義経」（菊池容斎　明治9(1876)）
　　▷図V-74「弁慶牛若」（渡辺省亭　明治4(1871)）
　　▷図III-500「長刀弁慶」（作者不詳　江戸時代(18世紀)）
◇国宝・重要文化財大全 2（毎日新聞社 1999）
　　▷図197「昌俊弁慶相騎図」（長谷川等伯　桃山時代　慶長13(1608)銘）
◇島根県歴史人物事典（山陰中央新報社 1997）
　　▷武蔵坊弁慶
◇肉筆浮世絵大観 3（講談社 1996）
　　▷図単色26「勧進帳・弁慶図」（鳥居清満（2代）　幕末(19世紀後半)）
◇肉筆浮世絵大観 8（講談社 1995）
　　▷図単色23「弁慶図」（作者不詳　江戸時代末(19世紀半ば)）
◇肉筆浮世絵大観 10（講談社 1995）
　　▷図単色12「義経と弁慶」（歌川国孝　安政(1854-60)‐慶応(1865-68)年間頃）
　　▷図単色13「弁慶と釣鐘」（歌川国芳　安政(1854-60)‐慶応(1865-68)年間頃）
◇秘蔵日本美術大観 5（講談社 1993）
　　▷図15‐1「武蔵坊縁起絵巻　上巻第一段」（伝 土佐光弘　室町時代末期(16世紀)）
　　▷図15‐2「武蔵坊縁起絵巻　上巻第二段」（伝 土佐光弘　室町時代末期(16世紀)）
　　▷図15‐3「武蔵坊縁起絵巻　上巻第三段」（伝 土佐光弘　室町時代末期(16世紀)）
　　▷図15‐4「武蔵坊縁起絵巻　上巻第九段」（伝 土佐光弘　室町時代末期(16世紀)）
　　▷図16‐1「武蔵坊縁起絵巻　中巻第三段」（伝 土佐光弘　室町時代末期(16世紀)）
　　▷図16‐2「武蔵坊縁起絵巻　中巻第六段」（伝 土佐光弘　室町時代末期(16世紀)）
　　▷図16‐3「武蔵坊縁起絵巻　中巻第八段」（伝 土佐光弘　室町時代末期(16世紀)）
　　▷図16‐4「武蔵坊縁起絵巻　中巻第十一段」（伝 土佐光弘　室町時代末期(16世紀)）
　　▷図17‐1「武蔵坊縁起絵巻　下巻第五段」（伝 土佐光弘　室町時代末期(16世紀)）
　　▷図17‐2「武蔵坊縁起絵巻　下巻第六段」（伝 土佐光弘　室町時代末期(16世紀)）
　　▷図17‐3「武蔵坊縁起絵巻　下巻第八段」

へんし

(伝 土佐光弘 室町時代末期(16世紀))
◇秘蔵浮世絵大観 プルヴェラー・コレクション (講談社 1990)
▷図8「風流舟弁慶」(作者不詳 享保－元文(1716-41))
◇秘蔵浮世絵大観 5 (講談社 1989)
▷図48「鬼若丸の鯉退治」(歌川国芳 弘化2-3(1845-46))
▷図181「都岐乃百姿 大物海上月 弁慶」(月岡芳年 明治19(1886))
◇秘蔵浮世絵大観 6 (講談社 1989)
▷図0130「武蔵坊弁慶と土佐房正順」(鳥居清長 安永)
◇岩手百科事典 (岩手放送 1988) ▷武蔵坊弁慶
◇秘蔵浮世絵大観 11 (講談社 1988)
▷図049「鬼若丸の鯉退治」(魚屋北渓 天保前期頃)
◇秘蔵浮世絵大観 2 (講談社 1987)
▷図80「五条橋上の牛若丸と弁慶」(勝川春章 安永前期(1772-81))
▷図23「牛若丸と弁慶」(鈴木春信 明和2-7(1765-70))
◇浮世絵八華 2 (平凡社 1985)
▷図52「牛若丸と弁慶」(鳥居清長)
◇浮世絵聚花 2 (小学館 1985)
▷図127「牛若丸と弁慶」(鳥居清長)
◇肉筆浮世絵 8 (集英社 1981)
▷図58「牛若と弁慶五条橋図」(月岡芳年)
◇俳人の書画美術 11(別巻1) (集英社 1980)
▷図5「牛若・弁慶(自画賛)」(与謝蕪村)
◇日本美術絵画全集 10 (集英社 1979)
▷図40「弁慶・昌俊図絵馬」(長谷川等伯 慶長13(1608))
◇日本屏風絵集成 17 (講談社 1979)
▷p132-133「橘弁慶図」(谷口香嶠)
◇俳人の書画美術 5 (集英社 1978)
▷図34「牛若・弁慶(自画賛)」(与謝蕪村)
◇肉筆浮世絵集成 2 (毎日新聞社 1977)
▷図98「義経, 静, 弁慶図」(小川破笠 寛保期)
◇浮世絵版画 7 (集英社 1964)
▷図13「橘弁慶 牛若・弁慶・五条橋上の立合い」(鳥居清倍)

遍昭 へんじょう 816～890
平安時代前期の官人, 僧, 歌人。
◇国宝・重要文化財大全 1 (毎日新聞社 1997)
▷図204「佐竹本三十六歌仙切 僧正遍昭像」(作者不詳 鎌倉時代)
◇名品揃物浮世絵 4 (ぎょうせい 1992)
▷図83「略六花撰 遍昭」(鳥文斎栄之 寛政8-10頃(1796-98頃))
▷図57「六歌仙 遍昭」(鳥文斎栄之 天明年間末頃(1781-89頃))
◇名品揃物浮世絵 9 (ぎょうせい 1992)
▷図10「百人一首うばがゑと起 僧正遍照」(葛飾北斎 天保年間中－後期(1830-1844))

◇名品揃物浮世絵 1 (ぎょうせい 1991)
▷図78「風流六哥仙 僧正遍照」(鈴木春信 明和3-5頃(1766-68頃))
◇秘蔵浮世絵大観 6 (講談社 1989)
▷図048「風流六哥仙 僧正遍照」(鈴木春信 明和3-5頃(1766-68頃))
◇秘蔵浮世絵大観 2 (講談社 1987)
▷図0147「六歌仙 僧正遍昭」(鳥文斎栄之 寛政後期)
◇浮世絵八華 1 (平凡社 1985)
▷図60「風流六哥仙 僧正遍照」(鈴木春信 明和3-5頃(1766-68頃))
◇日本大百科全書 (小学館 1984)
◇浮世絵聚花 補巻1 (小学館 1982)
▷図137「見立深草の少将」(鈴木春信 明和4-5(1767-68))
◇浮世絵聚花 13 (小学館 1981)
▷図157「見立深草の少将」(鈴木春信 明和4-5(1767-68))
◇浮世絵聚花 14 (小学館 1981)
▷図026「風流畧六哥仙 僧正遍照」(礒田湖竜斎)
▷図84「風流略六哥仙 其二 僧正遍照」(鳥文斎栄之)
◇浮世絵聚花 15 (小学館 1980)
▷図96「風流六哥仙 僧正遍照」(鈴木春信 明和3-5頃(1766-68頃))
◇国史大辞典 (吉川弘文館 1979) ▷遍照
◇浮世絵聚花 6 (小学館 1978)
▷図9「略六花撰 遍昭」(鳥文斎栄之 寛政8-10頃(1796-98頃))
▷図07「六歌仙 遍昭」(鳥文斎栄之 天明年間末頃(1781-89頃))
◇肉筆浮世絵集成 2 (毎日新聞社 1977)
▷図25「僧正遍照の図」(岩佐又兵衛 寛永期)
◇浮世絵大系 2 (集英社 1973)
▷図20「風流六哥仙 僧正遍照」(鈴木春信 明和3-5頃(1766-68頃))
◇大日本百科事典 (小学館 1967) ▷遍照
◇浮世絵全集 2 (河出書房新社 1958)
▷図28「風流六哥仙 僧正遍照」(鈴木春信 明和3-5頃(1766-68頃))

弁長 べんちょう 1162～1238
平安時代後期, 鎌倉時代前期の僧。
◇国史大辞典 (吉川弘文館 1979)

逸見興長 へんみおきなが 1828～?
江戸時代後期, 末期の八戸藩士。
◇青森県人名事典 (東奥日報社 2002)

辺見十郎太 へんみじゅうろうた 1849～1877
江戸時代末期, 明治期の陸軍軍人, 鹿児島藩士。
◇角川日本姓氏歴史人物大辞典 46 (角川書店 1994)

◇鹿児島大百科事典（南日本新聞社 1981）

逸見東洋　へんみとうよう　1846〜1920
江戸時代末期〜大正期の刀工。
◇岡山県歴史人物事典（山陽新聞社 1994）

【ほ】

帆足杏雨　ほあしきょうう　1810〜1884
江戸時代末期,明治時代の南画家。
◇大分百科事典（大分放送 1980）

帆足万里　ほあしばんり　1778〜1852
江戸時代後期の儒学者。
◇日本百科全書（小学館 1984）
◇大分百科事典（大分放送 1980）
◇国史大辞典（吉川弘文館 1979）
◇日本人名大事典 1〜6（平凡社 1979（覆刻））
◇世界伝記大事典（ほるぷ出版 1978）

穂井田忠友　ほいだただとも　1792〜1847
江戸時代後期の国学者,考古学者,歌人。
◇国史大辞典（吉川弘文館 1979）

報恩　ほうおん　?〜795
奈良時代,平安時代前期の法相宗の僧。
◇岡山県歴史人物事典（山陽新聞社 1994）
◇岡山県大百科事典（山陽新聞社 1980）
◇岡山人名事典（日本文教出版 1978）

放牛光林　ほうぎゅうこうりん
南北朝時代の臨済宗の僧。
◇国宝・重要文化財大全 1（毎日新聞社 1997）
　▷図122「放牛光林像」（作者不詳　南北朝時代）

宝慶寺寂円　ほうきょうじじゃくえん
1207〜1299
鎌倉時代前期,後期の宝慶寺の開祖。
◇福井県大百科事典（福井新聞社 1991）

朴沢三代治　ほうざわみよじ　1822〜1895
江戸時代後期〜明治期の裁縫教育家。
◇角川日本姓氏歴史人物大辞典 4（角川書店 1994）
◇宮城県百科事典（河北新報社 1982）

芳山　ほうざん　1698〜1775
江戸時代中期の俳人。
◇富山大百科事典（北日本新聞社 1994）

傍士次　ほうじやどる　1847〜1897
江戸時代後期〜明治期の民権運動家,政治家。高知県議会議員。
◇高知県人名事典（高知新聞社 1999）

法住　ほうじゅう　1723〜1800
江戸時代中期,後期の真言宗の僧。
◇和歌山県史 近世（和歌山県 1990）
　▷〈写真〉写真126「法住像」

芳春院　ほうしゅんいん　1547〜1617
戦国時代,安土桃山時代,江戸時代前期の女性。加賀藩主前田利家の正室。
◇書府太郎―石川県大百科事典 改訂版 上（北国新聞社 2004）
◇国宝・重要文化財大全 1（毎日新聞社 1997）
　▷図214「前田利家夫人像」（作者不詳　桃山時代）
◇富山大百科事典（北日本新聞社 1994）
◇重要文化財 10（毎日新聞社 1974）
　▷図409「前田利家夫人像（象山賛）」（作者不詳　桃山時代）

北条顕時　ほうじょうあきとき　1248〜1301
鎌倉時代後期の武将。
◇国宝・重要文化財大全 1（毎日新聞社 1997）
　▷図168「北条実時像・北条顕時像・金沢顕像・金沢貞将像」（作者不詳　鎌倉時代）
◇日本史大事典（平凡社 1992）　▷金沢顕時
◇国宝大事典 1（講談社 1985）
　▷図79「北条実時像・北条顕時像・金沢貞顕像・金沢貞将像」（作者不詳　鎌倉時代(13-14世紀)）
◇国宝 2（毎日新聞社 増補改訂版 1984）
　▷図40「北条実時像・北条顕時像・金沢貞顕像・金沢貞将像」（作者不詳　鎌倉時代）
◇国史大辞典（吉川弘文館 1979）　▷金沢顕時
◇重要文化財 9（毎日新聞社 1974）
　▷図271「北条実時像・北条顕時像・金沢貞顕像・金沢貞将像」（作者不詳　鎌倉時代）

北条氏綱　ほうじょううじつな　1487〜1541
戦国時代の武将。
◇日本史大事典（平凡社 1992）
◇国史大辞典（吉川弘文館 1979）
◇日本人名大事典 1〜6（平凡社 1979（覆刻））
◇世界伝記大事典（ほるぷ出版 1978）

北条氏直　ほうじょううじなお　1562〜1591
安土桃山時代の武将、相模小田原城主。
◇日本史大事典（平凡社 1992）
◇国史大辞典（吉川弘文館 1979）
◇兵庫県史　第3巻 中世編2・近世編1（兵庫県 1978）
　　▷〈写真〉写真238「北条氏直像」

北条氏政　ほうじょううじまさ　1538〜1590
安土桃山時代の武将、相模小田原城主。
◇日本史大事典（平凡社 1992）
◇国史大辞典（吉川弘文館 1979）

北条氏康　ほうじょううじやす　1515〜1571
戦国時代の武将。
◇日本史大事典（平凡社 1992）
◇国史大辞典（吉川弘文館 1979）
◇世界伝記大事典（ほるぷ出版 1978）
◇大日本百科事典（小学館 1967）

北条角麿　ほうじょうかくま　1818〜1902
江戸時代末期、明治期の漢学者。
◇山形県大百科事典（山形放送 1993）

宝生九郎〔16代〕　ほうしょうくろう
1837〜1917 江戸時代末期、明治時代の能楽師。
◇世界伝記大事典（ほるぷ出版 1978）　▷宝生九郎〔16世〕

北条貞時　ほうじょうさだとき　1271〜1311
鎌倉時代後期の鎌倉幕府第9代執権。在職1284〜1301。
◇日本史大事典（平凡社 1992）

北条実時　ほうじょうさねとき　1224〜1276
鎌倉時代前期の武将。
◇国宝・重要文化財大全 1（毎日新聞社 1997）
　　▷図168「北条実時像・北条顕時像・金沢顕像・金沢貞将像」（作者不詳　鎌倉時代）
◇原色日本の美術（改訂版）21（小学館 1994）
　　▷図54「北条実時像」（作者不詳　13世紀後半）
◇日本美術全集 9（講談社 1993）
　　▷図27「北条実時像」（作者不詳　13世紀後半）
◇国宝大事典 1（講談社 1985）
　　▷図79「北条実時像・北条顕時像・金沢貞顕像・金沢貞将像」（作者不詳　鎌倉時代(13-14世紀)）
◇国宝 2（毎日新聞社 増補改訂版 1984）
　　▷図40「北条実時像・北条顕時像・金沢貞顕像・金沢貞将像」（作者不詳　鎌倉時代）
◇日本大百科全書（小学館 1984）　▷金沢実時

◇日本古寺美術全集 17（集英社 1981）
　　▷図27「北条実時像」（作者不詳）
◇国史大辞典（吉川弘文館 1979）　▷金沢実時
◇日本人名大事典1〜6（平凡社 1979（覆刻））
◇日本美術全集 10（学習研究社 1979）
　　▷図74「北条実時像」（作者不詳　鎌倉時代）
◇世界伝記大事典（ほるぷ出版 1978）
◇原色版国宝 10（毎日新聞社 1976）
　　▷図2「北条実時像」（作者不詳　鎌倉時代(13世紀-14世紀)）
◇重要文化財 9（毎日新聞社 1974）
　　▷図271「北条実時像・北条顕時像・金沢貞顕像・金沢貞将像」（作者不詳　鎌倉時代）
◇原色日本の美術 23（小学館 1971）
　　▷図54「北条実時像」（作者不詳）
◇国宝 5（毎日新聞社 1966）
　　▷図2「北条実時像」（作者不詳　鎌倉時代(13世紀-14世紀)）
◇世界大百科事典（平凡社 1964）　▷金沢実時

北条実泰　ほうじょうさねやす　1208〜1263
鎌倉時代前期の武将。
◇国宝・重要文化財大全 1（毎日新聞社 1997）
　　▷図169「伝北条実泰像」（作者不詳　鎌倉時代）
◇人間の美術 6（学習研究社 1990）
　　▷図182「伝北条実泰像」（作者不詳　13世紀頃）
◇神奈川県史　各論編3 文化（神奈川県 1980）
　　▷〈口絵〉2「東明慧日賛 金沢実泰画像」
◇神奈川県史　各論編3 文化（神奈川県 1980）
　　▷〈口絵〉2「東明慧日賛 金沢実泰画像」

北条早雲　ほうじょうそううん　1432〜1519
室町時代、戦国時代の武将。
◇講談社日本人名大辞典（講談社 2001）
◇国宝・重要文化財大全 1（毎日新聞社 1997）
　　▷図190「北条早雲像」（作者不詳　室町時代）
◇原色日本の美術（改訂版）21（小学館 1994）
　　▷図64「北条早雲像」（作者不詳　16世紀初）
◇日本史大事典（平凡社 1992）
◇日本大百科事典（小学館 1984）
◇郷土歴史人物事典 神奈川（第一法規出版 1980）
◇国史大辞典（吉川弘文館 1979）
◇世界伝記大事典（ほるぷ出版 1978）
◇重要文化財 10（毎日新聞社 1974）
　　▷図389「北条早雲像」（作者不詳　室町時代）
◇原色日本の美術 23（小学館 1971）
　　▷図64「北条早雲像」（作者不詳）
◇大日本百科事典（小学館 1967）
◇世界大百科事典（平凡社 1964）

北条高時　ほうじょうたかとき　1303～1333
鎌倉時代後期の鎌倉幕府第14代執権。在職1316～1326。
◇世界伝記大事典（ほるぷ出版　1978）

北条時定　ほうじょうときさだ　？～1290
鎌倉時代後期の武将。
◇国宝・重要文化財大全 1（毎日新聞社　1997）
　▷図170「北条時定像・北条時宗像」（作者不詳　鎌倉時代）
◇日本美術全集 9（講談社　1993）
　▷図26「伝北条時定像」（作者不詳　13世紀後半）
◇国史大辞典（吉川弘文館　1979）
◇重要文化財 9（毎日新聞社　1974）
　▷図272「北条時定像・北条時宗像」（作者不詳　鎌倉時代）

北条時政　ほうじょうときまさ　1138～1215
平安時代後期，鎌倉時代前期の武将，鎌倉幕府初代執権。在職1203～1205。
◇日本史大事典（平凡社　1992）
◇国史大辞典（吉川弘文館　1979）
◇世界伝記大事典（ほるぷ出版　1978）

北条時宗　ほうじょうときむね　1251～1284
鎌倉時代後期の鎌倉幕府第8代執権。在職1268～1284。
◇講談社日本人名大辞典（講談社　2001）
◇国宝・重要文化財大全 1（毎日新聞社　1997）
　▷図170「北条時定像・北条時宗像」（作者不詳　鎌倉時代）
◇日本史大事典（平凡社　1992）
◇日本大百科全書（小学館　1984）
◇国史大辞典（吉川弘文館　1979）
◇日本人名大事典 1～6（平凡社　1979（覆刻））
◇日本美術全集 10（学習研究社　1979）
　▷図73「北条時宗像」（作者不詳　鎌倉時代）
◇世界伝記大事典（ほるぷ出版　1978）
◇重要文化財 9（毎日新聞社　1974）
　▷図272「北条時定像・北条時宗像」（作者不詳　鎌倉時代）
◇大日本百科事典（小学館　1967）
◇世界大百科事典（平凡社　1964）

北条時頼　ほうじょうときより　1227～1263
鎌倉時代前期の鎌倉幕府第5代執権。在職1246～1256。
◇国宝・重要文化財大全 4（毎日新聞社　1999）
　▷図753「北条時頼（坐）像」（作者不詳　鎌倉時代　最明寺（兵庫県佐用郡）蔵）
　▷図752「北条時頼（坐）像」（作者不詳　鎌倉時代　建長寺（神奈川県鎌倉市山ノ内）蔵）
◇仏像集成 7（学生社　1997）
　▷図361「北条時頼（坐）像」（作者不詳　最明寺（兵庫県佐用郡）蔵）
◇原色日本の美術（改訂版）21（小学館　1994）
　▷図18「北条時頼（坐）像」（作者不詳　建長寺（神奈川県鎌倉市山ノ内）蔵）
◇鎌倉事典（東京堂出版　1992）
◇人間の美術 6（学習研究社　1990）
　▷図220「北条時頼（坐）像」（作者不詳　13世紀後半　明月院（神奈川県鎌倉市山ノ内）蔵）
◇仏像集成 1（学生社　1989）
　▷図51「北条時頼（坐）像」（作者不詳　建長寺（神奈川県鎌倉市山ノ内）蔵）
　▷図53「北条時頼（坐）像」（作者不詳　明月院（神奈川県鎌倉市山ノ内）蔵）
◇全集日本の古寺 2（集英社　1984）
　▷図32「北条時頼（坐）像」（作者不詳　鎌倉時代後期　明月院（神奈川県鎌倉市山ノ内）蔵）
◇日本大百科全書（小学館　1984）
◇日本古寺美術全集 17（集英社　1981）
　▷図10「北条時頼（坐）像」（作者不詳　建長寺（神奈川県鎌倉市山ノ内）蔵）
　▷図37「北条時頼（坐）像」（作者不詳　明月院（神奈川県鎌倉市山ノ内）蔵）
◇国史大辞典（吉川弘文館　1979）
◇日本美術全集 12（学習研究社　1978）
　▷図73「北条時頼（坐）像」（作者不詳　13世紀後期　建長寺（神奈川県鎌倉市山ノ内）蔵）
◇重要文化財 5（毎日新聞社　1974）
　▷図230「北条時頼（坐）像」（作者不詳　鎌倉時代　最明寺（兵庫県佐用郡）蔵）
　▷図229「北条時頼（坐）像」（作者不詳　鎌倉時代　建長寺（神奈川県鎌倉市山ノ内）蔵）
◇水墨美術大系 15（講談社　1974）
　▷図26「時頼図」（橋本雅邦　明治36頃（1903頃））
◇原色日本の美術 23（小学館　1971）
　▷図18「北条時頼（坐）像」（作者不詳　建長寺（神奈川県鎌倉市山ノ内）蔵）
◇大日本百科事典（小学館　1967）
◇続 日本の彫刻（美術出版社　1965）
　▷図32「北条時頼（坐）像」（作者不詳　鎌倉時代　建長寺（神奈川県鎌倉市山ノ内））
◇世界大百科事典（平凡社　1964）

北条長時　ほうじょうながとき　1229～1264
鎌倉時代前期の鎌倉幕府第6代執権。在職1256～1264。
◇国史大辞典（吉川弘文館　1979）

北条政子　ほうじょうまさこ　1157～1225
平安時代後期，鎌倉時代前期の女性。北条時政の長女，源頼朝の妻。
◇講談社日本人名大辞典（講談社　2001）
◇日本史大事典（平凡社　1992）

ほうせ

◇神奈川県百科事典（大和書房 1983）
◇世界伝記大事典（ほるぷ出版 1978）

朋誠堂喜三二　ほうせいどうきさんじ
1735～1813　江戸時代中期, 後期の黄表紙・洒落本・狂歌師。
◇秋田大百科事典（秋田魁新報社 1981）
◇国史大辞典（吉川弘文館 1979）

法蔵　ほうぞう　905～969
平安時代中期の法相・真言宗の僧。
◇国宝・重要文化財大全 1（毎日新聞社 1997）
　▷図10「香象大師像」（作者不詳　鎌倉時代）
◇原色日本の美術（改訂版）21（小学館 1994）
　▷図37「香象大師像」（作者不詳　12世紀末）
◇重要文化財 8（毎日新聞社 1973）
　▷図170「香象大師像」（作者不詳　鎌倉時代）
◇奈良六大寺大観 11（岩波書店 1972）
　▷p129,154-155「香象大師像」（作者不詳　13世紀）
◇原色日本の美術 23（小学館 1971）
　▷図37「香象大師像」（作者不詳）
◇秘宝 4（講談社 1969）
　▷図293「香象大師（賢首国師法蔵）画像」（作者不詳）

鳳潭　ほうたん　1659～1738
江戸時代前期, 中期の華厳宗の学僧。
◇国史大辞典（吉川弘文館 1979）　▷僧濬

法然　ほうねん　1133～1212
平安時代後期, 鎌倉時代前期の浄土宗の開祖。
◇日本の美術（美術年鑑社 2002）
　▷図74「法然上人」（平福百穂　大正11(1922)）
◇講談社日本人名大辞典（講談社 2001）
◇ボストン美術館 日本美術調査図録（講談社 1997）
　▷図I-229「伝法然上人像」（作者不詳　江戸時代(18世紀)）
◇国宝・重要文化財大全 1（毎日新聞社 1997）
　▷図109「法然聖人絵」（作者不詳　南北朝時代）
　▷図105「法然上人絵伝」（作者不詳　鎌倉時代）
　▷図106「法然上人絵伝」（作者不詳　鎌倉時代）
　▷図107「法然上人絵伝」（作者不詳　鎌倉時代）
　▷図108「法然上人絵伝」（作者不詳　南北朝時代）
　▷図269「法然上人絵伝」（作者不詳　鎌倉時代）
　▷図270「法然上人絵伝」（作者不詳　鎌倉時代）
　▷図104「法然上人行状画図」（作者不詳　鎌倉時代）
　▷図103「法然上人行状絵図」（作者不詳　鎌倉時代）
　▷図55「法然上人像」（作者不詳　鎌倉時代）
　▷図56「法然上人像」（作者不詳　鎌倉時代）
◇岡山県歴史人物事典（山陽新聞社 1994）　▷法然房源空
◇原色日本の美術（改訂版）8（小学館 1994）
　▷図105「法然上人絵巻　第三十九巻」（作者不詳　14世紀前半－中頃）
◇原色日本の美術（改訂版）21（小学館 1994）
　▷図49「法然上人像」（作者不詳）
◇日本美術全集 9（講談社 1993）
　▷図25「法然上人像（足曳御影）」（作者不詳　13世紀）
　▷図64,91「法然上人伝絵巻」（作者不詳　14世紀前半）
　▷図92「法然上人伝絵巻」（作者不詳　14世紀後半）
◇国宝百撰 平山郁夫（毎日新聞社 1992）
　▷図30「法然上人絵巻　第八巻第五段」（作者不詳　14世紀）
◇日本史大事典（平凡社 1992）
◇人間の美術 7（学習研究社 1991）
　▷図8「法然上人絵伝　三十四巻」（作者不詳　14世紀）
　▷図12「法然上人絵伝　一巻四段」（作者不詳　14世紀）
　▷図13「法然上人絵伝　一巻三段」（作者不詳　14世紀）
　▷図15「法然上人絵伝　二巻三段」（作者不詳　14世紀）
　▷図16-18「法然上人絵伝　三十三巻一段」（作者不詳　14世紀）
　▷図19「法然上人絵伝　七巻一段」（作者不詳　14世紀）
　▷図20「法然上人絵伝　八巻四段」（作者不詳　14世紀）
　▷図22-23「法然上人絵伝　三十七巻五段」（作者不詳　14世紀）
◇人間の美術 6（学習研究社 1990）
　▷図99「法然上人絵伝」（作者不詳　14世紀）
　▷図99「法然上人絵伝　巻四第四段」（作者不詳　14世紀）
◇続日本の絵巻 1（中央公論社 1990）
　▷p2-168「法然上人絵伝」（作者不詳　14世紀前半）
◇続日本の絵巻 2（中央公論社 1990）
　▷p2-172「法然上人絵伝」（作者不詳　14世紀前半）
◇続日本の絵巻 3（中央公論社 1990）
　▷p2-117「法然上人絵伝」（作者不詳）
◇香川県人物・人名事典（四国新聞社 1985）
◇国宝大事典 1（講談社 1985）
　▷図95「法然上人絵伝（詞伏見天皇外七筆）」（作者不詳　鎌倉時代(14世紀)）
◇法隆寺の至宝 4（小学館 1985）
　▷図289「善導・源空二祖像」（作者不詳　江

戸時代　法隆寺（奈良県生駒郡斑鳩町）蔵）
◇京都大事典（淡交社 1984）
◇香川県大百科事典（四国新聞社 1984）
◇国宝 2（毎日新聞社 増補改訂版 1984）
　▷図27(1)「法然上人絵伝　巻第三十四」（伏見天皇外七筆［詞書］　鎌倉時代）
　▷図27(2)「法然上人絵伝　巻第四十二」（伏見天皇外七筆［詞書］　鎌倉時代）
◇日本大百科全書（小学館 1984）　▷源空
◇花鳥画の世界 1（学習研究社 1982）
　▷図127-136「法然上人行状絵巻」（作者不詳　鎌倉時代）
◇日本古寺美術全集 21（集英社 1982）
　▷図74「法然上人像（鏡御影）」（作者不詳）
◇続日本絵巻大成 1（中央公論社 1981）
　▷p2-168「法然上人絵伝」（作者不詳　13世紀後半）
◇続日本絵巻大成 2（中央公論社 1981）
　▷p2-172「法然上人絵伝」（作者不詳　13世紀後半）
◇続日本絵巻大成 3（中央公論社 1981）
　▷p2-116「法然上人絵伝」（作者不詳　13世紀後半）
◇岡山県大百科事典（山陽新聞社 1980）
◇現代日本画全集 18（集英社 1980）
　▷図51「法然偏依善導図」（平山郁夫　昭和54（1979））
◇在外日本の至宝 2（毎日新聞社 1980）
　▷図106「法然上人伝法絵（断簡）」（作者不詳　鎌倉時代）
◇国史大辞典（吉川弘文館 1979）　▷源空
◇日本美術全集 10（学習研究社 1979）
　▷図76「法然上人像」（作者不詳　鎌倉時代）
　▷図12「法然上人伝絵巻　上巻第一段」（作者不詳　13世紀後半）
◇岡山人名事典（日本文教出版 1978）
◇世界伝記大事典（ほるぷ出版 1978）
◇大和古寺大観 7（岩波書店 1978）
　▷図178-179「法然上人行状絵巻（奥院）」（作者不詳　14-15世紀）
◇新修日本絵巻物全集 14（角川書店 1977）
　▷一冊「法然上人絵伝」（作者不詳）
◇原色版国宝 7（毎日新聞社 1976）
　▷図48「法然上人絵伝　第一巻第一段」（作者不詳　鎌倉時代(14世紀前半)）
◇現代日本の美術 2（集英社 1975）
　▷図12「法然上人」（平福百穂　大正11（1922））
◇重要文化財 9（毎日新聞社 1974）
　▷図99「法然聖人絵」（作者不詳　南北朝時代）
　▷図100「法然聖人絵」（作者不詳　南北朝時代）
　▷原色5,96「法然上人絵伝」（作者不詳　鎌倉時代）
　▷図97「法然上人絵伝」（作者不詳　鎌倉時代）
　▷図242「法然上人絵伝」（作者不詳　鎌倉時代）
　▷図243「法然上人絵伝」（作者不詳　鎌倉時代）
　▷図94「法然上人行状絵図」（作者不詳　鎌倉時代）
　▷図95「法然上人形状画図」（作者不詳　鎌倉時代）
　▷図98「法然聖人伝絵」（作者不詳　鎌倉時代）
◇重要文化財 8（毎日新聞社 1973）
　▷図210「法然上人像」（作者不詳　鎌倉時代）
　▷図211「法然上人像」（作者不詳　鎌倉時代）
◇和漢詩歌作家辞典（みづほ出版 1972）
◇原色日本の美術 23（小学館 1971）
　▷図49「法然上人像」（作者不詳）
◇日本絵画館 4（講談社 1970）
　▷図75「法然上人絵伝」（作者不詳　14世紀）
◇原色日本の美術 8（小学館 1968）
　▷図105「法然上人絵巻」（作者不詳　14世紀前半-中頃）
◇大日本百科事典（小学館 1967）　▷源空
◇国宝 4（毎日新聞社 1966）
　▷図75-76「法然上人絵伝」（作者不詳　鎌倉時代(14世紀前半)）
◇世界大百科事典（平凡社 1964）
◇日本の美術 10（平凡社 1964）
　▷図28「法然上人行状画図」（作者不詳　14世紀初）

坊門信清　ほうもんのぶきよ　1159〜1216
平安時代後期、鎌倉時代前期の公卿。内大臣。
◇角川日本姓氏歴史人物大辞典 26（角川書店 1997）
◇国史大辞典（吉川弘文館 1979）　▷藤原信清

星島義兵衛　ほしじまぎへえ　1803〜1870
江戸時代末期の地方政治家。
◇岡山県歴史人物事典（山陽新聞社 1994）　▷星島宜平
◇岡山人名事典（日本文教出版 1978）

星島啓三郎　ほしじまけいざぶろう　1836〜1915
江戸時代末期〜大正期の豪農・地方政治家。
◇岡山県歴史人物事典（山陽新聞社 1994）

保科俊太郎　ほしなしゅんたろう　？〜1883
江戸時代末期、明治時代の幕臣。
◇サムライ古写真帖（新人物往来社 2004）
　▷p18「マルセイユでの徳川昭武一行」（Walery 1867.4.5）
◇写された幕末―石黒敬七コレクション（明石書店 1990）
　▷p56 No.1「マルセイユで撮った徳川昭武一行」

保科正光　ほしなまさみつ　1561〜1631
　安土桃山時代, 江戸時代前期の大名。
◇長野県歴史人物大事典（郷土出版社 1989）
◇国史大辞典（吉川弘文館 1979）

保科正之　ほしなまさゆき　1611〜1672
　江戸時代前期の大名。
◇栃木県歴史人物事典（下野新聞社 1995）
◇長野県歴史人物大事典（郷土出版社 1989）
◇日本大百科全書（小学館 1984）
◇福島大百科事典（福島民報社 1980）
◇国史大辞典（吉川弘文館 1979）

細井広沢　ほそいこうたく　1658〜1735
　江戸時代前期, 中期の儒者, 書家。
◇国史大辞典（吉川弘文館 1979）

細井平洲　ほそいへいしゅう　1728〜1801
　江戸時代中期, 後期の尾張藩儒。
◇講談社日本人名大辞典（講談社 2001）
◇山形県大百科事典（山形放送 1983）
◇国史大辞典（吉川弘文館 1979）
◇愛知百科事典（中日新聞本社 1977）
◇和漢詩歌作家辞典（みづほ出版 1972）

細川興文　ほそかわおきのり　1723〜1785
　江戸時代中期の大名。
◇熊本県大百科事典（熊本日日新聞社 1982）

細川興元　ほそかわおきもと　1562〜1619
　安土桃山時代, 江戸時代前期の大名。
◇栃木県歴史人物事典（下野新聞社 1995）

細川勝元　ほそかわかつもと　1430〜1473
　室町時代の武将, 室町幕府管領。
◇角川日本姓氏歴史人物大辞典 26（角川書店 1997）
◇日本史大事典（平凡社 1992）
◇日本大百科全書（小学館 1984）
◇国史大辞典（吉川弘文館 1979）
◇日本人名大事典 1〜6（平凡社 1979（覆刻））
◇世界伝記大事典（ほるぷ出版 1978）
◇大日本百科事典（小学館 1967）
◇世界大百科事典（平凡社 1964）

細川ガラシャ　ほそかわがらしゃ　1563〜1600　安土桃山時代の女性。丹後国宮津城主細川忠興の正室。
◇日本の美術（美術年鑑社 2003）
　▷p154「細川ガラシャ」（内田青虹 1985）
◇巨匠の日本画 8（学習研究社 1994）
　▷図2「細川ガラシア夫人像」（前田青邨　昭和49（1974））
◇アート・ギャラリー・ジャパン 5（集英社 1986）
　▷図024「細川ガラシア夫人像」（前田青邨　昭和49（1974））
◇日本素描大観 5（講談社 1984）
　▷図197「細川ガラシア夫人像」（前田青邨　昭和49（1974））
　▷図196「細川ガラシヤ夫人像（大下図）」（前田青邨　昭和49（1974））
◇現代日本美人画全集 9（集英社 1979）
　▷図34「細川ガラシア夫人像」（前田青邨　昭和49（1974））
◇日本の名画 15（中央公論社 1977）
　▷図53「細川ガラシア夫人像」（前田青邨　昭和49（1974））

細川重賢　ほそかわしげかた　1720〜1785
　江戸時代中期の大名。
◇日本史大事典（平凡社 1992）
◇熊本県大百科事典（熊本日日新聞社 1982）
◇国史大辞典（吉川弘文館 1979）
◇日本人名大事典 1〜6（平凡社 1979（覆刻））
◇大日本百科事典（小学館 1967）

細川成之　ほそかわしげゆき　1434〜1511
　室町時代, 戦国時代の武将, 讃岐守護。
◇国宝・重要文化財大全 1（毎日新聞社 1997）
　▷図193「細川成之像」（作者不詳　室町時代）
◇徳島県百科事典（徳島新聞社 1981）
◇日本美術全集 16（学習研究社 1980）
　▷図69「細川成之像」（作者不詳）
◇重要文化財 10（毎日新聞社 1974）
　▷図388「細川成之像」（作者不詳　室町時代）

細川潤次郎　ほそかわじゅんじろう　1834〜1923
　江戸時代末期〜大正期の法学者, 官僚。貴族院議員, 文学博士, 男爵。
◇高知県人名事典（高知新聞社 1999）
◇高知県百科事典（高知新聞社 1976）

細川澄元　ほそかわすみもと　1489〜1520
　戦国時代の武将, 細川家当主政元の養子。
◇国宝・重要文化財大全 1（毎日新聞社 1997）
　▷図182「細川澄元像」（作者不詳　室町時代 永正4（1507）周麟賛）
◇原色日本の美術（改訂版） 21（小学館 1994）
　▷図63「細川澄元像」（作者不詳　1507）
◇日本史大事典（平凡社 1992）
◇国史大辞典（吉川弘文館 1979）
◇日本美術全集 18（学習研究社 1979）
　▷図66「細川澄元像（景徐周麟賛）」（伝 狩野元信　室町時代）
◇日本美術絵画全集 7（集英社 1978）
　▷図32「細川澄元像（景徐周麟賛）」（狩野元

信　永正4(1507))
◇日本の美術　1（旺文社　1976)
　▷図203「細川澄元像」(作者不詳　永正4
　　(1507))
◇重要文化財　9（毎日新聞社　1974)
　▷図283「細川澄元像(周麟賛)」(作者不詳
　　永正4(1507))
◇原色日本の美術　23（小学館　1971)
　▷図63「細川澄元像」(作者不詳)

細川高国　ほそかわたかくに　1484～1531
　戦国時代の武将,室町幕府管領。
◇日本史大事典（平凡社　1992)
◇兵庫県大百科事典　上,下（神戸新聞出版センター　1983)
◇国史大辞典（吉川弘文館　1979)

細川忠興　ほそかわただおき　1563～1645
　安土桃山時代,江戸時代前期の武将,歌人。
◇日本史大事典（平凡社　1992)
◇京都大事典（淡交社　1984)　▷細川三斎
◇日本大百科全書（小学館　1984)
◇熊本県大百科事典（熊本日日新聞社　1982)
◇国史大辞典（吉川弘文館　1979)
◇世界伝記大事典（ほるぷ出版　1978)　▷細川三斎
◇肉筆浮世絵集成　2（毎日新聞社　1977)
　▷図34「細川忠興の肖像画」(作者不詳　寛文10)
◇秘宝　11（講談社　1968)
　▷図78「細川三斎孝養像」(作者不詳)

細川忠利　ほそかわただとし　1586～1641
　江戸時代前期の大名。
◇熊本県大百科事典（熊本日日新聞社　1982)
◇福岡県百科事典　上,下（西日本新聞社　1982)
◇国史大辞典（吉川弘文館　1979)

細川綱利　ほそかわつなとし　1643～1714
　江戸時代前期,中期の大名。
◇熊本県大百科事典（熊本日日新聞社　1982)

細川晴元　ほそかわはるもと　1514～1563
　戦国時代の武将,室町幕府管領。
◇世界伝記大事典（ほるぷ出版　1978)

細川政元　ほそかわまさもと　1466～1507
　戦国時代の武将,室町幕府管領。
◇日本史大事典（平凡社　1992)
◇日本人名大事典　1～6（平凡社　1979(覆刻))
◇大日本百科事典（小学館　1967)

細川道薫　ほそかわみちただ　1535～1587
　安土桃山時代の武将。
◇岡山県歴史人物事典（山陽新聞社　1994)

細川持之　ほそかわもちゆき　1400～1442
　室町時代の武将,室町幕府管領。
◇国史大辞典（吉川弘文館　1979)

細川幽斎　ほそかわゆうさい　1534～1610
　安土桃山時代,江戸時代前期の武将。
◇国宝・重要文化財大全　1（毎日新聞社　1997)
　▷図219「細川幽斎像・同夫人像」(作者不詳
　　細川幽斎像　桃山時代　慶長17(1612)崇伝賛,
　　同夫人像　江戸時代　元和4(1618)霊圭賛)
◇京都大事典　府域編（淡交社　1994)
◇皇室の至宝　御物　9（毎日新聞社　1992)
　▷図86「細川幽斎画像」(作者不詳)
◇日本史大事典（平凡社　1992)　▷細川藤孝
◇京都大事典（淡交社　1984)
◇日本大百科全書（小学館　1984)
◇熊本県大百科事典（熊本日日新聞社　1982)
◇国史大辞典（吉川弘文館　1979)　▷細川藤孝
◇日本人名大事典　1～6（平凡社　1979(覆刻))
　▷細川藤孝
◇重要文化財　10（毎日新聞社　1974)
　▷図414「細川幽斎像(崇伝賛)・同夫人像(霊圭賛)」(作者不詳　桃山時代　江戸時代)
◇大日本百科事典（小学館　1967)

細川頼春　ほそかわよりはる　1299～1352
　鎌倉時代後期,南北朝時代の武将,越前守護。
◇日本史大事典（平凡社　1992)
◇国史大辞典（吉川弘文館　1979)

細川頼之　ほそかわよりゆき　1329～1392
　南北朝時代の武将,室町幕府管領。
◇日本史大事典（平凡社　1992)
◇香川県人物・人名事典（四国新聞社　1985)
◇香川県大百科事典（四国新聞社　1984)
◇徳島県百科事典（徳島新聞社　1981)
◇国史大辞典（吉川弘文館　1979)

細川林谷　ほそかわりんこく　1780～1842
　江戸時代後期の篆刻家。
◇香川県人物・人名事典（四国新聞社　1985)

細田栄之　ほそだえいし　1756～1829
　江戸時代中期,後期の浮世絵師。
◇朝日美術館　日本編8（朝日新聞社　1997)
　▷図32「面構　鳥文斎栄之」(片岡球子　1974)
◇現代の日本画　6（学習研究社　1991)
　▷図53「面構　鳥文斎栄之」(片岡球子　昭和49(1974))

◇昭和の文化遺産 2（ぎょうせい 1991）
　▷図51「面構 鳥文斎栄之」（片岡球子　昭和49（1974））
◇日本現代美術 絵画1（形象社 1986）
　▷p103「面構 鳥文斎栄之」（片岡球子　昭和49（1974））
◇名作絵画にみる日本の四季 2（読売新聞社 1979）
　▷図37「面構 鳥文斎栄之」（片岡球子　昭和49（1974））

細谷十太夫　ほそやじゅうだゆう　1845～1907
江戸時代末期,明治時代の陸奥仙台藩士。
◇宮城県百科事典（河北新報社 1982）

堀田正敦　ほったまさあつ　1758～1832
江戸時代中期,後期の大名。
◇栃木県歴史人物事典（下野新聞社 1995）

堀田正倫　ほったまさとも　1851～1911
江戸時代末期,明治時代の大名,伯爵。
◇千葉県の歴史 通史編 近現代1（千葉県 2002）
　▷〈写真〉写真18「堀田正倫」
◇郷土歴史人物事典 千葉（第一法規出版 1980）

堀田正信　ほったまさのぶ　1631～1680
江戸時代前期の大名。
◇日本史大事典（平凡社 1992）
◇国史大辞典（吉川弘文館 1979）

堀田正盛　ほったまさもり　1608～1651
江戸時代前期の大名。
◇国史大辞典（吉川弘文館 1979）

堀田正睦　ほったまさよし　1810～1864
江戸時代末期の大名,老中。
◇日本大百科全書（小学館 1984）
◇国史大辞典（吉川弘文館 1979）
◇世界伝記大事典（ほるぷ出版 1978）
◇大日本百科事典（小学館 1967）

仏御前　ほとけごぜん
平安時代後期の女性。白拍子。
◇肉筆浮世絵大観 8（講談社 1995）
　▷図81「月下の仏御前図」（蹄斎北馬　天保年間（1830-44））
◇肉筆浮世絵 7（集英社 1982）
　▷図161「月下仏御前図」（蹄斎北馬）
◇浮世絵聚花 補巻1（小学館 1982）
　▷図11「清盛の前で舞う仏御前」（鈴木春信）
◇浮世絵聚花 14（小学館 1981）
　▷図016「清盛の前で舞う仏御前」（鈴木春信）
◇在外秘宝—欧米収蔵浮世絵集成 鈴木春信（学習研究社 1972）
　▷図124「清盛の前で舞う仏御前」（鈴木春信）

堀内素堂　ほりうちそどう　1801～1854
江戸時代末期の蘭方医。
◇山形県大百科事典（山形放送 1983）
◇国史大辞典（吉川弘文館 1979）

堀江六五郎　ほりえろくごろう
江戸時代末期の幕臣・小人頭役・小人目付。1864年遣仏使節に随行しフランスに渡る。
◇読者所蔵「古い写真」館（朝日新聞社 1986）
　▷p39「第2回遣欧使節」

堀尾忠晴　ほりおただはる　1599～1633
江戸時代前期の大名。
◇国史大辞典（吉川弘文館 1979）

堀尾茂助〔代数不詳〕　ほりおもすけ
江戸時代～大正期の関山村堀尾家当主。
◇角川日本姓氏歴史人物大辞典 23（角川書店 1991）　▷堀尾茂助

堀尾吉晴　ほりおよしはる　1543～1611
安土桃山時代,江戸時代前期の武将,大名。
◇静岡県史 通史編3 近世1（静岡県 1997）
　▷〈口絵〉2「堀尾吉晴画像」
◇島根県歴史人物事典（山陰中央新報社 1997）
◇日本史大事典（平凡社 1992）
◇国史大辞典（吉川弘文館 1979）

堀川其流　ほりかわきりゅう　1825～1911
江戸時代後期,末期,明治時代の画家。
◇郷土歴史人物事典 奈良（第一法規出版 1981）

堀川乗経　ほりかわじょうきょう　1824～1878
江戸時代末期,明治時代の僧。
◇北海道歴史人物事典（北海道新聞社 1993）
◇北海道大百科事典（北海道新聞社 1981）

堀杏庵　ほりきょうあん　1585～1642
江戸時代前期の尾張藩士、安芸広島藩士,儒学者。
◇広島県大百科事典（中国新聞社 1982）
◇国史大辞典（吉川弘文館 1979）
◇日本人名大事典 1～6（平凡社 1979（覆刻））

堀口藍園　ほりぐちらんえん　1818～1891
江戸時代末期,明治時代の藍染め業。
◇角川日本姓氏歴史人物大辞典 10（角川書店 1994）
◇群馬県百科事典（上毛新聞社 1979）

堀達之助　ほりたつのすけ　1823〜1894
　江戸時代末期,明治時代のオランダ通詞,英学者。
◇長崎県大百科事典（長崎新聞社 1984）

堀親広　ほりちかひろ　1849〜1899
　江戸時代末期,明治時代の大名。
◇長野県歴史人物大事典（郷土出版社 1989）

堀直明　ほりなおあき　1839〜1886
　江戸時代末期,明治時代の大名。
◇サムライ古写真帖（新人物往来社 2004）
　　▷p56「(無題)」

堀直格　ほりなおただ　1806〜1880
　江戸時代末期,明治時代の大名。
◇サムライ古写真帖（新人物往来社 2004）
　　▷p57「(無題)」
◇長野県歴史人物大事典（郷土出版社 1989）

堀直虎　ほりなおとら　1836〜1868
　江戸時代末期の大名。
◇サムライ古写真帖（新人物往来社 2004）
　　▷p56「(無題)」
◇長野県歴史人物大事典（郷土出版社 1989）
◇長野県百科事典（信濃毎日新聞社 1981）
◇国史大辞典（吉川弘文館 1979）
◇郷土歴史人物事典 長野（第一法規出版 1978）

堀直政　ほりなおまさ　1547〜1608
　安土桃山時代,江戸時代前期の大名。
◇国史大辞典（吉川弘文館 1979）

堀麦水　ほりばくすい　1718〜1783
　江戸時代中期の俳人,実録作者。
◇日本人名大事典 1〜6（平凡社 1979(覆刻)）
◇俳諧人名辞典（巖南堂書店 1970）　▷麦水

堀秀政　ほりひでまさ　1553〜1590
　安土桃山時代の武将。
◇日本史大事典（平凡社 1992）
◇国史大辞典（吉川弘文館 1979）

堀見久庵　ほりみきゅうあん　1837〜1911
　江戸時代末期,明治期の医師。
◇高知県人名事典（高知新聞社 1999）

堀基　ほりもとい　1844〜1912
　江戸時代末期,明治時代の官吏,実業家。
◇北海道歴史人物事典（北海道新聞社 1993）
◇北海道大百科事典（北海道新聞社 1981）

本阿弥光悦　ほんあみこうえつ　1558〜1637
　安土桃山時代,江戸時代前期の能書家,工芸家。
◇日本史大事典（平凡社 1992）
◇国史大辞典（吉川弘文館 1979）

本因坊算砂　ほんいんぼうさんさ　1558〜1623
　安土桃山時代,江戸時代前期の囲碁棋士。
◇日本人名大事典 1〜6（平凡社 1979(覆刻)）

本因坊秀策　ほんいんぼうしゅうさく
　　1829〜1862
　江戸時代末期の囲碁棋士。
◇広島県大百科事典（中国新聞社 1982）

北郷久信　ほんごうひさのぶ　1831〜1887
　江戸時代末期,明治時代の薩摩藩士。
◇角川日本姓氏歴史人物大辞典 46（角川書店 1994）

本光坊了顕　ほんこうぼうりょうけん
　　1448〜1474
　室町時代,戦国時代の浄土真宗本願寺派の僧,美山町市波本向寺の第5世。
◇福井県大百科事典（福井新聞社 1991）

本多応之助　ほんだおうのすけ　1825〜1871
　江戸時代末期,明治時代の黒住教教師。
◇岡山県歴史人物事典（山陽新聞社 1994）
◇岡山人名事典（日本文教出版 1978）

本多重次　ほんだしげつぐ　1529〜1596
　戦国時代,安土桃山時代の武将。
◇国史大辞典（吉川弘文館 1979）

本多正観　ほんだしょうかん　1782〜1845
　江戸時代中期,後期の藺草栽培と畳表製造普及者。
◇静岡県歴史人物事典（静岡新聞社 1991）

本多成允　ほんだせいいん　1847〜1917
　江戸時代末期〜大正期のサクランボ栽培の普及者,歌人。
◇山形県大百科事典（山形放送 1983）　▷本田成允

本多忠籌　ほんだただかず　1739〜1812
　江戸時代中期,後期の大名。
◇国史大辞典（吉川弘文館 1979）

本多忠勝　ほんだただかつ　1548~1610
安土桃山時代, 江戸時代前期の大名。
◇講談社日本人名大辞典（講談社 2001）
◇国宝・重要文化財大全 2（毎日新聞社 1999）
　▷図39「風俗図（伝本多平八郎姿絵）」（作者不詳　江戸時代）
◇静岡県史 通史編3 近世1（静岡県 1997）
　▷〈写真〉写2-6「本多忠勝像（三重県桑名市）」
◇日本の浮世絵美術館 5（角川書店 1996）
　▷図44「本多平八郎姿絵」（作者不詳　江戸時代）
◇原色日本の美術（改訂版）13（小学館 1994）
　▷図95「風俗図（本多平八郎姿絵）」（作者不詳）
◇三重県史 資料編 近世1（三重県 1993）
　▷〈口絵〉3「本多忠勝画像」
◇日本美術全集 17（講談社 1992）
　▷図96「風俗図屏風（伝本多平八郎姿絵）」（作者不詳　17世紀前半）
◇人間の美術 8（学習研究社 1990）
　▷図94「本多忠勝画像」（作者不詳　17世紀）
◇人間の美術 9（学習研究社 1990）
　▷図52「文使い図屏風（伝本多平八郎姿絵）」（作者不詳　17世紀前期）
◇日本大百科全書（小学館 1984）
◇千葉大百科事典（千葉日報社 1982）
◇肉筆浮世絵 1（集英社 1982）
　▷図40「文使い図屏風（伝本多平八郎姿絵）」（作者不詳　17世紀前期）
◇国史大辞典（吉川弘文館 1979）
◇日本人名大事典 1~6（平凡社 1979 (覆刻)）
◇日本美術全集 22（学習研究社 1979）
　▷図5「文使い図屏風（伝本多平八郎姿絵）」（作者不詳　17世紀前期）
◇世界伝記大事典（ほるぷ出版 1978）
◇日本屏風絵集成 14（講談社 1977）
　▷図25「遊楽人物図（本多平八郎姿絵）」（作者不詳）
　▷図25「文使い図屏風（伝本多平八郎姿絵）」（作者不詳　17世紀前期）
◇日本絵画館 7（講談社 1970）
　▷図9「文使い図屏風（伝本多平八郎姿絵）」（作者不詳　17世紀前期）
◇浮世絵名作選集（山田書院 1968）
　▷図〔10〕「文使い図屏風（伝本多平八郎姿絵）」（作者不詳　17世紀前期）
◇原色日本の美術 13（小学館 1967）
　▷図95「風俗図（本多平八郎姿絵）」（作者不詳）
　▷図95「文使い図屏風（伝本多平八郎姿絵）」（作者不詳　17世紀前期）
◇大日本百科事典（小学館 1967）
◇日本の美術 17（平凡社 1967）
　▷図33「伝本多平八郎姿絵」（作者不詳　17世紀前期）
　▷図33「文使い図屏風（伝本多平八郎姿絵）」（作者不詳　17世紀前期）

◇美人画・役者絵 1（講談社 1965）
　▷図42-43「文使い図屏風(伝本多平八郎姿絵)」（作者不詳　17世紀前期）

本多忠政　ほんだただまさ　1575~1631
安土桃山時代, 江戸時代前期の大名。
◇国史大辞典（吉川弘文館 1979）

本田親直　ほんだちかなお　1847~1868
江戸時代後期, 末期の伊集院・郡山隊員。
◇角川日本姓氏歴史人物大辞典 46（角川書店 1994）

本田親正　ほんだちかまさ　1843~1868
江戸時代後期, 末期の島津家臣。
◇角川日本姓氏歴史人物大辞典 46（角川書店 1994）

本田親美　ほんだちかよし　1847~1909
江戸時代後期~明治期の旭川の開拓功労者。
◇北海道歴史人物事典（北海道新聞社 1993）
◇北海道大百科事典（北海道新聞社 1981）

本多鼎介　ほんだていすけ　1839~1898
江戸時代後期, 末期, 明治時代の武士, 政治家。
◇福井県大百科事典（福井新聞社 1991）

本多富正　ほんだとみまさ　1572~1649
安土桃山時代, 江戸時代前期の武将。
◇福井県大百科事典（福井新聞社 1991）

本多政重　ほんだまさしげ　1580~1647
江戸時代前期の武将。
◇国史大辞典（吉川弘文館 1979）

本多正重　ほんだまさしげ　1545~1617
安土桃山時代, 江戸時代前期の大名。
◇静岡県史 通史編3 近世1（静岡県 1997）
　▷〈写真〉写2-4「本多正重像」

本多正信　ほんだまさのぶ　1538~1616
安土桃山時代, 江戸時代前期の武将。
◇国宝・重要文化財大全 1（毎日新聞社 1997）
　▷図220「本多正信像」（作者不詳　江戸時代）
◇日本史大事典（平凡社 1992）
◇日本大百科全書（小学館 1984）
◇国史大辞典（吉川弘文館 1979）
◇重要文化財 11（毎日新聞社 1975）
　▷図216「本多正信像」（作者不詳　江戸時代）
◇大日本百科事典（小学館 1967）

本多正信の妻　ほんだまさのぶのつま
　安土桃山時代, 江戸時代前期の女性。徳川家康家臣の本多正信の妻。
◇国宝・重要文化財大全 1（毎日新聞社 1997）
　▷図220附「本多正信夫人像」（作者不詳　江戸時代）
◇重要文化財 11（毎日新聞社 1975）
　▷附（1）「本多正信夫人像」（作者不詳　江戸時代）

本多正訥　ほんだまさもり　1827〜1885
　江戸時代末期の大名。
◇静岡県史 通史編4 近世2（静岡県 1997）
　▷〈写真〉写2-168「本多正訥画像」
◇静岡県史 資料編9 近世1（静岡県 1992）
　▷〈口絵〉4「田中藩主 本多正訥画像」

本多庸一　ほんだよういち　1848〜1912
　江戸時代末期, 明治時代のキリスト教会の指導者。
◇青森県人名事典（東奥日報社 2002）
◇青森県百科事典（東奥日報社 1981）
◇国史大辞典（吉川弘文館 1979）

凡兆　ぼんちょう　？〜1714
　江戸時代中期の俳人。
◇国史大辞典（吉川弘文館 1979）　▷野沢凡兆
◇俳諧人名辞典（巖南堂書店 1970）

本間四郎三郎　ほんましろうさぶろう
　1732〜1801　江戸時代中期, 後期の大地主, 豪商。
◇山形県大百科事典（山形放送 1983）　▷本間光丘
◇国史大辞典（吉川弘文館 1979）　▷本間光丘

本間宗久　ほんまそうきゅう　1716〜1803
　江戸時代中期, 後期の相場師。
◇山形県大百科事典（山形放送 1983）

本間棗軒　ほんまそうけん　1804〜1872
　江戸時代末期, 明治時代の漢蘭折衷派医。
◇茨城県史 近世編（茨城県 1985）
　▷図9-11（写真）「本間玄調肖像」
◇国史大辞典（吉川弘文館 1979）
◇日本人名大事典 1〜6（平凡社 1979（覆刻））

【ま】

晦巌　まいがん　1798〜1872
　江戸時代末期, 明治時代の僧。
◇愛媛県百科大事典（愛媛新聞社 1985）

蒔田広孝　まいたひろたか　1849〜1918
　江戸時代末期, 明治時代の大名。
◇岡山県歴史人物事典（山陽新聞社 1994）

前田玄以　まえだげんい　1539〜1602
　安土桃山時代の大名。
◇国宝・重要文化財大全 1（毎日新聞社 1997）
　▷図215「前田玄以像」（作者不詳　桃山時代　慶長7（1602）南化玄興賛）
◇日本史大事典（平凡社 1992）
◇日本古寺美術全集 24（集英社 1982）
　▷図62「前田玄以像」（作者不詳）
◇国史大辞典（吉川弘文館 1979）
◇日本人名大事典 1〜6（平凡社 1979（覆刻））
◇重要文化財 10（毎日新聞社 1974）
　▷図410「前田玄以像（南化玄興賛）」（作者不詳　桃山時代）

前田伸右衛門　まえだしんえもん
　1732〜1811　江戸時代中期, 後期の肥前蓮池藩士。
◇佐賀県大百科事典（佐賀新聞社 1983）

前田綱紀　まえだつなのり　1643〜1724
　江戸時代前期, 中期の大名。
◇富山大百科事典（北日本新聞社 1994）
◇日本大百科全書（小学館 1984）
◇日本人名大事典 1〜6（平凡社 1979（覆刻））
◇世界伝記大事典（ほるぷ出版 1978）

前田利同　まえだとしあつ　1856〜1921
　江戸時代末期, 明治時代の大名。
◇角川日本姓氏歴史人物大辞典 16（角川書店 1992）

前田利家　まえだとしいえ　1538〜1599
　安土桃山時代の大名。
◇ボストン美術館 日本美術調査図録（講談社 2003）
　▷図I-358「前田犬千代像」（狩野元史斎　江戸〜明治時代（19-20世紀））
◇講談社日本人名大辞典（講談社 2001）
◇富山大百科事典（北日本新聞社 1994）
◇日本史大事典（平凡社 1992）

まえた

◇日本大百科全書（小学館 1984）
◇国史大辞典（吉川弘文館 1979）
◇世界伝記大事典（ほるぷ出版 1978）
◇大日本百科事典（小学館 1967）
◇世界大百科事典（平凡社 1964）

前田利声　まえだとしかた　1835～1904
江戸時代末期，明治時代の大名。
◇角川日本姓氏歴史人物大辞典 16（角川書店 1992）

前田利常　まえだとしつね　1593～1658
江戸時代前期の大名。
◇書府太郎―石川県大百科事典 改訂版 上（北国新聞社 2004）
◇富山大百科事典（北日本新聞社 1994）
◇日本史大事典（平凡社 1992）
◇国史大辞典（吉川弘文館 1979）

前田利長　まえだとしなが　1562～1614
安土桃山時代，江戸時代前期の大名。
◇書府太郎―石川県大百科事典 改訂版 上（北国新聞社 2004）
◇富山大百科事典（北日本新聞社 1994）
◇日本史大事典（平凡社 1992）
◇国史大辞典（吉川弘文館 1979）

前田利春　まえだとしはる　?～1560
戦国時代の武将。
◇国宝・重要文化財大全 1（毎日新聞社 1997）
　▷図213「前田利春像」（作者不詳　桃山時代）
◇国史大辞典（吉川弘文館 1979）
◇重要文化財 10（毎日新聞社 1974）
　▷図408「前田利春像」（作者不詳　桃山時代）

前田利保　まえだとしやす　1800～1859
江戸時代末期の大名。
◇富山大百科事典（北日本新聞社 1994）

前田夏蔭　まえだなつかげ　1793～1864
江戸時代末期の歌人，国学者。
◇国史大辞典（吉川弘文館 1979）

前田則邦　まえだのりくに　1847～1915
江戸時代末期，明治期の地方功労者。
◇富山大百科事典（北日本新聞社 1994）

前田正甫　まえだまさとし　1649～1706
江戸時代前期，中期の大名。
◇富山大百科事典（北日本新聞社 1994）

前田慶寧　まえだよしやす　1830～1874
江戸時代末期，明治時代の大名。
◇富山大百科事典（北日本新聞社 1994）
◇国史大辞典（吉川弘文館 1979）

前野良沢　まえのりょうたく　1723～1803
江戸時代中期，後期の蘭学者，蘭方医。
◇講談社日本人名大辞典（講談社 2001）
◇大分県歴史人物事典（大分合同新聞社 1996）
◇長崎県大百科事典（長崎新聞社 1984）
◇日本大百科全書（小学館 1984）
◇大分百科事典（大分放送 1980）
◇国史大辞典（吉川弘文館 1979）
◇世界伝記大事典（ほるぷ出版 1978）
◇大日本百科事典（小学館 1967）
◇世界大百科事典（平凡社 1964）

前原一誠　まえばらいっせい　1834～1876
江戸時代末期，明治時代の志士，政治家。
◇サムライ古写真帖（新人物往来社 2004）
　▷p132「（無題）」
◇講談社日本人名大辞典（講談社 2001）
◇角川日本姓氏歴史人物大辞典 35（角川書店 1991）
◇日本大百科全書（小学館 1984）
◇山口県百科事典（大和書房 1982）
◇日本人名大事典 1～6（平凡社 1979（覆刻））
◇世界伝記大事典（ほるぷ出版 1978）

前山清一郎　まえやませいいちろう　1823～1896
江戸時代末期，明治時代の肥前佐賀藩士。
◇佐賀県大百科事典（佐賀新聞社 1983）

真木和泉　まきいずみ　1813～1864
江戸時代末期の尊攘派志士。
◇日本大百科全書（小学館 1984）
◇福岡県百科事典 上，下（西日本新聞社 1982）

牧志朝忠　まきしちょうちゅう　1818～1862
江戸時代末期の琉球国の首里士族，異国通事。
◇角川日本姓氏歴史人物大辞典 47（角川書店 1992）
◇沖縄大百科事典（沖縄タイムス社 1983）
◇世界伝記大事典（ほるぷ出版 1978）

牧野権六郎　まきのごんろくろう　1819～1869
江戸時代末期の備前岡山藩士。
◇岡山県歴史人物事典（山陽新聞社 1994）
◇岡山県大百科事典（山陽新聞社 1980）
◇岡山人名事典（日本文教出版 1978）

牧野毅　まきのたけし　1843〜1894
　江戸時代末期, 明治期の陸軍軍人。陸軍少将, 砲兵工廠提理。
◇長野県歴史人物大事典（郷土出版社 1989）

牧野康済　まきのやすまさ　1841〜1882
　江戸時代末期, 明治時代の大名。
◇長野県歴史人物大事典（郷土出版社 1989）

牧村兵部　まきむらひょうぶ　1545〜1593
　安土桃山時代の大名, 茶人, キリシタン。
◇国史大辞典（吉川弘文館 1979）　▷牧村政治

槙村正直　まきむらまさなお　1834〜1896
　江戸時代末期, 明治時代の長州（萩）藩士, 政治家。
◇京都大事典 府域編（淡交社 1994）
◇京都大事典（淡交社 1984）
◇国史大辞典（吉川弘文館 1979）　▷槙村正直
◇世界伝記大事典（ほるぷ出版 1978）　▷槙村正直

馬越元泉　まごしげんせん　1815〜1878
　江戸時代末期, 明治時代の医師。
◇岡山県歴史人物事典（山陽新聞社 1994）

間崎滄浪　まざきそうろう　1834〜1863
　江戸時代末期の土佐藩郷士。
◇高知県人名事典（高知新聞社 1999）
◇高知県百科事典（高知新聞社 1976）

正木直太郎　まさきなおたろう　1856〜1934
　江戸時代末期の新撰組隊士？。
◇長野県歴史人物大事典（郷土出版社 1989）

真崎勇助　まさきゆうすけ　1841〜1917
　江戸時代末期〜大正期の郷土史家。
◇秋田大百科事典（秋田魁新報社 1981）

正野玄三　まさのげんぞう　1659〜1733
　江戸時代前期, 中期の医者。
◇滋賀県百科事典（大和書房 1984）
◇郷土歴史人物事典 滋賀（第一法規出版 1979）

正秀　まさひで　1657〜1723
　江戸時代中期の俳人。
◇俳諧人名辞典（巌南堂書店 1970）

正宗　まさむね
　鎌倉時代後期, 南北朝時代の相模国鎌倉の刀工。
◇国史大辞典（吉川弘文館 1979）
◇世界大百科事典（平凡社 1964）

益頭駿次郎　ましずしゅんじろう　1820〜1900
　江戸時代末期, 明治時代の外交使節随行員。
◇幕末―写真の時代（筑摩書房 1994）
　▷p59 No.49「（無題）」（ナダール）
◇写真集 甦る幕末（朝日新聞社 1987）
　▷p232 No.321「（無題）」

増田錺太郎　ましだしょうたろう　1843〜1911
　江戸時代後期〜明治期の壬生藩士, 壬生藩の尊皇攘夷派。
◇栃木県歴史人物事典（下野新聞社 1995）

増田長盛　ましたながもり　1545〜1615
　安土桃山時代, 江戸時代前期の武将, 大名。
◇日本史大事典（平凡社 1992）
◇国史大辞典（吉川弘文館 1979）

馬島健吉　まじまけんきち　1842〜1910
　江戸時代末期, 明治時代の加賀大聖寺藩士。
◇角川日本姓氏歴史人物大辞典 17（角川書店 1998）

益田兼堯　ますだかねたか　？〜1485
　室町時代, 戦国時代の武将。
◇国宝・重要文化財大全 2（毎日新聞社 1999）
　▷図132「益田兼堯像」（作者不詳　室町時代　文明11(1479)賛）
◇島根県歴史人物事典（山陰中央新報社 1997）
◇原色日本の美術(改訂版) 11（小学館 1994）
　▷p78「益田兼堯像」（雪舟等楊　15世紀後期）
◇水墨画の巨匠 1（講談社 1993）
　▷図55「益田兼堯像」（雪舟等楊　文明11(1479)）
◇日本史大事典（平凡社 1992）　▷益田兼堯
◇新編 名宝日本の美術 14（小学館 1991）
　▷図31「益田兼堯像」（雪舟等楊　文明11(1479)）
◇名宝日本の美術 14（小学館 1981）
　▷図31「益田兼堯像」（雪舟等楊　文明11(1479)）
◇日本美術全集 16（学習研究社 1980）
　▷図42「益田兼堯像」（雪舟等楊　文明11(1479)頃）
◇国史大辞典（吉川弘文館 1979）　▷益田兼堯
◇日本美術絵画全集 4（集英社 1976）
　▷図64「益田兼堯像」（雪舟等楊　文明11(1479)）
◇重要文化財 10（毎日新聞社 1974）
　▷図105「益田兼堯像（周鼎賛）」（作者不詳　室町時代）
◇原色日本の美術 11（小学館 1970）
　▷p78「益田兼堯像」（雪舟等楊　15世紀後期）

◇日本の美術 12（平凡社 1969）
　▷図33「益田兼堯像（竹心周鼎賛）」（雪舟等楊　1479）

益田兼見　ますだかねみ　？〜1391
南北朝時代の武将。
◇島根県歴史人物事典（山陰中央新報社 1997）

増田繁幸　ますだしげゆき　1826〜1896
江戸時代末期, 明治時代の陸奥仙台藩士, 政治家。
◇宮城県百科事典（河北新報社 1982）

益田進　ますだしん
江戸時代末期の第2回遣欧使節団随員, 商人。
◇幕末―写真の時代（筑摩書房 1994）
　▷p94 No.108「（無題）」（ルイ・ルソー）
◇読者所蔵「古い写真」館（朝日新聞社 1986）
　▷p39「第2回遣欧使節」

増田宋太郎　ますだそうたろう　1849〜1877
江戸時代末期, 明治時代の豊前中津藩士。
◇大分県歴史人物事典（大分合同新聞社 1996）
◇大分百科事典（大分放送 1980）

益田孝　ますだたかし　1848〜1938
江戸時代末期, 明治時代の三井財閥大番頭。
◇士―日本のダンディズム（二玄社 2003）
　▷p138 No.126「益田孝像」（フィリップ・ポトー）
◇幕末―写真の時代（筑摩書房 1994）
　▷p80 No.93「江戸麻布善福寺（アメリカ公使館）の人たち」（撮影者不詳）
◇日本大百科全書（小学館 1984）
◇国史大辞典（吉川弘文館 1979）
◇世界伝記大事典（ほるぷ出版 1978）

益田鷹之助　ますだたかのすけ
江戸時代末期の幕臣・佐渡奉行属役。1864年遣仏使節に随行しフランスに渡る。
◇士―日本のダンディズム（二玄社 2003）
　▷p136 No.124「益田鷹之助像」（ダグロン）
　▷p131 No.108「スフィンクスの前の遣欧使節一行（第二回遣欧使節団）」（アントン・ベアト）
　▷p137 No.125「益田鷹之助像」（フィリップ・ポトー）
◇読者所蔵「古い写真」館（朝日新聞社 1986）
　▷p39「第2回遣欧使節」

益田時貞　ますだときさだ　1622〜1638
江戸時代前期の島原・天草一揆の指導者。
◇長崎県大百科事典（長崎新聞社 1984）　▷天草四郎時貞

益田元祥　ますだもとよし　1558〜1640
安土桃山時代, 江戸時代前期の長州（萩）藩永代家老。
◇国宝・重要文化財大全 1（毎日新聞社 1997）
　▷図183「益田元祥像」（狩野松栄　室町時代）
◇島根県歴史人物事典（山陰中央新報社 1997）
◇国史大辞典（吉川弘文館 1979）

増山雪斎　ますやませっさい　1754〜1819
江戸時代中期, 後期の大名。
◇国史大辞典（吉川弘文館 1979）

俣野五郎　またのごろう
江戸時代の歌舞伎役者。
◇秘蔵浮世絵大観 10（講談社 1987）
　▷図092「河津三郎と俣野五郎の相撲」（北尾政美　天明頃）

町田平四郎　まちいへいしろう　1839〜1921
江戸時代末期〜大正期の富農, 地方政治家。
◇角川日本姓氏歴史人物大辞典 22（角川書店 1995）

町田案山子　まちだあんざんし
江戸時代末期の薩摩藩士。
◇読者所蔵「古い写真」館（朝日新聞社 1986）
　▷p27「会津戦争出征・後」
　▷p27「会津戦争出征・前」

町田久成　まちだひさなり　1838〜1897
江戸時代末期, 明治時代の薩摩藩士。
◇士―日本のダンディズム（二玄社 2003）
　▷p111 No.81「明治英雄一覧」（明治時代初期）
◇角川日本姓氏歴史人物大辞典 46（角川書店 1994）
◇日本人名大事典 1〜6（平凡社 1979（覆刻））

松井菅雅　まついかんが　1769〜1818
江戸時代の俳人。
◇静岡県史 通史編4 近世2（静岡県 1997）
　▷〈写真〉写1-126「松井菅雅画像」

松居久右衛門　まついきゅうえもん
1770〜1855　江戸時代後期の商人。
◇郷土歴史人物事典 滋賀（第一法規出版 1979）
　▷松居遊見

松井素輪　まついそりん　1732〜1792
江戸時代後期の前橋の俳人。
◇群馬県百科事典（上毛新聞社 1979）

松井屋源右衛門　まついやげんえもん
　1645～1717　江戸時代中期の越中富山の薬種商。
◇富山大百科事典（北日本新聞社 1994）

松井康直　まついやすなお　1830～1904
　江戸時代末期，明治時代の大名，老中。
◇サムライ古写真帖（新人物往来社 2004）
　　▷p50「（無題）」（ナダール（フランスの写真家））
◇日本人名大事典 1～6（平凡社 1979（覆刻））

松井康英　まついやすひで　1830.7.16～1904.7.5
　江戸時代幕末の大名。松平康英とも。
◇新編埼玉県史 通史編5 近代1（埼玉県 1988）
　　▷〈写真〉1-2「松井康英」

松浦斌　まつうらさかる　1851～1890
　江戸時代後期～明治期の神職・公益事業家。
◇島根県歴史人物事典（山陰中央新報社 1997）
◇島根県大百科事典（山陰中央新報社 1982）

松浦佐用彦　まつうらさよひこ
　未詳～1878～1878
　江戸時代後期～明治期の考古学研究者，長岡郡黒石村の郷士・松浦槇蔵の子。
◇高知県人名事典（高知新聞社 1999）

松浦宗案　まつうらそうあん
　戦国時代の農学者。
◇愛媛県百科大事典（愛媛新聞社 1985）

松浦武四郎　まつうらたけしろう　1818～1888
　江戸時代末期，明治時代の蝦夷地探検家。
◇北海道歴史人物事典（北海道新聞社 1993）
◇美しい日本 1（ぎょうせい 1988）
　　▷図22「阿寒湖畔の松浦武四郎」（岩橋英遠 昭和45（1970））
◇日本大百科全書（小学館 1984）
◇現代日本画全集 9（集英社 1982）
　　▷図45「阿寒湖畔の松浦武四郎」（岩橋英遠 昭和45（1970））
◇北海道大百科事典（北海道新聞社 1981）
◇国史大辞典（吉川弘文館 1979）
◇世界伝記大事典（ほるぷ出版 1978）

松岡恕庵　まつおかじょあん　1668～1746
　江戸時代中期の本草・博物学者。
◇国史大辞典（吉川弘文館 1979）
◇日本人名大事典 1～6（平凡社 1979（覆刻））
◇大日本百科事典（小学館 1967）

松岡青蘿　まつおかせいら　1740～1791
　江戸時代中期の俳諧師。
◇俳諧人名辞典（巌南堂書店 1970）　▷青蘿

松岡磐吉　まつおかばんきち　?～1871
　江戸時代末期，明治時代の幕臣。
◇サムライ古写真帖（新人物往来社 2004）
　　▷p122「洋装軍服姿の蝦夷共和国幹部」（田本研造）
◇国史大辞典（吉川弘文館 1979）

松岡調　まつおかみつぐ　1830～1904
　江戸時代末期，明治時代の多和神社祠官。
◇香川県人物・人名事典（四国新聞社 1985）
◇香川県大百科事典（四国新聞社 1984）

松岡隣　まつおかりん　1820～1898
　江戸時代末期，明治時代の蘭学者，備前岡山藩士。
◇岡山県歴史人物事典（山陽新聞社 1994）
◇岡山県大百科事典（山陽新聞社 1980）

松尾宗二　まつおそうじ　1677～1752
　江戸時代中期の茶匠。
◇国史大辞典（吉川弘文館 1979）

松尾多勢子　まつおたせこ　1811～1894
　江戸時代後期，末期，明治時代の女性。歌人、勤王家。
◇長野県歴史人物大事典（郷土出版社 1989）
◇長野県百科事典（信濃毎日新聞社 1981）

松尾芭蕉　まつおばしょう　1644～1694
　江戸時代前期の俳諧師。
◇講談社日本人名大辞典（講談社 2001）
◇静岡県史 通史編4 近世2（静岡県 1997）
　　▷〈写真〉写1-123「大須賀鬼卵筆松尾芭蕉画像」
◇肉筆浮世絵大観 9（講談社 1996）
　　▷図単色21（奈良県立美術館）「松尾芭蕉画像」（鳥山石燕 天明年間（1781-89））
◇日本の浮世絵美術館 5（角川書店 1996）
　　▷図95「松尾芭蕉画像」（鳥山石燕）
◇水墨画の巨匠 12（講談社 1994）
　　▷図58「芭蕉翁図」（与謝蕪村）
◇富山大百科事典（北日本新聞社 1994）
◇日本美術全集 21（講談社 1991）
　　▷図109「芭蕉像」（竹内久一　明治19（1886））
◇琳派 4（紫紅社 1991）
　　▷図121「芭蕉像」（中村芳中）
◇人間の美術 10（学習研究社 1990）
　　▷図16「芭蕉翁像」（与謝蕪村　18世紀後期）
◇秘蔵浮世絵大観 9（講談社 1989）

まつお

　　▷図60「俳諧讃当世風俗 芭蕉翁 古池や」（礒田湖竜斎　安永初(1772-81)）
◇岩手百科事典（岩手放送 1988）
◇大阪府史 第5巻 近世編1（大阪府 1985）
　　▷〈写真〉写真281「芭蕉像(蕪村筆)京都市金福寺」
◇山形県大百科事典（山形放送 1983）
◇千葉大百科事典（千葉日報社 1982）
◇肉筆浮世絵 9（集英社 1982）
　　▷図70「芭蕉と美人図」（西川祐信）
◇浮世絵聚花 補巻1（小学館 1982）
　　▷図318「風流五色墨 芭蕉翁像（外題目次）」（鈴木春信　明和5年(1768頃)）
◇俳人の書画美術 3（集英社 1980）
　　▷図19「芭蕉坐像」（小川破笠）
　　▷図2「芭蕉旅姿（自画賛）」（杉風）
◇福島大百科事典（福島民報社 1980）
◇国史大辞典（吉川弘文館 1979）
◇日本人名大事典 1～6（平凡社 1979〔覆刻〕）
◇俳人の書画美術 2（集英社 1979）
　　▷図117「芭蕉像 杉風(画賛)」（作者不詳）
　　▷図26「芭蕉旅の画巻 雨中旅人（一）」（作者不詳）
　　▷図27「芭蕉旅の画巻 主従旅寝（二）」（作者不詳）
　　▷図28「芭蕉旅の画巻 山中難路（三）」（作者不詳）
　　▷図29「芭蕉旅の画巻 大河渡河（四）」（作者不詳）
　　▷図30「芭蕉旅の画巻 馬と駕籠のある道中（五）」（作者不詳）
　　▷図31「芭蕉旅の画巻 雪の峠越え（六）」（作者不詳）
　　▷図32「芭蕉旅の画巻 城下町街道（七）」（作者不詳）
◇世界伝記大事典（ほるぷ出版 1978）
◇俳人の書画美術 5（集英社 1978）
　　▷図12「芭蕉翁画像」（与謝蕪村）
　　▷図13「芭蕉翁七分身立像（画賛）」（与謝蕪村）
◇俳人の書画美術 6（集英社 1978）
　　▷図10「芭蕉・去来像（画賛）」（一茶〔書〕）
　　▷図88「芭蕉像（画賛）」（素檗）
　　▷図90「芭蕉像（画賛）」（梅室）
　　▷図91「芭蕉像（画賛）」（梅室）
◇愛知百科事典（中日新聞本社 1977）
◇日本美術絵画全集 22（集英社 1977）
　　▷図72「芭蕉幻住庵記（画賛）」（呉春　天明6(1786)）
◇日本の名画 16（中央公論社 1976）
　　▷図10「芭蕉翁」（川端竜子　大正12(1923)）
◇和漢詩歌作家辞典（みづほ出版 1972）　▷芭蕉
◇俳諧人名辞典（巌南堂書店 1970）　▷芭蕉
◇大日本百科事典（小学館 1967）　▷芭蕉
◇世界大百科事典（平凡社 1964）　▷芭蕉

松尾安兵衛　まつおやすべえ　1837～1916
江戸時代末期～大正期の松尾組の創設者。
◇佐賀県大百科事典（佐賀新聞社 1983）

松方正義　まつかたまさよし　1835～1924
江戸時代末期、明治時代の薩摩藩士、政治家。
◇皇族・華族古写真帖 愛蔵版（新人物往来社 2003）
　　▷p101「(無題)」
　　▷p168「(無題)」
◇栃木県歴史人物事典（下野新聞社 1995）
◇角川日本姓氏歴史人物大辞典 46（角川書店 1994）
◇日本史大事典（平凡社 1992）
◇読者所蔵「古い写真」館（朝日新聞社 1986）
　　▷p65「(無題)」
◇日本大百科全書（小学館 1984）
◇沖縄大百科事典（沖縄タイムス社 1983）
◇鹿児島大百科事典（南日本新聞社 1981）
◇大分百科事典（大分放送 1980）
◇国史大辞典（吉川弘文館 1979）
◇日本人名大事典 1～6（平凡社 1979〔覆刻〕）
◇世界伝記大事典（ほるぷ出版 1978）
◇大日本百科事典（小学館 1967）
◇世界大百科事典（平凡社 1964）

松川弁之助　まつかわべんのすけ　1802～1876
江戸時代末期、明治時代の北海道開拓者。
◇北海道歴史人物事典（北海道新聞社 1993）
◇北海道大百科事典（北海道新聞社 1981）

松木荘左衛門　まつきしょうざえもん　1625～1652　江戸時代前期の若狭小浜藩百姓一揆の指導者。
◇福井県大百科事典（福井新聞社 1991）　▷松木長操

松木淡々　まつきたんたん　1674～1761
江戸時代中期の俳人。
◇国史大辞典（吉川弘文館 1979）
◇俳諧人名辞典（巌南堂書店 1970）　▷淡々

松倉恂　まつくらじゅん　1827～1904
江戸時代末期、明治時代の大番士。
◇宮城県百科事典（河北新報社 1982）

松崎慊堂　まつざきこうどう　1771～1844
江戸時代後期の儒学者、遠江掛川藩儒。
◇日本史大事典（平凡社 1992）
◇熊本県大百科事典（熊本日日新聞社 1982）
◇国史大辞典（吉川弘文館 1979）
◇日本人名大事典 1～6（平凡社 1979〔覆刻〕）

松崎渋右衛門　まつざきしぶえもん
　1827～1869　江戸時代末期の讃岐高松藩士。
◇香川県大百科事典（四国新聞社 1984）

松崎浪四郎　まつざきなみしろう　1833～1896
　江戸時代後期，末期，明治時代の剣術家。神陰流。
◇福岡県百科事典 上，下（西日本新聞社 1982）

松下見林　まつしたけんりん　1637～1703
　江戸時代前期，中期の歴史家。
◇国史大辞典（吉川弘文館 1979）

松下直美　まつしたなおよし　1848～1927
　江戸時代末期，明治時代の筑前福岡藩留学生。
◇福岡県百科事典 上，下（西日本新聞社 1982）

松下鳳兮　まつしたほうけい　1839～1918
　江戸時代末期～大正期の教育者，易学者。
◇高知県人名事典（高知新聞社 1999）

松平一生　まつだいらかずなり　1570～1604
　安土桃山時代の武将，大名。
◇栃木県歴史人物事典（下野新聞社 1995）

松平容頌　まつだいらかたのぶ　1744～1805
　江戸時代中期，後期の大名。
◇会津大事典（国書刊行会 1985）
◇福島大百科事典（福島民報社 1980）

松平容保　まつだいらかたもり　1835～1893
　江戸時代末期，明治時代の大名。
◇サムライ古写真帖（新人物往来社 2004）
　　▷p39「（無題）」（松平慶勝（松平容保の兄）
　　　文久2年（1862）.11～12.18）
　　▷p112「（無題）」（幕末期）
　　▷p117「松平容保と家族たち」
　　▷p41「（無題）」（1878.9）
　　▷p112「晩年の松平容保」
◇皇族・華族古写真帖 愛蔵版（新人物往来社 2003）
　　▷p132「（無題）」
◇講談社日本人名大辞典（講談社 2001）
◇日本史大事典（平凡社 1992）
◇写された幕末―石黒敬七コレクション（明石書店 1990）
　　▷p70 No.2「（無題）」
◇会津大事典（国書刊行会 1985）
◇日本大百科全書（小学館 1984）
◇国史大辞典（吉川弘文館 1979）
◇世界伝記大事典（ほるぷ出版 1978）

松平清康　まつだいらきよやす　1511～1535
　戦国時代の武将。
◇日本史大事典（平凡社 1992）
◇国史大辞典（吉川弘文館 1979）

松平君山　まつだいらくんざん　1697～1783
　江戸時代中期の漢学者。
◇国史大辞典（吉川弘文館 1979）

松平左近　まつだいらさこん　1809～1868
　江戸時代末期の讃岐高松藩士。
◇香川県人物・人名事典（四国新聞社 1985）
◇香川県大百科事典（四国新聞社 1984）

松平定敬　まつだいらさだあき　1846～1908
　江戸時代末期，明治時代の大名。
◇サムライ古写真帖（新人物往来社 2004）
　　▷p40「（無題）」
　　▷p41「（無題）」（1878.9）

松平定綱　まつだいらさだつな　1592～1651
　江戸時代前期の大名。
◇三重県史 資料編 近世2 領主編（三重県 2003）
　　▷〈口絵〉7「桑名藩主松平定綱像（松平定信写）」
◇静岡県史 通史編3 近世1（静岡県 1997）
　　▷〈写真〉写1-45「松平定綱画像」

松平定信　まつだいらさだのぶ　1758～1829
　江戸時代中期，後期の大名，老中。
◇講談社日本人名大辞典（講談社 2001）
◇日本史大事典（平凡社 1992）
◇日本大百科全書（小学館 1984）
◇神奈川県史 通史編3近世（2）（神奈川県 1983）
　　▷p572（写真）「松平定信像」
◇福島大百科事典（福島民報社 1980）
◇国史大辞典（吉川弘文館 1979）
◇世界伝記大事典（ほるぷ出版 1978）
◇大日本百科事典（小学館 1967）
◇世界大百科事典（平凡社 1964）

松平定安　まつだいらさだやす　1835～1882
　江戸時代末期，明治時代の大名。
◇サムライ古写真帖（新人物往来社 2004）
　　▷p61「（無題）」
◇島根県歴史人物事典（山陰中央新報社 1997）

松平三之丞　まつだいらさんのじょう
　江戸時代末期の遣米使節団随員。
◇写された幕末―石黒敬七コレクション（明石書店 1990）
　　▷p31 No.6「遣米使節〈新見豊前守一行〉」
　　　（ブラデー　万延元年（1860).4.5）

まつた

松平武聡 まつだいらたけあきら 1842〜1882
江戸時代末期、明治期の浜田藩主、鶴田県知事。
◇島根県歴史人物事典（山陰中央新報社 1997）
◇岡山県歴史人物事典（山陽新聞社 1994）

松平忠昭 まつだいらただあき 1617〜1693
江戸時代前期の大名。
◇大分百科事典（大分放送 1980）

松平忠明 まつだいらただあきら 1583〜1644
江戸時代前期の大名。
◇日本史大事典（平凡社 1992）
◇大阪府史 第5巻 近世編1（大阪府 1985）
　▷〈写真〉写真113「松平忠明像 京都市天祥院」
◇国史大辞典（吉川弘文館 1979）

松平忠国 まつだいらただくに 1815〜1868
江戸時代末期の大名。
◇埼玉大百科事典 1〜5（埼玉新聞社 1974）▷松平下総守忠国

松平忠輝 まつだいらただてる 1592〜1683
江戸時代前期の大名。
◇長野県歴史人物大事典（郷土出版社 1989）

松平忠直 まつだいらただなお 1595〜1650
江戸時代前期の大名。
◇サムライ古写真帖（新人物往来社 2004）
　▷p34「（無題）」
　▷p34「（無題）」（上野彦馬）
◇皇族・華族古写真帖 愛蔵版（新人物往来社 2003）
　▷p151「（無題）」
◇日本の写真家 1（岩波書店 1997）
　▷No.7「松平忠直と三人の男」（上野彦馬 1870年代）
◇福井県大百科事典（福井新聞社 1991）
◇郷土歴史人物事典 福井（第一法規出版 1985）
◇大分百科事典（大分放送 1980）▷松平忠直（一伯）

松平忠礼 まつだいらただなり 1850〜1895
江戸時代末期、明治期の上田藩主、上田藩知事、子爵。
◇サムライ古写真帖（新人物往来社 2004）
　▷p32「忠礼の元服姿」
　▷p32「軍馬に乗る忠礼」
　▷p32「上田藩洋式鼓笛隊と忠礼」
　▷p33「戊辰戦争に出陣する上田藩士」
　▷p30「（無題）」
　▷p31「烏帽子姿の忠礼」（明治初期か）
　▷p33「酒席で藩士に囲まれる忠礼」
◇皇族・華族古写真帖 愛蔵版（新人物往来社 2003）
　▷p149「（無題）」（撮影地：江戸藩邸）
　▷p149「（無題）」（全身）
　▷p149「（無題）」（顔）
　▷p151「（無題）」
　▷p150「（無題）」
　▷p151「（無題）」
　▷p149「（無題）」
　▷p155「（無題）」（1878.7.26）
　▷p155「（無題）」
　▷p148「（無題）」
　▷p149「（無題）」
　▷p154「（無題）」
◇士―日本のダンディズム（二玄社 2003）
　▷p036 No.20「松平忠礼を囲む写場」（慶応年間〈1865〜68〉）
　▷p034 No.18「松平忠礼像」
　▷p035 No.19「松平忠礼像」
　▷p037 No.21「松平忠礼と三人の男」（上野彦馬　制作年不詳）
◇日本の写真家 1（岩波書店 1997）
　▷No.6「上田藩主松平忠礼と三人の藩士」（上野彦馬　1860年代）
◇幕末―写真の時代（筑摩書房 1994）
　▷p262 No.281「上田藩主松平忠礼と藩士たち」（撮影者不詳　慶応年間〈1865〜68〉）
　▷p274 No.292「戊辰戦争出征の松平忠礼と上田藩兵たち」（撮影者不詳）
　▷p275 No.293「松平忠礼と上田藩洋式軍楽隊」（撮影者不詳）
　▷p266 No.285「（無題）」（内田九一　明治初期）
◇長野県歴史人物大事典（郷土出版社 1989）

松平忠昌 まつだいらただまさ 1597〜1645
江戸時代前期の大名。
◇福井県大百科事典（福井新聞社 1991）

松平忠正 まつだいらただまさ 1544〜1577
安土桃山時代の武士。
◇皇族・華族古写真帖 愛蔵版（新人物往来社 2003）
　▷p155「（無題）」

松平忠恕 まつだいらただゆき 1825〜1902
江戸時代末期、明治期の大名。
◇幕末―写真の時代（筑摩書房 1994）
　▷p192 No.204「（無題）」（撮影者不詳）
◇群馬県史 通史編4 近世1 政治（群馬県 1990）
　▷〈写真〉214「松平忠恕肖像」

松平忠吉 まつだいらただよし 1580〜1607
安土桃山時代、江戸時代前期の大名。
◇国史大辞典（吉川弘文館 1979）

松平太郎　まつだいらたろう　1839〜1909
　江戸時代末期,明治時代の幕臣,陸軍奉行並。
◇サムライ古写真帖（新人物往来社 2004）
　▷p145「大君の側近たちと米国公使とその秘書（江戸）」（ウィード,チャールズ）
◇写された幕末―石黒敬七コレクション（明石書店 1990）
　▷p30 No.3「米公使と幕府役人」（慶応年間（1865〜68））

松平親氏　まつだいらちかうじ
　室町時代の武士。
◇国史大辞典（吉川弘文館 1979）

松平綱隆　まつだいらつなたか　1631〜1675
　江戸時代前期の大名。
◇島根県歴史人物事典（山陰中央新報社 1997）

松平輝貞　まつだいらてるさだ　1665〜1747
　江戸時代中期の大名。
◇群馬県史 通史編4 近世1 政治（群馬県 1990）
　▷〈写真〉27「松平輝貞画像」

松平朝矩　まつだいらとものり　1738〜1768
　江戸時代中期の大名。
◇群馬県史 通史編4 近世1 政治（群馬県 1990）
　▷〈写真〉11「松平朝矩画像」
◇群馬県史 資料編14 近世6（群馬県 1986）
　▷p14（写真）「前橋藩主松平朝矩画像」

松平直克　まつだいらなおかつ　1839〜1897
　江戸時代末期の大名。
◇角川日本姓氏歴史人物大辞典 10（角川書店 1994）
◇群馬県史 通史編4 近世1 政治（群馬県 1990）
　▷〈写真〉203「松平直克肖像」

松平直政　まつだいらなおまさ　1601〜1666
　江戸時代前期の大名。
◇島根県歴史人物事典（山陰中央新報社 1997）
◇島根県大百科事典（山陰中央新報社 1982）
◇国史大辞典（吉川弘文館 1979）

松平斉貴　まつだいらなりたけ　1815〜1863
　江戸時代後期の大名。
◇島根県歴史人物事典（山陰中央新報社 1997）

松平斉民　まつだいらなりたみ　1814〜1891
　江戸時代末期,明治時代の大名。
◇岡山県歴史人物事典（山陽新聞社 1994）
◇岡山人名事典（日本文教出版 1978）

松平斉典　まつだいらなりつね　1797〜1850
　江戸時代末期の大名。
◇群馬県史 通史編4 近世1 政治（群馬県 1990）
　▷〈写真〉174「松平斉典画像」
◇埼玉大百科事典 1〜5（埼玉新聞社 1974）　▷松平大和守斎典

松平信綱　まつだいらのぶつな　1596〜1662
　江戸時代前期の大名,幕府老中。
◇世界伝記大事典（ほるぷ出版 1978）

松平信康　まつだいらのぶやす　1559〜1579
　安土桃山時代の武将。
◇国史大辞典（吉川弘文館 1979）

松平喜徳　まつだいらのぶより　1855〜1891
　江戸時代末期,明治時代の武士,会津藩主,子爵。
◇サムライ古写真帖（新人物往来社 2004）
　▷p117「（無題）」

松平治郷　まつだいらはるさと　1751〜1818
　江戸時代中期,後期の大名。
◇講談社日本人名大辞典（講談社 2001）
◇島根県歴史人物事典（山陰中央新報社 1997）
◇日本史大事典（平凡社 1992）
◇日本大百科全書（小学館 1984）
◇島根県大百科事典（山陰中央新報社 1982）　▷松平治郷(不昧)
◇国史大辞典（吉川弘文館 1979）
◇大日本百科事典（小学館 1967）　▷松平不昧

松平比佐子　まつだいらひさこ　1847〜1893
　江戸時代末期,明治時代の女性。石見国浜田城主松平武の妻。
◇幕末維新・明治・大正美人帖（新人物往来社 2003）
　▷p34「（無題）」

松平正容　まつだいらまさかた　1669〜1731
　江戸時代中期の大名。
◇会津大事典（国書刊行会 1985）

松平正直　まつだいらまさなお　1844〜1915
　江戸時代末期,明治時代の越前福井藩士,官僚。
◇宮城県百科事典（河北新報社 1982）

松平茂昭　まつだいらもちあき　1836〜1890
　江戸時代末期,明治時代の大名。
◇サムライ古写真帖（新人物往来社 2004）
　▷p44「（無題）」（内田九一）
◇皇族・華族古写真帖 愛蔵版（新人物往来社 2003）

まつた

▷p7「(無題)」(内田九一)

松平康重 まつだいらやすしげ 1568～1640
安土桃山時代, 江戸時代前期の大名。
◇新編埼玉県史 通史編3 (埼玉県 1988)
　　▷〈写真〉2—4「松平康重画像」
◇兵庫県大百科事典 上, 下 (神戸新聞出版センター 1983)

松平康直 まつだいらやすなお 1831～1904
江戸時代末期, 明治時代の幕臣。
◇サムライ古写真帖 (新人物往来社 2004)
　　▷p106「遣欧使節一行」(ナダール)
◇士—日本のダンディズム (二玄社 2003)
　　▷p125 No.101「第一回遣欧使節団正使・副使ら四人」(ナダール)
◇幕末—写真の時代 (筑摩書房 1994)
　　▷p57 No.42「第一回遣欧使節団正副使ら」(ナダール)
◇写された幕末—石黒敬七コレクション (明石書店 1990)
　　▷p35 No.6「ロンドンにおける使節随員」(タアビス 文久元年(1861).6.6)
　　▷p35 No.5「遣欧使節竹内下野守」
◇写真集 甦る幕末 (朝日新聞社 1987)
　　▷p230 No.313「(無題)」
◇開化写真鏡 写真にみる幕末から明治へ (大和書房 1975)
　　▷p92「(無題)」

松平慶永 まつだいらよしなが 1828～1890
江戸時代末期の大名。
◇サムライ古写真帖 (新人物往来社 2004)
　　▷p42「(無題)」, 慶応年間(1865～68)」
　　▷p43「冠直衣装の松平春岳」, 慶応年間(1865～68)」
　　▷p46「(無題)」, 横田彦兵衛 慶応3年(1867).5.14」
◇皇族・華族古写真帖 愛蔵版 (新人物往来社 2003)
　　▷p130「(無題)」
◇講談社日本人名大辞典 (講談社 2001)
◇幕末・明治美人帖 (新人物往来社 2001)
　　▷p22「(無題)」
◇日本史大事典 (平凡社 1992)
◇福井県大百科事典 (福井新聞社 1991)
◇郷土歴史人物事典 福井 (第一法規出版 1985)
◇日本大百科全書 (小学館 1984)
◇国史大辞典 (吉川弘文館 1979)
◇日本人名大事典 1～6 (平凡社 1979 (覆刻))
◇世界伝記大事典 (ほるぷ出版 1978)
◇和漢詩歌作家辞典 (みづほ出版 1972) ▷徳川慶永
◇大日本百科事典 (小学館 1967)

松平頼重 まつだいらよりしげ 1622～1695
江戸時代前期の大名。
◇香川県人物・人名事典 (四国新聞社 1985)
◇香川県大百科事典 (四国新聞社 1984)
◇国史大辞典 (吉川弘文館 1979)

松平頼聡 まつだいらよりとし 1834～1903
江戸時代末期, 明治時代の大名。
◇サムライ古写真帖 (新人物往来社 2004)
　　▷p61「(無題)」
◇香川県人物・人名事典 (四国新聞社 1985)
◇国史大辞典 (吉川弘文館 1979)

松田重直 まつだしげなお 1845～1884
江戸時代後期～明治期の造船技術者。
◇岡山県歴史人物事典 (山陽新聞社 1994)
◇岡山人名事典 (日本文教出版 1978) ▷松田金次郎

松田思斎 まつだしさい 1776～1820
江戸時代後期の土佐藩士。
◇高知県人名事典 (高知新聞社 1999)

松田百花 まつだひゃっか
江戸時代中期の歌舞伎役者, 歌舞伎作者。
◇浮世絵聚花 1 (小学館 1983)
　　▷図36「松嶋兵太郎の遊女と, 中村宇十郎, および鶴屋南北の武士」(奥村利信)
　　▷図86「兜を持って屏風の前に立つ松嶋兵太郎」(鳥居清倍(2代))
　　▷図116「松嶋兵太郎と市川団蔵の舞台姿」(鳥居派)
◇浮世絵聚花 9 (小学館 1981)
　　▷図115「二世鎌倉長九郎のめいどの小八と松島兵太郎の大いそノとら」(鳥居清倍(2代))
◇浮世絵聚花 11 (小学館 1979)
　　▷図187「三升屋十郎の評判師兵助と松嶋兵太郎の女太夫嶋の千歳」(鳥居清倍)
◇日本版画美術全集 2 (講談社 1961)
　　▷図228「市村竹之丞の山崎与次兵衛と松嶋兵太郎の藤屋あづま」(常川重信)

松田道之 まつだみちゆき 1839～1882
江戸時代末期, 明治時代の因幡鳥取藩士, 官僚。
◇角川日本姓氏歴史人物大辞典 47 (角川書店 1992)
◇沖縄大百科事典 (沖縄タイムス社 1983)
◇世界伝記大事典 (ほるぷ出版 1978)

松殿師家 まつどのもろいえ 1172～1238
鎌倉時代前期の公卿。摂政・内大臣。
◇国史大辞典 (吉川弘文館 1979) ▷藤原師家

松永雄樹　まつながおき　1849〜1926
江戸時代末期〜大正期の軍人。海軍中将,土佐出身海軍将校の最先任。
◇高知県人名事典（高知新聞社 1999）

松永尺五　まつながせきご　1592〜1657
江戸時代前期の儒学者。
◇世界伝記大事典（ほるぷ出版 1978）

松永貞徳　まつながていとく　1571〜1653
安土桃山時代,江戸時代前期の俳人,歌学者。
◇ボストン美術館 日本美術調査図録（講談社 2003）
　▷図IV-17「松永貞徳像」（曽我蕭白　江戸時代（1770年代中－後期））
◇日本大百科全書（小学館 1984）　▷貞徳
◇国史大辞典（吉川弘文館 1979）
◇日本人名大事典 1〜6（平凡社 1979（覆刻））
◇俳人の書画美術 1（集英社 1979）
　▷図5「貞徳肖像」（貞徳〔書〕,越勾斎〔画〕）
◇世界伝記大事典（ほるぷ出版 1978）
◇俳諧人名辞典（巖南堂書店 1970）　▷貞徳

松永藤一郎　まつながとういちろう　1810〜1891
江戸時代後期〜明治期の松永流算術の創始者。
◇鳥取県大百科事典（新日本海新聞社 1984）

松永久秀　まつながひさひで　1510〜1577
戦国時代,安土桃山時代の武将,三好長慶の被官だったが,主家を乗っ取る形で独立。織田信長にいったんは降伏したが再度背いて攻められ自殺。
◇世界伝記大事典（ほるぷ出版 1978）

松波権之丞　まつなみけんのじょう
江戸時代末期の第2回遣欧使節随員。
◇読者所蔵「古い写真」館（朝日新聞社 1986）
　▷p38「第2回遣欧使節」
◇日本写真全集 1 写真の幕あけ（小学館 1985）
　▷p17 No.14「第二回遣欧使節随員」

松丸殿　まつのまるどの　？〜1634
安土桃山時代,江戸時代前期の女性。豊臣秀吉の側室。
◇国史大辞典（吉川弘文館 1979）

松林廉之助　まつばやしれんのすけ　1839〜1867
江戸時代末期の肥前大村藩士,藩校五教館教授。
◇長崎県大百科事典（長崎新聞社 1984）　▷松林飯山

松原葆斎　まつばらほうさい　1825〜1898
江戸時代末期,明治時代の信濃松本藩医,儒学者。
◇長野県歴史人物大事典（郷土出版社 1989）

松前伊豆守　まつまえいずのかみ
江戸時代末期の大名。
◇幕末―写真の時代（筑摩書房 1994）
　▷p189 No.201「幕末の大名たち」（撮影者不詳）

松前勘解由　まつまえかげゆ　？〜1868
江戸時代末期の蝦夷松前藩士。
◇サムライ古写真帖（新人物往来社 2004）
　▷p159「松前勘解由と従者」（ブラウンJr.）
◇士―日本のダンディズム（二玄社 2003）
　▷p116 No.89「松前勘解由と従者」（エリファレット・ブラウン・ジュニア）
◇幕末―写真の時代（筑摩書房 1994）
　▷p15 No.5「松前藩家老松前勘解由と従者たち」（E・ブラウン・ジュニア）
◇北海道歴史人物事典（北海道新聞社 1993）
◇北海道大百科事典（北海道新聞社 1981）

松前崇広　まつまえたかひろ　1829〜1866
江戸時代末期の大名。
◇サムライ古写真帖（新人物往来社 2004）
　▷p48「（無題）」
　▷p49「松前崇広立像」
　▷頁・番号なし「（無題）」
◇士―日本のダンディズム（二玄社 2003）
　▷p032 No.16「松前崇広像」
　▷p033 No.17「松前崇広像」
◇幕末―写真の時代（筑摩書房 1994）
　▷p193 No.205「（無題）」（撮影者不詳）
◇北海道歴史人物事典（北海道新聞社 1993）
◇日本史大事典（平凡社 1992）
◇日本写真全集 1 写真の幕あけ（小学館 1985）
　▷p11 No.8「（無題）」（撮影者不詳）
◇北海道大百科事典（北海道新聞社 1981）
◇国史大辞典（吉川弘文館 1979）
◇写真の開祖上野彦馬（上野彦馬撮影 産業能率短期大学出版部 1975）
　▷p217「（無題）」
◇日本写真史 1840-1945（平凡社 1971）
　▷p5 No.5「（無題）」（不詳　幕末期）

松前矩広　まつまえのりひろ　1659〜1720
江戸時代前期,中期の大名。
◇講談社日本人名大辞典（講談社 2001）

松前徳広　まつまえのりひろ　1844〜1868
江戸時代末期の大名。
◇北海道歴史人物事典（北海道新聞社 1993）
◇北海道大百科事典（北海道新聞社 1981）

松前慶広　まつまえよしひろ　1548〜1616
安土桃山時代,江戸時代前期の大名。
◇日本史大事典（平凡社 1992）

まつむ

◇国史大辞典（吉川弘文館 1979）

松村景文　まつむらけいぶん　1779～1843
江戸時代後期の四条派の画家。
◇国史大辞典（吉川弘文館 1979）

松村淳蔵　まつむらじゅんぞう　1842～1919
江戸時代末期, 明治時代の薩摩藩士, 海軍軍人。
◇角川日本姓氏歴史人物大辞典 46（角川書店 1994）▷市来勘十郎

松村如蘭　まつむらじょらん　1838～1906
江戸時代末期, 明治期の教育家。
◇高知県人名事典（高知新聞社 1999）

松村西荘　まつむらせいそう　1849～1891
江戸時代後期～明治期の盲唖教育者, 地理学者, 漢学者。
◇富山大百科事典（北日本新聞社 1994）

松村蘭台　まつむららんだい　1760～1820
江戸時代中期, 後期の南画家。
◇高知県人名事典（高知新聞社 1999）
◇高知県百科事典（高知新聞社 1976）

松本歓次郎　まつもとかんじろう　1839～1904
江戸時代後期～明治期の実業家。
◇島根県歴史人物事典（山陰中央新報社 1997）
◇島根県大百科事典（山陰中央新報社 1982）

松本貫四郎　まつもとかんしろう　1832～1891
江戸時代末期, 明治期の官吏, 殖産家。
◇香川県人物・人名事典（四国新聞社 1985）
◇香川県大百科事典（四国新聞社 1984）

松本勘太郎　まつもとかんたろう
江戸時代中期の歌舞伎役者。
◇浮世絵聚花 9（小学館 1981）
▷図85「鈴木平吉と松本かん太郎」（鳥居清信（初代））
◇浮世絵聚花 15（小学館 1980）
▷図14「荻野沢之丞 松本勘太郎 草子洗」（鳥居清信（初代））

松本喜三郎　まつもときさぶろう　1825～1891
江戸時代末期, 明治時代の生人形師。
◇熊本県大百科事典（熊本日日新聞社 1982）

松本奎堂　まつもとけいどう　1831～1863
江戸時代末期の三河刈谷藩士, 尊攘派志士。
◇国史大辞典（吉川弘文館 1979）
◇日本の名画 15（中央公論社 1977）

▷図21「奎堂先生」（前田青邨　昭和17（1942））

松本幸四郎〔初代〕　まつもとこうしろう
1674～1730　江戸時代中期の歌舞伎役者。
◇秘蔵浮世絵大観 別巻（講談社 1990）
▷〔チ〕053「出語り図 三桝の梅川と幸四郎の忠兵衛」（鳥居清長　天明4.3(1784.3)）
◇秘蔵浮世絵大観 8（講談社 1989）
▷図106「出語り図 三桝の梅川と幸四郎の忠兵衛」（鳥居清長　天明4.3(1784.3)）
◇秘蔵浮世絵大観 11（講談社 1988）
▷図065「当世押絵羽子板 松本幸四郎当り狂言ノ内 武智光秀」（歌川国貞（初代）　文政6頃）
◇浮世絵聚花 8（小学館 1980）
▷図24-29「松本幸四郎・中山富三郎・市川高麗蔵・市川門之助・坂田半五郎・瀬川菊之丞の助六」（勝川春英）
▷図035「松本幸四郎の十郎すけなり」（鳥居清長）
◇浮世絵聚花 15（小学館 1980）
▷図025「松本幸四郎」（勝川春章）
▷図030「松本幸四郎 竜現」（勝川春章）
▷図08「三俠客 中村介五郎 松本幸四郎 藤川平九郎」（鳥居清倍）
◇浮世絵聚花 10（小学館 1979）
▷図050「松本幸四郎と瀬川菊之丞」（勝川春章）
◇全集浮世絵版画 2（集英社 1972）
▷図24「出語り図 三桝の梅川と幸四郎の忠兵衛」（鳥居清長　天明4.3(1784.3)）
◇浮世絵版画 5（集英社 1964）
▷図24「出語り図 三桝の梅川と幸四郎の忠兵衛」（鳥居清長　天明4.3(1784.3)）
◇日本版画美術全集 3（講談社 1961）
▷図227「市川高麗蔵の下部駒平・松本幸四郎の菊池兵庫・市川雷蔵の信田五郎・中村仲蔵の菊池下部八右衛門」（勝川春章）

松本幸四郎〔4代〕　まつもとこうしろう
1737～1802　江戸時代中期, 後期の歌舞伎役者。
◇浮世絵ギャラリー 4（小学館 2006）
▷図15「四代目松本幸四郎の山谷の肴屋五郎兵衛」（東洲斎写楽　寛政6(1794)）
▷図47「四代目松本幸四郎の新口村の孫右衛門と初代中山富三郎の新町のけいせい梅川」（東洲斎写楽　寛政6(1794)）
◇日本の浮世絵美術館 4（角川書店 1996）
▷図142「二世市川八百蔵の曽我十郎と二世市川高麗蔵の曽我五郎」（一筆斎文調　明和7）
▷図1,18「四代目松本幸四郎の山谷の肴屋五郎兵衛」（東洲斎写楽　寛政6年）
▷図146「四代松本幸四郎の皆川新右衛門 実は畑六郎左衛門」（東洲斎写楽　寛政6年）
◇日本の浮世絵美術館 5（角川書店 1996）
▷図146「四代目松本幸四郎の楽屋」（勝川春

448　歴史人物肖像索引

章　天明4)
◇秘蔵日本美術大観 10（講談社 1993）
　▷図49「四代目松本幸四郎と四代目岩井半四郎」（勝川春章　天明元(1781)）か）
◇浮世絵聚花名品選（小学館 1993）
　▷図4「四世松本幸四郎の山谷の肴屋五郎兵衛」（東洲斎写楽）
◇名品揃浮世絵 6（ぎょうせい 1992）
　▷図44「役者舞台之姿絵 高らい屋（四世松本幸四郎の加古川本蔵）」（歌川豊国（初代）寛政6-7(1794-95)）
◇新編 名宝日本の美術 29（小学館 1991）
　▷図53「役者舞台之姿絵 高らい屋（四世松本幸四郎の加古川本蔵）」（歌川豊国（初代）寛政6-7(1794-95)）
　▷図16「四世松本幸四郎の山谷の肴屋五郎兵衛」（東洲斎写楽　寛政6.5(1794)）
　▷図34「四世松本幸四郎の新口村孫右衛門と中山富三郎の梅川」（東洲斎写楽　寛政6.8(1794.8)）
◇秘蔵浮世絵大観 ベレス・コレクション（講談社 1991）
　▷図48「四世松本幸四郎と二美人」（鳥居清長　天明2-3頃(1782-83頃)）
◇名品揃浮世絵 2（ぎょうせい 1991）
　▷図71「中村仲蔵の白拍子桂木とのうち四代松本幸四郎の名月坊,二代大谷次郎次の十六夜坊（出語り図）」（鳥居清長　天明2-寛政元(1782-89)）
◇名品揃浮世絵 5（ぎょうせい 1991）
　▷図50「四世松本幸四郎（関取桂川長右衛門）」（勝川春好（初代）天明8-寛政2(1788-1790)）
　▷図36「四世松本幸四郎と五世市川団十郎の楽屋」（勝川春章　天明2-3頃(1782-83頃)）
　▷図16「四世松本幸四郎の山谷の肴屋五郎兵衛」（東洲斎写楽　寛政6.5(1794)）
　▷図73「四世松本幸四郎の新口村孫右衛門と中山富三郎の梅川」（東洲斎写楽　寛政6.8(1794.8)）
◇秘蔵浮世絵大観 別巻（講談社 1990）
　▷〔ア〕13「四代目松本幸四郎の与右衛門と四代目岩井半四郎のかさね」（勝川春好（初代）安永7(1778)）
　▷〔ア〕018「四代目松本幸四郎の塩梅よし五郎八実は相模次郎」（勝川春章　安永元）
◇秘蔵浮世絵大観 6（講談社 1989）
　▷図014「二代目市川高麗蔵」（鳥居清満（初代）明和）
　▷図128「四代目松本幸四郎と四代目岩井半四郎」（勝川春好（初代）安永7-8頃(1778-79頃)）
　▷図096「四代目松本幸四郎と初代大谷友右衛門」（勝川春章　安永後期）
　▷図0115「四代目松本幸四郎と五世市川団十郎の楽屋」（勝川春章　天明2-3頃(1782-83頃)）
　▷図098「四代目松本幸四郎の八幡三郎実は京の次郎」（勝川春章　安永9）

　▷図03「二世市川門之助と四世松本幸四郎と四世岩井半四郎」（東洲斎写楽　寛政6-7）
　▷図0178「四世松本幸四郎の山谷の肴屋五郎兵衛」（東洲斎写楽　寛政6.5(1794)）
◇秘蔵浮世絵大観 8（講談社 1989）
　▷図107「四代目松本幸四郎の茂兵衛と初代三桝徳次郎のおさん（出語り図）」（鳥居清長　天明4.3(1784.3)）
◇秘蔵浮世絵大観 9（講談社 1989）
　▷図62「四代目松本幸四郎の曽我五郎と二代目市川高麗蔵の鬼王」（一筆斎文調　明和6(1769)）
　▷図124「三代目大谷広治の三浦弾正義村と四代目松本幸四郎の武部源左衛門常世」（勝川春泉　天明7(1787)）
　▷図190「四代目松本幸四郎の新口村孫右衛門と中山富三郎の梅川」（東洲斎写楽　寛政6.8(1794.8)）
　▷図192「四世松本幸四郎の大和のやぶ大尽実は新口村の孫右衛門」（東洲斎写楽　寛政6.8(1794.8)）
◇秘蔵浮世絵大観 4（講談社 1988）
　▷図081「四代目市川団蔵の七兵衛景清と四代目松本幸四郎の秩父重忠」（歌川豊国（初代）寛政末）
　▷図86「四代目松本幸四郎の佐藤忠信実は源九郎狐と四代目岩井半四郎の静御前」（勝川春好（初代）安永6(1777)）
　▷図043「四代目松本幸四郎」（勝川春章　安永期）
　▷図77「四代目松本幸四郎と四代目岩井半四郎」（勝川春章　安永中期頃(1772-81)）
　▷図83「四代目松本幸四郎の狐忠信」（勝川春章　安永6(1777)）
◇秘蔵浮世絵大観 11（講談社 1988）
　▷図5「二代目市川門之助・三代目瀬川菊之丞・四代目松本幸四郎の相撲場」（勝川春章　天明末-寛政初期(1781-1801)）
　▷図09「三代目瀬川菊之丞のおはんと四代目松本幸四郎の長右衛門」（勝川春常　安永10.3）
　▷図24「初代坂東三津五郎・四代目松本幸四郎・二代目市川門之助」（勝川春常　安永9.11-10（天明元）.10(1780.11-1781.10)）
　▷図30「四世松本幸四郎の山谷の肴屋五郎兵衛」（東洲斎写楽　寛政6.5(1794)）
◇秘蔵浮世絵大観 12（講談社 1988）
　▷図042「四代目松本幸四郎」（勝川春章　安永前期）
◇秘蔵浮世絵大観 2（講談社 1987）
　▷図077「二代目市川高麗蔵」（一筆斎文調　明和後期）
　▷図56「二代目市川高麗蔵の大星由良之助」（一筆斎文調　明8.4(1771.4)）
　▷図57「五代目市川団十郎の五郎と二代目市川高麗蔵の十郎」（一筆斎文調　明和8.正(1771.正)）
　▷図112「四代目岩井半四郎・市川鰕蔵・四代目松本幸四郎」（勝川春英　寛政4または7

まつも

(1792または1795))」
▷図0102「四代目松本幸四郎と二代目市川門之助」(勝川春英　天明末－寛政初頃)
▷図105「四代目松本幸四郎と三代目坂田半五郎」(勝川春英　天明8－寛政2(1788-90))
▷図081「五代目市川団十郎と四代目松本幸四郎」(勝川春章　安永7頃)
▷図086「四代目岩井半四郎の女占方お松実は富士娘と四代目松本幸四郎の浅間左衛門」(勝川春章　天明元.11)
▷図084「三代目瀬川菊之丞と四代目松本幸四郎」(勝川春章　安永8-9)
▷図088「初代坂東三津五郎・四代目松本幸四郎・初代大谷友右衛門」(勝川春章　安永7-9頃)
▷図080「四代目松本幸四郎と初代大谷友右衛門」(勝川春章　安永2-3頃)
▷図88「四代目松本幸四郎と三世瀬川菊之丞」(勝川春章　安永後期(1772-81))
▷図089「四代目松本幸四郎の伊勢の三郎・初代大谷友右衛門のゆりの八郎・初代坂東三津五郎の尾形三郎」(勝川春章　安永9.11)
▷図0160「四世松本幸四郎の山谷の肴屋五郎兵衛」(東洲斎写楽　寛政6.5(1794))
▷図0169「四世松本幸四郎の新口村孫右衛門と中山富三郎の梅川」(東洲斎写楽　寛政6.8(1794.8))

◇浮世絵八華 2 (平凡社 1985)
▷図48「中村仲蔵の白拍子桂木とのうち四代松本幸四郎の名月坊,二代大谷広次の十六夜坊(出語り図)」(鳥居清長　天明2－寛政元(1782-89))
▷図44「四世松本幸四郎と二美人」(鳥居清長　天明2-3頃(1782-83頃))

◇浮世絵八華 4 (平凡社 1985)
▷図15「四世松本幸四郎の山谷の肴屋五郎兵衛」(東洲斎写楽　寛政6.5(1794))
▷図014「四世松本幸四郎の山谷の肴屋五郎兵衛」(東洲斎写楽　寛政6.5(1794))
▷図47「四世松本幸四郎の新口村孫右衛門と中山富三郎の梅川」(東洲斎写楽　寛政6.8(1794.8))
▷図056「四世松本幸四郎の新口村孫右衛門と中山富三郎の梅川」(東洲斎写楽　寛政6.8(1794.8))
▷図53「四世松本幸四郎の皆川新右衛門実は畑六郎左衛門」(東洲斎写楽)
▷図075「四世松本幸四郎の皆川新右衛門実は畑六郎左衛門」(東洲斎写楽)
▷図46「四世松本幸四郎の大和のやぼ大尽実は新口村の孫右衛門」(東洲斎写楽　寛政6.8(1794.8))
▷図066「四世松本幸四郎の大和のやぼ大尽実は新口村の孫右衛門」(東洲斎写楽　寛政6.8(1794.8))

◇浮世絵聚花 2 (小学館 1985)
▷図71「三沢村宗十郎の高尾の幽魂と四世松本幸四郎の浮田左近吉」(鳥居清長)
▷図174「四世松本幸四郎と二美人」(鳥居清長　天明2-3頃(1782-83頃))

◇浮世絵聚花 13 (小学館 1981)
▷図166「二世市川高麗蔵の花守喜作と二世山下金作の女房お梅」(一筆斎文調)
▷図118「二世市川高麗蔵」(歌川国政)
▷図55「二世松本幸四郎の工藤祐経,五世市川団十郎の曽我五郎と二世市川高麗蔵の曽我十郎」(勝川春章)
▷図119「二世市川高麗蔵」(梅庄)

◇浮世絵聚花 5 (小学館 1980)
▷図105「四世松本幸四郎の門口に立つ黒衣裳の武士」(勝川春章)

◇浮世絵聚花 8 (小学館 1980)
▷図60「二世市川高麗蔵の殺し場」(一筆斎文調)
▷図59「二世市川高麗蔵の奴駒平」(一筆斎文調)
▷図159「初世中村歌右衛門の清玄と二世市川高麗蔵の清玄」(一筆斎文調)
▷図172「四世松本幸四郎の白酒売り」(勝川春好(初代))
▷図169「四世松本幸四郎の幡随院長兵衛」(勝川春好(初代))
▷図9「四世松本幸四郎の山谷の肴屋五郎兵衛」(東洲斎写楽　寛政6.5(1794))
▷図11「四世松本幸四郎の新口村孫右衛門と中山富三郎の梅川」(東洲斎写楽　寛政6.8(1794.8))

◇浮世絵聚花 12 (小学館 1980)
▷図122「二世市川高麗蔵の雁金文七と嵐音八の布袋市右衛門」(一筆斎文調)
▷図042「二世市川高麗蔵」(勝川春英)
▷図66「二世市川高麗蔵と五世市川団十郎の楽屋」(勝川春章　天明2-3頃(1782-83頃))

◇浮世絵聚花 15 (小学館 1980)
▷図022「二世市川高麗蔵の花守喜作と二世山下金作の女房お梅」(一筆斎文調)
▷図115「二世市川高麗蔵の志賀大七」(勝川春英)
▷図120「四世松本幸四郎と芸者」(鳥居清長)

◇浮世絵聚花 7 (小学館 1979)
▷図94「二世市川高麗蔵」(勝川春英)

◇浮世絵聚花 10 (小学館 1979)
▷図91「二世市川高麗蔵と二世嵐三五郎」(勝川春章)
▷図134「役者舞台之姿絵 高らい屋(四世松本幸四郎の加古川本蔵)」(歌川豊国(初代)　寛政6-7(1794-95))
▷図92「四世松本幸四郎」(勝川春章)

◇浮世絵聚花 11 (小学館 1979)
▷図98-99「五代目市川団十郎の五郎と二代目市川高麗蔵の十郎」(一筆斎文調　明和8.正(1771.正))
▷図100「瀬川雄次郎の安寿姫と二世市川高麗蔵の佐野源左衛門常世」(一筆斎文調)
▷図31-33「三世坂東三津五郎の富田林の太郎狐と四世松本幸四郎の狩野之助茂光と四世岩井半四郎の狩野之助妹真袖」(勝川春好(初代))

450　歴史人物肖像索引

▷図104「四世岩井半四郎と山下万菊と四世松本幸四郎」（勝川春章）
▷図103「四世松本幸四郎と三世瀬川菊之丞」（勝川春章　安永後期(1772-81)）
▷図117「四代目松本幸四郎の茂兵衛と初代三桝徳次郎のおさん(出語り図)」（鳥居清長　天明4.3(1784.3)）
◇浮世絵聚花 6（小学館 1978）
▷図162「四世松本幸四郎の皆川新右衛門実は畑六郎左衛門」（東洲斎写楽）
▷図65「四世松本幸四郎の大和のやば大尽実は新口村の孫右衛門」（東洲斎写楽　寛政6.8(1794.8)）
◇復元浮世絵大観 8（集英社 1978）
▷図13「四世松本幸四郎の山谷の肴屋五郎兵衛」（東洲斎写楽　寛政6.5(1794)）
◇浮世絵大系 4（集英社 1975）
▷図52「中村仲蔵の白拍子桂木とのうち四代松本幸四郎の名月坊, 二代大谷広次の十六夜坊(出語り図)」（鳥居清長　天明2-寛政元(1782-89)）
◇浮世絵大系 3（集英社 1974）
▷図66「二世市川高麗蔵の花守喜作と二世山下金作の女房お梅」（一筆斎文調）
◇浮世絵大系 7（集英社 1973）
▷図15「四世松本幸四郎の山谷の肴屋五郎兵衛」（東洲斎写楽　寛政6.5(1794)）
▷図42「四世松本幸四郎の新口村孫右衛門と中山富三郎の梅川」（東洲斎写楽　寛政6.8(1794.8)）
◇平凡社ギャラリー 6（平凡社 1973）
▷図13「四世松本幸四郎の新口村孫右衛門と中山富三郎の梅川」（東洲斎写楽　寛政6.8(1794.8)）
◇在外秘宝―欧米収蔵浮世絵集成 東洲斎写楽（学習研究社 1972）
▷図XI「二世市川門之助と四世松本幸四郎と四世岩井半四郎」（東洲斎写楽　寛政6-7）
▷図15「四世松本幸四郎の山谷の肴屋五郎兵衛」（東洲斎写楽　寛政6.5(1794)）
▷図014「四世松本幸四郎の山谷の肴屋五郎兵衛」（東洲斎写楽　寛政6.5(1794)）
▷図46「四世松本幸四郎の新口村孫右衛門と中山富三郎の梅川」（東洲斎写楽　寛政6.8(1794.8)）
▷図066「四世松本幸四郎の新口村孫右衛門と中山富三郎の梅川」（東洲斎写楽　寛政6.8(1794.8)）
▷図74「四世松本幸四郎の皆川新右衛門実は畑六郎左衛門」（東洲斎写楽）
▷図0120「四世松本幸四郎の皆川新右衛門実は畑六郎左衛門」（東洲斎写楽）
▷図064「四世松本幸四郎の大和のやば大尽実は新口村の孫右衛門」（東洲斎写楽　寛政6.8(1794.8)）
◇在外秘宝―欧米収蔵浮世絵集成　鳥居清長（学習研究社 1972）
▷図45「二世市川高麗蔵の久松と二世市川門之助のお染」（鳥居清長）
▷図124「中村仲蔵の白拍子桂木とのうち四代松本幸四郎の名月坊, 二代大谷広次の十六夜坊(出語り図)」（鳥居清長　天明2-寛政元(1782-89)）
▷図93「四世松本幸四郎と芸者」（鳥居清長）
◇全集浮世絵版画 4（集英社 1972）
▷図8「四世松本幸四郎の山谷の肴屋五郎兵衛」（東洲斎写楽　寛政6.5(1794)）
▷図36「四世松本幸四郎の新口村孫右衛門と中山富三郎の梅川」（東洲斎写楽　寛政6.8(1794.8)）
▷図22「四世松本幸四郎の皆川新右衛門実は畑六郎左衛門」（東洲斎写楽）
◇日本の名画 13（講談社 1972）
▷図4「四世松本幸四郎の山谷の肴屋五郎兵衛」（東洲斎写楽　寛政6.5(1794)）
◇日本絵画館 8（講談社 1970）
▷図104「四世松本幸四郎の山谷の肴屋五郎兵衛」（東洲斎写楽　寛政6.5(1794)）
◇原色日本の美術 17（小学館 1968）
▷図24-25「二世坂東三津五郎の梅玉・四世松本幸四郎の松王」（勝川春章）
▷図41「四世松本幸四郎の山谷の肴屋五郎兵衛」（東洲斎写楽　寛政6.5(1794)）
◇浮世絵名作選集 4（山田書院 1968）
▷図〔7〕「四世松本幸四郎の山谷の肴屋五郎兵衛」（東洲斎写楽　寛政6.5(1794)）
◇美人画・役者絵 6（講談社 1966）
▷図15「四世松本幸四郎の山谷の肴屋五郎兵衛」（東洲斎写楽　寛政6.5(1794)）
▷図97「四世松本幸四郎の皆川新右衛門実は畑六郎左衛門」（東洲斎写楽）
▷図60「四世松本幸四郎の大和のやば大尽実は新口村の孫右衛門」（東洲斎写楽　寛政6.8(1794.8)）
◇美人画・役者絵 3（講談社 1965）
▷図41「中村仲蔵の白拍子桂木とのうち四代松本幸四郎の名月坊, 二代大谷広次の十六夜坊(出語り図)」（鳥居清長　天明2-寛政元(1782-89)）
▷図39「四世松本幸四郎と二美人」（鳥居清長　天明2-3頃(1782-83頃)）
◇浮世絵版画 4（集英社 1964）
▷図8「四世松本幸四郎の山谷の肴屋五郎兵衛」（東洲斎写楽　寛政6.5(1794)）
▷図23「四世松本幸四郎の皆川新右衛門実は畑六郎左衛門」（東洲斎写楽）
◇日本版画美術全集 3（講談社 1961）
▷図51「二世市川高麗蔵の雁金文七と嵐音八布袋市右衛門」（一筆斎文調）
▷図265「二世市川高麗蔵・中山富三郎・二世坂田半五郎」（勝川春英）
▷図271「二世市川高麗蔵の梅王・五世市川団十郎の松王」（勝川春英）
▷図171「二世市川高麗蔵の久松と二世市川門之助のお染」（鳥居清長）
▷図272「三世瀬川菊之丞の女房みゆき実は小

まつも

　　　女郎狐・四世松本幸四郎の五郎又」(勝川春英)
　▷図229「二世坂東三津五郎の梅王・四世松本幸四郎の松王」(勝川春章)
　▷図221「四世松本幸四郎と五世市川団十郎の楽屋」(勝川春章　天明2-3頃(1782-83頃))
　▷図231「四世松本幸四郎の重忠・三世大谷広次の由兵衛実は鬼王」(勝川春章)
　▷図133「四世松本幸四郎と二美人」(鳥居清長　天明2-3頃(1782-83頃))
◆日本版画美術全集 4 (講談社 1960)
　▷図215「四世松本幸四郎の山谷の肴屋五郎兵衛」(東洲斎写楽　寛政6.5(1794))
　▷図242「四世松本幸四郎の皆川新右衛門実は畑六郎左衛門」(東洲斎写楽)
◆浮世絵全集 5 (河出書房新社 1957)
　▷図18「二世市川高麗蔵の花守喜作と二世山下金作の女房お梅」(一筆斎文調)
　▷図30「三世市川八百蔵と坂東又太郎の梅王丸と中島三浦右衛門の藤原時平と四世松本幸四郎の松王丸」(勝川春章)
　▷図6「四世松本幸四郎と芸者」(鳥居清長)

松本幸四郎〔5代〕　まつもとこうしろう
　1764〜1838　江戸時代中期、後期の歌舞伎役者。
◆浮世絵ギャラリー 4 (小学館 2006)
　▷図46「三代目市川高麗蔵の亀屋忠兵衛と初代中山富三郎の新町のけいせい梅川」(東洲斎写楽　寛政6(1794))
　▷図3「三代目市川高麗蔵の志賀大七」(東洲斎写楽　寛政6(1794))
◆華一浮世絵名品集 (平木浮世絵財団 2004)
　▷図26「三代目市川高麗蔵の志賀大七」(東洲斎写楽　寛政6(1794))
◆日本の浮世絵美術館 2 (角川書店 1996)
　▷図149「三代目市川高麗蔵の志賀大七」(東洲斎写楽　寛政6)
◆日本の浮世絵美術館 3 (角川書店 1996)
　▷図161「役者舞台之姿絵 高らいや 三代市川高麗蔵の千崎弥五郎」(歌川豊国　寛政7)
◆日本の浮世絵美術館 4 (角川書店 1996)
　▷図149「五世松本幸四郎の斧定九郎」(歌川国貞　文化13年)
　▷図147「二世沢村田之助の顔世、五世松本幸四郎の師直、七世市川団十郎の若狭之助、三世尾上菊五郎の判官」(歌川豊国　文化13年)
◆日本の浮世絵美術館 5 (角川書店 1996)
　▷図71「三世瀬川菊之丞と三世市川高麗蔵」(勝川春好　安永後期)
◆日本の浮世絵美術館 6 (角川書店 1996)
　▷図102「三代目市川高麗蔵の志賀大七」(東洲斎写楽　寛政6)
◆肉筆浮世絵大観 10 (講談社 1995)
　▷図単色8「五代目松本幸四郎・初代尾上栄三郎・初代沢村源之助」(歌川豊広　文化3,4(1806,07)頃)
　▷図単色7「曽我の対面(五代目松本幸四郎・

工藤・三代目坂東三津五郎の十郎・七代目市川団十郎の五郎)」(歌川豊広　文化8(1811))
◆秘蔵日本美術大観 10 (講談社 1993)
　▷図76「三代目市川高麗蔵と二代目市川門之助」(叢豊丸　寛政年間(1789-1801)中期)
　▷図56「高麗屋錦升(三代目市川高麗蔵)」(東洲斎写楽　寛政6(1794))
◆名品揃物浮世絵 6 (ぎょうせい 1992)
　▷図10「役者舞台之姿絵 かうらいや(三世市川高麗蔵の小山田太郎あるいは徳兵衛)」(歌川豊国(初代)　寛政6-7(1794-95))
　▷図38「役者舞台之姿絵 高らいや(三世市川高麗蔵の千崎弥五郎)」(歌川豊国(初代)　寛政6-7(1794-95))
　▷図42「役者舞台之姿絵 高麗や(三世市川高麗蔵の寺岡平右衛門)」(歌川豊国(初代)　寛政6-7(1794-95))
　▷図24「役者舞台之姿絵 かうらいや(三世市川高麗蔵の弥陀次郎実は相模次郎)」(歌川豊国(初代)　寛政6-7(1794-95))
◆新編 名宝日本の美術 29 (小学館 1991)
　▷図63「三世市川高麗蔵の佐々木巌流」(歌川豊国　寛政8(1796))
　▷図54「役者舞台之姿絵 高麗や(三世市川高麗蔵の寺岡平右衛門)」(歌川豊国(初代)　寛政6-7(1794-95))
　▷図35「三代目市川高麗蔵の亀屋忠兵衛と中山富三郎の梅川」(東洲斎写楽　寛政6(1794))
　▷図14「三世市川高麗蔵の志賀大七」(東洲斎写楽　寛政6(1794))
　▷図36「三世市川高麗蔵の南瀬六郎」(東洲斎写楽)
◆秘蔵浮世絵大観 ベレス・コレクション (講談社 1991)
　▷図36「三代目市川高麗蔵の時鳥の五郎蔵・初代中山富三郎の宮城野・八代目森田勘弥の鶯の次郎作」(勝川春艶　寛政6(1794))
◆名品揃物浮世絵 5 (ぎょうせい 1991)
　▷図41「三世市川高麗蔵(足軽三平)」(勝川春好(初代)　天明8‐寛政2(1788-1790))
　▷図42「三世市川高麗蔵(平宗盛)」(勝川春好(初代)　天明8‐寛政2(1788-1790))
　▷図81「三世市川高麗蔵の小山田太郎(高麗屋錦升)」(東洲斎写楽)
　▷図74「三世市川高麗蔵の亀屋忠兵衛と中山富三郎の梅川」(東洲斎写楽　寛政6(1794))
　▷図14「三世市川高麗蔵の志賀大七」(東洲斎写楽　寛政6(1794))
◆人間の美術 10 (学習研究社 1990)
　▷図162「三世市川高麗蔵の志賀大七」(東洲斎写楽　寛政6(1794))
◆秘蔵浮世絵大観 7 (講談社 1990)
　▷図031「五代目松本幸四郎の高師直」(歌川豊国(初代)　文化3.4)
◆秘蔵浮世絵大観 別巻 (講談社 1990)
　▷〔ケ〕020「三代目市川高麗蔵」(歌川豊国(初代)　寛政9頃)
　▷〔チ〕046「三世市川高麗蔵」(勝川春英　寛

政3-5頃）
　　　▷〔チ〕036「三代目市川高麗蔵の雁金文七」
　　　　（勝川春好（初代）　天明9）
◇秘蔵浮世絵大観　ブルヴェラー・コレクション
　　（講談社 1990）
　　　▷図57「三代目市川高麗蔵のあかねや半七と
　　　　初代中山富三郎のみのや三勝」（歌川豊国
　　　　（初代）　寛政10(1798)）
　　　▷図54「初代尾上松助の意休・三代目市川高麗
　　　　蔵の助六・初代中山富三郎の揚巻」（歌川豊
　　　　国（初代）　寛政9(1797)）
◇秘蔵浮世絵大観 6（講談社 1989）
　　　▷図0124「三世市川高麗蔵」（勝川春英　寛政
　　　　前期）
　　　▷図0176「三世市川高麗蔵の志賀大七」（東洲
　　　　斎写楽　寛政6(1794)）
　　　▷図0186「三世市川高麗蔵の南瀬六郎」（東洲
　　　　斎写楽　寛政6）
◇秘蔵浮世絵大観 9（講談社 1989）
　　　▷図193「三世市川高麗蔵の弥陀次郎実は相模
　　　　次郎」（東洲斎写楽　寛政6.11(1794)）
　　　▷図0137「五代目松本幸四郎のひげの伊久・
　　　　三代目中村松江のけいせい揚まき・市川白
　　　　猿の助六・三代目中村歌右衛門の白酒売」
　　　　（柳斎重春　天保元.3）
◇秘蔵浮世絵大観 3（講談社 1988）
　　　▷図07「五代目松本幸四郎のあざみ屋清兵衛」
　　　　（歌川国貞（初代）　文化末－文政初）
　　　▷図7「五代目松本幸四郎の斧定九郎」（歌川
　　　　国貞（初代）　文化12-13(1815-16)）
　　　▷図9「五代目松本幸四郎のおびや長右衛門」
　　　　（歌川国貞（初代）　文化9.5(1812.5)）
　　　▷図6「流行役者水滸伝豪傑百八人一個五代目
　　　　松本幸四郎の悪七兵衛景清」（歌川国貞（初
　　　　代）　天保前期(1830-44)）
　　　▷図37「見立狂言 五代目松本幸四郎・五代目
　　　　岩井半四郎・五代目瀬川菊之丞・初代中村
　　　　芝翫」（歌川国安　文化15(文政元).2
　　　　(1818.2)）
◇秘蔵浮世絵大観 4（講談社 1988）
　　　▷図085「初代中山富三郎の三勝と三代目市川
　　　　高麗蔵の半七」（歌川豊国（初代）　享和期）
◇秘蔵浮世絵大観 12（講談社 1988）
　　　▷図048「三代目市川高麗蔵・五代目市川団十
　　　　郎・二代目市川門之助」（勝川春好（初代）
　　　　天明6または8）
◇秘蔵浮世絵大観 2（講談社 1987）
　　　▷図099「三世市川高麗蔵」（勝川春英　寛政
　　　　4-6頃）
　　　▷図0101「三代目市川高麗蔵と初代山下万菊」
　　　　（勝川春英　天明後期）
　　　▷図106「初代尾上松助と三代目市川高麗蔵」
　　　　（勝川春英　寛政前期(1789-1801)）
　　　▷図111「こうらい屋 錦升（三世市川高麗蔵）」
　　　　（勝川春英　寛政3-5(1791-93)）
　　　▷図215「三世市川高麗蔵の亀屋忠兵衛と中山
　　　　富三郎の梅川」（東洲斎写楽　寛政6
　　　　(1794)）
　　　▷図209「三世市川高麗蔵の志賀大七」（東洲

　　　　斎写楽　寛政6(1794)）
　　　▷図216「五代目松本幸四郎の意休・仁木・景
　　　　清・権助・長兵衛」（歌川豊国（初代）　文化
　　　　8(1811)）
◇浮世絵八華 4（平凡社 1985）
　　　▷図070「三代目市川高麗蔵の衛士姿の新田義
　　　　貞」（東洲斎写楽）
　　　▷図51「三世市川高麗蔵の小山田太郎」（東洲
　　　　斎写楽）
　　　▷図073「三世市川高麗蔵の小山田太郎」（東
　　　　洲斎写楽）
　　　▷図0120「三世市川高麗蔵の小山田太郎（高麗
　　　　屋錦升）」（東洲斎写楽）
　　　▷図48「三世市川高麗蔵の亀屋忠兵衛と中山
　　　　富三郎の梅川」（東洲斎写楽　寛政6(1794)）
　　　▷図057「三世市川高麗蔵の亀屋忠兵衛と中山
　　　　富三郎の梅川」（東洲斎写楽　寛政6
　　　　(1794)）
　　　▷図12「三世市川高麗蔵の志賀大七」（東洲斎
　　　　写楽　寛政6(1794)）
　　　▷図015「三世市川高麗蔵の志賀大七」（東洲
　　　　斎写楽　寛政6(1794)）
　　　▷図50「三世市川高麗蔵の篠塚五郎」（東洲斎
　　　　写楽）
　　　▷図068「三世市川高麗蔵の篠塚五郎」（東洲
　　　　斎写楽）
　　　▷図079「三世市川高麗蔵の弥陀次郎実は相模
　　　　次郎」（東洲斎写楽　寛政6.11(1794)）
　　　▷図059「三世市川高麗蔵の南瀬六郎」（東洲
　　　　斎写楽）
　　　▷図062「三世市川高麗蔵の南瀬六郎」（東洲
　　　　斎写楽　寛政6）
◇浮世絵八華 6（平凡社 1985）
　　　▷図21「三世市川高麗蔵の佐々木巌流」（歌川
　　　　豊国（初代）　寛政8(1796)）
　　　▷図19「役者舞台之姿絵 高らいや（三世市川
　　　　高麗蔵の千崎弥五郎）」（歌川豊国（初代）
　　　　寛政6-7(1794-95)）
◇肉筆浮世絵 6（集英社 1981）
　　　▷図32「中山富三郎と市川男女蔵と三世市川
　　　　高麗蔵」（東洲斎写楽）
◇浮世絵聚花 13（小学館 1981）
　　　▷図12「三世市川高麗蔵の佐々木巌流」（歌川
　　　　豊国（初代）　寛政8(1796)）
　　　▷図25「三世市川高麗蔵の弥陀次郎実は相模
　　　　次郎」（東洲斎写楽　寛政6.11(1794)）
　　　▷図117「夏の富士美人合 五世松本幸四郎と
　　　　芸者」（歌川豊国（初代））
◇浮世絵聚花 14（小学館 1981）
　　　▷図88「三世市川高麗蔵と三世瀬川菊之丞」
　　　　（歌川豊国（初代））
◇在外日本の至宝 7（毎日新聞社 1980）
　　　▷図109「三世市川高麗蔵の佐々木巌流」（歌
　　　　川豊国（初代）　寛政8(1796)）
　　　▷図107「三世市川高麗蔵の弥陀次郎実は相模
　　　　次郎」（東洲斎写楽　寛政6.11(1794)）
◇浮世絵聚花 5（小学館 1980）
　　　▷図124「三世市川高麗蔵の斧定九郎」（勝川
　　　　春英）

まつも

- ◇浮世絵聚花 8（小学館 1980）
  - ▷104「役者舞台之姿絵 高麗や（三世市川高麗蔵の寺岡平右衛門）」（歌川豊国（初代） 寛政6-7(1794-95)）
  - ▷図120「三世市川高麗蔵(平宗盛)」（勝川春好(初代) 天明8－寛政2(1788-1790)）
- ◇浮世絵聚花 12（小学館 1980）
  - ▷図127「三代目市川高麗蔵の時鳥の五郎蔵・初代中山富三郎の宮城野・八代目森田勘弥の鴬の次郎作」（勝川春艶 寛政6(1794)）
  - ▷図115「三世市川高麗蔵の南瀬六郎」（東洲斎写楽 寛政6）
- ◇浮世絵聚花 7（小学館 1979）
  - ▷図236「三世市川高麗蔵」（勝川春英）
- ◇浮世絵聚花 10（小学館 1979）
  - ▷図032「役者舞台之姿絵 こうらいや（三世市川高麗蔵の盛遠）」（歌川豊国（初代））
  - ▷図207「三世市川高麗蔵（足軽三平）」（勝川春好(初代) 天明8－寛政2(1788-1790)）
- ◇浮世絵聚花 11（小学館 1979）
  - ▷図13「三世市川高麗蔵の亀屋忠兵衛と中山富三郎の梅川」（東洲斎写楽 寛政6(1794)）
  - ▷図5「三世市川高麗蔵の志賀大七」（東洲斎写楽 寛政6(1794)）
- ◇世界伝記大事典（ほるぷ出版 1978）
- ◇浮世絵聚花 6（小学館 1978）
  - ▷図14「役者舞台之姿絵 かうらいや（三世市川高麗蔵の小山田太郎あるいは徳兵衛）」（歌川豊国（初代） 寛政6-7(1794-95)）
  - ▷図160「三世市川高麗蔵の小山田太郎」（東洲斎写楽）
  - ▷図68「三世市川高麗蔵の小山田太郎（高麗屋錦升）」（東洲斎写楽）
- ◇復元浮世絵大観 8（集英社 1978）
  - ▷図22「三世市川高麗蔵の亀屋忠兵衛と中山富三郎の梅川」（東洲斎写楽 寛政6(1794)）
  - ▷図12「三世市川高麗蔵の志賀大七」（東洲斎写楽 寛政6(1794)）
- ◇重要文化財 11（毎日新聞社 1975）
  - ▷図190「三世市川高麗蔵の志賀大七」（東洲斎写楽 寛政6(1794)）
- ◇浮世絵大系 9（集英社 1975）
  - ▷図20「三世市川高麗蔵の佐々木巌流」（歌川豊国（初代） 寛政8(1796)）
- ◇浮世絵大系 7（集英社 1973）
  - ▷図50「三世市川高麗蔵の小山田太郎（高麗屋錦升）」（東洲斎写楽）
  - ▷図41「三世市川高麗蔵の亀屋忠兵衛と中山富三郎の梅川」（東洲斎写楽 寛政6(1794)）
  - ▷図14「三世市川高麗蔵の志賀大七」（東洲斎写楽 寛政6(1794)）
  - ▷図40「三世市川高麗蔵の南瀬六郎」（東洲斎写楽）
  - ▷図38「三世市川高麗蔵の南瀬六郎」（東洲斎写楽 寛政6）
- ◇平凡社ギャラリー 6（平凡社 1973）
  - ▷図12「三世市川高麗蔵の亀屋忠兵衛と中山富三郎の梅川」（東洲斎写楽 寛政6(1794)）
  - ▷図6「三世市川高麗蔵の志賀大七」（東洲斎写楽 寛政6(1794)）
- ◇在外秘宝―欧米収蔵浮世絵集成 東洲斎写楽（学習研究社 1972）
  - ▷図69「三世市川高麗蔵の衛士姿の新田義貞」（東洲斎写楽）
  - ▷図0113「三世市川高麗蔵の衛士姿の新田義貞」（東洲斎写楽）
  - ▷図72「三世市川高麗蔵の小山田太郎」（東洲斎写楽）
  - ▷図0118「三世市川高麗蔵の小山田太郎」（東洲斎写楽）
  - ▷図101「三世市川高麗蔵の小山田太郎（高麗屋錦升）」（東洲斎写楽）
  - ▷図0122「三世市川高麗蔵の小山田太郎（高麗屋錦升）」（東洲斎写楽）
  - ▷図065「三世市川高麗蔵の亀屋忠兵衛と中山富三郎の梅川」（東洲斎写楽 寛政6(1794)）
  - ▷図104「三世市川高麗蔵の亀屋忠兵衛と中山富三郎の梅川」（東洲斎写楽 寛政6(1794)）
  - ▷図16「三世市川高麗蔵の志賀大七」（東洲斎写楽 寛政6(1794)）
  - ▷図015「三世市川高麗蔵の志賀大七」（東洲斎写楽 寛政6(1794)）
  - ▷図0109「三世市川高麗蔵の篠塚五郎」（東洲斎写楽）
  - ▷図1「三世市川高麗蔵の弥陀次郎実は相模次郎」（東洲斎写楽 寛政6.11(1794)）
  - ▷図0110「三世市川高麗蔵の弥陀次郎実は相模次郎」（東洲斎写楽 寛政6.11(1794)）
  - ▷図060「三世市川高麗蔵の南瀬六郎」（東洲斎写楽）
  - ▷図057「三世市川高麗蔵の南瀬六郎」（東洲斎写楽 寛政6）
  - ▷図Ⅳ「中山富三郎と市川男女蔵と三世市川高麗蔵」（東洲斎写楽）
- ◇全集浮世絵版画 4（集英社 1972）
  - ▷図43「三世市川高麗蔵の小山田太郎」（東洲斎写楽）
  - ▷図16「三世市川高麗蔵の亀屋忠兵衛と中山富三郎の梅川」（東洲斎写楽 寛政6(1794)）
  - ▷図9「三世市川高麗蔵の志賀大七」（東洲斎写楽 寛政6(1794)）
  - ▷図21「三世市川高麗蔵の篠塚五郎」（東洲斎写楽）
  - ▷図41「三世市川高麗蔵の弥陀次郎実は相模次郎」（東洲斎写楽 寛政6.11(1794)）
  - ▷図38「三世市川高麗蔵の南瀬六郎」（東洲斎写楽）
- ◇日本の名画 13（講談社 1972）
  - ▷図3「三世市川高麗蔵の志賀大七」（東洲斎写楽 寛政6(1794)）
  - ▷図5「三世市川高麗蔵の弥陀次郎実は相模次郎」（東洲斎写楽 寛政6.11(1794)）
- ◇原色日本の美術 24（小学館 1971）
  - ▷図65「三世市川高麗蔵の志賀大七」（東洲斎写楽 寛政6(1794)）

◇日本絵画館 8（講談社 1970）
　▷図101「三世市川高麗蔵の志賀大七」（東洲斎写楽　寛政6(1794)）
◇原色日本の美術 17（小学館 1968）
　▷図78「役者舞台之姿絵 高らいや（三世市川高麗蔵の千崎弥五郎）」（歌川豊国（初代）寛政6-7(1794-95)）
　▷図45「三世市川高麗蔵の亀屋忠兵衛と中山富三郎の梅川」（東洲斎写楽　寛政6(1794)）
◇浮世絵名作選集 4（山田書院 1968）
　▷図〔17〕「三世市川高麗蔵の亀屋忠兵衛と中山富三郎の梅川」（東洲斎写楽　寛政6(1794)）
　▷図〔5〕「三世市川高麗蔵の志賀大七」（東洲斎写楽　寛政6(1794)）
◇美人画・役者絵 6（講談社 1966）
　▷図93「三世市川高麗蔵の小山田太郎（高麗屋錦升）」（東洲斎写楽）
　▷図58「三世市川高麗蔵の亀屋忠兵衛と中山富三郎の梅川」（東洲斎写楽　寛政6(1794)）
　▷図12「三世市川高麗蔵の志賀大七」（東洲斎写楽　寛政6(1794)）
　▷図99-100「三世市川高麗蔵の篠塚五郎」（東洲斎写楽）
　▷図56「三世市川高麗蔵の南瀬六郎」（東洲斎写楽）
◇世界大百科事典（平凡社 1964）
◇浮世絵版画 6（集英社 1964）
　▷図20「三世市川高麗蔵の亀屋忠兵衛と中山富三郎の梅川」（東洲斎写楽　寛政6(1794)）
　▷図9「三世市川高麗蔵の志賀大七」（東洲斎写楽　寛政6(1794)）
　▷図22「三世市川高麗蔵の篠塚五郎」（東洲斎写楽）
◇日本版画美術全集 4（講談社 1960）
　▷図262「役者舞台之姿絵 高らいや（三世市川高麗蔵の千崎弥五郎）」（歌川豊国（初代）寛政6-7(1794-95)）
　▷図226「三世市川高麗蔵の亀屋忠兵衛と中山富三郎の梅川」（東洲斎写楽　寛政6(1794)）
　▷図33「三世市川高麗蔵の志賀大七」（東洲斎写楽　寛政6(1794)）
◇浮世絵全集 5（河出書房新社 1957）
　▷図62「役者舞台之姿絵 高らいや（三世市川高麗蔵の千崎弥五郎）」（歌川豊国（初代）寛政6-7(1794-95)）
　▷図8「三世市川高麗蔵（平宗盛）」（勝川春好（初代）　天明8-寛政2(1788-1790)）
　▷図54「三世市川高麗蔵の亀屋忠兵衛と中山富三郎の梅川」（東洲斎写楽　寛政6(1794)）
　▷図56「三世市川高麗蔵の南瀬六郎」（東洲斎写楽）

松本七蔵　まつもとしちぞう
江戸時代の歌舞伎役者。
◇浮世絵聚花 8（小学館 1980）
　▷図010「松本七蔵」（奥村政信）

松本十郎　まつもとじゅうろう　1839〜1916
江戸時代末期, 明治時代の庄内藩士。
◇北海道歴史人物事典（北海道新聞社 1993）
◇山形県大百科事典（山形放送 1983）
◇北海道大百科事典（北海道新聞社 1981）

松本清左衛門富為　まつもとせいざえもんとみため
？〜1817 江戸時代中期, 後期の松平主殿守御代庄屋格。
◇長崎県大百科事典（長崎新聞社 1984）

松本大助　まつもとだいすけ
江戸時代中期の歌舞伎役者。
◇浮世絵八華 7（平凡社 1985）
　▷図78「仮（名）手本忠臣蔵 〔五段目〕（三世）市川寿美蔵の定九郎 松本たい助の与一兵衛」（歌川国芳）

松本暢　まつもとちょう　1832〜1889
江戸時代末期の壬生藩士, 東京株式取引所理事長。
◇栃木県歴史人物事典（下野新聞社 1995）

松本兵衛　まつもとひょうえ
江戸時代の歌舞伎役者。
◇浮世絵聚花 4（小学館 1979）
　▷図5「松本兵衛と中川半三郎」（伝 鳥居清信）

松本米三郎　まつもとよねさぶろう
江戸時代の歌舞伎役者。
◇日本の浮世絵美術館 1（角川書店 1996）
　▷図140「松本米三郎のけはい坂の少将実はしのぶ」（東洲斎写楽　寛政6）
◇浮世絵聚花名品選（小学館 1993）
　▷図3「松本米三郎のけはい坂の少将, じつはしのぶ」（東洲斎写楽）
◇新編 名宝日本の美術 29（小学館 1991）
　▷図12「松本米三郎のけはい坂の少将実はしのぶ」（東洲斎写楽　寛政6.5(1794)）
◇秘蔵浮世絵大観 ベレス・コレクション（講談社 1991）
　▷図112「松本米三郎のけはい坂の少将実はしのぶ」（東洲斎写楽　寛政6.5(1794)）
◇名品揃物浮世絵 5（ぎょうせい 1991）
　▷図12「松本米三郎のけはい坂の少将実はしのぶ」（東洲斎写楽　寛政6.5(1794)）
◇秘蔵浮世絵大観 6（講談社 1989）
　▷図02「二世瀬川雄次郎と松本米三郎」（東洲斎写楽　寛政6-7）
　▷図0175「松本米三郎のけはい坂の少将実はしのぶ」（東洲斎写楽　寛政6.5(1794)）
◇秘蔵浮世絵大観 11（講談社 1988）

▷図29「松本米三郎のけはい坂の少将実はし
　のぶ」(東洲斎写楽　寛政6.5(1794))
◇秘蔵浮世絵大観 12（講談社 1988）
　▷図112「松本米三郎の仲居おつゆ」(東洲斎写
　楽　寛政6(1794))
◇秘蔵浮世絵大観 2（講談社 1987）
　▷図0159「松本米三郎のけはい坂の少将実はし
　のぶ」(東洲斎写楽　寛政6.5(1794))
◇浮世絵八華 4（平凡社 1985）
　▷図16「松本米三郎のけはい坂の少将実はし
　のぶ」(東洲斎写楽　寛政6.5(1794))
　▷図013「松本米三郎のけはい坂の少将実はし
　のぶ」(東洲斎写楽　寛政6.5(1794))
　▷図44「松本米三郎の仲居おつゆ」(東洲斎写
　楽　寛政6(1794))
　▷図064「松本米三郎の仲居おつゆ」(東洲斎
　写楽　寛政6(1794))
◇浮世絵八華 6（平凡社 1985）
　▷図25「松本米三郎」(歌川豊国(初代))
◇浮世絵聚花 13（小学館 1981）
　▷図139「二世坂東三津五郎の和田新兵衛正高
　と松本米三郎の女房しからみ」(歌川国政)
◇浮世絵聚花 14（小学館 1981）
　▷図170「松本米三郎の仲居おつゆ」(東洲斎写
　楽　寛政6(1794))
◇浮世絵聚花 12（小学館 1980）
　▷図13「松本米三郎のけはい坂の少将実はし
　のぶ」(東洲斎写楽　寛政6.5(1794))
◇復元浮世絵大観 8（集英社 1978）
　▷図10「松本米三郎のけはい坂の少将実はし
　のぶ」(東洲斎写楽　寛政6.5(1794))
◇浮世絵大系 7（集英社 1973）
　▷図12「松本米三郎のけはい坂の少将実はし
　のぶ」(東洲斎写楽　寛政6.5(1794))
◇在外秘宝―欧米収蔵浮世絵集成 東洲斎写楽（学
　習研究社 1972）
　▷図XII「二世瀬川雄次郎と松本米三郎」(東
　洲斎写楽　寛政6-7)
　▷図13「松本米三郎のけはい坂の少将実はし
　のぶ」(東洲斎写楽　寛政6.5(1794))
　▷図012「松本米三郎のけはい坂の少将実はし
　のぶ」(東洲斎写楽　寛政6.5(1794))
　▷図95「松本米三郎の仲居おつゆ」(東洲斎写
　楽　寛政6(1794))
　▷図062「松本米三郎の仲居おつゆ」(東洲斎
　写楽　寛政6(1794))
◇全集浮世絵版画 4（集英社 1972）
　▷図6「松本米三郎のけはい坂の少将実はしの
　ぶ」(東洲斎写楽　寛政6.5(1794))
◇原色日本の美術 17（小学館 1968）
　▷図44「松本米三郎のけはい坂の少将実はし
　のぶ」(東洲斎写楽　寛政6.5(1794))
◇浮世絵名作選集 4（山田書院 1968）
　▷図[6]「松本米三郎のけはい坂の少将実はし
　のぶ」(東洲斎写楽　寛政6.5(1794))
◇美人画・役者絵 6（講談社 1966）
　▷表扉「松本米三郎のけはい坂の少将実はし
　のぶ」(東洲斎写楽　寛政6.5(1794))

▷図61-62「松本米三郎の仲居おつゆ」(東洲
　斎写楽　寛政6(1794))
◇浮世絵版画 6（集英社 1964）
　▷図7「松本米三郎のけはい坂の少将実はしの
　ぶ」(東洲斎写楽　寛政6.5(1794))
◇日本版画美術全集 4（講談社 1960）
　▷図217「松本米三郎のけはい坂の少将実はし
　のぶ」(東洲斎写楽　寛政6.5(1794))
◇浮世絵全集 5（河出書房新社 1957）
　▷図50「松本米三郎のけはい坂の少将実はし
　のぶ」(東洲斎写楽　寛政6.5(1794))

松本米三〔初代〕　まつもとよねぞう
1774～1805　江戸時代中期、後期の歌舞伎役者。
◇浮世絵ギャラリー 4（小学館 2006）
　▷図11「初代松本米三郎の化粧坂の少将実は
　しのぶ」(東洲斎写楽　寛政6(1794))
◇秘蔵浮世絵大観 ブルヴェラー・コレクション
　（講談社 1990）
　▷図58「初代市川男女蔵の朝比奈と初代松本
　米三郎の少将」(歌川豊国(初代)　寛政10
　(1898))
◇秘蔵浮世絵大観 2（講談社 1987）
　▷図231「初代松本米三郎のこし元十六夜と四
　代目中村伝九郎の曽我の団三郎」(歌川国政
　寛政9(1797))
◇浮世絵聚花 8（小学館 1980）
　▷図40「初世松本米三郎の春」(歌川国政)
◇日本版画美術全集 4（講談社 1960）
　▷図264「初世松本米三郎の春」(歌川国政)
◇浮世絵全集 5（河出書房新社 1957）
　▷図67「初世松本米三郎の春」(歌川国政)

松本良順　まつもとりょうじゅん　1832～1907
江戸時代末期、明治時代の蘭方医家。
◇サムライ古写真帖（新人物往来社 2004）
　▷p120「(無題)」(幕末期)
　▷p120「後年の松本良順」
◇士―日本のダンディズム（二玄社 2003）
　▷p111 No.81「明治英雄一覧」(明治時代初
　期)
◇写された幕末―石黒敬七コレクション（明石書
　店 1990）
　▷p25 No.4「(無題)」(上野彦馬)
◇長崎事典 歴史編 1988年版（長崎文献社 1988）
◇長崎県大百科事典（長崎新聞社 1984）
◇郷土歴史人物事典 長崎（第一法規出版社 1979）
◇国史大辞典（吉川弘文館 1979）　▷松本順
◇写真の開祖上野彦馬（上野彦馬撮影 産業能率短
　期大学出版部 1975）
　▷p39 No.46「(無題)」
◇日本写真史 1840-1945（平凡社 1971）
　▷p467「(無題)」

まみや

松森胤保 まつもりたねやす 1825～1892
江戸時代末期,明治時代の武士,博物家。
◇山形県大百科事典（山形放送 1983）

松山高吉 まつやまたかよし 1847～1935
江戸時代末期,明治時代の牧師,聖書翻訳者。
◇兵庫県大百科事典 上,下（神戸新聞出版センター 1983）
◇新潟県大百科事典 別巻（新潟日報事業社 1977）

松山守善 まつやままもりよし 1849～1945
江戸時代末期～昭和期の官吏。
◇熊本県大百科事典（熊本日日新聞社 1982）

松浦詮 まつらあきら 1840～1908
江戸時代末期,明治時代の大名。
◇国史大辞典（吉川弘文館 1979）

松浦鎮信 まつらしげのぶ 1549～1614
安土桃山時代,江戸時代前期の大名。
◇日本史大事典（平凡社 1992）
◇長崎県大百科事典（長崎新聞社 1984） ▷松浦鎮信（法印）
◇国史大辞典（吉川弘文館 1979）

松浦鎮信 まつらしげのぶ 1622～1703
江戸時代前期,中期の大名。
◇長崎県大百科事典（長崎新聞社 1984） ▷松浦鎮信（天祥）

松浦静山 まつらせいざん 1760～1841
江戸時代中期,後期の大名。
◇日本史大事典（平凡社 1992）
◇長崎県大百科事典（長崎新聞社 1984） ▷松浦清（静山）
◇国史大辞典（吉川弘文館 1979）

松浦隆信 まつらたかのぶ 1529～1599
戦国時代,安土桃山時代の武将。
◇長崎県大百科事典（長崎新聞社 1984） ▷松浦隆信（道可）

松浦マンシャ まつらまんしゃ
？～1656 安土桃山時代,江戸時代前期の女性。キリシタン。
◇国史大辞典（吉川弘文館 1979） ▷松浦メンシャ

万里小路藤房 までのこうじふじふさ
1295～1380 鎌倉時代後期,南北朝時代の公卿。中納言。
◇国史大辞典（吉川弘文館 1979）

曲直瀬玄朔 まなせげんさく 1549～1631
安土桃山時代,江戸時代前期の医師。
◇国史大辞典（吉川弘文館 1979）

曲直瀬道三〔初代〕 まなせどうさん
1507～1594 戦国時代,安土桃山時代の医師。
◇講談社日本人名大辞典（講談社 2001） ▷曲直瀬正盛
◇日本史大事典（平凡社 1992） ▷曲直瀬道三〔代数なし〕
◇日本大百科全書（小学館 1984） ▷曲直瀬道三〔代数なし〕
◇国史大辞典（吉川弘文館 1979） ▷曲直瀬正盛
◇日本人名大事典 1～6（平凡社 1979（覆刻）） ▷曲直瀬道三〔代数なし〕
◇大日本百科事典（小学館 1967） ▷曲直瀬道三〔代数なし〕

間部詮勝 まなべあきかつ 1802～1884
江戸時代末期,明治時代の大名。
◇福井県大百科事典（福井新聞社 1991）
◇国史大辞典（吉川弘文館 1979）

間部詮房 まなべあきふさ 1666～1720
江戸時代中期の大名。
◇日本史大事典（平凡社 1992）
◇群馬県史 通史編4 近世1 政治（群馬県 1990） ▷〈写真〉28「間部詮房木像」

真辺戒作 まなべかいさく 1848～1879
江戸時代後期～明治期の戊辰の役の戦功者,高知藩英国留学生団長。
◇高知県人名事典（高知新聞社 1999）

麻父 まふ
江戸時代中期の俳人。
◇富山県文学事典（桂書房 1992）

間宮喜十郎 まみやきじゅうろう 1850～1895
江戸時代後期～明治期の教育者。
◇静岡県歴史人物事典（静岡新聞社 1991）

間宮鉄次郎 まみやてつじろう 1831～1891
江戸時代末期,明治時代の幕臣。
◇静岡県歴史人物事典（静岡新聞社 1991）

間宮林蔵 まみやりんぞう 1775～1844
江戸時代後期の北地探検家。
◇講談社日本人名大辞典（講談社 2001）
◇北海道歴史人物事典（北海道新聞社 1993）
◇日本史大事典（平凡社 1992）
◇茨城県史 近世編（茨城県 1985）

まるお

▷図9-16（写真）「間宮林蔵肖像」
◇日本大百科全書（小学館 1984）
◇茨城県大百科事典（茨城新聞社 1981）
◇北海道大百科事典（北海道新聞社 1981）
◇国史大辞典（吉川弘文館 1979）
◇日本人名大事典 1～6（平凡社 1979（覆刻））
◇郷土歴史人物事典 茨城（第一法規出版社 1978）
◇世界伝記大事典（ほるぷ出版 1978）
◇大日本百科事典（小学館 1967）
◇世界大百科事典（平凡社 1964）

丸岡莞爾 まるおかかんじ 1836～1898
江戸時代末期, 明治時代の歌人。
◇高知県人名事典（高知新聞社 1999）
◇角川日本姓氏歴史人物大辞典 47（角川書店 1992）

丸尾五左衛門 まるおござえもん
江戸時代の回船業。
◇香川県人物・人名事典（四国新聞社 1985）

丸川松隠 まるかわしょういん 1758～1831
江戸時代中期, 後期の備中新見藩士, 儒学者。
◇岡山県歴史人物事典（山陽新聞社 1994）

円中孫平 まるなかまごへい 1830～1910
江戸時代末期, 明治時代の貿易商。
◇書府太郎―石川県大百科事典 改訂版 上（北国新聞社 2004）

丸目蔵人 まるめくらんど 1540～1629
安土桃山時代, 江戸時代前期の武士。
◇熊本県大百科事典（熊本日日新聞社 1982）
◇国史大辞典（吉川弘文館 1979）

円山応挙 まるやまおうきょ 1733～1795
江戸時代中期の画家。
◇講談社日本人名大辞典（講談社 2001）
◇国史大辞典（吉川弘文館 1979）
◇世界伝記大事典（ほるぷ出版 1978）

丸山直方 まるやまなおかた 1846～1904
江戸時代後期～明治期の洋方医。
◇新潟県大百科事典 別巻（新潟日報事業社 1977）

円山信庸 まるやまのぶつね 1847～1911
江戸時代後期～明治期の教育家。
◇栃木県歴史人物事典（下野新聞社 1995）

満願 まんがん
奈良時代の僧。
◇国史大辞典（吉川弘文館 1979）

卍**元師蛮** まんげんしばん 1626～1710
江戸時代前期, 中期の臨済宗の僧。
◇国史大辞典（吉川弘文館 1979）

満済 まんさい 1378～1435
室町時代の僧。
◇日本史大事典（平凡社 1992）
◇国史大辞典（吉川弘文館 1979）

卍**山道白** まんざんどうはく 1636～1715
江戸時代前期, 中期の曹洞宗の僧。
◇書府太郎―石川県大百科事典 改訂版 上（北国新聞社 2004）

万代常閑〔11代〕 まんだいじょうかん
？～1712 江戸時代前期の製薬者。
◇岡山県歴史人物事典（山陽新聞社 1994）
◇富山大百科事典（北日本新聞社 1994）▷万代常閑〔代数なし〕
◇岡山県大百科事典（山陽新聞社 1980）▷万代常閑〔代数なし〕
◇岡山人名事典（日本文教出版 1978）▷万代常閑〔代数なし〕

【み】

三浦按針 みうらあんじん 1564～1620
安土桃山時代, 江戸時代前期の日本に来た最初のイギリス人。
◇静岡県歴史人物事典（静岡新聞社 1991）
◇日本大百科全書（小学館 1984）
◇神奈川県百科事典（大和書房 1983）

三浦一竿 みうらいっかん 1834～1900
江戸時代末期, 明治時代の土佐藩士。
◇高知県人名事典（高知新聞社 1999）

三浦乾也 みうらけんや 1821～1889
江戸時代末期, 明治時代の陶工, 実業家。
◇宮城県百科事典（河北新報社 1982）

三浦梧楼 みうらごろう 1846～1926
江戸時代末期, 明治期の陸軍軍人, 政治家, 萩藩士。中将, 子爵。
◇角川日本姓氏歴史人物大辞典 35（角川書店 1991）
◇山口県百科事典（大和書房 1982）

三浦省軒　みうらせいけん　1849～1919
江戸時代末期～大正期の教育者。新潟県立新潟医学校校長。
◇新潟県大百科事典　別巻（新潟日報事業社 1977）

三浦仙三郎　みうらせんざぶろう　1847～1908
江戸時代後期～明治期の酒造家。
◇広島県大百科事典（中国新聞社 1982）

三浦顕次　みうらたかつぐ　1847～1895
江戸時代末期, 明治時代の大名。
◇サムライ古写真帖（新人物往来社 2004）
　▷p60「(無題)」
　▷p60「洋装の三浦顕次」
　▷p60「顕次と家臣たち」
◇岡山県歴史人物事典（山陽新聞社 1994）

三浦梅園　みうらばいえん　1723～1789
江戸時代中期の哲学者, 経済学者。
◇日本史大事典（平凡社 1992）
◇日本大百科全書（小学館 1984）
◇大分百科事典（大分放送 1980）
◇国史大辞典（吉川弘文館 1979）
◇日本人名大事典 1～6（平凡社 1979（覆刻））
◇世界伝記大事典（ほるぷ出版 1978）
◇和漢詩歌作家辞典（みづほ出版 1972）
◇大日本百科事典（小学館 1967）

三浦仏厳　みうらぶつがん　1829～1910
江戸時代後期～明治期の漢学者。
◇岡山県歴史人物事典（山陽新聞社 1994）　▷三浦仏厳

三浦命助　みうらめいすけ　1820～1864
江戸時代末期の陸奥盛岡藩百姓一揆の指導者。
◇岩手百科事典（岩手放送 1988）

三浦義明　みうらよしあき　1092～1180
平安時代後期の武士。
◇国宝・重要文化財大全 4（毎日新聞社 1999）
　▷図754「三浦義明像」（作者不詳　鎌倉時代　満昌寺（神奈川県横須賀市）蔵）
◇巨匠の日本画 8（学習研究社 1994）
　▷図18「三浦大介」（前田青邨　昭和41（1966））
◇原色日本の美術（改訂版）9（小学館 1994）
　▷図114「三浦義明像」（作者不詳　満昌寺（神奈川県横須賀市）蔵）
◇秘蔵浮世絵大観 12（講談社 1988）
　▷図174「三浦大助」（蹄斎北馬　天保頃）
◇秘蔵浮世絵大観 2（講談社 1987）
　▷図81「三浦大介義明とその息子義澄」（勝川春章　明和後期(1764-72)）

◇日本画素描大観 5（講談社 1984）
　▷図180「三浦大介」（前田青邨　昭和41（1966））
　▷図179「三浦大介(大下図)」（前田青邨　昭和41(1966)）
◇国史大辞典（吉川弘文館 1979）
◇日本の名画 15（中央公論社 1977）
　▷図43「三浦大介」（前田青邨　昭和41（1966））
◇現代日本美術全集 15（集英社 1973）
　▷図47「三浦大介」（前田青邨　昭和41（1966））
　▷グラビア3「三浦大介(大下図)」（前田青邨　昭和41(1966)）
◇日本の名画 26（講談社 1973）
　▷図13「三浦大介」（前田青邨　昭和41（1966））

三浦義澄　みうらよしずみ　1127～1200
平安時代後期, 鎌倉時代前期の武士。
◇秘蔵浮世絵大観 2（講談社 1987）
　▷図81「三浦大介義明とその息子義澄」（勝川春章　明和後期(1764-72)）

三浦義連　みうらよしつら　1138～1221
平安時代後期, 鎌倉時代前期の武士。
◇福島大百科事典（福島民報社 1980）　▷佐原義連

三笠城右衛門　みかさしろえもん
江戸時代中期の歌舞伎役者。
◇日本の浮世絵美術館 1（角川書店 1996）
　▷図35「坂田竹之丞絵姿」（作者不詳）

味方但馬　みかたたじま　1563～1623
安土桃山時代, 江戸時代前期の佐渡金山の山師。
◇国史大辞典（吉川弘文館 1979）

御巫清直　みかなぎきよなお　1812～1894
江戸時代末期, 明治時代の神官, 国学者。
◇国史大辞典（吉川弘文館 1979）

三上千那　みかみせんな　1651～1723
江戸時代前期, 中期の俳人。
◇滋賀県百科事典（大和書房 1984）
◇日本人名大事典 1～6（平凡社 1979（覆刻））
◇俳諧人名辞典（巌南堂書店 1970）　▷千那

御神本国兼　みかもとくにかね
平安時代後期の官吏。
◇島根県歴史人物事典（山陰中央新報社 1997）

美甘政知 みかもまさとも 1835～1918
江戸時代末期～大正期の勤王家,神職。
◇岡山県大百科事典（山陽新聞社 1980）
◇岡山人名事典（日本文教出版 1978） ▷美甘政和

三木順治 みきじゅんじ 1836～1908
江戸時代末期,明治期の藍商。三木与吉郎十一代。
◇徳島県歴史人物鑑（徳島新聞社 1994）
◇徳島県百科事典（徳島新聞社 1981）

三木パウロ みきぱうろ 1564～1597
安土桃山時代のイエズス会修士。
◇徳島県歴史人物鑑（徳島新聞社 1994） ▷パウロ三木

三沢初子 みさわはつこ 1639～1686
江戸時代前期,中期の女性。陸奥仙台藩主伊達綱宗の妻。
◇宮城県百科事典（河北新報社 1982）

三島中洲 みしまちゅうしゅう 1830～1919
江戸時代末期,明治時代の漢学者,法律家。
◇岡山県歴史人物事典（山陽新聞社 1994）
◇岡山人名事典（日本文教出版 1978）

三島通庸 みしまみちつね 1835～1888
江戸時代末期,明治時代の薩摩藩士,福島県令,警視総監。
◇栃木県歴史人物事典（下野新聞社 1995）
◇日本史大事典（平凡社 1992）
◇会津大事典（国書刊行会 1985）
◇日本大百科全書（小学館 1984）
◇宮崎県大百科事典（宮崎日日新聞社 1983）
◇山形県大百科事典（山形放送 1983）
◇鹿児島大百科事典（南日本新聞社 1981）
◇福島大百科事典（福島民報社 1980）
◇国史大辞典（吉川弘文館 1979）
◇日本人名大事典 1～6（平凡社 1979（覆刻））
◇世界伝記大事典（ほるぷ出版 1978）
◇郷土歴史人物事典 栃木（第一法規出版 1977）

美正貫一郎 みしょうかんいちろう 1844～1868
江戸時代末期の土佐藩士。
◇高知県人名事典（高知新聞社 1999）

水上善治 みずかみぜんじ 1828～1898
江戸時代後期,末期,明治時代の社会事業家。
◇角川日本姓氏歴史人物大辞典 16（角川書店 1992）

水木勘五郎 みずきかんごろう
江戸時代中期の歌舞伎役者。
◇浮世絵聚花 1（小学館 1983）
　▷図69「市川門之助,二世中村竹三郎,および水木菊三郎の舞台姿」（鳥居清信（初代））

水木染之助 みずきそめのすけ
江戸時代中期の歌舞伎役者。
◇浮世絵聚花 1（小学館 1983）
　▷図11「水木染之助の舞台姿」（伝 鳥居清信）

水木辰之助〔初代〕 みずきたつのすけ
1673～1745 江戸時代中期の歌舞伎役者。
◇浮世絵聚花 1（小学館 1983）
　▷図64「初世水木辰之助（か）の舞台姿」（鳥居清信（初代））

水品楽太郎 みずしならくたろう
江戸時代末期の幕臣・外国奉行支配調役並（書翰係）。1862年遣欧使節に随行しフランスに渡る。
◇幕末―写真の時代（筑摩書房 1994）
　▷p59 No.47「（無題）」（ナダール）
◇写真集 甦る幕末（朝日新聞社 1987）
　▷p231 No.319「（無題）」
　▷p234 No.336「（無題）」

三須成懋 みすせいも 1838～1903
江戸時代末期,明治時代の周防岩国藩士,実業家。
◇山口県百科事典（大和書房 1982）

水之江董平 みずのえくんぺい 1840～1926
江戸時代末期～大正期の製塩業者。
◇大分県歴史人物事典（大分合同新聞社 1996）

水野勝成 みずのかつなり 1564～1651
安土桃山時代,江戸時代前期の大名。
◇広島県大百科事典（中国新聞社 1982）
◇国史大辞典（吉川弘文館 1979）

水野十郎左衛門 みずのじゅうろうざえもん
？～1664 江戸時代前期の旗本奴。
◇国史大辞典（吉川弘文館 1979）

水野忠成 みずのただあきら 1762～1834
江戸時代中期,後期の大名。
◇静岡県史 通史編4 近世2（静岡県 1997）
　▷〈写真〉写1-6「水野忠成画像」
◇静岡県史 資料編9 近世1（静岡県 1992）
　▷〈口絵〉1「沼津藩主 水野忠成画像」

水野忠邦 みずのただくに 1794～1851
江戸時代末期の大名,老中。
◇講談社日本人名大辞典（講談社 2001）

◇静岡県史 通史編4 近世2（静岡県 1997）
　▷〈写真〉写2-10「水野忠邦画像」
◇静岡県史 資料編9 近世1（静岡県 1992）
　▷〈口絵〉9「浜松藩主 水野忠邦画像」
◇日本史大事典（平凡社 1992）
◇日本大百科全書（小学館 1984）
◇神奈川県史 通史編3近世(2)（神奈川県 1983）
　▷p619（写真）「水野忠邦像」
◇兵庫県史 第5巻 近世編3・幕末維新（兵庫県 1981）
　▷〈写真〉写真16「水野忠邦像」
◇国史大辞典（吉川弘文館 1979）
◇東京百年史 第一巻（ぎょうせい 1979）
　▷p1273（写真）「水野忠邦像」
◇世界伝記大事典（ほるぷ出版 1978）
◇静岡大百科事典（静岡新聞社 1978）
◇大日本百科事典（小学館 1967）
◇世界大百科事典（平凡社 1964）

水野忠重　みずのただしげ　1541〜1600
安土桃山時代の武将。
◇国史大辞典（吉川弘文館 1979）

水野忠央　みずのただなか　1814〜1865
江戸時代末期の紀伊和歌山藩士,新宮城主,江戸家老。
◇和歌山県史 近世（和歌山県 1990）
　▷〈写真〉写真274「水野忠央画像」

水野忠徳　みずのただのり　1810〜1868
江戸時代末期の幕府官僚。
◇日本人名大事典 1〜6（平凡社 1979（覆刻））

水野正名　みずのまさな　1823〜1872
江戸時代末期,明治時代の筑後久留米藩士。
◇福岡県百科事典 上,下（西日本新聞社 1982）

水谷勝隆　みずのやかつたか　1597〜1664
江戸時代前期の大名。
◇岡山県歴史人物事典（山陽新聞社 1994）
◇岡山県大百科事典（山陽新聞社 1980）
◇岡山人名事典（日本文教出版 1978）

水谷勝宗　みずのやかつむね　1623〜1689
江戸時代前期の大名。
◇岡山県歴史人物事典（山陽新聞社 1994）
◇岡山人名事典（日本文教出版 1978）

水山烈　みずやまれつ　1849〜1917
江戸時代末期〜大正期の私立学校設立者。
◇広島県大百科事典（中国新聞社 1982）

三瀬周三　みせしゅうぞう　1839〜1877
江戸時代末期,明治時代の蘭方医。
◇愛媛県百科大事典（愛媛新聞社 1985）　▷三瀬諸淵

溝口素丸　みぞぐちそがん　1713〜1795
江戸時代中期の俳人。
◇名品揃物浮世絵 1（ぎょうせい 1991）
　▷図24「風流五色墨 素丸」（鈴木春信　明和5頃(1768頃)）
◇秘蔵浮世絵大観 9（講談社 1989）
　▷図24「風流五色墨 素丸」（鈴木春信　明和5頃(1768頃)）
◇浮世絵聚花 補巻1（小学館 1982）
　▷図144「風流五色墨 素丸」（鈴木春信　明和5頃(1768頃)）
　▷図319「風流五色墨 素丸」（鈴木春信　明和5頃(1768頃)）
◇浮世絵聚花 13（小学館 1981）
　▷図15「風流五色墨 素丸」（鈴木春信　明和5頃(1768頃)）

溝口直正　みぞぐちなおまさ　1855〜1919
江戸時代末期,明治時代の大名。
◇サムライ古写真帖（新人物往来社 2004）
　▷p62「（無題）」

御薗仲渠　みそのちゅうきょ　1706〜1764
江戸時代中期の医師。
◇日本人名大事典 1〜6（平凡社 1979（覆刻））

溝渕静閑　みぞぶちせいかん　1841〜1908
江戸時代後期〜明治期の民権運動家,政治家。高知県議会議員。
◇高知県人名事典（高知新聞社 1999）

溝渕広之丞　みぞぶちひろのじょう　1828〜1909
江戸時代末期,明治期の土佐藩士。
◇高知県人名事典（高知新聞社 1999）

三谷宗鎮　みたにそうちん　1665〜1741
江戸時代中期の儒者,茶匠。
◇国史大辞典（吉川弘文館 1979）

三井親和　みついしんな　1700〜1782
江戸時代中期の書家,武術家。
◇日本の浮世絵美術館 3（角川書店 1996）
　▷図26「三井親和像」（礒田湖竜斎　安永10）

三井高利　みついたかとし　1622〜1694
江戸時代前期の豪商。
◇講談社日本人名大辞典（講談社 2001）
◇日本史大事典（平凡社 1992）

◇大阪府史　第5巻　近世編1（大阪府　1985）
　　▷〈写真〉写真224「三井高利像　三井文庫」
◇京都大事典（淡交社　1984）
◇日本大百科全書（小学館　1984）
◇国史大辞典（吉川弘文館　1979）
◇世界伝記大事典（ほるぷ出版　1978）

三井高平　みついたかひら　1653～1737
　江戸時代前期, 中期の豪商。
◇国史大辞典（吉川弘文館　1979）

三井高房　みついたかふさ　1684～1748
　江戸時代中期の豪商,三井惣領家の3代。
◇国史大辞典（吉川弘文館　1979）

三井高福　みついたかよし　1808～1885
　江戸時代末期,明治時代の豪商,三井惣領家の8代。
◇北海道歴史人物事典（北海道新聞社　1993）　▷三井八郎右衛門
◇北海道大百科事典（北海道新聞社　1981）　▷三井八郎右衛門

箕作阮甫　みつくりげんぽ　1799～1863
　江戸時代末期の蘭学者。
◇岡山県歴史人物事典（山陽新聞社　1994）
◇日本史大事典（平凡社　1992）
◇日本大百科全書（小学館　1984）
◇岡山県大百科事典（山陽新聞社　1980）
◇国史大辞典（吉川弘文館　1979）
◇日本人名大事典　1～6（平凡社　1979（覆刻））
◇岡山人名事典（日本文教出版　1978）
◇大日本百科事典（小学館　1967）

箕作秋坪　みつくりしゅうへい　1825～1886
　江戸時代末期,明治時代の洋学者。
◇岡山県歴史人物事典（山陽新聞社　1994）
◇幕末—写真の時代（筑摩書房　1994）
　　▷p62 No.59「（無題）」（ナダール）
　　▷p138 No.145「遣露使節団一行のうち,左から箕作秋坪,古谷簡一,名村五八郎」（撮影者不詳）
　　▷p141 No.153「（無題）」（撮影者不詳）
◇写真集　甦る幕末（朝日新聞社　1987）
　　▷p233 No.331「（無題）」
◇読者所蔵「古い写真」館（朝日新聞社　1986）
　　▷p42「遣露使節と留学生」
　　▷p42「遣露使節と留学生」慶応3年（1867）.2　撮影地：ペテルブルグ
◇日本写真全集1　写真の幕あけ（小学館　1985）
　　▷p18 No.22「遣欧使節・三人像」（撮影者不詳）
◇岡山県大百科事典（山陽新聞社　1980）
◇国史大辞典（吉川弘文館　1979）

◇日本人名大事典　1～6（平凡社　1979（覆刻））
◇岡山人名事典（日本文教出版　1978）
◇開化写真鏡　写真にみる幕末から明治へ（大和書房　1975）
　　▷p93「（無題）」

箕作麟祥　みつくりりんしょう　1846～1897
　江戸時代末期,明治時代の洋学者,法律学者。
◇サムライ古写真帖（新人物往来社　2004）
　　▷p18「マルセイユでの徳川昭武一行」
　　（Walery　1867.4.5）
◇岡山県歴史人物事典（山陽新聞社　1994）
◇写された幕末—石黒敬七コレクション（明石書店　1990）
　　▷p56 No.1「マルセイユで撮った徳川昭武一行」
◇日本大百科全書（小学館　1984）
◇岡山県大百科事典（山陽新聞社　1980）
◇国史大辞典（吉川弘文館　1979）
◇日本人名大事典　1～6（平凡社　1979（覆刻））
◇岡山人名事典（日本文教出版　1978）

満田弥三右衛門　みつたやそうえもん
　？～1282　鎌倉時代前期の織工。
◇福岡県百科事典　上,下（西日本新聞社　1982）

三土梅堂　みつちばいどう　1844～1918
　江戸時代末期～大正期の教育者。
◇香川県人物・人名事典（四国新聞社　1985）
◇香川県大百科事典（四国新聞社　1984）

三鼓耕雲　みつづみこううん
　江戸時代後期の画家。
◇岡山県歴史人物事典（山陽新聞社　1994）

未得　みとく　1587～1669
　江戸時代前期の俳人。
◇国史大辞典（吉川弘文館　1979）　▷石田未得

皆川淇園　みながわきえん　1734～1807
　江戸時代中期,後期の儒学者。
◇講談社日本人名大辞典（講談社　2001）
◇日本大百科全書（小学館　1984）
◇国史大辞典（吉川弘文館　1979）

皆川源吾　みながわげんご
　江戸時代の水戸藩士。
◇サムライ古写真帖（新人物往来社　2004）
　　▷p18「マルセイユでの徳川昭武一行」
　　（Walery　1867.4.5）
◇写された幕末—石黒敬七コレクション（明石書店　1990）
　　▷p56 No.1「マルセイユで撮った徳川昭武

皆川広照　みながわひろてる　1548～1627
安土桃山時代,江戸時代前期の大名。
◇日本史大事典（平凡社 1992）
◇国史大辞典（吉川弘文館 1979）

南一郎平　みなみいちろべい　1836～1919
江戸時代末期,明治時代の治水家。
◇大分県歴史人物事典（大分合同新聞社 1996）
　▷南一郎平（尚）
◇栃木県歴史人物事典（下野新聞社 1995）
◇大分百科事典（大分放送 1980）　▷南尚

南貞助　みなみていすけ　1847～1915
江戸時代末期,明治時代の銀行家。
◇皇族・華族古写真帖 愛蔵版（新人物往来社 2003）
　▷p144「（無題）」

源有仁　みなもとのありひと　1103～1147
平安時代後期の公卿。左大臣。
◇日本史大事典（平凡社 1992）
◇国史大辞典（吉川弘文館 1979）

源公忠　みなもとのきんただ　889～948
平安時代中期の歌人。
◇国宝・重要文化財大全 1（毎日新聞社 1997）
　▷図205「佐竹本三十六歌仙切 源公忠像」（作者不詳　鎌倉時代）
◇秘蔵浮世絵大観 別巻（講談社 1990）
　▷〔チ〕20「三十六歌仙 源公忠朝臣行やらで…」（鈴木春信　明和前期(1764-72)）
◇国史大辞典（吉川弘文館 1979）

源信明　みなもとのさねあきら　910～970
平安時代中期の歌人。
◇国宝・重要文化財大全 1（毎日新聞社 1997）
　▷図219「佐竹本三十六歌仙切 源信明像」（作者不詳　鎌倉時代）
◇琳派 4（紫紅社 1991）
　▷図87「歌仙絵色紙 源信明」（尾形光琳）
◇浮世絵八華 1（平凡社 1985）
　▷図47「三十六歌仙 源信明朝臣」（鈴木春信　明和4-5(1767-68)）
◇浮世絵聚花 補巻1（小学館 1982）
　▷図117「三十六歌仙 源信明朝臣」（鈴木春信　明和4-5(1767-68)）
◇国史大辞典（吉川弘文館 1979）
◇浮世絵聚花 10（小学館 1979）
　▷図73「三十六歌仙 源信明朝臣」（鈴木春信　明和4-5(1767-68)）
◇復元浮世絵大観 3（集英社 1978）
　▷図10「三十六歌仙 源信明朝臣」（鈴木春信　明和4-5(1767-68)）
◇浮世絵大系 2（集英社 1973）
　▷図28「三十六歌仙 源信明朝臣」（鈴木春信　明和4-5(1767-68)）
◇在外秘宝―欧米収蔵浮世絵集成 鈴木春信（学習研究社 1972）
　▷図164「三十六歌仙 源信明朝臣」（鈴木春信　明和4-5(1767-68)）

源実朝　みなもとのさねとも　1192～1219
鎌倉時代前期の鎌倉幕府第3代将軍。在職1203～1219。
◇講談社日本人名大辞典（講談社 2001）
◇20世紀の美 日本の絵画100選（日本経済新聞社 2000）
　▷図22「右大臣実朝」（松岡映丘　昭和7(1932)）
◇日本史大事典（平凡社 1992）
◇昭和の日本画100選（朝日新聞社 1991）
　▷図28「右大臣実朝」（松岡映丘　昭和7(1932)）
◇昭和の美術 1（毎日新聞社 1990）
　▷p41「右大臣実朝」（松岡映丘　昭和7(1932)）
◇昭和の文化遺産 1（ぎょうせい 1990）
　▷図45「右大臣実朝」（松岡映丘　昭和7(1932)）
◇アート・ギャラリー・ジャパン 3（集英社 1987）
　▷図08「右大臣実朝」（松岡映丘　昭和7(1932)）
◇日本大百科全書（小学館 1984）
◇郷土歴史人物事典 神奈川（第一法規出版 1980）
◇国史大辞典（吉川弘文館 1979）
◇日本人名大事典 1～6（平凡社 1979（覆刻））
◇原色現代日本の美術 4（小学館 1978）
　▷図44「右大臣実朝」（松岡映丘　昭和7(1932)）
◇世界伝記大事典（ほるぷ出版 1978）
◇和漢詩歌作家辞典（みづほ出版 1972）
◇大日本百科事典（小学館 1967）
◇現代日本美術全集 3（角川書店 1955）
　▷図15「右大臣実朝」（松岡映丘　昭和7(1932)）

源重之　みなもとのしげゆき　？～1000
平安時代中期の官人。
◇国宝・重要文化財大全 1（毎日新聞社 1997）
　▷図235「上畳本三十六歌仙切 源重之像」（作者不詳　鎌倉時代）
　▷図224「佐竹本三十六歌仙切 源重之像」（作者不詳　鎌倉時代）
◇琳派 4（紫紅社 1991）
　▷図80「歌仙絵色紙 源重之」（俵屋宗達）
◇秘蔵浮世絵大観 7（講談社 1990）
　▷図070「見立三十六歌撰之内 源重之 放駒ノ

長吉」(歌川国貞(初代) 嘉永5.11)
◇浮世絵八華 1 (平凡社 1985)
　▷図45「三十六歌仙 源重之」(鈴木春信　明和4-5(1767-68))
◇浮世絵聚花 補巻1 (小学館 1982)
　▷図115「三十六歌仙 源重之」(鈴木春信　明和4-5(1767-68))
　▷図260「三十六歌仙 源重之」(鈴木春信　明和4-5(1767-68))
◇国史大辞典 (吉川弘文館 1979)
◇浮世絵大系 2 (集英社 1973)
　▷図14「三十六歌仙 源重之」(鈴木春信　明和4-5(1767-68))
◇在外秘宝―欧米収蔵浮世絵集成 鈴木春信 (学習研究社 1972)
　▷図163「三十六歌仙 源重之」(鈴木春信　明和4-5(1767-68))
◇全集浮世絵版画 1 (集英社 1972)
　▷図15「三十六歌仙 源重之」(鈴木春信　明和4-5(1767-68))
◇原色日本の美術 24 (小学館 1971)
　▷図31「三十六歌仙 源重之」(鈴木春信　明和4-5(1767-68))
◇美人画・役者絵 2 (講談社 1965)
　▷図87「三十六歌仙 源重之」(鈴木春信　明和4-5(1767-68))
◇浮世絵版画 3 (集英社 1963)
　▷図20「三十六歌仙 源重之」(鈴木春信　明和4-5(1767-68))
◇日本版画美術全集 2 (講談社 1961)
　▷図292「三十六歌仙 源重之」(鈴木春信　明和4-5(1767-68))

源順　みなもとのしたごう　911～983
平安時代中期の学者、歌人。
◇国宝・重要文化財大全 1 (毎日新聞社 1997)
　▷図221「佐竹本三十六歌仙切 源順像」(作者不詳　鎌倉時代)
◇秘蔵日本美術大観 10 (講談社 1993)
　▷図5「源順歌詠図」(板谷桂舟広隆　文政11－天保2(1828-31))
◇浮世絵聚花 補巻1 (小学館 1982)
　▷図119「三十六歌仙 源順」(鈴木春信　明和4-5(1767-68))
　▷図261「三十六歌仙 源順」(鈴木春信　明和4-5(1767-68))
◇浮世絵聚花 14 (小学館 1981)
　▷図138「三十六歌仙 源順」(鈴木春信　明和4-5(1767-68))
◇国史大辞典 (吉川弘文館 1979)
◇在外秘宝―欧米収蔵浮世絵集成 鈴木春信 (学習研究社 1972)
　▷図159「三十六歌仙 源順」(鈴木春信　明和4-5(1767-68))
◇日本絵画館 6 (講談社 1969)
　▷図40「源順図」(狩野宗秀)

源為朝　みなもとのためとも　1139～1170
平安時代後期の武将。
◇ボストン美術館 日本美術調査図録 (講談社 2003)
　▷図I-347「源義経・源為朝図」(一葉斎信明　江戸時代(19世紀))
◇日本の浮世絵美術館 1 (角川書店 1996)
　▷図42「讃岐院眷属をして為朝をすくふ図」(歌川国芳　嘉永3-5)
◇日本の浮世絵美術館 6 (角川書店 1996)
　▷図119「讃岐院眷属をして為朝をすくふ図」(歌川国芳　嘉永3-5)
◇新編 名宝日本の美術 30 (小学館 1991)
　▷図42「鎮西八郎為朝図」(葛飾北斎　文化8(1811))
◇日本美術全集 20 (講談社 1991)
　▷図74,単色110「讃岐院眷属をして為朝をすくふ図」(歌川国芳　嘉永年間(1848-54))
◇秘蔵浮世絵大観 ベレス・コレクション (講談社 1991)
　▷図117「為朝誉十傑」(歌川芳艶　安政5(1858))
◇秘蔵浮世絵大観 5 (講談社 1989)
　▷図47「讃岐院眷属をして為朝をすくふ図」(歌川国芳　弘化4－嘉永5(1847-52))
◇秘蔵浮世絵大観 8 (講談社 1989)
　▷図213「五大力 見立源為朝」(葛飾北斎　享和－文化前期(1801-18))
◇秘蔵浮世絵大観 3 (講談社 1988)
　▷図029「讃岐院眷属をして為朝をすくふ図」(歌川国芳　弘化4－嘉永5(1847-52))
◇秘蔵浮世絵大観 12 (講談社 1988)
　▷図40「見立為朝」(鈴木春信　明和2(1765))
◇秘蔵浮世絵大観 1 (講談社 1987)
　▷図140「鎮西八郎為朝図」(葛飾北斎　文化8(1811))
◇浮世絵八華 7 (平凡社 1985)
　▷図23「讃岐院眷属をして為朝をすくふ図」(歌川国芳　弘化4－嘉永5(1847-52))
◇肉筆浮世絵 7 (集英社 1982)
　▷図26「鎮西八郎為朝図」(葛飾北斎　文化8(1811))
◇浮世絵聚花 補巻1 (小学館 1982)
　▷図180「見立為朝」(鈴木春信　明和2(1765))
　▷図181「見立為朝」(鈴木春信)
◇浮世絵聚花 14 (小学館 1981)
　▷図99「見立為朝」(鈴木春信　明和2(1765))
◇国史大辞典 (吉川弘文館 1979)
◇在外秘宝―欧米収蔵浮世絵集成 葛飾北斎 (学習研究社 1972)
　▷図227「為朝ほか(画稿)」(葛飾北斎)
◇在外秘宝―欧米収蔵日本絵画集成 肉筆浮世絵 (学習研究社 1969)
　▷図88「鎮西八郎為朝図」(葛飾北斎　文化8

(1811))
◇日本版画美術全集 2（講談社 1961）
　▷図95「鎮西八郎為朝」（作者不詳）

源為義　みなもとのためよし　1096～1156
　平安時代後期の武将。
◇国史大辞典（吉川弘文館 1979）

源経信　みなもとのつねのぶ　1016～1097
　平安時代中期,後期の歌人・公卿。大納言。
◇名品揃物浮世絵 9（ぎょうせい 1992）
　▷図26「百人一首う波かゑと幾 大納言経信」（葛飾北斎　天保年間中－後期(1830-1844)）
◇秘蔵浮世絵大観 12（講談社 1988）
　▷図0106「百人一首う波かゑと幾 大納言経信」（葛飾北斎　天保年間中－後期(1830-1844)）
◇浮世絵大系 8（集英社 1974）
　▷図43「百人一首う波かゑと幾 大納言経信」（葛飾北斎　天保年間中－後期(1830-1844)）

源経基　みなもとのつねもと　917?～961
　平安時代中期の武将。
◇秘蔵浮世絵大観 3（講談社 1988）
　▷図0130「大日本名将鑑 六孫王経基」（月岡芳年　明治11-15(1878-82)）

源融　みなもとのとおる　822～895
　平安時代前期の公卿。左大臣。
◇名品揃物浮世絵 8（ぎょうせい 1991）
　▷図86「詩哥写真鏡 融大臣」（葛飾北斎　天保初頃(1830頃)）
◇秘蔵浮世絵大観 別巻（講談社 1990）
　▷〔ケ〕55「詩哥写真鏡 融大臣」（葛飾北斎　天保初頃(1830頃)）
◇秘蔵浮世絵大観 12（講談社 1988）
　▷図0107「詩哥写真鏡 融大臣」（葛飾北斎　天保初頃(1830頃)）
◇秘蔵浮世絵大観 2（講談社 1987）
　▷図26「百人一首 河原左大臣」（鈴木春信　明和2-7(1765-70)）
◇浮世絵聚花 11（小学館 1979）
　▷図64「詩哥写真鏡 融大臣」（葛飾北斎　天保初頃(1830頃)）
◇在外秘宝―欧米収蔵浮世絵集成 葛飾北斎（学習研究社 1972）
　▷図47「詩哥写真鏡 融大臣」（葛飾北斎　天保初頃(1830頃)）

源仲国　みなもとのなかくに
　平安時代後期の後白河院の近習。
◇ボストン美術館 日本美術調査目録（講談社 2003）

　▷図III-100「見立小督仲国図」（宮川長亀　享保年間(1716-36)）
◇ボストン美術館 肉筆浮世絵 2（講談社 2000）
　▷図12「見立小督仲国図」（宮川長亀　享保年間(1716-36)）

源雅定　みなもとのまささだ　1094～1162
　平安時代後期の公卿。右大臣。
◇日本史大事典（平凡社 1992）
◇国史大辞典（吉川弘文館 1979）

源雅通　みなもとのまさみち　1118～1175
　平安時代後期の公卿。内大臣。
◇国史大辞典（吉川弘文館 1979）

源満仲　みなもとのみつなか　912～997
　平安時代中期の武将。
◇日本史大事典（平凡社 1992）
◇国史大辞典（吉川弘文館 1979）

源宗于　みなもとのむねゆき　?～939
　平安時代中期の歌人。
◇国宝・重要文化財大全 1（毎日新聞社 1997）
　▷図231「上畳本三十六歌仙切 源宗于像」（作者不詳　鎌倉時代）
　▷図207「佐竹本三十六歌仙切 源宗于像」（作者不詳　鎌倉時代）
◇名品揃物浮世絵 9（ぎょうせい 1992）
　▷図17「百人一首うはか恵と起 源宗于朝臣」（葛飾北斎　天保年間中－後期(1830-1844)）
◇秘蔵浮世絵大観 7（講談社 1990）
　▷図117「百人一首うはか恵と起 源宗于朝臣」（葛飾北斎　天保年間中－後期(1830-1844)）
◇浮世絵八華 5（平凡社 1984）
　▷図50「百人一首うはか恵と起 源宗于朝臣」（葛飾北斎　天保年間中－後期(1830-1844)）
◇浮世絵聚花 補巻1（小学館 1982）
　▷図116「三十六歌仙 源宗于朝臣」（鈴木春信　明和4-5(1767-68)）
◇浮世絵聚花 14（小学館 1981）
　▷図139「三十六歌仙 源宗于朝臣」（鈴木春信　明和4-5(1767-68)）
◇国史大辞典（吉川弘文館 1979）
◇復元浮世絵大観 9（集英社 1978）
　▷図19「百人一首うはか恵と起 源宗于朝臣」（葛飾北斎　天保年間中－後期(1830-1844)）

源義家　みなもとのよしいえ　1039～1106
　平安時代中期,後期の武将。
◇ボストン美術館 日本美術調査目録（講談社 2003）

みなも

▷図I-288「伝源義家像」(伝 狩野山雪　江戸時代(17世紀後半))
◇講談社日本人名大辞典（講談社 2001)
◇日本史大事典（平凡社 1992)
◇岩手百科事典（岩手放送 1988)
◇秘蔵浮世絵大観 11（講談社 1988)
　▷図021「八幡太郎義家公と安倍貞任」(勝川春亭　文化年間)
◇琳派絵画全集 光琳派2（日本経済新聞社 1980)
　▷図190「八幡太郎絵詞」(渡辺始興)
◇国史大辞典（吉川弘文館 1979)
◇世界伝記大事典（ほるぷ出版 1978)

源義国　みなもとのよしくに　?～1155
平安時代後期の武将。
◇栃木県歴史人物事典（下野新聞社 1995)

源義経　みなもとのよしつね　1159～1189
平安時代後期の武将。
◇ボストン美術館 日本美術調査図録（講談社 2003)
　▷図I-347「源義経・源為朝図」（一葉斎信明 江戸時代(19世紀))
　▷図I-65「義経鵯越・須磨図」(狩野探信守道 江戸時代(19世紀前期))
　▷図I-157「佐々木高綱・源義経・梶原景季図」(狩野栄信　江戸時代(19世紀前期))
　▷図V-70「弁慶と義経」(菊池容斎　明治9(1876))
　▷図I-406「牛若丸物語絵巻」（小泉安信　江戸時代(17世紀))
　▷図V-74「弁慶牛若」（渡辺省亭　明治4(1871))
◇肉筆浮世絵大観 10（講談社 1995)
　▷図単色12「義経と弁慶」（歌川国孝　安政(1854-60)－慶応(1865-68)年間頃)
　▷図単色11「牛若丸」（歌川国芳　嘉永5(1852))
◇巨匠の日本画 7（学習研究社 1994)
　▷図33「平泉の義経」（安田靫彦　昭和40(1965))
◇秘蔵日本美術大観 5（講談社 1993)
　▷図18(1-3)「義経地獄破り　上巻」（作者不詳　江戸時代前期(17世紀)頃)
　▷図19(1-2)「義経地獄破り　下巻」（作者不詳　江戸時代前期(17世紀)頃)
◇日本史大事典（平凡社 1992)
◇昭和の美術 2（毎日新聞社 1990)
　▷p187「源義経」（川端竜子　昭和13(1938))
◇秘蔵浮世絵大観 7（講談社 1990)
　▷図050「東海道 白須賀二川間 山むら 義経」（歌川国貞（初代）　嘉永5.9)
◇秘蔵浮世絵大観 5（講談社 1989)
　▷図07「牛若鞍馬兵術励」（歌川国貞（初代）文化末)
　▷図46「源牛若丸僧正坊ニ随武術を覚図」（歌

川国芳　弘化4－嘉永5(1847-52))
　▷図028「源頼朝・義経兄弟対面の図」（歌川国芳　天保10-12)
◇秘蔵浮世絵大観 9（講談社 1989)
　▷図241「くらまの僧正・うしわか」（長谷川光信　享保後期－元文頃(1716-41頃))
◇岩手百科事典（岩手放送 1988)
◇秘蔵浮世絵大観 3（講談社 1988)
　▷図94「義経一代記之内 鵯越の登攀」（歌川広重(初代)　天保5-6(1834-35))
　▷図93「義経一代記之内 三草山合戦」（歌川広重(初代)　天保5-6(1834-35))
◇秘蔵浮世絵大観 4（講談社 1988)
　▷図090「義経八艘飛び」(勝川春亭　文化中期)
　▷図42「武例高松 九郎判官源義経」（鳥居清広　宝暦中期頃(1751-64頃))
◇秘蔵浮世絵大観 11（講談社 1988)
　▷図178「義経一代記図会 三回 鬼若丸鯉退治」（歌川広重(初代)　天保14－弘化4(1843-47))
　▷図04「車礼高松（源義経)」（勝川春章)
◇アート・ギャラリー・ジャパン 3（集英社 1987)
　▷図012「屋島の義経」（松岡映丘　昭和4(1929))
◇アート・ギャラリー・ジャパン 4（集英社 1987)
　▷図026「平泉の義経」（安田靫彦　昭和40(1965))
◇秘蔵浮世絵大観 1（講談社 1987)
　▷図035「常盤御前と牛若丸雪の別れ図」（春旭斎北明)
◇秘蔵浮世絵大観 2（講談社 1987)
　▷図80「五条橋上の牛若丸と弁慶」(勝川春章　安永前期(1772-81))
　▷図23「牛若丸と弁慶」（鈴木春信　明和2-7(1765-70))
◇秘蔵浮世絵大観 10（講談社 1987)
　▷図176「牛若丸・みなつる姫」（一楽亭栄水　寛政後期(1789-1801))
　▷図0131-0172「義経 虎之巻」（作者不詳　万治3.9刊)
◇日本現代美術 絵画1（形象社 1986)
　▷p26「平泉の義経」（安田靫彦　昭和40(1965))
◇浮世絵八華 2（平凡社 1985)
　▷図52「牛若丸と弁慶」（鳥居清長)
◇浮世絵聚花 2（小学館 1985)
　▷図127「牛若丸と弁慶」（鳥居清長)
◇日本画素描大観 4（講談社 1984)
　▷図117「黄瀬川陣（義経）（下図)」（安田靫彦　昭和16(1941))
◇浮世絵聚花 補巻2（小学館 1982)
　▷図627「牛若丸と浄瑠璃姫の侍女」（益信　明和2頃(1765頃))
◇肉筆浮世絵 8（集英社 1981)
　▷図58「牛若と弁慶五条橋図」（月岡芳年)

466　歴史人物肖像索引

◇浮世絵聚花 13（小学館 1981）
　▷〔版〕60「見立義経浄瑠璃姫」（喜多川歌麿（初代））
◇在外日本の至宝 7（毎日新聞社 1980）
　▷図5「牛若と浄瑠璃姫」（杉村治兵衛　17世紀末）
◇俳人の書画美術 11（別巻1）（集英社 1980）
　▷図51「牛若丸（画賛）」（松村月渓）
　▷図5「牛若・弁慶（自画賛）」（与謝蕪村）
◇日本美術全集 23（学習研究社 1979）
　▷図116「牛若天狗図」（仙厓）
◇世界伝記大事典（ほるぷ出版 1978）
◇俳人の書画美術 5（集英社 1978）
　▷図93「牛若丸（画賛）」（松村月渓）
　▷図34「牛若・弁慶（自画賛）」（与謝蕪村）
◇肉筆浮世絵集成 1（毎日新聞社 1977）
　▷図137「義経物語 静の舞図」（奥村政信 享保期）
◇肉筆浮世絵集成 2（毎日新聞社 1977）
　▷図98「義経、静、弁慶図」（小川破笠　寛保期）
◇現代日本の美術 13（集英社 1976）
　▷図23「源義経」（川端竜子　昭和13（1938））
◇日本の名画 14（中央公論社 1976）
　▷図42「平泉の義経」（安田靫彦　昭和40（1965））
◇日本の名画 16（中央公論社 1976）
　▷図38-39「源義経」（川端竜子　昭和13（1938））
◇現代日本美術全集 14（集英社 1974）
　▷図45「平泉の義経」（安田靫彦　昭和40（1965））
◇原色日本の美術 17（小学館 1968）
　▷図5「義経と静」（鳥居清倍）
◇世界大百科事典（平凡社 1964）
◇浮世絵版画 7（集英社 1964）
　▷図13「橋弁慶 牛若・弁慶・五条橋上の立合い」（鳥居清倍）
◇日本版画美術全集 6（講談社 1961）
　▷図89「源義経蝦夷落の図」（歌川芳虎）

源義朝　みなもとのよしとも　1123～1160
平安時代後期の武将。
◇講談社日本人名大辞典（講談社 2001）
◇国宝・重要文化財大全 2（毎日新聞社 1999）
　▷図89「義朝最期図・頼朝先考供養図」（作者不詳　江戸時代）
◇日本史大事典（平凡社 1992）
◇世界伝記大事典（ほるぷ出版 1978）

源義仲　みなもとのよしなか　1154～1184
平安時代後期の武将。
◇講談社日本人名大辞典（講談社 2001）
◇肉筆浮世絵大観 10（講談社 1995）
　▷図4,5「木曽義仲合戦図屏風」（作者不詳　寛永年間（1624-44）頃）

◇日本史大事典（平凡社 1992）
◇長野県歴史人物事典（郷土出版社 1989）　▷木曽義仲
◇日本大百科全書（小学館 1984）
◇世界伝記大事典（ほるぷ出版 1978）
◇日本の美術 22（平凡社 1964）
　▷図12「義仲最後」（奥村政信　享保期）

源義平　みなもとのよしひら　1141～1160
平安時代後期の武士。
◇秘蔵浮世絵大観 5（講談社 1989）
　▷図52「清盛入道布引滝遊覧悪源太義平霊討難波次郎」（歌川国芳　文政末期（1818-30））

源義光　みなもとのよしみつ　1045～1127
平安時代中期、後期の武将。
◇明治絵画名作大観 上（同盟通信社 1969）
　▷図71「足柄山新羅三郎吹笛」（原在泉　明治30（1897））

源頼家　みなもとのよりいえ　1182～1204
鎌倉時代前期の鎌倉幕府第2代将軍。在職1202～1203。
◇秘蔵日本美術大観 10（講談社 1993）
　▷図146「源頼家公鎌倉小壺の海遊覧 朝夷義秀雌雄の鰐を捕ふ図」（歌川国芳　弘化年間（1844-48））
◇日本史大事典（平凡社 1992）
◇日本大百科全書（小学館 1984）
◇国史大辞典（吉川弘文館 1979）
◇日本人名大事典 1～6（平凡社 1979（覆刻））

源頼朝　みなもとのよりとも　1147～1199
平安時代後期、鎌倉時代前期の鎌倉幕府初代将軍。在職1192～1199。
◇日本絵画名作101選（小学館 2005）
　▷図51「伝源頼朝（足利直義）像」（伝 藤原隆信　室町時代初期（14世紀前半））
◇ボストン美術館 日本美術調査図録（講談社 2003）
　▷図III-487「頼朝石橋山合戦受難之図」（月岡芳年　明治20-21（1887-88）頃）
◇講談社日本人名大辞典（講談社 2001）
◇ボストン美術館 肉筆浮世絵 3（講談社 2000）
　▷図103「頼朝石橋山合戦之受難之図」（月岡芳年　明治20,21（1887,88）頃）
◇国宝・重要文化財大全 2（毎日新聞社 1999）
　▷図89「義朝最期図・頼朝先考供養図」（作者不詳　江戸時代）
◇国宝・重要文化財大全 4（毎日新聞社 1999）
　▷図750「源頼朝像」（作者不詳　鎌倉時代　東京国立博物館（東京都台東区）蔵）
◇日本の美術百選（朝日新聞社 1999）
　▷図23「伝源頼朝像」（作者不詳　鎌倉時代（13-14世紀））

みなも

◇国宝・重要文化財大全 1（毎日新聞社 1997）
　▷図166「源頼朝像・平重盛像・藤原光能像」
　　（伝 藤原隆信　鎌倉時代）
◇私の選んだ国宝絵画 2（毎日新聞社 1997）
　▷p25「伝源頼朝像」（伝 藤原隆信　鎌倉時代
　　（12世紀））
◇日本の浮世絵美術館 6（角川書店 1996）
　▷図151「浮絵和国景跡頼朝公富士蒔苅之図」
　　（歌川豊春　明和後期－安永前期頃）
◇原色日本の美術（改訂版）21（小学館 1994）
　▷図1,45「源頼朝像」（作者不詳　12世紀末）
◇日本美術全集 9（講談社 1993）
　▷図23「伝源頼朝像」（伝 藤原隆信　13世紀
　　前半）
◇秘蔵日本美術大観 10（講談社 1993）
　▷図60「富士の巻狩の源頼朝」（喜多川歌麿
　　（初代）　天明年間（1781-89）末頃）
◇鎌倉事典（東京堂出版 1992）
◇国宝百撰 平山郁夫（毎日新聞社 1992）
　▷図19「源頼朝像」（伝 藤原隆信　12世紀）
◇新編 名宝日本の美術 8（小学館 1992）
　▷図15-16「伝源頼朝像」（作者不詳　13世紀）
◇日本史大事典（平凡社 1992）
◇秘蔵日本美術大観 1（講談社 1992）
　▷図54「源頼朝像」（作者不詳　南北朝時代
　　（14世紀後期））
◇仏像集成 2（学生社 1992）
　▷図189「源頼朝坐像」（作者不詳　文保3
　　（1319）　善光寺（山梨県甲府市善光寺町）
　　蔵）
◇昭和の日本画100選（朝日新聞社 1991）
　▷図16「洞窟の頼朝」（前田青邨　昭和4
　　（1929））
◇静岡県歴史人物事典（静岡新聞社 1991）
◇昭和の美術 1（毎日新聞社 1990）
　▷p21「洞窟の頼朝」（前田青邨　昭和4
　　（1929））
◇昭和の文化遺産 1（ぎょうせい 1990）
　▷図70「洞窟の頼朝」（前田青邨　昭和4
　　（1929））
◇人間の美術 6（学習研究社 1990）
　▷図1「伝源頼朝像」（作者不詳）
◇秘蔵浮世絵大観 5（講談社 1989）
　▷図028「源頼朝・義経兄弟対面の図」（歌川
　　国芳　天保10-12）
◇秘蔵浮世絵大観 11（講談社 1988）
　▷図80「見立頼朝放鶴図」（鳥居清峰　文化12
　　頃（1815頃））
◇秘蔵浮世絵大観 2（講談社 1987）
　▷図122「頼朝放鶴」（作者不詳　寛政頃
　　（1789-1801頃））
◇秘蔵浮世絵大観 10（講談社 1987）
　▷図99「浮絵和国景跡 頼朝公富士蒔苅之図」
　　（歌川豊春　明和後期頃（1764-72頃））
◇アート・ギャラリー・ジャパン 5（集英社
　1986）
　▷図06「洞窟の頼朝」（前田青邨　昭和4
　　（1929））
◇国宝大事典 1（講談社 1985）
　▷図74「伝源頼朝像・伝平重盛像・伝藤原光能
　　像」（伝 藤原隆信　鎌倉時代（12世紀））
◇京都大事典（淡交社 1984）
◇国宝 2（毎日新聞社 増補改訂版 1984）
　▷図39（1）「伝源頼朝像・伝平重盛像・伝藤原
　　光能像　平重盛」（伝 藤原隆信　鎌倉時代）
　▷図39（2）「伝源頼朝像・伝平重盛像・伝藤原
　　光能像　源頼朝」（伝 藤原隆信　鎌倉時代）
◇日本画素描大観 4（講談社 1984）
　▷図114「黄瀬川陣（頼朝）（下図）」（安田靫彦
　　昭和15（1940））
　▷図115「黄瀬川陣（頼朝）（下図）」（安田靫彦
　　昭和15（1940））
　▷図116「黄瀬川陣（頼朝）（下図）」（安田靫彦
　　昭和16（1941））
◇日本画素描大観 5（講談社 1984）
　▷図65「洞窟の頼朝」（前田青邨　昭和4
　　（1929））
◇浮世絵聚花 補巻1（小学館 1982）
　▷図23「頼朝の前で舞う静御前」（鈴木春信）
◇日本古寺美術全集 9（集英社 1981）
　▷図10「伝源頼朝像」（伝 藤原隆信）
◇郷土歴史人物事典 神奈川（第一法規出版 1980）
◇国史大辞典（吉川弘文館 1979）
◇日本人名大事典 1～6（平凡社 1979（覆刻））
◇日本美術全集 10（学習研究社 1979）
　▷図66,69「源頼朝像」（伝 藤原隆信　鎌倉時
　　代）
◇日本屏風絵集成 17（講談社 1979）
　▷p172-173「洞窟の頼朝」（前田青邨　昭和4
　　（1929））
◇浮世絵聚花 10（小学館 1979）
　▷図049「浮絵和国景跡 頼朝公富士蒔苅之図」
　　（歌川豊春　明和後期頃（1764-72頃））
◇名作絵画にみる日本の四季 1（読売新聞社
　1979）
　▷図22「洞窟の頼朝」（前田青邨　昭和4
　　（1929））
◇世界伝記大事典（ほるぷ出版 1978）
◇日本の名画 15（中央公論社 1977）
　▷図16「洞窟の頼朝」（前田青邨　昭和4
　　（1929））
◇美の美百選（日本経済新聞社 1977）
　▷図66「源頼朝像」（作者不詳　鎌倉時代）
◇原色版国宝 7（毎日新聞社 1976）
　▷図21「伝源頼朝像・伝平重盛像・伝藤原光能
　　像」（作者不詳　鎌倉時代（12世紀後半））
◇日本の美術 1（旺文社 1976）
　▷図171「源頼朝像」（藤原隆信　12世紀末）
◇日本の美術 2（旺文社 1976）
　▷図174「洞窟の頼朝」（前田青邨　昭和4
　　（1929））
◇重要文化財 5（毎日新聞社 1974）
　▷図227「源頼朝像」（作者不詳　鎌倉時代
　　東京国立博物館（東京都台東区）蔵）

◇重要文化財 9（毎日新聞社 1974）
　▷251「源頼朝像・平重盛像・藤原光能像」（伝 藤原隆信　鎌倉時代）
◇現代日本美術全集 15（集英社 1973）
　▷図13「洞窟の頼朝」（前田青邨　昭和4（1929））
　▷グラビア7「洞窟の頼朝下絵」（前田青邨　昭和32（1957））
◇日本の名画 26（講談社 1973）
　▷図6「洞窟の頼朝」（前田青邨　昭和4（1929））
◇原色日本の美術 26（小学館 1972）
　▷図78「洞窟の頼朝」（前田青邨　昭和4（1929））
◇日本美術館 5（筑摩書房 1972）
　▷図1「伝源頼朝像」（伝 藤原隆信　鎌倉時代）
◇原色日本の美術 23（小学館 1971）
　▷図1,45「源頼朝像」（作者不詳）
◇日本絵画館 10（講談社 1971）
　▷図46「洞窟の頼朝」（前田青邨　昭和4（1929））
◇日本の絵画 国宝50選（毎日新聞社 1970）
　▷図28「伝源頼朝像」（作者不詳　鎌倉時代（12世紀後半））
◇日本絵画館 4（講談社 1970）
　▷序図「源頼朝像」（伝 藤原隆信　12世紀末）
◇在外秘宝 2（学習研究社 1969）
　▷図45「源頼朝像」（作者不詳）
◇現代の日本画 3（三彩社 1968）
　▷図66「頼朝」（真野満　昭和42（1967））
◇大日本百科事典（小学館 1967）
◇国宝 4（毎日新聞社 1966）
　▷図47「伝源頼朝像」（作者不詳　鎌倉時代（12世紀後半））
◇世界大百科事典（平凡社 1964）
◇日本の美術 10（平凡社 1964）
　▷図7「源頼朝像」（作者不詳　12世紀末－13世紀初）
◇日本近代絵画全集 24（講談社 1964）
　▷図11「洞窟の頼朝」（前田青邨　昭和4（1929））
◇日本美術大系 2（講談社 1959）
　▷図123「源頼朝像」（作者不詳　鎌倉時代　東京国立博物館（東京都台東区）蔵）
◇現代日本美術全集 3（角川書店 1955）
　▷図8「洞窟の頼朝」（前田青邨　昭和4（1929））

源頼政　みなもとのよりまさ　1104〜1180
平安時代後期の武将、歌人。
◇ボストン美術館 日本美術調査目録（講談社 2003）
　▷図I-202「源三位頼政賜太刀図」（狩野幸信　江戸時代（18世紀後半））
◇日本史大事典（平凡社 1992）

◇秘蔵浮世絵大観 別巻（講談社 1990）
　▷〔ケ〕49「浅草観世音額 源三位頼政鵺退治図」（歌川国貞（初代）　文政10－天保13（1827-42））
◇秘蔵浮世絵大観 6（講談社 1989）
　▷図049「見立頼政鵺退治」（鈴木春信　明和3-5頃）
◇国史大辞典（吉川弘文館 1979）
◇世界伝記大事典（ほるぷ出版 1978）

源頼光　みなもとのよりみつ　948〜1021
平安時代中期の武将。
◇日本の幽霊名画集（人類文化社 2000）
　▷図62「源頼光公舘土蜘作妖怪図」（歌川国芳）
◇日本の浮世絵美術館 3（角川書店 1996）
　▷図203「破奇術頼光袴垂為搦」（歌川芳艶　安政5）
◇秘蔵日本美術大観 11（講談社 1994）
　▷図73「頼光四天王・大江山 酒呑童子退治の図」（歌川国芳　弘化4－嘉永5（1847-52））
　▷図78「頼光足柄山怪童丸抱図」（歌川芳艶　安政6（1859））
◇日本美術全集 20（講談社 1991）
　▷図78「源頼光公舘土蜘作妖怪図」（歌川国芳　天保14（1843））
◇秘蔵浮世絵大観 別巻（講談社 1990）
　▷〔ケ〕21「頼光山入り」（西村重長　宝暦中頃か（1751-64頃））
◇秘蔵浮世絵大観 5（講談社 1989）
　▷図49「源頼光公舘土蜘作妖怪図」（歌川国芳　天保14（1843））
　▷図97「奇術を破って頼光袴垂を搦めんとす」（歌川芳艶　安政5（1858））
◇秘蔵浮世絵大観 9（講談社 1989）
　▷図036「新板浮絵頼光大江山入之図」（勝川春旭　安永－天明）
　▷図90「大江山物語 三神に導かれる頼光と四天王」（勝川春章　文化頃（1804-18頃））
　▷図242「大江山 酒呑童子・源の頼光」（長谷川光信　享保後期－元文頃（1716-41頃））
◇秘蔵浮世絵大観 3（講談社 1988）
　▷図2「源頼光と四天王の土蜘蛛退治」（歌川国長　文化（1804-18））
◇秘蔵浮世絵大観 2（講談社 1987）
　▷図37「源頼光の酒呑童子退治」（大久保巨川　明和2-3（1765-66））
◇浮世絵八華 7（平凡社 1985）
　▷図51「和漢準源氏 薄雲・源頼光」（歌川国芳）
◇浮世絵聚花 1（小学館 1983）
　▷図63「頼光の武将の騎馬行列」（伝 杉村治兵衛）
　▷図26「怪物の首を刎ねる頼光とその部下」（鳥居派）
　▷図24「酒呑童子の洞窟の入口で身構える頼光の一行（下），酒呑童子の前にひれ伏す頼

光(上)」(鳥居派)
　▷図72「老人(実は住吉明神)に会う頼光(上),川で血染めの帷子を洗う上﨟と頼光の一行(下)」(鳥居派)
　▷図59「怪物を退治する頼光とその部下」(伝 菱川師宣)
　▷図57「酒呑童子の洞窟の前で身構える頼光の一行」(伝 菱川師宣)
　▷図58「酒呑童子の前にひれ伏す頼光」(伝 菱川師宣)
◇浮世絵聚花 補巻2 (小学館 1982)
　▷図456「頼光主従と血に染まった衣服を洗う娘」(小松軒)
　▷図607「頼光主従と血に染まった衣服を洗う娘」(小松軒)
◇日本の名画 3 (中央公論社 1975)
　▷図13-14「源頼光討賊図」(富岡鉄斎 明治32(1899))
◇日本版画美術全集 6 (講談社 1961)
　▷図99「源頼光四天王大江山鬼退治之図」(月岡芳年)

源頼義　みなもとのよりよし　988〜1075
　平安時代中期の武将。
◇秘蔵日本美術大観 11 (講談社 1994)
　▷図20「源義家図」(板谷慶舟 江戸時代中期(18世紀後半))
◇日本史大事典 (平凡社 1992)
◇国史大辞典 (吉川弘文館 1979)
◇世界伝記大事典 (ほるぷ出版 1978)

嶺田楓江　みねたふうこう　1817〜1883
　江戸時代末期, 明治時代の紀伊田辺藩士, 民間教育家。
◇千葉県の歴史 資料編 近現代7 (社会・教育・文化1) (発行 千葉県 1998)
　▷p41(写真)「薫陶学舎と嶺田楓江(1818-83)肖像」
◇千葉大百科事典 (千葉日報社 1982)

箕浦直彝　みのうらなおつね　1730〜1816
　江戸時代中期, 後期の土佐藩教授役(崎門学派)。
◇高知県人名事典 (高知新聞社 1999)

蓑虫山人　みのむしさんじん　1836〜1900
　江戸時代後期〜明治期の画家。
◇秋田大百科事典 (秋田魁新報社 1981)

三野村利左衛門　みのむらりざえもん
　1821〜1877　江戸時代末期, 明治時代の実業家。
◇国史大辞典 (吉川弘文館 1979)

三原介人　みはらかいじん　1846〜1926
　江戸時代末期〜大正期の教育者。
◇島根県歴史人物事典 (山陰中央新報社 1997)

壬生綱房　みぶつなふさ　?〜1555
　戦国時代の鹿沼城(栃木県鹿沼市)の城主。
◇栃木県歴史人物事典 (下野新聞社 1995)

壬生忠見　みぶのただみ
　平安時代の歌人, 三十六歌仙の一人。
◇秘蔵浮世絵大観 6 (講談社 1989)
　▷図043「三十六歌仙 壬生忠見 やかずとも」(鈴木春信 明和3-5頃)
◇国史大辞典 (吉川弘文館 1979)
◇浮世絵聚花 4 (小学館 1979)
　▷図56「三十六歌仙 壬生忠見 やかずとも」(鈴木春信 明和3-5頃)

壬生忠岑　みぶのただみね
　平安時代前期, 中期の歌人。
◇琳派 4 (紫紅社 1991)
　▷図91「壬生忠岑像」(中村芳中)
◇浮世絵聚花 補巻1 (小学館 1982)
　▷図40「三十六歌仙 壬生忠岑」(鈴木春信 明和4-5(1767-68))
◇国史大辞典 (吉川弘文館 1979)

御堀耕助　みほりこうすけ　1841〜1871
　江戸時代末期, 明治時代の長州(萩)藩士, 志士, 御楯隊総督。
◇サムライ古写真帖 (新人物往来社 2004)
　▷p97「ヨーロッパ視察中の山県一行」(上野彦馬 1869.6)
◇写真の開祖上野彦馬 (上野彦馬撮影 産業能率短期大学出版部 1975)
　▷p13 No.7「(無題)」(1869.6)

三桝大五郎〔4代〕　みますだいごろう
　1798〜1859　江戸時代末期の歌舞伎役者。
◇秘蔵浮世絵大観 9 (講談社 1989)
　▷図0138「鏡山故郷之錦絵 初代坂東寿太郎の局岩ふじ・二代目中村富十郎の召使初・初代三桝源之助の中老尾上」(長谷川貞信 天保9.正)

三桝徳次郎〔初代〕　みますとくじろう
　1750〜1812　江戸時代中期, 後期の歌舞伎役者。
◇秘蔵浮世絵大観 ベレス・コレクション (講談社 1991)
　▷図32「初代三桝徳次郎の早野勘平」(勝川春英 天明6(1786))
◇秘蔵浮世絵大観 8 (講談社 1989)
　▷図107「四代目松本幸四郎の茂兵衛と初代三桝徳次郎のおさん(出語り図)」(鳥居清長 天明4.3(1784.3))
◇浮世絵聚花 2 (小学館 1985)
　▷図69「三世沢村宗十郎の工藤祐経, 三世市川八百蔵の曽我五郎, 三桝徳次郎の大磯虎」

（鳥居清長）
◇浮世絵聚花 14（小学館 1981）
  ▷図108「二世中村助五郎の股野五郎妹誰が袖,三桝徳次郎の烏帽子折お京実は岡部娘照葉,三世市川八百蔵の真田与市義貞（出語り図）」（鳥居清長）
◇浮世絵聚花 11（小学館 1979）
  ▷図117「四代目松本幸四郎の茂兵衛と初代三桝徳次郎のおさん（出語り図）」（鳥居清長 天明4.3(1784.3)）
◇在外秘宝—欧米収蔵浮世絵集成 鳥居清長（学習研究社 1972）
  ▷図47「二世中村助五郎の股野五郎妹誰が袖,三桝徳次郎の烏帽子折お京実は岡部娘照葉,三世市川八百蔵の真田与市義貞（出語り図）」（鳥居清長）
◇日本版画美術全集 3（講談社 1961）
  ▷図26「中村里好の奴の小よしと三桝徳次郎の奴の小万」（勝川春章）
  ▷図290「中村仲蔵の八丁礫喜平次・三桝徳次郎の此花」（由美章）

三升屋助十郎〔初代〕 みますやすけじゅうろう
1669～1725 江戸時代中期の歌舞伎役者。
◇浮世絵聚花 11（小学館 1979）
  ▷図187「三升屋助十郎の評判師兵助と松嶋兵太郎の女太夫嶋の千歳」（鳥居清倍）
◇日本版画美術全集 3（講談社 1961）
  ▷図68「三桝助十郎の村雨行平」（一筆斎文調）

三村晴山 みむらせいざん 1800～1858
江戸時代末期の絵師。
◇長野県歴史人物大事典（郷土出版社 1989）

宮負定雄 みやおいやすお 1797～1858
江戸時代末期の国学者。
◇千葉大百科事典（千葉日報社 1982）

宮城時亮 みやぎときすけ 1835～1893
江戸時代後期～明治期の官吏。
◇宮城県百科事典（河北新報社 1982）

三宅寄斎 みやけきさい 1580～1649
江戸時代前期の儒者。
◇国史大辞典（吉川弘文館 1979）

三宅艮斎 みやけごんさい 1817～1868
江戸時代末期の外科医。
◇日本大百科全書（小学館 1984）
◇国史大辞典（吉川弘文館 1979）
◇日本人名大事典 1～6（平凡社 1979(覆刻)）
◇大日本百科事典（小学館 1967）

三宅嘯山 みやけしょうざん 1718～1801
江戸時代中期,後期の俳人。
◇日本人名大事典 1～6（平凡社 1979(覆刻)）
◇俳諧人名辞典（巌南堂書店 1970） ▷嘯山

三宅丞四郎 みやけじょうしろう 1832～1895
江戸時代末期,明治時代の機業家。
◇福井県大百科事典（福井新聞社 1991）

三宅定太郎 みやけじょうたろう 1818～1882
江戸時代末期,明治時代の勤王家。
◇岡山県歴史人物事典（山陽新聞社 1994） ▷三宅高幸

三宅秀 みやけひいず 1848～1938
江戸時代末期,明治時代の医学者。
◇士一日本のダンディズム（二玄社 2003）
  ▷p147 No.128「三宅秀像」（ピエール・プティ）
  ▷p131 No.108「スフィンクスの前の遣欧使節一行（第二回遣欧使節団）」（アントン・ベアト）
◇読者所蔵「古い写真」館（朝日新聞社 1986）
  ▷p39「第2回遣欧使節」
  ▷p40「遣欧の顔」

三宅均 みやけひとし 1829～1910
江戸時代後期～明治期の真言宗の僧,教育者。
◇静岡県歴史人物事典（静岡新聞社 1991）

三宅舞村 みやけぶそん 1834～1908
江戸時代後期～明治期の医家。
◇徳島県歴史人物鑑（徳島新聞社 1994）
◇徳島県百科事典（徳島新聞社 1981）

三宅康直 みやけやすなお
江戸時代末期,明治時代の大名。
◇日本の名画 2（中央公論社 1976）
  ▷図6「三宅康直像」（高橋由一 明治7-9頃（1874-76頃））

宮崎車之助 みやざきくるまのすけ 1835～1876
江戸時代末期,明治時代の秋月の乱の一党。
◇サムライ古写真帖（新人物往来社 2004）
  ▷p131「(無題)」

宮崎荊口 みやざきけいこう ?～1725
江戸時代中期の美濃大垣藩士,俳人。
◇俳諧人名辞典（巌南堂書店 1970） ▷荊口

宮崎総五　みやざきそうご　1828～1909
江戸時代末期,明治時代の豪商。
◇静岡県歴史人物事典（静岡新聞社 1991）
◇静岡大百科事典（静岡新聞社 1978）

宮崎長久郎　みやざきちょうくろう　1844～1905
江戸時代後期～明治期の地方政治家。
◇静岡県歴史人物事典（静岡新聞社 1991）▷宮崎長九郎

宮崎貞蔵　みやざきていぞう　1843～1914
江戸時代末期～大正期の教育者。
◇鳥取県大百科事典（新日本海新聞社 1984）

宮崎久　みやざきひさし　1847～1910
江戸時代後期～明治期の教育家。
◇角川日本姓氏歴史人物大辞典 16（角川書店 1992）

宮崎有敬　みやざきゆうけい　1832～1895
江戸時代末期,明治期の製糸業。上毛繭糸改良会社社長。
◇群馬県人名大事典（上毛新聞社 1982）

宮嶋伝兵衛〔7代〕　みやじまでんべえ
1848～1918　江戸時代末期～大正期の実業家。
◇佐賀県大百科事典（佐賀新聞社 1983）

宮島義信　みやじまよしのぶ　1837～1920
江戸時代末期～大正期の洋方医。
◇新潟県大百科事典 別巻（新潟日報事業社 1977）

宮田辰次　みやたたつじ　1797～1869
江戸時代後期,末期,明治時代の園芸家。
◇徳島県百科事典（徳島新聞社 1981）

宮地貞枝　みやぢさだえ　1784～1850
江戸時代後期の土佐藩士,文人。
◇高知県人名事典（高知新聞社 1999）

宮地彦三郎　みやぢひこさぶろう　1839～1916
江戸時代末期の志士,海軍軍人。
◇高知県人名事典（高知新聞社 1999）

宮地森城　みやぢもりき　1839～1915
江戸時代末期～大正期の土佐中世廓研究者。
◇高知県人名事典（高知新聞社 1999）

宮永真琴　みやながまこと　1837～1908
江戸時代末期,明治期の神職。
◇宮崎県大百科事典（宮崎日日新聞社 1983）

宮部鼎蔵　みやべていぞう　1820～1864
江戸時代末期の肥後熊本藩士,兵法師範職。
◇熊本県大百科事典（熊本日日新聞社 1982）

宮本愚翁　みやもとぐおう　1839～1903
江戸時代末期,明治時代の安芸広島藩士,心学者。
◇広島県大百科事典（中国新聞社 1982）

宮本尚一郎　みやもとしょういちろう
1793～1862
江戸時代末期の水戸藩郷士,学者。
◇郷土歴史人物事典 茨城（第一法規出版 1978）▷宮本茶村

宮本二天　みやもとにてん
江戸時代前期の剣術家。
◇巨匠の日本画 7（学習研究社 1994）
　▷図40「宮本二天像」（安田靫彦　昭和8（1933））

宮本武蔵　みやもとむさし　1584～1645
江戸時代前期の播磨姫路藩士,肥後熊本藩士,剣術家。
◇講談社日本人名大辞典（講談社 2001）
◇岡山県歴史人物事典（山陽新聞社 1994）
◇日本史大事典（平凡社 1992）
◇日本大百科全書（小学館 1984）
◇熊本県大百科事典（熊本日日新聞社 1982）
◇現代日本美人画全集 6（集英社 1979）
　▷図VI「宮本武蔵」（中村貞以　昭和43（1968））
　▷図VII「宮本武蔵」（中村貞以　昭和43（1968））
◇国史大辞典（吉川弘文館 1979）
◇日本人名大事典 1～6（平凡社 1979(覆刻)）
◇岡山人名事典（日本文教出版 1978）
◇世界伝記大事典（ほるぷ出版 1978）

明恵　みょうえ　1173～1232
鎌倉時代前期の華厳宗の学僧。
◇日本絵画名作101選（小学館 2005）
　▷図35「明恵上人像」（伝 成忍　鎌倉時代前期(13世紀前半)）
◇国宝・重要文化財大全 4（毎日新聞社 1999）
　▷図629「明恵上人(坐)像」（作者不詳　鎌倉時代　高山寺（京都府京都市右京区）蔵）
◇国宝・重要文化財大全 1（毎日新聞社 1997）
　▷図49「明恵上人像」（作者不詳　鎌倉時代）
　▷図50「明恵上人像」（作者不詳　鎌倉時代）
◇私の選んだ国宝絵画 1（毎日新聞社 1996）
　▷p40「明恵上人像」（作者不詳　鎌倉時代(13世紀)）
◇原色日本の美術（改訂版）21（小学館 1994）
　▷図48「明恵上人像」（作者不詳　13世紀前

半）
◇日本美術全集 9（講談社 1993）
　▷図21,33「明恵上人像」（伝 成忍　13世紀）
◇国宝百撰 平山郁夫（毎日新聞社 1992）
　▷図21「明恵上人像」（作者不詳　13世紀）
◇日本史大事典（平凡社 1992）
◇人間の美術 6（学習研究社 1990）
　▷図52「明恵上人像（樹上坐禅像）」（伝 成忍　13世紀前半）
◇仏像集成 3（学生社 1986）
　▷図45「明恵上人（坐）像」（作者不詳　鎌倉時代　高山寺（京都府京都市右京区）蔵）
◇国宝大事典 1（講談社 1985）
　▷図77「明恵上人像」（作者不詳　鎌倉時代（13世紀））
◇京都大事典（淡交社 1984）
◇国宝 増補改訂版 1（毎日新聞社 1984）
　▷図47「明恵上人像」（作者不詳　鎌倉時代）
◇日本大百科全書（小学館 1984）
◇花鳥画の世界 1（学習研究社 1982）
　▷図223-224「明恵上人樹上坐禅像」（作者不詳　鎌倉時代）
◇日本古寺美術全集 9（集英社 1981）
　▷図25「明恵上人像」（作者不詳）
◇土門拳 日本の彫刻 3（美術出版社 1980）
　▷図83-84「明恵上人（坐）像」（作者不詳　高山寺（京都府京都市右京区）蔵）
◇国史大辞典（吉川弘文館 1979）
◇日本絵画百選（日本経済新聞社 1979）
　▷図33「明恵上人像」（作者不詳　鎌倉時代）
◇日本美術全集 10（学習研究社 1979）
　▷図77「明恵上人像」（作者不詳　鎌倉時代）
◇世界伝記大事典（ほるぷ出版 1978）
◇原色版国宝 7（毎日新聞社 1976）
　▷図25「明恵上人像」（作者不詳　鎌倉時代（13世紀前半））
◇日本の美術 1（旺文社 1976）
　▷図172「明恵上人像」（伝 成忍　13世紀前期）
◇水墨美術大系 1（講談社 1975）
　▷図80「明恵上人像」（成忍）
◇重要文化財 5（毎日新聞社 1974）
　▷図119「明恵上人（坐）像」（作者不詳　鎌倉時代　高山寺（京都府京都市右京区）蔵）
◇重要文化財 8（毎日新聞社 1973）
　▷図205「明恵上人像」（作者不詳　鎌倉時代）
　▷図206「明恵上人像」（作者不詳　鎌倉時代）
◇日本美術館 5（筑摩書房 1972）
　▷図11「明恵上人樹上坐禅像」（作者不詳　鎌倉時代）
◇原色日本の美術 23（小学館 1971）
　▷図48「明恵上人像」（作者不詳）
◇日本の絵画 国宝50選（毎日新聞社 1970）
　▷図29「明恵上人像」（作者不詳　鎌倉時代（13世紀前半））
◇日本絵画館 4（講談社 1970）
　▷図58「明恵上人像」（伝 成忍　13世紀前半）

◇国宝 4（毎日新聞社 1966）
　▷図50「明恵上人像」（作者不詳　鎌倉時代（13世紀前半））
◇日本の美術 1（平凡社 1966）
　▷図29「明恵上人」（成忍　1230）

明空　みょうくう
鎌倉時代後期の浄土真宗の僧。光明寺を創建。
◇国宝・重要文化財大全 1（毎日新聞社 1997）
　▷図61「明空法師像」（作者不詳　鎌倉時代）
◇重要文化財 8（毎日新聞社 1973）
　▷図215「明空法師像」（作者不詳　鎌倉時代）

明尊　みょうそん　971〜1063
平安時代中期の天台宗寺門派の僧。
◇国史大辞典（吉川弘文館 1979）

妙哲行者　みょうてつぎょうじゃ　1836〜1907
江戸時代後期〜明治期の芳賀郡市塙の尼僧、念仏行者。
◇栃木県歴史人物事典（下野新聞社 1995）

命蓮　みょうれん
平安時代中期の僧。
◇講談社日本人名大辞典（講談社 2001）

三善清行　みよしきよゆき　847〜918
平安時代前期、中期の学者、公卿。参議。
◇国史大辞典（吉川弘文館 1979）

三好監物　みよしけんもつ　1815〜1868
江戸時代末期の陸奥仙台藩士。
◇宮城県百科事典（河北新報社 1982）

三好長慶　みよしながよし　1522〜1564
戦国時代の武将。
◇国宝・重要文化財大全 1（毎日新聞社 1997）
　▷図192「三好長慶像」（作者不詳　室町時代　永禄9（1566）宗訴賛）
◇徳島県歴史人物鑑（徳島新聞社 1994）
◇日本史大事典（平凡社 1992）
◇京都大事典（淡交社 1984）
◇日本大百科全書（小学館 1984）
◇兵庫県大百科事典 上, 下（神戸新聞出版センター 1983）
◇徳島県百科事典（徳島新聞社 1981）
◇国史大辞典（吉川弘文館 1979）
◇日本人名大事典 1〜6（平凡社 1979（覆刻））
◇日本美術全集 18（学習研究社 1979）
　▷図67「三好長慶像（笑嶺宗訴賛）」（作者不詳　室町時代）
◇世界伝記大事典（ほるぷ出版 1978）
◇重要文化財 10（毎日新聞社 1974）

みよし

▷図391「三好長慶像（宗訥賛）」（作者不詳　室町時代）
◇秘宝 11（講談社 1968）
　▷図21「三好長慶像」（作者不詳）
◇大日本百科事典（小学館 1967）

三好元長　みよしもとなが　1501～1532
　戦国時代の武将，筑前守。
◇徳島県歴史人物鑑（徳島新聞社 1994）
◇徳島県百科事典（徳島新聞社 1981）

三好之長　みよしゆきなが　1458～1520
　戦国時代の武将。
◇徳島県歴史人物鑑（徳島新聞社 1994）
◇徳島県百科事典（徳島新聞社 1981）

三好義継　みよしよしつぐ　？～1573
　戦国時代の武士。
◇日本美術絵画全集 5（集英社 1979）
　▷図88「三好義継像画稿」（土佐光吉　天正1（1573））

三好藍石　みよしらんせき　1838～1923
　江戸時代末期～大正期の南画家。
◇愛媛県百科大事典（愛媛新聞社 1985）

三輪執斎　みわしっさい　1669～1744
　江戸時代中期の儒学者。
◇講談社日本人名大辞典（講談社 2001）
◇日本大百科全書（小学館 1984）
◇国史大辞典（吉川弘文館 1979）
◇日本人名大事典 1～6（平凡社 1979（覆刻））

三輪田米山　みわだべいざん　1821～1908
　江戸時代末期，明治時代の神官，書家。
◇愛媛県百科大事典（愛媛新聞社 1985）

三輪端蔵　みわたんぞう
　江戸時代末期の水戸藩士。1867年遣仏使節に随行しフランスに渡る。
◇サムライ古写真帖（新人物往来社 2004）
　▷p18「マルセイユでの徳川昭武一行」（Walery 1867.4.5）
◇写された幕末―石黒敬七コレクション（明石書店 1990）
　▷p56 No.1「マルセイユで撮った徳川昭武一行」

明極聡愚　みんきそうぐ　1262頃～1337
　鎌倉時代後期，南北朝時代の名僧。
◇宮城県百科事典（河北新報社 1982）

明極楚俊　みんきそしゅん　1262～1336
　鎌倉時代後期，南北朝時代の臨済宗松源派の五山禅僧。
◇仏像集成 8（学生社 1997）
　▷図800「明極楚俊像」（作者不詳　岳林寺（大分県日田市）蔵）

明兆　みんちょう　1352～1431
　南北朝時代，室町時代の画僧。
◇国史大辞典（吉川弘文館 1979）　▷吉山明兆
◇日本人名大事典 1～6（平凡社 1979（覆刻））
◇世界伝記大事典（ほるぷ出版 1978）　▷吉山明兆

【む】

無為昭元　むいしょうげん　？～1311
　鎌倉時代後期の僧。
◇国宝・重要文化財大全 1（毎日新聞社 1997）
　▷図98「無為昭元像」（作者不詳　鎌倉時代）

無隠元晦　むいんげんかい　？～1358
　南北朝時代の臨済宗幻住派の僧。
◇仏像集成 8（学生社 1997）
　▷図620「元晦禅師像」（作者不詳　興国寺（福岡県田川郡）蔵）
◇原色日本の美術（改訂版）21（小学館 1994）
　▷図28「元晦禅師像」（作者不詳　興国寺（福岡県田川郡））
◇原色日本の美術 23（小学館 1971）
　▷図28「元晦禅師像」（作者不詳　興国寺（福岡県田川郡））

向井去来　むかいきょらい　1651～1704
　江戸時代前期，中期の俳人。
◇講談社日本人名大辞典（講談社 2001）
◇長崎事典 歴史編 1988年版（長崎文献社 1988）
◇長崎県大百科事典（長崎新聞社 1984）
◇国史大辞典（吉川弘文館 1979）
◇日本人名大事典 1～6（平凡社 1979（覆刻））
◇俳諧人名辞典（巌南堂書店 1970）　▷去来
◇大日本百科事典（小学館 1967）　▷去来

向井元升　むかいげんしょう　1609～1677
　江戸時代前期の医師，儒者。
◇国史大辞典（吉川弘文館 1979）

無学祖元　むがくそげん　1226～1286
　鎌倉時代後期の南宋の渡来僧。
◇国宝・重要文化財大全 1（毎日新聞社 1997）

▷図77「無学祖元像（仏光国師）」（作者不詳　鎌倉時代　弘安7(1284)自賛）
◇日本大百科全書（小学館　1984）
◇国史大辞典（吉川弘文館　1979）
◇日本人名大事典 1～6（平凡社 1979(覆刻)）
◇日本美術全集 14（学習研究社　1979）
▷図18「無学祖元墨蹟　偈語」（無学祖元　弘安2(1279)）
◇重要文化財 10（毎日新聞社　1974）
▷図315「無学祖元像(仏光国師)(自賛)」（作者不詳　鎌倉時代）

無関普門　むかんふもん　1212～1291
鎌倉時代後期の臨済宗聖一派の僧。
◇国宝・重要文化財大全 4（毎日新聞社　1999）
▷図685「大明国師(坐)像」（作者不詳　鎌倉時代　竜吟庵(京都府京都市東山区本町)蔵）
◇国宝・重要文化財大全 1（毎日新聞社　1997）
▷図85「無関普門像（大明国師）」（作者不詳　鎌倉時代）
▷図86「無関普門像（大明国師）」（作者不詳　鎌倉時代）
▷図87「無関普門像（大明国師）」（作者不詳　室町時代　文亀元(1501)後柏原天皇賛）
◇日本の仏像大百科 5（ぎょうせい　1991）
▷図130「無関普門坐像」（作者不詳　鎌倉時代　竜吟庵(京都府京都市東山区本町)蔵）
◇人間の美術 6（学習研究社　1990）
▷図228-229「大明国師(坐)像」（作者不詳　13世紀末－14世紀初期　竜吟庵(京都府京都市東山区本町)蔵）
◇長野県歴史人物大事典（郷土出版社　1989）
◇仏像集成 3（学生社　1986）
▷図182「大明国師(坐)像」（作者不詳　鎌倉時代後期　竜吟庵(京都府京都市東山区本町)蔵）
◇京都大事典（淡交社　1984）
◇国史大辞典（吉川弘文館　1979）　▷無関玄悟
◇日本人名大事典 1～6（平凡社 1979(覆刻)）
▷普門
◇新潟県大百科事典 上,下（新潟日報事業社　1977）　▷無関仏心
◇重要文化財 5（毎日新聞社　1974）
▷図166「大明国師(坐)像」（作者不詳　鎌倉時代　竜吟庵(京都府京都市東山区本町)蔵）
◇重要文化財 10（毎日新聞社　1974）
▷図321「無関普門像(自賛)」（作者不詳　鎌倉時代）
▷図323「無関普門像（大明国師）（後柏原天皇賛）」（作者不詳　室町時代）
▷図322「無関普門像（大明国師）（平田慈均賛）」（作者不詳　鎌倉時代）

無極志玄　むきょくしげん　1282～1359
鎌倉時代後期, 南北朝時代の臨済宗夢窓派の僧。
◇仏像集成 1（学生社　1989）
▷図155「無極和尚坐像」（宗心　慶安2(1649)　大泉寺(東京都町田市)蔵）
◇水墨美術大系 5（講談社　1974）
▷図84「無極志玄像(無極志玄賛)」（周豪）

椋木潜　むくのきひそむ　1828～1912
江戸時代末期, 明治時代の志士。
◇島根県歴史人物事典（山陰中央新報社　1997）

向山隼人正　むこうやまはやとせい
江戸時代末期の武士。全権公使。
◇サムライ古写真帖（新人物往来社　2004）
▷p18「マルセイユでの徳川昭武一行」（Walery　1867.4.5）
◇写された幕末―石黒敬七コレクション（明石書店　1990）
▷p56 No.1「マルセイユで撮った徳川昭武一行」

武蔵　むさし
平安時代前期の歌人。
◇原色日本の美術 24（小学館　1971）
▷図98-100「武蔵と巨鯨」（歌川国芳）
◇美人画・役者絵 7（講談社　1965）
▷図57「武蔵と巨鯨」（歌川国芳）

武蔵野幸内　むさしのこうない
江戸時代後期の力士。
◇秘蔵浮世絵大観 6（講談社　1989）
▷図0116「西方　真鶴咲右衛門・武蔵野幸内」（勝川春章　天明前期(1781-89)）
◇秘蔵浮世絵大観 11（講談社　1988）
▷図1「西方　真鶴咲右衛門・武蔵野幸内」（勝川春章　天明前期(1781-89)）
◇浮世絵聚花 12（小学館　1980）
▷図69「西方　真鶴咲右衛門・武蔵野幸内」（勝川春章　天明前期(1781-89)）

無著道忠　むじゃくどうちゅう　1653～1744
江戸時代前期, 中期の臨済宗の僧。
◇日本大百科全書（小学館　1984）
◇国史大辞典（吉川弘文館　1979）

無住　むじゅう　1226～1312
鎌倉時代後期の臨済宗聖一派の僧。
◇国宝・重要文化財大全 4（毎日新聞社　1999）
▷図688「無住和尚(坐)像」（作者不詳　鎌倉時代　長母寺(愛知県名古屋市東区)蔵）
◇仏像集成 2（学生社　1992）
▷図480「無住和尚(坐)像」（作者不詳　弘長2－正和1(1262-1312)?　長母寺(愛知県名

むしん

古屋市東区）蔵）
◇日本の仏像大百科 5 （ぎょうせい 1991）
　▷図143「無住和尚（坐）像」（作者不詳　鎌倉時代　長母寺（愛知県名古屋市東区）蔵）
◇国史大辞典（吉川弘文館 1979）　▷無住道暁
◇重要文化財 5 （毎日新聞社 1974）
　▷図168「無住和尚（坐）像」（作者不詳　鎌倉時代　長母寺（愛知県名古屋市東区）蔵）

無尽　むじん　1266～1386

鎌倉時代後期、南北朝時代の僧。
◇岩手百科事典（岩手放送 1988）　▷無尽和尚

夢窓疎石　むそうそせき　1275～1351

鎌倉時代後期、南北朝時代の臨済宗の僧。
◇日本の美術（美術年鑑社 2003）
　▷p133「面構（相国寺開祖夢窓国師と雪舟）」（片岡球子 1999）
◇講談社日本人名大辞典（講談社 2001）
◇国宝・重要文化財大全 4 （毎日新聞社 1999）
　▷図696「夢窓国師（坐）像」（行成〔等〕　延文2（1357）　古長禅寺（山梨県中巨摩郡）蔵）
　▷図695「夢窓国師（坐）像」（作者不詳　南北朝時代　瑞泉寺（神奈川県鎌倉市二階堂）蔵）
◇国宝・重要文化財大全 1 （毎日新聞社 1997）
　▷図114「夢窓疎石像」（無等周位　南北朝時代）
　▷図110「夢窓疎石像」（作者不詳　南北朝時代）
　▷図111「夢窓疎石像」（作者不詳　南北朝時代　暦応3（1340）自賛）
　▷図112「夢窓疎石像」（作者不詳　南北朝時代）
　▷図113「夢窓疎石像」（作者不詳　南北朝時代）
　▷図115「夢窓疎石像」（作者不詳　南北朝時代　至徳3（1386）妙佐賛）
　▷図116「夢窓疎石像」（作者不詳　南北朝時代）
　▷図117「夢窓疎石像」（作者不詳　南北朝時代）
◇朝日美術館 日本編 8 （朝日新聞社 1997）
　▷図42「面構 夢窓国師と天竜寺管長関牧翁大老師」（片岡球子 1986）
◇原色日本の美術（改訂版）21 （小学館 1994）
　▷図24「夢窓国師（坐）像」（行成〔等〕　古長禅寺（山梨県中巨摩郡）蔵）
◇徳島県歴史人物鑑（徳島新聞社 1994）
◇日本美術全集 11 （講談社 1993）
　▷図121「夢窓国師（坐）像」（作者不詳　14世紀中頃　瑞泉寺（神奈川県鎌倉市二階堂）蔵）
◇日本史大事典（平凡社 1992）
◇日本美術全集 12 （講談社 1992）
　▷図44「夢窓疎石像（夢窓疎石賛）」（無等周位　14世紀中頃）

◇仏像集成 2 （学生社 1992）
　▷図218「夢窓国師（坐）像」（行成〔等〕　延文2（1357）　古長禅寺（山梨県中巨摩郡）蔵）
　▷図198「夢窓国師坐像」（作者不詳　観応2（1351）　恵林寺（山梨県塩山市）蔵）
◇現代の日本画 6 （学習研究社 1991）
　▷図65「面構 夢窓国師と天竜寺管長関牧翁大老師」（片岡球子　昭和61（1986））
◇人間の美術 7 （学習研究社 1991）
　▷図70「夢窓疎石像」（無等周位　14世紀前半）
◇日本の仏像大百科 5 （ぎょうせい 1991）
　▷図137「夢窓国師（坐）像」（作者不詳　南北朝時代　瑞泉寺（神奈川県鎌倉市二階堂））
◇人間の美術 6 （学習研究社 1990）
　▷図230「夢窓国師（坐）像」（作者不詳　14世紀後半　瑞泉寺（神奈川県鎌倉市二階堂）蔵）
◇長野県歴史人物大事典（郷土出版社 1989）
◇仏像集成 1 （学生社 1989）
　▷図47「夢窓国師（坐）像」（作者不詳　瑞泉寺（神奈川県鎌倉市二階堂）蔵）
◇京都大事典（淡交社 1984）
◇全集日本の古寺 2 （集英社 1984）
　▷図16「夢窓疎石像」（作者不詳　瑞泉寺（神奈川県鎌倉市二階堂）蔵）
◇日本大百科全書（小学館 1984）
◇日本古寺美術全集 22 （集英社 1983）
　▷図72「夢窓疎石像」（無等周位）
◇徳島県百科事典（徳島新聞社 1981）
◇日本古寺美術全集 17 （集英社 1981）
　▷図14「夢窓疎石像」（作者不詳　瑞泉寺（神奈川県鎌倉市二階堂））
◇土門拳 日本の彫刻 3 （美術出版社 1980）
　▷図81-82「夢窓国師（坐）像」（作者不詳　瑞泉寺（神奈川県鎌倉市二階堂）蔵）
◇国史大辞典（吉川弘文館 1979）
◇日本人名大事典 1～6 （平凡社 1979（覆刻））
◇日本美術全集 13 （学習研究社 1979）
　▷図84「夢窓疎石像」（作者不詳　14世紀　瑞泉寺（神奈川県鎌倉市二階堂））
◇世界伝記大事典（ほるぷ出版 1978）
◇日本美術絵画全集 1 （集英社 1977）
　▷図29「夢窓国師像（自賛）」（無等周位）
◇高知県百科事典（高知新聞社 1976）
◇重要文化財 5 （毎日新聞社 1974）
　▷図175「夢窓国師（坐）像」（作者不詳　南北朝時代　瑞泉寺（神奈川県鎌倉市二階堂）蔵）
◇重要文化財 10 （毎日新聞社 1974）
　▷図345「夢窓疎石像（自賛）」（作者不詳　南北朝時代）
　▷図347「夢窓疎石像（自賛）」（作者不詳　南北朝時代）
　▷図348「夢窓疎石像（自賛）」（作者不詳　南

北朝時代）
　　▷図350「夢窓疎石像（自賛）」（作者不詳　南
　　　北朝時代）
　　▷図351「夢窓疎石像（自賛）」（作者不詳　南
　　　北朝時代）
　　▷図344「夢窓疎石像（自賛）（東陵永璵賛）」
　　　（作者不詳　南北朝時代）
　　▷図346「夢窓疎石像（徳済賛）」（作者不詳
　　　南北朝時代）
　　▷図349「夢窓疎石像（妙佐賛）」（作者不詳
　　　南北朝時代）
◇水墨美術大系 5（講談社 1974）
　　▷図23「夢窓国師像（夢窓疎石賛）」（無等周
　　　位）
◇原色日本の美術 23（小学館 1971）
　　▷図24「夢窓国師（坐）像」（行成〔等〕　延文
　　　2（1357）　古長禅寺（山梨県中巨摩郡）蔵）
◇日本絵画館 5（講談社 1971）
　　▷図11「夢窓国師像」（無等周位）
◇日本の美術 12（平凡社 1969）
　　▷図6「夢窓国師像（夢窓賛）」（無等周位
　　　1349）
◇原色日本の美術（改訂第3版）10（小学館 1968）
　　▷図25「夢窓国師（夢窓疎石）像」（作者不詳）
◇大日本百科事典（小学館 1967）
◇世界大百科事典（平凡社 1964）

無腸　むちょう　?～1809
　江戸時代中期,後期の俳人。
◇俳諧人名辞典（巌南堂書店 1970）

無底良韶　むていりょうしょう　1313～1361
　南北朝時代の曹洞宗の僧。
◇岩手百科事典（岩手放送 1988）

武藤西蘭　むとうさいらん　1788～1855
　江戸時代後期の女性。文人、武藤平道の妻。
◇高知県人名事典（高知新聞社 1999）

武藤手束　むとうしゅそく
　江戸時代末期の歌人。
◇岡山県歴史人物事典（山陽新聞社 1994）

六人部是香　むとべよしか　1806～1863
　江戸時代末期の国学者、神道家、歌学者。
◇京都大事典 府域編（淡交社 1994）

宗川茂弘　むねかわしげひろ　1797～1882
　江戸時代末期,明治期の教育者。
◇会津大事典（国書刊行会 1985）

宗近　むねちか
　平安時代中期の山城国京三条の刀工。
◇秘蔵浮世絵大観 5（講談社 1989）

　　▷図202「三条小鍛冶宗近」（歌川国芳　天保
　　　前期（1830-44））

宗良親王　むねながしんのう　1311～1385
　南北朝時代の後醍醐天皇の皇子。
◇静岡県歴史人物事典（静岡新聞社 1991）
◇長野県歴史人物大事典（郷土出版社 1989）

無文元選　むもんげんせん　1323～1390
　南北朝時代の臨済宗の僧。
◇国史大辞典（吉川弘文館 1979）

村井京助　むらいきょうすけ　1821～1873
　江戸時代末期,明治時代の豪商。
◇岩手百科事典（岩手放送 1988）　▷鍵屋茂兵衛

村井琴山　むらいきんざん　1733～1815
　江戸時代中期,後期の医師。
◇国史大辞典（吉川弘文館 1979）

村井貞勝　むらいさだかつ　?～1582
　安土桃山時代の武将。
◇国史大辞典（吉川弘文館 1979）

村垣範正　むらがきのりまさ　1813～1880
　江戸時代末期,明治時代の幕臣。
◇サムライ古写真帖（新人物往来社 2004）
　　p66「遣米使節正使・副使ら3人」
　　▷p66「米海軍工廠を見学する遣米使節幹部
　　　たち」
◇士―日本のダンディズム（二玄社 2003）
　　▷p123 No.97「遣米使節正使・副使ら三人」
◇幕末―写真の時代（筑摩書房 1994）
　　▷p42 No.33「ワシントンの遣米使節団」
　　　（マッシュウ・ブラディー）
◇北海道歴史人物事典（北海道新聞社 1993）
◇写された幕末―石黒敬七コレクション（明石書
　店 1990）
　　▷p31 No.6「遣米使節〔新見豊前守一行〕」
　　　（ブラデー　万延元年（1860）.4.5）
◇読者所蔵「古い写真」館（朝日新聞社 1986）
　　▷p45～46「第1回遣米使節」
◇北海道大百科事典（北海道新聞社 1981）
◇国史大辞典（吉川弘文館 1979）

村上吉五郎　むらかみきちごろう　1787～1876
　江戸時代後期の大工、算番制作者。
◇島根県歴史人物事典（山陰中央新報社 1997）
◇島根県大百科事典（山陰中央新報社 1982）

村上姑南　むらかみこなん　1818～1890
　江戸時代末期,明治時代の儒学者。
◇大分県歴史人物事典（大分合同新聞社 1996）

村上真輔　むらかみしんすけ　1798〜1862
　江戸時代末期の播磨赤穂藩士。
◇兵庫県大百科事典　上，下（神戸新聞出版センター　1983）

村上随憲　むらかみずいけん　1798〜1865
　江戸時代末期の医師。
◇群馬県史　通史編6 近世3 生活・文化（群馬県　1992）
　　▷〈写真〉95「村上随憲肖像画」

村上田長　むらかみたおさ　1838〜1906
　江戸時代後期，末期，明治時代の儒者，医師。
◇大分県歴史人物事典（大分合同新聞社　1996）
◇大分百科事典（大分放送　1980）

村上英俊　むらかみひでとし　1811〜1890
　江戸時代末期，明治時代のフランス学者。
◇栃木県歴史人物事典（下野新聞社　1995）
◇長野県歴史人物大事典（郷土出版社　1989）
◇国史大辞典（吉川弘文館　1979）
◇日本人名大事典　1〜6（平凡社　1979〔覆刻〕）

村上仏山　むらかみぶつざん　1810〜1879
　江戸時代末期，明治時代の漢詩人，儒学者。
◇福岡県百科事典　上，下（西日本新聞社　1982）

紫式部　むらさきしきぶ　973頃〜1014頃
　平安時代中期の女性。物語作者，歌人。
◇講談社日本人名大辞典（講談社　2001）
◇肉筆浮世絵大観　3（講談社　1996）
　　▷図単色42「見立て紫式部図」（川又常正　元文（1736-41）－寛延（1748-51）年間）
　　▷図19「見立紫式部図」（鳥居清倍　宝永（1704-11）－正徳（1711-16）年間）
◇肉筆浮世絵大観　7（講談社　1996）
　　▷図単色27「見立紫式部図」（蹄斎北馬　天保年間（1830-44））
◇日本の浮世絵美術館　3（角川書店　1996）
　　▷図140「見立紫式部」（松野親信　享保頃）
◇日本の浮世絵美術館　6（角川書店　1996）
　　▷図148「紫式部之図」（吉原真竜）
◇肉筆浮世絵大観　6（講談社　1995）
　　▷図82「紫式部石山参籠図」（歌川広重（初代）嘉永年間（1848-54）末－安政5（1858））
◇肉筆浮世絵大観　8（講談社　1995）
　　▷図単色16「紫式部図」（勝川春章　天明年間（1781-89）中期）
　　▷図14「見立紫式部図」（松野親信　享保年間（1716-36））
◇肉筆浮世絵大観　1（講談社　1994）
　　▷図47「紫式部図」（宮川長春　元文（1736-

41）－寛延（1748-51）年間頃）
◇秘蔵日本美術大観　12（講談社　1994）
　　▷図34「紫式部図」（菊池容斎　明治6（1873））
◇福井県大百科事典（福井新聞社　1991）
◇琳派　4（紫紅社　1991）
　　▷図115「紫式部図」（尾形光琳）
　　▷図117「紫式部図」（酒井抱一）
　　▷図116「紫式部図」（「方祝」印）
◇秘蔵浮世絵大観　別巻（講談社　1990）
　　▷〔チ〕3「石山寺の紫式部」（鳥居清倍　正徳（1711-16））
　　▷〔ア〕2「見立紫式部」（鳥居清倍　正徳－享保（1711-36））
◇秘蔵浮世絵大観　10（講談社　1987）
　　▷図130「名婦詠歌花鳥風月　鳥（紫式部）」（喜多川歌麿（初代）享和－文化初（1801-18））
◇肉筆浮世絵　2（集英社　1982）
　　▷図47「見立紫式部図」（松野親信）
◇浮世絵聚花　補巻2（小学館　1982）
　　▷図453「紫式部」（伝 小松軒　明和2（1765））
　　▷図512「信（五常のうち）石山寺の紫式部」（鈴木春信　明和6-7（1769-70））
◇浮世絵聚花　16（小学館　1981）
　　▷図27「見立紫式部石山の図」（伝 鈴木春信）
◇国史大辞典（吉川弘文館　1979）
◇日本美術全集　25（学習研究社　1979）
　　▷図13「紫式部図」（谷文晁　文化3（1806）頃）
◇浮世絵聚花　10（小学館　1979）
　　▷図179「見立紫式部」（鳥居清倍　正徳－享保（1711-36））
◇琳派絵画全集　光琳派1（日本経済新聞社　1979）
　　▷図69「紫式部図」（尾形光琳）
◇世界伝記大事典（ほるぷ出版　1978）

村瀬栲亭　むらせこうてい　1744〜1818
　江戸時代中期，後期の漢学者。
◇国史大辞典（吉川弘文館　1979）

村瀬庄兵衛　むらせしょうべえ　1783〜1862
　江戸時代後期の臼杵藩士。
◇大分百科事典（大分放送　1980）

村瀬藤城　むらせとうじょう　1792〜1853
　江戸時代末期の庄屋。
◇郷土歴史人物事典 岐阜（第一法規出版　1980）

村田氏寿　むらたうじひさ　1821〜1899
　江戸時代末期，明治時代の越前福井藩士。
◇福井県大百科事典（福井新聞社　1991）

村田寂順　むらたじゃくじゅん　1838〜1905
　江戸時代末期, 明治時代の僧。
◇島根県歴史人物事典 (山陰中央新報社 1997)
◇島根県大百科事典 (山陰中央新報社 1982)

村田珠光　むらたじゅこう　1423〜1502
　室町時代, 戦国時代の茶湯者。
◇講談社日本人名大辞典 (講談社 2001)
◇日本大百科全書 (小学館 1984)
◇国史大辞典 (吉川弘文館 1979)

村田新八　むらたしんぱち　1836〜1877
　江戸時代末期, 明治期の鹿児島藩士, 軍人。宮内大丞。
◇鹿児島大百科事典 (南日本新聞社 1981)

村田清風　むらたせいふう　1783〜1855
　江戸時代後期の長州 (萩) 藩士, 藩政改革の指導者。
◇日本史大事典 (平凡社 1992)
◇角川日本姓氏歴史人物大辞典 35 (角川書店 1991)
◇日本大百科全書 (小学館 1984)
◇山口県百科事典 (大和書房 1982)
◇国史大辞典 (吉川弘文館 1979)
◇世界伝記大事典 (ほるぷ出版 1978)

村田経芳　むらたつねよし　1838〜1921
　江戸時代末期, 明治時代の薩摩藩士, 村田銃の創製者。
◇国史大辞典 (吉川弘文館 1979)
◇日本人名大事典 1〜6 (平凡社 1979 (覆刻))

村田春海　むらたはるみ　1746〜1811
　江戸時代中期, 後期の歌人, 国学者。
◇国史大辞典 (吉川弘文館 1979)

村橋直衛　むらはしなおえ　1840〜1892
　江戸時代末期, 明治時代の薩摩藩士。
◇角川日本姓氏歴史人物大辞典 46 (角川書店 1994)

室桜関　むろおうかん　1818〜1885
　江戸時代末期, 明治時代の儒学者。
◇福島大百科事典 (福島民報社 1980)

室鳩巣　むろきゅうそう　1658〜1734
　江戸時代前期, 中期の儒者。
◇書府太郎—石川県大百科事典 改訂版 上 (北国新聞社 2004)
◇講談社日本人名大辞典 (講談社 2001)
◇岡山県歴史人物事典 (山陽新聞社 1994)

◇日本大百科全書 (小学館 1984)
◇国史大辞典 (吉川弘文館 1979)
◇世界伝記大事典 (ほるぷ出版 1978)

【め】

明治天皇　めいじてんのう　1852〜1912
　江戸時代末期, 明治時代の第122代天皇。在位 1867〜1912。
◇明治・大正・昭和天皇の生涯 愛蔵版 (新人物往来社 2005)
◇皇族・華族古写真帖 愛蔵版 (新人物往来社 2003)
　▷p33「(無題)」(内田九一)
　▷p34「(無題)」(内田九一)
　▷p5「(無題)」(内田九一)
　▷p37「(無題)」
　▷p98「(無題)」(丸木利陽)
◇幕末・明治美人帖 (新人物往来社 2001)
　▷p24「(無題)」
◇日本の写真家 1 (岩波書店 1997)
　▷No.23「明治天皇像」(内田九一)
◇日本史大事典 (平凡社 1992)
◇皇室の至宝第1期 御物 3 (毎日新聞社 1991)
　▷図135「明治天皇御肖像」(高橋由一　明治13(1880))
◇写された幕末—石黒敬七コレクション (明石書店 1990)
　▷p76 No.1「即位当時の明治天皇」
◇読者所蔵「古い写真」館 (朝日新聞社 1986)
　▷p16「(無題)」(内田九一)
◇日本写真全集 1 写真の幕あけ (小学館 1985)
　▷p30 No.33「(無題)」(内田九一)
◇日本大百科全書 (小学館 1984)
◇国史大辞典 (吉川弘文館 1979)
◇日本人名大事典 1〜6 (平凡社 1979 (覆刻))
◇世界伝記大事典 (ほるぷ出版 1978)
◇現代日本の美術 1 (集英社 1976)
　▷図V「明治天皇臨幸画巻 能楽叡覧」(下村観山　昭和2(1927))
　▷図VI「明治天皇臨幸画巻 宝刀聖鑑」(下村観山　昭和2(1927))
◇日本写真史 1840-1945 (平凡社 1971)
　▷p360 No.534「明治天皇・昭憲皇太后」(内田九一)
　▷p446 No.687「「大日本帝国高貴肖像」(明治天皇・皇后)」
　▷p76 No.128「(無題)」(不詳　明治中期)
　▷p282 No.422「日野西子爵に賜った明治天皇の大元帥服」(不詳)
　▷p482「明治天皇御大葬の葬列」
◇写真図説 明治天皇 (講談社 1968)

明正天皇 めいしょうてんのう 1623～1696
　江戸時代前期、中期の第109代天皇。女帝、在位 1629～1643。
◇日本屏風絵集成 12（講談社 1980）
　▷図29-30,34「明正天皇御即位行幸図屏風」（作者不詳）

明峰素哲 めいほうそてつ 1277～1350
　鎌倉時代後期、南北朝時代の曹洞宗の僧。
◇国史大辞典（吉川弘文館 1979）　▷明峯素哲

綿谷周畝 めんこくしゅうてつ
　1406～1472　室町時代の臨済宗夢窓派の僧、五山文学僧。
◇国史大辞典（吉川弘文館 1979）

面山瑞方 めんざんずいほう 1683～1769
　江戸時代中期の曹洞宗の僧。
◇国史大辞典（吉川弘文館 1979）

【も】

望一 もいち
　江戸時代前期の俳人。
◇俳諧人名辞典（巌南堂書店 1970）

毛利興元 もうりおきもと 1493～1516
　戦国時代の武将。
◇国史大辞典（吉川弘文館 1979）

毛利空桑 もうりくうそう 1797～1884
　江戸時代末期、明治時代の儒学者。
◇大分百科事典（大分放送 1980）

毛利重就 もうりしげなり 1725～1789
　江戸時代中期の大名。
◇角川日本姓氏歴史人物大辞典 35（角川書店 1991）
◇山口県百科事典（大和書房 1982）
◇国史大辞典（吉川弘文館 1979）

毛利敬親 もうりたかちか 1819～1871
　江戸時代末期、明治時代の大名。
◇サムライ古写真帖（新人物往来社 2004）
　▷p26「毛利敬親・元徳父子とキング」
　▷p24「（無題）」

◇士―日本のダンディズム（二玄社 2003）
　▷p155 No.133「毛利敬親、元徳父子と英提督キング」
◇講談社日本人名大辞典（講談社 2001）
◇日本史大事典（平凡社 1992）
◇角川日本姓氏歴史人物大辞典 35（角川書店 1991）
◇写された幕末―石黒敬七コレクション（明石書店 1990）
　▷p53 No.6「毛利父子と英艦キング提督」（イギリス人 慶応2年（1866）.12.29）
◇写真集 甦る幕末（朝日新聞社 1987）
　▷p178 No.212「キング英提督と長州藩主毛利侯父子」
◇日本大百科全書（小学館 1984）
◇山口県百科事典（大和書房 1982）
◇国史大辞典（吉川弘文館 1979）
◇日本人名大事典 1～6（平凡社 1979（覆刻））

毛利隆元 もうりたかもと 1523～1563
　戦国時代の武将。
◇日本史大事典（平凡社 1992）
◇国史大辞典（吉川弘文館 1979）

毛利輝元 もうりてるもと 1553～1625
　安土桃山時代、江戸時代前期の大名、五大老。
◇日本史大事典（平凡社 1992）
◇角川日本姓氏歴史人物大辞典 35（角川書店 1991）
◇日本大百科全書（小学館 1984）
◇広島県大百科事典（中国新聞社 1982）
◇国史大辞典（吉川弘文館 1979）
◇兵庫県史 第3巻 中世編2・近世編1（兵庫県 1978）
　▷〈写真〉写真192「毛利輝元像」
◇大日本百科事典（小学館 1967）

毛利就隆 もうりなりたか 1602～1679
　江戸時代前期の大名。
◇角川日本姓氏歴史人物大辞典 35（角川書店 1991）

毛利秀就 もうりひでなり 1595～1651
　江戸時代前期の大名。
◇角川日本姓氏歴史人物大辞典 35（角川書店 1991）

毛利秀元 もうりひでもと 1579～1650
　安土桃山時代、江戸時代前期の大名。
◇国史大辞典（吉川弘文館 1979）

毛利広封　　もうりひろあつ
　江戸時代末期の長州(萩)藩主。
◇写された幕末―石黒敬七コレクション（明石書店 1990）
　　▷p53 No.6「毛利父子と英艦キング提督」（イギリス人　慶応2年(1866).12.29）
◇写真集 甦る幕末（朝日新聞社 1987）
　　▷p178 No.212「キング英提督と長州藩主毛利侯父子」

毛利広漢　　もうりひろくに　1727～1759
　江戸時代中期の藩士。
◇角川日本姓氏歴史人物大辞典 35（角川書店 1991）

毛利元純　　もうりもとずみ　1832～1875
　江戸時代末期,明治時代の大名。
◇サムライ古写真帖（新人物往来社 2004）
　　▷p25「(無題)」

毛利元次　　もうりもとつぐ　1667～1719
　江戸時代中期の大名。
◇角川日本姓氏歴史人物大辞典 35（角川書店 1991）

毛利元就　　もうりもとなり　1497～1571
　戦国時代の大名。
◇講談社日本人名大辞典（講談社 2001）
◇国宝・重要文化財大全 1（毎日新聞社 1997）
　　▷図197「毛利元就像」（作者不詳 室町時代 永禄5(1562)仁如集堯賛）
　　▷図198「毛利元就像」（作者不詳 桃山時代 天正19(1591)竜喜賛）
　　▷図199「毛利元就像」（作者不詳 桃山時代）
◇島根県歴史人物事典（山陰中央新報社 1997）
◇日本史大事典（平凡社 1992）
◇角川日本姓氏歴史人物大辞典 35（角川書店 1991）
◇鳥取県大百科事典（新日本海新聞社 1984）
◇日本大百科全書（小学館 1984）
◇広島県大百科事典（中国新聞社 1982）
◇国史大辞典（吉川弘文館 1979）
◇世界伝記大事典（ほるぷ出版 1978）
◇重要文化財 10（毎日新聞社 1974）
　　▷図396「毛利元就像」（作者不詳 桃山時代）
　　▷図397「毛利元就像」（作者不詳 桃山時代）
　　▷図395「毛利元就像(仁如集堯賛)」（作者不詳 室町時代）
◇大日本百科事典（小学館 1967）
◇世界大百科事典（平凡社 1964）

毛利元徳　　もうりもとのり　1839～1896
　江戸時代末期,明治時代の大名。
◇サムライ古写真帖（新人物往来社 2004）
　　▷p26「毛利敬親・元徳父子とキング」
　　▷p26「(無題)」（幕末期）
◇皇族・華族古写真帖 愛蔵版（新人物往来社 2003）
　　▷p131「(無題)」
◇角川日本姓氏歴史人物大辞典 35（角川書店 1991）
◇読者所蔵『古い写真』館（朝日新聞社 1986）
　　▷p50～51「長州の重鎮たち」（明治初期）
◇国史大辞典（吉川弘文館 1979）
◇日本人名大事典 1～6（平凡社 1979(覆刻)）
◇写真の開祖上野彦馬（上野彦馬撮影 産業能率短期大学出版部 1975）
　　▷p208「(無題)」（1870.4.26）

毛利吉元　　もうりよしもと　1677～1731
　江戸時代中期の大名。
◇角川日本姓氏歴史人物大辞典 35（角川書店 1991）
◇山口県百科事典（大和書房 1982）

最上徳内　　もがみとくない　1755～1836
　江戸時代中期,後期の北方探検家。
◇北海道歴史人物事典（北海道新聞社 1993）
◇日本史大事典（平凡社 1992）
◇日本大百科全書（小学館 1984）
◇山形県大百科事典（山形放送 1983）
◇北海道大百科事典（北海道新聞社 1981）
◇国史大辞典（吉川弘文館 1979）
◇日本人名大事典 1～6（平凡社 1979(覆刻)）
◇世界伝記大事典（ほるぷ出版 1978）
◇世界大百科事典（平凡社 1964）

最上義光　　もがみよしあき　1546～1614
　安土桃山時代,江戸時代前期の大名。
◇山形県大百科事典（山形放送 1983）

茂木小平　　もぎこへい　1836～1924
　江戸時代末期～大正期の蚕種製造家,政治家。埼玉県議会議員。
◇埼玉大百科事典 1～5（埼玉新聞社 1974）

茂木惣兵衛〔初代〕　　もぎそうべえ
　1827～1894　江戸時代末期,明治時代の商人。
◇角川日本姓氏歴史人物大辞典 14（角川書店 1993）　▷茂木惣兵衛〔代数なし〕
◇神奈川県百科事典（大和書房 1983）　▷茂木惣兵衛〔代数なし〕

木庵性瑫　　もくあんしょうとう　1611～1684
　江戸時代前期の黄檗宗の渡来僧。
◇日本大百科全書（小学館 1984）
◇国史大辞典（吉川弘文館 1979）

もくし

◇日本人名大事典 1〜6（平凡社 1979（覆刻））
　▷木菴性瑫

木食観正　もくじきかんしょう　1754〜1829
　江戸時代後期の僧侶。
◇兵庫県大百科事典 上, 下（神戸新聞出版センター 1983）

木食五行　もくじきごぎょう　1718〜1810
　江戸時代中期, 後期の僧, 仏師。
◇講談社日本人名大辞典（講談社 2001）　▷行道
◇静岡県歴史人物事典（静岡新聞社 1991）　▷木喰五行
◇国史大辞典（吉川弘文館 1979）　▷五行
◇世界大百科事典（平凡社 1964）

茂住宗貞　もずみむねさだ
　安土桃山時代, 江戸時代前期の越前大野, 金森氏の家臣。
◇岐阜県史 通史編 近世下（岐阜県 1972）
　▷p263（写真）「茂住宗貞画像」

物集高世　もずめたかよ　1817〜1883
　江戸時代末期, 明治時代の国学者。
◇大分県歴史人物事典（大分合同新聞社 1996）

望月幸平　もちづきこうへい　1834〜1900
　江戸時代末期, 明治期の北辰一刀流免許皆伝。
◇静岡県歴史人物事典（静岡新聞社 1991）

望月宋屋　もちづきそうおく　?〜1766
　江戸時代中期の俳人。
◇俳諧人名辞典（巌南堂書店 1970）　▷宋屋

望月太左衛門〔4代〕　もちづきたざえもん
1784〜1861　江戸時代後期の歌舞伎囃子方。
◇秘籍浮世絵大観 3（講談社 1988）
　▷図24「四世望月太左衛門の名開きの寄せ描き摺物」（歌川豊国, 歌川国貞, 歌川国安, 国兼, 貞虎 文化11（?）（1814（?））

望月木節　もちづきぼくせつ
　江戸時代中期の俳人。蕉門。
◇俳諧人名辞典（巌南堂書店 1970）　▷木節

持永秀貫　もちながひでつら　1831〜1902
　江戸時代後期〜明治期の地方行政家, 教育家。
◇佐賀県大百科事典（佐賀新聞社 1983）

以仁王　もちひとおう　1151〜1180
　平安時代後期の後白河天皇の皇子。
◇日本人名大事典 1〜6（平凡社 1979（覆刻））

物外可什　もつがいかじゅう　1286〜1363
　鎌倉時代後期, 南北朝時代の臨済宗大応派の僧。
◇国史大辞典（吉川弘文館 1979）

物外不遷　もつがいふせん　1795〜1867
　江戸時代末期の曹洞宗の僧, 武術家。
◇原色日本の美術（改訂版）21（小学館 1994）
　▷図25「物外和尚像」（朝宗, 啓端, 行盛　応安3(1370)　普済寺（東京都立川市）蔵）
◇仏像集成 1（学生社 1989）
　▷図136「物外和尚像」（朝宗, 啓端, 行盛　応安3(1370)　普済寺（東京都立川市）蔵）
◇重要文化財 5（毎日新聞社 1974）
　▷図178「物外和尚像」（朝宗, 啓端, 行盛　応安3(1370)　普済寺（東京都立川市）蔵）
◇原色日本の美術 23（小学館 1971）
　▷図31「物外和尚像」（朝宗, 啓端, 行盛　応安3(1370)　普済寺（東京都立川市））
◇日本美術大系 2（講談社 1959）
　▷図129「物外和尚像」（朝宗, 啓端, 行盛　応安3(1370)　普済寺（東京都立川市）

本居内遠　もとおりうちとお　1792〜1855
　江戸時代末期の国学者。
◇和歌山県史 近世（和歌山県 1990）
　▷〈写真〉写真294「本居内遠画像」
◇国史大辞典（吉川弘文館 1979）

本居大平　もとおりおおひら　1756〜1833
　江戸時代中期, 後期の国学者。
◇和歌山県史 近世（和歌山県 1990）
　▷〈写真〉写真109「本居大平画像」
◇国史大辞典（吉川弘文館 1979）

本居宣長　もとおりのりなが　1730〜1801
　江戸時代中期, 後期の国学者。
◇講談社日本人名大辞典（講談社 2001）
◇日本史大事典（平凡社 1992）
◇和歌山県史 近世（和歌山県 1990）
　▷〈写真〉写真108「本居宣長画像」
◇京都大事典（淡交社 1984）
◇日本大百科全書（小学館 1984）
◇肉筆浮世絵 9（集英社 1982）
　▷図73「本居宣長像」（祇園井特）
◇国史大辞典（吉川弘文館 1979）
◇日本人名大事典 1〜6（平凡社 1979（覆刻））
◇世界伝記大事典（ほるぷ出版 1978）
◇和漢詩歌作家辞典（みづほ出版 1972）
◇大日本百科事典（小学館 1967）
◇世界大百科事典（平凡社 1964）

本居春庭　もとおりはるにわ　1763～1828
江戸時代中期,後期の国学者。
◇日本史大事典（平凡社 1992）
◇国史大辞典（吉川弘文館 1979）

本木庄左衛門　もときしょうざえもん
1767～1822　江戸時代中期,後期のオランダ通詞。
◇長崎県大百科事典（長崎新聞社 1984）▷本木庄左衛門（正栄）
◇郷土歴史人物事典 長崎（第一法規出版 1979）
　▷本木正栄
◇国史大辞典（吉川弘文館 1979）

本木昌造　もときしょうぞう　1824～1875
江戸時代末期,明治時代の活版印刷の先駆者。
◇講談社日本人名大辞典（講談社 2001）
◇日本大百科全書（小学館 1984）
◇郷土歴史人物事典 長崎（第一法規出版 1979）
◇国史大辞典（吉川弘文館 1979）
◇世界伝記大事典（ほるぷ出版 1978）
◇大日本百科事典（小学館 1967）
◇世界大百科事典（平凡社 1964）

本木庄太夫　もときしょうだゆう　1628～1697
江戸時代前期のオランダ通詞。
◇長崎事典 歴史編 1988年版（長崎文献社 1988）
　▷本木良意

本木良永　もときよしなが　1735～1794
江戸時代中期のオランダ通詞,蘭学者。
◇日本史大事典（平凡社 1992）
◇長崎県大百科事典（長崎新聞社 1984）▷本木仁太夫（良永）
◇日本大百科全書（小学館 1984）
◇国史大辞典（吉川弘文館 1979）

本沢竹雲　もとさわちくうん　1836～1907
江戸時代末期,明治時代の学者。
◇山形県大百科事典（山形放送 1983）

元田直　もとだなおし　1834～1916
江戸時代末期,明治時代の豊後杵築藩士,法律家。
◇大分県歴史人物事典（大分合同新聞社 1996）

元田永孚　もとだながざね　1818～1891
江戸時代末期,明治時代の儒学者,明治天皇の側近。
◇講談社日本人名大辞典（講談社 2001）
◇熊本県大百科事典（熊本日日新聞社 1982）
◇国史大辞典（吉川弘文館 1979）
◇日本人名大事典 1～6（平凡社 1979（覆刻））

元木網　もとのもくあみ　1724～1811
江戸時代中期,後期の狂歌師。
◇新編埼玉県史 通史編4（埼玉県 1989）
　▷〈写真〉6-25「元杢網画像」
◇大日本百科事典（小学館 1967）

本部泰　もとべゆたか　1843～1915
江戸時代末期,明治期の因幡鳥取藩士,官吏。
◇鳥取県大百科事典（新日本海新聞社 1984）

元良親王　もとよししんのう　890～943
平安時代中期の公卿,歌人。
◇名品揃物浮世絵 9（ぎょうせい 1992）
　▷図14「百人一首乳母が縁説 元良親王」（葛飾北斎　天保年間中－後期（1830-1844））
◇在外秘宝―欧米秘蔵浮世絵集成 葛飾北斎（学習研究社 1972）
　▷図195「百人一首乳母が縁説 元良親王」（葛飾北斎　天保年間中－後期（1830-1844））

物部守屋　もののべのもりや　？～587
飛鳥時代の廷臣。大連。
◇巨匠の日本画 7（学習研究社 1994）
　▷図23,25「守屋大連」（安田靫彦　明治41（1908））
◇アート・ギャラリー・ジャパン 4（集英社 1987）
　▷図016「守屋大連」（安田靫彦　明治41（1908））
◇世界伝記大事典（ほるぷ出版 1978）
◇日本の名画 14（中央公論社 1976）
　▷図1「守屋大連」（安田靫彦　明治41（1908））
◇現代日本美術全集 14（集英社 1974）
　▷図1「守屋大連」（安田靫彦　明治41（1908））
◇明治絵画名作大観 上（同盟通信社 1969）
　▷図106「守屋大連」（安田靫彦　明治41（1908））
◇日本近代絵画全集 23（講談社 1963）
　▷図2「守屋大連」（安田靫彦　明治41（1908））

桃井素忠　ももいそちゅう　1671～1721
江戸時代前期,中期の播州赤穂の浪士。
◇角川日本姓氏歴史人物大辞典 3（角川書店 1998）

百瀬三七　ももせさんしち　1833～1891
江戸時代後期～明治期の三七堰の創設者。
◇長野県歴史人物大事典（郷土出版社 1989）

ももそ

桃園天皇　ももぞのてんのう　1741〜1762
　江戸時代中期の第116代天皇。在位1747〜1762。
◇国史大辞典（吉川弘文館 1979）

桃井儀八　ももいぎはち　1803〜1864
　江戸時代末期の農民。
◇群馬県史 通史編4 近世1 政治（群馬県 1990）
　　▷〈写真〉107「桃井可堂画像」

桃井直詮　もものいなおあき
　室町時代, 戦国時代の舞踊家。
◇講談社日本人名大辞典（講談社 2001）
◇国宝・重要文化財大全 1（毎日新聞社 1997）
　　▷図224「桃井直詮像」（伝 土佐光信　室町時代）
◇原色日本の美術（改訂版）21（小学館 1994）
　　▷図62「桃井直詮像」（作者不詳　1480）
◇国史大辞典（吉川弘文館 1979）　▷桃井幸若丸
◇日本美術絵画全集 5（集英社 1979）
　　▷図55「桃井直詮像（心月寺海藍賛）」（作者不詳）
◇原色日本の美術 23（小学館 1971）
　　▷図62「桃井直詮像」（作者不詳）
◇日本美術大系 5（講談社 1959）
　　▷図46「桃井直詮像」（土佐光信）

藻寄行蔵　もよりこうぞう　1820〜1886
　江戸時代末期, 明治時代の医師, 実業家。
◇書府太郎—石川県大百科事典 改訂版 上（北国新聞社 2004）

森有礼　もりありのり　1847〜1889
　江戸時代末期, 明治時代の薩摩藩士, 教育者, 啓蒙思想家。
◇日本史大事典（平凡社 1992）
◇写された幕末—石黒敬七コレクション（明石書店 1990）
　　▷p83 No.5「米国黒人と森有礼」
◇読者所蔵「古い写真」館（朝日新聞社 1986）
　　▷p64「（無題）」
◇日本大百科全書（小学館 1984）
◇沖縄大百科事典（沖縄タイムス社 1983）
◇鹿児島大百科事典（南日本新聞社 1981）
◇国史大辞典（吉川弘文館 1979）
◇日本人名大事典 1〜6（平凡社 1979（覆刻））
◇世界伝記大事典（ほるぷ出版 1978）

森岡昌純　もりおかまさずみ　1833〜1898
　江戸時代末期, 明治時代の薩摩藩士, 官僚, 実業家。
◇国史大辞典（吉川弘文館 1979）

森川竹窓　もりかわちくそう　1763〜1830
　江戸時代中期, 後期の書家, 篆刻家。
◇国史大辞典（吉川弘文館 1979）

森寛斎　もりかんさい　1814〜1894
　江戸時代末期, 明治時代の日本画家。
◇山口県百科事典（大和書房 1982）

森玄黄斎　もりげんこうさい　1807〜1886
　江戸時代後期, 末期, 明治時代の根付師。
◇埼玉大百科事典 1〜5（埼玉新聞社 1974）

森源三　もりげんぞう　1837〜1910
　江戸時代末期, 明治時代の越後長岡藩士。
◇北海道歴史人物事典（北海道新聞社 1993）
◇北海道大百科事典（北海道新聞社 1981）

盛玄甫　もりげんぽ　1800〜1836
　江戸時代後期の医家。
◇徳島県百科事典（徳島新聞社 1981）

森下景端　もりしたけいたん　1824〜1891
　江戸時代末期, 明治時代の備前岡山藩士, 黒住教副管長。
◇大分県歴史人物事典（大分合同新聞社 1996）
◇岡山県歴史人物事典（山陽新聞社 1994）
◇岡山県大百科事典（山陽新聞社 1980）
◇大分百科事典（大分放送 1980）

森信一　もりしんいち　1842〜1892
　江戸時代末期の医師。
◇岡山県歴史人物事典（山陽新聞社 1994）

森甚五兵衛　もりじんごべえ　1566〜1637
　安土桃山時代, 江戸時代前期の徳島藩士。
◇徳島県百科事典（徳島新聞社 1981）

森新太郎　もりしんたろう　1829〜1909
　江戸時代末期, 明治時代の志士。
◇高知県人名事典（高知新聞社 1999）

森末虎太郎　もりすえとらたろう　1848〜1919
　江戸時代末期〜大正期の剣道家。
◇岡山県歴史人物事典（山陽新聞社 1994）

守住貫魚　もりずみかんぎょ　1809〜1892
　江戸時代末期, 明治時代の画家。
◇徳島県歴史人物鑑（徳島新聞社 1994）
◇徳島県百科事典（徳島新聞社 1981）

森善左衛門　もりぜんざえもん　1743～1817
江戸時代中期，後期の関東売藍商，江戸材木商。
◇徳島県歴史人物鑑（徳島新聞社 1994）

守田勘弥〔代数不詳〕　もりたかんや
江戸時代の歌舞伎役者。
◇日本版画美術全集 2（講談社 1961）
　▷図151「守田勘弥」（鳥居清倍）

森田勘弥〔3代〕　もりたかんや
？～1722　江戸時代中期の歌舞伎座主，歌舞伎役者。
◇浮世絵大系 1（集英社 1974）
　▷図32「三代森田勘弥の伊達姿」（鳥居清倍）

森田勘弥〔8代〕　もりたかんや
1759～1814　江戸時代中期，後期の森田座の座元，歌舞伎役者。
◇浮世絵ギャラリー 4（小学館 2006）
　▷図10「八代目森田勘弥の駕籠かき鳶の次郎作」（東洲斎写楽　寛政6(1794)）
◇日本の浮世絵美術館 1（角川書店 1996）
　▷図146「八代目森田勘弥の由良兵庫之助信忠」（東洲斎写楽　寛政6）
◇日本の浮世絵美術館 3（角川書店 1996）
　▷図157「八世森田勘弥の駕籠昇鴬の次郎作」（東洲斎写楽　寛政6）
◇浮世絵花名品選（小学館 1993）
　▷図5「八世森田勘弥の駕籠昇鴬の次郎作」（東洲斎写楽）
◇新編 名宝日本の美術 29（小学館 1991）
　▷図18「八世森田勘弥の駕籠昇鴬の次郎作」（東洲斎写楽　寛政6(1794)）
◇秘蔵浮世絵大観 ベレス・コレクション（講談社 1991）
　▷図36「三代目市川髙麗蔵の時鳥の五郎蔵・初代中山富三郎の宮城野・八代目森田勘弥の鴬の次郎作」（勝川春艶　寛政6(1794)）
　▷図113「八世森田勘弥の駕籠昇鴬の次郎作」（東洲斎写楽　寛政6(1794)）
◇名品揃物浮世絵 5（ぎょうせい 1991）
　▷図18「八世森田勘弥の駕籠昇鴬の次郎作」（東洲斎写楽　寛政6(1794)）
◇秘蔵浮世絵大観 6（講談社 1989）
　▷図178「八世森田勘弥の駕籠昇鴬の次郎作」（東洲斎写楽　寛政6(1794)）
◇秘蔵浮世絵大観 2（講談社 1987）
　▷図0100「八代目森田勘弥の菊池次郎と三代目市川八百蔵の花の本姫」（勝川春英　天明7.11）
◇浮世絵八華 4（平凡社 1985）
　▷図18「八世森田勘弥の駕籠昇鴬の次郎作」（東洲斎写楽　寛政6(1794)）
　▷図018「八世森田勘弥の駕籠昇鴬の次郎作」（東洲斎写楽　寛政6(1794)）
　▷図60「八世森田勘弥の玄海坊実は河内冠者」（東洲斎写楽）
　▷図0112「八世森田勘弥の玄海坊実は河内冠者」（東洲斎写楽）
　▷図060「八世森田勘弥の由良兵庫之助信忠」（東洲斎写楽）
◇浮世絵聚花 13（小学館 1981）
　▷図73「八世森田勘弥の寺岡平右衛門」（勝川春英）
◇浮世絵聚花 12（小学館 1980）
　▷図127「三代目市川髙麗蔵の時鳥の五郎蔵・初代中山富三郎の宮城野・八代目森田勘弥の鴬の次郎作」（勝川春艶　寛政6(1794)）
◇浮世絵聚花 15（小学館 1980）
　▷図116「初世坂東八十助」（勝川春英）
◇浮世絵聚花 7（小学館 1979）
　▷図122「八世森田勘弥の玄海坊実は河内冠者」（東洲斎写楽）
◇浮世絵聚花 11（小学館 1979）
　▷図106「八世森田勘弥の定九郎」（勝川春英）
　▷図7「八世森田勘弥の駕籠昇鴬の次郎作」（東洲斎写楽　寛政6(1794)）
◇浮世絵聚花 6（小学館 1978）
　▷図158「八世森田勘弥の由良兵庫之助信忠」（東洲斎写楽）
◇復元浮世絵 8（集英社 1978）
　▷図15「八世森田勘弥の駕籠昇鴬の次郎作」（東洲斎写楽　寛政6(1794)）
◇浮世絵大系 7（集英社 1973）
　▷図18「八世森田勘弥の駕籠昇鴬の次郎作」（東洲斎写楽　寛政6(1794)）
　▷図49「八世森田勘弥の玄海坊実は河内冠者」（東洲斎写楽）
　▷図39「八世森田勘弥の由良兵庫之助信忠」（東洲斎写楽）
◇在外秘宝―欧米収蔵浮世絵集成 東洲斎写楽（学習研究社 1972）
　▷図Ⅳ－Ⅷ「八世森田勘弥と嵐竜蔵」（東洲斎写楽）
　▷図18「八世森田勘弥の駕籠昇鴬の次郎作」（東洲斎写楽　寛政6(1794)）
　▷図89「八世森田勘弥の駕籠昇鴬の次郎作」（東洲斎写楽　寛政6(1794)）
　▷図90「八世森田勘弥の駕籠昇鴬の次郎作」（東洲斎写楽　寛政6(1794)）
　▷図017「八世森田勘弥の駕籠昇鴬の次郎作」（東洲斎写楽　寛政6(1794)）
　▷図60「八世森田勘弥の玄海坊実は河内冠者」（東洲斎写楽）
　▷図096「八世森田勘弥の玄海坊実は河内冠者」（東洲斎写楽）
　▷図97「八世森田勘弥の由良兵庫之助信忠」（東洲斎写楽）
　▷図058「八世森田勘弥の由良兵庫之助信忠」（東洲斎写楽）

◇全集浮世絵版画 4（集英社 1972）
　▷図19「八世森田勘弥の由良兵庫之助信忠」（東洲斎写楽）
◇原色日本の美術 24（小学館 1971）
　▷図77「八世森田勘弥の駕篭昇鴬の次郎作」（東洲斎写楽　寛政6（1794））
◇美人画・役者絵 6（講談社 1966）
　▷図18「八世森田勘弥の駕篭昇鴬の次郎作」（東洲斎写楽　寛政6（1794））
　▷図54「八世森田勘弥の由良兵庫之助信忠」（東洲斎写楽）
◇浮世絵版画 6（集英社 1964）
　▷図18「八世森田勘弥の由良兵庫之助信忠」（東洲斎写楽）
◇日本版画美術全集 4（講談社 1960）
　▷図97「八世森田勘弥と嵐竜蔵」（東洲斎写楽）
　▷図218「八世森田勘弥の駕篭昇鴬の次郎作」（東洲斎写楽　寛政6（1794））

森田勘弥〔10代〕　もりたかんや
？～1838　江戸時代後期の歌舞伎座主、歌舞伎役者。
◇浮世絵八華 7（平凡社 1985）
　▷図81「(仮)(名)手本忠臣蔵〔八段目〕（十世）森田勘弥のこなみ　沢村訥升のとなせ」（歌川国芳）
　▷図82「(仮)(名)手本忠臣蔵〔九段目〕（五世）市川団蔵の本蔵（十世）森田勘弥の小なミ　沢村訥升のとなせ」（歌川国芳）

守田勘弥〔12代〕　もりたかんや
1846～1897　江戸時代末期、明治時代の歌舞伎座主、歌舞伎作者。
◇国史大辞典（吉川弘文館 1979）

盛田久左エ門　もりたきゅうざえもん
1816～1894　江戸時代後期～明治期の醸造業。
◇愛知百科事典（中日新聞本社 1977）

森田清行　もりたきよゆき
江戸時代後期の幕臣。
◇サムライ古写真帖（新人物往来社 2004）
　▷p66「米海軍工廠を見学する遣米使節幹部たち」

森田桂園　もりたけいえん　1812～1861
江戸時代末期の幕臣。
◇写された幕末―石黒敬七コレクション（明石書店 1990）
　▷p31 No.6「遣米使節〔新見豊前守一行〕」（ブラデー　万延元年（1860）.4.5）

森田佐平　もりたさへい　1835～1893
江戸時代末期、明治時代の地方政治家。
◇岡山県歴史人物事典（山陽新聞社 1994）
◇岡山県大百科事典（山陽新聞社 1980）
◇岡山人名事典（日本文教出版 1978）

森田柿園　もりたしえん　1823～1908
江戸時代末期、明治期の地方史研究家。前田家編纂員。
◇書府太郎―石川県大百科事典 改訂版 上（北国新聞社 2004）

森田節斎　もりたせっさい　1811～1868
江戸時代末期の儒学者、志士。
◇岡山県歴史人物事典（山陽新聞社 1994）
◇和歌山県史　近世（和歌山県 1990）
　▷〈写真〉写真300「森田節斎画像」
◇郷土歴史人物事典 奈良（第一法規出版 1981）

森忠政　もりただまさ　1570～1634
安土桃山時代、江戸時代前期の大名。
◇岡山県歴史人物事典（山陽新聞社 1994）
◇岡山県大百科事典（山陽新聞社 1980）
◇岡山人名事典（日本文教出版 1978）

森田筆之丞　もりたふでのじょう　1803～1864
江戸時代末期の漁民。
◇高知県人名事典（高知新聞社 1999）

森多平　もりたへい　1840～1918
江戸時代末期～大正期の深山自由新聞の創設者。
◇長野県歴史人物大事典（郷土出版社 1989）

森民蔵　もりたみぞう　1829～1898
江戸時代後期～明治期の実業家。
◇宮城県百科事典（河北新報社 1982）

森田弥助　もりたやすけ
江戸時代末期の第2回遣欧使節随員。
◇読者所蔵「古い写真」館（朝日新聞社 1986）
　▷p38「第2回遣欧使節」
◇日本写真全集 1 写真の幕あけ（小学館 1985）
　▷p17 No.13「第二回遣欧使節随員」

森田屋彦之丞　もりたやひこのじょう
1775～1831　江戸時代中期、後期の浜名湖（舞阪）の海苔養殖法の祖。
◇静岡県歴史人物事典（静岡新聞社 1991）

森暉昌　もりてるまさ　1685～1752
江戸時代中期の国学者、遠江曳馬五社神主。
◇静岡県史　通史編3 近世1（静岡県 1997）

▷〈写真〉写2-59「森暉昌画像」

母里友信　もりとものぶ　？～1615
　安土桃山時代,江戸時代前期の武士。
◇福岡県百科事典 上,下（西日本新聞社 1982）
　▷母里太兵衛

森永惣吉　もりながそうきち　1845～1910
　江戸時代後期～明治期の小城羊羹の元祖といわれている。
◇佐賀県大百科事典（佐賀新聞社 1983）

森信好　もりのぶよし　1825～1915
　江戸時代末期,明治期の藍商。
◇徳島県百科事典（徳島新聞社 1981）　▷森六郎

森鉢太郎　もりはちたろう
　江戸時代末期の幕臣・定役。1862年遣欧使節に随行しフランスに渡る。
◇幕末―写真の時代（筑摩書房 1994）
　▷p60 No.51「（無題）」（ナダール）
　▷p66 No.77「遣欧使節団の随行者たち」（ナダール,フェリックス）
◇写された幕末―石黒敬七コレクション（明石書店 1990）
　▷p34 No.2「遣欧使節竹内下野守随員」（ナダール,フェリックス）
◇写真集 甦る幕末（朝日新聞社 1987）
　▷p232 No.323「（無題）」
◇開化写真鏡 写真にみる幕末から明治へ（大和書房 1975）
　▷p92「（無題）」（ナダール）

森村市左衛門　もりむらいちざえもん
　1839～1919　江戸時代末期,明治時代の貿易商,実業家。
◇愛知百科事典（中日新聞本社 1977）

森本喜三郎　もりもときさぶろう　1805～1909
　江戸時代後期～明治期の園芸家・苗木業の創始者。
◇徳島県百科事典（徳島新聞社 1981）

森本甄里　もりもとせんり　1753～1833
　江戸時代中期,後期の土佐藩士,漢学者。
◇高知県人名事典（高知新聞社 1999）

森本宗吉　もりもとそうきち　1846頃～1888
　江戸時代後期～明治期の実業家・キリスト教徒。
◇岡山県歴史人物事典（山陽新聞社 1994）

森本藤吉　もりもととうきち　1845頃～1921
　江戸時代末期～大正期の実業家。
◇岡山県歴史人物事典（山陽新聞社 1994）

森山多吉郎　もりやまたきちろう　1820～1871
　江戸時代末期,明治時代の通詞。
◇幕末―写真の時代（筑摩書房 1994）
　▷p58 No.43「（無題）」（ナダール）
◇写真集 甦る幕末（朝日新聞社 1987）
　▷p238 No.353「（無題）」
◇長崎県大百科事典（長崎新聞社 1984）

守屋庸庵　もりやようあん　1831～1909
　江戸時代末期,明治時代の蘭学者。
◇岡山県歴史人物事典（山陽新聞社 1994）
◇岡山県大百科事典（山陽新聞社 1980）
◇岡山人名事典（日本文教出版 1978）

森芳滋　もりよししげ　1832～1897
　江戸時代後期～明治期の葡萄栽培の先覚者。
◇岡山県歴史人物事典（山陽新聞社 1994）
◇岡山県大百科事典（山陽新聞社 1980）
◇岡山人名事典（日本文教出版 1978）

護良親王　もりよししんのう　1308～1335
　鎌倉時代後期,南北朝時代の後醍醐天皇の皇子。
◇日本史大事典（平凡社 1992）
◇日本大百科全書（小学館 1984）
◇国史大辞典（吉川弘文館 1979）

森義高　もりよしたか　1838～1913
　江戸時代末期～大正期の剣術家。
◇高知県人名事典（高知新聞社 1999）

森可成　もりよしなり　1523～1570
　戦国時代の武将。
◇日本史大事典（平凡社 1992）
◇国史大辞典（吉川弘文館 1979）

森蘭丸　もりらんまる　1565～1582
　安土桃山時代の織田信長の近習。
◇日本画素描大観 4（講談社 1984）
　▷図202「森蘭丸」（安田靫彦　昭和44(1969)）
　▷図200「森蘭丸（下図）」（安田靫彦　昭和44(1969)）
　▷図201「森蘭丸（下図）」（安田靫彦　昭和44(1969)）
◇日本の名画 14（中央公論社 1976）
　▷図48「森蘭丸」（安田靫彦　昭和44(1969)）
◇現代日本美術全集 14（集英社 1974）
　▷図62「森蘭丸」（安田靫彦　昭和44(1969)）

森立之 もりりっし　1807～1885
江戸時代末期,明治時代の医師。
◇国史大辞典（吉川弘文館 1979）

文覚 もんがく　1139～1203
平安時代後期,鎌倉時代前期の真言宗の僧。
◇国宝・重要文化財大全 1（毎日新聞社 1997）
　▷図167「文覚上人像」（作者不詳　鎌倉時代）
◇原色日本の美術（改訂版）21（小学館 1994）
　▷図47「文覚上人像」（作者不詳　13世紀後半）
◇新編 名宝日本の美術 8（小学館 1992）
　▷図25「文覚上人像」（作者不詳　13世紀）
◇日本史大事典（平凡社 1992）
◇秘蔵浮世絵大観 プルヴェラー・コレクション（講談社 1990）
　▷図029「文覚上人荒行の図」（歌川国芳　弘化4-5）
◇京都大事典（淡交社 1984）
◇日本大百科全書（小学館 1984）
◇日本美術絵画全集 13（集英社 1980）
　▷図41「平家物語 文覚の乱行図」（岩佐又兵衛）
◇原色現代日本の美術 13（小学館 1979）
　▷図31「文覚」（荻原守衛　明治41(1908)　東京国立近代美術館（東京都千代田区）蔵）
◇国史大辞典（吉川弘文館 1979）
◇日本人名大事典 1～6（平凡社 1979（覆刻））
◇日本美術全集 10（学習研究社 1979）
　▷図75「文覚上人像」（作者不詳　鎌倉時代）
◇重要文化財 9（毎日新聞社 1974）
　▷図252「文覚上人像」（作者不詳　鎌倉時代）
◇現代日本美術全集 3（集英社 1972）
　▷図34「文覚」（今村紫紅　明治42(1909)）
◇原色日本の美術 23（小学館 1971）
　▷図47「文覚上人像」（作者不詳）
◇日本版画美術全集 6（講談社 1961）
　▷図101「文覚上人,熊野の滝にて荒行,不動明王の加護をうく」（月岡芳年）

門田朴斎 もんでんぼくさい　1797～1873
江戸時代後期～明治期の福山藩の儒者。
◇広島県大百科事典（中国新聞社 1982）

文雄 もんのう　1700～1763
江戸時代中期の音韻学者。
◇国史大辞典（吉川弘文館 1979）

【や】

八重野範三郎 やえののりさぶろう
1849～1922　江戸時代末期～大正期の教育者。
◇福岡県百科事典 上,下（西日本新聞社 1982）

八百屋お七 やおやおしち　1668～1683
江戸時代前期,中期の女性。江戸本郷の八百屋の娘。
◇秘蔵浮世絵大観 プルヴェラー・コレクション（講談社 1990）
　▷図7「お七と吉三」（奥村利信　享保中期(1716-36)）
◇秘蔵浮世絵大観 9（講談社 1989）
　▷図5「八百屋お七と小姓吉三」（奥村利信　享保中・後期(1716-36)）
◇秘蔵浮世絵大観 12（講談社 1988）
　▷図074「お七吉三」（恋川春政　享和頃）
◇秘蔵浮世絵大観 2（講談社 1987）
　▷図04「八百屋お七」（鳥居清忠（初代）　享保中期頃）
◇肉筆浮世絵 5（集英社 1983）
　▷図21「潤色八百屋お七図屏風」（鳥居清長）
◇在外日本の至宝 7（毎日新聞社 1980）
　▷図43「八百屋お七」（伝 奥村利信　享保3頃(1718頃)）
◇浮世絵聚花 4（小学館 1979）
　▷図27「八百屋お七と小姓吉三」（奥村政信）
◇浮世絵聚花 7（小学館 1979）
　▷図176「実競色乃美名家身 八百屋お七 小姓吉三郎」（喜多川歌麿（初代））
　▷図249「千話鏡月の村雲 お七 吉三郎」（喜多川歌麿（初代））
◇浮世絵聚花 2（小学館 1978）
　▷図217「八百屋お七 小姓吉三郎」（喜多川歌麿（初代））
◇浮世絵大系 1（集英社 1974）
　▷図39「八百屋お七と小姓吉三」（奥村政信）
◇浮世絵名作選集 6（山田書院 1968）
　▷図〔4〕「奉納提灯 八百屋お七」（歌川国貞（初代））
◇美人画・役者絵 7（講談社 1965）
　▷図4「奉納提灯 八百屋お七」（歌川国貞（初代））
◇日本版画美術全集 5（講談社 1960）
　▷図150「奉納提灯 八百屋お七」（歌川国貞（初代））

八木雕 やぎあきら　1828～1910
江戸時代末期,明治期の犬山藩士。
◇角川日本姓氏歴史人物大辞典 23（角川書店 1991）

八木久兵衛　　やぎきゅうべえ　1849～1923
　江戸時代末期～大正期の実業家。
◇宮城県百科事典（河北新報社 1982）

八木泰吉　　やぎたいきち　1836～1897
　江戸時代後期～明治期の養蚕業振興指導者,神座明治新田開拓者。
◇静岡県歴史人物事典（静岡新聞社 1991）

八木朋直　　やぎともなお　1842～1929
　江戸時代末期,明治期の米沢藩士。越後府仕官,新潟市長。
◇山形県大百科事典（山形放送 1983）

柳生宗矩　　やぎゅうむねのり　1571～1646
　安土桃山時代,江戸時代前期の大名。
◇日本史大事典（平凡社 1992）
◇日本大百科全書（小学館 1984）
◇国史大辞典（吉川弘文館 1979）
◇世界伝記大事典（ほるぷ出版 1978）
◇大日本百科事典（小学館 1967）

施薬院全宗　　やくいんぜんそう　1526～1599
　戦国時代,安土桃山時代の医師。
◇国史大辞典（吉川弘文館 1979）
◇日本人名大事典 1～6（平凡社 1979（覆刻））
　▷丹波全宗

約翁徳倹　　やくおうとくけん　1245～1320
　鎌倉時代後期の臨済宗の僧。
◇国宝・重要文化財大全 1（毎日新聞社 1997）
　▷図101「約翁徳倹像」（作者不詳　鎌倉時代）
　▷図102「約翁徳倹像」（作者不詳　鎌倉時代）
◇重要文化財 10（毎日新聞 1974）
　▷図336「約翁徳倹像（自賛）」（作者不詳　鎌倉時代）

益信　　やくしん　827～906
　平安時代前期,中期の真言宗の僧。
◇日本史大事典（平凡社 1992）
◇国史大辞典（吉川弘文館 1979）

屋代弘賢　　やしろひろかた　1758～1841
　江戸時代中期,後期の考証学者。
◇日本人名大事典 1～6（平凡社 1979（覆刻））

野水　　やすい　1658～1743
　江戸時代前期の俳人。
◇俳諧人名辞典（巌南堂書店 1970）

安井好尚　　やすいこうしょう　1847～1922
　江戸時代末期～大正期の篤農家。
◇島根県歴史人物事典（山陰中央新報社 1997）

安井息軒　　やすいそっけん　1799～1876
　江戸時代末期,明治時代の儒学者。
◇北海道歴史人物事典（北海道新聞社 1993）
◇宮崎県大百科事典（宮崎日日新聞社 1983）
◇北海道大百科事典（北海道新聞社 1981）
◇国史大辞典（吉川弘文館 1979）
◇大日本百科事典（小学館 1967）

安岡金馬　　やすおかきんま　1844～1894
　江戸時代末期,明治期の藩士。順海丸船長,横須賀海軍機関学校教授。
◇高知県人名事典（高知新聞社 1999）

安岡良哲　　やすおかよしやす　1835～1897
　江戸時代末期,明治期の勤王の志士。
◇高知県人名事典（高知新聞社 1999）

安岡良亮　　やすおかりょうすけ　1825～1876
　江戸時代末期,明治期の志士。
◇サムライ古写真帖（新人物往来社 2004）
　▷p130「（無題）」
◇高知県人名事典（高知新聞社 1999）

屋須弘平　　やすこうへい　1846～1917
　江戸時代末期,明治時代の海外留学生。
◇日本写真全集 5 人物と肖像（小学館 1986）
　▷p30 No.25「結婚記念写真」（屋須弘平）

安田定則　　やすださだのり　1843～1892
　江戸時代末期,明治時代の鹿児島県士族。
◇北海道歴史人物事典（北海道新聞社 1993）
◇北海道大百科事典（北海道新聞社 1981）

安田清安　　やすだせいあん　？～1875
　江戸時代後期～明治期の医師。
◇角川日本姓氏歴史人物大辞典 4（角川書店 1994）

安田善次郎〔初代〕　　やすだぜんじろう
　1838～1921　江戸時代末期,明治時代の実業家。
◇栃木県歴史人物事典（下野新聞社 1995）　▷安田善次郎
◇富山大百科事典（北日本新聞 1994）　▷安田善次郎
◇北海道歴史人物事典（北海道新聞社 1993）　▷安田善次郎
◇日本大百科全書（小学館 1984）　▷安田善次郎〔代数なし〕

◇北海道大百科事典（北海道新聞社 1981）▷安田善次郎
◇国史大辞典（吉川弘文館 1979）▷安田善次郎〔代数なし〕
◇日本人名大事典 1〜6（平凡社 1979（覆刻））
◇世界伝記大事典（ほるぷ出版 1978）

安田幸正　やすだゆきまさ　1844〜1895
江戸時代後期〜明治期の実業家。
◇高知県人名事典（高知新聞社 1999）

安原貞室　やすはらていしつ　1610〜1673
江戸時代前期の俳人。
◇俳諧人名辞典（巌南堂書店 1970）▷貞室

安光徳太郎　やすみつとくたろう　1839〜1913
江戸時代末期, 明治期の郷士。
◇高知県人名事典（高知新聞社 1999）

矢高濤一　やたかとういち　1820〜1897
江戸時代後期〜明治期の北遠の治山治水功労者。
◇静岡県歴史人物事典（静岡新聞社 1991）

矢田部盛治　やたべもりはる　1824〜1871
江戸時代末期, 明治時代の神職。
◇静岡県歴史人物事典（静岡新聞社 1991）

谷津勘四郎　やつかんしろう
江戸時代末期の幕臣・小人目付。1864年遣仏使節に随行しフランスに渡る。
◇幕末―写真の時代（筑摩書房 1994）
　▷p87 No.99「（無題）」（ナダール）
◇読者所蔵「古い写真」館（朝日新聞社 1986）
　▷p38「第2回遣欧使節」

矢頭右衛門七　やとうえもしち
1686〜1703　江戸時代中期の播磨赤穂藩士。
◇日本の浮世絵美術館 6（角川書店 1996）
　▷図50「元禄日本錦 千馬三良兵ヱ光忠・矢頭右衛七教兼」（河鍋暁斎　明治19）

梁川紅蘭　やながわこうらん　1804〜1879
江戸時代末期, 明治時代の女性。詩人、画家。
◇郷土歴史人物事典 岐阜（第一法規出版 1980）

柳河春三　やながわしゅんさん　1832〜1870
江戸時代末期, 明治時代の洋学者。
◇日本大百科全書（小学館 1984）
◇国史大辞典（吉川弘文館 1979）
◇日本人名大事典 1〜6（平凡社 1979（覆刻））
　▷柳川春三
◇愛知百科事典（中日新聞本社 1977）

◇日本写真史 1840-1945（平凡社 1971）
　▷p468「（無題）」
◇大日本百科事典（小学館 1967）

梁川星巌　やながわせいがん　1789〜1858
江戸時代後期の詩人。
◇国史大辞典（吉川弘文館 1979）
◇日本人名大事典 1〜6（平凡社 1979（覆刻））
◇岐阜県史 通史編 近世下（岐阜県 1972）
　▷p1033（写真）「梁川星巌画像」
◇和漢詩歌作家辞典（みづほ出版 1972）

柳沢吉保　やなぎさわよしやす　1658〜1714
江戸時代前期, 中期の大名, 老中上座（大老格）。
◇日本史大事典（平凡社 1992）
◇新編埼玉県史 通史編3（埼玉県 1988）
　▷〈口絵〉4「柳沢吉保画像（複製）」
◇日本大百科全書（小学館 1984）
◇兵庫県史 第4巻 近世編2（兵庫県 1980）
　▷〈写真〉写真128「柳沢吉保像」
◇国史大辞典（吉川弘文館 1979）
◇世界伝記大事典（ほるぷ出版 1978）
◇大日本百科事典（小学館 1967）
◇世界大百科事典（平凡社 1964）

柳田藤吉　やなぎだとうきち　1837〜1909
江戸時代後期, 末期, 明治時代の殖産家。
◇北海道歴史人物事典（北海道新聞社 1993）
◇北海道大百科事典（北海道新聞社 1981）

柳田茂十郎　やなぎだもじゅうろう　1833〜1899
江戸時代後期, 末期, 明治時代の商人。
◇角川日本姓氏歴史人物大辞典 20（角川書店 1996）
◇長野県歴史人物大事典（郷土出版社 1989）

柳楢悦　やなぎならよし　1832〜1891
江戸時代末期, 明治時代の水路事業者, 数学者, 伊勢津藩士。
◇国史大辞典（吉川弘文館 1979）

柳原伊兵衛　やなぎはらいへえ　1842〜1913
江戸時代末期〜大正期の吉田港の建設計画者。
◇静岡県歴史人物事典（静岡新聞社 1991）

柳原紀光　やなぎはらもとみつ　1746〜1800
江戸時代中期, 後期の公家。権大納言。
◇国史大辞典（吉川弘文館 1979）

柳原由兵衛　やなぎはらよしべえ　1848〜1918
江戸時代末期〜大正期の郷土誌執筆者。
◇静岡県歴史人物事典（静岡新聞社 1991）

矢野栄教　やのえいきょう　1730～1799
江戸時代中期, 後期の画家。
◇徳島県歴史人物鑑（徳島新聞社 1994）

矢野一貞　やのかずさだ　1794～1879
江戸時代末期, 明治時代の国学者。
◇福岡県百科事典 上, 下（西日本新聞社 1982）

矢野勘三郎　やのかんざぶろう　1821～1894
江戸時代末期, 明治時代の豊後岡藩士。
◇大分県歴史人物事典（大分合同新聞社 1996）

矢野次郎兵衛　やのじろべえ
江戸時代末期の第2回遣欧使節団同心。
◇幕末―写真の時代（筑摩書房 1994）
　▷p93 No.106「（無題）」（ルイ・ルソー）
◇読者所蔵「古い写真」館（朝日新聞社 1986）
　▷p39「第2回遣欧使節」
◇日本写真全集 1 写真の幕あけ（小学館 1985）
　▷p17 No.17「第二回遣欧使節随員」

矢野成文　やのなりあや　1830～1894
江戸時代後期～明治期の教育者。
◇宮城県百科事典（河北新報社 1982）

矢野玄道　やのはるみち　1823～1887
江戸時代末期, 明治時代の国学者。
◇愛媛県百科大事典（愛媛新聞社 1985）

矢延平六　やのべへいろく　1610～1685
江戸時代前期の武士, 治水家。
◇香川県人物・人名事典（四国新聞社 1985）

矢野光儀　やのみつよし　1822～1880
江戸時代末期, 明治時代の佐伯藩士。
◇大分県歴史人物事典（大分合同新聞社 1996）
◇岡山県歴史人物事典（山陽新聞社 1994）
◇岡山県大百科事典（山陽新聞社 1980）

野坡　やば　1662～1740
江戸時代中期の俳人。
◇国史大辞典（吉川弘文館 1979）　▷志太野坡
◇日本人名大事典 1～6（平凡社 1979（覆刻））
　▷志多野坡
◇俳諧人名辞典（巌南堂書店 1970）

矢吹経正　やぶきけいしょう　1827～1881
江戸時代末期の歌人。
◇岡山県歴史人物事典（山陽新聞社 1994）

矢吹正則　やぶきまさのり　1833～1906
江戸時代末期, 明治時代の勤王家, 美作津山藩士。
◇岡山県歴史人物事典（山陽新聞社 1994）
◇岡山人名事典（日本文教出版 1978）

山内盛熹　やまうちせいき　1842～1916
江戸時代末期, 明治時代の沖縄古典音楽の演奏者。
◇沖縄大百科事典（沖縄タイムス社 1983）

山内忠豊　やまうちただとよ　1609～1669
江戸時代前期の大名。
◇高知県人名事典（高知新聞社 1999）

山内忠義　やまうちただよし　1592～1664
江戸時代前期の大名。
◇高知県人名事典（高知新聞社 1999）

山内隄雲　やまうちていうん
1838～1923　江戸時代後期, 末期, 明治時代の洋学者。
◇北海道歴史人物事典（北海道新聞社 1993）
◇北海道大百科事典（北海道新聞社 1981）

山内豊信　やまうちとよしげ　1827～1872
江戸時代末期, 明治時代の大名。
◇サムライ古写真帖（新人物往来社 2004）
　▷p46「（無題）」（横田彦兵衛　慶応3年（1867）.5.14）
　▷p27「（無題）」（内田九一　明治初期）
◇皇族・華族古写真帖 愛蔵版（新人物往来社 2003）
　▷p135「（無題）」
◇士―日本のダンディズム（二玄社 2003）
　▷p050 No.40「山内容堂像」（内田九一　制作年不詳）
◇講談社日本人名大辞典（講談社 2001）
◇高知県人名事典（高知新聞社 1999）　▷山内容堂
◇幕末―写真の時代（筑摩書房 1994）
　▷p183 No.195「（無題）」（撮影者不詳　慶応年間(1865～68)）
◇日本史大事典（平凡社 1992）　▷山内容堂
◇写された幕末―石黒敬七コレクション（明石書店 1990）
　▷p64 No.1「（無題）」
◇日本大百科全書（小学館 1984）
◇国史大辞典（吉川弘文館 1979）
◇日本人名大辞典 1～6（平凡社 1979（覆刻））
　▷山内容堂
◇世界伝記大事典（ほるぷ出版 1978）
◇高知県百科事典（高知新聞社 1976）　▷山内容堂
◇和漢詩歌作家辞典（みづほ出版 1972）　▷山内

容堂
◇大日本百科事典（小学館 1967）

山内豊隆　やまうちとよたか　1673〜1720
　江戸時代中期の大名。
◇高知県人名事典（高知新聞社 1999）

山内豊雍　やまうちとよちか　1750〜1789
　江戸時代中期の大名。
◇高知県人名事典（高知新聞社 1999）

山内豊常　やまうちとよつね　1711〜1725
　江戸時代中期の大名。
◇高知県人名事典（高知新聞社 1999）

山内豊敷　やまうちとよのぶ　1712〜1767
　江戸時代中期の大名。
◇高知県人名事典（高知新聞社 1999）

山内豊範　やまうちとよのり　1846〜1886
　江戸時代末期，明治時代の大名。
◇サムライ古写真帖（新人物往来社 2004）
　　▷p28「（無題）」
◇皇族・華族古写真帖 愛蔵版（新人物往来社 2003）
　　▷p194「（無題）」
◇高知県人名事典（高知新聞社 1999）
◇国史大辞典（吉川弘文館 1979）
◇高知県百科事典（高知新聞社 1976）

山内豊房　やまうちとよふさ　1672〜1706
　江戸時代中期の大名。
◇高知県人名事典（高知新聞社 1999）

山内豊昌　やまうちとよまさ　1641〜1700
　江戸時代前期，中期の大名。
◇高知県人名事典（高知新聞社 1999）

山内豊福　やまうちとよよし　1836〜1868
　江戸時代末期の大名。
◇高知県人名事典（高知新聞社 1999）

山内文次郎　やまうちぶんじろう　1848〜1912
　江戸時代末期，明治時代の幕臣，官吏。
◇サムライ古写真帖（新人物往来社 2004）
　　▷p18「マルセイユでの徳川昭武一行」
　　　（Walery　1867.4.5）

山内康豊　やまうちやすとよ　1549〜1625
　安土桃山時代，江戸時代前期の武将，大名。
◇高知県人名事典（高知新聞社 1999）

山内六三郎　やまうちろくさぶろう　1838〜1923
　江戸時代末期，明治時代の幕臣，官吏。
◇サムライ古写真帖（新人物往来社 2004）
　　▷p18「マルセイユでの徳川昭武一行」
　　　（Walery　1867.4.5）
◇セピア色の肖像（朝日ソノラマ 2000）
　　▷p21「（無題）」（トベール・ド・カッサン）
◇幕末—写真の時代（筑摩書房 1994）
　　▷p90 No.102「（無題）」（ルイ・ルソー）
◇写された幕末—石黒敬七コレクション（明石書店 1990）
　　▷p56 No.1「マルセイユで撮った徳川昭武一行」
◇読者所蔵「古い写真」館（朝日新聞社 1986）
　　▷p39「第2回遣欧使節」
◇日本写真全集 1 写真の幕あけ（小学館 1985）
　　▷p17 No.18「第二回遣欧使節随員」

山浦真雄　やまうらまさお　1804〜1874
　江戸時代末期，明治時代の刀工。
◇長野県歴史人物大事典（郷土出版社 1989）

山岡景隆　やまおかかげたか　1525〜1585
　戦国時代，安土桃山時代の織田信長麾下の武将。
◇国史大辞典（吉川弘文館 1979）

山岡景友　やまおかかげとも　1542〜1603
　安土桃山時代の武将。
◇日本史大事典（平凡社 1992）
◇国史大辞典（吉川弘文館 1979）

山岡鉄舟　やまおかてっしゅう　1836〜1888
　江戸時代末期，明治時代の政治家。
◇サムライ古写真帖（新人物往来社 2004）
　　▷p101「（無題）」
◇皇族・華族古写真帖 愛蔵版（新人物往来社 2003）
　　▷p141「（無題）」
◇士—日本のダンディズム（二玄社 2003）
　　▷p111 No.81「明治英雄一覧」（明治時代初期）
◇講談社日本人名大辞典（講談社 2001）
◇角川日本姓氏歴史人物大辞典 22（角川書店 1995）
◇日本史大事典（平凡社 1992）
◇読者所蔵「古い写真」館（朝日新聞社 1986）
　　▷p51「山岡鉄舟と元赤報隊」（明治初期）
◇日本大百科全書（小学館 1984）
◇佐賀県大百科事典（佐賀新聞社 1983）　▷山岡鉄太郎
◇国史大辞典（吉川弘文館 1979）
◇日本人名大事典 1〜6（平凡社 1979（覆刻））
◇大日本百科事典（小学館 1967）

山岡浚明 やまおかまつあけ 1726～1780
　江戸時代中期の国学者。
◇国史大辞典（吉川弘文館 1979）

山尾庸三 やまおようぞう 1837～1917
　江戸時代末期, 明治時代の長州（萩）藩士, 官吏。
◇皇族・華族古写真帖 愛蔵版（新人物往来社 2003）
　　▷p143「（無題）」
◇士―日本のダンディズム（二玄社 2003）
　　▷p111 No.81「明治英雄一覧」（明治時代初期）
◇角川日本姓氏歴史人物大辞典 35（角川書店 1991）
◇国史大辞典（吉川弘文館 1979）
◇日本人名大事典 1～6（平凡社 1979（覆刻））

山嵐源悟 やまおろしげんご
　江戸時代の力士。
◇秘蔵浮世絵大観 6（講談社 1989）
　　▷図0118「鏡岩浜之助・山嵐源悟」（勝川春英 享和）

山鹿素行 やまがそこう 1622～1685
　江戸時代前期の儒学者, 兵学者。
◇講談社日本人名大辞典（講談社 2001）
◇日本史大事典（平凡社 1992）
◇昭和の美術 2（毎日新聞社 1990）
　　▷p56「山鹿素行先生」（島田墨仙　昭和17（1942））
◇会津大事典（国書刊行会 1985）
◇長崎県大百科事典（長崎新聞社 1984）
◇日本大百科全書（小学館 1984）
◇福島大百科事典（福島民報社 1980）
◇国史大辞典（吉川弘文館 1979）
◇原色現代日本の美術 4（小学館 1978）
　　▷図16「山鹿素行先生」（島田墨仙　昭和17（1942））
◇世界伝記大事典（ほるぷ出版 1978）
◇和漢詩歌作家辞典（みづほ出版 1972）
◇大日本百科事典（小学館 1967）

山県有朋 やまがたありとも 1838～1922
　江戸時代末期, 明治時代の軍人, 政治家, もと長州（萩）藩士。
◇サムライ古写真帖（新人物往来社 2004）
　　▷p96「（無題）」（幕末頃）
　　▷p97「髷を落とした山県」（上野彦馬）
　　▷p97「ヨーロッパ視察中の山県一行」（上野彦馬　1869.6）
◇皇族・華族古写真帖 愛蔵版（新人物往来社 2003）
　　▷p145「（無題）」
　　▷p170「（無題）」

　　▷p13「（無題）」（内田九一）
　　▷p40～41「（無題）」
　　▷p168「（無題）」
　　▷p193「（無題）」
◇士―日本のダンディズム（二玄社 2003）
　　▷p111 No.81「明治英雄一覧」（明治時代初期）
◇講談社日本人名大辞典（講談社 2001）
◇日本史大事典（平凡社 1992）
◇角川日本姓氏歴史人物大辞典 35（角川書店 1991）
◇読者所蔵「古い写真」館（朝日新聞社 1986）
　　▷p64「（無題）」
◇日本大百科全書（小学館 1984）
◇山口県百科事典（大和書房 1982）
◇国史大辞典（吉川弘文館 1979）
◇日本人名大事典 1～6（平凡社 1979（覆刻））
◇世界伝記大事典（ほるぷ出版 1978）
◇写真の開祖上野彦馬（上野彦馬撮影 産業能率短期大学出版部 1975）
　　▷p13 No.6「（無題）」
　　▷p13 No.7「（無題）」（1869.6）
◇大日本百科事典（小学館 1967）
◇世界大百科事典（平凡社 1964）

山県周南 やまがたしゅうなん 1687～1752
　江戸時代中期の古文辞学派の儒者。
◇講談社日本人名大辞典（講談社 2001）
◇日本大百科全書（小学館 1984）
◇国史大辞典（吉川弘文館 1979）
◇日本人名大事典 1～6（平凡社 1979（覆刻））

山県大弐 やまがたただいに 1725～1767
　江戸時代中期の儒学者, 尊王家。
◇山梨百科事典（山梨日日新聞 1992）
◇日本史大事典（平凡社 1992）
◇日本大百科全書（小学館 1984）
◇世界伝記大事典（ほるぷ出版 1978）

山川正朔 やまかわしょうさく 1814～1882
　江戸時代末期, 明治時代の蘭学者。
◇岡山県歴史人物事典（山陽新聞社 1994）
◇岡山県大百科事典（山陽新聞社 1980）
◇岡山人名事典（日本文教出版 1978）

山川浩 やまかわひろし 1845～1898
　江戸時代末期, 明治時代の陸奥津軽藩士, 陸奥会津藩士。
◇会津大事典（国書刊行会 1985）

山口重治 やまぐちしげはる 1540～1572
　戦国時代, 安土桃山時代の人。
◇角川日本姓氏歴史人物大辞典 14（角川書店

1993)

山口尚芳　やまぐちなおよし　1839～1894
江戸時代末期, 明治時代の肥前佐賀藩士, 官吏。
◇十一日本のダンディズム（二玄社 2003）
　▷p111 No.81「明治英雄一覧」（明治時代初期）
◇写された幕末―石黒敬七コレクション（明石書店 1990）
　▷p83 No.4「珍風俗の岩倉使節一行」
◇佐賀県大百科事典（佐賀新聞社 1983）
◇国史大辞典（吉川弘文館 1979）

山口平右衛門　やまぐちへいえもん
1838～1915　江戸時代末期～大正期の焼津水産翁の一人。
◇静岡県歴史人物事典（静岡新聞社 1991）

山口平兵衛　やまぐちへいべえ　1849～1914
江戸時代末期～大正期の茂木銀行創設, 初代頭人。
◇栃木県歴史人物事典（下野新聞社 1995）

山崎闇斎　やまざきあんさい　1618～1682
江戸時代前期の儒学者, 神道家。
◇講談社日本人名大辞典（講談社 2001）
◇静岡県史 通史編4 近世2（静岡県 1997）
　▷〈写真〉写1-112「山崎闇斎画像」
◇日本史大事典（平凡社 1992）
◇日本大百科全書（小学館 1984）
◇福島大百科事典（福島民報社 1980）
◇兵庫県史 第4巻 近世編2（兵庫県 1980）
　▷〈写真〉写真63「山崎闇斎像」
◇国史大辞典（吉川弘文館 1979）
◇日本人名大事典 1～6（平凡社 1979（覆刻））
◇世界伝記大事典（ほるぷ出版 1978）
◇高知県大百科事典（高知新聞社 1976）
◇和漢詩歌作家辞典（みづほ出版 1972）
◇大日本百科事典（小学館 1967）
◇世界大百科事典（平凡社 1964）

山崎久三郎　やまざききゅうざぶろう
1820～1876
江戸時代末期, 明治時代の呉服商。
◇高知県人名事典（高知新聞社 1999）

山崎元脩　やまざきげんしゅう　1845～1910
江戸時代後期～明治期の新潟県立新潟医学校長・産婦人科医。
◇新潟県大百科事典 上, 下（新潟日報事業社 1977）

山崎宗鑑　やまざきそうかん　?～1539
戦国時代の俳諧連歌師。
◇日本大百科全書（小学館 1984）　▷宗鑑
◇国史大辞典（吉川弘文館 1979）
◇俳諧人名辞典（巌南堂書店 1970）　▷宗鑑

山崎樵夫　やまさきそまお　1839～1914
江戸時代末期, 明治時代の実業家。
◇岡山県歴史人物事典（山陽新聞社 1994）

山崎豊治　やまさきとよはる　?～1700
江戸時代前期の武将。
◇岡山県歴史人物事典（山陽新聞社 1994）
◇岡山人名事典（日本文教出版 1978）

山崎好昭　やまさきよしあき　1839～1918
江戸時代末期～大正期の勤王家。
◇高知県人名事典（高知新聞社 1999）

山下岩吉　やましたいわきち　1841～1916
江戸時代末期, 明治時代の幕府留学生, 海軍技師。
◇幕末―写真の時代（筑摩書房 1994）
　▷p74 No.87「（無題）」（撮影者不詳）
◇写された幕末―石黒敬七コレクション（明石書店 1990）
　▷p59 No.4「留学生となった軍艦水夫」

山下亀之丞〔4代〕　やましたかめのじょう
江戸時代中期の歌舞伎役者, 歌舞伎座本。
◇秘蔵浮世絵大観 2（講談社 1987）
　▷図52「山下京之助の後面の所作事」（一筆斎文調　明和6.3(1769.3)）
◇浮世絵聚花 5（小学館 1980）
　▷図79「山下京之助」（一筆斎文調）
◇浮世絵聚花 15（小学館 1980）
　▷図23「山下京之助の後面の所作事」（一筆斎文調　明和6.3(1769.3)）
◇日本美術全集 22（学習研究社 1979）
　▷図53「山下京之助の後面の所作事」（一筆斎文調　明和6.3(1769.3)）
◇浮世絵全集 5（河出書房新社 1957）
　▷図1「山下京之助の後面の所作事」（一筆斎文調　明和6.3(1769.3)）

山下金作〔初代〕　やましたきんさく
?～1750　江戸時代中期の歌舞伎役者。
◇秘蔵浮世絵大観 10（講談社 1987）
　▷図61「初代山下金作の佐野女房難波津」（奥村政信　享保8.11(1723.11)）
　▷図50「山下金作の斑女」（鳥居清倍(2代)　享保8-14頃(1723-29頃)）
◇浮世絵聚花 1（小学館 1983）
　▷図73「初世山下金作の女はちの木」（鳥居清信(初代)）

▷図42「初世山下金作の書物売り」(西村重長)
◇浮世絵聚花 9（小学館 1981）
　▷図025「山下金作」(一筆斎文調)
　▷図026「山下金作」(一筆斎文調)
　▷図029「山下金作と市川八百蔵」(一筆斎文調)
◇在外日本の至宝 7（毎日新聞社 1980）
　▷図42「山下金作の大磯とら」(奥村利信　享保14(1729))
◇浮世絵聚花 5（小学館 1980）
　▷図119「山下金作の般若の面を持った女」(勝川春好(初代))
◇浮世絵聚花 4（小学館 1979）
　▷図81「山下金作の女人形遣い」(鳥居清信(初代))
　▷図92「山下金作と早川初瀬の人形遣い」(鳥居清倍)
　▷図97「山下金作の懐中おはぐろ売り」(鳥居清倍)
　▷図118「山下金作の懐中鉄漿うりせりふ」(羽川和元)
◇浮世絵聚花 10（小学館 1979）
　▷図013「山下金作」(一筆斎文調)
　▷図17「山下金作の大磯とら」(奥村利信　享保14(1729))
◇浮世絵聚花 11（小学館 1979）
　▷図235「山下金作のうば」(一筆斎文調)
◇美人画・役者絵 3（講談社 1965）
　▷図1「山下金作のあこや」(鳥居清長)

山下金作〔2代〕　やましたきんさく
1733～1799　江戸時代中期の歌舞伎役者。
◇秘蔵日本美術大観 3（講談社 1993）
　▷図101-(3)「役者大首絵　二代目山下金作と初代中村仲蔵」(勝川派　寛政年間(1789-1801初))
◇秘蔵日本美術大観 10（講談社 1993）
　▷図74「二代目山下金作の乳人重の井」(叢豊丸　寛政7(1795))
◇名品揃浮世絵 6（ぎょうせい 1992）
　▷図36「役者舞台之姿絵　成田屋(市川鰕蔵の郡山の気負い金作次郎実は清原武則)天王寺屋(二世山下金作の大国屋の仲居ゑび蔵おかね実は貞任女房岩手)」(歌川豊国(初代)寛政6-7(1794-95))
◇名品揃浮世絵 5（ぎょうせい 1991）
　▷図77「二世山下金作の仲居ゑびぞうおかね実は安倍貞任奥方岩手御前(天王子屋里虹)」(東洲斎写楽　寛政6.11)
◇秘蔵浮世絵大観 別巻（講談社 1990）
　▷〔チ〕36「初代坂東三津五郎の半兵衛と二代目山下金作のお千代」(一筆斎文調　明和7(1770))
　▷〔チ〕019「二代目山下金作の田舎娘お作」(勝川春章　安永2)
　▷〔チ〕025「二代目山下金作の楠の奥方 菊水御前」(勝川春章　安永8)

▷〔チ〕06「二代目山下金作のせんじ茶うりおみや」(鳥居清経　安永)
◇秘蔵浮世絵大観 8（講談社 1989）
　▷図74「二代目山下金作の扇売り」(鳥居清広　宝暦2.11-宝暦8.10(1752.11-1758.10))
◇秘蔵浮世絵大観 4（講談社 1988）
　▷図051「二代目山下金作の五条坂のあこやと初代中村仲蔵の大日坊ほうこん」(勝川春好(初代)　寛政初)
◇秘蔵浮世絵大観 11（講談社 1988）
　▷図3「二代目山下金作の歌占園女」(勝川春章　安永9(1780))
◇秘蔵浮世絵大観 2（講談社 1987）
　▷図98「二代目山下金作と二代中村助五郎」(勝川春好(初代)　安永(1772-81))
　▷図0170「二代山下金作の仲居ゑびぞうおかね実は安倍貞任奥方岩手御前(天王子屋里虹)」(東洲斎写楽　寛政6.11)
◇秘蔵浮世絵大観 10（講談社 1987）
　▷図016「二代目嵐三五郎のものぐさ太郎と二代山下金作の女房しがらみ」(鳥居清経　安永2.5)
　▷図019「二代目山下金作のとなせ」(鳥居清経　安永3.夏)
◇浮世絵八華 4（平凡社 1985）
　▷図0108「二世山下金作の安倍貞任奥方岩手御前」(東洲斎写楽)
　▷図0111「二世山下金作の安倍貞任奥方岩手御前」(東洲斎写楽)
　▷図0118「二世山下金作の仲居ゑびぞうおかね実は安倍貞任奥方岩手御前(天王子屋里虹)」(東洲斎写楽　寛政6.11)
◇浮世絵聚花 9（小学館 1981）
　▷図027「二世山下金作」(一筆斎文調)
◇浮世絵聚花 13（小学館 1981）
　▷図166「二世市川高麗蔵の花守喜怜と二世山下金作の女房お梅」(一筆斎文調)
　▷図136「役者舞台之姿絵　成田屋(市川鰕蔵の郡山の気負い金作次郎実は清原武則)天王寺屋(二世山下金作の大国屋の仲居ゑび蔵おかね実は貞任女房岩手)」(歌川豊国(初代)寛政6-7(1794-95))
◇浮世絵聚花 14（小学館 1981）
　▷図60「東扇　二世山下金作」(勝川春章)
◇浮世絵聚花 5（小学館 1980）
　▷図09「二世山下金作の打掛けを着た女」(勝川春章)
　▷図83「二世山下金作の女鳴神」(勝川春章)
◇浮世絵聚花 8（小学館 1980）
　▷図165-166「初世尾上松助と二世山下金作」(勝川春章)
　▷図162「二世山下金作」(勝川春章)
◇浮世絵聚花 15（小学館 1980）
　▷図022「二世市川高麗蔵の花守喜怜と二世山下金作の女房お梅」(一筆斎文調)
◇浮世絵聚花 7（小学館 1979）
　▷図50「二世山下金作の安倍貞任奥方岩手御前」(東洲斎写楽)

やまし

▷図67「二世山下金作のむつはな」(鳥居清満(初代))
◇浮世絵聚花 10(小学館 1979)
　▷図83「二世山下金作」(一筆斎文調)
　▷図199「二世山下金作」(一筆斎文調)
　▷図60「二世山下金作」(鳥居清広)
◇浮世絵聚花 11(小学館 1979)
　▷図14「二世山下金作の仲居ゑびぞうおかね実は安倍貞任奥方岩手御前(天王子屋里虹)」(東洲斎写楽 寛政6.11)
◇浮世絵聚花 3(小学館 1978)
　▷図86「二代山下金作の小きん」(喜多川歌麿(初代))
◇浮世絵大系 3(集英社 1974)
　▷図66「二世市川高麗蔵の花守喜作と二世山下金作の女房お梅」(一筆斎文調)
◇浮世絵大系 7(集英社 1973)
　▷図48「二世山下金作の仲居ゑびぞうおかね実は安倍貞任奥方岩手御前(天王子屋里虹)」(東洲斎写楽 寛政6.11)
◇在外秘宝―欧米収蔵浮世絵集成 東洲斎写楽(学習研究社 1972)
　▷図53「二世山下金作の安倍貞任奥方岩手御前」(東洲斎写楽)
　▷図088「二世山下金作の安倍貞任奥方岩手御前」(東洲斎写楽)
　▷図103「二世山下金作の安倍貞任奥方岩手御前」(東洲斎写楽)
　▷図0108「二世山下金作の安倍貞任奥方岩手御前」(東洲斎写楽)
　▷図094「二世山下金作の仲居ゑびぞうおかね実は安倍貞任奥方岩手御前(天王子屋里虹)」(東洲斎写楽 寛政6.11)
　▷図100「二世山下金作の仲居ゑびぞうおかね実は安倍貞任奥方岩手御前(天王子屋里虹)」(東洲斎写楽 寛政6.11)
◇美人画・役者絵 6(講談社 1966)
　▷図76「二世山下金作の安倍貞任奥方岩手御前」(東洲斎写楽)
　▷図84「二世山下金作の安倍貞任奥方岩手御前」(東洲斎写楽)
　▷図82「二世山下金作の仲居ゑびぞうおかね実は安倍貞任奥方岩手御前(天王子屋里虹)」(東洲斎写楽 寛政6.11)
◇日本版画美術全集 4(講談社 1960)
　▷図232「二世山下金作の仲居ゑびぞうおかね実は安倍貞任奥方岩手御前(天王子屋里虹)」(東洲斎写楽 寛政6.11)
◇浮世絵全集 5(河出書房新社 1957)
　▷図18「二世市川高麗蔵の花守喜作と二世山下金作の女房お梅」(一筆斎文調)
　▷図22「二世山下金作の女三の宮召使むつ花」(一筆斎文調)
　▷図29「二世中村助五郎の赤松武者之助と二世山下金作のむつ花と坂東三津五郎の柏木の衛門」(勝川春章)
　▷図57「二世山下金作の安倍貞任奥方岩手御前」(東洲斎写楽)

山下又太郎〔初代〕　やましたまたたろう
1712～1762 江戸時代中期の歌舞伎役者。
◇華―浮世絵名品集(平木浮世絵財団 2004)
　▷図19「茶の湯と花 山下又太郎 中村富十郎」(鳥居清広 宝暦5-7(1755-57))
◇秘蔵浮世絵大観 別巻(講談社 1990)
　▷〔チ〕19「初代山下又太郎の武辺源蔵と初代中村富十郎の松王女房きよ」(山本義信 宝暦6(1756))
◇秘蔵浮世絵大観 2(講談社 1987)
　▷図018「初代山下又太郎の渡辺競滝口と初代中村富十郎の傾城初花」(鳥居清広 宝暦5.11)

山下万菊〔代数不詳〕　やましたまんぎく
江戸時代の歌舞伎役者。
◇名品揃物浮世絵 5(ぎょうせい 1991)
　▷図30「三世沢村宗十郎と山下万菊の楽屋」(勝川春章 安永末期頃～天明3頃(1781-83頃))
◇秘蔵浮世絵大観 2(講談社 1987)
　▷図91「三世沢村宗十郎と山下万菊の楽屋」(勝川春章 安永末期頃～天明3頃(1781-83頃))
◇浮世絵八華 2(平凡社 1985)
　▷図45「五世市川団十郎の香具屋弥兵衛と中村里好の丹波屋おつまと山下万菊の女中」(鳥居清長)
◇浮世絵聚花 2(小学館 1985)
　▷図66「三世瀬川菊之丞の小糸、山下万菊の賤機姫、三世沢村宗十郎の大友常陸介」(鳥居清長)
◇浮世絵聚花 5(小学館 1980)
　▷図121「山下万菊の女非人おさん」(勝川春好(初代))
　▷図167「山下万菊と三世大谷広次」(鳥居清長)
◇浮世絵聚花 15(小学館 1980)
　▷図25「三世沢村宗十郎と山下万菊の楽屋」(勝川春章 安永末期頃～天明3頃(1781-83頃))
◇浮世絵聚花 11(小学館 1979)
　▷図104「四世岩井半四郎と山下万菊と四世松本幸四郎」(勝川春章)
◇原色日本の美術 17(小学館 1968)
　▷図26「三世沢村宗十郎と山下万菊の楽屋」(勝川春章 安永末期頃～天明3頃(1781-83頃))
◇日本版画美術全集 3(講談社 1961)
　▷図23「三世沢村宗十郎と山下万菊の楽屋」(勝川春章 安永末期頃～天明3頃(1781-83頃))
　▷図287「二世市川門之助の五郎・中村仲蔵の祐経・山下万菊の少将」(勝川春常)
　▷図21「三世沢村宗十郎の頼朝・中村里好の清滝・山下万菊の政子」(鳥居清長)
◇浮世絵全集 5(河出書房新社 1957)

▷図38「三世沢村宗十郎の頼朝・中村里好の清滝・山下万菊の政子」（鳥居清長）
▷図37「三世瀬川菊之丞の小糸、山下万菊の賤機姫、三世沢村宗十郎の大友常陸介」（鳥居清長）

山下万菊〔初代〕　　やましたまんぎく
1763～1791　江戸時代中期の歌舞伎役者。
◇秘蔵浮世絵大観 2（講談社 1987）
▷図0101「三代目市川高麗蔵と初代山下万菊」（勝川春英　天明後期）

山下八百蔵〔代数不詳〕　やましたやおぞう
江戸時代後期の歌舞伎役者。
◇日本の浮世絵美術館 1（角川書店 1996）
▷図131「山下八百蔵」（一筆斎文調　明和末頃）
◇秘蔵浮世絵大観 12（講談社 1988）
▷図63「二代目市川門之助の小姓久丸と山下八尾蔵のお染」（一筆斎文調　明和8.正（1771.正））
◇浮世絵聚花 14（小学館 1981）
▷図109「初世中村仲蔵の狐忠信と山下八百蔵の静御前」（勝川春潮）

山下八百蔵〔初代〕　やましたやおぞう
江戸時代中期の歌舞伎役者。
◇浮世絵聚花 9（小学館 1981）
▷図130「初世山下八百蔵の小野小町と二世市川八百蔵の良岑ノ宗貞」（一筆斎文調）

山科四郎十郎　やましなしろじゅうろう
江戸時代中期の歌舞伎役者。
◇浮世絵八華 4（平凡社 1985）
▷図041「山科四郎十郎の名護屋三左衛門」（東洲斎写楽）
◇浮世絵聚花 7（小学館 1979）
▷図48「山科四郎十郎の名護屋三左衛門」（東洲斎写楽）
◇浮世絵聚花 10（小学館 1979）
▷図053「山科四郎十郎の名護屋三左衛門」（東洲斎写楽）
◇在外秘宝―欧米収蔵浮世絵集成　東洲斎写楽（学習研究社 1972）
▷図035「山科四郎十郎の名護屋三左衛門」（東洲斎写楽）
◇美人画・役者絵 6（講談社 1966）
▷図32「山科四郎十郎の名護屋三左衛門」（東洲斎写楽）

山地元治　やまじもとはる　1841～1897
江戸時代後期、末期、明治時代の武士、軍人。
◇高知県人名事典（高知新聞社 1999）
◇高知県百科事典（高知新聞社 1976）

山背大兄王　やましろのおおえのおう　？～643
飛鳥時代の王族。
◇仏像集成 6（学生社 1995）
▷図93「聖徳太子・山背王・殖栗王・卒末呂王・恵慈法師（坐）像」（作者不詳　法隆寺（奈良県生駒郡斑鳩町）蔵）
◇国宝大事典 2（講談社 1985）
▷図91「聖徳太子・山背王・殖栗王・卒末呂王・恵慈法師（坐）像」（作者不詳　保安2（1121）　法隆寺（奈良県生駒郡斑鳩町））
◇国宝（増補改訂版）5（毎日新聞社 1984）
▷図35「聖徳太子・山背王・殖栗王・卒末呂王・恵慈法師（坐）像」（作者不詳　保安2（1121）　法隆寺（奈良県生駒郡斑鳩町）蔵）
◇国史大辞典（吉川弘文館 1979）
◇秘宝 2（講談社 1970）
▷図252「山背王坐像」（作者不詳　法隆寺（奈良県生駒郡斑鳩町）蔵）
◇国宝図録 3（文化財協会 1955）
▷図29「聖徳太子・山背王・殖栗王・卒末呂王・恵慈法師（坐）像」（作者不詳　法隆寺（奈良県生駒郡斑鳩町）蔵）

山田顕義　やまだあきよし　1844～1892
江戸時代末期、明治時代の軍人、政治家、もと長州（萩）藩士。
◇サムライ古写真帖（新人物往来社 2004）
▷p124「「（無題）」（保利与兵衛）
◇皇族・華族古写真帖　愛蔵版（新人物往来社 2003）
▷p139「（無題）」
◇十一日本のダンディズム（二玄社 2003）
▷p111 No.81「明治英雄一覧」（明治時代初期）
◇山口県百科事典（大和書房 1982）
◇国史大辞典（吉川弘文館 1979）
◇日本人名大事典 1～6（平凡社 1979（覆刻））

山田雲巌　やまだうんがん　1820～1886
江戸時代末期の漢学者。
◇岡山県歴史人物事典（山陽新聞社 1994）

山高石見守　やまたかいわみのかみ
江戸時代末期の幕臣。徳川昭武の伝役。
◇サムライ古写真帖（新人物往来社 2004）
▷p18「マルセイユでの徳川昭武一行」（Walery　1867.4.5）
◇写された幕末―石黒敬七コレクション（明石書店 1990）
▷p56 No.1「マルセイユで撮った徳川昭武一行」

山田喜代七　やまだきよしち　1848～1905
江戸時代後期～明治期の臼野村助役。
◇大分県歴史人物事典（大分合同新聞社 1996）

やまた

山田十竹　やまだじっちく　1833～1901
　江戸時代末期,明治時代の漢学者,教育家。
◇広島県大百科事典（中国新聞社 1982）

山田俊卿　やまだしゅんけい　1831～1921
　江戸時代末期～大正期の医師,慈善事業家。
◇大分県歴史人物事典（大分合同新聞社 1996）

山田尚俌　やまだしょうほ
　1841～1910　江戸時代後期～明治期の教育者。
◇香川県人物・人名事典（四国新聞社 1985）
◇香川県大百科事典（四国新聞社 1984）

山田季治　やまだすえじ　1848～1916
　江戸時代末期～大正期の教育者。
◇鳥取県大百科事典（新日本海新聞社 1984）

山田成器　やまだせいき　1831～1912
　江戸時代末期,明治期の医師。
◇岡山県歴史人物事典（山陽新聞社 1994）

山田勢三　やまだせいぞう　1828～1906
　江戸時代後期～明治期の警察官。
◇福井県大百科事典（福井新聞社 1991）

山田宗徧　やまだそうへん
　1627～1708　江戸時代前期,中期の茶匠。
◇国史大辞典（吉川弘文館 1979）

山田武甫　やまだたけとし　1831～1893
　江戸時代末期,明治時代の肥後熊本藩士,政治家。
◇国史大辞典（吉川弘文館 1979）

山田楽　やまだたのし　1840～1904
　江戸時代末期,明治期の実業家。第八十九国立銀行頭取。
◇徳島県歴史人物鑑（徳島新聞社 1994）

山田長政　やまだながまさ　?～1630
　江戸時代前期のアユタヤ郊外の日本町頭領。
◇講談社日本人名大辞典（講談社 2001）
◇日本大百科全書（小学館 1984）
◇国史大辞典（吉川弘文館 1979）

山田信道　やまだのぶみち　1833～1900
　江戸時代末期,明治時代の志士。
◇熊本県大百科事典（熊本日日新聞社 1982）

山田梅村　やまだばいそん　1816～1881
　江戸時代末期,明治時代の儒者。
◇香川県人物・人名事典（四国新聞社 1985）

山田八郎　やまだはちろう
　江戸時代後期,末期,明治時代の幕臣・小人目付。1862年遣欧使節に同行しフランスに渡る。
◇幕末―写真の時代（筑摩書房 1994）
　▷p60 No.54「（無題）」（ナダール）
◇写真集 甦る幕末（朝日新聞社 1987）
　▷p233 No.328「（無題）」
　▷p234 No.336「（無題）」

山田文右衛門　やまだぶんえもん
　1820～1883　江戸時代末期,明治時代の蝦夷地の場所請負・漁業経営者。
◇北海道歴史人物事典（北海道新聞社 1993）
◇北海道大百科事典（北海道新聞社 1981）

山田文次郎　やまだぶんじろう
　江戸時代末期の徳川昭武使節団随員。
◇写された幕末―石黒敬七コレクション（明石書店 1990）
　▷p56 No.1「マルセイユで撮った徳川昭武一行」

山田方谷　やまだほうこく　1805～1877
　江戸時代末期,明治時代の儒学者。
◇岡山県歴史人物事典（山陽新聞社 1994）
◇岡山県大百科事典（山陽新聞社 1980）
◇国史大辞典（吉川弘文館 1979）
◇岡山人名事典（日本文教出版 1978）

山田光徳　やまだみつのり　1845～1906
　江戸時代中期の剣術家。
◇高知県人名事典（高知新聞社 1999）　▷山田平左衛門
◇高知県百科事典（高知新聞社 1976）　▷山田平左衛門

山田吉雄　やまだよしお　1839～1911
　江戸時代後期～明治期の島根県警察の初代警部長。
◇島根県歴史人物事典（山陰中央新報社 1997）

山寺常山　やまでらじょうざん　1807～1878
　江戸時代末期,明治時代の松代藩士。
◇長野県歴史人物大事典（郷土出版社 1989）

日本武尊　やまとたけるのみこと
　上代の伝説上の英雄。
◇アート・ギャラリー・ジャパン 12（集英社 1986）
　▷図09「日本武尊」（青木繁　明治39(1906)）
◇原色現代日本の美術 5（小学館 1977）
　▷図66「日本武尊」（青木繁　明治39(1906)）
◇日本の名画 12（中央公論社 1975）

▷図29「日本武尊」（青木繁　明治39(1906)）
◇日本の名画 32（講談社 1973）
　　▷図10「日本武尊」（青木繁　明治39(1906)）
◇現代日本美術全集 7（集英社 1972）
　　▷図24「日本武尊」（青木繁　明治39(1906)）
◇原色日本の美術 27（小学館 1971）
　　▷図57「日本武尊」（青木繁　明治39(1906)）
◇日本近代絵画全集 4（講談社 1962）
　　▷図27「日本武尊」（青木繁　明治39(1906)）

山中敬造　やまなかけいぞう　1827〜1877
　江戸時代末期の武士。
◇サムライ古写真帖（新人物往来社 2004）
　　▷p82「腰掛けた山中敬造」（戊辰戦争前後（1868））

山中献　やまなかけん　1822〜1885
　江戸時代末期,明治時代の志士、文人。
◇愛知百科事典（中日新聞本社 1977）▷山中信天翁

山中新十郎　やまなかしんじゅうろう
　1818〜1877
　江戸時代末期,明治時代の商人。
◇秋田大百科事典（秋田魁新報社 1981）
◇国史大辞典（吉川弘文館 1979）

山中新六　やまなかしんろく　1570〜1651
　安土桃山時代,江戸時代前期の大坂の豪商鴻池善右衛門家の始祖。
◇大阪府史 第5巻 近世編1（大阪府 1985）
　　▷〈写真〉写真220「鴻池新六像 鴻池合名会社」

山中長俊　やまなかながとし　1547〜1607
　安土桃山時代,江戸時代前期の武将,豊臣秀吉の演奏者,右筆。
◇国宝・重要文化財大全 1（毎日新聞社 1997）
　　▷図218「山中長俊像」（作者不詳　桃山時代）
◇重要文化財 10（毎日新聞社 1974）
　　▷図413「山中長俊像（友林紹益賛）」（作者不詳　桃山時代）

山中平九郎〔初代〕　やまなかへいくろう
　1642〜1724　江戸時代中期の歌舞伎役者。
◇華一浮世絵名品集（平木浮世絵財団 2004）
　　▷図15「山中平九郎 鈴木平吉」（鳥居清信　宝永4(1707)）
◇秘蔵浮世絵大観 2（講談社 1987）
　　▷図229「初代市川団十郎と初代山中平九郎の象引」（鳥居清峰　文化9(1812)）
◇浮世絵聚花 1（小学館 1983）
　　▷図12「山中平九郎と生島新五郎とおよび中村源太郎(か)の舞台姿」（伝 鳥居清信）
　　▷図66「初世山中平九郎と初世芳沢あやめの舞台姿」（伝 鳥居清信）
◇浮世絵の美百選（日本経済新聞社 1981）
　　▷図6「初世市川団十郎と山中平九郎の象引」（鳥居清倍　元禄14(1701)）
◇在外日本の至宝 7（毎日新聞社 1980）
　　▷図15「初世市川団十郎と山中平九郎の象引」（鳥居清倍　元禄14(1701)）
◇浮世絵聚花 8（小学館 1980）
　　▷図108「初世市川団十郎と山中平九郎の象引」（鳥居清倍　元禄14(1701)）
◇復元浮世絵大観 1（集英社 1980）
　　▷図6「初世市川団十郎と山中平九郎の象引」（鳥居清倍　元禄14(1701)）
◇浮世絵聚花 7（小学館 1979）
　　▷図1「山中平九郎」（鳥居清信(初代)）
◇浮世絵聚花 10（小学館 1979）
　　▷図01「山中平九郎と中村竹三郎」（鳥居清倍）
◇浮世絵大系 1（集英社 1974）
　　▷図30「初世市川団十郎と山中平九郎の象引」（鳥居清倍　元禄14(1701)）
◇日本版画美術全集 2（講談社 1961）
　　▷図138「山中平九郎と鈴木平吉」（鳥居清信(初代)）

山中正雄　やまなかまさお　1848〜1919
　江戸時代末期〜大正期の私立学校創立者。
◇広島県大百科事典（中国新聞社 1982）

山中幸盛　やまなかゆきもり　1545〜1578
　安土桃山時代の武将,通称は鹿介,尼子十勇士の一人。
◇日本大百科全書（小学館 1984）▷山中鹿介
◇島根県大百科事典（山陰中央新報社 1982）▷山中鹿介幸盛

山梨志賀子　やまなししがこ
　江戸時代後期の女性。歌人。
◇静岡県史 通史編4 近世2（静岡県 1997）
　　▷〈写真〉写1-163「『東海道人物志』に掲載された山梨志賀子」

山梨稲川　やまなしとうせん　1771〜1826
　江戸時代後期の漢学者。
◇静岡県史 資料編15 近世7（静岡県 1991）
　　▷〈口絵〉1「山梨鶴山筆 山梨稲川画像」
◇静岡大百科事典（静岡新聞社 1978）

山名時氏　やまなときうじ　1303〜1371
　鎌倉時代後期,南北朝時代の武将。
◇日本史大事典（平凡社 1992）
◇日本大百科全書（小学館 1984）

山名時熙　やまなときひろ　1367～1435
南北朝時代，室町時代の武将。
◇日本史大事典（平凡社 1992）
◇兵庫県大百科事典 上，下（神戸新聞出版センター 1983）
◇国史大辞典（吉川弘文館 1979）

山名豊国　やまなとよくに　1548～1626
安土桃山時代，江戸時代前期の武将。
◇鳥取県大百科事典（新日本海新聞社 1984）
◇兵庫県大百科事典 上，下（神戸新聞出版センター 1983）
◇国史大辞典（吉川弘文館 1979）
◇兵庫県史 第3巻 中世編2・近世編1（兵庫県 1978）
　▷〈写真〉写真214「山名豊国像」

山根正雄　やまねまさお　1840～1925
江戸時代末期～大正期の剣道範士。
◇徳島県歴史人物鑑（徳島新聞社 1994）
◇徳島県百科事典（徳島新聞社 1981）

山内一豊　やまのうちかずとよ　1546～1605
安土桃山時代の武将，大名。
◇高知県人名事典（高知新聞社 1999）
◇静岡県史 通史編3 近世1（静岡県 1997）
　▷〈写真〉写1-2「山内一豊画像」
◇静岡県史 資料編9 近世1（静岡県 1992）
　▷〈口絵〉6「掛川藩主 山内一豊画像」
◇日本史大事典（平凡社 1992）
◇日本大百科全書（小学館 1984）
◇国史大辞典（吉川弘文館 1979）
◇日本人名大事典 1～6（平凡社 1979（覆刻））
◇高知県百科事典（高知新聞社 1976）
◇大日本百科事典（小学館 1967）

山内曲川　やまのうちきょくせん　1817～1903
江戸時代後期，末期，明治時代の俳人。
◇島根県歴史人物事典（山陰中央新報社 1997）

山内作左衛門　やまのうちさくざえもん
1836～1886　江戸時代末期，明治時代の幕臣，商人。
◇幕末―写真の時代（筑摩書房 1994）
　▷p135 No.139「（無題）」（撮影者不詳）
◇読者所蔵「古い写真」館（朝日新聞社 1986）
　▷p43「遣露使節と留学生」

山内豊資　やまのうちとよすけ　1794～1872
江戸時代末期，明治時代の大名。
◇高知県人名事典（高知新聞社 1999）

山内善男　やまのうちよしお　1844～1920
江戸時代末期～大正期の果樹園芸家。
◇岡山県歴史人物事典（山陽新聞社 1994）
◇岡山人名事典（日本文教出版 1978）

山辺丈夫　やまべたけお　1851～1920
江戸時代末期，明治時代の実業家。
◇島根県歴史人物事典（山陰中央新報社 1997）
◇日本大百科全書（小学館 1984）
◇島根県大百科事典（山陰中央新報社 1982）
◇大日本百科事典（小学館 1967）

山部赤人　やまべのあかひと　生没年不詳
奈良時代の歌人。
◇ボストン美術館 日本美術調査図録（講談社 1997）
　▷図VII-133「山部赤人像」（伝 松花堂昭乗 江戸時代(18-19世紀)）
◇名品揃物浮世絵 9（ぎょうせい 1992）
　▷図4「百人一首字波か恵とき 山辺の赤人」（葛飾北斎　天保年間中－後期(1830-1844)）
◇浮世絵聚花 補巻1（小学館 1982）
　▷図264「百人一首 山辺赤人」（鈴木春信　明和4-5(1767-68)）
◇郷土歴史人物事典 奈良（第一法規出版 1981）
◇世界伝記大事典（ほるぷ出版 1978）
◇在外秘宝―欧米収蔵浮世絵集成 鈴木春信（学習研究社 1972）
　▷図113「富士の白雪（山部赤人）」（鈴木春信）
◇日本の美術 22（平凡社 1964）
　▷図39「百人一首字波か恵とき 山辺の赤人」（葛飾北斎　天保年間中－後期(1830-1844)）

山村市太郎　やまむらいちたろう
江戸時代中期の歌舞伎役者。
◇在外日本の至宝 7（毎日新聞社 1980）
　▷図20「二代目市川団十郎と下り山村市太郎」（鳥居清朝　享保6(1721)）

山村儀右衛門〔2代〕　やまむらぎえもん
1736～1803　江戸時代中期の歌舞伎役者。
◇秘蔵浮世絵大観 ブルヴェラー・コレクション（講談社 1990）
　▷図38「二代目山村儀右衛門の玄界灘右衛門」（勝川春英　寛政4(1792)）
◇浮世絵聚花 13（小学館 1981）
　▷図69「二代目山村儀右衛門の玄界灘右衛門」（勝川春英　寛政4(1792)）

山村蘇門　やまむらそもん　1742～1823
　江戸時代中期, 後期の漢学者。
◇長野県歴史人物大事典（郷土出版社 1989）

山村勉斎　やまむらべんさい　1836～1907
　江戸時代末期, 明治時代の儒学者。
◇島根県歴史人物事典（山陰中央新報社 1997）
◇島根県大百科事典（山陰中央新報社 1982）

山村良哲　やまむらりょうてつ　1811～1884
　江戸時代末期, 明治期の肥前佐賀藩士。
◇佐賀県大百科事典（佐賀新聞社 1983）

山本覚馬　やまもとかくま　1828～1892
　江戸時代末期, 明治時代の陸奥会津藩士, 京都府議会議長。
◇会津大事典（国書刊行会 1985）
◇京都大事典（淡交社 1984）
◇国史大辞典（吉川弘文館 1979）

山本勘助　やまもとかんすけ　？～1561
　戦国時代の武将。
◇日本の浮世絵美術館 4（角川書店 1996）
　▷図190「永禄四年九月四日川中島ノ合戦 山本勘介入道討死図」（歌川国芳）
◇秘蔵浮世絵大観 5（講談社 1989）
　▷図42「永禄四年九月四日川中島ノ合戦ニ山本勘介入道討死ノ図」（歌川国芳　嘉永3-5（1850-52））
◇肉筆浮世絵 9（集英社 1982）
　▷図13「山本勘助像」（祇園井特）

山本金次郎　やまもときんじろう　1827～1864
　江戸時代末期の蒸汽方。1860年咸臨丸の蒸汽方としてアメリカに渡る。
◇角川日本姓氏歴史人物大辞典 14（角川書店 1993）

山本省三　やまもとしょうぞう　1845～1904
　江戸時代後期～明治期の農民運動家。
◇岡山県歴史人物事典（山陽新聞社 1994）

山本甚右衛門　やまもとじんえもん
　1834～1910　江戸時代後期, 末期, 明治時代の実業家。
◇福井県大百科事典（福井新聞社 1991）　▷山本甚三郎〔5代〕

山本誠兵衛　やまもとせいべえ　1850～1923
　江戸時代末期～大正期の実業家。
◇島根県歴史人物事典（山陰中央新報社 1997）

山本宗平　やまもとそうへい　1841～1906
　江戸時代後期～明治期の教育者。
◇富山大百科事典（北日本新聞社 1994）

山本晴海　やまもとはるみ　1804～1867
　江戸時代末期の砲術家。
◇長崎県大百科事典（長崎新聞社 1984）

山本北山　やまもとほくざん　1752～1812
　江戸時代中期, 後期の儒学者。
◇国史大辞典（吉川弘文館 1979）

山脇東門　やまわきとうもん　1736～1782
　江戸時代中期の医師。
◇京都大事典（淡交社 1984）

山脇東洋　やまわきとうよう　1705～1762
　江戸時代中期の医師。
◇講談社日本人名大辞典（講談社 2001）
◇日本史大事典（平凡社 1992）
◇日本大百科全書（小学館 1984）
◇国史大辞典（吉川弘文館 1979）
◇日本人名大事典 1～6（平凡社 1979（覆刻））
◇大日本百科事典（小学館 1967）
◇世界大百科事典（平凡社 1964）

山脇玄心　やまわきはるなか　1597～1678
　江戸時代前期の医師。
◇日本人名大事典 1～6（平凡社 1979（覆刻））

【ゆ】

惟賢　ゆいけん
　鎌倉時代後期, 南北朝時代の天台宗の僧。
◇国宝・重要文化財大全 4（毎日新聞社 1999）
　▷図699「惟賢和尚像」（作者不詳　応安5（1372）　宝戒寺（神奈川県鎌倉市）蔵）
◇仏像集成 1（学生社 1989）
　▷図39「惟賢和尚像」（作者不詳　応安5（1372）　宝戒寺（神奈川県鎌倉市）蔵）
◇重要文化財 5（毎日新聞社 1974）
　▷図179「惟賢和尚像」（作者不詳　応安5（1372）　宝戒寺（神奈川県鎌倉市）蔵）

由井正雪　ゆいしょうせつ　1605～1651
　江戸時代前期の楠流軍学者。
◇世界伝記大事典（ほるぷ出版 1978）

由比直枝　ゆいなおえ　1834〜1911
　江戸時代後期〜明治期の実業家。
◇高知県人名事典（高知新聞社 1999）
◇高知県百科事典（高知新聞社 1976）

結城朝光　ゆうきともみつ　1167〜1254
　平安時代後期、鎌倉時代前期の武将。
◇栃木県歴史人物事典（下野新聞社 1995）
◇日本史大事典（平凡社 1992）
◇国史大辞典（吉川弘文館 1979）

結城寅寿　ゆうきとらじゅ　1818〜1856
　江戸時代末期の水戸藩士。
◇茨城県史　近世編（茨城県 1985）
　　▷図10-2（写真）「結城寅寿肖像」
◇国史大辞典（吉川弘文館 1979）
◇郷土歴史人物事典 茨城（第一法規出版 1978）

結城晴朝　ゆうきはるとも　1534〜1614
　安土桃山時代、江戸時代前期の武将。
◇栃木県歴史人物事典（下野新聞社 1995）
◇茨城県史　近世編（茨城県 1985）
　　▷図1-2（写真）「結城晴朝肖像」

結城秀康　ゆうきひでやす　1574〜1607
　安土桃山時代、江戸時代前期の大名、徳川家康の次男。
◇日本史大事典（平凡社 1992）
◇福井県大百科事典（福井新聞社 1991）
◇国史大辞典（吉川弘文館 1979）

結城政勝　ゆうきまさかつ　1504〜1559
　戦国時代の武将。
◇栃木県歴史人物事典（下野新聞社 1995）

結城政朝　ゆうきまさとも　1479〜？
　戦国時代の武将。
◇栃木県歴史人物事典（下野新聞社 1995）
◇国史大辞典（吉川弘文館 1979）

結城宗広　ゆうきむねひろ　？〜1338
　鎌倉時代後期、南北朝時代の武将。
◇日本史大事典（平凡社 1992）
◇福島大百科事典（福島民報社 1980）
◇国史大辞典（吉川弘文館 1979）

夕霧　ゆうぎり　1657？〜1678
　江戸時代前期の女性。大坂新町の遊女。
◇大阪府史　第5巻　近世編1（大阪府 1985）
　　▷図48「夕霧像『古今俳諧女歌仙』」
◇浮世絵八華 3（平凡社 1984）
　　▷図44「千話鏡月の村雲　夕霧伊左衛門」（喜多川歌麿（初代））
◇浮世絵の美百選（日本経済新聞社 1981）
　　▷図29「夕霧伊左衛門」（勝川春章）
◇浮世絵聚花 9（小学館 1981）
　　▷図70「音曲恋の操 夕きり伊左衛門」（喜多川歌麿（初代））
◇浮世絵聚花 11（小学館 1979）
　　▷図165「ふしや伊左衛門 扇屋夕霧」（歌川豊国（初代））

祐天　ゆうてん　1637〜1718
　江戸時代前期、中期の浄土宗の僧。
◇日本の浮世絵美術館 1（角川書店 1996）
　　▷図173「祐天上人御利生の図」（歌川国芳 安政3）
◇国史大辞典（吉川弘文館 1979）

油煙斎貞柳　ゆえんさいていりゅう　1654〜1734
　江戸時代前期、中期の狂歌師。
◇大阪府史　第5巻　近世編1（大阪府 1985）
　　▷〈写真〉写真286「貞柳像『粟の落葉』」

ゆかり　ゆかり
　江戸時代末期の女性。1867年のパリ万国博覧会で手踊りを披露した姿が写真に残る。
◇写された幕末―石黒敬七コレクション（明石書店 1990）
　　▷p61 No.2「パリで撮影 三人のラシャメン」
　　▷p60 No.1「ラシャメンゆかりさん」

幸仁親王　ゆきひとしんのう　1656〜1699
　江戸時代前期、中期の後西天皇の第2皇子、有栖川宮第3代。
◇国史大辞典（吉川弘文館 1979）

遊行自空　ゆぎょうじくう　1324〜1412
　鎌倉時代後期〜室町時代の遊行11代他阿上人自空、もと師阿。
◇島根県大百科事典（山陰中央新報社 1982）

弓削孫兵衛　ゆげまごべえ　1845〜1916
　江戸時代末期〜大正期の乗合馬車の御者養成者、鹿児島県議会議員。
◇角川日本姓氏歴史人物大辞典 46（角川書店 1994）

湯地定基　ゆちさだもと　1843〜1928
　江戸時代末期〜昭和期の開拓使官吏、知事。貴族院議員、根室県令。
◇北海道歴史人物事典（北海道新聞社 1993）
◇北海道大百科事典（北海道新聞社 1981）

柚木玉洲　ゆのきぎょくしゅう　1825～1901
　江戸時代後期～明治期の日本画家。
◇岡山県歴史人物事典（山陽新聞社 1994）

柚木太淳　ゆのきたいじゅん　1762～1803
　江戸時代中期, 後期の眼科医。
◇講談社日本人名大辞典（講談社 2001）
◇国史大辞典（吉川弘文館 1979）

由比猪内　ゆひいない　1819～1891
　江戸時代後期の土佐藩士。
◇高知県人名事典（高知新聞社 1999）

由利公正　ゆりきみまさ　1829～1909
　江戸時代末期, 明治時代の越前福井藩士, 財政家。
◇士―日本のダンディズム（二玄社 2003）
　　▷p111 No.81「明治英雄一覧」（明治時代初
◇福井県大百科事典（福井新聞社 1991）
◇日本大百科全書（小学館 1984）
◇国史大辞典（吉川弘文館 1979）
◇東京百年史 第二巻 首都東京の成立（明治前期）
　（ぎょうせい 1979）
　　▷p171（写真）「第4代府知事 由利公正」
◇日本人名大事典 1～6（平凡社 1979（覆刻））
◇世界伝記大事典（ほるぷ出版 1978）
◇世界大百科事典（平凡社 1964）

【よ】

永観　ようかん　1033～1111
　平安時代中期, 後期の浄土教の僧。
◇日本史大事典（平凡社 1992）
◇国史大辞典（吉川弘文館 1979）

倁牛恵仁　ようぎゅうえにん
　鎌倉時代後期の中国からの渡来僧。
◇長野県歴史人物大事典（郷土出版社 1989）

陽成天皇　ようぜいてんのう　868～949
　平安時代前期の第57代天皇。在位876～884。
◇浮世絵聚花 補巻1（小学館 1982）
　　▷図46「百人一首 陽成院」（鈴木春信　明和
　　4-5（1767-68））

養叟宗頤　ようそうそうい　1376～1458
　南北朝時代, 室町時代の臨済宗の僧。
◇国宝・重要文化財大全 1（毎日新聞社 1997）
　　▷図133「養叟宗頤像」（文清　室町時代 享徳

元（1452）自賛）
◇日本美術絵画全集 3（集英社 1980）
　　▷図60「養叟和尚像（自賛）」（文清　享徳1
　　（1452））
◇国史大辞典（吉川弘文館 1979）
◇日本人名大事典 1～6（平凡社 1979（覆刻））
◇重要文化財 10（毎日新聞社 1974）
　　▷図364「養叟宗頤像（自賛）」（文清　室町時
　　代）
◇秘宝 11（講談社 1968）
　　▷図15「養叟宗頤像」（文清）

横井小楠　よこいしょうなん　1809～1869
　江戸時代末期の儒学者。
◇士―日本のダンディズム（二玄社 2003）
　　▷p166「横井小楠像」（鵜飼玉川）
◇日本史大事典（平凡社 1992）
◇福井県大百科事典（福井新聞社 1991）
◇日本大百科全書（小学館 1984）
◇熊本県大百科事典（熊本日日新聞社 1982）
◇国史大辞典（吉川弘文館 1979）
◇和漢詩歌作家辞典（みづほ出版 1972）
◇大日本百科事典（小学館 1967）

横井信之　よこいのぶゆき　1847～1891
　江戸時代末期, 明治期の医師。名古屋鎮台病院院
　長, 陸軍軍医総監。
◇愛知百科事典（中日新聞本社 1977）

横井也有　よこいやゆう　1702～1783
　江戸時代中期の俳人。
◇国史大辞典（吉川弘文館 1979）
◇日本人名大事典 1～6（平凡社 1979（覆刻））
◇俳諧人名辞典（巌南堂書店 1970）　▷也有

横尾東作　よこおとうさく　1839～1902
　江戸時代末期, 明治期の英語教授。
◇宮城県百科事典（河北新報社 1982）

横田五左衛門　よこたござえもん
　？～1765　江戸時代中期の郷田村年寄, 五左衛門
　並木を残す。
◇島根県歴史人物事典（山陰中央新報社 1997）

横田昌綱　よこたまさつな　1841～1862
　江戸時代後期, 末期の草莽の志士。
◇栃木県歴史人物事典（下野新聞社 1995）

横田村詮　よこたむらあき　？～1603
　安土桃山時代の武将。
◇静岡県史 通史編3 近世1（静岡県 1997）
　　▷〈写真〉写1-11「横田村詮画像」
◇静岡県史 資料編9 近世1（静岡県 1992）

よこた

▷〈口絵〉3「中村一氏家老 横田村詮画像」

横田茂兵衛 よこたもへえ 1848～1915
江戸時代末期～大正期の在郷商人。
◇角川日本姓氏歴史人物大辞典 22（角川書店 1995）

横地官三郎 よこちかんざぶろう 1838～1907
江戸時代後期～明治期の隠岐騒動指導者。
◇島根県歴史人物事典（山陰中央新報社 1997）

横山主税 よこやまちから
江戸時代末期の陸奥会津藩士。
◇サムライ古写真帖（新人物往来社 2004）
▷p118「〈無題〉」
▷p118「〈無題〉」
◇士―日本のダンディズム（二玄社 2003）
▷p152 No.131「パリ万博写真帖」

横山松三郎 よこやままつさぶろう 1838～1884
江戸時代末期、明治時代の洋画家、写真家。
◇日本の写真家 1（岩波書店 1997）
▷No.35「日光での自写像」（横山松三郎）
◇北海道歴史人物事典（北海道新聞社 1993）
◇日本写真全集 1 写真の幕あけ（小学館 1985）
▷p150 No.206「〈無題〉」（撮影者不詳）
◇北海道大百科事典（北海道新聞社 1981）
◇日本人名大事典 1～6（平凡社 1979（覆刻））
▷横山文六
◇写真の開祖上野彦馬（上野彦馬撮影 産業能率短期大学出版部 1975）
▷p224「〈無題〉」
◇日本写真史 1840-1945（平凡社 1971）
▷p469「〈無題〉」

横山安武 よこやまやすたけ 1843～1870
江戸時代末期、明治時代の儒学者。
◇鹿児島大百科事典（南日本新聞社 1981）

与謝野礼厳 よさのれいごん 1823～1898
江戸時代末期、明治時代の僧、歌人。
◇福井県大百科事典（福井新聞社 1991）

与謝蕪村 よさぶそん 1716～1783
江戸時代中期の俳人、画家。
◇講談社日本人名大辞典（講談社 2001）
◇水墨画の巨匠 12（講談社 1994）
▷口64「自画像」（与謝蕪村）
◇日本大百科全書（小学館 1984） ▷蕪村
◇兵庫県史 第5巻 近世編3・幕末維新（兵庫県 1981）
▷〈写真〉写真48「蕪村像」
◇国史大辞典（吉川弘文館 1979）

◇日本人名大事典 1～6（平凡社 1979（覆刻））
▷谷口蕪村
◇俳人の書画美術 5（集英社 1978）
▷図3「蕪村画像」（張月樵）
▷図49「蕪村筆連句切レ・月渓筆蕪村像」（作者不詳）
◇日本の名画 8（講談社 1974）
▷扉「蕪村画像」（松村月渓）
◇和漢詩歌作家辞典（みづほ出版 1972） ▷蕪村
◇俳諧人名辞典（巌南堂書店 1970） ▷蕪村
◇大日本百科事典（小学館 1967） ▷蕪村

吉井源太 よしいげんた 1826～1908
江戸時代末期、明治時代の土佐手漉き和紙改良指導者。
◇高知県人名事典（高知新聞社 1999）
◇高知県百科事典（高知新聞社 1976）

吉井信発 よしいのぶおき 1824～1890
江戸時代末期、明治時代の大名。
◇群馬県史 通史編4 近世1 政治（群馬県 1990）
▷〈写真〉186「松平信発画像」

吉井正伴 よしいまさとも 1678～1763
江戸時代中期の国学者。
◇広島県大百科事典（中国新聞社 1982）

吉岡倭文麿 よしおかしずまろ 1849～1897
江戸時代後期、末期、明治時代の勤王家、神職。
◇島根県歴史人物事典（山陰中央新報社 1997）

吉岡求馬〔2代〕 よしおかもとめ
江戸時代中期の歌舞伎役者。
◇秘蔵浮世絵大観 ブルヴェラー・コレクション（講談社 1990）
▷図04「吉岡求女と初代上村吉三郎」（作者不詳 元禄末－宝永初頃）

吉雄耕牛 よしおこうぎゅう 1724～1800
江戸時代中期、後期のオランダ通詞、蘭方医。
◇日本史大事典（平凡社 1992）
◇長崎県大百科事典（長崎新聞社 1984）
◇日本大百科全書（小学館 1984）
◇国史大辞典（吉川弘文館 1979）
◇日本人名大事典 1～6（平凡社 1979（覆刻））
◇大日本百科事典（小学館 1967）

吉雄幸載 よしおこうさい 1788～1866
江戸時代後期、末期の長崎生まれの蘭医。
◇長崎県大百科事典（長崎新聞社 1984）

吉川惟足　よしかわこれたり　1616～1694
　江戸時代前期の神道学者。
◇日本史大事典（平凡社 1992）
◇国史大辞典（吉川弘文館 1979）

吉川由太郎　よしかわよしたろう　？～1989
　昭和期の百沢土石流災害訴訟の原告団団長。
◇青森県人名事典（東奥日報社 2002）

芳沢あやめ〔初代〕　よしざわあやめ
　1673～1729　江戸時代中期の歌舞伎役者。
◇浮世絵聚花 1（小学館 1983）
　▷図66「初世山中平九郎と初世芳沢あやめの舞台姿」（伝 鳥居清信）
◇浮世絵聚花 16（小学館 1981）
　▷図87「芳沢あやめ図」（作者不詳）
◇世界伝記大事典（ほるぷ出版 1978）
◇大日本百科事典（小学館 1967）

芳沢あやめ〔4代〕　よしざわあやめ
　1737～1792　江戸時代中期の歌舞伎役者。
◇秘蔵浮世絵大観 6（講談社 1989）
　▷図76「三代目芳沢崎之助の傾城」（礒田湖竜斎　安永2-3頃(1773-74頃)）
◇秘蔵浮世絵大観 12（講談社 1988）
　▷図26「三代目芳沢崎之助」（鳥居清満（初代）　明和(1764-72)）
◇浮世絵聚花 補巻2（小学館 1982）
　▷図332「供の先導で夜道を歩く三世芳沢崎之助」（鈴木春信　明和5-6(1768-69)）

芳沢あやめ〔5代〕　よしざわあやめ
　1755～1810　江戸時代中期、後期の歌舞伎役者、歌舞伎座本。
◇日本美術全集 20（講談社 1991）
　▷図91「初代芳沢いろはの傾城吾妻」（流光斎如圭　寛政5(1793)）
◇秘蔵浮世絵大観 9（講談社 1989）
　▷図99「二代目市川門之助の才三郎と初代芳沢いろはのお駒」（勝川春好（初代）　安永7頃(1776,1779頃)）
◇秘蔵浮世絵大観 4（講談社 1988）
　▷図78「初代尾上民蔵と初代芳沢いろはの莘環を持つ二人の女」（勝川春章　安永5-6頃(1776-77頃)）
◇日本美術全集 22（学習研究社 1979）
　▷図55「二代目市川門之助の才三郎と初代芳沢いろはのお駒」（勝川春好（初代）　安永5,安永7頃(1776,1779頃)）

芳沢五郎市　よしざわごろいち
　江戸時代中期の歌舞伎役者。
◇浮世絵聚花 補巻1（小学館 1982）
　▷図69「芳沢五郎市の袈裟御前」（鈴木春信　宝暦12(1762)）

芳沢巴紅　よしざわはこう
　江戸時代の歌舞伎役者。
◇日本版画美術全集 3（講談社 1961）
　▷図352「芳沢巴紅の梅かえ」（流光斎如圭）

吉沢兵左　よしざわひょうざ　1846～1905
　江戸時代後期～明治期の実業家,政治家。佐野鉄道社長、初代葛生町長。
◇栃木県歴史人物事典（下野新聞社 1995）

吉三友　よしさんゆう　1841～1891
　江戸時代後期～明治期の洋方医・協和医学会主宰。
◇新潟県大百科事典 上,下（新潟日報事業社 1977）

吉田市十郎　よしだいちじゅうろう　1845～1906
　江戸時代後期～明治期の官僚。
◇埼玉大百科事典 1～5（埼玉新聞社 1974）

吉田数馬　よしだかずま　1847～1910
　江戸時代末期,明治時代の人。
◇高知県人名事典（高知新聞社 1999）
◇高知県百科事典（高知新聞社 1976）

吉田清成　よしだきよなり　1845～1891
　江戸時代末期,明治時代の留学生、外交官。
◇士―日本のダンディズム（二玄社 2003）
　▷p111 No.81「明治英雄一覧」（明治時代初期）
◇国史大辞典（吉川弘文館 1979）

吉武以梯　よしたけいてい　1842～1904
　江戸時代末期,明治期の医師。
◇大分県歴史人物事典（大分合同新聞社 1996）

吉田兼好　よしだけんこう　1283？～1352？
　鎌倉時代後期、南北朝時代の歌人、随筆家。
◇琳派美術館 2（集英社 1993）
　▷図74「兼好法師図」（尾形乾山）
　▷図9「兼好法師図」（尾形光琳）
◇琳派 4（紫紅社 1991）
　▷図119「兼好法師図」（尾形乾山）
　▷図118「兼好法師図」（尾形光琳）
◇秘蔵浮世絵大観 9（講談社 1989）
　▷図07「見立兼好法師」（西村重長　享保）
◇京都大事典（淡交社 1984）
◇日本大百科全書（小学館 1984）　▷兼好
◇琳派絵画全集 光琳派2（日本経済新聞社 1980）
　▷図47「兼好法師図」（尾形乾山）
◇日本美術絵画全集 17（集英社 1976）
　▷図64「兼好法師図」（尾形光琳）
◇大日本百科事典（小学館 1967）

◇世界大百科事典（平凡社 1964）▷兼好

吉田顕三　よしだけんぞう　1848～1924
　江戸時代末期～大正期の軍医。軍医少監、大阪医学校長、衆議院議員。
◇広島県大百科事典（中国新聞社 1982）

吉田左門　よしださもん　1755～1822
　江戸時代後期の仏師。
◇日本人名大事典 1～6（平凡社 1979〔覆刻〕）

吉田自庵　よしだじあん　1644～1713
　江戸時代中期の医師。
◇日本人名大事典 1～6（平凡社 1979〔覆刻〕）

吉田芝渓　よしだしけい　1752～1811
　江戸時代後期の漢学者。
◇群馬県百科事典（上毛新聞社 1979）

吉田松陰　よしだしょういん　1830～1859
　江戸時代末期の長州（萩）藩士。
◇講談社日本人名大辞典（講談社 2001）
◇日本史大事典（平凡社 1992）
◇角川日本姓氏歴史人物大辞典 35（角川書店 1991）
◇静岡県歴史人物事典（静岡新聞社 1991）
◇日本大百科全書（小学館 1984）
◇山口県百科事典（大和書房 1982）
◇国史大辞典（吉川弘文館 1979）
◇日本人名大事典 1～6（平凡社 1979〔覆刻〕）
◇世界伝記大事典（ほるぷ出版 1978）
◇静岡大百科事典（静岡新聞社 1978）
◇和漢詩歌作家辞典（みづほ出版 1972）
◇大日本百科事典（小学館 1967）
◇世界大百科事典（平凡社 1964）

吉田清助　よしだせいすけ　？～1857
　江戸時代後期、末期の桐生の機業家。
◇角川日本姓氏歴史人物大辞典 10（角川書店 1994）

吉田拙蔵　よしだせつぞう　1826～1887
　江戸時代末期、明治時代の大野藩士。
◇福井県大百科事典（福井新聞社 1991）

吉田大八　よしだいはち　1831～1868
　江戸時代末期の天童藩家老。
◇山形県大百科事典（山形放送 1983）

吉田長次郎　よしだちょうじろう　1841～1901
　江戸時代後期～明治期の産米改良の大先達。
◇大分県歴史人物事典（大分合同新聞社 1996）

◇大分百科事典（大分放送 1980）

吉田東篁　よしだとうこう　1808～1875
　江戸時代末期、明治時代の儒学者。
◇福井県大百科事典（福井新聞社 1991）

吉田東洋　よしだとうよう　1816～1862
　江戸時代末期の土佐藩士、学塾少林塾長。
◇高知県人名事典（高知新聞社 1999）
◇国史大辞典（吉川弘文館 1979）
◇高知県百科事典（高知新聞社 1976）

吉田文三郎　よしだぶんざぶろう　不明～1760.3.6
　江戸時代の人形浄瑠璃の人形遣い。
◇大阪府史 第6巻 近世編2（大阪府 1987）
　▷図62「吉田文三郎像（享保18年番付より）」

吉田瑤泉　よしだようせん　1783～1844
　江戸時代後期の篤行家。
◇埼玉大百科事典 1～5（埼玉新聞社 1974）▷吉田市右衛門宗敏

吉田藍関　よしだらんかん　1838～1887
　江戸時代末期、明治時代の備中松山藩士。
◇岡山県歴史人物事典（山陽新聞社 1994）

吉富簡一　よしとみかんいち　1838～1914
　江戸時代末期、明治時代の豪農、地方政治家。
◇山口県百科事典（大和書房 1982）
◇国史大辞典（吉川弘文館 1979）

芳野金陵　よしのきんりょう　1802～1878
　江戸時代末期、明治時代の駿河田中藩儒。
◇千葉大百科事典（千葉日報社 1982）

吉野太夫　よしのだゆう　1606～1643
　江戸時代前期の女性。京都の遊女。
◇肉筆浮世絵大観 9（講談社 1996）
　▷図単色2（奈良県立美術館）「吉野太夫画像」（作者不詳　江戸時代前期〔17世紀後半〕）
◇日本の浮世絵美術館 5（角川書店 1996）
　▷図135「伝吉野太夫図」（益利　江戸時代初期）
◇朝日美術館 日本編 3（朝日新聞社 1995）
　▷図70「吉野太夫」（伊東深水　1966）
◇人間の美術 9（学習研究社 1990）
　▷図58「吉野太夫図」（作者不詳　17世紀中期）
◇京都大事典（淡交社 1984）
◇肉筆浮世絵 2（集英社 1982）
　▷図55「吉野太夫図」（作者不詳　17世紀中期）
◇現代日本美人画全集 5（集英社 1979）

▷図51「吉野太夫」(伊東深水　昭和41(1966))
◇日本の美術 2（旺文社 1976）
　▷図62「吉野太夫図」(作者不詳　17世紀中期)

吉原重俊　よしはらしげとし　1845～1887
　江戸時代末期, 明治時代の薩摩藩留学生, 銀行家。
◇士―日本のダンディズム（二玄社 2003）
　▷p111 No.81「明治英雄一覧」(明治時代初期)
◇鹿児島大百科事典（南日本新聞社 1981）

吉益東洞　よしますとうどう　1702～1773
　江戸時代中期の医師。
◇日本史大事典（平凡社 1992）
◇広島県大百科事典（中国新聞社 1982）
◇国史大辞典（吉川弘文館 1979）
◇日本人名大事典 1～6（平凡社 1979（覆刻））

吉見義次　よしみよしつぐ　1845～1916
　江戸時代末期～大正期の静岡藩士, 書店主。
◇静岡県歴史人物事典（静岡新聞社 1991）

吉村賢次郎　よしむらけんじろう　1835～1920
　江戸時代末期～大正期の砲術家。
◇高知県人名事典（高知新聞社 1999）

吉村春峰　よしむらしゅんぽう　1836～1881
　江戸時代末期, 明治時代の庄屋。
◇高知県人名事典（高知新聞社 1999）

吉村徳平　よしむらとくへい　1843～1912
　江戸時代後期～明治期の実業家, 政治家。
◇鳥取県大百科事典（新日本海新聞社 1984）

吉村寅太郎　よしむらとらたろう　1837～1863
　江戸時代末期の土佐藩士, 天誅組幹部。
◇宮城県百科事典（河北新報社 1982）
◇広島県大百科事典（中国新聞社 1982）
◇高知県百科事典（高知新聞社 1976）　▷吉村虎太郎

芳村正秉　よしむらまさもち　1839～1915
　江戸時代末期, 明治時代の志士, 宗教家。
◇岡山人名事典（日本文教出版 1978）　▷芳村正秉

吉村松三郎　よしむらまつさぶろう　1817～1898
　江戸時代後期～明治期の造船業者。
◇角川日本姓氏歴史人物大辞典 16（角川書店 1992）

依田学海　よだがくかい　1833～1909
　江戸時代末期, 明治時代の漢学・文学者。
◇国史大辞典（吉川弘文館 1979）

依田善六　よだぜんろく　1850～1920
　江戸時代末期～大正期の実業家, 西伊豆近代化の貢献者。
◇静岡県歴史人物事典（静岡新聞社 1991）

四辻清子　よつつじきよこ　1840～1902
　江戸時代末期, 明治時代の女性。明治天皇の女官。
◇日本版画美術全集 7（講談社 1962）
　▷図69「美立七陽花・四辻清子」(月岡芳年　明治11(1878))

淀殿　よどどの　1567～1615
　安土桃山時代, 江戸時代前期の女性。浅井長政の長女, 豊臣秀吉の側室。
◇講談社日本人名大辞典（講談社 2001）
◇大阪府史 第5巻 近世編1（大阪府 1985）
　▷〈写真〉写真77「伝・淀殿像」
◇日本画素描大観 5（講談社 1984）
　▷図198「淀君（構想）」(前田青邨　昭和44頃(1969頃))
◇現代日本美人画全集 3（集英社 1979）
　▷図6「茶々殿」(北野恒富　大正10(1921))
　▷図7「淀君」(北野恒富　制作年不詳)
　▷図10「淀君」(北野恒富　大正9(1920))
◇国史大辞典（吉川弘文館 1979）
◇現代日本美人画全集 7（集英社 1978）
　▷図56「寂光（淀どの）」(北沢映月　昭和52(1977))
　▷図50「ねねと茶々」(北沢映月　昭和45(1970))
　▷図XI「ねねと茶々（下絵）」(北沢映月)
◇美術撰集 6（フジアート出版 1970）
　▷図1「淀殿寿像」(作者不詳　桃山時代)

米倉一平　よねくらいっぺい　1831～1922
　江戸時代末期, 明治時代の実業家。
◇大分県歴史人物事典（大分合同新聞社 1996）

米竹清右衛門　よねたけせいうえもん
　1832～1891　江戸時代後期～明治期の富商。
◇宮城県百科事典（河北新報社 1982）

米原恭庵　よねはらきょうあん　1828～1910
　江戸時代後期～明治期の医師。
◇島根県歴史人物事典（山陰中央新報社 1997）
◇島根県大百科事典（山陰中央新報社 1982）

職仁親王　よりひとしんのう　1713～1769
　江戸時代中期の皇族。有栖川宮家第5代。
◇国史大辞典（吉川弘文館 1979）

【ら】

頼杏坪　らいきょうへい　1756〜1834
　江戸時代中期,後期の儒学者。
◇講談社日本人名大辞典（講談社 2001）
◇広島県大百科事典（中国新聞社 1982）
◇国史大辞典（吉川弘文館 1979）

頼厳　らいげん
　平安時代後期の僧。
◇福岡県百科事典 上,下（西日本新聞社 1982）

頼豪　らいごう　1002？〜1084
　平安時代中期,後期の天台宗園城寺の僧。
◇日本版画美術全集 5（講談社 1960）
　▷図85「頼豪阿闍恠鼠伝」（葛飾北斎　文化5）

頼山陽　らいさんよう　1780〜1832
　江戸時代後期の儒学者。
◇講談社日本人名大辞典（講談社 2001）
◇日本史大事典（平凡社 1992）
◇広島県大百科事典（中国新聞社 1982）
◇国史大辞典（吉川弘文館 1979）
◇日本人名大事典 1〜6（平凡社 1979(覆刻)）
◇世界伝記大事典（ほるぷ出版 1978）
◇和漢詩歌作家辞典（みづほ出版 1972）
◇大日本百科事典（小学館 1967）
◇世界大百科事典（平凡社 1964）

頼春水　らいしゅんすい　1746〜1816
　江戸時代中期,後期の安芸広島藩儒。
◇広島県大百科事典（中国新聞社 1982）
◇国史大辞典（吉川弘文館 1979）
◇和漢詩歌作家辞典（みづほ出版 1972）

雷電為右衛門　らいでんためえもん
　1767〜1825　江戸時代中期,後期の力士。
◇講談社日本人名大辞典（講談社 2001）
◇島根県歴史人物事典（山陰中央新報社 1997）
◇日本史大事典（平凡社 1992）
◇長野県歴史人物大事典（郷土出版社 1989）
◇秘蔵浮世絵大観 6（講談社 1989）
　▷図135「滝ノ音宗五郎・雷電為右衛門」（勝川春英　寛政5-6頃(1793-94頃)）
◇秘蔵浮世絵大観 9（講談社 1989）
　▷図061「雷電と花扇」（喜多川歌麿（初代）,勝川春英　寛政）
◇浮世絵聚花 12（小学館 1980）
　▷図70「雷電と滝音」（勝川春英）

◇国史大辞典（吉川弘文館 1979）
◇世界伝記大事典（ほるぷ出版 1978）
◇大日本百科事典（小学館 1967）
◇世界大百科事典（平凡社 1964）

蘭薫亭薫　らんくんていかおる　1790〜1870
　江戸時代末期,明治時代の狂歌師。
◇長野県歴史人物大事典（郷土出版社 1989）

蘭渓道隆　らんけいどうりゅう　1213〜1278
　鎌倉時代前期の渡来僧。
◇講談社日本人名大辞典（講談社 2001）
◇国宝・重要文化財大全 1（毎日新聞社 1997）
　▷図76「大覚禅師像（経行像）」（作者不詳　鎌倉時代）
　▷図73「蘭渓道隆像（大覚禅師）」（作者不詳　鎌倉時代　文永8(1271)自賛）
　▷図74「蘭渓道隆像（大覚禅師）」（作者不詳　鎌倉時代）
　▷図75「蘭渓道隆像（大覚禅師）」（作者不詳　鎌倉時代）
◇原色日本の美術（改訂版）21（小学館 1994）
　▷図55「大覚禅師像」（作者不詳　1271）
◇仏像集成 2（学生社 1992）
　▷図281「大覚禅師倚像」（作者不詳　室町時代　西岸寺（長野県上伊那郡）蔵）
◇人間の美術 6（学習研究社 1990）
　▷図226「大覚禅師坐像」（作者不詳　13世紀後半　建長寺（神奈川県鎌倉市山ノ内）蔵）
　▷図187「蘭渓道隆像」（作者不詳　文永8(1271)）
◇長野県歴史人物大事典（郷土出版社 1989）
◇国宝大事典 1（講談社 1985）
　▷図81「蘭渓道隆像」（作者不詳　鎌倉時代(1271)）
◇国宝 増補改訂版 1（毎日新聞社 1984）
　▷図49「蘭渓道隆像（自賛）」（作者不詳　鎌倉時代）
◇日本古寺美術全集 17（集英社 1981）
　▷図9「蘭渓道隆像」（作者不詳　文永8(1271)）
◇国史大辞典（吉川弘文館 1979）
◇日本絵画百選（日本経済新聞社 1979）
　▷図34「蘭渓道隆（大覚禅師）像」（作者不詳　鎌倉時代）
◇日本人名大事典 1〜6（平凡社 1979(覆刻)）
◇重要文化財 30（毎日新聞社 1977）
　▷図43「大覚禅師像（経行像）」（作者不詳　鎌倉時代）
◇原色版国宝 10（毎日新聞社 1976）
　▷図1「蘭渓道隆像」（作者不詳　鎌倉時代(1271)）
◇国宝・重要文化財 仏教美術 九州1（小学館 1976）
　▷図45「大覚禅師像」（作者不詳　鎌倉時代）
◇重要文化財 10（毎日新聞社 1974）

▷図312「蘭渓道隆像(自賛)」(作者不詳　鎌倉時代)
▷図314「蘭渓道隆像(大覚禅師)」(作者不詳　鎌倉時代)
▷図313「蘭渓道隆像(大覚禅師)(霊石如芝賛)」(作者不詳　鎌倉時代)
◇水墨美術大系 5（講談社 1974）
　▷図29「蘭渓道隆経行像」(作者不詳)
　▷図26「蘭渓道隆像(蘭渓道隆賛)」(作者不詳)
◇原色日本の美術 23（小学館 1971）
　▷図55「大覚禅師像」(作者不詳)
◇日本の絵画 国宝50選（毎日新聞社 1970）
　▷図34「蘭渓道隆像」(作者不詳　鎌倉時代（1271）)
◇日本絵画館 4（講談社 1970）
　▷図61「蘭渓道隆像」(作者不詳　文永8（1271）)
◇原色日本の美術（改訂第3版）10（小学館 1968）
　▷図96「大覚禅師(蘭渓道隆)像」(作者不詳)
◇大日本百科事典（小学館 1967）
◇国宝 5（毎日新聞社 1966）
　▷図1「蘭渓道隆像」(作者不詳　鎌倉時代（1271）)

蘭更　らんこう　1726～1798
　江戸時代中期の俳人。
◇国史大辞典（吉川弘文館 1979）　▷高桑闌更
◇俳諧人名辞典（巌南堂書店 1970）

嵐雪　らんせつ　1654～1707
　江戸時代前期, 中期の俳人。
◇国史大辞典（吉川弘文館 1979）　▷服部嵐雪
◇俳諧人名辞典（巌南堂書店 1970）

嵐蘭　らんらん　1647～1693
　江戸時代前期の俳人。
◇俳諧人名辞典（巌南堂書店 1970）

【り】

六如　りくにょ　1734～1801
　江戸時代中期, 後期の漢詩人、天台宗の僧。
◇講談社日本人名大辞典（講談社 2001）

李家文厚　りけぶんこう
　江戸時代末期の山県有朋視察団随員。
◇サムライ古写真帖（新人物往来社 2004）
　▷p97「ヨーロッパ視察中の山県一行」(上野彦馬　1869.6)

履善　りぜん　1754～1819
　江戸時代中期, 後期の浄土真宗の僧。
◇島根県歴史人物事典（山陰中央新報社 1997）
◇島根県大百科事典（山陰中央新報社 1982）

立誉　りつよ　1789～1858
　江戸時代後期, 末期の僧。
◇角川日本姓氏歴史人物大辞典 16（角川書店 1992）

柳下亭種員　りゅうかていたねかず　1807～1858
　江戸時代末期の戯作者。
◇群馬県史 通史編6 近世3 生活・文化（群馬県 1992）
　▷〈写真〉118「柳下亭種員肖像画」

隆慶　りゅうけい　1649～1719
　江戸時代中期の新義真言宗の僧。
◇国史大辞典（吉川弘文館 1979）

竜渓性潜　りゅうけいしょうせん　1602～1670
　江戸時代前期の僧。
◇国史大辞典（吉川弘文館 1979）

隆光　りゅうこう　1649～1724
　江戸時代前期, 中期の新義真言宗の僧。
◇国史大辞典（吉川弘文館 1979）

竜造寺隆信　りゅうぞうじたかのぶ　1529～1584
　戦国時代, 安土桃山時代の肥前の武将。
◇日本史大事典（平凡社 1992）
◇日本大百科全書（小学館 1984）
◇佐賀県大百科事典（佐賀新聞社 1983）
◇国史大辞典（吉川弘文館 1979）
◇大日本百科事典（小学館 1967）

竜造寺高房　りゅうぞうじたかふさ　1586～1607
　安土桃山時代, 江戸時代前期の武将。
◇佐賀県大百科事典（佐賀新聞社 1983）

柳亭種彦〔初代〕　りゅうていたねひこ
　1783～1842　江戸時代後期の合巻作者。
◇講談社日本人名大辞典（講談社 2001）
◇朝日美術館 日本編 8（朝日新聞社 1997）
　▷図36「面構 歌川国貞・柳亭種彦」(片岡球子 1980)
◇現代の日本画 6（学習研究社 1991）
　▷図59「面構 歌川国貞・柳亭種彦」(片岡球子　昭和55(1980))
◇日本大百科全書（小学館 1984）　▷柳亭種彦〔代数なし〕
◇国史大辞典（吉川弘文館 1979）　▷柳亭種彦

〔代数なし〕
◇日本人名大事典 1～6（平凡社 1979（覆刻））
　▷柳亭種彦〔1世〕
◇世界伝記大事典（ほるぷ出版 1978）　▷柳亭種彦〔1世〕
◇世界大百科事典（平凡社 1964）　▷柳亭種彦〔1世〕

竜派禅珠　りゅうはぜんしゅ　1549～1636
　安土桃山時代, 江戸時代前期の五山派の僧。
◇埼玉人物事典（埼玉県 1998）
◇国史大辞典（吉川弘文館 1979）

了庵慧明　りょうあんえみょう　1337～1411
　南北朝時代, 室町時代の曹洞宗の僧。
◇国史大辞典（吉川弘文館 1979）

了庵桂悟　りょうあんけいご　1425～1514
　室町時代, 戦国時代の臨済宗の僧。
◇国史大辞典（吉川弘文館 1979）

了翁道覚　りょうおうどうかく　1630～1707
　江戸時代前期, 中期の黄檗僧。
◇国史大辞典（吉川弘文館 1979）

了海房　りょうかいぼう
　鎌倉時代の僧。
◇仏像集成 1（学生社 1989）
　▷図102「了海上人坐像」（作者不詳　善福寺（東京都港区）蔵）

良寛　りょうかん　1758～1831
　江戸時代中期, 後期の歌人, 漢詩人。
◇日本の美術（美術年鑑社 2002）
　▷p293「旅人良寛」（水江東穹）
◇講談社日本人名大辞典（講談社 2001）
◇岡山県歴史人物事典（山陽新聞社 1994）
◇日本史大事典（平凡社 1992）
◇現代の水墨画 9（講談社 1984）
　▷図7「良寛和尚像」（安田靫彦　昭和31（1956））
◇日本画素描大観 4（講談社 1984）
　▷図148「良寛（スケッチ）」（安田靫彦）
　▷図149「良寛（スケッチ）」（安田靫彦）
　▷図150「良寛（スケッチ）」（安田靫彦）
　▷図151「良寛（スケッチ）」（安田靫彦）
　▷図152「良寛（スケッチ）」（安田靫彦）
　▷図153「良寛（スケッチ）」（安田靫彦）
　▷図154「良寛（スケッチ）」（安田靫彦）
　▷図155「良寛（スケッチ）」（安田靫彦）
　▷図156「良寛（スケッチ）」（安田靫彦）
　▷図157「良寛（スケッチ）」（安田靫彦）
　▷図160「良寛（スケッチ）」（安田靫彦）
　▷図161「良寛（スケッチ）」（安田靫彦）

　▷図146「良寛（手まり）（下図）」（安田靫彦　昭和22（1947））
　▷図158「良寛和尚図」（安田靫彦　昭和5（1930））
　▷図159「良寛和尚像」（安田靫彦　昭和31（1956））
◇岡山県大百科事典（山陽新聞社 1980）
◇国史大辞典（吉川弘文館 1979）
◇日本人名大事典 1～6（平凡社 1979（覆刻））
◇岡山人名事典（日本文教出版 1978）
◇世界伝記大事典（ほるぷ出版 1978）
◇日本の名画 14（中央公論社 1976）
　▷図31「良寛和尚像」（安田靫彦　昭和31（1956））
◇現代日本美術全集 14（集英社 1974）
　▷図III「良寛和尚像」（安田靫彦　昭和31（1956））
◇和漢詩歌作家辞典（みづほ出版 1972）
◇大日本百科事典（小学館 1967）
◇世界大百科事典（平凡社 1964）

良暁　りょうぎょう　1251～1328
　鎌倉時代後期の僧。
◇国史大辞典（吉川弘文館 1979）

了源　りょうげん　1295～1336
　鎌倉時代後期, 南北朝時代の真宗の僧。
◇国宝・重要文化財大全 4（毎日新聞社 1999）
　▷p10,670「伝了源像」（作者不詳　鎌倉時代　善福寺（神奈川県中郡大磯町）蔵）
◇国宝・重要文化財大全 1（毎日新聞社 1997）
　▷図62「一流相承系図」（作者不詳　鎌倉時代－室町時代）
◇原色日本の美術（改訂版）9（小学館 1994）
　▷図103「伝了源像」（作者不詳　善福寺（神奈川県中郡大磯町）蔵）
◇国史大辞典（吉川弘文館 1979）　▷空性

亮賢　りょうけん　1611～1687
　江戸時代前期の新義真言宗の僧。
◇国史大辞典（吉川弘文館 1979）

良源　りょうげん　912～985
　平安時代中期の天台宗の僧。
◇国宝・重要文化財大全 4（毎日新聞社 1999）
　▷図652「慈恵大師（坐）像」（院農　文永4（1267）　求法寺（滋賀県大津市）蔵）
　▷図650「慈恵大師（坐）像」（春快　文永11（1274）　真福寺（愛知県岡崎市）蔵）
　▷図660「慈恵大師像」（乗賢　嘉応2（1351）　観音寺（三重県四日市市）蔵）
　▷図654「慈恵大師（坐）像」（蓮妙　弘安9（1286）　金剛輪寺（滋賀県愛知郡秦荘町））
　▷図655「慈恵大師（坐）像」（蓮妙　正応1（1288））

▷図651「慈恵大師(坐)像」(作者不詳　文永2(1265)　延暦寺(滋賀県大津市坂本本町))
▷図653「慈恵大師(坐)像」(作者不詳　弘安9(1286))
▷図658「慈恵大師(坐)像」(作者不詳　文永5(1268)　曼殊院(京都府京都市左京区)蔵)
▷図656「慈恵大師像」(作者不詳　鎌倉時代　玉泉寺(滋賀県高島郡安曇川町)蔵)
▷図659「慈恵大師(坐)像」(作者不詳　鎌倉時代　正法寺(岐阜県岐阜市)蔵)
◇国宝・重要文化財大全 1 (毎日新聞社 1997)
　▷図48「慈恵大師像」(作者不詳　鎌倉時代)
◇仏像集成 7 (学生社 1997)
　▷図18「慈恵大師像」(乗賢　観応2(1351)　観音寺(三重県四日市市)蔵)
　▷図77「元三大師坐像」(作者不詳　正覚寺(三重県亀山市)蔵)
◇仏像集成 2 (学生社 1992)
　▷図493「慈恵大師(坐)像」(春快　文永11(1274)　真福寺(愛知県岡崎市)蔵)
◇日本の仏像大百科 5 (ぎょうせい 1991)
　▷図97「慈恵大師(坐)像」(作者不詳　文永2(1265)　延暦寺(滋賀県大津市坂本本町)蔵)
◇仏像集成 1 (学生社 1989)
　▷図222「慈恵大師坐像」(覚吽,覚玄　延徳2(1490)　長福寿寺(千葉県長生郡)蔵)
◇仏像集成 4 (学生社 1987)
　▷図50「慈恵大師(坐)像」(院農　文永4(1267)　求法寺(滋賀県大津市)蔵)
　▷図330「慈恵大師(坐)像」(蓮妙　弘安9(1286)　金剛輪寺(滋賀県愛知郡秦荘町))
　▷図331「慈恵大師(坐)像」(蓮妙　正応1(1288))
　▷図44「慈恵大師(坐)像」(作者不詳　弘安9(1286)　延暦寺(滋賀県大津市坂本本町))
　▷図45「慈恵大師(坐)像」(作者不詳　文永2(1265))
◇仏像集成 3 (学生社 1986)
　▷図87「慈恵大師(坐)像」(作者不詳　文永5(1268)　曼殊院(京都府京都市左京区)蔵)
　▷図342「慈恵大師像」(作者不詳　鎌倉時代後期　八角院(京都府八幡市)蔵)
◇滋賀県史 昭和編 第6巻 教育文化編 (滋賀県 1985)
　▷p990(写真)「元三大師像」
◇滋賀県百科事典 (大和書房 1984)
◇日本大百科全書 (小学館 1984)
◇日本古寺美術全集 9 (集英社 1981)
　▷図79「慈恵大師(坐)像」(作者不詳　文永5(1268)　曼殊院(京都府京都市左京区)蔵)
◇日本古寺美術全集 10 (集英社 1980)
　▷図27「慈恵大師(坐)像」(作者不詳　文永2(1265)　延暦寺(滋賀県大津市坂本本町))
◇国史大辞典 (吉川弘文館 1979)
◇日本の名画 1 (中央公論社 1976)
　▷図27「元三大師慈恵大僧正真像」(狩野芳崖　安政6頃(1859頃))

◇重要文化財 5 (毎日新聞社 1974)
　▷図139「慈恵大師(坐)像」(院農　文永4(1267)　求法寺(滋賀県大津市)蔵)
　▷図137「慈恵大師(坐)像」(春快　文永11(1274)　真福寺(愛知県岡崎市)蔵)
　▷図147「慈恵大師像」(乗賢　観応2(1351)　観音寺(三重県四日市市)蔵)
　▷図141「慈恵大師(坐)像」(蓮妙　弘安9(1286)　金剛輪寺(滋賀県愛知郡秦荘町))
　▷図142「慈恵大師(坐)像」(蓮妙　正応1(1288))
　▷図138「慈恵大師(坐)像」(作者不詳　文永2(1265)　延暦寺(滋賀県大津市坂本本町))
　▷図140「慈恵大師(坐)像」(作者不詳　弘安9(1286)　延暦寺(滋賀県大津市坂本本町)蔵)
　▷図145「慈恵大師(坐)像」(作者不詳　文永5(1268)　曼殊院(京都府京都市左京区)蔵)
　▷図143「慈恵大師像」(作者不詳　鎌倉時代　玉泉寺(滋賀県高島郡安曇川町)蔵)
　▷図146「慈恵大師像」(作者不詳　鎌倉時代　八角院(京都府八幡市)蔵)
◇重要文化財 8 (毎日新聞社 1973)
　▷図204「慈恵大師像」(作者不詳　鎌倉時代)
◇大日本百科事典 (小学館 1967)

令玄　りょうげん　1775〜1849
江戸時代後期の浄土真宗の僧。
◇富山大百科事典 (北日本新聞社 1994)

亮汰　りょうたい　1622〜1680
江戸時代前期の新義真言宗の僧。
◇国史大辞典 (吉川弘文館 1979)

良忠　りょうちゅう　1199〜1287
鎌倉時代前期の浄土宗の僧。
◇島根県歴史人物事典 (山陰中央新報社 1997)
◇島根県大百科事典 (山陰中央新報社 1982)　▷然阿良忠
◇国史大辞典 (吉川弘文館 1979)

了珍　りょうちん　1526〜1602
戦国時代の僧。願泉寺初代住職。
◇大阪府史 第5巻 近世編1 (大阪府 1985)
　▷〈写真〉写真270「卜半家初代了珍像」

亮貞　りょうてい　1648〜1719
江戸時代中期の新義真言宗の僧。
◇国史大辞典 (吉川弘文館 1979)

凉菟　りょうと　1659〜1717
江戸時代前期,中期の俳人。
◇俳諧人名辞典 (巌南堂書店 1970)　▷涼菟

りょう

良遍　りょうへん　1194〜1252
　　鎌倉時代前期の僧。
◇国史大辞典（吉川弘文館 1979）
◇奈良六大寺大観 12（岩波書店 1969）
　　▷p237「良遍上人像」（作者不詳　14世紀）

了明尼　りょうみょうに　1294〜1376
　　鎌倉時代後期，南北朝時代の真宗の尼僧。
◇国宝・重要文化財大全 1（毎日新聞社 1997）
　　▷図62「一流相承系図」（作者不詳　鎌倉時代－室町時代）

琳聖太子　りんしょうたいし
　　飛鳥時代の人。
◇角川日本姓氏歴史人物大辞典 35（角川書店 1991）

【る】

留守希斎　るすきさい　1705〜1765
　　江戸時代中期の儒者。
◇宮城県百科事典（河北新報社 1982）　▷留守友信

【れ】

霊瑞　れいおう　1775〜1851
　　江戸時代後期の浄土真宗の僧。
◇富山大百科事典（北日本新聞社 1994）

霊巌　れいがん　1554〜1641
　　安土桃山時代，江戸時代前期の浄土宗の僧。
◇国史大辞典（吉川弘文館 1979）

霊元天皇　れいげんてんのう　1654〜1732
　　江戸時代前期，中期の第112代天皇。在位1663〜1687。
◇日本史大事典（平凡社 1992）
◇国史大辞典（吉川弘文館 1979）
◇日本人名大事典 1〜6（平凡社 1979（覆刻））

冷泉為相　れいぜいためすけ　1263〜1328
　　鎌倉時代後期の歌人・公卿。権中納言。
◇鎌倉事典（東京堂出版 1992）
◇国史大辞典（吉川弘文館 1979）

冷泉為村　れいぜいためむら　1712〜1774
　　江戸時代中期の歌人・公家。権大納言。
◇国史大辞典（吉川弘文館 1979）

冷泉為守　れいぜいためもり　1265〜1328
　　鎌倉時代後期の歌人。
◇国史大辞典（吉川弘文館 1979）

麗々亭柳橋〔初代〕　れいれいていりゅうきょう
　　？〜1840　江戸時代後期の落語家。
◇日本大百科全書（小学館 1984）　▷春風亭柳橋〔麗々亭初代〕

麗々亭柳橋〔3代〕　れいれいていりゅうきょう
　　1826〜1894　江戸時代末期，明治時代の落語家。
◇古今東西落語家事典（平凡社 1989）

蓮如　れんにょ　1415〜1499
　　室町時代，戦国時代の浄土真宗の僧。
◇美術春秋（芸術書院 2006）
　　▷p54「蓮如上人巡錫」（松川外茂枝）
◇日本芸術の創跡 2003年度版（世界文芸社 2003）
　　▷p136「蓮如上人巡錫」（松川高堂）
◇日本芸術の創跡 2002年度版（世界文芸社 2002）
　　▷p148「蓮如上人巡錫」（松川高堂）
◇角川日本姓氏歴史人物大辞典 17（角川書店 1998）
◇日本史大事典（平凡社 1992）
◇福井県大百科事典（福井新聞社 1991）
◇日本大百科全書（小学館 1984）
◇国史大辞典（吉川弘文館 1979）
◇世界伝記大事典（ほるぷ出版 1978）
◇大日本百科事典（小学館 1967）
◇世界大百科事典（平凡社 1964）

【ろ】

浪化　ろうか　1671〜1703
　　江戸時代中期の僧，俳人。
◇富山大百科事典（北日本新聞社 1994）
◇富山県文学事典（桂書房 1992）
◇日本人名大事典 1〜6（平凡社 1979（覆刻））
◇俳諧人名辞典（巌南堂書店 1970）

良弁　ろうべん　689〜773
　　飛鳥時代，奈良時代の僧。
◇国宝・重要文化財大全 4（毎日新聞社 1999）

▷図623「良弁僧正(坐)像」(作者不詳　平安時代　東大寺(奈良県奈良市雑司町)蔵)
◇原色日本の美術(改訂版) 6 (小学館 1994)
　▷図63「良弁僧正(坐)像」(作者不詳　東大寺(奈良県奈良市雑司町)蔵)
◇原色日本の美術(改訂版) 21 (小学館 1994)
　▷図4「良弁僧正(坐)像」(作者不詳　東大寺(奈良県奈良市雑司町)蔵)
◇日本美術全集 6 (講談社 1994)
　▷図112「良弁僧正(坐)像」(作者不詳　寛仁3(1019)　東大寺(奈良県奈良市雑司町)蔵)
◇仏像集成 5 (学生社 1994)
　▷図89「良弁僧正(坐)像」(作者不詳　東大寺(奈良県奈良市雑司町)蔵)
◇日本史大事典 (平凡社 1992)
◇入江泰吉写真集 (小学館 1992)
　▷図65,113-114「良弁僧正(坐)像」(作者不詳　9世紀　東大寺(奈良県奈良市雑司町)蔵)
◇日本の仏像大百科 5 (ぎょうせい 1991)
　▷図86「良弁僧正(坐)像」(作者不詳　寛仁3(1019)頃　東大寺(奈良県奈良市雑司町))
◇新編 名宝日本の美術 4 (小学館 1990)
　▷図59,61「良弁僧正(坐)像」(作者不詳　10世紀　東大寺(奈良県奈良市雑司町)蔵)
◇国宝大事典 2 (講談社 1985)
　▷図81「良弁僧正(坐)像」(作者不詳　平安時代　東大寺(奈良県奈良市雑司町)蔵)
◇国宝(増補改訂版) 5 (毎日新聞社 1984)
　▷図25「良弁僧正(坐)像」(作者不詳　平安時代　東大寺(奈良県奈良市雑司町)蔵)
◇土門拳 日本の彫刻 3 (美術出版社 1980)
　▷図7-9「良弁僧正(坐)像」(作者不詳　寛仁3(1019)頃　東大寺(奈良県奈良市雑司町)蔵)
◇日本古寺美術全集 4 (集英社 1980)
　▷図45-46「良弁僧正(坐)像」(作者不詳　東大寺(奈良県奈良市雑司町)蔵)
◇名宝日本の美術 3 (小学館 1980)
　▷図59,61「良弁僧正(坐)像」(作者不詳　10世紀　東大寺(奈良県奈良市雑司町)蔵)
◇国史大辞典 (吉川弘文館 1979)
◇日本人名大事典 1～6 (平凡社 1979(覆刻))
◇原色版国宝 4 (毎日新聞社 1976)
　▷図50「良弁僧正(坐)像」(作者不詳　平安時代(11世紀)　東大寺(奈良県奈良市雑司町)蔵)
◇日本の美術 1 (旺文社 1976)
　▷図118「良弁僧正(坐)像」(作者不詳　11世紀初期　東大寺(奈良県奈良市雑司町)蔵)
◇重要文化財 5 (毎日新聞社 1974)
　▷図113「良弁僧正(坐)像」(作者不詳　平安時代　東大寺(奈良県奈良市雑司町)蔵)
◇奈良の寺 14 (岩波書店 1974)
　▷図16,40-41「良弁僧正(坐)像」(作者不詳　天平時代(11世紀)　東大寺(奈良県奈良市雑司町)蔵)
◇原色日本の美術 23 (小学館 1971)
　▷図4「良弁僧正(坐)像」(作者不詳　東大寺(奈良県奈良市雑司町)蔵)
◇原色日本の美術 6 (小学館 1969)
　▷図62-63「良弁僧正(坐)像」(作者不詳　東大寺(奈良県奈良市雑司町)蔵)
◇奈良六大寺大観 10 (岩波書店 1968)
　▷p148-150,196-200「良弁僧正(坐)像」(作者不詳　東大寺(奈良県奈良市雑司町)蔵)
◇国宝 2 (毎日新聞社 1964)
　▷図52「良弁僧正(坐)像」(作者不詳)
◇世界大百科事典 (平凡社 1964)
◇日本美術大系 2 (講談社 1959)
　▷図88「良弁僧正(坐)像」(作者不詳　平安時代　東大寺(奈良県奈良市雑司町)蔵)
◇日本美術全集 3 (東都文化交易 1953)
　▷図33「良弁僧正(坐)像」(作者不詳　平安時代　東大寺(奈良県奈良市雑司町)蔵)
◇国宝図録 1 (文化財協会 1952)
　▷図26「良弁僧正(坐)像」(作者不詳　平安時代　東大寺(奈良県奈良市雑司町)蔵)
◇日本の彫刻 5 (美術出版社 1952)
　▷図23-25「良弁僧正(坐)像」(作者不詳)

六条有房　ろくじょうありふさ　1251～1319
鎌倉時代後期の歌人・公卿。内大臣。
◇日本史大事典 (平凡社 1992)
◇国史大辞典 (吉川弘文館 1979)

露川　ろせん　1661～1743
江戸時代中期の俳人。
◇日本人名大事典 1～6 (平凡社 1979(覆刻))
　▷沢露川
◇俳諧人名辞典 (巌南堂書店 1970)

露柱庵春鴻　ろちゅうあんしゅんこう　1733～不明
江戸時代の相模国の俳人。
◇神奈川県史 各論編3 文化 (神奈川県 1980)
　▷〈口絵〉7「露柱庵春鴻肖像 俳人つくも坊呉水」

【わ】

若尾逸平　わかおいっぺい　1820～1913
江戸時代末期,明治時代の実業家,政治家。
◇山梨百科事典 (山梨日日新聞社 1992)

若槻武樹　わかつきたけき　1825〜1901
　江戸時代末期, 明治時代の地方開発者。
◇静岡県歴史人物事典（静岡新聞社 1991）

若林寿一郎　わかばやしじゅいちろう
　1839〜1889
　江戸時代後期〜明治期の実業家, 政治家。
◇徳島県歴史人物鑑（徳島新聞社 1994）

若林四郎五郎　わかばやししろごろう
　江戸時代中期の歌舞伎役者。
◇浮世絵全集 1（河出書房新社 1957）
　▷図41「市村竹之丞の相模守時頼・市村玉柏の正木前・若林四郎五郎の北条安時」（鳥居清倍）

少林梅嶺　わかばやしばいれい　1823〜1899
　江戸時代後期〜明治期の臨済禅僧, 南禅寺派初代管長。
◇島根県歴史人物事典（山陰中央新報社 1997）
◇島根県大百科事典（山陰中央新報社 1982）

若宮養徳　わかみやようとく　1754〜1834
　江戸時代中期, 後期の絵師。
◇愛媛県百科大事典（愛媛新聞社 1985）

脇坂安斐　わきざかやすあや　1839〜1908
　江戸時代末期, 明治時代の大名。
◇サムライ古写真帖（新人物往来社 2004）
　▷p58「無題」

脇坂安治　わきざかやすはる　1554〜1626
　安土桃山時代, 江戸時代前期の武将, 大名。
◇日本大百科全書（小学館 1984）
◇兵庫県大百科事典 上, 下（神戸新聞出版センター 1983）
◇日本人名大事典 1〜6（平凡社 1979（覆刻））

脇範輔　わきはんすけ　1828〜1908
　江戸時代後期〜明治期の漢学者, 医師。
◇角川日本姓氏歴史人物大辞典 35（角川書店 1991）　▷脇範甫

脇谷諦了　わきやたいりょう　1844〜1917
　江戸時代末期〜大正期の僧侶。
◇大分県歴史人物事典（大分合同新聞社 1996）

或静　わくじょう
　江戸時代中期, 後期の俳人。
◇富山県文学事典（桂書房 1992）

和気清麻呂　わけのきよまろ　733〜799
　奈良時代, 平安時代前期の公卿。非参議。
◇岡山県歴史人物事典（山陽新聞社 1994）　▷和気朝臣清麻呂
◇岡山人名事典（日本文教出版社 1978）
◇世界伝記大事典（ほるぷ出版 1978）
◇大日本百科事典（小学館 1967）

鷲尾政直　わしおまさなお　1841〜1912
　江戸時代後期〜明治期の土地改良事業の先覚者。
◇新潟県大百科事典 上, 下（新潟日報事業社 1977）

鷲ケ浜音右衛門　わしがはまおとえもん
　江戸時代中期, 後期の力士。
◇秘蔵浮世絵大観 6（講談社 1989）
　▷図126「鷲ケ浜音右衛門・加治ケ浜力右衛門・出水川林右衛門」（勝川春好（初代）寛政初期（1789-1801））
◇浮世絵大系 3（集英社 1974）
　▷図49「鷲ヶ岳と柏戸と九紋竜」（勝川春好（初代））

和田ケ原甚四郎　わだがはらじんしろう
　江戸時代後期の力士。
◇秘蔵浮世絵大観 6（講談社 1989）
　▷図0122「和田ヶ原甚四郎・鳴瀧文太夫」（勝川春英　寛政中・後期）
◇秘蔵浮世絵大観 12（講談社 1988）
　▷図049「和田ケ原甚四郎・岩井川逸八・小野川才助」（勝川春好（初代）寛政2-9）

渡辺卯三郎　わたなべうさぶろう　1831〜1881
　江戸時代末期, 明治時代の医師。加賀大聖寺藩医。
◇角川日本姓氏歴史人物大辞典 17（角川書店 1998）

渡部斧松　わたなべおのまつ　1793〜1856
　江戸時代末期の和田藩の農政家。
◇秋田大百科事典（秋田魁新報社 1981）
◇国史大辞典（吉川弘文館 1979）

渡辺崋山　わたなべかざん　1793〜1841
　江戸時代後期の武士, 画家, 経世家。
◇講談社日本人名大辞典（講談社 2001）
◇国宝・重要文化財大全 2（毎日新聞社 1999）
　▷図222「渡辺崋山像画稿」（椿椿山　江戸時代）
◇栃木県歴史人物事典（下野新聞社 1995）
◇日本史大事典（平凡社 1992）
◇日本大百科全書（小学館 1984）
◇国史大辞典（吉川弘文館 1979）
◇世界伝記大事典（ほるぷ出版 1978）

◇重要文化財 30（毎日新聞社 1977）
　▷図71「渡辺崋山像画稿」（椿椿山　江戸時代）
◇日本美術絵画全集 24（集英社 1977）
　▷図91「崋山渡辺先生随筆　鶴1」（渡辺崋山　天保1（1830））
　▷図92「崋山渡辺先生随筆　鶴2」（渡辺崋山　天保1（1830））
◇文人画粋編 19（中央公論社 1975）
　▷図117「渡辺崋山像」（椿椿山　嘉永6（1853））
◇和漢詩歌作家辞典（みづほ出版 1972）
◇大日本百科事典（小学館 1967）

渡辺儀蔵　わたなべぎぞう
　江戸時代後期の篤志家。
◇角川日本姓氏歴史人物大辞典 4（角川書店 1994）

渡辺清　わたなべきよし　1835～1904
　江戸時代末期、明治時代の大名。
◇神奈川県史 各論編1 政治・行政（神奈川県 1983）
　▷p40（写真）「渡辺清」

渡辺忻三　わたなべきんぞう　1839～1913
　江戸時代末期～大正期の軍人。海軍機関少将。
◇角川日本姓氏歴史人物大辞典 14（角川書店 1993）

渡辺孝平　わたなべこうへい　1840～1907
　江戸時代末期、明治時代の事業家。
◇日本の写真家 1（岩波書店 1997）
　▷No.42「渡辺孝平像 写真油絵」（横山松三郎）
◇北海道歴史人物事典（北海道新聞社 1993）
◇北海道大百科事典（北海道新聞社 1981）

渡辺惟精　わたなべこれあき　1845～1900
　江戸時代後期～明治期の空知集治監典獄。
◇北海道歴史人物事典（北海道新聞社 1993）
◇北海道大百科事典（北海道新聞社 1981）

渡辺佐吉　わたなべさきち　1849～1923
　江戸時代後期～大正期の富商。
◇宮城県百科事典（河北新報社 1982）

渡辺作左衛門　わたなべさくざえもん
　？～1883　江戸時代後期～明治期の豪商。
◇山形県大百科事典（山形放送 1983）　▷渡部作左衛門

渡辺三郎　わたなべさぶろう　1848～1934
　江戸時代末期、明治時代の志士。
◇高知県人名事典（高知新聞社 1999）

渡辺秀石　わたなべしゅうせき　1639～1707
　江戸時代前期、中期の画家。
◇郷土歴史人物事典 長崎（第一法規出版 1979）

渡辺如山　わたなべじょざん
　江戸時代後期の画家。
◇原色日本の美術 18（小学館 1969）
　▷図104「五郎像（画帖）」（渡辺崋山　1821）

渡辺水哉　わたなべすいさい　1852～1927
　江戸時代後期、末期、明治時代の漢学者。
◇静岡県歴史人物事典（静岡新聞社 1991）

渡辺千秋　わたなべちあき　1843～1921
　江戸時代末期、明治時代の信濃高島藩士、官僚。伯爵、貴族院議員。
◇北海道歴史人物事典（北海道新聞社 1993）
◇長野県歴史人物大事典（郷土出版社 1989）
◇北海道大百科事典（北海道新聞社 1981）

渡辺綱　わたなべのつな　953～1025
　平安時代中期の武将。
◇秘蔵浮世絵大観 プルヴェラー・コレクション（講談社 1990）
　▷図27「渡辺綱」（一筆斎文調　安永（1772-81））
◇秘蔵浮世絵大観 4（講談社 1988）
　▷図024「鬼の腕を守る渡辺綱」（伝 菱川師宣 延宝－天和期）
◇浮世絵聚花 1（小学館 1983）
　▷図23「渡辺綱と茨木童子」（鳥居派）
　▷図56「鬼の腕を守る渡辺綱」（伝 菱川師宣 延宝－天和期）
◇浮世絵聚花 補巻1（小学館 1982）
　▷図47「見立渡辺綱と茨木童子（いばらき屋店先）」（鈴木春信　明和4-5(1767-68)）
　▷図269「見立渡辺綱と茨木童子（いばらき屋店先）」（鈴木春信　明和4-5(1767-68)）
◇浮世絵聚花 補巻2（小学館 1982）
　▷図416「傘を持った武士と引き止める遊女（見立渡辺綱と茨木童子）」（鈴木春信　明和4-5(1767-68)）
◇浮世絵聚花 13（小学館 1981）
　▷図56「怪物の腕を斬る渡辺綱」（勝川春章）
◇浮世絵聚花 14（小学館 1981）
　▷図1「鎌倉長九郎の渡辺綱と羅生門の鬼」（鳥居清信（初代））
　▷図06「鎌倉長九郎の渡辺綱」（鳥居清倍）
◇在外秘宝―欧米収蔵浮世絵集成 鈴木春信（学習研究社 1972）
　▷図66「見立渡辺綱と茨木童子（いばらき屋店

先)」(鈴木春信　明和4-5(1767-68))

渡辺昇　わたなべのぼる　1838〜1913
江戸時代末期,明治時代の肥前大村藩士。
◇士―日本のダンディズム（二玄社 2003）
　▷p111 No.81「明治英雄一覧」(明治時代初期)
◇日本人名大事典 1〜6（平凡社 1979(覆刻)）

渡辺巴洲　わたなべはしゅう
江戸時代中期,後期の儒者。
◇日本美術絵画全集 24（集英社 1977）
　▷図41「渡辺巴洲像画稿1」(渡辺崋山　文政7(1824))
　▷図42「渡辺巴洲像画稿2」(渡辺崋山　文政7(1824))
　▷図43「渡辺巴洲像画稿3」(渡辺崋山　文政7(1824))
　▷図44「渡辺巴洲像画稿4」(渡辺崋山)

渡辺彦九郎　わたなべひこくろう　1804〜1874
江戸時代末期,明治時代の豊後岡藩士。
◇大分県歴史人物事典（大分合同新聞社 1996）

渡辺守綱　わたなべもりつな　1542〜1620
安土桃山時代,江戸時代前期の武将。
◇国史大辞典（吉川弘文館 1979）

渡辺雄次郎　わたなべゆうじろう
江戸時代末期,明治期の銀行家。大分銀行初代頭取。
◇大分県歴史人物事典（大分合同新聞社 1996）
◇大分百科事典（大分放送 1980）

和田義茂　わだよしもち
平安時代後期,鎌倉時代前期の武士。
◇秘蔵浮世絵大観 5（講談社 1989）
　▷図43「和田小二郎義茂・荏柄平太胤長・和泉小次郎親衡」(歌川国芳　天保14頃(1843頃))

椀屋久右衛門　わんやきゅうえもん
江戸時代前期の大坂堺筋の豪商。
◇浮世絵聚花 15（小学館 1980）
　▷図023「すがた八景 椀久松山 居続の晩鋳」(一筆斎文調)

歴史人物肖像索引

2010年2月25日　第1刷発行

発　行　者／大高利夫
編集・発行／日外アソシエーツ株式会社
　　　　　〒143-8550 東京都大田区大森北1-23-8 第3下川ビル
　　　　　電話 (03)3763-5241(代表)　FAX(03)3764-0845
　　　　　URL http://www.nichigai.co.jp/
発　売　元／株式会社紀伊國屋書店
　　　　　〒163-8636 東京都新宿区新宿3-17-7
　　　　　電話 (03)3354-0131(代表)
　　　　　ホールセール部(営業)　電話 (03)6910-0519

　　　　　電算漢字処理／日外アソシエーツ株式会社
　　　　　印刷・製本／光写真印刷株式会社

不許複製・禁無断転載　《中性紙H-三菱書籍用紙イエロー使用》
<落丁・乱丁本はお取り替えいたします>
ISBN978-4-8169-2232-9　　Printed in Japan,2010

本書はディジタルデータでご利用いただくことができます。詳細はお問い合わせください。

考古博物館事典

A5・480頁　定価13,650円(本体13,000円)　2010.1刊

考古学関連の博物館・資料館、埋蔵文化財センター、遺跡ガイダンス施設等209館の最新情報を紹介した利用ガイド。各館にアンケート調査を行い、沿革、展示・収蔵、事業、出版物、周辺遺跡などの情報を収録。外観写真、展示写真、案内地図も掲載。

新訂 歴史博物館事典

A5・610頁　定価12,600円(本体12,000円)　2008.10刊

全国の歴史博物館・資料館、記念館等288館の最新情報を紹介した利用ガイド。各館にアンケート調査を行い、沿革、収蔵品、展示内容、開館時間などを詳細に収録。外観写真、展示写真、案内地図も掲載。

新訂増補 海を越えた日本人名事典

富田 仁 編　A5・940頁　定価15,750円(本体15,000円)　2005.7刊

16世紀から明治中期に、欧米諸国に渡航し日本と西洋の交流のさきがけとなった日本人の事典。使節団、留学生、商人、技術者、旅芸人、漂流者など2,102人を収録。略歴、渡航先・年・目的のほか、参考文献も多数掲載。

事典 日本人の見た外国

富田 仁 編　A5・510頁　定価9,800円(本体9,333円)　2008.1刊

「航海日記」(勝海舟)、「独逸日記」(森鴎外)、「米国女学生の美風」(津田梅子)など、江戸時代から昭和戦前期に海外へ渡航した日本人が書いた海外見聞録・体験記377点を時代背景や人物像とともに詳しく解説。

事典 近代日本の先駆者

富田 仁 編　A5・680頁　定価9,991円(本体9,515円)　1995.6刊

幕末から明治にかけての文明開化期に、日本人として初めて何かを発明、発売、設立、体験した近代日本のパイオニア1,100人を収録。クリームパンの発明、クリーニング業の元祖、財閥の祖、国際結婚第1号…など、読んで楽しめる人名事典。

データベースカンパニー
日外アソシエーツ　〒143-8550　東京都大田区大森北1-23-8
TEL.(03)3763-5241　FAX.(03)3764-0845　http://www.nichigai.co.jp/